THE ARDENNES
HITLER'S WINTER OFFENSIVE

阿登战役 1944-1945

希特勒的冬季攻势

[瑞典] 克里斯特·贝里斯特伦 著

姚军 译

全2册·上册

U0103735

江苏凤凰文艺出版社
JIANGSU PHOENIX LITERATURE AND
ART PUBLISHING, LTD

版贸核渝字（2018）第086号

图书在版编目（CIP）数据

阿登战役1944—1945：希特勒的冬季攻势：全2册 /
（瑞典）克里斯特·贝里斯特伦著；姚军译 . -- 南京：
江苏凤凰文艺出版社，2019.9
书名原文：The Ardennes 1944-1945: Hitler's
Winter Offensive
ISBN 978-7-5594-1533-2

Ⅰ . ①阿… Ⅱ . ①克… ②姚… Ⅲ . ①第二次世界大
战战役 – 史料 Ⅳ . ① E195.2

中国版本图书馆 CIP 数据核字 (2019) 第 191877 号

阿登战役 1944—1945：
希特勒的冬季攻势：全 2 册

[瑞典] 克里斯特·贝里斯特伦　著　　姚军　译

责任编辑　王　青

特约编辑　董旻杰　王　轩　黄晓诗

装帧设计　杨静思　王　轩

出版发行　江苏凤凰文艺出版社

　　　　　南京市中央路 165 号，邮编：210009

网　　址　http://www.jswenyi.com

印　　刷　重庆共创印务有限公司

开　　本　787mm×1092 mm 1/16

印　　张　59

字　　数　900 千字

版　　次　2019 年 9 月第 1 版　2019 年 9 月第 1 次印刷

书　　号　ISBN 978-7-5594-1533-2

定　　价　199.80 元（全 2 册）

谨以本书献给1944年冬季第二次解放比利时和
卢森堡的盟军士兵们，以及阿登战役的所有阵亡官兵。

目　录

词汇表和缩写指南

Ia，德军首席（作训）参谋。

Ic，德军情报参谋。

2nd Tactical Air Force（第2战术航空队），英国战术航空军，大约有1500架飞机。

2nd TAF，第2战术航空队的缩写。

3ème Règiments de Chasseurs Parachutistes，法国第3伞兵团。

4e Batallion d'Infanterie de l'Air de l'Armée de l'Air，法国第4空降营。

9th Air Force（第9航空队），美国战术航空军，大约有2000架飞机。

IX Troop Carrier Command（第9运输机司令部），美军在西线的兵员空运指挥部。

A 4（Aggragat 4），德国弹道导弹，也称为V 2。

A-20 "浩劫"，美国道格拉斯公司的双发攻击／轰炸机。

A-26 "入侵者"，美国道格拉斯公司的双发攻击／轰炸机。

Abteilung，德国骑兵、装甲兵、反坦克部队、炮兵和通信部队中的营编制。

Adlerhorst（雕窝）①，希特勒的西线大本营，位于巴特瑙海姆（Bad Nauheim）附近的齐根贝尔格城堡（Ziegenberg）。

Air Chief Marshal（空军上将），英国皇家空军军衔，相当于德军的大将（Generaloberst）。

Air Division（航空师），美军飞行单位，由多个大队（Group）组成。

Air Vice Marshal（空军中将），英国皇家空军军衔，相当于德国的中将（Generalleutnant）。

APCBC（被帽弹道穿甲弹），英国穿甲弹。

APDS（脱壳穿甲弹），英国穿甲弹。

Ar 234，德国阿拉多公司的双发喷气轰炸／侦察机。

Armé（集团军），由两个或更多个军组成的军事单位。

Armee，集团军（德语）。

---

① 译注：德语 Adlerhorst 意为"鹰巢"，为与贝希特斯加登附近的希特勒大本营（也被称为"鹰巢"）区分，本书将齐根贝尔格大本营译作"雕窝"。

Armeegruppe，集团军群（德语）。

Armeekorps，军（德语）。

Armeeoberkommando，德国列编集团军的司令部。

Armored Cavalry Squadron（装甲骑兵中队），美国装甲师的侦察营。

Armoured Brigade（装甲旅，英国），通常由3个英国坦克营组成，每个营的坦克编制数量为49辆。

Armoured Division（装甲师，英国），1944年12月时编制的坦克数量为343辆。

Army group（集团军群），军队编制，由两个或更多集团军组成。

Artillerie，炮兵（德语）。

Assault gun（突击炮），履带式装甲作战车辆，任务是用发射高爆弹的加农炮支援步兵。德国的三号突击炮是突击炮和坦克歼击车的结合。

Aufklärungs-Abteilung，德国侦察营。

Ausf.（Ausfuhrung），型号（德语）。

B-17 Flying Fortress（空中堡垒），美国波音公司的四发重型轰炸机。

B-24 Liberator（解放者），美国联合公司的四发重型轰炸机。

B-26 Marauder（掠夺者），美国马丁公司的双发中型轰炸机。

BArch（Bundesarchiv），德国联邦档案馆。

Bataillon，营（德语）。

Battalion（营），隶属于团或旅的军事单位，在德军和美军中编制人数为860人。

Bazooka，美国反坦克武器。

Bf（Bayerische Flugzeugwerke），巴伐利亚飞机厂，某些德国梅塞施密特飞机的指定生产厂家。

Bf-109，德国梅塞施密特单发战斗机。

Bletchley Park（布莱奇利庄园），伦敦城外的一个地方，英国人在那里破解了德国人用"恩尼格玛"编码机编制的密码信息。

Bomb Group（轰炸机大队），也作Bombardment Group，美军飞行单位，编制兵力为72架（重型轰炸机大队）或96架（中型轰炸机大队）轰炸机。

Bomb Squadron（轰炸机中队），美军飞行单位；三个轰炸机中队组成一个轰炸机大队。

Brigade（旅），德国军事单位，规模各不相同，从一个连到半个师不等。

C-47，美国道格拉斯公司的双发运输机。

Cavalry Group（骑兵群），美国机械化和装甲团。

Cavalry（Reconnaissance）Squadron，骑兵（侦察）中队，美国军事单位，等价于装甲侦察营。

CCA（Combat Command A，A战斗群），参见Combat Command。

CCB（Combat Command B，B 战斗群），见 Combat Command。

CCR（Combat Command Reserve，R 战斗群），见 Combat Command。

CCS（Combat Command Chiefs of Staff，战斗群参谋部），见 Combat Command。

Combat Command（战斗群，作战指挥部），美国装甲师下属单位，由一个坦克营、一个装甲步兵营、一个炮兵营和一个反坦克炮或坦克歼击排组成。

Combat Command Reserve，参见 Combat Command。

Company（连），隶属于营的军事单位，在德国和美国陆军中，编制人数为200人。

Consumption unit（德语 Verbrauchseinheit，意为"基数"），德国军事术语，原则上指将一个军事单位中所有车辆油箱装满所需的油量。

Corps（军），军事单位，由两个或三个师组成。

Division（师），军事单位，通常由三个团和支援单位组成，总兵力为10000—20000人。

Fallschirmjäger，伞兵（德语）。

FBB（德语 Führer Beglet Brigade，意为"元首卫队"旅），德国装甲旅。

Feldjägerkommando（督战队），德国战地宪兵。

FGB（Führer Grenadier Brigade，"元首"掷弹兵旅），德国装甲旅。

Field gun（野战炮），野战炮兵武器，可以以小于45度的射角射击。

Field howitzer（野战榴弹炮），野战炮兵武器，可以以大于或小于45度的射角射击。

Fieseler（菲泽勒），德国飞机和火箭设计师。

Fighter-bomber（战斗轰炸机），用自动武器、炸弹或火箭攻击地面目标的作战飞机。

Fighter Group（战斗机大队），美军飞行单位，由三个飞行中队组成，战斗机／战斗轰炸机总数为111—126架。

Fighter Squadron（战斗机中队），参见 Fighter Group。

FK（Feldkanone），野战炮（德语）。

Flak（Fligerabwehrkanone），高射炮（德语）。

Flak-Regiment 155（W）（Flak-Regiment 155 Werfer，第155防空火箭团），德军负责发射V1飞行炸弹的团。

Fliger-Division（航空师），德军飞行单位，由多个航空团（飞行联队，Geschwader）组成。

Flight-Lieutenant（空军上尉），英国皇家空军军衔，等价于德军的上尉（Hauptmann）。

Focke Wulf 190，德国福克－沃尔夫公司的单发战斗机。

Führer Begleit Brigade，参见 FBB。

Führer Grenadier Brigade，参见 FGB。

Fw.，福克－沃尔夫（Focke-Wulf）的缩写。

General der Artillerie（炮兵上将），德国炮兵将官。

General der Infanterie（步兵上将），德国步兵将官

General der Jagdflieger（战斗机兵种总监），德军中的一个职位（不是军衔），德军战斗机飞行事务的最高负责人。

General der Kampfflieger（轰炸机兵种总监），德军中的一个职位（不是军衔），德军轰炸机飞行事务的最高负责人。

General der Panzertruppen（装甲兵上将），德国装甲兵部队将官。

Gepanzerte，装甲（德语）。

G.I. Joe，俚语，指"普通"的美国士兵。

Greif（德语"狮鹫"之意），德国士兵化装成美军进入敌后发动的作战行动代号。

Grenadier-Regiment（掷弹兵师），见 Volksgrenadier-Regiment。

Gruppe（大队），德军飞行单位，战斗机部队中的大队由（1944年12月）四个战斗机中队（每个中队16架飞机）和一个4架飞机的本部小队组成。轰炸机部队中的大队由三个中队（每个中队12架飞机）和一个3架飞机的本部小队组成。

Halifax（哈利法克斯），英国汉德利－佩奇公司的四发重型轰炸机。

Half-track（半履带车），组合使用车轮和履带的车辆。

Hanomag（汉诺马格），德国 Sdkfz 251 半履带运兵车。

Heeres-Flak-Abteilung，陆军防空营（德语）。

Heeresgruppe，集团军群（德语）。

Hellcat M18（"地狱猫"），美国76毫米自行火炮，M18履带式坦克歼击车。

Herbstnebel（德语"秋雾"之意），德军阿登战役的代号。

Hetzer（"追猎者"），德国38(t)型履带式坦克歼击车。

Intellgence officer（情报官），军事指挥部的一位军官，负责关于敌方的情报。

Jabo（Jagdbomber），战斗轰炸机（德语）。

Jackson M36（"杰克逊"），美国90毫米自行火炮，M36履带式坦克歼击车。

Jagd-Division（战斗机师），德军飞行单位，由多个战斗机团（联队）组成，但是规模小于航空队。

Jagdfliegerführer Mittelrhein（中莱茵战斗机指挥官），德军在中莱茵地区战斗机飞行事务指挥官。

Jagdgeschwader（战斗机联队），德军战斗机单位，由（1944年12月）4个大队（每个大队66架战斗机）和1个本部飞行中队（16架战斗机）组成。

Jagdkorps（战斗机军），德军战斗机单位，由多个战斗机团（联队）组成，但规模小于航空队。

Jagdpanther（"猎豹"），德国履带式坦克歼击车。

Jagdpanzer，履带式坦克歼击车（德语）。

Jagdpanzer Ⅳ（四号坦克歼击车），德国履带式坦克歼击车。

Jagdpanzer 38(t) Hetzer，见 Hetzer。

JG（Jagdgeschwader），见 Jagdgeschwader。

Ju，容克（Junkers）的缩写。

Junkers Ju 88，德国容克公司的双发轰炸机／夜间战斗机。

Junkers Ju 188，德国容克公司双发轰炸机。

Kampfgeschwader（轰炸机联队），德国轰炸机单位，通常由3个大队（每个大队40架轰炸机）和一个本部小队（3架轰炸机）组成。

KG（Kampfgeschwader），参见 Kampfgeschwader。

Knights Cross（骑士铁十字勋章），见 Ritterkreuz。

Kompanie，连（德语）。

Korps，军（德语）。

Kübelwagen（"桶车"），大众公司生产的汽车，相当于德国的吉普车。

KwK（Kampfwagen-Kanone），坦克炮（德语）。

Konigstiger（"虎"Ⅱ，"虎王"），德国六号"虎"B式重型坦克。

Lancaster（"兰开斯特"），英国阿弗罗公司生产的四发重型轰炸机。

Lehrgeschwader（教导联队），实际上（1944年12月）是一个德国轰炸机联队，与 Kampfgeschwader 是一回事。

LFH 18/40（leichte Feldhaubitze 18/40），德国轻型野战榴弹炮。

L-4 Grasshopper（"蚱蜢"），美国派普公司的单发炮兵观测飞机。

Leibstandarte Adolf Hitler（"阿道夫·希特勒警卫旗队"），党卫军第1装甲师的名称。

Lightning（"闪电"），美国洛克希德公司的 P-38 双发战斗机／战斗轰炸机。

Long Tom（"长汤姆"），美国 M1 式 155 毫米野战炮。

Luftflotte（航空队），德军最大的航空兵集群，由两个或三个军（或师）组成。

Loftflotte Reich（帝国航空队），德国空军本土防空指挥组织。

Luftwaffe，德国空军。

Luftwaffen-Feld-Division（空军野战师），由德国空军人员组成的地面军队。

Luftwaffenkommando West（德国空军西线指挥部），德国空军西线指挥机关。

M4 Sherman（"谢尔曼"），美国中型坦克。

M5 Stuart（"斯图尔特"），美国轻型坦克。

M8，美国装甲车。

M10，美国76.2毫米自行火炮，M10履带式坦克歼击车。

M18 Hellcat（"地狱猫"），见 Hellcat。

M20，美国装甲车。

M24 Chaffee（"霞飞"），美国轻型坦克。

M36 Jackson，参见 Jackson。

Marauder，参见 B-26。

Marschbataillon（行军营），德国补充营。

Me 262，见 Messerschmitt 262。

Mechanized（机械化），机械化步兵是配备装甲战斗车辆的步兵。

Messerschmitt Me 262，德国梅塞施米特公司的双发喷气战斗机／战斗轰炸机。

MG 42（Maschinengewehr 42），德国机枪。

Mortar（迫击炮），简单的步兵支援武器，可以以大于45度的角度发射榴弹。

Mustang（"野马"），美国北美航空公司的P-51单发战斗机。

Nachtjagdgeschwader（夜间战斗机联队），德国夜间战斗机单位，由2—4个大队（每个大队40架夜间战斗机）组成。

Nachtrichten-，德军通信兵（－单位）。

Nebelwerfer（烟雾发射器），德国火箭炮。

Night Fighter Squadron（夜间战斗机中队），美国夜间战斗机单位，由18架夜间战斗机组成。

NJG（Nachtjagdgeschwader），见 Nachtjagdgeschwader。

Null-Tag（零日），阿登战役发起日的德语代号。

Oberbefehlshaber West（西线总指挥官），德军在西线的最高指挥官。

Oberleutnant zur See（海军上尉），德国海军军衔，相当于陆军的 Oberleutnant。

OB West，Oberbefehlshaber West 的缩写。

OKW（Oberkommando der Wehrmacht），德军最高统帅部。

Operations officer（作训参谋），负责规划某单位军事行动、训练以及战术发展的参谋人员。

P（Pursuit），美国战斗机编号字头。

P-38 Lightning（"闪电"），美国洛克希德公司的单发战斗机／战斗轰炸机。

P-47 Thunderbolt（"雷电"），美国共和飞机公司的单发战斗机／战斗轰炸机

P-51 Mustang（"野马"），美国北美公司的单发战斗机。

P-61 Black Widow（"黑寡妇"），美国诺斯罗普公司双发夜间战斗机。

PaK（Panzerabwehr-Kanone），反坦克炮（德语）。

Panther（"豹"），德国五号中型坦克。

Panzer Ⅳ，德国四号中型坦克。

Panzer Ⅳ /70，德国四号履带式坦克歼击车的发展型。

Panzerarmee，装甲集团军（德语）。

Panzer-Artillerie-Regiment（装甲炮兵团），德国装甲师下属的炮兵团。

Panzer-Aufklärungs-Abteilung，装甲侦察营（德语）。

Panzer Brigade，装甲旅（德语）。

Panzer-Division，装甲师（德语）。

Panzerfaust（"铁拳"），德国手持式反坦克武器。

Panzer-Füsilier（装甲燧发枪兵），德国装甲侦察部队

Panzer Grenadier（装甲掷弹兵），德国机械化步兵。

Panzer-Grenadier-Division（装甲掷弹兵师），德军师级单位，由机械化步兵组成，常常也拥有坦克。

Panzerjäger-Abteilung，装甲歼击坦克营（德语）。

Panzerkorps，装甲军（德语）。

Panzer Lehr（装甲教导师），德国第130装甲教导师的名称。

Panzer-Pionier-Bataillon（装甲工兵营），德国装甲部队的工兵营。

Panzer-Regiment，装甲团（德语）

Panzerschreck（"坦克杀手"），德国54式反坦克火箭筒。

Pionier-Bataillon，德国工兵营。

PIR，Parachute Infantry Regiment（伞兵团）的缩写

Platoon（排），军事单位，隶属于连。德国步兵连由3个排组成，美国步兵连由4个排组成。德国步兵排编制人数为48—50人，美国步兵排则为41人。

POZIT（Proximity Fuse 的缩写），近炸引信，在目标距离小于预定值时自动引爆爆炸装置的引信，用于美国炮兵的空爆炮弹。

Quad Fifty，美国 M51 12.7毫米四联装高射机枪。

RAF（Royal Air Force），参见 Royal Air Force。

RCT（Regimental Combat Team），参见 Regimental Combat Team。

Regiment（团），军事单位，隶属于师，1944年12月时，德国和美国陆军中的团编制兵力约为3000人。

Ritterkreuz（骑士铁十字勋章），德国二战期间为表彰作战中英勇行为所颁发的最高级勋章。骑士铁十字勋章有三种配饰：橡树叶（Ritterkreuz mit Eichenlaub），橡树叶与剑（Ritterkreuz mit

Eichenlaub und Schwertern），橡树叶、剑与钻石（Ritterkreuz mit Eichenlaub，Schwertern und Brillanten）。

Royal Air Force（皇家空军），英国空军。

Red Army（红军），二战中的苏联军队。

SAS（Special Air Service，特种空勤团），英国二战期间的特种部队。

Schlachtgeschwader（攻击机联队），德国对地攻击机联队。

Schwere Panzer-Abteilung，重装甲营（德语）。

Schwere Panzerjäger-Abteilung，重型坦克歼击营（德语）。

Sd.Kfz.（Sonderkraftfahrzeug），见 Sonderkraftfahrzeug。

sFH 18（schwere Feldhaublitz 18），德国18式重型野战榴弹炮。

SHAFE（Supreme Headquarters Allied Expeditionary Force），见 Supreme Headquarters Allied Expeditionary Force。

Sherman（"谢尔曼"），美国 M4 中型坦克。

Silver Star（银星勋章），美国为表彰作战中英勇表现而颁发的第三级奖章。

Spitfire（"喷火"），英国维克斯 – 超级马林公司的单发战斗机。

Supreme Headquarters Allied Expeditionary Force（盟国远征军最高统帅部），盟军西线总指挥官艾森豪威尔将军的指挥部。

Sonderkraftfahrzeug（特种车辆），德国装甲车辆的番号。

SS（Schutzstaffel），党卫队，德国纳粹党准军事部队和纯军事力量。

SS-Reichsführer（党卫队帝国领袖），党卫队领袖海因里希·希姆莱的头衔。

Staffel（中队），德军飞行中队，有12—16架飞机。

Stalag（Stammlager），德国战停营。

StG 44（Sturmgewehr 44），见 Sturmgewehr 44。

Stuart（"斯图尔特"），美国 M5 轻型坦克。

StuG Ⅲ（Sturgeschütz Ⅲ），见 Sturgeschütz Ⅲ。

StuK（Sturmkanone），见 Sturmkanone。

Sturgeschütz Ⅲ（三号突击炮），德国履带式突击炮。

Sturgeschütz-Brigade，突击炮旅（德语）。

Sturmgewehr 44（44式突击步枪），德国自动卡宾枪。

Sturmkanone，德国突击炮上的火炮。

Sturm-Zug（突击排），德国步兵或伞兵营的先遣支队排。

TAC（Tactical Air Command），见 Tactical Air Command。

Tactical Air Command（战术航空兵司令部），美国列编集团军的战术空中支援司令部。1944年12月，每个战术航空兵司令部由4—6个战斗机大队和一个侦察机（24架）及夜间战斗机（18架）中队组成。

Tank destroyer（坦克歼击车），最常见的定义是以用反坦克炮摧毁敌方坦克为目的的履带式装甲车辆。但是，在美国陆军中，坦克歼击营由36门牵引式反坦克炮或36辆履带式（自行）坦克歼击车组成。

Thunderbolt（"雷电"），美国共和飞机公司的P-47单发战斗机/战斗轰炸机。

Tiger Ⅰ（"虎"Ⅰ），德国六号重型坦克。

Tiger Ⅱ（"虎"Ⅱ），德国六号B式"虎王"重型坦克。

Time on Target（同时弹着），一种美国炮兵射击方法，经过计算，发射的所有炮弹在同一时刻击中目标。

TOT（Time on Target），见 Time on Target

Troop（骑兵连），美国骑兵部队中的连编制。

Troop Carrier Group（部队运输机大队），美国运输航空兵单位，由80—110架部队运输机组成。

Troop Carrier Squadron（部队运输机中队），美国运输航空兵单位，每个部队运输机大队由多个部队运输机中队组成。

Troop Carrier Wing（部队运输机联队），美国运输航空兵单位，由2—5个部队运输机大队组成。

TUSA，美国第3集团军。

Typhoon（"台风"），英国霍克公司的单发战斗轰炸机。

Ultra（"超极机密"），英国破解德国恩尼格码编码信息的行动代号。

USAAF，美国陆军航空队。

V 1（Vergeltungswaffe 1），"一号复仇武器"，德国菲泽勒103火箭推进飞行炸弹。

V 2（Vergeltungswaffe 2），"二号复仇武器"，德国弹道导弹，亦称A4。

V 3（Vergeltungswaffe3），"三号复仇武器"，德国（超）远程炮兵装备。

Volksartilleriekorps（国民炮兵军），德国炮兵军。

Volksgrenadier-Division（国民掷弹兵师），1944年秋季起，德国步兵师的名称。

Volksgrenadier-Regiment（国民掷弹兵团），1944年秋季起德国步兵团的名称。

Volkswerfer Brigade（国民发射器旅），1944年秋季起德国火箭炮旅的名称。

Wacht am Rhein（"守望莱茵"），德军阿登战役计划代号，后改为 Herbstnebel。

Waffen-SS（武装党卫队），德国党卫队中的纯军事力量。

Wehrmacht（国防军），德国武装力量。

Wehrmachtbefehlshaber Niederlande（荷兰武装力量指挥官），在荷兰的德国占领军指挥官。

West Wall（西墙），沿德国西部边境设立的防线。

Wing（联队），美军联队：美军飞行单位，由两个或三个大队组成；美国航空师通常由两个联队组成。英国联队：与美国航空兵的大队相当。也指德国空军联队。

z.b.V.（zur besonderen Verwendung），特殊用途（德语）。

Zug，排（德语）。

第二次世界大战中的军衔粗略对比

德国国防军	武装党卫军	美国陆军
帝国元帅 *	（无同等级别）	（无同等级别）
陆军元帅	党卫队帝国领袖	五星上将
大将	党卫队全国总指挥	上将
上将	党卫队全国副总指挥	中将
中将	党卫队地区总队长	少将
少将	党卫队旅队长	准将
（无同等级别）	党卫队区队长	（无同等级别）
上校	党卫队旗队长	上校
中校	党卫队一级突击队大队长	中校
少校	党卫队二级突击队大队长	少校
上尉	党卫队一级突击队中队长	上尉
中尉	党卫队二级突击队中队长	中尉
少尉	党卫队三级突击队中队长	少尉
总军士长	党卫队突击队小队长	军士长
军士长	党卫队一级小队长	一级军士长
上士	党卫队二级小队长	二级军士长
中士	党卫队三级小队长	上士
下士	党卫队三级小队副	中士
上等兵	（无同等级别）	（无同等级别）
一等兵	党卫队分队长	下士
二等兵	党卫队突击队员	（无同等级别）
上等列兵	党卫队高级队员	一等兵
列兵	党卫队队员	二等兵

* 只有一个人拥有这个最高军衔，那就是德国空军指挥官赫尔曼·戈林。

美国陆军有所谓的技术专业级别，等价关系如下：

一级技术士官——二级军士长

技术军士长——（无同等级别）

一级技术兵（T/3）——上士

二级技术兵（T/4）——中士

三级技术兵（T/5）——下士

序

也许我这辈子和阿登战役真的有缘。

2007年，我花了2年多时间撰写了《沸腾的雪——阿登反击战》一书。创作期间的艰辛与感慨，都记录在了开篇序言《小人物的战争》之中。一晃12年过去了，时间在不经意间悄悄流逝，但我对阿登战役的兴趣始终没有减少。这些年来，西方关于这场战役的新作依然层出不穷。精挑细选之下，依旧购入了10多本相关内容的大部头。2015年，我翻译了著名历史学家安东尼·比弗的《1944阿登战役：希特勒的最后反攻》一书。比弗的书不同于一般的战史，引用资料相当丰富，而且并不局限于战斗本身。描写的对象上至元帅将军，下至普通士兵、平民百姓，可谓千姿百态。2018年，指文的编辑就问我是否愿意翻译克里斯特尔·贝里斯特伦所著的这本《阿登战役1944—1945：希特勒的冬季攻势》。当时因为时间不凑巧，未能成功合作，但我答应待本书译稿交付后愿意担任审校。如今有缘履诺，在逐字逐句审校过后，自觉获益良多。比弗和贝里斯特伦，这两位作家在各自的领域内都非常有名，无论是挖掘历史资料，还是驾驭文字，都极具功底，他们的著作也让我对这场战役有了更深层次的了解。

当年收集这场战役的资料时，我就时常发出"为何这场战役在西方如此热门"的疑问：相关资料汗牛充栋，各类著作书籍数以百计，杂志刊登的文章和论文更是难以计数。回首往事，资料看得越多，越是感叹自己知道得太少。想当初，我还自大地认为国内没有多少人会比自己更了解这场战役，现在想来也不过是井底之蛙的呓语罢了。

　　阿登战役的魅力，在于数个"第一"：纳粹德国在西线针对美军发动的第一场也是唯一的一场战略级别的攻势；第一场完全由希特勒策划并主导的战役；盟军自诺曼底登陆后，与德军进行的第一场具有决定性意义的大规模战役；美军第一场在隆冬时节参与的大型战役；第一场德军能对西线盟军造成威胁的战役……实事求是地说，阿登地区复杂崎岖的地形并不适合作战，尤其不适合机械化部队作战。因此，守方在有准备的情况下，能够轻易挫败兵力占优的敌方进攻。然而，恰恰就是在这样的地区，在80年不到的时间里发生了三场大规模战役，攻方都是德军。有意思的是，曾经作为战场的阿登地区那么多年来变化并不大。这里并没有人口稠密的城市，只有众多散落在山岭和森林之间的城镇及乡村：规模最大的城镇，人口可能还没有我国一个偏僻的小县城多；规模最小的城镇，连社区建筑物的数量都屈指可数。在和平年代，位于四国交汇处的阿登山区是风景优美的度假地，军事历史爱好者可以在这里找到诸多战争留下的痕迹，森林中的散兵坑和建筑物上的累累弹孔都清晰可见。虽然过去了70多年，但当地人在修缮毁于战火的房屋或谷仓时，并没有做太多刻意的改变，甚至有种说法——在这里，后来人很容易通过照片和目击者的回忆，找到当年交战双方的军人留下的足迹。也许，这也是阿登战役吸引后世学者深入研究的原因之一。

　　许多记叙阿登战役的西方著作都会从诺曼底登陆之后的西线战况开始讲起，也许中国读者不太能接受这样的写法——明明讲的是1944年底的战役，为何要用几个章节从1944年夏天开始说呢？其实，二战西线战场从1944年8月盟军冲出诺曼底半岛，一直到1945年1月阿登战役结束，完全可以被视作一个整体。要弄明白希特勒为何要发动战场战略反攻，前几个月的战场态势变化是必须要做好的功课，更何况这背后还牵涉到交战双方内部复杂的权力斗争和政治斗争。简单说来，当时盟军高层认为欧战胜利已经在望，有乐观者认为战争在1945年之前就能结束；德军在盟军遭遇后勤补给困境时逐渐缓过神来，西部边境的防线虽然已经被盟军攻破，但希特勒认为德国的军事实力依旧可观。当时任何战术胜利乃至战役胜利都已经入不了希特勒的眼，他追求的是能一锤定音的战略胜利。希特勒认为被动防御不可能赢得战争，必须抓住机会打疼盟军，迫使其退出战争，从而瓦解西方国家的政治联盟，再调过头来与苏联血战到底。因此，他不顾将领们的反对及德军的真实战力，坚决要求实施这次能突破到安特卫普将盟军一分为二并重夺战略主动权的庞大攻势。

1944年6月到12月的半年时间里，二战欧洲战场发生了天翻地覆的变化。苏联红军在东线取得了节节胜利，不但把德军赶出了苏联国境，而且还深入东欧地区对德军进行了轮番打击。与此同时，登上欧洲大陆的盟军利用空中优势和炮兵火力优势，将德军在西线的装甲力量消灭殆尽，随后横扫法国和比利时，在短时间内打破德军的西墙防线，杀入德国本土。短短半年时间里，德军损失了数以百万计的精锐官兵，大量作战经验丰富的单位被成建制地消灭或重创，导致德军根本无法补充严重失血的一线部队，只能把缺乏训练的后方勤务人员、闲着没事干的海军和空军人员一股脑全塞进野战部队中。表面上数数人头，德国军队的兵力膨胀到1000多万人，实力依然雄厚，而且飞机、坦克、大炮的数量也不算少，可是兵员能力素质水平不够、武器弹药可靠性较低（外国劳工在生产时不断搞破坏，其后果不断显现）、后勤保障能力有欠缺，甚至连军装质量都低劣到无法御寒，这些方方面面的缺陷均令德军的软实力大打折扣。再加上7·20事件后希特勒在德军内部搞清洗，大部分陆军将领失去信任，国防军和武装党卫军之间的矛盾基本不可调和，希特勒又在排兵布阵时将重任优先交给能力与职务并不匹配的诸如迪特里希之流的党卫军将领，最终自食恶果。阿登反击战就是在这样的背景下进行筹备，并最终实施的。无论参战的德军将领战前做过何种努力，都改变不了希特勒的决心。不是他看不到将领们摆到台面上的诸多问题，而是对濒死的人来说，哪怕是一根稻草也要当浮木紧紧抓住。被这种侥幸心态左右的希特勒只能选择抓住仅有的那点希望，其实他已经别无选择。

贝里斯特伦的这本著作在战前双方态势和政治背景方面并没有用太多笔墨：只用一个章节介绍了东、西两线战况及其他背景内容，接下来的两章都在叙述德军战役准备和盟军方面的情况，到第四章就开始正式讲述阿登战役的经过了。本书规模宏大，讲述战役过程的内容就有整整11章，可以说对阿登战役的方方面面都做了详尽的交代。书后的参考资料厚厚一叠，具体内容我不复赘言，只介绍几处令我印象深刻且眼前一亮的内容：首先，本书对1945年1月盟军反攻阶段的战况描述得较为详细，这在其他涉及阿登战役的书籍中较为少见，显得难能可贵。其次，由于作者对二战空中战斗方面的内容极其熟悉，因而专门花了一些篇幅介绍阿登战役期间盟军与德军的空中较量，空战、近距离对地空中支援等方面均有详细的数据和战例，读来令人欣喜。交战双方的官兵都呐喊过："我们的空军在哪里？！"，其实激烈的空战只是发生在地面部队看不到的地方，并不表示没有发生过，相信这些内容对很多读者来说都很新鲜，值得一读。再次，贝里斯特伦运用一些具体的数据、资料论证甚至推翻了前人的观点，如盟、德两军的计划、指挥、战果、损失，巴斯托涅围城战初期双方的实力对比，盟军航空兵对战役的影响，导致德军失败的因素，阿登战役的最终影响等等，这才是本书价值最大的所在。具体内容在相关章节和后记中有精彩描述。最后，本书参考资料繁多，一些细节和数据非常宝贵，读来有茅塞顿开之感。

令我感慨的是，当初在撰写《沸腾的雪》时，我曾提出过围城德军实力远远不如被围美军的观点，但缺乏详细的数据支持。同时我还认为在巴斯托涅南部打阻击的德军表现得非常出色，尤其是德军第5伞兵师。相对来说，实力占优的美军表现平平。如果不是空中优势和炮兵火力强大，美军打破包围圈的时间还要继续推迟。整场阿登战役，美军损失肯定要大于德军，尤其是在美军转入反攻之后，无论指挥或是战斗方面，德军很多时候的表现都要强于美军。我记得这些观点当时在论坛上遭到过不少军迷的质疑，现在贝里斯特伦的这本著作会给予相当详尽的数据和论据论证，也弥补了我当初的遗憾。

本书的译者姚军先生付出了极大努力，为广大读者提供了一部上佳的作品，相信他的翻译水平不会令大家失望。眼下，互联网科技的迅猛发展令人们通过纸媒阅读的时间越来越少，甚至阅读本身也成了一件"奢侈"的事情。但我始终认为，夜深人静之后，一盏孤灯、一杯清茶、一本令人中意的书籍，细细品读之后能有心得，便是再美妙不过的事情了。作为军事历史爱好者，我感觉这些年来国内对二战领域的研究与国外的差距越来越大。唯一算得上欣慰的事情，也许是国内这些年来引进出版了一批质量上乘的军事历史著作，而指文在其中功不可没。饮水思源，我辈读书人应该多读书，读好书，有所得，有所悟，让更多的好书能面世与大家分享。

董旻杰

2019年中秋

序章
进军默兹河

　　1944年12月22日晚，德国第2装甲师的先遣支队在比利时小村庄昂日蒙（Hargimont）暂留。热梅普城堡（Château de Jemeppe）坐落于从东面延伸到昂日蒙的树林尽头，已经部分荒废，庭院里挤满德军作战车辆。在狭窄的乡间道路、田野上和小村周围的果园，也都到处停满各式德军作战车辆，总数近一千辆。这就像二战末期的德国陆军车辆展览："汉诺马格"半履带装甲人员输送车、"美洲狮"八轮装甲车、11吨和18吨级的SdKfz 7/9牵引车、四轮驱动的 MAN 4500 4.5吨卡车、稍小一点的欧宝"闪电"卡车、"骡子"半履带卡车、大众小型水陆两栖汽车、各种各样的防空车辆、多型摩托车、缴获的各种美制车辆，以及大量民用车辆。在村庄四周的山上，有策略地部署着"豹"式坦克、四号坦克以及三号突击炮。在黑暗的村庄里，德军哨兵们游走于停放的车辆中，他们在12月寒冷的夜里瑟瑟发抖。其他人据守着村庄外围的阵地，最不走运的就是那些在四周执行巡逻任务的士兵了。还有一些人在强征来的房屋内酣睡，他们中的很多人如此疲惫，就连德国炮兵对东北方几英里处的马尔什（Marche）发动零星炮击传来的巨响都无法将其惊醒。

　　德军先遣支队指挥官恩斯特·冯·科亨豪森（Ernst von Cochenhausen）少校等着太阳升起，届时他将继续向预期中的最终目标——默兹河 ①——推

---

　　① 译注：默兹河（Meuse）流经法国、荷兰、比利时，在法国和比利时时被称为默兹河，在荷兰则被称为马斯河（Maas），本书所述战斗大部分在比利时进行，因此使用默兹河的译名。

进，并渡过该河。44岁的科亨豪森是参加过1938年捷克苏台德占领行动的老兵。他在1939年入侵波兰第四天就受了伤，但是返回前线服役，指挥东线的一个摩托车营。完成团级指挥官训练后，他于1944年12月调到第2装甲师，任第304装甲掷弹兵团代理团长。在这个职务上，他率领着以自己名字命名的"科亨豪森"战斗群。该战斗群与装甲侦察营一起组成了第2装甲师的先遣支队。

在热梅普城堡上方的山顶，两个小时前被德军炮火摧毁的美国军用车辆仍冒着烟。这些车辆属于来自美军两个师（第84步兵师和第3装甲师）的联合特遣队，德军12月22日晚上击败他们，随之占领了昂日蒙。这是自一周前阿登战役开始以来，德国第2装甲师和多支美国部队进行的一系列胜利战斗中的最后一次。

从第2装甲师官兵们的角度来说，他们都有理由为该师的战功感到骄傲。该师创立于1935年，当时希特勒恢复了征兵制度，开始重建德国装甲兵。第一任师长正是新德国装甲兵之父海因茨·古德里安。第2装甲师1938年3月参加了向奥地利的进军（德奥合并），并在同年9月《慕尼黑协定》签订后占领了捷克的苏台德地区。二战中，第2装甲师几乎在各个战场都取得了巨大的成功——1939年的波兰，1940年的西线，1941年的巴尔干半岛，1941—1944年的东线，以及最后在西线，包括1944年的诺曼底。

1940年5月20日，第2装甲师迎来了作战生涯中的顶峰，在西线的"闪电战"中，它成为第一支到达英吉利海峡的德国部队。一整个盟国集团军群由此被装入北部的一个巨大的"口袋"中，此战决定了法国的命运。一个月以后，德国的老对手法国被迫在耻辱中投降。然而，在1944年12月22日的寒夜里，第2装甲师的官兵可能要扪心自问，他们是不是真的又要超越1940年的成就了。

1944年12月16日德军发动阿登战役后的一周里，第2装甲师已经在路况极差的乡村道路和泥泞的田野上推进了大约60英里（约97千米），挫败了强大的美国陆军实施的所有抵抗。师长迈因拉德·冯·劳赫特（Meinrad von Lauchert）上校在1944年12月22日的报告中写道："敌军的士气似乎遭到重创。"他继续写道：

诺维尔（Noville）之战后，我们遇到的都是很容易对付的微弱抵抗——今天在马尔什以南的那次除外。

这是第2装甲师与其美国对手交战中的一系列压倒性胜利所致。

一切始于1944年12月16日凌晨，当时，从该师专门挑选的突击队悄悄地渡过德国的界河——乌尔河（Our），在夜色和浓雾的掩护下小心翼翼地穿过对岸山区中的美军阵地。与此同时，来自其他15个师的数万名德军士兵同样静静地进入了阿登前线沿线的预定进攻出发阵地。美国军队毫无准备，此次攻击完全出乎他们的意料。很快，第2装甲师的装甲兵在卢森堡境内3英里的马尔纳赫（Marnach）小村通过了匆忙架起的桥梁，粉碎了美军派来对抗的第一支装甲部队。

第2装甲师的下一个任务是控制距离出发点7英里（约11.3千米），位于克莱沃（Clervaux）的克莱韦（River Clerve）河渡口，这在攻击的第二天达成。在一场坦克战中，美军损失了60辆坦克，而第2装甲师的损失不超过4辆坦克。来自美军第28步兵师的一个团试图阻击德军，遭到全歼，团长赫利·富勒（Hurley Fuller）上校和许多美军士兵被俘。

48小时内，刚刚取得胜利、原本信心满满的美国陆军在西线遭到全面失败，士气迅速低沉，士兵们向西逃窜。看上去不可战胜的德军装甲纵队随后穷追，最靠前的就是迈因拉德·冯·劳赫特的第2装甲师。

攻势的第三天，第9装甲师将预备队前移，试图阻止第2装甲师。这场决战的最终结果是美军几乎被全歼。其余美国装甲部队丢下45辆燃烧的"谢尔曼"坦克仓皇后撤，美国第2坦克营营长也在阵亡者之列。当天晚上，第2装甲师已经抵达距离出发点4英里的地方，到此时为止，它所遭受的损失可以忽略不计。

美军此时调动了第三个师——巴顿第3集团军中的第10装甲师——攻击第2装甲师的南翼。但在两天的激烈坦克战中，美军的该师也被迫看着自己的数十辆坦克被击毁。最后的决战发生在巴斯托涅（Bastogne）西北的小村落诺维尔。第2装甲师在诺维尔继续取得胜利，打垮了美国第10装甲师的另一支特遣队之后，它已经可以从北发起进攻，占领巴斯托涅这个具有战略意义的城镇。

但是德军指挥官对劳赫特的部队另有计划：它将组成闪击战的先遣支队，在西方40英里（约64千米）外的默兹河上建立桥头堡。1944年12月20日的德军报告称："敌人正在向西逃窜。"

12月22日下午，美军在昂日蒙的行动似乎是阻止德军推进的最后一次尝试。最终，美国第3装甲师和第84步兵师被迫撤退。

此时，德国第2装甲师不仅看起来完全没有对手，其左翼还有由声名显赫的弗里茨·拜尔莱因（Fritz Bayerlein）中将率领的德国装甲教导师。右侧则是著名的德国第116"灰猎犬"装甲师，该师和第2装甲师一样如压路机般急进，沿途碾碎所有抵抗的美军。这个装甲师也在不到一周的时间里推进了60英里。稍微向东一些，有两个装甲师已经开来——党卫军第2"帝国"装甲师和党卫军第9"霍恩施陶芬"装甲师，伴随的还有一个步兵师。攻势开始时，这些德军共计有四百多辆可用坦克，其中近2/3是五号"豹"式坦克，远优于西方盟国所能调集的任何一种坦克。

科亨豪森在昂日蒙等待的太阳升起时，第2装甲师将沿最短的路径越过高原地带上冰封的田野，开向迪南（Dinant）的默兹河桥梁。确实，到达那个位置所需的距离只有25英里（约40千米），而且驻扎在昂日蒙与迪南之间的盟军力量薄弱，所以德军预计在次日（12月23日）就能到达目的地，师长冯·劳赫特1944年12月22日晚信心满满地向军部报告：

> 我们的主力将继续推进……我们将占领塞勒（Celles）、孔茹（Conjoux）地区，准备在昂斯雷姆（Anseremme，迪南正南方）渡过默兹河。

1940年5月，第2装甲师曾在法国城市色当快速渡过默兹河，在破坏盟军西线防御战略上发挥重要作用。此战打通了向英吉利海峡迅速推进的道路，英国远征军被从敦刻尔克赶下海。此时，时间已经过去了四年半，该师似乎又要创造类似的功绩。只要这个装甲师渡过默兹河，就可能迫使河后面的盟军全面撤退，否则其部队就有被切断的危险。这反过来可能造成一种局势：参加阿登战役的两个德国装甲集团军——第5装甲集团军和党卫军第6装甲集团军——将成功地实现其目标，推进到安特卫普港。到时，英国—加拿大第21集团军群(包括美国第1和第9集团军)将被从北面切断。考虑到整体形势，德军如能取得这样的胜利，就连1940年5月和6月在西线的大胜都要黯然失色。

1944年12月22日晚，英国第3皇家坦克团奉命准备从迪南撤往默兹河以西3英里的圣热拉尔。德军装甲兵面前的道路似乎已经打通。在战争的第六个年头，盟军于诺曼底成功登陆并解放法国半年之后，究竟有没有可能发生这样的情况？那是全世界都要问的问题。

第1章
通往阿登战役之路：走向深渊

如果以最近几周的步调继续推进，9月28日我们就应该在柏林了。

——伦敦的帝国总参谋长助理约翰·肯尼迪（John Kennedy）将军，

1944年9月6日[1]

瓢泼大雨中，苏联军队各个突击连离开他们的阵地，匆忙前出到德军阵地之间。在履带式坦克歼击车的支援下，他们冲向德国对手，攻下一个又一个德军阵地。

这是1944年6月22日（星期四）的傍晚。苏联红军最大的攻势（也是二战中盟军最大的攻势）"巴格拉季昂"行动刚刚开始，而德军完全没有意识到这一点！战斗持续整晚，苏方部署了擅长夜战的部队。与此同时，约一千架苏联飞机飞临德军战线上空。由于白俄罗斯游击队已经完成破坏大量德军铁路线的任务，飞行员们可以集中打击德国炮兵阵地和防御据点。[2] 但是，德国中央集团军群是德国陆军最强大的集团军群之一，承受苏联红军攻击的时间比其他任何军队都要长，对该集团军群司令部来说，这似乎只是苏联红军最近几个月已在进行的纵深武装侦察突击的延伸。根据资料显示，总攻由炮兵和大规模集结的坦克发起，但是这里的炮兵火力相当有限，主要是有自行火炮伴随的步兵，仅有少量中型坦克。

6月23日早上5时，苏联波罗的海第一方面军指挥官伊万·巴拉米扬（Ivan Bagramyan）将军命令炮兵开火。但随之而来的不是整条战线上的猛烈炮击，而是对选定地点的炮击，步兵突击在那里的德军支撑点面前停滞不前。甚至到苏方让更强大的装甲部队（包括两个配备"约瑟夫·斯大林"新式重型坦克的团）进入步兵在德军战线上撕开的口子时，德军最高统帅部也未能完全了解战事的真正发展。

白俄罗斯城市维捷布斯克（Vitebsk）在拉脱维亚边境东南方不到100英里处，在城市南北两侧，德国第3装甲集团军陷入一场绝望的战斗。不论德军在哪里挡住对方，苏联对地攻击机或轰炸机都会从云层里现身，消灭德军阵地。6月23日的战斗中，苏联空军第1和第3集团军仅在维捷布斯克地区就出动近1700架次。德国空军仍然几无踪迹，当地的德空指挥官仍然认为，这只不过是苏联军队的"佯攻"[3]。

苏联的进攻准备做了巧妙的隐蔽，在德军浑然不觉的情况下，大批军队集结起来对付中央集团军群：167万名士兵，4000辆坦克和突击炮，外加24000门火炮及迫击炮。

6月24日，苏联攻势进入第三天，德国最高统帅部才意识到，苏联红军实际上已经发动总攻，目标就是歼灭中央集团军群。[4] 但为时已晚，波罗的海第一方面军和白俄罗斯第三方面军的装甲力量已经达成纵深突破。在维捷布斯克，德国第3装甲集团军的38000名士兵被包围。在更南面的博布鲁伊斯克（Bobruysk），德国第9集团军大部被围。

苏联空军从一开始就取得制空权，空袭对中央集团军群的迅速崩溃起到了关键作用。7月2日，苏联红军的钳形攻势将德国第4集团军的约105000名士兵困在白俄罗斯首府明斯克。两天以后，第4集团军的最后抵抗被完全粉碎。6万名士兵成为苏军的俘虏。中央集团军群两周前可供调遣的49万名士兵在该阶段损失了35万。接下来的几周里，这个集团军群还要损失10万人。

1943年夏季的库尔斯克战役后，德军已经被苏联红军步步逐退，但除1944年春季在克里米亚半岛的崩溃外，德军战线仍大体上保持着连贯性。在"巴格拉季昂行动"之前，沿东线的强大防线"锁住"苏联红军还是有希望的。1944年7月初中央集团军群的崩溃使德国最高统帅部痛苦地意识到，对苏战争的失败已经不可避免。

7月13日，随着伊万·科涅夫（Ivan Konyev）元帅的乌克兰第一方面军对乌克兰西北部的德军北乌克兰集团军群发起进攻，苏联军队的攻势扩张了。在这一战线上，苏联的空中优势也对地面战斗起到决定性作用。由于得到空中支援，科涅夫的部队在布洛迪（Brody）成功地围歼了一支规模很大的德军部队。到 7 月 29 日，乌克兰第一方面军已经给德北乌克兰集团军群造成了 198000 例伤亡，自己仅损失 37400 人。科涅夫的军队将德军逐出乌克兰，并严重破坏了北乌克兰集团军群和中央集团军群之间的联系，与此同时，中央集团军群残部带着不同程度的恐慌向西逃窜。7 月底，苏联红军已经抵达里加湾，在爱沙尼亚和拉脱维亚北部切断了另一个德国集团军群——北方集团军群，而乌克兰第一方面军正在逼近华沙。

德军快速展开强大的援兵后，才将红军阻挡在华沙以东，其中也包括一些从诺曼底调来援兵，6 月 6 日以来，那里的德军和西方盟军已经陷入阵地战。与北方集团军群的联系几乎不可能重建了。

盟军在法国西北部登陆以后，德军已经陷入一场危机，苏联取得的突破使这场危机进入高潮，显然，英美军队建立的桥头堡已经无法消除。盟军战舰的重炮控制了登陆海滩周边地区，盟军巨大的空中优势——与盟军约 1 万架战斗机和轰炸机相比，德军在西线所能出动的飞机平均下来只有 1000 架出头——以及地面力量日益扩大的数量优势，令人毫不怀疑德军失去对法国的控制只是时间问题。1944 年的整个 7 月，德国指挥官们预计盟军随时会取得重大突破。[5] 到 7 月的第三周，诺曼底地区的力量对比和"巴格拉季昂"行动期间相同——盟军共有约 150 万名官兵，而德方只有 38 万人。[6]

1944 年 7 月 20 日，一群密谋者最后一次不顾一切地试图挽救绝望局势时袭击了希特勒。结果尽人皆知：密谋失败，纳粹独裁者对德国军事力量本已十分强大的掌控力进一步增强。

7 月 24 日，美军派出 350 架重型轰炸机对付诺曼底盟军桥头堡西南角的德军阵地，德军此处防御的基石是弗里茨·拜尔莱因中将率领的装甲教导师。轰炸使该师损失了 350 名士兵和 10 辆装甲车辆，但这并未超出德军承受能力。拜尔莱因认定这是美军又一次突破尝试的前奏，便派出其预备队。美军次日发动新的大规模空袭时，这些德军刚刚占领前沿阵地。美军空袭从 9 时 38 分开始，来自第 9 航空队 8 个战斗机大队的战斗轰炸机沿着 4 英里宽的战线对德军阵地展开打击。这次空袭持续了19分钟，然后，第8航空队至少1500架重型轰炸机缓慢飞临战场上空，对同一区域投下3000吨炸弹。这些飞机刚刚离开，第9航空队的7个战斗机大队又出现，开始轰炸和扫射已经被完全破坏的德军阵地。此后又是580架中型轰炸机进行的长达50分钟的轰炸。

用拜尔莱因的话说，这3个小时的空袭已经完全"摧毁了队伍的士气"，他们在很多情况下"投降、逃跑或逃向后方，只要能从轰炸中幸存下来就行。"[7]其他人则"发疯或瘫倒，什么也做不了。"[8]战后，拜尔莱因承认"对于一个战争期间在各个战场都被委派到过主攻方向的我来说，这是自己目睹过的最糟糕的情况"[9]。

随着装甲教导师被"全歼"，其他德国部队（如第116装甲师）受到盟军战斗轰炸机的阻挠而无法投入这场战斗，美国地面军队终于取得两个月以来寻求的战役突破。7月30日—31日，德军在阿夫朗什的阵地土崩瓦解。

次日，诺曼底的美国部队组成了盟军第21集团军群，由英国的伯纳德·蒙哥马利（Bernard Montgomery）将军指挥，那时他还统率着诺曼底的所有盟军地面力量。诚然，蒙哥马利将军接下来几周将继续担任法国盟军地面力量的最高指挥官，但此时，第12集团军群在前美国第1集团军指挥官奥马尔·布拉

1944年8月，美国士兵在M10坦克歼击车的支援下向法国阿夫朗什（Avranches）一带推进。（保罗·瓦普收藏）

德利（Omar Bradley）中将麾下组建起来，其任务是指挥两个美国集团军的作战行动：现由考特尼·霍奇斯（Courtney Hodges）中将指挥的第1集团军，以及从第1集团军抽调部队新建的第3集团军。乔治·S.巴顿（George S. Patton）中将被任命为第3集团军指挥官。

盟军主力——812000名美国士兵、2450辆坦克和坦克歼击车——被置于西侧。[10]德军拥有约800辆坦克，其中645辆集中于诺曼底，以对抗东侧的英国第2集团军和加拿大第1集团军，因此，一旦巴顿的装甲力量开始向南推进[11]，德军将完全没有能力与之对抗。巴顿展现出卓越的组织能力，仅花费72个小时，就率领7个美国师渡过阿夫朗什的一座桥梁。[12]

按计划，第9航空队内组建了一个新的战术航空兵司令部——第19战术航空兵司令部，由奥托·P.韦兰（Otto P. Weyland）少将指挥，任务是为第3集团军提供近距空中支援。[13]第19战术航空兵司令部开发了一种新的美军近距支援战术——"装甲纵队掩护"法，按照这种方法，直接为推进中的装甲部队先头纵队指派一名空中管制员，用无线电直接与空中的飞机通信，而战斗－轰炸机在空中待命，准备打击前进空中管制员指示的一切目标。

巴顿的第3集团军从阿夫朗什的缺口向西、南和西南呈扇形展开，在韦兰麾下飞行员们的侧翼掩护下，发起闪电般的攻势。实际上，米德尔顿少将率领的第3集团军第8军几乎没有遇到什么抵抗。向西"横扫"布列塔尼的行动经过的是德军主力已经撤离的区域，那里的村庄和城镇已经被法国抵抗组织占领。[14]原来驻扎在该地区的4个德国师残部匆忙撤退，以便在大西洋港口布雷斯特（Brest）、洛里昂（Lorient）和圣纳泽尔（Saint-Nazaire）建立坚固的防御。

德军也无法有效抵抗巴顿所部在西南方向上的推进，8月8日，美军解放勒芒（Le Mans），这座城市在诺曼底东侧卡昂（Caen）的德军阵地以南90英里（约145千米）处。至此，驻守诺曼底的德国B集团军群受到严重威胁，可能在塞纳河以西被切断。7月2日，德国陆军元帅京特·冯·克鲁格（Günther von Kluge）接替格尔德·冯·伦德施泰特元帅出任该集团军群指挥官，他建议从诺曼底撤出，并沿从英吉利海峡的塞纳河口到东南方的法国—瑞士边境建立一条新防线。

但希特勒坚持下令向阿夫朗什发动反冲击，目标是切断南进的巴顿集团

第9航空队的一个道格拉斯 A-20 攻击轰炸机编队前往法国，为诺曼底战役提供支援：盟国航空兵在1944年的西线起到了决定性的作用。（美国陆军）

军。假如盟军没有空中优势，这一反冲击也许有可能成功。可是对冯·克鲁格和他手下的将军们来说，整个行动从一开始就注定要失败，但在7月20日希特勒险遭暗杀之后随之而来的恐怖浪潮的氛围中，几乎没有人敢于反对。

德国指挥官大都承认，阻止德军反冲击的是盟国的空中力量。第2装甲师师长海因里希·冯·吕特维茨（Heinrich von Luttwitz）中将写道："它们一来就是数百架，向集结的坦克和车辆发射火箭弹。我们没有办法对抗，无法取得任何进展。"[15] 接下来，盟军从南北两个方向发动进攻，旨在将整个 B 集团军困在卡昂以南的"法莱斯口袋"里。在这次戏剧性的战役期间，8月17日，希特勒罢免冯·克鲁格①，代之以瓦尔特·莫德尔（Walter Model）元帅。

莫德尔抵达法国时，10万名德国官兵被困在所谓的"法莱斯口袋"里。他们向东突围的唯一路线很狭窄，且遭到持续空袭；一名盟军飞行员报告，整片地区都在燃烧。[16] 但作为此时仅存的少数几位资深德国指挥官之一，莫德尔得到元首毫无保留的信任。他刚刚从东线赶到法国，此前还挡住了苏军的大规模攻势。因此，他可以命令军队撤出法莱斯口袋。

尽管德军坦克有能力阻止盟军地面军队扎紧"口袋"，但由于盟军猛烈的空袭，德军撤退仍然极其困难。约5万名士兵得以向东突围，但被迫将大批重装备丢弃在法莱斯地区，主要的原因就是空袭②。德军在这个阶段之前还怀有将盟军赶下海的野心，但此时他们在法国的战略意图已经完全破产。8月15日，亚历山大·帕奇（Alexander Patch）中将率领的一支盟军军队在法国南部登陆，没有遇到很大的困难就建立了一座桥头堡。希特勒已经别无选择。8月16日，他命令已经在法国西南部就位的 G 集团军群迅速向东北方撤退。[17] 这与莫德尔撤出法莱斯口袋一致，8月20日巴顿的第3集团军在巴黎以南渡过塞纳河时，莫德尔的撤退演变成一场在法国战场上的大溃败。

同一天（8月20日），苏联红军在东线再次发动大规模攻势，这一次打击的是希特勒4年以来的忠实盟友罗马尼亚。尽管双方兵力相当接近——130万苏联军队对阵90万轴心国军队——但德国—罗马尼亚军队的防御迅速瓦解。这在很大程度上同样是苏联空中突袭的结果。[18] 新编的德国第6集团军（这一番号原属于1943年1月在斯大林格勒被歼灭的军队）正如其前辈一样，被苏联军队包围；唯一不同的是，后者覆灭的速度更快。到1944年9月初，这个新的第6集团军也不存在了。德军共损失20万名士兵，其中有115000人成为苏联人的俘

---

① 原注：两天之后，冯·克鲁格自杀身亡。

② 原注：有关盟军飞行员在法莱斯口袋上空行动的记录往往言过其实。根据盟军占领该地区之后进行的调查，在法莱斯地区被调查的101辆德军坦克和突击炮中，只有6辆是因为空袭而直接摧毁的，44辆毁于地面火力，12辆是出于其他的原因。另外22辆是被乘员抛弃的。这导致了一种错误的解读——盟国空军在法莱斯的行动效率不高，但对这一结论必须加以驳斥。因受空中行动压制，而被反坦克炮手击中的坦克数量无法确定。最重要的是，盟国空军在法莱斯等战场上取得的效果主要不是直接被摧毁的重型装甲车辆，而是被摧毁的进出前线的运输车辆。上述的盟军调查还表明，法莱斯口袋中被摧毁的其他德国车辆（"薄皮车辆"）中，有将近半数是空袭的结果。可以肯定地认为，法莱斯口袋俘获的4万名德国士兵，大部分可以归功于盟国空军对其撤退路线空袭所产生的直接或间接效果。

房。就这样，德军仅仅3个月就损失了127万名士兵——其中90万人是在东线损失的。[19]

希特勒刚刚接到失去罗马尼亚油田（这是德国原油的主要来源）的消息，又得知德国的两个前盟友抛弃了这位纳粹独裁者。苏联红军从罗马尼亚继续进占保加利亚，该国于9月8日向德国宣战。仅仅4天前，芬兰在1944年6月开始的苏军攻势的重压下，与苏联签订停战协定。这是对德国东线战略的沉重打击，该战略依赖芬兰军队拖住大量苏军的能力。这些军队现在都可以转移到德军当面的战线。

实际上，在1944年夏季德军的各条战线中，唯一没有完全崩溃的就是意大利战场。在这条战线上，盟军虽然有明显的数量优势，却一无所获，8月25日发动的总攻也只占领了很有限的区域。因此，德军得以从意大利前线抽调军队，增援处于危局的地段。军事历史学家约翰·埃利斯（John Ellis）无情地批评了盟国在意大利的军事指挥：

> 几乎所有盟国将军表现都很差，战术和战略上都显得乏善可陈。他们甚至常常无法就应该采取的行动达成一致。整个意大利战役从一开始就受到英美分歧的严重损害。[20]

德国人当然发现了这些情况，并据此得出几个重要结论。事实上，在这方面西线并未比意大利好多少，盟军未能充分利用德军撤过塞纳河的有利局势。莫德尔元帅此时兼任诺曼底B集团军群指挥官和西线总指挥官（OB West），他8月29日总结了B集团军群的局势：如果不考虑已损失几乎全部重装备的事实，该集团军群的11个步兵师可以组成相当于4个师兵力的联合部队。11个装甲师和装甲掷弹兵师平均只能集结5—10辆坦克。[21]考虑到这些情况，莫德尔告诉希特勒，除尽快撤回德国外别无选择。

英国军事历史学家巴希尔·H.利德尔·哈特（Basil H. Liddell Hart）的结论是：这场战争本可以在1944年9月轻易地结束。[22]盟军可以调动近3000辆坦克、150万士兵和14000架飞机，理论上可以在1944年秋季消灭德国武装力量的最后残余，但他们完全没能做到这一点。

　　德国在西线的武装力量不仅存活了下来，而且在1944年9月的上半月还稳定了西线局势，这被德国宣传为"奇迹"，并不是没有原因的。到1944年9月中旬，在从荷兰海岸向东延伸到（现）德国与比利时和卢森堡边境，最终沿摩泽尔河直线向南的战线上①，盟军陷入了阵地战。

　　这一突然的逆转很大程度上可以从德国最高统帅部找到解释。当然，希特勒远不像他的亲信们所称，是"古往今来最伟大的军事指挥官"，例如，德军在法莱斯遭遇的惨败就源于希特勒错误下达的攻击命令，反而是在他的将军中，可以找到一些二战中最有谋略的军事指挥官。陆军元帅瓦尔特·莫德尔就是其中之一，他1942年1月曾将许多人从东线的绝望局势中解救出来，当时，苏联红军几乎已经在莫斯科以西击溃了德国第9集团军，而莫德尔亲自干预，改变了整个局面。德国军事历史学家保罗·卡雷尔（保罗·卡尔·施密特）写道：

> 莫德尔无所不在，[……]他突然在一个营指挥所前面跳下乘坐的"桶车"，骑上一匹马，急速穿越前线厚厚的积雪，激励士兵，表扬或批评他们，甚至挥舞手枪，率领一个营向突破之敌发起反冲击。这位精力充沛的将军无所不在。只要他不在，每个人都像掉了魂一样。[23]

　　由于在塞纳河西侧丢弃了大部分车辆，遭到大批盟军坦克追击和持续空袭，德军1944年8月在西线的撤退很快就陷入一片混乱和惊慌之中。这种乱局使德军士兵的战斗精神完全崩溃。一位德国士兵草草写下的几句话说明了当时普遍的情绪。"我不会和他们在一起待太久。我真不知道我们打下去是为什么。我很快就会跑到英国人那边去，如果能活着到那儿的话。"[24]

　　在德军撤退的行列中，黑色幽默蔓延到标语"Heim ins Reich"上，这句话的本意是"回归帝国"，现在则变成了"逃回德国"②。华盛顿的盟军参谋部联合情报委员会得出结论，德国集团军将逐个瓦解，"德国最高统帅部任何有组织的抵抗

---

　　① 原注：从1940年5月到那个时候，比利时的奥伊彭—马尔梅迪（Eupen-Malmedy）地区被德国吞并，德国与比利时边境比如今向西深入了大约6英里（约10千米）。

　　② 原注："回归帝国"实际上是纳粹标语，意思是生活在德国之外的日耳曼人都应该加入希特勒的帝国之中。

都不可能持续到1944年12月之后……甚至可能更早结束。"[25]

毫无疑问，盟军做出上述评估有充分根据，但他们没有考虑到两个因素：盟军最高统帅部所犯的错误，以及德国最高统帅部扭转困难局势的能力。莫德尔精心选择了可信的参谋人员，派遣他们到前线去。这些人通过与宪兵及督战队（一支特殊军事力量，主要任务是维护军队秩序，例如追捕逃兵）合作，平息了士兵中的惊慌情绪，聚拢被打散的部队，将单独或成群逃跑的士兵塞入新建的前线部队。

同时，沿德国西部边境建立了一条实际上是全新的防线，南起瑞士边境，北至荷兰城市马斯特里赫特（Maastricht）附近的鲁尔蒙德（Roermond）。虽然这条所谓的"西墙"（West Wall，盟军称之为"齐格弗里德防线"）1936年就已经开始构筑，但1940年5月德国各集团军在西线发动"闪电战"时仍未完工。因为德军在法国取得速胜，这条防线在后来几年里已经破败，1944年夏末又需要"西墙"时，它已难堪使用。反坦克障碍——即所谓的"龙牙"（Dragon's Teeth）——太小，无法阻挡1944年的坦克，碉堡的墙体太薄，无法承受现代化的航弹，过小的空间也无法装下1944年用的较大型反坦克炮。[26] 不过，1944年8月20日希特勒下令凭借"人民的力量"加强西墙，很快就为此征调了211000名工人。[27]

同时，后方的约100个要塞卫戍营以及训练团、预备军官学校被转换为前线军队。遭受重创的德国空军和海军（他们的大型水面舰艇基本上都在港口中无法动弹）奉命征调所有"非必要人员"。这些人员被组成新型步兵师——"国民掷弹兵师"（Volksgrenadier-Division）①。"国民掷弹兵师"这个名字与德国民族主义者/纳粹的民族主义运动（Völkisch）思想有关系，这一运动本质上意味着对德国人的某种神化。该运动的鼓动者是党卫队领袖海因里希·希姆莱（Heinrich Himmler），在前预备军②指挥官弗雷德里希·弗罗姆（Friedrich Fromm）将军因熟知7月20日的反希特勒图谋却未加干预而被捕之后，他接任这一职务。

德国人的思路是，这些"国民掷弹兵师"将成为一种新型部队，对元首更加

---

① 原注：国民掷弹兵师不应该与纳粹的本土守卫部队"人民突击队"混淆。
② 原注：由德国预备军组织部队训练，并补充常规前线军队的损失。

忠诚，与德国陆军内部老旧、保守的价值观毫无关系。国民掷弹兵师从未隶属德国常规武装力量——国防军，它以之前几乎被消灭的师所残余的经验丰富的老兵为核心，其番号往往基于这些残余人员所在的步兵师。例如，第26国民掷弹兵师以来自第26步兵师的幸存老兵为核心组建，后者的大部在东线被消灭。国民掷弹兵师主要的变化在于，它们被精简为6个营，而非原来德国步兵师标配的9个，因此，编制兵力也从原来的17000人减少为约10000人。

除这些部队之外，德国空军有6个新建的伞兵团，共计2万名士兵。在此基础上，从各种空军部队抽调了1万名士兵，他们作为第1伞兵集团军被派往前线，由库尔特·斯图登特（Kurt Student）上将指挥。

1944年9月4日，就在第1伞兵集团军组建的同一天，68岁的老将，陆军元帅格尔德·冯·伦德施泰特重返西线，再次担任西线总指挥官。两个月前，希特勒曾免去他的这个职务，但纳粹头子意识到自己的错误时，冯·伦德施泰特表示非常愿意效劳。这样，莫德尔得以将全部精力投入到B集团军群的指挥中去。

然而，1944年9月，德军在西线的防御总体上相当脆弱。9月10日，冯·伦德施泰特报告，还需要5到6周的紧张工作，西墙才能承受现代军事力量的猛烈攻击。[28] 第1伞兵集团军虽然定名为"集团军"，但它所集结的士兵不超过3万人（相当于一个常规军），这一事实很好地说明了当时的局势。9月中旬，B集团军群辖下只有不超过12个师的兵力，一共只有84辆可用坦克和坦克歼击车，而他们的防线宽度达到250英里（约402千米），却要对抗蒙哥马利及其美国支援部队的百万大军和1700辆坦克。[29] 大部分德军部队的状态远不及预期。例如，由于普遍缺乏预备队，仍未完工的"西墙"由正常情况下可以豁免兵役的二级士兵守卫。这些士兵被分为所谓的"肚子营"（Magen–Bataillon）和"耳朵营"（Ohren Bataillon）；前者由患有慢性胃炎的士兵组成，后者则由有严重听力缺陷的士兵组成，然后根据他们的身体缺陷分配任务。这样，又能征调7—8万名士兵防御德国西部边境。[30] 如此弱小的部队竟然能够阻止盟军的攻势，确实令人称奇。

英军和美军1944年秋季未能充分利用其数量优势的最主要原因是补给上的困难。1944年9月前，诺曼底登陆的军队只有一个可供使用的港口——瑟堡（Cherbourg）。而且，陆上运输手段严重短缺，这受到多种因素的影响，其中最重要的是，在盟军春季和夏季的轰炸之后，法国北部的铁路网仍然处于混乱之中。此外，德怀特·D. 艾森豪威尔将军的盟国远征军最高统帅部（SHAEF）未能将160多个卡车连送上岸，而美国陆军运输部队建议至少在这个数字上再增加50%。[31]雪上加霜的是，1400辆英国3吨级卡车在法国因活塞故障而抛锚。[32]

在这种局势下，前线的补给应该以燃油为中心。只有如此，摩托化部队才能够追击、包围和歼灭撤退的德国各集团军。但这种情况并未发生。相反，盟军将相对有限的运输能力中的很大一部分用于补充弹药库存，而弹药在这个时候已相当充裕，因为他们的敌人此时（1944年8月底到9月初）已处于崩溃状态①。

此外，正如意大利战场那样，盟国在西线的作战受到英美指挥官之间竞争和猜忌的破坏。虽然艾森豪威尔是总指挥官，但阿拉曼战役的胜利者——英国人蒙哥马利指挥诺曼底的地面军队。不过，我们前面已看到，由于在阿夫朗什取得突破，美国军队已从蒙哥马利的第21集团军群中抽调出来，组成由布拉德利中将率领、全部由美国人组成的第12集团军群。蒙哥马利在短期内仍然是法国北部所有盟军地面军队的总指挥，但随着第12集团军群建立，指挥体系变得模糊起来。

在蒙哥马利看来，由于补给困难，不可能在整条战线上发动强大攻势。1944年8月17日，他向布拉德利介绍了自己的"反向施利芬计划"。根据该计划，盟军的两个集团军群将集中起来，成为有40个师的"强大集群"，从巴黎地区渡过塞纳河向东北推进。主攻由第21集团军群发起，攻击加来港（Pas de

---

① 原注：前线的士兵和军事指挥官们对当前形势下的补给组织（称为后勤区 ComZ）都感到失望。后勤区指挥官约翰·C. H. 李（John C. H. Lee）中将——他也是艾森豪威尔在盟国远征军最高统帅部的副手，欧洲战场位列第二的盟国军事指挥官——遭到恶毒的攻击。他的姓名首字母被轻蔑地读成"Jesus Christ Himself"（耶稣基督本人），讽刺他以前线士兵为代价换来的奢华生活。一位美国将军写道，他担心艾森豪威尔对李的"纵容"就像"亚历山大大帝爱谄媚者"。（黑斯廷斯，《大决战》，P.25）这种怨恨——在后来的叙述中仍然有所反映，军事指挥官们的奇闻轶事和尖锐批评对 ComZ 的描写起到了重要作用——回顾了这样的事实：在李的指挥下，诺曼底登陆前，共有3700万吨军用物资从美国和加拿大装船，在登陆之后又有4100万吨物资运抵欧洲大陆。美国军事历史学家罗兰德·G. 鲁彭索尔（Roland G. Ruppenthal）对二战期间美军在欧洲的维护能力进行了大量研究，他指出"对 ComZ 缺乏信任不是个新现象。英国时期因组织和计划上的分歧而产生的猜疑从未消减，后勤区和战场指挥之间的关系也从来没有达到完全和谐。毫无疑问，不信任感部分来自对后方部队比前方部队得到的补给更好（可能也是无法避免的）的认知，特别是服装和食品。"（鲁彭索尔，《二战美国陆军在欧洲战场的行动：集团军后勤支援，第2卷：1944年9月—1945年5月》，P.349）确实，李是一个很有争议的人物，但这很大程度上是因为，他是当时存在种族隔离的美国武装力量中首先挑战陆军种族偏见的高级指挥官。在此之前，前线军队的大门实际上还对非洲裔美国人关闭着，没有一位军事指挥官在打破种族壁垒上所起的作用能和李相比。例如，他发出一份惊人的备忘录，要求"各级指挥官应该接受（非洲裔美国人）调动到步兵部队的自愿申请"（《约翰·C.H. 李的备忘录，1944年12月26日。保密记录，记录组220：关于武装部队公平待遇及机会的总统委员会记录》，哈里·S. 杜鲁门图书馆与博物馆。http://www.trumanlibrary.org/whistlestop/study_collections/desegregation/documents/index.php?documentdate=1944-12-26&documentid=12-12&studycollectionid=&pagenumber=1&sortorder=.1 November 2012.），这没有得到很多同僚的支持，但在李的干预下，由非洲裔美国人组成的军事部队在阿登战役中得以部署，并取得了相当不错的战绩——我们在后面将会看到。

Calais)和佛兰德(Flanders)地区西部，以控制安特卫普港和荷兰南部。美国第12集团军群组成东翼，向阿登地区和德国城市亚琛、科隆推进。帕奇中将的美国第7集团军已在"龙骑兵"行动中在法国南部登陆，应向北方挺进，前往法国东部的南锡和德国的萨尔区，但蒙哥马利和布拉德利的集团军群将不向右展开，与帕奇的军队会合，因此这将造成"战略上的不平衡"。蒙哥马利计划的主要目标是"在比利时建立强大的空中力量，于冬季来到之前保证莱茵河上桥头堡的安全，并快速占领鲁尔区。"[33]

布拉德利最初似乎同意蒙哥马利的计划，但美国人和英国人之间的关系很快就变得更加紧张。蒙哥马利战后写道："从那时起到战争结束，英美军队之间总有各种各样的'意见'。巴顿不时做出的评论对这种局面没有任何帮助。在阿让唐，他的一番言论曾遭到布拉德利的制止：'要是让我去法莱斯，我就能够把英国人赶下海，再来一次敦刻尔克'。"[34] 另一方面，布拉德利在自己的回忆录中写道，他称为"小冲突"的情况"贯穿几个重要关头，直到1945年春季艾森豪威尔在雷马根(Remagen)放手让我们包围鲁尔区"[35]。这种冲突一直持续着，从某种程度上说，甚至在两国的史料中持续至今。

8月20日，艾森豪威尔在诺曼底召开一次内部会议，决定在9月1日改变指挥体系，由他兼任地面力量总指挥官。此举缩减了蒙哥马利的指挥权，他只能指挥英国—加拿大部队组成的第21集团军群。而且，会上还决定美国第12集团军群将向法国东部的梅斯(Metz)和德国萨尔区推进，和参加"龙骑兵"行动的军队会合，这与蒙哥马利的计划大相径庭。这些决定于当天晚上送达蒙哥马利的前线指挥部，他表达了强烈反对。

8月23日，蒙哥马利飞往布拉德利的指挥部与之讨论，发现对于3天前艾森豪威尔在内部会议上决定的计划，他的美国同事已改变了看法。蒙哥马利立即前往艾森豪威尔的指挥部，告诉这位总指挥官"如果他采取宽阔正面的战略，在整条战线上向前推进，每个人都同时投入战斗，那么前进的势头必然消耗殆尽，德军将得到恢复元气的时间，战争将持续整个冬天，到1945年才可能结束"[36]。

对于总指挥官"亲临"战场担任地面军队指挥官的想法，蒙哥马利也表示反对。他说道："总指挥官必须坐在很舒适的地方，才能超然地看待整个战场错综复杂的形势——包括地面、海上、空中、民事管制、政治问题等。地面作战必须由其他人帮助他完成。"[37] 这些话有时候被解读成蒙哥马利对个人权力的贪婪，但他实际上宣示了，如果盟军决定让布拉德利担任地面行动总指挥，他很愿意为其效劳。对于8月23日会议的结果，最好的解释就是某种妥协。艾森豪威尔同意将霍奇斯的美国第1集团军，用于蒙哥马利计划的东北方向的集中进攻，但拒绝接受让巴顿停下来的提议，巴顿的第3集团军此时正在向盟军的南（右）翼挺进，从而使补给线同时向南面和东面延伸。艾森豪威尔说："美国公众舆论绝不会支持这种做法；而正是公众舆论赢得了战争。"蒙哥马利的回答是："赢得战争的是胜利者。只要为人民带来胜利，他们才不在乎胜利是由谁取得的。"[38]

可是，巴顿集团军所得的补给两天内减少到每天2000吨，而组成蒙哥马利进攻军队南翼的美国第1集团军每天则可得到5000吨补给。[39] 以至于8月31日，巴顿的装甲兵因燃油短缺而止步于法国城市凡尔登（Verdun），此前，他们10天内闪电般地推进了140英里（约225千米），从巴黎以南的塞纳河开始，没有遇到任何值得一提的抵抗。由于帕奇的第7集团军仍然远在法国南部，德国 G 集群得以悄悄地从法国西南部逃脱，及时在法国东北部的洛林（Lorraine）建立防御阵地，对抗巴顿重新开启的攻势。

与此同时，英国—加拿大集团军群和美国第1集团军如潮水一般向北涌去，也没有遇到太多抵抗。9月3日，从电报中传来了比利时首都布鲁塞尔解放的消息。但与此同时，蒙哥马利的第21集团军在西面加来地区绕过对手（德国第15集团军群）轻松逃脱。9月4日占领安特卫普时，英国军队并未阻断德军进一步向西撤退的路线，这种疏忽找不到任何辩解的理由。这些道路仍然为德军敞开着，第15集团军不仅撤出82000名士兵和580门火炮，还有机会在斯海尔德河口两侧和英吉利海峡上的多个法国港口建立坚固的要塞——这使盟军的补给问题长期持续下去。[40]

在1944年9月本可决定战争结果的几周里，盟军只能凭借三个港口接收来自英伦三岛的全部补给：瑟堡、迪耶普（Dieppe）和奥斯坦德（Ostende）。瑟堡远在法国西部，在阿夫朗什突破之前就已被盟军占领。迪耶普是9月1日被加拿大第1集团军攻占的，但从那里到前线的公路线长达250—300英里（约402—483千米）。比利时小渔村奥斯坦德是加拿大军队于9月8日占领的，它的

两名美国士兵——来自第90步兵师357步兵团的一等兵劳伦斯·霍伊尔（Lawrence Hoyle，左）和二等兵安德鲁·法恰克（Andrew Fachak）——守卫着靠近法国迈济耶尔莱梅斯（Maizières-lès-Metz）附近的阵地。1944年9月，盟军在西线的攻势已基本停滞。霍伊尔手持一支勃朗宁自动步枪（BAR）。这种枪械能够半自动和全自动射击，但弹匣中只有20发子弹。（NARA，SC196133/W.J.托姆科）

确靠近前线，但港口的容量非常有限。正如我们已经看到的，到国际大港安特卫普的通路已被守卫斯海尔德河口的德军阻断。法国加来海峡省港口布洛涅（Boulogne）、加来和敦刻尔克被德国守军牢牢占据，而且在蒙哥马利的军队经过时，德军还加固了那里的工事。这使英国和加拿大军队经过一番苦战才攻克布洛涅（9月22日）和加来（9月30日）。同时，德军还摧毁港口设施，并用沉船封锁海上入口。直到10月中旬，布洛涅港才投入使用，而加来直到1944年11月才通航。11月的第一周，德军在激战之后被迫放弃了斯海尔德河口的阵地，安特卫普港才投入使用。而敦刻尔克的1万名德国守军坚守该城到战争结束。

　　盟军最高统帅部犯下的错误，及其军队展现出来的缺陷，都引起了德军的密切注意。他们也意识到英国人和美国人之间的紧张关系，至少从英美媒体的报道中就能注意到。令艾森豪威尔沮丧的是，他发现改变指挥体系，代替蒙哥马利成为盟军地面行动总指挥的举动，在英国报刊上引发了"强烈不满"，它们断言，蒙哥马利因为自己的成功而遭到排挤。与此同时，美国报刊则欢欣鼓舞，在它们看来，美国军队已获得了"真正的独立"[41]（为补偿蒙哥马利，他于9月1日晋升为陆军元帅，和艾森豪威尔担任地面行动总指挥发生在同一天）。

9月2日，英军抵达里尔东南方的法比边境时，布拉德利和巴顿面见艾森豪威尔，企图让他改变前线的重点。巴顿哀叹道："我的士兵们可以吃皮带，但我的坦克必须有汽油。"艾森豪威尔同意调来霍奇斯第1集团军第5军参与巴顿向东发起的攻势。两天以后，艾森豪威尔完全倒向布拉德利：他为巴顿向东挺进萨尔区的行动提供了和霍奇斯第1集团军相同的补给。由于盟国两个集团军群的补给线都已过分伸展，这个新决定造成蒙哥马利的军队整整3天未能前进，莫德尔因此得到时间组织他的B集团军群，对抗蒙哥马利的第21集团军群。

同时，巴顿的第3集团军一头撞上了德军在法国城市梅斯周围构建的工事。在摩泽尔河沿岸的旧法德边境（1871—1919年）上，德国人一战前就构建了宽度超过40英里的所谓"摩泽尔防线"。巴顿重新发动攻势时，德国G集群（9月11日重组为G集团军群）已赶在之前从法国西南部撤出13万名士兵，这些士兵此时在"摩泽尔防线"的工事里对抗巴顿的军队。而且，两个满员的德国师（第3和第15装甲掷弹兵师）已从意大利前线脱身，它们为德军在梅斯阻击巴顿的进攻起到了关键作用。

美军的策略完全出乎德国人的预料。对于巴顿直接攻击梅斯工事区的轻率决定，德国G集群指挥官约翰内斯·布拉斯科维茨（Johannes Blaskowitz）大将的评论毫不客气："直接进攻梅斯毫无必要……相反，转向北面卢森堡和比特堡（Bitburg）方向将会取得巨大的成功，可能导致我们的第1集团军右翼崩溃，然后第7集团军也将瓦解。"[42]著名军事战略家利德尔·哈特的评论言简意赅："巴顿的第3集团军早在9月5日就开始渡过摩泽尔河，但两周（实际上是两个月）之后并未多少进展。"[43]

霍奇斯的美国第1集团军同时从更北面越过德国边境，他也没有取得更大成功。其第5军于9月12日突入德国境内，在卢森堡北部边境的正北方渡过乌尔河。这个地段由德国党卫军第1装甲军守卫，根据9月7日的报告，该军在40多英里的前线上只有不超过800名士兵和1辆坦克。[44] 其兵力甚至不足以占领"西墙"这一段的所有碉堡，每个有人驻守的碉堡里也只有两三名配备步枪的士兵，偶尔有一挺机枪或一支"铁拳"。

虽然美军占领了这段"西墙"的第一线工事，但德军（连他们自己都感到震惊）很快就阻止了他们的攻势。在一次战斗中，不到80名德军在两辆配备火焰喷射器的装甲运兵车支援下发动反冲击，在美军士兵中引起惊慌。监听到的美军参战部队（美国第28步兵师一部）无线电呼叫揭示了士兵们遇到德国人时的状态："糖王呼叫全体人员！糖王呼叫全体人员！救命！我们遇到反冲击——坦克、步兵、火焰喷射器！"[45]

军事历史学家彼得·埃尔斯托布（Peter Elstob）写道："两天的战斗后，疲劳的第28师士兵只在西墙上打开了两个很小的缺口。德军发动反冲击时，长途追击的疲惫造成了损失，士兵们之前英勇作战，这时候竟然在很小规模的进攻面前惊慌失措地撤退。"[46] 在美军师长诺曼·D. 科塔（Norman D. Cota）准将以表现不佳为由将第109步兵团团长解职的同时，德国人认真分析了美军的失败，并因此注意到，发生这样的情况是因为雨天和较低的云层使盟国航空兵无法为地面军队提供直接近距支援。进攻者缺乏坦克支援，而补给困难迫使他们将炮兵支援减少到每天每门火炮25发炮弹，这更加深了一种印象：美国步兵的高效作战完全依赖强大的火力支援。

埃尔斯托布写道："这次失利标志着'战斗疲劳症'急剧加重，此后，由于非战斗减员的比例升高到25%，这种情况引起指挥官们的严重担忧。"[47]

与此同时，盟军的补给情况日益恶化。燃油供应有时会减少到只够两日使用，弹药短缺的情况更严重。在10月的第一周里，只有一艘弹药运送船能在法国重新装载，其他35艘只能在岸边等待泊位。[48] 10月2日，盟军设置了弹药定量。10月的第二周开始时，法国的弹药库存将在一个月内耗尽。[49]

在德国阵营，戈培尔对新型"奇迹武器"（最现代化的武器，超越盟军拥有的任何武器）的宣传和寄于其上的希望令战斗精神得到增强。到这个时候，第一批此类武器——Me-262喷气战斗机、Ar-234以及Me-163火箭推进战斗机——已开始参加战斗，但数量很少①。9月8日，又一件"奇迹武器"投入使

---

① 原注：到这个时候，真正使用Me-262轰炸机的只有一个常规轰炸机大队——第51轰炸机联队第1大队。从1944年8月初起，两架Ar-234在西线和英伦三岛上空实施了侦察飞行，几十架Me-163参与了德国的空中防御。

用，这就是A-4（"混合4号"）弹道导弹。这种导弹发射到平流层，然后以1英里/秒（约5790千米/小时）的速度向目标急坠。A-4的重量为27600磅（约12519千克），携带的战斗部包含2200磅（约998千克）炸药，以可怕的撞击力击中地面目标。2010年的一项科学实验显示，A-4可以造成60英尺（约18.3米）宽、24英尺（约7.3米）深的弹坑，将3000吨碎片抛向空中。[50]

1944年9月8日正午刚过，第一枚A-4降临巴黎东南方。7小时以后，伦敦被两枚A-4击中。这在盟军总部引起恐慌，那里的人们早已熟知此类武器——两个月前，瑞典政府已将在该国拜克布（Bäckebo）上空爆炸的试验型A-4零件交给英国人。此时，英国人刚刚掌握了德国菲泽勒103型无人火箭助推炸弹的应对之策，这种武器更被人熟知的名称是V-1（Vergeltungswaffe 1，"1号复仇武器"），德国人从1944年6月开始发射这种武器，主要打击伦敦。V-1以约2000—3000英尺（约610—915米）的高度、400英里/小时（约644千米/小时）的速度接近目标，因此英国人可以用战斗机和高射炮对付它，到8月底，射向英国的V-1中，70%都在英格兰南部被击落。

但是，英国人对A-4没有任何反制措施。发现A-4从德国占领的荷兰发射时，艾森豪威尔立刻决定批准蒙哥马利的提议，将盟国联合空降集团军空投到荷兰艾恩德霍芬（Eindhoven）、奈梅亨（Nijmegen）和阿纳姆（Arnhem）的大桥。这次行动的代号是"市场"（Market），目标是建立一条通道，使英国第30军能够实施"花园"（Garden）行动，沿此通道推进，攻破德军防线。这次进攻有双重目标：占领A-4发射场，同时为盟军旨在占领鲁尔区的攻势注入新的力量。

不过，已对盟军攻势造成阻碍的困难并未变化，这些困难也损害了"市场花园"联合行动。蒙哥马利通知艾森豪威尔，如果不对第21集团军群紧张的补给状况采取任何措施，他需要花近两周的时间才能发动进攻。艾森豪威尔立刻将补给的重点转移到英国—加拿大集团军群，蒙哥马利将攻击日期定在9月17日。这位英国陆军元帅相信，巴顿在梅斯耗费大量资源发动的攻势将被取消，大部分美国集团军群的补给可以转交给霍奇斯的第1集团军，按计划，这支军队将支援"市场花园"行动。但他低估了美国将军们的创造力。

9月12日，布拉德利向巴顿通报艾森豪威尔的决定时，巴顿建议，他可以将自己的第3集团军中的大量兵力投入摩泽尔河另一边，德军无法在那里遏制

德国梅塞施密特公司的 Me-262 喷气战斗机无疑是二战中最好的战斗机。（克里克）

攻势。布拉德利给了巴顿两天的时间去执行该计划，经过一番权衡，艾森豪威尔宣布，巴顿集团军在摩泽尔河东侧完全确立立足点之前，盟军北翼不会成为优先级最高的目标。这实际上给了巴顿一项特权。澳大利亚战地记者、历史学家切斯特·威尔莫特（Chester Wilmot）写道：

> 在从马恩河进军默兹河，然后从默兹河向摩泽尔河推进的行动中，巴顿已扭曲了盟军的战线，将其向南拖得太远。第3集团军已成为一块磁铁，将兵力和补给吸引到远离艾森豪威尔宣布为主攻方向的地方。[51]

希特勒9月8日决定，派遣他新建的一个所谓的"装甲旅"向美军发动进攻。这一决定进一步巩固了巴顿在盟军补给问题上的立场。这些装甲旅更强调装甲兵，不重视装甲掷弹兵和炮兵等支援力量，希特勒认为它比"传统"的装甲师更敏捷。但这种与装甲部队基本思路相左的结构，只会将这些装甲旅的坦克独自留在战场上，令其得不到必要的支援。9月8日，其中一个装甲旅发动的进攻以德军部队被整建制消灭而告终。到9月18日为止，另外三个装甲旅投入了对美国第3集团军的反冲击，它们基本上都被全歼 ①。

这些失败不仅使德国人重新考虑装甲旅的思路，也令巴顿的第3集团军并未将更多的补给移交给霍奇斯的第1集团军——结果使后者无法支援荷兰的"市场花园"行动。

对英美空降兵来说，形势和南面的德国装甲旅正相反。因为补给不足，在行动的前几天里，9个英国装甲师中只有3个能够展开，装甲兵支援的不足，使"市场花园"行动最终成为盟国空降集团军的一场灾难。英国第1空降师80%的兵力被歼灭，美国第101空降师损失了2100名士兵；在美国第82空降师中，仅第508伞兵团就有796人伤亡，第504伞兵团的C连损失达50%。

A-4的攻击丝毫没有减弱。1944年9月的最后几天，每天发射的导弹最多达到14枚。10月7日起，安特卫普也成为这些火箭的目标，德国宣传机关很快为A-4取了V-2的绰号。到11月26日，V-2发射总数达到1000枚，其中556枚射向安特卫普，254枚攻击伦敦。

虽然德军在西线还远未克服物资上的危机——1944年9月底，B集团军群只能调集239辆坦克或坦克歼击车，821门火炮——但至少暂时度过了军事上的危机。9月27日，陆军元帅莫德尔报告："战斗精神与日俱增。"战后，B集团军群首席参谋京特·赖希黑尔姆（Guenter Reichhelm）中校回忆："在集团军群参谋最私密的圈子中，会讨论到投降的可能性，但因为士兵和平民们中存在着极高的士气，这些想法被迫放弃。"[52]

然而，东线的情况似乎有所不同。随着补给线的拉长，苏军在白俄罗斯和乌克兰发动的强大夏季攻势也逐渐减弱，1944年8月，苏联红军的攻势在波兰维斯瓦河沿线和东普鲁士—立陶宛边境被遏止。但这也是在德国投入强大的增援后才实现的。仅在华沙，他们就派遣了500辆坦克和坦克歼击车参加7月底到8月初的战斗。[53] 1944年9月初，德军在东线可以集合200万人，与之对抗的苏联红军有650万人（三倍于西线的盟军总兵力）。德军配备"虎"式重型坦克的

①　原注：G集团军群指挥官约翰内斯·布拉斯科维茨大将成为这些失败的替罪羊，9月21日被赫尔曼·巴尔克（Hermann Balck）上将取代。巴尔克后来也无法阻止美军进入德国境内时亦被解职。1944年9月24日，布拉斯科维茨重新就任G集团军群指挥官。

10个"重装甲营"中，7个部署在东线，只有1个在西线，另外2个在意大利。而且，德国空军在东线的实力远非西线和意大利可比。

9月14日，苏联红军在波罗的海国家进攻德国北方集团军群时，苏军拥有150万人，4400辆坦克，而德国方面只有70万人，1000辆坦克。[54] 苏军完全粉碎了德军的阵地。9月22日他们占领了塔林（Tallinn）和派尔努（Pärnu），整个爱沙尼亚几乎全部被红军占领。德军在拉脱维亚派出400辆坦克进行反冲击，但5天的坦克战最终使他们损失了150辆坦克和坦克歼击车。[55] 10月初，苏军抵达立陶宛的波罗的海沿岸，将北方集团军群困在北方所谓的"库兰口袋"里。

但是，"库兰口袋"也拖住了数量可观的苏联军队，在匈牙利和南斯拉夫的战斗也是如此。1944年9月和10月，苏联红军正在努力通过这两个国家，正因如此，苏军此时无法投入足够的兵力，在波兰维斯瓦河前线对德军发动攻势。希特勒意识到，避免即将到来的灾难的唯一办法，就是在苏联红军集结兵力对维斯瓦河重新发动大规模攻势之前停顿的几个月里采取行动，他很清楚自己的行动地点和方式。前几个月从战场上得来的所有教训似乎清晰地指明了一个方向。

本章注释

1. 肖尔斯和托马斯，《第2航空队，第2卷："底板"行动爆发》，第291页。

2. 贝里斯特伦，《从"巴格拉季昂"到柏林：东线最后的空战，1944—1945》，第59页。

3. 同上，第60页。

4. 卡雷尔，《焦土政策：伏尔加河与维斯瓦河之间的战斗》，第432页。

5. 埃利斯，《强力》，第382页。

6. 策特林，《诺曼底1944：德国军队组织、战斗力和组织效能》，第32页。

7. 拜尔莱因，《装甲教导师，1944年7月24日—25日》，A-902，第2页。

8. 同上，第3页。

9. 同上，第3页。

10. 策特林，《诺曼底1944：德国军队组织、战斗力和组织效能》，第33；黑斯廷斯，《霸王行动：D-日与诺曼底战役》，第236页。

11. 蒙哥马利，《陆军元帅，阿莱曼子爵蒙哥马利回忆录》，第259页。

12. 威尔莫特，《为欧洲而奋斗》，第399页。

13. 鲁斯特，《二战中的第9航空队》，第98页。

14. 威尔莫特，《为欧洲而奋斗》，第399页。

15. 古德森，《战线上的空中力量：盟军在欧洲的近距空中支援，1943—1945》，第112页。

16. 威尔莫特，《为欧洲而奋斗》，第422页。

17. 施拉姆，《德国国防军最高统帅部日志，第7卷》，第352页。

18. 贝里斯特伦，《从"巴格拉季昂"到柏林：东线最后的空战，1944—1945》，第83页。

19. 陆军总司令部医官/陆军总参谋部/军需总部/Az. 1335/c/d (IIb)：地面战场人员损失 – 最新通报，1944年1月6日—1945年1月10日页。

20. 埃利斯，《卡西诺，空洞的胜利：为罗马而战，1944年1月—6月》，第 xii 页。

21. B 集团军群指挥部第6704/44命令，绝密，1944年8月29日页。

22. 利德尔·哈特，《二战史》第2卷，第225页。

23. 卡雷尔，《巴巴罗萨行动》，第328页。

24. 舒尔曼，《德军在西线的失败》，第198页。

25. 诺贝古，《希特勒的最后赌博：阿登战役》，第81页。

26. 德国联邦档案馆 – 军事档案，RH 19/IV，附件2101号：西线总司令部作战日志，1944年9月11日页。

27. 德国联邦档案馆 – 军事档案，RH 19/IV，附件2078号：西线总司令部作战日志，1944年9月10日页。

28. 麦克唐纳，《二战欧洲战场中的美国陆军：齐格弗里德防线战役》，第43页。

29. 西线总司令部首席参谋第8138/44号命令，机密，1944年9月15日；容，《阿登攻势1944—1945》，第33页。

30. 容，《阿登攻势1944—1945》，第33页。

31. 埃利斯，《强力》，第398页。

32.《第21集团军群在欧洲大陆作战行动组织沿革，1944年6月6日—1945年5月8日》。MCHS

0514，第47；威尔莫特，《为欧洲而奋斗》，第472页。

33. 蒙哥马利，《陆军元帅，阿莱曼子爵蒙哥马利回忆录》，第266页。

34. 布拉德利，《一个士兵的故事》，第396页。

35. 布拉德利，《一个士兵的故事》，第396页。

36. 蒙哥马利，《陆军元帅，阿莱曼子爵蒙哥马利回忆录》，第268页。

37. 同上页。

38. 蒙哥马利，《陆军元帅，阿莱曼子爵蒙哥马利回忆录》，第269页。

39. 利德尔·哈特，《二战史》第2卷，第230页。

40.《德国国防军最高统帅部日志，第7卷》，第395页。

41. 艾森豪威尔，《欧洲十字军》，第299页。

42. 利德尔·哈特，《二战史》第2卷，第233页。

43. 同上，第228页。

44. 开普勒，《党卫军第1装甲军在法国北部的战斗（1944年8月16日—10月18日）》，B-623，第31页。

45. 麦克唐纳，《二战欧洲战场中的美国陆军：齐格弗里德防线战役》，第48页。

46. 埃尔斯托布，《希特勒的最后攻势：触发突出部之战的德军奇袭》，第37页。

47. 同上，第39页。

48. 布拉德利，《一个士兵的故事》，第431页。

49. 同上页。

50.《闪电战之街》，第4频道，2010年5月10日。http://www.youtube.com/watch? v=saU3ftuG7CQ页。

51. 威尔莫特，《为欧洲而奋斗》，第495页。

52. 赖希黑尔姆，《总参谋部关于赖希黑尔姆上校在1944秋季到1945年春季作为B集团军群首席参谋时的活动报告》，A-925，第3页。

53. 埃里克森，《通往柏林之路》，第246页。

54. 同上，第416页。

55. 同上，第416页。

第2章
进攻计划：“重大的决定”

从英军和美军的缝隙中将他们分割开来，然后又是一次敦刻尔克！

——阿道夫·希特勒1944年9月16日于“狼穴”

1944年9月16日（星期六）于“狼穴”（位于东普鲁士拉斯滕堡外森林中的希特勒秘密总部）举行的每日军事局势会议结束后，“元首”要求一小部分人留一下，参加“二次会议”。

德军最高统帅部（OKW）国防军指挥参谋部参谋长阿尔弗雷德·约德尔（Alfred Jodl）大将回顾西线各军的联系作为开场，但被希特勒大吼的一句“住嘴！”打断了。[1]

随后是令人不安的寂静。房间里的人面面相觑。一些人感到极为不适，其中包括希特勒近来经常抱怨的德国空军参谋长维尔纳·克赖珀（Werner Kreipe）上将。

“我已做出重大决定。我将转入反攻！”[2]

希特勒从椅子上站了起来，走到墙上的大幅地图旁边，从约德尔手中拿过尺子，用尺子的边缘重重地砸向地图上的阿登地区，同时澄清道：“我说的就是这里，冲出阿登地区，目标安特卫普！”[3]

阿登是比利时东部、卢森堡北部一个森林覆盖下的丘陵地区，德国军队每次都从这里向西发动大规模攻势：1870年的普鲁士军队，1914年的帝国军队，以及1940年5月10日希特勒派出的装甲先遣支队。德军的进攻每次都令对手猝不及防，因为他们选择的这片地区地形崎岖。

敌人会第四次败在相同的谋略下吗？将军们面面相觑。但希特勒确信这一招有效。他解释道，进攻将由冯·伦德施泰特指挥，时间定在11月1日。他说，西线近来发生的事件表明，德军的防御阵地已很坚固，足以在进攻发动之前抵消盟军的数量优势。他继续说道：

> 现在的前线很容易守住！我们的进攻部队将由30个新组建的国民掷弹兵师和新的装甲师组成，再加上来自东线的装甲师。[4]

根据德国情报部门报告，在阿登地段集结的美国第1集团军由8个步兵师和3个装甲师组成，但大部集中在亚琛地区。蒙绍（Monschau，在现德国—比利时边境）和埃希特纳赫（Echternach，在现德国—卢森堡边境）之间60英里（约97千米）宽的区域仅有美军的4个师守卫，这就是德军将要进攻的地方。而且，森林覆盖下的艾费尔高原为德国突击部队提供了隐藏行迹的良机。一旦取得突破，德军各部将向西北突进，穿过阿登地区，在列日（Liege）和那慕尔（Namur）之间渡过默兹河，以安特卫普为目标。[5]希特勒预计，如果此举取得成功，安特卫普以东将有20—30个师的盟军被切断并消灭。希特勒狂热地叫嚷："从英军和美军的缝隙中将他们分割开来，然后又是一次敦刻尔克！"[6]

希特勒突然恢复活力，提出如此大胆的计划，令与会者震惊不已。德国陆军总司令部（OKH）代理总参谋长海因茨·古德里安（Heinz Gudrian）大将提出异议，他质疑在东线局势如此困难的情况下，是否真的可以在西线发动这样规模的集中行动。[7]希特勒回答道，俄国人要休整几个月才能恢复他们的大规模攻势（这一评估后来证明是正确的），德军必须在这段时间里采取行动。

约德尔提出，西方盟国巨大的空中优势难道不会使这种冒险变成不可能的任务吗？希特勒的对策是，要求德国空军11月1日将1500架飞机集结于西线。他还解释道，进攻将在天气恶劣的时期发起，还加上了一句尖刻的话——明显是针对克赖珀的：

> 在坏天气里，敌人的空军也无法飞行！

将军们的反对严格地局限在军事观点上,而希特勒从更广的视野出发。切斯特·威尔莫特解读和总结了纳粹独裁者的推断:

[希特勒]意识到,他没有能够重挫苏联红军的军事力量,也没有足够的汽油让军队推进得足够深,以夺取斯大林必不可少的资源。他断定,重新夺回主动权的最佳机会出现在西线。在这个方向上,他用较少的兵力和燃料就能夺取关键目标。此外,对他来说,西方盟军似乎比俄国人脆弱,没有俄国人那么顽强。他认为,英国人几乎已筋疲力尽,美国人对对德作战也没有真正的兴趣。美国士兵缺乏俄国人的坚韧精神和动机,在逆境下很快就会丧失信心。因此,希特勒认为美军是凭借空中力量才取得胜利,一旦冬天剥夺他们习以为常的空中支援,就会在强有力的突击下崩溃。[8]

希特勒相当肯定,如果西方盟军遭到灾难性的惨败(在一次打击中就被消灭他们在西线的半数军事力量),美国的公众舆论将迫使该国单独与德国媾和。即使没有取得这样的结果,此次胜利也将为希特勒赢得他最为需要的时间。他将有时间在冬季恶劣气候的掩护下,重新建设被摧毁的工厂,大规模生产其胜人一筹的新型"奇迹武器"。他认定,如果拥有大量喷气式战斗机、V-2导弹和新的"电动潜艇",他就能将英美军队赶出欧洲大陆。此后,他希望能将几乎全部德国武装力量集中在东线,至少能够和苏军形成僵持局面。他承认,这是一根救命稻草——但从他的角度看,这也是唯一的出路。

希特勒已思考过如何使这次进攻在军事上可行。例如,他命令党卫军第1、第2装甲军(下辖党卫军第1、第2、第9和第12装甲师)和装甲教导师等装甲部队立即撤出前线,在莱茵河以东的后方重组。在莫德尔元帅的监督下,它将在那里为即将到来的攻势接受补充。[9]这位纳粹独裁者对党卫军(纳粹党卫队的武装力量)有着特殊的信心。虽然党卫军在作战上从属于国防军,但人员招募由党卫军全国总指挥希姆莱的党卫军负责,它也负责训练。党卫军的另一个特性是其独有的军衔。

希特勒宣称,这次行动成功的先决条件之一是攻其不备。因此,准备工作严格保密。负责德军最高统帅部战争日志的佩尔西·E. 施拉姆(Percy E.

Schramm）引用了希特勒接下来的简述，"如果这些措施取得成功，将士们将在一个原则的指导下行动：深入敌方作战地域，绝不因为侧翼受到反冲击而改变原目标。只有这样，攻势才能完全成功。任何转向敌军侧翼的倾向（例如在亚琛周围发生的情况）必须从一开始就严加反对，因为德国军队只会因此遇上敌方最强大的部队，在无法获得全胜。"[10]

宣誓不向任何人透露一个字之后，与会者离开会议室。约德尔的任务是根据希特勒的指示，准备行动计划的第一份草案。

毫无疑问，希特勒已从过去3个月的战事中得出许多重要结论。苏联红军过于强大，因此不能在东线发动类似攻势的评估是正确的。从军事战略的角度看，打击最弱小的敌人（西方盟军）以及他们此时最薄弱的位置，也是完全正确的。对1944年6月到9月间西线战事的一些观察似乎证明，对计划中的进攻保持乐观不无道理。

在这些观察结果中，第一个就是盟军补给对英吉利海峡港口的依赖。因此，直捣安特卫普的进攻目标符合逻辑，在那里可以包围大批盟军部队，与此同时，该地区的其他盟军部队将失去主要补给港口。

就战场层面而言，最重要的认识是进攻不能在盟军空中力量可自由行动的情况下发起。1944年6月盟军于诺曼底登陆后的第三天，德军最高统帅部的日志就写道，战斗"被敌方的航空兵统治，它们覆盖作战地域和后方的大部分地区，可以扼杀刚发起的[德国]装甲进攻，打击[德军]指挥部，破坏通往前线的交通线。"这些行动都"对作战起到了绝对关键的影响"[11]。 1944年7月22日，西线总指挥官冯·克鲁格报告："面对敌军对天空的完全掌控，不可能找到能够抵消其毁灭性影响的策略。"[12]

一份美军报告确认，"战斗轰炸机向近处敌军阵地发起一次集中空袭，比任何炮火准备都有用，只要空袭后立即发动坚决的步兵进攻。"[13]据军事历史学家伊恩·古德森（Ian Gooderson）编写的盟军战场分析，战斗轰炸机对德军战斗精神的影响往往大于炮击。[14]

即使到这时，东线的德国空军仍然可以看作是一支精锐部队，其骨干力量无疑是整场战争中最有经验的飞行员，但西线的德国空军力量已完全瓦解，无法挑战盟军的空中优势。与护航战斗机稳步增长的盟军重型轰炸机编队进行

1944年秋季，在一座比利时空军基地，来自第9航空队第370战斗机大队的洛克希德P-38"闪电"战斗轰炸机停放在德国飞机的残骸前面。这些德国飞机是在之前占据该机场时遭到盟军空袭而被摧毁的。盟军的空中优势是德国方面计划阿登战役时最为担心的。（NARA，3A-5150）

的空战代价沉重，已经榨干了西线的德国空军，到1944年夏末，他们已不再是盟军能经常遇到的对手了。1944年6月到8月间诺曼底上空的毁灭性空战之后，德国空军几乎完全从西线的天空消失了。

每次空中交战都会给德军造成可怕的损失，而盟军的损失微不足道，几无例外。这些损失迫使德军大大缩短飞行员训练时间，这拉大了他们在西线的航空兵与西方盟国航空兵本已不小的素质差距。到这时，抵达前线部队的德国战斗机飞行员只在航校里积累了110—125个飞行小时。而美国人有更多机会补充损失的兵力，仍然可以为战斗机飞行员提供340—400个飞行小时的训练。[15]

1944年秋季，只有盟军直接对德国战争经济的"阿喀琉斯之踵"——生产合成燃油的液化工厂——进行大规模轰炸时，德国空军才会升空。9月11日，为保卫其中一座工厂，305架德国战斗机被投入战斗，110架被击落。从英格兰飞来的1131架美国重型轰炸机和440架护航战斗机中，损失了40架轰炸机和17架战斗机。空袭的地面目标严重受损。这反过来又导致德国飞行员的训练进一步缩水；德国空军总参谋长克赖珀估计，航校每月需要6—8万吨航空燃油，才能够补充损失的兵力，但1944年9月只能分配6300吨。[16] 不过，紧张地修复好液化工厂被轰炸造成的破坏后，德国人11月将航空燃油的产能从原有的6%提高到29%。燃油产量从9月的1万吨提高到11月的49000吨。[17] 与此同时，西线的航空兵尽量不执行作战任务。这就为阿登战役期间，部署给德国空军的大规模空袭行动创造了条件。

然而，希特勒对西线的德国空军彻底失去了信心，因此决定等气象侦察预测出何时将出现持续坏天气致使盟军飞机无法起飞，到时再发动攻势①。这可能是盟军于诺曼底登陆后，德国人汲取的最重要的教训。

德国人注意到的另一点也与空军有关——盟军地面军队的效率似乎取决于他们所获空中支援的规模。党卫军第10装甲师的一份报告称："敌方步兵的士气不是很高，很大程度上取决于炮兵和空中支援。我们部署良好的炮兵集中火力时，敌方步兵往往离开阵地匆忙后撤。不管在哪里交火，他们通常都会后撤或投降。"[18] G集团军群参谋长弗雷德里希·威廉·冯·梅伦廷（Friedrich Wilhelm von Mellenthin）少将把美国地面军队的战斗表现描述为"谨慎而犹豫"[19]。

上一章我们曾叙述盟国军事指挥机关犯下的多种错误，这当然也是希特勒预期在阿登地区发动集中进攻可能获得成功的理由。美国人和英国人之间的冲突对德国人来说已不是秘密。而且，盟军地面军队对快速变化的战场形势反应迟钝，使德国人更有理由期待他们的进攻至少在一开始能够取得相当的成功。一份德国军事报告发现"与东线战场相反，西线看似已经不可救药的局势仍有可能扭转，因为那里的敌军……尽管物资优势可观，但受限于缓慢、有条不紊的作战模式"[20]。

10月11日，约德尔大将向希特勒提交进攻计划第一稿。根据这份草案，主攻将由新组建的第6装甲集团军在右翼展开，其先遣支队由4个党卫军装甲师组成；第5装甲集团军则在更南面进攻，其先遣支队由4个装甲师组成，拥有

---

① 原注：8月23日，希特勒解除西线的德国第3航空队指挥官胡戈·施佩勒（Hugo Sperrle）元帅的职务。1944年9月初，希特勒甚至准备完全解散西线的空军部队，9月19日他解除克赖珀的职务，后者被他描述为"失败主义者和不可靠的人"。

6个步兵师的第7集团军保护其南侧翼。两个装甲集团军还分别得到5个和3个步兵师。[21]第6装甲集团军的任务是从列日渡过默兹河，以阿尔伯特运河作为其北侧翼的掩护，继续向安特卫普进军。第5装甲集团军应该沿主体在卢森堡北部、20英里（约32千米）宽的战线推进，占领比利时西南部（卢森堡边境以西不远处）的重要公路枢纽巴斯托涅（Bastogne），在迪南和那慕尔渡过默兹河，从南面绕过布鲁塞尔，与第6集团军在安特卫普会师。

第6装甲集团军是最特殊的产物。这个集团军——更准确地说是其司令部第6装甲集团军司令部——于1944年9月14日组建，以便集中指挥两个拉到莱茵河后休整补充的党卫军装甲军。出于政治原因，该集团军的指挥官是一位粗暴的党卫军将军，他就是希特勒最喜欢的将领之一——党卫队全国总指挥兼武装党卫军大将约瑟夫·"泽普"·迪特里希（Josef "Sepp" Dietrich）。因为这个集团军由党卫军将领指挥，以几个党卫军装甲师为核心组建，泽普·迪特里希请求并获得希特勒的许可，将其定名为党卫军第6装甲集团军。[22]然而，它仍然以国防军集团军的身份登记在册，到1945年4月才正式定名为一个党卫军装甲集团军。[23]在不同的资料中，该集团军被不加区分地称为第6装甲集团军或党卫军第6装甲集团军。由于其行动基本上符合党卫军集团军的特质，故本书将使用"党卫军第6装甲集团军"这一名称。

约德尔的草案还涉及第15集团军最南端的几个军（它们立刻在党卫军第6集团军将要发动进攻的地段以北集结）；这些军将发动进攻，掩护突破口的北侧翼。

正如苏联红军在"巴格拉季昂"行动开始阶段所做的那样，德军的进攻并非以典型的坦克集群冲击为开场，第一进攻波次将由得到突击炮和炮兵支援的步兵集群构成。成功在美军防线上打开缺口后，才会大量部署坦克——就像苏联军队在"巴格拉季昂"中做的那样。计划的另一个重要部分是，只有天气预报表明将有10—14天令盟军飞机无法部署的恶劣天气时，进攻才会展开。

希特勒总的来说同意约德尔的草案。但他认为，计划中的进攻正面——从蒙绍到南面40英里（约64千米）外德国—卢森堡边境的乌尔河和叙尔河交汇处——太窄了。因此，他命令，进攻向南延伸，这样还可以包围和消灭埃希特纳赫和瓦瑟比利希（Wasserbillig）之间"楔子"里的美军。此举意在减少美军进

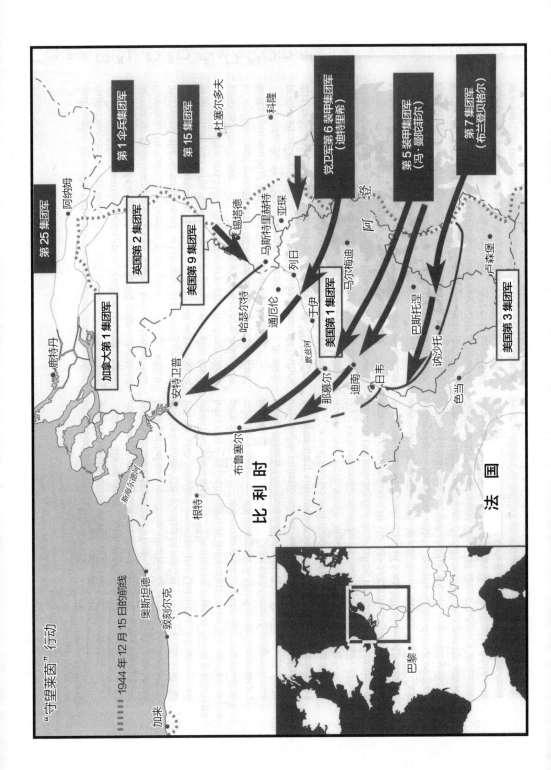

攻第7集团军南侧翼的机会。[24]

此外,希特勒强调认真组织所有炮兵和火箭炮兵部队的重要性,这样才能使火炮在相同时间开火,取得最好效果。他还说,两个装甲集团军都必须提供"有经验的高级炮兵指挥官,协调所有炮兵、高射炮部队和火箭炮单位,以形成突然而密集的效果。"[25] 希特勒要求,应该特别小心地挑选负责实施初步进攻的部队,并强调突击队配备合适工兵装备(特别是排雷装备)的重要性。他也感觉到,对此次进攻的最大威胁,来自敌方在蒙绍西北偏北方向仅十几英里的亚琛地区集结的部队。因此,他命令"只有最好的德国师才能投入这一区域"。他将那里的任务指派给第3、第5伞兵师和第12国民掷弹兵师,它们在亚琛战役中都有不俗的表现。党卫军第6集团军还优先接收了新型的坦克歼击车。[26]

"元首"再次重申,党卫军第6装甲集团军的装甲兵在任何情况下都不应"转向或投入在他们的右翼发生的战斗"[27]。最后,他将行动代号定为"守望莱茵"(Wacht am Rhein)。这取自一首流行的爱国歌曲,歌词描写了德国人在莱茵河上抵御敌人(暗指传统的敌人——法国)的情景,这个名字也暗示该计划是防御性的,这是掩盖措施的一部分。

约德尔和希特勒都觉得,进攻可以在11月25日之前发起。他们一致同意,对计划的相关情况进行最严格的保密,所以莫德尔或冯·伦德施泰特在一段时间内都不知情,他们只被告知,集结军队只为建立一支强大的防御预备队。

接下来几天,约德尔草拟了一份在预定进攻日期集结突击部队的计划:它们将被部署在特定的位置,以便给人留下这是防御预备队,准备在敌军突破时参战的印象。进攻之前不到两天,这些部队才会被调往前线。这就要求快速、流畅地向前线行军,并且不引起盟军空中侦察的注意。为此,每个部队的确切行军路线都确定了下来,沿途建立了行军部队必需的设施。这一计划在10月21日完成并得到希特勒批准。

与此同时,这场进攻被加入了大量特种作战行动,使之最终发展成为整个战争中准备最精心的军事行动之一。1944年10月22日下午,一位身高6英尺3英寸(约1.91米)的健壮男子大步走进希特勒的"狼穴"。这位金发巨人有道从脸颊延伸到下颌、因为击剑而留下的疤痕。他就是党卫队一级突击队大队长(中校)奥托·斯科兹尼(Otto Skorzeny),希特勒最器重的人。

　　斯科兹尼1908年生于维也纳，22岁时加入奥地利纳粹党。1938年德国并吞奥地利后，斯科兹尼成为希特勒个人卫队（党卫队"警卫旗队"）的候选军官。他很快展示出自己的"特种作战"天赋。希特勒1941年入侵苏联时，斯科兹尼奉命率领一支党卫队部队，任务是夺取莫斯科卢比扬卡的苏联秘密警察总部。但是，德国人占领苏联首都的图谋彻底失败，不久之后，斯科兹尼就为弹片所伤。

　　在维也纳医院养伤期间，斯科兹尼阅读了手边所有关于秘密军事行动的材料，不断向党卫队最高指挥部提出有关突击队作战的想法。斯科兹尼在党卫军的上级很重视他的提议，特别是因为德国军队的突击力量——所谓的"勃兰登堡部队"——此时在这类冒险行动中已远胜于党卫军。1943年，斯科兹尼被任命为新建的党卫军突击力量——党卫军特种部队"弗里登塔尔"（SS-Sonderverband z.b.V.Friedenthal）的指挥官。他的职业生涯顶峰出现在1943年9月，当时他指挥了救援被罢黜的意大利独裁者墨索里尼的空降作战。

　　希特勒毫不犹豫地让忠诚的斯科兹尼加入"守望莱茵"计划。他给后者指派了一个任务：组建一支由会讲英语的突击队员组成的特种部队，穿上美军军服，携带缴获的美军装备，渗透到敌军战线上，夺取默兹河上的重要桥梁，在盟军营地引发混乱，并承担侦察任务[①]。

　　这应该只是支援"守望莱茵"行动的多项特种作战中的一个。除斯科兹尼的渗透，还有一支伞兵部队将在进攻前夜空降到盟军战线后。这一行动的目标是占领并坚守具有重要战略意义的十字路口——德军攻势北翼，蒙绍以西7英里（约11.3千米）的巴拉克米歇尔（Baraque Michel），以避免在亚琛重组的美军进攻党卫军第6装甲集团军北翼。

　　为加强或支援"守望莱茵"行动，还实施了其他多项特种行动。对该战役的

---

　　① 原注：在斯科兹尼有机会执行这项任务之前，他实施了另一项行动，造成同样影响深远的后果。在1944年夏季德军东线崩溃的过程中，希特勒失去了罗马尼亚、保加利亚和芬兰等"战友"。匈牙利似乎是下一个。希特勒知道该国领导人米克洛什·霍尔蒂（Miklós Horthy）上将与苏联进行秘密谈判时，召见斯科兹尼并要求他"做点儿什么"。斯科兹尼迅速而无情地展开行动，1944年10月15日下午，霍尔蒂上将刚刚在广播讲话中宣布匈牙利退出战争，斯科兹尼和他的突击队就袭击了总统府，抓获上将本人。纳粹的计划是迫使霍尔蒂接受一个匈牙利傀儡政府，继续站在德国一方作战。如果不是斯科兹尼有一张很特殊的王牌，霍尔蒂上将可能会拒绝这一要求：几个小时之前，斯科兹尼引诱这位匈牙利领导人的儿子进入陷阱，将其打得不省人事并绑架了他——就像经典的特工电影一样，将他包在一卷波斯地毯里。由于担心儿子的生命安全，霍尔蒂上将签下保证书，保证匈牙利继续在德国一方参战。

许多叙述都忽视了德国潜艇的贡献。远在大西洋作战的潜艇中，有些会向德国最高统帅部发送定期的气象侦察报告。凭借这些气象报告，德国气象部门才能发现进攻前几天覆盖了整片地区的大片低压区，这为行动成功创造了不可或缺的先决条件。其他潜艇则进入英吉利海峡，一旦德军攻势展开，它们将在那里击沉盟军运兵船，以大幅降低增援流向阿登前线的速度——后面将会详述。此外，全新的 XXⅦB "海豹"式双人电动袖珍潜艇将参加战斗，打击盟军前往安特卫普的船只，这也是为了支援阿登战役。[28]

安特卫普和列日的盟军司令部还遭到 V-1 和 V-2 飞行炸弹的猛烈袭击。德军对布拉德利第12集团军群司令部所在地卢森堡使用了希特勒的另一种最新式"奇迹武器"——"超级大炮"V-3（"3号复仇武器"）。这种火炮有160英尺（约48.8米）长的炮管，依靠在炮弹经过时引爆多重助推药包来提供更高的初速，其射程超过100英里（约161千米），比其他任何火炮都远。阿登战役期间，第一批 V-3 炮弹开始落在卢森堡时，所引发的惊慌加重了德军进攻造成的不安。

阿登战役期间，希特勒的多种新型"奇迹武器"首次投入使用，或第一次大规模使用。德国空军唯一的喷气式轰炸机联队——装备了可以轻易跑赢任何盟军战斗机的 Me-262 的第51轰炸机联队——准备支援"守望莱茵"行动。作为世界上第一种常规喷气式轰炸机，阿拉多公司的 Ar-234 也将在阿登战役的支援作战中首次露面。

此外，在"守望莱茵"行动中，德国国防军新组建的国民掷弹兵师配备了革命性的新型制式突击步枪——44式突击步枪（Sturmgewehr 44，StG-44）。根据下发的训令，这些师有2/3的连队全部配备 StG-44。装甲师中的许多士兵也装备了这种步枪——1944年12月1日，党卫军第1装甲师就有448支这样的自动步枪。

StG-44被视为第一种现代化突击步枪，广泛影响了战后的武器设计。凭借每分钟550—600发的射速，1800英尺（约549米，自动模式下274米）的有效射程和拆卸方便快捷的30发弹匣，这种7.92毫米突击步枪完全超越当时其他所有军队的手持枪械。例如美国陆军的 M1 "加兰德"半自动步枪使用仅8发子弹的漏夹，射速不超过每分钟30发。

使 StG–44 更具革命性的两个特殊装置是所谓的"弧形枪管"（Krummlauf）和"1229式瞄准器"（Zielgerät 1229）。前者是一种弯曲的枪管，上面带有潜望瞄准器，可以绕墙射击。后者是一种用于夜间射击的主动式红外设备。但是，无法确定1229式瞄准器是否真的按时生产并投入作战行动，虽然按计划是这样的。

德军也为坦克研发了红外夜战装置，这在当时完全是革命性的。其中一种"驱动装置"（Fahrgerät）——FG 1250 可以安装在"豹"式坦克上。这种装备还可以补充安装在伴随的半履带车辆上、口径更大的60毫米红外"探照灯"。整套系统称为"夜莺"（Uhu）。虽然美国人相信这种说法，但德国坦克在阿登没有使用任何红外夜战装备[①]。

尽管盟军密集轰炸，但在盟国领导人讨论战后拆除德国工厂的同时，德国武器生产仍然设法维持着令人吃惊的高水平。这可以从几方面来解释。最重要的原因是，这种工业上的稳定性是以牺牲民用产品生产为代价增加战争工业产量获得的，德国平民的日常消费品本已严重短缺，这样一来更是雪上加霜。此外，军备部部长阿尔伯特·施佩尔（Albert Speer）功不可没，他采取的大规模军事生产合理化措施取得效果，其中包括将每周工作时间从48个小时增加到60个小时。另一项措施也在快速推进，那就是将生产从容易遭到空袭的大工厂移到多个更小、隐蔽良好的位置。德国战斗机兵种总监阿道夫·加兰德中将回忆道："这绝对是个奇迹，曾集中在27个大型生产设施的德国飞机制造工业被转移到700多个小厂里——这些工厂建在废弃的隧道和矿井、茂密的森林深处、山谷和小村庄里。最令人惊叹的是，在这样的条件下，产量竟然增加了。"[29] 1944年，德国军事生产达到战争期间的顶峰，几乎3倍于1942年初。[30] 1944年全年，弹药制造厂生产了1.08亿发子弹和手榴弹，而1943年仅为9300万发。[31]

1944年第三和第四季度，轰炸活动增加和重要原材料产地失守的累积效应令产量有所下降，但在阿登战役前的9月到11月间，施佩尔动用了备用库存，将生产维持在高位。

---

① 原注：有流言称第116装甲师接收了这种装备，可能源于这个装甲师从第24装甲团接收了一些"豹"式坦克，而那些坦克原本应该接收夜战装置。

1944年9月，德国共制造了4103架作战飞机，月产量达到战时顶峰（约是1943年平均月产量的两倍），之后的3个月中，德国又有1万多架飞机下线。[32]但是，"豹"式坦克、四号坦克和"虎"式坦克的产量从1944年6月—8月间的最高值2438辆下降到了9月和10月的1764辆。[33]这主要是因为盟军的空袭摧毁了亨舍尔公司48%的"虎"式坦克生产厂区。"虎"式坦克的平均月产量从1944年前6个月的622辆降低到7月—12月的380辆。[34]不过，这方面的影响在一定程度上被履带式坦克歼击车的增产抵消。这些车辆在捷克斯洛伐克的工厂中生产，那里与盟国空军基地相距甚远，轰炸造成的破坏很有限。1944年最后3个月，德国生产的坦克歼击车超过1943年整年的产量。因此，参加阿登战役的部队中，短缺的坦克大部分可以用坦克歼击车代替。

然而，从长期来看，德国工业正在急剧衰退。大量战略原材料（如油、橡胶、锰、钨、铬、镍、铜和锌）愈发难以获得。钢铁产量从1944年第一季度的920万吨下降到最后一季度的390万吨。[35]由于战略金属被替换成质量较低的代用品，产出的军事物资质量也在下降，而被强征的外国劳工的破坏活动更加重了这个问题；随着德国工人越来越多地被征召入伍，外籍劳工在德国工业中愈发重要。民用产品制造的深刻危机也产生了影响，军服被迫使用人造纤维，这种材料无法提供和常规毛料或棉布相当的御寒能力，在阿登战役期间的德国士兵中造成了很大不良反响。1944年秋季，先前占据的国外耕地丢失和盟军对德国交通线的密集轰炸，令下滑的食品生产量进一步恶化，这也对德国士兵的身体情况造成了长期影响。

约德尔估计，"守望莱茵"行动需要1.7万立方米燃油和50列车弹药。为补充德国工业无法生产的部分，需要耗尽现有库存，进攻前估计能够准备好所需的数量。[36]考虑到盟军轰炸对德国铁路网的破坏，这更取决于是否能将这么大数量的物资运抵前线。

1944年10月28日（星期二），冯·伦德施泰特的西线总司令部参谋长齐格弗里德·韦斯特法尔（Siegfried Westphal）少将和莫德尔的B集团军群参谋长汉斯·克雷布斯（Hans Krebs）中将奉召前往希特勒的总部，被正式告知进攻计划。希特勒首先告诉他们："德国不能再处于守势，否则她的崩溃将不可避免。"[37]他解释道，进攻的目标是"消灭大部分西方盟军"，使盟军不可能再次登陆法国。[38]

"摩根索"计划

1944年9月，西线的德国士兵作战精神有所恢复，陆军元帅莫德尔用严厉的手段阻止溃退是其中很重要的因素。此举使阻止盟军推进成为可能，反过来又进一步加强了德军的士气。此外，对所谓"奇迹武器"（喷气式飞机和V武器）的期待也给疲惫不堪的前线将士带来希望。

盟国的严重失策也无意间帮助德国人增强了对抗西方盟军的意愿。1944年9月14日—16日于魁北克举行的盟国军事会议上，美国总统罗斯福和财政部部长亨利·摩根索（Henry Morgenthau）说服英国首相温斯顿·丘吉尔签署一份关于战后德国命运的备忘录，这份备忘录本质上是根据摩根索自己的计划撰写的。[1]根据这份备忘录，盟国将在战后对德国实施"去工业化"，将其变成一个"'田园式'的农业国"[2]。

摩根索研究过当时关于纳粹对犹太人实施种族灭绝的已有资料，对此反应强烈。与此同时，罗斯福表达了在将来很长一段时间内压制德国的愿望。研究过"摩根索"计划背景的弗吉尼亚大学社会学和历史学教授杰弗里·K.奥立克（Jeffry K. Olick）得出结论，摩根索被任命为起草该计划的委员会的负责人，正是基于以上原因。[3]

摩根索和国务卿科德尔·赫尔（Cordell Hull）、战争部部长亨利·L.史汀生（Henry L. Stimson 通常被译为"史汀生"）和罗斯福的亲密伙伴哈利·霍普金斯（Harry Hopkins）一起加入美国政府的一个委员会，负责协调美国政府机构关于战后德国的提议。1944年8月23日史汀生看到"摩根索"计划时，提出强烈的反对意见。他辩称，这样的计划在1860年也许有效，当时德国只有4000万国民，而在20世纪40年代，这一计划意味着"使大量民众离开德国"[4]。但罗斯福在争论中反对史汀生，两天后，他在一封信中告诉后者，他认为最重要的是让每个德国人都理解，此时的德国是一个战败国。他的意图不是让德国人饿死，而是"如果他们需要食物……他们可以一日三次从军队的赈济处喝到粥"，这样"他们将在余生中牢记这段经历"[5]。

除对德国进行去工业化外，该计划还会让德国失去萨尔区、莱茵河和摩泽尔河之间的地区、西里西亚南部和东普鲁士。而且，莱茵兰、威斯特伐利亚、北海沿岸和基尔运河区将组成一个国际共管区，奥地利再次分离，德国的其余部分将被分成两个较小的国家。

还没过几天，计划就被泄露给媒体。1944年9月23日，《华尔街日报》在头版详细刊登这个计划的内容，题为"财政部计划分割德国，消灭德国重工业"。

德国宣传部长约瑟夫·戈培尔（Josef Gobbels）得到一个好得不能再好的礼物。《华尔街日报》的消息刊登后3天，纳粹党报《人民观察家》头版刊登文章"罗斯福和丘吉尔制定了他们自己的犹太主义谋杀计划"。德国宣传机构声称，"摩根索"计划的目标是"让3000万德国人向饥饿屈服"。戈培尔将"摩根索"计划与1941年美国商人西奥多·N.考夫曼（Theodore N. Kaufman）的《德国必须灭亡》（*Germany must Perish*）一书联系起来，考夫曼认为"人类被迫考虑对德国人民进行'消毒'，作为永远对日耳曼主义病毒免疫的一种重要卫生措施"[6]。在1944年10月4日的广播讲话中，戈培尔确立了一种基调，他宣称"美国犹太人摩根索制定的这个计划，其特征就是《旧约》中的怨恨和报复。他们要将已工业化的德国变成一片巨大的马铃薯田"。

报刊披露"摩根索"计划后，罗斯福于9月27日公开表示自己与该计划无关，但于事无补。1944年秋季的余下时间里——阿登战役的准备阶段——纳粹所称的"犹太谋杀计划"成为德国针对西方盟国的宣传中不断出现的主题。例如，戈培尔在1944年10月21日的《帝国日报》上写道："不论是布尔什维克以他们的方式毁灭德国，还是英美以自己的方式摧毁帝国，这都不重要。它们都赞同这个目标：消灭3000万—4000万德国人。"

在这种想法的驱使下，德国士兵们在1944年12月16日扑向美军阵地，发动阿登战役。几天前，美国情报人员威廉·多诺万（William Donovan）从伯恩向罗斯福总统发出了一份关于"摩根索"计划的备忘录。他引用了瑞士《新苏黎世日报》的话：

> 人们仍然普遍相信，德国如果战败，面临的只有压迫和剥削，这就是德国人继续战斗的理由。这不是政权的问题，而是祖国本身的问题，为了拯救她，每个德国人都肯定都会听从召唤，不管他是纳粹党员，还是反对派别的成员。[7]

注释：

1. 小亨利·摩根索，《投降后德国处置计划建议》，docs.fdrlibrary.marist.edu/psf/box31/a297a01. html. 16 April 2014。

2. 奥立克，《在行刑房里：德国战败的痛苦1943—1949》，第84页。

3. 同上，第77页。

4. 同上，第79页。

5. 布鲁姆，《"摩根索"计划中的罗斯福》，第575—577页；奥立克，《在行刑房里：德国战败的痛苦1943—1949》，第78页。

6. 西奥多·N.考夫曼，《德国必须灭亡》。en.wikisource.org/wiki/Germany_Must_Perish. 16 April 2014。

7. 威廉·多诺万为总统撰写的备忘录，1944年12月11日。docs.fdrlibrary.marist.edu/psf/box32/a298m03.html. 16 April 2014。

1944年秋季，德国西部和中部的大部分主要城市都在盟军猛烈轰炸下成为废墟。（美国陆军）

概要说明了进攻计划和将要分配给 B 集团军群的军队后，希特勒继续描述地面军队将得到的支援。两位将军得知，德国空军将以"4000架最新型战斗机一波又一波"的支援攻势，"每架飞机每天飞行两次，夺取战场和后方行动区域上空的制空权。"[39] 而且，V 武器的发射量将"比过去更大，打击安特卫普和列日。"[40]

关于弹药，希特勒承诺从进攻首日起，前线将得到2个基数，进攻期间部队还将得到3个基数。至于燃油，他保证进攻首日前线有3个基数，然后将持续供应。此外，从最高统帅部储备中抽调的1.7万立方米燃油已堆积在莱茵河上，甚至将铺设一条过河管道。[41]

德国武装力量最高统帅部秘书佩尔西·E.施拉姆注意到，两位经验丰富的将军都支持进攻计划；他们提出的唯一反对意见是，预定的进攻日期11月25日似乎有点太早，无法完成所有必要的准备。[42] B 集团军群作战参谋赖希尔姆中校被告知该计划时反应也很强烈。[43] 但是，赖希尔姆承认莫德尔元帅的评论较为克制。他说："对我来言，整个计划似乎靠一支该死的假腿支撑着。"[44]

两天后，约德尔向冯·伦德施泰特和莫德尔两位元帅发出关于计划的书面说明。和计划同时发出的还有一条消息：H 集团军群也将参与进攻 [①]。它们要么以第 15 集团军从锡塔德地区（亚琛西北方）发起进攻，并转向南方，与西进的党卫军第 6 装甲集团军协力将盟军部队包围在 B 集团军群和 H 集团军群接合处，即位于马斯特里赫特和亚琛的"马斯楔形"；要么从向北 20 英里（约 32 千米）的芬洛（Venlo）发起进攻，然后向西或西南进军。按计划，选择哪种方案取决于进攻进展。[45] 不过，H 集团军群在党卫军第 6 集团军群取得突破前不会投入作战。

冯·伦德施泰特和莫德尔立即召开会议，在克雷费尔德（Krefeld）以东的 B 集团军群司令部讨论提出的计划 [②]。在 11 月 2 日举行的这次会议上，47 岁的第 5 装甲集团军指挥官、装甲兵上将哈索·冯·曼陀菲尔（Hasso von Manteuffel）成为主角。由于莫德尔的部队将担任主攻，冯·伦德施泰特在莫德尔讲话前没有发表任何意见，莫德尔则决定等经验丰富的冯·曼陀菲尔先发言。

冯·伦德施泰特短暂的开场白后，克雷布斯为与会者详细介绍了进攻计划。除其他细节外，他还通知大家，进攻将在 10 时 30 分与 11 时之间发动，在这之前是由 B 集团军群各集团军实施的两个小时的炮火准备。这次炮火准备将与空袭相结合，在整条战线上同时开始。[46] 克雷布斯说完后，冯·曼陀菲尔 [③] 发言了。他说道："只有在满足如下'前提'时，我才能抵达和渡过默兹河。"然后，他列出了自己所认为的基本条件：

首先，发动攻势所需的坏天气结束后，必须尽快夺取前线地区、补给基地和补给线上的局部制空权。再者，突击部队必须满员，经过休整，并在进攻前准时到达出发点。此外，摩托化部队、各师侦察部队、炮兵、防空和舟桥部队的机动性必须得到"决定性"的提高。还有，前线部队获得所需数量的弹药、通信装备、燃油、润滑油、备件等物资的时间，不能晚于进攻当天。[47] 冯·曼陀菲尔坚持，如果这些条件不能全部满足，突击部队就"不可能越过默兹河，并

---

① 原注：10 月 27 日，有关组建由斯图登特大将指挥的 H 集团军群的命令下达，这是为了将西线的北翼组织起来——包括所谓的"国防军荷兰集团军"（后来的第 25 集团军）、第 1 伞兵集团军和第 15 集团军。

② 原注：应邀参加会议的除韦斯特法尔和克雷布斯两位参谋长以外，还有 B 集团军群下辖三个集团军的指挥官，以及 H 集团军群下辖第 15 集团军指挥官古斯塔夫—阿道夫·冯·灿根（Gustav-Adolf Von Zangen）上将和第 1 伞兵集团军指挥官库尔特·斯图登特大将，这两位将军的部队将参加从北方展开的钳形攻势。

③ 译注：原文为"曼施泰因"，根据上下文应为笔误，此类错误在本书中出现多次，下文中译者将直接修改，不再赘述。

在那里建立桥头堡”[48]。

主攻部队党卫军第6装甲集团军的指挥官、党卫队全国总指挥泽普·迪特里希保持沉默。[49]莫德尔全神贯注地聆听，要求和冯·曼陀菲尔开一个后续会议，这次会议在当天下午进行，冯·曼陀菲尔、莫德尔和克雷布斯出席。

三人碰头时，莫德尔首先表示，基本同意冯·曼陀菲尔的看法，但希望他进一步发展自己的观点。除了之前的话，曼陀菲尔还补充了预备队准时抵达以避免推进中断，以及为前线军队“立即、紧急”配备更多机动车辆的重要性。[50]但他强调，当务之急还是夺取从战场到后方莱茵河整片地区的局部制空权，这是任何胜利的先决条件。[51]

冯·曼陀菲尔也反对进行炮火准备。他说，首先，预定的进攻开始时间在早上10时到10时30分之间，这已太晚了，意味着突击部队在进攻首日只有不到7小时可用。而且，两小时的炮火准备时间太长，将毫无必要地惊动美军。[52]冯·曼陀菲尔反对“全面”炮火打击，相反，他倡导灵活运用炮兵打击敌军抵抗据点，但仅在突击部队要求时才用。他说，他认为“毋庸置疑的是，查明的［美军］强大抵抗据点和炮兵阵地必须视推进中所遇情况——各部火炮口径、弹药补给、地形是否能让炮火发挥作用——偶尔进行炮击”。就是这样的炮火运用，也应该限制在45分钟以内。冯·曼陀菲尔说道：“一般来说，我们必须尽可能在没有任何‘烟花奇观’的情况下发动进攻。”他宁愿看到以“猎人般的隐蔽”扑向美军阵地，而非他所说的那种“吵醒敌人的音乐”。[53]

冯·曼陀菲尔还建议将进攻发起时间提前到5时30分，并结合以在天色未明、火炮尚未开火时，于宽阔的战线上以小股突击部队对美军战线进行的初步渗透①。他补充道，后者是“我们和苏联红军都在东线成功运用过的方法”，苏联人在1944年6月22日发动的“巴格拉季昂”行动中正是使用这种战术破坏了德军防线。[54]曼陀菲儿还认为，进攻日期应该从11月25日后延到12月10日或更晚，以便为准备工作提供充足的时间。

莫德尔决定考虑一个晚上，11月3日三人再次碰头时——这次是在第5装

---

① 原注：冯·曼陀菲尔用德语的“渗透”（einsickern）来表达对美军战线或其间隙发动的小规模进攻，这相当生动地描绘了他对此战术的想象。

甲集团军的一个军部中——他表示支持冯·曼陀菲尔的所有提议。[55] 在接下来的讨论中,莫德尔和曼陀菲尔一致同意一份备选的行动计划:战役级别的突破达成后,德军不渡过默兹河,而是将两个装甲集团军转向北方,由默兹河掩护其左翼,第7集团军掩护其南翼。与此同时,第15集团军从荷兰东南角的锡塔德地区发动进攻,两支进攻力量在比利时东部、列日西北的通厄伦(Tongres)地区会合,将困住英美两军20—25个师。下一步行动可以视战役发展决定,但两位指挥官可以想象到,接下来会是恢复向西的推进,一旦歼灭被围敌军,就立即冲向安特卫普。[56] 他们将这称为"小解决方案",而将原定计划称为"大解决方案"①。但是,在11月3日西线总指挥官冯·伦德施泰特对约德尔所提进攻计划的回复中,没有任何迹象表明他们对安特卫普这个主要目标有所质疑。相反,冯·伦德施泰特声明,他"基本上和最高统帅部持相同看法"[57]。不过,他确实建议北路的钳形攻势应该和主攻同时发动,这被视为对"小"和"大"两份解决方案的一种整合。这个意见和"小解决方案"都被阿道夫·希特勒推翻了,他认为,这意味着德军进攻的先锋将过早地陷入与强大盟军力量代价沉重的战斗之中。

1943—1945年负责德国最高统帅部战争日志的佩尔西·E. 施拉姆把军队指挥官与希特勒在这方面的分歧描述成不同方法论的碰撞。[58] 莫德尔、冯·曼陀菲尔和冯·伦德施泰特代表着科学方法——被称作"战争艺术"的科学,在这种科学中,每个军事计划都可以被描述成一系列假设,而战争艺术就包含着对这些假设的证伪。"较为冷静"的科学方法来自严格的军事观点,而希特勒的想法可以被描述为整体论和理想主义(与唯物主义相反),是非常情绪化的。希特勒习惯性地认为,他的将军们过于谨慎,思路狭隘。毕竟,这位纳粹独裁者的政治生涯在同时代几乎无人可以匹敌,1919年他还是一个不起眼的政治团体的成员,4年以后就成为世界上最强大国家之一的领导人,他的个人经历似乎表明,对于有着"钢铁意志"的人来说,完全可以"变不可能为可能"。

希特勒的保证不无理由,上次西线大规模攻势前,他和将军们也出现过

---

① 原注:在各个总部里,这些计划按照桥牌的术语,被称作"小满贯"和"大满贯"。

类似的分歧，那是在1940年5月10日发动的攻势，结果是大英帝国的军队被逐出欧洲，德国取得了对法国的全面胜利。希特勒下令准备那次的西线大规模攻势时，时任德国陆军总指挥官冯·布劳希奇和参谋长哈尔德预计，德军的攻势将"在法比边境陷入僵局，接着是消耗巨大的阵地战"[59]。西线的集团军群指挥官们也书面表达了担忧，并分发给各集团军指挥官。[60] 当时，埃里希·冯·曼施泰因中将于1939年秋季大胆地建议从阿登地区发动攻势，赢得了希特勒的赏识，但陆军最高统帅部驳斥道，"从没有合适道路、被西南走向的深谷隔断的阿登地区发动进攻"绝无可能。[61] 而正是这个计划，在几个月后取得了军事史上最辉煌的胜利之一。

然而，也不能说希特勒完全不受军队指挥官们反对意见的影响——毕竟，他对其中很多人都报以最崇高的敬意，特别是莫德尔。1944年11月5日，"元首"命令加强突击力量，这符合曼陀菲尔的提议。根据10月11日的原始草案，进攻军队将由23个师组成，另有7个师留作预备队；这支军队目前已扩充到38个师，含15个装甲师或装甲掷弹兵师。[62] 虽然希特勒没有立刻同意将进攻日期推后①到冯·曼陀菲尔和莫德尔要求的时间，但他11月10日决定将行动推迟到12月1日。8天后下达修改后的命令时，他也将炮火准备时间限制为一个小时。

希特勒那攻势将得到"4000架最新型战斗机一波又一波支援"的承诺听起来只不过是一厢情愿的表达，但事实上，这一声明是基于德国空军的真实兵力报告而来的。前面我们已看到，德国飞机生产在1944年9月达到顶峰，当月一共制造了4000余架飞机。也正是从法国撤退的这个月过去后，德国战斗机兵种总监加兰德少将出色地完成了重建德国空军战斗机力量的工作。通过组建新的战斗机联队，将多支部队隐蔽起来作为预备队，并严格限制前线留守部队的作战行动，1944年11月12日加兰德报告说德国战斗机部队已经具备了前所未有的实力——3700架飞机和飞行员。这个数字还应加上约1200架夜间战斗机，其中许多将在阿登战役中作为夜间攻击机使用，此外还有900架对地攻击机（这种飞机大部分在东线服役）和500余架轰炸机。[63] 因此，德国空军当

---

① 译注：原文为提前，从上文来看应当是笔误。

时一共有6500架飞机^①。

11月14日,德国空军指挥官、帝国元帅赫尔曼·戈林概述了德国空军参与"守望莱茵"行动的情况。⁶⁴1944年9月,负责帝国防空事务的汉斯-于尔根·施通普夫(Hans-Jürgen Stumpff)大将接管德国空军西线司令部^②,该司令部负责组织和领导西线的空中作战。德国空军西线司令部11月16日划归约瑟夫·施米德中将指挥,其任务是调第2战斗机军的战斗机和对地攻击机部队,以及第3航空师的轰炸机、夜间对地攻击机和夜间战斗机部队,支援"守望莱茵"行动。

第2战斗机军〔迪特里希·佩尔茨(Dietrich Peltz)少将〕及其下属的第3战斗机师、中莱茵战斗机司令部和第5战斗机师将用于调和盟军航空兵的威胁,为地面进攻部队提供近距空中支援。第3战斗机师〔瓦尔特·格拉布曼(Walter Grabmann)少将〕下辖第1、第6、第26和第301战斗机联队,以及第4攻击机联队,其任务是指挥荷兰、荷兰以东德国领土以及比利时最北部的空中行动^③。

北面,第2战斗机军主力——第2、第3、第4、第11、第27、第53和77战斗机联队——驻扎在从波恩及其以南地区,直接归中莱茵战斗机司令部〔汉斯·特吕本巴赫(Hans Trübenbach)中校〕指挥,南面是第5战斗机师〔卡尔·亨切尔(Karl Hentschel)少将〕。

第3航空师〔西吉斯蒙德·冯·法尔肯施泰因(Sigismund Freiherr von Falkenstein)少将〕得到的任务是在夜间提供空中支援:第66轰炸机联队第1大队和第1训练联队的双发Ju-88和Ju-188,第51轰炸机联队的Me-262,以及来自第76轰炸机联队的Ar-234将轰炸盟军后方交通线。第1和第2夜间对地进攻大队(配备老式Ju-87俯冲轰炸机)以及第20夜间进攻大队(Fw-190)将在夜间打击盟军机场和军队集结地。第2夜间战斗机大队(Ju-88)也将参与这

---

① 原注:但是,希特勒对在合理时间里将大量新型喷气飞机投入前线的可能性有些过于乐观了;9月只生产了19架Me-262,10月生产了52架,11月生产了101架,与此同时,Ar-234在9月的产量为18架,10月和11月各为40架。尽管如此,Me-262生产推迟的决定性因素是希特勒要求其具备携带炸弹能力的说法(即所谓的"刀刺在背传说")纯粹是传说而已。1944年冬季,结构上的严重技术缺陷才得到克服,大规模生产开始。1944年8月和9月行动中的Ar-234实际上是奉命参战的原型机。即使到了1944年12月和1945年1月,Me-262也只分别制造了124架和153架,Ar-234在这两个月各制造了35架。生产数字来自瓦伊达和弗丹的《德国航空工业制造》。

② 原注:此前,德国空军西线司令部被定名为第3航空队,但随着指挥官胡戈·施佩勒1944年夏季在诺曼底战败被免职而重组。

③ 原注:第4攻击机联队配备特别设计的Fw-190 F-8攻击机,计划在默兹河渡口上空执行特殊任务。

些行动，但主要任务是在夜间对抗盟军空袭，掩护德军集结地点。此外，一支特殊部队——第66轰炸机联队第3大队（被并入第200轰炸机联队）将派出所谓的"榭寄生"飞机①，打击盟军后方地区特别重要的桥梁。

1944年12月16日，共有1492架战斗机、171架轰炸机、91架对地攻击机和40架侦察机做好准备，支援阿登战役。[65]

德军为空地协同也做了精心的准备。参加进攻战役的陆军师都配属一个空中监控单位，并努力确保前线陆军部队各种司令部、派驻地面军队的德国空军联络军官和德国空军各种作战司令部之间的直接无线电联系通畅。

第1航空司令部将指挥对党卫军第6装甲集团军的直接空中支援，其中戈登·戈洛布（Gordon Gollob）上校指挥战斗机行动，海因里希·布吕克尔（Heinrich Brücker）少校指挥近距空中支援。第5装甲集团军的直接空中支援由第2航空司令部指挥，其中卡尔–戈特弗里德·诺德曼（Karl–Gottfried Nordmann）中校负责战斗机行动，阿尔弗雷德·德鲁舍尔（Alfred Druschel）中校指挥近距空中支援。[66]这些指挥官都是精通飞行业务、战功显赫的空军军官：戈洛布是第一位取得150次空战胜利的飞行员；布吕克尔是德国空军早期的斯图卡和对地攻击机飞行员；诺德曼从1939年起驾驶战斗机出击800余次；德鲁舍尔是第一位，也是最有经验的德国对地攻击机部队指挥官，从1938年起就参加作战任务。

沃尔夫冈·皮克特（Wolfgang Pickert）上将率领的德国空军第3高射炮军也承担了掩护地面进攻力量及其后方区域、对抗盟军空袭的任务。该军的第2高射炮师〔弗里茨·莱歇尔（Fritz Laicher）上校〕拥有35个重型高射炮连和37个中／轻型高射炮连，分配给党卫军第6装甲集团军；第19高射炮旅〔保罗·施卢希特曼（Paul Schluchtmann）上校〕拥有20个重型高射炮连和44个中／轻型高射炮连，分配给第5装甲集团军；第1高射炮旅〔奥斯卡·舍特勒（Oskar Schöttl）上校〕拥有16个重型高射炮连和15个中／轻型高射炮连，分配给第7集团军。

---

① 原注："榭寄生"是 Bf–109或 Fw–190单座战斗机的一种改型，它们携带一架无人双发轰炸机，机上载有数吨爆炸物组成的战斗部。在两架飞机的发动机的帮助下，能够高速运载爆炸物。到达目标上空时，无人轰炸机将脱离，像导弹一样飞向目标。测试显示，"榭寄生"可以穿透非常厚的混凝土工事。但是，由于各种原因，没有一架"榭寄生"实际参与对阿登战役的支援。

每个高射炮连由2—3个各有8门火炮的集群组成。除德国空军的高射炮连外，陆军和党卫军部队都有自己的防空部队。此外，还为阿登战役配属了3个防空探照灯营。[67]

进攻计划发展和细化的同时，前线形势的变化将影响德国的突击力量和德国人对进攻胜算的判断。美国第1集团军反复进攻德、荷、比三国（当代）边境附近的德国城市亚琛，又为德军提供了关于美国对手的重要教训。首先，进攻目标亚琛有强大的筑垒（这座城市本身是“西墙”的一部分），很难说是理想之选：看着美国人一头撞进德军防线中这个坚固的据点，而不是绕过该城向防御薄弱得多的南面推进，德国将军们纷纷摇头，觉得难以置信。虽然有着几倍的数量优势，美军9月下半月进攻这座城市时仍遭受沉重损失，被迫后撤。

从这件事看来，美军的另一个弱点昭然若揭。他们用训练不足的新兵和军官迅速填补损失，这些人对战术知识的了解匮乏得令人吃惊。10月1日，曾血战亚琛的美国第1步兵师已恢复了编制的兵力，但70%的士兵是匆忙训练出来的新兵。[68]德军注意到，美军又是一个数量重于质量的对手。直到美军向前线增派了一个全新的集团军——威廉·辛普森（Willam Simpson）中将率领的第9集团军——才最终将德国守军逼出亚琛。10月21日，该城落入美军之手。

但是，占领亚琛是空洞的胜利。第9集团军无法继续深入德国境内，因为鲁尔河①从东北方向流经亚琛以东，向北流淌4英里后汇入默兹河。由于德军控制了亚琛东南约15英里处的鲁尔大坝，他们可以在任何时候让鲁尔河水淹没两岸。为了让士兵们免受洪水之灾，辛普森中将别无选择，只能阻止军队前进。

在这种局面下，考特尼·霍奇斯中将派遣他的美国第1集团军直插许特根森林（Hürtgenwald），这是亚琛和鲁尔水坝之间的一片面积50平方英里（约129平方千米）的密林，地形十分恶劣。美军在这里陷入了一场持续数个月的战斗，

---

① 原注：这条河的德语拼写为Ruhr，而荷兰语拼写则为Roar，为了避免与鲁尔工业区（Ruhr）混淆，本书原文使用了荷兰语名称。

对手虽然数量处于劣势，但很好地利用了这里的地形。军事历史学家约翰·埃利斯辛辣地评论了美军的这次行动：

> 美军应该尽力避开的另一要塞是亚琛正南面的许特根森林。这片几乎在神话中才能看到的黑暗密林，对任何进攻部队来说都是难以脱身的困境。但是，9月和10月，美军坚持深入此地，称这里是对其右翼的严重威胁。这种说法很值得怀疑，因为这片森林只能隐藏一个战斗力薄弱的步兵师，如此稠密的林区无法集结大量部队。美军进攻这里，不仅让该师在坚固的阵地上作战，效率提高了数倍，还使他们自己的飞机、火炮和坦克失去了作用。[69]

被德国守军（包括第116装甲师）击退后，美军在11月16日调遣4000架飞机（其中2400架是重型轰炸机）进攻许特根森林。但是，进行这次大规模空袭时，美国地面军队后撤了几英里，等到他们终于经过布满弹坑的土地向德军发动进攻时，对方已重新组织了防御阵地。这导致美军得出一个错误的结论：即使是最强大的空袭也不足以破坏许特根森林的防御。不过，许特根森林一役在"守望莱茵"行动之前又给德军上了一课。德国最高统帅部指出："虽然我们打的是一场防御战，但平均每天能俘虏200名美国士兵，这清楚地证明了我军的优势。"[70]

许特根森林之战以德军取得防御战胜利而告终，美国第1集团军至少伤亡了33000人，两个整师遭受重创，被迫退出战斗。其中第28步兵师自11月2日开始，几周内就伤亡7500人。从第28步兵师于11月28日重新在南面集结，守卫阿登前线的一个重要地段这一事实来看，盟军可能已用光了预备队。

但是，许特根森林之战也严重影响了原准备用于"守望莱茵"行动的军队。11月21日，伦德施泰特报告，第9和第116装甲师以及第3和第15装甲掷弹兵师将被这场战役"捆住很长时间"；他还报告道，第47和第340国民掷弹兵师已陷入这场战役，第352国民掷弹兵师或许也会这样；无法从许特根森林抽调第12国民掷弹兵师，党卫军第10装甲师可能也被迫投入那里的战斗。[71]南面的局势也很相似，11月7日起，巴顿的第3集团军恢复攻势，德国第1集团军面临沉重压力。与此同时，新组建的美国第6集团军群从南方发动进攻，于

1944年秋季参加许特根森林血战的美国第28步兵师第110步兵团士兵。（NARA/G.W. 古德曼，美国陆军通讯兵团）

11月21日将德军逐出贝尔福（Belfort），23日又将其赶出斯特拉斯堡。在该地段，德军没有可能抽调任何力量参加"守望莱茵"行动，相反，11月21日梅斯失守，本应参加阿登战役的装甲师之一——精锐的装甲教导师——被调往阻止巴顿的攻势。但这次行动并不成功，装甲教导师很快再次撤回充当预备队。冯·伦德施泰特在11月21日的报告中对该地段表示了忧虑："G集团军群无法抽调第11和第21装甲师、党卫军第17装甲掷弹兵师或第21装甲师的特遣队。此外，约有4个国民掷弹兵师，可能还有9支摩托化部队将无法参加即将开始的（阿登）攻势。"[72]

凭借手中800余辆坦克和压倒性的空中支援，巴顿稳步接近德国边境。[73]德国第1集团军能够集结的坦克和坦克歼击车不超过74辆，几乎无法在萨尔区的"西墙"上阻挡美军的进攻。[74]12月中旬，巴顿准备率领他的集团军对萨尔区发动一次新的大规模攻势，这位将军生动地将其称为"第3集团军历史上最大的闪电战"[75]。不过，这次行动将为德军阿登战役所阻。

为"守望莱茵"行动而集结的军队还可能沉重打击了美国第1和第9集团军同时发起的联合攻势，这对美军造成的影响更为深远。美军在亚琛和许特根森林的突破，已在蒙绍到北面的锡塔德之间的德军防线上造成了一个30英里（约48千米）宽的楔形突出部。德军估计，他们的对手在这个地段集中了11个步兵师和3个装甲师。11月20日，莫德尔提议由第15集团军和党卫军第6装甲集团军"发动钳形攻势，目标是给紧密集结的敌军部队以致命一击。"他认为，这不仅为包围美国第9集团军和最靠近的美国第1集团军、英国第2集团军所属部队创造了先决条件，还有助于向安特卫普持续推进。[76]因此，这是"大""小"解决方案的新结合——或说，是前者成功地变形为后者——这一思路立即得到冯·伦德施泰特毫无保留的支持。但这一提议在11月22日已被希特勒否决，他害怕类似的情况将这次攻势转变成"一场消耗战，可能使预备队所剩无几，无法在初始阶段后继续下一段的攻势"[77]。希特勒的答复中还包括这样的训令：进一步加强为"守望莱茵"行动准备的军队，以便抵偿那些被美军攻势拖住的军队。

12月上半月，第167、第560国民掷弹兵师和党卫军第10装甲师加入了进攻军队。它们预计无法按时到达，参加最初的突击，但后面还会分配更多预备队，一部分从西线其他地段抽调，另一部分则依靠重组的3个国民掷弹兵师（第79、259和320）及来自挪威的1个山地师（党卫军第6山地师）。此外，阿登地区的前线军队将得到许多补充营（所谓的"行军营"），共计有5万名新招募的士兵——其中2万人在12月1日之前到位，第二批2万人在12月8日之前抵达，12月15日之前还有1万人到达。[78]

11月26日，约德尔前往冯·伦德施泰特在巴特瑙海姆（法兰克福以北约20千米）城外齐根贝尔格的总部探访。约德尔强调，"元首"坚定不移地支持"大方案"。他的来访还有另一个目的——视察精心隐蔽、戒备森严的齐根贝尔格城堡。这座城堡就在附近，1939—1940年经过改造，成为"元首大本营"。但是，它的代号"雕窝"（Adlerhorst）更为人熟知。次日，希特勒宣布，他接受冯·曼陀菲尔和莫德尔的建议，将步兵突击时间前移到早上6时到6时30分之间，此前的炮火准备进一步缩短到30—60分钟。而且，他又将进攻日期推后了一周——12月7日。[79]不久以后，他又决定将进攻日期（零日）推后到12月10日。[80]

11月29日，莫德尔根据约德尔11月10日的指示发布进攻命令。但他和冯·曼陀菲尔仍然希望在会上见到希特勒，以便全面分析"大"和"小"解决方案的利弊，并讨论几个与进攻相关的细节。希特勒表示同意，这次会议于12月2日在柏林的帝国总理官邸进行。与会者除希特勒外，还有莫德尔、冯·曼陀菲尔、迪特里希以及其他约50位军官。惹人注目的是，冯·伦德施泰特缺席此次会议。莫德尔和冯·曼陀菲尔曾访问齐根贝尔格的西线总司令部，企图赢得对"小"解决方案的支持，但冯·伦德施泰特此时已经没有兴趣围绕进攻计划再次展开辩论。他派参谋长韦斯特法尔代表自己参加柏林的会议。

在12月2日的会议上，希特勒显然从一开始就无意放弃"大解决方案"。他承认，以相对较远的安特卫普为目标是"危险的游戏"，这令冯·曼陀菲尔感到不同寻常，但他还说道，局势所迫，目前只能"孤注一掷"[81]。接着"元首"强调，如果所谓的"大解决方案"百分之百地取得成功，那么收获将是极大的:不仅美国第1和第9集团军，连英国第21集团军群也将被围歼。希特勒指出了美国和英国军事统帅之间的分歧，坚称如果德军攻势的目标达成，将会加深这些分歧，甚至令其蔓延到政治层面。他说道:"加拿大甚至可能因为在保卫战中丧失大部分武装力量，从而长期退出战争。"[82]

希特勒还解释道，此次攻势颇有胜算:发起进攻的区域盟军力量较为薄弱，"我们可用的军队肯定将取得突破"，由于攻势将在恶劣天气时发动以避免盟国航空兵的干扰，迅速的突破是可期的。他继续说道:"因此，装甲部队将获得行动的自由，像潮水一般迅猛向前，在列日和那慕尔之间的默兹河上建立桥头堡，此后他们将继续向东北前进，绕过布鲁塞尔到达安特卫普。"[83]他说，即使攻势只取得部分成功，也将迫使盟军推迟攻势至少8—10周，为德国提供急需的喘息之机。[84]

12月2日会议的结果是，"大解决方案"仍然是主要的进攻计划。不过，"小解决方案"和"大解决方案"两派意见的分歧不应夸大。这些分歧主要在于战术性质:支持"小解决方案"的人认为，该方案可以为"大解决方案"创造更好的条件，而希特勒认为此举有可能消耗德军突击部队，而且其目标在"大解决方案"圆满成功的情况下也能实现。不过，据最高统帅部的施拉姆所说，双方都认为"是否坚持以安特卫普为目标的问题可以暂时搁置"，因为这只有在德军渡过默兹河时才能确定。[85]如果不可能渡过默兹河，"小解决方案"的支持者们预计，他们将获准执行自己的备选计划——也就是较为有限的钳形攻势，为恢复西进创造条件。正如我们接下来将要看到的，他们完全有理由期待这一结果，因为希特勒后来发现无法到达默兹河时，立即调整了进攻目标。另一方面，如果德军能够成功将敌人赶过默兹河，到那个阶段就更容易确定可用的兵力是否足以继续向安特卫普推进。因此，关于行动的意见分歧绝没有造成指挥上的危机。施拉姆指出："此外，就莫德尔元帅而言，他总是倾向于为取得最大的成功而提出不可能满足的要求，这与元首的观点接近。"[86]

而且，希特勒满足了莫德尔和冯·曼陀菲尔的几项要求。总体上，他采取措施满足了冯·曼陀菲尔在莫德尔支持下提出的要求——也是进攻成功的先决条件。冯·曼陀菲尔最优先考虑的是，他的补给线在任何条件下都不能受到敌军空袭的干扰，这个要求得到了最大限度的满足：一方面将进攻安排在恶劣天气持续的时期，另一方面最大限度地集结德军飞机支援攻势。

莫德尔和冯·曼陀菲尔请求，将装甲预备队分配给党卫军第6装甲集团军和第5装甲集团军，而非像原定计划的那样用于第15集团军发起的侧翼进攻。施拉姆写道，希特勒"倾向于陆军元帅莫德尔和装甲兵上将冯·曼陀菲尔的观点，一旦攻势成功展开，最好将所有可用的预备队调到进攻各师后面以便利用突破，而不是将它们毫无必要地用在前线其他区域没有胜算的牵制进攻上"[87]。这样，有力的第二和第三个进攻波次就形成了。

莫德尔和冯·曼陀菲尔还要求加强第一个进攻波，这也得到希特勒的批准。同样的，他们推迟进攻的请求已得到希特勒的默许，冯·曼陀菲尔也已经限制了炮火准备的时长。

在12月2日与希特勒的会议上，冯·曼陀菲尔甚至说服"元首"，将进攻时间提早到5时30分，他那让第5装甲集团军未经任何大规模炮击就通过"渗透"开始进攻的想法也得到了希特勒的支持。不过，党卫队全国总指挥泽普·迪特里希不认可后一种想法，这也就是党卫军第6装甲集团军以较为"经典"的方式，在炮兵弹幕射击后发动进攻的原因。此外，冯·曼陀菲尔得到准许，在进攻开始的一段时间内使用所谓的"人造月光"——将防空探照灯放到第5装甲集团军前沿阵地，照亮前线区域上空的低云区，帮助自己的士兵在昏暗的冬日早晨确定方向。

除12月4日的几处小调整，以及12月9日在希特勒的要求下进行的另外几处小修改之外，最终的进攻计划此时已确定。为进一步掩盖进攻意图，莫德尔在11月29日将行动代号"守望莱茵"改成了"秋雾"（Herbstnebel）。[88]进攻开始进入倒计时。

掩盖、误导、隐瞒！

行动成功的先决条件之一是德军能够攻敌不备，因此准备工作必须在严格保密的状态下进行。在1944年9月16日的会议上，希特勒第一次提出阿登战役的思路时就强调了这一点。与准备工作同时进行的，是大规模的"欺骗"（Verschleiung）行动——这个德军术语的意思就是掩盖、误导和隐瞒。首先，除很小的一个圈子之外，进攻计划直到最后一刻都对所有人保密。就连战斗机兵种上将加兰德在11月20日奉命将大部分战斗机调回西线时都毫不知情。

进攻计划有关信息的传播也在严格保密下进行，顺序如下：

9月16日：在拉斯滕堡的元首总部，德军最高统帅部长官、陆军元帅威廉·凯特尔，国防军指挥参谋部参谋长约德尔大将，德国陆军参谋长古德里安大将，通过空军参谋长克赖珀上将通知德国空军指挥官、帝国元帅戈林。

10月11日：约德尔大将介绍进攻计划初稿，作战部人员也得到通知。

10月22日：希特勒亲自向党卫队一级突击队大队长奥托·斯科兹尼介绍了计划的基本情况，命令他准备德军假扮美军的秘密支援行动。

10月28日：西线总司令部参谋长韦斯特法尔少将和B集团军群参谋长克雷布斯中将听取了计划的介绍，通过他们，西线总指挥官冯·伦德施泰特和B集团军群指挥官莫德尔得到通知。与此相关的集团军（党卫军第6装甲集团军、第5装甲集团军、第7集团军和第15集团军）指挥官也得到通知。不过，在这些集团军里，只有指挥官、参谋长、首席参谋（Ia）和一位特别值得信任的军官得到通知，情报参谋（Ic）、军需官以及工兵、通信兵和炮兵部队指挥官在行动绝对必需且集团军群批准之前不会得知。

到1944年11月底军长们才听取了进攻计划的介绍，而师长们1944年12月1日后才知晓了计划的有关情况，实际上，装甲教导师师长拜尔莱因等人于12月10日对将要发动的进攻仍然一无所知。团长们直到 12 月 13 日才接到进攻的通知，营长们接到通知的时间是 12 月 14 日，连长们更是到 12 月 15 日——军队上下都得知即将发生什么时——才接到通知。在某些部队中，士兵们 12 月 16 日才得知。[1]

二战期间，在伦敦西北布莱奇利庄园的绝密机构里，英国人破解了用"恩尼格码"（Enigma）编码机加密的德国无线电广播信号（英国人无意中找到一台可以正常工作的复制品）。这称为"超极机密"（Ultra）行动，往往在战场上起到关键的作用。但在德军发动阿登战役之前，盟军并未从"超极机密"行动中得到多少帮助，因为希特勒禁止手下通过电话、电报或电台讨论任何有关进攻的事宜。此外，关于进攻的所有命令和消息都以"为了准备敌人预计将要发动的攻势……"起头，只能由发件人或非常值得信任的军官亲自传递。送信人不允许乘坐飞机。[2] 在前线视察时，高级指挥官按照命令，不穿着将军的制服，而是身着带有较低级军官标志的军服。[3]

而且，德国人付诸很大努力，掩盖、误导和隐瞒进攻部队的编成及其部署。为了腾出第 5 装甲集团军司令部用于准备工作和进攻前的集结，从荷兰的 H 集团军群抽调了第 15 集团军司令部，于 11 月 14 日接管了此前由装甲集团军守卫的地段的指挥工作。为了误导敌人，第 15 集团军司令部将其部队名称改为"冯·曼陀菲尔集群"——使用了第 5 装甲集团军指挥官的名字。11 月 16 日，新组建的第 25 集团军——11 月 10 日由荷兰的"国防军荷兰集团军"改编而成——正式定名为"第 15 集团军"。真正的第 5 装甲集团军司令部迁移到德国西部与比利时、卢森堡北部接壤的艾费尔（Eifel）地区，并使用伪装性的名称"特种宪兵司令部"（Feldjägerkommando z.b.V.）。[4] 撤出前线补充兵力的部队在第 5 装甲集团军的监督下，小心地隐蔽在该地区的密林中。士兵们驻扎在艾费尔地区的中小村庄里。部队为进攻所做的任何调动都只能在严格的伪装下于黑夜中进行。防空部队接到命令，向敌机发射的火力在任何情况下都不能超过以前。各部全面实施无线电静默。

至于新建的党卫军第 6 装甲集团军，其司令部被定名为"第 16 重建工作部"（Auffrischungsstab 16）。归属党卫军第 6 集团军的各部队都转移到德国西北部，在那里被正式命名为"建筑部"和"建筑营"，同时补充兵力。[5]

德军下达了多条误导性命令和训令。为了模拟第 6 装甲集团军在科隆西北集结，德军发出无线电信号以造成这种印象，同时于日间在该地区实施明显的部队调动。[6] 11 月 20 日，德军发动了一次单独的行动，形成第 25 集团军在科隆周围集结 10 个师的假象，这些部队包括党卫军第 6 装甲集团军一部，德军声称，这一行动是为了建立预备队，对抗盟军可能在亚琛实施的突破。小队士兵和电台疯狂工作，以强化这一印象。该地区的村庄里建立了虚假的部队驻地，并画上了方向标记。为进一步误导盟军，在北面不远的地区还出动大部队行军。[7]12月7日，一则虚假流言传开：第5装甲集团军将于1945年1—2月在特里尔展开攻势。[8]

突击部队直到最后一天，距离进攻只有几小时时才真正部署到其出发阵地。为了减少行军动向被逃兵泄露的风险，所谓"德国侨民"（波兰籍德国人、乌克兰籍德国人等，主要是来自德国吞并的比利时、卢森堡和前法国阿尔萨斯地区的士兵）被暂时清除出突击部队，进攻开始前不得返回。希特勒要求冯·伦德施泰特每天报告过去48小时的所有逃兵情况。正如报告将会显示的那样，西线的逃兵数量出奇地少——1944年12月1日—12日只有5人。

这些"欺骗"行动成功使1944年12月16日发动的进攻完全出乎盟军的意料。

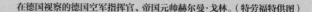

在德国视察的德国空军指挥官、帝国元帅赫尔曼·戈林。（特劳福特供图）

注释：

1. 第26国民掷弹兵师霍斯特·黑尔穆斯的日记。

2. 德军西线总司令部 第9548/44号命令。1944年10月25日；德国空军作战司令部第10321/44号命令，1944年10月11日；容，《阿登攻势1944—1945》，P.126。

3. 德国空军作战司令部第10320/44号命令，1944年10月20日；容，《阿登攻势1944—1945》，P.126。

4. 德军西线总司令部第890/44号命令，1944年11月13日；容，《阿登攻势1944—1945》，P.125。

5. 莱曼，《党卫军第1装甲军（1944年8月15日—12月16日）》. B-577，P.3。

6. 施拉姆，《德军阿登战役的准备工作（1944年9月—12月）》. A-862，P.228。

7. 莱曼，《党卫军第1装甲军（1944年8月15日—12月16日）》. B-577，P.4。

8. 施拉姆，《德军阿登战役的准备工作（1944年9月—12月）》. A-862，P.227。

本章注释

1. 克赖珀, 《克赖珀日记, 1944年7月22日—11月2日》, P-069, P.34。

2. 迪皮伊、邦加德和安德森, 《希特勒的最后赌博》, P.2。

3. 同上。

4. 克赖珀, 《克赖珀日记, 1944年7月22日—11月2日》, P-069, P.34—35。

5. 施拉姆, 《德军阿登攻势的准备工作(1944年9月—12月)》, A-862, P.62。

6. 克赖珀, 《克赖珀日记, 1944年7月22日—11月2日》, P-069, P.34—35。

7. 同上, P.35。

8. 威尔莫特, 《为欧洲而奋斗》, P.560。

9. 施拉姆, 《德军阿登攻势的准备工作(1944年9月—12月)》, A-862, P.69。

10. 同上, P.65。

11. 施拉姆(编), 《德国国防军最高统帅部日志, 第7卷》, P.313。

12. 埃利斯, 《强力: 二战盟军战略战术》, P.365。

13. 古德森, 《战线上的空中力量: 盟军在欧洲的近距空中支援, 1943—1945》, P.183。

14. 同上, P.192。

15. 加兰德等人, 《挑战轰炸机: 德国空军与盟军轰炸机的搏斗》, P.143。

16. 考德威尔和理查德·穆勒, 《德国上空的德国空军: 帝国防御战》, P.205。

17. 格罗勒, 《空战史》, P.428。

18. 埃利斯, 《强力: 二战盟军战略战术》, P.381。

19. 同上, P.431。

20. 同上, P.381。

21. 施拉姆, 《德军阿登攻势的准备工作(1944年9月—12月)》, A-862, P.74。

22. 克雷默, 《阿登战役中的第6装甲集团军》, ETHINT-021, P.1。

23. 施拉姆, 《德军阿登攻势的准备工作(1944年9月—12月)》, A-862, P.85。

24. 同上。

25. 同上, P.87。

26. 同上。

27. 同上。

28. 《德国国防军最高统帅部日志, 第8卷》, P.978。

29. 阿道夫·加兰德访谈。

30. 《对德国的战略空战, 1939—1945: 英国轰炸调查单位官方报告》, P.70。

31. 同上, P.72。

32. 瓦伊达和丹西, 《德国飞机制造工业1933—1945年》, P.139。

33. 威尔莫特, 《为欧洲而奋斗》, P.556。

34. 《美国战略轰炸调查: 欧洲战场: 第2版, 1947年1月》, P.16。

35. 威尔莫特, 《为欧洲而奋斗》, P.554。

36. 施拉姆，《德军阿登攻势的准备工作（1944年9月—12月）》，A-862，P.96。

37. 赖希黑尔姆，《总参谋部关于赖希黑尔姆上校在1944秋季到1945年春季作为B集团军群首席参谋时的活动报告》，A-925，P.8。

38. 同上，P.9。

39. 同上，P.11。

40. 同上，P.12。

41. 同上。

42. 施拉姆，《德军阿登攻势的准备工作（1944年9月—12月）》，A-862，P.101。

43. 赖希黑尔姆，《总参谋部关于赖希黑尔姆上校在1944秋季到1945年春季作为B集团军群首席参谋时的活动报告》，A-925，P.12。

44. 同上。

45. "守望莱茵"行动指导思想，国防军指挥参谋部第20/44号命令附件2，绝密，1944年1月11日；容，《阿登攻势1944—1945》，P.305。

46. 冯. 曼陀菲尔，《阿登攻势中的第5装甲集团军，1944年12月16日—1945年1月25日》，外军研究B-151，P.29。

47. 同上，P.42。

48. 同上。

49. 同上。

50. 同上，P.43。

51. 同上，P.48。

52. 同上P.64。

53. 同上。

54. 同上。

55. 同上，P.65。

56. 施拉姆，《德军阿登攻势的准备工作（1944年9月—12月）》，A-862，P.116。

57. 同上，P.120。

58. 同上，P.127。

59. 格鲁希曼，《第二次世界大战：第一部分，1939—1944年》，P.38。

60. 同上，P.39。

61. 同上，P.55。

62. 施拉姆，《德军阿登攻势的准备工作（1944年9月—12月）》，A-862，P.127。

63. 瓦伊达和丹西，《德国飞机制造工业1933—1945年》，P.144。

64. 帝国元帅、德国空军总指挥官第10325/44号命令，绝密.1944年11月14日；容，《阿登攻势1944—1945》，P.139。

65. 格罗勒，《空战史》，P.455。

66. 基尤国家档案馆："超极机密"行动文件，HW5/633.CX/MSS/T401/92.West。

67. 帝国元帅、德国空军总指挥官第10325/44号命令，绝密，1944年11月14日；容，《阿登攻势1944—

1945》，P.139。

68. 安布罗斯，《应征士兵:从诺曼底海滩到德国投降》，P.145。

69. 埃利斯，《强力:二战盟军战略战术》，P.431。

70.《德国国防军最高统帅部日志，第7卷》，P.428。

71. 同上，P.442。

72. 同上。

73. 埃尔斯托布，《希特勒的最后攻势》，P.209。

74. 德军陆军总司令部／陆军总参谋部／组织处第I/20981/44号命令，机密，1944年12月1日；容，《阿登攻势1944—1945》，P.37。

75. 科尔，《阿登:突出部之战》，P.485。

76.B集团军群参谋长第0051/44号令，绝密，1944年11月9日；迈尔，《党卫军第12装甲师》，P.211。

77. 施拉姆，《德军阿登攻势的准备工作(1944年9月—12月)》，A-862，P.167。

78. 同上，P.169—170。

79. 冯·曼陀菲尔，《阿登攻势中的第5装甲集团军，1944年12月16日—1945年1月25日》，外军研究B-151，P.79。

80.《德国国防军最高统帅部日志，第7卷》，P.443。

81. 冯·曼陀菲尔，《阿登攻势中的第5装甲集团军，1944年12月16日—1945年1月25日》，外军研究B-151，P.21。

82. 同上。

83. 同上，P.20。

84. 同上，P.21。

85. 施拉姆，《德军阿登攻势的准备工作(1944年9月—12月)》，A-862，P.132。

86. 同上P.133。

87. 同上，P.123。

88. 同上，P.173；《德国国防军最高统帅部日志，第7卷》，P.444。

第3章
对手: 大战倒计时

作战是一门艺术, 取决于有科学依据的、自由的、创造性的活动。

——《军事指挥: 陆军服役条令300》

阿登战役中的大部分德国高级军队指挥官都可以称得上是二战中最专业、最有成就的军队领导人。他们接受了一流的训练, 在成长环境中, 他们既受到悠久军事传统的熏陶, 又接受了全新的思路——德国从一战中吸取了很多教训, 战后又被迫集中军队指挥官中的绝对精英(因为国家只允许保留10万人的军队), 正是两者的结合带来了这种成果。笔者的意图当然不是赞美这些军队指挥官, 他们服务于纳粹——有史以来最没有人性的政治制度, 但这些德国指挥官与盟军同行形成鲜明对比仍是事实。深入地认识这种背景, 对理解阿登战役之前、之中、之后的事件大有裨益。

英国小报从一开始就将这场战役称为"伦德施泰特攻势", 这种说法很牵强。德军西线总指挥官、陆军元帅格尔德·冯·伦德施泰特是盟军最尊敬的德国陆军元帅之一。德国最高统帅部的佩尔西·E. 施拉姆写道:"他被视为陆军中最卓越的战略家之一, 根据某些评估, 他比冯·曼施泰因和冯·克鲁格更胜一筹。"[1]

卡尔·鲁道夫·格尔德·冯·伦德施泰特(Karl Rudolf Gerd von Rundstedt)于1875年12月12日出生在一个德国贵族家庭, 其家族的军事传统可以追溯到中世纪。他的父亲格尔德·阿诺德·康拉德·冯·伦德施泰特(Gerd Arnold

Konrad von Rundstedt）以少将军衔参加了1870—1871年的普法战争。小学以后，12岁的小冯·伦德施泰特进入一所所谓的"少年军校"，在军队中一直待到1945年5月二战结束。1914年一战爆发时，冯·伦德施泰特从著名的柏林普鲁士战争学院参谋训练班毕业，以上尉军衔出任某步兵师首席参谋。

冯·伦德施泰特在魏玛防卫军——《凡尔赛条约》下允许德国拥有的10万人小型军队——青云直上，至1933年希特勒掌权时，他已升任中将军衔，统率整个德国东部的军队。按照佩尔西·E.施拉姆的描述，冯·伦德施泰特堪称"从毛奇和施利芬继承下来的德国总参谋部传统的化身"，他"除与生俱来的，教育和训练永远无法真正取代的天赋之外，他的过人之处在于其思维能力接受的系统培养，并且通过这种方式具备了独特的观察和判断能力，保持着想象力与冷静的独特平衡"。[2]

二战爆发前不久，冯·伦德施泰特以大将军衔退役，1939年8月返回现役，在入侵波兰的战役中指挥德国南方集团军群。他当时的参谋长埃里希·冯·曼施泰因中将称他为"一位卓越的军人。他总是能注意到本质所在并专注于此。他对所有琐事都漠不关心，个性就像一位老派的骑士"[3]。

1940年5月，冯·伦德施泰特率领A集团军群在阿登地区取得巨大突破，此后仅仅在10天，就推进到英吉利海峡沿岸，包围了盟军，迫使他们撤离敦刻尔克。由此，他的集团军群为德国最为辉煌的军事胜利之一打下了基础。法国投降后，1940年7月，他晋升为陆军元帅。一年以后，冯·伦德施泰特在入侵苏联时指挥南方集团军群，在乌曼和基辅的双重包围战中取得了从很多方面来看都称得上是战争中最大的胜利，致使乌克兰大部落入德国之手，俘获苏联军队665000人。

作为一位自我意识极强、保守的军队指挥官，冯·伦德施泰特常常与希特勒发生争执——从1934年反对任命冯·赖歇瑙（von Reichenau）为总参谋长，到1938年批评入侵苏台德地区，将一支党卫军特遣队逐出波兰南部冯·伦德施泰特的地段，再到1941年11月苏联红军于罗斯托夫反冲击时未经授权的撤退。最后一个事件导致冯·伦德施泰特被希特勒解职——这将不会是最后一次。但冯·伦德施泰特极高的军事指挥才能一次又一次迫使希特勒请求他官复原职，而忠诚的民族主义者冯·伦德施泰特也总是接受请求。早在1942年3月，他就被任命为西线总指挥官。在这个职务任上，他遭遇了盟军于1944年6月6日发动的诺曼底登陆战，这一天凌晨3时，他就起床指挥防御战。

冯·伦德施泰特的经验告诉他，如果登陆第一天结束时，盟军的桥头堡没有被消除，这场战役就将失败，这的确是个正确的判断。他命令诺曼底的装甲部队撤出盟国海军舰炮射程之外，这显然违反了希特勒的命令，因此再一次遭到解职。但正如我们所看到的，1944年9月，希特勒重新任命他为西线总指挥官时，冯·伦德施泰特已是个老人（即将年满69岁）。但接下来的战事表明，他的军事才能并未减退。年轻、精力充沛的参谋长齐格弗里德·韦斯特法尔（只有42岁）弥补了冯·伦德施泰特年龄偏大的弱点。

冯·伦德施泰特在盟军一方的对手是美国四星上将德怀特·D.艾森豪威尔（Dwight D. Eisenhower），这位盟军西北欧总指挥官兼盟国远征军总指挥官与年长的贵族冯·伦德施泰特有着多方面的差异。首先，艾森豪威尔比他年轻25岁，成长于19世纪末（"狂野西部时代"）堪萨斯州的一个贫苦家庭。21岁时，已被人叫作"艾克"的他开始了在美国西点军校的学业。他学得最好的科目是英语，其他学科乏善可陈。[4]

1942年11月，艾森豪威尔被任命为驻北非盟国远征军总指挥官时，他没有任何作战经验，此前也没有指挥较大规模军队的经验。在第一次世界大战中，他曾在美国担任部队训练教官，1918年晋升为少校，并在这一军衔上停留了16年。两次大战之间的岁月里，他在多位将军麾下担任过参谋，包括驻守菲律宾的道格拉斯·麦克阿瑟（Douglas MacArthur），以及未来的美国陆军参谋长乔治·C. 马歇尔（George C. Marshall）。但在美国于1941年12月参加二战之前的14年里，艾森豪威尔作为军事单位指挥官的时间不超过9个月，当时他只在训练中带过一个步兵团。

1941年12月，刚晋升准将的艾森豪威尔在华盛顿的总参谋部任职，负责制定对日本和德国的重要战争计划。他在这项工作期间展现出了不凡才能，马歇尔任命他为驻欧洲美军指挥官。1942年6月，他被派往英国，准备对法国的登陆战。不久以后，他还被任命为驻北非盟国远征军总指挥官。在这个战场上，隆美尔于1943年2月发起的反冲击使美国陆军尝到了惨败的滋味。虽然艾森豪威尔擅长选拔参谋人员和下级指挥官，但培养初出茅庐的天才非他所长。"下级指挥官和参谋们必须有所表现，要么就只能离开。当一位军官让他感到失望，他立即要求马歇尔找人替换。"[5]艾森豪威尔解除了遭到德军最沉重打击的那位军长的职务，重组军队，但北非战场出现转折点，更多是凭借盟军愈发壮大的优势——尤其是空中优势。

1944年初，艾森豪威尔再次出任盟军驻西欧远征军最高统帅，1944年2月正式成为盟国远征军总指挥官——这也是他在阿登战役中的职务。切斯特·威尔莫特将艾森豪威尔称为"战争史上最成功的盟军指挥官"[6]。但是，美国第12集团军群指挥官奥马尔·布拉德利觉得"艾克在非洲的记录清楚地表明，他不知道如何控制战场"[7]。英国陆军元帅蒙哥马利在回忆录中写道：

> 我一直很清楚，艾克和我在作战指挥上有天壤之别。我的军事信条是基于在令敌军失去平衡的同时，保持自己的良好平衡。我总是制订计划，让敌军在宽阔正面上投入预备队，以便切入其防线上的漏洞；迫使他们这么做后，我再在狭窄的正面上投入自己的预备队，予以有力的一击。[……]在我看来，艾森豪威尔的信条似乎是在任何时候都要对每个部分发动积极的行动。每个人都必须总是在进攻。[8]

美国军事历史学家史蒂文·梅茨（Steven Metz）在分析艾森豪威尔的战略时得出这样的结论："作为美国战略传统的产物，艾森豪威尔很快就适应了格兰特精通的直接、线性、物质主义的战争模式。"梅茨还认为，艾森豪威尔"谨慎小心，有时候到了软弱的地步"，但也可能是"对未经考验的美国军队及其指挥官们缺乏信心"。[9]蒙哥马利对艾森豪威尔的军事能力有过许多尖锐的评论，其中之一（也许有所粉饰）是："不错的家伙，但绝算不上将军。"[10]不过，正如我们将要看到的，在阿登战役中，艾森豪威尔的战略视野为盟军的胜利起到了决定性作用；在德军取得突破的前几天，真正软弱无能的总指挥官会惊慌失措，而艾森豪威尔的反应恰恰相反。

大家似乎都认为，艾森豪威尔最擅长的是协调英美军队关系，在当时的情况下，这绝对是非常宝贵的。斯蒂芬·安布罗斯（Stephen Ambrose）曾为艾森豪威尔撰写了长篇传记，据他说："艾森豪威尔对团队合作的重视，对协作的不懈

阿登战役期间美方的三位关键人物：（从左到右）奥马尔·N. 布拉德利中将、总指挥官德怀特·D. 艾森豪威尔上将和乔治·S. 巴顿中将。布拉德利战后升任北约军事委员会主席，1981年去世，享年88岁。艾森豪威尔战后开始了政治生涯，以共和党总统候选人身份参选，1953—1961年任美国总统，1969年去世。巴顿在1945年战争结束后几个月，在德国的一次车祸中身亡。（NARA，美国通讯兵团，199996）

坚持是选择他(作为盟军总指挥官)的最重要原因，这远比他的指挥才能重要，而他的为将之道实际上就是谨慎、犹豫。"[11]这和德国方面二战期间关于艾森豪威尔的文件相符，德国人写道："他最擅长的据说是调整个性，令其彼此适应，并缓和反对的观点。"[12]

与上级冯·伦德施泰特相比，德国B集团军群指挥官、陆军元帅瓦尔特·莫德尔在某些方面上与艾森豪威尔的共同点更多。莫德尔和艾森豪威尔年龄相当，作为德国小城里一位谦恭的音乐教师的孩子，前者与贵族圈子距离遥远。和艾森豪威尔一样，莫德尔是虔诚的基督徒，两人的外表也有某些相似之处。但论军事生涯，两人就没有什么类似之处了。

莫德尔在东线建立的功勋给他带来了一个昵称——"元首的消防员"，希特勒称他是"我最好的陆军元帅"。瓦尔特·莫德尔是少数能够令希特勒屈服的人。据说，在两人关于东线战术的激烈讨论中，莫德尔直视希特勒说道："谁在前线指挥——你还是我，我的元首？"此后希特勒做出了让步。

莫德尔的军事生涯是从一战和国防军时代出任参谋开始的。二战初期，他担任第16集团军参谋长，1941年入侵苏联期间，他从师长升任为军长，1942年1月被任命为第9集团军指挥官。在这个职务上，他为德军度过苏联红军大规模冬季攻势的危机做出了决定性贡献。莫德尔的个性在上一章已有描述。但必须补充一点，可以断言的是，他最擅长防御战。毕竟，他在1943年7月对库尔斯克北部的进攻一败涂地，不过从另一方面看，1944年12月，他在阿登地区面对的对手不像18个月前在东线所遇到的那么强大。

与莫德尔所部对阵的，是指挥美国第12集团军群的奥马尔·纳尔逊·布拉德利，他出生于1893年，也是一位教师的儿子。1915年，被人们称为"布拉德"(Brad)的他以"优秀"的成绩从西点军校毕业，他所在的班级是所谓的"明星班"，同学中不仅有艾森豪威尔，还有多位后来参加了阿登战役的指挥官。布拉德利没有参加过一战，但在两战之间进入莱文沃思堡的战争学院学习，并在本宁堡步兵学校担任教官。1942年的北非战场上，他是艾森豪威尔最亲密的伙伴，并在1943年春季突尼斯的最后一战以及西西里登陆战中指挥美国第2军。

有关布拉德利的评判分歧很大。艾森豪威尔称他为"我在这场战争中见过的最伟大的前线指挥官"[13]。相反，巴顿将军对布拉德利的描述则是"不可救药的谨慎、容易预测、正统"[14]。不过，应该注意的是，在性情上，暴躁、张扬的巴顿和较为冷静、沉默的布拉德利几乎毫无共同之处。切斯特·威尔莫特的观点是，布拉德利是一位精湛的战术家，但在战略领域能力略逊。威尔莫特写道："只要其他人控制着战役的全局，维持力量平衡，引诱敌军进入脆弱的阵地，然后为决定性的一击做好必要的集结，（布拉德利）就能成功地指挥作战。布拉德利能够发动这一击，但他无法为此创造机会，布拉德利和蒙哥马利之间的差异在于，前者根据形势行事，做出战术性的反应，而后者竭力按照自己的意志改变局面，采取战略性的行动。"[15]

英国—加拿大第21集团军群指挥官、陆军元帅伯纳德·劳·蒙哥马利生于1887年，是牧师之子。他的祖父是一位著名的印度殖民地行政长官。1908年，蒙哥马利毕业于桑德赫斯特的皇家军事学院，在印度服役，一战中他参加了西线的战斗，因为作战英勇而备受嘉奖。完成在坎伯利参谋学院的学习后，他担任过多个职务，其中，在20世纪20年代的爱尔兰战争中出任步兵旅旅长。二战初期，他最初指挥一个师作战，后成为军长，他的军于1940年从敦刻尔克撤退。但是，由于他仗义执言、坦率无畏，过了很长时间才再度得到晋升。

1942年，蒙哥马利在阿拉曼击败了隆美尔，这场胜利决定了蒙哥马利后续的军事生涯，也决定了后者的灭亡。蒙哥马利无疑是最有才能的盟军高级将领之一①。在1944年冬季的阿登战役中，他显然是最有经验的盟军高级将领。切斯特·威尔莫特总结了蒙哥马利和美军将领们在作战手法上的差别："蒙哥马利的方法是科学性的；他们（美军将领）的方法是感性的。"[16]帕特里克·德拉福斯（Patrick Delaforce）将蒙哥马利称为"全面计划战役的大师，通常大量投入炮兵、坦克和空中支援"[17]。冯·伦德施泰特司令部中关于蒙哥马利的文件同意他"非常有条理"的说法，并不无苦涩地补充道："如果你有充足的资源和时间，这都没有错。"[18]

军事历史学家约翰·埃利斯猛烈抨击蒙哥马利，据他说，蒙哥马利"就像当代的凡尔登（一战中臭名昭著的消耗战）一样，依赖于强力和巨大的物资优

---

① 原注：但是，这句话并非没有异议。蒙哥马利曾是、现在也仍然是一位很有争议的人物；原因将在后面讨论。

势"[19]。埃利斯的看法是，蒙哥马利"在进攻的时候就像一位精力充沛的击剑手，而不是拿破仑、格兰特或毛奇这样的将军"[20]。至于蒙哥马利在1944年8月到1945年间横扫法国和比利时的功绩，埃利斯写道："正如巴顿向默兹河猛冲时那样，向安特卫普的推进只不过是在撤退的德军后紧追不舍而已。优秀机动作战指挥官的标志是赶上德军，而不是在他们身后紧追。即使是能力一般的指挥官，也能够在斯海尔德河口周围困住（德国）第15集团军。"[21]埃利斯还断言，"市场花园"行动的失败表明，"蒙哥马利和他以最错误的见识建立的集团军，揭示了计划中的疏忽大意，以及作战和战术指挥中的严重不足。"[22]

蒙哥马利确实犯过许多错误，特别是在1944年夏末的追击战期间，但是他常常遭到指责的"谨慎"也可以看作是对己方军队与德国对手能力对比的现实评估，将阿登战役之后蒙哥马利发动的反冲击结合起来看就可以发现这一点。笔者也认为，埃利斯对蒙哥马利在阿登战役期间表现的批评是夸大之词，没有考虑一些重要的情况。我们将在后面详述。

生性张扬的小乔治·史密斯·巴顿生于1885年11月11日，他在法国统率美国第3集团军，也是蒙哥马利最难对付的反对者之一。巴顿既古怪又爱出风头，并以直言不讳著称。帕特里克·德拉福斯将他描绘成"一位神气活现的贵族，自负、言过其实而又常常显得鲁莽，[……]但仍是一位杰出的装甲部队指挥官"[23]。巴顿曾作为一名运动员，代表美国参加了1912年斯德哥尔摩奥运会的现代五项比赛，他在身体上和心理上都有着非凡的力量。他顽强、乐观的战斗精神十分宝贵，为士兵们注入了勇气和动力——士兵们称他为"血胆老将"（Ol'Blood and guts），在这个方面，参加阿登战役的任何一位美国将军都无法与巴顿相媲美。他出生于美国一个有着强大军事传统的家庭，他的祖父（小巴顿继承了他的名字）在美国南北战争中是南方邦联军队的一位上校。参加了对墨西哥叛乱首领潘乔·维拉（Pancho Villa）的"惩罚远征"之后，小巴顿以新建美国装甲兵首批军官的身份参加了一战西线的战事。

在两次大战之间的岁月里，巴顿驻扎于夏威夷，起草了一份预见到日军空袭珍珠港的防御计划——这时距离真实事件发生还有10年之久，充分反映了他的战略眼光。巴顿还是发展美国装甲战条令的先驱，1942年11月，他以少将军衔指挥在摩洛哥登陆的美国军队。在后来的西西里登陆战中，他升任中将，指挥美国第7集团军，他的直率通过两个事件成为人们注目的焦点。在进攻开始之前，他鼓励士兵们不要对敌人表现出任何仁慈。这被一些士兵断章取义，造成了臭名昭著的"比斯卡里大屠杀"，在这场屠杀中，美国士兵杀死了许多战俘。在日记中，巴顿将其称为"大错误"，他希望军官们"证明死去的士兵是狙击手，或试图逃跑，或有其他的举动，因为这将在报刊上掀起轩然大波"。[24] 对于德国陆军来说，这样的事件很常见，至少在东线是如此——例如，据称，莫德尔"对苏联平民的残酷镇压是无可辩驳的"[25]——但美国陆军自称服务于一个民主国家，接受相对自由的报刊的严格监督。几天后巴顿责骂了一位因为创伤后遗症而就医的士兵，媒体得到消息，导致他被剥夺指挥权。

本书前面已讨论过巴顿与蒙哥马利的对抗①。据威尔莫特说，这两位盟军指挥官在军事行动上的主要差别在于对预备队的看法。"巴顿的看法是，因为进攻是最好的防御，指挥官所能利用的所有力量都应该用于这一方面，而且，只要有可能，就要以积极的方式运用……相反，蒙哥马利信奉威灵顿的格言：预备队是胜利的基础。"[26]

美国人围绕巴顿编织了很多神话，特别是当战争结束仅几个月他就在德国的一次车祸中悲剧性地去世后。1944—1945年的西线，巴顿的第3集团军确实取得了伟大的胜利，但在对巴顿的分析中，约翰·埃利斯得出一个结论，他的伟大之处主要在于"他是一位后勤大师，可以在有限的公路网上完成大多需要用计算机求解的任务"。埃利斯还认为，巴顿"不是特别成功的战地指挥官"。[27] 这种说法当然颇具争议，埃利斯解释道，"巴顿将军作为战争史上最好的交警，应该永远铭刻在人们的心中，但在其他方面，他没有什么重大的军事成就"，因为"在整个（1944年8—9月的法国）追击战中，除几个零星的哨所，德军都在巴顿的进攻范围之外"——埃利斯毫不犹豫地将此描述为"美国人的一次失败"。[28] 他将巴顿称为"刺探瓦解中防线的天才"，但又补充了一句："在正确把握进攻时机方面就要逊色得多了。"[29]

---

① 原注：这种对抗甚至有一些幽默的表达方式，例如，1944年的一天，巴顿告诫手下的一位军官："把这个5加仑的油罐带去给蒙哥马利，对他说：'虽然我自己很缺燃油，但知道你对我们的装备和补给很羡慕，所以分给你这5加仑。这足够你在接下来两天继续推进了。'"（《二战反思》，第2卷，第7期，1994年9月）

党卫队旅队长兼武装党卫军少将马克斯·西蒙（Max Simon，1944年11月曾率领党卫军第13军在洛林与巴顿对阵）在战后被问及对巴顿装甲战术的看法时，他将此比作"一块砖一块砖地拆墙"。西蒙说，巴顿将坦克分散到"多次局部攻势，而不是集中于一点"，他还说："如果你在东线发起这样的进攻（由5—20辆坦克伴随步兵），我们在那里的反坦克炮组成纵深梯次，你的所有坦克都会被摧毁。"[30] 正如我们随后会看到的，必须带着一定的怀疑态度去看敌人的评判，埃利斯对巴顿的评论可能也过于苛刻。巴顿确实犯下了一些战术和战略错误，但他也取得了二战欧洲战场上美国陆军最伟大的胜利，毫无疑问，巴顿的个性在1944—1945年的西线美军中起到了重要作用。

在阿登战役中，第5装甲集团军指挥官冯·曼陀菲尔上将对德军所起的作用可与巴顿相媲美。哈索－埃卡德·冯·曼陀菲尔（Hasso–Eccard Freiherr vonManteuffel）于1897年1月14日出生在波美拉尼亚一个具有军事传统的贵族家庭里。他虽然身材矮小——身高只有5英尺2英寸（约1.57米）——但深受尊敬。和许多德国贵族后代一样，冯·曼陀菲尔在骑兵中开始了自己的军事生涯。他参加过一战并曾负伤。战后他被招入新出现的装甲兵，最初在海因茨·古德里安的第2装甲师里训练，后来成为第二装甲兵训练学校的一名教员。

二战爆发时，曼陀菲尔已晋升为中校。两年后，他被调往前线军队，在1941年入侵苏联的战役中指挥第7装甲师的一个营。作为出身德国贵族的低级军官，他和东线的上级瓦尔特·莫德尔势同水火。两人的个性截然相反，有一次，冯·曼陀菲尔拒绝执行莫德尔的命令，不肯发动一次他认为是"自杀"的进攻，使两人的关系达到冰点。如果不是上级的干预，冯·曼陀菲尔可能要上军事法庭。

1943年春季率领一支装甲部队在突尼斯与美军较量后，冯·曼陀菲尔返回东线，先担任第7装甲师师长，后指挥"大德意志"师。1943年和1944年，冯·曼陀菲尔在乌克兰、摩尔多瓦和立陶宛对苏军发动了多次引人注目的反冲击。1944年2月，他获得了宝剑橡叶骑士铁十字勋章——当时只有50名德国军人享有此等殊荣。冯·曼陀菲尔从未掩盖过自己对纳粹意识形态的蔑视，但他依然成为希特勒最喜爱的将军之一，1944年9月，"元首"果断地将他晋升为装甲兵上将，指挥西线的第5装甲集团军。

冯·曼陀菲尔向西线的上级莫德尔报告时，空气中明显弥漫着紧张的情绪。莫德尔冷静地注视着他，说道："我们在东线有过分歧。"冯·曼陀菲尔点了点头。莫德尔继续说道："这一切已过去了，现在我们有一个共同的任务，必须一起前进。"两人的矛盾就这样烟消云散了。在新的岗位上，冯·曼陀菲尔对德国西线的稳定做出了决定性的贡献。

冯·曼陀菲尔和党卫军第6装甲集团军指挥官约瑟夫·"泽普"·迪特里希形成了鲜明对照。迪特里希1892年生于巴伐利亚，是一位女工的非婚生子，10岁刚过，他就成为一位屠户的学徒。他在一战中曾任二等兵和下士，此后加入极右翼军事组织"自由军团"，参加了1919年推翻巴伐利亚苏维埃共和国的行动。迪特里希换过许多个工作，包括侍者、农场工人和海关官员，1928年加入纳粹党，并在那里开始崛起，成为希特勒个人卫队队长。在没有经过任何正规训练的情况下，他被任命为第一支党卫军前线部队"阿道夫·希特勒警卫旗队"的指挥官，该部队以残忍野蛮而著称。1942年4月20日，在希特勒的生日那天，迪特里希晋升为党卫队全国总指挥（相当于国防军的大将）。

曾追随迪特里希征战西线和东线的党卫军将领保罗·豪塞尔（Paul Hausser）对迪特里希的评论是："一般来说，他能成为一位不错的军士长，优秀的中士和一流的下士。"[31]党卫队全国副总指挥兼武装党卫军上将威廉·比特里希（Wilhelm Bittrich）是迪特里希的党卫军第6装甲集团军中的一位军长，他对这位上级的评论毫无奉承之意："有一次，我花了一个半小时，试图在地图的帮助下向泽普·迪特里希解释当前的局势，但毫无用处。他完全无法理解。"[32]希特勒任命一位被冯·伦德施泰特称为"正派但很愚蠢"的人指挥阿登战役中最强大的装甲集团军，主要是出于政治和情感上的原因，这令莫德尔和冯·伦德施泰特十分忧虑。[33]此时，迪特里希也已不再是从前那个精力充沛的人了。根据佩尔西·E.施拉姆的叙述，那时的迪特里希沉迷于"充满酒精的喧闹聚会……与此同时，他失去了对自我牺牲的热情。现在，他首先考虑自己和家人。因此，他也不能再像从前那样，满腔热情地激励他的那些师了"[34]。

直面德军攻势的美国第1集团军指挥官考特尼·霍奇斯中将与上述的所有将领都不同。生于1887年的考特尼·希克斯·霍奇斯没有受过良好的教育，也没有鲜明的个性。人们认为他是一个安静、孤僻的人。他长满胡须的脸上总是带着忧伤、几近悲观的表情，看上去更像一位旅途中的水手，而不像一位陆军的将军。尽管为改善形象和受欢迎程度做了极大的努力，霍奇斯作为指挥官，他的部下仍然对他一无所知。[35]霍奇斯于1904年进入西点军校学习，但因为成绩不佳而未能毕业。[36]1906年，他应征入伍，成为美国陆军的一名二等兵，在墨西哥随巴顿征战，后因一战中的英勇表现而受到嘉奖和提升。两战之间，霍奇斯平步青云，1941年升任少将。1944年8月布拉德利被任命为第12集团军群指挥官时，霍奇斯接任美国第1集团军指挥官。

如果阿登战役中德国方面有哪一位将军和霍奇斯一样，相对缺乏特征，那应该就是南翼的第7集团军指挥官埃里希·布兰登贝尔（Erich Brandenberger）上将了。52岁的布兰登贝尔秃顶，戴着一副夹鼻眼镜，这正是德国总参谋部军官给人留下的刻板印象。他曾作为前线士兵参加过一战，两战之间成为一名参谋，在东线指挥过一个装甲师。被任命为第7集团军指挥官之前，他从1943年起在东线指挥过一个装甲军。

佩尔西·E.施拉姆将布兰登贝尔描述为"典型的总参谋部军官，受过全面的培训，习惯于服从命令；他的特征有点像科学家，对应于'工蜂'的类型"[37]。但是，布兰登贝尔和一线士兵有着长期的接触，"很了解他们的担心和困境，他个人的勇气也得到大家的公认。"[38]不过，将小心谨慎的布兰登贝尔置于直率的莫德尔元帅麾下可能不是很好的选择；个性截然相反的两人很快就发生冲突，不断升级的紧张气氛最终使莫德尔在1945年1月解除布兰登贝尔的职务。[39]但是，考虑到可用的资源，在1944—1945年的阿登战役中，双方的军队指挥官里，没有人的表现能够胜过布兰登贝尔和他的第7集团军。

在军一级，德军为"秋雾"行动也集中了一些出色的指挥官。48岁的海因里希·冯·吕特维茨上将指挥第5装甲集团军南翼的第47装甲军。右眼戴着眼罩的吕特维茨是一战的老兵，从二战开始起，他曾在多支部队担任指挥官，包括1944年在诺曼底作战的第2装甲师。第5装甲集团军战线上居中的第58装甲军由瓦尔特·克吕格尔（Walter Krüger）上将指挥，他和吕特维茨同年，军事生涯也很相似。他们都是在冯·曼陀菲尔的请求之下调到第5装甲集团军的，冯·曼陀菲尔写道："他们是西线最有才能的装甲兵指挥官，还能带来出色的参谋人员。"[40]

比吕特维茨年长10岁的瓦尔特·卢赫特（Walther Lucht）上将指挥第5装甲集团军北翼的第66军。一战中，卢赫特是德国总参谋部的一名军官，以秃鹰军团炮兵指挥官的身份参加过20世纪30年代的西班牙内战。二战期间，他继续在炮兵服役，直到被任命为一个步兵师的师长，在1942年年底至1943年年初的冬季斯大林格勒以西的防御战中表现卓著。第66军之前曾在法国南部作为预备队，1943年11月起由卢赫特指挥。

冯·吕特维茨的装甲军左（南）侧，是第7集团军中最靠北的第85军，军长是巴普蒂斯特·克尼斯（Baptist Kniess）上将。单就兵员数量而言，这个军的24000人只相当于美国陆军的一个半师。59岁的克尼斯从军生涯与第5装甲集团军的军长们类似。1940年在西线，以及1941—1942年在东线期间，他都曾担任步兵师的师长，此后在德国占领下的法国担任军长。第7集团军的另一个军——"秋雾"行动中最南端的进攻军队（第80军）兵力也没有超过两个师。该军军长是52岁的弗里茨·拜尔（Franz Beyer）上将，一战时是名海军军官，1941—1944年在东线由团长晋升到军长。他因率领部队取得辉煌战绩而得到骑士铁十字勋章。除这两个军以外，第7集团军还有作为预备队的第53军，由埃德温·冯·罗特基希·翁德·特拉赫（Edwin Graf von Rothkirch und Trach）上将[①]指挥，他作为师长和军长于1942—1943年在东线取得的战绩，得到了上级的肯定。

两个德国集团军下辖的6个军所要进攻的前线地段，只有美国第1集团军的1个军把守——这就是美国第8军。该军军长是55岁的特洛伊·H. 米德尔顿（Troy H. Middleton）少将，他的军部设在巴斯托涅的海因茨兵营（Heintz Barracks）。米德尔顿是一位老兵，参加过打击潘乔·维拉的战争和一战西线的战斗。1937年，他从美国陆军退役，出任路易斯安那州州立大学的教务长。但是，1942年他被召回现役，在西西里之战和1943—1944年的意大利战役中担任一个步兵师的师长。驻扎英国的美国第8军军长于1944年3月被降职为师长时，米德尔顿奉命率领该军[②]，出发参加诺曼底登陆战。

---

① 译注：原文为"爱德华"，与书后战斗序列不符，经考证为埃德温。
② 原注：根据米德尔顿的传记作者弗兰克·詹姆斯·普莱斯的说法，巴顿解除第8军前军长埃米尔·F. 莱因哈特少将的职务，理由是他缺乏作战经验。巴顿说道："莱因哈特？从没听说过。他的作战记录如何？"听说莱因哈特没有任何记录，巴顿说道："开了他。我要一个知道如何作战的人。给我特洛伊·米德尔顿。"（普莱斯，《特洛伊·米德尔顿传》，P.175。）

1944—1945年，特洛伊·休斯敦·米德尔顿少将在西线指挥美国第1集团军下辖第8军。照片中是1945年1月他在阿登地区视察的情景。（NARA／马林德，美国通讯兵团）

美国第18空降军军长马修·B. 李奇微（Matthew B. Ridgway）少将在阿登战役中曾与米德尔顿紧密合作，他将后者称为"一位在两次大战中均有非凡战斗记录的杰出军人"。[41]据说，巴顿曾称米德尔顿是"知道如何战斗的人"[42]。1945年4月，巴顿给米德尔顿写了一封信，盛赞他对阿登胜利的贡献。巴顿写道："你死守巴斯托涅的决策堪称神来之笔。"可是在1944年12月的时候，巴顿本人并未领会到"死守巴斯托涅的决策"表现出来的智慧，当时他只将此举称作"战术上的先见之明"。[43]

毫无疑问，在该地段多支前线部队被击溃的情况下，米德尔顿死守巴斯托涅的决策是盟军在整个阿登战役中最重要的决策之一，此举从根本上决定了阿登战役的结果。后来，米德尔顿将巴斯托涅的直接指挥权移交给第101空降师（该师被从美国第18空降军调来作为预备队）的安东尼·麦考利夫（Anthony McAuliffe）准将，这位最有才能的指挥官为巴斯托涅防御战打上了个人的印记。

但是，米德尔顿担任第8军军长时做出的一些决定受到了他的上级巴顿的严厉批评。尽管米德尔顿的军队是1944年7—8月美军在诺曼底地区的阿夫朗什取得突破的先遣支队，他手上的两个装甲师（第4和第6装甲师）可能是美国陆军中最好的，但巴顿觉得米德尔顿的行动过于谨慎。1944年8月1日，巴顿在日记中写道："我无法理解米德尔顿为何如此缺乏激情（或愚蠢），不知道他出了什么问题。"[44]不久后当米德尔顿阻止第6装甲师迅速冲向法国港口布雷斯特，而是命令它转向东边125英里（约201千米）远的迪南（Dinan），进攻一个孤立的德军据点时，巴顿大发雷霆，告诉该师师长格罗少将："不要理会（米德尔顿的）任何命令，继续前进，直取布雷斯特！"[45]

据一位军事分析家说，米德尔顿"指挥追击战时有时不知所措"[46]。不过，艾森豪威尔和巴顿都认可了米德尔顿作为军长的能力。阿登战役后，他率领第8军突入德国境内，抵达布痕瓦尔德的一个集中营，使那里成为美军解放的第一个此类机构。二战期间，米德尔顿共计指挥作战480天，是这场战争中所有美国将军的最高纪录。

美国第5军军长伦纳德·T. 杰罗（Leonard T. Gerow）少将是阿登战役中美国陆军最能干的高级指挥官之一。杰罗生于1888年，1924年以全班第一名的成绩毕业于本宁堡步兵学校高级课程班①。接着，杰罗（和艾森豪威尔同时）进入美国陆军指挥与参谋学校，毕业成绩在245名学生中位列第11。

杰罗在诺曼底登陆战的计划中起到了重要作用，1944年6月6日，他是第一位登上滩头的军长。杰罗的服役时间长于布拉德利和艾森豪威尔，在阿登战役中，他展现了超出所有上级的军事判断力。但是，他在美国军事史上相对受到忽视，去世后，他的军事才能似乎也没有得到重视——部分原因是他从未得到马歇尔的完全认可，另外他也不太愿意宣扬自己。不过，在给杰罗的一封个人信件中，艾森豪威尔曾这样写道："在各个方面，你都远比我更值得

① 原注：奥马尔·布拉德利是这个班里的第二名。

受到赞誉。"[47]

在第5军的地段——阿登前线的北翼，可以看到一些能力最差的德国指挥官。我们已介绍了党卫军第6装甲集团军指挥官泽普·迪特里希。党卫队地区总队长兼武装党卫军中将赫尔曼·普里斯（Hermann Priess）指挥党卫军第1装甲军——"秋雾"行动中无可匹敌的德军精锐。43岁的普里斯于1934年加入党卫队，此前曾在国防军服役了12年。在二战的大部分岁月里，他指挥过多支党卫军部队，积累了相当丰富的军事经验。但是，他受到了上级迪特里希的限制。阿登战役中，国防军第26国民掷弹兵师师长海因茨·科科特（Heinz Kokott）上校在一份报告中愤怒地批评道："党卫军第1装甲军完全缺乏纪律性，可以用'愚蠢'来形容。"[48]

党卫军第2装甲军是第6装甲集团军的预备队。该军军长是党卫队全国副总指挥威廉·比特里希，他是一战及战后国防军的老兵，后来加入党卫队。阿登战役打响后，泽普·迪特里希对党卫军第2装甲军的影响较小，因为这个装甲军与冯·曼陀菲尔的集团军紧密协作，莫德尔在协调第2装甲军和第5装甲集团军行动中起到了更积极的作用，这是比特里希的军比普里斯的军取得更大成功的部分原因。

战线最北端的是奥托·希茨费尔德（Otto Hitzfeld）中将率领的德国第67军，希茨费尔德也是一位经验丰富、战绩彪炳的德国指挥官。但是，我们后面将会看到，这个军甚至在德军发动攻势之前就被杰罗所率的美国第5军压制住了。

对第二次世界大战中的美国陆军进行全面分析之后，军事历史学家马丁·范·克勒韦尔德（Martin van Creveld）得出的结论是："二战中的美国军官达不到中等水平。"他继续说道："用于选拔和训练军官的方法不太成功，时间压力无疑是部分原因。太多的军官在后方从事轻松的工作，到前方去的少之又少。就连正史也都坦率地承认，到前线去的军官们往往成了指挥不力的罪人，伤亡数字也确认了这一事实。他们在数量上和德国对手们毫无可比性。"[49]统计显示，在阿登战役中，美国（地面）军队中40.7%的军官在行政后勤部门（工程、医疗、通信、军需、宪兵、化学战和运输）工作，而在1944年的德国国防军中，这一比例只有17.4%。[50]

　　上述事实当然常常造成双方在作战表现上的差异，德军往往比他们的美国对手表现得更敏捷、更有效率。这不仅是因为德国方面合格的军官更多，还因为德国军事思想更胜一筹。普鲁士和德国在18世纪和19世纪的军事经验，引发了"任务导向式战术"(Auftagstaktik)的发展，这一术语发明于19世纪90年代。[51]它指的不是一种具体的战术，而应该理解为领导或指挥的哲学。任务导向式战术的精髓在于，军队——包括下级单位指挥官甚至普通士兵——都应该得到关于作战任务目的、目标的详细通知，此后，前线的最小单位可以相对自由地以合适的方式实现这些目标。本质上，它依赖于深刻的心理和社会洞察力，很有趣的是，那正是许多当今最先进领导哲学的基础。

　　但是，美国陆军从未发展任何类似任务导向式战术的东西。马丁·范·克勒韦尔德指出："毕竟，美国是泰勒主义的发源地；这种管理体系试图预测和描述行动者的每一步，目标是将他变成一部和自己使用的机器同样可靠的'人形机器'。"[52]

　　构成任务导向式战术基础的思想渗透到《军队领导: 陆军服役条令300》(*Truppenführung: Heeresdienstvorschrift 300*)中，它在导言中就定下基调："作战是一门艺术，取决于以科学为基础的自由的、创造性的活动。"[53]与此相对应的是1941年出版，1944年6月修订的美国陆军战斗条令 FM 100-5。实际上，FM 100-5的后一个版本宣布"每个人都必须经过训练，以便以充沛的精神和胆量利用局面，必须灌输成功取决于积极性和行动的理念"[54]。这明显是受到了德国陆军服役条令的启发，但表达没有后者那么清晰。《军队领导》中强调"如果运用得当，行动的独立性往往是巨大成功的基础"[55]。但 FM 100-5还澄清了一点——决策是指挥官的任务，也只能由指挥官来完成："对具体行动方案的决策是指挥官一个人的责任。虽然他可以接受来自任何下属的建议，但他是唯一对所在单位成败负责的人。"[56]1941年版的 FM 100-5措辞也完全相同。[57]相比之下，《军队领导》强调"指挥官必须允许下属自由行动"[58]。

　　德国陆军鼓励个体根据战场局面的变化采取积极行动，甚至到了鼓励拒绝服从命令的地步，对此，英格利希和古德蒙松评论道："德国士兵可以根据局面的需要做任何事，其自由度是其他任何一支军队中闻所未闻的。[……]在极端

1944年9月，美国士兵和一辆"谢尔曼"坦克进入一座比利时城镇。（NARA，111-SC-193903/施庞勒）

情况下，这种哲学要求士兵不服从与局面不一致的命令。"[59] 例如，这意味着德军"遭遇抵抗的部队［……］应该离开指定的地段，跟随取得更大进展的友邻部队"——英格利希和古德蒙松指出，此举"在其他军队中可能要上军事法庭"。[60]

但是，这不会导致指挥链瓦解；个体的行动必须无条件地融入并有助于总体目标。《军队领导》相当明确地规定，指挥官只能在"不危及整个计划的范围内"允许下属自由行动，并强调指挥官"在只能由他一个人负责的决策上绝不能屈服。"[61]《军队领导》还强调指挥官的角色是"领导和主人"，要求指挥官不仅要通过"胜人一筹的知识与经验、认真、自控和勇气"赢得下属的信任，还要理解和注意下属的"感觉和想法"，并"永不停歇地关注他们的需求"。[62] 条令中关键的一句是："相互信任是纪律性最可靠的基础。"[63]

战争结束后，由德国前陆军总参谋长弗里茨·哈尔德领导的一群德国高级军官对美军的 FM 100–5 和《军队领导》做了对比分析。他们得出的结论是："与德军的作战思想相比，美军条令倾向于反复尝试和预测局势，详细规定行为模

初级群体内的袍泽之谊是德军的根本。这也是二战期间许多德国部队表现出韧性的原因。（瑞典军事档案馆）

式。这种规程限制了指挥官的行动自由，使他无法根据实际情况采取措施，剥夺了他取得胜利的一个非常重要的先决条件。"[64]

　　美国军事历史学家史蒂文·梅茨批评说："美国人倾向于将作战方针与正式计划联系起来。他们将其看作是从拜占庭式的协调过程中产生的东西，需要有关当局批准，分配文件编号并分发。然后下级拿到不容更改的文件，制作缩微复件并予以实施。这种态度清晰地反映了我们的政治文化和我们制订计划时整体上的官僚化手段。"[65]

美军的 FM 100–5 确实说过"承担责任的意愿"是"领导的首要特质"。[66]但德国陆军培养的是士兵、军士和军官"承担责任的准备/快乐",这可以描述为永远做好为战场上的局势承担个人责任的准备。[67]德国"军士接受在其他军队中通常与低级军官相关的训练。这包括战术决策推演,设定不同场景,迫使推演者快速评估局势,做出决策,并以命令的形式公布决策"[68]。

总体来说,德国士兵训练和对待个体的态度中,来源于心理洞察力的程度要远大于美国陆军。社会学研究表明,士兵们为身边的战友而战的意愿,要胜过为"更高"目标(如国家或意识形态)战斗的意愿。因此,德国陆军比其他任何一支军队都更强调建立士兵"初级群体"的重要性。只要有可能,德军就会将来自相同地区的士兵编入同一个单位。与此相反,用范·克勒韦尔德的话说,美国军事单位由"来自全国3615000平方英里土地中任何地方来的人组成,不考虑其地理来源"[69]。完成军事训练后,德国新兵组成1000人的"行军营"(Marschbataillon),营中的所有人都将进入同一个师。为了维持初级群体,德军甚至允许前线军队在兵力减少到远低于编制人数的情况下才从另一个行军营中补充。这成为精心进行的前线军队整合过程的主题。在理想状况下,德国士兵群体中能够建立起"大家庭"的氛围。令人吃惊的是,这种状况常常能够实现。

在美国陆军中,情况大相径庭,正如在战后一份美军报告中所批评的那样:"补充兵员在临时奉命陪同的、或多或少有些迷茫的军官带领下,从一个兵员补充站转移到另一个地方,他们到达所在师和团地段时显得疲惫、迷茫和沮丧。野战训练营地通常能听到阵阵枪炮声,补充兵员们紧张地意识到,他们就要投入战斗了。他们经常不知道如何照顾自己。"[70]

对待新兵的不同方式直接反映在这些人的心理健康上。1944年6月到同年11月,美国前线军队中有26%的士兵接受了心理治疗。同一时期,西线的德国陆军中因心理问题接受治疗的比例只有美方的1/10。[71]因为心理问题而接受治疗的美国士兵中,有很大一部分是在抵达前线5天之内就崩溃的新兵。

德国新兵不仅接受比美国对手更好的军事训练,而且,就像苏联红军的士兵一样,他们也接受了全面的意识形态教育。这种意识形态教育并不仅是空话——从当今社会的角度去看，人们可能会这么想；实际上恰恰相反，这种教育为年轻的新兵灌输了为某个目标而付出生命的思想。德国青少年成长于一个极权主义社会，循规蹈矩的学校和希特勒青年团根据纳粹的指导方针塑造他们的观念，许多德国青年更容易受到影响，并响应前线的号召。

斯蒂芬·G. 弗里茨（Stephen G. Fritz）写道："意识形态、理想主义和第一手经验对（德国士兵）非凡的忍耐力有着巨大贡献，许多人[……]相信自己是为了日耳曼族群的生存而战。"[72]德国小伙子们接受的教育是，他们属于"被选中的一代人"，将为"弥赛亚的千年王国"奠定基础。阿登战役前不久，对美军俘获的德国士兵进行的一项研究表明，他们中的三分之二仍然表达了对希特勒的坚不可摧的信心①。[73]这些因素结合在一起，促成了他们的对手往往无法理解的，即使在极端艰苦的环境下也能展现的韧性。

到阿登战役发动时，德国士兵明显受到了多年营养不良——这是德国被孤立的结果——的影响，这对他们的体力和健康状况也造成了长期影响。[74]士兵得到的是劣质烟草、咖啡代用品，人造纤维军服既不耐用，也无法御寒，其他有缺陷的设备在德军士兵中间也造成了可怕的"危机感"。与此形成鲜明对比的是，美军士兵比其他任何军队士兵更习惯于充足的配给、最高级的香烟、地道的咖啡和最高质量的军服。

但是，德国士兵（他们被称为"Landser"）的艰苦处境——使他们更需要初始群体的友谊。许多证词表明，1944年12月德军的士气极高——据第2装甲师的约阿希姆·古特曼（Joachim Gutmann）上校说，甚至"超过了战争初期"。[75]连续几天，B集团军群司令部的首席参谋赖希尔姆中校对辖下所有军、师甚至团、营的参谋人员进行了检查，发现"指挥官和士兵们对抓住难得的机会一决雌雄的决心空前高涨，承担进攻任务的各师士气高昂"[76]。

第5装甲集团军指挥官冯·曼陀菲尔对纳粹意识形态几乎不抱任何同情；他早在战争期间就对这些思想表达过异议，战后，他加入德国自由民主

---

① 原注：当然，并不是所有德国士兵都有那样的感觉。有些士兵看透了纳粹的宣传，第18国民掷弹兵师的海因茨·特拉姆勒在1944年12月的日记中写道："如果这场愚蠢的战争终将结束，那我们为什么而战？只是为纳粹的存在。我们的敌人优势巨大，和他对抗毫无意义。"〔第106步兵师第51号定期报告，附件第5号。美国第106步兵师第424步兵团缴获的日记翻译，维克·赫努蒙特（P-7297），1945年1月13日。〕

党（FDP）。在战后发表的一份关于阿登战役的报告中，他证明了这样的事实：到阿登战役时，普通士兵完全相信"希特勒将'解决问题'"。[77]冯·曼陀菲尔接着说：

> 某种程度上，这是因为官方的公报，它们总是谈到新型武器、大量使用的新型德国飞机和大洋上的众多 U 艇、德国工业不断增长的产量，等等。而且，单纯的士兵们已没有什么可失去的了。1944 年秋季，几乎所有德国家庭都至少失去了一位亲人。单纯的士兵们相信宣传上所说的，如果敌人获胜，德国人民肯定会受到奴役。至于自我牺牲，前方的士兵们不希望做得比后方更差，那里无论老幼，都在最恶劣的条件下做出了巨大的牺牲——付出了健康，有时甚至是生命的代价。[78]

但是，普通美国士兵——他们自称 G. I.①——并不是很清楚（至少不是普遍了解）为什么要冒生命危险与德国人作战。"美军参加战斗主要是为了将欧洲从纳粹的枷锁中解放出来"的想法很大程度上是战后"发明"的。

保罗·富塞尔（Paul Fussell）1944—1945 年作为一名士兵在西线服役，他断言，对普通的"美国大兵"（G. I. Joe）来说，这场战争只不过是"必须经历的坏工作"。[79]对德国的战争尤其如此。富塞尔继续说道："至少，对于大多数美国军人和水手来说，参战是为了抵御未经警告就轰炸珍珠港的那些恶魔。[……]对于大部分美国人来说，这场战争是对日本的报复，欧洲的战事应该首先结束的原因是这样才能将最大的注意力放在真正重要的事情上——痛击和毁灭日本人。"[80]这使得许多人认为敌人"只不过是回家的障碍"[81]。

美国士兵的训练也不比德国对手好。到 1943 年为止，美国陆军中的新兵在派往前线前进行的军事训练不超过 13 周。德国步兵的训练不仅质量更高，在战争的大部分时间里也比美国陆军的训练时间长。1944 年，他们的训练才从 16 周缩短到 12—14 周，而在装甲兵中，整个战争期间都维持 21 周的水平。在

------

① 原注：这个缩写词源于美国陆军在一战西线使用的带有 G.I 标记的镀锌铁制装备，实际上无法拼写出来。

士兵们有多年轻？

公众对阿登战役中的士兵们有一个根深蒂固的概念：训练不足的德国青少年士兵——许多人只有十六七岁——对抗久经训练、更加成熟的美国士兵。从某种程度上来说，战斗机飞行员中存在这种情况（尽管德国飞行员几乎没有低于18岁的），但就地面军队而言，这只是一个传说。阿登战役中的德国军人绝不比对手年轻，许多军人处于"正常"的年龄。巴斯托涅以北的勒科涅（Recogne）战争公墓中埋葬着6807名阵亡的德国军人，随机采样其中的440人，结果如下：

没有一人低于17岁；

6.4% 出生于1927年（1944年时17岁）；

17.3% 出生于1926年；

8.6% 出生于1925年。

因此，32.4% 的阵亡德国军人是17—19岁的青年。

440名阵亡军人中，有131人（29.8%）年龄在30岁或以上（生于1914年或更早，最年长者生于1897年）。

阵亡军人中最大的群体（约占38%）年龄为20—29岁（1915—1924年生）。

实际上，阿登战役中美国军人的平均年龄低于德国对手。对参加阿登战役的美国第75步兵师进行的统计研究表明，至少65% 的士兵年龄低于20岁（18—19岁）。[82]《突出部之声》一书作者和同名纪录片编剧迈克尔·柯林斯（Michael Collins）这样总结阿登的情况："20岁的美国军官带领着18—19岁的士兵穿越寒冷和迷雾。"[83]

此基础上，新兵在派往前线之前还在补充营里接受前线老兵的额外训练。[84] 不过，相当一部分参加阿登战役的德国步兵缺乏训练是无法忽视的事实①，只是美国方面的情况更糟。

美国军队雄心勃勃地要将步兵训练增加到17周，但是这种训练的质量和德军的训练不同；据克勒韦尔德说，美军的训练目标是培养"能够不假思索地

①原注：德国方面的训练水平最低的通常是党卫军部队。据泽普·迪特里希报告，党卫军第6装甲集团军中60%的士兵接受的训练时间不到6—8周。（迪特里希，《阿登战役中的第6装甲集团军》，ETHINT-015，P.2。）

使用武器的士兵"[85]。在整个战争期间，美国陆军更重视的是数量而非质量[①]。这种思路的影响之一是，根据美国陆军的调查，步兵中"大多数人都认为本兵种不太重要"[86]。

而且，正如军事历史学家 S.L.A. 马歇尔指出的那样，美国陆军缺乏常规的步兵预备队。[87]1944年夏季诺曼底之战中和接下来秋季在西墙上越来越大的损失，迫使美军缩短了步兵的训练。这造成了灾难性的后果，在阿登战役中表现得最为明显，这场战役中，五分之四的美军士兵都是年轻的新兵，只接受过最基本的步兵训练。[88]阿登战役中美国第4步兵师连长乔治·威尔逊（George Wilson）中尉回忆道，有一次他接收了100名新兵，其中没有一个人上射击场的次数超过一次，对于投掷手榴弹或者使用巴祖卡火箭筒、迫击炮或者机枪都缺乏经验。[89]与此同时，美国第3装甲师的贝尔顿·库珀（Belton Cooper）上尉接收了一批分类为"坦克兵"的新兵，但是大部分都没有进入（甚至靠近）过坦克。[90]

上述所有原因结合在一起，造成了战场上士兵之间的某些差异。就德国士兵对前线对手的感受来说，还应考虑纳粹宣传对德军士兵自身形象和对方形象的影响。整个二战期间，德军内部一直有种感觉，德国士兵天生就或多或少地优于对手。根据保罗·富塞尔的说法，战场上的亲身经验，以及意识形态的灌输，使德军士兵对英国人有某种尊重，但对美军士兵——德军称之为"Amis"——这种尊重就很少。[91]德国的许多记述都表达了这种态度，就像阿登战役中的这一篇：

> 说到作战，美军士兵的韧性无疑是很强。但他们也深知己方有着巨大的物资优势，不管在地面还是空中都是如此。此外，他们和德国士兵不同，可以得到充分的休整，身体条件和1939—1941年的德国士兵处于同一水平——而后者到这个时候大多已阵亡。美国士兵往往根据"安全胜过后

---

① 原注：这主要缘于美国陆军的快速扩充：1940—1945年间，美国从一个面向和平年代、陆军官兵总数为24.3万人的国家，变成了一个拥有800万陆军的军事化国家。（范·克勒韦尔德，《战斗力：德国与美国陆军的表现，1939—1945》，P.166。）美国为了实现这一从未经历过的巨大增长，从工业的流水线原理中吸取了教训。与此同时，德国军队1939年的人数为310万，1940年为600余万，1944年增长到940万，增长的速度相对缓慢。（范·克勒韦尔德，《战斗力：德国与美国陆军的表现，1939—1945》，P.66。）

保罗·瓦普（Paul Warp）在美国进行基本军事训练，他后来服役于
第6装甲师，参加了1944年冬季的阿登战役。（保罗·瓦普的收藏）

悔"的原则行事——这意味着，他们没有坦克支援时，有时几支德国突击
步枪就能够迫使整个连寻找隐蔽所，直到一堵"火墙"将德军驱离。[92]

对此类说法往往须持保留态度，因为它们更多告诉我们的是德国人的态
度，而不是他们对手的真实特性。德国士兵往往接受了很多政治思想的灌输，
也很容易受到这种思想的影响，使他们觉得自己优于对手，他们得到的教育是
蔑视对手——甚至是以夸大的方式[①]。

诚然，因为前面提到的军事训练中的差异，德国和美国士兵之间确实有些
不同，尤其是新兵，但在战场上待过一段时间后，这些差异就会趋于缩小。美
国士兵在1944年9月的西墙之战中比较不愿意冒生命危险作战，这催生了德国
士兵自我美化的神话，但这种现象并不特别明显。士兵们一旦觉得己方的胜
利或多或少有保证，就更不愿将自己置于危险之下，这是一种人所共知的现
象。德国陆军在1941年秋季的莫斯科前线也出现过同样的现象。

实际上，普通的美国士兵在必要的时候和其他任何人一样勇敢，我们在阿

——————————

① 原注：毕竟，纳粹主义总体上基于伪科学的种族论和"民族性"，以及对日耳曼民族的浪漫化赞颂。显然，德国士兵
二战期间关于对手的任何评论——不管是对英军、美军还是苏军——往往受到纳粹宣传的强烈影响（遗憾的是，战后的许多
军事分析家和历史学家明显没有考虑这一点）。

登战役的叙述中将会看到。特别值得一提的是，他们尽忠职守，在严格遵守命令方面很出色；奉命守卫某个阵地时，美国士兵通常会想尽一切办法。德军士兵在"秋雾"行动的第一天就痛苦地意识到了这一点。德国宣传造成了他们对敌人的低估，导致某些德国部队在进攻首日遭受了过大的损失。

人们必须牢记，二战发生时，几个世纪的奴隶交易和殖民主义已产生了一系列种族主义的陈词滥调，使得现代主义者们产生了对不同"民族性格"的刻板印象。两个族群之间的任何冲突（战争是其最终结果）都很自然地造成和加强了对敌方的某种印象。二战期间，和所有战争一样，普通士兵会产生对敌人的固有印象。就连美国人对德国对手也有自己的陈腐看法，他们经常轻蔑地把对手称作"德国佬"（Kraut），保罗·富塞尔描述了这种刻板印象："固执、冷酷、粗线条、迂腐、缺乏想象力、极其邪恶。"[93] 另一种观点是"服从纪律的天性"令德国士兵"尤其危险"，且"公认的技术上的天分使得他们有着冷酷无情的高效"。[94]

德国铁路奇迹

德国陆军运输处处长、步兵上将鲁道夫·格尔克（Rudolf Gercke）是对德军阿登战役贡献最大的人之一。从本质上看，一切都取决于将进攻所需的各种资源运送到西线，为实现这一目的，除铁路之外无法考虑其他交通手段。因此，格尔克是最先得知进攻计划的人之一。

格尔克必须非常谨慎地对待自己的任务。25万人的军队、数以千计的车辆和炮兵装备，以及数量巨大的燃油、备件和口粮，都必须运送到西线一片相对较小的后方区域。在这段时间里，盟军大规模空袭德国铁路网，列车不断遭到席卷德国乡间空域的数千架战斗轰炸机的袭击。早在1944年9月17日，格尔克就开始重组德国的公路和铁路网络，建立了一个大型应急系统，并组建了大规模的交通控制和维修站网络。

由于莱茵河将阿登前沿区域与德国的其他部分分隔开来，格尔克在9月就开始调动数千名建筑工人，加固桥墩和铁轨，使它们更能够抵御炸弹的进攻。每座桥梁都配备了一个维修队，在附近放置了桥跨和其他维修装备，使损坏的桥梁能够快速恢复。多座桥梁配备了铁轨。10月，许多桥梁经过加固，足以运输70吨重的"虎王"坦克。此外，还重建了20个河流渡口，以运输机车渡河。格尔克甚至计划扩大两条莱茵河河底的采矿隧道，使军队可以从那里渡河。在莱茵河东岸，建立了众多精心隐蔽的军用补给品仓库。

根据经验，盟军的战斗轰炸机往往可以用机枪杀伤车组人员，阻止火车运行，而机车本身所受的损伤不大。因此，机车驾驶舱上安装了装甲板，这很快得到了预想的效果。此外，数百节敞篷车厢配备了射速很高的轻型高射机枪。

铁路交通控制系统也大有改善，与空中监视建立了联系。因此，一旦邻近地区报告发现盟军飞机，列车就可以快速进入铁路隧道或有遮盖的支线隐蔽。此外，前线100—125英里（约161—201千米）范围内的铁路交通限制在夜间或恶劣天气下运行。即使该地区最不重要的德国火车站也持续收到天气预报，以便迅速应对快速恶化的天气，让列车运行起来。晴朗的白天，列车停在从空中难以发现的位置，经过精确计算，它们可以在夜间和能见度较低的白天高速部署，根据极其紧凑的时间表运行。有复线的铁路线得到合理利用，并行开动同向的列车——这一切都是为了最大限度地利用盟国航空兵停飞的机会。

1944年9月9日到12月15日，盟军的空袭共导致通往阿登前线部署区域的铁路线中断125次，其中60次发生在科布伦茨和科隆之间的关键区域。尽管如此，格尔克的交通机构仍能在12月11日之前将1500列运送军队的火车，以及运载了将近145000吨补给品、7500立方米燃油的近500列火车开到进攻部署区域。格尔克的铁路组织非常高效，有些陆军师甚至可以在距离前线只有几千米的地方下车。

德国陆军军需总监阿尔弗雷德·托佩（Alfred Toppe）少将与约德尔、凯特尔和战时生产部部长阿尔伯特·施佩尔紧密协作，出色地完成了必要数量的弹药和燃油的筹措任务。据计算，阿登战役需要50列火车运送弹药，这些弹药应及时送达。[1]12月13日，陆军元帅凯特尔报告，已交付了15099吨弹药，还有同等数量的弹药在途中。[2]

阿登战役中的燃油是一个被许多误解和神话掩盖的话题。人们往往认为，这次攻势"事先就注定要失败"，因为各部队应该得不到所需数量的燃油（估计为17000立方米），进攻计划的基础是必需夺取盟军的燃油。这些说法都站不住脚。

德军的计划建立在夺取美军机动车燃油或弹药仓库基础上的说法，已被冯·曼陀菲尔驳斥为"纯属虚构"："认为夺取燃油是进攻计划一部分的观点不符合事实，因为我们从东线、非洲、意大利等战场得到的经验表明，对手可以迅速摧毁这些仓库。此外，我们不知道这些仓库在哪里。"[3]

而且，德国人交付了相当多的燃油。实际上，在进攻前夜，进攻部队已得到12000立方米燃油。[4]另外8000立方米燃油也即将交付，最高统帅部已从其储备库存中分配了3000立方米。根据估计，从默兹河推进到安特卫普需要12000—15000

立方米燃油。[5]

德国预备军装甲兵总监霍斯特·施通普夫（Horst Stumpff）上将在战后确认，发动阿登战役的德军得到"足以让我们远距离行军的燃油，每辆坦克有三个基数"[6]。这正是最高统帅部在1944年10月准备进攻计划时的目标。[7]党卫军第6装甲集团军参谋长、党卫队旅队长兼武装党卫军少将弗里茨·克雷默（Fritz Kraemer）确认，德军"有足够在初期推进200千米所需的燃油。"[8]

但出于掩盖进攻准备工作的需要，以及盟军空袭带来的危险，大部分燃料都贮存在莱茵河沿岸。德军补给线的"阿喀琉斯之踵"是，所有维持用品——特别是燃油——都被迫从后方的卸载站用卡车沿山间小路运往前线。冯·曼陀菲尔说"主要的问题不是燃油缺乏[足够的量]，而是运输设施不足"[9]。

战后，党卫队旅队长克雷默告诉审讯他的美国军官："油料不都是跟随各师前进的；其中一部分在莱茵河以西的仓库，另一部分在路上[……]我们本应该每天从自己的仓库里再得到一个基数。[……]实际上，因为你们的航空兵、道路情况和其他困难，我们无法得到这个额外的基数。"[10]施通普夫上将补充道："一旦下雪，[油料储备]就会因为无法容忍的道路情况而运不到前方。因此，我们只能使用少量坦克，此外，还因为缺乏燃油而损失许多坦克；不过，我们的计划并未将缴获的油料考虑在内。"[11]

德国陆军最高统帅部并不是没有筹措到足量的燃油。负责最高统帅部战争日志的佩尔西·E.施拉姆确认："尽一切可能，积累了开始承诺的17000立方米[燃油]"。[12]正如1945年1月19日德国最高统帅部战争日志所言："有大量油料储备可用。"[13]

阿登附近地区的一列德国军用列车。这是德国艺术家霍斯特·黑尔穆斯的画作，他在阿登战役中是第26国民掷弹兵师的一名士兵。

注释:

1. 施拉姆,《德军阿登战役的准备工作(1944年9月—12月)》,A-862,P.237。

2. 托兰,《战斗: 突出部的故事》,P.22。

3. 冯·曼陀菲尔,《阿登战役中的第5装甲集团军(1944年12月16日—1945年1月25日)》,B-151,p.130。

4. 施拉姆,《德军阿登战役的准备工作(1944年9月—12月)》,A-862,P.241。

5. 同上。

6. 施通普夫,《阿登战役中的坦克维护》,FMS #61,P.2。

7. 赖希黑尔姆,《总参谋部关于赖希尔姆上校在1944秋季到1945年春季作为B集团军群首席参谋时的活动报告》,A-925,P.12。

8. 克雷默,《阿登战役中的第6装甲集团军》,ETH Ⅰ NT-021,pp. 4-5。

9. 冯·曼陀菲尔,《阿登战役中的第5装甲集团军(1944年12月16日—1945年1月25日)》,B-151,P.128。

10. 克雷默,《阿登战役中的第6装甲集团军》,ETH Ⅰ NT-021,pp. 4-5。

11. 施通普夫,《阿登战役中的坦克维护》,FMS #61,P.2。

12. 施拉姆,《德军阿登战役的准备工作(1944年9月—12月)》,A-862,P.240。

13. 施拉姆,《德国国防军最高统帅部作战日志》,第8卷,P.1024。

盟军知道多少?

　　阿登战役题材的文学作品中,常常会列出的一长串所谓的进攻迫在眉睫的"预警信号",盟军指挥官因为"无视"了这些信号而遭到责难。这方面的例子包括1944年12月16日之前,一些德军战俘、逃兵和平民向盟军提供的"即将发动攻势"的消息,以及强大的德军在阿登前线集结的信息。然而,盟军总部拒绝受其影响,将增援重整到阿登。其实这也没什么特别的,由"逃兵"散布虚假报告、虚假"进攻计划"的情况在战争中数不胜数。从盟军指挥官们的角度看,认为德军试图诱使他们将部队从德军受到盟军攻势强大压力的南北两方撤走,也是很合乎逻辑的。

　　1944年12月的阿登战役被看作是二战中对美军影响最大的情报失误之一,仅次于1941年12月的珍珠港。因此,美国人在战后极尽努力让人们产生下面这些印象就不足为奇了: 盟军情报组织"确实"发现了将要发生的情况,"只是"因为盟军指挥官"没有听取"这些警告,才令局面失控。但是,这些推理忽视了许多重要的事实和环境因素,最重要的一点是: 军队参谋人员的主要任务之一是讨论敌方的可能选择,在任何情况下,盟军参谋人员在1944年秋季和初冬没有注意到德军于阿登地区发动进攻的可能性,都是难以置信的事情。不过,这些想法只是盟军对此时德军可能采取行动的所有猜测中的一小部分。1944年12月16日之前，德国方面总体上并没有许多引人注目的迹象，能使盟军有理由重新在阿登地区集结力量。

常有人指出，艾森豪威尔在1944年12月7日乘车经过阿登地区防守薄弱的美军阵地时，曾表达了第8军可能遇上"险恶的小卡塞林"的忧虑，暗指美军1943年1月在突尼斯的卡塞林遭遇的失败。[1]但是，没有任何迹象表明，这不是一个下意识的暂时性反应。毕竟，我们必须考虑，拥有全部指挥权的艾森豪威尔在12月16日之前并未采取任何体现对此真实忧虑的措施。

德军从前线抽调一些装甲师不可能瞒得过盟军。盟国远征军最高统帅部情报主任肯尼思·W. 斯特朗（Kenneth W. Stron）少将得出结论，这些师可能用在三个方向中的一个：它们可能被派往东线，可能用于防御盟军的突破，或用于"阿登的解围进攻"。但是，这并不是特别引人注目的见解；斯特朗以上述顺序提到了各种可能性，也就是认为它们最有可能被调往东线。它们将用于防御的假设，正是德军希望盟军相信的。而斯特朗认为最不可能的选择——在阿登地区发动解围进攻，当然也不同于希特勒和冯·伦德施泰特谋划的强大攻势。正如我们将要看到的，正因认为德军的攻势"只不过是为解围而发起的进攻"，导致盟军总部在攻势发动当天反应缓慢。

美国第12集团军群指挥官布拉德利中将说过，他意识到德军有可能在阿登发动进攻，但认为可能性不大，他说道："不管是谁发动攻势，都有两种理由中的一种，要么是为了消灭敌方部队，要么是追求地形上的目标。"他表达的观点是，在阿登这种"地形破碎、相对缺乏道路"的乡间，上述目标都无法实现。[2]

在1944年12月12日的《第18号局势报告》中，布拉德利参谋部中的情报官员埃德温·L. 赛伯特（Edwin L. Sibert）准将说道，德国步兵师"极其虚弱"，他认为这可能导致德国陆军在西线早早地崩溃。他的结论是："由于盟军在南北两个方向持续施加压力，突破口可能在没有任何预警的情况下突然出现。盟军在南北两个方向持续的压力，可能使德军在没有任何预警的情况下完全崩溃。"[3]这清楚地表明了德国"欺骗"行动的成功。

战后关于盟军"实际上"知道德军就要发起一次攻势的辩护，主要基于1944年12月10日美国第1集团军情报官员本杰明·A. 迪克森（Benjamin A.Dickson）的一份报告。在这份报告中，迪克森做出评估，德国本土防御战略的基础是"消耗我们的进攻力量，然后出动装甲部队，在所有可用武器的支援下，在鲁尔河和埃尔夫特河之间发动全力反冲击"[4]。这一句话被当作盟军实际上已事先得到警告的证据，但这一结论忽视了某些基本事实。

首先，迪克森的评估只是许多评估之一，没有任何理由让盟国的将军们把迪克森的报告看得特别重要（相反，当迪克森1944年9月冲进霍奇斯的卧室，告诉他冯·伦德施泰特发动反对希特勒和党卫军的"大新闻"时，已损害了自己的声誉；实际上，这是盟军电台为引起德国方面的混乱而散布的假消息）。最重要的是，迪克森所"预见"的并不是德军的阿登战役，他提到的进攻区域在科隆以西，距离德军1944年12月16日发动攻势的地段北端有15—50英里（约24—80千米）。

12月14日，迪克森注意到多名德军战俘谈到了"12月17日到25日之间"将要发动的进攻，但其中许多人声称，这次攻势意在"重夺亚琛，作为献给元首的圣诞礼物"——仍然在阿登地区以北。[5]迪克森次日草拟的报告中，没有任何对德军攻势表示严重忧虑的迹象。虽然他提到了德军发动"规模有限的攻势"的可能性，但也说到这样的进攻可能只是出于宣传目的——提升德国平民的士气。关于阿登，他提到的唯一一件事是，从一线收到的德军调动可能只是"新近抵达的国民掷弹兵师前来为第212国民掷弹兵师解围"[6]。而且，迪克森的担心只不过令他在同一天动身前往巴黎，度过4天的假期。

在阿登前线，美国第8军同时——在1944年12月9日的一份报告中——估计德军兵力只有24000人。第8军情报官员安德鲁·R.里夫斯（Andrew R. Reeves）上校写道："敌人目前将新的师派来获取前线经验，然后将其调到别处的做法，表明了他们维持该地段平静、不活跃局面的愿望。"[7]

如果说盟军本应意识到德军可能会打击阿登这样防守薄弱的地段，因此应该采取行动，迅速将这种风险转换成大胜，或许不会有人赞同。实际上，在盟军指挥官中，乔治·巴顿中将在他出色的情报官员奥斯卡·W.科赫（Oscar W. Koch）的帮助下，成为唯一得出这一结论的人。12月24日，他在日记中写道："第1集团军让第8军留在原地是个严重的错误，因为德军很有可能正在他们东边集结。"[8]

除德军"欺骗"行动成功了之外，盟军自己的优势使他们对即将到来的风暴充耳不闻。通过"超级机密"行动，从二战爆发时起，英国人已可以解密德国电台广播的信息。但由于德国电台对即将开始的阿登战役保持严格静默，此时无法拦截到任何有关此次进攻的消息。这导致盟军得出错误的结论：没有此类消息，说明可能没有理由感到忧虑。

实际上，美军的一次欺骗行动适得其反。1944年12月初，美国特种单位第23司

令部直属特战团 ① 的任务是给敌人留下第75步兵师在卢森堡重新集结的印象，以阻止德军将增援从阿登送往美军将要发动新攻势的鲁尔区。这次行动的代号为"科布伦茨"，它的作用只是使盟军认为，德国进攻军队被调往阿登地段是因为德国人已上了第23司令部直属特战团的当。乔纳森·高恩（Jonathan Gawne）曾撰写过关于第23司令部直属特战团的研究文章，他将"科布伦茨"行动描述为"这场战争中较为难堪的一次行动"。[9]事实上，德军从未受到"科布伦茨"行动的欺骗，他们早就意识到，盟军声称在卢森堡集结第75步兵师只是一个骗局。[10]

　　最后，盟军完全没有考虑到德军能够为进攻军队积累大量燃油库存，这是盟军在阿登战役中遭到奇袭的关键所在。美国陆军官方历史学家弗雷斯特·C. 波格（Forrest C. Pogue）说道："盟军情报官员们明确地认为，由于德国人知道盟军的意图是突入鲁尔区，他们已集结了一支装甲力量加以应对。他们相信坏天气和燃油短缺比一次破坏性进攻造成的干扰更严重，这驱散了对反冲击力量的忧虑。"[11]

注释：

1. 波格，《二战中的美国陆军：欧洲战场：最高统帅部》，P.361。

2. 麦克唐纳，《号角吹响之时》，P.71。

3. 同上，P.73。

4. FUSA G-2 评估报告第37号，1944年12月10日；波格，《二战中的美国陆军：欧洲战场：最高统帅部》，P.366。

5. 麦克唐纳，《号角吹响之时》，P.76。

6. 同上。

7. 同上，P.74。

8. 布吕芒松，《巴顿文件录，1940—1945》，P.582。

9. 高恩，《欧洲战场的幽灵：美军在欧洲战场的战术欺骗部队，1944—1945》，P.165。

10. 同上，P.175。

11. 波格，《二战中的美国陆军：欧洲战场：最高统帅部》，P.364。

---

　　① 原注：第23司令部直属特战团（"幽灵部队"）是一支美国秘密部队，有1100名士兵，在机动车录音、充气坦克、虚假无线电信息等的帮助下，试图给德军留下存在强大的美国部队的印象，以便误导西线的德军。1996年之前，该部队的存在都是保密的，二战期间进行的部分活动仍然是机密。2013年，有关该部队的纪录片《幽灵部队》（The Ghost Army）首映。

在组织形式上，两国陆军相当类似。基本单位是师，每师通常分为3个团（Regiment，德语的拼写也一样）或多数美国装甲师中的3个战斗群（Combat Command）以及各种支援单位。美军的师通常明显强于德国的对手。美国步兵师的编制人数为14253人，而阿登战役中的德国师通常有1万—1.2万名官兵。此外，美国步兵师和德国对手不同，通常有一个装备76辆坦克的装甲营。

一个常规的美国装甲师通常由3个装甲营、3个装甲步兵营和4个野战炮兵营、1个工兵营、1个反坦克营、1个高射炮营和1个侦察营组成——编制兵力为10500名士兵、263辆坦克（177辆"谢尔曼"和86辆"斯图尔特"）。但是，阿登地区的大部分装甲师都扩充到约12000名士兵。此外，美军还在阿登部署了两个所谓的"重型装甲师"，每个师由6个装甲营和1个步兵营组成，有14000名士兵和390辆坦克（包括252辆"谢尔曼"）。

阿登的德国装甲师由1个装甲团、2个装甲掷弹兵团、1个炮兵团和1个工兵营、1个反坦克营、1个高射炮营、1个侦察营组成，总兵力从14400人（第2装甲师）到21000余人（党卫军第1装甲师）不等。德国装甲师的坦克数量低于美国对手。因此，1944年12月16日拂晓，第5装甲集团军的3个装甲师集结的坦克总数只有212辆（125辆"豹"式，其他都是四号坦克），甚至比不上一个常规的美国装甲师。

不过，说到装备，德国的"虎王"（虎Ⅱ式）重型坦克，"豹"式、四号中型坦克确实优于美国陆军当时的制式中型坦克M4"谢尔曼"。双方都有优秀的履带式坦克歼击车；德国的一些型号明显好于美国对手（尤其是M10），但在这个领域，美国的M18"地狱猫"和M36"杰克逊"要比"谢尔曼"坦克领先一步。德国坦克歼击车的一个特征是没有炮塔，配备的是固定火炮，而美国坦克歼击车具有敞篷炮塔。M36"杰克逊"与其他两种美国坦克歼击车（M10和M18）不同的是其强大的武器（一门90毫米3.5英寸火炮）和更坚固的装甲；其他的美国坦克歼击车，装甲比德国对手薄，但行驶速度更快。

步兵的枪支已讨论过——德国突击步枪的性能完全压倒美国枪械。在反坦克炮方面，德国的88毫米炮和美国的3.5英寸火炮基本相当——它们都能轻易地击毁任何敌方坦克。双方都有自己的单兵无后坐力反坦克火箭发射器。美国的M9"巴祖卡"使用M6A3火箭可以穿透与垂直面成30度角的120—126

毫米斜面装甲。德国的"坦克杀手"火箭发射器（使用54式反坦克火箭）可以在650英尺（约198米）外击毁"谢尔曼"坦克。这种武器还可以得到预装发射管的一次性武器"铁拳"的补充，其穿甲能力（可穿透200毫米装甲）实际上比大型火箭筒更强，但射程通常只有60码（约55米）。不过，经过改进的新型"铁拳100"将射程增加到100码（约92米），并且正好赶上了阿登战役。

炮兵是美国陆军最大的优势，在这方面美军明显优于德国对手。美国155毫米"长汤姆"在德国陆军中没有势均力敌的对手。此外，美军有着高度发达的炮兵技术——包括配备近炸引信、可以在空中爆炸的炮弹，以及让所有炮弹同时击中目标的"同时弹着"方法。美国军事历史学家小理查德·C.安德森（Richard C. Anderson, Jr.）描述二战美军炮兵时说他们是"世界上最好的"并非没有原因。[95]但是，在某种程度上，德军可以凭借他们的多管火箭发射器弥补这方面的不足，这种武器的心理效应至少和物理效应一样强。

另一个美军装备更胜一筹的领域是陆军的运输能力。美国陆军完全摩托化，集结了强大的车队，而德国陆军在很大程度上仍然依靠马匹牵引。例如，第26国民掷弹兵师的运输需要5000匹马。[96]而且，美国卡车通常优于德国卡车。

在空中，美军在各方面都胜过德军——唯一的例外是少量德国喷气式飞机。美军的B-17"空中堡垒"和B-24"解放者"四发重型轰炸机在德国空军中找不到同类产品。在几个月的战斗中，美国的P-47"雷电"和P-51"野马"单发战斗机已证明自己比德国制式战斗机Bf-109G和福克-沃尔夫的FW-190A更胜一筹。德国轰炸机只能在夜间出动，而第9航空队的B-26、A-20和A-26双发轰炸机及战斗轰炸机却能在白天自由行动，这就已说明了一切。德国新型战斗机FW-190 D-9（"长鼻子"）于1944年年底服役，可以和最好的盟军战斗机抗衡，但当时德国和盟国空军的飞行员素质已相差悬殊。阿登战役发动时，从战略上讲，西线的德国空军在6个月前就已被击溃[①]。1944年12月7日的天气预报表明，几天内都是寒冷而晴朗的天气时，希特勒再次决定推迟进攻日期，这次

---

① 原注：德国西线训练不足的飞行员与东线上的空军老兵素质相差悬殊——后者在1944年无疑是整个二战期间最有经验、技术最高超的战斗机飞行员。戈林未能将这支精锐部队从东线调来支援阿登战役，可能对战役进程转为德军劣势有着决定性的影响。

在1944年的冬季直到全面1945年年初冬季的阿登战役期间，一名车组成员将M36"杰克逊"用兵漆成白色。美国M36"杰克逊"用兵歼击车的开发是为了反对装甲厚重的德国新型坦克的威胁。配备90毫米火炮的M36于1944年9月投入战斗。(美国陆军)

推到了12月13日。[97]实践证明，这是一个正确的决定。12月10日（上一个预定进攻日期）尽管是阴天，但美国战斗轰炸机在整条战线上都非常活跃，第9航空队的130架B-26"掠夺者"轰炸机进攻了两座设防严密的德国城市。12月11日是一个寒冷的阴天，希特勒搬进所谓的"雕窝"——巴特瑙海姆正西的齐根贝尔格城堡，他打算在那里亲自督战。

希特勒立刻召见即将参加"秋雾"行动的所有军级及以上指挥官，以及多名参谋人员。这些人被分为两组，第一组于12月11日到达，第二组于次日到达，分别听取"元首"的情报通报。[98]第一组人员在初冬的夜里乘坐大巴前往未知的地点，他们在那里被领进了一个兵营般的地方，希特勒接待了他们。第5伞兵师师长路德维希·海尔曼（Ludwig Heilmann）上校写道："他慢慢地走进会议室，立刻在桌旁坐下。"[99]冯·曼陀菲尔一周前才见过希特勒，他这样回忆自己见到元首这段时间的变化时有多么震惊：高级军官们看到的是一个几近崩溃的男人，脸色苍白，仪态颓然。[100]

希特勒瘫坐在桌子后面的一张椅子上，凯特尔元帅坐在他的右边。他戴上一副眼镜，用颤抖的手拿起一份稿子，开始讲话。这不是唤醒听众们的煽动性讲话，而是让这些军队指挥官们相信即将开始的攻势势在必行的低调尝试。陪同莫德尔元帅的党卫队二级突击队大队长海因·施普林格（Hein Springer）回忆，希特勒"像他演讲时常做的那样，首先漫谈了一番久远的历史"，这一次他谈到了腓特烈大帝1757年在洛伊滕战役中的著名胜利，当时普鲁士军队利用机动性打败了人数占优的奥地利军队。[101]接着，他提到了"德国人民做出的令人难以置信的牺牲，后方表现出来的勇敢精神，尤其是女性"。并宣称德国人民在漫长的5年中抵抗所有世界强国，已证明了自己的伟大。他解释道，战争年代并未在不知不觉中过去——它们已严重影响了自己的健康，但他将"为人民服务到最后一刻"[102]。

然后，希特勒转入与攻势有关的话题，他说，如果能够占领安特卫普，这次攻势将成为战争的转折点。希特勒承认，参与进攻的各师素质参差不齐，但另一方面，对手同样是疲惫之师。他继续描绘着对进攻的愿景："一旦敌人的战线被冲破，我们在敌人后方遭遇的美军官兵不过是些穿着军服的银行职员。我们不需要担心敌人能够很快部署预备队。"他接着说道："如果我们成功地穿越比利时，我将找到新的预备队——挪威仍然有一些能用的师——向法国进军。"[103]

希特勒解释道，进攻的先决条件是出其不意和坏天气，因此，他强调了严格保密的必要性。他说，坏天气将阻止敌方空军的行动，而德国士兵曾在苏联的冬季作战，远比美国对手更容易应付比利时和法国的冬季作战。德国空军将仅用于集中进攻关键位置，不过在开始阶段最好处于待命状态。"这样，它就能在后面的日子里被更加有力地使用。"希特勒还设想了喷气式飞机的大规模部署。他说道："德国军事工业几个月来一直以牺牲东线为代价，专为这次冒险行动工作。"但是，将这类装备全都再生产一遍几乎不可能。[104]

"元首"宣布，如果这次攻势取得成功，他将把所有功劳算到将军们的头上。否则，他将自己承担所有责任。他以有些宿命论色彩的话语结束了这次演讲："先生们，如果从列日到安特卫普的突破没能取得成功，我们将在这场战争中迎来一个非常血腥的结局。时间并未站在我们一边，而是不利于我们。要将战争的天平转向我方一边，这真的是最后的机会了。谢谢各位。"[105]

陆军元帅冯·伦德施泰特站起来高声表态："我们已打出了最后一张牌，不能失败！"[106]接着希特勒和冯·伦德施泰特、莫德尔、各集团军指挥官及其参谋长们进入了一间较小的会议室。在那里，泽普·迪特里希要求再次推迟进攻，以便军队能够有充分的休整。希特勒同意将进攻延期到12月15日。海尔曼上校记得他在会议室中对希特勒的最后一瞥，为精力充沛的将军们与衰弱的独裁者之间的鲜明对照所触动："在强硬的军事领袖中间，希特勒给人的印象不仅是个病人，我还可以从他脸上看到一个杀人狂的灵魂。"[107]

次日，远在大西洋上的天气侦察U艇（以及其他资料）发来的天气预报表明，12月15日的霜冻和相对晴好的天气后，将是连续数日的坏天气，希特勒决定最后一次将"零日"推迟到1944年12月16日。[108]

德军指挥官们回到自己的总部后，进攻部队不断地开向出发地点。为了不将意图泄露给对手，德军到最后一刻才将进攻军队前移到出发点。[109]因此，装甲师部署在距离前线30—40英里（约48—64千米）的地方，但炮兵部队在12月8日开始前移。所有调动都只在晚上进行，并保持最大程度的静默。部队不使用任何灯具，也不说一句话。火炮用马拉到阵地上——这有两个原因：节约燃油，同时不发出可能警告美军的发动机噪声。到此时为止，任何机动车都不允许靠近到前线10千米之内。每辆马车后都跟着一群士兵，小心地用扫帚和铲子遮盖冰雪覆盖、泥泞不堪的森林小路上的车辙。马车靠近前线区域时，车轮上覆盖了布和稻草，以减小移动的声音。弹药用车运送到距离干线8千米的地方。然后，德国士兵亲手搬着它们走完最后一段路。这当然非常费力，但据佩尔西·E.施拉姆说："战士们愿意执行这项任务。"[110]

12月13日，几乎所有炮兵都已移到充分隐蔽的阵地上。下一阶段的调动开始了。12月14日晚上到15日凌晨，装甲部队在刺骨严寒中移动到距离前线10英里（约16千米）的位置，步兵同时行军到距离一线3—5英里（约5—8千米）的位置。[111]这种大规模调动在没有任何灯光的情况下进行，表现出了令人吃惊的效率。第5装甲集团军各师要部署在第7集团军后方的区域，而后者的部队同时要向西移动，此举造成的困难通过两个集团军参谋们的紧密协作顺利解决了。交通秩序由一个大规模的交通管理组织维持。维修和救援部队部署在整条交通线的各个角落，在日出之前将因为机械故障或其他原因停下来的车辆迅速移走。所有无法在日出前到达目的地的机动车辆被放在精心隐蔽的阵地上。负责隐蔽这些车辆的军官都经过专门的挑选。阿登地区的大片森林能够容纳数万名士兵，隐藏重装备，等待下一次夜间行军。负责隐蔽的军官（Tarnmeister）驻扎在该地区的每座村庄里，除其他任务之外，他们还要监督禁火令的执行。

德军已下令实施全面无线电静默，该地区的民用电话线也受到严密监视。街上的所有路标都不允许指明道路或电话、电台。除每个军和师下辖的宪兵连外，每个装甲集团军也配备了由300名士兵组成的宪兵队，这些士兵在该地区巡逻，阻止任何非必要的民用道路交通。

12月15日，天气略微转晴，美国战斗机在隐藏于林中的数千德国士兵及战斗车辆，以及该地区的小村庄和山谷上空飞过——没有飞行员注意到任何特别令人感兴趣的现象。太阳于16时39分降到树梢之下时，一片低压——长久以来最大的一片低压开始降临该地区上空。就在冰冷的雨滴渗进士兵们的衣领、浸湿军服时，进攻军队进入最后的出发阵地。与此同时，德国空军的飞机在该地区低空飞行，以掩盖坦克发动机的声音。此外，道路铺上了巨大的木块，覆盖上厚厚的稻草，以降低坦克履带的声音。

与此同时，工兵们悄悄地在西墙的坦克障碍（"龙牙"）前放上可移动坡道，使车辆能够越过这些障碍。前方的调动主要在1944年12月16日零时左右完成。

与此同时，另外一方也在相同的地区进行另一场部署。这场部署始于1944年10月，新组建的美国第106步兵师开始乘船渡过大西洋的时候。先遣支队由第81战斗工兵营营长托马斯·J.里格斯（Thomas J. Riggs）上校率领，于10月8日乘坐著名的远洋邮轮"伊丽莎白女王"号（RMS Queen Elizabeth）从纽约港出发。这艘可敬的英国轮船一面全速前进，一面以"之"字形航线躲避 U 艇，4天后穿过大西洋，驶入苏格兰的格里诺克港（Greenock）。10月10日，工兵部队的其余人员，炮兵、侦察兵部队和其他维护部队挤上美国运兵船"维克菲尔德"号（USS Wakefield），从波士顿出发，于10月17日抵达利物浦。此时，"伊丽莎白女王"号已返回纽约，于10月14日在那里载上第423步兵团和第424步兵团的一部分人员。这艘船在返程3天内无法起航，故10月22日才到达苏格兰古罗克（Gourock）。10月20日，第424步兵团的最后一部分人员和第422步兵团全团乘坐"阿基塔尼亚"号（RMS Aquitania，另一艘世界著名的英国大西洋邮轮）从纽约出发，8天后，饱受晕船之苦的年轻士兵们在格里诺克靠岸。

第106步兵师是90支为海外服役而匆忙组建的新部队之一。该师名为"金狮"（The Golden Lions），士兵军服的袖子上有一个圆形的部队标志，是蓝色底板上的黄色狮头图案，镶有红边。师长艾伦·W.琼斯（Alan W. Jones）少将时年47岁，是一位唇上胡须稀疏、稍有些肥胖的"西海岸人"。琼斯是一位才能平庸的美国高级指挥官，一战时他曾在西线服役，两战之间担任过各种各样的参谋职位。他的儿子小艾伦·W.琼斯上尉是该师第423步兵团某营的作训参谋。

熟悉了英国潮湿的秋季后，12月1日，该师乘船从利物浦、韦茅斯和南安普顿出发。海上的巨浪迫使这些船只在英吉利海峡飘荡了整整3天。许多士兵在法国勒阿弗尔（Le Havre）登岸时已筋疲力尽。在那里，他们立刻乘车到一些开阔地，支起军用帐篷作为临时住所。天气阴冷，在他们登上欧洲大陆的第一个晚上，冷雨下个不停。

12月6日，该师奉命在比利时东部的圣维特（Sankt Vith）重新集合。一眼看不到头的卡车车队不断开来，士兵们按照命令爬上覆盖着防水布的车厢，开始了长途旅行。在瓢泼大雨和持续下降的气温中，卡车颠簸着穿越了法国东部。这一旅程花了整整两天，许多年轻士兵因为寒冷的天气和拥挤不堪的车厢而病倒。士兵们在绝望之余也没有忘记自己的幽默感，他们把该师的名称改成"饥饿与疾病"（Hungry and sick），这暗谐音了该师番号106（Hundred and six）。

与此同时，12月7日，盟军西线的主要指挥官在马斯特里赫特开会。和平常一样，英国人和美国人意见不一致。蒙哥马利重申集中力量向鲁尔工业区突进的要求，而布拉德利希望在亚琛地区取得重大突破，巴顿则主张向萨尔区发动持续的进攻。最终，他们同意向南面的萨尔区和北面的鲁尔区发动一场联合进攻。可是，在这场攻势进行之前，盟军必须控制鲁尔水坝，避免德军开闸放水，阻止盟军预料到的来自北侧的进攻。蒙哥马利建议，应该将大部分资源投入这场冒险中，而其他地段应该节约资源，可是这一意见遭遇美国人的阻力。艾森豪威尔认为，盟军不应该"静坐"，而应该"穷尽我们的能力，继续进攻"。[112]

同一天，美国第1集团军指挥官霍奇斯命令杰罗少将率领他的第5军恢复攻势，努力夺取（现）德比边境不远的鲁尔水坝。按照计划，这一行动是钳形攻势，北侧攻势从蒙绍发动，南侧攻势则由南面10英里（约16千米）处的"双子村"罗赫拉特－克林克尔特（Rocherath–Krinkelt）发动。第78步兵师将实施北侧攻势，但杰罗在南翼只有经验不足的第99步兵师。因此，从南方不远处米德尔顿的第8军调来了两支部队——经验丰富的第2步兵师和第9装甲师B战斗群。

从9月底开始，美国第2步兵师就已驻守德国境内的阵地，在乌尔河东侧，12英里（约19.3千米）长的战线北起罗特（Roth），南到大坎彭贝格（Grosskampenberg），紧邻现比、德、卢三国边境交界处。现在，该师将由圣维特的新人换防。

12月9日拂晓，"饥饿与疾病"师的士兵们从睡梦中被叫醒，在从圣维特到东面7英里（约11.3千米）的申贝格（Schönberg）的公路边，他们的帐篷搭在湿透的田野上。当天晚上，在灯火管制和全面静默下，他们接管了之前由第2步兵师守卫的阵地。

第106师驻扎的地方人烟稀少，被称为"幽灵战线"，这有两个原因——一是从军事上讲这里很安静，二是该地区主要是黑暗、荒凉的大云杉林。

第2步兵师某团团长弗朗西斯·H. 布斯（Francis H. Boos）上校给第423步

兵团团长查尔斯·C.卡文德（Charles C. Cavender）上校留下了一句鼓舞人心的话：“这里很安静，你的士兵可以轻松地学习。”[113] 当时第106步兵师的一名下士J.唐·霍尔茨穆勒（J. Don Holtzmuller）回忆道，这话确实像是真的，“一切都很平静。我们得知这是一个安静的地段，驻扎在这里只是为了适应作战。”[114]

第106步兵师进入了背靠乌尔河的阵地。第422步兵团驻扎在被美军占领的“西墙”碉堡里，它们坐落于施奈费尔（Schneifel）——一条10英里长、林木茂盛、形状不规则的山岭，掩护着西北边的洛斯海姆裂谷（Losheimer-Graben），在这里可以自由地从德国进入比利时。35岁的团长小乔治·L.德舍诺（George L. Descheneaux, Jr）上校是该师最有经验的军官之一。此前，他曾在意大利前线服役。在第422步兵团以南，是驻扎在德国村庄布莱阿尔夫（Bleialf）的第423团。布莱阿尔夫西南方向2英里（约3.2千米），从大兰根费尔德（Grosslangenfeld）开始，穿过向西南偏南方向延伸3英里的起伏地形直到黑克胡沙伊德（Heckhuscheid），是第424步兵团占据的阵地。

琼斯少将在圣维特的圣约瑟夫修道院建立他的师部时，前方的士兵们尽可能地将第2步兵师留下的阵地收拾得舒适一些。第422步兵团的道格拉斯·E.波斯特（Douglas E. Post）少校说道：“本团调动到前线后的前几天，大部分精力都花在改善居住条件上，而不是对阵地进行广泛勘察，或派出很多巡逻队。”[115]

许多历史著作都强调了第106步兵师很“青涩”这一事实，但琼斯少将和手下的团长们都受过良好的训练，至少和当时在欧洲的大多数美国师指挥官相当。琼斯有一个很大的优势，他指挥该师整整两年——这支部队于1943年3月正式组建——因而很熟悉他的师部。至于士兵们，他们接受的训练明显好于大部分仅受过基本训练的新兵，而当时“更有经验”的美国部队中充斥的正是后者。完成了全面的基本训练后，该师的士兵们于1944年1月到3月之间参加了在田纳西州举行的大规模军事演习。而且，仅从数量上看，拥有18000名士兵，并有41辆坦克歼击车、36门反坦克炮、86辆装甲车和73门火炮支援的第106步兵师是整个第1集团军中最强大的师。不过，情况仍然是，除少数人之外，该师官兵缺乏战斗经验。

“幽灵战线”上的士兵们凝视着黑暗、孤寂的冬夜时，一场风暴正在席卷着北方的战场。12月13日，美国第5军发动了以占领鲁尔水坝为目标的钳形攻势。双方陷入了一场可怕的消耗战，美军没有夺取多少阵地，而"雕窝"里的希特勒也为此磨碎了牙。由于美军的进攻，希茨费尔德中将第67军下辖的第272和第326国民掷弹兵师被一场防御战拖住，无法发动旨在掩护党卫军第6装甲集团军北侧的攻势。这只是德军在该地段失望结局的开始。

与此同时，第106步兵师第一道防线上的士兵们注意到了一些令人担忧的迹象。12月15日的夜晚更加令人战栗，与前几个晚上完全不同。黑暗中，可以听到前线德军一侧传来发动机的噪音和金属撞击的叮当声。但琼斯少将向军长米德尔顿报告这一情况时，他的观察结果无人理会。"不要这么神经质，德国佬只不过是播放唱片录音来吓唬你们这些新人而已！"[116]次日晚上，德国飞机出现在美军的上空——第106师将士们第一次看到这种情况——并且以引人注目的方式在他们的头顶来回飞行，飞机发动机声震耳欲聋，士兵们难以听到自己的声音。

在前线的另一端，德军16个师20多万名官兵、420辆坦克、282辆坦克歼击车及突击炮等待着进攻的命令。第一波进攻已在人数上有着2∶1的优势，紧接着的第二波进攻又将投入8个师和2个旅超过10万名官兵、469辆坦克（70辆"虎"式、218辆"豹"式、180辆四号坦克和1辆缴获的"谢尔曼"）、335辆坦克歼击车和突击炮。总的来看，这将是一支拥有30万士兵、1500辆装甲车辆，占据压倒优势的军队。[117]他们将冲击盟军防御最薄弱，而且没有人认为会发生严重事态的地段。在第二波进攻后，还有十多个师组成的第三波——此时这个数字还无法确定，因为还不清楚其他地段是否需要用到这些师。参加这波攻势的军队中，至少有5个装甲师或装甲掷弹兵师（第11和第21装甲师、党卫军第10装甲师、第25装甲掷弹兵师，以及党卫军第17装甲掷弹兵师）。[118]据估计，这些师可以投入500辆坦克、坦克歼击车和突击炮。

12月16日黎明时分，陆军元帅、西线总指挥官格尔德·冯·伦德施泰特向他的士兵下达了如下命令：

> 西线的战士们！你们的伟大时刻到来了！今天，强大的进攻军队已向英美军队发动进攻。我不需要再多说。你们都能感受到！想想我们对祖国和元首的神圣承诺，付出一切，超越人类的极限！[119]

1944年12月，当第106步兵师的美国士兵们进入"幽灵战线"上的阵地时，他们并不知道等待自己的是什么。（美国陆军）

1944年12月16日阿登地区的力量对比

1944年12月16日"秋雾"行动之前德军一线兵力

来源：迪皮伊、邦加德和安德森，《希特勒的最后赌博》。

单位	兵力
党卫军第1装甲师	21292
党卫军第12装甲师	20700
第3伞兵师	12474
第12国民掷弹兵师	9517
第277国民掷弹兵师	7249
党卫军第150装甲旅（"狮鹫"）	2955
冯·德·海特战斗群	1200
党卫军第6装甲集团军小计	75387
第2装甲师	14457
第116装甲师	15468
装甲教导师	14892
第18国民掷弹兵师	12117
第26国民掷弹兵师	10580
第62国民掷弹兵师	11050
第560国民掷弹兵师	11197
第5装甲集团军小计	89761
第5伞兵师	16342
第352国民掷弹兵师	10595
第212国民掷弹兵师	11151
第276国民掷弹兵师	9320
第7集团军小计	47408
总计	212556

1944年12月16日"秋雾"行动之前美军一线兵力

来源：迪皮伊、邦加德和安德森，《希特勒的最后赌博》。

单位	兵力
第8军	
第106步兵师	18233
第28步兵师	16996
第9装甲师	12025
第7装甲师 *	11950
第5军	
第99步兵师	16480
第2步兵师	17176
第1集团军总计	92860
第3集团军第4步兵师	16843
总计	109703

*1944年12月16日抽调到第8军。

1944年12月16日"秋雾"行动之前美国一线装甲兵力

来源：为美国政府工作的历史学家和分析家小理查德·C. 安德森。

单位	M4"谢尔曼"（75毫米炮）	M4"谢尔曼"（76毫米炮）	M4"谢尔曼"（105毫米榴弹炮）	小计	M5"斯图尔特"	总计
第9装甲师		168	18	186	83	269
第14骑兵群第18中队					20	20
第14骑兵群第32中队					19	19
第28步兵师第707坦克营	50		6	56	18	74
第7装甲师	95	58	21	174	82	256
第8军小计	145	226	45	416	222	638
第5军第2步兵师第741坦克营	40		6	46	16	62
第3集团军第4步兵师第70坦克营	16	18	6	40	17	57
总计	203	244	57	502	255	757

注：1944年12月12日，美国第1集团军共集结了937辆"谢尔曼"坦克，但并不是所有坦克都加入了12月16日与德军对抗的部队中。

1944年12月16日"秋雾"行动之前德国一线装甲兵力

来源：达格代尔，《1944年秋季到1945年2月西线阿登和"北风"行动中德国陆军和武装党卫军装甲师、装甲掷弹兵师、装甲旅详细和准确的兵力和组织，第1卷》。

单位	四号	"豹"	"虎王"	坦克总数	坦克歼击车和突击炮 *
党卫军第1装甲师	37	42	45	124	26
党卫军第12装甲师	37	41		78	64
党卫军第150装甲旅		5		6**	5
党卫军第6装甲集团军小计	74	88	45	208	95
第2装甲师	28	56		84	40
第116装甲师	22	43		65	25
装甲教导师	34	29		63	15
第5装甲集团军小计	84	128		212	80
总计	158	216	45	420	175

由于德国装甲师配备坦克歼击车以弥补坦克数量的不足，我们将这些数字包含在内。此外，1944年12月16日其他德国师在一线集结了如下数量的坦克歼击车／突击炮：第12国民掷弹兵师，4辆；第277国民掷弹兵师，11辆；第18国民掷弹兵师、第62国民掷弹兵师、第352国民掷弹兵师，各14辆；第5伞兵师，13辆；第212国民掷弹兵师，4辆。因此，1944年12月16日，德军在一线为"秋雾"行动共准备了277辆坦克歼击车／突击炮。

美国部队1944年12月16日报告的坦克歼击车数量如下：第106步兵师，41辆；第28步兵师，17辆；第9装甲师，129辆；第7装甲师，137辆；第99步兵师，18辆；第2步兵师，22辆；第4步兵师，46辆——总计410辆*。但是，这一数量不能拿来与德国的坦克歼击车／突击炮相比，因为美军的数字中还包含了"斯图尔特"坦克。上述数字与上表存在差异，概因资料来源不同。总体而言，美国方面在阿登战役中的军事装备数量——特别是己方的损失——都不完整且自相矛盾，我们将在后面讨论这个问题。

* 来源：迪皮伊、邦加德和安德森，《希特勒的最后赌博》。
** 包括1辆缴获的"谢尔曼"坦克。

本章注释

1. 施拉姆,《德军阿登攻势的准备工作(1944年9月—12月)》,A-862,P.108。

2. 同上。

3. 冯·曼施泰因,《失去的胜利》,P.13。

4. 安布罗斯,《艾森豪威尔,第1卷: 士兵,五星上将,当选总统(1893—1952)》,P.44起。

5. 梅茨,《战略家艾森豪威尔: 战争与和平年代中军事力量的连贯运用》,P.15。

6. 威尔莫特,《为欧洲而奋斗》,P.116。

7. 德拉福斯,《突出部之战: 希特勒的最后赌博》,P.25。

8. 蒙哥马利,《陆军元帅,阿莱曼子爵蒙哥马利回忆录》,P.262。

9. 梅茨,《战略家艾森豪威尔: 战争与和平年代中军事力量的连贯运用》,P.34。

10. 格尔布,《艾克和蒙蒂: 战争中的将军》,P.183。

11. 安布罗斯,《艾森豪威尔,第1卷: 士兵,五星上将,当选总统(1893—1952)》,P.271起。

12. 帕克,《突出部之战》,P.34。

13. 同上,P.35。

14. 德拉福斯,《突出部之战: 希特勒的最后赌博》,P.28。

15. 威尔莫特,《为欧洲而奋斗》,P.613。

16. 同上,P.596。

17. 德拉福斯,《突出部之战: 希特勒的最后赌博》,P.23。

18. 帕克,《突出部之战》,P.35。

19. 埃利斯,《强力》,P.378。

20. 同上,P.337。

21. 同上,P.413。

22. 同上,P.414。

23. 德拉福斯,《突出部之战: 希特勒的最后赌博》,P.28。

24. 布吕芒松,《巴顿文件录1940—1945》,P.288。

25. 米查姆,《冬天里的坦克》,P.18。

26. 威尔莫特,《为欧洲而奋斗》,P.605。

27. 埃利斯,《强力》,P.432。

28. 同上,P.386。

29. 同上,P.433。

30. 同上,P.387。

31. 巴特勒,《党卫军第1"阿道夫·希特勒警卫旗队"装甲师战史,1934—1945》,P.188。

32. 赫内,《死神之首的命令: 希特勒党卫军的故事》。

33. 帕克,《突出部之战》,P.37。

34. 施拉姆,《德军阿登攻势的准备工作(1944年9月—12月)》,A-862,P.112。

35. 西尔万和史密斯,《从诺曼底走向胜利: 考特尼·H. 霍奇斯将军与美国第1集团军作战日志》,P.2。

36. 同上，P.1。

37. 施拉姆，《德军阿登攻势的准备工作（1944年9月—12月）》，A-862，P.112。

38. 同上。

39. 同上，P.113。

40. 冯·曼陀菲尔，《阿登攻势中的第5装甲集团军，1944年12月16日到1945年1月25日》，B-151，P.118。

41. 李奇微和马丁，《战士：马修·B.李奇微回忆录》，P.114。

42. 普赖斯，《特洛伊·H.米德尔顿传》，P.175。

43. 巴顿将军1945年4月25日致米德尔顿将军的信; www.87thinfantrydivision.com/History/87th/LetterPatton2.html，2012年10月7日。

44. 布吕芒松，《巴顿文件录 1940—1945》，P.496。

45. 威尔莫特，《为欧洲而奋斗》，P.400。

46. 考内，《特洛伊·H.米德尔顿将军：坚定的指挥官。美国陆军高级军事研究学校专题论文》，P.28。

47. 巴尔科斯基，《奥马哈海滩：1944年6月6日》，P.17。

48. 科科特，《阿登攻势中的第26国民掷弹兵师，巴斯托涅之战，第一部分》，B-040，P.86。

49. 范·克勒韦尔德《战斗力：德国与美国陆军的表现，1939—1945》，P.168。

50. 同上，P.158和153。

51. "任务战术与内部管理：德国统帅的招牌"，德国陆军维尔纳·威德少将，《军事研究》，2002年9月—10月刊，http:// usacac.leavenworth.army.mil/CAC/milreview/download/English/SepOct02/widder.pdf。

52. 范·克勒韦尔德《战斗力：德国与美国陆军的表现，1939—1945》，P.38。

53.《军队领导：陆军服役条令 300》，P.1。

54. 美国战争部，《野战手册FM 100-5：作战行动，1943年6月15日》，P.27。

55.《军队领导：陆军服役条令》，P.1。

56. 美国战争部，《野战手册FM 100-5：作战行动，1943年6月15日》，P.34。

57. 同上，P.24。

58.《军队领导：陆军服役条令 300》，P.5。

59. 英格利什和古德蒙松，《步兵论》，P.63。

60. 同上。

61.《军队领导：陆军服役条令 300》，P.5。

62. 同上，P.1。

63. 同上。

64. 弗里茨·哈尔德等人，《关于野战勤务规程的意见》。美国陆军历史部研究论文 MS P-133，1953年，P.2。引用于范·克勒韦尔德《战斗力：德国与美国陆军的表现，1939—1945》，P.38。

65. 梅茨，《战略家艾森豪威尔：战争与和平年代中军事力量的连贯运用》，P.6。

66. 美国战争部，《野战手册FM 100-5：作战行动，1943年6月15日》，P.34。

67. 英格利什和古德蒙松，《步兵论》，P.63。

68. 同上，P.64。

69. 范·克勒韦尔德《战斗力：德国与美国陆军的表现，1939—1945》，P.46。

70. T.J. 克罗斯上校，陆军部《人员补充体系》，手册编号20-211，华盛顿特区，1954年，P.467，引用于范·克勒韦尔德《战斗力：德国与美国陆军的表现，1939—1945》，P.77。

71. 威廉·克莱尔·门宁格，《动乱世界中的精神治疗：昨日的战争与今日的挑战》，纽约，1948年，P.345。引用于范·克勒韦尔德《战斗力：德国与美国陆军的表现，1939—1945》，P.95。

72. 弗里茨，《前线士兵：二战中的德国士兵》，P.205。

73. 同上，P.241。

74. 冯·曼陀菲尔，《阿登攻势中的第5装甲集团军，1944年12月16日—1945年1月25日》，B-151，P.129—131。

75. 古特曼，《阿登后续：第2装甲师（1944年12月16—20日，1945年1月13—17日）》，P-109e，P.3。

76. 赖希黑尔姆，《总参谋部关于赖希黑尔姆上校在1944秋季到1945年春季作为B集团军群首席参谋时的活动报告》，A-925，P.26。

77. 冯·曼陀菲尔，《阿登攻势中的第5装甲集团军，1944年12月16日—1945年1月25日》，B-151，P.140。

78. 同上，P.140—141。

79. 富塞尔，《战争时期：二战中的认识与行为》，P.136。

80. 同上，P.141。

81. 同上，P.142。

82. 韦恩·库克，《最强战士之间的较量》，《突出部杀手》2009—2010冬季刊，P.11；www.usar.army.mil/arweb/organization/commandstructure/USARC/TNG/75BCTD/News/Bulge%，2012年8月20日

83. voicesofthebulge.blogspot.se/p/author-q.html，2012年8月20日。

84. 范·克勒韦尔德《战斗力：德国与美国陆军的表现，1939—1945》，P.73。

85. 同上，P.74。

86. 马歇尔，《救火队员：战役指挥的问题》，P.17。

87. 同上，P.15起。

88. 安布罗斯，《艾森豪威尔，第1卷：士兵，五星上将，当选总统（1893—1952）》，P.276。

89. 威尔逊，《如果你能幸存》，P.214。

90. 库珀，《死亡陷阱：二战美国装甲师的幸存者》，P.115。

91. 富塞尔，《战争时期：二战中的认识与行为》，P.122。

92. 莫尔，《第18国民掷弹兵师在阿登攻势中运用情况的报告（1944年12月16日—1945年1月25日）》，B-734，P.68。

93. 富塞尔，《战争时期：二战中的认识与行为》，P.120。

94. 同上。

95. 小理查德·C. 安德森，《二战中的美国陆军：炮兵与高射炮》，军事历史在线，www.militaryhistoryonline.com/wwii/usarmy/artillery.aspx，2012年10月10日。

96. 科尔，《阿登：突出部之战》，P.177。

97. 施拉姆，《德国国防军最高统帅部日志，第7卷》，P.445。

98. 海尔曼，《阿登攻势，德国第5伞兵师》，外军研究B-023，P.11。

99. 同上。

100. 冯·曼陀菲尔，《阿登攻势中的第5装甲集团军，1944年12月16日—1945年1月25日》，B-151，P.91。

101. 蒂曼，《警卫旗队师，第4卷/第2册》，P.37。

102. 海尔曼，《阿登攻势，德国第5伞兵师》，外军研究B-023，P.12。

103. 同上，P.13—14。

104. 同上，P. 14。

105. 蒂曼，《警卫旗队师，第4卷/第2册》，P.37。

106. 诺贝古，《希特勒的最后赌博：阿登战役》，P.124。

107. 海尔曼，《阿登攻势，德国第5伞兵师》，外军研究B-023，P.15。

108. 施拉姆，《德军阿登攻势的准备工作（1944年9月—12月）》，A-862，P.213。

109. 冯·曼陀菲尔，《阿登攻势中的第5装甲集团军，1944年12月16日—1945年1月25日》，B-151A，P.2。

110. 施拉姆，《德军阿登攻势的准备工作（1944年9月—12月）》，A-862，P.248。

111. 冯·曼陀菲尔，《阿登攻势中的第5装甲集团军，1944年12月16日—1945年1月25日》，B-151A，P.2

112. 威尔莫特，《为欧洲而奋斗》，P.573。

113. 托尔赫斯特，《圣维特：美国第106步兵师》，P.40。

114. 同上，P.39。

115. 杜尔，《骨干师概念：第106步兵师回顾》，P.23。

116. 托尔赫斯特，《圣维特：美国第106步兵师》，P.39。

117. 达格代尔，《1944年秋季到1945年2月西线阿登和"北风"行动中德国陆军和武装党卫军装甲师、装甲掷弹兵师、装甲旅详细和准确的兵力和组织，第1卷》；迪皮伊、邦加德和安德森，《希特勒的最后赌博》；容，《阿登攻势1944—1945》。

118.《德国国防军最高统帅部日志，第7卷》，P.439和445。

119. 西线总司令部首席参谋第10697/44号命令，1944年12月16日。

第4章
第5装甲集团军：坦克开向默兹河！

> 1944年12月15日夜间到16日凌晨，伸手不见五指，寒冷刺骨。敌军的炮兵和前几个夜晚一样活跃。但是，他们的步兵保持着消极态度，我们得以在完全未被注意的情况下占领进攻出发阵地。因此，出其不意的目标似乎已达成。
>
> ——第5装甲集团军指挥官哈索·冯·曼陀菲尔上将
>
> 1944年12月16日 [1]

无声的渗透

夜战始终是最可怕的作战形式之一，尤其是在夜战装备出现之前。发生在山地的夜战自然更加可怕，特别是冬季，士兵们在黑暗中摸索前进，同时紧张地倾听和凝视敌军可能的埋伏之所，对于他们来说，冰雪或泥泞已将山坡和悬崖变成了死亡陷阱。这就是德军1944年12月16日凌晨开始突击时遇到的情况。

12月16日拂晓，第18国民掷弹兵师的一小队士兵在没有任何炮火准备的情况下，悄悄地离开他们的阵地。凌晨4时周遭仍然一片漆黑。[2] 士兵们在阴冷的夜里瑟瑟发抖。他们不知道这是因为零度以下的低温，还是神经紧张所致。行进间，他们遇到了在美军雷区中清理出道路后疲惫不堪的工兵部队。突击部队消失在黑夜中时，他们看上去衣衫不整，因为每名士兵都只有半套防雪外衣。汉斯·波特（Hans Poth）是当天早晨参加行动的第18国民掷弹兵师中的一员，他回忆道，白色的防雪外衣不够用，"每个人只能得到其中的一件，要么是裤子，要么是上衣。"[3]

这些士兵不是老兵。1944年9月，第18国民掷弹兵师才在德国空军第18野战师的基础上组建，后者是由德国空军各单位觉得可有可无的士兵组成的。但是，第18国民掷弹兵师中的大部分士兵是从德国海军调往陆军的水兵，根据第5装甲集团军指挥官哈索·冯·曼陀菲尔上将的评估，该师"很适合用于进攻行动"[4]。

尽管希特勒下令禁止，冯·曼陀菲尔在进攻之前的几天里仍然定期向前线各处派出侦察巡逻队。因此，德军已相当了解洛斯海姆裂谷以东的美军防线，这条山谷从卢森堡北部边境东北约20英里（32千米）左右的地方开始向西南延伸，宽度为2—6英里（约3—10千米），它在两山之间提供了一条连接德国和比利时的方便通道。洛斯海姆裂谷在德国对比利时的三次突破——1870—1871年、1914年，以及1940年的战争中起到了核心作用。现在，这座小小的山谷第四次引起了军事战略家们的关注。

洛斯海姆裂谷东边与之并行的，是宽达1英里（约1.6千米）的施奈费尔山岭，比周围的地势高出约300英尺（约92米）。这条山岭从布莱阿尔夫（Bleialf，一座拥有火车站的村庄，1939年有800名居民，位于卢森堡北部边境东北方3英里处）以东地区向东北延伸，长约10英里（约16千米）。在这一段"西墙"的170座混凝土碉堡中，驻扎着美国第106步兵师辖下的第422步兵团，以及第423步兵团的两个营。尽管对美军来说，德国人建造的碉堡指向的是"错误"的方向，但可以肯定，第106步兵师的将士们相当有把握地认为，德军不会在该地区发动进攻，所以士兵们主要集中在施奈费尔山麓西侧的村庄和农场里。山中阴暗、荒凉的云杉林里的阵地上，只有少数士兵把守。因此，德军得到很好的机会，可以像苏联军队在"巴格拉季昂"行动初期那样，悄悄地渗透敌军战线。

在冯·曼陀菲尔的第5装甲集团军中，最靠北的第18国民掷弹兵师领到的任务可能是最难的。它部署在10英里（约16千米）宽的正面上——比南面的任何一支装甲部队地段都长——面对的是美国第106步兵师大部及第14骑兵群（约相当于团级规模的机械化部队）。由于进攻的重心在右翼，该师的第一目标是控制洛斯海姆山谷。接下来是占领距离德军战线6英里（约10千米）的重要

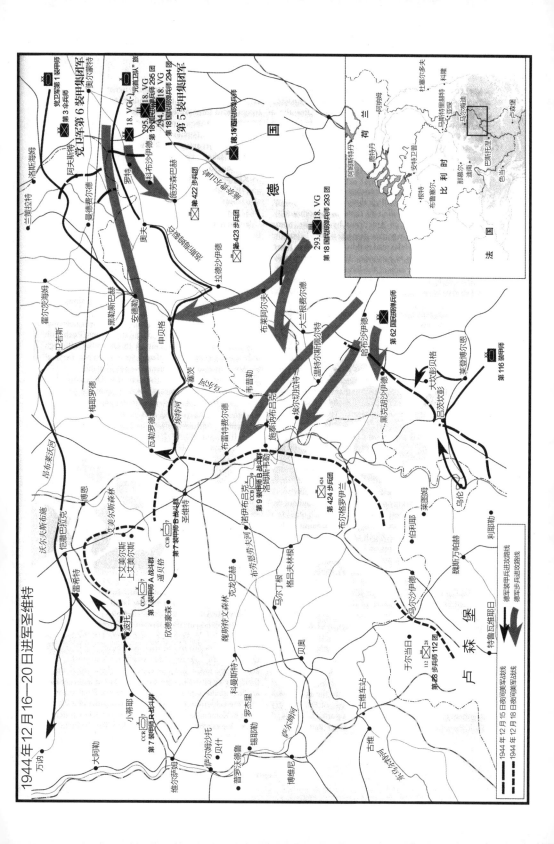

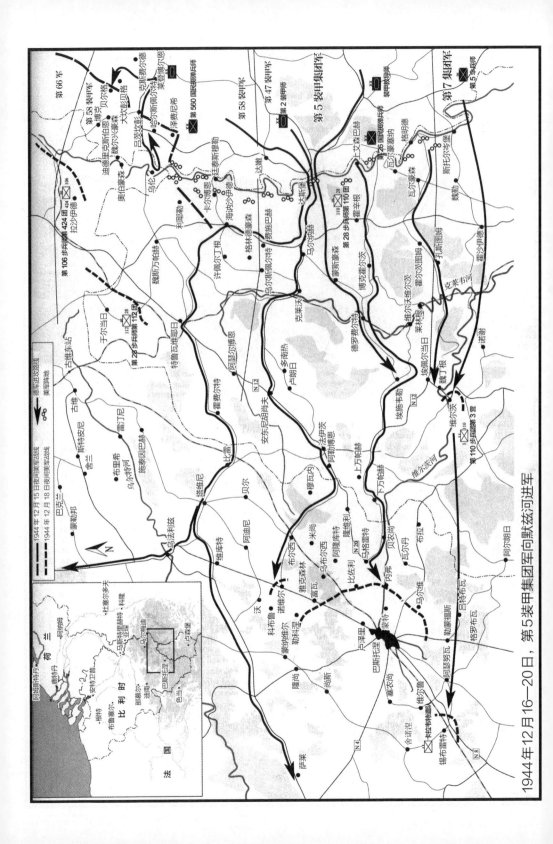

1944年12月16—20日，第5装甲集团军向默兹河进军

公路和铁路枢纽圣维特，包围该地区的美国部队。这确实是一个棘手的任务，但该师师长京特·霍夫曼－舍恩博恩（Günther Hoffmann-Schönborn）少将相信，他的部队能够应付这些任务。

霍夫曼－舍恩博恩是一只经验丰富的"老狐狸"。他因多次成功地奇袭敌方（包括1941年4月占领希腊的梅塔克萨斯防线）而获得橡叶骑士铁十字勋章。冯·曼陀菲尔非常看重霍夫曼－舍恩博恩，相信他的个人勇气、计谋和经验能够弥补士兵经验上的不足。

率先离开阵地，悄悄通过美军防线的是第294和第295掷弹兵团的士兵，他们是第18国民掷弹兵师的主要突击力量，在"秋雾"行动的初期进攻中扮演重要角色。

为了在黑暗中安静地爬上施奈费尔山岭北面的湿滑山坡，掷弹兵们付出了巨大努力。又累又冷的美军士兵坐在阵地里，凝视着云杉林中令人毛骨悚然的黑暗景象时，德军士兵屏住呼吸，在十几米外潜行。参加过1944年冬季阿登战役的德国老兵们回忆道，他们能凭借"美国佬"抽的弗吉尼亚香烟的甜香味注意到附近有美国士兵。这些德国人不由得感到一阵强烈的嫉妒——他们被迫用辛辣的土耳其烟来打发自己，更多的时候甚至只能抽代用烟叶。

在施奈费尔山岭西侧的平原上——也就是洛斯海姆裂谷的起点——主要是起伏不定的牛场，间或被窄长的松树或阔叶林带分隔，至今仍是这样。霍夫曼－舍恩博恩的士兵们在此分成三组，以便快速而绝对安静地行进在乡间小路上，越过六七个草场，奔向施奈费尔山岭北坡以西一两英里的罗特、魏克拉特（Weckerath）、科布沙伊德（Kobscheid）和奥夫（Auw）。他们将在这些住满美国士兵的村庄外占据进攻出发阵地，持续观察着这一片寂静，等待进攻信号。在他们后面，第244突击炮旅（规模相当于连）的14辆三号突击炮已做好准备。突击连开始向美军占领的村庄发动进攻时，三号突击炮将全速向前提供支援。

在德国第294和第295掷弹兵团以南7英里（约11千米）左右的位置，第293掷弹兵团的士兵慢慢地越过施奈费尔山岭南面的突出部分，切断铁丝网，向罗特西南9英里（约14.5千米）的目标——布莱阿尔夫前进。第18国民掷弹兵师南北两钳之间，施奈费尔山岭以东长达3英里的德军战线上，只有德国第18燧发枪营的几百名士兵把守。他们的任务是在主攻发动后一小时内尽可能地发出噪音，以分散美军的注意力。

德国第295掷弹兵团兵分两路，第1营一部进入施奈费尔山下不到1英里，有着600名居民的罗特村外的阵地。第2营继续沿着乡间道路向南，占据距罗特1英里的科布沙伊德村外小云杉林中的进攻出发阵地。第294掷弹兵团向西行进，越过罗特以北的田野，直抵村外几百码的一个阵地，然后在那里分兵，第2营向北潜行，进入罗特西北不远的魏克拉特村外落叶林中的阵地，而第1营的其余人员转向罗特西南2英里处山坡上的一座稍大些的村落——有1200名居民的奥夫。在这些村落中，美国第8军军长米德尔顿少将集结了一支团级规模的机械化力量——拥有30辆M5"斯图尔特"坦克的第14骑兵群，驻扎于第106步兵师左翼，北邻第99步兵师。

第14骑兵群指挥官，47岁的小马克·安德鲁·迪瓦恩（Mark Andrew Devine, Jr）上校在坦克歼击车中心的候补军官学校中就以要求严格著称，1944年5月被任命为第14骑兵群指挥官。迪瓦恩和他的第14骑兵群1944年9月乘船到达法国时都没有任何作战经验，10月中旬他们被调往阿登地区。该部队的另一位军官将迪瓦恩描述为"强硬、直率、衣着整洁的"[5]军官。迪瓦恩与军长米德尔顿很熟，后者很尊敬他的军事才能。

尽管第14骑兵群还包含第275装甲野战炮兵营和第820坦克歼击营的单位——后者配备36门3英寸（76.2毫米）M5反坦克炮——但对于这样一支有限的力量来说，需要守卫的区域太大了。因此，迪瓦恩并未尝试守卫一条连续的战壕线，他决定将队伍集中于一些居民区，在这些地方，车辆和其他重装备也比较容易维护。此举受到士兵们的欢迎，因为他们已受够了又冷又潮湿的战壕。第18国民掷弹兵师的士兵们潜入进攻出发位置时，大部分美国士兵都在该地区的村庄和农场里的房子中睡觉，没有起任何疑心。

凌晨5时刚过，驻守罗特的第14骑兵群第18中队A连报告，看到东边的施奈费尔山上某处射出了一颗红色照明弹。在罗特村的另一侧，从奥夫来的公路上，一辆美国吉普车和一辆道奇武器运载车咆哮着全速开上山坡。显然，美国人可能已经发现第294掷弹兵团的士兵们正在越过公路两旁的田野——至少德军是这么认为。无论如何，德军士兵都只能用他们的突击步枪开火，将两辆车击毁。第592野战炮兵营的霍华德·霍夫迈尔（Howard Hoffmeyer）下士身亡，倒在了吉普车残骸旁边的路沿上。他可能是"秋雾"行动中的第一个牺牲者。

实际上，德国三号突击炮在夜色中向东开进时，迈巴赫发动机的轰鸣声已使美军士兵意识到将有大事发生。基于过时的三号坦克底盘，配备75毫米火炮的三号突击炮是一种恐怖的步兵支援车辆。在霍夫曼－舍恩博恩少将的亲率下，这种钢铁巨兽中的14辆发出巨响，前来支援步兵的进攻。5时15分，最后一批美军士兵也被可怕的炮声惊醒。北面的党卫军第6装甲集团军下辖的炮兵提早几分钟开始猛烈轰击。很快，第5装甲集团军的炮兵也加入进来。

一位德军士兵回忆道：

> 在北面和东面，树梢下的地平线突然被照亮。然后，炮弹呼啸着从我们头顶飞过，射向美军一方的目标。数百门火炮和火箭炮的轰鸣令我们深感震撼。虽然我们知道这些炮弹不是打击自己的，但仍觉得很紧张。接着，炮弹在美军一侧爆炸了。我们眼前升起了一面烟墙，烟雾之中闪烁着红色、黄色和白色的光。

榴弹炮、野战炮和火箭炮射出的炮弹和火箭弹如同雨点一般，砸向美军一侧精选的目标。装在火车车厢上的远程重炮向圣维特和申贝格等较大的集结地开火。洛斯海姆山谷中的村庄、农场和炮兵阵地，以及施奈费尔山上的碉堡和其他阵地，都消失在爆炸掀起的漩涡中。爆炸切断了重要的电话线，使美军司令部与各部队之间的通信变得更加艰难。被美军称为"尖叫的米妮"（Screaming Meemies）的德国火箭炮尤其可怕。这种火箭炮造成的心理冲击与其爆炸力同样猛烈。从五管发射器上射出后，火箭弹在飞向目标的途中发出令人毛骨悚然的尖啸声。阿登战役期间在德国第18国民火箭炮旅服役的埃米尔·弗里（Emil Frie）说道：

> 整个部队总是齐射，这意味着3个炮兵连（每连6具发射器）一次齐射90枚火箭弹。[……]火箭发射和飞行时发出震耳欲聋的咆哮和呼啸声，就像斯图卡的咆哮声一样，能够打击敌军士气。[……]在令人恐惧和紧张的咆哮声后，90枚火箭弹同时在敌军的防线上爆炸。这种冲击力越集中，造

成的破坏就越大。火箭弹的爆炸力和冲击波十分猛烈，弹片的危险性反而较小。特种火箭弹中的液化气混合物在引爆时与空气中的氧气结合，形成巨大的气压，杀伤敌军士兵。[6]

迪瓦恩上校用无线电向第106步兵师师部报告：

> 我正在遭到猛烈炮火的进攻——重复——我的前线部队和指挥所都是如此！目前还没有收到损失报告，我将在得到信息后立刻向你报告。发生了什么情况？一条"幽灵战线"上怎么会有这么多该死的火炮！

但是，并非所有炮弹都击中了预定目标。德国第295掷弹兵团的汉斯·约阿希姆·诺伊特曼（Hans Joachim Neutmann）少尉回忆道："我们为进攻而集结后，等待预定的炮兵支援。但是，炮兵展开得太晚，位置太靠后，炮火击中了我团第6、第7连的士兵。而且，美军察觉了局势，以猛烈的火力向我团反击。此时，营长洛伦茨（Lorenz）上尉受了重伤。我将他拖出了一面矮墙后的杀伤区域。"[7]

向南几英里外，第62国民掷弹兵师发动了进攻。哈布沙伊德（Habscheid）和圣维特之间乡村道路西南方1英里的山顶上，有座拥有250名居民的黑克胡沙伊德村，美国第424步兵团第3营便驻扎在此。一名军士闯入宿营地，粗野地叫醒了二等兵马丁·L.康帕尼（Martin L. Company）："德国人来了！我们都得死！"马丁·康帕尼和他的战友们迷迷糊糊地跑出帐外，看到成队的人影正越过山顶前进。德军咆哮、尖叫着逼近美军阵地，上等德国烧酒的浓烈味道扑面而来；这种酒的味道在很远的距离上就能闻到。每次进攻之前，德国军官都习惯给士兵们分发很多烈酒——士兵们称其为"瓶装的勇气"。实践证明，此举能够提高进攻军队的效能[①]。

---

① 原注：这方面并非德国陆军独有。富塞尔引用了一份美国陆军的报告，确定"酒精饮料的问题……需要认真考虑。如果供应不足，美国士兵将寻找可能有毒性的替代品"。（富塞尔，《战争时期：二战中的认识与行为》，P.103。）据富塞尔说，原因相当简单。除缓解恐惧之外，"士兵们，特别是征召入伍的士兵，饱受对其人格的蔑视和损害，以及荒谬、令人厌倦和琐碎的事务的困扰，安慰剂是必要的……二战中，解决的手段就是喝酒。"（同上，P.98。）据美国陆军医疗部队的说法，美国士兵"渴望饮酒，许多人因喝下缴获的'嗡嗡炸弹'（V-1导弹）推进剂（甲醇）而死"。（同上，P.102。）

部署

在军事史上，阿登地区——比利时东南部和卢森堡北部的山区——往往与陡峭的高山、无法通过的密林联系在一起，与瑞士或（在美国人的记述中）洛基山脉多少有相似之处。在卢森堡北部的大部分地区，这种说法确实是对的，但阿登战役中最大的战斗并没有发生在那里；这些战斗主要发生在比利时东南部——也属于阿登地区。该地区的大部分地形都是略有起伏的田野，四处可见的云杉林，但称不上是山地。

阿登高地中最引人注目的山区实际上始于其东端。此处在德国境内，与艾费尔高原相接——那里有宏伟的山岭、遮天蔽日的云杉林和深邃的河谷。与阿登高地的大部分地区相比，这里的山更高，峡谷更深，森林也更茂密。艾费尔高原最西端的突出部分被称为施内-艾费尔（ Schnee Eifel，注意勿与较小的施奈费尔山岭混淆 ），从北向南延伸，成为一道强大的边境屏障，在西端和南端与乌尔河、叙尔河（ Sûre，在德国境内被称为绍尔河）和摩泽尔河相连。德国人曾在此利用有利地形进一步加强"西墙"，此时这段"西墙"落入敌手，也给德军进攻造成了很大困难。此外，施内-艾费尔在西侧急剧下降，进入乌尔河峡谷，这条河从比利时东部向南流过，成为德国和卢森堡的界河。

1944年12月16日，第5装甲集团军最北端的军是瓦尔特·卢赫特上将率领的第66军，该军以第62国民掷弹兵师为左翼，第18国民掷弹兵师为右翼，与党卫军第6装甲集团军的南翼最为接近。战线从这里延伸到乌尔河以东，因为1944年9月美国第28步兵师首次进攻"西墙"时已突入该地区。该地区的地形较为平缓，东部主要是农场，西部则以茂密的云杉林为主。

与美国第424步兵团正面对抗的第62国民掷弹兵师在进攻首日有两项任务：占领布莱阿尔夫以西4英里（约6.4千米）的施泰讷布吕克（ Steinebrück ）的乌尔河桥梁；控制从德国哈布沙伊德经施泰讷布吕克前往圣维特这一段具有战略意义的交通枢纽的公路。1944年12月16日，施泰讷布吕克距离前线约有8英里（约13千米），到圣维特还有3英里。

与第18国民掷弹兵师不同，第62国民掷弹兵师是一个有经验的老牌德国师，其基底是参加过1939年入侵波兰战役的第62步兵师。该师大部分官兵来自德国东南部的西里西亚，因此凝聚力更强。但到这个时候，只有约40%的士

从乌尔河德国一侧眺望达斯堡和卢森堡乡村景象。这幅画是德国艺术家霍斯特·黑尔穆斯1944年年底至1945年年初冬季创作的作品，他在阿登战役期间服役于第26国民掷弹兵师，当时是一名中士。

兵有作战经验，而许多新兵在此之前都在西里西亚的矿山上辛苦劳作。不过，该师的军官和2/3的士官是经验丰富的老兵，可以抵消这些不利因素。[8] 师长弗里德里希·基特尔（Friedrich Kittel）少将在战争的大部分时间里都担任各种参谋职务，在1944年12月16日的阿登前线，他是极少数没有获得过骑士铁十字勋章的德国将军之一。冯·曼陀菲尔对基特尔并无好感，他写道："不管是在前线服役，还是在战场上统率一个师，他都缺乏经验。"[9] 基特尔将第183掷弹兵团部署在哈布沙伊德—圣维特公路以南，第190掷弹兵团部署在公路以北。一旦取得决定性突破，就出动阿图尔·于特纳（Arthur Jüttner）上校的"机动营"

（ bewegliche Abteilung）。这个营由于特纳所在的第164掷弹兵团团部的部队和自行车步兵营，外加3辆38(t)"追猎者"坦克歼击车，以及一个105毫米野战榴弹炮连组成，任务是沿公路快速推进到施泰讷布吕克。[10] 于特纳上校是阿登战役中德方最著名的团级指挥官之一。1939年对波兰发动进攻首日，时任连长的他就已声名远扬；1941—1944年，他一直在东线服役，多次以自己的技能和强有力的领导挽救危局；在1944年6月的"巴格拉季昂"行动中，其他德国部队都完全瓦解，而于特纳行军44天，将一支被围的部队带回德军防线，并因此获得了骑士铁十字勋章上的橡叶饰。

在第66军南面，瓦尔特·克吕格上将的第58装甲军部署在现德、比、卢三国边境交会点以东一条8英里长（约13千米）的战线上[①]。这里的地形和第66军的地段大致相同。泽费尼希——第58装甲军地段中央——是美军1944年9月在乌尔河东侧建立的桥头堡的起点。12月16日拂晓，美国第28步兵师第112步兵团和更北边的第106步兵师第424步兵团驻扎在乌尔河以东1—4英里（约1.6—6.4千米）的位置。

第58装甲军北翼的第116装甲师也是一个老牌师：战争初期它是一个步兵师（第16步兵师），在战争的大部分时间里都在东线作战。1943年年底至1944年年初的冬季遭到沉重打击后，该师撤回德国，改编为一个装甲师。此后它被部署到法国，参加了诺曼底战役，再次蒙受了很大伤亡。但在1944年9月中旬，第116装甲师已恢复实力，据冯·曼陀菲尔评估，"很适合参加进攻行动。"[11] 师长齐格弗里德·冯·瓦尔登堡少将从战争的第一天起就在现役。1940年5月10日希特勒的各个集团军通过阿登地区发动突袭时，冯·瓦尔登堡是第6军的首席参谋[②]，第16步兵师当时就属于该军。因此，他以前曾在同样的地区组织过一次突破。1944年12月19日，冯·瓦尔登堡被任命为第116师师长，阿登战役开始时，他已在阿纳姆对抗盟军空降兵和许特根森林对抗美军的战斗中赢得了声誉。进攻开始前一周，刚刚46岁的冯·瓦尔登堡获得了骑士铁十字勋章。

---

① 原注：1940年5月起，奥伊彭－马尔梅迪地区被并入德国，当时的德比边境大约在现边境以西约6英里（约10千米）外。

② 原注：首席参谋——德军称为Ⅰa，领导军事单位的作战部门，负责准备该单位主官的常规作战命令。相当于美国陆军营、旅级的S3，以及师、军级的G3。

1944年11月的许特根森林之战中，第116装甲师——现已得名"灰猎犬师"——给美国第28步兵师造成了严重的损失，德军曾语带讥讽地称后者为"血桶师"。现在，这两个师再次面对面较量。

第116装甲师的第一个任务是占领德、比、卢现边境交会点以北不远处的布尔格罗伊兰（Burg Reuland）和奥伯豪森（Oberhausen）的乌尔河桥梁。[12]布尔格罗伊兰深入美军控制地区约6英里（约10千米），拥有该地区的一条主干道。按计划，第116装甲师将从该地区直接进军默兹河。该师以第60和第156装甲掷弹兵团的4个突击连发动进攻，在黑克胡沙伊德与乌尔河以东3英里的莱登博尔恩（Leidenborn）之间3英里宽的战线上突破美军战线。[13]

德国第58装甲军的第二个师（第560国民掷弹兵师）部署在更南面，它可能是第5装甲集团军中最弱的一个师。12月16日进攻开始时，该师只有部分兵力抵达前线，所以3个团都只有相当于1个营的兵力。此外，该师缺乏所有重武器，包括坦克歼击车。冯·曼陀菲尔对该师师长鲁道夫·朗霍伊泽（Rudolf Langhäuser）①上校的评论很简洁："不太有经验。"[14]至于士兵们，他的评论是："其中许多人都很年轻，没有任何一线作战经验。"[15]

和霍夫曼－舍恩博恩少将一样，朗霍伊泽将他的部队分成两个战斗群：右（北）翼的舒曼战斗群（第1130国民掷弹兵团）直接向德、比、卢现边境交会点正北乌伦（Ouren）的渡口进发。在这个战斗群左侧的是施密特战斗群（第1128国民掷弹兵团），他们向南面卢森堡境内3—4英里（约5—6.4千米）的卡尔博恩（Kalborn）和海讷沙伊德（Heinerscheid）推进。

第560国民掷弹兵师南面是第5装甲集团军最南端的一个军——海因里希·冯·吕特维茨的第47装甲军，其战线沿乌尔河东侧连绵约6英里（约10千米）。该军两个装甲师着眼于两个渡口：第2装甲师的目标是卡尔博恩以南4英里的达斯堡，装甲教导师的目标则是更向南一点的上艾森巴赫（Obereisenbach）。

德国第2装甲师绝不是"初出茅庐"的部队。它从战争第一天就在一线服

---

① 译注：第560国民掷弹兵师当时的师长应该是鲁道夫·巴德尔（Rudolf Bader）少将。由于那时他在住院，在战役开始后的前10天内，该师由时任第1128国民掷弹兵团团长的鲁道夫·朗霍伊泽上校代理指挥。1945年1月1日，巴德尔少将回到师里后没多久，朗霍伊泽上校又被调去代理指挥第12国民掷弹兵师。

德国西部艾费尔地区以阴暗的云杉林为特征。图中，一支美国防空部队正在一条通往这个山区的狭窄道路上前进。他们使用的是40毫米博福斯高射炮。（NARA，SC 196217）

役。1940年5月10日希特勒发动西线"闪电战"时，该师于菲安登（Vianden）越过乌尔河。4年半后的此时，该师准备在新的"西线战役"中渡过同一条河流。尽管1944年夏季在法国的战斗中伤亡惨重，第2装甲师已重新补充了大部分兵力。冯·曼陀菲尔在1944年12月16日早晨对该师的评估和第116装甲师一样：

"很适合进攻行动。"[16]师长是年仅39岁的迈因拉德·冯·劳赫特上校，冯·曼陀菲尔专门挑选了他，将其称为"来自东线的出色作战专家"[17]。和同僚冯·瓦尔登堡一样，冯·劳赫特也是从战争伊始就在一线服役。他还参加过1940年5月10日西线的进攻，当时在第4装甲师中任营长。劳赫特在东线作战3年，得到了橡叶骑士铁十字勋章。由于担任装甲部队主官的能力得到肯定，1943年夏季，他奉命指挥第一个装备新型"豹"式坦克的装甲团。1944年秋季，他因在东普鲁士防御战中成功指挥了一支临时组建的装甲部队而赢得了声誉。

但是，冯·劳赫特和第2装甲师在1944年阿登战役开始阶段都面临着一个不利因素，那就是他直到进攻发动前一天才被任命为师长。不过，该师士兵、军士和军官们的高素质可以弥补这一点。据第2装甲掷弹兵团团长约阿希姆·古特曼上校说，补充的各单位主官（直到连级）都是从其他部队调来的具有战斗经验的军人。即使在军士和普通士兵中，补充的新兵也不到1/3，这些新兵还在部队里进行了4周的额外训练。[18]

在乌尔河对岸的卢森堡境内，驻扎着美国第28步兵师第110步兵团。这确实是一支相当有作战经验的部队，但如上所述，该师在1944年秋季损失严重。第28步兵师于1944年7月22日开往法国，立即参加了诺曼底激烈的最后一战。该师所受到的最大考验是1944年11月2日参加的许特根森林之战；12天后，它的第110步兵团已损失了800余人，包括负伤的团长西奥多·西利（Theodore Seeley）上校。接替他的是50岁的赫尔利·富勒（Hurley Fuller）上校。后面我们将会看到，在德军发起进攻首日，富勒是整个第8军中最有远见的指挥官之一。

此时，第110步兵团已升级为团级战斗队（110th RCT），这意味着额外补充了支援部队（包括装甲兵），使其兵力达到近5000人，而不是原来的美国陆军团编制兵力（略多于3000人）。新兵的到来补充了严重损失造成的人员缺口，但在步兵训练方面还有许多不足。

富勒所部阵地正西15英里（约24千米）外是小城巴斯托涅，这是通往默兹河的比利时战略交通枢纽。希特勒特别强调了占领此地的重要性，这个任务落到了冯·吕特维茨的肩上。

冯·吕特维茨的装甲军不仅要渡过乌尔河——在河的另一边，还要经过一条迂回曲折的道路通往120—200英尺（约37—61米）高的山脊，然后顺着森林覆盖的斜坡下到东边的河谷。沿着山岭顶部与河流并行铺设了一条从北向南延伸的公路，美军称其为"天际线公路"（与弗吉尼亚蓝岭山脉上的公路同名）。高高的山岭向西延伸，经过起伏不平的田野和农场，到达斯堡以西3英里的下一个自然屏障才急剧降低——那就是卢森堡中北部的克莱韦河，它形成了从北向南延伸，深75英尺（约23米）的峡谷。这条河西侧，位于巴斯托涅东南方12英里（约19千米）的维尔茨（Wiltz）城附近，是一大片林木茂盛的山地，它造就了人们对阿登地区的一般印象。进攻第三天，冯·吕特维茨装甲军最靠南的两个师发现自己堵在了该地区狭窄的盘山主干道上。就在北面几英里的地方（巴斯托涅东北地区），在风景秀丽、地形平缓的农田上行进的第2装甲师却已遥遥领先。这里正是1940年5月的"闪电战"中，希特勒的军队滚滚向前的地方。

　　凌晨1时的达斯堡，由德国第2装甲师第38装甲工兵营及第304装甲掷弹兵团第2营组成的几个80人的突击连已将橡皮突击艇放入乌尔河冰冷的水中，开始"无声的渗透"。在薄雾和夜色的遮盖下，士兵们很快登上了河对岸，开始攀爬陡峭泥泞的山坡。第47装甲军的炮兵于5时30分开火时，突击队员们已占据马尔纳赫和西南1.5英里（约2.4千米）处蒙斯豪森（Munshausen）的美军战线周围的阵地，德军坦克将沿马尔纳赫的公路西进，从达斯堡直抵巴斯托涅。其他部队则集结在乌尔河东岸达斯堡对面的树林和制高点，工兵正在那里加紧前送即将架设在河上的桥梁半成品组件。两名携带无线电设备的士兵潜入美军控制地区内几英里的地方，爬上克莱韦河边俯瞰克莱沃城的山坡，建立了一个炮兵观察哨。

　　第2装甲师的左（南）侧，来自第26国民掷弹兵师两个团（第77掷弹兵团和第39燧发枪兵团）的士兵于12月16日凌晨3时乘橡皮突击艇渡过乌尔河。该师是冯·吕特维茨装甲军的步兵支援师。德国步兵在渡河时也没有被对手发现。此时的美军仍然没有感觉到异样，德国士兵们爬上山坡，在霍辛根（Hosingen）、霍尔茨图姆（Holzthum）、瓦尔豪森（Walhausen）和魏勒（Weiler）的美军防线周围一条长度为3英里的战线上占据阵地，这几个地方位于达斯堡南方和西南方4—6英里处。一支特遣队已进入上艾森巴赫（达斯堡以南5英里）对面乌尔河上的阵地——那里将为弗里茨·拜尔莱因中将的装甲教导师构筑一条桥梁。

1944年12月16日早晨，德国防空探照灯照亮了低云层，以所谓的"人造月光"协助士兵们。这是前第26国民掷弹兵师中士霍斯特·黑尔穆斯的画作。

　　在预定的时间（5时30分），德国第2装甲师和第26国民掷弹兵师的突击队——大部分情况下是一个排，但在霍辛根有一个整营——向乌尔河和克莱韦河之间美国第110团级战斗队的整个地段发动进攻。[19]与此同时，主力开始渡河。在上艾森巴赫，重型步兵武器和全副武装的摩托车先用临时渡轮运送过河，同时工兵在这里和达斯堡努力地构建临时桥梁。[20]

　　与此同时，5时35分，一道可怕的光线照亮了东边的夜空。冯·曼陀菲尔放在前线后面的防空探照灯照亮了低云层，帮助士兵们找到自己的道路。对于在这场战役中幸存的许多美国老兵来说，令人毛骨悚然的"人造月光"为"幽灵战线"一词增添了新的含义。

德军发动攻势时，美军的抵抗远超他们的预期，给他们造成了很大的损失。(NARA，SC 197682)

力争突破

　　德军下士霍斯特·黑尔穆斯(Horst Helmus)在进攻第一天的日记中写道:
"5时30分: 武装进攻，前线的低云层被探照灯('人造月光')照亮，我们变成
了壮丽'烟花'的观众。炮弹发射和爆炸的声音难以分辨。火箭炮如同野兽般
咆哮，雷鸣般的炮声仿佛来自地毯式轰炸。我和战友们完全陷入了兴奋和狂
热中。这是1940年，还是1944年?" [21]

　　正如大型战役初期阶段常常出现的情况，德军进攻的前几个小时收获不
一，并且给双方都造成了混乱。12月16日早上6时10分，驻守洛斯海姆裂谷
的美国第14骑兵群指挥官迪瓦恩上校再次用无线电向圣维特的第106步兵师
师部报告:

　　　　敌军出现在洛斯海姆裂谷多处，正在进攻克雷温克尔(Krewinkel)、
　　阿夫斯特(Afst，克雷温克尔西北半英里处)和罗特。我那分散的军队正

美国士兵正在战场上清理一门105毫米榴弹炮。M2A1是美军二战期间用于步兵支援的制式榴弹炮。这种火炮的射程约为7英里（11.2千米）。（NARA，SC 195503）

在为生存而战，敌军的主攻似乎正在继续西进——重复——主攻正在继续西进！

迪瓦恩想到了德军正在进行包抄，但第106步兵师师长琼斯少将尚未意识到这一点。第18国民掷弹兵师靠北的两个团进攻魏克拉特、罗特、科布沙伊德和奥夫时，党卫军第6装甲集团军下辖的第3伞兵师同时突袭了邻近的克雷温克尔村，南面的第293掷弹兵团则向布莱阿尔夫发起进攻，把守那里的是美国第423步兵团的一个营。

在斯帕（Spa）的美国第1集团军指挥官考特尼·H.霍奇斯中将接到了德军进攻的消息——正如他的两位副官威廉·C.西尔万（William C. Sylvan）少校和弗朗西斯·C.史密斯（Francis C. Smith）上尉在他们代将军所记的日记中所说："早上7点刚过，第8军的地段传来了第一条消息，德军在坦克的支援下发动攻势夺回[罗特]。"[22]但是，霍奇斯认为这只不过是"德军为缓解第5军向鲁尔水坝进军造成的压力而发动的破坏性进攻"[23]。

7时30分，第423团团长查尔斯·C.卡文德上校用无线电发来的报告很能说明决定命运的前几个小时里，被留在前线的美军官兵们的绝望处境: "敌军向布莱阿尔夫推进，第14骑兵群第18骑兵中队B连与我之间的联系有被切断的危险……"此时无线电通信被打断，再次恢复后，可以听到卡文德紧张地大叫: "敌军现在已到达布莱阿尔夫——重复——敌军现在已到达布莱阿尔夫! 他们消灭了我们驻守那里的一个排; 我急需得到批准，动用我的第2营发动反冲击! 我完全理解第423团第2营是师属预备队的一部分，但布莱阿尔夫局势严峻，威胁到整个师的防线。我已命令勤务连和加农炮连前往支援布莱阿尔夫。我将竭尽全力，但如果我们想把这些人赶出去，现在就需要动用第2营!"

但是，琼斯少将仍然拒绝批准动用预备队; 和集团军指挥官霍奇斯一样，他也认为德军并未发动大规模攻势。

然而，美军士兵认真地遵守了原地坚守的命令，并表现出了令人钦佩的毅力。在布莱阿尔夫西南1英里的小村大兰根费尔德，卡文德上校第423步兵团的另一支军队在两村之间的泥泞田野上，顽强抵抗着第62国民掷弹兵师最北端的团(第190掷弹兵团)的进攻。第106侦察连的150名士兵和13辆M8装甲车(各装1门37毫米炮)在短暂的接战后击退了进攻者。德军师长基特尔决定提前投入自行车步兵营——于特纳上校的"机动营"，企图通过主干道从哈布沙伊德向北快速推进，绕过美国守军。但此举几乎注定要失败。这条公路从右侧的大兰根费尔德所在的小高地下经过，而在道路左侧，美军的一个连守在一座果园里的阵地上。

亲率自行车营进攻的于特纳是一名要求相当严格的指挥官。他的士兵们在湿滑路面上骑着重负载的自行车费力前行时，美军阵地上可以听到他们的指挥官叫喊着"快! 快!"(Schnell! Schnell!)。[24]很快，美国第591野战炮兵营用其105毫米榴弹炮对准了这支德国部队。炮弹击中自行车纵队的两侧，后者乱作一团，士兵们纷纷摔进了灌满水的沟渠里。爆炸声平息后，伤者的惨叫声不绝于耳。

在这一天剩下的时间里，德军反复进攻大兰根费尔德，但基特尔的部队每次都在付出血腥的代价后被击退。12月17日午夜刚过，第164掷弹兵团的一位排长格哈德·武尔姆（Gerhard Wurm）少尉检查了德军在大兰根费尔德南侧山林中挖掘的掩体，发现到处都是死伤的士兵。周围的雪地里躺着冻僵的肢体和还在流血的死尸，各自扭曲成古怪的形状——那都是武尔姆手下士兵们的遗骸，他所在的排只剩下8名能够作战的士兵了。[25]

出于某种原因，美国第1集团军此后的报告（集团军监察长报告）声称，大兰根费尔德的"大部分官兵次日早晨不战而降"[26]。但是，幸存下来的德军士兵讲述了不同的故事。次日，第62国民掷弹兵师猛烈炮轰这个小村，美军才撤出阵地。

在于特纳的团受阻的公路以南有一个山坡，第62国民掷弹兵师最南端的一个团（第183掷弹兵团）正向那里推进，他们的进展也不顺利。在12月16日黎明占领了大兰根费尔德以南4英里、吕茨坎彭东北3英里的黑克胡沙伊德后，第183掷弹兵团的运气就用完了。坐落在一个山坡顶上的小村黑克胡沙伊德遭到美军迫击炮的猛烈轰击。马丁·康帕尼（他被一位惊慌地以为每个人都要死去的军士叫醒）所在的美国第424步兵团第3营已在西面林木茂盛的山上重新集结，他们的迫击炮弹像雨点一般砸向村中的德军。

美国第591野战炮营的榴弹炮加入炮击后，德军慌忙逃走，美军立刻向黑克胡沙伊德发动突击，抓住了170名俘虏，其中大部分都被弹片所伤。冯·曼陀菲尔评论道："［第62国民掷弹兵师］不同部队之间缺乏配合，扩大局部胜利时则完全没有配合。"[27]

在这些战斗进行的时候，第116装甲师第60掷弹兵团第2营突击连与黑克胡沙伊德西南大片云杉林中的美军两个连交上了火。德军中没有人报告在那里发生的一切，但一位美国士兵的回忆表明，德军遭遇了美国第112步兵团第1营B连。1944年12月16日，该营驻扎在吕茨坎彭，这个德国小村落当时拥有约500名居民，位于现德、比、卢三国边境在乌尔河的汇聚点东北2英里处。一等兵乔治·克纳弗斯（George Knaphus）回忆道："德军一整个团来到这里，约1000人沿公路而下。他们的喊声远远超出你面对这类事情时会产生的预期。其中一个人叫道：'该死的美国兵！'然后其他人说着一些关于巴比·鲁斯（美国著名棒球运动员）的脏话。"

第820坦克歼击营B连将他们的反坦克炮部署在西边不远处。行动报告写道:"7时15分,敌军的远程重机枪从东边的树林里开火。电话线被弹片和落下的碎片割断、损坏,第424团团部和第1、第3排失去了联系。8时,整个团的战线上都发生了激战,但防线仍然在我军手中。10时,第2排所在地区报告说有非常猛烈的迫击炮火力,加农炮连地段里被打散的士兵经过了坦克歼击营的地段。这些散兵报告,加农炮连几乎遭到全灭。"[28]

第424步兵团第2营很快前来援助,反坦克连为其提供火力支援,向德军队伍中发射了榴弹。这次战斗特别血腥,德军一个连几乎全部被消灭,而美国第112步兵团第1营B连中有130名士兵伤亡或失踪。乔治·克纳弗斯说:"两三百具尸体倒在那里,就像平静地入睡一般。"

在南方不远处的泽费尼希村附近,吕茨坎彭西南方约1英里的地方,第112步兵团第3营L连的一个排遭到全歼。负责进攻此地的德军来自第560国民掷弹兵师的舒曼战斗群。该师的渗透进攻始于清晨5时的黑暗中,没有动用任何炮兵支援。[29]左营的突击连发现泽费尼希两侧的田野上没有铁丝网,因而可以快速绕过泽费尼希,对敌军发动突然袭击。德国士兵们越过田野和泽费尼希以西的云杉林,于7时占领了乌尔河上的小石桥。[30]

但到那个时候,战斗已全面打响。空气中弥漫着地狱般的"战场之声"——震耳欲聋的手榴弹爆炸声、自动武器的射击声、士兵们因为恐惧或为自己打气而发出的尖叫声、伤者呼喊医务兵的叫唤声,以及因为痛苦而发出的令人战栗的号叫声……黑夜已如同白昼,到处都是爆炸声和闪耀的火光,在冬季的夜空中,德国方面的防空探照灯发出幽灵般的光芒,照亮了稠密的低云层。强大的美国炮兵很快就做出回应,德军一侧的村庄和城镇立刻燃起大火。

在泽费尼希,配备无线电装置的美国炮兵观察员引导第229野战炮兵营的105毫米榴弹炮,打击跟着突击连的脚步越过田野推进的舒曼战斗群主力。美军从9月起就占据的"西墙"碉堡以迫击炮、机枪和轻武器的火力进行补充。看着左右的战友纷纷倒下,幸存的舒曼战斗群士兵匆忙隐蔽。第112步兵团第2营的一小支美军部队对石桥发起坚决的反冲击时,德军士兵完全措手不及;他们长期得到的教导就是,美军无法在战场上实施这种"短兵相接"的作战,因此完全没有准备,很快就投降了。事后,美军对这些德国人的描述是

阿登战役初期的一天，德国步兵正在向前推进。到12月16日正午，霍曼－舍恩博恩的主力已在施奈费尔山岭以西的平原地带上2英里宽、3英里深的区域内，占领了魏克拉特、罗特、奥夫和科布沙伊德等村庄。（NARA，III-SC-333946）

"太不成熟了" [31]。

美军的行动报告中写道："弗洛雷斯（Flores）少尉和技术军士长史蒂文斯（Stephens）带领第3排第3班的5名士兵，俘虏了守卫这座桥的约30名德军士兵。他们还在一块林地里俘虏了这个连的其余士兵。该连的任务是占领并守卫这座桥，供己方使用，他们配备了自动步枪和火箭筒。此前，他们已有9—12人阵亡，我们的士兵又击毙了18—20人。我方没有伤亡。" [32]

在第560国民掷弹兵师南翼的施密特战斗群(第1128国民掷弹兵团)承担的任务要轻松得多,因为这里的美军在河的西侧。施密特的士兵们早上已实现了他们的第一个目标——占领吕茨坎彭西南4英里廷特斯米勒(Tintesmühl)的乌尔河石桥。这座桥已被摧毁,但施密特战斗群的士兵们渡过了冰冷的河流,建立了一个小型桥头堡并顶住了美军的反冲击,等待运送筑桥材料的卡车。

与此同时,军长克吕格上将和第116装甲师师长冯·瓦尔登堡少将对第116装甲师4个突击连取得的战果一无所知。德军没有任何无线电联系,当天的大部分时候,也没有从这些军队听到任何消息。12月16日下午4时,两位将军仍未得知任何关于突击队的情况,但他们做出了决定,第116装甲师将把第156装甲掷弹兵团余部部署在该师的南翼,由8辆四号坦克提供支援。

四号中型坦克是二战德国装甲兵的真正主力。它源自装甲战理论家海因茨·古德里安的思路,他需要一种坚固的步兵支援坦克,以打击对方的防御工事。后来,德军1941年于东线遭遇更胜一筹的苏制T-34坦克时,四号坦克进行改装,配备了更大口径的火炮和更厚的装甲来与其他坦克交战。在最新的版本(J型)中,出于生产上的考虑,驱动坦克炮塔转动的发电机被拆除,因此炮塔被迫改用手动旋转。

在一个火箭炮连向他们认为的美军阵地方向(实际上他们并不确定自己"消失"的突击连是不是正好在这种致命武器的落点)发射的火箭呼啸而过后,指挥第16装甲团第2营的维尔纳·布林克曼(Werner Brinkmann)上尉下令:"坦克出击!"伴随着发动机的轰鸣和车轮发出的"嘎吱"声,这种25吨重的装甲车辆开出了莱登博尔恩。

德军向北移动,列队行进于通往布尔格罗伊兰乌尔河渡口的公路上。下午4时30分太阳落山,他们通过了第156装甲掷弹兵团占据的吕茨坎彭。[33]在这个村落的另一侧,公路通向一片茂密的森林。几个小时前,第60装甲掷弹兵团第2营就是在这里蒙受了重大伤亡。森林里到处都是死去和濒死的士兵,挣扎着归队的伤者包括该营营长威廉·卡斯滕森(Wilhelm Carstensen)少校。但布林克曼上尉的坦克兵开向迪德里希博恩的这条狭窄道路时,对此一无所知。他们也不知道,美国第820坦克歼击营B连第3排正守卫着北边不远处的阵地。

美国陆军的坦克歼击营一般配备36辆履带式坦克歼击车,或类似数量的

3英寸（76.2毫米）M5牵引式反坦克炮。第820坦克歼击营属于后者。它的第2排已在前一次战斗中丢弃了3门火炮撤退，但第3排仍坚守阵地。一等兵保罗·C.罗森塔尔（Paul C. Rosenthal）报告，他看见"5辆敌军坦克、1座敌人的碉堡和2座德军占领的建筑物"，并将他的反坦克炮长达23英尺4英寸（约1.9米）的炮管对准了那些坦克。[34]

德军抵达离吕茨坎彭约不到100码（约91.4米）的位置，这时他们听到一声巨响。由汉斯·艾因韦希特尔（Hans Einwächter）少尉指挥的第一辆四号坦克正面中弹，燃起大火。艾因韦希特尔向前倒下，死在炮塔舱口。[35]

美制M5反坦克炮火力惊人，它能够在500码（约457米）外击穿四号坦克厚重的正面装甲。罗森塔尔重新装弹，再次开炮。炮弹再次命中目标，另一辆德国坦克起火。罗森塔尔继续开炮。美军行动报告显示："一等兵罗森塔尔在阵地上安放好他的火炮，发射了18发穿甲弹和高爆弹，完全摧毁了坦克、弹药运载卡车、碉堡和两座建筑物，给敌军造成了90人的伤亡。"[36]

第16装甲团第2营的作战日志表达了德方的观点："我们的坦克暴露在迪德里希博恩－博克（Diedrichsborn-Bock）附近某处一个反坦克阵地的猛烈炮火之下。这条公路被封锁了。其他坦克在碉堡火力的掩护下撤退。我们的坦克压制住了敌军的3门反坦克炮，但进攻被迫取消。"[37]

有趣的是，有关第116装甲师南翼发生的情况，后世有着各种各样的描述，这反映了德军进攻前几个小时的混乱。根据美国军事历史学家休·M.科尔（Hugh M. Cole）和查尔斯·B.麦克唐纳（Charles B. MacDonald）的说法，德军第一天在该地区损失的坦克分别是"至少15辆"和"至少13辆"。[38]德军师长冯·瓦尔登堡对同一事件有着完全不同的描述：

> 总的来说，除贝尔格以西树林中的敌军勇猛作战之外，美军的抵抗都很微弱。在吕茨坎彭以西投入的德国坦克很快就迫使敌军从这个阵地撤退。克斯费尔德（Kesfeld）、于特费尔德（Uttfeld）、莱登博尔恩和于特费尔德—莱登博尔恩—吕茨坎彭公路都报告了微弱的敌军骚扰火力。[……]
>
> 两个突击连损失惨重。第60团的突击连几乎被消灭，第156团的突击连被严重削弱，次日回归建制。第一天的其他损失很小。在吕茨坎彭和乌

伦之间的战斗中,有两三辆坦克被击毁。[39]

关于德军的坦克损失,冯·瓦尔登堡的数据和上面提到的营作战日志之间出现的差异,可能是因为前者只计算了坦克的彻底损失数,而(战斗当天撰写的)作战日志还包括了德军后来可以修复的坦克数量。总的来说,美军夸大了德军在阿登战役中的坦克损失数量。对此的解释中,比较重要的一点是:德国坦克往往能够承受许多种美军武器的正面命中,不会被严重破坏——但这种命中却足以摧毁任何美军坦克。美军炮手往往在直接命中后,就认为他们已摧毁了德军坦克,这在激烈的战斗中也是可以理解的。

第116装甲师师部1944年12月16日的迷茫到次日才消解,此时他们与第156装甲掷弹兵团第2营的两个突击连恢复了联系。原来这两个连一整天都在美军战线后肆虐,共抓获了250名俘虏。[40]

但是,军长瓦尔特·克吕格上将命令该师转向南方,而不是在吕茨坎彭西南的小村乌伦渡过乌尔河。这一定程度上是缘于第116装甲师在北翼遇到的抵抗,以及发现巨型反坦克障碍("龙牙")的消息——这是一个严重的情报失误。由于第116装甲师北翼的第60装甲掷弹兵团的突击连也被击退,美国第423步兵团抓住机会,在12月16日下午组织一支实力充足的打击力量,将德军赶出了施奈费尔山岭以南的布莱阿尔夫。至此,第18国民掷弹兵师第293掷弹兵团南翼的攻势停滞。19时30分,美军团长卡文德上校报告:

> 形势谈不上特别好,但我们仍然坚守着。动用第2营的请求被否决后,我没有任何预备队了,第18骑兵中队B连被困在温特沙伊德(Winterscheid)。我的右翼,可能还有左翼,都前途未卜,与第424团也失去了联系。再次重申,我们仍在坚守,也将继续改善当前的处境。

大约同时,第14骑兵群指挥官迪瓦恩上校赶到圣维特,打算亲自请求琼斯少将给予增援。但琼斯以太忙为由拒绝见他,要求这位困境中的骑兵上校等待。次日早上,琼斯仍然不接见迪瓦恩,导致后者暴跳如雷,在场的一位军官称他为"将要爆发的火山"[41]。

琼斯少将相对镇静的原因可能是，美国第1集团军指挥官霍奇斯中将于12月16日早上11时30分决定，从北面的第5军抽调相当于一个装甲团的部队——第9装甲师B战斗群（CCB），用以支援第106步兵师。

每个德国装甲师由1个装备该师所有坦克的"纯"装甲团、2个"纯"装甲掷弹兵团和1个炮兵团组成，而美国装甲师不同，它们将常规装甲师的各个组成部分平均地分给3个战斗群——A、B和R（预备队）。一个战斗群通常包含1个装甲营、1个装甲步兵营、1个炮兵营和1个坦克歼击排。战斗群的编制兵力为50辆M4"谢尔曼"中型坦克和17辆轻型坦克（主要是M5"斯图尔特"），与阿登战役中许多德军装甲师的坦克数量几乎相当。1944年12月16日，组建时间相对较短的第9装甲师中，3个战斗群共有186辆"谢尔曼"和83辆"斯图尔特"，超过了编制兵力。[42]

12月16日晚些时候，琼斯少将会见了第9装甲师B战斗群指挥官威廉·霍格（William Hoge）准将，后者报告说他的装甲部队已就绪，准备从第106步兵师战场以北12—20英里（约合19—32千米）的马尔梅迪（Malmedy）出发。不久以后，第8军军长米德尔顿打电话通知琼斯，第12集团军群指挥官布拉德利也已下令，从北面马斯特里赫特地区的第9集团军中抽调第7装甲师。12月16日17时30分，第7装甲师奉命准备快速南进，支援第106步兵师。[43]琼斯得知，第7装甲师B战斗群预计将于12月17日早上7时抵达圣维特。美国人估计，德军难以与这两个战斗群匹敌。

如果琼斯少将更好地审时度势就会意识到，他不仅有充分的理由感到担心，还要迅速采取行动。

我们已经知道，霍夫曼－舍恩博恩少将把进攻的重点放在北翼的第18国民掷弹兵师上，就在第5装甲集团军和党卫军第6装甲集团军界限南面。这也是"秋雾"行动第一天最为重要的地段之一。霍夫曼－舍恩博恩南翼的第293掷弹兵师已在12月16日下午被击退，但这是次要地段，因为第18国民掷弹兵师强大的北翼进攻部队已在一条防御空虚的地段上取得突破——那就是迪瓦恩的美国第14骑兵群据守的地段。

12月16日正午，霍夫曼－舍恩博恩的主力已在施奈费尔山岭以西平原上一个3英里(4.8千米)宽、4英里(6.4千米)深的区域中占领了魏克拉特、罗特、奥夫和科布沙伊德等村庄。德军的进攻完全出乎美军意料。第295掷弹兵团在罗特俘虏了87名美国士兵，又在科布沙伊德缴获了两个美国骑兵排的全部车辆。第18国民掷弹兵师中的一支小部队——第18步兵营——可能在德军突破中起到了决定性作用，该营喧闹的佯攻令山上的美军误以为他们远比现实情况中强大。这使得琼斯不敢让第422和第423步兵团(第106步兵师主力)在侧翼发动反冲击，从而确保了霍夫曼－舍恩博恩的成功突破。这样，洛斯海姆山谷对德军来说已是一马平川。在第18国民掷弹兵师北面的地段，党卫军第6装甲集团军强大的装甲部队同时突破了琼斯少将的师和美国第99步兵师之间的接合部，有可能在美军装甲增援与第106步兵师会合之前将其切断。

就在德军继续越过雪原向西推进之际，本已恶劣的天气变得更糟。很快，暴风雪像鞭子一样猛烈地抽打着年轻、疲倦的士兵们。德军对此却喜闻乐见，因为这实际上使盟国航空兵不敢起飞。霍伊特·"范"·范登堡(Hoyt 'Van' Vandenberg)中将指挥的第9航空队集结了2300架飞机——塞缪尔·安德森(Samual Anderson)将军第9轰炸机师的约1000架重型轰炸机，以及约1300架战斗轰炸机。后者分为3个战术航空兵司令部，各负责一个美国地面集团军的空中支援：第9战术航空兵司令部(IX TAC)支援第1集团军，第19战术航空兵司令部(XIX TAC)支援南面的第3集团军，第29战术航空兵司令部支援北面的第9集团军。此外，亚瑟·科宁厄姆(Arthur Coningham)空军中将指挥的英国第2战术航空队有1500架飞机，其任务是支援盟军北翼的英国—加拿大第21集团军群。但在"秋雾"行动(这个名称真是恰如其分)首日，安德森将军的飞机一架都没能起飞，而在第9战术航空兵司令部〔由老练的埃尔伍德·"皮特"·奎萨达(Elwood 'Pete' Quesada)将军指挥〕，只有90架飞机得以升空。[44]来自第67战术侦察大队的两位飞行员确实报告过，在美国第28步兵师地段对面发现了"77辆德国卡车和坦克"。但是，对于正在奎萨达设于韦尔维耶(Verviers)的司令部中开会的美国航空兵指挥官们来说，这并不足以说明德军发动了战争中规模最大的一次攻势。这次会议的焦点是，天气转晴后，如何为对鲁尔水坝发动的攻势提供空中支援。

　　科塔少将（绰号"荷兰人"）的美国第28步兵师也无法阻止冯·吕特维茨的第47装甲军在第5装甲集团军南翼取得决定性突破。双方力量悬殊。我们已看到，首日在第560国民掷弹兵师和第116装甲师的猛攻下，科塔所在师下辖的第112步兵团基本守住了阵地。但在更南面，赫尔利·富勒上校的第110团级战斗队于卢森堡北部建立的防御阵地链上，有一环最终断裂了。

　　在进攻首日的多数时间里，这个区域的战斗都没有取得决定性成果。12月16日日出时，第110团级战斗队的士兵们经过殊死战斗，守住了"天际线公路"——山上的主干道——沿线的马尔纳赫和霍辛根村，以及山坡上的蒙斯豪森、霍尔茨图姆和魏勒。德军的计划预计，这时候第2装甲师（北）和第26国民掷弹兵师（南）的突击连已占领了这些目标，为后续的装甲兵铺平道路，但美军的抵抗远强于预期。此外，前几周的大面积降雨使乌尔河的水流变得湍急，大大拖延了达斯堡和上艾森巴赫临时桥梁的构筑。[45]当然，可以用小型渡船将重装备运到河西岸（在上艾森巴赫可以做到，但达斯堡没有这个条件，因为后者的河谷十分陡峭），但渡河后德军又遇到了许多路障——1944年9月撤退时，德军在从上艾森巴赫向西的三条小路上砍倒了很多树木，这些树木仍然留在原地。结果，抵达西岸的德国士兵被迫在没有重武器近距支援的情况下，度过了战斗的前几个小时。美军当然没有同样的问题。

　　在那个决定性的早晨，赫尔利·富勒上校的敏捷反应令人赞叹。第一份有关德军进攻的报告送达他设在克莱沃的团部时，他马上打电话给身在霍辛根西南约12英里（19千米）维尔茨城的师长科塔，要求他部署预备队。科塔认为这是一个不同寻常的请求，因为他觉得为时尚早，难以评估局势——这时还不到早上6时，乌尔河以西美军阵地周围的战斗才刚刚打响。但富勒断言，他的团遇到了真正的麻烦，力促科塔同意部署配属第28步兵师的第707坦克营。这个营拥有74辆坦克（包括50辆"谢尔曼"），数量与一个德国装甲团相当。6时，坦克营接到了命令：A、B连立即出动，支援第110团级战斗队，C连向南支援第109团级战斗队，D连向北支援第112步兵团！[46]驻扎于霍辛根西南6英里（约10千米）克莱韦河谷中维尔沃维尔茨（Wilwerwiltz）的A、B连立即出动了它们的34辆"谢尔曼"坦克，沿着蜿蜒的公路上山，开向霍辛根。

　　M4"谢尔曼"是二战期间使用最广泛的美国中型坦克。它是根据所谓"巡

"谢尔曼"是二战美国陆军制式中型坦克。但是,1944年6月的诺曼底战役证明,它比不上武器和装甲都更好的德国坦克。阿登战役中,配备了76毫米炮的新型"谢尔曼"稍稍拉近了它与对手的差距。但是,1944年12月12日美国第1集团军拥有的937辆"谢尔曼"坦克中,只有314辆配备了76毫米炮。(NARA,SC 196127/迈耶)

洋坦克"的概念开发的,这意味着该型坦克将以独立编队作战,穿过步兵在敌军防线上打开的缺口,破坏敌军的交通线。1942年"谢尔曼"M1A1推出时,它厚度为51毫米的正面装甲和75毫米M3火炮可与对手最好的坦克匹敌。但是,1944年年底的阿登地区局面完全不同,"谢尔曼"已远远不如德国新型坦克和坦克歼击车了。尽管这种局面已持续了一年多,但就连新型号"谢尔曼"M4A3也无法与对手抗衡。新型号主要的改进是将炮管较短的75毫米M3火炮更换成更长的76毫米M1,具备更强的穿甲能力。但是,许多高级军官(包括巴顿将军)更喜欢旧型火炮发射高爆弹(用于打击步兵等"软"目标)时的强大火力,他们的反对使新型火炮的推出延后。这些军官中,很多人也反对在美军的"谢尔曼"上安装英制17磅炮(可能是西方盟国军队中最有效的反坦克炮),这一事实耐人寻味。如果17磅炮成为美国"谢尔曼"坦克的制式火炮，阿登战役的走向肯定将完全不同。但是，美国人反对17磅炮的部分原因是其高爆弹的爆炸威力相对较弱，另一部分原因则是17磅炮的炮管长度（13英尺9英寸，约4.19米）相对于M3（9英尺10英寸，约3米）而言是个缺点。

至于装甲防护，在阿登地区服役的"谢尔曼"正面有63毫米厚的斜角（47度）装甲，对于德军的反坦克炮来说完全不足。在60—100码（55—91米）的距离上，一枚"铁拳"（德国步兵大量拥有的手持式反坦克武器）就能击毁一辆"谢尔曼"。如果德国步兵使用"坦克杀手"（54式反坦克火箭筒），可以在200码（约183米）外摧毁"谢尔曼"。但是，1944年12月16日黎明在乌尔河东边山岭上的德国突击队明显缺乏反坦克武器。两个坦克连的"谢尔曼"分成4组，没费多大力气就将德国步兵赶出了霍尔茨图姆、霍辛根和蒙斯豪森，不久又轻松打退了马尔纳赫的德军。

但是，12月16日下午3时，德国第600战斗工兵营架好了达斯堡河谷的桥梁。[47]由此渡河的第一批德军车辆中有第2装甲师第3装甲团第1连的14辆"豹"式坦克。不过，河的另一边又出现了新的困难。那里的上山道路蜿蜒曲折，到处都是急转弯。每到一处，德国坦克驾驶员就被迫倒车，从新的位置过弯，这意味着车辆之间要保持较大的间距。更糟糕的是，一辆"豹"式坦克的驾驶员因转弯时过急而撞上了桥跨，将其直接撞翻，掉入河里。工兵们花了2个小时才将被破坏的桥修好。

不管怎样，最终有10辆坦克过了河。它们爬上这条崎岖的道路时，又一个障碍等待着它们：德军9月撤退时砍倒的树木仍然横亘在路上。清除这些树木后，坦克才得以加入战斗。"豹"式坦克在一片刺耳的噪声中从东边的道路开来时，马尔纳赫的第340装甲掷弹兵团的士兵们欢呼雀跃。现在，角色转换了！五号坦克"豹"式全面胜过M4"谢尔曼"。它配备的KwK 42 L/70 75毫米炮炮管很长，可以在2700码（约2469米）外击穿"谢尔曼"的正面装甲。即使用上新型的76.2毫米M1火炮，"谢尔曼"也必须逼近到500码（约457米），才能击穿"豹"式正面80毫米厚的斜角（55度）装甲。配备75毫米炮的"谢尔曼"则需要从50码（约46米）的距离开炮，才有机会正面击穿"豹"式坦克——这几乎是不可能的。一位美国坦克兵回忆了一辆"谢尔曼"与"豹"式交火的场面：

达斯堡的乌尔河桥梁。在摄影者的左侧，道路向左弯曲，爬上摄影者身后蜿蜒陡峭、林木覆盖的山坡，路上有许多急弯。德军的"豹"式坦克经过这里时遇到了很大的困难。（保罗·瓦普的收藏）

　　一名车长报告说，他曾和一辆炮塔转到与前进方向成90度位置的"豹"式坦克面对面交战。他的76毫米炮射出第一发炮弹，正中"豹"式坦克的正面倾斜装甲，火花四溅，就像砂轮碰上了一块钢板。火光散去后，这名坦克指挥官才意识到，炮弹被弹飞了出去，并未击穿敌人的坦克。他迅速装弹，开了第二炮，再次击中了斜角甲板，此时德国人还在慢慢地将炮塔转回正常位置。在"豹"式炮塔转到面对M4的位置之前，他射出第三发炮弹，结果还是一样。"豹"式终于能用它的高初速75毫米炮开火了，M4坦克像筛子一样被击穿。幸运的是，坦克指挥官活了下来，还能给我们讲述这个故事。[48]

　　马尔纳赫的美军装甲兵寻找时机撤退之前，德军坦克已摧毁了4辆"谢尔曼"和第630坦克歼击营的5门反坦克炮。[49]但是，在马尔纳赫的战斗中，德国第2装甲师有5—6辆坦克因为炮弹炸膛而损坏。事后分析显示，运送给第2装甲师的一批穿甲弹被破坏，据推测是外国劳工在制造过程中所为。[50]

　　德军占领马尔纳赫后，冯·劳赫特上校的第2装甲师继续向西开进。但第47装甲军南翼的装甲教导师却没有这么好的运气。第130装甲教导师通常被简称为"装甲教导师"（Panzer Lehr），原是一支精锐部队。顾名思义，"教导师"由来自各装甲兵学校的教员组成（1943年组建）。师长是二战中最为著名的德国将军之一——弗里茨·拜尔莱因（Fritz Bayerlein）中将。1939—1940年，他在古德里安的司令部担任参谋，后又在隆美尔的北非司令部任参谋，曾获得宝剑橡叶骑士铁十字勋章。

　　和其他两位装甲师师长（冯·瓦尔登堡和冯·劳赫特）一样，拜尔莱因参加了1940年5月10日的西线突破，当时他是海因茨·古德里安装甲兵上将的第19摩托化军（第2装甲师当时属于该军）的首席参谋。在拜尔莱因的指挥下，装甲教导师在1944年的诺曼底战役中表现非常出色，但也损失严重。阿登战役开始时，该师还没有时间全面补充，两个装甲掷弹兵团分别只达到编制兵力的89% 和73%，装甲团集结的坦克只有39辆"豹"式和34辆四号坦克，其中分别只有26和30符合作战条件。[51]作为补充，装甲教导师得到一个重型反坦克营——埃里希·扎特勒（Erich Sattler）少校率领的第559重型坦克歼击营。这个营有18辆四号坦克歼击车，15辆三号突击炮，甚至有5辆"猎豹"——这种恐怖的履带式坦克歼击车结合了"豹"式的厚重装甲和 Pak 43式88毫米反坦克炮。Pak 43是整场战争中德国批量制造的反坦克炮中威力最大的。在命中角为30度的情况下，它可以在2000码（约合1829米）外击穿139毫米厚的装甲。四号坦克歼击车基于四号坦克底盘，拥有这种坦克的武器和装甲防护，在坦克歼击车版本上，上述能力与6英尺1寸（约1.86米）的低矮外形相结合，使其常常能够悄悄地接近对手。

　　虽然来到装甲教导师的新兵补充了该师在法国的损失，但在训练上仍有很大差距，一到达部队，他们就在有经验的前线士兵带领下接受了补充训练，装甲教导师仍具备干的军官和军士构成的核心。阿登战役之前，该师的装甲团（第130装甲团）和第559重型坦克歼击营整合为3个战斗群——冯·法卢瓦战斗群（加强的装甲侦察营）、第901战斗群和第902战斗群（加强过的第901装甲

1944年12月16日，德军车队开向上艾森巴赫渡口以东的高地。第26国民掷弹兵师中士霍斯特·黑尔穆斯画下了自己的亲身经历。

掷弹兵团和第902装甲掷弹兵团），与美军的战斗群很相似。

冯·曼陀菲尔对拜尔莱因的装甲教导师自然抱有特别高的期望。[52] 但是，他的期望并未得到立刻满足。在攻势的前几天，这主要源自几百名美国士兵——主要来自哈罗德·F. 米尔顿（Harold F. Milton）少校率领的第110团级战斗队第3营——对第26国民掷弹兵师两个团的顽强抵抗。

米尔顿营和该地段德军进攻部队之间的力量对比并没有纸面上那么悬殊。米尔顿的士兵们得到装甲兵和炮兵，以及第103工兵营一个连的支援。第28步兵师（这个美国营所在部队）中有一些官兵有丰富作战经验；相比之下，第

26国民掷弹兵师是几个月前才以第26步兵师的残部为基础组建的，原来的第26步兵师在1944年夏末实际上已被苏联红军消灭，这一损失造成的巨大人员缺口，主要由德国空军和海军放弃的大龄士兵填补——这些人在机场或办公室待了很多年，毫无作战经验。此外，第26国民掷弹兵师的装备也不齐全，总兵力只有10600人。[53] 为他们提供支援的只有14辆38(t)"追猎者"坦克歼击车。

不过，该师师长——44岁的海因茨·科科特上校很有经验。他在东线服役了两年，负伤后担任军队教官，直到1944年秋才奉命指挥新的第26国民掷弹兵师。

该师的突击连于12月16日一早渡过乌尔河，没有被对手发现。北翼的第77掷弹兵团将一直推进到下一条河流，抵达德罗费尔特（Drauffelt）的克莱韦河桥梁。而南翼的第39燧发枪兵团应该占据维尔沃维尔茨的克莱韦河桥梁。这是一个野心勃勃的目标——乌尔河距离维尔沃维尔茨8英里（约13千米），地形极端恶劣。

从树木繁茂的湿滑山坡爬上"天际线公路"所在的山岭后，第77掷弹兵团的一支军队突袭并消灭了驻扎在霍辛根以南连绵起伏原野上的美军K连第1排。与此同时，第26国民掷弹兵师南翼的第39燧发枪兵团第2营占领了霍辛根东南方2.5英里（约4千米）的瓦尔豪森。接着，该营和从北方森林杀出的本团第1营联手，进攻西南方1英里的瓦尔豪塞纳。第77掷弹兵团继续推进，在霍辛根以东4英里的博克霍尔兹（Bockholz）外围攻击了第109野战炮兵营C连，该连在接下来的战斗中损失16名士兵，包括他们的连长。[54]

但是，奇袭的效果很快消失了。第77掷弹兵团第2营进入较大的霍辛根村时，陷入了与米尔顿少校所在营D连和第103工兵营B连的激烈巷战中。在霍辛根东南5英里，上艾森巴赫渡口东南2英里（约3.2千米）的小村魏勒，第26国民掷弹兵师南翼——第39燧发枪兵团——与得到81毫米迫击炮和一个坦克歼击排支援的米尔顿营I连激战。一开始，德军向魏勒进军时没有遇到任何变故，但他们抵达村子中央时，突然遭到躲藏在窗边、屋顶和房屋各个角落的美军士兵的猛烈打击。当时参加了魏勒之战的第26坦克歼击营的年轻中士霍斯特·黑尔穆斯写道："我们遭到来自四面八方的火力打击。我们从车上冲下来寻找掩体。我非常害怕，无法看到或听到任何景象。敌人的子弹打在我身前身后的地上，溅起了泥土。伤者的哭喊声淹没了其他声音。［……］逃出魏勒！在从不明方位射来的持续弹雨中，我们从一所房子跑到另一所房子。谁对着谁射

战役过后被摧毁的美国军事装备。照片前方是一辆 M3 半履带车，右侧是一辆"斯图尔特"坦克。（戴维·E. 布朗）

击？在一片疯狂之中，我们像青蛙一样越过篱笆和树篱，不顾空中的战斗轰炸机，跑到了村子外围的最后一所房子，在那里卧倒。我弄到了一些手榴弹。我们对付的是游击队还是正规军？一发炮弹击中身后的屋顶，碎片飞溅到我们周围。接着，我们猛冲过一块 100 码宽的开阔地，一头扎进了一条壕沟里。我们终于逃出来了！"[55]

德军很快发动反冲击，每一所房子都发生了残酷的战斗。双方都损失惨重，但美国士兵 12 月 16 日上午两次允许德军派遣医务兵进入村庄中央的无人地带照顾伤员。[56]进攻首日，第 26 国民掷弹兵师伤亡 238 人，其中 126 人来自第 39 燧发枪兵团。[57]

富勒请求的增援很快抵达。德军刚对博克霍尔兹的美军炮兵连发动进攻，来自第 707 坦克营 B 连第 1 排的 5 辆"谢尔曼"坦克就出现在远处的公路上。[58]德军暴露在美军坦克炮和机枪的火力下，又没有任何反坦克武器，只得匆忙从公路上撤退。此后不久，更多美军坦克抵达，12 月 16 日中午，第 26 国民掷弹兵师的进攻计划彻底破产。

装甲教导师战斗工兵营的工兵们到 12 月 16 日下午 4 时，才在上艾森巴赫完成了乌尔河上的桥梁。但这没能立刻为第 26 国民掷弹兵师解围。从上艾森巴赫向西的道路狭窄蜿蜒，造成了很混乱的状态。雨夹雪下了一天，下午的气温刚好升过冰点，这导致路面变软，很快就留下了所有德军重型车辆的车辙。科科特上校这样描述当时的局面："装甲教导师侦察营的履带式车辆挤作一团，费力地沿着泥泞、陡峭的森林公路前行。熄火的车辆和马匹牵引的弹药车造成了严重堵塞。敌军的炮兵和迫击炮开火击中树林和道路，导致更多的损失和拥塞。"[59]

12月16日天色将晚的时候，装甲教导师侦察营才得以部署，为第26国民掷弹兵师提供支援，德军终于重新占领了魏勒。霍斯特·黑尔穆斯在日记中描述道："我们拿着手榴弹和轻型武器，从地下室到阁楼逐个房屋搜索他们。'出来！'我们喝令道。28名战俘被关押起来。迈尔带来了他的'子弹'（加农炮）。我们向可疑的窗户发射了高爆弹。几所房子燃起大火，步兵的弹药纷纷爆炸。"[60]

但在霍辛根及其南面3英里的孔斯图姆（Consthum），美军还在继续坚守，挡住了装甲教导师的去路。实际上，米尔顿少校的士兵们将第26国民掷弹兵师和装甲教导师拖住，激战了整整两天，德军最终被迫从第2装甲师和第7集团军的第5伞兵师调来援兵。这为反应迟钝的美军最高统帅部提供了时间，在最后一刻前调增援，避免巴斯托涅这一重要公路枢纽落入德军之手。

1944年12月16日艾费尔地区的战斗故事，是美军以毅力对抗德军压倒性数量优势的历史。德军预计的美军丢下武器逃跑的景象并未在很多地方出现。美国士兵在训练中最为强调的是服从命令，在大部分情况下他们都遵照最新的命令，原地坚守。问题出现在军队层级金字塔的上部。周围的局面变化，从静止的阵地变成一位美国将军后来所称的"流动"阵地后，缺乏经验的军官们往往不知所措。在更高的层级上，师部、军部、第1集团军和第12集团军群司令部都难以掌握正在发生的实际情况；大部分情况下，反应总是很缓慢。美国陆军的官兵们没有像德军那样受过采取主动措施的训练，在缺乏高层明确指令的情况下，其反应近乎瘫痪，最初还能够作为抵抗德军猛攻的防波堤，德军先遣支队深入美军阵地后方后，就演变为一场纯粹的灾难。12月16日晚上，第5装甲集团军在巴斯托涅对面的达斯堡，以及该集团军北翼圣维特对面的洛斯海姆山谷形成有效突破，已是板上钉钉的事实了。

"装甲兵进军"开始

在南北两个突破点中间，第16装甲师于12月16日夜间重新集合，17日拂晓从吕茨坎彭向西南方涌去。现在，他们的目标是乌伦小村的乌尔河桥梁，该师将从那里继续向河对岸的魏斯万帕赫（Weiswampach）逼近，然后是更西边12英里（约19千米）的乌法利兹镇（Houffalize）。

第28步兵师第112团团长古斯廷·M. 纳尔逊（Gustin M. Nelson）上校已预见到这一举动，因此将他的坦克歼击车和炮兵连驻扎在乌伦。这两个连队还得到第9装甲师 R 战斗群的增援——第811坦克歼击营 C 连的一个坦克歼击排。尽管坏天气还在持续，美军还是得到空中支援的承诺。但是，美军在兵力上仍远不及德军突击力量，后者包括拜尔战斗群——约翰内斯·拜尔（Johannes Bayer）上校率领的第16装甲团、第156装甲炮兵团的一个营、第60装甲掷弹兵团的一个加强营和一个工兵连——以及第560国民掷弹兵师的第1130掷弹兵团。[61]12月17日早上，德军扫清了吕茨坎彭西侧的所有美军。[62]

乌伦位于乌尔河峡谷深处，周围都是林木茂盛的高山，乌尔河从那里向西急转，形成一个弧形地带，其中唯一不靠河的是东南侧——那里有一条小路通往山上的吕茨坎彭。12月17日正午，拜尔战斗群的前8辆"豹"式坦克悄悄地爬上这里的山顶时，遭遇了猛烈的火力打击。[63]纳尔逊上校已将他的坦克歼击车部署在河对岸山林中精心隐蔽的阵地中，德军坦克在树林后面出现时，他们就可以向其开炮。美军对这次战斗的描述有两个版本。其中一个版本是，第811坦克歼击营 C 连至少摧毁了14辆德国坦克，随后美军损失了2辆"地狱猫"坦克歼击车、1辆 M20 装甲车和5辆吉普车，被迫撤退；[64]第二个版本是，4辆"地狱猫"摧毁了4辆德国坦克，此后德军反击，摧毁了3辆"地狱猫"。[65]

美军战斗轰炸机的出现，迫使德国装甲兵在树林中寻求隐蔽。美军飞行员报告说摧毁4辆坦克，另有2辆坦克损坏。[66]若美军的报告可信，则第116装甲师仅在乌伦地区就损失了8—18辆坦克。但德军的实际损失不过3辆"豹"式。[67]

经过一场激战，拜尔战斗群成功将美军赶出防御阵地，占领了完好无损的乌伦桥。但是，德军情报工作的不足再次显现。冯·瓦尔登堡写道："现在已证明，这座桥对坦克和重炮来说太小，太不牢固，师属工兵部队对桥梁的加固需要12—15个小时。"[68]在南面3英里处的廷特斯米勒，德国装甲兵也无法渡河。

盟军司令部迟缓的反应

德军全力打击美国第1集团军时，美国军事指挥机关的反应之慢令人震惊。从某种程度上讲，这是因为信息到达不及时，而信息到达负责的指挥官手中时，又常被忽视。

对身在巴黎的盟军总指挥官德怀特·D. 艾森豪威尔将军来说，1944年12月16日的开始非常平静。他情绪很好，因为他知道美国国会当天将正式批准自己晋升为五星上将。

这天早晨，54岁的将军首先阅读了来自英国—加拿大第21集团军群指挥官、陆军元帅蒙哥马利的一封信，后者要求批准他与儿子在英格兰庆祝圣诞节。蒙哥马利还提醒艾森豪威尔，他在一年前曾押5英镑赌战争将在1944年圣诞节结束，蒙哥马利声称自己赌赢了。[1]看完信后，艾森豪威尔在凡尔赛宫礼拜堂参加他的勤务兵的婚礼。稍晚，他在圣日耳曼昂莱（Saint-Germain-en-Laye）的别墅（巴黎人称这里为"伦德施泰特别墅"，因为德军西线总指挥官、陆军元帅冯·伦德施泰特在这里住过）主持婚宴。在那里，艾森豪威尔接到美国第12集团军群指挥官奥马尔·布拉德利中将到来的消息，他前往凡尔赛的特里亚农酒店。[2]那正是艾森豪威尔的盟国远征军最高统帅部所在地。

12月16日早上，因为天气情况不确定，布拉德利无法从卢森堡的司令部飞往凡尔赛参加计划中与总指挥官的会议，那时他并未觉得有什么必要担心。因此，他选择乘坐自己的凯迪拉克轿车前往巴黎。

在特里亚农酒店，艾森豪威尔、布拉德利和盟国远征军最高统帅部的参谋们讨论了加强参加鲁尔水坝攻势的军队的必要性，下午4时，一名G-2（情报军官）出现，交给情报主任肯尼思·W. 斯特朗少将一张便条。斯特朗读完便条后向与会者通报，德军于拂晓进攻了美国第8军前线上的5个位置。参会者对此有些茫然不解。

美国方面的报告和对实际情况的认识都以缓慢和不协调的方式进行，令人大跌眼镜。早上7时，关于德军突破的第一条信息就已传到了斯帕的美国第1集团军司令部。但第1集团军指挥官考特尼·H. 霍奇斯中将对此不屑一顾，认为这不过是德军的一次牵制性进攻，没有采取任何具体措施。[3]因此，9时15分（就在布拉德利动身去巴黎之前）卢森堡的第12集团军群司令部简报上，第1集团军只报告"第8军战线上一片寂静"[4]。但是，早上11时，德军在不同地段取得突破的报告已在斯帕堆积如山，霍奇斯最终得出结论，德军"孤注一掷"，他们"以最大的力量打击第106师"。[5]但在这种局面下，12月16日午间发给盟国远征军最高统帅部的局势报告中只提到美军在鲁尔前线占领3座村庄，此外就是"前线其余地区都很平静"[6]。

遭到党卫军第6装甲集团军大规模进攻的美国第5军在12月16日12时44分之前对此没有任何报告，此后的报告直到14时50分才被斯帕的第1集团军司令部记录在案。[7]又过了一个多小时，这条信息才最终送达盟国远征军最高统帅部。

和霍奇斯一样，布拉德利最初认为这不过是德军的牵制性进攻。他说:"对方知道，必须减轻巴顿对其施加的压力，如果突破阿登防线，就能够迫使我们将巴顿的军队调出萨尔区，投入对这次反击的防御中，对方也就达到了自己的目的。我们要再等一等。"[8]

但是，艾森豪威尔并不那么肯定。他觉得这不止是一次牵制性进攻，敦促布拉德利派出两个装甲师(来自北翼第9集团军的第7装甲师，以及南翼第3集团军的第10装甲师)增援第1集团军。布拉德利在打电话给第3集团军指挥官巴顿时仍然有些犹豫不决。他向巴顿透露，自己"讨厌这件事"，但被迫命令后者部署装甲师。

艾森豪威尔和布拉德利不是很担心德军的进攻，他们回到圣日耳曼昂莱的别墅，打开一瓶香槟酒庆祝艾森豪威尔晋升。直到12月16日23时，第12集团军群情报部才写了如下的报告:

> 占据明显优势的6个师发动了突然袭击，对此不应该有曲解。参战各师的素质，分散实施的小规模进攻以及明显缺乏大规模目标的行动，都决定了敌人的威胁有限。显然，敌人发动了一次大规模的牵制性进攻，试图迫使我们从关键的科隆和萨尔河流域撤出几个师去应对艾费尔地区的威胁。[9]

美国第8军在20分钟前发出的报告明显没有得到充分的理解:"敌军已渡过了第28步兵师地段内的乌尔河。我们的大部分部队都已被切断……局势瞬息万变。"

实际上，直到进攻的第二天，美国军事指挥机关才领悟到，这真的是德军的大规模攻势。此时第1集团军的防线已如纸牌屋般坍塌。

注释:

1. 托兰，《战斗: 突出部的故事》，P.148。
2. 同上，P.148。
3. 西尔万和史密斯，《从诺曼底走向胜利: 考特尼·H. 霍奇斯将军与美国第1集团军作战日志》，P.213。
4. 托兰，《战斗: 突出部的故事》，P.148。
5. 西尔万和史密斯，《从诺曼底走向胜利: 考特尼·H. 霍奇斯将军与美国第1集团军作战日志》，P.214。
6. 托兰，《战斗: 突出部的故事》，P.148。
7. 同上。
8. 同上，P.32。
9. 美国国家档案与记录管理局: 第12集团军群，G-2，定期报告 RG 407号，美国陆军，《二战反思》第3卷，第2期，1945年4月。

我们已经知道，在进攻的前几个小时，第560国民掷弹兵师南路特遣队施密特战斗群在那里占领的石桥已被摧毁。而且，德军在这里的战斗已徒劳无功。由于河东侧沿山蜿蜒而下的狭窄小路上横亘着许多倒伏的树木，运载筑桥材料的卡车无法通过。12月17日下午，德军工兵才在廷特斯米勒完成了一座新桥。[69]

因此，第116装甲师奉命转向南进，和第2装甲师一样，在达斯堡渡过乌尔河。有人认为第116装甲师付出了延迟14个小时的代价，但事实是，在该师主力于乌伦受阻时，第58军军长瓦尔特·克吕格上将已将第116装甲师的斯特凡战斗群派往达斯堡。[70]斯特凡战斗群由该师的装甲侦察营、1个炮兵营、1个高射炮连、1个火箭炮连和1个拥有6辆三号突击炮的连队组成。[71]战斗群指挥官埃伯哈德·斯特凡（Eberhard Stephan）1939年起就在一线服役。

就在乌伦的战斗激烈进行时，斯特凡战斗群和第2装甲师一起，从达斯堡渡过乌尔河。这在河对岸狭窄曲折的道路上造成了一些交通堵塞，但经过3英里的路程，斯特凡的机动纵队在第一个坡顶右转。连绵起伏的田野间，德军的车辆摇摇晃晃地沿着一条狭窄的土路下山。在这条路上颠簸了1英里，德军才开上了与乌尔河并行向北、硬质路面的"天际线公路"。

1944年12月17日的天气不像前一天那么差。天空仍然覆盖着浓密的低云层，阻碍了航空兵的行动，但由于早晨的温度达到零下2～零下3摄氏度，至少迷雾散去了一些，雨夹雪也变成了小雪。侦察营的"美洲狮"装甲车打头阵。

"美洲狮"（SdKfz—'特种军用车辆'—234）八轮装甲车有多种不同的型号。斯特凡战斗群有10辆SdKfz 234/1和2辆SdKfz 234/2，前者的开放式炮塔上装有一门20毫米机关炮，后者的装甲炮塔上装有一门50毫米火炮。捷克制造的"塔特拉"V 12柴油发动机使"美洲狮"在公路上能够达到52英里/小时（约合85千米/小时）的速度，在恶劣地形上也有着出色的性能表现。它采用厚度为30毫米、向后倾斜20度的正面装甲，只能有效防护轻型武器的打击，但作为装甲侦察车，"美洲狮"能够满足所有期望。

德军此时沿山脊行驶，两侧是积雪覆盖的田野，为防牲畜围栏为界。他们刚刚通过马尔纳赫以北2英里的第一个小村费施巴赫（Fischbach），才从山坡上驶下，就发现一队橄榄绿色的轻型坦克从约半英里外的坡顶迎面开来。那是第707坦克营D连的M5"斯图尔特"坦克。这个连之前奉命向北支援第112步兵

战前拍摄的乌伦照片。这张照片是从林木茂盛、可以俯瞰西面乌尔河的高地上拍摄的，1944年12月17日黎明，美国第28步兵师第112步兵团团长古斯廷·M. 纳尔逊将他的坦克歼击车和炮兵阵地设在此处。从村子另一侧(照片中的右侧)的斜坡向下延伸的道路，是德军发动进攻的必经之路。照片中央可以看到河岸的全貌。

团，但得到德军装甲兵已在达斯堡渡过乌尔河并开向克莱沃的报告后，该连又接到转向的命令，派遣所属的17辆"斯图尔特"前去切断马尔纳赫的推进线路。

这是一个孤注一掷的决定，有欠考虑。坦克手们实际上被送上了毁灭之路。他们的轻型步兵支援坦克只有29毫米厚的正面装甲和37毫米小口径火炮，与德军的"美洲狮"也许能够匹敌，但比斯特凡少校的三号突击炮就要差远了。

"斯图尔特"坦克高7英尺6英寸(约2.29米)，长仅为14英尺2.4英寸(约4.33米)，看上去就像狭窄履带(11英尺5/8英寸，约3.37米)上运载了一块小积木。德军率先做出反应，他们的三号突击炮开下路右边的低洼田野，向美军开火。几辆"斯图尔特"尚未反应过来就已被击中起火。十分钟之内，15辆美国坦克成为燃烧的残骸。[72]而且，德军在这次交火中没有损失一辆突击炮，就俘获了200名美国士兵。[73]只有2辆"斯图尔特"逃向西南3英里处的克莱沃。

风景如画的卢森堡小城克莱沃坐落在克莱韦河谷林木茂盛的高山之间，河流在那里形成了一个U形的急弯。这个度假胜地中最显眼的是一座雄伟的中世纪要塞，位于城中心河湾内街道上方的山坡上。克莱韦河上多条坚固的桥梁及南北铁路线上的一个车站使这座城市成为重要的交通枢纽。美军决心在这里阻止德军的推进。富勒上校得到一个简短的命令——不惜一切代价守住这座城镇。

开向前线的"斯图尔特"坦克。美国M5"斯图尔特"轻型坦克性能远逊于阿登战役中的德军坦克和坦克歼击车，配备这种坦克的部队损失严重。1946年12月17—18日，第707坦克营D连被全歼。（美国陆军）

　　据历史学家查尔斯·B.麦克唐纳说，50岁的赫尔利·爱德华·富勒上校以脾气乖戾而著称。[74]作为一战老兵，他在诺曼底登陆战的次日上岸，职务是团长。但10天后，富勒因其所带领的团未能实现预定目标而被剥夺指挥权。[75]直到1944年11月底他才得到一个新职务——在科塔战斗经验丰富的师中担任第110步兵团团长。[76]富勒手上用于克莱沃防御的部队兵力可观，但构成复杂：12月17日早晨逃到克莱沃的"斯图尔特"坦克加入了第707坦克营的其他残部，加上第110团级战斗队余部和提供支援的第630坦克歼击营。此外，第9装甲师R战斗群（CCR）已将其第2坦克营B连的19辆"谢尔曼"派到了该城。为强调向富勒下达的命令的重要性，科塔补充了一句："任何人都不能回来！"[77]——

这或多或少说明了真实发生的情况。

12月17日9时30分，第2装甲师向克莱沃发动进攻。来自第38装甲歼击车营第1连的6辆三号突击炮和约30辆运载装甲掷弹兵的装甲车，小心地沿着这座小城以南陡峭山坡上湿滑的道路下山。大雪降低了能见度，有利于在第707坦克营的5辆"谢尔曼"上保持警惕的坦克手们，他们在三个急转弯中的第一个设伏，两辆三号突击炮被击中起火。[78]德军虽然同样摧毁了3辆"谢尔曼"，但被摧毁的装甲车辆堵塞了狭窄的道路，使德军无法继续推进。[79]

此时，德军决定绕道向北，通过河湾以北火车站处的桥梁进攻克莱沃。但他们在克莱韦河西岸就遇上了第630坦克歼击营的反坦克炮支援的第2坦克营B连的"谢尔曼"。第3装甲团第2营两个排的四号坦克决定了战斗结果。虽然不及火力更强的"豹"式，但德国四号中型坦克明显优于美国"谢尔曼"。四号坦克的后续型号配备80毫米厚、从垂直面向后倾斜80度的正面装甲，能够在常规作战距离上承受"谢尔曼"75毫米炮的打击。与此同时，四号坦克的KwK 40 L/48 75毫米炮能在2000码（约合1829米）的距离上击穿"谢尔曼"的正面装甲。

第2装甲掷弹兵团的一个营越过桥上燃烧着的美军坦克残骸向北行进，那里的地势高于克莱沃，小城隐藏在西面群山上成片的云杉林里。黄昏时分，该营一个连的士兵沿火车站正西树木繁茂的陡峭山坡下到克莱沃城北端。有些士兵蹚过冰冷的克莱韦河，在无人知晓的情况下奇袭了火车站，其他掷弹兵则快速奔向河上的桥梁。攻击完全出乎对手的意料，两个目标很快落入德军之手。[80]四号坦克随即收到无线电信号，很快开下山坡并越过桥梁。它们继续沿着格朗德大街冲向城中央，在房屋间行进并不断开炮，美军所有的有组织抵抗均已瓦解。用美国老兵查尔斯·B.麦克唐纳的话说，这是"由毫无部队忠诚度的士兵们匆忙拼凑而成的部队中常见的崩溃现象"[81]。克莱沃城南端的桥梁很快也落入德军之手。

富勒上校的司令部就在火车站和同一座桥梁旁边的克拉拉瓦利斯酒店，他在那里联系了科塔少将，要求批准撤退以挽救残部，但这一请求遭到拒绝。6时30分，富勒得知又有一大批德军坦克——这是第3装甲团第1营的"豹"式——正向克莱沃开来，他再次打电话给第28步兵师师部要求批准撤退，但科塔的参谋长杰西·L.吉布尼（Jesse L. Gibney）上校只是重复了科塔之前说的话。[82]

身为老德克萨斯人的富勒发现，眼下的形势和1835—1836年德克萨斯独立战争中传奇式的阿拉莫战役有着明显的相似之处，在那场战役中，威廉·特拉维斯（William Travis）中校率领的200名美国士兵面对2000名墨西哥士兵，坚守了13天。富勒后来写道："我告诉吉布尼上校，因为他向我传达了将军的命令，我别无选择，只能服从命令，'在合适的地方战斗'。我提醒他，我面临的是与阿拉莫的特拉维斯上校相同的困境，但'我们决不投降，也不会撤退'。"[83] 然而，形势变化太快了，甚至都没容富勒把电话打完：

> 我们还在交谈的时候，一辆德国坦克发射了3发炮弹，击中我下面房间里的S-1（人事股长）办公室。这发炮弹来自约15码（约14米）外，坦克正在指挥所前面的街上。参谋长听到爆炸声，询问敌人在哪里，我告诉了他，要求他立即用卡车将G连送往阿瑟尔博恩。我告诉他，我将让该连在那里集中，并在一名参谋的引导下前往我要动用它的位置。参谋长还想多说一些，但我告诉他我没有时间多聊，然后挂上了电话。我要接线员接通第2营营部，他正在接线的时候，传来了一阵机关枪射击的声音，子弹穿过我所在房间的窗户，头上天花板的石膏纷纷落下。我听到外面有更多坦克开火的声音，然后就没有办法通过电话做任何事了。[84]

克拉拉瓦利斯酒店位于狭窄的河谷中，面向沿河西岸延伸的格朗德大街。富勒和几名士兵从酒店的后窗逃离。他们立即就遇上了从酒店算起垂直高度将近150英尺（46米）、覆盖在树木之下的峭壁。悬崖上已凿好了台阶，他们沿着这些台阶艰苦攀登。富勒到达山顶时已筋疲力尽。此时，他能听到城中的战斗已逐渐平息。

德军"豹"式坦克手们开进城中央时，那里多处起火，他们发现大部分美国守军已投降。除美军士兵之外，还缴获或摧毁了大量重装备。但是，在山上的要塞里，约100名美军士兵在第110团级战斗队通讯股长约翰·艾肯（John Aiken）上尉和团部连连长克拉克·麦基（Clark Mackey）上尉的指挥下，疯狂抵抗了将近一天。从这个阵地上，他们可以向经过克莱沃的所有交通工具开火，这意味着德军只能乘装甲车辆通过。[85]

一辆被摧毁的"斯图尔特"坦克。克莱沃城中和周围的坦克战对于参战的美国装甲部队来说是一场灾难。第707坦克营的51辆坦克中，幸存的不超过6辆且都损坏了。（迪基希国家军事历史博物馆）

　　德军最常用的装甲运兵车是 SdKfz 251 半履带车——也叫"汉诺马格"[①]——具备14.5毫米厚的装甲，可以抵御轻武器的打击（美军的同类车辆 M3 半履带车则不同，即使小口径武器也很容易击穿它，因此被称为"紫心勋章的盒子"——紫心勋章是美国授予在作战中受伤或阵亡士兵的奖章，暗指乘坐该车很容易出现伤亡）。"汉诺马格"具有容纳10名全副武装士兵的空间，大量出现于阿登战役中的德军各师。但由于它的顶部是敞开式的，德军士兵不能坐在其中通过克莱沃，否则很容易被从要塞中射来的子弹击中。

　　美军在克莱沃之战中究竟损失了多少士兵，从未得到澄清。据富勒上校的报告，第110团级战斗队在阿登战役的第一天中共有2750人伤亡，但不知道在克莱沃损失了多少人。第103战斗工兵营 B 连全军覆没，第109野战炮兵营损失了约100名士兵。[86] 此外，第110团级战斗队损失了几乎全部车辆和炮兵连的6门榴弹炮。[87] 12月17日，第630坦克歼击营损失了其36门反坦克炮中的30门，

---

　　① 译注：Hanomag 是 SdKfz 251 的绰号，意思是汉诺威机械制造股份有限公司的产品。

其中大部分是在克莱沃损失的。[88] 12月17日早晨，第707坦克营A、B和D连原有52辆坦克——34辆谢尔曼和18辆"斯图尔特"，24小时后，他们只剩下6辆损坏的坦克和5辆履带式坦克歼击车。[89] 它们迅速退向南面的维尔茨。[90] 第9装甲师R战斗群第2坦克营B连的情况也好不了多少，损失了14辆"谢尔曼"坦克和大部分坦克手。[91] 阿登战役中的第一场坦克战，美军总计付出了近60辆坦克的代价，而德国第2装甲师仅损失了4辆坦克。[92]

富勒上校和一小队士兵穿越丛林和田野，试图回到美军战线。这本可作为历史书籍上的一次壮举，却在两天后耻辱地结束了——又累又饿的士兵们在丛林里无意中走进了第2装甲师的一群士兵们建立的夜间宿营地。富勒觉得脑后遭到重重的一击，等到他苏醒过来时，已成了俘虏。

12月18日早上，德军终于粉碎了克莱沃东南方霍辛根的抵抗，他们将此列为另一次战术胜利。在那里，有320名美军士兵被俘。[93] 拜尔莱因的装甲教导师终于开始了真正的推进。

到这时，美军的斗志似乎已遭到重大打击。大批士气低落的美军败兵向西溃散，逃离德军装甲纵队。迈克尔·E. 韦弗（Michael E. Weaver）在第28步兵师的战史上写道："许多士兵只想逃离战斗。有些人奔向巴斯托涅，认为那是逃离进攻的一种手段。"[94] 第101空降师二等兵唐纳德·伯吉特（Donald Burgett）描述了他遇到撤退士兵们的情景："他们在震惊和惊恐中蹒跚而行，完全堵塞了道路，他们的眼睛直视前方，喃喃自语。我在此前和此后都没有见过士兵们表现出这么明显的恐惧。"[95] 一份美国陆军报告写道："数百名散兵游勇堵塞了向南和向西的道路。[……]有些时候，这些逃亡者们的困惑和恐惧已近乎恐慌。一支炮兵部队将他们的火炮丢弃在城市的街道上；但后来一位军官命令他们拿回武器。"[96]

第26国民掷弹兵师师长科科特上校说道："霍辛根失守后，敌军的抵抗明显已全面瘫痪。他们的战斗精神似乎已经崩溃，甚至可以说，仅存的抵抗似乎已经难以分辨。"[97]

美军毫无秩序的撤退在平民中也引发了恐慌，人们匆忙收拾细软，乘坐手推车、马车和自行车，开启了战争中一再出现的忧郁之旅。交加的雨雪、泥泞的道路、周围的水涝地、隆隆的炮声以及灰色的天空，无一不描绘着一个悲剧性的情景。被雨雪冻僵和打湿的难民们经过西逃道路上的农场和小村庄时，他

1944年12月德军向阿登地区推进之前，来自第28步兵师的士兵正在撤退。（美军通讯兵照片 #ETO-HQ-44-30380/Tec 5 韦斯利·B. 卡罗兰）

们受到的惊吓更甚于道路上的危险。12月18日，巴斯托涅的街道上开始挤满了人，难民们告诉当地居民，德国人"烧掉了路上的所有村庄"[98]。

迈向圣维特！

这一切发生的同时，第5装甲集团军北翼，美军的形势同样令人担忧。12月16日正午，第18国民掷弹兵师第294掷弹兵团北路进攻军队攻占德国村庄奥夫（当时的比利时边境对面，乌尔河重要渡口申贝格东北方4英里处）后，德军在该地段受阻。他们夜间暂停进攻，12月17日早上，在第244突击炮旅三号突击炮的帮助下，他们取得突破。这样，该部就推进到美国第106步兵师第422步兵团背后。德军从奥夫出发，沿连绵起伏的田野间曲折狭窄的道路西进，到达近3英里外乌尔河上的安德勒（Andler）。这次突破完全出乎美军意料。安德勒的美军只有第32骑兵侦察中队（约相当于一个装甲侦察营）一个连，较重型的装备只有几辆M8装甲车。经过短暂的小规模战斗，德军拿下了这座小村。

第18国民掷弹兵师此时从两个方向逼近申贝格。第294掷弹兵团来自北面的安德勒，第293掷弹兵团则在师长霍夫曼 – 舍恩博恩的亲率下从布莱阿尔夫猛扑过来。两部都得到第244突击炮旅的支援。

　　从布莱阿尔夫到申贝格，狭窄的道路右侧是密林覆盖下的陡峭斜坡，为设伏创造了理想条件。但士气低落的美军士兵全速通过此处，一头扎向隐约可见的申贝格乌尔河渡口。第106步兵师的明特恩·T. 赖特（Minturn T. Wright）下士回忆道："这些家伙认为，他们辜负了美国陆军的期望，他们的退却危及了战线上的其他部队。我们都听说了安齐奥的故事，在印第安纳州的阿特伯利军营，我们都听说了 D 日海滩上的可怕景象。我们知道，自卡塞林山口以来，还没有任何美军士兵撤退过，我们有一种感觉，自己没有通过第一场考试。" [99]

　　美国第589野战炮兵营正在申贝格以南为其牵引式火炮建立新的阵地，这时一名军官突然跑来，大叫道："行军命令！离开这里，德国人来了！"此刻，第244突击炮旅的第一辆突击炮已进入申贝格北郊的教堂后面。12月17日灰暗的早晨，教堂的时钟走到8点45分时，第一辆三号突击炮发出隆隆巨响，冲进了小教堂和桥梁间十字路口上正在撤退的美军车辆之中，周围一片混乱景象。第589野战炮兵营炮手伦道夫·C. 皮尔森（Randolph C. Pierson）中士刚刚从他的卡车上下来，德军战车出现了。皮尔森不顾一切地奔向全速开往石桥的一辆美国卡车。卡车放慢了速度，皮尔森得以挂在后挡板上，四只强壮的臂膀抓住了他。他听到一个刺耳的声音，指挥司机"滑下去！"卡车沿着乌尔河桥结冰的道路滑了下去。在转弯之前，卡车上的士兵们看到的最后一个东西就是他们身后一辆三号突击炮的黑色轮廓。[100]

　　与此同时，炮兵营的下一组车辆快速开入申贝格。他们到达通往镇上的、直达石桥的山坡顶部时，第一辆卡车的驾驶员看到一辆三号突击炮矗立在桥前交叉路口的中央。显然，德国炮手没有发现美国人，因为下一刻这辆突击炮就在一团蓝色的废气包围中离开，消失在街角。美军队列中的一名军官喊道："我们走！"但他们从山坡上下来时，看到另一辆三号突击炮驻守在一座乡间房屋旁边。一些美军车辆全速逃过桥梁，但在河对岸迎面碰上了炮口直指他们的另一辆三号突击炮。J. 唐·霍尔茨穆勒（J. Don Holtzmuller）下士和一些战友从车中急冲而下，接着卡车就被坦克歼击车的炮弹击中爆炸。对这些美国人来说，游戏结束了，他们站在沟渠里，举起了双手。霍尔茨穆勒记得，德军搜查了美国人的口袋，拿走了他们的口粮、手表、香烟和其他他们觉得有用的东西。然后，

1944年12月18日，一队美国战俘聚集在阿登的公路上。第18国民掷弹兵师在1944年12月17日的一次闪击战中占领申贝格及此地的乌尔河桥梁，从而在这条河东岸切断美国第106步兵师大部，包括其支援部队。这次行动是京特·霍夫曼-舍恩博恩指挥的，他赢得了"运动战专家"的美誉。(NARA，111-SC-198240)

他们指着山上，命令俘虏们"开始向德国方向行进"。

　　申贝格和坚固的乌尔河石桥都毫发无损地落入德军之手，第422和第423步兵团——琼斯少将的第106步兵师中2/3兵力——被困在乌尔河以东，布莱阿尔夫和罗特之间的地区。加上支援单位——5个炮兵营和第14骑兵群各部——

可能有超过1万名美军士兵，大量火炮和多达150辆坦克/坦克歼击车被装在了一个"口袋"里。

就数量和重装备而言，包围这些美军的德国部队都处于下风：霍夫曼－舍恩博恩用来对付被围美军的军队不过3000—4000人。但被围的美军对此一无所知。他们并未组织哪怕一次反冲击来试探周围德军的兵力，而是留在原地不动，等待第7装甲师和第9装甲师B战斗群的救援。他们还希望航空兵能够很快出现，挽救危局——毕竟，天空至少在某种程度上已放晴了。美国人仍然无法想象，自己已完全失败。

总体上，坏天气还在持续，但比前一天略有好转。12月17日，第9航空队的战斗轰炸机付出很大努力，试图支援受到重压的地面军队，在一天之内共出动647架次。但是，德军为这些飞行员准备了新的"惊喜"。盟军完全不知道，德国空军指挥官戈林已为支援进攻集结了多么强大的力量。这一天，德国西线战斗机共出动约650架次，主要任务是"猎杀盟军战斗轰炸机"。[101]第9航空队的飞行员们已很长时间没有在空中看到这么多德国飞机了，因此毫无防备。

美国战斗轰炸机一次又一次地发现身边突然出现德国战斗机，被迫扔掉炸弹以便自卫。例如，美国第474战斗机大队的洛克希德"闪电"双发战斗轰炸机当天执行了两次任务：第一次出动时，它们遭遇德国空军第11战斗机联队第1大队的17架Bf-109，被迫抛弃炸弹，因此未能完成任务。[102]在第二次任务中，同一部队起飞空袭党卫军第6装甲集团军所在地区的一座桥梁，但遭到两个德国战斗机大队（第26战斗机联队第1大队和第54战斗机联队第4大队）的FW-190战斗机拦截，出动的8架"闪电"中损失4架。

但是，这些战斗也让德国空军部队付出很大代价。当天第11战斗机联队第1大队的战斗机飞行员与第474战斗机大队交手后返航时，损失了9架Bf-109，只报告击落了4架"闪电"。在第二次空战中，第474战斗机大队尽管数量上处于劣势，仍然击落3架FW-190。[103] 1944年12月17日，在西线的空中行动中，德军共损失81架战斗机，而盟军损失了36架。[104]不过总的来说，德国空军飞行员完成了他们的任务——掩护地面军队免遭盟军空袭。

正因如此，德国地面军队得以阻止美国的装甲兵增援及时到达，解救被围美军。在圣维特圣约瑟夫修道院的第106步兵师师部，琼斯少将敦促第7装甲师"立即从圣维特向东进攻，占领并守住申贝格，以便为两个被围的战斗队提供逃脱的通道"[105]。但由于各种原因，这一解围行动根本没有进行。第7装甲师的行动报告写道：

> 东边的道路被马尔梅迪以南的、师部与师属炮兵之间的敌人（党卫军第6装甲集团军）切断，师属炮兵以及所有后续部队必须掉头向西，紧随已向西移动的部队。这一行动已成功实施，但延误了炮兵到达射击阵地的时间。西边道路的交通在17日正午前相当顺畅，此后，由于友军从受到威胁的波托（Poteau）—维尔萨姆（Vielsalm）—贝奥（Beho）—圣维特地区向西和西北方涌去，这条道路已出现堵塞。傍晚，交通堵塞更加严重，第7师的队伍从波托、维尔萨姆、三桥镇（Trois Ponts）和斯塔沃洛（Stavelot）一路向北延伸，动弹不得。[106]

第9装甲师 B 战斗群——另一支向南支援第106步兵师的部队——也在北面遭遇党卫军第6装甲集团军，幸运的是，他们避开了其中最强大的部队（派普战斗群），损失相对较小。但是，这支部队也未能及时到达挽救第106步兵师。这些美国装甲部队最终抵达圣维特时，由于一位德国将军当机立断的行动，这个地段的局势已彻底改变了。

京特·霍夫曼－舍恩博恩少将以擅长运动战闻名。1941年8月入侵苏联期间，他担任营长，设法通过一次闪电般的进攻，抢在苏军炸桥之前占领了戈尔诺斯特波尔（Gornostaypol）的一座第聂伯河上的重要桥梁，从而保证德军能够继续向基辅进军。现在，他试图通过类似的"闪击"夺取圣维特。前一天，霍夫曼－舍恩博恩估计自己无法在12月18日前抵达圣维特这个对继续向默兹河推进起到重要作用的公路枢纽，但这一刻，通过一次大胆的闪击，似乎有可能实现目标。为此，他命令已到达申贝格的第293掷弹兵团以及第244突击炮旅先遣支队——3辆突击炮和约2个排的掷弹兵，立即继续渡河前往圣维特。霍夫曼－舍恩博恩亲自率队。[107]步兵们坐上缴获的美国 CCKW 卡车①，匆匆出发。

---

① 原注：通用汽车公司的 CCKW 5吨卡车是美国陆军二战期间最常用的车辆，采用 6×6 配置（六轮全轮驱动）。"CCKW"的第一个 C 代表设计年份1941，第二个 C 代表"cab"（封闭式驾驶室），K 代表全轮驱动，W 代表串联后桥。

一切进行得很快，一个小时左右，申贝格就几乎没有德国士兵了。由美国第14骑兵群中的3辆M8装甲车和6辆吉普车组成的车队全速开来，尾随霍夫曼－舍恩博恩的小股部队时，混乱的局面已在所难免。这些美国车辆通过申贝格的桥梁，试图到达河对岸的美军战线。在狭窄的林道上，美国骑兵们根本不可能避开德军，一辆三号突击炮连续摧毁了美军的3辆装甲车和5辆吉普车。

到那个时候，几乎没有美军能够阻止德军向圣维特推进。在申贝格以西1.5英里（约2.4千米）的霍伊姆（Heuem），霍夫曼－舍恩博恩的3辆三号突击炮碰上了美国第168战斗工兵营的3辆坦克。短暂交火后，2辆美军坦克起火，第三辆侥幸逃脱。[108]可能正是这辆坦克上的乘员用无线电警告了圣维特的美军，霍夫曼－舍恩博恩将要发动突击——这条消息被传达给第9航空队。

正如阿登战役后半段常常出现的情况，美国炮兵和航空兵挽救了圣维特的危局——至少1944年12月17日是这样的。三号突击炮向霍伊姆的小股美军还击时，理查德·利里（Richard Leary）少校正驾驶他的"雷电"战斗轰炸机在空中盘旋。共和航空公司的P-47"雷电"是二战中最大、最重的单发飞机。从远处看，外形丰满的P-47就像一只巨大的黄蜂。尽管这种重型飞机的转弯半径令盘旋作战的支持者们大失所望，但就速度而言，它高于大部分德国战斗机[①]。美军"雷电"飞行员从德军编队的上方向其发动进攻，不让自己陷入盘旋空战，以此赢得了对手的尊敬。但是，"雷电"最为成功的角色是战斗轰炸机。这种飞机可以在两翼下各挂一枚500磅炸弹，并配备8挺0.5英寸（12.7毫米）机枪，能够给地面造成很大破坏，其坚固的结构能够承受敌军火力的打击。"雷电"战斗轰炸机飞行员唐·克拉克说过："在我们被迫冒着轻型防空武器和轻武器火力实施的低空任务中，没有比P-47更好的飞机了。它可以在受损的情况下继续执行任务，而其他型号的飞机遇到这种情况可能已从空中坠落了。"[109]

利里少校太了解地面军队被迫承受的压力了。几个月之前，他在访问第3装甲师时被德军炮火所伤。经过两个月的康复回到部队后，利里决心以牙还

---

① 原注：P-47D"雷电"的最佳飞行高度约为21000英尺（约6400米），在这一高度上它的速度比Bf-109 G-6快50—60英里／小时（约80—97千米／小时），至少比福克－沃尔夫的Fw-190 A-8快50英里／小时。在较低的高度上，例如6500英尺（约1981米），P-47D最高速度约与Fw-190 A-8相当，但仍然比Bf-109 G-6快约25英里／小时（约40千米／小时）。当然，这是最优情况下的数字，可能出现变化，尤其是在携带不同油料和弹药的情况下。

牙。他通过无线电向地面指挥人员询问目标位置时，接到了详细的回复："我们的部队正在守卫圣维特，但有一支很强大的敌军纵队在约1.5英里（2.4千米）之外。如果你可以摧毁领头的坦克，减缓他们的前进速度，我们就有可能在今晚守住这座小镇。"[110]

利里如同打了一针兴奋剂，向前猛推操纵杆，飞到浓密的云层下。他看到了圣维特以东的大森林，稍作搜索，就发现通往圣维特的公路上有块空地，一个车队正向西行进。这肯定是德军的车队！利里毫不犹豫地俯冲下去，用机枪扫射并投下炸弹。炸弹爆炸后形成巨大火球，路上穿着灰色军服的士兵们四散奔逃。利里回击的时刻到了！他至少八次俯冲到公路上用机枪猛烈射击。他最终飞离时，可以看到从混乱的德军车队里升起了一排黑色烟柱。

凭借这一战果，利里少校获得美国为作战英勇而颁发的第三级军事奖章——银星勋章。这当然是实至名归，他持续的低空进攻给霍夫曼－舍恩博恩的小股进攻部队造成了严重伤亡。英国"超级机密"解码人员截获了德军的无线电通话，他们绝望地请求战斗机立刻提供掩护，对抗进攻圣维特进攻部队的敌方战斗轰炸机。[111]请求无果后，霍夫曼－舍恩博恩命令残部离开公路，越过周围的恶劣地形继续前进——这说起来容易，做起来难。道路的左（南）侧无法通行，因为那里有通向埃特（Eiter）河谷的陡坡。因此，德军车辆和士兵们被迫爬上道路右侧长满树木的斜坡。他们在浓密的云杉林和落叶林中费力地穿行，尽管雨雪消融，周围的丘陵地带仍然有大量积雪。直到晚间，疲劳不堪的士兵们才抵达丛林西端。他们顺着陡坡下到瓦勒罗德（Wallerode）的磨坊，然后又上山向西。就在1英里之外，圣维特静静地躺在群山环抱的巨大盆地之中，德军开始遭到西面相当猛烈的炮火打击时，霍夫曼－舍恩博恩决定推迟进攻，直到增援到达。他从瓦勒罗德发出一条很难令第5装甲集团军指挥官冯·曼陀菲尔上将感到高兴的无线电消息："在圣维特以东遇到强大抵抗！"

但是，霍夫曼－舍恩博恩大胆的突击给琼斯少将留下了极其深刻的印象，他决定将当天夜间抵达的增援留在原地，而不是立即派遣他们帮助第106步兵师突围。12月17日晚上8时30分，第7装甲师接到报告称"在我们的地段有多达60辆敌军坦克"[112]。夜里，来自党卫军第6装甲集团军的一支特遣队从北面发起突击时，美国人关于圣维特受到严重威胁的看法得到进一步证实。

我们已经知道，第7装甲师沿"东路"从西北面的马尔梅迪向圣维特重新集结的行动已被推进中的党卫军第6装甲集团军阻止。12月17日，党卫军第6装甲集团军下辖的党卫军第1装甲军向西推进了12英里（约19千米）。在12月17日下午前往第106步兵师作战地域的途中，来自第9装甲师B战斗群的一支小部队在圣维特西北10英里（约16千米）的利尼厄维尔（Ligneuville）被歼灭。就在党卫军第6装甲集团军大部继续向西挺进时，党卫军汉森战斗群于17日晚上转向西南方。这支特遣队由党卫队旗队长马克斯·汉森（Max Hansen）指挥，有4500名士兵、750辆各型车辆——包括约20辆四号70型坦克歼击车。紧随其后的是另一支党卫军特遣队的1500名士兵和150辆车。

就这样，圣维特北面突然出现巨大威胁。马克·迪瓦恩上校很快就清楚地意识到这一点，这位厚脸皮的骑兵上校此时奉命率领第14骑兵群余部，在圣维特西北偏西方向5英里的雷希特（Recht）建立防御阵地。但汉森的人马先于美军占据了那里，12月17日晚上，迪瓦恩的队部连与这支党卫军部队的侦察小队交上了火。在接下来的战斗中，所有美军车辆都被击毁。迪瓦恩和另一名军官步行逃到邻近的村庄波托。他后来报告这一变故时，琼斯少将拒绝相信有德军向西行进了这么远，并立即解除迪瓦恩的指挥权。

就在第7装甲师R战斗群接近圣维特时，传来了师长罗伯特·哈斯布鲁克（Robert Hasbrouck）准将的命令："尽可能久"地守住雷希特。这支美国部队此时还非常不了解形势，这可以从12月17日夜间的行动报告中显现出来："12月17日午夜，R战斗群对敌军的位置几乎一无所知。我们已接到愈发多敌军在雷希特附近出现的报告，情报显示，第14骑兵群已从北、东北和东方向撤退，R战斗群利用一切可用的人员和装备，改善当地的安全状况。在不断接到敌军活动（包括雷希特以东1—1.5英里处的一次伏击）的报告后，第17坦克营的一个坦克连也进入城中，在现有警戒部队的支援下监视西、北、东三面。"[113]

一片黑暗中，党卫军汉森战斗群先遣支队从北面和东面的高地向雷希特发动猛攻。这场残酷的战斗只持续了45分钟。12月18日凌晨2时45分，美军奉命后撤。[114]第7装甲师R战斗群代理团长弗雷德·M.沃伦（Fred M. Warren）中校已经意识到，他就要失去整个中型坦克连了。[115]美军丢下4辆"谢尔曼"坦克撤退。[116]

12月18日天亮前，待特遣队余部抵达后，党卫队旗队长汉森决定沿公路向雷希特西南2英里的波托挺进。与此同时，美国第14骑兵群残部已在詹姆斯·L.梅斯（James L. Mayes）少校的指挥下在那里集合。梅斯接到命令，与第7装甲师R战斗群第17坦克营一起，发动反冲击夺回雷希特。12月18日早上7时，两军在波托以北的主干道上交战。这场战斗常常被描述为德军的一次伏击战，实际上是两支机械化军队的正面交锋。

美军在波托以北500码（约457米）拐弯处的树后出现时，德军发现了他们并率先做出反应。而且，德军的四号70型坦克歼击车明显优于美军的装备。四号70型坦克歼击车是将四号坦克歼击车的75毫米L/48火炮（和四号坦克一样）更换成更长、威力更大的75毫米L/70火炮（和"豹"式坦克一样）的型号。由于履带宽度达到15.75英寸（约40厘米），四号70型坦克歼击车能快速离开路堤，利用地形迂回包抄美军车辆。这对于第14骑兵群的美式M8装甲车来说就没那么容易了。

威廉·巴顿（William Barton）是这些美军装甲车的机枪手之一，据他回忆，德军打来的第一发炮弹命中，无线电操作员查理·约斯特（Charly Yost）和驾驶员死亡，炮塔中的雷伊·培根（Ray Bacon）受伤。巴顿进入波托外围的阵地时，他眼睁睁看着德军快速地粉碎了这支美军特遣队。他记得第740野战炮兵营某连的8英寸M1榴弹炮陷在波托西南潮湿的田野中，被德军炮火炸得千疮百孔，7名炮手阵亡，其余士兵丢下7门火炮逃走。第14骑兵群至少有10辆装甲车被德军摧毁或缴获，在左边的田野上，巴顿看到"[第7装甲师R战斗群的]约10辆'谢尔曼'坦克排成一队，好像在接受检阅"[117]。苦战后，美军撤出波托。侥幸逃脱的只有1辆坦克、1辆坦克歼击车、3辆装甲车和2辆吉普车。[118]

但与此同时，此前承诺的美军增援终于抵达圣维特。12月18日，这座城市的城防已经聚集了相当可观的力量：从东面撤退的残余部队——第106步兵师第424步兵团、第28步兵师第112步兵团和第14骑兵群各部——与完整的第7装甲师和第9装甲师B战斗群会合。这些部队共集合了300余辆"谢尔曼"坦克以及大批火炮。此外，一些相当有能力的美军将领也来到圣维特。

第9装甲师B战斗群指挥官威廉·霍格准将以经验丰富和勇敢著称。一战中，他曾因战斗英勇而受到嘉奖。D日在奥马哈海滩登陆期间，他率领一支工兵特遣队。霍格所在战斗群的装甲营——第14坦克营，也是首支配备携载76毫米 M1 火炮的新型 M4A3 "谢尔曼" 坦克的部队。但是，第9装甲师是相对 "青涩" 的部队。战后，威廉·霍格这样评论当时第9装甲师第2团的士兵们："他们很守纪律，但我们仍然缺乏有经验的军官，特别是在较高的层级上。在我们的营级军官里，胜任工作的人不多，那是一个很大的问题。士兵们都没什么问题，也有斗志。"[119]

　　第7装甲师在西线已经经历4个月的战斗，在诺曼底、梅斯、荷兰和鲁尔河流域都取得了宝贵的经验。该师1944年8月被派往前线时，被称为 "一支训练有素、士气高昂的部队"[120]。但是，该师9—10月在洛林（塞耶河边）和荷兰遭遇了一连串挫折。1944年10月31日，从1942年3月组建后就任第7装甲师师长的林赛·麦克唐纳·西尔维斯特（Lindsay McDonald Silvester）少将被原

1944年12月，圣维特附近，德军士兵在缴获的美军装备中间。德军对1944年12月阿登战役中美国陆军撤退时丢弃大量重装备感到吃惊，这些装备往往完好无损。这张照片也清楚地说明了德军攻势前几天阿登地区的气候条件。（NARA，Ⅲ-SC-198246）

B 战斗群指挥官罗伯特·W. 哈斯布鲁克准将取代。[121]哈斯布鲁克精通军事理论，拥有军事科学教授头衔，之前担任过包括第12集团军群副参谋长在内的多种职务。

接替哈斯布鲁克担任第7装甲师 B 战斗群指挥官的是44岁的布鲁斯·克拉克（Bruce Clarke）准将，他在巴顿"横扫"法国期间曾任传奇的第4装甲师 A 战斗群指挥官。琼斯少将在圣维特作战指挥官岗位上的最后举措是一项重大决策——推迟原定为解救乌尔河以东被围军队而发动的进攻。然后，他求助于克拉克准将，将圣维特防御战的指挥权交给他。这造成该城防务指挥结构混乱：克拉克军衔低于琼斯，服役年限比霍格短，还是师长哈斯布鲁克准将的下属。12 月 18 日，正是后者命令罗斯鲍姆（Rosebaum）上校的第7装甲师 A 战斗群立即发动进攻，重新夺回波托。

从琼斯和哈斯布鲁克的角度看，在圣维特转入防御，而不是试图解救第106步兵师，可能是最合理的做法。如果说琼斯在第一天低估了德军的威胁，那么他此时已清晰地理解圣维特美军所受威胁的量级了。当然他当时也不知道，这种威胁并不像他想的那么严重。确实，根据德军原定计划，党卫军汉森战斗群应该从波托沿公路继续向萨尔姆河上的维尔萨姆（在波托西南约8千米处）推进。如果此举在 12 月 18 日完成，那么圣维特美军的命运就已决定了。眼看胜券在握，汉森的部队却耗尽了燃油。燃油供应预计在几个小时内无法到达——这在某种程度上是党卫军自己的问题。为了快速前进，党卫队旗队长汉森让部队分头行动，党卫军第1坦克歼击营的21辆四号70型坦克歼击车取道申贝格东北的安德勒。这样，党卫军进入了第5装甲集团军的行动区域——甚至抢夺了第66军向圣维特推进所需的道路。

12 月 17 日开始在乌尔河以东公路上行进的德军大型车队很快形成了严重的交通堵塞，以一种典型的方式使大部分车辆不断减速，最后如同蜗牛一般。美国战斗轰炸机轰炸了申贝格，击中多所房屋，瓦砾部分阻塞了村庄中的街道，这进一步阻碍霍夫曼－舍恩博恩得到增援。[122]极端傲慢的党卫军士兵常常强行挤入已过度拥挤的公路，加剧了第5装甲集团军后方的交通混乱。在绝望之中，第18国民掷弹兵师的莫尔中校证实"所有前进的尝试都受到了不听从命令的党卫军军官的阻碍，他们拒绝服从国防军军官的任何命令"。据莫尔说，

1944年12月18日，波托附近的第3伞兵师伞兵和党卫军汉森战斗群士兵。对胜利的信心清晰地写在这些德国士兵的脸上。到这时，阿登地区的整个美国陆军似乎已经濒临崩溃。（NARA, III -SC-341648）

党卫军"让自己的交通指挥人员拦住国防军车辆，有些时候甚至逼迫他们开进沟渠里，以便党卫军车队通过"[123]。

第66军军长瓦尔特·卢赫特和他的参谋长被迫赶到该地区，亲自干预局势。卢赫特写道："为了消除党卫军第6装甲集团军造成的道路堵塞，在申贝格放置了路障，只有在前方道路通畅时才允许车辆经过。尽管如此，党卫军各部还是几次三番试图避开管制，有几次指挥官或参谋长被迫采取有力措施，包括逮捕不服从命令者。"[124]这也能够解释，为什么莫德尔元帅亲自参与了该地区的交通管制——这个事实曾令许多历史学家感到困惑。

在国防军控制地区等待通过时，一些党卫军士兵将他们的沮丧发泄在美国非裔第333炮兵营的11名士兵身上，这些士兵在安德勒正北卫若斯（Wereth）的德军战线后被切断。党卫军士兵带走了他们，此后这11个人都在一处沟渠中被发现，有迹象表明他们受到折磨后遭枪杀[1]。就德国方面的交通堵塞而言，整条战线上都是同样的情景。由北到南，多条狭窄的土路都不堪重负。12月18日，温度上升到39华氏度（3.9摄氏度），猛烈的阵雨将这些土路变成一片泥泞。在急弯和桥梁这些瓶颈，出现了严重的交通堵塞，较大的车辆出现故障或因为其他原因停下来时，一条道路就可能完全堵塞，导致后面绵延数英里的车流骤然停止。德军只能祈祷德国空军和坏天气将盟军战斗轰炸机挡在安全距离之外！[2] 第106步兵师的大部分火炮已被摧毁，这一事实当然对如同长龙一般向申贝格缓慢行进的车队极为重要。德国方面交通堵塞的另一个原因是，12月17日德军做出决定，将党卫军第6装甲集团军预备队之一——党卫军第9"霍恩施陶芬"装甲师——送往前线，在那里加入党卫军第1装甲军。[125]

党卫军第9装甲师的名称来自中世纪德意志帝国的霍恩施陶芬王朝，腓特烈·巴巴罗萨（他的名字成为希特勒入侵苏联计划的代号）就是该王朝的君主之一。该师组建于战争后期，由帝国劳动服务团中未经过训练的劳工组成，1944年春季部署到东线，对抗苏联红军在波兰南部发动的攻势，损失惨重。1944年夏季，该师刚刚勉强从这些损失中恢复过来，就又重新部署到诺曼底。参加过1944年9月的阿纳姆战役后，该师原有的16000名士兵只剩下7000人了。损失造成的缺口由训练不足的新兵填补，为了成为真正的职业军人，新兵们可能接受了过多的党卫队英雄主义和牺牲教育，这将给"霍恩施陶芬"师在阿登战役中的行动留下印记。和其他党卫军部队一样，该师得到了充足的装备，1944年12月16日，它集结了近100辆坦克、28辆三号突击炮和21辆四号坦克歼击车。[126] 从1944年7月起，"霍恩施陶芬"师由西尔维斯特·施塔德勒（Sylvester Stadler）指挥——年仅33岁的他在1944年6月14日晋升为党卫队旅

---

① 原注：当地居民为卫若斯的11名殉难者——柯蒂斯·亚当斯（Curtis Adams）、马杰·布拉德利（Mager Bradly）、乔治·戴维斯（George Davis）、托马斯·J.福特（Thomas J. Forte）、罗伯特·格林（Robert Green）、吉姆·莱瑟伍德（Jim Leatherwood）、纳塔涅尔·莫斯（Nataniel Moss）、乔治·W.莫滕（George W. Moten）、威廉·爱德华·普利切特（Willam Edward Pritchett）、詹姆斯·奥布里·斯图尔特（James Aubry Stewart）和迪尤·W.特纳——建立了一座纪念碑，但他们没有像伯涅兹／马尔梅迪和利尼厄维尔的受害者们那样，在战后就立刻得到官方的纪念，直到2011年，美国陆军谢夫尔军才在列日亨利拜堂墓园"接纳"了这些死难者的陵墓。

② 原注：12月17日晚上，英国"超极机密"解码人员窃听到第2战斗机航空军的一条命令，12月18日所有可用的战斗机将被调去对抗敌方的战斗轰炸机，为行进的纵队提供掩护。这条命令要求战斗机部队以100—200架的编队行动。（基尤国家档案馆，"超极机密"行动文件HW5/633. CX/MSS/T 401/92 West.）

队长兼武装党卫军少将，从而成为战争中最年轻的将军之一。1944年12月，他因为在东线武装党卫军中取得的战功而获得橡叶骑士铁十字勋章。

但是，第9装甲师立刻就在路况恶劣、严重堵塞的公路上遇到了大麻烦。B集团军群参谋长克雷布斯中将接到的一份报告很能说明当时的情况："阿尔许特—多伦多夫（Arhuette-Dollendorf）的公路被党卫军第9装甲师的掉队者堵住了。有必要实施严格的交通管制，立即清除公路上的这些车辆。"[127]

在波托，党卫军汉森战斗群的先遣支队于12月18日下午2时接到命令，撤回东北方2英里（约3.2千米）的雷希特，与主力会合。就在汉森的士兵们打算撤离时，由罗斯鲍姆上校率领的美国第7师A战斗群抵达波托。12月18日下午5时，美军夺回波托。[128]

向圣维特进军似乎已停滞，莫德尔和冯·曼陀菲尔对此都备感失望，他们抵达第66军军部视察，与军长卢赫特上将讨论局势。第5装甲集团军此时面临两大困难。由于该地区最好的公路汇聚于圣维特，在该地驻扎的强大美军阻止第5装甲集团军继续向前推进。此外，该地区唯一的东西向公路线——如果德军有机会为渡过默兹河的军队提供支援的话，这就是不可或缺的——经过圣维特，所以必须不惜一切代价攻克这座市镇。第二个困难是在乌尔河以东正被德军包围的美国第106步兵师。鉴于第18国民掷弹兵师的兵力相对有限，这些情况给德军造成了显著的问题。莫德尔和冯·曼陀菲尔发现了失去一切（而不仅仅是占领圣维特和歼灭被围敌军的可能性）的风险，如果美军集结起来，从圣维特和乌尔河以东的"大釜"同时发动反冲击，德军就有可能损失整个第18国民掷弹兵师。

显然，第18国民掷弹兵师必须得到其他部队的支援，因此，莫德尔决定动用第5装甲集团军预备队中的"元首卫队"旅，以便粉碎圣维特的抵抗，向西面10英里（约16千米）出头的萨尔姆河上的维尔萨姆推进。[129]

但"元首卫队"旅的90余辆坦克和突击炮在数百辆其他机动车辆伴随下，于12月18日进入通往前线的公路时，交通状况更加恶化。"元首卫队"旅旅长奥托·雷默（Otto Remer）上校写道："我行驶在指定的道路上，早上才到第18国民掷弹兵师设在瓦勒罗德磨坊的前方指挥所。即使是履带式车辆，也不可能离开公路行驶。因此，我估计行军将有很大的延迟，并将这一事实上报军部。"[130]

波托的德国士兵。(NARA, III -SC-341641)

波托的德国士兵。（NARA，Ⅲ-SC-341641）

晚上9时，第18国民掷弹兵师先遣支队的位置在圣维特东南方林木繁盛的山坡上，该师余部和"元首卫队"旅的士兵们此时已到达该城东北方1英里的欣宁根。[131]莫德尔、冯·曼陀菲尔和卢赫特在第66军军部召开的会议上决定，12月19日将投入一切可用的部队，夺取圣维特。

照片集（第179—187页）：波托，1944年12月18日，星期一。1944年12月18日，党卫军汉森战斗群在第3伞兵师的伞兵支援下，消灭了波托以北的一支美军机械化部队。几名德国战地记者不久后到场，拍下了一系列流传后世的历史照片。

战斗结束，党卫军士兵和德国伞兵搜索该地区躲藏的美军士兵。照片中前方是一辆熊熊燃烧的美军 M3 装甲车。（NARA，Ⅲ-SC-198252）

身穿冬装的德军士兵沿着波托以北公路旁被雨水浸透的草地前进，这里刚刚进行了一场战斗。潮湿多雾的天气，温度仅高过冰点几度，阿登战役前几天的大部时候都是如此。这种天气使盟军航空兵无法大规模介入。（NARA，Ⅲ-SC-19572）

被摧毁或缴获的美国军用车辆队列沿着波托北面的公路延伸，超过了100码。（NARA，Ⅲ-SC-341639）

胜利的喜悦和疲劳写在这名党卫军士兵的脸上，他刚刚经历了48个小时不间断的行军。(NARA，Ⅲ-SC-197569）

一名党卫队队员（列兵，左）和两名来自第3伞兵师的伞兵正享受他们的战利品——美国香烟。从携带的弹带可以明显地看出，这名党卫军士兵是一名机枪手。他还穿着缴获的美国雨衣。他的个人自卫武器是一支640（b）手枪——这是在比利时武器制造商 FN 授权下生产的美国9毫米勃朗宁大威力手枪的德国版。背景是第14骑兵群的美制 M8 装甲车。（NARA，Ⅲ-SC-198249）

照片背景是一门美制3英寸（76.2毫米）M5反坦克炮。在它后面是一辆前座安装了0.5英寸（12.7毫米）机枪的M3半履带车残骸。右边远处有一辆被匆忙丢弃的吉普车。这张照片是一位德国战地记者（所谓的PK摄影师）拍摄的，意在展示阿登战役的成功。从那名沿着沟渠向前走去的士兵脸上漠不关心的神情可以看出，这张照片是摆拍的。（NARA，SC Ⅲ - 198250）

另一张摆拍的"战斗照片"。背景中燃烧的美军车辆来自实战，只是拍照时战斗已结束。（NARA，Ⅲ -SC- 341618）

党卫军士兵和伞兵穿越该地区，搜寻躲藏的美国士兵。（NARA，Ⅲ-SC-341616）

胜利在望？波托的德国士兵对攻势中正等待自己的命运知之甚少。(NARA, Ⅲ-SC-341647)

这张照片展示了波托以北公路上的陡峭路沿，这在战斗中给美军造成了很多困难，而德国的四号70型坦克歼击车能够快速地开下周围的草地。（NARA，SC-Ⅲ-341614）

（NARA，Ⅲ-SC-341615）

美国第14骑兵群的3辆被摧毁或丢弃的M8装甲车。远处可以看到一两辆属于第7装甲师R战斗群的坦克被摧毁。（NARA，Ⅲ-SC-341642）

巴斯托涅坦克战

在第5装甲集团军的南翼，尽管后方区域的交通堵塞几乎和北面一样严重，但德军的推进速度快得多。攻势发动的第三天，科塔少将的美国第28步兵师或多或少地被压制。该师居中的第110团级战斗队和707坦克营大部在克莱沃已基本被消灭。左翼，第116装甲师将第28步兵师第112步兵团赶向北面的圣维特方向。右翼的第109步兵团也向南方和西南方撤退。科塔和师部人员向西撤退时，他简直成了光杆司令！

1944年12月的比利时。这些美军士兵在树篱后面挖掘掩体，避免被进攻的德军士兵发现。（NARA，SC 199254）

美军战线上已经被撕开一个缺口，冯·吕特维茨上将的第47装甲军由此涌入，劳赫特的第2装甲师为右路，拜尔莱因的装甲教导师为左路。冯·法卢瓦战斗群——格尔德·冯·法卢瓦（Gerd von Fallois）少校率领的装甲教导师加强的装甲侦察营——12月18日早上9时在德罗费尔特渡过克莱韦河。[132] 第902装甲战斗群紧随其后。他们的目标是默兹河和公路枢纽巴斯托涅。

第9装甲师师长约翰·W. 伦纳德（John W. Leonard）少将曾是西点"明星班"的学生，是盟军总指挥官艾森豪威尔和时任美国第12集团军群指挥官奥马尔·布拉德利的同班同学。但伦纳德"青涩"的第9装甲师1944年加入第1集团军和第8军时，被分散在阿登的不同地段，以便士兵们获得战斗经验。1944年12月16日德国陆军元帅冯·伦德施泰特发动进攻时，该师的三个战斗群中，只有一个——德国最南端突击力量当面的A战斗群（CCA）——在伦纳德的直

法伊茨路口，拉尔夫·哈珀中校将第2坦克营的"谢尔曼"坦克部署在主路西面松林间的空地上。（NARA，SC 196963）

接指挥下。第9装甲师B战斗群加入了进攻鲁尔大坝的第5军（我们已在前文介绍过），它立即转向南方的圣维特，在那里加入第7装甲师。

12月18日早晨，第47装甲军就要对巴斯托涅发动全线猛攻，由约瑟夫·H.吉尔布雷思（Joseph H.Gilbreth）上校指挥的第9装甲师R战斗群（CCR）是唯一能够迎击的美军部队。这当然完全不够用。而且，CCR的第2坦克营B连已于12月17日已在克莱沃遭受很大打击。仿佛是觉得该师的力量还不够分散，吉尔布雷思上校在12月17日晚上接到军长米德尔顿的命令，将他已遭到削弱的战斗群分为3支不同的特遣队，而不是将所有可用力量集中起来。[133]但是，由于在克莱沃后，通往巴斯托涅的公路已没有任何自然屏障——两座城市之间的地形主要是起伏不大的田野，没有任何河流或山地——米德尔顿认为有必要掩护尽可能宽阔的地段。

在吉尔布雷思的几个战斗群中，最靠前的是罗斯特遣队，它被派往克莱沃以西5英里的安东尼胡肖夫（Antonihushof）。在这里的广阔田野中间，从克莱沃开始的公路与宽阔的N12（12号国家公路）主干道相连，这条干道是从北面的圣维特延伸过来的。美军认为，德军将经由这里前往巴斯托涅，这一判断相当正确。莱尔·K.罗斯（Lyle K. Rose）上尉率领的罗斯特遣队由第2坦克营A连的19辆"谢尔曼"坦克、第52装甲步兵营C连的步兵和第9装甲工兵营的1个排组成。[134]

沿这条公路下行3英里是法伊茨（Feitsch）出口，N12从那里继续向南，N20公路则向西延伸通往巴斯托涅。扼守这个位置的是哈珀特遣队——第2坦克营C连、第2坦克营B连余部（该连在克莱沃损失了19辆坦克中的14辆）和第52装甲步兵营B连。[135]特遣队队长拉尔夫·哈珀（Ralph Harper）中校也是第2坦克营的营长，他将坦克沿着公路西侧树林边缘的冷杉树部署。500码（约457米）外，步兵按照命令挖掘掩体。美国大兵将铲子插进潮湿的泥土中时，一阵冷雨倾盆而下。散兵坑刚挖好没多久，里面就积了没及脚踝的泥水。

再往西两三英里，布思特遣队的阵地设在靠近穆瓦内村（Moinet）的潮湿山坡上。这个战斗群由第52装甲步兵营营长罗伯特·布思（Robert Booth）中校率领，包括第52装甲步兵营营部连、该营A连的2个排、第811坦克歼击营的1个坦克歼击排，以及第2坦克营D连的1个"斯图尔特"坦克排。第9装甲师R战斗群接到的命令很老套："不惜一切代价坚守。"[136]第52装甲步兵营的一名士兵回忆，他无意中听到布思中校通过无线电得到通知："你们是一支将要牺牲的部队，必须不惜一切代价守住阵地。"[137]

在这些士兵中，许多人认为最糟糕的事情是，不管是军官、军士还是普通战士，都不知道等待他们的是什么。尤金·A. 沃茨（Eugene A. Watts）少校抱怨"几乎完全没有传达敌情"，他后来说道："我们从来都没有彻底意识到敌军突破所造成的局面有多严重，因为直到与敌接战前几个小时，我们才知道自己的阵地正受到威胁。"[138]

据某些资料称，第506重装甲营的一小队"虎王"重型坦克抵达，引领第2装甲师的推进，但这很难证实。德国和美国资料都表明，罗斯上尉的士兵12月18日上午10时30分在克莱沃方向的公路上看到的只是两辆来自第2装甲侦察营的装甲侦察车。反坦克炮发出轰鸣的时候，美国步兵跳进了掩体中。德军的进攻被轻松地打退了，在细雨中，美军士兵可以看到，敌人的车辆消失在一片小树林后。

一小时后，德军增援的四号坦克到达。在烟幕掩护下，这些坦克与侦察部队会合，但因为德军仍然缺乏必要的步兵支援，他们并未向美军阵地发动进攻。我们已经知道，德军在穿越克莱沃行军时，遭到守在城中心山上要塞的一股美军的阻击。12月18日正午，一辆"豹"式坦克快速冲上通往城堡的山坡，直接撞穿木制大门。第707坦克营一辆独自镇守城堡院内的"谢尔曼"坦克试图击毁进攻者，但没有成功。片刻之间，"豹"式的火炮就使这辆美国坦克失去了战斗力，对炮塔座圈的一击决定了美国坦克手们的命运。城堡守军意识到游戏结束了，他们从一扇窗户后伸出了白旗。

12月18日下午3时，第2装甲师师长冯·劳赫特上校带来足以进攻安东尼胡肖夫的军队。德军从三个方向，用四号坦克、"豹"式坦克、突击炮和步兵同时发起冲锋。立刻就有7辆"谢尔曼"坦克被击毁，导致美国步兵惊慌四散。[139]

罗斯上尉通过无线电请求批准撤退，但米德尔顿亲自重复了不惜一切代价坚守的命令。在这个十字路口，雨水浸透的空气中充满着浓密的黑烟，其间闪烁着从燃烧的"谢尔曼"坦克和其他军用车辆上升腾起来的红色火舌。德军炮弹不断地飞进这片如同地狱的区域。美军的一个榴弹炮兵连放弃了阵地。罗斯上尉意识到，一切都完了。他带着剩下的最后5辆坦克和2辆自行火炮，

阿登战役中，一门德国 PaK 40反坦克炮正在作战中。（霍斯特·黑尔穆斯）

沿路口北面的斜坡撤退。第52装甲步兵营的行动报告写道："我们的许多车辆都被摧毁，伤亡率很高。这个阵地上约50%的人员得以步行和乘车撤退，加入哈珀中校指挥的特遣队。"[140]

就在德国装甲兵和步兵主力忙于这场战斗时，第2装甲师的装甲侦察营已沿N12公路继续南行，于下午4时15分在法伊茨与哈珀特遣队发生战斗。不久以后，天色渐暗，该师第3装甲团的先遣支队也得以调来对付哈珀特遣队。24辆德国坦克进入公路以东几百米的田野上，在一个山顶上摆开阵势。[141]午夜，冯·劳赫特上校发出了进攻信号。

战后美军得出的结论是，德军曾在这场战斗中使用了配备夜视装置的"豹"式坦克。[142]但根据第2装甲掷弹兵团团长约阿希姆·古特曼上校的说法，德军取得成功的原因比这简单得多：因为美军将他们的坦克沿着路西边的树林一字排开，德军只要瞄准在稍微明亮一点的夜空中清晰可见的树梢就行了。[143]古特曼上校对这场战斗做了如下描述：

> 德军坦克保持着最大的机动性，开炮后总是快速退下斜坡。炮弹正中美军坦克，使其燃起大火，我们可以在火焰的光芒中清楚地看到所有敌军坦克，而美军在刺眼的火光中什么也看不见。[144]

德军"豹"式坦克和四号坦克将美军装甲兵完全撕成碎片之前，只有3辆

战斗后的情景。战场上散布着被摧毁的"谢尔曼"坦克和其他美国战斗车辆的残骸。
（美国陆军）

"谢尔曼"做出了抵抗。古特曼上校写道："10分钟之内，已有24辆敌军坦克被击中起火，另外10辆坦克则完好无损地被我们缴获。我们自己的全部损失只不过是2辆坦克。"[145]

德军装甲车辆如潮水一般扑向美军步兵，用坦克机枪射出的曳光弹点燃了他们的车辆，然后在火光中像割草一样撂倒美国士兵。阵亡的美军将士中包括第2坦克营营长哈珀中校和第52装甲步兵营 B 连连长刘易·F. 海思（Lewie F. Hayse）上尉。[146]

这场战斗进行的同时，第9装甲师 R 战斗群的第3个战斗群（驻守穆瓦内的布思特遣队）对发生的一切毫不知情。士兵们确实听到东边传来的雷鸣般的炮声，在雨夜中，仍能看到战场上闪耀的火光，但这对于战争中的士兵来说并没有什么特别的。晚上6时30分，布思中校的侦察队报告，看到该战斗群阵地以南有德国装甲车辆。[147]此时，布思与吉尔布雷思上校之间已失去了无线电联系，徒步奔往后者设在隆维利（Longvilly）的团部的士兵们也无人返回。[148]第52装甲步兵营的行动报告写道："派往各个方向的侦察队透露，我们已完全被来自东北方和南方的敌军装甲兵包围，估计至少有一个德国装甲师。指挥官确定，我们唯一的机会就是尝试向西北突围，通过布尔西（Bourcy）逃往巴斯托涅。"[149]

整个战斗群匆忙登上车辆，沿着泥泞的小路开往穆瓦内西北2英里（约3.2千米）的布尔西。在那里，美军与德国小股部队发生冲突——那可能是冯·劳赫特师的一支侦察队。经过20分钟的交火，德军消失了，布思的士兵得以继续行进。他们走的是自认为通往西北方阿迪尼（Hardigny）的路（可能是想继续走从北面通往巴斯托涅的干道），但在黑暗中显然选错了出口，走上了通往原定目标西北6英里（约10千米）塔维尼（Tavigny）的公路。就这样，正如之后我们将看到的，从不只一个方面看，布思特遣队都已经出局了。

　　几小时后，法伊茨/阿勒博恩（Allerborn）的战斗结束时，冯·劳赫特从N20公路向右转，开上了与布思的队伍前往布尔西所走的同一条乡间小路，看上去似乎是要追赶布思。但是，冯·劳赫特的视线落在西面——他的任务是绕过巴斯托涅，用最短的时间抵达默兹河。布思和劳赫特都不知道，与此同时，美军就在这条破旧的乡间道路以南，山下1000码（约914米）的隆维利集结。

　　许多人（包括熟知这段历史且偶有尖锐意见的美国军事历史学家S. L. A. 马歇尔）断言，1944年西线的美军缺乏合适的步兵预备队。[150] 但这不完全是实情。就在1944年12月16日德军发动进攻的前几天，两个全新的美国师（第11

这辆"谢尔曼"坦克明显在被击中后引发了弹药起火，以致30多吨重的车辆倾覆。（迪基希国家军事历史博物馆）

战斗中的"谢尔曼"坦克。(NARA, SC 196413)

装甲师和第75步兵师）就要乘船渡过英吉利海峡前往法国。另两个新组建的师（第66步兵师和第17空降师）也正准备在几周后步其后尘 [①]。

　　但是，这些新到的部队仍与前线相距甚远，从这种意义上说，前线确实缺乏预备队。想要获得新部队以填补德军进攻造成的缺口，仅有的选择就是调动蒙受惨重伤亡后，最近被调离战场以便补充的部队；或削弱其他战线的兵力——这可能造成计划中的攻势中止。情况已十分危急，艾森豪威尔很快就发现，自己被迫同时采取这两种措施。

　　我们已经知道，在德军突破口北部区域，第7装甲师和第9装甲师B战斗群已于12月16日重新在南面集结，援助第106步兵师。接下来的两天中，第30步兵师和第3装甲师也陆续奉命向南移动，开往突破口的北翼。这样，美军被迫取消对鲁尔水坝的进攻，于是，那场曾付出沉重代价的战斗已经白费了。

　　德军突破口南部区域，美国第3集团军于12月16日晚上奉命将其第10装甲师（"猛虎"师）重新部署到巴斯托涅地段，于次日归属第8军指挥。[151]性情暴躁的第3集团军指挥官乔治·S.巴顿中将很不情愿地同意让出该师。在那之前，他的全部注意力都在突入德国萨尔地区的攻势上，为此做了大量的准备，按计划，进攻将在12月21日开始的为时3天的猛烈轰炸后展开。[152]巴顿满腔热情地告诉他的参谋们："这将是第3集团军历史上最大规模的闪击战。"[153]

　　第10装甲师是进攻计划的基石，所以调走该师（不久后还调走了其他几个师）实际上意味着巴顿的进攻计划破产。总指挥官艾森豪威尔通知第12集团军群指挥官奥马尔·布拉德利中将，巴顿必须放弃他的一个装甲师时，布拉德利认为这将激怒巴顿。对巴顿的任性偶有不快的艾森豪威尔厉声说道："告诉他，指挥这场该死的战争的是'艾克'（艾森豪威尔的昵称）！"[154]正如布拉德利所预见的，巴顿对此强烈抗议，他哀叹道："见鬼，这也许不过是一次意在让我们乱了阵脚、停止本次攻势的破坏性进攻。"布拉德利不能百分百确定巴顿是错的，但命令就是命令。[155]他真诚地说道："我痛恨这件事，乔治，但我必须调走该师。"[156]

---

　　① 原注：在《希特勒的最后赌博》——阿登战役的重要参考书之一当中，军事研究人员迪皮伊、邦加德和安德森列出了许多被称为预备队的美国师，但这些部队都以某种形式卷入了其他作战行动。例如，第7装甲师成为打算进攻鲁尔水坝的美国第9集团军的重要组成部分。第94步兵师不是新组建的，也不是预备队，1944年9月8日到当年年底之间，它参加了夺取德军占据已久的法国大西洋港口洛里昂和圣纳泽尔的激战。

12月17日13时20分，第10"猛虎"装甲师出发，向北方调动。与此同时，美军指挥官们渐渐开始了解德军的突破范围。12月17日晚上，克莱沃似乎就要陷落，这意味着德军将渡过通往巴斯托涅的最后一条河流，这时艾森豪威尔决定再投入第18空降军。这个军的两个师参加了9月与荷兰阿纳姆空降作战相关的一系列血战后，正在法国兰斯（Reims）附近的穆尔默隆（Mourmelon）和锡索讷（Sissonne）休整，12月17日19时30分，它们奉命紧急在巴斯托涅重新集结，以守卫这个重要的公路枢纽。它们将在那里加入米德尔顿的第8军。德军截获了这一用无线电明文发送的命令。

第47装甲军军长冯·吕特维茨12月17日晚收到一份命令译本，满意地说道："如果美国人被迫使用两个在战斗中损失如此严重的兵团，那就证明他们不会在我们的后方承担任何空降作战任务。如果他们只能将最好的战略预备师投入战斗，就说明不可能还留着其他预备队。"[157]他期待着自己的第47装甲军和美国第18空降军一较高下。

接下来的几个小时中，局势变得比盟军总指挥官所担心的还要糟糕。第18空降军的一个师——第82空降师——在调动期间接到新的命令，该师将不再部署到巴斯托涅，而是通过该城继续前进到北面的乌法利兹。在那个位置，美军宪兵们等着为该师指引道路，前往新的部署区域韦尔博蒙（Werbomont）——在党卫军第6装甲集团军前锋12月17日晚上抵达的斯塔沃洛以西12英里（约19千米）处。第82空降师的处境正说明了盟军方面遇到的危机，它最终抵达新目的地时，立即遭到斯塔沃洛以西的党卫军第6集团军和圣维特地区的第5装甲集团军最北端军队的猛烈打击。

这样一来，只有一个空降师（第101师"呼啸山鹰"）能够部署在巴斯托涅地段。由于师长马克斯韦尔·泰勒（Maxwell Taylor）少将此时身在美国，该师炮兵指挥官安东尼·麦考利夫准将在巴斯托涅之战第一阶段指挥"呼啸山鹰"。

由于危机愈演愈烈，第8军和第101空降师都无法得到整个第10装甲师的支援；因为巴顿北翼的第4步兵师遭到德国第7集团军的猛攻，第10装甲师A战斗群和R战斗群转向该地段，避免美国第3和第1集团军之间的联系遭到破坏。因此，只有该师的B战斗群〔由第3坦克营营长威廉·L.罗伯茨（William L. Roberts）上校率领〕能够部署到巴斯托涅。

12月18日下午4时，罗伯茨抵达巴斯托涅海因茨兵营的第8军军部时，米德尔顿命令他将装甲团分成3个较小的战斗群。罗伯茨对此心存疑虑，但别无选择，只能服从命令。[158] 18日晚上7时至午夜之间，第10装甲师 B 战斗群被分成彻里特遣队、奥哈拉战斗队和德索布里战斗队，分别派往东、东南和北面。

当晚到访巴斯托涅第8军军部的另一位将领是第18空降军军长，以坚韧著称的马修·B.李奇微少将。他发现"军部中的悲观情绪比外面的雾还要浓"。李奇微在回忆录中写道："这种对前途毫无把握的气氛绝不是米德尔顿将军的错，他是一名在两次战争中都有过非凡战斗记录的杰出军人。但在任何战争中，最令人不安的就是对局势一无所知。米德尔顿知道自己的一些部队已被打垮。[……]他与前方单位的所有通信几乎都已中断，他不知道自己的军队在哪里，也不知道德军在哪里，他们下一步的打击目标在何处。"[159]

美国第1集团军司令部的情况可能更糟。艾森豪威尔的情报副主任托马斯·J.贝茨（Thomas J. Betts）1944年12月18日到访，他发现第1集团军司令部"一片混乱"。贝茨写道："他们不知道发生了什么。至于作战，第1集团军思考的是这里有一个营，那里有支别的部队，但对如何应付德军的进攻没有任何计划。我也没有看到他们发出任何命令。"[160]

12月18日整天，忧心忡忡的美军指挥官们不知道德军将在什么时候抵达巴斯托涅。第101空降师的士兵们陆陆续续到达，但该师的大部分炮兵仍在途中，最后一批士兵要到第二天深夜才能抵达。美军甚至不知道，第10装甲师 B 战斗群或第82空降师能否在德国人之前赶到。但在前一天，几队美国士兵顽强地阻挡了德军的脚步，卢森堡西北部山区的险要地形挽救了这些美军部队，他们没有被拜尔莱因中将的装甲教导师和第26国民掷弹兵师合力困住，这两支德军部队的任务就是直扑巴斯托涅。

正如上文所述，装甲教导师的先遣支队——格尔德·冯·法卢瓦少校率领的冯·法卢瓦战斗群（加强的装甲侦察营）于已12月18日早晨9时从德罗费尔特渡过克莱韦河。当时，他们和西面不到20英里（约32千米）的巴斯托涅之间只有一些溃散的美军部队。

一个半小时后，美国第82空降师的车队离开锡索讷，开始了115英里（约185千米）的巴斯托涅之旅。[161]这一旅程后来又继续了下去，经由乌法利兹前往

12月20日（德军装甲部队进攻开始4天之后），巴斯托涅以北和以东地区到处可见美军"谢尔曼"坦克的残骸。（美国陆军）

韦尔博蒙。正如我们将要看到的，在12月18日开往韦尔博蒙期间，该师两次在千钧一发之际躲过被不同德军装甲部队切断的命运。但是，美军在几乎笔直地穿过平坦农田前往巴斯托涅的硬质路面上全速前进时，德国装甲教导师却被迫取道狭窄、曲折的小路穿越山林地区，这里是阿登"难以通行"的典型。

冯·法卢瓦少校的主要任务是掩护主力的侧翼。因此，他率领部队前往德罗费尔特西南5英里，维尔茨镇北面的埃佩尔当日（Erpeldange）。德军在那里迎面碰上了一支由第707坦克营的3辆"谢尔曼"坦克和第630坦克歼击营的一些反坦克炮组成的美国军队。这是前一天克莱沃的美军遭到全歼之前从那里逃出来的。德军立刻开火，第707坦克营行动报告写道："营突击排和B连的3辆坦克正在维尔茨抵御来自西北面的进攻，一整天都遭到敌方的连续强攻，我方给敌方造成了沉重的人员和车辆损失。"[162] 但是，据德国方面的资料称，冯·法卢瓦战斗群将美军从埃佩尔当日以及公路向前不远处维尔茨镇郊的魏丁根（Weidingen）逐出。[163]

与此同时，装甲教导师主力已上路，但他们并不孤单。由于美军在霍辛根的抵抗已于12月18日早上瓦解，装甲教导师和第26国民掷弹兵师都得到了解脱。这两个师同时开向克莱韦河的一个渡口：克莱沃以南3英里德罗费尔特的狭窄桥梁。涌向这个瓶颈的共有约2万名士兵，此外，不仅有数百辆各类作战车辆，还有第26国民掷弹兵师的5000辆运输用的马车。从山坡上盘旋而下的、通往德罗费尔特(火车站周围的一座只有数百名居民的小村庄)的曲折小道上一片狼藉。冯·法卢瓦战斗群之前走的也是这条路，但由于士兵、马匹和车辆乱作一团，情况变得完全不同了。

军官们和交通管制单位人员满头大汗地试图维持桥上的交通秩序。但在河的另一边，情况也好不到哪里去。从德罗费尔特开始，一段漫长而陡峭的上坡道路又形成了新的交通堵塞。离开村落后，高低不平的地形迫使德军只能在狭窄的维尔茨公路(Wëlzerstroos)上行进，这条公路穿过群山，从德罗费尔特通向西南6英里(约10千米)外的维尔茨城。

就在几个小时前，撤退的美军士兵已通过了这条公路，留下许多仓皇后撤的迹象。武器、钢盔和其他装备散落在公路及四周。德军将美军丢弃的卡车和作战车辆推到路边，或沿着公路将其翻倒在一侧的陡峭河岸上。困难出现在距离德罗费尔特约1英里的地方，道路的一侧是几乎垂直的峭壁，而另一侧则是直插河谷深处的陡坡。德国坦克或牵引车因为故障停下时，整个车队就无法前进。倾盆大雨之中，步兵和摩托车手打着寒战，一边诅咒着，一边努力地在卡车和坦克之间前行，更加剧了道路的拥挤程度。

第26国民掷弹兵师师长科科特上校完全被这混乱的场景吓住了。他写道："一连几个小时，这条狭窄的公路都被动弹不得的坦克或拖车堵塞着。没有任何车辆能够通过。从后方开来的一个摩托化纵队咆哮着冲进混乱的车辆之中，将运载步兵弹药或武器的马车推向一边，试图挤过去，最终遇上了一辆违反严格禁令自西向东行驶的车辆。最后，连绵数千米的车队都无法前进。"[164]

车队大部在这条公路上停滞了几个小时后，第26国民掷弹兵师第39燧发枪兵团才得以脱离瓶颈，向埃佩尔当日行进，在那里接替了冯·法卢瓦战斗群。后者由N12干道从埃佩尔当日穿过群山向西北进发时，德军主力在埃佩尔当日以北约1英里的地方向右转向。

再往前1000码——在距离德罗费尔特4英里的埃施韦勒(Eschweiler)，德军主力碰上了一小股美军，但这些美军不可能抵挡强大的德军。短暂交火后，漫长的德军纵队又继续推进了。[165]对于德国人来说，地形是更难对付的对手。通过埃施韦勒后，他们继续在陡峭的上坡道路行军，这条路穿过荒凉的群山和黑暗的森林，周围地势崎岖，杳无人烟。下午4时40分夜色降临，山路更加难行。

1944年12月，第26国民掷弹兵师下士霍斯特·黑尔穆斯所画下了一群德国士兵在巴斯托涅以东检查被击毁的"谢尔曼"坦克的情景。

在薄雾笼罩的阴雨天气中，夜里漆黑一片，而为了避开空袭的危险，车辆连大灯都不能使用。

12月18日晚上6时，冯·法卢瓦战斗群抵达巴斯托涅以东6英里的下万帕赫(Niederwampach)。[166] 他们在那里停留片刻，等候该师余部。主力为约阿希姆·冯·波申格尔(Joachim von Poschinger)中校的第902战斗群，其先头车辆于晚上9时抵达，德军继续前进。他们的计划是通过夜间奇袭，夺取巴斯托涅。

走出多山的恶劣地形令德国人如释重负，但他们此时进入的地区实际上没有合适的道路，只能沿着这片肥沃农场的田间小路前进。地形仍然是德军最大的对手，他们进入了美军放弃的小村贝农尚(Benonchamps)。[167] 在邻近的马格雷特村(Mageret)，德军没费多大力气就消灭了来自美国第158战斗工兵营的一支军队。他们发现，这座村庄几乎完全荒废；许多居民加入了逃向巴斯托涅的难民行列。午夜时分，装甲教导师在内弗(Neffe)——巴斯托涅城东入口正前方排列的20余栋石屋——驻扎下来。此处距离巴斯托涅只有1英里，而且有着条件最好的公路，但德军对这一战略要地发动的攻势却止步于此。

装甲教导师师长拜尔莱因中将命令停止前进。他认为危险正在逼近，进入通往巴斯托涅公路南北两侧阵地的美军可能会包围他的先遣支队。[168] 但是，美军并无这样的计划，也没有足够的兵力这么做。相反，米德尔顿只是将从南方抵达的增援部队派往前线。第158战斗工兵营已奉命前往内弗(被装甲教导师逐出)和更北面1英里的邻村比佐利(Bizory)。这支小部队抵达了比佐利，他们并无足够的兵力包围装甲教导师，但在黑夜之中，德国人无法发现这一点。

在装甲教导师从马格雷特前往内弗所走的那条公路南面，长长的美军作战车辆队列(包括大量"谢尔曼"坦克)开出巴斯托涅，占据马格雷特以南3英里瓦尔丹村(Wardin)的阵地。这是第10"猛虎"装甲师A战斗群的3个战斗群之一——奥哈拉战斗队。詹姆斯·奥哈拉(James O'Hara)中校率领的这个战斗队由第21坦克营C连、第3坦克营D连的一个坦克排、第54装甲步兵营的两个连加上工兵及一个装甲侦察中队组成，有可能给装甲教导师的先遣支队造成严重威胁。冯·法卢瓦派遣一支部队前往瓦尔丹试探美军实力，但他们抵达那里时，发现该村已被放弃。出于某种原因，奥哈拉将他的部队撤至西南方1英里外的马尔维(Marvie)。因此，他的战斗群无法再直接威胁到装甲教导师了。不过，德军仍对此保持密切关注。12月19日拂晓，拜尔莱因亲自用双筒望远镜观察了奥哈拉战斗队的情况。[169]

由于美军从瓦尔丹撤离，德军就可以集中力量，打击在马格雷特东北2英里（约3.2千米）的隆维利（装甲教导师与第2装甲师之间）发现的一支规模更大的美军。就在装甲教导师占领马格雷特和内弗前，彻里特遣队——第10装甲师A战斗群的另一个战斗群——已按照米德尔顿的命令穿过这两座村庄，占据巴斯托涅东北方隆维利的阵地。亨利·T.彻里（Henry T. Cherry）中校率领的这个战斗群由第3坦克营大部（B连和D连的2个排除外）、第20装甲步兵营C连，以及第609坦克歼击营、第90骑兵中队及第55装甲工兵营的各1个排组成。[170]

彻里特遣队的先遣支队是爱德华中尉率领的第3坦克营A连，有15辆"谢尔曼"坦克，他们于12月18日晚上7时20分抵达隆维利正东小河谷的农田。[171]第3坦克营的士兵们已习惯了胜利，看到面前的混乱景象时十分惊恐。此时，逃过德国第2装甲师对安东尼胡肖夫和阿勒博恩进攻的第28步兵师第110团级战斗队、第9装甲师R战斗群的士兵们涌入隆维利，士气低落的他们尤其令"猛虎"师的士兵们目瞪口呆。

一份美国陆军报告称"地势低洼、周围群山环抱的这座小镇里，挤满了第9装甲师CCR的车辆和士兵"[172]。第9装甲师R战斗群指挥官约瑟夫·H.吉尔布雷思上校也在其中，他此时已不知所措。但彻里中校很快将隆维利周围的军队组织起来。他率领的部队曾在1944年11月19日巴顿突入德国的行动中担任矛头，因此他们理所当然地相信自己可以在这座村庄阻止德军的进攻。

12月19日早晨，隆维利集中了一支规模相当可观的美国军队。除彻里特遣队之外，还有前一天抵达的第9装甲师R战斗群各部、第110团级战斗队撤退的士兵，以及第630坦克歼击营的4门反坦克炮。而且，两个炮兵营——第58和第73装甲野战炮兵营——已占据阵地，开始炮击东面的德军。[173]但是，美军仍然无法期望得到任何大规模空中支援；低压云团顽固地留在整片地区，带来了阴暗的低云层、雨水和雾气。12月19日，气温进一步上升，整天都保持在37～42华氏度（约合2.8～5.6摄氏度）。此时，该地区的降雪已明显减弱：这绝对不是一场冬季战役——至少还没到时候。

德军也已经集结了一支强大的进攻力量来对付彻里。夜间，装甲教导师余部和第26国民掷弹兵师第77掷弹兵团已抵达前一天晚上占据的前沿阵地。[174]
消灭隆维利美军的任务分配给了第77掷弹兵团。团长马丁·施里费尔（Martin
Schriefer）中校立即制定了一个进攻计划："一个掷弹兵营潜行到隆维利东南约
500码（约457米）的阵地上。两个连占据正面的阵地，第三个连占据右侧略靠
后的阵地。第2营将一个连加上反坦克武器部署在村庄以西1000码（约914米）
的丛林地区，面向东方以切断主干道。其余两个掷弹兵连悄悄前进到村庄西南
800码（约731米）的阵地上。"[175]此外，拜尔莱因还将第902战斗群的12辆"豹"
式坦克分配给一支步兵，他们被部署在村庄西南林木茂盛的山上。[176]

　　但是，与第2装甲师之间的通信显然不通畅，该师完全没有想到，其行进
队列在12月19日中午之前来到隆维利东北约1000码处时，遭到据估计有"多
达100辆战车"的一支美军装甲部队袭击。[177]这些德国人以为，他们已消灭了该
地区的所有美军，根本没有预料到对方能够这么快调来新的部队。但向第2装
甲师发动进攻后，彻里特遣队也卷入了与这支部队的火力交战之中。冯·劳赫
特立即命令第3装甲团的一队坦克开往隆维利东北地区，这些坦克手在那里与
施里费尔中校取得联系，后者让他们加入打击彻里特遣队的进攻计划中。[178] 13
时，德军的进攻从毁灭性的炮兵齐射开始。下面是德军方面观察到的情景：

　　　　在清脆的机枪声和低沉的炮弹爆炸声中，几个掷弹兵连的班、排冲出
　　阵地，以分散的队形进攻村庄和公路。装甲教导师的坦克火力全开，从西
　　南方向前涌去。敌军方面一片混乱，只有几挺单独的机枪从房屋的窗户
　　和花园树篱后开火，大批战士在枪林弹雨中匆忙地来回奔跑。几辆美军
　　坦克转动炮塔，向进攻队伍开炮，但其他许多坦克已经置身于火海之中。
　　另外一些坦克试图向北逃脱，但暴露在布尔西—隆维利主干道上的德军
　　坦克炮炮火下。[179]

　　德军进攻开始时，彻里中校在巴斯托涅的B战斗群团部里，隆维利的指挥
权交给了威廉·F.赖尔森（William F. Ryerson）上尉。美军被赶进了村庄。这座
村庄的位置像是高山之间的一个盆地，在德军的钳形攻势下，它变成了一个名
副其实的"杀人口袋"（出自美国历史学家约翰·C.麦克马纳斯之口）。[180]下面

是德方对最后战斗的描述:

> 我们的步兵从西面和西南面发起进攻,越过主干道进入隆维利,那里的所有敌人都已被装甲教导师的坦克消灭。2时30分战斗结束。我们的对手伤亡惨重,许多军官和100余名士兵成为俘虏。50余辆坦克和装甲车辆被摧毁,在公路和村道上燃烧着。大量机动车辆要么在完好的状态下被缴获,要么被炸成碎片。只有少量坦克和溃散的士兵逃向北面或西北面。[181]

第26国民掷弹兵师师长海因茨·科科特上校写道:"与取得的成功相比,我们自己的损失可以忽略不计。我能想起来的就是,整个第77团中一共只有2名军官和约50名士兵伤亡。"[182]此外,8辆德国坦克被击毁。[183]

第9装甲师R战斗群指挥官约瑟夫·H.吉尔布雷思上校侥幸逃脱,到达巴斯托涅时已筋疲力尽。[184]与此同时,12辆"豹"式坦克进攻了彻里上校的司令部,这个司令部设在内弗以南宏伟的内弗古堡(Château de Neffe)里。彻里的团部连和第3装甲营装甲侦察排根本没有任何胜算。率领余部向西撤退之前,彻里上校向巴斯托涅的第10装甲师B战斗群团部发出了一条绝望的无线电信息:"我们不是被赶出来的;我们已筋疲力尽了!"[185]德军在这里又摧毁了6辆美军坦克,摧毁或缴获多辆卡车,俘虏50余名士兵,并全面接管了散落着燃烧中的美国军用车辆的战场。[186]据某些美国资料称,美军损失"200余辆军用车辆",包括25辆坦克、14辆装甲车和15辆M7 105毫米自行火炮。[187]但是,1944年12月19日美军在隆维利—内弗坦克战中的真实损失从未得到澄清。第5装甲集团军指挥官冯·曼陀菲尔的记录显示,有50辆美国装甲车辆被摧毁,另有23辆"谢尔曼"坦克、14辆装甲车、15辆自行火炮、25辆卡车和30辆吉普车完好无损地被德军缴获。[188]这些数字与第2装甲师及装甲教导师的记录相符。[189]

至此,巴斯托涅的美国装甲力量已经大体上被消灭。除12月19日在隆维利遭受的严重损失之外,还应该算上18日罗斯特遣队和哈珀特遣队损失的31辆"谢尔曼"。加上12月17日美国第2坦克营在克莱沃损失的14辆"谢尔曼",这个营在两天内就损失了45辆"谢尔曼"坦克。[190]而且,美军还损失了大量坦克歼击车。第811坦克歼击营C连(第9装甲师R战斗群的一部分)第3排损失了3辆"地狱猫"，而第2排被迫丢弃了所有车辆。[191]

几个小时后，米德尔顿少将和第8军军部离开巴斯托涅的海因茨兵营，撤往西南方的讷沙托（Neufchâteau），麦考利夫准将及第101空降师师部接管了巴斯托涅。

在威廉·C.西尔万少校和弗朗西斯·C.史密斯上尉代表美国第1集团军指挥官霍奇斯中将记录的日志中，12月19日的一段写道："第8军的形势极不稳定。[……]有报告说巴斯托涅已陷落，有的则称还没有陷落；乌法利兹也是如此。"[192]盟军仍然完全不了解自己受到的是哪支德军部队的进攻，也不清楚他们有多强。布莱奇利庄园的"超极机密"团队12月20日解密了一条德军无线电信息，称"曼陀菲尔集团军"进展良好，对此的解释是，"这可能表明，曼陀菲尔可能再次和他以前的部队在一起了。第5装甲集团军和以他的名字命名的集群（明显是'冯曼陀菲尔集群'，德军在阿登战役准备期间赋予第15集团军的代号，参见第2章；这个代号显然起了很好的效果）——可能已不复存在。"[193]

霍奇斯似乎也已身心俱疲。至少陆军元帅蒙哥马利次日访问他的司令部时留下的是这种印象。[194]就连盟军总指挥官艾森豪威尔也表达了深深的忧虑。12月20日，他派出由盟国远征军最高统帅部副参谋长雷伊·巴克（Ray Barker）少将率领的军官代表团前往美国，紧急请求进一步的人员和物资增援。艾森豪威尔转达给华盛顿战争部的信息是："除非我们得到更强有力的支持，否则就会输掉这场战争！"[195]

蒙哥马利登场

美国第106步兵师几乎被全歼，第28步兵师在巴斯托涅以东的阵地崩溃后，美军面临的局势已十分凶险。盟军最高统帅艾森豪威尔12月19日召集美军将领在凡尔登开会（参见第8章）时，发现将军们并未表露任何惊慌失措的迹象，这令他十分高兴。[1]但正如第3集团军指挥官乔治·巴顿中将所言，盟国远征军最高统帅部情报主任斯特朗少将所做的形势简报"一点儿也不令人愉快"[2]。有一个情况很能说明问题，美国第1集团军指挥官霍奇斯并未参加凡尔登的会议，由于担心遭到党卫军第6装甲集团军派普战斗群的进攻，他的军部几乎是慌不择路地撤离。仅仅两天，这支党卫军劲旅就在阿登前线北翼突进了2英里。

与此同时，英国—加拿大第21集团军群指挥官、陆军元帅伯纳德·劳·蒙哥马利研究了地图。他注意到德军的突破将把布拉德利将军的美国第12集团军群一分为二：美国第1集团军南翼的第8军似乎将被推向西南方，而该集团军的其余部队将被推向正北方由美国第9集团军守卫的阵地。蒙哥马利很清楚，如果美军无法阻止德军渡过默兹河，他自己的集团军群很快就会暴露在严重的威胁下。在那种情况下，蒙哥马利的军队和已被推向北方的美国军队就必须紧密协作，而这种关系的前提就是统一指挥。但他认为，要及时平息这样的态势，最合理的举措就是立即确立统一指挥。对蒙哥马利来说，他担任联合指挥官是很自然的事情。

蒙哥马利召见了盟国远征军最高统帅部的作训参谋主任约翰·怀特利（John Whiteley）少将，建议由自己担任北面美国军队的指挥官，他认为布拉德利难以指挥那里的军队。

怀特利同意蒙哥马利提议的逻辑，并在当晚会同盟国远征军最高统帅部的情报主任斯特朗少将拜访了盟国远征军最高统帅部参谋长沃尔特·比德尔·史密斯（Walter Bedell Smith）中将，讨论这一事项。最初，史密斯反对这一提议，称这是"该死的英国参谋"[3]的主意。怀特利面对的不仅是新旧世界之间的文化分歧，还有许多人对古怪的、常常显得傲慢的蒙哥马利的抗拒。

但是，斯特朗很快就理解了这种组织结构的逻辑，打电话给艾森豪威尔转达了这一提议。艾森豪威尔回复，他将在次日早晨给出答案。很快，英国首相丘吉尔也打电话给艾森豪威尔讨论同一件事。

次日早晨，艾森豪威尔醒来后，他拿出一张战区地图，用粗蜡笔从法比边境的日韦（Givet）画了一条正西方向的直线，穿过卢森堡最北端直达德国城市普吕姆（Prüm）。在那条线以北的所有美军——来自第1和第9集团军——在阿登危机平息之前将由蒙哥马利指挥。圣维特、马尔梅迪、马尔什和迪南都在那条线以北。最终，迪南和罗什福尔（Rochefort）也划归蒙哥马利的"战区"。这意味着，布拉德利失去了对麾下约半数军队的控制。

艾森豪威尔意识到这是个敏感问题。他派比德尔·史密斯向布拉德利传达这一决定。果不其然，布拉德利的第一反应是完全惊呆了，他开始将这看成是盟国远征军最高统帅部中发生恐慌的迹象，但和比德尔·史密斯一样，他最终说服了自己，毕竟，这是个明智的决定。

蒙哥马利元帅（左）、奥马尔·布拉德利中将（中）和美国第9集团军指挥官威廉·辛普森中将（右）。（NARA，SC 197799／米勒）

　　与此同时，第9航空队中为美国第1和第9集团军提供直接空中支援的两个战术航空兵司令部——分别由奎萨达和纽京特少将指挥的第9和第29战术航空兵司令部——划归给英国第2战术航空队指挥。但是，IX TAC 的6个战斗机大队同时转入支援巴顿第3集团军的第19战术航空兵司令部，该集团军还接管了第1集团军下辖的第8军。英国第2战术航空队由空军中将亚瑟·科宁厄姆指挥，他担任盟国航空兵总指挥官支援英国第8集团军在北非作战时，开发了先进有效的直接空中支援方法，美国陆军航空兵虽不情愿，但还是成功地采用了这一方法。

　　对蒙哥马利在阿登中的表现，战后有各种各样的评价，既有某些传记的颂扬之词，也有对其成就的全然蔑视。在许多有关阿登战役的叙述中，对蒙哥马利的描述仅限于他的一些奇闻轶事。因此，人们常常会读到这样的情节：战后，布拉德利将按照蒙哥马利的希望让出美国军队指挥权一事称为"我在战争中所犯的最大错误之一"。同样，这些战后的出版物中往往会说，当霍奇斯的美国第1集团军以及辛普森的美国第9集团军将归这位英国陆军元帅指挥的消息传来时，在第1集团军参谋们撤退后下榻的绍德方丹（Chaudfontaine）皇宫酒店汇聚了一股"不满的暗流"。12月20日正午，蒙哥马利在他的参谋长"弗雷迪"·德甘冈（'Freddie' de Guingand）少将的陪同下抵达该司令部。一位陪同的英国参谋觉得，陆军元帅大步走进霍奇斯司令部时"就像洁净神殿的耶稣"。这个故事通过许多书籍和文章广为传播。而且，根据这些读物中的叙述，蒙哥马利当时（可能无意地）侮辱了美国人：他婉拒了与后者共进午餐的邀请，就像他不在自己的司令部时所习惯的那样，坐下来吃了一块三明治，喝了装在一个保温瓶中的咖啡。

蒙哥马利发现美军前线地段状况相当不好，他觉得霍奇斯似乎显得很疲倦，在一份有关第1集团军司令部的报告中写道，那里缺乏对局面的控制，"没有人对局势有清晰的认识"。

蒙哥马利还觉得，阿登前线缺口的北部组织极其混乱。他对美国第9集团军有2个军和3个师，而第1集团军有3个军和5个师这一现状非常不满。战后，蒙哥马利说，在那个阶段，美国各集团军的指挥官中，没有人曾与布拉德利或来自其参谋部的任何高级军官会晤过，因此他们没有任何关于作战计划的指示。[4]

蒙哥马利当然个性要强，他的生活方式与保守的美国将军们格格不入。但是，客观的军事分析表明，他的战略决策帮助盟军挽回了败局。

1944年12月20日视察绍德方丹期间，蒙哥马利命令霍奇斯把约瑟夫·L.柯林斯（Josef L. Collins，绰号"闪电乔"）少将的美国第7军从鲁尔地区调到默兹河地区，与第5装甲集团军正面对抗。在蒙哥马利眼中，曾率领美国军队在1942—1943年瓜达尔卡纳尔岛战役中成功打击了日本军队的柯林斯是美国方面最好的将军。他强调，自己不会考虑柯林斯之外的任何其他美国指挥官。蒙哥马利还决定将他的英国第30军（也由一位非常有才能的指挥官指挥）集结在默兹河前线，部署在柯林斯军的西面。

此前已决定，美国第75和第84步兵师将划归第7军指挥，霍奇斯也倾向于派遣柯林斯对抗德军攻势。但是，霍奇斯希望将第7军用于圣维特，对德军发动一次反冲击。从三个方向开来的强大德军正在该地区形成一个马蹄形的包围圈，这也成为蒙哥马利和霍奇斯争论的焦点。蒙哥马利要求立即撤出这个危险的突出部，而霍奇斯和手下的一些美国指挥官却竭力推迟这一行动。在他们看来，一位英国陆军元帅命令美军放弃用美国人的鲜血保卫的地盘，是绝对不合理的。

这辆"谢尔曼"坦克试图躲在两所房子之间，但徒劳无功。（迪基希国家军事历史博物馆）

　　但是，蒙哥马利拒绝改变主意。他认为德军在圣维特的力量太强大了，后来的形势也证明，他的判断完全正确。他坚持认为，柯林斯的第7军应该调动到默兹河以南的马尔什地区，以便在德军补给线拉长时予以打击。这是蒙哥马利从北非战场中学到的一种策略，他在那里打败了德国的"非洲军团"。

　　接下来，蒙哥马利转向美国第9集团军指挥官辛普森中将（他的司令部也在绍德方丹），要求他在默兹河上将强大的美国第2装甲师"地狱之轮"（Hell on Wheels）移交给柯林斯的第7军。

　　虽然许多美国将军对蒙哥马利表达了强烈的负面看法，但是，在阿登战役中接受过他指挥的美国人却对他的印象很好。布鲁斯·克拉克准将就是其中之一，这位经验丰富的装甲兵指挥官在巴顿"横扫"法国期间指挥第4装甲师A战斗群，此后的阿登战役中，他指挥第7装甲师的B战斗群。在克拉克看来，蒙哥马利"很了不起"，并这样描述他："他是一位全面掌控局势的大师。他镇静而放松，绝不会因为面临的巨大难题而动摇。这与一些美国指挥官的习惯不同，蒙哥马利认为如果有机会休整，士兵们将会更好地战斗、取得更大的战绩。他总是会让一支部队作战3天后休整1天。这些部队中的士兵远比那些在前线持续作战的部队更高效。但是，正是这种习惯，令蒙哥马利的许多同事感到羞辱。"[5]

据克拉克说，1944年12月22日归属蒙哥马利指挥的第7装甲师将士非常信任这位英国陆军元帅："他们在这场苦战的重要阶段里感受到蒙哥马利身上的正直、勇气和决断力。"[6]

注释：

1. 艾森豪威尔，《欧洲十字军》，P.350。
2. 福克斯，《巴顿的先遣支队：美国陆军第4装甲师》，P.300。
3. 迪皮伊、邦加德和安德森，《希特勒的最后赌博》，P.143。
4. 蒙哥马利，《陆军元帅，阿拉曼子爵蒙哥马利回忆录》，P.308。
5. 《突出部》，第13卷，第1号，1994年2月。www.veteransofthebattleofthebulge.org/wp-content/uploads/2011/03/1994-Feb.pdf. 17 April 2014.
6. 同上。

圣维特之战

美国第1集团军上下都士气低落。12月19日整天，既惊恐万状又在一定程度上群龙无首的美军士兵退入巴斯托涅，致使大批平民离开该城。人们在前一天就开始离开，此时大批难民塞满公路，军事交通被严重破坏。发生在出城公路上的这种情景令人想起1940年5月那段黑暗的日子，当时为躲避德军的闪电战，一半的比利时居民逃离家乡，这些难民又在西行路上的更多居民中引发恐慌。据估计，离开家乡躲避战争的比利时和卢森堡平民不少于20万人。[196]

与此同时，在北翼被围困的美国第106步兵师已临近末日。师长琼斯少将已决定，将他得到的数量可观的增援集中用于师部所在地圣维特的防御，他所能向被围士兵们提供的，只不过是一纸命令：

> 进攻申贝格；最大限度地杀伤那里的敌人；然后向圣维特方向进攻。对国家来说，这项使命关系重大。祝你们好运！[197]

第62国民掷弹兵师在圣维特西南4英里的施泰讷布吕克渡过乌尔河时，琼斯又有了新的担忧。

到这个时候，被围的美军两个团的团长——第422步兵团的德舍诺上校和第423团的卡文德上校——已经不抱希望。接到琼斯的命令时，"德舍诺上校低下头，哽咽地说道：'我可怜的士兵们——他们将被切成碎片。'"[198] 卡文德觉得"对国家关系重大"那段话是一种侮辱。两位团长都没有意识到，自己的兵力3倍于包围他们的德国部队。霍夫曼－舍恩博恩少将已经把摧毁"美国大釜"的任务交给了他的作训科科长迪特里希·莫尔（Dietrich Mol）中校，莫尔的手上有第293和第295掷弹兵团，再加上由苏联战俘组成的一个营。莫尔认为美军的被动反应"完全无法理解"。他说道："敌人实际上完全没有表现出任何积极性。他们既没有向正在推进的我军各团发动干扰性进攻，也没有实施任何较大规模的调动。我们在后方也没有看到太多战斗活动。"[199]

人们一直都有这样的印象，缺乏经验的美军发现没有任何支援时，似乎就会完全瘫痪。航空兵似乎让他们失望了——不仅没有任何战术空中支援，连卡文德和德舍诺关于空投补给的请求也无人理睬。确实，美军有大量的道格拉斯C-47"空中列车"双发运输机，但是，"航空兵的官僚主义思想使C-47无法升空。地面军队再次提出请求。这一次C-47降落在比利时的一座机场，但是没有战斗机护航，也没有提供预定空投地点的地图坐标，这项任务再次被撤销了。"[200]

12月18日的天气仍然很恶劣，战术航空队仍然无法实施有效的行动，德国空军也仍然非常活跃，迫使大部分盟军战斗轰炸机和前一天一样丢弃炸弹。德军战斗机共起飞849架次，而第9航空队只出动了500架战斗轰炸机和165架中型轰炸机。在一场和前日同样激烈的空战后，德军损失59架战斗机，击落敌机26架。[201] 12月19日的天气进一步恶化：整片地区阴云密布，大范围雨雪令几乎所有飞行活动都无法进行。

12月19日，既缺乏空中支援又弹尽粮绝的美军按照琼斯少将的要求，对申贝格发动反冲击。莫尔中校的军队等在那里，用突击炮成批杀伤美军士兵。此后，德军发动了他们的进攻，粉碎了被围士兵的抵抗。第422步兵团第1营A连的理查德·麦基（Richard McKee）上士回忆道：

我们跑了回去，我只来得及跳上车队里的最后一辆吉普车。那是一种纯粹而简单的恐慌，而不是撤退。我们是在逃命。我们进入申贝格时，领头的吉普车轧到一枚地雷，被炸得粉碎，指挥官〔第1营营长威廉·克雷格（William Craig）中校〕阵亡。这时约是早上9时，一名军官手持白旗，让我们摧毁火炮和其他装备，向敌人投降。我们不敢相信自己的耳朵，我们并未遭到火力打击，也没有看到任何德国人。每个人都被告知扔掉家人的照片、钱、皮夹和刀子，只保留军牌、毯子和水壶。早上10时30分前后，德军出现，接管了战场。他们就像一群拿到新玩具的孩子，试着启动卡车并仔细打量它们。德国人要求我们扔掉头盔，将手放在头顶。他们拿走了我们的手表和想要的任何东西，告诉我们如果有任何人想要逃跑，都会被射杀。对我来说，战争结束了。[202]

12月19日早上对申贝格发动突袭失败后，德军俘虏了3000名溃散的美国士兵。德军继续用猛烈的炮火扫荡躲在林地中的美军。德舍诺叫喊道："我的上帝，我们正在遭受屠杀……我将尽我所能挽救士兵的生命，我才不在乎会不会上军事法庭。"[203] 14时30分，他率领第422步兵团的士兵投降。该团第2营的莱奥·莱塞（Leo Leisse）中士回忆：

我们已开始后退，一些士兵陷入可怕的混乱之中，向林地跑去，这时听到了下一条命令"站住！"过了一会儿，我们听到上校又下了命令——摧毁武器。我们将武器扔进小溪里，在石头上砸断手中的步枪。

16时，卡文德在并不知道友邻团已经投降的情况下，决定率领他的第423步兵团投降。

德国第1818炮兵团的贝门少尉在日记中写下了他对1944年12月19日所发生的事的印象：

俘虏的队伍不断经过；最初只有约100人，后来又走来上千人。我们的汽车被堵在路上。我下车步行。陆军元帅莫德尔亲自指挥交通（他是个

矮小、相貌平平的人，戴着一副单片眼镜），现在一切进展顺利。公路上
散落着被摧毁的美军卡车、轿车和坦克。又一队停虏走了过去，我估计有
1000人。在安德勒，我看到了一队停虏，约有1500名士兵、50名军官，还
有1名要求投降的中校。[204]

与阿登战役中常常出现的情况一样，美国资料无法对乌尔河以东歼灭战中
美军的损失给出任何确定的信息。据华盛顿陆军地面军队总部分析处情报科发
布的一份报告，第106步兵师共损失8663名士兵，其中被记录为在作战中失踪
的人员超过7000人。[205]但这一数字似乎过低了，尤其是考虑到该师在12月16
日共有18000余名士兵，而在乌尔河以东的投降发生后，第106步兵师被认为
几乎已经不复存在这一事实——只有第424步兵团和某些支援部队的少数残余
渡河西逃。第106步兵师的损失还应该算上被装进"大釜"的其他美军部队遭受
的损失：第589和第590野战炮兵营、第820坦克歼击营、第634防空营、第18
骑兵侦察中队、第81工兵营和第331卫生营。[206]

在被列为美国方面有关"突出部之战"的主要参考书目当中，美国军事历
史学家休·M.科尔在其著作中写道："这两个团及其附属部队中被俘虏的官兵
人数无法确定。损失至少有7000人，准确数字可能接近8000或9000人。"[207]德
国方面公布的数字再次成为最可靠的信息，毕竟战俘的数量是由他们登记的。
据德国方面称，乌尔河以东有10000名美军官兵投降。[208]

到这个时候，美军试图坚守固定防线的战术似乎为德军提供了包围另一大
股（圣维特周边）美军的机会。但与此同时，美军在圣维特及其南面的阵地成
了一个重要分水岭，因为它们切断了连接德国和第5装甲集团军巴斯托涅附近
作战地域的主干道。因此，德军只能通过一条铺面公路（从达斯堡穿越克莱沃
进入比利时的公路）为第5装甲集团军的两个装甲军提供补给。

美国第1集团军指挥官霍奇斯中将公开表达了对蒙哥马利元帅（他从12月
20日起的上级）的蔑视，拒绝服从英国陆军元帅有关从暴露的圣维特突出部撤
出军队的命令。该地区此时愈发受到在北面推进的党卫军第6装甲集团军的

威胁。12月18日起，党卫军第1装甲军停留在圣维特西北方10—12英里的利尼厄维尔—斯塔沃洛地区。党卫军汉森战斗群在圣维特西北偏北仅5英里的雷希特，但因为燃油短缺而暂时停下脚步。

第5装甲集团军的第116装甲师已经在12月19日占领圣维特西南方22英里（约35千米）的乌法利兹，并继续向西北方向推进，进攻圣维特正西25英里（约40千米）的奥通（Hotton）。紧跟在这个装甲师后面的是第560国民掷弹兵师的步兵，12月19日，其舒曼战斗群（第1130国民掷弹兵团）位于圣维特西南方不到10英里的地方。因此，圣维特两侧的美军防线形成了一个12英里（约19千米）深的马蹄形突出部，南北均有敌军，西面也可能很快出现敌军。

我们已经知道，12月17日，党卫军第6装甲集团军指挥官泽普·迪特里希命令党卫军第9"霍恩施陶芬"装甲师前往圣维特北面的前线，任务是接替党卫军汉森战斗群，按计划向圣维特以西萨尔姆河上的维尔萨姆进军。该师在东面狭窄拥挤的道路上赶往前线时也遇到了大问题，这真是美军的幸运。

为守住整个圣维特突出部，第7装甲师B战斗群指挥官布鲁斯·克拉克准将——他的任务是守卫该地区——被迫将到达的强大军队分成几路加入该城的防御。他将B战斗群的直接指挥权交给第38装甲步兵营营长威廉·H. G. 富勒（William H. G. Fuller）中校，富勒是一位老练的指挥官，曾因1944年10月荷兰战役中的功绩获得银星勋章。顺理成章，圣维特镇防务指挥权也转交给富勒。由于第62国民掷弹兵师12月19日从西南4英里的施泰讷布吕克渡过了乌尔河，并从那里向圣维特逼近，有必要在城南部署一支强大的军队——第9装甲师B战斗群，并将第106步兵师第424步兵团和第28步兵师第112步兵团的残部部署在其右翼，这些部队守卫着圣维特和南面乌德勒（Oudler）路口之间的一条6英里宽的战线。

在西北面，克拉克将第7装甲师A战斗群的残部放在之前发生过激战的波托村，R战斗群中的虚弱坦克营进入西南3英里维尔萨姆的阵地。在后方组建了由第814坦克歼击营营长罗伯特·B. 琼斯（Robert B. Jones）中校率领的琼斯特遣队，该特遣队由匆忙拼凑的几个单位组成——主要来自第7装甲师A战斗群和R战斗群，其中战斗力最强的是第17坦克营和第440防空营，但也有一些单独的排级单位（如来自第112步兵团的此类单位）。

琼斯特遣队的核心是第440防空营营长罗伯特·O. 斯通（Robert O. Stone）率领的一支小部队。12月17日，这个防空营的营部连和第40坦克营D连的一个坦克排接到命令，占据古维（Gouvy）的阵地，古维是圣维特西南约10英里（16千米）处的一个小镇，有2000名居民和圣维特—巴斯托涅铁路线上的一个火车站，四周都是开阔地。[209] 斯通中校在古维发现了来自多个支援及后勤单位的250名士兵，以及约750名被监禁的德国战俘。[210]

第二天，第一支德国军队就从南面抵达古维。首先到达的是3辆德国坦克，它们击中了三四辆美军作战车辆。[211] 但斯通并未屈服："上帝保佑，其他人可能会跑，但我要留在这里，不惜一切代价守住这座小镇！"他开始组织支援和后勤人员加入小镇的防御。他们一直坚守到12月20日琼斯特遣队余部抵达。此时，第560国民掷弹兵师的舒曼战斗群经过从东面的长途行军，也已抵达该地区。但由于攻势开始首日的严重失血，舒曼手下只有不超过550名士兵。[212] 琼斯特遣队没有遇到太大的困难就击退了德军的进攻。

兵力仍然相当有限的德军于12月19日向圣维特发动进攻时，情况比古维好不了多少。这座小镇的2800名居民中多数讲德语，虽然位于距离德国边境约6英里（约10千米）的比利时境内，但1940年该镇就被划归德国。第7装甲师的一名美国士兵在给妻子的信中写道："这究竟是旧德国还是新比利时？镇上的人是德国人。他们的墙上挂着丈夫、兄弟和儿子的照片，都穿着德国陆军的制服。他们拿出面包、果酱和果冻，整夜坐在那里为我们煮咖啡，更多是因为恐惧而非好客。"[213] 1944年9月进军圣维特时，美军就已注意到这座小镇的亲德倾向，当时没有一位镇上的居民站在街上欢迎他们，不似在更西边的其他比利时城市那样看到欢欣鼓舞的景象。据美国方面的报道，1944年12月的最后战斗中，甚至有圣维特居民从镇中的民房向街上美军开火。[214]

第18国民掷弹兵师师长京特·霍夫曼－舍恩博恩已得到圣维特地区所有德军的指挥权，他接到的命令是在12月19日必须"不惜一切代价"夺取圣维特。他得知，如果攻势要继续下去——不仅在该地段，还包括更南面的第5装甲集团军其余地段，他们迫切需要使用穿过圣维特向南的铺面公路——这一目标绝对是至关重要的。虽然乌尔河以东被围美军于当天投降，霍夫曼－舍恩博恩师仍有很大一部分在乌尔河以东处理大批俘虏。此外，12月19日进攻圣维特的军队几乎没有任何炮兵支援。[215]霍夫曼–舍恩博恩对党卫军第9"霍恩施陶芬"装甲师也不抱有太高期望，因为此时该师中只有党卫军第9装甲侦察营抵达。但是，这个营还是于12月19日向波托发起进攻，试图切断圣维特通往西面的道路，这一企图失败了。实力更强的第7装甲师A战斗群不仅打退了进攻，还将党卫军第9装甲侦察营从森林地带赶到波托以东，加固了自己的阵地。[216]

12月19日晚上，心灰意冷的霍夫曼–舍恩博恩报告："第18国民掷弹兵师对圣维特的进攻遭遇敌军优势兵力的抵抗，损失惨重。"[217]次日开始抵达圣维特东北前线的"元首卫队"旅仍然无法集结足够的兵力。旅长奥托·雷默上校报告，进攻被美军的炮火打退。[218]

莫德尔意识到，切断并歼灭圣维特美军的机会就要从手中溜走，12月19日他决定动用党卫军第6装甲集团军预备队中的第二个装甲师——党卫军第2"帝国"装甲师。该师可能是希特勒为阿登战役部署的武装党卫军各师中最好的一个。虽然"帝国"师因1944年6月在法国奥拉杜村（Oradour）的屠杀而臭

1944年12月20日，在撤退中损失了车辆的美国坦克歼击营士兵正在匆忙挖掘掩体，以对付德军的进攻。（NARA，美军通讯兵照片 ETO-44-30382/卡罗兰）

1944年12月，德军士兵在圣维特附近发动进攻。（NARA，Ⅲ-SC-341644）

名昭著，但它也有着令人印象深刻的战斗记录。该师战争开始时战绩平平，但在东线战斗中获得了许多宝贵的经验教训，1944年6月调到诺曼底地区后，已成为一支精锐部队。1944年12月16日，该师在诺曼底损失的物资已得到补充，此时拥有92辆坦克、28辆三号突击炮和20辆四号坦克歼击车。[219]虽然许多新兵训练不足，但根据阿登战役中该师某营营长、党卫队二级突击队大队长京特·维斯克里切尼（Günther Wiscliceny）的说法，"所有军官和军士完全的自我牺牲精神"可以弥补这一切。[220]

战后，该师师长、党卫队旅队长兼武装党卫军少将海因茨·拉默丁（Heinz Lammerding）——他以多次反游击作战而著称——因奥拉杜屠杀事件被法国法院缺席判处死刑，但他一直没有被从西德引渡。

为避免陷入与党卫军第9装甲师相同的交通堵塞境况，"帝国"师于12月20日接到命令，转向南方，在圣维特美军突出部以南集结，目标是与北面的"霍恩施陶芬"师相互配合，围困美军。但是，整个装甲师在冬季条件下沿50

英里(约81千米)长的公路进行的调动,造成了严重的延迟。实际上,"帝国"师需要两个整天才能完成这一行军。直到12月22日,该师才在圣维特以南6英里(约10千米)的罗伊兰(Reuland,美军在乌德勒的据点对面)建立了阵地。

与此同时,双方都在加固圣维特的阵地。12月19日,美国第82空降师开始在圣维特以西约9英里(约14.5千米)的萨尔姆河上建立一条后方战线。12月20日,美国第18空降军军长马修·B.李奇微少将被任命为昂布莱沃河和乌尔特河 ① 之间地段(也就是党卫军第1装甲军和第5装甲集团军的北翼)美军的最高指挥官。49岁的李奇微人称"顽强的战士",他以坚韧的精神采取行动,毫不犹豫地斥责胆小的士兵,罢免他觉得无用的指挥官。对于蒙哥马利撤出圣维特突出部的计划来说,这位真正的斗士可能是比霍奇斯更强硬的对手。

德国方面,霍夫曼 – 舍恩博恩请求在12月20日发动计划中的进攻前,对圣维特西面和西北面的美军炮兵阵地发动空袭。[221] 恶劣的天气使这种空中支援无法实施,但因为乌尔河以东的美军迅速瓦解,第18国民掷弹兵师大部和数量可观的炮兵得以在12月20日间向圣维特开进。为了不浪费资源对居于压倒性优势的敌人发动又一次徒劳的进攻,霍夫曼 – 舍恩博恩决定在12月20日按兵不动。与此同时,他命令第62国民掷弹兵师抽调第183掷弹兵团支援第18国民掷弹兵师,其他两个团将进攻圣维特镇正南的美军侧翼。

第62国民掷弹兵师的进攻于12月21日夜间发动。第183掷弹兵团意外地取得大捷:该团没有遇到很强抵抗就占领了圣维特西南几英里处布雷特费尔德(Breitfeld)的有利位置。在向南2英里的地方,该师南翼的第164掷弹兵团压制住了第9装甲师B战斗群的一支先遣支队,使其损失了3辆坦克歼击车。德军在此使用了3辆缴获的苏联拖车牵引他们的火炮。战后,德军团长阿图尔·于特纳上校才得知,这些拖车的发动机噪声竟使美军误认为遭到了装甲兵的进攻。[222] 但第164掷弹兵团很快遭到阻击,停在了格吕夫林根(Grüfflingen)以东,

---

① 原注:比利时的乌尔特河实际上由两条河流组成:巴斯托涅西北约9英里(约14.5千米)的西乌尔特河(Ourthe Occidentale)从利布拉蒙向西北延伸。在乌法利兹以西的一个地方,这条河流汇入东乌尔特河(Ourthe Orientale),后者从卢森堡—比利时边境最北端正北的高地向西南和西面延伸。两条河流汇合后继续从乌法利兹以西地区向西北方向延伸,经过度假胜地拉罗什和奥通,然后在北部不远的地方转向正北,最终流入默兹河。正文此处及下文中的乌尔特河指的是汇合后的这条河流——穿过拉罗什和奥通的西北支流。

阿登之战中落入德国集中营的美军士兵

在成为德军俘虏的第106步兵师士兵中，有立志成为作家的库尔特·冯内古特。他是第423步兵团的一名二等兵，1945年2月13日—14日德累斯顿遭到毁灭性轰炸时，他正在这座城市的战俘营里。冯内古特在那里的经历成为他的半自传体小说《五号屠宰场》的出发点。

二战期间德军对待战俘的态度各异，主要基于纳粹的"种族"和"民族"思想。在德国战俘营的570万苏联士兵中，约有330万人死亡，占总人数的57%。西方盟国战俘受到了德国供应困难局面的影响（尤以战争临近结束时为甚），但在一些值得注意的例外中，他们或多或少地得到与《日内瓦公约》保持一致的待遇。二战期间德国登记在册的93941名美军战俘中，战争结束前的死亡率约为1%。[1]

但在阿登战役前几天被俘，并被关押在IX –B 战俘营的战俘中，死亡率高达20%。1945年1月18日，IX –B 战俘营的德军指挥官要求所有犹太裔战俘自首。这些战俘被关在铁丝网包围的单独营房——战俘营中的"犹太人区"，得到的食物和烤火用的燃料都比其他战俘少。[2]

1945年1月，这些犹太裔战俘和许多德军认为拥有犹太姓名的美国战俘，以及一些被打上"麻烦制造者"烙印的人——共350人，被运送到贝尔加集中营。这个苦役营位于莱比锡以南约35英里（约56千米），其中关押的犯人投入修建部分德国合成燃油制造厂所在隧道的工作。贝尔加的大部分劳工都是来自布痕瓦尔德集中营的犹太人和政治犯。进入贝尔加集中营的美军战俘受到了和其他犯人相同的非人待遇。他们被迫每天在极其危险的条件下辛苦工作12个小时，遭到看守的野蛮对待，而且食不果腹。转运到贝尔加的350名美国战犯中，仅3个月就有73人死亡，超过1/5。[3]

注释：

1. 美国国家档案与记录管理局：陆军副官长分支机构统计与核查。二战中陆军战斗伤亡和非战斗死亡，最终报告，1941年12月7日—1946年12月31日。陆军部，P.5。
2. 惠特洛克，《判定死亡：美国士兵在纳粹贝尔加集中营》，P.121。
3. 科恩，《士兵和奴隶：纳粹最后赌博中的美国战俘》，P.272。

第62国民掷弹兵师位置居中的一个团也被进入进攻阵地的第7装甲师 B 战斗群击退。不过，德军的这些进攻阻止了美军在霍夫曼－舍恩博恩少将发动攻势之前增援圣维特镇的防御。

12月21日下午3时起，德军对圣维特的最后一次进攻由火炮和火箭炮拉开序幕，美军将此叙述为"这个久经战阵的美军战斗群遭遇的最猛烈、最漫长的集火打击之一"[223]。参加过第18国民掷弹兵师对圣维特进攻的汉斯·波特回忆，大批齐射的火箭弹咆哮着从德军士兵头顶飞过，尽管知道这些火箭并不是射向自己的，他们仍因为恐惧而瑟瑟发抖。

炮击持续了整整一个小时。接着，第18国民掷弹兵师发动进攻。黄昏时发动进攻的德军具有战术上的优势，因为镇上遭到炮击后引发的大火照亮了美军防御阵地。而且，德军还是从圣维特正东的高地上冲下来的。

汉斯·波特回忆道："美军用他们的坦克沿着村庄外围组成了一条防线。坦克放在土墙后，只暴露出高出墙外的炮塔。我们从右侧绕过土墙，进攻坦克的侧面和后面。携带'铁拳'的士兵就摧毁了多达5辆坦克。其他的坦克也在公路上被摧毁。从坦克顶上的指挥塔向里看，景象十分骇人。"[224]

美国第31坦克营的5辆"谢尔曼"坦克开上镇外的山坡，阻击德军步兵，迎面遇上第244突击炮旅的6辆三号突击炮。德军发射照明弹照亮了美军坦克，然后接连不断地击中这几辆"谢尔曼"，使其起火燃烧。接着，三号突击炮开始进攻美军步兵阵地。

由于德军的炮火已破坏了接到第38装甲步兵营营部的电话线——营长威廉·富勒中校在那里指挥镇上的防御——富勒的作训参谋唐纳德·S.博耶（Donald S. Boyer）少校试图在其前沿阵地组织防御。17时35分，博耶接到了B连约翰·希金斯（John Higgins）中尉的电话，后者在电话中喊道："我的上帝，我的士兵们正在遭到屠杀！该死的坦克歼击车在哪里？"[225] 博耶绝望地打电话给该营的另一位军官，要求他"告诉富勒中校，如果我们不能很快得到坦克歼击车的支援，德国佬的坦克就要到了！"[226] 但是，博耶所能做的只是无助地看着灾难发生。富勒已离开他的营部，让第81工兵营营长托马斯·J.里格斯（Thomas J. Riggs）中校接替自己指挥，动身前往克拉克准将的司令部，在那里，他告诉克拉克"他再也受不了了"[227]。克拉克司令部里的医务人员将富勒当作伤病员撤离时，圣维特的美军已土崩瓦解 ①。

前沿阵地上，博耶少校接到 B 连第 2 排排长莫尔菲斯·A. 杰米（Morphis A. Jamiel）少尉的电话。杰米尽可能平静地说道："唐，我需要帮助！A 连的坦克小组本应为申贝格公路提供掩护，但他们的坦克不是被摧毁就是撤出了。2 辆'豹'式坦克正在我的掩体附近转悠！"²²⁸ 杰米过一会儿再次打来电话时，他的声音变得不一样了——这次显得心烦意乱，博耶勉强才能听清他的话："见鬼，山顶上又开来了 2 辆坦克！它们把我的士兵一个又一个炸出了掩体。公路另一侧的情况也是如此。该死，唐，你能阻止他们吗？求求你！"博耶在电话中听到了三声爆炸声，接着是杰米的哭喊："一辆坦克就在我的房子另一侧！我们得离开这个鬼地方了！"²²⁹

在富勒中校率领的圣维特守军中，只有几百人得以逃脱，其中半数都受了伤。其他官兵都阵亡或成为德军的俘虏，里格斯中校就在这些人当中。德军占领圣维特的行动之迅速可以在如下事实中得到证明：陆军元帅冯·伦德施泰特——他当然不断地得到前线局势发展的报告——于 12 月 21 日 19 时 30 分要求"尽快"占领圣维特，仅仅 2 个小时战斗就结束了。德国士兵开进镇中时，他们受到了一些居民的欢迎，许多窗户上悬挂了之前藏起来的"卐"字旗。²³⁰

但是，在国防军征服圣维特的过程中，党卫军的两个师都没能完成拦截败退的美军的使命。党卫军分兵多路是德国方面的决定性错误之一。

12 月 21 日从北面抵达前线的党卫军第 9"霍恩施陶芬"装甲师余部——党卫军第 9 装甲团第 2 营和党卫军第 9 炮兵团第 2 营——几乎立即投入占领波托的战斗。第 7 装甲师 A 战斗群已在此地建立阵地，师长哈斯布鲁克命令"不惜一切代价"守住波托。哈斯布鲁克还命令 A 战斗群指挥官，将其队伍部署在波托到雷希特公路沿线。²³¹ 由于波托外围的公路仍然散落着几天前党卫军汉森战斗群摧毁的美军作战车辆，"霍恩施陶芬"师的四号坦克和坦克歼击车只能在公路两旁泥沼般的田地上缓缓爬行。在那里，它们遭到来自侧翼的毁灭性炮火打击，损失惨重，被迫后撤。²³²

---

① 原注：但是，鉴于富勒对该镇防御的贡献，美国国会于 1945 年 1 月 11 日决定授予他第二枚银星勋章，表彰他"1944 年 12 月 17—21 日在比利时的作战行动中，率领第 7 装甲师第 38 装甲步兵营勇敢、无畏地抗击敌人"。

切断美军的另一次尝试是由"霍恩施陶芬"师的党卫军第19装甲掷弹兵团实施的，该团也于12月21日抵达前线。但他们没有支援对波托的进攻，而是奉命继续向西前进3英里到达斯塔沃洛以南地区，从那里进攻南面萨尔姆河上的大阿勒（Grand-Halleux）。此举的目标是渡过萨尔姆河，从河西向南进攻圣维特以西6英里（约10千米）的维尔萨姆。该团于12月21日晚上开始进攻，但那时美国第82空降师已抵达萨尔姆河。第82空降师第505伞兵团无法阻止"霍恩施陶芬"师的装甲掷弹兵们占领大阿勒东部，但他们炸掉了河上的桥梁并在另一边掘壕据守，阻止德军直接推进到仍留在圣维特南北两面的大批美军的后方。

在圣维特突出部之战中部署的另一个党卫军师——党卫军第2"帝国"装甲师——未能及时抵达。我们已看到，该师奉命向南包围美军。12月21日，该师开始在圣维特突出部以南地区集结。最初，美军对此一无所知。但在圣维特以南6英里（约10千米）的布尔格罗伊兰集结整个师花费了很多时间，行动结束时整个形势已变化：此时，第560国民掷弹兵师不仅抵达了古维，还向西前进了3英里到达舍兰（Cherain）。因此，党卫军第2装甲师奉命前往古维，从那里堵截圣维特的美军，这就失去了出其不意的要素。在向古维长途行军的过程中，该师的一名工兵被美军俘获。"帝国"师已抵达圣维特突出部以南地区，这一消息迫使美国第18空降军军长李奇微命令大部分处于危险中的部队撤退，这包括突出部东南侧翼的第112和第424步兵团。琼斯特遣队的任务是确保这些部队从贝奥（古维东北方3英里处）撤退到西面4英里处的博维尼（Bovigny）；李奇微的命令是"誓死"守住这一阵地。[233]

但是，被士兵们称为"雄狮"的李奇微只是将撤退的命令看作是一次例外。他说："战争不是靠放弃地盘取胜的，只能靠征服和守卫来取胜。"确实，他看到了缩短防线的必要性，但也要求美军守住圣维特以西到萨尔姆河的地区，他有些古怪地将那里称为"一个深沟高垒的鹅蛋"；李奇微认为，这可能是对北面的党卫军第6装甲集团军展开侧翼进攻的绝佳出发点。因此，他将两支装甲部队（第7装甲师B战斗群和第9装甲师B战斗群）留在圣维特的北面和正南面。

李奇微手下的将领们没有那么狂热。克拉克准将说，李奇微"深沟高垒的鹅蛋"这一想法听起来有点像"卡斯特的背水一战"〔指1876年的小巨角战役，当时乔治·阿姆斯特朗·卡斯特（George Armstrong Custer）的第7骑兵团被一

直接命中的炮弹掀掉了这辆"谢尔曼"坦克的炮塔。据美国陆军官方历史学家休·M. 科尔称，美军在圣维特之战中的损失无法完全确定，部分原因是许多文件都被销毁了。根据现有的统计数字，仅第7装甲师在圣维特就损失了88辆坦克。美军人员损失在3400—5000人之间。（迪基希国家军事历史博物馆）

支出色的印第安军队消灭〕。[234]哈斯布鲁克、罗斯鲍姆和霍格的想法也大致与此相同。[235]如果不是两个党卫军师（尤其是党卫军第9装甲师）的不足之处，他们对情况类似于"卡斯特的背水一战"的担忧可能已成为现实。不过，即使是"元首卫队"旅的大部分兵力——包括25辆四号坦克——最终抵达前线后，其进攻也并不顺利。[236]

虽然名为"元首卫队"旅（FBB），但这支部队却是纯粹的国防军部队。它是在与党卫队希特勒卫队相当的陆军部队——柏林卫戍队（Wachtruppe Berlin）基础上组建的。柏林卫戍队指挥官奥托·雷默少校在粉碎7月20日针对希特勒的暗杀图谋中起到了关键作用。"元首卫队"旅于1944年11月组建，用于阿登战役时，32岁的雷默（已从少校直接晋升上校）得到了这支部队的指挥权。

FBB的士兵从东线的"大德意志"师中抽调，因此该旅从一开始就是精锐部队。它由一个拥有50辆四号坦克、40辆三号突击炮的装甲团，1个装甲掷弹兵团，1个拥有24门88毫米炮的高射炮团，以及1个拥有18门榴弹炮的炮兵营组成，总兵力为6000人。[237] 就坦克和突击炮数量而言，这个旅和参加"秋雾"行动的国防军装甲师相当，只是支援部队较为薄弱。雷默部下的军官中，有从战争爆发首日就参战的老兵——橡叶骑士铁十字勋章获得者——胡贝特·米克莱（Hubert Mickley）少校，他在"元首卫队"旅中任装甲掷弹兵团第2营营长。

"元首卫队"旅的首要任务是通过在圣维特镇以北地区遂行侧翼进攻，堵截从该镇撤退的美军。12月22日午夜，雷默将他的装甲团大部——第1营的两个连共25辆四号坦克和第2营的三号突击炮——放在下艾美尔斯（Nieder-Emmels），圣维特就在东北部山地的另一面，距离仅为1.5英里（约2.4千米）。与此同时，装甲掷弹兵团第3营进入左翼的阵地。

雷默亲自指挥装甲团，首先派出一支强大的侦察力量，沿着从艾美尔斯向西南方罗特（Rodt，圣维特以西约2英里）延伸的泥泞小路前进。此时下起了雪。德军沿着漫长的上坡道路前进，很快就确定道路两侧的泥沼地带绝对无法通行。两辆四号坦克陷在那里，被迫撤出。德军穿越上艾美尔斯（Ober-Emmels）和罗特之间的山林时遭到敌军炮火袭击，并发现许多美军装甲车。

侦察队返回报告情况时，雷默决定改为向西直行，越过上艾美尔斯以西的山林，然后从那里转向南方，直抵罗特。为了"软化"美军阵地，该旅炮兵营的12门105毫米榴弹炮和6门150毫米榴弹炮开始炮击罗特。但这次进攻并不像雷默想象的那么简单。他的坦克不断地陷在斜坡下的沼泽地带，最后被迫由士兵们徒步前进，一次引领1辆坦克，以便在黑暗中找到最容易通过的地形。但由于驾驶员试图将坦克开出泥沼时发出响声，美军发现了德军的位置。不过，在夜色和愈发大的暴雪掩护下，装甲掷弹兵团第3营的士兵们仍然得以进入罗特正北通贝格（Tommberg）山顶的阵地。可是，拂晓时分，坦克主力在通贝格以北丛林外围碾上了一颗地雷，被迫停下来排雷，进攻进一步推迟了。[238]

尽管德军遇到了这些困难，但美军如果不能迅速撤退，他们在圣维特以南和以西地区被包围只是时间问题。12月22日凌晨，第7装甲师师长哈斯布鲁克准将给李奇微写了一封语气强硬的批评信件："昨晚从圣维特撤出第7装甲师B

战斗群的举动代价高昂。到目前为止，克拉克的军队至少有一半失踪了。当然，他们当中的许多人会重新出现，但将缺乏武器、弹药、毛毯和食品，身体状况也会很差。如果敌军今晚对B战斗群再次发动全力以赴的进攻，我不认为我们能够阻止敌军全面突破，这主要是因为，我们原来的3个步兵营现在只剩下相当于2个营的兵力，而且非常疲劳。"[239]

哈斯布鲁克刚刚写下这几行字，从圣维特以南霍格的第9装甲师B战斗群驻地又传来令人沮丧的消息。在"元首卫队"旅进攻圣维特北部的时候，第62国民掷弹兵师在12月22日凌晨恢复了对该镇南面的进攻。猛烈的炮兵齐射后——霍格的司令部遭到沉重打击，多名军官死伤——德军利用夜色和大雪悄悄靠近，攻陷美军外围阵地。[240]美国第27装甲步兵营后撤到圣维特以南约2英里的诺伊布吕克（Neubrück）。由于没有步兵支援，第62国民掷弹兵师第190掷弹兵团加入进攻后，美国第14坦克营发现自己已深陷重围。

与此同时，又有报告称，在圣维特战败后向镇北、西、南三面溃退的克拉克第7装甲师B战斗群遭到来自东北方雷默"元首卫队"旅的侧翼攻击。[241]哈斯布鲁克在还没来得及发出的信件中匆忙加上了如下字句："克拉克刚刚再次遭到猛攻。他正在遭到侧翼进攻，将向西再撤退2000码（约1829米）以避免两翼夹击。我将投入最后的赌注，阻止他进一步败退。霍格刚刚报告遭到进攻。在我看来，如果我们无法在今夜之前退出此处，到达第82空降师北面，第7装甲师就将全军覆没。"[242]

李奇微一接到这封信，便立刻赶往哈斯布鲁克在维尔萨姆的司令部。这位空降兵将军一见到哈斯布鲁克便连声咆哮。他举着哈斯布鲁克的信，用批评的口吻问后者，在签字之前有没有看看上面写的是什么。哈斯布鲁克给出的回答同样尖锐：

是的，长官，我当然看了！[243]

此时，美军守住萨尔姆河以东地区的机会迅速消逝。"元首卫队"旅已突破圣维特北部。第7装甲师1944年12月22日的行动报告写道：

8时30分，第38装甲步兵营C连的两个排与附属于A战斗群的琼斯特遣队会合。他们立刻被派往波托东南密林的东面和西面，在这个关键时刻，我们已经知道，约一个连的德国步兵正在包围镇东南的我军部队。9时45分，第40坦克营B连的一个排被派往罗特附近，击退该镇南面的敌军一个连。到11时，该排和来自第40坦克营A连的一个排与敌军的16辆坦克交战。约同时，敌军步兵突破了波托东南密林中的我军阵地，进入第48装甲步兵营的停车场，摧毁了我军若干车辆。其余车辆撤往小蒂耶（Petit-Thier）。敌军坦克控制了罗特，但第40坦克营的两个排仍然坚守阵地。[244]

雷默上校从自己的角度描述了罗特之战："第3营突入村中，逐房逐屋展开战斗。敌军坦克顽强守卫这座村庄。各个战斗群遭到敌军坦克的阻击，甚至短暂地被敌军所俘虏——其中包括该营营长。直到我们从树林边缘的宽阔正面发动进攻，才得以占领该村，重新控制了局面。第3营损失严重，尤其是因为敌军坦克集中火力，近距离打击藏身多个地窖里的大批伤兵。约正午时分，我们完全肃清并牢牢地占据了萨尔莱圣维特（罗特）。"[245]

在这种局面下，罗斯鲍姆上校命令第7装甲师A战斗群的两个坦克连发动反冲击。他们与"元首卫队"旅的坦克交战，在一场令人目眩的苦战后，美军被迫丢下多辆燃烧着的"谢尔曼"撤退。[246]据德军记录，1944年12月22日的罗特之战中他们摧毁或缴获了20辆美军坦克。[247]

美军在圣维特以南的抵抗也土崩瓦解。12月22日，第9装甲师B战斗群的第14坦克营突出重围向西撤退，但第62国民掷弹兵师在该地区取得的突破已成事实。该师的第190掷弹兵团继续推进，占领了圣维特南方不远的诺伊布吕克，在那里俘获了大量卡车和报告中所称的"惊慌失措"的美军士兵。[248]

至此，第9装甲师B战斗群守卫的战线已崩溃，第62国民掷弹兵师北翼的第183掷弹兵团得以突破圣维特正北由已损兵折将的第7装甲师B战斗群把守的阵地。琼斯特遣队刚刚接到命令，部署第17坦克营以支援这个战斗群，但在这个装甲营抵达圣维特西南2英里的克龙巴赫村（Crombach）时，遭到第183掷弹兵团的伏击。德军士兵在没人察觉的情况下悄悄进入阵地埋伏，用反坦克武器打击美军坦克。损失8辆坦克后，美军撤退。[249]对美军来说幸运的是，圣维特的公路被碎石堵塞，第18国民掷弹兵师无法立即从该镇向西南发动进攻，隔断奉李奇微之命仍在南面停留的美国装甲部队。

再往南，美国第112和第424步兵团的撤退，使第62国民掷弹兵师最南端的团——于特纳上校的第164掷弹兵团——12月22日得以在一望无垠的、完全被积雪覆盖的平原上推进了整整6英里（约10千米）。行军途中，德军遇到的美军溃兵已经完全没有士气，很快就投降了，大批火炮、坦克和其他车辆落入德军之手。[250]第164掷弹兵团自身的损失相当有限。[251]直到12月22日深夜，于特纳的士兵们才在圣维特西南6英里的贝奥停下来。在德国人看来，他们已经越过国境线进入了比利时——希特勒1940年划定新边境时将该地区划归了德国。

德军取得的成功加深了盟军最高统帅部内的矛盾，这是因为布莱奇利庄园的"超极机密"团队破解的一条德国无线电信息清楚地表明了德军的意图。12月22日晚上发出的这条信息是："12月23日 B 集团军群作战意图：第5装甲集团军和第7集团军继续向西和西北方向的乌尔特河地区进攻，第6装甲集团军则实施集中进攻，消灭圣维特地区的盟军。"[252]蒙哥马利此时发现，他不得不比之前更有力地干预局势，以打击那些不服从撤退命令的美国将军。战后他写道：

> 我并未亲自视察第7装甲师；该师面对的局势是我的一位联络官报告的，他曾到该师驻地与哈斯布鲁克将军交谈。我听到有关该师的情况和李奇微的命令时，立刻前往第1集团军司令部，与霍奇斯讨论了这些情况，并命令该师撤退。我命令霍奇斯通知李奇微我已撤销了他的命令，并告诉他我不准备因为几平方英里土地的情感价值而损失一个很好的美国师；对我来说，士兵的生命远比毫无价值的土地更宝贵。我得知，李奇微永不原谅我下达撤销他的命令。他的哲学是，美国军队永远不会撤退……[253]

最初，琼斯特遣队奉命撤到萨尔姆河后，占据从博维尼到北面4英里的维尔萨姆之间的阵地。萨尔姆河以东战斗中美国方面指挥混乱的局面在此显现出来：琼斯特遣队奉命掩护第112步兵团撤退，该团却得到命令转向，掩护琼斯特遣队撤退！

与此同时，德国党卫军第2装甲师的第一批部队开始从维尔萨姆西南9英里（约14.5千米）的乌法利兹东北地区开拔，其中包括来自党卫军第4"元首"

装甲掷弹兵团一个连的四号坦克和三号突击炮〔由党卫队二级突击队中队长奥托·魏丁格尔（Otto Weidinger）率领〕，以及该师的侦察营〔由党卫队二级突击队大队长恩斯特·奥古斯特·克雷格（Ernst August Krag）率领〕。他们在暴风雪中向正北方向挺进，最前面的装甲纵队攻击了正在萨尔姆河西侧撤退的琼斯特遣队。第7装甲师的一份报告描述了12月22日下午在萨尔姆河正西发生的这场战斗：

> 琼斯特遣队14时30分开始撤退〔……〕，沿撤退路线向北前往萨尔姆沙托（Salmchâteau，维尔萨姆以南不到1英里的渡口）。在镇南几百码的地方，敌军的伏兵用火箭筒摧毁了第14骑兵群的一辆轻型坦克，在萨尔姆沙托，第40坦克营D连的两辆轻型坦克被88毫米（？）火炮摧毁。〔……〕17时，特遣队撤退到萨尔姆沙托以南1.5英里处，19时30分第112步兵团发动了一次进攻，试图肃清该镇。与此同时，对圣玛丽（Sainte Marie）地区的一条备用路线的侦察也已完成。特遣队后方同时遭到来自南面和东面的坦克进攻，有4辆M36坦克歼击车、1辆中型坦克、2门牵引式火炮和2辆其他车辆被摧毁。我军摧毁敌方6辆坦克，大部分车上人员都徒步逃离。由于敌方施加的压力愈发大，我军取道备用线路。在圣玛丽以西的小溪，敌军伏兵又摧毁了2辆装甲车和3辆1/4吨卡车。2辆四号坦克攻击我军车队，摧毁2辆装甲车和3辆1/4吨卡车。纵队的一部分试图向普罗韦德勒移动，结果遭遇兵力不明的敌军纵队，损失了一辆装甲车。其余车辆涉过小溪（2辆1/4吨卡车和1辆装甲车陷入泥泞中，只得丢弃）沿从圣玛丽向北的公路撤退，直到抵达萨尔姆沙托—巴拉克德弗赖蒂尔（Baraque de Fraiture）公路，才与第82空降师的前哨线取得联系。[254]

第7装甲师1944年12月22日晚上的报告表明，局势进一步恶化了：

> 〔我师〕士气不振，作战效率下降了约80%。敌人并未休息。〔……〕1944年12月22日傍晚和晚上，敌军向所有阵地施加了强大的压力。可以肯定，大批敌军部署在三桥镇到格朗－阿勒的萨尔姆河沿线，以及从萨尔

姆沙托向西延伸的公路以南的高地上。这意味着，第106步兵师、第9装甲师B战斗群、第112团级战斗队（前第112步兵团）、第14骑兵群余部、一些军直属部队（包括之前配属第7装甲师的军属炮兵）和整个第7装甲师及附属部队（除辎重队之外）都留在了萨尔姆河以东，缺乏补给，因为五天五夜甚至更久的持续战斗而疲劳不堪，只有一条确定的出路——从维尔萨姆向东延伸的二级公路，以及一条可能存在的出路——萨尔姆沙托—茹比瓦尔（Joubival）—列讷（Lierneux）公路。[255]

12月22日晚上，美国炮兵的介入才阻止了党卫军第2装甲师的进攻，该师此时位于从萨尔姆沙托渡口到向西8英里（约13千米）巴拉克德弗赖蒂尔路口的重要公路以南。

美国军事历史学家休·M.科尔写道："很难确定在圣维特之战当中和随后的撤退中，第7装甲师B战斗群、第424步兵团、第112步兵团和多个附属单位一共蒙受了多少损失。在最后的撤退中，许多记录被销毁，23日各部队重返前线时并未记录现有兵力，第106步兵师和第14骑兵群在圣维特防御战开始之前就已蒙受重大损失。"[256] 现有的损失统计可能被低估了。根据这些统计，圣维特之战中第7装甲师损失88辆坦克——其中包括50辆"谢尔曼"和29辆"斯图尔特"——以及25辆装甲车。[257] 美军人员损失在3400—5000人之间。[258] 两个强大的美国师——共有约3万名士兵、超过300辆坦克和坦克歼击车——在不到一周前集结，对抗霍夫曼－舍恩博恩少将的第18国民掷弹兵师，此时已基本失去战斗力。英国军事历史学家彼得·埃尔斯托布当时曾作为装甲兵在比利时服役，他写道：

> 保守估计，12月16日到23日，在圣维特地区（包括施内－艾费尔）有约14000人伤亡，并损失100余辆坦克、40辆装甲车、数百辆其他车辆、许多各种口径的火炮和大批其他装备。[259]

从攻势开始到这一阶段，德军记录的战俘共有2万人。[260] 攻势开始以来德方的损失如下：第18国民掷弹兵师和"元首卫队"旅有1600人伤亡，后者还损失了6辆坦克。第62国民掷弹兵师在12月16—23日损失了1200名士兵，大部分损失发生在进攻首日对工事坚固的美军阵地的进攻尝试中。

第106步兵师师长艾伦·W.琼斯少将在不到一周的时间里已遭遇两场惨败。12月22日晚上，李奇微到第106师师部看望了他。李奇微注意到琼斯"态度似乎很奇怪，他显得随意，几乎可以说是冷漠"[261]。李奇微写道："和他交谈了几分钟后，我屏退了房间里的其他人，只留下这位将军和我的副参谋长奎尔上校。在我的指示下，奎尔上校在一张草纸上写下我的命令，解除了琼斯的指挥权。"[262]

几个小时以后，琼斯少将心脏病发，被送往列日的医院急救。李奇微任命哈斯布鲁克指挥萨尔姆河以东的所有美军，并通知他自己将"批准你所做的一切决定"[263]。这样，从萨尔姆河以东所有阵地迅速撤离的行动开始了。

遭受沉重打击的第7装甲师手中仅存的两个渡口（萨尔姆沙托以南的渡口和维尔萨姆的渡口）——迅速后撤。休·M.科尔写道："部队已失去了完整性，装甲单位兵员远远不足，许多装甲步兵都是从圣维特之战中逃脱后归队的离群士兵，疲劳且装备不良。"[264]

美国第82空降师第517伞兵团刚刚抵达并占据萨尔姆河沿岸阵地，该团的卢·贝雷纳（Lou Berrena）中士这样回忆与撤退的第7装甲师士兵交谈的情景："这些人几乎没有任何装备。武器都丢了。他们说现在的情况是一团糟。所有坦克都回来了。"撤退的士兵们见到贝雷纳所属的增援都很高兴，直到他告诉这些人他们只有一个营。其中一名士兵叫道："一个营？见鬼，德国人有好几个师！我可不是和你开玩笑，你们挡不住他们的！"

这名第7装甲师士兵口中说的德军兵力相当准确：12月23日，美国第18空降军——第82空降师和从圣维特突出部逃出来的美军残部——面对的是2个装甲师、1个装甲旅和2个步兵师：党卫军第2装甲师在南翼，第18和第62国民掷弹兵师居中，党卫军第9装甲师和"元首卫队"旅在北翼。而且，强大的党卫军第1装甲师先遣支队派普战斗群此时已抵达维尔萨姆西北偏西10英里（约16千米）的拉格莱兹（La Gleize）。

美国第3装甲师A战斗群和R战斗群确实已进入维尔萨姆以西20英里（约32千米）左右，第18空降军右侧的奥通，但这些军队遭到另一个德国装甲师

（瓦尔登堡少将的第116装甲师）的阻击。12月20日晚上，第116装甲师先遣支队在36个小时内闪电般地突进了18英里（约29千米），抵达奥通东北方。第82空降师向北朝萨尔姆河行进时差点儿被瓦尔登堡的装甲兵切断。但危机远未结束。只要看一眼12月23日的地图就能发现，第18空降军所处的新位置仍然十分危险，这是一个12英里（约19千米）深、从东到西呈马蹄状的突出部，两边都被德国装甲兵围住。

"灰猎犬"师的闪击

虽然第116装甲师在阿登战役的第二天就兵分两路，埃伯哈特·斯特凡少校率领的斯特凡战斗群作为先遣支队，远在主力之前于达斯堡渡过了乌尔河——后来被迫在乌伦转向北进（见本章"装甲兵进军开始"一节）——冯·瓦尔登堡少将仍然毫不犹豫地让这个先遣营继续西进。

12月17日在马尔纳赫消灭第707坦克营D连的坦克后，斯特凡的队伍在马尔纳赫以北4英里的海讷沙伊德遇到顽强抵抗。美国第28步兵师第110步兵团第1营在5辆"谢尔曼"坦克支援下，英勇阻击德军的进攻。激战后，3辆"谢尔曼"被击毁，美军被迫撤到西面2英里的许佩尔丁根〔Hupperdingen，现称许佩尔当日（Hupperdange）〕。战斗在那里继续，最终这座村庄也落入德军之手。但此时夜幕降临，斯特凡上校让他的士兵们就地休息过夜。

12月18日早晨斯特凡战斗群继续前进时，在特鲁瓦维耶日（Troisvierges，海讷沙伊德东北5英里）遭遇抵抗，短暂战斗后德军占领此地，然后继续沿经阿瑟尔博恩往霍费尔特〔Hoffelt，特鲁瓦维耶日西南4英里（约6.4千米）〕的公路前进，抵达向西3英里的布雷特（Buret）。突入圣维特（北）和巴斯托涅（南）之间的区域后，斯特凡战斗群与第560国民掷弹兵师联手，将美国第28步兵师第112步兵团赶向北面。此举确保了第47装甲军北翼的安全，使其可以继续向巴斯托涅和默兹河推进。12月18日，美国第28步兵师师部报告："在第112步兵团地段，敌军整天持续进攻，今天晚些时候，失去了与该团的所有通信联系，局面变得扑朔迷离。"[265]

12月18日晚上，斯特凡少校的士兵们在乌法利兹东北仅3英里（约4.8千米），距离海讷沙伊德12英里（约19千米）的塔维尼临时宿营。几个小时前，他

12月22日美军从圣维特撤退时下着大雪。（美国陆军）

们占领了撤退美军丢弃的一座大型弹药库。[266] 凭借这些战绩，斯特凡少校得到骑士铁十字勋章。尽管他的小队伍此时只剩下2辆可以作战的三号突击炮（出发时有6辆），但仍然在日出之前又一次沉重打击了美军。[267]

我们已经知道（见"巴斯托涅坦克战"一节），布思特遣队——来自12月18日从巴斯托涅以东的惨败中逃脱的第9装甲师R战斗群一部——在12月18日夜里到19日凌晨这段时间从隆维利地区向北撤退。撤退期间，该师R战斗群另外两个特遣队的残部加入了他们的行列。勉强躲过了被德国第2装甲师粉碎的命运后，按照一名参战士兵的话说，这些部队已"真的动摇了"[268]。他们行色匆匆，以至于没有注意到塔维尼已落入敌手，12月18日深夜，他们的车辆咆哮着开进这座村庄，向西驶去。

第一队美军车辆在公路转弯处出现，从塔维尼小城堡之上的山坡开下时，德军吃了一惊。这座小镇位于山谷之中，美军下山后开上离开塔维尼向西的道路时，德军便集合起来打击他们。德军很快就打出第一批穿甲弹，在美军抵达村西的山顶前，14辆坦克都已变成燃烧的火炬。这些坦克都被认成是"谢尔曼"，但其实很有可能是德军把美国第2坦克营损失的14辆"斯图尔特"坦克看错了。[269] 很快，第二队共7辆"谢尔曼"坦克从南面隆隆开来。据德国第146装

1944年12月攻势前几天，德国装甲兵行进的路上到处是被摧毁或丢弃的美国作战车辆。图中是一排"谢尔曼"坦克。（NARA，SC 197374）

甲炮兵团第2营战斗日志记载，这7辆坦克最终都被"铁拳"摧毁。[270]

接着，德国步兵发起进攻。第146炮兵团第2营第6连连长埃贡·施泰因迈尔（Egon Steinmeier）中尉率领一队士兵冲向吓呆了的美军士兵，后者很快就投降了。施泰因迈尔的士兵带着98名美国俘虏和缴获的6辆半履带车、3门反坦克炮得胜回到塔维尼。[271]战俘中包括第52装甲步兵营营长罗伯特·布思中校。

布思特遣队遭到全歼，损失总计600人。[272]德军师长冯·瓦尔登堡少将满意地写道："几乎没有任何损失，侦察营就打散和消灭了许多敌军，摧毁了一些敌军坦克，俘获了许多士兵和各类车辆。"[273]出于某种原因，许多美国方面对阿登战役的描写——包括被看作这一主题重要参考资料的作品——对美军装甲兵在塔维尼的损失保持沉默，但当地人记得，穿过塔维尼村的道路和村外的田野上散落着美国坦克的残骸。[274]

至此，不仅布思特遣队，第9装甲师的整个R战斗群也几乎全军覆没，他们失去了全部3名营长。第2坦克营损失59辆坦克。[275]第52装甲步兵营记录损失了697名士兵，其中只有3人阵亡，其余大部分都失踪或被俘。[276]在24个小时里，这个营已失去了营长和所有连长，B连甚至连续损失了两任连长。物资损失有73辆半履带车、35辆卡车和3辆M8自行火炮。[277]

斯特凡少校决定留在塔维尼，等待第116装甲师余部，而不是直接前往乌法利兹，那里已被证实驻扎着一支强大的美军部队（第82空降师从南面的兰斯快速向北开往萨尔姆河，12月18日经过乌法利兹）。与此同时，塔维尼的一些居民——包括来自塔维尼城堡的人们，承担了埋葬阵亡美军官兵的任务。一个事件说明，第116装甲师的国防军士兵对敌人的看法完全不同于许多党卫军士兵：一些德国士兵看到比利时平民用绳索绑着死去的美军士兵脖子拖运尸体时，严厉地指责比利时人不尊重死者。[278]

次日（12月19日）早上，第116装甲师主力的第一批部队抵达该地区，来者是拜尔战斗群，由整个装甲团和担负支援任务的第60装甲掷弹兵团和炮兵组成。拜尔的队伍立即向斯特凡战斗群在乌法利兹以南、维库特（Wicourt）以东高地上发现的美军发起进攻，将其全歼。拜尔战斗群报告，他们已击毁多辆美军坦克，抓获400余名俘虏。[279]

但是，由于拜尔战斗群指挥官约翰内斯·拜尔上校以为整个美国师已进入乌法利兹的阵地，而他自己只有不超过一个团的支援步兵，师长冯·瓦尔登堡决定不向坐落在林间高地中的乌法利兹发动进攻。不过，德军在此错过了战机——12月18日白天和当晚，美国第82空降师匆忙开过乌法利兹。19日早上，其主力已在前往北面12英里（约19千米）萨尔姆河预定阵地的途中了。第508伞兵团的约翰·梅杜斯基（John Medusky）报告："12月19日清早，殿后的部队经过约5分钟的战斗，将敌军赶出了乌法利兹。一些宪兵的车辆在乌法利兹被切断，被迫徒步逃离。余部继续沿N15公路向北前往韦尔博蒙，12月19日凌晨3时，本团靠近该镇，仍然没有与敌接战。"[280]但冯·瓦尔登堡对此一无所知，他于19日早上命令斯特凡战斗群和拜尔战斗群向南推进，试图绕过乌法利兹，等待该师的第二个团（第156装甲掷弹兵团）到来。

在乌法利兹西南方6英里的贝尔托涅（Bertogne），斯特凡战斗群与一支至少由三支美军部队（第203防空营、第129军械维护营和第705坦克歼击营的先遣支队）混编的军队发生了战斗，这支美军部队正试图通过乌法利兹向南增援巴斯托涅守军。[281] 据报告，德军击中2辆美军坦克和20辆卡车，使之起火，并缴获了20辆军车。[282] 对于这场战斗，也很难用美方的记录确定美军损失。不过，缴获的美军车辆在德军接下来的横冲直撞中派上了用场。

不久以后，斯特凡报告说贝尔托涅以北的乌尔特河（指西乌尔特河）桥梁已被拆毁，冯·瓦尔登堡命令他继续沿公路向西南推进，这条公路前行5英里后，与从巴斯托涅向西北延伸至马尔什的N4公路交会。他的目标是通过这条公路抵达默兹河；德军空中侦察发来的最新报告表明，实现这一目标可能不会遇到很大困难。

1944年8月，埃里希·佐默（Erich Sommer）中校实施了历史上首次喷气机侦察飞行。他驾驶一架双发的Ar-234进行了常规的高空战略侦察飞行，盟军对此无能为力——很长一段时间里，对方甚至完全没有意识到德军的这些飞行活动。1944年12月19日，佐默在早晨10点到11点出发，他的任务是勘察第5装甲集团军正面的默兹河地段局势。12时22分降落时，他报告道："那慕尔地区的公路桥梁没有损坏，迪南和日韦的公路桥梁正在使用。迪南以北10千米的铁路桥维修工作正在进行中。迪南以南3千米的铁路桥已被摧毁。"[283] 他还观察到美军大规模撤退行动的迹象："从马尔什到昂蒂讷（Emptinne），大量运输车队向那慕尔方向行驶。从巴斯托涅到马尔什，也有大量运输车队向马尔什方向行驶。"[284]

就在斯特凡少校的摩托化军队抵达N4公路之前，在N4公路北侧的林间沼地上，德军遇上了另一支美军部队。美国第101空降师野战医院驻扎在巴斯托涅西北方7英里（约11.3千米），自认为远离战斗，直到一辆正停在路口的坦克歼击车被迅速消灭，多辆其他美军车辆起火。外科医生威利斯·麦基（Williss McKee）上尉还记得午夜前他是怎样听到凶猛炮火的。他急忙跑出帐篷，看到一支德军摩托化军队从东北方的公路逼近，其中有美制半履带车、吉普车和1辆缴获的"谢尔曼"坦克。一座作为手术室的帐篷被机枪子弹撕得粉碎。荷兰裔军医查尔斯·范·戈德（Charles Van Gorder）上尉的德语说得不错，他高声说明驻扎在这里的是没有武装的医务人员。德军停止射击，告诉范·戈德，美国人有45分钟时间处理伤者，坐上卡车等待转运。

德国指挥官(可能是斯特凡少校)听到燃烧的车辆中传来伤兵的尖叫声时, 他命令一名德国士兵和美国二级技术兵埃米尔·纳塔利(Emil Natalie)解救他们。埃米尔·纳塔利记得这名德国军官给他留下很深刻的印象:"这名[德国]指挥官是典型的普鲁士人。他穿着锃亮的黑色皮靴, 制服看上去好像刚从柏林回来一样。他的右眼戴着单片眼镜。这些细节我都记得。他和一般的作战人员形成了鲜明对比。" [285]

整个第326空降医务连都落入德军之手。与伤病员一起被俘的有18名军官和125名士兵。这对很快就要被团团围住的巴斯托涅美军是一个沉重打击。

就在德军集合战俘的同时, 斯特凡战斗群的一支侦察队继续沿N4公路北行, 发现在萨莱西北2英里的乌尔特维尔(Ortheuville), 乌尔特河上的一座活动便桥完好无损。考虑到第116装甲师遇到的抵抗正在减弱, 且"己方士兵士气高涨", 冯·瓦尔登堡决定改变"灰猎犬"师的行军路线, 全速通过这座桥梁, 直接开向默兹河。[286] 这可能成为一场带有"沙漠之狐"隆美尔风格的"骠骑兵突击"! 如果冯·瓦尔登堡的计划实现, "灰猎犬"师很有可能在12月20日就已抵达默兹河。到那时, 该地区实际上只有实力很弱的美国军队, 而蒙哥马利命令前去保护默兹河桥梁的英国部队无法在12月21日之前到位。[287]

但是, 冯·瓦尔登堡刚刚下达他的命令, 军长克吕格尔所下的与之相反的命令就到了。冯·曼陀菲尔上将得知冯·瓦尔登堡的大胆行动后, 立刻联系克吕格尔, 以严厉的话语说明, 不允许第116装甲师偏离既定的行军路线; 该师应该立即回到乌法利兹, 从那里继续向默兹河进军。[288] 冯·瓦尔登堡转向南进, 这就进入了第2装甲师预定的行进路线。

可能有人会提出反对意见, 认为冯·曼陀菲尔本可利用第116装甲师造成的局面, 在它走到其他所有德国部队之前时, 让其接管第2装甲师的行进路线, 并让后者进攻巴斯托涅。此举是有可能获得成功, 但有必要考虑一个复杂的因素: 抵达萨尔姆河区域、准备拦截圣维特地区德军的并不只有美国第82空降师; 通过截获的一条美军无线电信息, 冯·曼陀菲尔得知美国第3装甲师正在从北插入该地区空隙的途中。这是一个拥有14000名士兵和390辆坦克的"重装甲师", 而不是只有10500名士兵、263辆坦克的标准师。[289] 因此, 冯·曼陀菲尔需要更北面的第116装甲师。

由于第116装甲师已在12月17日分为两个特遣队，所以冯·曼陀菲尔的训令并未延误该师的行进。冯·瓦尔登堡本人的报告显示，第116装甲师的第156掷弹兵团和第560国民掷弹兵师的第1129掷弹兵团此时已抵达乌法利兹，没有遇到任何值得一提的抵抗就占领了当地。[290]这个德国装甲师在12月19日的损失也相当有限——仅限于2辆陷在塔维尼沼泽地形中的装甲车。[291]

在乌尔特河（东乌尔特河）的另一侧，第116装甲师的"豹"式坦克、四号坦克和突击炮搭载着装甲掷弹兵们，快速通过美国陆军完全放弃的大片区域。12月20日晚，西路纵队已抵达拉罗什，这座小镇楔入乌尔特河谷中的高山之间，乌尔特河从镇的西北端绕过。在东北方3英里处，东路纵队抵达桑雷（Samrée），这里有第7装甲师的一座大型油料库。该师军需官安德鲁·A. 米勒（Andrew A. Miller）中校希望可以用第7装甲师的一支小队伍挡住德军，并期盼增援——来自第3装甲师R战斗群的塔克特遣队——及时赶到。但这是一个严重的误判。米勒的重装备（1辆坦克和4辆装备12.7毫米口径四联装机枪的半履带车）很快就被一辆四号坦克相继摧毁。

塔克特遣队先遣支队抵达时，遇到相同的命运，损失全部6辆"谢尔曼"坦克和2辆装甲车。[292]不久以后，丹尼斯顿·埃夫里尔中尉率领的第7装甲师师部连企图用3辆"谢尔曼"坦克将德军赶出桑雷，这些坦克也都在一边倒的战斗中损失了。第7装甲师维护单位记录道："师部辎重连连长埃夫里尔中尉率领3辆中型坦克援助军需官，已知有1辆被摧毁。埃夫里尔和其他2辆坦克到1944年12月31日仍不知所终。军需官最终撤出，防空营在敌军火力打击中损失了3门火炮。"[293]

在接下来的夜间，德军再次击退对桑雷的装甲进攻，这次发动进攻的是第87骑兵侦察中队的D连。[294]美军不断试图夺回桑雷不难理解，因为德军缴获了25000美国加仑（约94600升）汽油和15000份口粮。[295]12月20日，第116装甲师仅损失了2辆坦克和1辆突击炮。但是，在接下来的夜晚，有更多作战车辆毁于炮火。[296]

拜尔战斗群继续向西北开进的同时，德国第58装甲军的第二个师在桑雷（第560国民掷弹兵师）占据了阵地。12月20日晚上，拜尔上校的第16装甲团第1营位于默兹河以南18英里（约29千米）的奥通之前。在当天的快速推进中，

两名美国士兵——乌尔班·米尼科齐（Urban Minicozzi）上士和一等兵安迪·马谢罗（Andy Masiero）在马库尔（Marcourt）附近贝弗（Beffe）屋顶的位置上，等待逼近的德军。（NARA，111-SC-198884）

第3装甲师的一支美国装甲部队，即霍根特遣队——由塞缪尔·霍根中校率领的一个连的"谢尔曼"坦克和约400名士兵——被包围在拉罗什和奥通之间的马库雷（Marcouray）。

　　来自第3装甲师的另一支部队（奥尔特遣队）12月21日从东北方发动进攻，企图重夺桑雷，解救霍根特遣队。但由威廉·R.奥尔（William R. Orr）中校率领的这支部队只有1个坦克连加上1个加强的装甲侦察连。[297]第560国民掷弹兵师的步兵用"铁拳"击退了美军的进攻。第1129掷弹兵团的二等兵库尔特·西勒曼（Kurt Sielemann）报告，他用"铁拳"摧毁了6辆"谢尔曼"坦克。[298]毫无疑问，第116装甲师似乎足以消除强大的第3装甲师的威胁。到12月22日，该师在攻势的前6天中平均每损失1辆坦克，就可以摧毁10辆美军坦克。

越过巴斯托涅，直取默兹河！

与此同时，在战线南侧，冯·吕特维茨上将的第47装甲军发现自己需要分别应付两个任务：继续向默兹河进军，同时占领西行路上重要的交通枢纽巴斯托涅。装甲教导师和第26国民掷弹兵师奉命留在后面对付巴斯托涅，而在该军北翼的第2装甲师得到的命令是绕过这座城市向北，直取默兹河。这一兵分两路的举措看起来是合理的，因为冯·吕特维茨已于12月18—19日消灭了巴斯托涅以东的美军。莫德尔和冯·曼陀菲尔认为第47装甲军同时完成两项任务不会遇到很大困难。

正如我们在前面所看到的（参见"巴斯托涅坦克战"一节），12月18日清早，冯·劳赫特上校的第2装甲师在从克莱沃往西的主干道上击败美军罗斯特遣队和哈珀特遣队后，于隆维利以北约1000码（约914米）的希方丹（Chifontaine）离开N20主干道，开上直抵西北2英里的布尔西的狭窄小道。19日早晨6时30分，德国坦克开进布尔西，这座村庄有一座巴斯托涅—圣维特铁路线上的车站。[299]冯·劳赫特师的装甲侦察营继续前往西面2英里处的下一座村庄诺维尔。但装甲侦察车辆和坦克出现在诺维尔以东800码（约730米）的小树林时，遇上一个美军战斗群。短暂交火后，2辆"谢尔曼"坦克被击中，德军再次撤退。

这是第2装甲师当天早上遇到的两次意外之一。前面我们已经知道，前一天美军已从南面调动新的部队，以填补第47装甲军撕开的缺口，美国第101空降师和第10装甲师B战斗群彻里特遣队在巴斯托涅以东与德军发生了战斗。在巴斯托涅东北偏北4英里（约6.4千米）的诺维尔（位于巴斯托涅与乌法利兹间的主干道上），美国第10装甲师B战斗群的另一支特遣队（德索布里战斗队）已占据阵地。威廉·R.德索布里（William R. Desobry）少校只有400名士兵和15辆"谢尔曼"，他领受的是不可能完成的任务——阻击德国第2装甲师。[300]

12月17日一整夜，被打散的美军各部队士兵不断涌入诺维尔，他们或多或少都受到了惊吓，企图逃离正在逼近的德军装甲兵。这些士兵说："正在开来的德军比你们之前见过的都多。留在这里毫无用处。他们一下子就能碾压你们！"[301]但德索布里少校和战友彻里上校一样，确定自己能够阻止德军，所以他接管了撤退的士兵，将他们组织起来守卫诺维尔。德索布里手下的连长戈登·盖格（Gordon Geiger）上尉后来报告，其中一些士兵提出了抗议，声称得到

一队美国士兵经过废弃的补给点。（NARA，美国通讯兵团）

了撤退的命令。对此，德索布里回答道："现在是我在下令！守住你们的阵地，战斗！"[302]

　　德军方面，冯·劳赫特必须尽快越过巴斯托涅以北路况恶劣的泥泞小路，以便夺取从乌法利兹向南延伸的铺面道路，所以他试图通过一次奇袭夺取诺维尔。他派遣14辆坦克进行了一次艰难的绕行，以便抵达由北进入诺维尔的主干道，从那个方向进攻美军。但这一路除宽阔田野上的乡村小径外，没有任何道路。果然，这项工作说来容易做起来难；连续几日的冰雪消融和雨水将田野和小路完全变成一片沼泽，使许多坦克陷在其中。[303] 12月19日早上，第2装甲师以第3装甲团的坦克为先导，沿着从布尔西到诺维尔的泥泞道路（如今被称为"德索布里将军大道"）隆隆开进时，整片地区笼罩在浓雾之中。正当德军准备发动进攻时，浓雾消散，开阔地上的德国装甲兵完全暴露在美军炮火下。

　　德索布里战斗队的坦克和反坦克炮已占据了建筑物、围墙或草垛后面的阵地，他们立刻向德军猛烈开火。战斗刚开始，来自第609坦克歼击营的一个排开往诺维尔增援德索布里。这支部队装备M18"地狱猫"坦克歼击车，车上是新型的76毫米M1反坦克炮。特别值得一提的是，"地狱猫"可以利用其胜人一筹的速度——最高可以达到每小时60英里（约合每小时97千米），两倍于四号坦克歼击车或"豹"式坦克——从德军坦克明显更为脆弱的侧面或后面开火。但为了达到高速，"地狱猫"进行了"瘦身"，只有25毫米正面装甲和一个开放式炮塔。因此，"地狱猫"车手们还开发了一种战术，他们称其为"打了就跑"（ shoot and scoot ）。

多辆德军坦克被穿甲弹击中。经过短暂交火，德军觉得撤退才是上策。由于他们在诺维尔以东的山顶上，可以很快地离开敌军火力打击区，但据美军报告，已有9辆德国坦克被击中，其中4辆起火。[304]

冯·劳赫特意识到，如果没有步兵支援，他就不可能摧垮美军的抵抗，但他的大部分步兵仍然远在后方。由于克莱沃包围圈中的抵抗力量直到12月18日傍晚才得以肃清，此前通常只有装甲车辆能够通过该城。[305]在等待步兵到来的同时，冯·劳赫特的炮兵开始炮击诺维尔。

德索布里此时已知道，他力量有限的部队所面对的是多么可怕的一支德军，因此他联系了巴斯托涅的长官罗伯茨上校，请求后者批准撤退，但立即被驳回。相反，罗伯茨向诺维尔派出了更多援兵——第705坦克歼击营的一个排和第506伞兵团第1营。

直到次日（12月20日）黎明，冯·劳赫特才集结了足以对付德索布里的兵力。雨雪和浓雾中的一番激战结束后，美国人被迫撤退，第101空降师代理师长麦考利夫准将最终批准撤退。诺维尔的战斗使美军付出了400名士兵、11辆"谢尔曼"和至少5辆坦克歼击车的代价。[306]伤亡人员名单上包括受伤的德索布里少校和阵亡的诺维尔那个空降营的营长詹姆斯·L.拉普拉德（James L. LaPrade）中校。

德索布里特遣队将令人畏惧的第2装甲师拖住一整天，本身就是了不起的战绩，当然，这也可以解释历史作品中那些围绕诺维尔之战产生的神话。但是，即使这里的美军将德军的突击炮误认为坦克，德军坦克的损失数字也被夸大了——各种美国资料声称，这一数字达到20辆甚至30辆。考虑到第2装甲师在诺维尔之战后的实际兵力，冯·劳赫特师的损失其实不太可能超过10辆坦克和5辆突击炮。

一辆美国M18"地狱猫"坦克歼击车准备向逼近的德军坦克开火。"地狱猫"的炮塔中有1门76毫米M1反坦克炮，是德军坦克最危险的对手，特别是它速度很快，能够迅速机动到德国坦克装甲较为薄弱的侧面。"地狱猫"的弱点之一是装甲薄弱，正面装甲厚度不超过25毫米。（NARA，SC 196436）

　　击溃诺维尔的对手后，似乎已没有什么能够阻挡第2装甲师向默兹河进军了，冯·吕特维茨预计很快就可以攻克巴斯托涅。德军在巴斯托涅以东取得的压倒性胜利和此后遇到的微弱抵抗，使装甲教导师师长拜尔莱因得出结论：通往巴斯托涅的道路基本上已经畅通无阻。[307] 而且，气象继续站在德国人一边。12月20日是最不适合飞行的日子。气温在20 ~ 44华氏度（零下6.7 ~ 6.7摄氏度）间波动，天空浓雾笼罩、雨雪夹杂、狂风呼啸，令该地区盟军机场冰封的跑道难以立足。勉强升空的12架飞机——堪称第9航空队整个西线战役中出动架次最低纪录——已足以证明飞行员的高超技能。美国第8军军长特洛伊·米德尔顿少将诅咒着恶劣的天气，他甚至无法让一架派珀"小熊"联络机起飞。米德尔顿回忆道："浓雾笼罩大地，我们被迫在白天打开车灯。"[308]

　　12月20日早上，第47装甲军军长冯·吕特维茨上将提交了一份形势报告："第2装甲师已经占领诺维尔。敌军转而经富瓦（Foy）南撤，第2装甲师正在追击。即使现在还没有占领，富瓦也是指日可下。占领富瓦后，第2装甲师

德国反坦克兵在一门75毫米 PaK 40 L/48反坦克炮旁边。这种火炮可以在2000码（约1829米）的距离上正面击毁"谢尔曼"坦克。（蒙松）

将根据命令转向西面进入开阔地。装甲教导师仍在内弗当面，但是已经占领瓦尔丹，并快速向马尔维移动。那里的敌军似乎很薄弱且缺乏准备。我军可能已经攻克马尔维。"[309]

　　米德尔顿指派第101空降师代理师长麦考利夫准将指挥巴斯托涅的所有美军，12月20日，米德尔顿和手下的参谋人员离开巴斯托涅，前往西南19英里（约31千米）的讷沙托。米德尔顿在动身前不久向麦考利夫下达的命令很简洁："第101空降师将确保如下战线的稳定：从 P798945（雷希特）到圣维特战线，沿 N15公路以东的任意直线向南，在布雷特韦勒（ Breitweiler ）与第4步兵师相连。"[310]麦考利夫无意遵守这一命令，因为如果那样，就意味着他的师将守卫50英里宽（约80千米）的正面——实际上要同时对抗整个第5装甲集团军和第7集团军，而为他提供支援的只有从德军在巴斯托涅以东的进攻中逃脱的残部。于是，他将自己的军队集中在巴斯托涅周围的一系列防御阵地上。但是，对于米德尔顿命令的第二部分，他决定照办："绝不撤退！"确实，前5天中，米德尔顿几乎例行公事地向乌尔河以西的所有下属部队发出过相同训令，但麦考利夫和第101空降师是美军中真正执行该命令的第一位指挥官和第一个作战单位。

46岁的安东尼·麦考利夫身量不高——只有5英尺9英寸（约1.75米），但他无疑是阿登战役中最坚忍不拔的美国指挥官。他在1944年6月的D日之前没有任何作战经验，却凭借自身素质为"巴祖卡"火箭筒和美国吉普车的开发做出了贡献。麦考利夫于1918年11月毕业于西点军校，长期在炮兵服役，这也是他被任命为第101空降师炮兵指挥官的原因。麦考利夫对跳伞心存疑虑，他认为这"对于像我这样的老朽"太难了——这句话使他得到了"老朽"（Old Crock）的绰号。他的名字永远和1944年年底至1945年年初冬季的阿登战役联系在一起。战后两年，巴斯托涅的中心广场由"杜卡雷广场"更名为"麦考利夫广场"，那里矗立着一座麦考利夫的半身像，他于1949年被授予"巴斯托涅荣誉市民"的称号。

1944年12月20日，德军首次尝试夺取巴斯托涅，装甲教导师和第26国民掷弹兵师似乎有足够的实力承担这项任务。但两个师在进攻时都不完整，因为它们各派出了一个团掩护西南12英里（约19千米）的南翼。第101空降师、第10装甲师B战斗群和第9装甲师R战斗群残存的装甲兵，加上在巴斯托涅以东坦克战中遭到重创的各部队残部，兵力上比巴斯托涅的德军多出一半。美军在炮兵上的优势尤其明显。

第26国民掷弹兵师动用了第77和第78掷弹兵团，在8辆坦克歼击车的支援下进攻巴斯托涅东北约2英里的比佐利。这次进攻最初得到了第2装甲师的支援，该师在占领诺维尔后继续向南沿公路开往巴斯托涅，将德索布里战斗队和第506伞兵团逐出比佐利西北2英里的小村富瓦。第2装甲师在那里停住了脚步，但不是因为美军，而是因为自己的最高指挥官。冯·劳赫特上校提议让第2装甲师继续沿着诺维尔和富瓦的主干道前进，由北面进攻巴斯托涅，但遭到军长冯·吕特维茨的断然拒绝："离开巴斯托涅，继续按照命令向默兹河进攻！"

就连西线总指挥官、陆军元帅冯·伦德施泰特也明确表示，第2装甲师在任何情况下都不可偏离前往默兹河的进军路线。他从司令部里联系莫德尔和冯·曼陀菲尔，通知他们从此时起，进攻的主要重点放在第5装甲集团军及其向默兹河进军的行动上。冯·伦德施泰特说道，迅速确立河西岸的阵地，从而

诺维尔外围被摧毁的"谢尔曼"坦克。（迪基希国家军事历史博物馆）

巴斯托涅之战期间，美国第101空降师代理师长、时年46岁的安东尼·C.麦考利夫准将被他的士兵称为"老朽"。他的个人态度对美军在被围的巴斯托涅城中的抵抗起到了巨大的作用。麦考利夫于1975年去世，享年77岁。在比利时，他因为英勇地守卫巴斯托涅而被奉为英雄。（NARA）

"阻止敌军援兵渡河"是至关重要的。[311]

冯·劳赫特的装甲兵离开富瓦后,美国第506伞兵团第3营紧随其后夺回了这座村庄。在第10装甲师B战斗群的坦克支援下,第506和第501伞兵团阻止了第26国民掷弹兵师的进攻,但此前德军已占领了比佐利。

装甲教导师在更南面发动的攻势因遭到6个美军炮兵营的集火打击而彻底瓦解。[312]虽然德军仅损失了3辆坦克,但步兵营消耗很大。[313]巴斯托涅以东内弗和蒙特村(Mont)之间的草地上布满了间隔为30—50英尺(约9—15米)的铁丝围栏,德军显然没有注意到这一点。第902战斗群突前的士兵被迫停下来攀爬这些围栏,被美军炮火成批杀伤。战斗过后,这些牲畜围栏上均匀地倒着一排排身着灰色军服的尸体。[314]

对德国第2装甲师来说,12月20日看起来是完全不同的一天。冯·劳赫特的装甲兵从富瓦返回,经过诺维尔的废墟和狭窄的乡间道路,开上了从乌法利兹向西南延伸的主干道。他们没有再和敌军发生任何接触,现在他们的对手主要是离开主干道后的沼泽地。冯·劳赫特提议直接从北面打击巴斯托涅,在某种程度上是因为巴斯托涅北部地区没有合适的西行道路。前一天,劳赫特纵队中的轮式车辆就付诸了巨大的努力,才越过狭窄泥泞的乡村道路到达诺维尔。不过,他们在20日中午抵达从乌法利兹通来的公路后,一切都开始变得顺利起来。德国坦克沿着1天前第116装甲师经过的道路抵达乌尔特维尔,夺取了毫发无损的活动便桥,并在乌尔特河(西乌尔特河)上建立了一座桥头堡。

在恩斯特·戈特施泰因(Ernst Gottstein)中尉的指挥下,由2辆装甲侦察车组成的一支侦察队从乌尔特维尔出发,沿N4公路到前面3英里的巴里埃德尚普隆(Barrière de Champlon)路口侦察。戈特施泰因抄近道越过乌尔特维尔西北的丘陵地带,直到十字路口以南1英里左右的山毛榉林边沿,他的两辆车才开上了柏油路。在交叉路口没有看到美国士兵,戈特施泰因命令停车,拔出手枪冒险进入路口的小咖啡屋,他的手下则在外面放哨。过一会儿戈特施泰因带着2名美国俘虏走了出来。他打开装甲车上的电台,向桥上的指挥官报告:"路口的敌军已肃清!"[315]

冯·劳赫特的主力进入了泰讷维尔的阵地,这是向来路方向回溯2英里的乌尔河对岸。他们面前是一条笔直的公路,从巴斯托涅一直延伸到40英里(约

一名德国士兵在阿登地区田野上的防牲畜围栏下前进。背景是一辆被摧毁的美国装甲车。（NARA，Ⅲ-SC-341638）

64千米）之外默兹河上的那慕尔。但是，他们被迫休息一天，等待燃油和弹药补给。因为交通堵塞和狭窄公路桥上形成的瓶颈，补给运输已远远落后。[316]

在圣维特以南地区，有两条从德国方向来的铺面公路与这条公路相连，但都被圣维特地区的美军封锁了（圣维特在1天后才陷落）。因此，第5装甲集团军两个装甲军的补给只能依靠一条从德国方向来的铺面道路——一条从达斯堡蜿蜒经过卢森堡向西延伸的公路。

这确实是一条柏油路，但完全不足以为第5装甲集团军提供大部分补给。达斯堡的峭壁几乎垂直地插入乌尔河。一条狭窄蜿蜒的公路通向河谷上架设的桥梁，而在桥的另一边，这条窄路向右拐弯后又向山上延伸。陡峭的山坡上草木丛生,随处可见的急弯,根本不可能靠边让其他车辆通过。冬季湿滑的路况和浓雾造成的能见度不佳现象,进一步恶化了这条道路的通行能力。第5集团军的大部分补给车辆都在这条道路上双向行驶。

德军并不只有达斯堡的渡口——他们还可以使用下游(南面)不远处上艾森巴赫的桥梁。但是,从这个渡口到霍辛根,一路都是上坡的盘山道,狭窄泥泞,再往西3英里则是被称为"天际线公路"的主干道,第26国民掷弹兵师师长科科特上校称其"完全难堪使用"[317]。在某些地方,路边就是急降的陡坡。毋庸质疑,对于疲劳不堪的德军驾驶员来说,冬季在这条湿滑的公路上行驶,自然相当危险。始于上艾森巴赫、经过霍辛根的道路也没有任何备用路径,这条道路在达斯堡以西3英里的马尔纳赫与来自达斯堡的公路交会。特别是在阿登战役的前几天,马尔纳赫成为德军交通管制人员的地狱——在这段车辆可以双向通行的瓶颈上,严重的交通堵塞成为交通管制人员面临的巨大挑战。

堵塞状况往往一路延伸到克莱沃和下一条河(向西3英里的克莱韦河)上的桥梁。在克莱沃后,主干道经过起伏连绵的农田和低缓的丘陵,这些地方的沥青路面被数十辆美国和德国坦克的履带毁坏,卡车驾驶员常常被迫慢慢移动,以避免损坏车轴,这也进一步加剧了马尔纳赫的拥堵。

如果德军可以通过巴斯托涅,他们就能够直接开上宽阔的N4公路前往马尔什,然后到达默兹河上的那慕尔,补给形势也就完全不同了。但是,在布满车辙的克莱沃到巴斯托涅公路上跋涉12英里(约19千米)后,运输车辆此时却被迫从主干道右转,开上路况差得多的乡间小路,向北经过巴斯托涅东北方的阿隆库特(Arloncourt)、布尔西和诺维尔。这正是两天前冯·劳赫特的第2装甲师费尽艰辛走过的土路——此时的不同之处在于,它已经完全被经过的坦克毁坏,阿登战役前几天的冰雪消融过后,已很难分辨这条路和周围的田野了。卡车和马车的车轴常常陷在这条路上,连士兵们都觉得难以向前移动,因为每走一步,他们都要陷进深及踝部的烂泥里。[318]

沿这条公路连绵6英里的田野上狂风劲吹,到处可见抛锚或陷住的车辆,夹杂着骂骂咧咧的军官和大喊着到处奔走的野战宪兵,疲乏的士兵们冒着瓢泼大雨费力地将熄火的车辆推到路旁。而且,从乌法利兹向南延伸到第2装甲师先遣支队驻足地区的公路已被笨重的履带式车辆严重破坏。

融雪后土路完全变成了一片沼泽，不仅轮式车辆陷入其中，这辆"谢尔曼"坦克也因为陷入泥泞导致两条履带脱落而被坦克手丢弃。（NARA，SC-197209）

　　战败的将军们很少被视为最可靠的史料来源，但战争刚结束时，许多美国作家非常乐意引用德国将军的主观叙述，以此来了解1944年年底至1945年初的冬季阿登战役期间的"另一方"。遗憾的是，他们不做鉴别地转述了这些将军们提供的许多解释。因此，史料编纂者往往倾向于将阿登战役第一周德军的补给困难描绘成异乎寻常的局面。

　　事实上，二战期间的高速摩托化推进经常受到前锋燃油耗尽的困扰，被迫暂时停止。这实际上是几乎不可避免的，尤其是在路况不利于轮式车辆的情况下。在东线，此类情况司空见惯，1942年夏季，德军装甲部队的进攻曾因类

巴斯托涅以西的圣于贝尔（Saint-Hubert）东南的一个小村落里，美国士兵正在躲避德军炮火。（NARA，Ⅲ-SC-193835/ 格迪克）

似原因多次出现长达一周的中断，但仍然没有令整场攻势停下。前几年的"闪电战"与阿登战役在这方面的最根本区别在于，德军此前占据空中优势，而在1944年的西线却并非如此。因此，尽管大雨对路况有负面影响，但1944年12月阿登地区的德军仍对此欢欣鼓舞。

据说，冯·曼陀菲尔预计他的军队两三天内就能到达默兹河，但这种说法遭到他本人的否认，战后不久他在接受美国军队调查时说道："我从未预计过在两三天内能够抵达默兹河，而是认为如果一切顺利，我们应该能够在6到8天内（后来又改口说是'4到6天'）抵达那里。"[319]

冯·吕特维茨在12月20日的报告中也相当乐观："敌情：对方感觉败局已定，正在后退，他们所能做的只不过是为撤退辩护。"[320]

德军指挥官们此时并未将第2装甲师被迫停止前进当成是进攻计划的严重挫折，这方面的主要证据或许可以从西线总指挥官、陆军元帅冯·伦德施泰特身上找到。虽然显然12月21日一整天第2装甲师都将得不到燃油，但12月20日的晚上冯·伦德施泰特仍然毫不犹豫地将攻势的重点从党卫军第6装甲集团军转移到第5装甲集团军。

　　前线燃油暂时短缺是由路况恶劣和补给线拉得过长所致，而不是很多人推测的攻势之前燃油分配不足，这一点可以从冯·吕特维茨上将第47装甲军的第二个装甲师（装甲教导师）在12月20日—21日没有受到这些困难的影响来证明。该师12月20日仍然在巴斯托涅以东地区，它的补给线不像第2装甲师拉得那么长。

　　12月20日晚上，装甲教导师和第26国民掷弹兵师接到冯·吕特维茨上将的命令，分别派出它们的侦察营从南面绕过巴斯托涅。它们加入了2天前占据维尔茨以北阵地、掩护集团军南翼的第26国民掷弹兵师第39燧发枪兵团。12月21日，这些部队和第7集团军的第5伞兵师横扫巴斯托涅以南和西南地区，第39燧发枪兵团占领了巴斯托涅南部工业区外的阿瑟努瓦（Assenois）。往西不远处，罗尔夫·孔克尔（Rolf Kunkel）少校率领的第26国民掷弹兵师第26侦察营在锡布雷特（Sibret）遇到美军的顽强抵抗，12月19日，科塔少将已将他的美国第28步兵师师部转移到此处。这座小镇有1000名居民，还有一个位于西南方的利布拉蒙与东北方50英里（80千米）的圣维特之间的铁路线上的车站。与师部会合的第28步兵师第110团级战斗队大部分残部——主要是第1和第2营——组成了卡拉韦特遣队，在弗雷斯特·卡拉韦（Forrest Caraway）中校的指挥下承担锡布雷特的防御任务。

　　卡拉韦和科塔还得到第109和第687野战炮兵营的支援。[321]此外，第630坦克歼击营的残部驻扎在小镇的北部和南部。锡布雷特位于一座山上，俯瞰周围的田野，有利于防御。

　　12月20日晚上，第5伞兵师的一小队伞兵向锡布雷特发起首次进攻，但以失败告终。第二天早上，孔克尔少校的军队从四个不同的方向发动攻势。经过几个小时的巷战，美军的抵抗最终瓦解，德军抓获大量战俘。他们还夺取了20门火炮，以及大量坦克、装甲车和其他机动车辆——有些车辆是匆忙丢弃的，发动机都还没有熄火。[322]美军指挥官科塔和卡拉韦侥幸逃脱，退到巴斯托涅—讷沙托主干道上更南面的沃莱罗西耶尔（Vaux-les-Rosieres）暂避。

　　冯·法卢瓦战斗群——格尔德·冯·法卢瓦少校率领的装甲教导师加强的装甲侦察营——紧随第5伞兵师，在南翼全速推进。12月21日，冯·法卢瓦的军

美军在巴斯托涅的防御远比德军预期的坚固，给来犯者造成了沉重的伤亡。一份德军报告甚至将美军在巴斯托涅的抵抗描述为"疯狂"。（沃伦·沃森）

队占领锡布雷特西北2英里处的舍诺涅（Chenogne），缴获由6辆美国卡车和22辆吉普车组成的一整支车队，夺取巴斯托涅西南15英里（约24千米）的利布拉蒙，围困了巴斯托涅以西不远处蒂耶（Tillet）附近的美国第58装甲野战炮兵营。[323]

第26国民掷弹兵师师长科科特跟随第39燧发枪兵团的脚步前进时，他发现巴斯托涅以南的进军路线上到处散落着被击中燃烧的美国坦克。[324]

12月21日晚，巴斯托涅以南和西南地区的德军阵地得到装甲教导师第902战斗群的增援，该战斗群奉命在冯·法卢瓦后向巴斯托涅以西12英里的圣于贝尔推进。巴斯托涅东南地区只剩下第901战斗群（也被称为豪塞尔战斗群）。

这样，巴斯托涅已完全被包围，城中有18000名美军官兵和3500名平民。由于代理市长莱昂·雅坎（Leon Jacquin）的紧急干预，已有大量面粉运入城中，因此城里的22000人（包括美军士兵和比利时平民）共有7.5吨食物。[325]此外，该地区的许多农场有大量牲畜，能够提供充足的肉类。奉命指挥巴斯托涅防御的安东尼·麦考利夫准将并不觉得特别担忧，毕竟，空降兵就是为了在被包围的局面下战斗而训练的。冯·吕特维茨上将接下来尝试的策略，或许能够说明他对巴斯托涅的美军状况，以及对美国空降兵的态度了解有多么少。

"只有一种办法能挽救被围的美国军队，使之免遭全歼：就是这座被围的城市以体面的方式投降。"1944年12月22日下午，吕特维茨派出两名德国军官和两名士兵，打着白旗向麦考利夫转达了这一信息。果不其然，麦考利夫并未被对手的最后通牒吓倒。

第101空降师代理参谋长内德·穆尔（Ned Moore）中校向麦考利夫转达了德军的信息。麦考利夫的司令部设在海因茨兵营的一个地下室中，他刚从午睡中醒来。昏昏然之中，麦考利夫的第一感觉仿佛是德国人想要投降。穆尔说明实际上是德军前来劝降时，睡意未消的麦考利夫喊道："胡扯！"然后，他命令穆尔拒绝德军的劝降。

然而，德军使团中领头的少校要求美国指挥官给予书面答复，这令麦考利夫十分困惑。

"我不知道跟他们有什么可说的。"他对参谋们说道。

他的作训科科长哈里·W. 金纳德（Harry W. Kinnard）大笑道："就用您的第一句话怎么样？"

最终，麦考利夫拿起笔在一张纸片上写下了一个词："毬（Nuts）。"

在使团中担任翻译的英裔德国中尉赫尔穆特·亨克（Hellmuth Henke）尴尬地向少校解释，他其实也不理解这一答案。在少校的要求下，亨克要求陪同的美国上校约瑟夫·哈珀（Joseph Harper）澄清。哈珀让担任翻译的一等兵厄尼·普雷梅茨（Ernie Premetz）解释，普雷梅茨转向亨克中尉说道："这句话的意思就是：'你们下地狱去吧！（Du kannst zum Teufel gehen！）'冯·吕特维茨在阿登战役期间所作的第47装甲军报告可以确认，麦考利夫确以"Nuts"一词回复。[326]

美军在圣维特的抵抗被粉碎后，之前拥堵的公路有所松动。党卫军第9装甲师第9高炮营的党卫队突击队员赫尔穆特·泽姆勒（Helmut Semmler）在日记中写道："我们终于能够向圣维特前进了。与此同时，我们部队得到许多从敌军那里缴获的车辆，主要是'车鼻子'倾斜的斯图贝克卡车。路两旁有许多被丢弃的'谢尔曼'坦克。街道旁边躺着死去的士兵。"[327]

12月21日和22日，德军补给纵队在从东面和北面来的公路上全速行驶。"占领圣维特后，车流可以持续向前。"第1818炮兵团的贝门中尉在12月22日的

参加阿登战役的德国士兵霍斯特·黑尔穆斯用画笔描绘了德国士兵坐在缴获的美制 M3 半履带车中，牵引 PaK 40 反坦克炮追击撤退的美国部队的情景。

日记中写道，但他还补充道："如果敌机出现，那将会成为一场可怕的灾难。"[328] 不过，糟糕的天气迫使盟军飞机不得不继续留在地面，德军的攻势恢复了。 冯·吕特维茨上将写道："我军预计，12月22日两个装甲师将向西北推进一大 步。我们的侦察部队没有遇到真正的抵抗。目前敌军似乎还没有新调来的任何 军队。"[329]

第一辆油罐车抵达泰讷维尔的桥头堡后，冯·劳赫特立刻命令第2装甲侦 察营的半履带车、几辆"豹"式坦克和一些三号突击炮加油。定名为冯·伯姆战 斗群〔以装甲侦察营营长冯·伯姆（von böhm）上尉的名字命名〕，于12月22日 清晨驶上 N4 公路，向马尔什和那慕尔开进。

在距离泰讷维尔2.5英里（约4千米）的地方，公路进入了林木覆盖的山区。 前一天下午，美国第51战斗工兵营已花费很大的精力，阻止德军利用这条公路。他们在公路上炸出一个巨大的坑，将林中许多裸露冻僵的树木砍倒后横在公路上。此外，一支小小的后卫守在林边的阵地上。在早晨的一场两个小时的战斗后，美军撤出。冯·伯姆的部队继续前进，但他们很快就报告，森林公路上有很深的"树洞"。冯·伯姆接到命令，通过一条小土路绕过这段N4公路，这条小路沿着山丘通向西面5英里的纳索涅（Nassogne），从那里继续向北前往马尔什。[330] 德军的进攻得到至少1辆缴获的吉普车及车上的德国突击队队员的支援，他们能讲美式英语，身穿美军作战服，渗透到美军战线后制造混乱，被称为"狮鹫"部队 ①。与此同时，油罐车源源不断地抵达泰讷维尔。冯·劳赫特得以集合又一支特遣队，包括第3装甲团第2营、第304装甲掷弹兵团、第74装甲炮兵团，以及第273高炮营2/3的兵力。在第304装甲掷弹兵团代理团长恩斯特·冯·科岑豪森（Ernst von Cochenhausen）少校的率领下，坦克、"美洲狮"装甲车、牵引车、防空车辆、装甲运兵车和许多其他车辆运载着2000名装甲掷弹兵，排成长队浩浩荡荡地出发了。

　　森林公路两侧地形崎岖，树木形成的路障无法绕过，所以必须将其清除，这项工作花费了4个小时才完成。[331] 但此后，德军在纳索涅进入了完全没有遮挡的平原地带。这是一支拥有近900辆各式车辆的庞大队伍，领头的坦克到达马尔什城东南方4英里邦德（Bande）西侧的N4公路时，最后一辆坦克甚至都还没有进入后面6英里处的森林。

　　德军在雪地上发现了许多新鲜的车辙，认为美军已在马尔什集结了一支大军。他们向冯·劳赫特报告，后者将这一情报转发给军长冯·吕特维茨，冯·吕特维茨命令第2装甲师转向西北，在迪南渡过默兹河。[332] 事实证明，德军的结论是完全正确的。强大的美国第3装甲师和第84步兵师已前去守卫马尔什。前面我们已经知道，莫里斯·罗斯（Maurice Rose）少将率领的第3装甲师是一个所谓的"重型装甲师"——也就是说，比常规的装甲师要强大得多——其在马尔什地区的坦克已远远超过100辆。很快，第84步兵师就证明自己是阿登地区最难对付的美国步兵师之一。该师的绰号是"劈木人"（The Rail Splitters），德国

---

① 原注：参见第6章。

人将该师的士兵们称为"持斧者"(The Axe Men)。[333]

冯·科岑豪森在马尔什以南留下一个装甲掷弹兵营、半个防空营和一支小规模的德国空军防空部队。[334] 然后，主力继续按照吕特维茨的新命令前进。在N4公路向右转向马尔什的路口，德军主力取道西延至该城南面的支路。这是一个完美的伏击地点，美军也利用了这一地形。

美国第84步兵师第335步兵团已将其第3营放在此处的一些山上。就在德军靠近之前，"劈木人"师得到来自第3装甲师的增援，令他们欢欣鼓舞。第3装甲师 A 战斗群命令多恩特遣队——第32装甲团、第36装甲步兵团和第67野战炮兵营各部——占据马尔什和巴斯托涅之间 N4公路上的阵地。这个特遣队刚离城就在马尔什西南2.5英里的昂日蒙与冯·科岑豪森战斗群交上了火。[335]

12月22日下午5时许，冯·科岑豪森的纵队沿马尔什以南的蜿蜒道路，慢慢地向昂日蒙方向前进。道路右侧是覆盖着落叶树林的陡峭崖壁。天色已暗，薄雾和落雪中的能见度只有几码。突然，头顶的天空被火光照亮，埋伏在道路周围高地的重武器开火了。5辆德国装甲车辆被击中起火，德军立刻转入守势。

阿登地区被积雪覆盖，12月22日，美国第1集团军几乎全线后撤。(NARA，SC-197350)

但是，冯·伯姆战斗群出其不意地出现在昂日蒙以南，很快地决定了这场战斗的胜负。这支部队抄小路通过纳索涅，此时高速通过热梅普城堡，进入美军阵地后的山谷。美国人还没搞清楚发生了什么，冯·伯姆的部队已冲上斜坡，从后对他们发动了进攻。美军匆忙放弃阵地，向马尔什撤退。确信取得胜利后，冯·劳赫特向吕特维茨发出了如下的报告：

> 我们的伞兵和"狮鹫"突击队已在盟军后方造成了恐慌。故军士气似乎已大大动摇。诺维尔的战斗之后，我们遇到的只是很容易克服的微弱抵抗——今天在马尔什以南除外。故军飞机很不活跃。德国空军还没有介入战斗。粮食和燃油的补充不足且没有规律，严重限制了我师的战术机动性。我们的主力将继续沿着比松维尔（Buissonville）、沙普瓦（Chapois）、孔尼厄（Conneux）方向推进。我们将在莱尼翁（Leignon，沙普瓦西北）放置路障，等待约定的侧翼掩护军队。我们将占据塞勒—孔茹地区，准备在昂斯雷姆（距迪南1.5英里的一座铁路桥）渡过默兹河。[336]

与此同时，德国空军接到命令，在任何情况下都不能进攻韦尔维耶—巴斯托涅以西默兹河上的桥梁，以便让德国陆军完好无损地占领它们。[337]

反坦克炮对阵"谢尔曼"

第26坦克歼击营反坦克炮手霍斯特·黑尔穆斯下士在日记中描述了1944年12月21日于锡布雷特遭遇一辆"谢尔曼"坦克的情景：

> 我们守卫的阵地前方半英里就是巴斯托涅—讷沙托主干道，身边是装在一个37毫米炮架上的75毫米轻型榴弹炮。步兵占据了进攻准备阵地，105毫米榴弹炮开始了炮火准备。步兵将在11时发动进攻。[……]我们遇到步兵自动武器火力，我被迫在地上卧倒[……]
>
> 忽然传来一阵大喊，就像有一千个人同时出声：坦克！步兵试图找出坦克的位置。各个角落都可以听见有人在喊"坦克！"——他们都拉长声音，每个音节都使用重音。公路那边的一个树林里，我们看到一辆"谢尔曼"的轮廓（至少我们想

象那是一辆该型坦克)正在慢慢向前移动。然后，发动机猛然发出巨响。美国佬开足马力，高速冲出森林。尽管发动机声震耳欲聋，我们仍然听到古特比尔中尉批准开火。迈尔士以勉强可闻的声音下达发射命令，包括方向、弹药类型、距离和炮弹数量，但除了坦克，我什么也听不到，什么也看不到。距离旋钮定在穿甲弹，800米。好了，稍做修正，我按下发射钮。砰！首发命中！万岁！击中负重轮！我能听到爆炸声，但在浓烟中什么也看不清。[……]第二发炮弹击中一条履带。坦克停了下来，指挥官在第一发炮弹命中和第二发炮弹发射之间已跳车逃走。我又射出第三发炮弹：击中底盘侧面上部。弹药燃烧起来了！一团巨大的火光和浓烟升腾起来。演出结束了……

我的脸被火药熏黑，看起来真的很"危险"！耳朵里嗡嗡直响，几乎什么也听不到。但我知道赖内克上尉和古特比尔中尉正在向我道贺。

霍斯特·黑尔穆斯用铅笔描绘了这一事件。

结论和结果

阿登战役的前 7 天带来了整个美国陆军史上最严重的一些挫折，其中最严重的可能是这支军队威望上的损失，即使从现实角度看，这些挫折也是规模巨大的，明显大于阿登战役的许多描述中显现的程度。美军的损失统计最为典型，细致的研究证明，这些数字都有瑕疵且自相矛盾。实际上，根本不可能得到可靠的美军损失统计数字，因为大部分都在战争期间或后不久被销毁——从历史编纂学的角度，这当然是相当值得注意的 [①]。

显然，德军的攻势在实施和准备上都是巧妙而娴熟的。战争末期，德军仍能实施一场"闪电战"（尽管是以改良的形式），这一事实震惊了世界。他们还能够向对手发动如此出其不意的攻势，这令阿登战役在接下来的很长一段时间里成为更高层战略研究注目的对象。德军取得这些成功的先决条件之一是迫使盟军飞机停在地面的恶劣天气，在这块战场上，作战计划人员和气象学家都做出了完全正确的评估。如果盟军能对狭窄的、时常出现拥塞的前方交通线实施大规模空袭，德军显然不可能取得这样的成功。

但是，德军在某个方面上出现了重大的误算——他们大大低估了美国士兵的韧性。除勇敢之外，用其他任何词语描述 1944 年 12 月 16 日阿登前线的美国士兵，都是完全不公平的。在前几个小时里（有时是前几天），他们顽强抵抗数量上占据优势的进攻者，这些年轻美国士兵组成的小群体为盟军后来转败为胜创造了重要的先决条件。例如，巴斯托涅几乎是由来自第 28 步兵师一个营的美军官兵（由哈罗德·F. 米尔顿少校率领的第 110 团级战斗队第 3 营）拯救的，他们在卢森堡长时间地拖住了德国装甲教导师和第 26 国民掷弹兵师，使第 101 空降师得以在德军之前抵达该城 [②]。

但是，这些英勇的前线将士创造的战略机遇，大部分都被缺乏战略能力（往往也缺乏行动能力）的总部浪费了。第 106 步兵师在乌尔河以东瓦解，以及 12 月 18 日—19 日美军在巴斯托涅的几次坦克战中的失利，都是这方面的例证，

---

① 原注：这似乎是一个意义深远的断言，但对专精于这一主题的研究者来说是毫无争议的。为了得到美军损失的合理估计，作者和其他多位研究者结合了对大量主要资料进行大规模和深入研究的成果。但即使经过这样的努力，提出的损失数据仍然不完整。美军在阿登战役期间的损失程度可能永远无法完全澄清；迄今为止，主要的素材仍太过混乱，难以厘清。

② 原注：不久以后，富勒和米尔顿的营在阿登战役中都迎来了不体面的结局——我们将在下一章中看到。

这些失败本来完全可以避免。美军的士气因此受到了沉重打击，但参战的美国士兵们不应该为此受到指责。

阿登战役的前几天，尽管美军的多个指挥部似乎都陷入惊慌和无助，但盟军最高统帅部的反应相对迅速，并采取了减弱德军攻势影响的措施。布拉德利重新集结第7装甲师的决定，阻止了德军在第二天的进攻中夺取圣维特的交叉路口。更为重要的是艾森豪威尔命令第18空降军前往阿登地区，正因如此，美军保住了巴斯托涅，同时在萨尔姆河沿岸组建预备队，吸收从圣维特撤退的军队——在这个地段，蒙哥马利元帅为避免美军战线完全崩溃起到了关键作用。如果没有布拉德利、艾森豪威尔和蒙哥马利的这些努力，第5装甲集团军可能已在攻势发起的第五天或第六天就突破默兹河。

阿登战役第一周的另一个有趣特征是，第5装甲集团军在此阶段取得的成功往往是数量优势的结果。这与德国士兵自己的想象形成了鲜明对照，根据他们的想象，他们在战场上的质量优势是战胜具有数量优势的对手的决定性因素。德国人的这种认知某种程度上是基于1944年秋季在西线防御战中的表现。

毫无疑问，1944年12月16日在阿登地区面对德军进攻的美军官兵，其表现明显优于前几个月美国陆军在西线的总体表现。这可以从美军士兵意识到无法依靠空中支援，此时所处的局面也不同于之前来解释。无论如何，美军在攻势前两天（在圣维特的抵抗为时更长）的顽强抵抗与德国方面许多人的预期大相径庭。但是，正如德国人确信的那样，12月20日，除巴斯托涅的军队和萨尔姆河沿岸的第82空降师，第5装甲集团军面前的抵抗意志总体上已瓦解，通往默兹河的道路已畅通无阻。

美国第101空降师及支援部队守住巴斯托涅的公路枢纽，确实是对德军计划的重大妨碍，但只要盟军航空兵无法介入，德军就可以使用其他道路实施补给，特别是在消除圣维特突出部后。

12月22日晚上，德国第2装甲师准备在迪南完成渡过默兹河的最后一步，此时装甲教导师位于该师的左（南）翼。在马尔什，美国第3装甲师A战斗群和第84步兵师已集结，但这两个美国师本身受到来自东北方的严重威胁，第116装甲师、党卫军第2装甲师和第560国民掷弹兵师正从这一方向推进。在这些部队的东面还有另一个德国装甲师——党卫军第9装甲师。上述德军部队的目标只有一个：掩护第2装甲师向默兹河上的迪南开进。这是阿登战役期间，德军在如此有限的区域上进行的规模最大的集结——攻势开始时，这些师共有超过400辆可参加战斗的坦克，其中约有一半是"豹"式。德国指挥官们可能会自问，哪支盟军能够抵抗这样强大的力量。

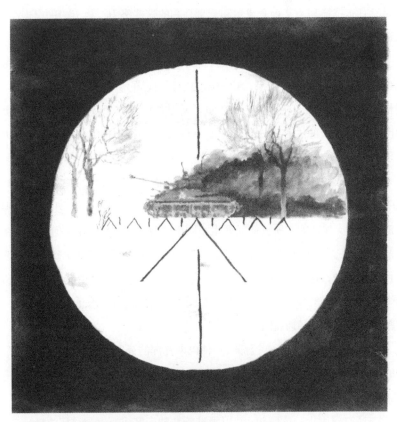

火炮瞄准镜中的"谢尔曼"。霍斯特·黑尔穆斯绘制。

本章注释

1. 冯·曼陀菲尔，《阿登攻势中的第5装甲集团军，1944年12月16日—1945年1月25日》，B-151A，P.7。

2. 汉斯·约阿希姆·诺伊特曼中校，迪特尔·施滕格（编），"德国在西线的最后一次较大规模攻势"，2008年1月。《老兵之声》，施滕格历史博物馆；www.stengerhistorica.com/History/WarArchive/VeteranVoices/Neutmann.html，2012年5月3日。

3. "汉斯·波特：从海军到步兵"。《老兵之声》，施滕格历史博物馆；www.stengerhistorica.com/History/WarArchive/VeteranVoices/Poth.html，2012年5月3日。

4. 冯·曼陀菲尔，《阿登攻势中的第5装甲集团军，1944年12月16日—1945年1月25日》，B-151，P.147。

5. D.J. 贾奇上校，《缺口中的骑兵：第14机械化骑兵群和突出部之战》。第14骑兵群协会：www.14cav.org/g1-bulge.html，2010年7月3日。

6. 高尔，《卢森堡的突出部之战：南翼，1944年12月—1945年1月，第1卷：德军》，P.240。

7. 汉斯·约阿希姆·诺伊特曼中校，迪特尔·施滕格（编），"德国在西线的最后一次较大规模攻势"，2008年1月，《老兵之声》，施滕格历史博物馆。www.stengerhistorica.comHistoryWarArchiveVeteranVoices/Neutmann.html，2012年5月3日。

8. 舍费尔、赖尼克、赫尔曼和基特尔，《月光师：第62步兵师，1938—1944年，第62国民掷弹兵师，1944—1945年》，P.269。

9. 冯·曼陀菲尔，《阿登攻势中的第5装甲集团军，1944年12月16日—1945年1月25日》，B-151，P.120。

10. 舍费尔、赖尼克、赫尔曼和基特尔，《月光师：第62步兵师，1938—1944年，第62国民掷弹兵师，1944—1945年》，P.278。

11. 冯·曼陀菲尔，《阿登攻势中的第5装甲集团军，1944年12月16日—1945年1月25日》，B-151，P.147。

12. 冯·瓦尔登堡少将，《第116装甲师在阿登战役中的贡献（第一部分，1944年12月16日—19日）》，A-873，P.2。

13. 冯·曼陀菲尔，《阿登攻势中的第5装甲集团军，1944年12月16日—1945年1月25日》，B-151A，P.20。

14. 冯·曼陀菲尔，《阿登攻势中的第5装甲集团军，1944年12月16日—1945年1月25日》，B-151，P.120。

15. 同上，P.147。

16. 同上，P.147。

17. 同上，P.119。

18. 古特曼，《阿登后续：第2装甲师（1944年12月16—20日，1945年1月13—17日）》，P-109e，P.1。

19. 加里·施雷戈斯特，《突出部之战：美国陆军第28步兵师第110团级战斗团打乱了德军的时间表》，《二战》，2001年1月刊；冯·曼陀菲尔，《阿登攻势中的第5装甲集团军，1944年12月16日—1945年1月25日》，B-151A，P.26。

20. 冯·吕特维茨，《1944—1945年阿登战役中第47装甲军的使用》，A-939，P.5。

21. 霍斯特·黑尔穆斯，《个人日记》。

22. 西尔万和史密斯，《从诺曼底走向胜利：考特尼·H.霍奇斯将军与美国第1集团军作战日志》，P.213。

23. 同上。

24. 麦克唐纳，《号角响起之时》，P.120。

25. 舍费尔、赖尼克、赫尔曼和基特尔,《月光师:第62步兵师,1938—1944年,第62国民掷弹兵师,1944—1945年》,P.279。

26. 科尔,《阿登:突出部之战》,P.166。

27. 冯·曼陀菲尔,《阿登攻势中的第5装甲集团军,1944年12月16日—1945年1月25日》,B-151,P.120。

28. 美国国家档案与记录管理局:第820坦克歼击营B连APO#339,美国陆军,战斗报告,1944年12月11日—31日(含)。

29. 魏斯,《第560国民掷弹兵师:阿登突击战》,P.17。

30. 同上。

31. 科尔,《阿登:突出部之战》,P.196。

32. 美国国家档案与记录管理局:第112步兵团E连连长致第112团S-1(人事股长),连队战史,1944年12月。APO#28,美国陆军。

33. 冯·瓦尔登堡少将,《第116装甲师在阿登战役中的贡献(第一部分,1944年12月16日—19日)》,A-873,P.6。

34. 美国国家档案与记录管理局:第820坦克歼击营B连APO#339,美国陆军,战斗报告,1944年12月11日—31日(含)。

35. 第16装甲掷弹兵团第2营作战日志;古德里安,《西线战事的最后一年:第116"灰猎犬"装甲师战史,1944—1945》,P.349。

36. 美国国家档案与记录管理局:第820坦克歼击营B连APO#339,美国陆军,战斗报告,1944年12月11日—31日(含)。

37. 第16装甲掷弹兵团第2营作战日志;古德里安,《西线战事的最后一年:第116"灰猎犬"装甲师战史,1944—1945》,P.349。

38. 科尔,《阿登:突出部之战》,P.203;麦克唐纳,《号角响起之时》,P.133—134。

39. 冯·瓦尔登堡少将,《第116装甲师在阿登战役中的贡献(第一部分,1944年12月16日—19日)》,A-873,P.7。

40. 古德里安,《西线战事的最后一年:第116"灰猎犬"装甲师战史,1944—1945》,P.350。

41. 麦克唐纳,《号角响起之时》,P.110。

42. 来源:小理查德·C.安德森,为美国政府工作的历史学家和分析家。

43. 美国国家档案与记录管理局:行动报告,第7装甲师(1944年12月1日—31日)。师级记录,第427条,记录组407。文件607:第7装甲师。

44. 帕克,《赢得冬季的天空》,P.145。

45. 冯·曼陀菲尔,《阿登攻势中的第5装甲集团军,1944年12月16日—1945年1月25日》,B-151A,P.27。

46. 美国国家档案与记录管理局:行动报告,第707坦克营,1944年10月—12月。AAR#253 U。

47. 冯·曼陀菲尔,《阿登攻势中的第5装甲集团军,1944年12月16日—1945年1月25日》,B-151A,P.27。

48. 库珀,《死亡陷阱:二战美国装甲师的幸存者》,P.105。

49. 加里·施雷肯戈斯特,《突出部之战:美国陆军第28步兵师第110团级战斗团打乱了德军的时间表》,《二战》,2001年1月刊。

50. 施特劳斯,《第2"维也纳"装甲师战史》,P.181。

51. 达格代尔，《1944年秋季-1945年2月西线阿登和"北风"行动中德国陆军和武装党卫军装甲师、装甲掷弹兵师、装甲旅详细和准确的兵力和组织，第1卷，Part 4A》，P.8—9。

52. 冯·曼陀菲尔，《阿登攻势中的第5装甲集团军，1944年12月16日—1945年1月25日》，B-151，P.147。

53. 迪皮伊、邦加德和安德森，《希特勒的最后赌博》，P.475。

54. 科尔，《阿登：突出部之战》，P.182。

55. 霍斯特·黑尔穆斯，《个人日记》。

56. 科尔，《阿登：突出部之战》，P.182。

57. 科科特，《阿登攻势中的第26国民掷弹兵师，巴斯托涅之战，第一部分》，B-040，P.33。

58. 美国国家档案与记录管理局：行动报告，第707坦克营，1944年10月—12月。AAR # 253 U。

59. 科科特，《阿登攻势中的第26国民掷弹兵师，巴斯托涅之战，第一部分》，B-040，P.26。

60. 霍斯特·黑尔穆斯，《个人日记》。

61. 古德里安，《西线战事的最后一年：第116"灰猎犬"装甲师战史，1944—1945》，P.592。

62. 冯·瓦尔登堡少将，《第116装甲师在阿登战役中的贡献（第一部分，1944年12月16日—19日）》，A-873，P.8。

63. 第58装甲军作战日志，1944年12月17日。德国联邦档案馆-军事档案，RH 24/58; 古德里安，《西线战事的最后一年：第116"灰猎犬"装甲师战史，1944—1945》，P.351。

64. 第811坦克歼击营战史，www.tankdestroyer.net/images/stories/ArticlePDFs/811th-Tank-Destroyer-Battalion-History_Part_2.pdf。

65. 扎洛加，《阿登战役（2）：巴斯托涅》，P.29。

66. 麦克唐纳，《号角响起之时》，P.265。

67. 古德里安，《西线战事的最后一年：第116"灰猎犬"装甲师战史，1944—1945》，P.351。

68. 冯·瓦尔登堡少将，《第116装甲师在阿登战役中的贡献（第一部分，1944年12月16日—19日）》，A-873，P.8。

69. 魏斯，《第560国民掷弹兵师：阿登突击战》，P.18。

70. 冯·瓦尔登堡少将，《第116装甲师在阿登战役中的贡献（第一部分，1944年12月16日—19日）》，A-873，P.8。

71. 古德里安，《西线战事的最后一年：第116"灰猎犬"装甲师战史，1944—1945》，P.587。

72. 美国国家档案与记录管理局：第28步兵师师部，APO 28，美国陆军，总参谋长办公室G-1，1945年1月1日。行动报告，单位报告第6号，从1944年12月1日0时到1944年12月31日24时。第28步兵师师部，1945年1月15日，作战中。记录组407，美国陆军副官长记录，第二次世界大战记录，第28步兵师，行动报告，Box 8479。

73. 冯·瓦尔登堡少将，《第116装甲师在阿登战役中的贡献（第一部分，1944年12月16日—19日）》，A-873，P.10。

74. 麦克唐纳，《号角响起之时》，P.134。

75. 加里·施雷肯戈斯特，《突出部之战：美国陆军第28步兵师第110团级战斗团打乱了德军的时间表》，《二战》，2001年1月刊。

76. 麦克唐纳，《号角响起之时》，P.134。

77. 米查姆，《冬天里的坦克》，P.124。

78. 施特劳斯，《第2"维也纳"装甲师战史》，P.181。

79. 科尔，《阿登：突出部之战》，P.190。

80. 古特曼，《阿登后续：第2装甲师(1944年12月16—20日，1945年1月13—17日)》，P-109e，P.3。

81. 麦克唐纳，《号角响起之时》，P.276。

82.H.E. 富勒上校，《第110步兵战斗队行动报告，1944年12月16日—18日》。

83. 同上。

84. 同上。

85. 冯·吕特维茨，《1944—1945年阿登战役中第47装甲军的使用》，A-939，P.7。

86.H.E. 富勒上校，《第110步兵战斗队行动报告，1944年12月16日—18日》。

87. 麦克唐纳，《号角响起之时》，P.296。

88. 同上。

89. 科尔，《阿登：突出部之战》，P.206。

90. 美国国家档案与记录管理局：行动报告，第707坦克营，1944年10月—12月。AAR＃253 U。

91. 麦克唐纳，《号角响起之时》，P.297。

92. 同上，P.275。

93. 冯·曼陀菲尔，《阿登攻势中的第5装甲集团军，1944年12月16日—1945年1月25日》，B-151A，P.64。

94. 韦弗，《保卫战：二战中的第28步兵师》，P.227。

95. 同上。

96. 萨默斯，《巴斯托涅的装甲兵部队》，P. 21。

97. 科科特，《阿登攻势中的第26国民掷弹兵师，巴斯托涅之战，第一部分》，B-040，P.39。

98. 约翰·托兰，《战斗：突出部的故事》，P.170。

99. 斯坦利·弗兰克，"虽败犹荣的第106步兵师"，《星期六晚邮报》，1946年11月9日。http://www.indianamilitary.org/106ID/Articles/SatEvenPost/SatEvenPost.html，2010年7月30日。

100. 凯利和戈尔茨坦，《战斗中的第589野战炮兵营》，P.94。

101. 普里恩和罗代克，《第1和第11战斗机联队，第3卷：1944—1945》，P.1352。

102. 鲁斯特，《二战中的第9航空队》，P.132。

103. 德国空军损失清单，马蒂·萨洛宁。

104. 德国空军损失清单，马蒂·萨洛宁；《第9航空队失踪飞行员报告》，1944年12月17日；肖尔斯和托马斯，《第2航空队，第2卷："底板"行动爆发》，P.359。

105. 美国国家档案与记录管理局：行动报告，第7装甲师(1944年12月1日—31日)。师级记录，第427条，记录组407。文件607：第7装甲师。

106. 美国国家档案与记录管理局：行动报告，第7装甲师(1944年12月1日—31日)。师级记录，第427条，记录组407。文件607：第7装甲师。

107. 莫尔，《第18国民掷弹兵师在阿登攻势中运用情况的报告(1944年12月16日—1945年1月25日)》，B-734，P.19。

108. 科尔，《阿登：突出部之战》，P.275。

109. 帕克，《赢得冬季的天空》，P.58。

110. 同上，P.170。

111. 基尤国家档案馆："超级机密"行动文件，HW 5/633. CX/MSS/T 401/16. HP 6448 West。

112. 美国国家档案与记录管理局：行动报告，第7装甲师（1944年12月1日—31日）。师级记录，第427条，记录组407。文件607：第7装甲师。

113. 同上。

114. 同上。

115. 麦克唐纳，《号角响起之时》，P.333。

116. 米查姆，《冬天里的坦克》，P.115。

117. 阿登波托44博物馆，《1944年12月18日：在波托－雷希特公路伏击战中发生了什么》，P.10。

118. 雷诺兹，《钢铁巨人》，P. 75。

119.《工兵回忆录》，EP 870-1-25："威廉·M.霍格将军"。美国陆军工程兵团，1993年1月31日，P.129；http://publications.usace.army.mil/publications/engpamphlets/EP_870-1-25/toc.html，2012年7月11日。

120. 沙利文，《对巴顿第3集团军的空中支援》，P.126。

121. 美国国家档案与记录管理局：行动报告，第7装甲师（1944年12月1日—31日）。第7装甲师师部。APO 257，美国陆军。

122. 科尔，《阿登：突出部之战》，P.277。

123. 莫尔，《第18国民掷弹兵师在阿登攻势中运用情况的报告（1944年12月16日—1945年1月25日）》，B-734，P.31。

124. 卢赫特，《第66军在施内－艾费尔》，B-333，P.12。

125. 蒂克，《战争末年的旋风突击：党卫军第2装甲军与下辖的第9"霍恩施陶芬"及第10"弗伦茨贝格"装甲师》，P.420。

126. 达格代尔，《1944年秋季－1945年2月西线阿登和"北风"行动中德国陆军和武装党卫军装甲师、装甲掷弹兵师、装甲旅详细和准确的兵力和组织，第1卷，Part 4A》，P.120—121。

127. 基尤国家档案馆："超级机密"行动文件，HW 5/634. CX/MSS/T 403/82 HP 9880 West。

128. 美国国家档案与记录管理局：行动报告，第7装甲师（1944年12月1日—31日）。师级记录，第427条，记录组407。文件607：第7装甲师。

129. 基尤国家档案馆："超级机密"行动文件，HW 5/634. CX/MSS/T 403/23 West。

130. 雷默，《阿登攻势中的"元首卫队"旅（雷默指挥），1944年12月16日—1945年1月26日》，B-592，P.8。

131. 基尤国家档案馆："超级机密"行动文件，HW 5/634. CX/MSS/T 403/23 West。

132. 冯·曼陀菲尔，《阿登攻势中的第5装甲集团军，1944年12月16日—1945年1月25日》，B-151A，P.67。

133. 科尔，《阿登：突出部之战》，P.294。

134. 美国国家档案与记录管理局：行动报告，第9装甲师第52装甲步兵营，1944年10月20日—1945年5月8日。AAR 425-U。

135. 同上。

136. 同上。

137. 克拉克·马尔什，"最不为人知的生活"；http://searcyyesteryear.blogspot.se/2010/08/clark-marsh-life-most-never-knew.html.2012年6月16日。

138. 美国国家档案与记录管理局：行动报告，第9装甲师第52装甲步兵营，1944年10月20日—1945年5月8日。AAR 425-U。

139. 科尔，《阿登：突出部之战》，P.296；麦克唐纳，《号角响起之时》，P.286。

140. 美国国家档案与记录管理局：行动报告，第9装甲师第52装甲步兵营，1944年10月20日—1945年5月8日。AAR 425-U。

141. 古特曼，《阿登后续：第2装甲师（1944年12月16—20日，1945年1月13—17日）》，P-109e，P.9。

142. 麦克唐纳，《号角响起之时》，P.287。

143. 古特曼，《阿登后续：第2装甲师（1944年12月16—20日，1945年1月13—17日）》，P-109e，P.3。

144. 同上。

145. 同上。

146. 美国国家档案与记录管理局：行动报告，第9装甲师第52装甲步兵营，1944年10月20日—1945年5月8日。AAR 425-U。

147. 同上。

148. 同上。

149. 同上。

150. 马歇尔，《救火队员：战役指挥的问题》，P.16。

151. 美国国家档案与记录管理局：关于巴斯托涅作战行动的说明。美国第3集团军指挥部，1945年1月15日，APO 403 P.2。

152. 同上。

153. 科尔，《阿登：突出部之战》，P.485。

154. 麦克唐纳，《号角响起之时》，P.186。

155. 布拉德利，《一个士兵的故事》，P. 465。

156. 同上。

157. 约翰·托兰，《战斗：突出部的故事》，P. 170。

158. 迪皮伊、邦加德和安德森，《希特勒的最后赌博》，P.179。

159. 李奇微和马丁，《战士：马修·B. 李奇微回忆录》，P.114。

160. 克罗斯韦尔，《甲虫：沃尔特·比德尔·史密斯将军的一生》，P.810。

161. 美国国家档案与记录管理局：关于作战的访谈：第325滑翔机机降步兵团第2营营长查尔斯·W. 梅杰中校，第325滑翔机机降步兵团第2营作训参谋赫伯特·L. 利特尔上尉，1945年3月25日。

162. 美国国家档案与记录管理局：行动报告，第707坦克营，1944年10月—12月。

163. 拜尔莱因，《装甲教导师，1944年12月1日—1945年1月26日》，外军研究 A-941，P.67。

164. 科科特，《阿登攻势中的第26国民掷弹兵师，巴斯托涅之战，第一部分》，B-040，P.42。

165. 拜尔莱因，《装甲教导师，1944年12月1日—1945年1月26日》，A-941，P.67。

166. 冯·曼陀菲尔，《阿登攻势中的第5装甲集团军，1944年12月16日—1945年1月25日》，B-151A，

P.67；根据拜尔莱因的说法，直到20时才抵达（拜尔莱因，《装甲教导师，1944年12月1日—1945年1月26日》，A-941，P.67）。

167. 冯·曼陀菲尔，《阿登攻势中的第5装甲集团军，1944年12月16日—1945年1月25日》，B-151A，P.67。

168. 拜尔莱因，《装甲教导师，1944年12月1日—1945年1月26日》，A-941，P.68。

169. 冯·曼陀菲尔，《阿登攻势中的第5装甲集团军，1944年12月16日—1945年1月25日》，B-151A，P.67。

170. 萨默斯，《巴斯托涅的装甲兵部队》，P. 16。

171. 普赖斯，《特洛伊·H. 米德尔顿传》，P.237。

172. 萨默斯，《巴斯托涅的装甲兵部队》，P. 22。

173. 同上，P.50。

174. 拜尔莱因，《装甲教导师，1944年12月1日—1945年1月26日》，A-941，P.67。

175. 拜尔莱因，《装甲教导师在阿登攻势前几天中的贡献，1944年12月16日—12月21日》，A-942，P. 5。

176. 拜尔莱因，《装甲教导师在阿登攻势前几天中的贡献，1944年12月16日—12月21日》，A-942，P.5。

177. 施特劳斯，《第2"维也纳"装甲师战史》，P.182。

178. 同上。

179. 科科特，《阿登攻势中的第26国民掷弹兵师，巴斯托涅之战，第一部分》，B-040，P.58。

180. 麦克马努斯，《阿登的阿拉莫》，P.190。

181. 科科特，《阿登攻势中的第26国民掷弹兵师，巴斯托涅之战，第一部分》，B-040，P.58。

182. 同上。

183. 科尔，《阿登：突出部之战》，P.302。

184. 麦克马努斯，《阿登的阿拉莫》，P.192。

185. 科尔，《阿登：突出部之战》，P.303。

186. 科科特，《阿登攻势中的第26国民掷弹兵师，巴斯托涅之战，第一部分》，B-040，P.63。

187. 夸里，《阿登攻势：第5装甲集团军：中部地段》，P.41；扎洛加，《阿登战役（2）：巴斯托涅》，P.44。

188. 冯·曼陀菲尔，《阿登攻势中的第5装甲集团军，1944年12月16日—1945年1月25日》，B-151A，P.69。

189. 施特劳斯，《第2"维也纳"装甲师战史》，P.182；冯·吕特维茨，《1944—1945年阿登战役中第47装甲军的使用》，A-939，P.9；拜尔莱因，《装甲教导师，1944年12月1日—1945年1月26日》，A-941，P.87。

190. 科尔，《阿登：突出部之战》，P.309。

191. 第811坦克歼击营战史。http://www.tankdestroyer.net/images/stories ArticlePDFs/811th-Tank-Destroyer-Battalion-History_Part_2.pdf。

192. 西尔万和史密斯，《从诺曼底走向胜利：考特尼·H. 霍奇斯将军与美国第1集团军作战日志》，P.221。

193. 基尤国家档案馆："超级机密"行动文件，HW 5/635. CX/MSS/T 405/37 West。

194. 迪皮伊、邦加德和安德森，《希特勒的最后赌博》，P.144。

195. 克罗斯韦尔，《甲虫：沃尔特·比德尔·史密斯将军的一生》，P.840。

196. 诺贝古，《希特勒的最后赌博：阿登战役》，P.206。

197. 麦克唐纳，《号角响起之时》，P.340。

198. 同上，P.339。

199. 莫尔，《第18国民掷弹兵师在阿登攻势中运用情况的报告（1944年12月16日—1945年1月25日）》，B-734，P.20。

200. 米查姆，《冬天里的坦克》，P.110。

201. 普里恩和罗代克，《第1和第11战斗机联队，第3卷：1944—1945》，P.1353。

202. 德拉福斯，《突出部之战：希特勒的最后赌博》，P.99。

203. 麦克唐纳，《号角响起之时》，P.344。

204. 约翰·D. 鲍文（编），"第18国民掷弹兵师1818炮兵团2连连长贝门中尉日记"，《二战反思》，第3卷，第3期，1995年6月。

205. 陆军地面军队总部分析处情报小组，华盛顿特区，1947年3月1日，美国国家档案与记录管理局，RG407，Archives Ⅱ。

206. 科尔，《阿登：突出部之战》，P.166。

207. 同上，P.170。

208. 德国西线总司令部首席参谋第12207/44号命令，机密，1944年12月22日。

209. 美国国家档案与记录管理局：行动报告，第7装甲师（1944年12月1日—31日）。师级记录，第427条，记录组407。文件607：第7装甲师。

210. 同上。

211. 同上。

212. 魏斯，《第560国民掷弹兵师：阿登突击战》，P.29。

213. 斯赫雷弗斯，《不为人知的死者》，P.78。

214. 麦克唐纳，《号角响起之时》，P.311。

215. 雷默，《阿登攻势中的"元首卫队"旅（雷默指挥），1944年12月16日—1945年1月26日》，B-592，P.9。

216. 美国国家档案与记录管理局：行动报告，第7装甲师（1944年12月1日—31日）。师级记录，第427条，记录组407。文件607：第7装甲师。

217. 基尤国家档案馆："超级机密"行动文件，HW 5/634. CX/MSS/T 404/49 HP 9983 West。

218. 雷默，《阿登攻势中的"元首卫队"旅（雷默指挥），1944年12月16日—1945年1月26日》，B-592，P.9。

219. 达格代尔，《1944年秋季 -1945年2月西线阿登和"北风"行动中德国陆军和武装党卫军装甲师、装甲掷弹兵师、装甲旅详细和准确的兵力和组织，第1卷，Part 4A》，P.110—111。

220. 维斯克里切尼，《阿登攻势（1944年12月16日—1945年1月20日）中的党卫军第3"德意志"掷弹兵团》，外军研究 #20，P.13。

221. 基尤国家档案馆："超级机密"行动文件，HW 5/634. CX/MSS/T 404/49 HP 9983 West。

222. 舍费尔等人，《月光师：第62步兵师，1938—1944年，第62国民掷弹兵师，1944—1945年》，P.281

223. 科尔，《阿登：突出部之战》，P.404。

224. "汉斯·波特：从海军到步兵"。《老兵之声》，施滕格历史博物馆；www.stengerhistorica.com/History/WarArchive/VeteranVoices/Poth.html，2012年5月3日。

225. 约翰·托兰，《战斗：突出部的故事》，P. 179。

226. 同上。

227. 麦克唐纳，《号角响起之时》，P.473。

228. 约翰·托兰，《战斗：突出部的故事》，P. 179。

229. 同上，P.180。

230. 斯赫雷弗斯，《不为人知的死者》，P.170。

231. 美国国家档案与记录管理局：行动报告，第7装甲师（1944年12月1日—31日）。师级记录，第427条，记录组407。文件607：第7装甲师。

232. 蒂克，《战争末年的旋风突击：党卫军第2装甲军与下辖的第9"霍恩施陶芬"及第10"弗伦茨贝格"装甲师》，P.424。

233. 美国国家档案与记录管理局：行动报告，第7装甲师（1944年12月1日—31日）。师级记录，第427条，记录组407。文件607：第7装甲师。

234. 麦克唐纳，《号角响起之时》，P.478。

235. 同上。

236. 雷默，《阿登战役中的"元首卫队"旅》，欧洲战场审问记录，ETHINT-80，P.6。

237. 雷默，《阿登攻势中的"元首卫队"旅（第2部分）》，外军研究 B-838，P.18。

238. 雷默，《阿登攻势中的"元首卫队"旅（雷默指挥），1944年12月16日—1945年1月26日》，B-592，P.13。

239. 科尔，《阿登：突出部之战》，P.412。

240. 冯·曼陀菲尔，《阿登攻势中的第5装甲集团军，1944年12月16日—1945年1月25日》，B-151A，P.44。

241. 美国国家档案与记录管理局：行动报告，第7装甲师（1944年12月1日—31日）。师级记录，第427条，记录组407。文件607：第7装甲师。

242. 科尔，《阿登：突出部之战》，P.412。

243. 麦克唐纳，《号角响起之时》，P.480。

244. 美国国家档案与记录管理局：行动报告，第7装甲师（1944年12月1日—31日）。师级记录，第427条，记录组407。文件607：第7装甲师。

245. 雷默，《阿登攻势中的"元首卫队"旅（雷默指挥），1944年12月16日—1945年1月26日》，B-592，P.14。

246. 科尔，《阿登：突出部之战》，P.409。

247. 雷默，《阿登攻势中的"元首卫队"旅（雷默指挥），1944年12月16日—1945年1月26日》，B-592，P.14。

248. 舍费尔等人，《月光师：第62步兵师，1938—1944年，第62国民掷弹兵师，1944—1945年》，P.284。

249. 美国国家档案与记录管理局：行动报告，第17坦克营。记录组407（副官长办公室），Box 15714 (7th Armored Division 607-TK-(17)-0.1 to 607-TK-(17)-0.7)。

250. 卢赫特，《第66军在施内－艾费尔》，B-333，P.16。

251. 舍费尔等人，《月光师：第62步兵师，1938—1944年，第62国民掷弹兵师，1944—1945年》，P.284。

252. 基尤国家档案馆："超级机密"行动文件，HW 5/636. CX/MSS/T 407/6 West。

253.《突出部之战》第8卷第1号，1994年2月；www.veteransofthebattleofthebulge.org/wp-content/uploads/2011/03/1994-Feb.pdf. 2012年7月15日。

254. 美国国家档案与记录管理局：行动报告，第7装甲师（1944年12月1日—31日）。师级记录，第427条，记录组407。文件607：第7装甲师。

255. 同上。

256. 科尔，《阿登：突出部之战》，P.422。

257. 同上。

258. 科尔，《阿登：突出部之战》，P.422；米勒，《全面胜利：欧洲战场上的美军，1944—1945》，P.183；扎洛加，《阿登战役（1）：圣维特与北肩角》，P.91；克罗斯，《1944年突出部之战：希特勒的最后希望》，P.127；克罗斯，《突出部之战》，P.127。

259. 埃尔斯托布，《希特勒的最后攻势》，P.299。

260. 《德国国防军，1939—1945，第3册，1944年1月1日—1945年5月9日》，P.373。

261. 李奇微和马丁，《战士：马修·B.李奇微回忆录》，P.120。

262. 同上。

263. 迪皮伊、邦加德和安德森，《希特勒的最后赌博》，P.158。

264. 科尔，《阿登：突出部之战》，P.408。

265. 美国国家档案与记录管理局：第28步兵师师部，APO 28，美国陆军，总参谋长办公室G-1，1945年1月1日。行动报告，单位报告第6号，从1944年12月1日0时到1944年12月31日24时。第28步兵师师部，1945年1月15日，作战中。记录组407，美国陆军副官长记录，第二次世界大战记录，第28步兵师，行动报告，Box 8479。

266. 古德里安，《西线战事的最后一年：第116"灰猎犬"装甲师战史，1944—1945》，P.355。

267. 德国联邦档案馆／军事档案，RH 24-58；古德里安，《西线战事的最后一年：第116"灰猎犬"装甲师战史，1944—1945》，P.354。

268. 麦克马努斯，《阿登的阿拉莫》，P.161—162。

269. 科尔，《阿登：突出部之战》，P.309。

270. 古德里安，《西线战事的最后一年：第116"灰猎犬"装甲师战史，1944—1945》，P.357。

271. 德国联邦档案馆／军事档案，RH27/116：第116装甲师人事档案；古德里安，《西线战事的最后一年：第116"灰猎犬"装甲师战史，1944—1945》，P.358。

272. 米查姆，《冬天里的坦克》，P.127。

273. 冯·瓦尔登堡少将，《第116装甲师在阿登战役中的贡献（第一部分，1944年12月16日—19日）》，A-873，P.11。

274. 斯赫雷弗斯，《不为人知的死者》，P.129。

275. 科尔，《阿登：突出部之战》，P.309。

276. 美国国家档案与记录管理局：行动报告，第9装甲师第52装甲步兵营，1944年10月20日—1945年5月8日。AAR 425-U。

277. 同上。

278. 斯赫雷弗斯，《不为人知的死者》，P.135。

279. 德国联邦档案馆－军事档案，RH 24/58，第58装甲军作战日志；古德里安，《西线战事的最后一年：第116"灰猎犬"装甲师战史，1944—1945》，P.360。

280. 美国国家档案与记录管理局：第508伞兵团；关于作战的访谈：第508伞兵团作训参谋 J.W. 梅杜斯基少校，1945年2月15日。

281. 美国国家档案与记录管理局：第7装甲师属后勤部队日志。BOX 15723 (7th Armored Division 607-TR-0.7)，记录组407（副官长办公室）。

282. 德国联邦档案馆－军事档案，RH 24/58，第58装甲军作战日志；古德里安，《西线战事的最后一年：第116"灰猎犬"装甲师战史，1944—1945》，P.358。

283. 基尤国家档案馆："超极机密"行动文件，HW 5/634. CX/MSS/T 403/23 West。

284. 同上。

285. 科斯基迈基，《饱受战争创伤的巴斯托涅杂种》，P.116。

286. 冯·瓦尔登堡少将，《第116装甲师在阿登战役中的贡献（第一部分，1944年12月16日—19日）》，A-873，P.14。

287. 基尤国家档案馆：第3皇家坦克团作战日志，1944年12月22日。

288. 容，《阿登攻势1944—1945》，P.155。

289. 库珀，《死亡陷阱：二战美国装甲师的幸存者》，P.105。

290. 冯·瓦尔登堡少将，《第116装甲师在阿登战役中的贡献（第一部分，1944年12月16日—19日）》，A-873，P.13。

291. 同上，P.14。

292. 科尔，《阿登：突出部之战》，P.358。

293. 美国国家档案与记录管理局：第7装甲师师属后勤部队日志。BOX 15723 (7th Armored Division 607-TR-0.7)，记录组407（副官长办公室）。

294. 美国国家档案与记录管理局：行动报告，第7装甲师（1944年12月1日—31日）。师级记录，第427条，记录组407。文件607：第7装甲师。

295. 德国联邦档案馆－军事档案，RH 24/58，第58装甲军作战日志；古德里安，《西线战事的最后一年：第116"灰猎犬"装甲师战史，1944—1945》，P.365。

296. 冯·瓦尔登堡少将，《第116装甲师在阿登战役中的贡献（第一部分，1944年12月16日—19日）》，A-873，P.18。

297. 德雷斯勒等人，《在不利局面下：阿登战役中的第2和第3装甲师，1944年12月16日—1945年1月16日》，P.24。

298. 第5装甲集团军每日报告，1944年12月22日；夸里，《阿登攻势：第5装甲集团军：中部地段》，P.69。

299. 施特劳斯，《第2"维也纳"装甲师战史》，P.182。

300. 普赖斯，《特洛伊·H. 米德尔顿传》，P.231。

301. 科斯基迈基，《饱受战争创伤的巴斯托涅杂种》，P.82。

302. 同上。

303. 施特劳斯，《第2"维也纳"装甲师战史》，P.182。

304. 麦克唐纳，《号角响起之时》，P.491。

305. 冯·吕特维茨，《1944—1945年阿登战役中第47装甲军的使用》，A-939，P.5。

306. 麦克唐纳，《号角响起之时》，P.500；克罗斯，《1944年突出部之战：希特勒的最后希望》；克罗斯，《突出部之战》，P.145。

307. 迪皮伊、邦加德和安德森，《希特勒的最后赌博》，P.189。

308. 普赖斯，《特洛伊·H. 米德尔顿传》，P.248。

309. 科科特，《阿登攻势中的第26国民掷弹兵师，巴斯托涅之战，第一部分》，B-040，P.71。

310. 科尔，《阿登：突出部之战》，P.458。

311. 德国西线总司令部首席参谋第12126/44号命令，机密，1944年12月20日。

312. 迪皮伊、邦加德和安德森，《希特勒的最后赌博》，P.189。

313. 麦克唐纳，《号角响起之时》，P.501。

314. 科斯基迈基，《饱受战争创伤的巴斯托涅杂种》，P.181。

315. 约翰·托兰，《战斗：突出部的故事》，P. 166。

316. 施特劳斯，《第2"维也纳"装甲师战史》，P.10。

317. 科科特，《阿登攻势中的第26国民掷弹兵师，巴斯托涅之战，第一部分》，B-040，P.28。

318. 同上，P.51。

319. 冯·曼陀菲尔，《第5装甲集团军，1944年9月11日—1945年1月》，ETHINT-46，P.9。

320. 科科特，《阿登攻势中的第26国民掷弹兵师，巴斯托涅之战，第一部分》，B-040，P.71。

321. 韦弗，《保卫战：二战中的第28步兵师》，P.228。

322. 科科特，《阿登攻势中的第26国民掷弹兵师，巴斯托涅之战，第一部分》，B-040，P.99。

323. 拜尔莱因，《装甲教导师在阿登攻势前几天中的贡献，1944年12月16日—12月21日》，A-942，P.8；科尔，《阿登：突出部之战》，P.325。

324. 科科特，《阿登攻势中的第26国民掷弹兵师，巴斯托涅之战，第一部分》，B-040，P.76。

325. 诺贝古，《希特勒的最后赌博：阿登战役》，P.232。

326. 冯·吕特维茨，《1944—1945年阿登战役中第47装甲军的使用》，A-939，P.12。

327. 泽姆勒，《党卫军高射炮：党卫军第9"霍恩施陶芬"装甲师第9高射炮营，党卫队突击队员黑尔穆特·泽姆勒回忆录，阿登战役，1944—1945年》，P.7。

328. 约翰·D. 鲍文（编），"第18国民掷弹兵师1818炮兵团2连连长贝门中尉日记"，《二战反思》，第3卷，第3期，1995年6月。

329. 冯·吕特维茨，《1944—1945年阿登战役中第47装甲军的使用》，A-939，P.11。

330. 魏茨，《阿登攻势（突进迪南）中的第2装甲师（1944年12月21日—26日）》，B-456，P.1。

331. 施特劳斯，《第2"维也纳"装甲师战史》，P.183。

332. 同上。

333. 布伦特，《步兵》，P.107。

334. 魏茨，《阿登攻势（突进迪南）中的第2装甲师（1944年12月21日—26日）》，B-456，P.2。

335. 官方记录增补，第3装甲师情报及教育官员默里·H. 福勒少校。见《西线的先遣支队：第3装甲师》一书，互联网出现后由第3装甲师战史网站员工数字化：http://www.3ad.com/，2010年7月21日。

336. 埃尔斯托布，《希特勒的最后攻势》，P.282。

337. 基尤国家档案馆："超极机密"行动文件，HW 5/634. CX/MSS/T 720/21. HP 9982 West；本内特，《西方的"超极机密"行动》，P.212。

第5章
第7集团军：保护侧翼！

在我们的快速推进的过程中，美军几乎没有任何抵抗。相反，今天我必须说，整个战争期间，我很少见到处于如此混乱境地的士兵，他们竟将完好无损的装备丢在了身后。

——第13伞兵团团长戈斯温·瓦尔少校，1944年12月[1]

第一天：渡河！

叙尔河从巴斯托涅西南大约7英里（约11.3千米）的山地流过，从西向东横贯卢森堡北部，在卢森堡和德国交界的瓦伦多夫（Wallendorf）与从北而来的乌尔河交汇。由此，叙尔河（德国人称为绍尔河）转向东南，勾勒了一段长约20英里（约48千米）的卢森堡—德国边界，这也是1944年12月中旬的前线。1944年12月15日晚，"秋雾"行动中最南端的一个集团军——埃里希·布兰登贝尔格的第7集团军——部署在乌尔河与叙尔河交汇点两侧。在参加德军阿登攻势的三个集团军中，该集团军实力最弱，第一线上没有任何装甲部队，也没有和其他两个集团军数量相当的炮兵，它的任务是掩护第5装甲集团军南翼，对抗南面由乔治·巴顿中将指挥的强大的第3集团军。布兰登贝尔格的前线军队只有47000人，为其提供支援的突击炮／坦克歼击车不到50辆。[2]

第7集团军中实力最强的一个军是巴普蒂斯特·克尼斯上将的第85军。这个军由两个师（第5伞兵师和第352国民掷弹兵师）组成，总兵力为24000人，并有44辆突击炮／坦克歼击车提供支援。但是与对手相比，克尼斯有着将近3

倍的数量优势，因为美军在该地段只部署了1个步兵团——第28步兵师第109团。而且，这个团在1944年10月和11月的许特根森林战役中损失严重——占其兵力的44%，12月18日，该团被调到卢森堡中东部，是因为美军认为这里比较平静，第109步兵团能够在此得到休整和补充。[3]

1944年12月8日，第109步兵团迎来34岁的詹姆斯·E.鲁德尔中校，他是美国陆军中最有勇气的中层指挥官之一。此前，他曾经指挥过一个游骑兵营，在诺曼底登陆战中表现特别优异。二战结束时，鲁德尔是获得荣誉最高的美国军人之一。他得到的荣誉包括优异服务十字勋章（美国表彰英勇作战的第二级勋章）和比利时利奥波德勋章。和北面友邻的第110团一样，鲁德尔的团也在1944年12月升级为团级战斗队（109th RCT），因此编制兵力为4985人（而不是美国步兵团常规的3257人），得到炮兵、装甲兵的有力支援，拥有工兵和通信兵单位。[4]

第28"基石"步兵师（Keystone Division）是一支老牌部队，1944年7月起就参加了西线的战斗。那也是该师被部署在"幽灵战线"上如此广阔的一个地段（约25英里宽）的原因之一。该师51岁的师长诺曼·科塔（绰号"荷兰人"）少将也是一位老将，曾在1942年11月的阿尔及利亚登陆战（"火炬"行动）中任第1步兵师参谋长。后来，他参加了诺曼底登陆的规划工作，1944年6月6日，他是第一位站上登陆滩头的盟国将军。科塔从1944年8月开始指挥第28步兵师，因此他对自己的士兵非常熟悉。而且，该师在阿登地段已经驻扎了4个月之久，士兵们也很熟悉该地区。将乌尔河沿岸北起斯托尔岑堡（Stolzembourg）、南到乌尔河与叙尔河交汇点、5英里（约8千米）宽的战线分配给鲁德尔的加强团时，科塔充满了自信。在该团的北面，是赫尔利·富勒上校指挥的第28步兵师第110团级战斗队，就连这个团的单位也将卷入与德国第5伞兵师的战斗之中。

第7集团军将要进攻的地区拥有阿登地区标志性的地形：在深深的密林之中，山峰与谷地交错，怪石参天，峭壁林立，河流在深壑中蜿蜒流淌，两侧是林木茂盛的群山。这种地形绝对不适合装甲兵快速推进。

与北面的第5装甲集团军一样，德国第85军悄悄地发动了攻势，突击队12月16日清晨乘坐橡皮艇渡河。在夜色和浓雾的掩护下，这一行动完全没有惊动美军。

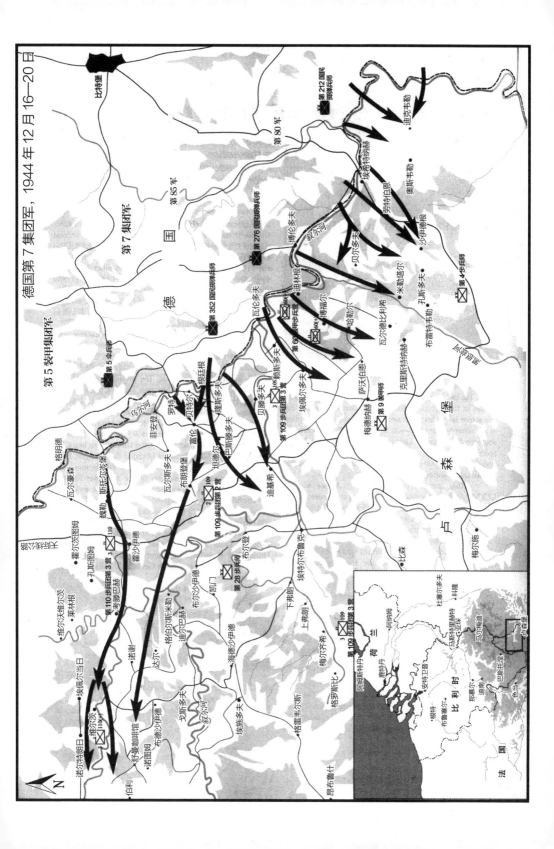

　　部署在第5装甲集团军南部侧翼的第5伞兵师进展特别顺利。德国第7集团军参谋长，上校鲁道夫·冯·格斯多夫男爵（Rudolf Freiherr von Gersdorf）称该师的士兵"年轻且缺乏经验"，尽管军事训练不足，但展现出了"高昂的战斗精神"。在他看来，师长海尔曼上校"非常优秀"[5]。海尔曼也同意格斯多夫的看法，他的士兵大多不到20岁，"积极性很高，但是步兵训练不足，"不过，他是个非常挑剔的军官，觉得从飞行单位直接调来的"大多数"第5伞兵师军官"不愿意被当作步兵使用，之前在机场及类似环境中的生活惯坏、削弱了他们"。[6]但他认为其中一名军官是个例外，那就是第15伞兵团团长库尔特·格罗施克（Kurt Gröschke）中校，格罗施克是德国伞兵中最有经验的指挥员之一，从1940年起就有过作战经历。根据海尔曼的判断，第5伞兵师最好的下属部队就是格罗施克所在团、第5伞降工兵营和第11突击炮旅。[7]不过，我们将会看到，该师其余各部在接下来的战斗中也表现不俗，许多军官超出了海尔曼的预期。

　　12月16日清晨4时30分到5时之间，第14和第15伞兵团的突击连在斯托尔岑堡（位于当天稍晚些时候装甲教导师工兵部队构筑桥梁的上艾森巴赫以南3英里处）和罗特（南侧河流下游4英里处）渡过乌尔河。该行动按计划完成，没有被敌军发现。[8]第5伞降工兵营的工兵们也在罗特渡河，随后是第13伞兵团。工兵营的主要任务是为该师的突击炮和火炮构筑一座桥梁，但是候补军士长汉斯·普里格（Hans Prigge）率领的第4连还有一项特殊任务——占据罗特上游1500码（约1470米）的菲安登镇（Viaden），那里的河上有一座部分被损毁的石桥。[9]该连顺利地完成了这项任务；镇中一座中世纪城堡下方关卡中一个排的美国守军完全没有准备，在这次奇袭中，他们不是阵亡就是被俘了。[10]

　　5时30分，第7集团军的炮兵开火了。第5伞兵师所在地段的炮火特别猛烈，集团军的400余门火炮和火箭炮中，半数以上都部署在这里。第15伞兵团候补军官乌尔里希·克吕格尔（Ulrich Krüger）说道："我们的进攻没有遇到任何抵抗，这真令人震惊。这一区域只有中等口径火炮零星的骚扰性攻击，这并没有干扰我们，也没有造成任何损失。"[11]

　　第14伞兵团涌入美国第109和第110团级战斗队之间的缝隙，过了几个小时才被美军发现，很快，该团奉命支援第5装甲集团军第26国民掷弹兵师在魏勒和霍沙伊德的战斗，这两处分别位于斯托尔岑堡以西2英里和4英里。在第

5伞兵师的南翼，第15伞兵团迅速越过罗特以西的山地。他们发现，乌尔河以西2英里的小村瓦尔斯多夫（Walsdorf）没有美军把守。在破碎地形上继续艰苦地跋涉约1英里后，伞兵们抵达了所谓的"天际线公路"——由北向南平行于乌尔河的公路。一路高歌猛进之后，伞兵们与第352国民掷弹兵师第915掷弹兵团联手，在瓦尔斯多夫东南1英里的富伦（Fouhren）切断了第109团级战斗队第2营E连。富伦以东山上的阵地四周都是开阔地，美军可以从这里观察并引导炮兵打击在东面仅1英里外的罗特渡河的德军。因此，这是第5伞兵师和第352国民掷弹兵师进攻首日的首要目标之一。

埃里希·施密特（Erich Schmidt）少将率领的第352国民掷弹兵师有1万多名士兵，冯·格斯多夫上校将其称作"一个优秀的师"[12]。该师最北端是约翰内斯·德拉韦（Johannes Drawe）上校率领的第915掷弹兵团，他们12月16日凌晨在罗特以南渡过乌尔河时几乎没有遇到任何抵抗。接着，这些德军穿过罗特以南的山谷向富伦开进。就在这里，美国第109团级战斗队第2营和第3营阵地之间有一个超过1英里宽的缺口，因此德军可以顺利地继续推进。但是，这些士兵们向西行进时，南方的夜空突然被炮弹爆炸的火光照亮了，猛烈的炮声告诉他们，该师南翼的第916掷弹兵团没有那么顺利。

第916掷弹兵团渡过乌尔河时也没有被美军发现，其队伍向西行进，准备在罗特以南2英里的根廷根（Gentingen）以西建立一个防御屏障，掩护工兵构筑桥梁。但是，他们出现在河西不到1英里的开阔地上时，一支美军部队发现了他们，并用无线电通知己方炮兵。美国第107和第108野战炮兵营就部署在南面3英里的迪基希以北的山上。[13]在这些阵地上，他们以毁灭性的炮火打击第916掷弹兵团和根廷根。此举不仅阻止了第916掷弹兵团的推进，而且给他们造成了惨重的损失，同时阻止了根廷根桥梁的构筑工作。因此，第352国民掷弹兵师的坦克歼击车无法渡河支援步兵。

在下游方向（南方而不是东南方）3英里处，德国第276国民掷弹兵师渡过了叙尔河。该师是德军最南端进攻军队（第80军）中最靠北的师。弗里茨·拜尔将军指挥的第80军由两个师组成，负责特里尔西北方叙尔河河湾沿岸宽15英里（约24千米）的战线。第276国民掷弹兵师只有略多于9000名士兵，是德军攻势中实力最弱的师之一。该师在不久前才刚刚组建，大部分士兵都是新兵，冯·格斯多夫上校认为他们的训练都没有达到标准。[14]不过，该师师长是经验丰富的库尔特·默林（Kurt Möhring）少将，他曾凭借1943年东线库尔斯克战役期间的战功获得了骑士铁十字勋章。根据对战俘的审讯结果，美国人认为该师的斗志相当高昂。[15]

与第276国民掷弹兵师交手的是一位值得尊敬的对手——第9装甲师A战斗群。尽管地形崎岖，美军仍然选择在这里部署一个装甲团。正如我们在第4章中看到的，由约翰·W.伦纳德少将率领，刚刚抵达的第9装甲师的三个战斗群被分成三个不同的部分。南面的是师部和托马斯·J.哈罗德上校率领的A战斗群，各含1个坦克营、1个装甲步兵营和1个炮兵营，以及反坦克连和各种支援单位。但是默林的队伍12月16日拂晓在夜色和浓雾掩护下，乘坐充气筏和简易渡船进入冰冷的河中时，并没有发现这支实力可观的敌军。实际上，这个美国装甲团此时在前线的只有第60装甲步兵营，薄弱的防守使德军得以建立一座桥头堡，而美军则完全没有注意到。不过，默林的进攻仅限于占据河西狭窄低地上的第一座村庄——比格尔巴赫（Bigelbach）。这座村庄在草木丛生的高山脚下，危崖与陡峭的沟壑交错，第一天剩下的时间里，默林的队伍只是进入了这里的阵地，令集团军指挥官布兰登贝尔格沮丧不已。

第80军的第二个师（第212国民掷弹兵师）与第276国民掷弹兵师的表现截然不同，该师也是新建的，但曾在"西墙"一线服役数周，积累了很多作战经验。冯·格斯多夫对该师的评判是："一个很出色的师，有着很强的战斗精神和良好的指挥。"[16]该师的11000名官兵主要来自巴伐利亚，其中许多人只有17岁。师长弗朗茨·森斯福斯（Franz Sensfuss）中将也是一位有经验的军官，曾在东线战斗中获得骑士铁十字勋章。

第212国民掷弹兵师以第423掷弹兵团为北翼，第320掷弹兵团为南翼，渡过了叙尔河。[17]森斯福斯报告道："渡河和到达高地都很轻松。"[18]德军在晨雾的掩护下，最初也悄悄通过了这一区域。但是第80军两个师之间的协同受到了黑恩兹河（Schwarze Ernz）的妨碍，这条河从南方10英里（约16千米）的高地上流下，在博伦多夫（Bollendorf）西南汇入叙尔河。林木茂盛的高山几乎垂直地从黑恩兹河谷拔地而起，河流两侧的地形极端恶劣，迫使穆林在黑恩兹河与叙尔河交汇点西北3英里的比格尔巴赫停住了脚步。但在黑恩兹河的东侧，第212国民掷弹兵师的士兵们却取得了一些成功。守卫该地段的美国第4步兵师第12步兵团很快发现，从叙尔河起2英里范围内的埃希特纳赫、劳特伯恩（Lauterborn）、奥斯韦勒（Osweiler）和迪克韦勒（Dickweiler），各有一个连队被德军包围。

不过，美国炮兵阻止了第212国民掷弹兵师在河上构筑桥梁的企图。在很短的时间内，美军还派出了第70坦克营，以40辆"谢尔曼"和17辆"斯图尔特"发动一次反冲击，成功地救出了除埃希特纳赫守军之外的所有被围美军部队。[19] 这次装甲兵突击也使第212国民掷弹兵师的推进戛然而止。而且，其他美军已经在路上。次日，美国第3集团军指挥官巴顿命令第10装甲师A战斗群和R战斗群北进，阻击德国第80军。

巴顿迅速调动强大的军队去对抗德国攻势中最弱的一个军，似乎是种讽刺。第80军缺少装甲兵和反坦克炮，只有4辆分配给第212国民掷弹兵师的三号突击炮。[20] 炮兵共有190门火炮，包括型号杂乱的德国火炮和榴弹炮，缴获的苏联和法国武器，甚至有一些一战期间奥匈帝国军队使用的老式武器。[21] 但是，第80军之所以实力薄弱，某种程度上与其相当有限的任务有关：它只需要占领叙尔河西侧的高地，确保美国炮兵不会干扰该河流域最南端德军的补给运输。该军的任务实际上是防御性的。而对于美军来说，叙尔河是第1集团军和第3集团军之间的连接点，保证其不受到破坏是至关重要的，因此他们全力打击德国第80军。

而在德军方面，第7集团军更重视北翼由克尼斯上将指挥的第85军，他们在那里取得了惊人的成功。

伞兵西进

12月17日，美军第9装甲师和109团级战斗队都发动了反冲击。但是和前一天对第212国民掷弹兵师发动的反冲击不同，这些行动都遇到了困难。来自第89骑兵侦察中队和第811坦克歼击营的一支军队遭到伏击，在"铁拳"的猛烈火力下不得不丢下数辆起火的坦克后撤。美军完全不了解该地区有敌军士兵存在。

库尔特·默林少将在进攻首日将他的第276国民掷弹兵师停在比格尔巴赫，

德国38(t)"追猎者"坦克歼击车是在捷克制造的LT-38坦克底盘基础上建造的，它提供了更好的装甲和
1门Pak 39 L/48 75毫米反坦克炮。"追猎者"于1944年7月入役，成为战争后期最常见的德国坦克歼
击车之一。（马里昂·沙夫，迪基希国家军事历史博物馆）

因此遭到第7集团军指挥官布兰登贝格尔的申斥，他利用前一天晚上的夜色，穿过密林绕过美军阵地。由于原本用于发动反冲击的美军后撤，博福尔（Beaufort）的美国第60装甲步兵营营部失守。一整营的美军突然发现自己被包围了！

第109团级战斗队指挥官鲁德尔中校12月17日发动反冲击是为了解救驻守富伦的该团第2营E连，但同样没有取得更大进展。鲁德尔能为这次行动集结的不过是第2营的2个连和1个坦克连。前一天，他已经部署了第707坦克营，但正如前一章所述，因为第28步兵师北面的另外2个团（第110和第112团）所遇到的危机，师长科塔已下令所有装甲营各连（除了C连之外）北调。

这支相对弱小的军队被德国第915掷弹兵团第2营、来自第914掷弹兵团的一个补充营，以及德国第15伞兵团第3营击退，德军使用"铁拳"取得了很好的战果。与这一战斗息息相关的是，德国伞兵占领了富伦西南方巴斯滕多夫（Bastendorf）的美军炮兵阵地，美军在进攻首日正是从这里给德国第916掷弹兵团造成了严重损失。第915掷弹兵团团长德拉韦中校在战斗中受重伤，但德军阻止了美国炮兵对河岸的炮击。12月17日，德军完成了根廷根的桥梁，日落之前，第352坦克歼击营的14辆"追猎者"坦克歼击车渡过了叙尔河。[22]

38(t)"追猎者"坦克歼击车本质上是捷克制LT-38坦克的无炮塔改型，加强了装甲防护，最重要的是配备了一门Pak 39 L/48反坦克炮，可以在2000码（约1829米）距离上正面击毁"谢尔曼"坦克。出现在富伦的3辆"追猎者"明显令美军惊慌失措，以至于他们在报告中将其当成了"虎式坦克"[23]，从而决定了在这个小村发生的战斗的结局。前来解围的美军蒙受沉重损失后被打退，村内剩下的35名E连士兵躲在一所大型建筑物中。德军召来了第352工兵营，用火焰喷射器将幸存的美军士兵赶出建筑物。作为其中一人，比尔·亚历山大（Bill Alexander）讲述了如下的故事：

> 我和马丁·斯洛塔中士原本躲在地窖里，此时将步枪扔进火里并爬上楼。我想，我们是第2营E连最后离开那所房子的人。走出房子时，有些士兵哭喊着，有的则骂声连连。我们很快就被带过了乌尔河（罗特有一座桥），最终被转移到比特堡。抓住我们的德国士兵属于一支伞兵部队。他们对我们很好。我记得其中一人搜了我的身，将手伸进我的口袋里，我说道："香烟。"他用德语说："Zigaretten（香烟）。"，并比画了一个动作，示意我拿出来，我心想这是我最后的交易了。我将香烟交给他，他说："对了，是香烟。"然后将烟放回原位。[24]

发生这场战斗的区域三面环河——乌尔河在东面，叙尔河在西面和南面。因此，德军不得不多次渡河。第15伞兵团还在富伦战斗时，团长格罗施克命令第5连向叙尔河西边的支流前进。当天，这个连发动绝妙的一击，占领了富伦以西6英里（约10千米）格伯尔斯米勒（Goebelsmühle）的桥梁。这样，向西的道路已经打通。

12月18日黎明，第352国民掷弹兵师第916掷弹兵团在烟幕掩护下向叙尔河南部支流上的贝滕多夫发动进攻，迫使美国第109团级战斗队第3营撤向西面2英里的迪基希（Diekirch）。与此同时，该团第2营也从北面的高地上撤向那里。与此同时，再往南，叙尔河同一支流的对岸，第9装甲师A战斗群再次尝试解救被围的第60装甲步兵营，但是再一次被德国第276国民掷弹兵师击退。查尔斯·B.麦克唐纳写道："似乎每棵树下都有一支'铁拳'。几分钟之内，'铁拳'就击毁了1辆轻型坦克和6辆'谢尔曼'。领头的中型坦克连连长小亚瑟·J.
班福德（Arthur J. Banford, Jr.）上尉下令撤退，他的坦克也被击中，中弹位置就
在他下方。"[25]

美国第60装甲步兵营的士兵们别无选择，只能尝试突围。一片混乱之中，
350名士兵得以撤到自己的主战线，其余士兵阵亡或被俘。[26]不过，德军也蒙受
了很大伤亡，12月18日的阵亡将士中包括第276装甲掷弹兵师师长默林少将。

这就是第80军取得的最大进展，深入卢森堡不超过3—6英里（约5—10千
米）。12月18日，对抗德国第7集团军南翼进攻的美军迎来了强大的增援——
第10装甲师A战斗群和R战斗群。这两个团和第9装甲师A战斗群合并为所
谓的X战斗群。次日，德国第80军被迫转入守势，最远的阵地距离其出发地
也只有6英里（约10千米）。12月20日，德军取得了最后一次成功，美军在埃希
特纳赫的抵抗瓦解了。第212国民掷弹兵师师长森斯福斯中将哀叹道："友邻师
在第一天就暂停了攻势，因为他们的失败，我们无法获得更多胜利。"[27]

第7集团军在北翼要成功得多——这也是德国人已经预计到的。12月17
日，工兵已经构筑了一条跨越乌尔河的桥梁，第11伞降突击炮旅的30辆三号
突击炮渡河，这是第5伞兵师最欢迎的支援部队。[28]夺取第7集团军和第5装甲
集团军之间的霍沙伊德之后，第5伞兵师奉命离开第5装甲集团军的作战地域，
继续按原定计划向正西推进。这支伞兵部队迅速渡过克莱韦河，向维尔茨进
发，轻松地包围了这座城市。

此时，美国第28步兵师师长科塔少将已经隐隐约约地预见到了该师面对
的一场全面灾难。他的第112步兵团确实还坚守着北方的圣维特地区，但是第
110团级战斗队已经瓦解，这些士气低落的士兵们分散成许多混乱的小群体向
西撤退。第109团级战斗队似乎也将遭到相同的命运。为了尽可能地挽救他的
师，科塔于12月18日下达命令，第109团余部向西北撤往巴斯托涅。但是该团
团长，绰号"斗士"的鲁德尔反对这一命令，我行我素。[29]

不过，第109团级战斗队也没有多少选择。该团主力残部向西南方向退却。
在维尔茨东南12英里（约19千米）的小城迪基希，鲁德尔决定尽力阻击德军的
进攻。但是这是一次毫无希望的冒险。12月18日，第352国民掷弹兵师占领了
迪基希以北山坡上的阵地，开始炮击这座插入叙尔河南侧河谷的小城。迪基希

完全成为一个死亡陷阱，德军的炮弹和火箭弹将此地变成令人毛骨悚然的地狱，美军伤亡惨重。美军准备放弃该城的流言传出时，当地的4000名居民中爆发了恐慌情绪。他们当中的许多人参加过1944年9月该城的解放行动，担心遭到德军报复。数以千计的民众蜂拥出城，堵塞了从迪基希蜿蜒通向叙尔河南岸山地的公路。因此，美军的X战斗群无法通过这条公路，去支援鲁德尔的军队。

12月19日，第352国民掷弹兵师的士兵们从山坡上居高临下地进攻迪基希城。师长施密特亲自指挥突击，结果受了重伤。此时，迪基希城中的美国第109团级战斗队只剩下几百名疲惫不堪的士兵，就连鲁德尔也意识到游戏结束了。12月19日晚上8时，他打电话给科塔，告诉后者自己所在团在必要时"可以奋战到底"，但"这次就算了"。³⁰他得到"便宜行事"的权力，在接下来的夜里，美军撤离迪基希。

撤出迪基希后，第109团级战斗队基本上已经失去全部战斗力，因此鲁德尔别无选择，只能尽快率部与敌人脱离接触。第352国民掷弹兵师的士兵们身着灰色军服，趾高气扬地开进了迪基希。12月20日早晨，在这座曾风景如画的小城中，德军士兵们在燃烧和毁坏的房屋之间行进，他们因城中的残败景象而吃惊不已——几乎所有居民都逃走了。

随着第109团级战斗队灰飞烟灭，第110团级战斗队余部被第5装甲集团军和海尔曼上校的伞兵师合力切为数段。12月19日晚上，瓦尔特·桑德尔（Walter Sander）中尉率领的第5伞降工兵营第1连在维尔茨西南3英里的主干道交会处击溃了美国第687野战炮兵营。就在美国炮兵躲进邻近的舒曼咖啡馆时，一队美国作战车辆突然亮着大灯出现，乘坐这些车辆的是哈罗德·F.米尔顿少校率领的第110团级战斗队第3营的200名士兵。这个英勇无畏的营坚守霍辛根和孔斯图姆，阻挡德国装甲教导师的进攻两天之久，从而挽救了巴斯托涅——那是一场最具决定性的战斗。在史诗般的战斗之后，该营余部向维尔茨撤退，并在该城被包围之前逃脱，此时他们正沿公路前往巴斯托涅，并不知道德军已经向西推进了这么远。

沉重的卡车挂着最低档，发出尖锐刺耳的声音，缓缓爬上冰封的山坡，开向这个交叉路口。桑德尔中尉手下的士兵们在震惊之余停顿了一会儿，但很快就有一辆半履带车被德军的"铁拳"击中起火，另一枚"铁拳"则击中车队靠后

舒曼咖啡屋仍然矗立在著名的舒曼角交叉路口。（照片由本书作者拍摄）

的一辆坦克。[31] 米尔顿少校的士兵们慌忙丢弃车辆，跳入黑暗之中。他们从斜坡上连滚带爬地躲进山毛榉林中，没等起身就被德国伞兵制服，不得不举手投降。据参战的德军伞兵霍斯特·朗格（Horst Lange）说，美军在这次伏击中损失了6—8辆坦克。与此同时，舒曼咖啡屋的炮兵们只得离开。他们中的吉恩·弗勒里（Gene Fleury）中士记得，屋外的夜色中，厚颜无耻的德国伞兵们对他们喊道："别想再在巴黎搞女人了！"[32]

美军决定投降，在恐惧之中，他们颤抖着走出前门，德国伞兵抓住了他们，据一等兵欧文·麦克法兰（Ervin McFarland）说，这些人"粗野、非常年轻，毫无疑问也就十几岁"[33]。奥斯汀中士回忆："他们把我们打倒在地，脱下我们的衣服，拿走钱包、小刀，甚至让我脱下鞋子。"[34] 然后，这一小群伞兵们带着数百名俘虏和大量缴获的车辆、火炮向东行进。两个月以后，桑德尔中尉得到骑士铁十字勋章。

1944年年底至1945年年初冬季拍摄的维尔茨城照片。(NARAI111-SC-199378/津尼)

12月20日,海尔曼上校命令他的第5伞兵师继续向西,经过维尔茨以西4英里的栋科尔斯(Doncols),穿越巴斯托涅以南地区的森林和田野,目标是巴斯托涅西南方的锡布雷特和沃莱罗西耶尔。距离锡布雷特近10英里(约16千米),沃莱罗西耶尔还需向西南方再前进5英里(约8千米)。而且,德国伞兵所经之地几乎没有任何自东向西的道路。但是海尔曼觉得,他可以利用第109团级战斗队被歼灭、巴斯托涅以东的其他美军极端混乱的机会。美国第101空降师刚刚抵达巴斯托涅,但是如果海尔曼所部能够迅速抵达锡布雷特和沃莱罗西耶尔,其他美军增援前往巴斯托涅的所有道路将被堵死。

海尔曼只在维尔茨留下第14伞兵团的1个营和第5伞降工兵营的2个连。[35]事实证明,这样的兵力已经足够了。在这座被围的城市里,美军的士气已经瓦解。与北面的第106步兵师一样,这里的美军也不知道围困自己的德军规模有多小。他们没有发起反冲击,而是奉命"渗透"到德军控制的区域,试图突围。技术军士长哈维·H.哈曼(Harvey H. Hamann)回忆道:

美军士兵经过一辆刚被德国迫击炮击中的吉普车。（NARA, SC 198550/T/5 阿尔伯特·J. 格迪克）

　　我们在19日夜间得到命令，撤退到巴斯托涅另一侧的一座小镇上。第44战斗工兵营作为撤退的先遣支队，同行的有第707坦克营的几辆坦克和半履带车。我们越过3个路障，在第4个路障停了下来。那个时候，我们已经有大约75—100名伤员，不知道有多少人阵亡。工兵指挥员决定将车队留给伤员，其他人以3人或4人为一组出发。我所在的小组没走多远。22日早上，我独自遇上了一群德国佬。我进入一间废弃的农舍，大约10分钟，德国佬循着雪中的脚印进入了这所房子。我成了战俘。[36]

据美国军事法官贝内迪克特·B. 基梅尔曼（Benedict B. Kimmelman）上尉回忆，维尔茨城内的其他美军士兵拒绝服从命令，只愿意坐等投降的机会。他告诉一群士兵，他们奉命撤离该城，但得到的反应出乎他的意料："没有一位士兵站起来。他们的战争已经结束，这些人准备好成为俘虏了。我弯下腰和他们握

一辆 M3 半履带车小心地通过一个交叉路口, 那里有一辆"谢尔曼"坦克被从后部击中起火燃烧。炮塔舱门可以看到车长的尸体。(NARA, SC 196909T/4 克利福德·O. 贝尔)

手道别。我觉得没有必要命令或说服他们——在前线经过几天、几个月的战斗,这些步兵已经决定'不再继续'了,我无意中遇到一群挤作一团的士兵,士气低沉的他们已经失去了使用武器的能力。我在迷茫中突然爆发出一种疯狂的幽默感,握着一位相识的士兵的手,问他是不是想把步枪拆开来清洗一下。"[37]

就在一个月之前,基梅尔曼上尉作为几位军事法官之一,判处了第28步兵师逃兵埃迪·斯洛维克的死刑。1944年11月27日,师长科塔确认了这一判决,1945年1月21日,行刑队处决了斯洛维克。二战期间,美国军队中有将近5万名士兵开小差[38],但斯洛维克是唯一真正被处决的,这可能是受阿登攻势中普遍士气崩溃的影响。而这时,基梅尔曼已经成了德军的俘虏。

除1000名战俘外,德国伞兵还在维尔茨缴获了25辆"谢尔曼"坦克和许多其他军用车辆。与此同时,第5伞兵师主力以惊人的速度西进。战后,第13伞兵团代理团长戈斯温·瓦尔写道:

　　在我们的快速推进中，美军几乎没有任何抵抗。与此相反，今天我必须说，整个战争期间，我很少见到处于如此混乱境地的士兵，他们将完好无损的装备丢在身后。前两天里，在我团地段就抓获了将近1000名美军士兵。到今天我仍然感到惊讶，对方完全没有预料到我们将要发动的攻势。主要的原因可能是该地区的坏天气导致缺乏空中侦察。当然，由于地段内慌忙逃走的美军很多，对我们来说缴获大批装备、食品和车辆（尤其是吉普车之类的）就相对简单了。[39]

　　12月20日，第5伞兵师切断了N4公路，这是从南方通往巴斯托涅的两条公路之一，晚上，该师抵达另一条从南面通往巴斯托涅的公路——锡布雷特的N85公路。科塔少将已经将其第28步兵师师部从维尔茨转移到那里，美军至少暂时阻止了德军的攻势。德军伞兵进入小镇外的阵地时，科塔少将在镇上的街道来回奔跑，将厨师、卡车司机和其他非战斗人员组织起来加入锡布雷特的防御。

　　接下来的夜里，第26国民掷弹兵师侦察营和装甲教导师侦察营与锡布雷特的德国伞兵会合，不久以后，第26国民掷弹兵师第39燧发枪兵团也加入了他们的行列。次日，这些军队发动进攻时，美军不得不继续后退。科塔沿N85公路逃离，将师部设在更远处的沃莱罗西耶尔。12月21日，德军推进到巴斯托涅西南15英里（约24千米）的利布拉蒙。

　　与此同时，海尔曼上校派遣第5伞降工兵营南进，掩护南翼。[40]12月21日晚，第15伞兵团第7连占领了巴斯托涅以南12英里（约19千米）的马特朗日（Martelange），N4公路在此处穿越叙尔河。同时，第14伞兵团搭乘第26国民掷弹兵师摩托化侦察营的"顺风车"追击科塔少将，将其赶出了沃莱罗西耶尔，迫使第28步兵师师部撤到更南面的讷沙托——米德尔顿已经在前一天率领美国第8军军部抵达那里。直到此时，第28步兵师才摆脱了敌人。[41]

　　12月21日晚，布兰登贝格尔的第7集团军已经占领了东起德国—卢森堡边境的埃希特纳赫，向东北穿过卢森堡直到比利时利布拉蒙的大片地区，从5天之前该集团军的出发点向西推进了将近40英里（约64千米）。巴斯托涅守军与南面的联系已经被一个12英里（约19千米）宽的突出部切断。

在为期一周的猛攻中，克尼斯上将的德国第80军——特别是海尔曼的伞兵师——实际上消灭了巴斯托涅东南、西南和南方地区的所有美军。这个德国军的主要对手第109团级战斗队严重失血——据官方数字，该团共损失3381名士兵，其中2498人被俘或失踪。[42] "荷兰人"科塔的第28步兵师中的第二个团（第110团级战斗队）情况也好不到哪里去，仅仅几天时间，该团就有139人阵亡、333人受伤、2148人被俘或失踪。[43]实际上，第28步兵师已经遭受重创，艾森豪威尔只得将其撤出战斗——正值1940年法国沦陷以来盟军在欧洲大陆遇到的最严重危机！直到1945年2月，第28步兵师才返回一线服役。

第5伞兵师在阿登攻势前5天仅有50人阵亡，这更进一步说明了这个德国师取得的成功。[44]因此，12月22日德国第53军参谋长维尔纳·博登施泰因（Werner Bodenstein）上校视察该师时，发现其战斗精神高昂，也就不足为奇了。[45]同日，第5伞兵师师长路德维希·海尔曼被晋升为少将。

考虑到资源有限，埃里希·布兰登贝尔格上将的第7集团军取得的战果相当令人震惊。12月21日，该集团军最靠前的部队（第5伞兵师）对面的大片地区（南方和西方）里，美国第1集团军的军队已经差不多被肃清了。对布兰登贝尔格来说，唯一的任务似乎就是发起第二个攻击波，继续向西推进。12月22日，第7集团军的预备队——第53军向西面的前线移动。这支生力军包括精锐的装甲部队"元首"掷弹兵旅①，该旅有78辆可供使用的坦克和坦克歼击车。[46]

第5装甲集团军准备发起渡过默兹河前的最后一击时，第7集团军似乎正保护着南翼的安全。

---

① 原注：注意不要与部署在圣维特地区的"元首卫队旅"混淆。

本章注释

1. 高尔，《卢森堡的突出部之战：南翼，1944年12月—1945年1月，第1卷：德军》，P.190。

2. 冯·格尔斯多夫，《阿登攻势中第7集团军所属部队评估与装备》，A—932，P.1。

3. 哈特费尔德，《鲁德尔：从领袖到传奇》，P.218。

4. 同上，P.218，P.225。

5. 同上，P.218，P.225。

6. 海尔曼，《阿登攻势，德国第5伞兵师》，外军研究B—023，P.3。

7. 同上。

8. 同上，P.22。

9. 高尔，《卢森堡的突出部之战：南翼，1944年12月—1945年1月，第1卷：德军》，P.201。

10. 麦克唐纳，《号角响起之时》，P.149。

11. 高尔，《卢森堡的突出部之战：南翼，1944年12月—1945年1月，第1卷：德军》，P.210。

12. 冯·格尔斯多夫，《阿登攻势中第7集团军所属部队评估与装备》，A—932，P.2。

13. 美国国家档案与记录管理局：第28步兵师第109步兵团单位报告第6号，从1944年12月1日0时1分到1944年12月31日24时。记录组407（美国陆军副官长记录），第二次世界大战记录，第109步兵团，第28步兵师，单位报告，1944年10月—12月，Box 8593。

14. 冯·格尔斯多夫，《阿登攻势中第7集团军所属部队评估与装备》，A—932，P.2。

15. 美国国家档案与记录管理局：行动报告，第90装甲师第60装甲步兵营，1944年10月—1945年3月。AAR# 361—U。

16. 冯·格尔斯多夫，《阿登攻势中第7集团军所属部队评估与装备》，A—932，P.3。

17. 森斯福斯，《第212国民掷弹兵师（阿登）》，A—930，P.3。

18. 同上，P.4。

19. 美国国家档案与记录管理局：行动报告，第70坦克师。1944年11月—12月。

20. 森斯福斯，《第212国民掷弹兵师（阿登）》，A—930，P.6。

21. 迪皮伊、邦加德和安德森，《希特勒的最后赌博》，P.516。

22. 冯·格尔斯多夫，《阿登攻势中第7集团军所属部队评估与装备》，A—932，P.2。

23. 美国国家档案与记录管理局：第28步兵师第109步兵团单位报告第6号，从1944年12月1日0时1分到1944年12月31日24时。记录组407（美国陆军副官长记录），第二次世界大战记录，第109步兵团，第28步兵师，单位报告，1944年10月—12月，Box 8593。

24. 高尔，《卢森堡的突出部之战：南翼，1944年12月—1945年1月，第2卷：美军》，P.88。

25. 麦克唐纳，《号角响起之时》，P.358。

26. 迪皮伊、邦加德和安德森，《希特勒的最后赌博》，P.136。

27. 森斯福斯，《第212国民掷弹兵师（阿登）》，A—930，P.6。

28. 冯·格尔斯多夫，《阿登攻势中第7集团军所属部队评估与装备》，A—932，P.1。

29. 哈特费尔德，《鲁德尔：从领袖到传奇》，P.229。

30. 科尔，《阿登：突出部之战》，P.225。

31. 麦克唐纳，《号角响起之时》，P.303。

32. 约翰·C. 麦克马努斯，"突出部之战：第687野战炮兵团在十字路口咖啡馆"。《二战》，2007年3月刊。

33. 同上。

34. 同上。

35. 海尔曼，《阿登攻势，德国第5伞兵师》，外军研究B—023，P.29。

36. 第28步兵师协会，《第28步兵师"基石"（机械化）》，P.124。

37. 贝内迪克特·B. 基梅尔曼，"二等兵斯洛维克的例子"。《美国遗产杂志》，第38卷，第6期，1987年9/10月。

38. 格拉斯，《逃兵：二战中一段隐藏的历史》，P. xi。

39. 戈斯温·瓦尔少校的话见高尔《卢森堡的突出部之战：南翼，1944年12月—1945年1月，第1卷：德军》，P.190。

40. 海尔曼，《阿登攻势，德国第5伞兵师》，外军研究B—023，P.31。

41. 美国国家档案与记录管理局：第28步兵师师部，APO 28，美国陆军，总参谋长办公室G—1，1945年1月1日。行动报告，单位报告第6号，从1944年12月1日0时到1944年12月31日24时。第28步兵师师部，1945年1月15日，作战中。记录组407，美国陆军副官长记录，第二次世界大战记录，第28步兵师，行动报告，Box 8479。

42. 美国国家档案与记录管理局：第28步兵师第109步兵团单位报告第6号，从1944年12月1日0时1分到1944年12月31日24时。记录组407（美国陆军副官长记录），第二次世界大战记录，第109步兵团，第28步兵师，单位报告，1944年10月—12月，Box 8593。

43. 韦弗，《保卫战：二战中的第28步兵师》，P.240。

44. 布兰登贝格尔，《第7集团军的阿登攻势（1944年12月16日—1945年1月25日）》，A876，P.30和P.65；海尔曼，《阿登攻势，德国第5伞兵师》，外军研究B—023，P.33。

45. 基尤国家档案馆："超极机密"行动文件，HW 5/635. CX/MSS/T 406/7；伯登斯坦，《第53军（1944年12月1日—1945年1月22日）》，P.3。

46. 达格代尔，《1944年秋季—1945年2月西线阿登和"北风"行动中德国陆军和武装党卫军装甲师、装甲掷弹兵师、装甲旅详细和准确的兵力和组织，第1卷，Part 4B》，P.88。

第6章
党卫军第6装甲集团军：
无情地进攻！

这些部队的特征就是傲慢无礼、极端狂妄，他们完全缺乏纪律性（这本身就是他们所在体制不可分割的一部分），鲁莽轻率，又犯下许多愚蠢错误，直接对战役的结果造成有害影响。他们总是成为任何系统指挥的障碍。

——第26国民掷弹兵师师长海因茨·科科特上校[1]

党卫队与国防军的对立

阿登攻势北翼的形势看上去完全不同。在这里，党卫队全国总指挥约瑟夫·"泽普"·迪特里希的党卫军第6装甲集团军准备在"秋雾"行动中担任主角。

根据作战计划，党卫队地区总队长赫尔曼·普里斯的党卫军第1装甲军将快速通过洛斯海姆裂谷，这是一条2—6英里宽的山谷，德军曾分别在1870年、1914年和1940年将这里作为入侵比利时的主攻方向。一旦普里斯抵达默兹河，党卫队全国副总指挥威廉·比特里希的党卫军第2装甲军将加入进攻的行列，为向主要目标安特卫普的最后突击增添砝码。

为给阿登攻势提供额外的支援，党卫军第6装甲集团军的任务中还包括两个特种作战行动。其中之一代号为"狮鹫行动"，由党卫队一级突击队大队长奥托·斯科兹尼率领的党卫军第150装甲旅实施。这支身穿美军军服的部队实际上由两支不同的队伍组成：150名士兵（其中有许多人能讲流利的英语）组成"施泰劳部队"（Einheit Stielau），任务是在进攻首日渗透到美军战线上，制造破坏、混乱、侦察敌军后方。该旅的其余2500名士兵分成3个特遣队——X、Y

和Z战斗群。这些特遣队加入党卫军第1装甲师、党卫军第12装甲师和第12国民掷弹兵师的先遣支队。德军的计划是，这三个师抵达马尔梅迪地区时，特遣队将渗透到美军战线，假扮美军夺取于伊（Huy）的默兹河桥梁，以及于伊两侧阿迈（Amay）及昂代讷（Andenne）的桥梁。

党卫军第6装甲集团军承担的第二个特种作战行动是"推进器"（Stösser）行动，由老练的伞兵中校弗里德里希·奥古斯特·冯·德·海特（Friedrich August Freiherr von der Heydte）男爵指挥，1200名德国伞兵将在进攻前夜空投到美军战线之后。行动的目标是占领并守住马尔梅迪以北7英里（约11.3千米）巴拉克米歇尔的关键路口。

但是，在"秋雾"行动中，党卫军第6装甲集团军从一开始就出了很多差错。首先，能讲一口流利美式英语的突击队员是"狮鹫行动"的先决条件，可符合这一要求的人超不过10个，而且，只有1辆"谢尔曼"坦克可用。斯科兹尼不得不勉强带上400名有一定英语口语能力的士兵，另外2000名士兵则完全没有英语技能，他还将"豹"式坦克的炮塔盖去掉，安装装甲板，使其至少看上去有些像美制M10坦克歼击车。

伞兵行动的准备严重不足，冯·德·海特中校很快就明白了这一点。12月8日，德国伞兵首任指挥官、当时驻扎荷兰的第1伞兵集团军和H集团军群指挥官库尔特·斯图登特大将向他介绍了行动方案，冯·德·海特觉得对于这一任务来说，1200人的队伍太小了。他在1941年5月的克里特空降作战中指挥过伞兵，很清楚自己在说什么样的事。斯图登特表示赞同，但这是无法改变的"元首命令"。接着，冯·德·海特要求批准使用他原来指挥过的第6伞兵团中的老兵。1944年6月在诺曼底，第6伞兵团曾在他的率领下出色地抗击美国第101"呼啸山鹰"空降师。但是希特勒拒绝了德·海特的请求——他不希望冒失去全部伞兵精锐的风险，而这些精锐基本都集中在第6伞兵团中。作为替代，他命令每个伞兵团将100名最好的士兵调到冯·德·海特战斗群。当然，结果正好相反——各团团长们以选择精锐为借口，抓住这个机会摆脱了一些被本单位视为负担的士兵。

冯·德·海特不得不先将100名最差的士兵退回原部队，用来自伞兵学校的青年志愿者代替。后者的素质更高，但其中许多人还没有经历过任何跳伞活动。

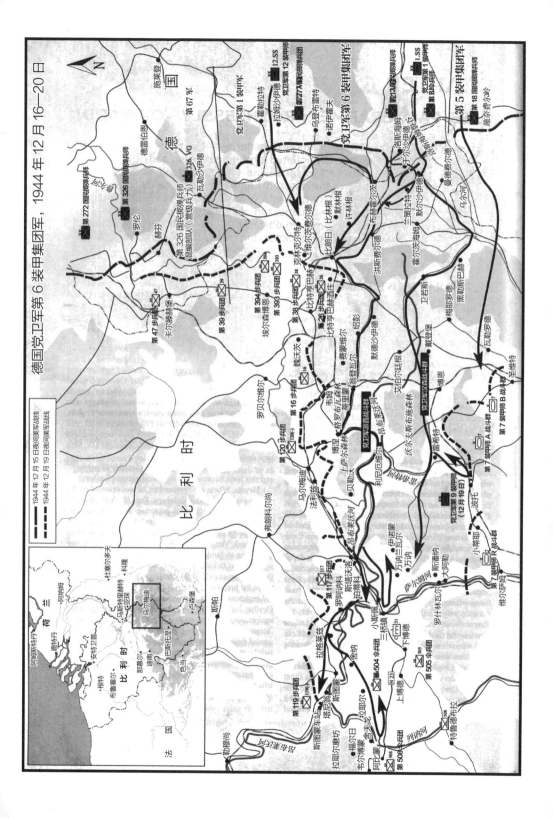

德国党卫军第 6 装甲集团军，1944 年 12 月 16—20 日

身着美军军服的德军士兵

"狮鹫"行动——德军士兵身着美军军服、开着美国军用车辆出现在盟军战线之后——实际上可能是党卫军第6装甲集团军在阿登攻势期间最成功的行动。12月16日晚上，来自"施泰劳部队"（由党卫队一级突击队中队长赫尔穆特·施泰劳率领）的至少6个小组渗透到美军战线上。[1]根据报告，其中一个小组已经抵达默兹河上的于伊，进入一个交叉路口上的位置，观察美军的调动。不久以后，一支美军装甲纵队抵达。据说，德国军官谎称南面的道路被"该死的德国佬"封锁，欺骗这些美军绕远道而行。次日回到自己的战线上时，这个小组切断了马尔什的电话线，并拆下路标或将其指向错误的方向。[2]另一个小组报告称抵达列日地区，在那里确定了一座美军大型弹药库的位置并向总部报告。这个小组也造成美军开往前线时绕了远道。[3]第三个小组向总部报告了一座美军油料库的位置。

另一个小组在阿迈渡过默兹河，他们报告说美军并未对默兹河的桥梁采取特殊的防备措施。在返回德军战线途中，这一小组用地雷、地雷警告标志和树木障碍封锁了通往前线的公路。[4]

然而，对盟军造成最大损害的是被俘的施泰劳部队成员。至少两个突击小组被美军俘获。其中一些士兵被处决，但在此之前他们已经成功地散播了虚假流言，称类似的一些突击小组已经前去刺杀艾森豪威尔将军。这导致盟军一连几天陷入普遍恐慌，担忧身着美军军服的德军在盟军战线后方扰乱局势。

按照布拉德利的说法，50万美国士兵相互着玩着"猫捉老鼠"的游戏，试图发现对方是不是乔装打扮的德国军人，这已经载入了史册。在数千名因为形迹可疑而被错误逮捕的盟国军人中，有12月20日奉命前往圣维特解救第106步兵师的第7装甲师B战斗群指挥官布鲁斯·克拉克准将。他不得不忍受被捉拿他的美军士兵称为"纳粹杀人犯之一"[5]。就连蒙哥马利元帅有一次也被关押了几个小时。[6]

身处凡尔赛的盟军最高统帅艾森豪威尔被迫转入地下。盟军最高统帅部四周设置了铁丝网，警卫增加到原来的4倍，甚至动用了坦克来保护总部。在紧张的气氛中，传出了各种各样的流言。12月20日，艾森豪威尔收到了一封"紧急警告"，称有人在兰斯以南的埃佩尔奈（Èpernay）附近看到了身着美军军服的德国士兵。法国警察报告，身着美军军服的德军已经伞降到盟军最高统帅部附近地区，另一则报告甚至称德军身穿修女服，空降到瓦朗榭讷（Valenciennes）附近！

长相酷似艾森豪威尔的美国军官鲍德温·B. 史密斯（Baldwin B. Smith）中校穿上总指挥官的制服，乘坐汽车来往于艾森豪威尔在凡尔赛的宅邸和司令部之间，充当德军的目标。[7]一名被俘的"狮鹫"行动成员声称，斯科兹尼和他的50名突击队员将在巴黎的和平咖啡馆会合。因此，美军在那里部署了2辆坦克。艾森豪威尔亲自下令，印刷了数千张带有斯科兹尼头像的"通缉"告示。12月17日之后，德军没有派遣更多的"施泰劳小组"实施"狮鹫"任务，但是德军部队动用突击队实施侦察任务达数周之久。

注释：

1. 斯科兹尼，《特殊使命》，P.169。
2. 同上，P.170。
3. 斯科兹尼，《阿登攻势（突击队和第150装甲旅的作用）》ETHINT-12，P6—7。
4. 斯科兹尼，《特殊使命》，P.169。
5. 怀廷，《斯科兹尼：欧洲最危险的男人》，P.69。
6. 因费尔德，《斯科兹尼：希特勒的突击队》，P.88。
7. 托兰，《战斗：突出部的故事》，P.222。

就在这个前景黯淡的时刻，第6伞兵团的250名老兵出现了。听说冯·德·海特正在寻找士兵组建一支新部队时，这些老兵们"开小差"加入了老上司的麾下。这一行动得到有感情倾向的德国指挥官的支持，他们同意支持这种非常规的部队更换。这在某种程度上简要反映了纳粹武装力量的状况和心态。

但是，冯·德·海特的问题并没有就此解决。事实证明，就连老兵们所受的训练也不足以应付面前的任务。自1941年克里特空降作战以来，德国伞兵就被当成"救火队"参与纯粹的步兵作战。冯·德·海特战斗群中，参加过伞降作战的士兵甚至不到300人，许多老兵自3年半前入侵克里特以来就没有跳过伞。只有少数人准备好夜晚在丛林地区进行作战跳伞。

此外，冯·德·海特在生性粗鲁的党卫军第6装甲集团军指挥官"泽普"·迪特里希那里也得不到配合。进攻开始前4天，冯·德·海特中校向党卫队全国总指挥"泽普"·迪特里希报告。很难找到像他们差别那么大的两个人了。如果说党卫军和德国国防军之间存在什么矛盾，那么最为明显的就是无产阶级背景的党卫军指挥官（像"泽普"·迪特里希）和贵族出身的国防军指挥官之间的矛盾。冯·德·海特男爵出身于与欧洲大部分贵族有着家族关系的古老巴伐利亚贵族家庭，他"看不起迪特里希，将这个屠夫的儿子视为没教养的街头混混"[2]。

在某个场合，冯·德·海特男爵甚至称"泽普"·迪特里希为"杂种狗"[3]。这位出身贵族的中校注意到迪特里希在两人商议军务时喝得烂醉，身上发出恶臭（至少冯·德·海特是这么说的）时，对后者的负面印象有增无减。"泽普"·迪特里希的参谋长，党卫队旅队长兼武装党卫军少将弗里茨·克雷默进一步挑战了冯·德·海特的耐心，在整个会议期间，这位参谋长一直来回踱步，重复着这样的话："真是疯了！多么愚蠢的行动。"[4]

"泽普"·迪特里希可能对这位男爵早有成见。一战期间，迪特里希是巴伐利亚皇家陆军的一名普通炮兵，而弗里德里希·冯·德·海特的父亲是那里的一名高级军官。出于某种原因，"泽普"·迪特里希羞于提及自己当过炮兵，此后编造了自己曾是一名骑兵的故事。[5]实际上，他在巴伐利亚皇家陆军服役的第一个时期意外结束——仅仅1个月，他就从马上跌落受了重伤。如果他知道弗里德里希·冯·德·海特的中间名"奥古斯特"来自曾担任波西米亚第2"帕尔伯爵"轻骑兵团团长的祖父，自尊心一定会受到伤害。伞兵军官冯·德·海特还与针对希特勒的7·20密谋主使克劳斯·冯·施陶芬贝格（Claus von Stauffenberg）伯爵有关联，不过这位党卫军将军对此几乎一无所知。冯·德·海特问起空降区域的美军时，"泽普"·迪特里希的回答最能表示他对前者的态度了：

我不是预言家！美国人会部署什么样的军队对付你，你会比我更早知道。此外，在他们的战线后面，只有一些犹太恶棍和银行经理！[6]

当冯·德·海特建议伞兵们带上信鸽，以防空降期间丢失无线电设备的情况时，"泽普"·迪特里希轻蔑一笑，说道："你以为我是什么人？开动物园的？"[7]

最初的构想是伞兵们首先发动进攻，但是他们却成了最后出发的部队：12月15日晚上10时运输机就应该起飞，但此时冯·德·海特的1200名士兵中，只有400人出现在帕德博恩（Paderborn）和利普斯普林格（Lippspringe）的机场上。其他人困在远处的兵营里，因为没有卡车前来运送他们到机场。事后才知道，这些卡车没有得到任何燃油！"推进器"行动不得不推迟了1天。

和多数国防军部队不同，党卫军部队人员和物资都很充足。进攻开始时，党卫队区队长威廉·蒙克（Wilhelm Mohnke）的党卫军第1"阿道夫·希特勒警卫旗队"装甲师下辖的党卫军第1装甲团有40辆"豹"式和37辆四号坦克。[8]同时，党卫队旅队长兼武装党卫军少将胡戈·克拉斯的党卫军第12"希特勒青年团"装甲师下辖的党卫军第12装甲团拥有41辆"豹"式和37辆四号坦克，这些坦克都做好了战斗准备。[9]此外，这两个应该算的是精锐的装甲师各有一个特殊的"重型"装甲营。配属"警卫旗队"师的是党卫队二级突击队大队长海因茨·冯·威斯滕哈根率领的党卫军第501重装甲营，拥有45辆"虎王"坦克。[10]

高10英尺2英寸（3.1米），宽12英尺4英寸（3.75米）的"虎王"（虎Ⅱ）是恐怖的装甲怪兽，阿登战役中盟军没有与之匹敌的装备。它装备的20英尺（6.1米）长KwK 43 L/71 88毫米炮绝对没有对手，能够在3800码（3470米）外摧毁"谢尔曼"坦克。5.9英寸（150毫米）厚的40度斜角正面装甲几乎坚不可摧，侧面装甲也达到3.5英寸（89毫米）。曾有人断言，重达70吨的"虎王"过于笨重，无法越野和通过桥梁，但实际上"虎王"的地面压强低于"豹"式和四号坦克。

"希特勒青年团"师也有与党卫军第501重装甲营对应的部队，那就是第560重型坦克歼击营，这个国防军单位配备了28辆四号坦克歼击车和14辆"猎豹"坦克歼击车——后者也配备了可怕的88毫米炮。[11]而且，这两个师各有一个反坦克营——"警卫旗队"师下辖的党卫军第1坦克歼击营有21辆四号70型坦克歼击车和5辆三号突击炮，而"希特勒青年团"师下辖的党卫军第12坦克歼击营有22辆四号70型坦克歼击车。此外，每个党卫军装甲师还装备8辆四号自行高射炮——用四号坦克底盘改装的防空车辆。[①]

1944年12月16日，党卫军第1装甲师有21000名士兵，是阿登战役对阵双方中兵力最强的师！[12]党卫军第12装甲师也相去不远，有20000名士兵。[13]"警卫旗队"师是这两个师中最强的，它（或者说，是它强大的先遣支队——刚满29岁的党卫队一级突击队大队长约阿希姆·"约亨"·派普率领的党卫军派普战斗群）作为"秋雾"行动绝对的先锋这一事实可以为证。党卫军第1装甲师的124辆坦克集中在党卫军派普战斗群中。[14]

---

① 原注：在这两个装甲师中，各有4辆"旋风"（Wirbelwind）防空车辆（配备1门四联装20毫米高射炮）、4辆"四轮马车"（Möbelwagen）式防空车辆（配备1门37毫米高射炮），"警卫旗队"师中还有8辆"东风"（Ostwind）式防空车辆（配备1门双管37毫米高射炮）。此外，每个师有2辆"豹"式坦克救援车（Bergepanther）——"豹"式坦克的救援改型。

　　"秋雾"行动最大的弱点可能是，担任主攻任务的党卫军士兵并不是最适合这项任务的。这两个党卫军装甲师的大部分士兵都是训练不足的新兵。阿登攻势开始时，他们当中大约有60%只经过了6—8周的训练。[15]战后，"泽普"·迪特里希承认，第5装甲集团军各部队的训练好于党卫军第6集团军。[16]这更反映了许多武装党卫军部队中十分普遍的"党卫队文化"的负面影响，这些部队培养的是纳粹男子汉模范和牺牲精神，新兵们受到的教育往往是将战场上的战斗作为最终目标。党卫军士兵们在训练中听到的空话在战斗开始后不久自然就烟消云散了。但由于1944年12月党卫军第1装甲军中两个装甲师的大部分士兵缺乏作战经验，他们在攻势的前几天深受这些不切实际的态度的影响——远比之前和其他交战区域的情况严重。这可能是党卫军第1装甲军在"秋雾"行动开始阶段的表现明显不如以前的最重要原因。

　　虽然党卫军各师的军官不缺乏战斗经验，但是他们也受到武装党卫军特有的浅薄思想的负面影响。整个武装党卫军上下都有这种问题[①]。1939年入侵波兰以来，这种意识形态式的军事任务实施方法养成了党卫军的鲁莽习惯，令国防军指挥官们难以置信。阿登攻势中率领第26国民掷弹兵师的海因茨·科科特上校就是表示质疑的军官之一，他在巴斯托涅之战中进一步熟悉了这两个党卫军装甲师在战场上的行事方式。在一份报告中，科科特写下了对这两个师的看法："这些部队的特征就是傲慢无礼、极端狂妄，他们完全缺乏纪律性（这本身就是他们所在体制不可分割的一部分），鲁莽轻率，又犯下许多愚蠢错误，直接对战役的结果造成有害影响。他们总是成为任何系统指挥的障碍。"[17]

　　"虎王"坦克确实需要熟练的驾驶员和持续维护才能保持作战能力，但党卫军的大量"虎王"坦克在阿登攻势中因为非作战损坏而无所作为是显而易见的事实。据党卫军第501重装甲营的埃德蒙·泽格（Edmund Zeger）说，他所在的连队只有2辆坦克得以抵达交战地区；其他12辆都遇到"非作战损坏"[18]。美军

---

　　① 原注：但是，还是有许多经验丰富的老兵取得了良好的战绩。例如，党卫军第501重装甲营第2连连长、党卫队一级突击队中队长罗尔夫·默比乌斯，他创造了摧毁近100辆敌军坦克的纪录；著名的党卫军一级突击队中队长魏特曼（1944年8月阵亡）则拥有摧毁敌军坦克138辆的纪录，包括在1944年6月的一天里摧毁14辆英国坦克——他也曾在同一个单位里服役；在"希特勒青年团"师的士兵中，有"王牌"党卫队二级小队长鲁道夫·罗伊，他曾在当年夏季诺曼底战役的5天中摧毁了26辆盟军坦克（仅8月8日一天就摧毁了13辆）。

这位来自党卫军第1"阿道夫·希特勒警卫旗队"装甲师的党卫队队员（摄于1944年12月西进期间）已经成为阿登攻势中德国士兵形象的代表。与常见的想法相反，"秋雾"行动中德国士兵的平均年龄并不特别小。实际上，美军士兵的平均年龄更小一些。党卫军士兵的训练远不及第5装甲集团军士兵，就连党卫军第6装甲集团军指挥官、党卫队全国总指挥"泽普"·迪特里希也承认这一事实：大约60％的士兵甚至没有完成6—8周（这被评估为最低的训练量）的训练。（NARA，m-SC-197561）

占领该地区时，其中许多坦克不得不丢弃在抛锚的地方。12月30日，32辆"虎王"坦克中，只有13辆能够作战。[19]

黎明浴血

"大地似乎裂开了。在震耳欲聋的巨响中，一阵铁与火的飓风席卷敌军阵地。我们这些老兵已经见过许多次猛烈的弹幕射击，但从来没有见过这种情景。"[20]尽管遭受这些打击的是对手，但在事后，第12国民掷弹兵师第12坦克歼击营的金特·霍尔茨（Günther Holz）少校描述了12月16日自己在党卫军集团军炮火准备时的惊愕。党卫军第6装甲集团军的炮兵规模远大于参加攻势的另外两个德国集团军，他们猛烈打击了美军。美军方面，第394步兵团的约翰·希拉德上士描述了遭受猛烈炮击的心理影响："我军许多士兵失去了理智，因离开他们的隐蔽所而遭到杀伤。"[21]

这种"滚动射击"首先打击主要防线，然后打击指挥所、道路枢纽、前线附近的村庄和其他工事，最后打击较遥远的村庄、工事以及美军援兵可能使用的公路。但是，尽管德国炮兵对美军战线的打击持续到早上7时，但给美军造成的物资损失实际上很有限。[22]"各处的有线通信几乎都已停顿，但是阵地之间的间隔很宽，许多炮弹落在无人防御的区域里，而士兵们躲在其他地方坚固的壕沟里。"[23]这只是党卫军第6装甲集团军在进攻首日遇到的许多挫折中的一个。

奥托·希茨费尔德中将的第67军得到的任务是掩护党卫军第6装甲集团军北部侧翼；该军的第272和第326国民掷弹兵师预计将向亚琛以南的蒙绍和奥伊彭发动进攻。但正如我们已经看到的，美军在12月10日—13日率先发动了旨在占领鲁尔水坝的攻势（参见第3章）。这次攻势同时打击了第67军的两翼——美国第78步兵师从北向克斯特尼希（Kesternich）推进，第2步兵师（"印第安人头"师）则攻击南翼的瓦勒沙伊德（Wahlerscheid）。这迫使第67军主力转入防御，从而减少了它的进攻兵力。

12月15日，第78步兵师夺取克斯特尼希，美军攻入党卫军第6装甲集团军后方的威胁隐约可见，希茨费尔德中将不得不发动反冲击。12月15日晚上，他的第272国民掷弹兵师发起进攻，经过一整夜的血腥战斗，夺回了克斯特尼希。尽管美国第78步兵师在12月13日—16日的伤亡超过500人，但仍有足够

一名美军士兵在党卫军第6装甲集团军当面的战壕里。照片摄于德军攻势即将开始时, 彼时阿登山区刚刚下了第一场雪。(NARA, SC 196342)

的实力迫使德军无法按照"秋雾"计划使用第272国民掷弹兵师。

在第67军南翼, 美国第2步兵师于12月16日拂晓将德国第326国民掷弹兵师逐出了瓦勒沙伊德的重要交叉路口。美军对鲁尔水坝的两路进攻大大削弱了第326国民掷弹兵师的突击力量——该师的6个营中, 2个营用于支援第272国民掷弹兵师, 另2个营防御瓦勒沙伊德。更麻烦的是, 12月16日, 第326国民掷弹兵师仍未收到承诺中的第653坦克歼击营——该营装备了70吨重、配有

128毫米炮的"猎虎"坦克歼击车。铁路遭到的轰炸使这个营无法调往前线地区。因此，已经削弱的第67军不得不在完全没有坦克或坦克歼击车支援的情况下发动进攻。

第326国民掷弹兵师的4个营于12月16日早上6时发动进攻，遇上了美军的一种新型秘密武器：装有近炸引信的、在离地几英尺的空中爆炸的、杀伤效果大大增强的炮弹。虽然这种新装备（称为POZIT）已经送达前线一段时间了，但盟军指挥官们禁止将其用于有可能使其落入德军之手的场合。美国第405野战炮兵群指挥官奥斯卡·阿克塞尔森（Oscar Axelson）上校看到美军阵地不断被第326国民掷弹兵师占领时，无视这些规定，命令第196营使用绝密的POZIT。近炸引信炮弹具有毁灭性的效果，德国步兵的进攻队形被撕成了碎片。领头的步兵部队损失高达20%。[24]美军很快报告，德军"慌忙后撤"。[25]德国第67军的推进从一开始就被遏止。德军的攻势当然迫使美军取消了对鲁尔水坝的攻击，不过这更多的是因为南线形势的发展，而不是第67军的功劳。

瓦勒沙伊德正南有一条10英里（约16千米）长的山脉，海拔达2000英尺（约610米），如今是德国—比利时边境。西侧的山坡上覆盖着稠密、黑暗的云杉林。德军利用此处的地形优势加强"西墙"的防御，党卫军第1装甲军也将从这个阴暗的地区发动攻势。

阿登北部的这片区域被称为阿登高地（High Ardennes），但是这个名称具有误导性。在现德比边境以西几英里的地方，山岭及云杉林与一片高地相接，没有任何明显的高程变化。在1500—1800英尺（约457—549米）的高度上，该地区主要是荒野和沼泽。较高的海拔不利于种植，因此该地区仍然人烟稀少，只有一些大片田野包围下的小村庄。阿登攻势的装甲兵主力计划穿越该地区，向列日、默兹河和安特卫普方向推进。由于比利时这一部分的居民多以德语为母语，所以1940年5月希特勒并吞该地区，德军在推进的前17英里（约27.3千米）路程中，士兵们觉得自己仿佛正在收复德国领土的最西端。

一开始，党卫军第6装甲集团军的对手甚至不是美国第99步兵师的全部兵力。就在一周之前，该师占领了北起蒙绍、南到洛斯海姆山谷、沿现德比边境连绵18英里（约29千米）的阵地。美军的想法是：第99师和友邻的第106师一样，将在这个"平静的前线地段"获得作战经验。第99步兵师被描述为一支"新"部队，但该师的训练组织实际上比许多对手好得多。1942年11月，美国第99步兵师在密西西比州的范多恩军营组建，1944年10月调往欧洲，当时官兵们已经接受了相当扎实的军事训练。该师第393步兵团技术军士长罗伯特·沃尔特（Robert Walter）解释道："就作战而言，第99师是一支相对稚嫩的部队，但是我们受到了很好的训练。大部分人从密西西比州范多恩军营的早期岁月起就来到我师，并经历了在德克萨斯州马克西军营进行的高级训练。到1944年9月我们从波士顿港起航时，大部分战时征召入伍的士兵都经过了近2年的训练。"

但是，第99步兵师师长，51岁的沃尔特·E.劳尔（Walter E. Lauer）少将没有任何作战经验，虽然他的师有不少于16000名士兵，但是没有装甲兵。而且，1944年12月16日，该师只有两个团（第393和第394团）在前线对抗党卫军第6装甲集团军。由于该师守卫着美国第5军的南翼，其第395步兵团奉命协助第2步兵师进攻瓦勒沙伊德。但是，第99步兵师得到一个相当有经验的反坦克营——第801坦克歼击营，这支部队从1944年6月13日登上诺曼底的犹他海滩起就在一线作战。[26]该营配备了30门3英寸（76.2毫米）M5牵引式反坦克炮。不过总体而言，面对1944年12月16日拂晓党卫军第6装甲集团军的全力猛攻，第99步兵师的两个团在兵力上完全处于下风。

第393步兵团在瓦勒沙伊德以南树木繁盛的山脊上一字排开，阵地连绵5英里（约8千米）。团长吉恩·D.斯科特（Jean D. Scott）中校也被迫将其第2营派往北面，参加第2步兵师对瓦勒沙伊德的进攻。因此，12月16日黎明时分，他只能用手上的两个营对抗德国第277国民掷弹兵师，后者的任务是为党卫军第1装甲军北翼的党卫军第12"希特勒青年团"装甲师打开一个缺口。第277国民掷弹兵师是1944年秋季在第277步兵师残部基础上组建的，但作战经验绝对多于它要对付的美国步兵团。师长威廉·菲比希（Wilhelm Viebig）上校对该师的描述是："擅长防御战，且有多个连队专门为进攻行动进行了训练。"[27]虽然第277国民掷弹兵师还要与美国第394步兵团北翼的一个营对阵，但它的兵力超过7000人，比对手多出一倍多。

美国第99步兵师南翼的第394步兵团不仅要面对第277国民掷弹兵师最南端的部队，还要对抗整个第12国民掷弹兵师。该师有9500名士兵，数量上强于北方的友军，这在一定程度上抵消了它的其他弱点；第12国民掷弹兵师直到12月3日才从亚琛的血战中撤出，师长格哈德·恩格尔（Gerhard Engel）少将称这支部队"完全耗尽了力气。各个步兵团都疲惫不堪，在战斗中没有得到任何人员补充；每个连队的作战兵力只有15—20人"[28]。该师奉命前往阿登前线时，经过匆忙训练的新兵刚刚加入这支疲惫之师，补充人员的缺口，他们几乎没有时间做准备。但是，即便是这么一个阵容不整的德国师，击败一个缺乏经验的团似乎也是可以完成的任务。一旦任务达成，党卫军第6装甲集团军先锋——党卫军第1"警卫旗队"装甲师的派普战斗群——将开始沿着德军计划中称为"D路线"（Rollbahn D）的路线行进，从于伊渡过默兹河。

在派普战斗群南面，党卫军第1装甲师的另一支装甲特遣队汉森战斗群已经做好准备，沿着"E路线"越过洛斯海姆山谷，经克雷温克尔 - 曼德费尔德向圣维特以北的博恩（Born）推进，然后转向西面掩护派普战斗群的南翼。首先，第3伞兵师将为汉森战斗群开路。

与冯·曼陀菲尔的行动相比，党卫队全国总指挥"泽普"·迪特里希的首攻在一些重要特征上存在差异。与南面的国防军将军们不同，迪特里希没有通过渗透美军防线发动攻势，而是在弹幕射击之后以步兵突击美军防线。党卫军第6装甲集团军也没有像国防军那样，在前线使用防空探照灯照亮战场上空。[29]

我们已经看到，霍夫曼·舍恩博恩少将的第18国民掷弹兵师（第5装甲集团军一部）是如何利用夜色，悄悄从洛斯海姆裂谷南部越过敌军阵地。在这条山谷的北部，党卫军将第3伞兵师投入战斗，情况完全不同。实际上，这是阿登前线美军力量最为薄弱的地段。在第4章中我们已经看到，美国第106步兵师侧翼最北端，只有迪瓦恩上校的第14骑兵群，其防御更多是以摩托化巡逻队为基础，而非固定阵地。而且，迪瓦恩在夜里将部队放在该地区的村庄里。德国伞兵师应该可以轻松地快速推进，沿着党卫军汉森战斗群将要采用的路线肃清克雷温克尔和曼德费尔德。

但是，第3伞兵师并未处于最好状态。几周前，该师刚刚从许特根森林的战斗中撤出，那场战斗给他们造成极大消耗：仅其第9伞兵团就有1400人伤亡，填补这些损失的是完全缺乏训练的新兵。

而且，德军的炮火引起了美军的警惕，却往往没有给他们造成太大伤害，这是因为，为了隐藏攻势的准备工作，德军没有对该地区进行相应的侦察。第3伞兵师先遣支队——第5伞兵团第2营第5、第6、第7连，以及突击排和通信排——与第8伞兵团联手进攻克雷温克尔时，他们发现美军阵地并没有被炮兵消灭。相反，这座小村里的几名美军士兵顽强抵抗，德军在几个小时内都止步不前。此后，第3伞兵师在西面的曼德费尔德（向西1英里多，稍大一些的一座村庄）的攻势也被其他美军遏止。

第5伞兵团留下来完成夺取这座村庄的任务，而赫尔穆特·冯·霍夫曼（Helmut von Hoffmann）上校的第9伞兵团第1营转向北进，绕开美军阵地。曼德费尔德以北2英里是另一个小村兰策拉特（Lanzerath）。那里已经驻扎了美国第14骑兵群的一支小分队，但拂晓德军炮兵开火之后不久，这些士兵就带上装备离开村庄，向北退却。留在兰策拉特的美军只有第99步兵师第394步兵团直属情报／侦察排[①]的18名士兵，因此，伞兵们很轻松地夺取了这个小村[②]。

美军排长莱尔·鲍克中尉打电话给团部："坦克歼击车正在撤出，我们该怎么办？"回答很明确："不惜一切代价坚守！"鲍克觉得，自己无法活到21岁生日了（恰好是1944年12月17日），但他还是将士兵们部署在村庄西北山顶用木材隐蔽的炮兵阵地里。他们可以从那里俯瞰南方和东南方的主干道及开阔地——这也正是德军伞兵前进的方向。鲍克再次联系团部，得到的命令仍然是"留在阵地上"。

鲍克突然发现一名年轻的女子走向美军阵地左侧斜坡下的德国士兵，他命令士兵们不要开火。他看到那名女子指着山上的方向。在60年里，鲍克一直认为她出卖了美军阵地的位置，但两人在2006年会面时，这位女士告诉他，德军向她询问美军所在时，她只告诉他们，美军已经乘车沿上山的公路离开，前往北面的布赫霍尔茨（Buchholz）了。她根本不知道鲍克的士兵们在公路左侧的堑壕里。实际上，德军直到一名紧张的美军士兵开枪才警醒。缺乏经验的伞兵们徒步向山上发动进攻。鲍克中尉回忆道：

---

① 译注：原书中为第3营通信排，疑为笔误。
② 原注：美国陆军的每个团部连都包含1个情报／侦察排。这个排通常有18名士兵，分成2个侦察班，每个班有3辆吉普车，其中1辆配备无线电发报机，此外排长还有1辆吉普车。侦察排的任务是侦察、巡逻，获取所在营团步兵连不知道的敌军及地形情报。

他们叫喊着向覆盖积雪的山上发动正面进攻。他们漫无目标地向我们开枪。这些伞兵们不得不翻越将山坡一分为二的典型农场篱笆。对我们来说，这就像射击练习。[……]我能看到雪地上到处是血，耳边都是惨叫声和呼喊声。那是一个恐怖的情景，我很难相信是真实发生的事。

令人费解的是，德军并没有立刻撤退，穿越鲍克中尉的士兵们两侧的密林，绕过美军阵地，而是继续冒着美军的火力冲锋。他们三次试图通过正面突击消灭美军阵地。下午3时的最后一次尝试之后，伞兵们受够了这些愚蠢的命令。其中一个小组做出了唯一一合乎逻辑的选择——他们潜入美军阵地两侧的树林中，然后很轻松地夺取了这些阵地。

美军此时已经弹药短缺，他们立刻就投降了。德军将俘虏们排成一排时，他们不敢相信自己的眼睛：眼前只有不超过15名美军士兵，大部分都负了伤，阵地上只能找到1名阵亡士兵（另外2名被派去取弹药的美军士兵已经被俘）。美军士兵们举起手时，有些德国伞兵似乎打算射杀他们，但是一位德国军官急忙走向前，喝令部下放下武器。[30]

鲍克中尉率领的情报/侦察排获得了总统部队嘉许奖——一项在日本突袭珍珠港之后设立，奖励作战英勇的军事单位的特别奖项。这个排的每位士兵都得到某种嘉奖。被德军关押期间，鲍克中尉获得了银星勋章，22年后他又获得了优异服务十字勋章。如今，一座小小的纪念碑装点着这十几名美军士兵阻击德军将近一整天的小山。

一般认为，德军在兰策拉特的这道斜坡上损失了500名士兵，考虑到这座山很小，美国守军人数也不多，这一数字相当不合理。阿登战役专家、荷兰研究人员汉斯·维杰斯已经发现，德军实际损失为40人伤亡——对于这么小的区域（不超过两个足球场）来说，这已经是很大的数字了。

与此同时，第3伞兵师北面的友军，第12国民掷弹兵师的一个团也遇到了类似情况。第48掷弹兵团经过洛斯海姆（越过兰策拉特东边的田野，只有2500码的距离），沿普吕姆公路向西北推进。该团团长威廉·奥斯特霍尔德（William Osterhold）上校说，率领部队进攻时完全不知道美军阵地所在："我们没有得到通知，并且禁止实施侦察，不得不在克罗嫩堡（Kronenberg）等到夜幕降临，然

美军士兵用一挺M1919勃朗宁.30（7.62毫米）口径中型机枪守卫掩体。这种7.62毫米机枪是20世纪使用最广泛的机枪之一，被用作步兵机枪、车载机枪、机载武器（固定式和非固定式）以及高射机枪。这种武器1919年起开始使用，经历了第二次世界大战、朝鲜战争和越南战争。它的射速为每分钟400—600发，射程为1500码（约1371米），由250发弹带供弹。除了士兵自己的勃朗宁自动步枪和M1"伽兰德"步枪之外，镇守兰策拉特的莱尔·鲍克中尉所在排配备2挺该型机枪，还有1挺安装在吉普车上的.50（12.7毫米）口径重机枪。（美国陆军）

后奉命向西面的洛斯海姆裂谷方向前进。就是这样！我从未参加过一场准备得那么糟糕的进攻。"[31]

　　在洛斯海姆以北不远处，奥斯特霍尔德的士兵们发现，与铁路线交叉的公路桥在秋季被撤退的德军炸毁后还没有修缮。因此，在党卫军第1装甲师工兵营当晚构筑好一条新桥梁之前，士兵们只能徒步前进。[32]

　　由于缺乏重武器支援，德国第48掷弹兵团被阻滞在洛斯海姆格拉本村（注意勿与同名的山谷混淆），守卫这座村庄的是美国第394步兵团第1营。那里的情景和兰策拉特类似。德军也向一座山上攻击前进，美军用机枪和迫击炮守卫山上的阵地。美军士兵埃迪·多伦茨（Eddie Dolenc）中士将他的重机枪移到直面德军的新位置。在他后来被列入失踪名单（命运未知）之前，战友们看到他连续射击，掩体前有许多遭到射杀的德军士兵。[33]党卫队地区总队长普里斯称美军在洛斯海姆格拉本的抵抗"熟练而顽强"[34]。但是，守方付出的代价也很大。在德军攻势的第一天，美国第394步兵团的记录显示有959人阵亡、失踪或受伤。战后，洛斯海姆格拉本也设立了一座纪念美国守军的纪念碑。

另一支德国部队——第12国民掷弹兵师第27燧发枪兵团——从北面绕过洛斯海姆格拉本，于下午4时将第394步兵团逐出洛斯海姆西南1英里丛林中的布赫霍尔茨火车站。（该团只需要沿公路下山，进入1.5英里外鲍克中尉所在阵地另一侧的树林，就能帮助兰策拉特的伞兵脱困。这一切没有发生，说明德军各个单位之间缺乏沟通。）

与此同时，第277国民掷弹兵师在北部山林地区与美国第99步兵师第393步兵团发生了一场残酷的血战。德军师长威廉·菲比希上校的任务是为党卫军第12装甲师铺平道路，要完成这项任务，就必须肃清德国一侧从霍勒拉特（Hollerath）和乌登布雷特（Udenbreth）开始的两条森林小路，沿着这两条道路蜿蜒经过瓦勒沙伊德以南树木丛生的山脊，下山抵达"双子村"罗赫拉特－克林克尔特，夺取两座村庄，尔后继续攀上西面的埃尔森博恩岭。[35] 那就意味着，士兵们不得不穿越起伏地形中的密林，遭遇在此埋伏的美军。第277国民掷弹兵师第989掷弹兵团团长格奥尔格·菲格尔上校报告："敌军正在顽抗。他们守卫的阵地伪装得很好，即使在很近的距离上也难以发现；地形特征特别不利于进攻军队。"[36] 菲比希上校对"秋雾"行动首日该师的情况做了如下报告：

> 今天，第989团取得了进展，经过丛林里激烈且代价沉重的战斗后，他们推进到扬斯溪（Jans Stream），那里的敌军抵抗明显增强。另一方面，第990和第991团向西进攻期间，由于恶劣的丛林地形和特别稠密的灌木丛及小树，他们无法夺取较多阵地，未能迅速、出其不意地穿过森林地带。由于没有后续力量，在敌军的猛烈抵抗下，我师被迫在乌登布雷特西南2千米的公路交会处转入全面防御。军部承诺增援的突击炮和工兵装备要么根本没有出现，要么来得太迟。进攻的开始阶段，各团已经伤亡惨重，尤以军官和军士为甚。[37]

第990掷弹兵团团长约瑟夫·布雷姆（Josef Bremm）中校和第991掷弹兵团团长奥托·雅凯（Otto Jaquet）中校都在12月16日的战斗中负伤。该师的第三个团（第989掷弹兵团）失去了2位营长。次日早上，该团团长菲尔格瘫倒在霍勒拉特的团部里，失去了知觉。事后他写道："我被送到一所医院，没有再参加这次作战行动。"[38] 美方的损失也同样严重，第393步兵团的两个营在当天可怕的丛林战中损失了大约700名士兵。如今，在两国边境德国一侧的森林起点，有一座为这场战役中双方阵亡将士建造的纪念碑。

12月17日，第277国民掷弹兵师重新组织成两个战斗群——一个由菲尔格上校的接任者约赫少校率领，另一个由第991掷弹兵团团长约瑟夫·布雷姆中校率领，后者被弹片所伤，但仍然留在一线。

派普登场

遭到党卫军第6装甲集团军打击的一些美国部队的指挥部，并未像遭遇第5装甲集团军进攻的美国第8军及其下属部队的指挥部那样陷入混乱。不管怎样，12月16日早上，美国第5军副军长克拉伦斯·R.许布纳（Clarence R. Huebner）少将与第99步兵师师长劳尔少将在后者设于比特亨巴赫（Bütgenbach）的师部会面时，两人都认为德军的进攻没有什么了不起，可能只是企图扰乱美军对鲁尔水坝的进攻。[39] 不久以后，美国第2步兵师师长沃尔特·罗伯逊（Walter Robertson）少将访问了比特亨巴赫的第99师部，发现劳尔少将坐在那里弹钢琴。劳尔坚称第99步兵师 "一切尽在掌握之中"[40]。12月16日午夜，劳尔向第5军军长伦纳德·T.杰罗少将报告，该师整条战线基本保持原样，"局势在掌控之中，一切都很平静。"[41]

但是杰罗军长和罗伯逊少将更有经验。从12月16日正午前第5军军部断断续续接到的报告中，杰罗得出了一个结论：这是一次大规模攻势，北面的第2步兵师很快就会遭到攻击。因此，他请求美国第1集团军指挥官霍奇斯批准取消对瓦勒沙伊德的进攻，将第2步兵师转移到"双子村"罗赫拉特–克林克尔特以西的埃尔森博恩岭。罗伯逊也重复了这一请求，被霍奇斯拒绝。但是杰罗和罗伯逊对局势的看法非常明确，后者在杰罗（以及许布纳）的支持下决定违抗集团军指挥官的命令。我们在后文中将会看到，罗伯逊下令部队停止进攻这一举动，对挽救美军危局起到了决定性作用。

与此同时，德国军营中的党卫军指挥官们感到十分沮丧。在大部分地方，本应在前几个小时内为强大的装甲兵开路的步兵都未能完成任务。

支援阿登攻势的"飞行炸弹"

德国自导武器 V-1 和 V-2 在阿登攻势期间发挥了显著作用。进攻首日（12月16日），盟军就明显地感受到了这一点，当时1枚 V-2 飞行炸弹击中了安特卫普的一个电影院，造成296名盟军士兵和271名平民死亡。安特卫普是盟军向阿登地区运送补给的主要装卸港口，从1944年10月12日希特勒下令之后就一直遭到这种导弹的袭击。次月，冯·伦德施泰特元帅命令将这种导弹袭击扩大到列日——当时这个比利时东部城市集中了盟军在阿登前线的仓库和总部。[1]

V-1 配备了重达847千克的战斗部，由马克斯·瓦赫特尔（Max Wachtel）上校的德国空军第155重型高射炮团发射。由于大部分发射架都在科隆和波恩以东地区，V-1 将越过阿登攻势中党卫军第6装甲集团军发起进攻的地段。对于这一区域的双方士兵来说，战斗总是伴随着从约2500英尺（约762米）高的空中向西飞过的"飞行炸弹"。盟军将这个地方称为"嗡嗡炸弹走廊"。

驻扎在列日的第19战术航空兵司令部电话接线员阿尔弗雷德·迪·贾科莫（Alfred Di Giacomo）中士在日记中道出了他对轰炸猛烈程度的印象。12月17日，迪·贾科莫提到有120枚 V-1 袭击列日。两天之后他写道："它们每过12～15分钟就会来到。偶尔也有 V-2 的爆炸声。这令人神经紧张，而且充满危险。正如一位休假的步兵对我说的那样，'这就像持续的炮兵弹幕射击。'"

12月19日，德军最高统帅部预计列日将很快被占领，下令停止袭击这座城市，它才得到短暂的喘息之机。[2]但是次日晚上，V-1 对列日的袭击又恢复了。在导弹袭击中，列日共计有1649人死亡，2558人受伤，城市大部被毁。

V-1 对安特卫普的攻击效果较差，因为这座城市有很强大的防空力量。由克莱尔·希布斯·阿姆斯特朗（Clare Hibbs Armstrong）指挥的防空部队代号为"安特卫普 -X"，这支部队共计有500门40毫米、90毫米和94毫米口径火炮，总兵力约为22000人。"安特卫普 -X"从一开始就能够击落靠近安特卫普的 V-1 中的60%，1945年增加到98%。但是，最终落入安特卫普的 V-1 仍然造成了很大破坏。

阿登战役期间发射的大部分 V-2 也瞄准了安特卫普。党卫队地区总队长兼武装党卫军中将汉斯·卡姆勒（Hans Kammler）指挥的大部分 V-2 发射架位于荷兰。没有任何防御措施来对付这种弹道导弹。幸运的是，越来越严重的燃油短缺使德军无法发射更多 V-2。1944年12月，平均下来每天只有4枚此类导弹击中安特卫普。截至当年年底，安特卫普的整个市中心都被摧毁，V 武器共造成这座城市中的8000座房屋遭到摧毁或破坏，1736人死亡，4500人受伤。

这枚V-1在1944年年底至1945年年初的冬季于安特卫普附近被击落。(NARA, 600-850, 彼得·比约克)

　　1945年1月, V-2打击安特卫普的频率提高到每天5枚。除了V-1和V-2, 安特卫普还遭到共计220枚"莱茵信使"(Rheinbote)火箭的袭击, 这种较小的火箭携带40千克重的战斗部。

　　根据美国军队战后的一项分析, 德国"飞行炸弹"对安特卫普港的补给装卸工作造成了严重的负面影响。二战期间, V-1和V-2在安特卫普共造成1812名军事人员和近10000名平民伤亡。

注释:

1. 德国联邦档案馆 / 军事档案馆 RL 12/76: 德国国防军第155重型高射炮团作战日志。

2. 西线总司令部 / 国防军指挥参谋部 / 作战指令 (空军) 第 0014875/44 号, 机密, 19.12. 1944; 容, 《阿登攻势 1944—1945》, P.157。

"秋雾"行动计划让党卫军第6装甲集团军分成五路西进。最北（"A路线"/"B路线"）那路便是第277国民掷弹兵师奉命肃清的两条森林小路之一，然后经过罗赫拉特村和埃尔森博恩，抵达苏尔布罗特（Sourbrodt），也就是冯·德·海特的伞兵计划占领的巴拉克米歇尔路口以南几英里处。在苏尔布罗特，计划的进军路线分成向右转向巴拉克米歇尔的"A路线"，以及继续西进前往列日以南、默兹河上的弗莱马勒（Flemalle）的"B路线"。"A路线"的前6英里（约10千米）基本上就是一条泥泞的偏僻小路，曲折地穿行于山上的丛林或田野与草地之间。派遣重装军队走上路况恶劣且豪雨不断的道路是一种赌博。党卫军第12装甲师的如下部队将沿着这条道路掩护该师的装甲兵主力：党卫军第25装甲掷弹兵团、党卫军第12坦克歼击营、一个炮兵营和一个工兵连。主力包含该师装甲团、装甲侦察营、第560重型坦克歼击营的坦克歼击车、党卫军第26装甲掷弹兵团、一个炮兵营和一个工兵连，将沿"C路线"推进。这一路径从"A路线"正南的乌登布雷特出发，向西穿过默林根、比特亨巴赫和马尔梅迪，直抵列日正西面恩吉（Engi）的默兹河桥梁。"C路线"的前几英里是第277国民掷弹兵师守卫的另一条森林小道。12月16日晚上，"A路线"和"C路线"仍然被美军封锁着。

"D路线"始于乌登布雷特以南约4英里，森林另一侧的洛斯海姆，向西北方向延伸——经过前面2英里的洛斯海姆格拉本，抵达再往前2英里的默林根。"C路线"和"D路线"上的所有军队将在默林根小村会合，这可能不是很谨慎的做法。"D路线"继续往西南延伸，经过5—6英里田野与草地之间的乡村小路，抵达默德沙伊德（Mödersceid）。从那个位置开始，有连绵12英里（约19千米）的泥泞道路，直到昂布莱沃河上的斯塔沃洛镇。在河对岸，"D路线"继续沿着N23铺面公路（如今的编号为N66）向前4英里后抵达默兹河上的于伊。"D路线"分配给了党卫队旅队长威廉·蒙克的党卫军第1装甲师的主力。强大的党卫军派普战斗群将担任该师先遣支队，紧随其后的是党卫军桑迪希战斗群，这支特遣队由党卫队一级突击队大队长鲁道夫·桑迪希（Rudolf Sandig）率领，包含党卫军第2装甲掷弹兵团的2个营、1个炮兵营和该师大部分防空部队及工兵部队。12月16日晚上，"D路线"也仍然被美军封锁。

党卫军第6装甲集团军在12月16日取得的唯一成功，是在第5装甲集团军下辖第18国民掷弹兵师所取得的胜利的帮助下，第3伞兵师南翼的第5伞兵

党卫军派普战斗群由刚满29岁的党卫队一级突击队大队长约阿希姆·"约亨"·派普（右）率领，照片中他和士兵们在一起。派普参加了1939年入侵波兰、1940年入侵法国和1941年入侵苏联的战役。他曾偶然地成为党卫队领袖希姆莱的副官。1943年11月被任命为党卫军第1"阿道夫·希特勒警卫旗队"装甲师第1装甲团团长时，他已经获得过骑士铁十字勋章。1944年1月，他赢得了骑士铁十字勋章上的橡叶饰。派普战斗群在阿登作战失败后，他离开前线，但是在师长蒙克的请求下，他接受了橡叶十字勋章上的宝剑饰。战后，派普因战争罪行而被判处死刑，但后来改判徒刑。服刑11年之后，他于1956年12月获得特赦。1976年7月，派普在法国的寓所遭到刺杀，死于来源不明的燃烧弹攻击。（蒙松）

团占领了克雷温克尔和邻近的阿夫斯特村（美军于12月16日下午撤出时，当地部分以德语为母语的居民公开表示了对德军的支持）。[42] 这样，"E路线"对党卫军汉森战斗群敞开了，这个战斗群的任务是掩护派普战斗群南翼。这条路线经过克雷温克尔和洛斯海姆山谷北部、洛斯海姆格拉本村以南4英里的曼德费尔德，向默德沙伊德西南2—3英里的阿梅尔（Amel）延伸，从那里继续向西南3英里到达圣维特以北3英里的博恩。此后，这条路线继续延伸到雷希特（圣维特西北5英里），通过波托到维尔萨姆和萨尔姆河西侧的列讷。汉森的队伍计划从那里继续前往斯塔沃洛以西13英里（约21千米）的韦尔博蒙，与派普战斗群在N23公路会合。

　　党卫队旗队长马克斯·汉森率领的汉森战斗群由党卫军第1坦克歼击营（21辆四号70型坦克歼击车）、党卫军第1装甲掷弹兵团和摩托化炮兵组成，共有4500名士兵、750辆各型车辆。跟随这支特遣队的是党卫队二级突击队大队长古斯塔夫·克尼特尔（Gustav Knittel）率领的党卫军克尼特尔快速（摩托化步兵）集群，共有1500名士兵、150辆各型车辆。但是，即使伞兵们已经为汉森的队伍清除了道路，后者的行进仍然被党卫军指挥官们没有注意到的德军旧雷场延迟。

　　德军方面，没有人比脾气暴躁的党卫队一级突击队大队长"约亨"·派普更沮丧。早在12月16日早晨，他就希望开始进攻，但他下午2时到第12国民掷弹兵师师部拜访师长恩格尔少将时，才知道步兵仍然无法为装甲兵开路。2小时后，派普厌倦了等待，下达了进军的命令。

　　这个时候，整个党卫军第1装甲军在通往前线道路上似乎都陷入了交通堵塞之中。派普不顾其他特遣队指挥官的任何意见，命令他的124辆坦克（包括党卫军第501重装甲营的"虎王"）无情地"扫清挡在路上的任何障碍"[43]。这些坦克像发动进攻时一样隆隆驶来，卡车驾驶员和惊骇的马拉炮兵车夫们只得将车开离公路，以避免被巨大的坦克碾碎。[44]

　　下午5时，派普战斗群长长的车队开进邻近前线的洛斯海姆，此时天色已晚。村外的德军工兵仍然没有构筑桥梁以代替铁路上方被炸毁的公路桥。党卫军士兵们在那里能够听到第12国民掷弹兵师与洛斯海姆格拉本村（就在这条森林公路之外1英里）的美国守军交战的炮声。派普的坦克缓缓地爬下斜坡，艰难地越过铁路轨道，开始攀爬另一侧杂草丛生的斜坡。他们刚刚完成了这一行动，就接到了装甲军军长、党卫队全国副总指挥普里斯相反的命令：原路折回，向兰策拉特（西南2000码处）前进，在那里与第9伞兵团一起，从西南方向攻击洛斯海姆格拉本的美军！[45] 由于这次调动，派普战斗群又堵住了汉森战斗群的去路，令其行动延迟——后者刚刚完成了清除德军旧雷场的任务。不过，派普战斗群毕竟是进攻的箭头，这样做也可以认为是合理的。

　　派普战斗群的车辆刚离开洛斯海姆，就和汉森战斗群一样碰上了1944年9月撤退的德军留下的一片雷区。党卫军第6装甲集团军的计划人员忽略了这一点。指挥先遣支队（党卫军第1装甲团第6连和第9连）的党卫队二级突击队中

队长 ① 维尔纳·施特内贝克(Werner Sternebeck)回忆道:

> 刚刚开出洛斯海姆西出口, 第一辆五号坦克("豹"式)就撞上了雷区, 无法参加其余行动。与此同时, 太阳落山了。不确定性增加了, 我们仍然没有看到任何敌人。又传来一声爆炸, 第二辆五号坦克也开进了洛斯海姆以西大约500码(约457米)的雷区。我们再次被迫清除地雷, 花费了很多时间。还没有与敌接战, 我们就损失了2辆被视为攻城锤的"豹"式坦克, 它们无法再用于以后的战斗了。[46]

党卫军第1装甲团第9连——党卫队二级突击队中队长埃里希·伦普夫(Erich Rumpf)率领的工兵连——直到深夜才完成扫雷工作, 在此期间派普越来越不耐烦。坦克刚刚重新开动, 派普就遇到了又一次挫折, 施特内贝克回忆道: "[洛斯海姆和兰策拉特之间的]默尔沙伊德西南不远处有一个开放式路障, 我的坦克跳了起来, 在爆炸声中抛了锚。现在, 它也损失了。我爬进党卫队三级突击队中队长阿斯姆森的坦克。推进再次延迟了。必须将坦克从路障中拖出来并清除地雷。"不久, 派普的001号指挥坦克遭遇发动机故障, 只得放弃。他坐在一辆装甲运兵车中继续前进。

重型坦克经过于尔沙伊德村(Hüllscheid)的街道时, 一些房子为之颤抖。在接下来的行军中, 德军损失了2辆装甲运兵车。邻近午夜, 开进兰策拉特的派普情绪恶劣。他发现伞兵们没有在战斗而是呼呼大睡时, 不禁大发雷霆!

这些伞兵属于第9伞兵团, 他们刚刚为夺取美军苦苦坚守的山头而激战了几个小时。美军的抵抗最终被粉碎时, 夜色降临, 伞兵们又累又饿——他们已经一整天水米未进。为了找食物, 德军士兵在兰策拉特大肆抢掠, 指挥官也无法让他们继续前进了。该团第3营进入山顶的阵地, 那里的公路通往布赫霍尔茨, 树林中传来的枪炮声足以让他们相信, 该地区有美军重兵据守。[47]事实上, 他们听到的声音来自东北面1英里, 森林另一侧洛斯海姆格拉本发生的战斗;

---

① 译注: 原文为"一级突击队大队长", 应为作者笔误, 施特内贝克当时是党卫队二级突击队中队长。下同。

此时，第12国民掷弹兵师第27燧发枪兵团已经占领了伞兵们所在阵地以北1英里的布赫霍尔茨，但由于各部队之间缺乏通信手段，伞兵们对此一无所知。

怒气冲冲的派普闯进了棕榈咖啡馆，那是伞兵团团长冯·霍夫曼上校刚刚设立的指挥所。派普根本不顾对方军阶比他更高，狠狠地训斥了这位上校，这表现了党卫军对国防军军官典型的蔑视态度——事后，派普这样描述：

> 我向他询问了全部敌情。他的回答是，树林里深沟高垒，来自准备充足的"碉堡"里的零星火力，加上公路上的地雷，阻止了他的推进。他告诉我，在这种情况下不可能发动进攻。我问他是否亲自侦察了树林里的美军阵地，他回答道，这些情况是从他的一位营长那里听来的。我询问了这位营长，他又推说情报来自营里的一位上尉。我叫来了上尉，他却说没有亲眼看到美军，但是"得到报告"。此时，我非常气愤，命令伞兵团调给我一个营，我将率领他们突破美军防线。[48]

冯·霍夫曼显然被这位党卫军军官的行为吓呆了。他无奈地同意将该团第2营〔营长是齐格弗里德·陶贝特（Siegfried Taubert）少校〕配属给派普战斗群。

派普与冯·霍夫曼在兰策拉特争吵时，党卫军第6装甲集团军的两项特战行动启动了。斯科兹尼的几个"施泰劳"突击小组在第一天就已经渗透到美军战线上，其中几个已经在同日晚上抵达于伊附近的默兹河边。与此同时，德国空军第3运输机联队（TG3）的136架Ju-52运输机，运载冯·德·海特战斗群飞越前线。

但是，冯·德·海特中校因手下士兵缺乏作战经验而深感忧虑，运输机机组成员也有同样的问题。大部分机组人员都是刚出飞行学校的新手，甚至没有接受过Ju-52三发运输机的飞行训练。几乎所有人都没有接受过任何编队飞行训练，飞行技术也绝对难堪重任。由于"秋雾"行动之前高度保密，飞行单位的指挥官们被告知，此次行动不过是一次空降训练，因此没有采取任何措施让他们的机组人员准备好作战任务，直到12月13日，他们才知道任务的性质。

为方便此次飞行，德军用探照灯和高射炮发射照明弹在夜空中指明道路。在空投区，一个专门接受过仪表飞行训练的Ju-88夜间战斗机机组将在第一架运输机抵达前15分钟投下照明弹，然后每架飞机接着用照明弹标明伞降区。

　　这从纸面上看或许还不错，但实际操作复杂得多。运输机遭到己方和敌方高射炮的打击，尽管被击落的飞机不多，但是导致多名飞行员在躲避炮弹时迷失方向。强风使运输机偏离方向，造成了更严重的问题。这些神经紧张而焦虑的机组人员中，有半数是第一次参加作战飞行。大部分运输机发出明确的信号，表明伞兵空降到了错误的位置；偏离航向最多的10架飞机飞到了距离空降区域60英里（约97千米）外的波恩。只有35架运输机将伞兵们带到了较接近伞降区的位置，其中只有10架抵达了准确位置。共有870名伞兵和30个假人（为了给盟军方面造成混乱）空降，分散在比利时东部一片辽阔的区域里。

　　冯·德·海特中校是少数几个幸运地降落在预定空降区域的人之一。他在马尔梅迪以北丛林地区找到具有战略重要性的巴拉克米歇尔路口时，与他会合的只有不超过20名伞兵。[49] 两个小时以后，这个群体增加到了150人。12月17日，他们的人数增加到约300人，但是缺乏无线电设备和重武器。

　　冯·德·海特决定改变策略。由于他只有这么一小股力量，必须避免直接交战，因此伞兵们躲在道路交叉口旁边的云杉林里，以便在其他德国军队靠近时占据路口。从这些阵地上，德军士兵可以观察开往前线的美国车辆数量，派出的巡逻队也能获得宝贵的情报。但由于无线电设备在伞降时损坏，这些宝贵的情报没有送达党卫军第6装甲集团军。

　　实际上，党卫军第6装甲集团军司令部对这支伞兵一无所知。12月17日午夜将至时，英国"超级机密"密码破解小组解密了一条关于冯·德·海特所部的德国无线电信息："降落在奥伊彭西南偏南方向20千米区域内的伞兵情况不详。没有任何联系。"[50]

　　结果，冯·德·海特战斗群未能给德军的攻势带来任何好处。伞兵们只能伏击少数落单的美国军用车辆，短暂地抓获约30名俘虏。

　　伞兵们甚至没有像预想的那样，得到党卫军第12"希特勒青年团"装甲师的救援。出现这种情况的部分原因是，尽管得到党卫军第12装甲师一个装甲掷弹兵团的增援，第277国民掷弹兵师仍然未能粉碎美国第99步兵师第393步兵团的抵抗。[51] 在该地段，因为罗伯逊少将不顾一切地做出了取消第2步兵师进攻鲁尔水坝的决策，美军阵地得到加强。正因如此，12月17日一早，罗伯逊就可以将他的第9和第38步兵团南调，占据所谓"双子村"（罗赫拉特和克林

1944年12月17日，来自齐格弗里德·陶贝特少校率领的德国第9伞兵团第2营的伞兵们站在党卫军派普战斗群的一辆"虎王"坦克上。(NARA, Ⅲ-SC-341659)

克尔特)以及再向西1英里维尔茨费尔德的阵地。第741坦克营、第644坦克歼击营和第2步兵师的两个炮兵营也加入了这些阵地的防御，它们进入新阵地之后，第393步兵团也后撤到这条新战线上。与此同时，美国第1步兵师第26步兵团加入第99步兵师，奉命占领西南面比特亨巴赫的阵地。

南面不远处，党卫军派普战斗群于12月17日深夜从兰策拉特继续推进。

参与攻势的冯·德·海特战斗群以惨败收场，第3运输机联队（TG3）执飞Ju-52三发运输机的机组缺乏经验是主因之一。图中，一架Ju-52被击落，坠毁在美军控制地区。（NARA，56271 彼得·比约克）

第9伞兵团第2营已经划归派普麾下，他在凌晨4时立刻命令伞兵们侦察通往布赫霍尔茨的山林地带。没过多久，返回的士兵报告，那里只有可以"快速攻克"的"薄弱的美军阵地"。派普得知并不存在冯·霍夫曼上校所说的"坚固的美军阵地"时，他对这位伞兵上校完全失去了信任。派普因为白白损失了时间而气愤难平，立即向战斗群下达了新的进军命令：全速向前！

德军用巨大的"虎王"坦克搭载伞兵们，沿着这条森林公路前进。党卫队三级小队副卡尔·沃特曼（Karl Wortmann）说："12月17日清晨，战斗群面前是积雪覆盖的地带。从兰策拉特穿越树林到村外火车站的道路上，可以看到先遣支队装甲车辆留下的新鲜车辙。主力在几分钟后跟上。道路两侧可以看到美军士兵。他们用机枪和其他轻武器向移动中的车队射击。四管高射炮的几次齐射就迫使他们逃向树林深处。击中坦克附近地面的迫击炮弹令人有些不舒服。每次爆炸，积雪都飘飞到空中，在几秒钟内模糊了我们的视线。"[52]

根据命令，德军纵队不停下来对付侧翼出现的美军，而是继续高速向前——直奔默兹河。在布赫霍尔茨附近的火车站，德军遭遇反坦克炮袭击，但"豹"式坦克的炮火很快消灭了这些对手。凌晨4时30分，派普的纵队突入距离兰策拉特3英里（约4.8千米）的洪斯费尔德（Honsfeld）。他们发现这座村庄里到处停放着军用车辆——坦克、装甲车、牵引反坦克炮的卡车、吉普车。这些车辆属于美国第612坦克歼击营、第801坦克歼击营和第32骑兵中队A连。几乎所有美军士兵都在房子里睡觉。第612坦克歼击营的一等兵比尔·霍金斯（Bill Hawkins）记得自己已在一所房子的三楼睡觉时，被一名比利时男孩叫醒。那个男孩喊道："快起来！快起来！四周都是德国人！"一开始，霍金斯以为男孩在开玩笑，但接着他所在排的布赖尼中士跑上楼梯说道："那孩子没骗人，他们逮住我们了，到处都是德国人！"[53]

通过这迅猛的一击，派普的士兵们抓获了300名美国俘虏，缴获17门反坦克炮和大约50辆军用车辆。但是多名美军士兵得以逃脱，并很快发动了一次小规模的反冲击。一名党卫军士兵后来说："到处都是美国人。我们立刻解除了他们的武装并破坏了他们的武器。然后，我们将他们赶到街上，开始清点我们的战利品：巧克力和香烟。就在我们打算上车离开时，四周突然一片大乱；镇子另一端的窗户中射来子弹和炮火，曳光弹横飞，士兵们痛苦地尖叫。"[54]

美国士兵从村里几所房屋的窗户向德军开火。德军被击倒多人之后才消灭了这些狙击手。党卫军第1装甲团第10连（高射炮连）的两辆"旋风"防空坦克被美军反坦克炮击毁，但后者立即被第三辆"旋风"摧毁。德国高射炮连连长、党卫队二级突击队中队长卡尔－海因茨·弗格勒（Karl-Heinz Vögler）于交火中受伤。[55]美国第612坦克歼击营的德弗斯·布莱恩特（Devers Bryant）中士在洪斯费尔德操作一门反坦克炮，他回忆道："德军躲进50码（约46米）远的一个谷仓里，向我所在的房子射击。我向谷仓发射了一发炮弹。干草、木材和士兵们一起飞散到四周。"[56]

就在德军认为最后的抵抗已被粉碎时，党卫队三级小队副维利·克里茨勒（Willi Kritzler）的232号和党卫队三级小队副瓦尔特·普普力克（Walter Puplik）的235号"豹"式坦克被一门反坦克炮击毁。[①]一辆"虎王"也被两门反坦克炮射出的4发炮弹击中，但是安然无恙，并反手将这两门炮炸得粉碎。

到这时，更多德国士兵已经抵达洪斯费尔德。派普战斗群先遣支队继续沿乡间小路向北开往下一个村落——比朗日（Büllingen）[②]时，留下来的德军士兵对美国战俘进行了可怕的报复。埃尔默·海恩斯（Elmer Haynes）这样记录道：

> 我们下楼走出门外。有些士兵已经将双手放在头上，站在坦克旁边。就在我走上台阶时，一辆坦克突然开火，击倒了大约5名士兵。我的一位朋友双腿都被打飞了。在他的呼救声中，那辆坦克向左转弯碾过他的身体，然后开过我身边继续前进。［……］一开始，这场杀戮似乎只是随机事件。我们两人并肩经过开动的坦克旁边，这时一发子弹击中了我身边战友的胸部。我抓住了他，但将他放倒在地上时，他已经死去。其余坦克无动于衷地继续开走。［……］我很幸运，掉进了路边的一个排水沟里。我能感觉到子弹从头上飞过，但是没有打中。枪声停了之后，我站起身来。周围的大部分士兵都死了。我开始走回战俘中间，没有人再向我开枪了。［……］他们推搡着将我们赶回队列中时，我们可以看到战友们躺在街道

---

①译注：首先，此处原文有误。原文写的是232号豹式坦克，但维利·克里茨勒党卫队三级小队副的坦克是233号；其次，233号和235号豹式坦克是12月17日下午被来自欧林根方向的反坦克炮弹击毁的，并非是洪斯费尔德的美军所为，因为此时洪斯费尔德已经被派普战斗群占领了。

②译注：德国称比林根。

一辆党卫军派普战斗群的装甲运兵车进入洪斯费尔德。拍摄这张照片时，德军已经攻克了这座村庄，缴获大量美军战斗车辆，包括路边的这辆 M3 半履带车。（NARA, IU-SC-198248）

和沟渠中，被射杀的时候手还放在头上。[57]

　　有无可辩驳的证据表明，德军在洪斯费尔德杀死了19名手无寸铁的美国军人。[58]此外，他们还处决了2名被控"与敌人合作"的比利时平民——这里是希特勒于1940年吞并的比利时领土的一部分。

　　比朗日是嵌入比利时西北部德语区起伏群山上农田之间的一座小乡镇，当时大约有2000名居民。劳尔少将的第99步兵师指挥所就设在这里①；这里还有一座油料仓库和美国炮兵观测机使用的小机场，美国第254战斗工兵营也驻扎于此。虽然美军被党卫军派普战斗群先遣支队打得措手不及，但在这座小镇外，一辆四号坦克被"巴祖卡"火箭筒摧毁。党卫队二级突击队中队长施特内贝克描

---

　　①译注：原文如此。但从前文可以看到，第99步兵师师部设在比特亨巴赫，并不在这里。

述了接下来的情景："装甲先遣部队开足马力开进比林根，所有火炮一起开火，在敌军中造成全面混乱。我们打得他们措手不及，没有遇到有组织的抵抗。"[59]

据休·M.科尔说，有证据表明德军在这里也处决了总计50名俘虏。[60]但是，美国军事历史学家查尔斯·B.麦克唐纳有不同看法。他写道："后来有报道称，派普的手下在比朗日杀死了50名帮助他们的车辆加注燃油的美国战俘。这些报道纯属子虚乌有。派普战斗群在比朗日镇内以及周围地区抓获大约200名俘虏[……]但是没有重复洪斯费尔德的大规模暴行。"[61]

党卫军派普战斗群的士兵在夺取比朗日之后没有理由沮丧，他们不仅缴获

1944年12月17日在洪斯费尔德被杀害的美军战俘。照片中水槽的位置如今矗立着一座美军士兵的纪念碑。（NARA, 111-SC-198245）

了机场上的12架飞机；当地的一位老者佩戴纳粹的"卐"字臂章，带他们找到了镇外美军囤积油料的仓库，仓库里的所有物资毫发无损。[62]

但是，美国第99步兵师师长劳尔设法逃走了。两小时前有一辆四号坦克在比朗日以北被美军的反坦克炮摧毁，车长阵亡，但这一事实不至于让党卫军士兵们像在洪斯费尔德遭到以为已经投降的敌军攻击时那样愤怒。这辆坦克属于党卫队二级突击队中队长施特内贝克的先遣支队，在快速通过比朗日时，他们走错了出口，继续向北面的维尔茨费尔德而不是计划中南面的默德沙伊德行进了1英里左右。如果德国方面有任何理由觉得沮丧，那可能是那道让他们不顾一切继续向默兹河推进的严格命令。

进入比朗日的派普战斗群距离维尔茨费尔德有1.5英里多。如果派普得到准许，稍稍偏离预定行军路线以占领该地，他的特遣队无疑可以在两个小时内解决战斗，并为党卫军第12装甲师打通道路，从而避免了在"双子村"罗赫拉特－克林克尔特发生的代价沉重的战斗（见本章后面的"双子村之战"一节）。这一机动还将使党卫军第1装甲军的两个装甲师能够实施钳形攻势，包围和消灭美国第2及第99步兵师。如果出现这样的情况，党卫军第6装甲集团军所在地段的美军防线可能全面崩溃，"泽普"·迪特里希的大军就能在2天之内抵达默兹河。而且，冯·德·海特的伞兵也可能得救。但是，正如我们已经看到的，希特勒向党卫军第6装甲集团军下达的指令相当明确：任何情况下都不允许偏离指定的行军路线，因此，派普继续西进。

美国第2步兵师师长罗伯逊少将陷入了深深的焦虑中。12月17日清晨，他打电话给师属特战队指挥官，告诉他德军已取得突破，希望他集合一切可以战斗的人员，甚至包括炊事员、卡车驾驶员和文书，组成指挥部的最后一道防线。施特内贝克的坦克在比朗日以北遭遇的就是这支部队。罗伯逊最为担心的德军由南发动的进攻并没有成真，他得以很快将力量集中在"双子村"罗赫拉特－克林克尔特的防御上。

经过比朗日后，派普的纵队继续沿着路面良好的N32主干道前进，在距离比朗日西出口大约1000码（约914米）的地方，他们来到了比特亨巴赫酒庄（Domane Bütgenbach）。党卫队二级突击队中队长施特内贝克记叙道："美军在那里设立了一个急救站，虽然医生们走近我们请求投降，但是我们向左转弯，进入了比林根—默德沙伊德公路。"[63]派普的军队不断向前突进，而德国第3伞兵师主力远远落在后面。正如接下来我们将要看到的那样，从美国第1步兵师抽调到第99步兵师的一个团在伞兵之前抵达比特亨巴赫酒庄，两天后令党卫军第12装甲师付出沉重代价。

在党卫军派普战斗群面前，美军的所有抵抗都瓦解了。到12月17日正午，有关这支强大的德国装甲纵队的消息在美国方面造成广泛恐慌。美国第38装甲步兵营（第7装甲师R战斗群一部，正在前往与圣维特地区第106步兵师会合途中）的作训参谋唐纳德·P.博耶（Donald P. Boyer）描述了12月17日下午1时左右抵达波托（比朗日西南10英里左右）交叉路口时看到的情景：

> 我们一开始无法理解眼前的景象：源源不断的车辆开向后方（西面），却没有一辆车开往前线（东面）。我们意识到，这不是一支开往后方的车队，而是"各自逃命"；这是一次退却，一场溃败。
>
> 一辆2.5吨的卡车上只有驾驶员独自一人，另一辆车上则有好几名士兵（大部分丢盔弃甲、衣衫不整），接下来可能是一辆工兵的起重车，然后是几辆火炮牵引车，它们也许牵引着1门火炮和军官们乘坐的1/4吨指挥车[吉普]，任何能跑起来的、能找到司机和再带几个人的东西都在逃离前线；这可不是美丽的景象，我们看到的是逃跑的美国军人。
>
> 沿公路往前大约1英里，在小镇小蒂耶，所有车流都停了下来。实际上，这是我所见过的最彻底的交通堵塞。在这条勉强维持慢速双向交通的狭窄公路上，我们遇到了逃往后方的大批车辆。向后方涌去的车流试图挤过引领CCB的第31坦克营那些坦克之间的缝隙，现在，谁都动不了了……[64]

这里发生的交通堵塞使第7装甲师R战斗群和第9装甲师B战斗群无法及时解救第106步兵师。12月17日下午2时许，第7装甲师B战斗群指挥官布鲁斯·克拉克准将[①]与第106步兵师师长琼斯少将在后者设于圣维特的指挥所

---

① 译注：原文为"后一个单位（指第9装甲师B战斗群）的主官"，应为笔误，布鲁斯·克拉克准将是第7装甲师B战斗群指挥官。

1944年年底至1945年年初冬季，美国陆军停放在比利时某机场的一个中队的派珀 L-4 "蚱蜢"炮兵观测飞机。虽然"蚱蜢"是正式定名，但这种军用飞机更为人熟知的是其民用型名称"小熊"（Cub）。L-4广泛地扮演各种角色——侦察机、联络机、救护机和炮兵观测机。由于这种飞机的巡航时速很低，仅为每小时75英里（约合每小时121千米），失速速度仅为每小时38英里（约合每小时60千米），留空时间（3小时）又很长，因此成为一种很优秀的炮兵观测机。配备一台无线电台后，L-4的飞行员可以引导己方炮兵开火，而地面的德军往往因为害怕成为炮兵的下一个目标而不敢向飞机开火。（美国陆军）

中开会，第14骑兵群指挥官马克·迪瓦恩红着脸闯了进来。[65]他喘着粗气说："将军，我们得走了。我实际上是被一辆'虎'式坦克追到这所房子里来的，我们都得离开这里！"[66]

通过比朗日和比特亨巴赫酒庄后，派普战斗群在几小时内几乎没有遇到任何美军。派普说道："不时有少数迷路的吉普车从路边进入我们的推进路线，显然没有意识到我们已经突破到这么远的地方。"[67]德军在这片地域赶路，仿佛这只是在己方地域进行的一次简单调动。在默德沙伊德西面不远，比朗日西南2—3英里处，他们俘虏了美国第3装甲师第32装甲团的一群官兵。派普亲自审讯了他们，得知美国第49高射炮旅旅长爱德华·W. 廷伯莱克（Edward W. Timberlake，绰号"大艾德"）准将已经在前面2英里的利尼厄维尔设立了指挥所。这意味着，德军有可能夺取关于美国军队位置的宝贵文件，因此派普下令全速前进。在下一个小村绍彭（Schoppen），庞大的坦克叮叮当当地爬上通往村庄的山坡时，村民多伦多夫夫人正站在一间小教堂旁，一名车长探出指

站在"虎王"上的德国伞兵们从一辆DKW NZ-500摩托车上的传令兵那里得到缴获的美国"骆驼"牌香烟。坦克上左侧的伞兵携带一支"波兹坦"冲锋枪,这是英国斯登9毫米冲锋枪的德国仿制品。(NARA, Ⅲ - SC-341622)

1944年12月，美军在党卫军第6装甲集团军猛攻下撤退之后，一名德国士兵注视着美军遗留的军事装备和个人物品。（NARA, Ⅲ-SC-197571）

挥塔舱口问道："到海边怎么走？"[68]

　　12月17日上午11时，党卫军派普战斗群进入距离比朗日7英里（约11.3千米）的蒂里蒙（Thirimont）。此时，"虎王"坦克已经被扔下。因为就在这次离开比朗日时，它们遭到美国第366战斗机大队11架"雷电"战斗轰炸机的袭击。我们在前面已经说过，第9航空队利用12月17日天气略微好转的机会，派出647架战斗轰炸机，但是德国空军展开更大规模的行动，阻止它们有效干预战场。不过，几架美军飞机突破德军拦截，这些"雷电"轰炸机投下的炸弹损坏了一辆"虎王"的履带，德军不得不放弃这辆坦克。后来，德军从该地区撤退时，这辆坦克就损失掉了。不过，这些战斗轰炸机此时并没有给党卫军战斗群造成更多的麻烦。下一刻，它们就遭到十几架Me-109和Fw-190战斗机的攻击，美军被迫丢弃剩下的炸弹，展开自卫。

　　此时，身在蒂里蒙的派普对此一无所知，他忙于思考其他问题。蒂里蒙有一条向右急转的泥泞道路，通往北面1英里多一点的博涅（Baugnez），那里

1944年12月，美军离开马尔梅迪。（**沃伦·沃森**）

有一条通往利尼厄维尔的铺面公路。就在派普的先遣支队抵达这一区域之前不久，第7装甲师R战斗群长长的车队已经由北向南经过了同一条公路，向圣维特进发。[69]它们大多都避开了派普战斗群，但是，其中一个炮兵连运气就没有这样好了。

派普渴望尽早抵达利尼厄维尔，遂命令手下的车辆取捷径通过西面潮湿的上萨尔森林地带，沿蒂里蒙向北的泥泞道路前进。此刻，美国第285野战炮兵观测营B连经过了马尔梅迪东南2英里的博涅路口。党卫队二级突击队中队长施特内贝克描述了那里发生的情况：

> 从蒂里蒙通往西北方向的路上，我于博涅路口以东约900—1200码（合823—1098米）的地方停下来侦察，看到敌军的一个车队经过岔路口向南行驶。我们的装甲先遣支队用高爆弹打击敌军车队，当时后者距离路口还有约200—300码（合183—274米）。有些敌军车辆立即起火，车队被打

散，停了下来。车里的人都跳出来寻找隐蔽所。在这种情况下，我们沿韦姆—博涅公路向十字路口开进。在到达路口之前，遭到敌军机枪和轻武器的攻击。我们用坦克上的机枪还击，并加速冲向停下来的敌军车队。我的坦克一马当先，逼近到距离敌人60—70码（合55—64米）的地方，这时美国人从路边的水沟里站起来，举起了他们的手。

我们慢慢靠近车队。我打着手势，示意美国人向十字路口方向后退。我用无线电向装甲集群报告了交火的情况和战果，又一次得到继续全速开往恩格尔斯多夫［利尼厄维尔］的命令。装甲先遣支队和指挥所所在的主力之间有大约10分钟的路程。[70]

西行的泥泞道路上，党卫军第501重装甲营的"虎王"坦克经过美国战俘的队列。（NARA, Ⅲ-SC-198241）

派普报告道:"我们摧毁了11—15辆敌军卡车,没有遇到什么困难就通过他们的车队,向利尼厄维尔急进。"[71] 接下来在博涅交叉路口发生的是一场人所共知的大悲剧。在此地投降的大批美国士兵被德军无情射杀。

与此同时,派普奇袭驻利尼厄维尔美军的企图失败了。廷伯莱克准将已经通过无线电得知德军在12月17日取得突破。因此,他有时间销毁指挥所的所有重要文件,准备撤离。绰号"大艾德"的廷伯莱克甚至在磨坊酒店从容地吃完午饭,才离开这座小镇。不过,第一批党卫军坦克逼近时,第9装甲师B战斗群第14坦克营(正在从马尔梅迪地区前往圣维特途中)的一群掉队士兵还留在镇上。这些美军有2辆"谢尔曼"(其中1辆是装备新型M1 76毫米火炮的M4A3型)和1辆M10坦克歼击车。德军一边用坦克炮开火,一边驶入利尼厄维尔,但这些美军士兵并没有完全做好准备。临近下午3时,派普的纵队从山上开进了镇上的主街道。[72]

党卫队二级突击队中队长维尔纳·施特内贝克停在小镇入口旁的磨坊酒店门口,他跳下坦克冲了进去。酒店老板彼得·鲁普(Peter Rupp)用流利的德语与这位党卫军军官交谈:"您好,军官先生(Guten Tag, Herr Offizier),几分钟之前,将军先生刚刚带着他的手下离开了,但是他们将在圣诞节前回来。"施特内贝克惊奇地发现,酒店餐厅左侧的一张桌子还没有清理,烟灰缸里还有没熄灭的香烟!

此时此刻,施特内贝克听到外面传来剧烈的爆炸声,接着是激动的尖叫声和更多的爆炸声。美军已经在一座小高地上占据阵地,小镇的主街道正是从这座高地向下延伸通往利尼厄维尔的。这条街道往前100码的地方,一辆"豹"式燃起大火。这辆坦克刚刚经过街道左侧的教堂,到达邻近的阿登酒店,此时被一发76毫米榴弹击中底盘后部,这个地方的装甲只有大约半英寸(约12.7毫米)厚。派普看到车长爬出坦克,军服上还燃着火,那是他的好友,党卫队三级突击队中队长阿恩特·菲舍尔(Arndt Fischer)。派普抓过一具"铁拳",但是一辆"虎王"已经用88毫米主炮摧毁了其中一辆"谢尔曼"坦克,第二辆也很快被摧毁。22名美军士兵高举双手,从磨坊酒店上方的山上蹒跚走下。党卫军士兵们大发雷霆,在他们看来,这是一种懦夫式的伏击。

战后若干年,彼得·鲁普讲述了他看到的情景:两名党卫军军士就在他的酒店旁边射杀了8名美军战俘[1]。接着，两名党卫军士兵将剩下的14名俘房带进酒店大堂。鲁普喊道："杀人犯！你们杀了8个人！我看到你把手枪放在他们的嘴里！"党卫军士兵猛击鲁普的嘴巴。就在这时候，一名党卫军军官出现，他说道："把他们全枪毙了，包括这头比利时猪！"危急关头，一名党卫军高级军官突然走进酒店，叫停了进一步的杀戮。他对军士们喊道："放了他们。"然后，他转向鲁普说道："先生，你说得对，有些人对待俘房的方法是一种耻辱。"接着，他命令军士们："把这些人带到那间屋子里，你希望美国人怎么对待你，就怎么对待他们。"[73]

在那个阶段，派普的特遣队已经分散在从洪斯费尔德（伞兵营大部仍然留在那里）到利尼厄维尔的整条道路上。他损失了5辆"豹"式、2辆四号坦克和1辆"虎王"，另外还有8辆"豹"式、4辆四号坦克和不少于20辆"虎王"因为技术故障在路上抛锚，因此，派普决定在利尼厄维尔小歇，以便集结队伍，再匆匆地吃上一顿饭。

派普在利尼厄维尔的停留不仅挽救了第7装甲师的炮兵纵队（当时正在前往圣维特的途中，因为德军已经抵达博涅，他们被迫在马尔梅迪转向，取道N23公路通过斯塔沃洛），实际上也决定了整个党卫军集团军攻势的结果。仅仅两小时以后（12月17日下午5时），派普下达了新的行军命令。此时天色已晚，由于党卫军第1装甲师师长、党卫军旅队长蒙克已经抵达，准备召开一次会议，派普本人选择留在利尼厄维尔，但命令一个连的"豹"式坦克继续开往斯塔沃洛镇。德军坦克走的是最近的路——径直向西，穿过博蒙（Villers Beaumont）和洛多梅茨（Lodomez）两座村庄。

虽然到斯塔沃洛的距离还不到6英里，预计也不会遇到美军的任何抵抗，但"豹"式坦克纵队没能在当天抵达这个拥有昂布莱沃河重要桥梁的小镇。夜幕之下，德军无法寻找敌人的踪迹，只能小心翼翼地沿着狭窄蜿蜒的道路前进。这条路的左侧是峭壁，右侧则是茂密的树林，在两个位置有很急的转弯，

---

① 原注：比利时解放后，在利尼厄维尔为这8名被杀害的美军士兵建立了一座纪念碑，他们分别是：约翰·M.波尔希那（John M. Borcina）、杰拉德·R.卡特（Gerald R. Carter）、约瑟夫·柯林斯（Joseph Collins）、迈克尔·B.彭尼（Michael B. Penney）、卡斯珀·S.约翰逊（Casper S. Johnson）、亚伯拉罕·林肯（Abraham Lincoln）、克利福德·H.皮茨（Clifford H. Pitts）和尼克·C.沙利文（Nick C. Sulivan）。

博涅大屠杀

1946年5月和6月，美国军事法庭对1944年12月17日的博涅事件做出裁决，判处43名前党卫军官兵（其中包括"约亨"·派普）死刑。其他被告（如"泽普"·迪特里希）被处以长期徒刑。但是，这次审判和裁决很快受到质疑。辩护律师小威利斯·M.埃弗里特上校抓住了这些战犯们宣誓后提供的证词，他们声称如果不承认指控，就会遭到殴打、折磨、禁食和报复其家人的威胁。[1]

所有死刑判决都没有执行，而是改判徒刑。后来，著名美国参议员约瑟夫·麦卡锡（Joseph McCarthy）出面为战犯们辩护，20世纪50年代，他们均获释放，最后被释放的是"约亨"·派普（1956年）。赦免这些战犯激起了民众的强烈不满和争议。1976年7月14日，6名身份不详的人用燃烧弹袭击了派普在法国的寓所。事后，人们在被焚毁的派普家中找到了他烧焦的尸体。袭击者自称"复仇者"，他们的身份一直没有查明。

毫无疑问，美国针对被指控的党卫军官兵进行的诉讼是以最不寻常的方式进行的。这造成了一种不幸的局面，对于1944年12月17日在马尔梅迪以南的博涅究竟发生了什么，仍然没有形成真正的共识。军事历史学家和党卫队问题国际专家马丁·蒙松（Martin Månsson）说：

> 无数的书籍和文章声称它们讲述的是这场悲剧的"实情"。但即使在今天，所有记录也没有全部公开，所以我们不得不等待真相大白的一天。不过，这毫无疑问是一场屠杀，许多美军士兵被近距离射杀，也就是说，在不到3英尺（约91厘米）的距离向头部开枪。[2]

上述说法得到德国历史学家延斯·维斯特迈尔（Jens Westemeier）等人的支持。[3]

战后，从博涅逃出的美国第575救护连救护车驾驶员，一等兵塞缪尔·多宾斯（Samuel Dobyns）在所谓的"马尔梅迪审判"上作证："我看到三四名德国士兵向呼救的伤员开枪。"[4]另一名在屠杀中幸存的美军士兵也提供了如下证词："然后，德国人停下来射杀他们，并来回用脚踢他们。德国人向任何移动的东西开枪。"[5]

没有人质疑有大量美军士兵在博涅被杀。在对嫌疑犯的审讯中，得到的死亡人数是84人。但据作家格尔德·J.古斯特·库彭斯（Gerd J. Gust Cuppens）说，其他几天里，在另外的地方还有6名士兵被杀死。[6]设法逃脱的士兵们描述了这样的情景：德军命令在博涅向派普战斗群投降的美军士兵们在田地里站成一排，然后突然向他们开枪。[7]每个人都承认有大批美军战俘在田野上被射杀，但是具体的情况从没有得到完全澄清。已经可以断定，一些死者实际上是在美军投降之前，施特内贝克的部队攻击车队时阵亡的。[8]库彭斯还提到，有目击者声称，队伍后面的一些美军战俘试图悄悄溜走，那是德军开火的原因。[9]库彭斯指出，应该有名美军军官高喊"站住别动"。

1946年审判的证词中，塞缪尔·多宾斯说，目击者认出了用手枪向战俘射出第一颗子弹的德国人，这个人此前已经挥舞着手枪，这时一名美国战俘向战友们喊道："站住别动。"但行凶者已经开枪击中了第一排的一名战俘。多宾斯说，此后他自己离开队列向后跑，那时才听到不远处的德国机枪开火。[10]

据库彭斯说，一名派普战斗群的军官战后评论道，在那样的情况下，小小的动作就可能触发灾难。[11]根据这一版本的说法，美国战俘惊慌四散，试图躲避射来的子弹——这导致更多德军士兵开枪。

美方给出的是不同的版本。例如，根据军事历史学家查尔斯·B.麦克唐纳的说法，德方有人喊道："杀光他们！"此后德军的机枪向毫无防备的战犯开火。[12]延斯·维斯特迈尔的派普传记中说，在场的党卫军指挥官向手下下达了明确的命令——射杀美国人。[13]

由于美国军队在1946年审判中犯下的错误，1944年12月17日博涅屠杀的真实情况可能永远无法澄清了。对党卫军官兵不利的是，除他们处决美军战俘或比利时平民的那段时间之外，武装党卫军在二战期间还对战俘和平民犯下了其他许多罪行。"阿道夫·希特勒警卫旗队"师的许多士兵在东线德军的灭绝行为中都表现得非常残忍。

1945年1月，在找到这些被残杀的士兵之后，美军通过验尸得出结论：在82名死去的美军士兵中，有41人的死因是头部中枪——在大部分情况下，火药灼伤的情况表明是近距离开枪所致。[14]另外19名士兵的死因是被机枪和小口径武器子弹所伤，4人因为失血过多而死，3人因为头部遭到重击而死，3人死于弹片的伤害，3人死于手榴弹爆炸，12人死于其他原因。[15]

无论如何，人称"马尔梅迪屠杀"的这一事件立即造成了深远影响。第二天，侥幸逃脱的美军士兵的故事出现在一份传遍盟军的报道上：

> L8199地区附近的党卫军抓获了美军士兵、指挥交通的宪兵和大约200名其他美国军人。美国战俘被搜身，完毕之后，德军将战俘们排成一排，用冲锋枪和机枪射杀他们。[16]

在战斗激烈的时候，单独或以小群体投降的军人遭到枪杀的情况并不鲜见，犯下这种罪行的也并非只有德军。但是，1944年12月17日发生的事情仍然非同寻常。

1945年1月盟军重新占领该地区后找到的被枪决的美军士兵尸体。（美国陆军）

因为美国军队立即尽可能广泛地公布了这一事件，"马尔梅迪屠杀"的新闻成为阿登战役的一个标签。就在美国方面的许多官兵士气低落、陷入混乱，对己方军事指挥信心动摇的时刻，有关德军暴行的消息起到了惊人的效果："马尔梅迪大屠杀激起的反响是如此广泛，远远超出人们对一场漫长而痛苦的战争中的单次战场暴行的想象。这个'事件'无疑增强了美军的战斗意志。"[17]党卫军派普战斗群的官兵们对此感受尤甚，他们很快就注意到对手强硬的新面貌。

注释：

1. 国家档案与记录管理局，《军事委员会马尔梅迪大屠杀调查报告》。1949年10月13日，美国参议院第81届第一次会议，根据第42号决议，对1944年12月突出部之战中军队在比利时马尔梅迪附近的行为所做的调查，旨在查明对美军士兵遭屠杀负有责任的人员进行审讯的相关问题。

2. 马丁·蒙松，《德国装甲兵军官的故事》。笔与剑出版社，No. 4/2008。www.omforintelsen.se/wp-content/uploads/2008/10/peiper.pdf 16 Aug. 2010。

3. 维斯特迈尔，《约阿希姆·派普：一名希姆莱的党卫军指挥官的传记》，P.151。

4. 塞缪尔·多宾斯在1946年10月21日和1946年6月22日的证词。NA U.S. vs. Bersin, 153/1/000526 (513)。在维斯特迈尔，《约阿希姆·派普：一名希姆莱的党卫军指挥官的传记》，P.160中引用。

5. 帕克，《夺命十字路口：突出部之战马尔梅迪大屠杀不为人知的故事》，P.179。

6. 库彭斯，《1944年12月17日，马尔梅迪—博涅到底发生了什么》，P.124。

7. 科尔，《阿登：突出部之战》，P.261。

8. 库彭斯，《1944年12月17日，马尔梅迪—博涅到底发生了什么》，P.124。

9. 同上，P.121。

10. 魏因加特纳，《死亡十字路口：马尔梅迪大屠杀与审判的故事》，P.109。

11. 库彭斯，《1944年12月17日，马尔梅迪—博涅到底发生了什么》，P.122。

12. 麦克唐纳，《号角吹响之时》，P.219。

13. 维斯特迈尔，《约阿希姆·派普：一名希姆莱的党卫军指挥官的传记》，P.151。

14. 同上。15. 同上。

16. 国家档案和记录局，《盟军远征军最高统帅部法庭关于1944年12月17日德军在比利时列日省马尔梅迪附近射杀盟军战俘的调查报告》，NARA 现代军事分部，第319记录组；魏因加特纳，《死亡十字路口：马尔梅迪大屠杀与审判的故事》，P.65。

17. 科尔，《阿登：突出部之战》，P.261。

这座纪念碑于战后建立，它纪念了 1944 年 12 月 17 日在磨坊酒店被残忍杀害的美军战俘。（照片由作者拍摄）

坦克不得不先倒车，再一辆一辆地通过。尽管如此，还是有一辆坦克在急弯处路沿的峭壁上撞坏了炮管。此时，侦察部队已经在路上行进了两个小时，到斯塔沃洛只有几英里的路程了。这辆"豹"式刚刚撞上峭壁，就听到了一声爆炸。领头的坦克被一枚"巴祖卡"火箭击中，受损虽不严重，但已经足以使这支党卫军停住脚步。

德国人并不知道，他们遇到的不过是第291战斗工兵营21岁的查尔斯·W.亨塞尔（Charles W. Hensel）中士率领的一支美军后卫，只有12名士兵（加上1名卡车驾驶员）。这些美国士兵在德军之前半个小时刚刚抵达这里设置路障。德军在黑暗之中出现时，亨塞尔和他的战友们实际上是在慌乱中开火的，接着便逃之夭夭了。他们的努力成功阻止了西方盟军面前最强大的一支装甲力量——党卫军派普战斗群。

接到坦克受阻于斯塔沃洛镇外的报告后，派普亲自前往现场了解情况。他于12月17日晚上11时抵达，客气地说，这个时候双方对彼此的动向都不是很清楚。这队"豹"式坦克到达斯塔沃洛以南的同时，从马尔梅迪赶往圣维特途中的第7装甲师炮兵纵队正在通过该镇。派普看到美军毫无惧色地开着车辆大灯时，以为自己遇上了一支很强大的敌军部队，遂决定等天亮再发动进攻。事实上，一个排的党卫军装甲掷弹兵从上游方向涉过这条狭窄的河流，占据了距离昂布莱沃河北侧桥梁最近的一些房屋，但明显，他们也没有发现那里的美军实力很弱。[74]

如果派普没有停在利尼厄维尔，而是在12月17日下午发动进攻，他的装甲兵就能在白天沿着这条狭窄的道路前往斯塔沃洛，于夜色降临前夺取这座重要的小镇，从而有可能在12月18日结束前抵达默兹河。

12月17日晚上派普让强大的战斗群停在斯塔沃洛镇外时，由于昂布莱沃河上的石桥毫发未损，该地区的美军已经濒临崩溃。美国第99步兵营的劳埃德·耶勒贝格（Lloyd Jelleberg）中士当天晚上从斯帕行军到马尔梅迪，他描述了美国方面的情况："在前往马尔梅迪途中，公路上挤满了从后方来的人，他们十分惊恐。有些丢盔弃甲的士兵们告诉我们，不能往前走，德军就在他们后面。他们又疯狂又恐惧，不愿意离开公路，尤其是军官和他们的汽车。我为他们是美国人而感到羞耻。"[75]

1944年12月18日，党卫军第1装甲师的一群士兵在向西推进的路上稍事休息。根据描述，照片中的士兵是来自党卫军第1侦察营第3连的党卫队二级小队长佩尔辛和党卫队三级小队副奥克斯纳，但是这支部队幸存下来的老兵没有人能记起这两个名字。在士兵们后面是停在路边的 SdKfz 250半履带车。从路标（上面挂着一支美国步枪）上可以看出，拍照的地方在马尔梅迪东南方8英里（约13千米），圣维特西北5英里（约8千米）的恺撒巴拉克。（NARA，Ⅲ-SC-341658）

第99步兵营是美国陆军的一个独立"挪威"步兵营，被称为"维京营"。它主要由移民到美国的挪威人、第二代挪威裔美国人和自愿入伍的挪威水手组成。当时在后方训练的第526装甲步兵营和第825坦克歼击营的一个连（配备反坦克炮）加入第99步兵营，组成了由第99步兵营营长哈罗德·D. 汉森（Harold D. Hansen）指挥的汉森特遣队。12月17日晚上，这些部队接到命令从斯帕地区出发，占据马尔梅迪的阵地。[76]与此同时，美国第30步兵师接到命令，从北方的美国第9集团军调往美国第1集团军下辖的第5军。该师的两个团向马尔梅迪进军，另一个团则开往斯帕以西的艾瓦耶（Aywaille）。

由挪威和美国士兵组成的汉森特遣队出现在派普的北翼（那里本应由党卫军第12装甲师提供掩护），后者的南翼由党卫队旗队长马克斯·汉森指挥的汉森战斗群掩护，这个战斗群有大约4000名士兵和20辆四号70型坦克歼击车。在第5装甲集团军第18国民掷弹兵师的帮助下，汉森所在的南面"路线"上的美军抵抗已经瓦解，但是直到第二天早晨，汉森的摩托化特遣队才开始推进。没有多少美军能够对汉森战斗群发动反冲击，这个战斗群以闪电般的速度向前推进。我们在第4章中已经看到，党卫队旗队长汉森在12月17日晚上从雷希特和波托出发，追击第7装甲师的R战斗群和迪瓦恩上校的第14骑兵群。但由于储备油料无法通过东面严重堵塞的公路，汉森战斗群被迫停止前进。

"双子村"之战

与此同时，党卫军第1装甲军的另一个装甲师已经陷入整个阿登攻势中最为血腥的战斗中，这个师就是党卫队旅队长兼武装党卫军少将 ① 胡戈·克拉斯（Hugo Kraas）的党卫军第12 "希特勒青年团"装甲师。

我们已知，第277国民掷弹兵师在进攻首日没有完成其任务——击溃霍勒拉特和乌登布雷特以西丛林中的美军：该师几乎被"青涩"的美国第99步兵师全歼。因此，党卫军第1装甲军军长、党卫队全国副总指挥赫尔曼·普里斯在同日下达命令，由党卫军第12 "希特勒青年团"装甲师接替第277国民掷弹兵师，向"双子村"罗赫拉特－克林克尔特推进，然后继续向埃尔森博恩岭移动。[77]

阿登攻势开始时，党卫军第12装甲师师长、党卫队旗队长胡戈·克拉斯这样描述该师的状况："这个年轻的师是1943年中期才组建的，在法国的战斗中伤亡惨重，致使士兵、士官和军官作战经验不足。补充的兵员是只经过短期训练的志愿者。经验丰富的老兵已经所剩无几。大部分军官，尤其是参谋人员，缺乏作战和指挥的经验。这方面的不足在装甲掷弹兵团中最为明显，它们根本称不上是强大的、有凝聚力的部队，因此并不适合进攻任务。"[78]但是，根据克拉斯的说法，该师的装甲团"拥有经验丰富的士兵、军士和军官"[79]。

12月16日下午4时，就在太阳下山前，党卫军第12装甲师开始向前线进军。整个师都在一条泥泞、狭窄的森林道路上行进。持续整天的雨雪使路面变软，这条道路完全难堪使用，随着越来越多的重型车辆经过，夜晚的交通很快出现了混乱。党卫军第12装甲团第1营第3连排长，党卫队三级突击队中队长

①译注：胡戈·克拉斯当时的军衔为党卫队旗队长，1945年4月升任旅队长，因此这里的军衔与下文中有出入。

威利·恩格尔（Willi Engel）叙述了这段艰苦的行军：

> 第3连刚刚离开度假胜地霍勒拉特，驱车上山。在两个小时的夜间路程中，12月份典型的阴暗天气使周围景物的轮廓都好像盖上了黑色的天鹅绒。我们仿佛在一条隧道内穿行，担心着在另一端等待我们的命运。由于只能借助前方车辆昏暗的灯光，所以我们的行驶速度极慢……低飞的V-1火箭如同飞机夜航灯一般闪着微光，在可怕的噪声中越过我们头顶。前方可以看到美军炮弹出膛的火光，在昏暗的地平线映衬下，一排树梢显得轮廓分明。[80]

霍勒拉特以西大约3英里是密林的尽头，从这里到罗赫拉特及克林克尔特，一路上都是开阔地。埃尔森博恩岭上的美国炮兵以密集火力射击，德军在12月17日整天都无法前进。[81]党卫军第12坦克歼击营的"坦克王牌"、党卫队二级小队长鲁道夫·罗伊（Rudolf Roy）就是在这里阵亡的。他坐在打开的四号70型坦克歼击车舱门上，被一名美军狙击手一枪击中头部。

直到12月17日傍晚，德军才趁着昏暗的天色继续向"双子村"开进。进攻由党卫军第25坦克歼击营的党卫队二级突击队中队长赫尔穆特·蔡纳（Helmut Zeiner）率领的3辆四号70型坦克歼击车实施，党卫军第25装甲掷弹兵团的党卫队二级突击队大队长齐格弗里德·米勒（Siegfried Müller）率领约40名装甲掷弹兵负责支援。德军沿着从西进入"双子村"的土路进攻，罗赫拉特以东田野上掩体内的美军士兵听到坦克歼击车发动机发出的噪音时，其中两名士兵以为是己方增援到了，起身走向路边，然而面前的情景令他们的血液几乎凝固：党卫军士兵尚未注意到这两个美国人，经过时还满不在乎地相互嬉戏。跟在他们后面的是外观低矮的四号70型坦克歼击车，它们缓缓地爬行在夜色下的泥泞道路中，令人联想到一群巨龟。其中一名美军士兵后来发誓说，他看到其中一辆坦克歼击车的车长从顶部舱盖向两个完全吓呆的美国人竖起中指。[82]

就在两名士兵慌忙逃离时，德军沿着上山的道路进入村庄，这条道路一直通向坐落于村落中心一座山上的教堂。显然，他们的行动出乎美军的意料。有些士兵开了枪，但是德国装甲掷弹兵们迅速肃清了道路两旁的房屋，很快抓获

党卫队二级突击队大队长古斯塔夫·克尼特尔的副官、党卫队三级突击队中队长齐格弗里德·施蒂弗（Siegfried Stiewe）和一位党卫队分队长躲在一辆缴获的美国M8装甲车下小憩。施蒂弗在阿登战役中活了下来，但在1945年3月27日的东线战斗中阵亡。（NARA, III -SC-341640）

8名敌军士兵。在这座用石材建造的大教堂一侧，3辆"谢尔曼"刚刚向前接战，就被击中起火，整整燃烧了一夜。

直到这时，罗赫拉特–克林克尔特村内和周围的美军官兵才意识到敌军已经渗透到村里。理查德·H.拜尔斯（Richard H. Byers）上士回忆道："大约晚上10时，我们被罗赫拉特–克林克尔特枪战和坦克战的声音惊醒。我看到了难忘的一幕。克林克尔特教堂前面燃起大火。那是1辆燃烧的'谢尔曼'——被'豹'式坦克击中的3辆坦克之一。火光照亮了教堂的尖顶。透过双筒望远镜，我能看到火光中来回奔跑的人影，以及从坦克射向小镇两侧的曳光弹。"

这次大胆突击取得了辉煌战果——占领了狭长的"双子村"的中心，并摧毁3辆美军坦克。蔡纳这小股军队让美军觉得它们比实际上强大得多。美军决定采取守势，但如果他们事先知道对手的实力原来如此薄弱，本应可以迅速将其逐出村外。德军和美军在沿村东角的一个半圆形地带里整夜对峙，而教堂周围的开阔地被3辆燃烧的"谢尔曼"照得如同白昼，最终火势越来越旺，烧着了教堂的塔楼。但是，此时原定前来增援的党卫军第25装甲掷弹兵团余部被东边树林里的战斗拖住了，蔡纳决定撤退。夜色掩护下，德军悄悄退回了已方战线。

蔡纳可能报告说罗赫拉特–克林克尔特有非常强大的美军驻扎。德军从美军战俘那里收集的情报也确认了这一点。[83]美国第2师师长罗伯逊少将违抗霍奇斯继续攻打鲁尔水坝的命令，从而得以将整个第38步兵团和第9步兵团第1营集中在该地区。两支部队还得到第741坦克营、第644坦克歼击营和第801坦克歼击营一部以及强大炮兵的支援。此外，12月17日—18日，美国守军还吸收了第99步兵师3个步兵营撤下来的官兵。

在这种情况下，党卫军第12装甲师可以轻松地从南面绕过罗赫拉特和克林克尔特，取道西南方1.5英里处的比朗日（12月17日早上已经被派普战斗群占领）以及比朗日西北方3英里的比特亨巴赫。这样做还有一个好处，N32公路的路况明显优于乌登布雷特和霍勒拉特的小路。此时，守卫该地区的只不过是缺乏组织的小股美军，德国装甲兵可以毫无困难地扫清他们。12月17日夜间抵达前线的军队——来自党卫队二级突击队大队长阿诺德·于尔根森（Arnold Jurgensen）的党卫军第12装甲团第1装甲营的2个"豹"式坦克连和2个四号坦克连，以及"希特勒青年团"师炮兵团和1个火箭炮营——足以轻松实施这些任务。但上级下达的命令是，坦克须于12月18日早上从主干道直取罗赫拉特－克林克尔特，但只有薄弱的步兵支援力量——党卫军第25装甲掷弹兵团的2个营可用。

就在12月18日日出之前，党卫队二级突击队大队长于尔根森的装甲兵由东北方向的乡村道路开向罗赫拉特。守卫村庄外围阵地的是美国第9装甲团第1营的600名士兵。美国方面和德国方面对此地战事的叙述大相径庭。根据美国人的版本，美军坚守了几个小时，在罗赫拉特外围展开了一场实力悬殊的战斗。此处的美军通过无线电呼叫炮兵，请求他们向自己的阵地上开火。在30分钟的时间里，炮弹不断落入这一区域。[84] 党卫军第12装甲团第6连连长、党卫队三级小队副海因茨·施托克（Heinz Stork）讲述了一个不同的故事："我们没有遇到任何困难就到达村庄外围，只有零星的炮火和几支步枪射来的子弹。"[85] 不论实情如何，美军的这个营中只有217人得以撤往罗赫拉特。A连所剩的士兵不超过12人。

"双子村"罗赫拉特－克林克尔特从东北向西南连绵1英里。村落东西两侧是两条相距300码（约274米）的街道。整座村子位于一道山脊上，中点就是教堂所在地。周围的低地上是大片空旷的田野。于尔根森判断，坦克行进路线两侧的田野中应该布设了地雷，而且如同泥沼，因此所有坦克排成一路纵队，从一条狭长的上坡道路左转进入罗赫拉特。这条路在村子里延续的部分称为瓦尔沙伊德大街（Wahlscheider Strasse），经过大约600码（约548米）的平缓上坡之后，就是双子村中心的教堂了。

美军这次早有准备，士兵们将射击阵地设在瓦尔沙伊德大街上的多座两层石砌矮楼上。小巷里、墙后和房屋转角后面，都潜伏着反坦克炮、"谢尔曼"坦克和坦克歼击车。正如德国车长、党卫队二级小队长威利·菲舍尔（Willi Fischer）后来所说，这是"完美的坦克坟墓"[86]。

美军一直等到整个德军装甲纵队沿着狭窄的村庄街道一字排开。领头的"豹"式坦克发出轰鸣声，开向仍在燃烧的教堂时，奈德里奇中士和柯蒂斯·霍尔（Curtis Hall）下士指挥的2辆埋伏的"谢尔曼"打响了战斗的第一炮。奈德里奇和霍尔打击"豹"式较为薄弱的侧面装甲，几分钟之内，他们就击毁了5辆"豹"式，德军的进攻陷入停滞。[87] 与菲舍尔在同一个连队的车长、党卫队三级

这幅图中坐在大众166两栖汽车里侧面微笑的党卫军军官有时候会被误认成"约亨"·派普。有些来源称，这个人是党卫队三级小队副奥克斯纳，但也无法确认。（NARA，Ⅲ-SC-341620）

（NARA，Ⅲ-SC-341621）

突击队中队长恩格尔回忆道：

> 我靠近教堂时，看到了一幅骇人的景象。党卫队三级小队副约翰·博伊特尔豪塞尔（Johann Beutelhauser）的坦克在我面前被击毁……博伊特尔豪塞尔跳了出来，回到安全的位置。在他跳车的时候，炮手被一发子弹击中身亡。我将坦克开到一所房子后面隐蔽，不知道会发生什么。
>
> 我旁边是党卫队一级突击队中队长库尔特·布罗德尔（Kuet Brodel）的318号坦克，这辆坦克已经起火，布罗德尔的尸体挂在指挥塔舱门上。街上，在我前面的坦克都已经被击中，失去了战斗力，其中一些还在燃烧。一辆坦克仍然在移动——我想应该是弗赖尔的——在我的掩护下，他好不容易撤到了营指挥所。[……]
>
> 在我后面开来的是党卫队二级突击队大队长于尔根森的坦克。我意识到自己不得不放弃阵地，退到道路交叉口之后。与此同时，我想到美军的反坦克炮手可能也看出了这一点，做好准备向路口开火。事实真的是这样，第一发炮弹射失，但是第二发击中了履带和坦克侧面。幸运的是，没有人丧命，但是电台被摧毁、履带几乎断裂。我正设法遵循于尔根森的指示，履带就损坏了，一侧主动轮陷入泥里。[88]

罗赫拉特－克林克尔特成为坦克的死亡陷阱。借由躲在坦克附近的观察手引导，美军的炮火给德国装甲兵造成了更多损失。罗赫拉特－克林克尔特村内被炮火击中的坦克中，有一辆是党卫队突击队员马克斯·泽尔纳（Max Söllner）担任炮手的四号坦克。一发炮弹穿入坦克的炮塔，撕开了一个3英尺（约合91厘米）宽的大洞，驾驶员死亡，另外两名车组人员受伤。[89]

激战持续了一整天，直到19日仍未停歇，就像斯大林格勒战役的缩小版。罗赫拉特居民黑德维希·德勒施（Hedwig Droesch）在战斗间歇冒险离开躲藏的地下室，看到了她一生难忘的景象：受伤的德国士兵躺在房子里的地板上痛苦呻吟，她走出前门时，看到街道两边的房子火光熊熊，街上散落着防毒面具、钢盔和瓦砾。[90]美国第741坦克营的一名老兵后来说："自圣洛之后，我们从未经历过这样的战斗，蒙受如此惨重的损失，感觉这样精疲力竭。"[91]

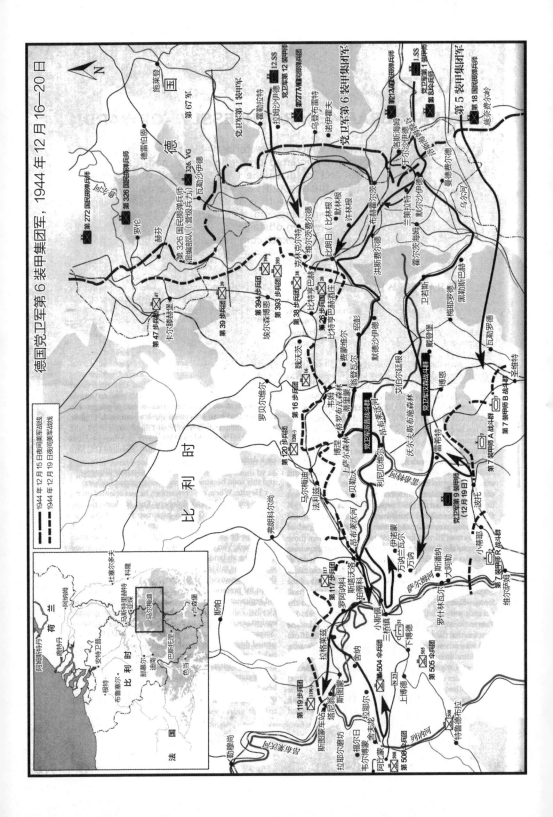

德国党卫军第 6 装甲集团军，1944 年 12 月 16—20 日

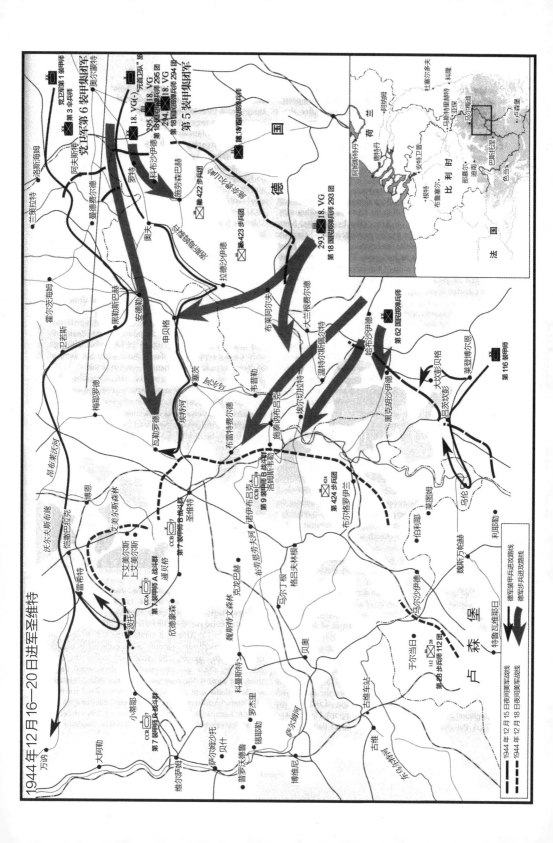

1944年12月，德国士兵在阿登地区的浓雾中推进。（NARA，Ⅲ-SC-341637）

直到12月20日夜间，美军才离开罗赫拉特－克林克尔特，撤往西面的埃尔森博恩岭。从12月16日起到这时，美国第2和第99步兵师已经各蒙受约1200人的伤亡。美军在"双子村"坚守了这么长的时间，加上德军轻率地将装甲兵开进村子的决定，为美军赢得了宝贵时间。此前，美国第2步兵师和第99步兵师残部已经在罗赫拉特－克林克尔特后面的埃尔森博恩岭建立了坚固工事，并得到炮兵和3个坦克歼击营的强力支援。在山岭南面的比特亨巴赫，美国第1步兵师的一个团占据了阵地。德军再也没能突破这些防御配系。

党卫军第12装甲师受阻于罗赫拉特－克林克尔特无法向前推进，这一现实迫使希特勒取消了德国第15集团军原定从北面发动的攻击，根据最初的计划，这个集团军将在党卫军第1集团军北翼突破后发动进攻。希特勒的这个决定也确实受到了第67军（第272和第326国民掷弹兵师）12月16日所受惨重损失的影响，但是党卫军第12装甲师的失利促使希特勒做出了最终决定。[92]

罗赫拉特－克林克尔特战役中德军的损失数据从未得到澄清，因为德国方面的相关文件显然已经遗失。参战美军声称摧毁的德国坦克远远超过100辆。这种夸大之词可能源于对德国坦克坚固性的低估，而且，美军在战斗之后便离开了"双子村"，这意味着他们无法确认德军的损失，而德军可以回收损坏的作战车辆。军事历史学家塞缪尔·W. 米查姆（Samuel W. Mitcham）称，被摧毁德军坦克的真实数量应是67辆。[93]史蒂文·J. 扎洛加（Steven J. Zaloga）提出的数字较低，他认为德军在罗赫拉特－克林克尔特损失的坦克和坦克歼击车有31辆。[94]

但是，就连这两位专家提出的数字似乎也太高了。军事历史学家杰夫详细研究过德国装甲兵损失的统计数字，根据他掌握的资料，1944年12月16日—31日，党卫军第12装甲师共损失不超过18辆"豹"式、8辆四号坦克和8辆坦克歼击车。[95]这些数字符合其他资料。12月17日，党卫军第12装甲师报告的可作战装甲车辆有30辆四号坦克（另有9辆在维修中）、34辆"豹"式和50辆坦克歼击车。[96]12月20日，这些数字下降到18辆"豹"式、12辆四号坦克和24辆坦克歼击车，但是减少的数量中包括了维修中的受损车辆。正如我们将要看到的，12月19日—20日该师在比特亨巴赫酒庄损失了大部分坦克歼击车。

历史学家迈克尔·雷诺兹（Michael Reynolds）提供的照片中，"双子村"内和附近地区有15辆不同的"豹"式、1辆四号坦克和2辆四号70型坦克歼击车被丢弃。[97]考虑上述的所有因素，可以认定这些照片就代表着德军在罗赫拉特－克林克尔特损失的所有坦克和坦克歼击车。除了这些损失之外，肯定还有大量坦克和坦克歼击车受损，这反映了党卫军第12装甲师的巨大消耗，以及阿登攻势截至此时德方坦克出现的最大单次损失。

12月20日，第3装甲掷弹兵师奉命从党卫军第12装甲师手中接管罗赫拉特－克林克尔特，该师师长瓦尔特·登克特（Walter Denkert）少将描述了他在前往"双子村"的路上看到的景象：

受地形和恶劣天气影响，穿过霍勒拉特（之前在美军手中）以西森林的道路路况极差。陷住和倾覆的车辆（主要来自党卫军第12装甲师）堵塞

一辆被摧毁的美国M10坦克歼击车。（戴维·E. 布朗）

了道路，由于有雷区，绕道也是不可能的。过了一会儿，我不得不徒步继续勘察，花了几个小时才抵达罗赫拉特－克林克尔特以东林区的边缘。之前激战的痕迹清晰可辨，尤其是在狭窄的小道上。

在湿冷天气里穿越齐膝深的泥沼，经过毁坏和抛锚的车辆，目睹阵亡官兵的惨状，这一天的旅程是我最恐怖的战争记忆之一。[98]

罗赫拉特－克林克尔特激战正酣之际，党卫军派普战斗群已经向东推进很远，与党卫军第1装甲军的其他部队失去联系。所以党卫军第12 "希特勒青年团" 装甲军最终撤出 "双子村"，从克林克尔特以南取道西进，而没有闯入罗赫拉特－克林克尔特村中的房屋。战后，党卫军第12装甲师装甲团第3连的党卫队三级突击队中队长威利·恩格尔接受了一位参加过罗赫拉特－克林克尔特战斗的美军少校审讯。少校告诉恩格尔，他纳闷德国人为什么不从南面的扬斯溪谷绕过 "双子村"：当时那里既没有布雷，也没有可用的反坦克武器。恩格尔无言以对。[99]

党卫军派普战斗群渡过昂布莱沃河

"希特勒青年团"师最终重新向西进军时，党卫军派普战斗群遇上了真正的麻烦——主要是由党卫军第12装甲师在"双子村"损失的时间、资源和生命所致。

我们已经看到，查尔斯·亨塞尔中士率领的十几名美军士兵使派普误认为斯塔沃洛小镇（罗赫拉特－克林克尔特以西12英里处）有重兵把守，不敢在12月17日深夜冒险发动突袭。12月18日凌晨，派普在利尼厄维尔熟睡，他的坦克手们在最初实际上无人防守的斯塔沃勒前等待时，更多美军部队抵达该镇。

12月17日下午，由哈罗德·汉森中校率领的汉森特遣队奉命从斯帕拔营，转移到斯塔沃勒东北方稍大一些的市镇马尔梅迪的阵地。由挪威裔美国士兵组成的第99 "维京"步兵营士兵是汉森特遣队的主力，该营的莫滕·塔夫特达尔（Morten Tuftedahl）中士回忆道："当晚向马尔梅迪进发时，我们是'逆流而行'，路上遇到了突遭德军追击的美军。我们还没有看到任何德国人，友军却向我们跑来。在一个哨卡，卫兵拦住了我们，问我们要去哪里。当我们说要去马尔梅迪时，他说我们绝对是疯了。" [100]

12月17日晚上9时30分，汉森中校和比约恩斯塔少校抵达马尔梅迪时，发现除了由年轻的戴维·佩格林（David Pergrin）中校率领的第291战斗工兵营的60名士兵外，城里再无其他美军部队。这些士兵们都忙于在桥梁上布雷，在树林里埋设拉线地雷。第99步兵营的士兵劳埃德·耶勒贝格还记得曾驻扎在那里的美军匆忙离开后留下的明显迹象："一个医疗单位的厨房已经空无一人，但是食品还在炉子上。这是很长一段时间以来我们吃到的唯一一顿热饭。" [101]

汉森接管了佩格林的小股人马，他决定将手上兵力（第99步兵营、第526装甲步兵营、第825坦克歼击营B连）的大部分用于马尔梅迪的防御，将第526装甲步兵营A连和一个排的反坦克炮交给第526装甲步兵营副营长保罗·J.索利斯（Paul J. Solis），派他们前往斯塔沃洛。

索利斯的小队人马英勇地对抗派普的先遣支队——党卫队二级突击队中队长卡尔·克雷姆泽尔（Karl Kremser）的第1装甲营第1连，以及党卫队二级突击队中队长弗里德里希·克里斯特（Friedrich Christ）的第2连，这些德军在12

月18日黎明冲下山坡，突入斯塔沃洛，直指昂布莱沃河上的桥梁。打头阵的党卫队二级突击队中队长海因茨·托姆哈特（Heinz Tomhardt）负伤，他手下的一名排长阵亡，连克雷姆泽尔也因乘坐的"豹"式坦克被一门57毫米反坦克炮击中而受伤。党卫队三级突击队中队长汉斯·亨内克（Hans Hennecke）指挥的第111号"豹"式坦克被一门57毫米反坦克炮击中起火。但是，双方实力相差悬殊。派普事后描述了这场战斗："第一辆'豹'式坦克被击中起火，但是它原来的速度很高，仍然撞穿了弯道处的反坦克障碍，使两辆'谢尔曼'坦克受损。第二辆'豹'式利用这个机会疾驰而过，夺取了斯塔沃洛的桥梁。我们的其他车辆紧随其后，美军撤出小镇，丢下了一些物资。"[102]

至此，派普在昂布莱沃河北侧获得了一个立足点，通往默兹河的道路已经基本上畅通无阻。对派普来说，最合乎逻辑的选择似乎是继续从这条道路沿着陡峭的山岭向北行进，只要顺着这个方向前进10英里（约16千米）就能到达斯帕。德军如果这么做，就会在斯塔沃洛以北3英里处抵达美国陆军设于比利时的最大燃油库，那里将为派普战斗群提供足以抵达默兹河的燃油。而且，派普一旦拥有了所需的燃油，那么12月18日该地区可动用的美军部队几乎不可能阻挡他那股强大的力量。

第99步兵营老兵克劳斯·赫耶（Claus Høie）中士说道："我毫不怀疑第99营是幸运的。如果党卫军派普战斗群决定北进，他们可以轻松地消灭一个营。这没有什么可怀疑的；我们无法打退他们。他们在这场战役中碾压过几个师，可以同样轻松地消灭试图守卫通往马尔梅迪公路的1000名士兵。他们将司令部撤出斯帕，可能是已经预计到德国人能够打到那里。我不知道司令部在哪里，但是他们肯定已经撤到其他地方，局面令人惊慌失措。这条战线上只有我们这么小的一支部队驻守，这难以置信，太难以置信了。而且，抵达这条薄弱防线的，是德军最有经验的军队，几个强大的装甲师。"

实际上，美国第30步兵师也已经从北面的第9集团军中调来，重新部署到这个区域。该师下辖的第117步兵团奉命向斯塔沃洛进军，第120步兵团前往马尔梅迪，第119步兵团则开往斯帕的第1集团军司令部。但是到12月18日，这些部队仍然还在途中。所以，派普战斗群一旦获得了得到充足的燃油和弹药补给（原本这个可能性极高），那么第30步兵师几乎没有足够的兵力与之对

1944年12月18日的克林克尔特，一辆党卫军第12装甲师的"豹"式坦克正在燃烧。参加"双子村"战斗的美军部队报告，他们成功地打击了德军坦克：

——第741坦克营凭借在这场战役中的功绩而获得总统部队嘉许奖，该营报告摧毁27辆德国坦克（大部分是"豹"式）、1辆四号坦克歼击车、2辆装甲车、2辆半履带车和2辆卡车，己方损失11辆"谢尔曼"坦克。（NARA部队日志，第741坦克营B连，1944年12月1日—31日。RG40Box16703ARBN-741-0.1.）

——第644坦克歼击营（配备M10坦克歼击车）报告摧毁17辆坦克和2辆德国坦克歼击车，另使3辆敌军坦克失去战斗力。（NARA行动报告，第644坦克歼击营，1944年12月1日—31日。RG407Box23636 TDBN-644-0.3.）

——第801坦克歼击营（配备M5反坦克炮）报告摧毁12辆四号坦克和2辆六号坦克（"虎"式），己方损失17门反坦克炮。（NARA行动报告，第801坦克歼击营，1944年6月—1945年2月，1945年4月。AAR#581U.）

——美国第2步兵师报告摧毁56辆德国坦克，其中37辆是"巴祖卡"火箭筒摧毁的，另外19辆是反坦克炮摧毁的。（NARA111-SC-198469/PFCJ.F.Clancy）

抗①。斯塔沃洛以北的大型油料仓库只是该地区的一系列美国陆军重要仓库中的一个。在斯帕、韦尔维耶和列日周围的一片20×20英里²（约32×32千米²）的地区内，盟军建立了一张巨大的弹药、油料、军事装备和补给品仓库网。这些储备是为计划中对莱茵河的大规模攻势准备的。从斯帕到韦尔维耶（供大部分补给卸货的铁路枢纽）只有11英里（约17.7千米）。从后者出发不超过20英里（约32千米），就是通往列日和默兹河的优质公路。如果派普选择北路，且党卫军第12装甲师立即跟上掩护其侧翼，很难想象美军能够集结足以阻止他的军队。

美军也很担心派普采用这条进军路线，因此霍奇斯中将决定，将美国第1集团军司令部从斯帕撤往西北17英里（约27.4千米）靠近列日的绍德方丹。就连斯帕以北6英里的韦尔维耶，美军各指挥部也在匆忙准备行装。"皮特"·奎萨达准将回忆了他的第19战术航空兵司令部的样子，这个指挥部当时位于韦尔维耶的旧法院"正义广场"：

> 12月18日11时30分之前，我们一如既往地继续工作，只是偶然想起附近的蒙绍和马尔梅迪正在进行的激战。但11时45分得到通知，所有管理人员必须立刻前往沙勒罗瓦（Chaleroi）时，我们的信心动摇了。正午时分，正义广场内的情况出现巨变，各参谋部门匆忙地打包他们的装备。[103]

不过，12月18日，霍奇斯还是从容不迫地会见了两名重要的部队指挥官。第一位是加文少将（绰号"瘦子吉姆"），他的第82空降师正在从法国兰斯地区前往萨姆河的途中（斯塔沃洛西南3英里处）。后来，第1集团军司令部搬到绍德方丹时，第18空降军军长马修·B. 李奇微来到了这里，他刚刚从英格兰飞到比利时。李奇微立即得到通知，他不仅要指挥第82空降师，还要指挥第30步兵师及第3装甲师B战斗群。但是，如果派普选择北进路线，第82空降师和

---

① 原注：此外，列日以北的重要铁路枢纽哈瑟尔特（Hasselt）和内佩尔特（Neerpelt）遭到来自德国第51轰炸机联队第1大队20架Me-262喷气式轰炸机的轰炸。其中18架于1944年12月18日7时44分—8时18分起飞。（基尤国家档案馆："超极机密"行动文件。HW 5/633. CX/MSS/T 402/56. West.）

第3装甲师B战斗群都不可能击败德军。

斯帕的恐慌情绪大增。令霍奇斯的参谋人员深感宽慰的是，撤离的车队在12月18日晚上出发，开上通往绍德方丹的公路，霍奇斯将入驻皇宫酒店。在北撤的路上，他们的车辆遇上了其他车队——开往前线的美军士兵。其中一名士兵——第30步兵师第120团的弗兰克·托尔斯（Frank Towers）表达了士兵们看到第1集团军司令部撤退时的感受："我们遇到了一个又一个向北撤退的车队！那是原来驻扎在斯帕附近的第1集团军司令部，他们正在撤出这个该死的地方。他们扔下了对正在进行的战斗而言不可或缺的各种地图、命令等，一切都是为了逃出那里，保住他们的性命！"[104]

指挥部从斯帕撤往绍德方丹期间，一枚V-1飞行炸弹击中了车队中部，14名官兵阵亡。第19战术航空兵司令部的奎萨达准将回忆道："在从韦尔维耶前往沙勒罗瓦途中，我们看到德国空军在列日投下指示目标的照明弹，'飞行炸弹'以令人烦恼的规律性，不断地落在这座不幸的城市里。当晚，列日和韦尔维耶都遭到了轰炸。"[105]

对斯科兹尼突击队的恐惧冲淡了慌张和混乱，这些德军突击队装扮成美军士兵，出现在盟军战线之后。第99步兵营老兵克劳斯·赫耶描述了他在12月18日令人沮丧的经历：

汉森上校还没有接到任何训令，他试图从第1集团军得到命令。毕竟，我们是第1集团军的预备队，不可能取得联络。因此，他对我说："带上一名驾驶员，开车回斯帕，尽你所能搜集各类情报。"当时，德军空投了许多士兵，准备制造大混乱；他们空投的是穿着美军军服的士兵。德军训练了操着美国口音的士兵，穿上我们的制服，用降落伞空投，以便造成全面的混乱：破坏交通，传递假消息。这是件危险的事。

汉森中校要我出发时已经是下午了，驾驶员是一个真正勇敢的家伙，我们动身了。在夜色中，我们试图在路上的行人之间找到那条路。最终，我们在12月18日午夜抵达斯帕。

那里空无一人——斯帕已经被废弃了。这里曾经是第1集团军的司令部！我们只找到了一支航空兵队伍，在交谈中得知"昨天所有人离开了"。

斯塔沃洛。这张照片是从北面的山上拍摄的，1944年12月18日（或19日）美军控制着这一带。照片中央高大建筑物下可以看到昂布莱沃河上的石桥。在小镇的另一侧，公路从群山中蜿蜒向下，通往南方——那里是党卫军派普战斗群在12月18日拂晓发动进攻的位置。左侧远端的河对岸，有一辆党卫军第501重装甲营的"虎王"坦克。桥的两端和桥上可以看到被摧毁的军用车辆。（NARA，111-SC-198340）

无法想象那里正在经历战争。到处都是那么安宁、平静、漆黑一片。我们转身离开，返回了驻地。由于那些身着美军军服的德国人乘着美国吉普车抵达，此时的一切又乱成了一团。哨兵拦截住所有经过的人。不管你看起来再像一名美军士兵，还是乘着美军的吉普车兜风，都有可能被怀疑是德国人。

因此，他们开始提出一切奇怪的问题，例如"布鲁克林道奇队的绰号是什么？"等只有在美国出生的人才能回答的问题。确定"谁是谁"带来了很多麻烦和工作。第99营中的许多人英语很蹩脚（有浓重的挪威口音），他们被不了解我们这支特殊军队的美军当成德国人关了起来。还出现了一件滑稽的事情：一位将军在赶回部队的途中被宪兵逮捕，并被扣押了12个小时，因为他无法回答某个棒球队属于哪个分区的问题。再加上他有挪威口音，宪兵便怀疑他是假扮的德国人，实际上，他只是对棒球毫无兴趣。

我们最终回到了马尔梅迪。我的任务是查明发生的情况，可是没有人知道发生了什么。第1集团军司令部已经人间蒸发。局面令人惊慌失措。这条战线上只有我们这么小的一支军队驻守，这简直令人难以置信，太难以置信了。而且，抵达这条薄弱防线的，是德军最有经验的军队，是他们几个强大的装甲师。

我发现斯帕以南有一座巨大的汽油库，如果德国人发现并掌握了它，他们就有足够的燃油一路开到英吉利海峡。这个汽油库属于美国陆军，实际上没有设防。

斯帕发生了戏剧性的变化。当地居民降下美国国旗，拆掉了罗斯福总统的画像和一切盟军的标志，并释放了20名关押在当地监狱里的通敌嫌犯。[106]

但是派普并没有做最令对手害怕的事——继续向北面的斯帕挺进，而是命令军队从斯塔沃洛桥的另一头开上左侧的N23公路向西。在德军的进攻计划中，通往斯帕的路被称为"C路线"，这条路径分配给党卫军第12装甲师，该师这个时候已经陷入西面远处罗赫拉特－克林克尔特的巷战中。派普的军队留在了"D路线"，从斯塔沃洛沿N23公路西进。他只有一个目标：沿着预定路线到达默兹河。

搜寻"狮鹫"行动中装扮成美军的德军士兵时，一支美国巡逻队拦住一辆吉普车，仔细检查驾驶员的身份。（NARA，SC 198390）

　　派普战后承认，他实际上知道斯帕有至少一座美国大型油料库。[107]他决定继续向西，而没有试图快速向北奔袭，夺取油料库，可能是表达对希特勒命令的信心——在任何情况下，都不能因为侧翼的情况而"分心"。但是，派普的决定值得注意，这有几个原因。首先，在这个阶段，派普并不知道党卫军第12装甲师是否真的能够在马尔梅迪掩护他的侧翼，也不知道第3伞兵师是否做好准备，保护战斗群后方地区的安全。[108]实际上，这两支部队都未能完成支援派普战斗群的任务，因为美军的无线电干扰，派普无法保持与指挥部的正常无线电联系。[109]一般来说，尤其在这种情况下，任何指挥官都应该向侧翼（例如马尔梅迪方向）派出侦察队，但是派普没有这样做。原因很简单——他没有实施这种行动所需的足够油料。[110] 总而言之，在此种局面下，派普"盲目"地遵循预定路线向西，而没有尝试夺取距斯塔沃洛只有20分钟车程的已知油料库，是很难解释的事情。

从斯塔沃洛起，N23公路如同一条长蛇，穿行于昂布莱沃河北侧林木茂盛的高山之间。在斯塔沃洛西南大约3英里（约4.8千米）的三桥镇（Trois-Ponts），昂布莱沃河遇到了西面和西南面的高地，因此形成了两个很急的河湾，先向北绕过高地，然后再次向西转弯。就在河流向北转弯的地方，萨尔姆河向南汇入昂布莱沃河。在这一交汇点，N23公路首先通过一座桥梁到昂布莱沃河南岸，在500多码之后向右通过萨尔姆河上的一座桥梁。向萨尔姆河上游（南）前进1英里之后，又有一座萨尔姆河上的桥梁——这就是小镇名称的由来。按计划，派普将沿着N23公路经过这些渡口，然后继续向西开往斯塔沃洛以西40英里（约64.4千米）默兹河边的于伊。由于不知道这些重要的桥梁有没有被拆毁，他派出两支分遣队前往三桥镇。从斯塔沃洛起，第1装甲营第1、第2连和党卫军第2装甲掷弹兵团第10连沿昂布莱沃河北侧的N23公路推进。与此同时，第2装甲营第6、第7连穿过河流南侧的沼泽地前进，这里的路况远不如N23，实际上只有一些乡村小道。[111]

此时，美国第51战斗工兵营C连已经在三桥镇附近设置了一个路障。如果不是意外地得到增援，这支小部队可能不会有如此出色的表现，增援中有一门57毫米M1反坦克炮，以及前一晚第526装甲步兵营向马尔梅迪开进时掉队的2辆半履带车。此外，佩格林中校的第291战斗工兵营（归属"维京"营指挥）的一队工兵也抵达这里。这些工兵在三桥镇以南的桥梁上安装了炸药。

在主公路桥以西半英里，有一座连接昂布莱沃河南北岸的小木桥，反坦克炮就部署在这座弱不禁风的小桥正西面的道路中间。突然，美军士兵看到一辆坦克出现在东面几百码的转弯处。这是派普的装甲兵先遣支队（19或20辆"豹"式坦克），他们从一条曲折的狭窄道路向西开来，这条道路左侧是陡峭的河谷，右侧则是长满树木的山坡。一组勇敢的美国士兵将一串"菊花链雷"（绑在绳索上的反坦克地雷）拖到领头的131号"豹"式坦克前方的道路上。车长党卫队一级小队长埃里希·施特雷洛（Erich Strelow）命令停车，跳到地上将地雷踢到一边。

两名党卫军军官在推进途中研究地图，他们面露疲惫之色。（NARA, III -SC-341661）

但是，德军纵队刚刚重新开动，就听到一声巨响，施特雷洛的坦克猛然停下。美军反坦克炮射出的炮弹击中了它，损坏了一侧的履带。施特雷洛很快用一发高爆弹还以颜色，摧毁了反坦克炮，车上的航向机枪也向美军阵地猛烈射击。来自第526装甲步兵营的小股美军指挥员罗伯特·N. 朱厄特（Robert N. Jewett）上尉从他的视角描述了这场战斗：

> 大约12时30分，第一辆坦克逼近我们，两名士兵将一串地雷拖到坦克前方以阻止它。虽然看见了8辆坦克，但战士们毫不惊慌，操纵57毫米反坦克炮打击领头的坦克（可能还有第二辆），使之无法行动。德军的炮弹直接命中这门反坦克炮，炮手阵亡。其余士兵逃离。[112]

突然之间，美军士兵听到身后传来可怕的爆炸声，三桥镇以南的公铁大桥被炸毁，坠入河中。美军工兵们已经在最后一刻完成了他们的任务。

尽管该地区没有任何合适的道路，派普还是重新部署了对昂布莱沃河南侧的进攻，可是，他手下的一队四号坦克靠近三桥镇最南端横跨萨尔姆河的桥梁时，美国第51战斗工兵营的吉恩·米勒（Jean Miller）中士按下了起爆器——这座桥梁也被炸毁了。[113]

河水并不深，派普的士兵可以涉水而过，但是他们的车辆无法通行[114]，河岸太陡峭了。派普的先遣支队没有配备由车辆牵引的架桥装备，"泽普"·迪特里希的党卫军集团军有大量此类装备，这一事实不同寻常。派普战后说过："如果我们完好地夺取三桥镇的桥梁，又有足够的燃油，那么在当天早些时候开往默兹河就易如反掌了。"[115]

由于三桥镇的渡口被封锁，派普决定继续沿昂布莱沃河前行到下一座河上的重要桥梁。该桥位于距三桥镇第一个河湾约5英里处。德军有可能从那里继续向西南推进，再行军10英里（约合16千米）后，在列讷河上的阿比蒙（Hâbièmont）返回N23公路。派普做出这个决定，但是仍然没有任何油罐车能通过拥塞的道路，从东面25英里（约40千米）处的补给基地开来。派普的坦克中，最先因为燃油耗尽而无法动弹的是从昂布莱沃河南岸开往三桥镇的22辆四号坦克。

12月18日下午1时，派普的先遣支队抵达三桥镇昂布莱沃河湾西北4英里的拉格莱兹，坦克纵队隆隆穿过村庄里的街道，经过山上一座教堂的小广场，从一条小路开出村子。这条小路上有一段很长的下坡道，通往西南几英里外的昂布莱沃河。德军开出河流上方大约400码（约合366米）的树林时，时间已经是将近下午1时30分，党卫队三级突击队中队长汉斯·亨内克注意到，河上的石桥完好无损。接着，派普战斗群的第一批坦克快速越过昂布莱沃河，他们继续向前，开进了舍纳村（Cheneux），一辆毫无防备的美军吉普车被德军机枪撕成了碎片。

但是，美军的反击比党卫军士兵预想的快。德军还在三桥镇时，一架美国陆军的派珀L-4"小熊"炮兵观测飞机就注意到了他们的纵队，飞行员悄悄地在他们前往拉格莱兹时尾随，同时用无线电将看到的情景发给地面站。这一情报传到美国第19战术航空兵司令部指挥官"皮特"·奎萨达准将手里。他联系第67战术侦察大队，派出2架F-6("野马"单发战斗机的侦察型)。但这2架飞机的飞行员理查德·H.卡萨迪(Richard H. Cassady)上尉和亚伯拉罕·贾菲(Abraham Jaffe)少尉于13时15分在斯塔沃洛发现德军时，4架战斗轰炸机已经朝拉格莱兹西南的派普战斗群先遣支队飞去。

　　就在奎萨达打电话给侦察部队时，第19战术航空兵司令部的作训主任吉尔伯特·L.迈耶斯(Gilbert L. Meyers)上校已经致电第365"地狱之鹰"战斗机大队指挥官雷伊·J.迈耶(Ray J. Meyer)上校，通知他德军已取得突破，除非迈耶的飞行员干预，"否则那些杂种很快就会抵达列日……现在，他们和英吉利海峡之间只有一些后勤部队、厨子和面包师！"13时05分，乔治·R.布鲁金(George R. Brooking)少校、小詹姆斯·G.韦尔斯(James G. Wells, Jr.)上尉、罗伯特·C.托曼(Robert C. Thoman)中尉和罗伊·W.普赖斯(Roy W. Price)中尉驾驶着他们的"雷电"战斗轰炸机从布鲁塞尔西南方的谢夫尔基地起飞，穿过浓雾飞往指定地区。其他四机编队将以20分钟的间隔起飞跟随。"雷电"飞行员发现目标区域覆盖着浓厚的云层，几乎延伸到地面。布鲁金决定尝试穿过云层，俯冲到"未知的困境"里。他绰号为"命运之手"(The Fickle Finger)的"雷电"飞机穿出云层，低空掠过昂布莱沃河时，立即发现了德军车辆。双方都十分吃惊，以至于没有人开火。[116]但是布鲁金呼叫他的战友，很快，这些"雷电"就呼啸着扑向德军纵队，用机枪扫射，这时是13时35分。

　　韦尔斯上尉在8辆坦克的队形中间扔下了他的2枚500磅炸弹，致使131号"豹"式坦克起火，火势十分猛烈，以至于扭力杆悬架过热损坏，这辆坦克不得不放弃。[117]接着，布鲁金少校呼叫第9战术航空兵司令部指挥官，要求他派来更多战斗轰炸机。布鲁金说："他们到这里时，让他们呼叫我，我将引导他们找到目标，目标太多了！"[118]

　　很快，又有多架战斗轰炸机出现了，它们来自不同的部队——首先是第365战斗机大队，然后是第368战斗机大队，接着，第366和第404战斗机大队的飞机也到了。[119]派普的纵队共遭到34架美国"雷电"战斗机攻击。此外，2架英国第2战术航空队装备火箭弹的"台风"战斗轰炸机应该也参加了空袭。[120]

　　盟军飞行员们不顾恶劣天气和德军防空炮火，将空袭一直持续到下午4

美国第365"地狱之鹰"战斗机大队的一架"雷电"战斗轰炸机机翼挂载的500磅高爆炸弹上刻着讽刺性的文字。1944年12月18日下午，正是第365战斗机大队投下的这些炸弹，在舍纳迟滞了派普战斗群的行动。（艾伦·蒙特，唐·巴恩斯）

时10分，此时将近黄昏，战场上的浓烟使空袭无法继续下去。美军飞行员尼尔·E. 沃利（Neal E. Worley）上尉说："对'地狱之鹰'来说，这是最惊险恐怖的一天。整个比利时都在下雪，90%的地区都覆盖着低云层，云高只有250—350英尺（约76—107米）。浓雾天气中，中队规模的作战任务是不可能完成的。我们不得不单机飞行……我告诉僚机和僚机组靠近。穿出云层时，我们飞得很低，我都能从机翼上看到一只大乌鸦站在树梢上。"[121]

"约亨"·派普一头扎进一座碉堡，里面全是泥水，这成了下属们消遣的话题。但并不是每个人都被战斗轰炸机吓住了。沃利上尉回忆道："第一次俯冲时，我看到了自己见过的最高大的党卫军士兵，他身穿黑色军服，站在那里用手枪向我射击。"[122]

"雷电"战斗轰炸机飞行员沃利说："我们离开时，许多半履带车和卡车起火燃烧，浓烟升到大约3000英尺的高空。"[123]乔治·R.布鲁金少校凭借对派普纵队的攻击而获得银星勋章。

美国飞行员大大高估了自己的成功，这是空袭地面目标时特有的现象：他们报告说摧毁32辆装甲车辆和56辆卡车。[124]虽然德军的真实损失还有争议，但明显只有美军数据的很小一部分——1至3辆坦克，4或5辆装甲车，40名士兵受伤[①]。德军损失相当有限，这主要归功于两辆各配备一套四联装20毫米机炮的防空坦克，据党卫队三级小队副卡尔·沃特曼说，它们"提供了全面的防空火力，使飞行员们犹豫畏缩，从而阻止他们实施精确打击。从8个炮管中射出的炮弹数量十分惊人，爆炸产生的烟云就可以证明这一点。遭到飞机反复攻击时，炮手们脸上大汗淋漓，心中可能充满着恐惧。坦克的炮塔快速地左右旋转，一次又一次地击退敌机。有些坦克手也从枪架上拆下机枪，向不肯放弃攻击的敌机射击"[125]。

但是，这些空袭的最大效果是延迟德军的推进；如果没有它们，派普可能已在阿比蒙夺取了列讷河上完好无损的桥梁。派普本人这样描述发生的情况：

> 天气放晴，美军的战斗轰炸机出现时，我们就走了霉运。我们损失了2—3辆坦克和5辆装甲半履带车。坦克被炸毁在狭窄的道路上，我们无法绕过它们，这造成了更大的延迟。1944年12月18日18时许，我们走上旧的路线，向阿比蒙附近推进，并开始渡过列讷河。就在我们要开始渡河时，这座桥也被炸毁了。[126]

来自美国第291战斗工兵营的一小队士兵在最后一刻炸掉了这座桥。根据一则流行的说法，派普跪在地上，沮丧地用拳头击打着膝盖（或将他的军帽扔在地上）咒骂道："该死的工兵！该死的工兵！"

---

① 原注：根据派普的说法，在美军空袭中有2辆"豹"式、1辆四号坦克和5辆其他装甲车辆被摧毁。（约阿希姆·派普，《约阿希姆·派普上校访谈：党卫军第1装甲团（1944年12月11日—24日）》，P.20。）据拉尔夫·蒂曼的部队战史，德军损失3辆"豹"式和5辆其他装甲车辆。（蒂曼，《警卫旗队师，第4卷，第2册》P.85。）经过研究，哈斯勒等人组成的团队得出的结论是，损失的装甲车辆共计4辆，只有1辆"豹"式，另外还有1—2辆其他坦克暂时失去战斗力。（蒂姆·哈斯勒、罗迪·麦克杜格尔、西蒙·博斯特斯和汉斯·韦伯，《迷雾中的决斗：阿登战役中的警卫旗队师，第2卷》，P.113。）

列讷河从列讷的山上流下，向北流淌约10英里（约16千米）后，在拉格莱兹以西4英里的塔尼翁（Târgnôn）汇入昂布莱沃河。不管桥梁是否拆毁，这条小溪都不足以给派普战斗群形成严重的阻碍。虽然近期的降雨使水流变得相当湍急，但是阿比蒙的河道并不深，可以涉水而过，溪流的宽度也只有几十码。而且，河岸相当低，没有显著的高程变化。只需要几个小时，就可以用被毁桥梁上的石材和溪东云杉林里的木材搭建一座临时的桥梁。实际上，次日派普的军队撤退之后，美军就迅速地搭建了两条临时桥梁，从该地区渡过列讷河。[127]

派普派遣2个连的装甲运兵车沿小溪向下游寻找另一座适合坦克通过的桥梁。在北面约1000码（约914米）的福尔日（Forges），党卫军第2装甲掷弹兵团第11连的2辆装甲运兵车车组发现了一座跨越小溪的桥梁。[128]这座桥梁确实足够坚固，可以承载坦克，但是过于狭窄。不过，德军可以乘坐汉诺马格（SdKfz251）装甲运兵车渡河。由于没有看到任何美军的踪影，几辆装甲运兵车通过这座桥后，继续沿小溪西岸南行。其中一辆装甲车被地雷炸毁，其他车辆仍继续前行。可是，德军在黑暗中错过了N23公路，最终抵达阿比蒙被毁桥梁以南近2英里的特鲁德布拉（Trous de Bra）。他们在那里通过无线电接收到一条命令：返回大部队。[129]

第二支侦察队——来自党卫队二级突击队中队长格奥尔格·普罗伊斯（Georg Preuss）的党卫军第2装甲掷弹兵团第10连——在福尔日往下游再走1英里的拉耶尔磨坊发现并通过了一座桥。这座桥对坦克来说太脆弱，但普罗伊斯的5辆装甲侦察车轻松地渡过了河，向南开进。

派普的装甲纵队从东面逼近列讷时，美国第30步兵师119步兵团第2营以及第823坦克歼击营A连的4辆M10坦克歼击车正在南行，前往列讷河对岸的阿比蒙地区。派普的一辆"虎王"坦克从被毁桥梁上方的道路炮击阿比蒙时，美军离那里还有一段距离。但是在舍夫龙（Chevron）以南，福尔日桥梁旁边的森林道路上，爱德华·阿恩（Edward Arn）中尉率领的F连在2辆M10的支援下伏击了党卫队二级突击队中队长普罗伊斯的侦察队。

一辆M10击中领头的德国装甲运兵车，使其起火。第二辆装甲车试图在狭窄的路上转弯时被击中。第三辆装甲车很快被士兵们放弃，最后面的两辆则

1944年12月18日，乔治·布鲁金少校就是驾驶这架P-47"雷电"战斗轰炸机发现舍纳的党卫军派普战斗群的。这架基本没有上漆的飞机战术呼叫号码为"D5:F"。（罗伯特·布鲁金，唐·巴恩斯）

被"巴祖卡"火箭筒摧毁。这一伏击使德军损失了15名装甲掷弹兵。不久以后，美军还将福尔日的桥梁炸毁。这次交战很可能影响了派普在12月18日晚上的决策，他没有尝试修建一座渡过列讷河的临时桥梁，而是将他的作战力量撤向北面。如果那座桥梁完好无损，他本可能发起坦克突击消灭美军。战后，这里建起一座纪念碑以纪念美国工兵。

　　不过，当天从斯塔沃洛传来的坏消息也可能促使派普决定将军队从列讷河召回。昂布莱沃河上的两座桥梁是派普战斗群回归党卫军第6装甲集团军余部的生命线，其中最近的一座在三桥镇正东的小斯佩（Petit Spay）。但这是一座脆弱的木桥，无法承载坦克。因此，派普战斗群必须完全依赖坚固的斯塔沃洛石桥。可是根据命令，派普只能在该镇留下很少的军队，而第3伞兵师主力陷入与美国第5军所派援兵的战斗中，后者已经快速赶往派普身后的斯塔沃洛以东地区。

党卫军桑迪希战斗群本应紧随派普的军队。党卫队一级突击队大队长鲁道夫·桑迪希率领的这个战斗群由党卫军第2装甲掷弹兵团（欠第3营）、一个炮兵营和党卫军第1装甲师的大部分防空及工兵部队组成。但由于窄小且车辙不断增加的道路上出现交通堵塞，桑迪希的军队直到12月18日才离开"西墙"上的出发位置，美军第117步兵团发动反冲击重夺斯塔沃洛时，他们还没有抵达这座重要的小镇。

12月18日，第117步兵团第1营在第823坦克歼击营的3辆坦克歼击车、第743坦克营的3辆"谢尔曼"坦克，以及抵达斯塔沃洛外围的第118野战炮兵营（这是最为重要的因素）的支援下，立即发动一次反冲击。很快，美军就占领了镇上的多个街区。战斗中，由6辆四号坦克和4辆"虎王"坦克组成的一个纵队出现在公路转弯处，这些坦克属于党卫队二级突击队中队长于尔根·韦塞尔（Jurgen Wessel）的党卫军第501重装甲营第1连。坦克手们没有得到关于这场战斗的通知，还遭遇了"雷电"战斗轰炸机的猛烈空袭。第526装甲步兵营A连的二等兵李·加洛韦（Lee Galloway）完成了几乎不可能的任务——用"巴祖卡"火箭筒使一辆"虎王"坦克退出战斗。他从正面击中党卫队二级突击队中队长韦塞尔的105号"虎王"坦克，导致韦塞尔命令驾驶员倒车。驾驶员开足马力后退，正好撞上一座三层的楼房，倒塌的房子使这辆巨大的坦克陷在瓦砾堆中。

12月18日黄昏，德军企图夺回斯塔沃洛的失地，但是美军在炮兵的有力支持下打退了他们。此时，第117步兵团第2营也已经抵达，斯塔沃洛——派普与后方的主要联系——已经变成了一个战场。派普发现自己既要向西进攻，又要在东面进行防御作战以打破美军对斯塔沃洛的封锁，与此同时，他的燃油还在一点点地耗尽。因此，他停止行动而非渡过列讷河赶往默兹河畔的于伊，也就不足为奇了；他没有足够的兵力一边守住拉格莱兹的桥头堡，一边渡过西南方向的列讷河继续进攻。在这种情况下，最合理的选择是将军队集中在拉格莱兹，避免那里出现与斯塔沃洛相同的情况。

但是，派普还决定尝试在昂布莱沃河上建立一座新的桥头堡。拉格莱兹以西仅3英里（约4.8千米）的地方有另一座桥梁，可以从列讷河西岸渡过昂布莱沃河。如果德军能够保证那个渡口的安全，在新的燃油送抵后，他们就可以立刻沿着这条路向南，在6英里（约9.7千米）之外的阿比蒙开上N23公路。在通往这座桥梁的路上，美军在拉格莱兹以西2英里的斯图蒙村（Stoumont）集中了一些军队。最初，德军试图在12月19日夜里借助夜色和浓雾展开奇袭，可是一辆装甲运兵车轧上了地雷爆炸起火，惊动了美军。[130] 美军的密集火力有效地阻挡了德军数小时。

小村斯图蒙坐落于一座山上，山的南面是昂布莱沃河谷。如果要从拉格莱兹到达那里，德军就必须走很长一段上坡路，路右侧的地面向上升高，左侧则是陡坡。在斯图蒙之前的最后500码（约457米），这条路经过开阔地，进攻者不可能悄悄靠近敌人。而且，斯图蒙的防御力量相当强——美国第30步兵师第119步兵团第3营得到第823坦克歼击营A连、第743坦克营的10辆"谢尔曼"以及第143高射炮营C连的支援。[131]

德军最终恢复进攻时，他们的坦克以一列纵队在公路上开进。就在他们经过最后一个转弯，通过斯图蒙外围的第一片房屋时，领头的"豹"式坦克被一门90毫米M1高射炮击中。命中的6发炮弹使这辆"豹"式坦克起火燃烧，德军的进攻陷于停滞。据"约亨"·派普后来说，突击力量的指挥员、党卫队二级突击队大队长维尔纳·波奇克（Werner Potschke）是一名曾因东线战功而得到骑士铁十字勋章的老兵，他果断地采取措施，站在领头的坦克面前高喊"继续前进！（Fahren！）"，同时向这辆坦克发射了一枚"铁拳"。不管这个故事是真是假，德军全速冲入斯图蒙，瓦解了美军的防御。这些情景都被两名德国"随军"战地摄影师记录下来，他们拍摄的影片成为阿登攻势档案的重要组成部分。

没能及时突围的284名美军士兵投降了。此外，德军还缴获了第823坦克歼击营的8门反坦克炮、2门90毫米高射炮和3门57毫米反坦克炮。[132] 不过，10辆"谢尔曼"坦克逃脱了。

美军在混乱中向西逃走时，德军的5辆"豹"式随后追击，并很快得到更多坦克和士兵的增援。德军沿N33公路穿过斯图蒙西北方的落叶林，又很快通过前方1.5英里的塔尼翁村，一路平安无事。但与此同时，第119步兵团团长爱德华·M.萨瑟兰（Edward M. Sutherland）上校设法阻止了美军的溃退。在该团第1营和第740坦克营各一个连，以及另一个高射炮营一门90毫米炮的增援

1944年12月18日的斯塔沃洛之战中，一具"巴祖卡"火箭筒使一辆"虎王"失去了战斗力。这发生在党卫军第501重装甲营第1连的4辆"虎王"坦克行进于斯塔沃洛镇内昂布莱沃河北岸狭窄、陡峭的上里瓦奇街时，美国第526装甲步兵营A连二等兵李·加洛韦击中领头的105号坦克正面。炮弹并没有穿透坦克将近6英寸（约152毫米）厚的40度斜角装甲，但是爆炸声迫使车长、党卫队二级突击队中队长于尔根·韦塞尔命令驾驶员倒车。然后，坦克直接撞进一座三层建筑物，倒塌的房子压在坦克上，最后德军不得不放弃这辆坦克。然而，值得注意的是，第825坦克歼击营声称是该营的坦克歼击车开炮命中，才使这辆"虎王"开进房子里（《第825坦克歼击营掌掴报告: 附录B》，1944年12月17日—31日）。（NARA，111-SC-198341）

下，这些军队在塔尼翁正西的斯图蒙火车站建立了一座防御阵地。[133]而且，第823坦克歼击营A连补充了4门M5 3英寸（76.2毫米）反坦克炮和2门之前缴获的德国75毫米PaK 40反坦克炮[1]。领头的222号"豹"式坦克〔车长为党卫队三级小队长瓦尔特·罗彼得（Walter Ropeter）〕被90毫米炮击中起火，下一辆"豹"

---

[1] 原注: 迈耶等人的著作（《薄雾中的决斗: 阿登攻势期间的"警卫旗队"师》第1卷，P.132）记载，第823坦克歼击营A连接收了4辆M10坦克歼击车，但是该营的行动报告（《第823坦克歼击营行动报告第7号，1944年12月1日—12月31日》）提到"4门3英寸火炮、半履带车及必要装备，以及2门德国75毫米炮"。

式坦克试图绕过燃烧的残骸，但也被美军的数发炮弹击中而严重损坏。此后，美军又迅速地连续摧毁了211号、215号和232号"豹"式坦克，以及多辆其他作战车辆。德军的攻击彻底破产，战场上浓烟滚滚，此时美军又动用了他们的炮兵。德军无力招架，仓皇逃回斯图蒙。这样，党卫军派普战斗群的进攻已经完全停滞。

这场战斗一直持续到12月19日下午，激战正酣之时，派普收到更多来自斯塔沃洛的坏消息。党卫军桑迪希战斗群的第一批部队12月19日抵达战场后，立刻向斯塔沃洛发动进攻，这一行动操之过急。当时年仅19岁的党卫队三级突击队中队长弗里德里希·普法伊费尔（Friedrich Pfeifer）参加了这场不幸的进攻，他回忆道："我们中有一半在到达桥的北边时被炮火撕得粉碎。"斯塔沃洛北侧现在在美军手中。

12月19日下午，党卫队克尼特尔战斗群的两个连加入派普的军队，从西面的昂布莱沃河北岸进攻斯塔沃洛，他们也遭遇了相同的命运。美国第118野战炮兵营的105毫米榴弹炮从斯塔沃洛北面和东北面高地上的阵地向发动进攻的敌军发射了至少3000发炮弹。[134]而且，根据派普得到的报告，美国士兵在作战中远比之前更加坚定。[135]派普认为，这是因为第30步兵师总体上强于他遇到的其他部队。情况可能确实如此，但是党卫军自己对助长美军斗志所起的作用也不可谓小。博涅屠杀的消息已经传开。此外，重夺斯塔沃洛的美军看到了可怕的景象。小镇上到处都是平民的尸体，显然这些人都是被德军残酷杀害的。美军下定决心，再也不能将斯塔沃洛的居民交给那些杀人狂。12月19日，克尼特尔战斗群试图重夺斯塔沃洛时，美国守军给进攻者造成了300余人的伤亡，超过克尼特尔原有兵力的1/3，后者很快不得不取消进攻。[136]

拉格莱兹的德军形势越来越危急，派普当前的重中之重是得到燃油。为此，12月19日，他终于向北面派出巡逻队，试图夺取已知的两座油料库。但是这两处的美军都已经做好了充分准备。击退德军的进攻后，他们撤走了这些油料。[137]

12月19日晚，美国炮兵在用炮弹和烟幕弹打击昂布莱沃河南岸德军阵地的同时，斯塔沃洛（此时已成无人区）的桥梁也被美国工兵炸毁。

斯塔沃洛大屠杀

在德军占领斯塔沃洛的战斗中，大约有30名居民死亡。但德军占领这座小镇之后，他们认为平民站在美军一边参与了战斗，故对其实施残酷报复。据彼得·斯赫雷弗斯描述，战斗还在进行时，党卫军士兵"没有任何明确的理由"就射杀2名妇女和1名男子。此后不久，9位居民被指控向德军开枪，并在其家里的围墙前被处决。[1]最可怕的一次屠杀发生在勒加耶一家屋外的花园里，党卫军士兵将26名平民围拢在一起，然后向他们开枪，仅有3人幸免于死。沿路向西缓慢推进期间，德军继续屠杀平民。在斯塔沃洛以西的勒纳德蒙镇（Renardmont），党卫军士兵强迫21名平民进入一间洗衣房，然后向人群开枪射击，其中只有8人带伤逃脱。[2]

美国战地记者吉恩·马丁在斯塔沃洛勒加耶家的屠杀现场。（沃伦·沃森）

有关1944年12月18日—19日斯塔沃洛周围的受害者数量，存在不同的数据。据美军战后与红十字会合作进行的调查，斯塔沃洛和邻近村庄有93名平民被杀害，三桥镇有10人被杀害。[3]而根据斯赫雷弗斯的说法，斯塔沃洛被处决的平民有130人。[4]斯塔沃洛纪念匾额上则称1944年12月，党卫军杀死了164名男女老幼。

注释：

1. 斯赫雷弗斯，《不为人知的死者》，P.42。
2. 同上，P.47。
3. 国家档案与记录管理局，《军事委员会马尔梅迪大屠杀调查报告》P.2：1949年10月13日，美国参议院第81届第一次会议，根据第42号决议，对1944年12月突出部之战中军队在比利时马尔梅迪附近的行为所做的调查，旨在查明对美军士兵遭屠杀负有责任的人员进行审讯的相关问题；魏因加特纳，《死亡十字路口：马尔梅迪大屠杀及审判的故事》，P.248。
4. 斯赫雷弗斯，《不为人知的死者》，P.48。

比特亨巴赫酒庄之战

在当前的形势下，党卫队全国领袖"泽普"·迪特里希决定将攻势的重点转移向东北方，以便通过斯塔沃洛东北3英里（约4.8千米）处的马尔梅迪重新与派普取得联系。但是党卫军第6装甲集团军并没有集中全部力量进攻马尔梅迪，而是分兵多路。12月18日夜里，在曼德费尔德的一次会议上，迪特里希命令党卫队一级突击队大队长奥托·斯科兹尼率领他袖珍的党卫军第150装甲旅从南面进攻马尔梅迪。这种想法来自斯科兹尼本人，他认为马尔梅迪几乎毫无防备，因而可以由他的手下伪装成一队美国坦克歼击车，寻机发动奇袭。而实力明显更强的党卫军第12"希特勒青年团"装甲师已经从"双子村"罗赫拉特－克林克尔特向比朗日重新集结，可从那里向马尔梅迪更东面6英里（约9.7千米）的地方进攻。

此举乃是错上加错。12月19日"希特勒青年团"师被部署用于解救党卫军派普战斗群时，从比朗日到比特亨巴赫的N32公路已经不再是一片坦途。德军前面有两个重大障碍——比特亨巴赫酒庄和比朗日西北面树木茂盛的施瓦岑比歇尔山（Schwarzenbüchel）。

比特亨巴赫酒庄在比朗日以西不到1英里的N32公路（如今为N632公路）北面，处于东面的比朗日和西北1.5英里的比特亨巴赫之间。这个农庄的北侧有一道小山脊。农庄以南N32公路的另一边有很大一片开阔地，被从对角线方向一直延伸到公路边的树篱及灌木丛一分为二。在这片旷野另一端约1000码（约914米）的地方，是一片被称作比特亨巴赫牧场（Bütgenbacher Heck）的密林。派普战斗群于12月17日抵达时，美军在这里有一个急救站。但是，两天以后的此刻，这个急救站已经撤离。12月17日拂晓派普战斗群由此驶过半个小时后，美国第1步兵师第26步兵团、第634坦克歼击营和第745坦克营各部抵达这里，在比特亨巴赫酒庄和施瓦岑比歇尔山建立了阻击阵地。对于这么小的区域来说，这已经是一支可观的力量了。此外，由于德军的进攻零敲碎打，守住防御阵地的任务也更轻松了。

党卫军第12"希特勒青年团"装甲师于12月19日夜间开始进攻时，党卫队二级突击队大队长于尔根森所率领的装甲团大部还没有从罗赫拉特赶到这里。可用军队——第560重型坦克歼击营、党卫军第26装甲掷弹兵团的2个营、党

斯塔沃洛巷战中的第30步兵师第117步兵团的美国士兵。左侧的士兵是一等兵詹姆斯·A.因萨拉科（James A.Insalaco），他旁边的是约瑟夫·A.马蒂尼（Joseph A.Martini）中士，马蒂尼的M1"加兰德"步枪上安装了M7榴弹发射器，携带一枚22毫米榴弹。M7可以将榴弹发射到350英尺（约107米）之外。第三名战士身份不明，但他们都属于B连第1排。（沃伦·沃森）

卫军第12装甲团团部和1个炮兵营匆忙投入进攻 [1]。对施瓦岑比歇尔山的进攻在斜坡上就被击退了。

在西南方向，党卫军第26装甲掷弹兵团的200—300名士兵以及12辆四号70型坦克歼击车进攻比特亨巴赫酒庄。[138]夜色之中，坦克歼击车费力地在湿软的泥沼中爬行，开往西北方的农场。四号70型坦克歼击车很适合趁敌人不备悄悄靠近，它的高度仅为6英尺1英寸〔约1.86米，相比之下，美国坦克歼击车高度为8英尺4英寸（约2.54米），"豹"式坦克为9英尺10英寸（约3米）〕，尽管有夜色和浓雾掩护，德军仍然无法在比特亨巴赫酒庄利用这一优势。德军车辆经过沼泽地时，多辆四号70型坦克歼击车陷入困境。由于使用的是纯度不足

---

[1] 原注：根据某些报道，德军12月19日清早就已经用12辆四号70型坦克歼击车发动了第一次大规模进攻。但是德国方面的报告不支持这一说法，据美国第26步兵团的行动报告，12月19日2时25分德军发动的一次进攻只不过动用了"20辆运送步兵的卡车和一些坦克"，这可能只是动用党卫军第26装甲掷弹兵团装甲车辆进行的一次侦察行动，该团于12月18日晚上抵达比朗日。胡贝特·迈尔的党卫军第12装甲师战史（第289页起）支持这一说法。也可参见雷诺兹的著作（第90页起）。

的合成燃油，迈巴赫重型发动机在加速时发出的巨响惊动了美军，很快，照明弹划破旷野上的夜空。[139]美军用机枪、迫击炮和反坦克炮，从公路另一侧的小山顶向德军猛烈开火，他们还为炮兵提供了出色的火力观察。

5辆四号70型坦克歼击车费尽九牛二虎之力向美军阵地开去，但是其中2辆被"巴祖卡"摧毁，其他车组发现支援的步兵在田野中停止前进后，也相继后撤。白天冒险进入进攻区域的美军巡逻队发现了100名阵亡的德军士兵和3辆被摧毁的四号70型坦克歼击车。[140]

虽然这里的地形明显易守难攻，但12月21日拂晓，德军又一次发动了进攻——仍然从同一个方向。此时，党卫军第12装甲团的坦克抵达，也投入进攻。德国第12国民掷弹兵师各部也加入了进来。

美国炮兵用真正强大的火力来抵御这次进攻。8小时内，3个步兵师（第1、第2和第99）的炮兵发射了1万多发炮弹，打击在比特亨巴赫以南开阔地上毫

美国第745坦克营和第1步兵师第26步兵团、第634坦克歼击营的M10坦克歼击车一起，在比特亨巴赫酒庄之战中起到了关键作用。战斗开始时，这个坦克营有66辆"谢尔曼"坦克，其中10辆装备新型76毫米炮，此外还有18辆"斯图尔特"。几天之后，虽然损失了其中22辆"谢尔曼"，但是美军守住了阵地，党卫军第12装甲师至少暂时失去了战斗力。（NARA，SC198343）

无掩护地推进的德军。[141]一名德军车长——党卫军二级小队长威利·克雷奇马尔（Willy Kretzschmar）回忆道：

> 我们坦克的右侧主动链轮被炸掉了一半，履带滚落了下来，无法动弹。大约150米外的一排树木和树篱仍然被美军步兵占据。我们利用炮塔、车身上的机枪以及高爆弹暂时压制了他们。由于炮火密集，我们在2个小时里都只能"装死"。先前被白雪覆盖的草地已经变成黑色。趁着炮火间歇，我跑向最近的四号坦克，试图请求对方将我的坦克拖到后方。可是很遗憾，那辆坦克已经被摧毁。其他四号坦克和自行火炮也遇到了相同的命运，大部分都被火炮和重型迫击炮击毁。[142]

另一名车长——党卫队二级小队长卡尔·霍兰德（Karl Hollander）回忆道："我们的履带被击中，无法行动。我命令车组跳车，我们沿着坦克在松软路面上形成的车辙匍匐后撤。在那里，我的右臂为手榴弹破片所伤。很快，我们的坦克又被炮弹击中起火。"[143]

第26步兵团第2营营长德里尔·M.丹尼尔（Derrill M. Daniel）中校后来说："炮兵表现得很棒。我不知道他们从哪儿弄来那么多弹药，也不知道他们什么时候才有时间清理火炮，但是如果没有他们，我们就不会留在这里了。"

在那个阶段，比特亨巴赫酒庄以南的田野就像一个屠宰场，数百名阵亡德军士兵的尸体散落在数十辆被摧毁的坦克、坦克歼击车和装甲运兵车之间，其中许多已经成了肉泥，无法辨认。但是，党卫军指挥官们并没有放弃，12月22日拂晓又发动了第三次类似的进攻，这一次派出了党卫队二级突击队大队长于尔根森的党卫军第12装甲团剩余的全部坦克。德军再次穿越比特亨巴赫酒庄以南的田野发动进攻，他们以5辆"豹"式坦克为先导，紧跟其后的是于尔根森装甲团的第5连和第6连的四号坦克，以及第560重型坦克歼击营的"猎豹"坦克歼击车，最后是乘坐装甲运兵车的步兵。[144]

在德军开到离农庄主建筑约150码（约137米）之前，一切都很顺利。党卫军第12装甲团的一份战斗报告描述了接下来的情景："三级突击队中队长席滕黑尔姆刚刚到达树篱旁边，他的坦克后面就喷出大火。坦克笼罩在浓厚的黑烟中，两名士兵跳了出来。希尔斯上尉下令进入阵地。他站在坦克的炮塔舱门，研究地图确定方向。然后，他发射了一枚照明弹，标出最后的进攻方向。照明弹在村庄上空一闪而过。此时，我们等待着'前进，前进！（ Marsch, marsch! ）'的进攻命令。但是什么也没有发生。我从炮塔舱门探出头来，只看到希尔斯上尉的坦克正在燃烧！……突然间，美国炮兵开火了，炮火之猛烈完全无法形容。整个田野被撕成碎片，许多坦克被炮弹直接命中。" [145]

金特·布尔达克（ Günther Burdack ）继续说道："越来越猛烈的坦克和反坦克炮火导致我们的坦克损失不断增加，而毫无防护的装甲掷弹兵们就像盘中的菜肴。庄园前面大约100码，森林小道的左侧，二级突击队大队长于尔根森的指挥坦克被摧毁，它立刻燃起大火……被摧毁的'豹'式坦克和森林小路中的沟渠为我们提供了掩护，躲避敌军越来越强的火力，但继续后撤是不可能的。我们的每一步行动都吸引了敌军的迫击炮火力，他们的反坦克炮甚至向想撤退或救援伤员的我方士兵开火。在夜色的掩护下，第9连的残部才得以带上所有伤员撤退。" [146]

撤退的伤员中包括党卫队二级突击队大队长阿诺尔德·于尔根森。他没能保住性命，于12月23日因伤重而死。与此同时，12月23日早上，党卫军第12装甲师还对比特亨巴赫酒庄发动了第四次突击。党卫队三级小队副布尔达克报告，这次进攻最初并没有遭到美军的破坏，他说，美军可能没有预料到德军在12月22日付出沉重代价之后还会接连发动新的进攻。[147] 事实确实如此！但美军炮兵很快再次开火，德军迅速穿过血迹斑斑的田野撤退。比特亨巴赫酒庄之战终于结束了。

事后，派往比特亨巴赫以南田野的美军巡逻队报告，他们看到的阵亡德军士兵的尸体"就像地上的草一样多"。据一个坟墓登记单位统计，一共有782具尸体。此外，美军声称摧毁了40辆坦克和坦克歼击车，己方伤亡250人。[148]

没有任何理由怀疑阵亡德国士兵的人数不多。12月16日—23日，党卫军第12装甲师伤亡568人，第12国民掷弹兵师伤亡753人。[149] 但是，美方的报告显然再次高估了德国装甲兵的损失。党卫军第12装甲师确实被严重削弱，但不可能像美方报告所说的那么严重。该师在比特亨巴赫酒庄损失的装甲车辆和坦克歼击车数量没有具体统计，但是可以从1944年12月的全部损失中扣除在

比特亨巴赫酒庄之战结束了。这辆美国第745坦克营的"谢尔曼"幸存了下来，而几码之外的德国四号坦克就没那么幸运了。（NARA，111-SC-198278）

"双子村"的损失，计算出可能的最大值。通过计算可知，党卫军第12装甲师在比特亨巴赫酒庄至多损失10辆"豹"式、7辆四号坦克和6辆四号70型坦克歼击车。[150]在全部损失中，还应该加上更多虽然当时失去了战斗力，但此后可以回收维修的作战车辆。例如，比特亨巴赫酒庄之战后，党卫军第12装甲团第1营第3连已经没有可以作战的坦克了，而在12月16日时他们拥有20辆四号坦克。[151]（1944年12月，党卫军第12装甲师共计损失8辆四号坦克。）党卫军第12装甲师在比特亨巴赫酒庄的损失甚至远大于在"双子村"的。

一门美国3英寸（76.2毫米）M5 L/50反坦克炮占据阵地，阻止德军前进。（NARA，SC 198389）

斯科兹尼图谋奇袭马尔梅迪

美军在比特亨巴赫酒庄的胜利，决定了党卫军第6装甲集团军北部地段的结局。德军不仅未能取得突破，党卫军第12装甲师在接下来的关键阶段中也完全起不到作用，这使美军得以沿德军在阿登突破的整个北翼扩大防御战的胜利。这也注定了党卫军第6装甲集团军另外3支重要特遣队的命运：被切断的派普战斗群、冯·德·海特战斗群，以及在斯科兹尼率领下攻打马尔梅迪的党卫军第150装甲旅。

12月17日晚，由挪威裔美国士兵组成的汉森特遣队已经进入马尔梅迪的阵地，斯科兹尼集结军队准备进攻时，美国第30步兵师120步兵团、第740坦克营和第823坦克歼击营的2个排已经抵达，加强了汉森的防御阵地。在这个战场上，美军也得到了强大的炮兵支援，包括许多155毫米"长汤姆"榴弹炮。

斯科兹尼的部队于12月21日凌晨开始进攻马尔梅迪，他们分成两个纵队。其中一个称为"Y"战斗群，有120名士兵，于凌晨3时离开马尔梅迪以南5英里（约8千米）的利尼厄维尔。他们乘坐3辆吉普车、1辆半履带车、1辆美制M8

一辆德国四号70型(SdKfz 162/1)坦克歼击车。这是四号坦克歼击车的发展型,于1944年8月投产。这种装甲车辆配备一门StuK 42 L/70反坦克炮和70毫米厚、45度斜角正面装甲,在火力和装甲上都强于之前的型号。不过,这两种坦克歼击车都是以四号坦克的底盘为基础制造的。(NARA, Ⅲ-SC-341654)

装甲车和1辆"谢尔曼"。Y战斗群指挥官瓦尔特·舍夫(Walter Scherf)上尉描述了当时的情况:"在前进的方向上,道路的左侧是陡坡,右侧则是急剧下沉、难以穿越的地形。此外,向博涅前进的道路上还要穿过长达1英里的密林。另一个障碍是积雪,在不同地形下有5—8英寸深(约15—24厘米)。根本不可能以任何形式的编队前进,特别是在漆黑一片的夜里。敌军的火力有增无减,尤其是在博涅以南大约1000码(约914米)转弯时……显然,美国人已经有所警觉。"[152] 德国人可能已经猜到,前一天派往马尔梅迪实施侦察任务未归的队伍已经被俘,透露了德军的计划。而情况也确实如此。

守军已经严阵以待。第99"维京"步兵营B连就守在Y战斗群北行的路上。马尔梅迪正东贝勒沃(Bellevue)的铁路路堤上,"维京"营部署了81毫米迫击炮。[153] 挪威裔美国战士们的右(西)侧,第120步兵团大部已经掘壕据守。

这些美军也保持着警觉,这要归功于第291战斗工兵营。德军进攻开始前几个小时,该营的士兵已经沿着德军可能使用的道路埋设了地雷,领头的德国作战车辆（一辆半履带车）引爆了地雷，在火光中被炸毁。

实际上，在阻击整个德国党卫军第6装甲集团军的战斗中，美军任何一个营的贡献都比不上第291战斗工兵营：12月17日，亨塞尔中士率领的十几名该营士兵迫使党卫军派普战斗群停在斯塔沃洛以南，18日，该营先炸毁了三桥镇的桥梁，然后又炸毁了阿比蒙的桥梁，从而决定性地阻止了派普的进攻，现在，它又在马尔梅迪阻击斯科兹尼的攻击。由于在这些紧要关头的杰出表现，第291战斗工兵营获得了总统部队嘉许奖，27岁的营长戴维·佩格林中校获得了比利时英勇十字勋章。

德军的半履带车起火之后，"维京"营的士兵听到了爆炸声，令他们十分惊讶的是，德军用英语喊叫道："缴枪不杀!（Surrender or die!）"。挪威裔美国士兵劳埃德·耶勒贝格中士回忆："他们的表现似乎说明，他们以为我们会逃走。我们则认为他们喝醉了，因为那些行为很傻，而且他们做出了愚蠢的决定——穿过一片开阔地。我们严阵以待，工兵们则用反坦克炮掩护天桥。我们损失了几名士兵，而德军有数十人阵亡。我们的迫击炮打光了81毫米炮弹，但是附近有一个德军的仓库，所以我们使用那里的80毫米炮弹。很幸运的是，这些炮弹没有引起炸膛。"[154]

此后，美国炮兵也加入战斗——整整6个炮兵营和2个高射炮营。绝密的POZIT空爆榴弹已经迅速送抵，用于马尔梅迪防御，这是它在战争中第二次使用。说得好听一些，这是"杀鸡用牛刀"。POZIT炮弹在空中引爆，向士兵们抛洒如剃刀般锋利的弹片时，这一小股德军完全崩溃了。致命的金属弹片将德国士兵撕碎，到处都是无法辨认的尸体。60—70名士兵死伤，其他人要么仓皇逃窜，要么举手投降。不过，有一名投降的德军士兵强打精神，傲慢地对捉住他的美军士兵说："你们永远不可能赢得战争，我们有很多秘密武器。"[155]显然，他并没有想到，是美军的秘密武器打败了他的部队，而德军在马尔梅迪没有这样的装备。耶勒贝格简洁地评论道："我们身后的炮兵给予了很多帮助。"[156]

斯科兹尼的主攻力量——阿德里安·冯·福尔克萨姆（Adrian von Folkersam）上尉率领的X战斗群——在吞没舍夫手下士兵的恐怖炮声中开始进攻。他们知道那只可能是美军的炮火，因为该地区没有任何德国炮兵。但是冯·福尔克萨姆仍然希望出其不意地攻击美军。他手下有2个步兵连和1个坦克连，拥有1辆"谢尔曼"坦克和该旅的4辆"豹"式坦克，后者装上金属板，重新漆上美军标志，让它看上去像M10坦克歼击车。他们走的是一条狭窄的小路，越过马尔梅迪以南的田野（在舍夫的部队西面大约1英里），通往马尔梅迪上方的村庄法利兹（Falize）。德军步兵于午夜抵达那里的阵地，美军对此浑然不知。但德军在早晨5时30分全速开下通往马尔梅迪的山坡时，发生了意料之外的事情。整片地区突然被照亮，如同白昼。美军工兵布设了一个绊发地雷和照明弹网络，这场盛大的烟火表演开始了。[157]

两辆"豹"式坦克开上了从法利兹蜿蜒向下直抵马尔梅迪的道路，但是没走多远，彼得·曼特（Peter Mandt）少尉指挥的第一辆坦克就引爆了一颗地雷，不得不放弃。另一辆"豹"式坦克退后。步兵和其他3辆坦克越过田野开往马尔梅迪南部。美国第120步兵团第3营K连士兵弗朗西斯·S.柯里（Francis S. Currey）中士为美军的胜利做出了很大的贡献，并因此得到美国最高军事奖项——荣誉勋章，以及比利时的最高奖项利奥波德勋章。他的荣誉勋章嘉奖令上写道:

> 1944年12月21日敌军发动强大攻势时，他是守卫比利时马尔梅迪附近某据点第3排的一名自动步枪手。德军坦克突破据点附近我方坦克歼击车和反坦克炮的防线，向第3排阵地推进，经过长时间的战斗，这群士兵不得不后撤到附近的一个工厂。柯里中士在这座建筑物里找到一具"巴祖卡"火箭筒，冒着敌军坦克和占据不远处房屋的敌军步兵的密集火力，穿过街道取得火箭弹。面对轻武器、机枪和火炮的攻击，他和一位战友一起，用一发火箭弹摧毁了一辆坦克。转移到另一个阵地后，他发现3名德军士兵在敌军占据的一所房屋门口。他用自己的自动步枪击毙、击伤这3名敌军，然后独自一人从隐蔽处向前逼近到距离房屋50码（约46米）以内，打算用火箭炸塌它。在战友们的火力掩护下，他站起身发射，炸塌了半面墙壁。在这一前沿阵地，他观察到5名美军被这所房屋里的火力和3辆坦克困住数小时之久。柯里中士意识到如果不消灭敌军的坦克和步兵的枪炮，这些战友就不可能逃脱，于是他越过街道靠近一辆军车，拿到了几发反坦克榴弹。他在敌军的猛烈火力之下发射了这些榴弹，迫使坦克手们从车里

躲进屋内。他又一次转移阵地，从已经死去的机枪手里接过另一挺机枪；在他的掩护下，5名士兵得以后撤到安全地带。敌军在坦克被摧毁且步兵伤亡惨重的情况下被迫撤退。凭借丰富的武器知识和勇敢精神，柯里中士多次冒着凶猛的敌军火力，给敌军造成沉重的人员和物资损失，解救了5名战友（其中有2名伤员），并阻止了敌军威胁他所在营侧翼的攻击。[158]

党卫军第150装甲旅丢下200余具尸体撤退。斯科兹尼写道："我的旅没有炮兵，了解敌军的实力之后，我下令后撤到马尔梅迪以南的防御阵地。我们在这些阵地坚守到12月29日，因敌军炮火不断造成损失而被迫撤退。"[159]

与此同时，冯·德·海特的伞兵们也迎来了最终的命运。我们在前面已经看到，弗里德里希·冯·德·海特中校手下的伞兵们在马尔梅迪以北云杉林的空降行动失败。由于这股力量分散于很广的区域，冯·德·海特只能在马尔梅迪以北的巴拉克米歇尔路口集合几百名士兵，这些人躲藏的森林如今已成为上法涅 – 艾费尔（Hautes Fagnes-Eifel）国家公园的一部分。在冷雨中躲避了3天之后，由于给养逐渐耗尽且看不到任何救兵，冯·德·海特知道任务已经注定失败。12月19日夜里，他带着士兵们向东进发，试图靠近德军战线。他们将伤员交给了抓获的30名美军俘虏，并留下一封给美国第101空降师师长马克斯韦尔·泰勒少将的信，请求他确保伤员们得到照顾（冯·德·海特认为这位诺曼底的老对手在该地区）。

12月20日突围军队被美军步兵发现而不得不再次逃回森林时，冯·德·海特决定将队伍分成3人一组，每组各自尝试回到德军战线上。150名伞兵设法逃脱，他们的指挥官却没能做到。在寒冷的乡村地区流浪整整两天之后，冯·德·海特于12月22日早晨抵达蒙绍，他以为这座小镇在德军手里，但情况并非如此。这位筋疲力尽的伞兵军官觉得受够了，他敲开一所房屋的大门，在房间里写下一封降书，交给镇上的美军士兵，结束了冯·德·海特战斗群的传奇故事。

此时，双方沿党卫军第6装甲集团军东起埃尔森博恩岭正面的罗赫拉特 – 克林克尔特和维尔茨费尔德，经过比特亨巴赫酒庄一线直抵马尔梅迪和斯塔沃洛以南的整个北部前线地段转入守势。随着德军攻势的重点转向第5装甲集团军，这条战线越来越平静，在3周多的时间里处于"休眠"中。

美军炮兵在马尔梅迪战役中起到了决定性的作用。照片展示了发射阵地里的一个155毫米M1榴弹炮连。（美国陆军）

党卫军派普战斗群的覆灭

与此同时，党卫军派普战斗群也在迎来宿命。由于美军已经于12月19日在斯塔沃洛炸毁重要的昂布莱沃河桥梁，位于拉格莱兹、斯图蒙和舍纳的德国装甲矛头的所有补给不得不依靠三桥镇以东小斯佩的一座很不牢靠的木桥。而且，由于昂布莱沃河南侧路况恶劣，在此之前只有一支很小的补给纵队抵达。12月20日，布莱奇利庄园的英国密码破解人员截获了派普战斗群从斯图蒙发出的一条有关燃油短缺的消息。[160]

党卫军汉森战斗群的20辆四号70型坦克歼击车可能前来解围，但这支部队滞留于斯塔沃洛东南方6英里（约9.7千米）的雷希特。由于后方地区道路堵塞，汉森的车辆也极难得到燃油。似乎这些困难还不够，党卫军第9"霍恩施陶芬"装甲师于12月17日奉命从后方向前开进，2天之后，党卫军第2"帝国"装甲师也得到同样的命令。根据原定计划，这两个师只作为第二波进攻的组成部分，在党卫军第1装甲军渡过默兹河之后出击。但此时它们均得到任务，立即前去为党卫军派普战斗群解围。

党卫军第2装甲师下辖的党卫军第4"元首"装甲掷弹兵团团长、党卫队一级突击队大队长奥托·魏丁格（Otto Weidinger）描述了党卫军第6装甲集团军混乱的补给："油料补给困难造成师部与党卫军第6装甲集团军司令部之间发生严重冲突。其中一件事是，党卫军装甲集团军司令部向陆军军需总监报告补

在阿登地区行军的党卫军士兵。(NARA, Ⅲ-SC-341656)

给已经到达，而实际情况并非如此。没有采取任何预防措施来应对铁路加油站丢失的情况，因此在许多情况下，我们将卡车派到了无油可加的位置，白白损失了很多时间。"[161]

　　因此，12月20日晚冯·伦德施泰特决定将进攻重点从"泽普"·迪特里希的党卫军集团军转移到冯·曼陀菲尔的第5装甲集团军就不足为奇了。随着这一决定的做出，党卫军第2和第9装甲师将重新部署到圣维特方向，这意味着为党卫军派普战斗群解围不再是当务之急。正如第4章所述，党卫军第2装甲师奉命从洛斯海姆裂谷东北12英里(约19.3千米)的布兰肯海姆(Blankenheim)——这里位于德国希勒斯海姆(Hillesheim)和舍内肯(Schönecken)之间的一个弧形地带中——开往圣维特以南6英里(约9.7千米)乌德勒美军据点正面的罗伊兰。这50英里(约80千米)的路程是在拥挤、结冰的小路上完成的。12月20日，魏丁格说道："道路拥堵仍在持续……15时45分收到出发命令。很快，我们就耗尽了汽油。我们仍然没有看到任何补给车辆。"[162] 12月21日正午到22日早上，党卫军第2装甲师都停在罗伊兰附近。[163]

党卫军第9装甲师从其出发点直接西进，但是也遇到了严重的困难。它的车辆（尤其是油罐车）无助地堵在拥塞的道路上。该师各分队零零散散地抵达前线，并立即投入战斗，装甲侦察营于12月19日被派去攻打圣维特西北面的波托时，就受到了这一情况的严重影响。

12月19日晚上党卫军汉森战斗群终于得到恢复推进所需的燃油，此时美军在派普战斗群四周的包围圈已经进一步加强。美国第3装甲师B战斗群从北逼近。在西南方，美国第82空降师的4个团凭借坦克的支援，准备在萨尔姆河西岸北起三桥镇，南到萨尔姆沙托长达9英里的战线上建立阵地。

消灭被围的党卫军派普战斗群的行动始于12月20日，美军从各个方向发动协同进攻。同时，强大的美国炮兵以密集火力打击拉格莱兹、斯图蒙和舍纳。

美国第3装甲师B战斗群组成3支特遣队。其中最强大的是威廉·B.洛夫雷迪（William B. Lovelady）中校率领的洛夫雷迪特遣队，拥有第33装甲团的51辆坦克，包括39辆"谢尔曼"[164]。为切断派普在三桥镇正东小斯佩的补给线（那里有一座跨越昂布莱沃河的小木桥），洛夫雷迪特遣队于12月20日下午出发，沿拉格莱兹以东1英里的道路南行。途中，美军装甲兵奇袭并歼灭了开往拉格莱兹的两支较小的德军车队①。

昂布莱沃河在拉格莱兹东南方3英里（约4.8千米）处的三桥镇由南向东转弯，此处的道路形成了突出的岩架，左侧（美军前进的方向）是林木茂盛的峭壁，右侧则急剧下沉到河上。这条公路从三桥镇—斯塔沃洛的铁路桥下经过。美军坦克经过铁路桥下的转弯处时，他们立刻发现，德军已经警觉，正在那里等待着自己。至少有1辆"虎王"〔党卫队三级小队副威利·奥特拜因（Willi Otterbein）指挥的132号〕、1门反坦克炮和多具"铁拳"猛烈开火打击美军。4辆（或6辆）"谢尔曼"坦克起火，其余迅速退到路弯的树林后隐蔽。[165]由于燃油短缺，德军无法发动反冲击，以将美军装甲兵逼退到出发点。[166]随着洛夫雷迪特遣队占据了三桥镇以北的阵地，党卫军派普战斗群从小斯佩跨越昂布莱沃河的最后一条补给线被切断了。

---

① 原注：有关这场奇袭，哈斯勒、麦克道格尔、博斯特斯和韦伯的著作中有出色和详细的描述。

　　然而，其他美军的进攻并未取得同样的成功。在洛夫雷迪右侧，麦乔治特遣队在第743坦克营A连的支援下，从东北方的两条小路攻击拉格莱兹。但是，派普在这里部署了6辆"虎王"，有效地阻止了美军的进攻。损失18辆"谢尔曼"之后，美军指挥官肯尼思·麦乔治（Kenneth McGeorge）少校撤下了他的人马。[167]乔丹特遣队和第740坦克营的坦克在第119步兵团第1营的支援下，于12月20日对斯图蒙发动的进攻也被德军击退。在坐落于村西北外围一间大型石砌建筑物中的圣爱德华儿童护理院里，德军和美军从夜间苦战到次日。所有这些战斗中，至少有260名惊恐的平民（包括患者、修女和在此避难的村民）挤进了这座大型建筑的地下室。外表冷酷的党卫军士兵们将护理院称为"圣爱德华要塞"，他们所说的话一点儿都没有给避难者带来安慰："只要你们不伤害我们，就无须害怕。但是我们不得不处决从家中窗户向我们开枪的一些斯塔沃洛人。"[168]12月21日清早，美军被击退，留下了4辆烧毁的"谢尔曼"。[169]

　　拉格莱兹西南的昂布莱沃河上，血战持续了一夜。12月18日夜里派普从列讷河撤退时，他将德国空军少校沃尔夫冈·冯·萨肯（Wolfgang von Sacken）的第84高射炮营留在昂布莱沃河南岸桥后的第一座村庄舍纳。与此同时，美国第82空降师第504和第505伞兵团抵达列讷河以西的韦尔博蒙。第504团团长鲁本·塔克（Reuben Tucker）上校奉命立刻渡过这条小溪，向三桥镇进发。同一天夜里，塔克所在的团从福尔日通过了匆忙准备的活动便桥——派普的装甲侦察车几小时前还在这里使用的桥梁已经被美军拆毁。[170]凌晨3时，美军于舍纳西南略多于1英里的拉耶尔村（Rahier）暂歇。[171]12月20日拂晓，塔克派出侦察队确认舍纳被敌军占领，决定进攻这座村庄。

　　但此时，德国守军已经得到党卫队二级小队长鲁迪·赖尔（Rudi Rayer）的党卫军第2装甲掷弹兵团第11连的增援。根据历史学家吕克·里韦（Luc Rivet）和伊万·赛文纳斯（Yvan Sevenans）的描述，这些党卫军士兵踏着沉重的步伐进入村里，"情绪恶劣"，他们肆意毁坏房屋，攻击村民。[172]第504伞兵团得到第703坦克歼击营一些M36"杰克逊"坦克歼击车的增援，这些车辆是从阿比蒙搭建的活动便桥开来的。M36"杰克逊"是为了对付装甲厚重的德国坦克而开发的，配备1门90毫米M3反坦克炮，理论上可以摧毁任何德国坦克。第一批"杰克逊"到1944年9月才送抵前线，12月时仍然相对少见。但此时，

一辆被摧毁的"谢尔曼"坦克。（迪基希国家军事历史博物馆）

正是这种装备对派普战斗群在舍纳的前哨发起进攻。

美军于12月20日下午发动进攻。他们越过开阔地向山上推进，遭到2门20毫米高射炮、机枪和迫击炮的反击。[173]攻击很快停滞。塔克上校决定等到天黑，然后命令第1营在"杰克逊"坦克歼击车支援下恢复进攻，同时第3营绕过村庄从北面发动攻击。随后是一场血腥的战斗，第1营的技术军士长乔治·W.科尔波兰（George W. Corporan）描述了在舍纳进行的这场夜战：

> 19时30分，我营开始攻击。B连必须经过400码（约366米）的平坦区域，这给敌人提供了完美的射界。C连穿过与进攻路线垂直的、在平地上布设的一系列铁丝网发动进攻。铁丝挂住了士兵们的衣服和装备，减慢了他们的移动速度，使他们成了活靶子。
>
> B连以疏开队形离开树林，穿过几道篱笆到达舍纳边缘路障前200码（约183米）内。突然，村里的20毫米炮、机枪、迫击炮和其他火炮一起开火，没有任何隐蔽的士兵们伤亡惨重，只能继续疾步前行。两辆坦克歼击车本应随几个连队同时上山，此时却落在后面。车载高射炮向这一区域扫

射，完全打散了进攻者。B连第3排军士长詹姆斯·M.博伊德（James M. Boyd）说："士兵们成片倒下。"前两个波次几乎被全歼。

C连以疏开队形离开树林，这种队形被称作"向右看齐"（Dress right dress），道路左侧的士兵由右侧的士兵指引方向。最初，各波次等待坦克歼击车向山上进攻。但是它们没动，由于B连已经领先一步，士兵们只得继续前进。士兵们遇到第一排铁丝网时，C连左翼的敌军MG42机枪开火，造成许多人伤亡。第一波进攻被压制，导致进攻陷入停顿。第二波次前移到第一波的位置，以构筑火力线。道路右侧的B连士兵喊道："跟上！"从那时起，因为没有剪钳，要推进就得翻越铁丝网。

进攻明显出现了停顿，此时B连中士沃尔什站起来喊道："抓住那些混蛋！"他的喊声再次唤起进攻，还能够站起来的士兵们高呼着向村子边上的敌军路障冲去。他们打到子弹耗尽，然后将步枪当成棍棒，拔出堑壕刀，聚集到路障周围与敌人展开肉搏。

沃尔什中士匍匐前进到一辆20毫米高射炮牵引车20码（约18.3米）的距离内，以便向其投掷手榴弹。因为手腕受伤，他无法拉动保险销。于是，他爬回一名战友身边，让后者拉下保险销，然后回到高射炮附近，用这枚手榴弹炸毁了它。C连二等兵巴克利从侧翼包抄另一门20毫米炮，爬上牵引车割断炮手的喉咙。仅C连的士兵就在肉搏中杀死了20名敌军。

两辆坦克歼击车终于赶上前来，向村子里的敌军阵地开炮，协助几个连里剩下的士兵进攻。22时，我营夺取村子边缘地带，敌军撤入村子。[174]

此时，第1营已经损失225名士兵。B连遭受的打击特别大——他们损失了所有军官，只剩下18名士兵。C连原有的119名士兵和8名军官中，只剩下38名士兵和3名军官。[175]美军费尽九牛二虎之力占领的只是舍纳南部外围的几所房子！第703坦克歼击营的行动报告写道："12月21日整天，步兵守卫着阵地，准备在夜里再次发起进攻。德军负隅顽抗，他们明显不打算放弃剩下的地盘。"[176]

上述战斗进行的同时，美国第505伞兵团渡过列讷河，经过舍纳南面的一片无人区向三桥镇进发。12月20日晚上，由本杰明·H.范德武特（Benjamin H. Vandervoort）中校率领的该团第2营得到"团里的命令，以一个连的兵力渡过萨

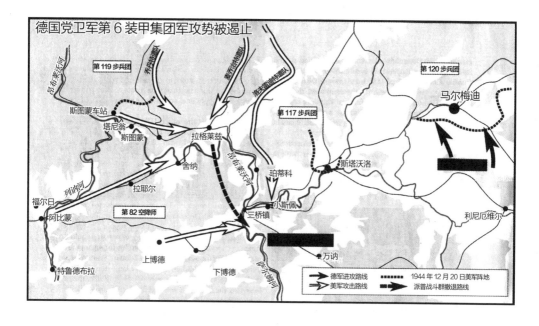

尔姆河，在邻近的高地上建立一个防御阵地"[177]。E连从木板搭成的一座临时桥梁渡过了河。[178]

与此同时，在萨尔姆河东侧，党卫军汉森战斗群顶着最大的困难，在东南方的雷希特和三桥镇之间被雨水浸透的乡村小道上行进，汉森的意图是在三桥镇为派普解围。尽管直线距离不超过8英里（约12.9千米），但德军几乎花了一整天。他们抵达三桥镇东南地区时，美军E连已经由此渡过萨尔姆河，建立了一座小小的桥头堡。汉森特遣队12月16日的主力是21辆四号70型坦克歼击车，此时他们吸收了党卫军第1装甲团第6连和第7连的四号坦克，这些坦克2天之前因燃油耗尽而停在斯塔沃洛西南方。12月21日早上，这支可观的力量进攻E连并将其消灭。美军的这个连只有50名士兵退回萨尔姆河西岸。

但是，第505伞兵团为挽救美军局势所做的贡献，远远大于E连的损失。向三桥镇的迅速推进，第2营令党卫军汉森战斗群无法铺设跨越萨尔姆河的桥梁，解救派普战斗群，而在南方3英里（约4.8千米）的地方，3营阻止另一支德军部队——党卫军第9装甲师第19装甲掷弹兵团从大阿勒渡过萨尔姆河，而派普的部队本可在那里得以解围。因此，美国第82空降师（特别是第505伞兵团）在消灭党卫军第1装甲师前锋部队的行动中起到了关键作用。

第82空降师的伞兵抵达列讷河以西的韦尔博蒙。（NARA，111-SC-2000487）

　　在这一新局面下，党卫队旗队长汉森领受了新任务，保证萨尔姆河东侧从三桥镇到南面大阿勒的安全，并在小斯佩渡过昂布莱沃河，从西面进攻斯塔沃洛，重新打通派普战斗群的补给线。党卫队二级突击队大队长埃米尔·卡斯特（Emil Karst）率领党卫军第1装甲掷弹兵团第1营的士兵通过小斯佩的小木桥，爬上道路对面长满树木的湿滑山脊，直抵顶峰的铁路线。他们将从那里徒步前往斯塔沃洛。

　　但是，党卫军第1坦克歼击营随后跟上时，灾难降临了。第一辆坦克歼击车——党卫队一级突击队大队长奥托·霍尔斯特（Otto Holst）指挥的四号70型慢慢渡河时，这座小木桥在25吨车辆的重压下垮塌，德军无可奈何地看着坦克歼击车卡沉在北面陡峭河岸边5英尺（约1.52米）深的水里。美军向这一位置开炮时，德军不得不放弃了修建一座临时桥梁的努力。

　　党卫队二级突击队大队长卡斯特率领的党卫军掷弹兵们缺乏重武器，遭到

一辆配备76毫米炮的"谢尔曼"坦克行驶在一队坦克之前，穿越战场上的泥泞。（NARA，SC196105）

洛夫雷迪特遣队装甲兵的攻击时，他们的命运与在萨尔姆河东岸遭到汉森战斗群攻击的美国空降营E连相同。这次解救派普战斗群的企图失败了，但在12月21日全天，派普仍然成功地击退了美军的所有进攻。当天的战斗中，仅美国第119步兵团第1营就损失近200名士兵，第2营营长哈尔·麦科恩（Hal McCown）少校被俘。麦科恩被带到拉格莱兹与派普见面。当时在第119步兵团第2营担任排军士长的约翰·M. 诺兰（John M. Nolan）回忆道：

　　　G连奉命翻越一道高高的山岭，下到另一面设置路障。我们得知，这将封锁被围德军的最后一条脱逃路线。携带所有装备（包括反坦克地雷）爬上山顶很困难，下到另一边就轻松多了。我们就要设置路障时，得到命令回到出发点。我们的营长哈尔·麦科恩少校被俘，我们必须赶快离开那里。

诺兰继续说道：

> 几天前，我们听到了"马尔梅迪大屠杀"的消息，所以很担心营长的安
> 危。在12月24日准备进攻拉格莱兹之前，接到了"格杀勿论"的命令，我
> 认为这正是我们恐惧的结果。副营长纳撒尼尔·莱尼（Nathaniel Laney）少
> 校接管部队，出任我们第2营的代理营长。直到进攻拉格莱兹之后，我们
> 才听到了麦克恩少校已经脱险的好消息。他回来重新指挥我营。[179]

此时，派普决定将他的军队集中在拉格莱兹，12月21日天黑之后，德军
撤出斯图蒙和舍纳。德军在舍纳丢弃了14门高射炮、5门105毫米榴弹炮、2
门75毫米反坦克炮、6辆装甲运兵车和4辆卡车。

12月21日夜里到22日凌晨，德国空军第一次——也是仅有的一次——尝
试从空中为党卫军派普战斗群提供补给。[180]他们不知道派普的军队刚撤出斯图
蒙，派出22架运输机将补给品伞投到那里。空投的补给品（燃油、弹药和给养）
中，大约只有10%落在德军占领的地区，其余都被美军士兵笑纳了。在拉格莱
兹的党卫军士兵之一，党卫队分队长罗尔夫·埃尔哈特（Rolf Ehrhardt）回忆：

> 12月13日起我们就没有吃过任何热食了。我们只得到3天的口粮，有
> 好几天，我们谁都无法吃饱。许多人有好几天没吃饭了。睡眠也是如此，
> 想都别想。进攻开始后，我只有两三天的睡眠超过一个小时。大部分战友，
> 不管是士兵还是指挥员，都对自身的情况深感忧虑。我们已经超越了极限、
> 不堪重负了。我们胡子拉碴、蓬头垢面、眼睛灼伤，而且都感冒了。[181]

12月22日一整天，拉格莱兹的德军反复请求进一步空投补给，但是徒劳
无功。恶劣天气使运输机无法再次出动。[182]被围的拉格莱兹此时处于美军炮弹
的弹雨中，彼得·斯赫雷弗斯这样描述道："教堂改成了急救站。晚上，这所房
子里很快挤满了受伤的党卫军士兵和从斯图蒙撤出的美军俘虏。村民们躲在墙
角不敢动弹，士兵们在他们眼前死去。教堂厚实的墙壁之外，德军坦克不断被
炸毁。平民们和牧师一起祈祷能多活几个小时，他们无法期望更多了。"[183]

鲁本·塔克上校率领的美国第82空降师504伞兵团的伞兵们和他们的俘虏——明显受到惊吓的年轻党卫军士兵。前方的军人是H连的一位排长理德·G.“里弗斯”·拉里维埃（Richard G. 'Rivers' Lariviere）中尉。拉里维埃当时26岁，经常出现在詹姆斯·梅格拉斯（James Megellas）的自传《直到柏林》中，他于1995年1月13日去世，享年82岁。（美国陆军）

查尔斯·B.麦克唐纳从围攻者的视角描述道："12月22日午后不久，第740坦克营营长乔治·鲁贝尔上校在弗鲁瓦库尔城堡（Chateau de Froid-Cour）[①]旁边部署借来的155毫米自行火炮，以及在斯普里蒙军械库中找到的105毫米炮。拉格莱兹清晰可见，炮手们给这座村庄里的建筑物造成了严重破坏，一发155毫米火炮削掉了村庄教堂的尖顶。第30师第113野战炮兵营的155毫米榴弹炮从更远的地方猛烈射击，许多炮弹都使用了近炸引信。拉格莱兹除了瓦砾已经不剩什么了。"[184]

12月22日下午，麦乔治特遣队的坦克对拉格莱兹发动新一轮进攻。战斗

[①] 原注：这座城堡位于拉格莱兹以西1英里通往斯图蒙的公路以南。

在双方的坦克之间打响。隐蔽于拉格莱兹南部外围韦里蒙特农庄主建筑地下室的罗尔夫·埃尔哈特回忆道："地窖挤满了人，他们等待着战斗间歇，以清点被摧毁的'谢尔曼'数量。碎石和白粉雨点般从天花板上落下。我们'虎'式坦克的超级大炮的开火声与敌军炮弹的爆炸声可以很清晰地区分出来。88毫米炮每次开火都像打在我们心上。突然，'虎'式车长汉图施双手抱头，闯进地窖里喊道：'这是汉图施的最后一战！'他的'虎'式坦克被多次击中，敏感的武器系统受到剧烈震动，以致电击发系统失效。接着，一发炮弹击中炮塔，汉图施的头部受轻伤，被迫放弃冒着浓烟、随时可能起火的坦克。几分钟后，又一位'虎'式车长，党卫队二级突击队中队长多林格一言不发地走进地窖，头上鲜血直流。包扎之后，他报告说火炮里冒出的浓烟使他无法开炮和调整，敌军反应迅速，根本没有希望击中他们。'谢尔曼'坦克8—10倍的数量优势以及持续的射击，抵消了我们手中更胜一筹的武器。多林格的坦克被击中不止一次，一发炮弹削掉了其火炮前1/3的身管 ①。"185

尽管困难重重，但是派普的士兵们继续顽抗。他们的俘虏麦科恩少校后来描述了他对派普战斗群的观察："期间士气一直很高。尽管条件极端艰苦，我还是和他们在一起。他们纪律严明……官兵之间的关系（特别是和指挥官派普上校的关系）比我预想的更紧密、更友好……他和我说过（派普能讲一口流利的英语），他对德国彻底打败盟国很有信心。"186

但是，并不是所有党卫军士兵都能顶住压力。战后，党卫队分队长瓦尔特·莱恩（Walter Lehn）说，在拉格莱兹，"士气非常低落，士兵们几乎认命了。"187 战后的审讯中发现，派普于12月22日处决了一名士兵，因为这个人在危急关头从制服上撕下了党卫军的徽章。188

12月22日，麦乔治特遣队突入拉格莱兹的企图被挫败，美军损失很严重。12月23日下午，美军再次发动进攻，这一次他们的步兵和装甲兵突破了拉格莱兹东北面的外围地带。但是党卫军装甲掷弹兵从房子里猛冲出来，用反坦克武器摧毁6辆"谢尔曼"坦克，迫使余部慌忙沿公路北撤。

---

① 原注：汉图施的221号和多林格的213号"虎王"式坦克向从东面开来的约15辆美军坦克开火，但是没有击中任何一辆，而美军凭借反复命中使两辆德国坦克失去了战斗力。如今停在拉格莱兹博物馆外的"虎王"便是多林格的213号。

党卫队二级突击中队长威廉·多林格指挥的213号"虎"式坦克被一辆"谢尔曼"坦克发射的炮弹炸掉了炮管的前1/3，从而失去了战斗力。这辆其他地方几乎完好无损的"虎王"车身上有多次被由中兹两天后缴获了它。今天，这辆"虎王"矗立在拉格莱兹1944年12月历史博物馆外。它配备了新的木制"炮管"，装上了斯科兹尼的部队丢弃在马尔梅迪的一辆"豹"式坦克上的炮口制退器。（作者摄影）

战后被美军囚禁时，派普被问到，他到何时才意识到自己的行动已经失败，他的回答是：12月23日17时他通过无线电接到率士兵及物资突围的命令时。[189] 不过，由于燃油短缺，不可能带上重装备，所以德军只得徒步突围，穿过南面没有任何美军的地段。12月24日1时，派普率领800名士兵出发。德国伤兵、大部分美国战俘和所有重装备在党卫队二级突击队中队长维利巴尔德·迪特曼（Willibald Dittmann）博士的率领下，留在拉格莱兹。

几小时后，美军再次进攻拉格莱兹，准备面对顽强的抵抗。约翰·M.诺兰中士是第一个进入村庄的，他说：

> 天亮后不久，炮兵向村庄开火。弹幕射击结束后，我们开始向目标地区移动。我们从村庄上方的高地出发。我在攻击纵队中最突前的一个班里，从一条凹陷的道路向村里冲。令我惊讶的是，这条路上德国陆军的车辆"头对头"地停放着，是一些履带式和轮式运兵车。我们意识到德军已经离开了该地区，没有必要经过奋战就可以进入村里了。
>
> 我们最终抵达村子的尽头，进入了我称为"城镇广场"的开阔地。广场的一端有座大教堂，我在广场中央看到3名德军士兵，他们的军服袖子上佩戴着白底的红十字臂章。其中一位军官穿着帅气的大衣。我注意到，靠近他一侧袖口的地方有一条袖标，上书"阿道夫·希特勒的党卫军第1装甲师"。我用自己的刀子从他的袖子上切下这条袖标留作纪念。这是我第一次知道，和我们对阵的是一支党卫军部队。多年以后，我读到有关我部行动的报道时，才得知这位德国军医是"党卫军中校医官威利·迪特曼"①。
>
> 我们开始搜索所有建筑物，寻找可能隐藏着的敌人。我进入一所学校，找到了一名受伤的伞兵军官，他躺在地上，用纳粹的旗帜盖着身体局部。我走出来告诉了遇到的一名中士。他走了进去，很快听到一声枪响，然后，他手里拿着一把P38手枪走了出来。后来，我们听说，搜索教堂的一个排发现了许多美国战俘，其中一些人受了伤。[190]

---

① 原注：党卫队二级突击队大队长迪特曼是党卫军第2装甲掷弹兵团第3营的IVb（军医）。

3辆配备105毫米榴弹炮的M4（105）"谢尔曼"坦克炮击德军阵地。1944年12月18日，美国第3装甲师可供使用的240辆"谢尔曼"中，有29辆配备了105毫米榴弹炮。（NARA，SC198396）

此时，所有美军士兵都知道党卫军士兵曾在博涅杀害美军战俘，也知道斯科兹尼的部队假扮美军在盟军后方展开行动。第119步兵团D连的唐纳德·J.斯特兰德（Donald J. Strand）中尉记得美军士兵们发现几名在拉格莱兹被俘的党卫军士兵们携带美军装备时的反应：

> 我们的营长检查德国士兵，发现许多人穿着崭新的美制皮靴和毛料长裤，而我们的士兵靴底已经磨穿，毛裤也破旧不堪。他命令德国士兵列队走到镇上的广场，让他们在寒冷的雪地里脱下裤子和靴子。然后，我们将这些装备交还给需要它们的美国士兵。这些傲慢的年轻党卫军士兵们赤脚站在雪地里，有些人甚至连裤子都没有，我看到他们像小孩子一样哭了起来。[191]

经过36个小时的行军，派普和770名筋疲力尽、饥寒交迫的士兵抵达萨尔姆河以东的德军战线。他们丢掉了数量可观的重装备，这些装备被后卫摧毁了。美军在村子以南小山谷中的树林和灌木丛中找到了大部分装备。据12

月24日夜里撰写的第一份美军报告，他们在拉格莱兹缴获了28辆坦克（15辆"豹"式、6辆四号坦克和7辆"虎王"）、70辆半履带车、8辆装甲车、4辆高射炮车、6辆自行火炮、2辆75毫米坦克歼击车、11辆其他车辆、5门20毫米高射炮、6门120毫米迫击炮和1门88毫米高射炮[①]。党卫军派普战斗群的人员损失共计为888人。[192]此外，还应该加上进攻期间加入派普战斗群的其他部队的损失，包括党卫军克尼特尔战斗群和第9伞兵团。

这不仅宣告了党卫军派普战斗群的覆灭，也宣告了德军在这一战线上的攻势彻底失败。

结论和结果

整体而言，在阿登攻势的前8—10天，党卫军第1装甲军和第6装甲集团军的参与充斥着德军犯下的一系列严重错误。尽管最初面对的只是一个不完整的美国步兵师（第99步兵师），而且美军在这一战线几乎完全没有装甲兵，党卫军第6装甲集团军却从一开始就遇到巨大困难。出现这种情况的主要原因是，该集团军的指挥机构缺乏战略远见，而美军部队的指挥比南面的部队出色，这成为决定性因素。党卫军第12"希特勒青年团"装甲师在两个美军据点（罗赫拉特－克林克尔特和比特亨巴赫酒庄）前遭受巨大损失，从而脱离了党卫军第6装甲集团军的后续攻势。这显然是严重的挫折，因为该师被认为是"秋雾"行动中德军装备最好的两个师之一。

党卫军第1装甲军的另一个装甲师——党卫军第1"阿道夫·希特勒警卫旗队"装甲师12月17日—18日确实进展斐然，推进了25英里（约40千米）到达斯塔沃洛。但从本质上来说，这纯粹就是在被少量美军部队迅速放弃的地区进行的一次调动而已。党卫军第1装甲军和第6装甲集团军未能分配足够的力量守住斯塔沃洛渡口等战略要地，是因为向党卫军派普战斗群下达快速开赴默兹河的命令时，丝毫没有考虑侧翼及后方，而应该占据该战斗群后方区域的德军部

---

① 原注：美国第119步兵团秘密部队报告（1944年12月23日22时至1944年12月24日22时）。各种资料对美军战利品的说法不一。据第119步兵团团部日志，共缴获或摧毁39辆坦克（23辆"豹"式、8辆四号坦克、7辆"虎王"和1辆缴获的"谢尔曼"）、70辆半履带车、30辆其他车辆，以及33门不同种类的火炮。（第119团部日志，1944年12月。）根据德国方面的资料，党卫军第1装甲师除其他装备外，在拉格莱兹还损失了35辆坦克和60辆装甲车。（蒂曼，《警卫旗队师》第4卷，第2册，P.154。）

美国第30步兵师的二等兵格伦·T. 贝梅尔（Glen T. Beymer）看管着一名德国战俘，后者被迫在冰冷的雪地里脱下他缴获的美国陆军作战服。（NARA, SC 198678s，沃伦·沃森）

队由于各种原因，无法跟上派普的装甲先遣支队。结果，德军不得不将大批军事装备丢在拉格莱兹，这充分反映了党卫军第6装甲集团军的失败。

　　与两个国防军集团军相比，党卫军第6装甲集团军遭受的损失也很能说明问题。12月16日—23日，党卫军第6装甲集团军共给对手造成5000余名士兵阵亡、受伤和失踪的损失，己方共损失7630人。同一段时间内，德国第5装甲集团群也损失约7000名士兵，但是给对手造成的损失高出约两倍。[193]

　　美国方面，第5军和第2步兵师指挥官——杰罗少将和罗伯逊少将对德军进攻的敏锐反应堪称典范，他们在四五天时间内就采取好措施，消除了党卫军第1装甲军北翼的威胁，从而为应对南翼的威胁创造了条件。从双方力量对比来看，这就更加引人注目了：党卫军第1装甲军北翼有5万名士兵和78辆坦克，而美军在12月16日—21日所能集结的士兵不到35000人，只有61辆"谢尔曼"坦克 [1]。党卫军第6装甲集团军发动进攻时，力量对比更不平衡：12月16日，"泽普"·迪特里希的集团军在人员上有4∶1的优势（在第5装甲集团军地段，德军兵力3倍于美军），而对抗党卫军第1装甲军303辆坦克和坦克歼击车的，是美国第14骑兵群在前线的少量坦克。

虽然美国第1集团军司令部在攻势头几天中的反应有些混乱，但是3个美国师（第30步兵师、第82空降师和第3装甲师）以相对迅速的机动阻止了党卫军第1装甲师的进攻。到1944年圣诞节，美国地面军队已经成功遏制了党卫军第1装甲军。

---

[1] 原注：兵员对比根据迪皮伊、邦加德和安德森的《希特勒最后的赌博》；德军坦克兵力根据达格代尔提供的数据；美军坦克兵力根据为美国政府工作的历史学家和分析家小理查德·C.安德森提供的数据。

本章注释

1. 科科特，《阿登攻势中的第26国民掷弹兵师，巴斯托涅战役，第一部分》，B-040，P.86。

2. 米查姆，《冬天里的坦克》，P.47。

3. 诺贝古，《希特勒的最后赌博：阿登战役》，P.191。

4. 同上，P.182。

5. 梅辛杰，《希特勒的角斗士》，P.2。

6. 艾森豪威尔，《寒冷的丛林》，P.128。

7. 冯·德·海特，《冯·德·海特访谈：阿登战役中的德国伞兵》，ETHINT-75，P.2。

8. 达格代尔，《1944年秋季-1945年2月西线阿登和"北风"行动中德国陆军和武装党卫军装甲师、装甲掷弹兵师、装甲旅详细和准确的兵力和组织，第1卷，Part 4C》，P.14。

9. 同上，P.77。

10. 同上，P.15。

11. 同上，P.79。

12. 迪皮伊、邦加德和安德森，《希特勒的最后赌博》，P.472。

13. 同上。

14. 达格代尔，《1944年秋季-1945年2月西线阿登和"北风"行动中德国陆军和武装党卫军装甲师、装甲掷弹兵师、装甲旅详细和准确的兵力和组织，第1卷，Part 4C》，P.37。

15. 迪特里希，《阿登战役中的第6装甲集团军》，ETHINT-015，P.2。

16. 同上，P.2。

17. 科科特，《阿登攻势中的第26国民掷弹兵师，巴斯托涅战役，第一部分》，B-040，P.86。

18. 帕克，《突出部之战》，P.236。

19. 同上，P.238。

20. 麦克唐纳，《号角响起之时》，P.163。

21. 维杰斯，《突出部之战，第1卷：洛斯海姆缺口》，P.43。

22. 科尔，《阿登：突出部之战》，P.82。

23. 麦克唐纳，《号角响起之时》，P.163。

24. 卡施内尔，《第326国民掷弹兵师，阿登（1944年12月16日—1945年1月25日）》，B-092，P.4。

25. 麦克唐纳，《号角响起之时》，P.168。

26. 美国国家档案与记录管理局：作战报告，第801坦克歼击营，1944年10月—1945年2月，1945年4月。AAR＃581U。

27. 维比希少将，《第277国民掷弹兵师，1944年11月—1945年1月》，B-273，P.6。

28. 恩格尔少将，《亚琛战役中的第12步兵师（1944年11月16日—12月3日）》，B-764，P.34。

29. 迪特里希，《阿登战役中的第6装甲集团军》，ETHINT-015，P.3。

30. 克肖，《最长的冬季：突出部之战与二战最富盛誉的排史诗般的故事》，P.122。

31. 维杰斯，《突出部之战，第1卷：洛斯海姆缺口》，P.68。

32. 普里斯，《阿登：党卫军第1装甲军在1944年12月—1945年1月阿登攻势中的使用》，A-877，P.28。

33. 科尔，《阿登：突出部之战》，P.85。

34. 普里斯，《阿登：党卫军第1装甲军在1944年12月—1945年1月阿登攻势中的使用》，A-877，P.29。

35. 维比希少将，《第277国民掷弹兵师，1944年11月—1945年1月》，B-273，P.9。

36. 菲格尔，《第989掷弹团（1944年12月14日—17日）》，B-025，P.6。

37. 维比希少将，《第277国民掷弹兵师，1944年11月—1945年1月》，B-273，P.11—12。

38. 菲格尔，《第989掷弹团（1944年12月14日—17日）》，B-025，P.7。

39. 麦克唐纳，《号角响起之时》，P.179。

40. 同上，P.180。

41. 同上，P.181。

42. 斯赫雷弗斯，《不为人知的死者》，P.14。

43. 库彭斯，《1944年12月17日，马尔梅迪－博涅到底发生了什么》，P.34。

44. 麦克唐纳，《号角响起之时》，P.183。

45. 蒂曼，《警卫旗队师，第4卷/第2册》，P.51。

46. 同上，P.52。

47. 通过汉斯·维杰斯。

48. 派普，《约阿希姆·派普上校访谈：党卫军第1装甲团（1944年12月11日—24日）》，ETHINT-10，P.15。

49. 诺贝古，《希特勒的最后赌博：阿登战役》，P.186。

50. 基尤国家档案馆："超极机密"行动文件，HW 5/633. CX/MSS/T 402/22. HP 9755 West。

51. 维比希少将，《第277国民掷弹兵师，1944年11月—1945年1月》，B-273，P.12。

52. 卡尔·沃特曼，《战斗报告》。www.oldhickory30th.com/Stoumont44.pdf。

53. 斯玛特，《洪斯费尔德的恐怖事件：第612坦克歼击营B连的故事》，P.6。

54. 同上。

55. 阿格特，《"约亨"·派普：警卫旗队师装甲团长》，P.480。

56. 斯玛特，《洪斯费尔德的恐怖事件：第612坦克歼击营B连的故事》，P.7。

57. 同上，P.8—9。

58. 科尔，《阿登：突出部之战》，P.261，美国第81届国会第一次会议，《美国参议院军事委员会马尔梅迪大屠杀调查报告》（1949年10月13日）。战争罪行分部记录，USFET，1946。

59. 蒂曼，《警卫旗队师，第4卷/第2册》，P.59。

60. 科尔，《阿登：突出部之战》，P.261，美国第81届国会第一次会议，《美国参议院军事委员会马尔梅迪大屠杀调查报告》（1949年10月13日）。战争罪行分部记录，USFET，1946。

61. 麦克唐纳，《号角响起之时》，P.209。

62. 斯赫雷弗斯，《不为人知的死者》，P.35。

63. 蒂曼，《警卫旗队师，第4卷/第2册》，P.60。

64. 克罗斯，《从滩头到波罗的海：第7装甲师在二战中的故事》，P.77—78。

65. 约翰·托兰，《战斗：突出部的故事》，P.158。

66. 麦克唐纳，《号角响起之时》，P.327。

67. 派普，《约阿希姆·派普上校访谈：党卫军第1装甲团（1944年12月11日—24日）》，ETHINT-10，P.17。

68. 斯赫雷弗斯，《不为人知的死者》，P.35。

69. 美国国家档案与记录管理局：作战报告，第7装甲师（1944年12月1日—31日）。师级记录，第427条，记录组407。文件607：第7装甲师。

70. 蒂曼，《警卫旗队师，第4卷／第2册》，P.63。

71. 派普，《约阿希姆·派普上校访谈：党卫军第1装甲团（1944年12月11日—24日）》，ETHINT-10，P.17。

72. 美国国家档案与记录管理局：第14坦克营战史。

73. 约翰·托兰，《战斗：突出部的故事》，P.64—65。

74. 蒂曼，《警卫旗队师，第4卷／第2册》，P.71。

75. 劳埃德·耶勒伯格，作者的采访。

76. 美国国家档案与记录管理局：第526装甲步兵营，作战报告，1944年12月1日—31日。

77. 普里斯，《阿登：党卫军第1装甲军在1944年12月—1945年1月阿登攻势中的使用》，A-877，P.30。

78. 克拉斯，《阿登攻势中的党卫军第12"希特勒青年团"装甲师》，外军研究#23，P.4。

79. 同上，P.5。

80. "连队同袍之谊"，《党卫军第12"希特勒青年团"装甲师第12装甲团3连》，P.79。

81. 基尤国家档案馆："超级机密"行动文件，HW 5/633. CX/MSS/T 401/16. HP 6448 West。

82. 麦克唐纳，《号角响起之时》，P.382。

83. 普里斯，《阿登：党卫军第1装甲军在1944年12月—1945年1月阿登攻势中的使用》，A-877，P.31。

84. 科尔，《阿登：突出部之战》，P.396。

85. 海因茨·斯托克关于阿登攻势的报告。

86. "连队同袍之谊"，《党卫军第12"希特勒青年团"装甲师第12装甲团3连》，P.87。

87. 美国国家档案与记录管理局：单位日志，第741坦克营，1944年12月1日—31日。RG407, Box 16703, ARBN-741-0.1。

88. "连队同袍之谊"，《党卫军第12"希特勒青年团"装甲师第12装甲团3连》，P.87—88。

89. 迈尔，《党卫军第12装甲师》，P.280。

90. 斯赫雷弗斯，《不为人知的死者》，P.18。

91. 史密斯、米查姆和希勒，《"维生素查理"：第741坦克营C连二战战史》，P.45。

92. 德军最高统帅部／国防军指挥参谋部／作战指令（陆军），西线第774427号，绝密，1944年12月18日；容，《阿登攻势1944—1945》，P.151。

93. 米查姆，《冬天里的坦克》，P.73。

94. 扎洛加，《阿登战役（1）：圣维特与北肩角》，P.44。

95. 达克代尔，《1944年秋季-1945年2月西线阿登和"北风"行动中德国陆军和武装党卫军装甲师、装甲掷弹兵师、装甲旅详细和准确的兵力和组织，第1卷，Part 4C》，P. 83。

96. 迈尔，《党卫军第12装甲师》，P.282。

97. 雷诺兹，《钢铁巨人》，P.87。

98. 登克特，《德国第3装甲师在阿登战役中的贡献》，A-978，P.1—2。

99. "连队同袍之谊"，《党卫军第12"希特勒青年团"装甲师第12装甲团3连》，P.94。

100. 尼奎斯特，《第99营》，P.141—142。

101. 劳埃德·耶勒伯格，作者的采访。

102. 派普，《约阿希姆·派普上校访谈：党卫军第1装甲团（1944年12月11日—24日）》，ETHINT-10，P.20。

103. 帕克，《赢得冬季的天空》，P.182。

104. 柯林斯和金，《突出部之声：突出部之战老兵不为人知的故事》，P.40。

105. 帕克，《赢得冬季的天空》，P.182。

106. 西尔万和史密斯，《从诺曼底走向胜利：考特尼··H.霍奇斯将军与美国第1集团军作战日志》，P.226。

107. 派普，《约阿希姆·派普上校访谈：党卫军第1装甲团（1944年12月16日—19日）》，P.8。

108. 同上，P.5。

109. 派普，《约阿希姆·派普上校访谈：党卫军第1装甲团（1944年12月11日—24日）》，ETHINT-10，P.23。

110. 派普，《约阿希姆·派普上校访谈：党卫军第1装甲团（1944年12月16日—19日）》，P.8。

111. 蒂曼，《党卫军第1"阿道夫·希特勒警卫旗队"装甲师第7装甲连编年史》，P.117。

112. 美国国家档案与记录管理局：第526装甲步兵营，作战报告，1944年12月1日—31日。

113. 佩格林和哈梅尔，《首渡莱茵河：第291战斗工兵营的故事》，P.126。

114. 威廉·C.鲍德温，"建设者和战士——二战中的美国陆军工程兵"。《工兵宣传册》870-1-42，1992年12月18日，P.455。140.194.76.129/publications/engpamphlets/EP_870-1-42_pfl/c-7-4.pdf，2012年11月22日。

115. 派普，《约阿希姆·派普上校访谈：党卫军第1装甲团（1944年12月11日—24日）》，ETHINT-10，P.20。

116. 巴恩斯、克伦普和·萨瑟兰，《"地狱之鹰"的"雷电："关于第365战斗轰炸机大队的文字、照片和插画》，P.109。

117. 哈斯勒、麦克道格尔、博斯特斯和韦伯，《迷雾中的决斗：阿登战役中的警卫旗队师，第2卷》，P.110。

118. 多尔和琼斯，《地狱之鹰！不为人知的故事：痛击希特勒国防军的美国飞行员》，P.163。

119. 帕克，《赢得冬季的天空》，P.185。

120. 雷诺兹，《钢铁巨人》，P.80。

121. 多尔和琼斯，《地狱之鹰！不为人知的故事：痛击希特勒国防军的美国飞行员》，P.164。

122. 同上，P.165。

123. 同上。

124. 鲁斯特，《二战中的第9航空队》，P.132。

125. 卡尔·沃特曼，《战斗报告》。www.oldhickory30th.com/Stoumont44.pdf。

126. 派普，《约阿希姆·派普上校访谈：党卫军第1装甲团（1944年12月11日—24日）》，ETHINT-10，P.20。

127. 特恩布尔，《"我维护权利"：二战中的第307空降工兵营》，无分页（Kindle版本）。

128. 蒂曼，《警卫旗队师，第4卷/第2册》，P.88。

129. 阿格特，《"约亨"·派普：警卫旗队师装甲团长》，P.486。

130. 德·迈尔、哈斯勒、麦克道格尔、博斯特斯和韦伯，《迷雾中的决斗：阿登战役中的警卫旗队师，第1卷》，P.31。

131. 科尔，《阿登：突出部之战》，P.340。

132. 美国国家档案与记录管理局：第823坦克歼击营，作战报告第7号，1944年12月1日0时1分—1944年12月31日24时。

133. 美国国家档案与记录管理局：第119步兵团3营作战日志。APO 30，美国陆军。

134. 科尔，《阿登：突出部之战》，P.338。

135. 派普，《约阿希姆·派普上校访谈：党卫军第1装甲团（1944年12月11日—24日）》，ETHINT-10，P.20。

136. 米查姆，《冬天里的坦克》，P.87。

137. 德·迈尔、哈斯勒、麦克道格尔、博斯特斯和韦伯，《迷雾中的决斗：阿登战役中的警卫旗队师，第1卷》，P.175起。

138. 范诺伊和卡拉马雷斯，《对抗德国装甲兵》，P.284。

139. 美国国家档案与记录管理局：第634坦克歼击营作战报告，1944年12月，AAR 290。第745坦克营营部，A.P.O. 250。

140. 范诺伊和卡拉马雷斯，《对抗德国装甲兵》，P.286。

141. 科尔，《阿登：突出部之战》，P.132。

142. 迈尔，《党卫军第12装甲师》，P.300。

143. 卡尔·霍兰德关于阿登攻势的报告，通过米尔科·拜尔。

144. "连队同袍之谊"，《党卫军第12"希特勒青年团"装甲师第12装甲团3连》，P.98。

145. 同上，P.98—99。

146. 维杰斯，《突出部之战，第2卷》，P.90—92。

147. 同上，P.94。

148. 麦克唐纳，《号角响起之时》，P.407。

149. 迪皮伊、邦加德和安德森，《希特勒的最后赌博》，P.473和475。

150. 达格代尔，《1944年秋季-1945年2月西线阿登和"北风"行动中德国陆军和武装党卫军装甲师、装甲掷弹兵师、装甲旅详细和准确的兵力和组织，第1卷，Part 4C》，P.83。

151. "连队同袍之谊"，《党卫军第12"希特勒青年团"装甲师第12装甲团3连》，P.102。

152. 维杰斯，《突出部之战，第2卷》，P.279。

153. 劳埃德·耶勒伯格，作者的采访。

154. 劳埃德·耶勒伯格，作者的采访。

155. 贾尔斯，《该死的工兵》，P.311。

156. 劳埃德·耶勒伯格，作者的采访。

157. 贾尔斯，《该死的工兵》，P.304。

158. 美国陆军军事历史中心。荣誉勋章获得者：第二次世界大战。www.history.army.mil/html/moh/wwll-a-f.html，2012年5月18日。

159. 维杰斯，《突出部之战，第2卷》，P.293。

160. 基尤国家档案馆："超级机密"行动文件，HW 5/636. CX/MSS/T400/20. HP 9926 West。

161. 魏丁格，《帝国师战史：第5卷》，P.361。

162. 同上。

163. 魏丁格和施马格，《共同战斗到最后一刻：党卫军第4"元首"装甲掷弹兵团，1938—1945年》，P.358。

164. 哈斯勒、麦克道格尔、博斯特斯和韦伯，《迷雾中的决斗：阿登战役中的警卫旗队师，第2卷》，P.11。

165. 同上，P.86—87。

166. 基尤国家档案馆："超级机密"行动文件，HW 5/636. CX/MSS/T 400/20. HP 9926 West；本内特，

《西方的"超级机密"行动》，P.213。

167. 哈斯勒、麦克道格尔、博斯特斯和韦伯，《迷雾中的决斗：阿登战役中的警卫旗队师，第2卷》，P.102。

168. 斯赫雷弗斯，《不为人知的死者》，P.55。

169. 哈斯勒、麦克道格尔、博斯特斯和韦伯，《迷雾中的决斗：阿登战役中的警卫旗队师，第2卷》，P.141。

170. 美国国家档案与记录管理局：关于作战的访谈：第504伞兵团团长鲁本·塔克上校，1945年3月28日，GL-458。

171. 美国国家档案与记录管理局：关于作战的访谈：第82空降师第504伞兵团1营技术军士长乔治·W. 科普兰。

172. 里韦特和塞弗南，《阿登战役：战争中的平民》，在斯赫雷弗斯，《不为人知的死者》，P.52引用

173. 梅格拉斯，《直到柏林》，P.223。

174. 美国国家档案与记录管理局：关于作战的访谈：第82空降师第504伞兵团1营技术军士长乔治·W. 科普兰。

175. 同上。

176. 美国国家档案与记录管理局：第703坦克歼击营营部。作战报告，1944年12月20日—1945年1月1日，APO 230。

177. 美国国家档案与记录管理局：关于作战的访谈：第505伞兵团第2营营长威廉·卡彭特少校，第505伞兵团第2营作训参谋查尔斯·E. 萨蒙上尉，1945年3月27日。

178. 第82空降师第80防空炮兵营A连戈登·A. 瓦尔贝格下士，"1944年12月21日，比利时三桥镇"。萨尔姆河谷1944—1945，salmvalley1944-1945.over-blog.com/10-index.html，2012年7月21日。

179. 约翰·M.诺兰，作者的采访。

180. 基尤国家档案馆："超级机密"行动文件，Ultra files HW 5/635. CX/MSS/T 406/33. West.

181. 蒂曼，《党卫军第1"阿道夫·希特勒警卫旗队"装甲师第7装甲连编年史》，P.122。

182. 基尤国家档案馆："超级机密"行动文件，HW 5/635. CX/MSS/T 406/37. West。

183. 斯赫雷弗斯，《不为人知的死者》，P.60。

184. 麦克唐纳，《号角响起之时》，P.459。

185. 阿格特，《"约亨"·派普：警卫旗队师装甲团长》，P.492。

186. 雷诺兹，《钢铁巨人》，P.132—133。

187. 阿格特，《"约亨"·派普：警卫旗队师装甲团长》，P.493。

188. 约阿希姆·派普在1946年6月21日和1946年6月22日的证词。NA. U.S. v. Bersin, 153/3/000189-90 (1965)。在维斯特迈尔，《约阿希姆·派普》，P.164中引用。

189. 派普，《约阿希姆·派普上校访谈：党卫军第1装甲团（1944年12月11日—24日）》，ETHINT-10，P.23

190. 约翰·M.诺兰，作者的采访。

191. 唐纳德·J. 斯特兰德中尉，"斯图蒙－拉格莱兹战役，1944年12月17日—25日"，www.criba.be/index.php?option=com_content&task=view&id=346&Itemid=4. 2012年6月5日。

192. 达格代尔，《1944年秋季－1945年2月西线阿登和"北风"行动中德国陆军和武装党卫军装甲师、装甲掷弹兵师、装甲旅详细和准确的兵力和组织，第1卷，Part 4A》，P.37。

193. 迪皮伊、邦加德和安德森，《希特勒的最后赌博》。

第7章

盟军航空兵介入：战斗轰炸机！

这是属于空中力量的一天，但很不幸，不是我们的。巴斯托涅上空没有出现一架德国飞机。承诺的关键地段空中支援呢？夜幕降临时，可以看到大片火光一直延伸到"西墙"，许多条公路上都有一排排着火的车辆。

——德国第5伞兵师师长路德维希·海尔曼少将，1944年12月26日[1]

阿登上空的空战

1944年12月23日夜间，温度急降到22华氏度（零下5.6摄氏度）。这是由一个被称为"俄罗斯高气压"的极端高气压造成的，它来自东面的德国，遍及阿登和法国北部上空，迅速吹散了那里的云雾。

对盟军来说，天气就在最黑暗的时刻突然放晴了。1944年12月23日拂晓，比利时西部和法国东北部的盟军机场上，飞机引擎声大作，这宣告了德军阿登攻势的结束。对进攻补给线的第一次打击由英国皇家空军轰炸机司令部实施，它们擅长夜战。一线的士兵们在极寒天气下瑟瑟发抖时，272架英国轰炸机（大部分是阿芙罗公司的"兰开斯特"和汉德利·佩奇公司的"哈利法克斯"四发重型轰炸机）迎着越来越亮的月色，飞往德军阿登前线补给的两个主要枢纽——科布伦茨和宾格布吕克（Bingerbrück）的莱茵河铁路桥。在科布伦茨，168架轰炸机摧毁了两座铁路桥和摩泽尔车站，阻塞了到阿登前线路上另外两个主要枢纽〔迈恩（Mayen）和下兰施泰因（Niederlahnstein）〕的所有铁路交通。[2] 106架轰炸机空袭了莱茵河上游20英里（约32千米）的宾格布吕克，不仅完全摧毁了火车站、击沉了2艘河上的渡轮，还导致长满藤蔓的山体出现滑坡，将吕德斯海姆—拉姆铁路线埋没在大量土壤里。[3]

德军西线司令部注意到破坏的程度非常严重，大部分列车不得不在莱茵河右岸卸货，这意味着部队（例如第9装甲师和第15装甲掷弹兵师）向前线的调动将大大延迟。[4]

昼间行动的美军航空兵发动的空袭更具毁灭性。12月23日清早的黑暗中（此时的比利时，太阳要到8时45分前后才会升起），前线两侧机场上的地勤人员都在努力地准备作战飞机。德国空军有些过于自信，和盟军空军指挥机构一样认为好天气有利于己方。12月22日晚上10时30分，德国第2战斗航空军军长迪特里希·佩尔茨（Dietrich Peltz）少将下达了次日的行动命令：

> 第2战斗航空军将支援B集团军群，保证进攻先遣支队的行动自由，为坦克主攻路线南北两侧提供屏障……早晨的天气可能减轻我们的负担，给敌军带来困难。午后，敌军飞机将能够起飞。各部必须做好准备，在可能的大规模空战中取得胜利……从6时30分起，30分钟准备。[5]

地面上的德国部队指挥官们对局势的看法更为清醒，巴斯托涅城外的第26国民掷弹兵师师长海因茨·科科特上校写道：

> 天气放晴了——攻势开始之后的第一次。这令每个人感到害怕，因为人们都知道晴朗的天气意味着什么！……从现在开始，敌军可以将令人恐惧、非常有效的武器投入战斗。基于上级在进攻前向部队指挥官和士兵们做出的安慰和承诺，我们只能希望这一次德国空军将敌军赶出天空。[6]

美国第3集团军指挥官乔治·S.巴顿中将已经得到命令，从南面发起一次反攻，他毫无保留地表示乐观，在日记中写道："一个晴朗而寒冷的圣诞节，是个杀德国佬的好天气。"[7]

12月23日，盟军航空兵出动5000架次，而德军只有大约800架次。凭借巨大的数量优势，美国陆军航空队和英国皇家空军发动了毁灭性打击。这一天过后，德军在阿登前线的补给线遭到严重破坏。此外，第9航空队的战斗轰炸机还在通往前线的公路上摧毁了230辆各类德国汽车，而在战场上，盟军的战斗轰炸机充当"飞行炮兵"，使盟军在多场战役中都占据了上风。[8]

叙述阿登战役情况时，第58装甲军第15国民火箭炮旅旅长莱奥·赞森(Leo Zanssen)写道："在盟军的空中优势和对补给线无休止的轰炸面前，各类补给的运送都变得极端困难。公路上的车流——以及单独的车辆——在晴朗的白天几乎不可能移动。车辆在通往艾费尔地区的崎岖道路上夜行，造成巨大的延迟以及车辆的过度磨损和消耗。至于车辆方面的损失，已经有约一半的车辆完全损坏或需要维修。在我看来，攻势的失败是因为盟军的绝对空中优势。"[9]

但是，12月23日第一批执行任务的战斗轰炸机是德国空军派出的。在靠近列日的绍德方丹，9架德国飞机扫射、轰炸美国第1集团军原指挥部。一枚250千克的炸弹在霍奇斯之前下榻的皇宫酒店前爆炸。但是，第1集团军指挥官和幕僚们已经在3天前转移到了通厄伦(Tongeren)。[10]

在南部地段，巴顿第3集团军的第3军同时报告："敌军扫射我军纵队和单独车辆，企图炸毁桥梁和补给设施。"[11]但是，这次行动使参战的德军部队付出了沉重代价。缺乏经验的飞行员不知道如何驾驶飞机躲避防空炮火，仅第4战斗机联队第8中队在圣维特的一次任务中就损失了6名Fw-190飞行员。[12]

科科特上校写道："9时之后，今天第一架[盟军]战斗轰炸机出现，他们向邻近前线的交通线和村庄猛扑下去，将车辆和建筑物变成一团团火球。"[13]德国战斗机出动保护他们的地面军队，和以前一样迫使多架战斗轰炸机丢弃炸弹，但在接下来的空战中，缺乏训练的德国飞行员通常运气不佳。法国战斗机王牌飞行员皮埃尔·克洛斯特曼(Pierre Clostermann)当时以空军上尉的军衔，驾驶一架霍克"飓风"式战斗机随英国皇家空军第274中队参加了阿登战役，他对当时西线的德国飞行员做出如下评论：

> 德国空军中似乎没有"中等水平"的飞行员，德国飞行员可以分成截然不同的两类：占全体飞行员15%—20%的"王牌"——这些飞行员真正胜过一般的盟军飞行员。其他飞行员则没有多大价值。他们很勇敢，但是无法发挥飞机的最大效能。[14]

共和 P-47 "雷电" 战斗轰炸机起飞前往攻击阿登地区的德国地面目标。最靠近摄影者的飞机由第 365 战斗机大队的阿奇·莫尔特比(Archie Maltbie)中尉驾驶。(NARA 唐·巴恩斯)

阿登地区遭到空袭后的德国车队残骸。(NARA 111-SC-199253)

早上9时45分,第406战斗机大队第514中队的"雷电"战斗轰炸机对特里尔附近的一列火车进行轰炸时,德国战斗机的拦截行动完美地证明了克洛斯特曼的描述。第4战斗机联队第4大队的12架Me-109战斗机在地面雷达的引导下,位置高于携带炸弹的对手。这应该是对"雷电"发动毁灭性打击的完美机会。而且,德国编队是由汉斯·施勒夫(Hans Schleef)中尉率领的,他是从1940年秋季就在一线服役的老兵,获得过98次空战胜利。但是施勒夫指挥的飞行员完全错失机会,美军略施小计就将他们击败了——美军将编队拆开,一些"雷电"留在1万英尺(约3000米)的高度,而所有德国飞机都降低高度扑向低空飞行的P-47。伯纳德·J.斯莱德吉克(Bernard J. Sledzick)中尉是实施高空掩护的美国飞行员之一。他解释说:"我们下方的战斗很激烈。每当我们看到Me-109咬住P-47的尾巴,就会俯冲下去将其赶走。"[15]

德国方面,施勒夫击落了一架"雷电",但于事无补;5架Me-109很快相继坠落,其中3架是赫伯特·W.斯科拉普(Herbert W. Scraper)中尉击落的,美军只损失2架"雷电"。和往常一样,战斗几分钟就结束了,此后所有飞机都消失得无影无踪,"被击落飞行员的降落伞挤满了天空。"[16]返程期间,双方各有1架飞机坠毁。

第9航空队的马丁 B-26 "掠夺者" 中型轰炸机编队。这种飞机的最高时速为287英里（约462千米），乘员7人，炸弹载荷4000磅（约1814千克），武器包括4挺固定式和7挺非固定式 .50 柯尔特 - 勃朗宁机枪。（美国陆军）

　　但最重要的是，盟军能够升空的飞机比德军多得多，美国或英国战斗轰炸机（德国人称其为"Jabos"）实施的多次行动都没有遭到德国战斗机的拦截。因此，美国第362和第406战斗机大队连续几波战斗轰炸机用火箭、凝固汽油弹和高爆炸弹空袭博伦多夫的叙尔河桥梁，以及菲安登的乌尔河桥梁。第368战斗机大队轰炸和扫射了德国科赫姆（Cochem）、奥伯施泰因（Oberstein）和其他地方的列车和火车站。第370战斗机大队扫射、轰炸了圣维特和雷希特的德军队伍和车队。在迪南附近，第370和第474战斗机大队的洛克希德 P-38 "闪电"飞机空袭了德国第2装甲师的先遣支队。

　　德国空军几乎未能实现通过低空攻击美军阵地以支援己方地面军队的意

图。早上10时到10时30分之间德军对巴斯托涅地面目标实施的一次重要行动不得不取消，因为梅塞施密特和福克－沃尔夫飞机不仅被迫丢弃它们的炸弹，还不得不返回基地，因为有报告称，出现了具有压倒性优势的美国战斗机。[17]

在巴斯托涅和阿登其他地段被冻僵的德军士兵们，还在痛苦地重复着1944年6月诺曼底登陆以来西线战斗中的口头禅："德国空军在哪里？（Wo bleibt die Luftwaffe?）"然而事实是，德国空军在1944年12月23日一整天都保持着很高的出动率，具体的特点是一系列漫长的空战，有些时候规模还很大。美军战斗轰炸机的活动在早晨到达高峰时，德国战斗机基地收到警报——敌军大型轰炸机编队正在逼近。第9航空队约200架双发中型轰炸机从法国东北部的各个基地出发，而英格兰南部密集的无线电通信也说明，第8航空队将以数百架四发轰炸机和护航战斗机发动新的大规模行动。德军必须集中大部分战斗机来抵御这双重威胁。

早在12月19日，布拉德利中将的第12集团军群和第9航空队就已经联合制订了一个计划，发动旨在切断德国通往阿登前线交通线的大规模行动，具体的做法是派遣第9航空队的中型轰炸机轰炸迈恩、奥伊斯基兴（Euskirchen）、阿尔韦勒（Ahrweiler）和埃勒（Eller）的铁路桥、普吕姆的编组站、基尔堡（Kyllburg）的火车站、萨尔堡的公路桥，以及另外10个交通目标。[18]此外，英格兰的美国战略航空力量（第8航空队）已经将第2航空师调往第9航空队，用B-24"解放者"四发轰炸机攻击相同目标，以补充后者的空袭。此时，天气条件终于允许实施这一计划。除上述力量外，第8航空队第1和第3航空师的300余架B-17"空中堡垒"还空袭了德国东部更远的铁路目标。而且，美国战斗轰炸机还直接攻击了文格罗尔（Wengerohr）—科布伦茨、道恩—迈恩、阿尔多夫（Ahrdorf）—辛齐希（Sinzig）、奥伊斯基兴—埃朗（Ehrang）和普龙斯费尔德（Pronsfeld）—盖罗尔施泰因（Gerolstein）铁路线上的目标。[19]

第387轰炸机大队558中队的B-26"掠夺者"双发轰炸机飞行员克莱德·哈金斯（Clyde harkins）中尉回忆道：

这类高优先级目标之一是德国迈恩的铁路桥，这是一座从德国心脏地带到比利时突出部的主要铁路线上的关键桥梁。这座跨度为344英尺（约

一架美国 A-20 "浩劫" 攻击－轰炸机被德军机炮击中起火。这架 A-20J 飞机编号为43-10129，来自第9航空队416轰炸机大队。A-20J 的最高时速为317英里（约510千米），乘员3人，常规炸弹载荷为2000磅（907千克），武备包括两挺固定式和3挺非固定式 .50 柯尔特－勃朗宁机枪。（美国空军）

105米）的桥梁使敌人的生命线越过内特河的深壑，若炸毁它，可以在很长一段时间内严重影响德国攻势的铁路补给线。

　　1944年12月22日夜间，第387轰炸机大队接到次日早晨攻击这座桥梁的命令。这是一个好消息，因为过去一周里，我们在法国圣康坦（St. Quentin）附近的空军基地已经遭到德军多次空袭，一次低空扫射，还有一些报告称敌军的伞兵空投到了我方区域。[20]

但是，美军似乎忘记了他们的空战条令 FM100-20。该条令是1943年夏季由两位英国人（蒙哥马利和空军少将亚瑟·科宁厄姆）制定的，它强调"空中优势是任何大规模地面行动成功的必要条件"，因此航空兵"必须主要用于打击敌军的空中力量，直到获得优势"。FM 100-20 为战术航空兵指派了三个有限任务，其中通过"攻击空中和地面的敌机获得必要程度的空中优势"是重中之重。[21]美军以第二优先的任务（攻击交通线以孤立战场）开始空中行动，可能是地面困难局面的一种表现；无论如何，这将令第9航空队轰炸机部队付出沉重代价。最重要的是，大部分派去执行护航任务的美军战斗机都无法定位轰炸机，使大部分双发轰炸机独自面对梅塞施密特和福克－沃尔夫战斗机。克莱德·哈金斯叙述道：

> 在巴斯托涅附近，我们开始遭遇中等强度的高射炮火，不得不做出标准的规避动作。不久以后，无线消息警告说这一区域有敌机，我们几乎立即遭到15—25架敌军战斗机的攻击，其中大部分是 Me-109。我将我的六机编队保持在靠近箱形机群中领飞编队的位置，以集中两个编队的火力。
>
> 从我们的箱形机群中俯瞰低空的飞机，我观察到许多敌军战斗机用航炮猛烈攻击，B-26上碎片横飞，它们起火并失去控制。现在回想起那次行动，整件事情就像一个慢镜头：随着战斗机的进入，B-26从天空消失……
>
> 而且，领航的飞机不知何故离开了编队，后来发现，它在编队下后方遭到敌方战斗机攻击并被击落。这一天，我们都因为敌方高射炮和战斗机而受损。我的编队中的一架飞机不得不用一个发动机飞回基地，另一架损坏严重，在返回基地时不得不实施救援。[22]

第387轰炸机大队的26架B-26中，有5架被击落。如果德国第11战斗机联队第2大队的飞行员们不是如此缺乏经验，损失可能会更大：只有3名德国飞行员采用经典的战术，背对太阳发动进攻——其他人则从美军轰炸机下方慢慢爬升攻击，这样，美军机枪手就有充足的时间瞄准。有6架 Me-109战斗机被轰炸机的防御火力击落，德军也没能阻挡美军的轰炸。

冒着敌方战斗机的攻击和密集的高射炮火，哈金斯向云层遮盖下的目标投下两颗炸弹，第二次靠近目标时，他找到了云层的一个缝隙，投弹手沃伦·巴特菲尔德中尉从那里投下的炸弹正中目标。在第387轰炸机大队的B-26中，只有哈金斯编队的飞机成功击中目标，但这就足够了。次日，一架侦察机发现桥梁的一段已被摧毁，另一段也部分被毁。此外，通往桥梁东面的铁轨被直接命中的炸弹切断。哈金斯中尉和该部队的另一位飞行员因为这次任务得到了银星勋章。第387轰炸机大队得到优异部队嘉许奖。[23]

　　第11战斗机联队第1大队向第387轰炸机大队发动攻击之后不久，又企图阻挡第397轰炸机大队对埃勒铁路桥的空袭，这些德国飞行员使用火力强大的Fw-190战斗机，其击落10架"掠夺者"轰炸机，他们也在轰炸机的防御火力下损失了5架飞机，但其余美国轰炸机仍然炸毁了这座铁路桥。这样，跨越摩泽尔河通往阿登地区的一条重要补给线被切断了。

　　20分钟后（11时5分），第77战斗机联队第1大队的Bf-109战斗机攻击了第322轰炸机大队的"掠夺者"轰炸机，这一次，德军击落了至少2架"掠夺者"和1架"闪电"，还击伤了22架轰炸机——这一切发生在2分钟内，此后，大部分德国战斗机飞行员已经打光弹药，匆忙离开战场，没有损失任何一架Bf-109。与此同时，据一名德国目击者后来所言，第322轰炸机大队的目标奥伊斯基兴变成了"一大片弹坑"。

　　其他美国中型轰炸机部队完全抵挡住了德国战斗机的攻击，没有遭受任何损失。但被派去攻击阿尔韦勒铁路桥的第291轰炸机大队运气不佳，遭到5个德国战斗机大队的攻击。其中之一是第3战斗机联队第4大队，它们的Fw-190火力特别强大，配备了用于近距离攻击重型轰炸机的30毫米大口径机炮。战斗结束时，第391轰炸机大队的32架"掠夺者"轰炸机中有16架在空中被摧毁。第368战斗机大队是为轰炸机护航的少数美国战斗机部队之一，他们声称击落了29架德国战斗机，己方仅损失2架。根据记录，该大队飞行员之一威廉·加里（William Garry）中尉击落了3架Fw-190飞机，并撞击了第四架敌机。杰里·B.塔利斯（Jerry B. Tullis）上尉、休·P.马修斯（Hugh P. Matthews）和威廉·J.韦兰（William J. Wayland）中尉各声称击落3架敌机。

　　1944年12月23日早上的空战中，美军共损失43架飞机——36架轰炸机、6架"雷电"和1架"闪电"战斗轰炸机；德军的损失为30—33架战斗机。

　　与此同时，第8航空队的重型轰炸机（共计超过400架）在430余架护航战斗机伴随下出现。迎战这个"无敌舰队"的是不超过78架德国战斗机，据美军报告，他们击落其中的29架战斗机，己方仅损失1架轰炸机和1架战斗机。[24]德军无法调动大量战斗机参加防御战，主要是因为第8航空队已经预先派出180余架战斗机进行"扫荡"。德国战斗机从机场起飞或集结爬升到预定作战高度时，这些飞机从高空猛扑而下。在MEW（微波早期预警）地面雷达的引导

命中！一架德国 Fw-190 战斗机的飞行员跳出自己的飞机，这架战斗机被美国战斗机的重机枪击中。这张照片是从美军的照相枪上拍摄的。（NARA，彼得·比约克）

下，第56战斗机大队的56架"雷电"飞机在王牌飞行员戴维·C. 席林（David C. Schilling）上校的率领下，奇袭了在奥伊斯基兴机场上空盘旋的德国大型战斗机编队。"雷电"战斗轰炸机的突袭给德军造成毁灭性的影响。几分钟内，第56战斗机大队的战绩已经新增至少37架敌机，而己方仅损失3架。席林上校击落了5架德国战斗机，从而将他的个人战绩提升到22次空战胜利。第27战斗机联队的王牌飞行员、曾赢得99次空战胜利的海因里希·巴特尔斯（Heinrich Bartels）军士长阵亡。

美军重型轰炸机肆虐之后，接踵而来的是由英国皇家空军轰炸机司令部的30架"兰开斯特"四发轰炸机和2架"蚊"式双发轰炸机组成的编队。这些轰炸机在没有任何战斗机护航的情况下，果敢地袭击了科隆火车站。就在英国轰炸机开始投弹时，它们遭到17架第26战斗机联队第2大队战斗机的攻击。这些飞机中，有一些是最新型的 Fw-190D-9（多拉 -9），它们至少可与最好的盟军战斗机打个平手。德军复制了早晨对美国轰炸机的大屠杀，击落8架"兰开斯特"，而且这一次他们没有任何损失。

直到此时，盟军似乎才渐渐明白，按照空军战斗条令压制德军航空兵才是当务之急。第9航空队战斗机部队奉命出动，打击德国战斗机。在雷达监视（所谓的"Y 服务"）和 MEW 雷达的帮助下，美国战斗机飞行员出其不意地袭击了多支执行作战任务后即将降落的德国战斗机部队，那时德国飞机已经燃油不足，也没有或几乎没有任何弹药了。

第一支遭殃的德国战斗机部队是第53战斗机联队第3大队。该大队的 Me-109战斗机在正午出动，实施一项"猎杀战斗轰炸机"的任务，但是没有发现任何敌军飞机。返程途中，他们遭到一个"雷电"大型编队的突袭，1架梅塞施密特战斗机被击落。第53战斗机联队第2大队在与"雷电"战斗轰炸机的交战中也损失了3架 Bf-109。

与此同时，第36和第737战斗机大队的其他"雷电"战斗轰炸机正扫射科隆—瓦恩和波恩—杭格拉尔（Hangelar）空军基地。在前一处，美军报告说轰炸了多座机库和其他建筑物，在地面上摧毁9架飞机。[25] 攻击波恩—杭格拉尔时，美军遭遇第2战斗机联队第1、第3大队和第77战斗机联队第3大队的30余架Bf-109 和 Fw-190，击落了7架 Bf-109 和 5架 Fw-190。另有多架德国飞机试图

联合飞机公司生产的B-24"解放者"和B-17"空中堡垒"一样，是美国陆军航空队1941—1945年实施对德空袭的两种四发战略轰炸机之一。这种飞机长67英尺8英寸（约20.5米）、翼展为110英尺（约33.53米）。执行远程任务时炸弹载荷为5000磅（约2270千克）。（美国空军）

降落于正遭到轰炸的机场时坠毁。但是美军的这些行动代价也很沉重——他们损失了7架"雷电"，其中2架被驾驶Fw-190 Dora-9战斗机的德国王牌飞行员齐格弗里德·莱姆克（Siegfried Lemke）击落。莱姆克当时的军衔虽然仅是中尉，却指挥着第2战斗机联队第3大队，此役使他的空战胜利达到50次。

但是，第9航空队战斗机竭力阻挡德国战斗机前往前线区域。下午3时被派往前线地区的德国战斗机飞行员对此感受最为明显。最初，德军派出第11战斗机联队第1大队的所有Fw-190，然后是该联队第3大队同样规模的编队。参战的德国飞行员之一，候补军士长卡尔－奥托·布曼（Karl-Otto Buhmann）告诉德国航空历史学家"约亨"·普里恩（Jochen Prien）和彼得·罗戴克（Peter Rodeike）："没过多久，在盟军战斗机之前，'雷电''喷火'和2架'野马'就从四面八方攻击我们。"[26]

这场实力悬殊的较量结束时，两个德国战斗机大队已经损失了20架Fw-190，单是第11战斗机联队第1大队就损失11架，该联队在当日的战斗中共损失了17架飞机，而他们自己仅取得了击落5架敌机的战果。第4战斗机联队第3大队也参加了前线的战斗机扫荡，损失6架Bf-109，只击落了1架敌机。

通过这次集中对付德国战斗机的战斗，12月23日下午，第9航空队的中型轰炸机得以完成对德军交通线的又一次重大行动，这次没有受到任何德国战斗机的干扰。美国第30步兵师第120步兵团很清楚他们的轰炸效果，第322轰炸机大队的6架飞机出现了导航错误，将美军控制的马尔梅迪当成德军控制的哈默叙姆（Hammersum）。炸弹落下时，挪威裔美国第99步兵营的劳埃德·耶勒贝格中士正站在山上俯瞰这座城市。68年后，他说道："我一辈子都忘不掉这件事，在一分钟内，整座城市变成了一个烟火四起的地狱。尽管我们已经设置标识，双发轰炸机仍然在低空投下它们的炸弹，圣诞节那一天，B-24飞抵上空，进一步毁灭了这座城市。这太糟糕了。城里火势猛烈，无法控制。"[27]

这是这座比利时小城3个地狱般日子的开始。由于主要供水线路被切断，水库又已经结冰，根本不可能有效地扑灭炸弹引起的大火。

次日，大火仍在熊熊燃烧，此时第8航空队的一个由18架B-24"解放者"重型轰炸机组成的编队经过该城上空。看到燃烧着的城市，飞行员们以为这里是他们在德国的目标，于是投下炸弹，给马尔梅迪造成加倍的破坏。美国第120步兵团绝望地向第30步兵师发出一条消息："这些飞机又到我们头上了；他们就要毁灭我们了。你们能不能让他们停下？"[28]尽管如此，马尔梅迪的大火在圣诞节又引来4架"掠夺者"轰炸机，这些轰炸机被派去空袭德军手中的圣维特，却连续第三天轰炸了马尔梅迪。美军的这些轰炸导致马尔梅迪的225名居民死亡，数百人受伤，第120步兵团有37名士兵死亡，90人受伤。这座城市的1160座建筑物中，近半数被摧毁或无法居住。

虽然德军受盟军空袭的影响最大，美军和英军的空袭一开始却导致盟国方面蒙受巨大损失。1944年12月23日西线的空中行动令德军损失了136架战斗机。[29]盟军的损失同样很大——84架飞机[①]。双方都被第一天密集飞行活动的结果震惊了。德国B集团军群指挥部的一份报告写道："敌方航空兵在整个集团军群地域密集出动，用战斗轰炸机袭击德军前锋，四发轰炸机攻击前线的公路和其他交通目标。"就德国地面军队来说，他们不得不经常躲避盟军空袭，却总

---

① 原注：其中66架来自第9航空队（42架中型轰炸机、14架"雷电"、2架"闪电"、8架双座C-47"空中列车"运输机），8架来自第8航空队（4架"野马"、3架"雷电"和1架B-17"空中堡垒"），此外还有9架英国皇家空军轰炸机司令部的"兰开斯特"，以及1架英国第2战术航空队的"台风"战斗轰炸机。

安装防空枪炮支座的 M16 多用途火炮运送车的车组成员们紧张地观察着蓝天上正在激烈缠斗的飞机航迹。M16 MGMC 是 M3 半履带车的一个变种，配备马克森 M45 四联装枪架，安装 4 挺 .50（12.7 毫米）M2HB 机枪。这种武器被士兵们称为"绞肉机"，因为它在用于打击地面军队时有可怕的杀伤效果。（美国陆军）

是看不到己方飞机的踪影时，士气全面受挫。因此。第 2 战斗机军得到命令，无论防御盟军轰炸的需求多么迫切，他们都要为前线提供战术支援。

盟军方面又一次决心将与德军战斗机交战视为重中之重；第 8 航空队奉命部署所有可用的重型轰炸机，在圣诞节前夕全力以赴地打击西线的德国机场和交通目标。

12 月 24 日拂晓，天气比前一天更加晴朗。就在日出前一刻，德国空军大规模出动，支援自己的地面军队，但是遭到大批盟军战斗机的拦截。例如，第 4 战斗机联队出动33架Bf-109在前线上空执行任务，但是与美国战斗机的交战使他们损失了6架飞机，却未能击落1架敌机。[30]在事故中还损失了2架Bf-109，另有2架在莱茵—迈恩机场上被美国战斗轰炸机炸毁。[31]第77战斗机联队第1大队出动24架Bf-109，在第5装甲集团军作战区域上空实施"战斗轰炸机猎杀"任务，却陷入与洛克希德"闪电"战斗机的苦战中，后者很快还得到多架"雷电"战斗轰炸机的增援。这导致德军损失16架战斗机，而他们自己只击落1架敌机。[32]

12月24日，唯一突破盟军战斗机拦截的德国飞机是第76轰炸机联队第3大队的Ar-234 B-2喷气式轰炸机。这是世界上第一种投入实战的喷气式轰炸机，不久之前刚调到这个轰炸机大队支援阿登攻势。Ar-234最高时速达461英里（约742千米），携带2200磅（约1000千克）炸弹时也能达到413英里（约665千米），因此飞行员可以在任何时候甩掉任何盟军战斗机。1944年夏季，Ar-234初次接受战火的洗礼，在诺曼底上空实施侦察任务，率队的是执行过400次轰炸任务的老兵迪特尔·卢克施（Dieter Lukesch）上尉。24日早上，8架这种喷气式轰炸机呼啸着飞过列日火车站上空，各投下一枚1100磅（约500千克）炸弹，第9架轰炸机则空袭了那慕尔火车站——阿登地区西北方的重要铁路枢纽，在迪南以北12英里（约19千米）处。[33]但是，这种飞机太少了，很难对战役产生真正的影响。

第8航空队的200架重型轰炸机在800余架战斗机的护航下进入德国西部上空时，空中优势的争夺已经明显对盟军有利。2/3的轰炸机攻击了莱茵河以西最重要的11座机场，其他飞机则攻击了同一地区的14个不同交通目标[①]。虽然机场一座接一座被摧毁，但德军仍然出动几百架战斗机抵挡庞大的轰炸机队。付出沉重代价（参战的德国战斗机损失了将近40%）后，它们击落了12架美国轰炸机和10架护航战斗机。另有24架美国飞机在返航时坠毁。

与此同时，第9航空队和英国第2战术航空队得以在阿登上空自由行动，甚至比第一天效率更高。韦兰少将的第19战术航空兵司令部得到第9战术航空兵司令部和第8航空队的3个战斗机大队的增援，仅该部当天就报告摧毁或损

---

① 原注：12月24日晚上，德军报告如下机场遭到空袭的严重破坏：吉森（Giessen）、尼达（Nidda）、埃廷豪森（Ettinghausen）、阿尔滕斯塔特（Altenstadt）、莱茵－迈恩（Rhein-Main）、巴本豪森（Babenhausen）、大奥斯特海姆（Grossstheim）、采尔豪森（Zellhausen）和默兹豪森（Merzhausen）。（基尤国家档案馆："超极机密"文件HW 5/637. CX/MSS/T 409/45 West。）

坏117辆装甲车辆和588辆其他车辆。[34]盟军航空兵12月24日共出动500余架次。尽管德国空军这天在西线押上了诺曼底登陆以来最大的赌注，但是盟军的飞机仍然5倍于德军。战斗中盟军损失了93架飞机，其中约有一半是在空战中损失的，德军则损失157架飞机。这一天以后，德军西线总指挥官、陆军元帅冯·伦德施泰特评论道，由于盟军的空中行动，"几乎所有日间交通，无论兵员还是补给，都无法进行。在占领区重组军队都因轰炸而变得极度困难。"[35]

同样的情景在圣诞节再次重演，这是极佳飞行天气持续的第三天。第1战斗机联队第2大队的Fw-190飞行员弗里茨·魏格纳（Fritz Wegner）中尉讲述了当天的一次空战："我们大队的目标是莱茵河以西地区，但还没到达那里就遭到美国战斗机拦截，那是一大批的'野马'战斗机。突然之间，整个天空都被它们占满了，它们将我们的编队撕成了碎片。我独自对阵8架'野马'，在亨内夫（Hennef）被击落，侥幸跳伞逃生。"[36]德军12月25日又损失了93架飞机，而他们的飞行员报告击落27架盟军飞机。[37]

圣诞节次日，德国空军拼凑了至多404架飞机升空，损失了65架。损失最大的部队属于第3战斗机师，该师共派出276架战斗机（164架Bf-109和112架Fw-190）在前线上空实施"战斗轰炸机猎杀"；他们报告击落14架"雷电"、2架"野马"和2架炮兵观测飞机，代价是45架己方的飞机和同等数量的飞行员。[38]德国战斗机飞行员的大量损失持续到12月27日，当天，第3战斗机师派出所有可用的飞机到迪南—马尔什—罗什福尔地区。[39]但是对地面目标的攻击和"战斗轰炸机猎杀"都没有任何大的效果。第1战斗机联队第1大队派出18名Fw-190飞行员到迪南附近，实施攻击地面目标、支援第2装甲师的行动，其中只有3人返回基地。[40]与此同时，第3战斗机联队第3大队在同一区域执行"战斗轰炸机猎杀"任务，损失8架Bf-109之后，只击落3架"雷电"。[41]盟军在1944年12月27日有将近3000架飞机升空，而德军出动的飞机不超过400架。

推平圣维特突出部

在密集的空中行动中，德军拼命地试图向默兹河继续推进。1944年12月23日（星期六）的第一缕阳光照亮冰雪覆盖的阿登战场时，德军北翼的攻势已经完全被遏止。党卫军派普战斗群在拉格莱兹快要覆灭时，党卫军第12装甲师一整天都在维修损坏的车辆，试图在后方重整破碎的部队。

12月20日，莫德尔和冯·伦德施泰特已经决定，将进攻重点从"泽普"·迪特里希党卫军集团军负责的北部地段转移到冯·曼陀菲尔的第5装甲集团军势如破竹的南部地段，这一决定只是强调了已经确定的事实——那才是德军**实际**上的主攻方向。与此相关的是，党卫军第2和第9装甲师被调到第5装甲集团军的北翼，在那里再次归入党卫队全国副总指挥兼武装党卫军上将威利·比特里希的党卫军第2装甲军。很有讽刺意味的是，12月23日，卢赫特上将的第66军和党卫军第2装甲军再一次划归"泽普"·迪特里希的党卫军第6装甲军集团军指挥，但是到这个时候，实际指挥行动的是莫德尔，而不是那位已经心生厌倦的党卫军将军了。

党卫军第2装甲军和第66军的地段在圣诞节后出现了戏剧性的发展。第66军在刚抵达的"元首卫队"旅支援下粉碎美军在圣维特的防御时，党卫军第9"霍恩施陶芬"装甲师从北面的波托地区（圣维特西北5英里）发动进攻。由于党卫军第2"帝国"装甲师同时从南面的乌法利兹东北地区（圣维特西南约15英里）发动进攻，德军形成了一支铁钳，势将圣维特突出部的美军（第7装甲师、第9装甲师B战斗群，以及第112和第424步兵团）包围并消灭。

我们在前面已经看到，蒙哥马利元帅在最后关头说服美国第1集团军指挥官霍奇斯，迫使美军在该地段的指挥官李奇微不情愿地放弃了坚守突出部的计划，撤到圣维特以西10英里（约16.1千米）的萨尔姆河之后。12月22日晚上，李奇微解除第106步兵师师长琼斯少将的职务。与此同时，他任命第7装甲师师长罗伯特·哈斯布鲁克准将指挥萨尔姆河以东的所有美军。在蒙哥马利及下属的支持下，坚决反对李奇微守卫圣维特计划的哈斯布鲁克立刻命令全线撤退到萨尔姆河之后。但是，该师所面对的敌军相当强大——南面和西南面是党卫军第2装甲师和第560国民掷弹兵师，东面和东南面是党卫军第9装甲师、"元首卫队"旅、第18国民掷弹兵师和第62国民掷弹兵师，东北面则是党卫军第1装甲师（此时仍然包括党卫军派普战斗群）。

德军12月23日发动新的攻势，以党卫军第9装甲师进攻圣维特西北5英里（约8千米）的波托，"元首卫队"旅也从圣维特以西2英里的罗特出发，美军的形势看起来十分严峻。从波托到维尔萨姆以及当地战略位置十分重要的萨尔

阿登战役期间，第 9 航空队联络官詹姆斯·R. 劳埃德检查一辆被美国战斗轰炸机投下的炸弹摧毁的"豹"式坦克。（NARA，A-56251，彼得·比约克）

姆河桥梁，只有约5英里。如果党卫军第9"霍恩施陶芬"装甲师迅速占领这一位置，圣维特突出部的美军就只能通过唯一的渡口撤退，那就是再往南4英里，萨尔姆沙托以南的锡耶勒渡口。这无疑意味着第7装甲师大部覆灭——该师的A战斗群和R战斗群就分别位于波托和波托西北面的萨尔姆河东侧。

　　进攻前夜，党卫军第9装甲师对波托发动了一次小规模的坦克突袭，摧毁2辆美军坦克。[42] 强大的党卫军第9装甲师准备在12月23日拂晓发动进攻时，该师终于集结起全部兵力，其装甲团最终通过东面拥挤的道路开到前线。

　　毫无疑问，12月23日的晴朗天气对于这一战线上的美军来说也是及时雨。德军进攻队形向波托开进时，遭到第370战斗机大队大批洛克希德"闪电"战斗轰炸机的打击，这些飞机投下炸弹，并用重机枪猛烈扫射该地区。美国航空兵的攻击迫使德军停下来隐蔽，美军则借此机会集中炮火轰击整片地区。5辆"豹"式坦克被摧毁，包括党卫军第9装甲团团长、党卫队二级突击队大队长埃伯哈特·特尔坎普（Eberhardt Telkamp）指挥的坦克（但是他本人安然逃脱）。[43]德军确实攻下了波托，但此后美国战斗轰炸机的不断空袭使党卫军第9装甲师无法继续推进，第7装甲师的2个战斗群得以在维尔萨姆渡过萨尔姆河撤退。

　　但是，美国航空兵对更南面雷默上校率领的"元首卫队"旅无能为力，因为友军和敌军都在运动之中，难以区分。12月23日早上8时，雷默上校的装甲兵从罗特出发，沿着狭窄的乡间道路越过积雪的田野，开往圣维特西南5英里（8千米）的欣德豪森。[44]该旅的任务是堵截留在圣维特突出部南部的美军——第7装甲师B战斗群、第9装甲师B战斗群、琼斯特遣队以及第112和第424步兵团。这个德国装甲旅的主要目标是从贝奥分别通往萨尔姆沙托和维尔萨姆的公路，按照德军的推算，这是美军的主要撤退路线。

　　但是，"元首卫队"旅的兵力只有党卫军第9装甲师的1/3，需要封锁的区域也更大，路况也明显更糟。美军在欣德豪森部署了一支殿后力量，由第31坦克营和第87装甲骑兵中队的单位组成，此外还有第814坦克歼击营的一个排。后者装备最新型的履带式坦克歼击车——配备威力惊人的90毫米M3反坦克加农炮（与德军的88毫米炮相当）的M36"杰克逊"。在这支后卫力量阻击"元首卫队"旅时，数百辆美军车辆如潮水般从南面和西南面2英里魏斯特文恩（Weistervenn）云杉林另一侧的马尔丁根（Maldingen）和科曼斯特

（Commanster）涌来，挤满了向北通往维尔萨姆、向西北通往萨尔姆沙托的两条道路。在欣德豪森英勇作战的这一小股军队实际上拯救了大部分美军主力，使他们在撤退的时候没有被切断。

雷默的"元首卫队"旅最终得以突破美军在欣德豪森的防线时，大部分美军已经在渡过萨尔姆河的途中。据德军报告，在欣德豪森的战斗中德军损失2辆坦克，美军损失4辆坦克。[45]美军的报告承认损失2辆"谢尔曼"和1辆履带式坦克歼击车。[46]

"元首卫队"旅继续沿同一条狭窄的公路（基本上只有坦克的轮距那么宽）开进魏斯特文恩森林，德军在那里发现了一些美军放弃的坦克。[47]美国第87装甲骑兵中队的行动报告显示，该中队的一位连长对离开欣德豪森的一个排的"谢尔曼"坦克和3辆履带式坦克歼击车"失去了控制"[48]。

德军很快抵达科曼斯特的贝奥—维尔萨姆干道，却发现美军已经逃脱牢笼。[49]沮丧之余，雷默命令队伍继续越过积雪的田野向西南推进，以切断沿萨尔姆河河岸向北延伸的公路——美军最后一条撤退路线。但是在两条主干道之间的罗杰里（Rogery），美军部署了另一支部队——这一次是由古斯廷·M.纳尔逊上校率领的第112步兵团某营（就是在乌伦十字路口坚守多日的那支部队）。此时，纳尔逊的小部队已经失去所有反坦克武器，但是他们坚守阵地，同时绝望地呼叫哈斯布鲁克（第112步兵团已经加入他的装甲师）。哈斯布鲁克的装甲师已经遭到重创，他只能召集预备队中的2辆履带式坦克歼击车，令其全速开往罗杰里。这2辆坦克歼击车抵达时，正好看到一群德国坦克从山上下来，向东开进。一阵猛烈的炮火打退了德军，很快，一个排的"斯图尔特"坦克和一些牵引式反坦克炮抵达，增援罗杰里守军。

就目前所知，德军在罗杰里没有损失坦克，但这一小股美军也阻挡了"元首卫队"旅数个小时。雷默上校对敌军实力一无所知，他决定等待自己的炮兵营进入阵地，对罗杰里发动炮击。美军撤出后不久，德军最终夺取了这座村庄，此时太阳已经快要下山了。

由于第112步兵团的奋战，琼斯特遣队——由第814坦克歼击营营长罗伯特·B.琼斯中校率领的特遣队，镇守圣维特突出部南翼——勉强逃脱。但是，它的殿后部队被"元首卫队"旅最突前的几辆坦克歼击车截住。此时，琼斯特遣队正在沿博维尼和萨尔姆沙托之间的公路移动，这条道路沿着萨尔姆河蜿蜒向北。这些队伍刚刚开始通过罗杰里以西锡耶勒的桥梁，雷默的军队就发起攻击。雷默上校写道：

> 先遣支队报告，敌军的一个纵队在博维尼到萨尔姆沙托的公路上向北开进。我命令士兵们封锁锡耶勒磨坊以南的道路，紧随敌军纵队之后，在不与敌军交火的情况下尽可能多地抢占地盘。但是，敌军很快发觉了这一点，殿后的坦克开火。我目睹我们的坦克歼击车一辆又一辆地向前开出50米，发射照明弹将敌军坦克照亮，然后摧毁了5辆敌军坦克和2门反坦克炮。在大部分情况下，第一发炮弹就能摧毁敌方目标。[50]

美军纵队抵达萨尔姆沙托外围时，遭到党卫军第2装甲师装甲侦察营（由党卫军二级突击队大队长克拉格率领）的坦克歼击车的攻击，该营趁着夜色从西南开来，击毁一整排的"斯图尔特"坦克。根据第7装甲师的行动报告，这几次交火导致琼斯特遣队损失了1辆"谢尔曼"、3辆"斯图尔特"、4辆"地狱猫"（来自第814坦克歼击车营B连）、2门反坦克炮和2辆其他车辆。[51]但实际损失明显更大。美国第82空降师第508伞兵团的约翰·梅杜斯基（John Medusky）少校后来报告了琼斯特遣队的情况：

> 他们的士气很低落，由于前几天不断遭到袭击，士兵们都变得很神经质。他们已经得知我们的位置，但由于之前听到许多关于友军存在的虚假故事，对于后续发生的事情不能过多指责。但是，他们抵达萨尔姆沙托南方几千米的地方时，面对向他们开火的敌军轻武器和"虎"式坦克，许多人丢下车辆和装备徒步逃走。约300名士兵和40辆车（约是留在博维尼地区军队的一半）成功地通过萨尔姆沙托缺口，前往大萨尔（Grand-Sart）。[52]

根据第508伞兵团的另一份报告，琼斯特遣队遭到德军攻击时有100辆作战车辆。[53]

从德国方面看，雷默上校写道："因为敌方纵队明显受阻于被炸毁的桥梁，我们大约缴获了12辆坦克和20辆其他车辆。车上的敌军趁着夜色分散逃入

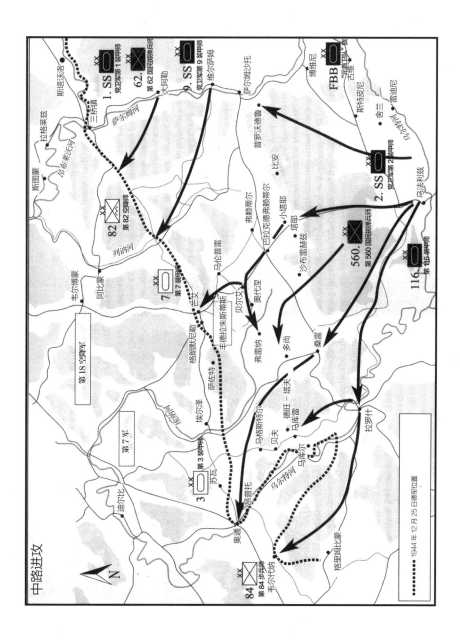

附近地区。"[54]

在一片混乱中，一支美军部队被人"遗忘"了，那就是纳尔逊上校的第112步兵团，该团最初奉命在琼斯特遣队的掩护下撤退，然后接到相反的命令，两支部队角色互换，纳尔逊的部队掩护琼斯特遣队撤退。但这项任务完成时，纳尔逊没有接到任何新命令。

12月23日，疲惫不堪的第112步兵团士兵——由于补给线被封锁而缺乏补给——眼看着其他美军部队潮水般向西涌去。最后一支撤退的车队经过时，纳尔逊上校用无线电联系第7装甲师师长哈斯布鲁克，报告了这一情况，但是没有接到撤退的命令。[55]

下午3时，纳尔逊决定行使自己的自主行事权，允许士兵撤退。由于此时德军已经占领了该地区的公路，黄昏出发的美军不得不徒步穿越南起罗杰里、北到萨尔姆河地区的、被冰雪覆盖的高山。这是骇人条件下的一场远征，该团余部分成无数个小组甚至是单兵，努力在刺骨的寒夜中保持正确方向，避开德军巡逻队。许多士兵被德军俘虏，或以这样那样的方式死去，但是最终大部分都抵达了由第82空降师守卫的防线。[56]疲惫不堪、饱受折磨的士兵们从12月23日夜间到圣诞夜，一路艰苦跋涉。当他们穿过空降师防线时，美军的报告这样描述了他们的状态："食品缺乏，士气低落。天气非常寒冷，士兵们又累又饿。"[57]

但是，美军仅仅是暂时渡过了危机。撤退军队和第82空降师都再次面对被困住的威胁，这一次的威胁来自两个党卫军装甲师——东北方向的"霍恩施陶芬"师和西南方向的"帝国"师。

巴拉克德弗赖蒂尔争夺战

党卫队二级突击队大队长克拉格的装甲侦察营在萨尔姆沙托拦截了琼斯特遣队，这支部队只是党卫队区队长海因茨·拉默丁率领的党卫军第2"帝国"装甲师的东翼，该师主力12月23日正沿N15公路北进①。这条公路从南面的巴斯托涅开始，穿过乌法利兹，向北经芒艾（Manhay）通往列日和默兹河。"帝国"

---

　①原注：如今这条公路的编号是N30。

师12月23日的首要目标是巴拉克德弗赖蒂尔岔路口，N15公路在那里与一条东西向的公路交叉，这条公路从东面7英里（约11.3千米）的萨尔姆沙托（萨尔姆河畔）延伸到西面10英里（约16.1千米）乌尔特河畔的拉罗什。该师的下一个目标是由此往西北方向6英里（约9.7千米）的芒艾路口，N15公路在那里与从维尔萨姆向西延伸的主干道交叉。这股德军可以从那里威胁东面守卫萨尔姆河沿岸的美军部队后方。如果党卫军第2装甲师能够占领巴拉克德弗赖蒂尔和芒艾，党卫军第9装甲师也能夺取维尔萨姆以北萨尔姆河上的大阿勒，刚刚逃离圣维特包围圈的美军部队和第82空降师都将被包围。

对于美军来说，在巴拉克德弗赖蒂尔阻止拉默丁前进至关重要。问题是，没有协调一致的部队正面迎战党卫军第2装甲师。

巴拉克德弗赖蒂尔位于詹姆斯·M.加文（James M. Gavin）少将所率美国第82空降师与莫里斯·E.罗斯（Maurice E. Rose）少将所率美国第3装甲师之间的缝隙处，这两位最难对付的美国陆军师长有着同样坚强的意志，彼此也都尊敬对方。加文少将所在的第18空降军，军长李奇微称罗斯为"我所认识的最英勇的战士"[58]。罗斯少将的使命实际上是守住N15公路。他的师尽管是"重装甲师"——有14000名士兵和390辆坦克，而不是常规的10500名士兵、263辆坦克，但此时整个师支离破碎，面临多支德国部队的重压。[59]该师B战斗群仍然在巴拉克德弗赖蒂尔东北方12英里（约19.3千米）处，于昂布莱沃河北侧的拉格莱兹与党卫军派普战斗群苦战，目前归第30步兵师指挥。A战斗群和R战斗群大部面临第116装甲师的沉重压力，我们已经知道，它的一个战斗群（霍根特遣队）还被围困在巴拉克德弗拉迪尔西南方10英里，乌尔特河正东面的马库雷。

罗斯的装甲师能够集结于巴拉克德弗赖蒂尔的全部力量是第32装甲团第3营一个排的"谢尔曼"坦克，以及第36装甲步兵团I连的一个步兵排。他们加入匆忙组成的一支规模很小且成分复杂的军队①，被派往巴拉克德弗赖蒂尔。

---

　　① 原注：这支部队原来包括第325滑翔机机降步兵团（第82空降师）第2营F连和第509伞兵营某连的步兵。（国家档案与记录管理局，第325滑翔机机降步兵团：团长乔治·比灵斯利上校访谈，1945年3月24日。）这些步兵得到（第7装甲师）第87骑兵中队D连的坦克、第643坦克歼击营的反坦克炮，（第106步兵师）第589野战炮兵营的3门105毫米野战榴弹炮，以及第203高射炮营的4辆半履带车（各配备一套四联装M51 .50口径高射机枪）的支援。（国家档案与记录管理局，第7装甲师记录文件607号，第407组427号记录；第87骑兵侦察中队D连晨报。）

1944年年底至1945年年初冬季美军航拍的巴拉克德弗赖蒂尔。这张照片是从南面拍摄的，清晰地显示了N15公路延伸到交叉路口以北的云杉林中，通往芒艾。在巴拉克德弗赖蒂尔，N15公路与一条较小的公路交叉，这条公路东起萨尔姆沙托（但照片中写的维尔萨姆不完全正确），经由桑雷通往西面的拉罗什。那家著名的旅馆在交叉路口旁边（右侧）。照片右上角的空地是弗赖蒂尔村。（美国陆军）

这支军队由第589野战炮兵营副营长亚瑟·帕克（Arthur Parker）少校指挥，他几天前刚刚设法带着3门野战榴弹炮逃出乌尔河以东德军对第106步兵师的包围圈。因此，他深知德军的攻击能力。12月23日正午，空降兵将军加文抵达十字路口东北的小村弗赖蒂尔，命令第325滑翔机机降步兵团第2营营长理查德·M.吉布森少校"接管十字路口所有单位的指挥权，不管原来的指令如何"（斜体是原文中就有的）[60]。

有关后续战斗的叙述，往往强调巴拉克德弗赖蒂尔路口位于海拔2000英尺（约610米）的高处。这种说法可能给人一种印象：美军阵地在一个绝佳的制高点上，可以很好地观察从下方发起进攻的德军。但是，路口周围的地势也很高。实际上，此地最高点（略高于2000英尺）位于十字路口西北500码（约457米）处。德军推进时使用的N15公路向巴拉克德弗赖蒂尔路口延伸时只是一段很平缓的上坡路。人们站在十字路口上向南面或西南面眺望时（这就是1944年12月23日美军的视角），几乎感觉不到高度的差别。只有西面（萨尔姆沙托方向）的道路和开阔地可以理解为下坡。

巴拉克德弗赖蒂尔的"洛朗·雅克"旅馆见证了1944年12月23日的激战。这座建筑物的一部分被直冲过来的一辆德军坦克摧毁。后来它得以重建，从战争期间到如今仍然由同一个家族管理。今天，这家旅馆改名为卡勒富尔旅馆。照片是在二战之前拍摄的，展示了战斗开始时的样子。（埃斯梅拉达·勒琼，奥贝热·杜·卡勒富尔）

在美方的文献中，巴拉克德弗赖蒂尔之战通常被描述为一场长时间的激战。由第560国民掷弹兵师舒曼战斗群70—90名士兵组成的一小股兵力企图在12月23日清晨5时通过一场奇袭夺取该路口，但由于美军警惕而失败，经过一小时激烈的短兵相接之后，德军被击退。[61]拂晓之前，德军才再次发动进攻。

12月23日下午3时30分，经过20分钟的炮火准备，党卫军第2装甲团第7连的8辆四号坦克，在乘坐701号坦克的党卫队二级突击队中队长霍斯特·格雷西克的率领下，从东南方的N15公路两侧推进。他们的火炮立刻摧毁了2辆"谢尔曼"坦克。美军通过无线电请求批准撤退，但是加文少将的回答简短而坚定："不惜一切代价坚守！"[62]

这条命令刚刚下达，另一股德军便从美军背后发动进攻。党卫军第4"元首"装甲掷弹兵团第3营的装甲掷弹兵和2辆突击炮突破巴拉克德弗赖蒂尔以西的树林，他们从森林中杀出时，美军的防线瓦解了。[63]美国第325滑翔机机降步兵团第2营F连连长朱尼尔·R.伍德拉夫（Junior R. Woodruff）上尉用无线电联系团长乔治·比灵斯利（George Billingslea）上校，竭力要求准许后撤。他最

这门被摧毁的美制105毫米M2A1榴弹炮证明了美军在巴拉克德弗赖蒂尔的失败。（NARA 美国通讯兵团）

终获得批准，但是对他手下的大部分士兵来说，这已经太晚了。[64]

美军全线撤退，剩下的3辆"谢尔曼"坦克全速爬上北面的山坡，第87骑兵中队D连后来报告："所有车辆都已经被敌军的行动摧毁，那些还能走的人都靠步行离开阵地。"[65]无法逃脱的美军躲在十字路口的洛朗·雅克旅馆中，但这于事无补。其中一名士兵，美国第589野战炮兵营的约翰·F. 盖滕斯（John F. Gatens）下士回忆，他听到外面公路上的一名德国军官用蹩脚的英语喊道："门外有一辆德国坦克，它的炮口指向你们。你们乖乖地出来，不然我就让他们开火了！"美军士兵们颤抖着走了出来，接受德军的搜身。然后，他们和另一大群美军士兵被赶到一起，沿路边列队，将手放在头上。有一辆四号坦克在某个时刻撞进了旅馆的南侧，但时间和起因不清楚。

战斗结束时，据格雷西克的坦克连清点，有17辆美军坦克被摧毁，此外，德军还摧毁或缴获了30辆半履带车和吉普车——己方的全部损失仅为4辆坦克。[66]根据美军的报告，他们在巴拉克德弗赖蒂尔损失了11辆"谢尔曼"坦克和全部4门反坦克炮、3门105毫米榴弹炮、4辆装有四联装.50高射机枪支座的半履带车和8辆2.5吨卡车。[67]伍德拉夫连队的119名士兵中，只有44人从巴拉克德弗赖蒂尔归队。[68]

如今，这个重要的十字路口（现在被称作"帕克十字路口"）上建造了一座纪念碑，与一门曾用于守卫这里的M2A1 105毫米野战榴弹炮一起，纪念在巴拉克德弗赖蒂尔顽强抵抗的美军士兵们。古老的旅馆仍然由同一个家族运营着。美国地面军队在战斗中的确表现出极大的勇气，但在12月23日的大部分时间里，真正遏止强大的党卫军第2装甲师前进的并不是他们。

盟军空中力量对德国装甲兵的打击

实际上，阻止党卫军第2装甲师在12月23日将萨尔姆河和乌尔特河之间的美军切断的是美国航空兵。从12月23日太阳升起的那一刻起，第406战斗机大队和其他多支航空兵部队的"雷电"战斗轰炸机实施了不间断的空袭，迫使德军隐蔽于巴拉克德弗赖蒂尔东南方小塔耶（Petites-Tailles）的丛林里。[69]

巴拉克德弗赖蒂尔路口最终落入德军之手时，党卫军第2装甲师师长拉默丁决定不立即继续推进，以免坦克夜间行动时暴露在巴拉克德弗赖蒂尔以北N15公路旁树林中的伏兵面前。相反，他在23日夜里派遣党卫军第4"元首"装甲掷弹兵团进攻西面3英里处的奥代涅村（Odeigne）。这些装甲掷弹兵们用"铁拳"消灭了一个排的"斯图尔特"坦克，夺取该村。[70]但是森林里相当混乱的夜战使双方都付出很大代价。德军团长、党卫队一级突击队大队长魏丁格写道：

> 第3连损失极大。尖刀排实际上完全被消灭。该连此后占据了弗赖蒂尔周围的防御阵地。在如同沼泽的作战地域，气温骤降导致普遍的冻伤，给两个营都造成严重减员。因为冻伤引起的损失已经达到3%—5%。[71]

美军12月23日发动的空袭令党卫军第2"帝国"装甲师在N15公路上未能取得决定性突破，这一战果的价值不可估量。我们已经知道，巴拉克德弗赖蒂尔的小股美军完全不可能抵挡强大的党卫军第2装甲师。后方的任何一支美

巴拉克德弗赖蒂尔之战刚刚失败之时，美军对于强大的党卫军第2"帝国"装甲师已经
无能为力。在十字路口东北方森林另一侧的弗赖蒂尔村，美国第82空降师325滑翔机
机降步兵团第2营已经占据了阵地。在这张照片中，空降兵们正在装填一门75毫米M8
驮载式榴弹炮（空降专用型）。这是美国空降兵部队使用的一种易于拆卸的榴弹炮，重量
为1339磅（约607千克），射程9600码（约8778米），射速为每分钟3发。（美国陆军）

军都无法阻挡这个党卫军装甲师。12月23日，巴拉克德弗赖蒂尔以北的N15
公路沿线，面对"帝国"师的是第9装甲师B战斗群C连（该连当天从圣维特
以南后撤，抵达芒艾）以及第3装甲师的一支小部队——布鲁斯特特遣队。除
了这些力量之外，第82空降师第325滑翔机机降步兵团第2营守卫着十字路口
东北约2000码（约1830米）的弗赖蒂尔小村。如果没有美国航空兵的贡献，这
些军队12月23日就应该被党卫军第2装甲师一扫而光了（正如我们接下来将
会看到的那样）。

THE ARDENNES
HITLER'S WINTER OFFENSIVE
阿登战役
1944-1945
希特勒的冬季攻势

[瑞典]克里斯特·贝里斯特伦 著

姚军 译

全2册·下册

江苏凤凰文艺出版社

JIANGSU PHOENIX LITERATURE AND
ART PUBLISHING, LTD

THE ARDENNES 1944-1945: HITLER'S WINTER OFFENSIVE by CHRISTER BERGSTROM
Copyright: © 2014 Christer Bergström
This edition arranged with Christer Bergström through Big Apple Agency, Inc., Labuan, Malaysia.
Simplified Chinese edition copyright: 2019 ChongQing Zven Culture communication Co., Ltd
All rights reserved.

版贸核渝字（2018）第 086 号

图书在版编目（CIP）数据

阿登战役 1944—1945：希特勒的冬季攻势：全 2 册 /
（瑞典）克里斯特·贝里斯特伦著；姚军译 . -- 南京：
江苏凤凰文艺出版社，2019.9
书名原文：The Ardennes 1944–1945: Hitler's
Winter Offensive
ISBN 978-7-5594-1533-2

Ⅰ . ①阿… Ⅱ . ①克… ②姚… Ⅲ . ①第二次世界大
战战役 – 史料 Ⅳ . ① E195.2

中国版本图书馆 CIP 数据核字 (2019) 第 191877 号

阿登战役 1944—1945：
希特勒的冬季攻势：全 2 册

［瑞典］克里斯特·贝里斯特伦　著　　姚军　译

责任编辑　王　青

特约编辑　董旻杰　王　轩　黄晓诗

装帧设计　杨静思　王　轩

出版发行　江苏凤凰文艺出版社

　　　　　南京市中央路 165 号，邮编：210009

网　　址　http://www.jswenyi.com

印　　刷　重庆共创印务有限公司

开　　本　787mm×1092 mm 1/16

印　　张　59

字　　数　900 千字

版　　次　2019 年 9 月第 1 版　2019 年 9 月第 1 次印刷

书　　号　ISBN 978-7-5594-1533-2

定　　价　199.80 元（全 2 册）

江苏凤凰文艺版图书凡印刷、装订错误可随时向承印厂调换如果党卫军第2"帝国"装甲师取得突破，将产生深远的影响。首先，它可以将美国第82空降师和刚刚撤退的第7装甲师各部堵在萨尔姆河东侧，或者（正如我们此后看到的那样）迫使第82空降师匆忙放弃萨尔姆河上的阵地，向西北退却。如果12月23日出现以上任何一种情况，德国党卫军第9装甲师就可以为党卫军派普战斗群解围。这样，德军的整个北翼将为党卫军第1装甲军重新发动攻势敞开大门。此时，党卫军第1装甲师仍有至少90辆坦克（包括32辆"虎王"）可用。在这种情况下，蒙哥马利完全有可能被迫将正在迪南与德国第2装甲师先头部队交战的军队调往东北方。德军也就有可能在圣诞节前一天渡过默兹河。

美军航空兵迫使党卫队区队长拉默丁的装甲兵隐蔽的同时，第116装甲师也失去了进攻的势头。该师在党卫军第2装甲师以西6英里（约9.7千米）与之齐头并进。我们在前面已经看到，12月20日晚上，第116师先遣支队拜尔战斗群已经抵达小城奥通东北，大约在巴拉克德弗赖蒂尔西北偏西方向12英里（约19.3千米），默兹河旁的于伊镇以南仅18英里（约29千米）处。从奥通的乌尔特河桥梁开始，有一条路直抵西南6英里（约9.7千米）的马尔什。在这个重要的交叉路口，美国第84步兵师正在开往第47装甲军第2装甲师和装甲教导师的右翼。即使在这里，德军至少在理论上也有很大的机会。如果第116装甲师能够夺取这个渡口，然后集结足够的兵力进攻马尔什，不仅第2装甲师先遣支队能够逃脱覆灭的命运，而且还能使德军真正地渡过默兹河。

实际上，天气尚不允许展开任何大规模空中行动时，由普雷斯顿·B.霍奇斯（Preston B. Hodges）上尉率领的美国第51战斗工兵营某排、1辆"地狱猫"坦克歼击车和第3装甲师的2个坦克排组成了一小股力量，设法阻挡了第116装甲师的推进。这当然是因为德军的先遣支队相对较弱——此时只有4辆可用坦克和2支摩托化支援部队。德军于12月21日黎明发动进攻，领头的"豹"式坦克击退了第3装甲师的装甲兵，摧毁了1辆"谢尔曼"和1辆"斯图尔特"坦克。但这辆"豹"式（车长是库尔特·科恩中尉）过桥之前，遭到河对岸一门37毫米高射炮的打击。二等兵李·J.伊斯梅尔（Lee J. Ishmael）在3分钟内发射了16发炮弹。[72]"豹"式坦克炮塔的旋转机构被卡住，且因为多个主动轮被炮弹打掉而无法动弹。接着，这辆"豹"式被"地狱猫"威力强大的火炮完全摧毁。[73]另一辆

1944年12月，美国第195野战炮兵营的炮手们正在准备一门203毫米（8英寸）M115榴弹炮，将在弗雷纳地区使用。M115的炮管长16英尺10英寸（约5.13米），可以将重达200磅（约91千克）的M106高爆弹发射到将近19000码（约17.4千米）之外。（NARA, 111-SC-198372，美国陆军通讯兵团军士长德怀特·埃利特）

德军四号坦克因为严重损坏而被车组抛弃。

通过这场防御战，美军获得了足够时间调动增援——从北面来的第3装甲师R战斗群以及从南面来的第84步兵师各部。第116装甲师师长冯·瓦尔登堡少将写道："我们在奥通之战中伤亡很大。多辆坦克被敌军炮火摧毁，其他坦克也有损坏。士兵非常疲劳，12月16日以来他们不间断地行动，在湿冷的天气中持续行军和交战。车辆因为持续在恶劣天气和路况中使用而出现故障。"[74]

12月22日早上，冯·瓦尔登堡接到命令，改变进军路线，开往南面的马尔什，在奥通上游（东南方）9英里的拉罗什渡过乌尔特河。我们已经知道，因为不顾一切地快速推进，这位大胆的第116装甲师师长遭到集团军指挥官冯·曼陀菲尔以及军长克吕格的指责。冯·瓦尔登堡不无怨恨地写道："如果从贝尔托涅向萨莱的推进没有被叫停（12月19日），那么我们12月20日就已经到达现在奉命前往的地区了。也就是说，我们损失了至关重要的3天，这无疑将对接下来在马尔什以东的作战造成更大影响，导致德军的攻势在策略和行动上都处于劣势。"[75]

局面非常复杂，正如我们将会看到的那样，德国第2装甲师即将遇到威胁，该师的先遣支队位于东乌尔特河畔的乌尔特维尔西北大约12英里（约19.3千米）的昂日蒙，在他们东北方大约4英里就是美国第84步兵师守卫的马尔什。而且，第3装甲师R战斗群在12月23日向奥通的德军发动进攻，阻止瓦尔登堡立即撤出他的装甲先遣支队。这样，美军尽管损失了6辆"谢尔曼"和2辆"斯图尔特"坦克，但是又赢得了更多宝贵时间。[76]

12月23日冯·瓦尔登堡设法在拉罗什集中他的坦克时，遭到第307战斗机大队"闪电"战斗轰炸机的空袭，以及第3装甲师另一支部队（B战斗群的凯恩特遣队）的侧翼攻击。但是，后者在损失了整整1个排的"谢尔曼"坦克之后被迫撤退。[77]12月23日晚上，拜尔战斗群才得以开始在拉罗什渡过乌尔特河，向西北的马尔什推进。

12月24日，圣诞节前日，天气比前一天更加晴朗。太阳刚刚升起，盟军战斗轰炸机成群出现在战场上空。在紧靠乌尔特河东岸的地区，他们的轰炸特别密集，那正是第560国民掷弹兵师的步兵包围美国第3装甲师霍根特遣队的马库雷一带。这一连串的袭击迫使第560国民掷弹兵师在12月24日远离马库

被摧毁的"谢尔曼"被白雪覆盖，1945年1月美国陆军夺回前一年12月阿登攻势期间被德军占领的地区时，见到许多类似的令人悲伤的景象。（戴维·E. 布朗）

雷以东没有遮蔽的山地。但是，7架 C-47"空中列车"双发运输机在当天下午向霍根特遣队空投补给的努力没有成功：除1架幸免以外，所有运输机都被防空火炮击落。[78]

我们已经看到，12月23日，在东北方25英里（约40.2千米）的萨尔姆河对岸，党卫军第9"霍恩施陶芬"师将罗斯鲍姆上校的第7装甲师 A 战斗群赶出了圣维特地区波托村的阵地。布莱奇利庄园的英国"超极机密"密码破解人员截获了德军西线总指挥官冯·伦德施泰特的命令，要求党卫军第9装甲师"不惜一切代价"，务必渡过萨尔姆河。[79]

因此，12月24日早上，盟军大批战斗轰炸机再次将目标对准党卫军第9装甲师。这一次出动的是英国第2战术航空队的"台风"，这种飞机携带的火箭弹至少摧毁了"霍恩施陶芬"师的40辆机动车，迫使德国士兵躲进该地区的森林中。[80]直到傍晚天色渐暗，党卫军第9装甲师才得以继续前进，晚间到达波托以西5英里（约8千米）的萨尔姆河。[81]此时，由德怀特·A. 罗斯鲍姆上校率领的第7装甲师 A 战斗群已经得以从维尔萨姆渡河撤退。美军空袭不仅迫使党卫军第2装甲师在12月23日的大部分时间里停在巴拉克德弗赖蒂尔的N15公路上，还产生了另一个效果，那就是罗斯鲍姆上校的装甲兵可以继续经过列讷，开往巴拉克德弗赖蒂尔西北方5英里（约8千米）的芒艾。[82]

弗赖蒂尔小村位于巴拉克德弗赖蒂尔东北方的森林另一侧，距离这个著名的路口大约2000码（约1829米）。美国第325滑翔机机降步兵团第2营12月24日早上仍能坚守这里的阵地，要归功于美国航空兵的介入，正如该营的报告所言：

> 敌军已经突破弗赖蒂尔和雷涅（Regne）之间2000码宽的缝隙，现处于我营的补给和撤退路线上……在半个营的部队于10时15分离开小镇时，一支由8架美军飞机组成的编队俯冲轰炸了西南方的十字路口。后来缴获的敌军文件显示，敌军已经计划对十字路口和弗赖蒂尔的阵地发动一次协同进攻，目标是消灭守军。敌军的计划是于10时30分派出1个营的坦克攻击十字路口，2个营的步兵和1个炮兵团提供支援。另一部将向西绕过十字路口，从后方攻击弗赖蒂尔。我营10时15分撤离弗赖蒂尔时，俯冲轰炸机[①]打击了位于十字路口正南的德军攻击军队前锋。[83]

德军方面，党卫队区队长拉默丁紧急请求战斗机掩护。[84]当这没能实现时，他得出结论：和前一天一样，在日间继续推进几乎不可能。尽管有遭遇N15路旁黑暗丛林中伏兵袭击的危险，他仍然下令在12月24日太阳下山之后立即恢复攻势。党卫军士兵们虽然在森林中避开了敌机空袭，但是遭到了致命的炮火打击，党卫军第4"元首"装甲掷弹兵团第3营营长、党卫队一级突击队中队长海因茨·维尔纳（Heinz Werner）负伤。[85]

大批盟军战斗轰炸机出现的另一个效果是，美军在炮兵上的优势不断扩大。盟军战斗轰炸机出现在一片地区上空时，该地区几乎所有德军炮兵都停止开火，以免暴露阵地。据B集团军群莫德尔元帅的炮兵顾问卡尔·托霍尔特（Karl Thoholte）中将说，盟军的空中优势导致德军炮兵的活动减少了50%—

---

① 原注：美国陆军航空兵没有真正的俯冲轰炸机，此处指的是在攻击时俯冲下来的常规战斗轰炸机。

60%。他写道："这造成了严重的影响——无法压制敌军的重炮。"[86]

可能正是由于美国炮兵的猛烈火力几乎无以匹敌，加之在炮兵观测飞机的帮助下，射击精度不断提高，拉默丁决定在黄昏前发动的进攻给德军带来了严重后果。党卫军第2装甲团第2和第3装甲连奉命从奥代涅继续西进，前往弗雷纳村，以便赶走据证实驻扎在该地区的美军装甲力量——理查德森特遣队，该特遣队由第32装甲团第3营大部和第36装甲步兵团 I 连组成。此举意图掩护沿 N15 推进的军队免遭侧翼攻击。[87]

党卫军第2装甲团第2装甲连"豹"式车长之一——党卫队三级突击队中队长弗里茨·朗汉克（Fritz Langanke）回忆道："进攻本应在夜里开始。很遗憾的是，我们开始前进时已经是白天了。"[88]盟军战斗轰炸机立即向德国坦克倾泻炸弹和火箭。朗汉克继续描述道：

> 我们开上了积雪的缓坡，在刚出地平线的太阳照耀下，坡上闪烁着明亮的光芒。我们从舱门往外看，以便更清楚地看到前面的景象。刚刚前进了100米，美军就开火了。敌军同时向我们和背对他们的第3连开火。此后，一切都来得很快。党卫队三级突击队中队长泽格的坦克首先被击中起火。他跳了出来，身上严重烧伤，而车组的4名战友死在了车里。二级小队长派普特的坦克被击中后停了下来，火炮下垂，明显已经失去战斗力，车组人员离开了坦克。我无法弄清第四辆坦克的命运，它在被击中之后慢慢地后退。我注意到，美军还向我们的侧面和远离我们的地方射击。我转回头，看到第3连的坦克被从后方摧毁。在这种局面下，完全无助的我们爆发出了一阵狂怒。我们向前开了一点儿便开火了。因为敌军炮火猛烈，加上战斗轰炸机活动越来越频繁，装甲掷弹兵们从车上跳下，费了一番工夫之后，有些人躲到了我们右侧一排树木旁边的浅水沟里。[89]

朗汉克继续驾驶他的"豹"式坦克向前，击中1辆躲在一堆木材后面的"谢尔曼"坦克。与此同时，他自己的坦克遭到战斗轰炸机和1门（或多门）美国反坦克炮的连续攻击，但反坦克炮的口径较小，不足以击穿"豹"式的斜角正面装甲。然而，被击中十多次之后，坦克上的焊接处部分开裂，阳光透过正面装甲上的裂缝照了进去。这辆顽强作战的"豹"式坦克被更多的穿甲弹击中，朗汉克仍不愿放弃。可是，在这辆坦克的中弹数达到20发左右时，距离爆炸的炮弹只有几英寸的坦克驾驶员终于受够了。他一边疯狂地尖叫着，一边跳出坦克，朗汉克不得不追上去，把他拉回车里。

在这种情况下，朗汉克下令脱离战斗。这只皮开肉绽的钢铁巨兽慢慢地沿着森林公路后退，经过2辆被摧毁的坦克，其中1辆此时已经完全被火焰吞噬。朗汉克发现，越来越多美军战斗轰炸机投入战斗，攻击第3连的坦克。他回忆道："每当飞机逼近，我们在坦克里都感到十分焦虑，战斗轰炸机从头上低飞而过，我们永远无法确定自己是不是它们的目标。"[90]

第368战斗机大队第397中队的"雷电"飞行员们声称在弗雷纳摧毁了11辆德军坦克和12辆卡车。[91]事实证明这一说法有些夸大，但显然，这些空袭确实给德军坦克造成了损失。

党卫队二级小队长巴克曼的意外突袭

但是，理查德森特遣队已经被击溃，因此党卫军第2装甲师在圣诞前夜可以开始沿着N15公路推进，他们的第一目标是芒艾。与党卫军装甲兵对阵的仍然是一支拼凑起来的美国守军。驻守芒艾的是第7装甲师A战斗群以及他们残存的31辆坦克和6辆坦克歼击车，加上第9装甲师B战斗群C连。[92]在这些军队面前，（第3装甲师A战斗群）第32装甲团的布鲁斯特特遣队守卫着巴拉克德弗赖蒂尔之后1英里左右的贝尔艾（Belle Haie）十字路口。布鲁斯特特遣队由3个排（1个坦克排、1个坦克歼击排和1个步兵排）组成，并得到第82空降师第509伞兵团的伞兵，以及刚刚抵达的、毫无作战经验的第75步兵师第290团C连的增援。[93]第32装甲团团长沃尔特·B.理查德森中校在一天之前才组建了这支军队，并将指挥权交给奥林·F.布鲁斯特（Olin F. Brewster）少校，后者得到的任务有些不切实际——重夺巴拉克德弗赖蒂尔。

党卫队一级突击队中队长奥尔特温·波尔（Ortwin Pohl）于12月24日22时发动进攻。打头阵的是党卫队一级小队长弗里茨·弗劳舍尔（Franz Frauscher）率领的第3排。401号"豹"式车长党卫队二级小队长恩斯特·巴克曼（Ernst Barkmann）后来描述了这一事件：

在我们前进的路上，许多高大的冷杉树被沉重的积雪压倒。满天星斗之中，圆月的光芒让我们能够看到远处的所有轮廓。开始时，一切都很顺利。我们从南面到达敌人盘踞的十字路口，分成两列发动进攻，用反坦克炮向识别出来的所有目标开火。敌军对我们的奇袭几乎没有任何反应。[94]

在贝尔艾，布鲁斯特少校发出撤退的请求，但沃尔特·B.理查德森中校的回复是："除非我批准，否则寸土必争！"[95]

在贝尔艾突袭期间，德方的党卫队一级小队长弗劳舍尔用无线电报告，他将继续沿N15向芒艾推进。此后，他立即卷入了与布鲁斯特所部坦克的激战中，无法联系。在那种局面下，党卫队二级小队长巴克曼决定取道N15公路开往北面1.5英里的芒艾，支援他的战友。然而巴克曼并不知道自己已经将弗劳舍尔抛在了后面，他全速开往芒艾。

过了一会儿，巴克曼看到了一辆停在路边的坦克，车长站在炮塔中。巴克曼以为那是弗劳舍尔的坦克，便停在它的旁边，向车长打招呼。对方大吃一惊，慌忙躲进坦克，关上舱门。巴克曼这才意识到自己犯下的错误——这是一辆美军的"谢尔曼"坦克！巴克曼大声下令："炮手，我们旁边的坦克是敌人的！开火！""豹"式坦克以最快的速度旋转炮塔，但是长长的炮管撞上了"谢尔曼"的炮塔。巴克曼的驾驶员——党卫队分队长格伦德迈尔反应迅速，在敌人开始移动之前全速倒车。在不到2码的距离上，巴克曼的炮手——党卫队三级小队副霍斯特·波根多夫（Horst Poggendorf）射出一发穿甲弹，击穿了"谢尔曼"的后部，发出了震耳欲聋的爆炸声。美国坦克后部喷出了一个大火球。巴克曼继续叙述道：

> 我们越过燃烧的坦克。另外2辆敌军坦克从右侧森林里的空地向我们逼近。我们立即开火！第一辆坦克喷出大片黑烟，展现了炮弹命中的效果，另一辆也停了下来。[96]

由于无法和连队进行任何无线电联系，巴克曼认定弗劳舍尔的坦克仍然在他前面，因此继续前进。突然，一整队美军坦克出现在这辆孤独的"豹"式前方。这是第7装甲师第40坦克营A连的7辆"谢尔曼"，它们被部署在贝尔艾—芒艾公路沿线丰德拉朱斯蒂斯（Fond de la Justice）的一块林间空地上。[97]

巴克曼决定要个花招，躲开这一危险局面，而且真的做到了：他从所有敌军坦克面前经过，未发一弹。美军肯定将这辆"豹"式坦克当成了友军。

这辆德国坦克通过丰德拉朱斯蒂斯的路弯时，N15公路的右侧是空旷的、积雪覆盖的田野。几分钟后，"豹"式坦克的两侧突然出现许多两三层的楼房。德国人开进了敌军据守的芒艾！整座村庄都是美军的坦克和军用车辆。进入村内300码（约274米）处，马尔什—三桥镇的主干道与N15交叉，"豹"式坦克掉头开出了芒艾。但就在德国人开始慢慢离开敌人控制的村庄时，一辆吉普车突然迎面开来。坐在副驾驶位上的一位军官发出信号，要求坦克停下。巴克曼下令："碾过去！""豹"式宽大的履带将这辆吉普轧碎的同时，一辆"谢尔曼"出现在德国人面前，紧接着这两辆坦克就交上了火。直到这时，美军才醒悟过来，发现了敌军坦克的标识。

巴克曼浑然未觉，但就在他穿过森林开向芒艾时，美军的防线崩溃了。在他后面很远的地方，党卫队一级小队长弗劳舍尔最终通过贝尔艾，他的"豹"式坦克沿着巴克曼的路径，在丰德拉朱斯蒂斯攻击了美国第40坦克营A连。很快，7辆"谢尔曼"中的6辆被连续击中——其中5辆被弗劳舍尔的431号"豹"式击中。[98]

4辆"谢尔曼"变成燃烧的残骸，其他2辆虽然损坏，但幸存了下来。幸存的"谢尔曼"车手们以为自己的坦克是被"巴祖卡"击中的[99]，他们撤到了芒艾。

在这一切发生之前，美军企图以第14坦克营C连发动反冲击，但被党卫队三级突击队中队长朗汉克击退。后者占据了从弗雷纳北行的小路上的阵地，看到一些"谢尔曼"坦克离开队列开下北面积雪的山坡。按照朗汉克的回忆，他迅速开火，连续击中全部5辆美国坦克，令其起火燃烧。[100]

指挥美军进攻的是休·莫里森（Hugh Morrison）中尉，但是他将自己的"谢尔曼"坦克部署在队伍的后面，而以梅伦·J.汤普森（Meron J. Thompson）中士的坦克为先导。汤普森回忆道："我们刚开动很短的一段距离，我的坦克就第一个被命中，炮弹打在坦克炮的炮管上，敌人的第二发炮弹命中发动机，第三发炮弹就在我的脚下。"汤普森听到巨大的爆炸声，然后有人在无线电中叫喊道："汤普森，快出来！你的坦克着火了！"汤普森不需要任何劝说。他下令车组人员弃车，并跃出令人窒息的浓烟，落在雪地上。等他站起来时，恰看到另外3辆坦克被接连命中。[101]

所有坦克手都幸存了下来，他们躲在从弗雷纳以北的山上留下来的小溪形成的沟壑中。汤普森在那里才注意到自己受了伤。几十块小弹片使他满脸是血，在严寒之下血冻成了冰，将他的脸变成一个坚硬的面罩。在疲劳、惊慌和寒冷之中，坦克兵们蹒跚地穿过树林，到达出发地弗雷纳以北1英里的小村福塞（Fosse）①。

第9装甲师B战斗群第14坦克营C连报告，在弗雷纳以北有4辆M4A3"谢尔曼"坦克被摧毁。A连在巴拉克德弗赖蒂尔以东雷涅村的战斗中损失了3辆坦克。[102]

第40坦克营从丰德拉朱斯蒂斯逃离，引发了美军方面的惊慌。第40坦克营营长约翰·C.布朗（John C. Brown）中校在芒艾亲眼见证了巴克曼的坦克独自奇袭美军的战斗。他说道："一切都那么平静，直到一辆随同纵队行进的德国坦克确定，这是向队列中其余坦克开火的时机。这辆德国坦克从侧面击中了D连的一辆轻型坦克，然后开始向纵队开火。另一辆轻型坦克、多辆半履带车和许多吉普车都被它击中。德国坦克没有中弹，据说它一路向东，回到了友军的队列中。"[103]

巴克曼从他的角度描述了这场持续的战斗：

> 几辆敌军车辆，包括一辆"谢尔曼"，打算追赶我们。我们用精准的射术将其全部摧毁。燃烧的车辆挡住了其他车辆的去路……此时，我们能够听到战斗的声音，清晰地分辨出"豹"式坦克主炮开火的响亮声音。在我们听来，它就像悦耳的音乐。我们连正在攻打芒艾！无线电操作员将电台调到美军的频段，我们可以听到："德国人的'虎'式！德国人的'虎'式！德

---

① 译注：在福塞，汤普森被送去治疗，先抵达列日，而后回到巴黎。然而，他的连长没有得到通知，便将其记录为失踪人员。1945年1月13日，他的妻子凯瑟琳在生下他们的女儿之后几天收到了战争部的电报，称她的丈夫已于1944年12月24日的战斗中失踪。幸运的是，这不是实情。经过极度痛苦的8天之后，凯瑟琳·汤普森又接到一封电报，通知她梅伦还活着，只是受了伤（斯蒂芬·汤普森提供）。

激战后的芒艾岔路口。这张美军航拍照片是从南面拍摄的。在图片的左上角可以看到邻近的格朗默尼勒村。（美国陆军）

国人的'虎'式！求救！求救！"显然，我们的四号坦克被误认为"虎"式坦克，其实该地段并没有这个型号的坦克。重压之下，敌军大部向西撤往格朗默尼勒和西北的沃沙瓦讷（Vaux Chavanne）。我们用坦克炮打击敌军车辆。许多车辆开下公路，陷入深深的积雪之中。[104]

根据巴克曼的计算，被摧毁的美军车辆包括7辆坦克、2辆坦克歼击车、1辆半履带车和2辆吉普车。

美军方面爆发了全面混乱，坦克、半履带车和其他车辆都发动起来，狼狈不堪地开上芒艾外面的公路。第7装甲师的一位军官拼命试图阻止这场溃逃。他站在路边，用几乎是恳求的口吻高喊道："我们不能放弃芒艾！我们要重新组织起来！"但是，惊慌失措的驾驶员们根本没有注意到他，他不得不闪到一边，以免被车辆碾压。第7装甲师的一名上尉跑过来喊道："德军的坦克和步兵正从公路上涌来！"然后他就消失在芒艾村外向北的道路上。试图阻止溃逃的军官放弃了希望，也跳上了一辆驶离村庄的车子。

第3装甲师第32装甲团团长理查德森中校此时就在一片慌乱的芒艾。他打电话给负责在村外小溪上的桥梁埋设地雷的军官，在电话中喊叫道："炸掉那座桥，戈达德！"然而对方回答："我遭到袭击，我的士兵们都阵亡了！"[105]

　　就在那时，第4装甲连的"豹"式坦克沿着公路向东南方猛冲并疯狂射击，突入了芒艾。理查德森和一个坦克歼击排的排长马克斯韦尔上尉发现有4辆"谢尔曼"被其车组成员抛弃，于是登上了其中的一辆。但是他们刚刚关上舱门，就发现一辆"豹"式迎面开来——可能是指挥进攻的德国连长、一级突击队中队长奥尔特温·波尔乘坐的坦克。理查德森喊道："'虎'式！" [106] 马克斯韦尔立即用美军坦克主炮开火，但是炮弹被"豹"式的正面装甲弹开了。就在下一刻，他们自己的坦克即被一发照明弹照亮。理查德森和马克斯韦尔知道这意味着什么。赶在"豹"式的炮弹击中自己的坦克令其着火之前，他们幸运地逃了出来。这两名军官跳上一辆吉普车，开足马力逃往与芒艾相邻的村庄格朗默尼勒。

　　此时，芒艾的街道上挤满正在燃烧和爆炸的美军坦克。党卫队一级突击队中队长波尔声称在芒艾摧毁了4辆坦克。党卫队一级小队长弗里茨·弗劳舍尔的431号"豹"式坦克名下也记录了摧毁4辆坦克的战功。这使弗劳舍尔当天晚上的总战绩达到9辆敌军坦克，从而在一周后赢得骑士铁十字勋章。波尔的"豹"式坦克没有留在芒艾，而是搭载党卫军第3装甲掷弹兵团的步兵，从结冰的道路上开往芒艾以西仅1000码（约914米）小山谷中的格朗默尼勒。美军看到他们开来，慌忙离开了这个小村落。党卫军很快占领此地。 [107]

　　12月24日，坚守波托几天之后撤退的第7装甲师A战斗群（由德怀特·A.罗斯鲍姆上校指挥）残部在芒艾—格朗默尼勒战役中实际上遭到全灭——他们的30辆坦克损失了21辆。人员损失共计460人，其中大部分都被德军俘虏。在布朗中校的第40坦克营中，A连损失8辆坦克，C连则损失了全部坦克。 [108] 而且，A连连长小马尔科姆·O.艾伦（Malcolm O. Allen Jr.）上尉被俘，D连连长沃尔特·J.休斯（Walter J. Hughes）上尉战死。 [109]（艾伦后来设法逃走，回到己方战线。）而德方在芒艾—格朗默尼勒战役中一辆坦克都没有损失，步兵的损失也很有限。 [110] 罗斯鲍姆上校刚刚因为波托防御战的成功而被提名，可能获得第二枚银星勋章 ①，此番却成为美军在芒艾失利的替罪羊。根据李奇微少

――――――――――

　　① 译注：罗斯鲍姆在1944年9月7日已经得到一枚银星勋章。

将的命令，师长哈斯布鲁克很不情愿地解除了他的 A 战斗群指挥官的职务[111]，由之前任第2装甲师第66装甲团团长的威廉·S. 特里普莱（William S. Triplet）上校接替。

美国第3装甲师的奥林·F. 布鲁斯特少校也因为这次失败而遭到指责。他最终得到批准从贝尔艾撤出他的特遣队，但是理查德森中校下达的命令不是很令人鼓舞："如果能够做到，那就现在撤出来，但是不要走原路，试试东面。"[112]东面除了森林覆盖的高山之外，没有任何道路，所以向布鲁斯特下达的这条命令意味着，他不得不放弃在与德军装甲兵的交战中幸免于难的车辆——5辆"谢尔曼"和3辆其他车辆。[113]带领军心涣散的士兵们在寒冷的夜晚艰苦跋涉，越过深深的积雪之后，布鲁斯特次日向师长莫里斯·罗斯少将做了报告。奥林·布鲁斯特描述了发生的一切：

> 罗斯将军坐在书桌后，就像刚从乐队包厢里出来。他问道："布鲁斯特，发生了什么？"我说明了情况，他问我还有没有弹药和燃油。我回答"有"。他又问："你退出了战斗？"我解释道，我没剩下几辆车了，这些车可以得到补充，但我有一些很好的战士，他们是难以替代的，所以我选择带他们徒步离开战场，改日再战，而不是留在那里被包围和牺牲生命。
>
> 这个时候，我应该提一句，从12月23日早上到25日晚上，我一直在路上，没有合眼。我那天没有刮胡子，穿着全套的冬装，看上去肯定像"可怜的麻袋"（一本美国流行漫画书中的人物，是一位经历荒唐军旅生活和上级欺凌的陆军二等兵）。
>
> 但将军毫不犹豫地说道："布鲁斯特，你因为在敌人面前的不当行为被捕了。把你的枪交给长官！"[114]

几天以后，罗斯撤销了他的决定。布鲁斯特事后得知，第3装甲师 A 战斗群指挥官多伊尔·O. 希基（Doyle O. Hickey）准将曾威胁，除非取消对布鲁斯特的指控，否则他将辞职。罗斯少将说道："不过，我会盯着你，如果你再把事情搞砸，我将严惩不贷。"[115]几个月以后，罗斯在与德军装甲兵的战斗中阵亡。

默兹河进军停止

圣诞前夜的胜利之后，3个党卫军装甲师（第2、第9和第12装甲师）划归比特里希的党卫军第2装甲军指挥，该军得到莫德尔的新命令：不继续向北面的列日挺进，而是从芒艾出发，转入大路前往西面的奥通和西南面的马尔什。这一行动的目的是支援第116装甲师以及更西面的第2装甲师。

党卫军装甲兵从巴拉克德弗赖蒂尔向芒艾及格朗默尼勒推进，已经在美军战线上撕开了一个缺口，美国第82空降师现在发现自己处于一个突出部中——这个突出部从芒艾地区到东面10英里（约16千米）的维尔萨姆，再从那里沿萨尔姆河延伸到北面大约6英里（约9.7千米）的三桥镇。第82空降师得到遭受重创的美国第112步兵团的支援，共有约15000名士兵。[116]在此之前，这个空降师在美军的防御战中起到了关键作用。它不仅挽救了圣维特突出部中的军队，还为消灭党卫军派普战斗群做出了贡献。北路盟军总指挥陆军元帅蒙哥马利认为，在出色完成任务之后，第82空降师此时应该从萨尔姆河上的维尔萨姆地段向西北撤退，前往从三桥镇到西南的芒艾之间的一条防线。美国第18空降军军长李奇微曾反对任何撤退行动，但由于他在圣维特提出的所谓"深沟高垒的鹅蛋"战术险些以灾难结束，故而这一次没有反对蒙哥马利的撤退命令。虽然加文师长担心撤退影响士兵们的士气（实际上没有任何负面影响），第82空降师仍然按照蒙哥马利的指令，在12月24日夜间后撤。[117]这样，该师跳出了隐约可见的包围圈，成为蒙哥马利在将近两周后发动反冲击时的可用力量。

于圣诞夜占领维尔萨姆的党卫军第9"霍恩施陶芬"装甲师竭尽全力追击撤退的美军，却因为盟军的空袭而作罢。在圣诞节试图开往维尔萨姆的一支由20辆坦克、50辆其他车辆组成的纵队遭到第366战斗机大队的袭击，后者的飞行员们声称共摧毁10辆德国车辆。[118]这迫使"霍恩施陶芬"师取消了当天其余时间内的推进。

圣诞节到来时，适合飞行的好天气已经持续了3天，盟军航空兵出动了1700架次的战斗机和战斗轰炸机、820架次的轰炸机，打击德军攻势。除其他目标外，圣维特遭到第9航空队"掠夺者"轰炸机的猛烈轰炸，瓦砾和弹坑阻塞了通过该镇的所有道路。次日，这座小镇再次遭到轰炸；整整2天，镇上的道路都无法通行。虽然一个德国工兵营夜以继日地清理道路，但在接下来的两周

1944年圣诞夜战斗后的芒艾。第40坦克营的一辆被摧毁的"谢尔曼"。（美国陆军）

内，该镇的通行能力仍然有限。[119] 由于盟军轰炸圣维特，党卫军第12 "希特勒青年团"装甲师向党卫军第2装甲军左翼（党卫军第2装甲师和第560国民掷弹兵师之间）桑雷的调动被大大延迟了。"希特勒青年团"师不得不绕过圣维特，但在12月25日下午，该师漫长的车队堵在圣维特西南6英里（约9.7千米）贝奥村的房子之间时，美国战斗轰炸机发动攻击，造成混乱和进一步的延迟。

第18国民掷弹兵师第1818炮兵团的贝门中尉12月25日的日记中，有几行文字清晰地反映了德国士兵在盟军空袭下的沮丧心情：

> 我们得到命令，继续向欣德豪森进发。敌机在我们头上盘旋。沿途都是巨大的弹坑，但被击中的目标似乎很少。就在快要抵达欣德豪森时，我们看到一架俯冲轰炸机冲了过来。我们及时停下卡车，在子弹飞来之前离开公路。我们没有看到自己的空军，它在哪里？重型轰炸机静静地、不受任何干扰地飞往第三帝国。高射炮火更猛烈了，但敌机似乎没有受到干扰。只有2架轰炸机被击落。飞行员们跳伞降落，但是这些混蛋很走运，他们被风吹到了西面，回到了敌人的地盘上。如果他们降落在我们的战线上，我们一定杀了他们！晚上，我看到圣维特镇上的火光。我可能会因为狂怒而呼号，把俘虏们撕成碎片。[120]

党卫军第2装甲师于1944年12月26日从格朗默尼勒后撤时，7辆"豹"式坦克由于各种原因而被丢弃。其中一辆成为1944年年底血腥冬日的纪念，当时村里的将近300名居民成为阿登大战的焦点之一。（作者拍摄）

对德国党卫军第2装甲师来说，圣诞节意味着一场严峻的考验。首先，该师占领芒艾和格朗默尼勒之后，那里遭到比以往更密集的空袭。第366战斗机大队第389中队的"雷电"飞行员从空中扑向"帝国"师的20辆坦克，并报告"看到德军坦克左右躲闪，开向南面寻求隐蔽"[121]。第474战斗机大队第428中队的"闪电"战斗轰炸机发现并攻击了在芒艾掘壕据守的6辆德军坦克，并用机枪扫射多辆遮盖起来的机动车辆[①]。后来，第474战斗机大队第429中队在同一地区袭击了由12辆党卫军坦克组成的编队，并声称摧毁了其中2辆坦克。[122]

此外，美军不仅向前线增派了一个新的师（第75步兵师），还向该地区派出了强大的炮兵。西面高地上的炮兵观察员可以很好地观察芒艾和格朗默尼勒，加上不断出现在空中的炮兵观测飞机，该地区已经真正变成专为党卫军士

---

① 原注：但是，在这一天对格朗默尼勒的集中空袭中，一个"闪电"编队误击了美军阵地，造成3名美国军官和26名士兵阵亡。

兵设立的屠戮场。仅在圣诞节这一天，美军就向格朗默尼勒发射近2万发炮弹，而这只是个400×600码²（约366×548米²）的小村落。在12月25日的战斗中负伤的官兵包括党卫队二级小队长巴克曼。

党卫军第2装甲师虽然在1944年圣诞节仍有60辆可参战的坦克，但是大部分都没有参加这场战斗。[123]有大雪和几乎无法通过的地形的原因，但尤为重要的是盟军的空袭剥夺了该师的大部分燃油补给。该师的大部分坦克在维尔萨姆—巴拉克德弗赖蒂尔公路两侧的森林中闲置，而格朗默尼勒主要由步兵把守，只有2个坦克排提供支援。[124]然而，尽管伤亡惨重，德军仍然坚守格朗默尼勒到圣诞节翌日，在美军炮兵和空袭之下才不得不退往芒艾。他们在小村里扔下了7辆"豹"式坦克——它们或被敌军炮火摧毁，或因技术故障而被放弃，有的则仅仅是因为燃油耗尽。

不过，德军在此地西南方6英里（约9.7千米）、拉罗什以北2英里的马库雷取得了一次胜利。12月25日，已被堵截在乌尔特河以东的美国第3装甲师霍根特遣队不得不做出和前一天的党卫军派普战斗群及布鲁斯特特遣队相同的选择——放弃重装备，徒步返回己方战线。这些美军士兵之所以能够完成这一行动，美军航空兵功不可没。德国第58装甲军炮兵指挥官格哈德·特里佩尔（Gerhard Triepel）少将报告说，德军在马库雷缴获约30辆坦克、许多卡车及其他车辆。但是，这些车辆已经被美军破坏，无法使用。[125]

可是，在第116装甲师覆灭的阴影下，这一有限的成功顿时黯然失色。我们已经知道，第116装甲师的第一批部队于12月23日晚上从拉罗什渡过乌尔特河，继续向西北方的马尔什城推进。由于时间不足，且第116装甲师的拜尔战斗群被美国第3装甲师挡在奥通和苏瓦，该师不得不逐步渡河。

12月23日，首先渡河的是第116装甲师的斯特凡战斗群——该战斗群由第116装甲侦察营和第146装甲炮兵团第1营组成。德军走的是乌尔特河以西山林之间蜿蜒陡峭的上坡路。他们在这片山地里推进了将近6英里（约9.7千米），没有遇到任何抵抗，于正午抵达格里姆比蒙村（Grimbiemont）。在向西1英里的地方，德军发现，穿过通往马尔什公路的小溪上的桥梁已经被拆毁，侦察队报告美军进入了韦尔代纳和马尔什村庄南部外围的阵地，这两座村庄在格里姆比蒙以北2—3英里的林间高地另一侧。

这个德国装甲师第238坦克歼击营和第156装甲掷弹兵团第1营各部开始在拉罗什渡过乌尔特河，试图与先遣支队会合，与此同时，德军炮兵进入了格里姆比蒙以东的阵地，装甲侦察营则推进到北面高地树林中的阵地。

12月24日正午，德军以韦尔代纳作为主要目标发起进攻。他们准确地抓住了美国第84步兵师的两个团（第334和第335步兵团）之间的缝隙，在下午的战斗中占领了韦尔代纳。下午的战斗集中在韦尔代纳东北林间空地上的一座小城堡上。夜里，美军已经被逼退到马尔什和奥通之间的主要道路上。

第116装甲师的任务是继续往西北方向挺进，经过马尔什，掩护第2装甲师侧翼。拜尔战斗群主力（第60装甲掷弹兵团、第146装甲炮兵团第1营、第675装甲工兵营的一个连加上第16装甲团的13辆"豹"式和2辆四号坦克）于圣诞夜抵达韦尔代纳时，一切看起来都很有希望。

但是，匆忙赶往该地区的美军此时已经设法阻止了冯·瓦尔登堡所部的继续推进。第116装甲师确实有足够的燃油补给（包括从美军那里缴获的油料），但是空袭使德军无法将燃油送过乌尔特河以及韦尔代纳的战场。[126]美军增援（包括第327野战炮兵营的155毫米"长汤姆"重炮）已经在该地区集结。圣诞节凌晨，第84步兵师的部队在第771坦克营的支援下发动反冲击，将德军逐出韦尔代纳，并将他们包围在村子东北方的森林地带。

12月25日，德军第156装甲掷弹兵团第1营，以及维尔纳·鲍姆加腾－克鲁西斯（Werner Baumgarten-Crusis）上尉率领的5辆四号坦克和4辆"豹"式坦克，从拉罗什发动进攻，途中遭到第771坦克营B连的"谢尔曼"坦克和坦克歼击车的伏击。美军得到战斗轰炸机的支援，后者投下的炸弹令多辆"豹"式坦克起火。[127]鲍姆加腾－克鲁西斯的坦克中，损失了4辆"豹"式和1辆四号坦克。[128]美国坦克连报告摧毁了8辆德国坦克，己方损失2辆坦克歼击车。[129]

韦尔代纳／马尔什之战的胜负主要由四个因素决定——美军步兵的顽强抵抗、美国方面高超的指挥艺术、德军只能逐步将第116装甲师送到前线的现实，以及美军的空袭。12月26日夜里，冯·瓦尔登堡派遣该师的更多部队渡河投入韦尔代纳的战斗。不久以后，第9航空队的双发中型轰炸机将拉罗什炸成一片废墟，最终结束了德军援救被围的韦尔代纳守军的努力。与此同时，两个美国战斗机大队（第36和第48战斗机大队）的战斗轰炸机集中打击了第

行军途中，这些"谢尔曼"坦克暴露在云杉林里的敌军火力之下。这张照片反映了党卫军第2装甲师1944年12月底行动中遇到的典型地貌——密林。（NARA，美国陆军通讯兵团）

116装甲师。

又一股德军于12月26日出现在奥通并发动进攻时，美军经历了暂时的危机。这是雷默上校率领的"元首卫队"旅，他们已经被调到德国第58装甲军。雷默于12月26日早上10时30分开始进攻。该旅下属炮兵营的105毫米和150毫米榴弹炮轰击乌尔特河以西的美军阵地，与此同时，该旅的装甲掷弹兵团在奥通以南渡河，第2营在左路，第3营在右路。第2营营长于贝尔·米克莱（Hubert Mickley）少校是最有经验的军官之一，他此前已经获得了橡叶骑士铁十字勋章。该营在他的率领下迅速占领奥通西南1英里、乌尔特河西侧的小村庄昂普托（Hampteau）。同时，第3营在昂普托和奥通之间河流西侧的昂普托森林建立阵地。"元首卫队"旅在乌尔特河以西的阵地与拜尔战斗群在韦尔代纳的阵地之间，相隔仅2英里，雷默的士兵们可以看到树梢后面升起的黑色浓烟，那里正是激战进行的地方。

此时，"元首卫队"旅至少有30辆可以参战的四号坦克和类似数量的三号突击炮，所以这是一支威胁韦尔代纳美军侧翼的可观力量。[130]雷默上校刚要派

一门美国M1 155毫米炮正在向阿登地区的德军阵地开火。由于炮管长达22英尺10英寸（约6.96米），这种火炮赢得了"长汤姆"的绰号。它可以发射95磅（约43千克）的HE M101高爆炸弹或98磅（约44.5千克）的WP M104白磷燃烧弹，射程达到将近15英里（约24千米）。白磷燃烧弹是德军特别恐惧的一种炮弹。二战期间，美国炮兵发射的所有炮弹中，有20%装填了白磷。"长汤姆"还可用于对抗敌军装甲兵。它的M112穿甲弹可以在1000码（约914米）距离上以30度的撞击角穿透152毫米装甲。（NARA 111-SC-199101/PFC W.B. 艾伦）

他的装甲团投入战斗，突然接到了相反的命令。从12月22日起就被德军围困的巴斯托涅形势已经严重恶化，迫使希特勒匆忙命令"元首卫队"旅取消对奥通的攻击，转而快速向巴斯托涅西南方的锡布雷特地区集结。[131]雷默后来写道："我试图改变这一命令，因为我不希望破坏当天的攻击。这样的调动极其危险，可能导致灾难性的后果。但是，军长命令我立即行动，我撤出战线，开往巴斯托涅。由于我的撤退，已经被压制在马雷讷（Marenne，韦尔代纳东北

这门美国3英寸（76.2毫米）M5反坦克炮在韦尔代纳之战中被直接命中摧毁。德军的炮弹正好穿过火炮的护盾。（NARA 111-SC-198424）

1000码）地区的第116装甲师陷入了困境。"[132]

　　第116装甲师在圣诞节翌日发动的最后一次进攻完全被粉碎，正如美国第333步兵团在一份报告中所述："8辆坦克、10辆半履带车、多辆摩托车和吉普车，以及80名步兵攻击了由第333步兵团I连和M连一个机枪班守卫的阵地。领头的坦克引爆了一串埋设在公路上的地雷，翻到了一条水沟里。'巴祖卡'小组上去对付其他坦克。

　　"来自阿肯色州樱桃谷的一等兵克拉伦斯·E.洛夫（Clarence E. Love）和田纳西州帕里斯的一等兵亚历克斯·V.蒂勒尔（Alex V. Tiler）击中了第二辆

坦克，令其起火燃烧，而来自俄亥俄州帕特斯卡拉的一等兵卡尔·R.蒂斯代尔（Carl R. Tisdale）和来自加利福尼亚州恩格尔伍德的一等兵罗伯特·C.霍洛韦（Robert C. Holloway）将第三辆坦克的履带炸断了。肯塔基州丹维尔的詹姆斯·M.斯坎伦（James M. Scanlan）中士独自一人击中了第四辆坦克，此后，这辆坦克又碾过一枚地雷并发生爆炸。"[133]

德国资料确认在这次交战中损失了4辆四号坦克。[134]当天稍晚些时候，又有2辆坦克被美国炮兵摧毁。最终，韦尔代纳的德军指挥官拜尔上校别无选择，只能命令突围，力图回到己方战线。12月26日晚上，突围开始，在第116装甲师参加韦尔代纳之战的17辆"豹"式和7辆四号坦克中，只有9辆"豹"式回到后方，没有任何四号坦克返回。参战各团陷入混乱。

这也是著名的"灰猎犬"师进攻能力的终结。由于美国航空兵基本阻止了德军对损失装备和备件的补充，韦尔代纳之战后，第116装甲师只剩下不超过15辆坦克、9辆装甲侦察车、30—40辆装甲运兵车和少量突击炮可用。[135]师长冯·瓦尔登堡确定："1944年12月27日，所有后续进攻的意图最终都被放弃或根本无法实施。"[136]

12月29日，第116装甲师报告，攻势开始以来，该师伤亡达1907人——224人阵亡，797人受伤，777人失踪（其中大部分在韦尔代纳被俘），此外还有119人的非战斗减员。[137]该师的第16装甲团报告，在同一期间损失30辆"豹"式坦克和11辆四号坦克[138]——该团原有43辆"豹"式和22辆四号坦克。[139]两个装甲步兵团（第60和第156装甲掷弹兵团）已于12月27日晚撤出一线休整。[140]

美军航空兵对挫败第116装甲师所起的作用不可低估。尤为重要的是12月23日—26日期间对"灰猎犬"师补给线的打击。冯·瓦尔登堡写道："必要燃油的日常维持情况变得越来越糟，只有依靠进行严格管理，使用各种代用品，并克服许多困难，我们才能最终保持必要行动继续开展。由于这种空中局势，12月25日左右，整个补给工作只能在夜间进行。"[141]

这一挫折还严重影响了德国装甲师的士气，正如冯·瓦尔登堡所确认的那样："攻势给队伍带来了动力和希望——我们仍然有可能改变命运，使之向对德军有利的方向发展，或至少对其施加这种影响——正因如此，尽管在战争的第六个年头，希望已经十分渺茫，士兵们仍然独自取得了许多杰出的成就。相反，

这辆来自第116装甲师的"豹"式坦克遭美军空袭而失去战斗力,后者向这辆坦克经过的乌法利兹镇上的桥梁投下了一枚炸弹。它无助地躺在东乌尔特河的浅水中。(NARA 111-SC-199190)

攻势的失败只能带来巨大的消沉和无助感。最高统帅部明确做出的德国空军重现蓝天的承诺完全落空,这令指挥官和士兵们都非常失望。"[142] 下文我们将会看到,德军的士气确实受到了打击,但只是暂时的现象。

此时,双方都十分疲惫,所以,在1月3日之前,第116装甲师的战线上一直相对平静。德国方面估计美军在"拉罗什以北地区"损失了"美国第3和第7装甲师"的70辆坦克。[143] 根据美国方面的资料,1944年12月第3装甲师和第771坦克营分别损失了44辆和9辆"谢尔曼"坦克。[144] 如果加上第7装甲师在芒艾周围的损失,总数大约等于德国方面的数据。不过,应该注意的是,第3装甲师损失的坦克大部分是由东北方向20英里(约32.2千米)的党卫军派普战斗群造成的。不管怎么说,这么巨大的损失迫使第3装甲师在战役开始之后仅仅

同一辆"豹"式坦克现在的样子。战后，它被打捞上来在马法利丝展示。（作者摄影）

10天（12月30日）就撤出前线，在后方的乌费奥基耶（Ouffet Ocquier）休整。[145]在接下来相对平静的时期里，第116装甲师得以恢复部分实力，尤其是士兵们的积极性。

德军前锋遭到痛击

就在美军的形势岌岌可危之时，适合飞行的绝佳天气如期而至。12月23日，第116装甲师渡过乌尔特河到达马尔什西南方的格里姆比蒙时，迈因拉德·冯·劳赫特上校的第2装甲师——第47装甲军先头部队——就在该师西南仅3英里（约4.8千米）的地方。美军空袭阻止党卫军第2装甲师从东面的巴拉克德弗赖蒂尔和芒艾驰援第116装甲师时，盟军航空兵同时也决定了德国第2装甲师的命运。

到此时，冯·吕特维茨上将的第57装甲军以第2装甲师为右路，拜尔莱因中将的装甲教导师为左路，组成了德军攻势的前锋。第2装甲师的先锋是冯·伯姆战斗群〔冯·伯姆上尉的加强的装甲侦察营（第2装甲侦察营）〕和恩斯特·冯·科亨豪森少校率领的冯·科亨豪森战斗群。12月22日夜间，这些部队在马尔什西南方2—3英里的昂日蒙休息，他们的眼光落在了西面25英里（约40.3千米）迪南的默兹河上。

就在几天之前，整片地区实际上都没有美军部队。但是这种情况已经彻底改变了。实际上，美军在整个西线最大的集结行动就发生在马尔什。陆军元帅蒙哥马利取得盟军指挥权，面对德军阿登突出部的北部时，他首先采取的措施之一就是将J.劳顿·柯林斯少将的美国第7军军部从鲁尔前线调到马尔什地段。这个军部于12月22日抵达。"闪电乔"柯林斯是非常有经验的指挥官。1942—1943年，他曾经指挥美国军队参加了瓜达尔卡纳尔岛的对日作战。柯林斯的手下有一些由才能卓越的指挥员率领的高效部队。第3装甲师A战斗群各部和美国第84步兵师大部此时已经抵达马尔什。再往西，蒙哥马利部署了英国第30军，防御那慕尔和日韦之间的默兹河沿线。在马尔什的北面，美国第2装甲师全师和第4骑兵群（第759轻型坦克营、第635坦克歼击营、第4和第24骑兵侦察中队、第87装甲野战炮兵营）于12月22日夜间抵达。

圣维特的"黑色圣诞节"

1944年圣诞节下午3时，第323和第387轰炸机大队的70架"掠夺者"轰炸机出现在圣维特重要公路枢纽的上空，那正是党卫军第2装甲军大部分补给的运输路线。第一架飞机投下的1000磅高爆炸弹破坏了石质建筑物，使可燃材料暴露在后续轰炸机投下的数千枚燃烧弹火力下。[1]共有135吨炸弹投向这座小镇。

整整24小时之后，对圣维特的第二次空袭开始了，这一次的规模更大。皇家空军轰炸机司令部出动了282架四发轰炸机（146架"兰开斯特"、136架"哈利法克斯"），以及12架双发的"蚊"式。这两次攻击摧毁了镇上90%的建筑物，估计有1000—1500人丧生——将近全部居民的1/4。[2]幸免于难且没有重伤的人们躲进圣维特附近的各座村庄和周围的农场，有些人甚至躲进小镇东南方3英里洛默斯韦勒（Lommersweiler）的铁路隧道。

注释：

1. 韦恩与施奈费尔历史博物馆协会：比利时解放60周年纪念日。www.zvs.be/60jahre/?Ardennenoffensive:%DCberblick:Zeittafel。2012年11月23日。
2. 同上。

一架英国阿芙罗"兰开斯特"轰炸机在燃烧的圣维特镇上空。

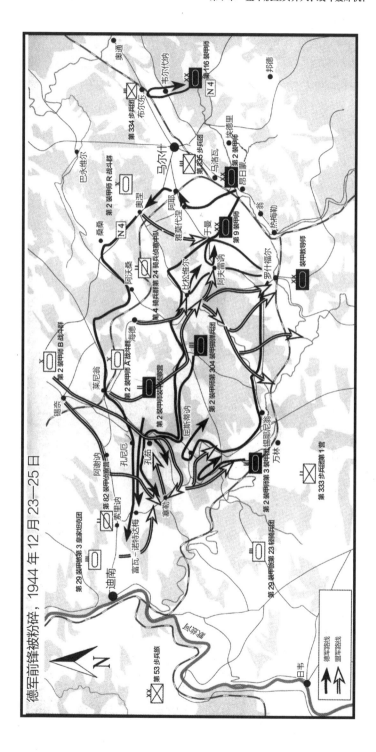

德军前锋被粉碎，1944 年 12 月 23—25 日

英国第30军军长布赖恩·G.霍罗克斯（Brian G. Horrocks）中将参加过第一次世界大战的堑壕战，以及1919年干预苏俄的战争。他在1940年的法国战场和北非战场都是蒙哥马利的部下，被誉为二战中英国陆军最好的将军之一。霍罗克斯还是一名成功的运动员，曾经代表英国参加过1924年巴黎奥运会现代五项比赛。有趣的是，1944年12月率领霍罗克斯的美国友邻部队（美国第2装甲师）的恩斯特·N.哈蒙（Ernest N. Harmond）也曾在同一届奥运会中代表美国出赛。

50岁的恩斯特·N.哈蒙少将可能是最接近好莱坞战争电影中粗鲁的美国将军形象的人；他毫无疑问是美国陆军最有经验和能力的装甲兵指挥官，以粗野的语言和嗓音而著称。1943年在突尼斯，他做出了关键的贡献，将美军在卡塞林的失败转变成一场防御战的胜利。哈蒙的美国第2装甲师被称为"地狱之轮"并不是没有原因的。和第3装甲师一样，第2装甲师也是一个"重装甲师"，编制实力为14000人和390辆坦克（包括252辆"谢尔曼"），而不是标准师的10500人和263辆坦克。但是，该师部署在德国第2装甲师正面时，其实际实力是392辆坦克（236辆"谢尔曼"和158辆"斯图尔特"）和14500名士兵，另外还有将近4000人的各种支援部队。[146]第2装甲师在本宁堡（Fort Benning）组建时，曾由已经声名卓著的乔治·S.巴顿准将负责训练。1944年12月，"地狱之轮"是美国陆军在欧洲最有作战经验的师之一。它参加了1942年年底的北非战役，1943年夏季的西西里登陆战以及后来在意大利南部的战斗，1944年6月登陆诺曼底。该师原隶属于鲁尔的美国第9军，12月20日接到命令后紧急调入第7军，以阻止第5装甲集团军到达默兹河。[147]

然而，柯林斯的第7军也处在东北方的德军重压之下——最接近的是第116装甲师，往东依次是第560国民掷弹兵师和党卫军第2、第9装甲师。因此，柯林斯只能派出第2装甲师、第4骑兵群和第84步兵师第335步兵团，以对抗德国第2装甲师。而且，第335步兵团各部还在马尔什西南6英里（约9.7千米）的罗什福尔被第47装甲军的另一个装甲师（拜尔莱因中将的装甲教导师）缠住。

在马尔什和罗什福尔之间的区域，德国第2装甲师先遣支队由1000余辆作战车辆组成，在1944年12月22日夜间准备于次日继续向迪南的默兹河推进。盟军的局势看起来十分黯淡。在迪南,英国第3皇家坦克团①(隶属于第11装甲师第29装甲旅)奉命仅对敌军实施一次阻击战,然后便离开该城,撤退到默兹河以西5英里(约8千米)的圣热拉尔(Saint-Gérard)。[148]这当然最合英国第30军军长霍罗克斯的胃口,好战的他认真地向蒙哥马利提议,让德军渡过默兹河,以便在滑铁卢将其击败,以此向威灵顿公爵致敬——英国陆军元帅当然拒绝了这一提议。[149]

但这天夜里,高气压控制了这一区域,驱散了迫使大部分盟军飞机留在地面的低气压,一切都改变了。12月22日晚上10时,第29装甲旅旅部下达了相反的命令。第3皇家坦克团的战斗日志写道:"旅部下达的命令撤销了前面的命令。必须不惜一切代价守住默兹河沿线。"[150]

这天晚上,迪南以西25英里(约40.2千米)弗洛雷讷(Florennes)的A-78空军基地(第9航空队最前方的空军基地,驻扎着两个装备"闪电"的战斗机大队——第370和第474战斗机大队)充斥着紧张的气氛。东面战场上传来可怕的火光,有时候甚至能听到远处大炮的轰鸣,这一切都在提醒着士兵们,德国人离他们有多么近。地勤人员整夜疯狂工作,让"闪电"飞机能够在破晓时出动。他们都深知,德军能否抵达这个空中基地,可能取决于他们的工作。

12月23日早上8时45分,太阳刚刚露出地平线,第一批"闪电"从弗洛雷讷升空。它们携带炸弹飞往马尔什以南地区。第一次空袭打击了正赶往先头部队的第766国民炮兵军第3营。6辆卡车和3辆半履带车被击中。被摧毁的车辆中包括该营唯一的油罐车,德军因此损失了900加仑(约3407升)汽油。事实证明,这对科亨豪森和冯·伯姆的军队来说是致命的。[151]

弗洛雷讷的"闪电"部队尽其所能,阻止德国第2装甲师的推进,第474战斗机大队在日落之前实施了9次战斗任务。就连第422夜间战斗机大队的P-61"黑寡妇"双发夜间战斗机都企图通过空袭遏止德军向默兹河进军。

12月23日,乌尔特河(西乌尔特河)②两侧的N4公路出现了越来越多正在

---

① 译注:该团实为营,隶属于皇家坦克团,为避免混淆,有些中文资料也将其译为"皇家坦克团第3营"。
② 原注:这里指的是乌尔特河的西部分支,从巴斯托涅以南的利布拉蒙地区向东北延伸。第116装甲师各部是在该地区的东北面、河流转向西北方向延伸的地方同时渡河的。

美国第7军军长约瑟夫·劳顿·柯林斯（左）少将是蒙哥马利（中）元帅亲自挑选的。
1942—1943年，绰号"闪电乔"的柯林斯曾率领美国第25步兵师（绰号"热带
闪电师"）在瓜达尔卡纳尔岛和新几内亚与日军较量。诺曼底登陆之前，他被任命
为第7军军长。柯林斯于1987年去世，享年91岁。图中的第三个人是美国第18
空降军军长马修·B.李奇微少将。阿登战役中，他与上级蒙哥马利经常意见不合，
从这张照片中，人们几乎可以想象出李奇微对英国陆军元帅的感受。（美国陆军）

燃烧或已经烧坏的德国车辆。德国第2装甲师和装甲教导师的补给陷入火海。
但是先遣纵队仍然没有遭到任何空袭，主要是因为直到12月23日下午，美军
才开始意识到第2装甲师真正的突破深度。因此，第2装甲师得以继续沿着与
前几天相同的路径展开攻势。这一天发生的事件更加深了德军先头部队士兵的
印象，那就是该地区的美军已经遭到最后一击。

正如我们前面看到的那样，冯·伯姆和冯·科亨豪森的军队合力，于12
月22日晚上在马尔什西南3英里（约4.8千米）的昂日蒙击败美国第3装甲师的
多恩特遣队和第335步兵团的一个营。德军追击撤退的敌军，直抵马尔什以西
仅1英里的雅莫代涅（Jamodenne）和阿耶（Aye）。12月22日夜里，冯·伯姆的
军队从那里继续侦察前进。在马尔什西北1000码（约914米）处，冯·伯姆的
装甲侦察车在火炮和一些坦克的伴随下开上N4公路，沿这条起起伏伏的道路
向偏北的方向大摇大摆地行进。经过马尔什西北4英里的桑桑（Sinsin）之后，
他们左转进入一条小路。[152]沿这条路前进2英里抵达阿沃桑（Haversin），领头

的巡逻队发现了一支拥有装甲兵和反坦克炮的美国部队：就在几小时前，第4骑兵侦察中队的2辆M5"斯图尔特"坦克和第635坦克歼击营的一些反坦克炮奉命进入这座村庄。[153]阿沃桑以南山林中，没有觉察到任何危险的美军突然暴露在迫击炮和反坦克炮的猛烈打击之下——冯·伯姆将他的部队部署在了铁路的两侧。美军后撤，不久，在靠近邻近的海德村时，德军遇上一辆美军装甲车，这辆车马上被德军坦克炮火摧毁。12月22日午夜，冯·伯姆向第2装甲师师部发出一条无线电信息："前锋已抵达马尔什以西6千米的阿尔桑（Harsin）以东地区。"[154]

一辆载有3名身穿美军制服的"狮鹫部队"士兵的吉普车开在前面，实施侦察。这辆吉普车全速行驶在蜿蜒泥泞的小路上，穿越覆盖积雪的田野，很快来到阿沃桑西北5英里的莱尼翁村，这座村子里有那慕尔—阿尔隆铁路线上的一个车站。假扮成美军的德国士兵在那里遇上一位孤独的美国伞兵——第82空降师第551伞兵团的一等兵米洛·欣普夫纳（Milo Huempfner）。在数夜前的调动中，他驾驶的弹药运送车意外地翻入一条水沟中损坏，他奉命留在这里等待救援车辆抵达。一名军官用很标准的英语询问，村子里有没有其他美军。欣普夫纳做出否定的回答后，这辆吉普车继续向北面的锡奈镇开去。[155]

傍晚时分，米洛·欣普夫纳听到村道上传来可怕的声音："就像一列货车开来——发出巨大的怒吼声。"[156]他匆忙起身，见到冯·伯姆上尉的整支纵队，包括装甲车、搭载步兵的坦克和牵引火炮的卡车，正在村里的房屋间隆隆前行。欣普夫纳立刻跑向他的卡车，泼洒汽油将其点燃，然后在火车站站长维克托·德维尔（Victor De Ville）的帮助下躲了起来。欣普夫纳心惊胆战地听到德军如何盘问德维尔，后者又是如何向他们保证这个度假胜地里没有任何美军①。除了在莱尼翁遇到1辆美军吉普（立即被摧毁）之外，冯·伯姆的士兵们没再遇到任何抵抗，继续沿着乡村小道越过群山向西南方前进，天色将晚，他们进入了孔尼厄村，这里距离默兹河上的迪南只有6英里（约9.7千米）。[157]

---

① 原注：在接下来的两天里，欣普夫纳因为孤身一人在该地区对德军展开游击战而赢得了声誉。美国第2装甲师在圣诞节将德军赶出这座村庄之时，他们遇到了押着18名德军战俘的欣普夫纳。他因此得到优异服务十字勋章。莱尼翁的一面墙上还有纪念他的牌匾。

12月23日8时45分，随着天气放晴，第370战斗机大队的洛克希德 P-38 "闪电" 战斗轰炸机从迪南以西 25英里（约40.2千米）的弗洛雷讷 A-78 空军基地起飞。他们的目标是马尔什以南公路上德国第2装甲师的补给车队。单座的 "闪电" 战斗轰炸机最高时速为 445英里（约716千米）。试验表明，在长约 9000英尺（约2743米）的高度上，它比德国的 Fw—190A 和 Bf-109G 的时速高出 12英里（约19.3千米）。"闪电" 的机头配备 1门 20毫米机炮和 4挺 12.7毫米（.50）机枪，最大载弹量为 4000磅（约1814千克），实际上相当于一架 B-26中型轰炸机。（NARA 3A-5151）

与此同时，冯·科亨豪森战斗群主力也已经恢复推进。冯·科亨豪森将一个装甲掷弹兵营留在昂日蒙地区，那里的激战持续了一整天。这个营占领了昂日蒙东南方1英里的翁村（On），建立了一个半圆形的防御阵地。[158] 冯·科亨豪森的主力朝西北方向（冯·伯姆进攻区域的正南方）快速推进，经过于曼（Humain），12月23日正午抵达昂日蒙西北方4英里的比松维尔（Buissonville）。德军由此直线开往西北，在孔尼厄与冯·伯姆的侦察部队会合，完成了从昂日蒙的崎岖小道开始长达16英里（约25.7千米）的推进。

渴望成功的德国师长冯·劳赫特上校任命冯·科亨豪森为第304装甲掷弹兵团团长（此前，他只是代理团长，此番是因为前团长克里斯蒂安·屈布勒中校负伤）。但是，这位新任团长给冯·劳赫特带来了有些令人失望的消息：抵达孔尼厄的军队很快就耗尽了所有燃油。而且，此时没有任何新的补给——这可能是对德军补给车辆发动空袭最显著的效果。

与此同时，美军对德军进攻态势的了解越来越透彻。美国第2装甲师师长哈蒙少将正在马尔什西北偏北12英里（约19.3千米）的阿沃朗日（Havelange）喝着咖啡，埃弗雷特·C.琼斯（Everett C. Jones）中尉突然到来，他头上缠着带血的绷带。琼斯来自第82装甲侦察营D连，当天早些时候，德军坦克在海德摧毁的就是他的装甲车。哈蒙立即意识到，他的对手冯·劳赫特并没有寻求决战，而是向西转弯，现在正全速开往默兹河。他看了一眼地图，立即决定派出他的装甲兵前往锡奈，从侧翼攻击德军。哈蒙跑到附近的一个果园（一个装甲营的驻地），发布了一条最不正式的命令："从那条路开到叫作锡奈的镇子……封锁出入口，开始战斗。这一整个该死的师都在你们后面！" [159]

12月23日晚上，美国第2装甲师前锋（第66装甲团和第41装甲步兵团）与德军在莱尼翁交火。冯·科亨豪森留在这里的侧翼部队足以击退美军的进攻，但通过这次交战，德军知道了美军第2装甲师就在该地区 ①。

昂日蒙也传来了激战的报告，美国第3装甲师的多恩特遣队在那里恢复了进攻。下午，美军设法逐退德国装甲掷弹兵营，以达到暂时切断其与德国先头

---

① 原注：之前，德军已经认定美国第84步兵师和第3装甲师在马尔什。〔基尤国家档案馆："超级机密"文件HW 5/636 CX/MSS/R 404(c) 63. BT 266 West。〕

部队联系的效果。但是一支德国空军的小型防空部队用88毫米炮再次打退了美军。12月23日晚上，德军夺回马尔什以西的雅莫代涅和阿耶。[160]

拜尔莱因中将的装甲教导师的任务是掩护德国第2装甲师的南部侧翼，该师也遇到了困难。在从圣于贝尔向昂日蒙西南4英里的罗什福尔进军期间，该师遭到美军的反复空袭。例如，在罗什福尔东南方的纳索涅，由10辆坦克和20辆卡车组成的纵队遭到第354战斗机大队第356中队的"雷电"战斗轰炸机的轰炸和扫射。在西面不远的福里耶尔（Forrières），另一批"雷电"用凝固汽油弹和高爆炸弹攻击了装甲教导师。12月23日下午2时，第474战斗机大队的"闪电"双发战斗轰炸机猛烈轰炸罗什福尔西南方的拜尔莱因所部。而且，装甲教导师在前沿只有部分兵力：901战斗群已经留在后方支援第26国民掷弹兵师，围攻巴斯托涅；拜尔莱因还将902战斗群各部用于掩护南翼。因此，最终抵达罗什福尔的德军实力相当薄弱，守卫这座小镇的是美国第335步兵团第3营和第638坦克歼击营的坦克歼击车。

进入罗什福尔的唯一路径在两山之间，美军已经在那里掘壕据守。拜尔莱因决定发动一次奇袭。他说道："闭上眼睛冲进去！（Augen zu, und hinein!)"第902装甲掷弹兵团的一个营全速前进，但是令人毛骨悚然的美军交叉火力很快迫使他们再次后退。

此时，拜尔莱因命令步兵占据阵地，围困罗什福尔，同时命令由冯·法卢瓦少校率领的加强的装甲侦察营（第130装甲教导团第5连和第6连的"豹"式坦克，以及第559重型坦克歼击车营的坦克歼击车和摩托化炮兵）长途奔袭，绕道罗什福尔西南方，从那里渡过一条小河（洛姆河）后继续前进。

与此同时，陆军元帅冯·伦德施泰特激励冯·劳赫特上校道："在孔尼厄干得不错，再接再厉。"[161] 天色已晚，冯·伯姆战斗群的士兵们尽管已经行军了一整天，但他们还是继续从孔尼厄向西穿越这座高地。德军的车辆在冰雪覆盖的道路上颠簸着，满月的照耀下，可以看到公路两侧大片的开阔地，偶尔会有一片小树林，以及随处可见的农舍。但是，没有看到任何盟军。到达默兹河的最后一步似乎很轻松。午夜时分，领头的车辆开上了孔尼厄以西3英里（约4.8千米）的山中小村富瓦–诺特达梅（Foy-Nôtre Dame）。在那里，他们不得不停下来，因为此时燃油已经枯竭。冯·伯姆的士兵们又冷又累，也需要休息。

冯·伯姆将他的部队分散到富瓦–诺特达梅周围：最前方的阵地在村子西面塞米奈尔森林的冷杉树丛中，距离默兹河只有2英里。"狮鹫"突击小组继续乘坐他们的吉普车沿公路前往迪南，试图出其不意地占领默兹河上的桥梁，但他们再也没有出现。英国第3皇家坦克团1944年12月24日的战斗日志中有一段话说明了发生的情况："2时，敌军驾驶的吉普车试图冲过皇家坦克团的哨所，但是被地雷阻止了。2名德国党卫军士兵身亡；1人受伤被俘。"[162]

此时，德军攻势的结果已经吉凶难卜。12月23日，第5装甲集团军指挥官冯·曼陀菲尔与德国集团军群指挥官莫德尔联系，告诉后者必须决定究竟是继续向西进攻，还是先集中力量占领巴斯托涅。冯·曼陀菲尔说："无论如何，上级必须紧急向前线调派可用的预备队。"[163]这一请求被转交给希特勒，后者从准备实施第二波进攻的军队中征调了第9装甲师和第15装甲掷弹兵师。第15装甲掷弹兵师被调往巴斯托涅地段，而第9装甲师奉命在第47装甲军的地段重新集结，为第2装甲师提供侧翼支援。[164]此前为了参加阿登攻势的第二波进攻，第9装甲师已经得到第301重装甲营的增援，该营配备29辆"虎"Ⅰ式重型坦克。

但是，德军的增援与盟军的增援之间有两个重大的区别。首先，盟军增援已经就位，而德军是新征调的。更重要的是，盟军可以在后方实施调动，不会受到敌方严重干扰，而从12月23日开始，在盟军的空袭下，德军即使将最基本的补给品运送到前线都越来越困难。

在富瓦–诺特达梅的冯·伯姆战斗群北面仅1英里处，有一座山谷，谷中散布着冰封之下光秃秃的阔叶林，在这座山谷的另一侧，英国第3皇家坦克团将团部设于索里讷庄园（Château de Sorinnes）。庄园的主人雅克·德·维伦法涅（Jacques de Villenfagne）男爵和他的表兄弟菲利普·勒阿迪·德博利厄（Philippe le Hardy de Beaulieu）自愿前去确定德军阵地的方位。他们穿上暖和的衣服并包裹上白布，于12月23日寒冷的夜间动身。满月在这一冰雪覆盖的地区投下朦胧的光，但是这两个人并不需要——他们熟悉这里就像熟悉自己的手背一样。因此，他们也知道如何避免被德国哨兵发现。他们悄悄地在各处绕了一圈，记下了所有的德国车辆和阵地，并在农舍和村庄停下来，向主人们询问看到的情况。

　　早上4时，他们走进温暖的索里讷庄园，虽然被冻得发抖，但是收获满满。英国军官在那里等待他们，维伦法涅和德博利厄花了一个多小时向英国人介绍情况。他们认真地将看到的情况画在该地区的地图上：在富瓦－诺特达梅东北1.5英里的利鲁村（Liroux），村内和村南的小树林里都有德军的坦克。从那里到富瓦－诺特达梅，德军部署了装甲兵、炮兵和其他作战车辆，如果英军试图进攻，他们就可以介入。德军部署在塞米奈尔（Seminaire）的森林里的装甲兵也在地图上标出。[165]对于第3皇家坦克团和准备打击德军装甲兵前锋的盟军航空兵来说，这是宝贵的情报。

　　实际上，在圣诞节削弱德军向默兹河推进势头的战斗中，许多比利时平民都起到了突出的作用。冯·科亨豪森的大部分摩托化力量因为燃油短缺而不得不留在孔尼厄时，剩余的汽油用于一小队搭载步兵的"豹"式坦克、一些弹药输送车以及一辆加油车，继续西进。德军的计划是在黎明前抵达默兹河，占领河上的桥梁并坚守到主力得到燃油后跟上。这些德军车辆开进了冯·伯姆地段正南面的地区。

　　12月24日早晨6时许，在富瓦－诺特达梅西南方略多于1英里的塞勒村正北路口上，其中一辆"豹"式坦克轧上一枚反坦克地雷。巨大的爆炸声惊醒了坐落于路口的"阿登旅馆"的主人玛尔特·蒙里克（Marthe Monrique）夫人。她点燃一根蜡烛，上楼观察发生的情况。德军士兵发现她窗口的灯光时，到前门敲门，问她是否知道前往默兹河道路上的情况。

　　这位比利时妇女知道，美军已经匆忙离开，没有任何时间在公路上埋设地雷，但是她对于纳粹占领军返回并没有特别惊恐，她谎称美军曾在塞勒到迪南的公路上夜以继日地埋设地雷。这使德军对是否使用这条公路（走这条路不到一个小时就能抵达迪南）犹豫不决，他们开进路旁的田野，这造成决定性的延迟。战后3年，比利时当局决定将之前那辆被炸坏的坦克捐献给蒙里克夫人，以表达他们的谢意。今天，它矗立在塞勒"坦克旅馆"外面，成为很有名的历史遗迹。

　　这一小股装甲力量最终抵达迪南外围时，已经临近黎明。进入迪南的公路在峭壁之间蜿蜒向前，所以德军别无选择，只能全速开进，以期奇袭对手。但他们经过最后一个转弯，看到迪南的第一片房屋时，5辆"谢尔曼"坦克已经做好准备，迎击它们。

来自科亨豪森战斗群、在塞勒北入口被地雷炸毁的"豹"式坦克残骸仍然停放在原位，提醒人们牢记希特勒1944—1945年的大规模冬季攻势。（作者摄影）

这些"谢尔曼"是英国改造的"萤火虫"版本，配备军械局 QF（速射）17磅76.2毫米反坦克炮——这可能是西方盟军在役的最佳反坦克炮。使用被帽穿甲弹（APC）时，17磅炮有着恐怖的穿彻性能。在1500米的距离上，"谢尔曼萤火虫"的17磅 MK Ⅳ 火炮能够以30度的命中角度击穿104毫米厚的装甲，这是美国 M3 火炮穿彻性能的两倍，比改进的美国 M1 3英寸反坦克炮的穿彻厚度多40毫米。凭借17磅炮，英军拥有了可以与德国"豹"式坦克的 KwK 25 相媲美的反坦克炮。英军坚称，17磅炮使用的新型脱壳穿甲弹（APDS）实际上可以穿透任何德国装甲。

然而，德国坦克在这个昏暗的早晨逼近时，大部分英国坦克手还在他们的坦克里睡觉，毫无戒备。紧要关头，其中一辆英国坦克的指挥员 F."乔迪"·普罗伯特（F.' Geordie' Probert）中士被发动机运行和坦克履带的噪声惊醒。他打开炮塔舱门一看，顿时血脉倒涌：德军正向桥这边开来！

普罗伯特将睡在下面的炮手踢醒，吼道："开炮！"惊慌之中，炮手错过了最近的德国坦克。炮弹从坦克上方飞过，击中了一辆弹药车，巨大的爆炸声惊醒了整座镇子的人。火势蔓延，很快加油车也起火爆炸，带走了德军最后一点宝贵的燃油。而且，德军看到"谢尔曼"坦克上17磅炮的长炮管和标志性的重型炮口制退器时，意识到他完全没有可能突破房屋和峭壁之间的这条狭窄道路冲进迪南。此时已经筋疲力尽的第2装甲师侦察兵迅速撤退到富瓦－诺特达梅，德军的阿登攻势正是在那里结束的。

12月24日，轮到盟军发动进攻了。首先是对德国第2装甲师前锋的猛烈炮轰。通过维伦法涅男爵的勘察，英国炮兵得以压制德军车辆和炮兵。在80分钟不间断的炮轰中，大量德军坦克、半履带车和火炮被摧毁。

12月24日整天，盟军方面的炮兵和航空兵在塞勒／富瓦－诺特达梅地区起到了主要作用。基本上可以说，早晨在炮兵的炮轰中没有被摧毁的目标，剩下的时间里都遭到了航空兵的打击。而德军无可奈何，因为他们没有燃油，无法移走被发现的车辆和火炮。炮兵和飞机造成的破坏非常大，以至于12月24日美国第379战斗机大队派往该地区的第六个"闪电"战斗轰炸机编队飞行员甚至无法找到任何攻击目标，因为"视野中的所有车辆都在燃烧"，另一个"闪电"编队（来自第474战斗机大队）轰炸了塞勒以东的林区。

接着，哈蒙的美国第2装甲师发动进攻，他们得到了有力的空中支援。B战斗群对塞勒实施钳形攻势，A战斗群猛攻塞勒以东9英里（约14.5千米）的比松维尔，以便切断德军与后方的联系。这次行动是在已知该地区的德国战斗车辆几乎完全没有燃油的情况下进行的，蒙哥马利已经通过"超极机密"团队解码的德军无线电信号获得了这个情报。

哈蒙将战术空中支援利用到了极致。B战斗群的北路（A特遣队）第67装甲团第3营遇到富瓦－诺特达梅正东马亨讷农场上的3辆"豹"式坦克的抵抗时，美军坦克退到东面的若沃兰森林（Bois de Jauvelan）之后，呼叫航空兵。12架"闪电"战斗轰炸机出现，摧毁了这3辆"豹"式坦克，然后美军地面军队没有遇到任何麻烦就通过了那里[1]。（后来，英军"谢尔曼"坦克手没有意识到这些德

---

[1] 原注：如今，这一事件以照片和文字的形式记录在马亨讷一所农舍的牌匾上。

1944年12月，一辆守卫默兹河的英军"谢尔曼"坦克，这是配备了17磅炮的"萤火虫"。（美国陆军）

国坦克已经被摧毁，再次向它们开火并声称将其击毁。）

B战斗群钳形攻势的南路（B特遣队）从锡奈出发，疾驰到塞勒东北偏东略远于2英里的孔茹小村，从那里越过孔茹和塞勒之间的科鲁森林（Coreu Forest）南面的高地，很快抵达塞勒南郊，他们的坦克从那里炮击北面的德军阵地。

与此同时，更东面的A战斗群推进了10英里（约16.1千米），期间只遇到德军微弱抵抗，12月24日晚上，美军占领比松维尔。[166]他们在这里缴获了38辆各式车辆、4门反坦克炮和6门中型火炮，并抓获108名俘虏。[167]

占领比松维尔之后，美军已经将德国第2装甲师前锋封堵在塞勒和富瓦–诺特达梅。美国第2装甲师频繁使用战术空中支援，但是占领比松维尔之后不久就出现了事与愿违的事情——一个编队的"闪电"战斗轰炸机飞行员误击了村子里的美军坦克。A战斗群此后试图向东南推进时，遇上了冯·劳赫特在马尔什西南的昂日蒙集结的规模稍大一些的军队，不得不撤退。

现在，德国人将他们的希望寄托在了来自德国第9装甲师的增援上。该师的47辆"豹"式、28辆四号坦克和11辆四号70型坦克歼击车很有可能扭转德军的劣势，更何况还有第301重装甲营的"虎"Ⅰ式坦克。冯·吕特维茨上将写道：

战斗之后。一辆美国半履带车经过一辆四号坦克旁边，这辆坦克明显遭到过猛烈打击，超过3英寸（76.2毫米）厚的正面装甲被完全撕裂。从命中的角度可以看出，它是被从空中摧毁的，可能是英国霍克公司"台风"战斗轰炸机发射的RP-3火箭弹所致。（NARA 111-SC-199108/Pvt. T.J. 霍尔金斯）

　　对我军来说，这是一个痛苦的圣诞夜。我们知道胜负就在一线之间。如果我们能成功确保第2装甲师的进军路线畅通，且第9装甲师主力能够及时赶到，于12月25日与第2装甲师会合，那么盟军对第2装甲师漫长侧翼的进攻就不再令人担心了。[168]

　　毫无疑问，航空兵挽救了盟军的局势。对德方交通枢纽的毁灭式轰炸阻止了德国第9装甲师的调动，夺走对方快速向前线行军所需的许多汽油。12月23日的报告称，第9装甲师"只能相对缓慢地"移动。[169] 12月24日，第9装甲师基本停滞不前，因为美军的空袭已经阻止或摧毁了该师的燃油补给。[170]

由于盟军密集空袭交通线，德军决定暂停将第301重装甲营送往塞勒前线的努力。相反，该营的"虎"Ⅰ式重型坦克在靠近迪伦（Düren）的讷尔沃尼希（Nörvenich）卸车，留在那里充当预备队。

德国第2装甲师首席参谋吕迪格·魏茨（Rüdiger Weiz）中校写道："[12月24日]傍晚，第9装甲师师长[哈拉尔德·冯·埃尔弗费尔特少将]抵达我师指挥所。他介绍的情况表明，他的师由于缺乏汽油而在24小时里动弹不得。因此，该师的第一批单位预计今晚不会抵达，在接下来24小时中为第2装甲师解围的计划就更无指望。友邻部队面临的局面对我们也没有什么益处。两支孤军都报告弹药及汽油供应已不容许他们继续战斗太长时间，而前线的汽油又不足以让这些军队撤退，如何帮助前线作战的单位就成了一个几乎无解的问题。"[171]

装甲教导师对第2装甲师的援助也遭到阻击（主要来自美军航空兵）。单是配备"雷电"的第362战斗机大队第379中队就报告，在装甲教导师后方摧毁了一个车队中的45辆卡车。[172]

满心忧虑的冯·吕特维茨上将12月25日写道："今天从一开始就是晴好天气，敌军航空兵十分活跃。"[173]

同日，装甲教导师师长拜尔莱因确认，整个防空连都已经在行军中被盟军的空袭消灭，从尚普隆（Champlon）起，一路上都是燃烧的车辆，这些车辆满载着送往前线的补给品。而且，装甲教导师设在比雷斯博尔恩（Birresborn）的装甲车辆维修车间在空袭中被摧毁。晴朗的圣诞节里，拜尔莱因从他的前线观察哨可以看到，大群盟军战斗轰炸机对德国第2装甲师被围的队伍展开截杀。

理论上，德军仍然有机会恢复攻势。在12月25日的会议上，陆军元帅莫德尔认为，是时候将所有预备队投入攻势了。他认为，如果实施这一举措，第5装甲集团军在抵达默兹河之后转向北进，与继续西进的党卫军第6装甲集团军会合，就可以全歼默兹河以东的所有盟军。[174]他得到第5装甲集团军指挥官冯·曼陀菲尔的热情支持，后者说道："给我预备队，我就能夺取巴斯托涅，抵达默兹河！"[175]不过，两位指挥官也都同意，一切取决于对盟军航空兵的压制。冯·曼陀菲尔强调"预备队必须有充足的燃油"，而且需要空中支援。他说，到目前为止，他"只看到敌军的空中力量"[176]。莫德尔似乎更仰赖上苍，他强调成功的基本条件是"天气条件阻碍敌军的空中行动"[177]。

鉴于德国空军在西线不再有能力挑战盟军的空中优势，而接下来的几天里预计也没有任何新的低气压，德军西线总指挥官冯·伦德施泰特更为务实，他建议希特勒叫停攻势，因为补给路线已经被盟军的空袭切断。[178] 但是取消进攻不在希特勒的考虑范围之内。相反，他制订了新计划——我们此后将会看到。

与此同时，美国第2装甲师和德国第2装甲师在塞勒及昂日蒙继续苦战。圣诞节早上，英国第3皇家坦克团也加入战斗。它的"谢尔曼"坦克开过索里讷和富瓦－诺特达梅之间的山谷，同时皇家空军的"台风"战斗轰炸机低空飞行，向敌军车辆发射火箭弹。不久以后，英国军队在燃烧和冒着浓烟的德军车辆及火炮之间驶过，控制了富瓦－诺特达梅小村。他们在那里抓获了幸存的148名德国官兵，其中包括冯·伯姆上尉。

同时，在向南1英里左右的地方，冯·科亨豪森战斗群幸存的德国士兵逃进了塞勒以东的落叶林中，他们在整个圣诞节期间都藏身于此。美军没有必要与他们短兵相接，而是呼叫航空兵和炮兵进行打击。美军地面军队只需用烟幕弹标出德军所在的林区，然后就会有几个波次的战斗轰炸机攻击，直到德军的炮火完全停歇。

一群四号坦克在圣诞节企图发动反冲击时，美军呼叫了炮兵。美国第2装甲师的炮兵向该地区发射了2000余发榴弹。此后，美军发现了7辆四号坦克和10辆其他车辆烧毁的残骸。[179]

德国第9装甲师的第一支特遣队于12月25日下午3时抵达比松维尔东南2英里的于曼时，德国方面有了一丝希望。[180]这支部队阻止了美国第2装甲师A战斗群在西南方3英里（约4.8千米）的昂日蒙取得突破。这样，弗雷德里希·霍尔特迈尔（Friedrich Holtmeyer）上尉的第2装甲掷弹兵团第38坦克歼击营和第9装甲师第33装甲团的"豹"式坦克可以在这里重新集结，前往罗什福尔。他们计划从那里发动进攻，解救北面距离仅10英里（约16千米）的被围军队。但是，由于盟军的空中优势，德军不得不等到天黑才能进行这种调动，这带来了新的困难。[181]德国第2装甲师的吕迪格·魏茨中校写道："事实证明，很难从前线抽调单位在狭窄、漆黑的道路上集结，因此行动持续了一整夜。不确定的侦察报告迫使我们在罗什福尔之前不远处停了下来，但是在日出之后，我们可以经由锡耶尼翁（Ciergnon）快速推进，抵达屈斯蒂讷（Custinne）东北地区。尽管敌军有强大的炮兵，在装甲兵上的优势更大，我们仍然在[12月26日]下午到达了距离包围圈900码（约823米）的地方。"[182]

但是，美军通过炮兵观测飞机引导的炮兵和多个编队的战斗轰炸机，对这支援兵实施了被德军称为"地狱之火"的打击。[183]此外，据德军报告，80辆美军坦克发动了反冲击。[184]然而美军的报告称，战斗主要是由航空兵和炮兵主宰的。[185]多辆"豹"式坦克被摧毁，霍尔特迈尔上尉阵亡。[186]这支救援部队被迫转入防御。

装甲教导师在圣诞节翌日两次企图为冯·科亨豪森战斗群解围，但也遇到相同的命运，他们的两次进攻都主要是被盟军空袭击退的。[187]而且，装甲教导师自身的补给线也被美国第406战斗机大队的轰炸切断，这次空袭摧毁了圣于贝尔除教堂以外的所有房屋。

直到此时，莫德尔和冯·曼陀菲尔请求的所有新锐力量才被放出。12月26日，第12和第340国民掷弹兵师、第3装甲掷弹兵师接到命令，重新编入第5装甲集团军，但为时已晚。就连冯·伦德施泰特司令部的战斗日志也写道，如果不能很快处理和恢复"敌军近日大规模轰炸对铁路线和其他交通线造成的破坏，以及它们对运输和交通状况造成的影响（最重要的是，鉴于当前的燃油状况，向前方运送补给几乎不可能）"，那么"所有计划都是不可行的"[188]。

战后，冯·曼陀菲尔不无痛苦地说道："我在12月26日才接收了剩余的预备队，到那时候它们已经无法动弹。它们因为缺乏燃油而止步不前，队伍连绵上百英里，而那正是战斗中最需要它们的时候。"[189]即使在有燃油可用的地方，盟军的空袭密度之大，使得德军后方的公路白天几乎无法通过。第5装甲集团军炮兵指挥官理查德·梅茨（Richard Metz）少将描述了圣诞节翌日的情景："空袭如此猛烈，就连运送人员的单独车辆和摩托车也只能逐次通过。"

也是在12月26日这一天，莫德尔元帅的战斗日志上写道："在整条战线上，敌军的低空袭击非常猛烈，集中打击第5装甲集团军，使战场上的调动和补给几乎全天都无法进行。装甲兵总监派来的一位军官报告，低空空袭摧毁的车辆数量十分可观。面对战区上空被大量使用的敌军飞机，德国空军只能提供局部和临时的援助。"在这一天结束之前，莫德尔被迫命令B集团军群"取消日间的所有补给运输"[190]。在那个阶段，德军实际上已经这么做了。当天，盟军飞行员报告"敌军日间车辆通行量明显减少"[191]。

12月26日15时30分，莫德尔批准第2装甲师撤到罗什福尔。[192]冯·科亨豪森战斗群得到命令，摧毁所有重装备。令人好奇的是，被围军队在前往罗什福尔时没有受到太多敌人的打扰。冯·曼陀菲尔写道："敌军只是犹豫地跟随，避开了我们的撤退路线。"[193]

与此同时，在12月26日夜间，德国空军孤注一掷地企图解救第2装甲师，派遣第1训练联队第1大队的9架Ju-88双发轰炸机打击那慕尔—弗拉维讷（Flawinne）的编组站。轰炸没有取得多大的成效，德军损失了3架Ju-88，包括部队指挥官吕迪格·潘内博格（Rüdiger Panneborg）上尉驾驶的飞机。同时（12月26日夜间至27日凌晨），德国第3战斗机师报告，该师打算从12月27日早上6时30分起，每隔五分钟出动30架战斗机组成的编队，在迪南—马尔什—罗什福尔地区实施低空攻击，支援装甲兵。[194]但到那个时候，默兹河之战的胜负已定。深夜1时，科亨豪森战斗群的残部——由冯·科亨豪森少校率领的600名士兵——步行抵达罗什福尔的德军战线。[195]

美国军队的一篇研究论文中描述了第2装甲师B战斗群对塞勒的最后几个德军阵地发动的扫尾行动："两个各由一个加强营组成的特遣队按照各自的轴线，占据俯瞰该镇的高地。然后，战斗群发动了一次联合进攻，进入村中清剿。战后，被困于林区的德国第2装甲师各部指挥官在接受审问时说，由于汽油短缺，他的车辆实际上已经瘫痪。"[196]

对阿登战役的大部分叙述，都夸大了德国第2装甲师1944年圣诞节在富瓦－诺特达梅／塞勒的损失。对此的解释是，盟军在战役之后立即发表了很夸张的数字：82辆坦克、83门反坦克炮和其他火炮、500辆其他车辆，德军被俘1213人、阵亡大约900人。应该注意的是，82辆坦克这个数字已经差不多等于①阿登战役开始时德国第2装甲师拥有的全部坦克数量（56辆"豹"式坦克和28辆四号坦克）了。这些数字可能是重复计算的结果。索里讷庄园的维伦法涅男爵走遍了塞勒周围地区，认真计算了德军的损失。他在一份报告中提出了不同的数字："这是一个被毁车辆和被弃装备的大坟场，它们半埋在雪

---

　　①译注：原文用词为"超过"，第2装甲师原有数量为84辆，计"82辆"并未超过。

中。德军留下了840辆各种车辆，包括40辆坦克。我们在塞勒北面的树林和田野里清点出900名死亡的德国士兵。"[197] 但是就装甲车辆的损失而言，连这些数字都太高了。

根据军事历史学家杰夫·达格代尔在以前遗失的德军原始档案中的发现，德国第2装甲师在1944年12月共损失30辆坦克（18辆"豹"式和12辆四号坦克），加上2辆防空坦克、2辆三号突击炮、7辆装甲车和7辆自行火炮。[198] 第一次清点富瓦－诺特达梅／塞勒的战利品时，该师损失的35辆装甲车中有些很有可能被误认为"坦克"。而且，1944年圣诞节德国第2装甲师丢弃或损失的物资当中，还发现多辆缴获的美国车辆。不管怎么说，德军在该地段不太可能损失超过20辆坦克。

富瓦－诺特达梅教堂前的小广场上，散布着冯·伯姆战斗群残余的一些装备。左侧是这支部队13辆SdKfz-251半履带车中的1辆，旁边则是1辆SdKfz-234/2"美洲狮"装甲车。照片的前方可以看到1门42式105毫米野战榴弹炮。地上散落着德军的钢盔、"铁拳"和其他装备。

邦德大屠杀

德军第2装甲师刚刚占领N4公路上的邦德（马尔什西南4英里处），一支来自纳粹帝国保安总局（Sicherheitsdienst，SD）的部队就抵达这座小村。他们试图对1944年9月5日的一次事件实施报复，当时，比利时抵抗运动攻击了该地区的一个德军弹药库，杀死3名士兵。圣诞节前一天的早晨，SD人员走遍邦德的所有房屋，带走所有17岁以上的男子。这些人被带到一所已经烧毁的锯木厂，受到了盘问和拷打。第2装甲师的军官试图制止这种暴行，但是徒劳无功。同天晚上，SD人员将32名囚犯带到主干道另一侧的邮局咖啡馆，将他们全部处决。次日，SD人员又在同一个地方杀害了另外2名男子。

行凶者当中，只有一名瑞士志愿人员在战后被辨认出来。1948年，瑞士军事法庭起诉了他，判处20年监禁，但他在12年之后受到赦免。

献给在邦德被处死的比利时平民的纪念碑。（作者摄影）

结论和结果

很大程度上，德军阿登攻势前12天的结果确认了战前德军最高统帅部所做出的假设。只要剥夺了盟军的空中支援，德军就能取得巨大的成功——北路的党卫军第1装甲军是个例外，事实证明他们的效率低于德军计划制定者们的预期。

冯·吕特维茨上将的第47装甲军（第2装甲师和装甲教导师）取得的成功从数字上看令人印象深刻：12月28日，冯·吕特维茨麾下的各单位指挥部编写了一份报告，统计了该军从攻势开始起摧毁或缴获的敌军作战车辆数量，其中包括325辆坦克或坦克歼击车，以及267辆其他装甲车辆。[199]第5装甲集团军的另一个装甲军——第58装甲军（主力为第116装甲师）报告，在同一时期内，该军摧毁147辆美军坦克和35辆装甲侦察车，"瘫痪"3辆美军坦克，缴获的战利品包含4辆美军坦克。[200]这样，第5装甲集团军的两个装甲军共计摧毁和缴获472辆美国坦克或坦克歼击车。这些数字与现有的美军损失统计相当吻合，后者表明，美国第1和第3集团军在1944年12月的阿登战役中可能损失多达800—900辆坦克和坦克歼击车。

以上数据不仅说明了阿登战役前两周坦克战的规模，还说明了德国坦克的全面优势。刨去在塞勒地区丢弃的数量，德国第2装甲师在12月16日—31日损失的坦克估计为10—15辆。装甲教导师在1944年12月15日—1945年1月15日损失的"豹"式坦克不超过6辆。[201]此外，12月16日—31日还损失了7辆四号坦克。[202]同样，排除在塞勒地区丢弃的装备，两个装甲师共损失大约15辆坦克歼击车/突击炮。总体来讲，这意味着第47装甲军每损失1辆同类装备（不包括在塞勒地区放弃的装备），可以摧毁8—10辆美军坦克或坦克歼击车。到12月23日为止，也就是塞勒之战开始前，德国第2装甲师从攻势开始起计算的人员损失不超过45人阵亡、37人失踪和173人负伤。[203]装甲教导师在同一时期的伤亡水平也差不多。

但是，战役仍然以德军战略和战术上的失败而告终，这证实了盟军航空兵起到的关键作用——特别是在天气变化使大规模空中行动得以实施这一转折点之后。如果说德军凭借装甲兵占据了地面优势的话，那么盟军就明显具有更大的空中优势，而事实证明这是决定性的。

　　如果没有盟军空中力量的奋战，很难想象党卫军第2和第9装甲师这两个休整后的装甲师对德国第2装甲师和党卫军派普战斗群的救援能被阻止。盟军航空兵在消灭第116装甲师进攻能力方面也起到了重要作用，但是没有那么具有决定性。最为重要的是，盟军从战略上挫败了冯·吕特维茨上将的第47装甲军，特别是此前一直大获成功的前锋——德国第2装甲师。这支部队首先失去补给，然后被围；此后救援力量（装甲教导师和第9装甲师）在打破包围圈时受阻，导致被围德军最终被歼，其中最主要的原因就是盟军航空兵。

1944年12月，美国第2装甲师（"地狱之轮"）抵达阿登地段。（NARA SC 198342）

盟军对通往阿登前线的公路实施大规模空袭的另一个重要影响是，德军的第三波进攻再也未能实施。冯·伦德施泰特元帅转而决定使用这些军队（约12 个师，含450辆坦克和坦克歼击车）在更南面发动新的解围攻势——后文将详细介绍。鉴于此时的局势，这可能是一个合理的决定，因为盟军空中力量使得德军不可能向前线运送足够的补给，即使对已经在阿登前线作战的部队来说也是如此。

除了党卫军派普战斗群那很大程度上是自身原因造成的覆灭之外，在富瓦－诺特达梅／塞勒的失败，也给德军对默兹河的进攻造成了致命打击，成为阿登战役的一个关键转折点[①]。英国陆军元帅蒙哥马利比其他任何人都更配得上这场胜利[②]。

"闪电乔"柯林斯、哈蒙少将和他们指挥的美军确实在地面战中发挥了主要作用，没有他们和美国航空兵，胜利是不可想象的。在地面上，胜利属于美军。但正是蒙哥马利将柯林斯出色的第7军和哈蒙坚韧的"地狱之轮"师放在战略要地上，才使他们能在那里击败德国第2装甲师和该地区的其他德军。应该牢记的是，美国第1集团军指挥官霍奇斯中将在3天前还希望将这些军队用于圣维特，参加一场结果难料的战斗。蒙哥马利没有这样做，而是让德军继续推进，直到他们的补给线拉长，然后等待机会出现，为美军的辉煌胜利创造了条件。对这场战役的许多叙述都没有将胜利归功于他，从很大程度上说明，在很长的一段时间里，这位古怪的英国陆军元帅受到的憎恶感有增无减。

随着德军对默兹河的攻势遭到遏止，此时的战斗集中到了巴斯托涅——这座城市已经成了阿登战役的同义词。由此，蒙哥马利在盟军指挥部的反对者巴顿和布拉德利走到了聚光灯下。

---

① 原注：德军攻势造成美军信心动摇的程度可以从盟国远征军最高统帅部（SHAFE）美军参谋长沃尔特·比德尔·史密斯中将那里得到证明。据布拉德利战后说，史密斯上将在1944年12月26日和他的一次交谈中表达了德军"将在48小时内渡过默兹河"的看法。（布拉德利《一个士兵的故事》，P.482。）

② 原注：军事历史学家约翰·埃利斯对这位英国陆军元帅多有批评之词，他断言蒙哥马利将反冲击限制在塞勒"德军突破的西端"是"极不恰当的"，并得出结论"蒙哥马利在盟军的阿登战役中没有真正的亮点"。（埃利斯，《强力》，P.435。）但是这一观点并没有考虑双方力量对比。这个时候，德军在归属蒙哥马利指挥的整个阿登北部前线仍然有相当强的军事实力。即使在10天后，盟军得到可观的增援，而德军明显虚弱，蒙哥马利企图从北面阻堵阿登突出部的德军时，他指挥的军队仍然遇到了严重的困难。如果1944年12月蒙哥马利没有将他的进攻"限制在西端"，而是按照布拉德利和巴顿的建议攻击党卫军装甲师的整个北部侧翼，可能造成盟军的严重损失，使得阿登突出部的消除比现实中花费更多时间，付出更多生命代价。

从未实施过的进攻

一连好几天，德国 H 集团军群的第 25 集团军都做好了从默兹河口正东的阵地发动进攻，直取西南约 55 英里（约 88 千米）的安特卫普的准备。这一进攻不包含在"守望莱茵"/"秋雾"行动的原有计划内。但由于党卫军第 6 装甲集团军北翼的党卫军第 12 装甲师停滞不前，陆军元帅冯·伦德施泰特于 12 月 18 日下达命令，取消了第 15 集团军从东北发动后续进攻的计划，并命令 H 集团军群准备将第 25 集团军投入进攻。根据冯·伦德施泰特的指令，通过第 25 集团军由北、党卫军第 6 装甲集团军由南发动的联合进攻夺取安特卫普。[1]第 25 集团军将动用 3 个步兵师和第 6 伞兵师。

12 月 19 日，冯·伦德施泰特重申他的意图：由第 25 集团军发动所谓"重要的补充进攻"[2]。但就在次日，苏联红军在匈牙利发动进攻，对阿登攻势造成影响。12 月 26 日，就在苏军包围布达佩斯的同一天，德国陆军参谋长海因茨·古德里安大将抵达希特勒的西线总部"雕窝"。古德里安描述了匈牙利发生的危机，说服希特勒和冯·伦德施泰特必须牺牲西线，加强德军在该地段的阵地。由于冯·伦德施泰特不希望削弱阿登前线，也不想削弱南面的 G 集团军群，他别无选择，只能从 H 集团军群最强的位置——也就是第 25 集团军——抽调部队。这个集团军立即派出 2 个师（第 344 和第 711 步兵师）前往东线。实际上，这为冯·伦德施泰特从北面向安特卫普发动进攻的计划敲响了丧钟。

注释：

1. 西线总司令部 / 国防军指挥参谋部 / 作战指令（陆军）第 774427 号命令，绝密；容，《阿登攻势 1944—1945》，P.151。
2. H 集团军群首席参谋第 9/44 号命令，绝密，1944 年 12 月 19 日；容，《阿登攻势 1944—1945》，P.156。

（NARA, Ⅲ-SC-341654）

本章注释

1. 海尔曼，《阿登攻势，德国第5伞兵师》，外军研究B-023，P.33。

2. 德军西线总司令部首席参谋第12301/44号命令，机密，1944年12月24日。

3. 德军最高统帅部西线作战日志，1944年12月23日。

4. 同上。

5. 基尤国家档案馆："超极机密"行动文件，HW 5/635. CX/MSS/T 406/68. West。

6. 科科特，《阿登攻势中的第26国民掷弹兵师，巴斯托涅之战，第一部分》，B-040，P.97。

7. 布吕芒松，《巴顿文件录1940—1945》，P.606。

8. 克雷文和凯特，《二战中的陆军航空队。欧洲：战争胜利日的争论，1944年1月—1945年5月》，P.690

9. 赞森，《第15国民火箭炮旅（1944年12月16日—1945年1月25日）》，B-286，P.3—4。

10. 西尔万和史密斯，《从诺曼底走向胜利：考特尼·H.霍奇斯将军与美国第1集团军作战日志》，P.231。

11. 美国国家档案与记录管理局：第3军作战报告，1944年12月。记录组407，美国陆军副官长记录，第二次世界大战记录，第3军，作战报告，1944年12月，Box 2735。

12. 德国空军损失清单，马蒂·萨洛宁。

13. 科科特，《阿登攻势中的第26国民掷弹兵师，巴斯托涅之战，第一部分》，B-040，P.129。

14. 克洛斯特曼，《盛大演出》，P.211起。

15. 斯莱齐克，《二战战斗机飞行员回忆录》，P.23。

16. 同上。

17. 基尤国家档案馆："超极机密"行动文件，HW 5/636. CX/MSS/T 407/70 West。

18. 第12集团军群，1944年12月18日—19日的建议和对航空兵的要求；克雷文和凯特，《二战中的陆军航空队。欧洲：战争胜利日的争论，1944年1月—1945年5月》，P.690。

19. 克雷文和凯特，《二战中的陆军航空队。欧洲：战争胜利日的争论，1944年1月—1945年5月》，P.690。

20. 克莱德·哈金斯，"1944年12月23日突出部之战"，B26.com，http://www.b26.com/index.html，2010年11月15日。

21. 美国战争部，《野战手册FM 100-20：空中力量的指挥与使用，1943年7月21日》，华盛顿：美国政府印刷所，1944年。

22. 克莱德·哈金斯，"1944年12月23日突出部之战"，B26.com，http://www.b26.com/index.html，2010年11月15日。

23. 美国国家档案与记录管理局：第9航空队总部，一般命令第140号，APO 696，美国陆军，1945年7月23日。

24. 弗里曼，《"强力第8"战记》，P.398。

25. 克雷文和凯特，《二战中的陆军航空队。欧洲：战争胜利日的争论，1944年1月—1945年5月》，P.690。

26. 普里恩和罗代克，《第1和第11战斗机联队》，P.1367。

27. 劳埃德·耶勒伯格，作者的采访。

28. 麦克唐纳，《号角响起之时》，P.465。

29. 普里恩和罗代克，《第1和第11战斗机联队》，P.1360。

30. 基尤国家档案馆："超极机密"行动文件，HW 5/637. CX/MSS/T 409/51. BT 373 West；德国空军损失清单，马蒂·萨洛宁。

31. 德国空军损失清单，马蒂·萨洛宁。

32. 普里恩，《第77战斗机联队》，P.2225。

33. 基尤国家档案馆："超极机密"行动文件，HW 5/637. CX/MSS/T 409/35. BT 360 West。

34. 美国国家档案与记录管理局：作战报告，美国第3集团军，1944年8月1日—1945年5月9日：12月行动。N-11480-A-4，P.180。

35. 冯·伦德施泰特，《阿登攻势》，ETHINT-47，P.8。

36. 普里恩和罗代克，《第1和第11战斗机联队》，P.1380。

37. 同上，P.1377。

38. 基尤国家档案馆："超极机密"行动文件，HW 5/638. CX/MSS/T 411/2. BT 467 West。

39. 基尤国家档案馆："超极机密"行动文件，HW 5/639. CX/MSS/T 437/27. BT 454 West。

40. 普里恩和罗代克，《第1和第11战斗机联队》，P.1386。

41. 普里恩和施特默尔，《Bf-109在第3战斗机联队指挥部及第3大队的使用》，P.395。

42. 美国国家档案与记录管理局：作战报告，第7装甲师（1944年12月1日—31日）。师级记录，第427条，记录组407. 文件607：第7装甲师。

43. 蒂克，《战争末年的旋风突击：党卫军第2装甲军与下辖的第9"霍恩施陶芬"及第10"弗伦茨贝格"装甲师》，P.426。

44. 雷默，《阿登攻势中的"元首卫队"旅（雷默指挥），1944年12月16日—1945年1月26日》，B-592，P.14。

45. 同上，P.15。

46. 美国国家档案与记录管理局：第87骑兵侦察中队（机械化）。作战报告，1944年12月。

47. 雷默，《阿登攻势中的"元首卫队"旅（雷默指挥），1944年12月16日—1945年1月26日》，B-592，P.15。

48. 美国国家档案与记录管理局：第87骑兵侦察中队（机械化）。作战报告，1944年12月。

49. 雷默，《阿登攻势中的"元首卫队"旅（雷默指挥），1944年12月16日—1945年1月26日》，B-592，P.15。

50. 同上，P.16。

51. 美国国家档案与记录管理局：作战报告，第7装甲师（1944年12月1日—31日）。师级记录，第427条，记录组407. 文件607：第7装甲师。

52. 美国国家档案与记录管理局：第508伞兵团；关于作战的访谈：第508伞兵团作训参谋 J.W. 梅杜斯基少校，1945年2月15日。

53. 美国国家档案与记录管理局：关于作战的访谈：第508伞兵团3营营长路易斯·G. 门德兹中校，第508伞兵团3营情报参谋（S-2）约翰·T. 利特尔中尉，1945年3月28日。

54. 雷默，《阿登攻势中的"元首卫队"旅（雷默指挥），1944年12月16日—1945年1月26日》，B-592，P.16。

55. 韦弗，《保卫战：二战中的第28步兵师》，P.236。

56. 同上。

57. 美国国家档案与记录管理局：第112步兵团团部连战史，1944年12月，詹姆斯·T. 内斯比特，File 328-INF (112)。

58. 李奇微和马丁，《战士：马修·B. 李奇微回忆录》，P.115。

59. 库珀，《死亡陷阱：二战美国装甲师的幸存者》，P.105。

60. 美国国家档案与记录管理局：关于作战的访谈：第325滑翔机机降步兵团第2营营长查尔斯·W. 梅杰中校，第325滑翔机机降兵团第2营作训参谋赫伯特·L. 利特尔上尉，1934年3月25日。

61. 美国国家档案与记录管理局：关于作战的访谈：第325滑翔机机降步兵团团长乔治·比灵斯利上校，1945年3月24日。

62. 美国国家档案与记录管理局：第87骑兵侦察中队 D 连晨报。师级记录，第427条，记录组407。文件607：第7装甲师。

63. 魏丁格，《党卫军第4装甲掷弹兵团在阿登攻势中的使用（1944年12月16日—1945年2月17日）》，P-109b，P.11。

64. 美国国家档案与记录管理局：关于作战的访谈：第325滑翔机机降步兵团团长乔治·比灵斯利上校，1945年3月24日。

65. 美国国家档案与记录管理局：第87骑兵侦察中队 D 连晨报。师级记录，第427条，记录组407。文件607：第7装甲师。

66. 魏丁格，《帝国师战史：第5卷》，P.367。

67. 美国国家档案与记录管理局：关于作战的访谈：第325滑翔机机降步兵团第2营营长查尔斯·W. 梅杰中校，第325滑翔机机降兵团第2营作训参谋赫伯特·L. 利特尔上尉，1934年3月25日。

68. 美国国家档案与记录管理局：关于作战的访谈：第325滑翔机机降步兵团团长乔治·比灵斯利上校，1945年3月24日。

69. 帕克，《赢得冬季的天空》，P.228。

70. 麦克唐纳，《号角响起之时》，P.548。

71. 魏丁格，《帝国师战史：第5卷》，P.370。

72. 黑希勒，《守住防线：第51战斗工兵营和突出部之战，1944年12月—1945年1月》，P.41。

73. 科尔，《阿登：突出部之战》，P.379。

74. 冯·瓦尔登堡，《第116装甲师在阿登战役中的贡献（第2部分，1944年12月20日—26日）》，A-873，P.20

75. 同上，P.21。

76. 科尔，《阿登：突出部之战》，P.384。

77. 同上，P.386。

78. 麦克唐纳，《号角响起之时》，P.554。

79. 基尤国家档案馆："超极机密"行动文件，HW 5/636. CX/MSS/T407/71. BT 208 West。

80. 帕克，《突出部之战》，P.186。

81. 蒂克，《战争末年的旋风突击：党卫军第2装甲军与下辖的第9"霍恩施陶芬"及第10"弗伦茨贝格"装甲师》，P.427。

82. 美国国家档案与记录管理局：作战报告，第40坦克营（第7装甲师），1944年8月—1945年6月。师级记录，第427条，记录组407。文件607：第7装甲师。

83. 美国国家档案与记录管理局：关于作战的访谈：第325滑翔机降步兵团第2营营长查尔斯·W. 梅杰中校，第325滑翔机降步兵团第2营作训参谋赫伯特·L. 利特尔上尉，1934年3月25日。

84. 基尤国家档案馆："超级机密"行动文件，HW 5/637. CX/MSS/T405/28. BT 335 West。

85. 魏丁格，《党卫军第4装甲掷弹兵团在阿登攻势中的使用（1944年12月16日—1945年2月17日）》，P-109b，P.12。

86. 托霍尔特，《阿登战役中的B集团军群炮兵》，B-311，P.9。

87. 德雷斯勒等人，《在不利局面下：阿登战役中的第2和第3甲师，1944年12月16日—1945年1月16日》，P.13。

88. 费伊，《武装党卫军装甲战役，1943—1945》，P.199。

89. 同上，P.200—201。

90. 同上，P.202。

91. 帕克，《赢得冬季的天空》，P.263。

92. 德拉福斯，《突出部之战：希特勒的最后赌博》，P.173。

93. 奥林·F. 布鲁斯特中校，"1944年12月，比利时贝尔艾究竟发生了什么？"，《突出部之战的回忆》网站，http://www. battleofthebulgememories.be/en/stories/us-army/563-what-really-happenedbelle-haie-belgium.html. 2012年7月12日。

94. 魏丁格，《帝国师战史：第5卷》，P.370。

95. 麦克唐纳，《号角响起之时》，P.553。

96. 魏丁格，《帝国师战史：第5卷》，P.375。

97. 美国国家档案与记录管理局：作战报告，第40坦克营（第7装甲师），1944年8月—1945年6月。师级记录，第427条，记录组407。文件607：第7装甲师。

98. 德拉福斯，《突出部之战：希特勒的最后赌博》，P.175。

99. 美国国家档案与记录管理局：作战报告，第40坦克营（第7装甲师），1944年8月—1945年6月。师级记录，第427条，记录组407。文件607：第7装甲师。

100. 费伊，《武装党卫军装甲战役，1943—1945》，P.204。

101. 通过斯蒂芬·汤普森。

102. 美国陆军装甲学校，《第9装甲师B战斗群1944年12月16日—23日战记》。

103. 美国国家档案与记录管理局：关于作战的访谈：第40坦克营营长约翰·C. 布朗中校，芒艾，1945年1月11日。副官长记录（记录组407）、Folder 287, Box 24097。

104. 魏丁格，《帝国师战史：第5卷》，P.380。

105. 约翰·托兰，《战斗：突出部的故事》，P. 251。

106. 同上。

107. 维斯克里切尼，《阿登攻势（1944年12月16日—1945年1月20日）中的党卫军第3"德意志"掷弹兵团》，外军研究 #20，P.8。

108. 美国国家档案与记录管理局：作战报告，第40坦克营（第7装甲师），1944年8月—1945年6月。师级记录，第427条，记录组407。文件607：第7装甲师。

109. 同上。

110. 维斯克里切尼，《阿登攻势（1944年12月16日—1945年1月20日）中的党卫军第3"德意志"掷弹兵团》，外军研究 #20，P.8。

111. 迪皮伊、邦加德和安德森，《希特勒的最后赌博》，P.257。

112. 奥林·F. 布鲁斯特中校，"1944年12月，比利时贝尔艾究竟发生了什么？"。《突出部之战的回忆》网站。http://www.battleofthebulgememories.be/en/stories/us-army/563-what-really-happenedbelle-haie-belgium.html. 2012年7月12日。

113. 美国国家档案与记录管理局：第509伞兵团。GL-192。

114. 奥林·F. 布鲁斯特中校，"1944年12月，比利时贝尔艾究竟发生了什么？"。《突出部之战的回忆》网站。http://www.battleofthebulgememories.be/en/stories/us-army/563-what-really-happenedbelle-haie-belgium.html. 2012年7月12日。

115. 同上。

116. 科尔，《阿登：突出部之战》，P.583。

117. 洛法罗，《圣迈克尔之剑：二战中的第82空降师》，P.471。

118. 帕克，《赢得冬季的天空》，P.287。

119. 赫林顿，《1939—1945年战争中的澳大利亚，系列3——空军，第4卷：欧洲上空的空中力量，1944—1945》，P.388。

120. 约翰·D. 鲍文（编），"德国第18国民掷弹兵师1818炮兵团2连连长贝门中尉日记"，《二战反思》，第3卷，第3期，1995年6月，www.battleolfhebulge.org/musings/Mus0695.pdf。

121. 帕克，《赢得冬季的天空》，P.284。

122. 同上，P.290。

123. 克雷默，《阿登战役中的第6装甲集团军，1944年12月24日—27日》，ETHINT-022，P.1。

124. 同上。

125. 特里佩尔，《第58装甲军，阿登攻势，1944年11月1日—1945年2月1日》，B-506，P.5。

126. 冯·瓦尔登堡少将，《第116装甲师在阿登战役中的贡献（第一部分，1944年12月16日—19日）》，A-873，P.23。

127. 斯赫雷弗斯，《不为人知的死者》，P.245。

128. 第16装甲掷弹兵团第2营作战日志；古德里安，《西线战事的最后一年：第116"灰猎犬"装甲师战史，1944—1945》，P.378。

129. 美国国家档案与记录管理局：作战报告，第771坦克营，1944年11月—1945年5月。AAR#594U。

130. 达格代尔，《1944年秋季-1945年2月西线阿登和"北风"行动中德国陆军和武装党卫军装甲师、装甲掷弹兵师、装甲旅详细和准确的兵力和组织，第1卷，Part 4B》，P.100。

131. 冯·曼陀菲尔，《阿登攻势中的第5装甲集团军，1944年12月16日—1945年1月25日》，B-151A，P.156。

132. 雷默，《阿登战役中的"元首卫队"旅》，ETHINT-80，P.9。

133.《劈木人：第84步兵师的故事》。

134. 古德里安，《西线战事的最后一年：第116"灰猎犬"装甲师战史，1944—1945》，P.380。

135. 冯·瓦尔登堡少将，《第116装甲师在阿登战役中的贡献（第三部分，1944年12月27日—1945年1月27日）》，A-874，P.2。

136. 同上，P.1。

137. 德国联邦档案馆—军事档案，RH 24/58，第58装甲军作战日志，116装甲师报告，第1101/44号，1944年12月29日；古德里安，《西线战事的最后一年：第116"灰猎犬"装甲师战史，1944—1945》，P.383。

138. 同上。

139. 达格代尔，《1944年秋季—1945年2月西线阿登和"北风"行动中德国陆军和武装党卫军装甲师、装甲掷弹兵师、装甲旅详细和准确的兵力和组织，第1卷，Part 4B》，P. 24。

140. 冯·瓦尔登堡少将，《第116装甲师在阿登战役中的贡献（第三部分，1944年12月27日—1945年1月27日）》，A-874，P.6。

141. 同上，P.2—3。

142. 同上，P.4。

143. 《德国国防军，1939—1945，第3册，1944年1月1日—1945年5月9日》，P.380。

144. 扎洛加，《"豹"式与"谢尔曼"的对比》，P.73。

145. "休整，补充与撤出"，在《西线的先锋：第3装甲师》的"突出部之战，1944年12月18日—1945年1月底"一章中，由第3装甲师战史网站员工数字化，www.3ad.com/，2010年7月21日。

146. 装甲兵力数据来自为美国政府工作的历史学家和分析家小理查德·C. 安德森；人员数据来自迪皮伊、邦加德和安德森，《希特勒的最后赌ային》，P.464。

147. 布雷斯勒，《阿登战役中的第2装甲师》，P.1。

148. 基尤国家档案馆：第3皇家坦克团作战日志，1944年12月22日。

149. 巴克斯特，《陆军元帅伯纳德·劳·蒙哥马利，1887—1976：一部精选的传记》，P.107；蒙哥马利，《陆军元帅，阿莱曼子爵蒙哥马利回忆录》，P.310。

150. 基尤国家档案馆：第3皇家坦克团作战日志，1944年12月22日。

151. 帕克，《赢得冬季的天空》，P.225。

152. 魏茨，《阿登攻势（突进迪南）中的第2装甲师（1944年12月21日—26日）》，B-456，P.2。

153. 美国国家档案与记录管理局：作战报告，第635坦克歼击营（牵引式）。1944年6月—1945年5月。AAR# 612 U。

154. 基尤国家档案馆："超极机密"行动文件，HW 5/636. CX/MSS/T 407/14. BT 171 West。

155. 奥尔法利亚，《迷路大军的信使：英雄的第551营和突出部之战的转机》，P.200。

156. 同上，P.201。

157. 魏茨，《阿登攻势（突进迪南）中的第2装甲师（1944年12月21日—26日）》，B-456，P.2。

158. 基尤国家档案馆："超极机密"行动文件，HW 5/636. CX/MSS/T 407/54. BT 199 West；魏茨，《阿登攻势（突进迪南）中的第2装甲师（1944年12月21日—26日）》，B-456，P.2。

159. 麦克唐纳，《号角响起之时》，P.567。

160. 魏茨，《阿登攻势（突进迪南）中的第2装甲师（1944年12月21日—26日）》，B-456，P.2—3。

161. 德军西线司令部首席参谋第11343/44号命令，机密，1944年12月23日：容，《阿登攻势1944—

1945》，P.165；基尤国家档案馆："超级机密"行动文件，HW 5/636. CX/MSS/T 407/16. BT 208 West。

162. 基尤国家档案馆：第3皇家坦克团作战日志，1944年12月22日。

163. 冯·曼陀菲尔，《阿登攻势中的第5装甲集团军，1944年12月16日—1945年1月25日》，B-151A，P.92—93。

164. 容，《阿登攻势1944—1945》，P.166。

165. 1944项目网站，www.project1944.be/Celles/Page3/Celles3.html。

166. 冯·曼陀菲尔，《阿登攻势中的第5装甲集团军，1944年12月16日—1945年1月25日》，B-151A，P.86

167. 科尔，《阿登：突出部之战》，P.441。

168. 冯·吕特维茨，《1944—1945年阿登战役中第47装甲军的使用》，A-939，P.16。

169. 德军西线司令部作战日志，1944年12月23日；容，《阿登攻势1944—1945》，P.167。

170. 容，《阿登攻势1944—1945》，P.168。

171. 魏茨，《阿登攻势（突进迪南）中的第2装甲师（1944年12月21日—26日）》，B-456，P.7。

172. 帕克，《赢得冬季的天空》，P.262。

173. 冯·吕特维茨，《1944—1945年阿登战役中第47装甲军的使用》，A-939，P.17。

174. 容，《阿登攻势1944—1945》，P.171。

175. 利德尔·哈特，《在山的另一边》，P.342。

176. 同上。

177. B集团军群首席参谋第11637/44号命令，机密，1944年12月25日；容，《阿登攻势1944—1945》，P.172。

178. 容，《阿登攻势1944—1945》，P.172。

179. 布雷斯勒，《阿登战役中的第2装甲师》，P.4。

180. 冯·吕特维茨，《1944—1945年阿登战役中第47装甲军的使用》，A-939，P.17。

181. 魏茨，《阿登攻势（突进迪南）中的第2装甲师（1944年12月21日—26日）》，B-456，P.8。

182. 同上，P.9。

183. 帕克，《赢得冬季的天空》，P.294。

184. 冯·曼陀菲尔，《阿登攻势中的第5装甲集团军，1944年12月16日—1945年1月25日》，B-151A，P.87。

185. 德雷斯勒等人，《在不利局面下：阿登战役中的第2和第3装甲师，1944年12月16日—1945年1月16日》。

186. 施特劳斯，《第2"维也纳"装甲师战史》，P.185。

187. 德拉福斯，《突出部之战：希特勒的最后赌博》，P.259。

188. 西线司令部作战日志，1944年12月26日；容，《阿登攻势1944—1945》，P.175。

189. 利德尔·哈特，《在山的另一边》，P.343。

190. 西线司令部作战日志，1944年12月26日；容，《阿登攻势1944—1945》，P.173。

191. 美国国家档案与记录管理局：作战报告，美国第3集团军，1944年8月1日—1945年5月9日：12月行动。N-11480-A-4，P.181。

192. 冯·吕特维茨，《1944—1945年阿登战役中第47装甲军的使用》，A-939，P.19。

193. 冯·曼陀菲尔，《阿登攻势中的第5装甲集团军，1944年12月16日—1945年1月25日》，B-151A，P.88

194. 基尤国家档案馆："超极机密"行动文件，HW 5/639. CX/MSS/T 437/27. BT 454 West。

195. 冯·吕特维茨，《1944—1945年阿登战役中第47装甲军的使用》，A-939，P.20。

196. 德雷斯勒等人，《在不利局面下：阿登战役中的第2和第3装甲师，1944年12月16日—1945年1月16日》，P.46。

197. 埃尔斯托布，《希特勒的最后攻势》，P.336。

198. 达格代尔，《1944年秋季—1945年2月西线阿登和"北风"行动中德国陆军和武装党卫军装甲师、装甲掷弹兵师、装甲旅详细和准确的兵力和组织，第1卷，Part 4A》，P.39。

199. 德军西线司令部首席参谋第12626/44号命令，机密，1945年1月1日；容，《阿登攻势1944—1945》，P.185。

200. 德军西线司令部12470/44命令，机密，1944年12月18日；容，《阿登攻势1944—1945》，P.177。

201. 延茨，《德国"豹"式坦克：对作战优势的追求》，P.153。

202. 达格代尔，《1944年秋季—1945年2月西线阿登和"北风"行动中德国陆军和武装党卫军装甲师、装甲掷弹兵师、装甲旅详细和准确的兵力和组织，第1卷，Part 4A》，P.9。

203. 迪皮伊、邦加德和安德森，《希特勒的最后赌博》，P.473。

第8章
巴斯托涅:"毬!"

他们让我们投降。这些可怜的杂种!

——美国第101空降师伞兵,12月19日

巴斯托涅包围战

"毬!"——1944年12月22日德军前来招降时,这就是驻巴斯托涅美军指挥官,第101空降师代理师长安东尼·麦考利夫准将的答复。这一表达也可用于概述在这座比利时小镇发生的疯狂激战 [①]。在寒冷而血腥的两周内,美军和德军都部署了他们在西线最好的军队,通过一场拉锯战,决定谁能挺立在巴斯托涅的废墟之上。这一战牺牲了多少人的生命永远无法确定,但是这座小镇有近60%被摧毁,周围10英里(约16千米)半径内的80座村庄和较小的社区也大部分毁于战火。在这个死亡和毁灭的区域里,森林淹没在大火和浓烟之中,田野上落下无数炮弹,散落着被摧毁、扭曲和烧坏的各类军事装备。这就是巴斯托涅之战的故事。

巴斯托涅自古以来就是交通枢纽。这片平原地区处于东面的维尔茨、西北面的乌法利兹和拉罗什等丘陵地区之间,史前的游牧民族和后来的商人、军队都从北往南经过此地。1944年,镇上有大约4000名居民,还有一个西南的利布拉蒙和北面的圣维特之间铁路线上的重要车站。该地区最重要的几条公路汇聚

[①] 译注:麦考利夫答复的"Nuts"一词含义丰富,也有"疯狂"的意思,故作者有此言。

于此，它们分别从北面的圣维特和乌法利兹、东面的克莱沃、南面的阿尔隆和讷沙托，以及西面的马尔什延伸而来。因此，在"守望莱茵"／"秋雾"作战指令中，希特勒特别强调了夺取该镇的重要性。美国第101空降师赶在德军之前抵达这里，是对纳粹独裁者计划的沉重打击。

这座小镇沿利布拉蒙—圣维特铁路线的方向分布，从西南到东北只有1.5英里长，从西到东大约1000码。但巴斯托涅之战绝不是城镇战。战斗主要在周围的村庄、分布于小镇四周的大片田野，以及东北面、西南面的森林里进行。

由于德军12月18日已经占领了巴斯托涅以东的内弗，战线已在小镇入口外面，但要在这一区域发动突击，攻方就必须穿越几乎完全平坦的平原，与据守于石质建筑物的守军（第501伞兵团）交战。内弗的北面和南面同样是空旷的地形，美军在巴斯托涅地势较高的阵地上（高度差最多达200英尺）有很好的视野。小镇东北面巴斯托涅—比佐利铁路线的另一侧，距离居住区大约2.5英里的地方，雅克人工林的云杉林排成笔直的行列，十分稠密，第506伞兵团就守卫在这片树林以及北向的巴斯托涅—乌法利兹公路两侧的阵地上。在公路以西大约1000码（约914米）的地方，第502伞兵团接管了阵地。该团的防御阵地在隆尚（Longchamps）和蒙纳维尔（Monnaville，巴斯托涅西北偏北3英里处），守军从那里可以控制美军阵地和向北不远处森林之间的田野。该团第1营还守卫巴斯托涅西北3英里的尚斯（Champs）。这里的地形和南面一样，主要是开阔地。巴斯托涅—马尔什主干道正北的区域里，第401滑翔机机降步兵团第1营（已经加入第327滑翔机机降步兵团，成为该团的第三个营）镇守着巴斯托涅西北约4英里弗拉米耶日（Flamierge）的一个前沿阵地。再向东南方4英里，第327滑翔机机降步兵团第1营占据了塞农尚村的阵地（主干道以南，巴斯托涅以西2英里）。德军在这里占有优势，他们躲藏在塞农尚正西的弗拉古特森林（Bois de Fragotte）中进行进攻准备。第327滑翔机机降步兵团还负责守卫巴斯托涅南面和西南面。南面的巴斯托涅工业区外，隶属于第327滑翔机机降步兵团的第326空降工兵营已经建立了阵地。往东2英里（巴斯托涅东南方略多于1英里），第327滑翔机机降步兵团第2营守卫着马尔维村。美军在巴斯托涅周围的防线延伸长度超过20英里，包围的区域从西到东最宽处为6英里（约9.7千米），由北到南深度为5英里。

1944年年底至1945年年初冬季的巴斯托涅。这张照片从东北偏东方向拍摄，清楚地展示了巴斯托涅周围占据主导地位的开阔地。（美国陆军）

　　德军包围巴斯托涅前3天，许多人已经逃离了巴斯托涅和周围村庄，同时代理市长莱昂·雅坎确保了大量面粉运入城中，加上从被包围地区各农场接收的肉类和乳制品，因此短时间内这里不会出现食品短缺现象。但是在前几天里，美军不得不节约使用抵达城里时带来的弹药。更大的困难是，第101空降师的野战医院已经在12月19日晚上于巴斯托涅西北被第116装甲师俘获。

　　巴斯托涅之战不是常规的包围战。其特征之一是，被围军队在大部分方面都优于围攻军队。第101空降师于1944年12月17至18日开始向巴斯托涅方向移动时，拥有805名军官和11035名士兵，乘坐380辆军用车辆。到12月20日为止，第101空降师的4个团（加上直属于该师的2个营和4个连）在巴斯托涅与多支其他美军部队会合——包括第10装甲师B战斗群的8个营和大约30辆坦克、第9装甲师R战斗群残部和剩下的9辆坦克，以及从德军攻势中逃脱或与第101师一样被派到巴斯托涅参加防御战的其他几个营〔后者的一部分组成了一个临时单位，使用富有诗意的官方名称SNAFU，这是美军对局势的一种幽默表达"情况正常，一切都乱套了"（Situation Normal，All Fucked Up）的缩写〕。在被围的巴斯托涅城中，美军的总兵力为18000人。[1]

　　德方是海因茨·科科特上校指挥的第26国民掷弹兵师。他得到军长海因里希·冯·吕特维茨上将的命令，留在后面对付巴斯托涅，而第47装甲军所属装甲师（第2装甲师和装甲教导师）则向西疾驰，以便渡过默兹河。12月16

巴斯托涅东北面，美国第506伞兵团守卫着雅克人工林中的阵地，这里的云杉树排成紧密、笔直的行列。（NARA SC 197412/R. P. 鲁尼恩）

日攻势开始时，科科特的师由3个步兵团、1个炮兵团和隶属于该师的其他5个营组成，总兵力不超过10600人。[2]从那时起，该师已经损失了将近1000名士兵(阵亡、受伤和失踪)，此外还有一些非战斗伤亡。[3]科科特手上还有由保罗·冯·豪塞尔上校率领的豪塞尔战斗群(也称为901战斗群)，这是装甲教导师继续向巴斯托涅南面和西面推进时留下的。冯·豪塞尔的军队由第901装甲教导团(兵力略多于3000人)、第103装甲教导团第2营第6连、装甲炮兵教导团第2营和装甲教导师坦克歼击营第3连组成。德国方面总兵力仅有12000人，却围困着18000名美军士兵。

此外，与科科特的士兵们相比，巴斯托涅的美军总体上训练水平更高，也更有战斗经验。第101空降师("呼啸山鹰")是毫无争议的精锐部队。该师被调往欧洲地段时，士兵们经历了持续的特训，包括以战斗小组开展独立行动、夜战、对抗敌军装甲兵攻击，以及在大规模炮火支援下作战。“呼啸山鹰”斗志高昂，他们在战斗中展示出来的坚韧精神已经赢得了敌人的尊敬。第101空降师奉命进入巴斯托涅防御阵地时，这个部队从半年前的诺曼底战役首日起已经积累了丰富的作战经验。

第26国民掷弹兵师是围绕士气低落的原第26步兵师（在1944年夏季苏联红军的利沃夫—桑多梅日攻势中被歼灭）残部组建的。该师于1944年重建，补充了十几岁的新兵及来自德国空军和海军的“非必要”人员。新的第26国民掷弹兵师士兵接受的训练很难称得上充足，此后便匆忙赶往西线，填补1944年夏末在法国遭到惨败之后留下的缺口。该师最适合的是防御战，绝不是进攻战。除了队伍训练标准上的重大缺陷之外，该师的反坦克武器也严重不足。第26国民掷弹兵师1944年11月初进入西线的诺伊尔堡（Neuerburg）阵地时，只有少数士兵有作战经验。

1944年12月16日，第26国民掷弹兵师仅凭步兵就冒失地发动进攻，使这个缺乏经验的师付出了惨重代价，12月20日，该师和豪塞尔战斗群联手发动对巴斯托涅的第一次进攻，也在美军可怕的弹幕下失败，又蒙受重大损失。两天之后对这座小城的又一次猛攻造成其400名士兵阵亡、失踪或受伤。科科特注意到，军官的损失特别大。[4]

就装甲兵而言，麦考利夫拥有4∶1的数量优势。12月18日—19日，第47装甲军确实在巴斯托涅以东重创了美国第10装甲师B战斗群和第9装甲师R战斗群，第10装甲师B战斗群脱离战斗时只剩下约20辆坦克，而第9装甲师R战斗群只剩9辆坦克。但与此同时，向前线交付的8辆全新坦克出现在巴斯托涅，而在巴斯托涅西南的讷沙托，一群美国伞兵遇到14辆被丢弃的“谢尔曼”坦克，立即将它们开进巴斯托涅。这样，巴斯托涅守军拥有大约50辆坦克。德国方面，科科特上校能够使用的只有第103装甲教导团第2营第6连的坦克，攻势开始时，该连有15辆四号坦克[5]，其中的3辆在12月20日对巴斯托涅的进攻期间损失。[6]因此，12月22日麦考利夫拒绝投降之后，科科特准备对巴斯托涅发动新的进攻时，能够动用的坦克不超过12辆。虽然从技术上讲，四号坦克优于美军的“谢尔曼”和“斯图尔特”，但是很难超越美军的数量优势——尤其是，美军还有一支很强的坦克歼击车力量。

第101空降师（"呼啸山鹰"）是毫无争议的精锐部队。该师被调用欧洲地段时，士兵们经历了持续的特训，包括以战斗小组开展独立行动、夜战、对抗敌军装甲兵攻击，以及在大规模炮火支援下作战。"呼啸山鹰"斗志高昂，他们在战斗中展示出来的坚韧精神已经赢得敌人的尊敬。第101空降师奉命进入巴斯托涅防御阵地时，这支部队从半年前的诺曼底战役首日起已经积累了丰富的作战经验。（NARA，美国通讯兵团）

　　除巴斯托涅的坦克外，美军还有第609和第705坦克歼击营的大量坦克歼击车。两支部队都装备了M18"地狱猫"，这种坦克歼击车配备了新型M1 76毫米反坦克炮。诺维尔之战前，两营共有70辆"地狱猫"，在诺维尔的损失不超过6辆。

德军的豪塞尔战斗群没有配备任何坦克歼击车或突击炮，但攻势开始时，第26国民掷弹兵师的第26坦克歼击营第2连有14辆38(t)"追猎者"坦克歼击车。总的算起来，美军在巴斯托涅有将近120辆坦克和坦克歼击车，而围城的德军部队只有大约20辆。

不过，除航空兵外，美军在巴斯托涅地区最大的优势是炮兵。事后，麦考利夫说："挽救巴斯托涅的是空中力量、炮兵和美国士兵的勇气。"[7]小城被包围时，被围地区内的11个野战炮兵营共有110门火炮。[8]其中许多是155毫米口径的"长汤姆"，这种火炮的威力胜过德军在巴斯托涅的所有炮兵武器。美军炮兵射击指挥员们还有一个优势，那就是除了东北面和西南面，他们在巴斯托涅周围的阵地正面都是大片的开阔地。由于地面上覆盖着积雪，在晴朗天气下，可以在数英里之外的远处发现德军作战车辆或军队集结。

德军方面，军属炮兵此时仍未能通过狭窄的山路抵达巴斯托涅。第26国民掷弹兵师的第26国民炮兵团有20门重炮——12门SFH-18 150毫米榴弹炮和8门缴获的苏制122毫米榴弹炮〔德军编号为SFH 396(R)〕。该师的3个步兵团各有8门IFH 18/40 105毫米步兵榴弹炮和1门FK 16 75毫米野战炮。此外，该师的反坦克营（第26坦克歼击营）有18门PaK 40 75毫米反坦克炮。豪塞尔战斗群中，装甲教导炮兵团第2营有6门105毫米野战榴弹炮，装甲教导师坦克歼击营第3连有9门PaK-40。德军方面共有50门榴弹炮或野战炮，30门反坦克炮。1944年12月23日在巴斯托涅实际可用的数量不详。

当然，德军包围巴斯托涅，造成美方炮弹暂时短缺（直到12月23日补给飞行启动），但是这个问题在德国方面同样严重，他们的补给运输不得不通过艾费尔山脉蜿蜒狭窄的小路。

美军除在数量、装备和人员素质上具备优势之外，还有一个有利因素，那就是12月23日（包围战的第三天）起开始展开的空中支援。毫无疑问，驻守巴斯托涅的美军可以在任何时候突围，与南面的其他美军部队会合。但是"呼啸山鹰"得到的任务不是突围，而是守住巴斯托涅的重要公路枢纽，从而以决定性的方式阻止德军以必要的速度向默兹河前线运送补给。而且，被围军队知道，巴顿率领的具有传奇色彩的美国第3集团军正从南面赶来救援。但是，美国方面确实存在一种"受困心态"，至少在某些高级军官中是这样。美国第8军

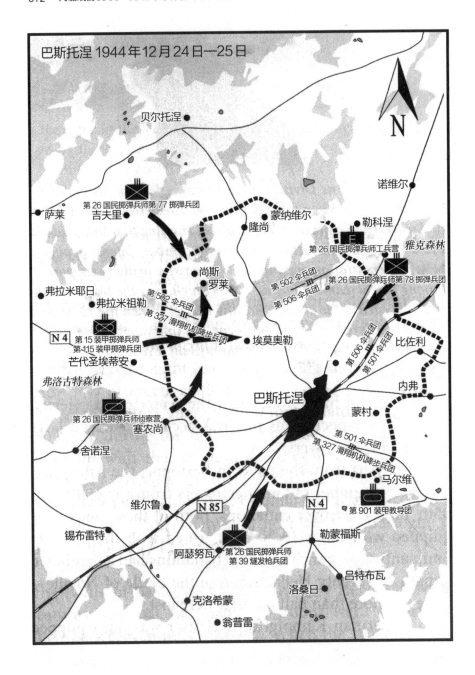

巴斯托涅 1944年12月24日—25日

贝尔托涅

萨莱　吉夫里　第 26 国民掷弹兵师第 77 掷弹兵团

蒙纳维尔　隆尚　诺维尔

勒科涅　雅克森林

第 26 国民掷弹兵师工兵营

尚斯　罗莱　第 502 伞兵团　第 26 国民掷弹兵师第 78 掷弹兵团

弗拉米耶日　弗拉米祖勒　第 502 伞兵团　第 506 伞兵团

N 4　第 15 装甲掷弹兵师　第 327 滑翔机机降步兵团　埃莫奥勒

第 115 装甲掷弹兵团　第 506 伞兵团　第 501 伞兵团

芒代圣埃蒂安　比佐利

弗洛古特森林　内弗

第 26 国民掷弹兵师侦察营　巴斯托涅　蒙村

塞农尚

舍诺涅　第 501 伞兵团

第 327 滑翔机机降步兵团　马尔维

第 901 装甲教导团

维尔鲁　N 85　N 4

锡布雷特　勒蒙福斯

阿瑟努瓦　第 26 国民掷弹兵师　吕特布瓦

第 39 燧发枪兵团　洛桑日

克洛希蒙

翁普雷

军长特洛伊·米德尔顿少将描述了他对前 5 天的印象，以及美军因天气而无法得到明显的战术空中支援时的沮丧之情：

> 虽然我们提出了要求，但是在令人痛苦的前几天里，我们无法得到空投的补给。我们冒险穿行于横飞的穿甲弹之间。由于德军在向巴斯托涅运动的那个夜里俘获了第 101 空降师的整座医院，我们在医疗资源方面也很不足。伤员不断送到，而且天气很冷！情况十分险恶。人们很难体会恶劣天气带来的困难。在一天夜里 1 时，气温下降到零下 16 度。在这种温度下，步枪上的金属部分会粘在裸露的皮肤上。[9]

对于这种严寒，美军士兵们既不习惯，也没有专门的装备。在巴斯托涅之战时还是上士的约翰·法格（John Fague）说："我们的许多伤亡是脚受冻引起的。天气寒冷且下着雪，比利时遇到了 40 年以来最糟糕的天气。我们没有合适的鞋子。我们的皮鞋在北非和意大利很好用，但并不适合比利时寒冷的雪天。白天在雪地里行走会打湿我们的脚，然后，我们还要整夜站在冰冷的散兵坑里。我听说连军士长弗格森不得不截肢。我的脚变成浅灰色，而且在几个月里都很不舒服，但我还没到必须被撤下来的地步。"[10]

对喜欢使用缴获的美军装备的德军来说，情况更加糟糕。科科特上校写道："士兵们在寒冷的气候下饱受折磨。他们没有冬衣，军服外面只有很薄的亚麻外衣，那是用于雪地伪装的。"[11]

12 月 23 日黎明科科特重新对这座重兵把守的小城发动进攻时，他可能没抱多大期望。除严寒外，前一天的大雪已经给整片地区盖上了一条白色的"毛毯"。

早上 7 时（日出前 2 个小时），第 26 国民掷弹兵师第 39 燧发枪兵团进攻位于从西北通往巴斯托涅的主干道以北的小村弗拉米耶日。罗伯特·M. 鲍文（Robert M. Bowen）是当时守卫此处阵地的美军士兵之一，是第 401 滑翔机机降步兵团第 1 营 C 连的技术军士长，他回忆道："清晨，在寒冷的、冰雪覆盖的山上，德军身着白色伪装服，和漆成白色的坦克一起，从浓雾中再次向我们扑来。"战斗刚开始时对美军非常不利。1 辆"谢尔曼"坦克立即被摧毁，鲍文所在阵地上的高射炮被冻结在地上，无法被调去向敌军开火，而且"半履带车的车组人员不见了"。

　　但是，美军炮兵立刻开火。科科特写道："进攻军队在各处都遭遇猛烈、准确和集中的炮火打击，敌军炮火总能密集地落在关键位置。和以往一样，敌军毫不吝惜子弹……进攻的步兵惨遭许多反坦克炮、坦克炮以及大量敌军迫击炮的大面积齐射。从来自前线的消息判断，敌军可以动用的坦克数量很多。除了明显的坦克炮开火声之外，所有消息都报告了'坦克发动机的噪声'。"[12]

　　早上8时，罗尔夫·孔克尔少校率领的第26侦察营从巴斯托涅以西2英里的弗拉古特森林发动进攻。但是那里的美军也用火炮和坦克还击。一个小时后，在当天的第一缕阳光中，美军航空兵出现了。

　　12月19日起，第9航空队的联络官詹姆斯·E. 帕克（James E. Parker）上尉就已经驻扎在巴斯托涅。他在城中建立了一个配备无线电台的空中指挥所，从那里可以呼叫飞机，引导它们空袭前线最需要空中支援的地段。12月23日早上在巴斯托涅实施的猛烈空袭，足以迫使整支德军突击力量寻求隐蔽，取消进攻。此后，美军战斗轰炸机转而攻击巴斯托涅周围的房屋和村庄，以便摧毁德军的居住设施和补给品。巴斯托涅四周的每座村庄或较大的农场都至少被轰炸过一次。很快，这座比利时城镇被升上天空的烟柱环绕。傍晚，浓烟和冬天的薄雾混合在一起，笼罩着整座城市，这一情景堪与著名的伦敦大雾媲美。

　　这座被围困的小城中，美国伞兵们将他们的钢盔抛向空中，为陆军航空队高效的破坏行动喝彩。邻近正午的一幕更有理由令他们感到高兴：他们听到了一种新的发动机声音，在天空中的烟柱之间，几波 C-47 "空中列车"运输机轰隆隆地飞来。它们来自美国第9运输机司令部，在双发的 C-47 身后，展开了大量的降落伞，伞下悬挂的圆筒中装满了为被围军队提供的补给品。在12月23日的4个小时里，共有251架 C-47 飞抵，投下了将近15000个补给罐。孤立无援的时期过去了！巴斯托涅代理市长莱昂·雅坎描述了城中的景象："美军士兵兴高采烈。士兵们和平民们相互拥抱。人们的情绪高涨，士气有了明显的提升。这是让人至今无法忘怀的回忆。那天，我们得到了胜利的保证。"[13]

　　在航空兵阻止德军进攻的同时，美军以奥哈拉战斗队的坦克（从第10装甲师 B 战斗群抽调）于巴斯托涅南部战线发动反冲击。他们将德军逐出阿瑟努瓦东北的贝舒森林，并向这个小村逼近。在一场激烈的混战中，德国第26坦克歼击营摧毁了多辆美军坦克，挡住了美军，该营仅损失2或3辆坦克歼击车。[14]

道格拉斯公司的C–47"空中列车"是民用客机DC–3的军用版本，是二战盟军主要的运输机。这种飞机的机组由4人组成，可以运载28名全副武装的士兵或6000磅（约2720千克）货物，航程为1300英里（约2090千米）。（NARA, 3A–5134）

12月23日下午5时30分（日落后1小时），德军恢复了进攻。这一次他们从西北方的弗拉米耶日和东南方的马尔维村同时发动进攻。在后一处，美国第705坦克歼击营的"地狱猫"和奥哈拉战斗队的"谢尔曼"遭遇豪塞尔战斗群的四号坦克。[15]夜色下的一场激战之后，美军不得不放弃马尔维，向巴斯托涅后撤。西面的第401滑翔机机降步兵团第1营也奉命撤离弗拉米耶日和芒代圣埃蒂安（Mande Saint-Étienne，在巴斯托涅西北3英里的N4公路上），于距离巴斯托涅更近的地方建立更有利的阵地。

但是，德军在地盘争夺方面的胜利只是局部现象，整体来说，12月23日美军已经清楚地告诉德军，后者凭手上这点儿力量无法在巴斯托涅获得太大胜利。与此同时，巴顿的第3集团军前一天已开始从南面开来，正在靠近巴斯托涅。

希特勒对美军"呼啸山鹰"师的顽强防守感到绝望，他在12月23日就已经决定以第9装甲师和第15装甲掷弹兵师增援吕特维茨的第47装甲军，尽管这些原来是打算用于第二波进攻的。不过，只有沃尔夫冈·毛克（Wolfgang Maucke）上校率领的第15装甲掷弹兵师第115装甲掷弹兵团被分配给巴斯托涅，其他部队的任务是投入对默兹河的进攻。但是对于科科特来说，这是最受欢迎的增援，因为该团有一个拥有18辆四号坦克、来自第115装甲营的连队，以及一个连的坦克歼击车。

毛克的装甲兵还在从德国来的路上时，科科特决定在圣诞节前一天停止进攻，唯一的例外是第26侦察营有限度的进攻，他们试图占据巴斯托涅正西的塞农尚村。但是美军已经放弃了这个无险可守的位置，建立了更好的新阵地，从那里可以轻松地掩护巴斯托涅和塞农尚之间平原地带上空旷的、覆盖积雪的田野。德军在塞农尚占据的弗拉古特森林一直延伸到村子西边。

与此同时，美军飞行员相当忙碌。第406战斗机大队的"雷电"飞行员们特别渴望执行他们的任务。其中一名飞行员西奥多·E.韦格斯基（Theodore E. Wegerski）说："我们十分渴望起飞帮助巴斯托涅的第101空降师，这主要是因为在穆尔默隆备战时两个单位相邻，结下了友谊。"[16]1944年圣诞节的前一天，第406战斗机大队在巴斯托涅科布鲁（Cobru）、莫雷（Morhet）、舍诺涅（Chenogne）、瓦尔丹和马尔维等村庄投下凝固汽油弹。德军车辆在沃村（Vaux）遭到轰炸，诺维尔有10辆德军坦克遭到空袭。当天，第406战斗机大队共声称摧毁15辆坦克和92辆其他机动车辆。[17]在这支部队的飞行员对诺维尔德军的一次攻击中，他们投下的炸弹距离美军战线太近，以致美国第8军用无线电通知第19战术航空兵司令部，请求停止攻击以免误击美军。[18]

这些行动也使第406战斗机大队付出了很大代价，参战飞行员霍华德·M. 帕克（Howard M. Park）证实了这一点："高射炮曳光弹的轨迹就像花园里浇水的软管，炮弹划出一道弧线飞过天空向我袭来。我记得自己左右躲闪着高射炮火，有的炮弹距离机翼表面甚至不到3英尺。技术水平再高，要想毫发无伤地逃脱也需要很好的运气。敌军的高射炮给我们带来了很大损失。第513中队似乎总是最先出发，领头的四机编队每次都要损失1架飞机。实际上，513中队在3天里损失了5架飞机，一周内损失了7架，在此期间大队共损失了10名飞行员。"[19]

第406战斗机大队并不是唯一一个参与12月24日空袭巴斯托涅周围德军交通线和阵地的美国战斗轰炸机部队。第365和第404战斗机大队攻击了巴斯托涅以北的诺维尔、西南的舍诺涅、东南的阿尔朗日，以及马尔纳赫和克莱沃的达斯堡—巴斯托涅公路。后两个位置的德国车队还遭到第377战斗机大队的轰炸和扫射。在巴斯托涅东北方的布尔西，该大队飞行员声称其摧毁14辆卡车和3辆坦克。美军的炸弹击中并引爆了布尔西地区的一处德军弹药库，连巴斯托涅都听到了爆炸声。美国士兵放眼望去，在敌军控制的各个地区，都可以看到无数浓密的黑色烟柱从美军航空兵在巴斯托涅周围的目标升起。令人窒息的浓烟在空中挥之不去，美军不难想象，遭到这些不间断空袭的德军身处何种境地。

德军12月23日在弗拉米耶日猛攻第401滑翔机机降步兵团C连把守的阵地时，美军技术军士长罗伯特·M.鲍文被俘，他叙述了被德军从前线带走时的经历，很好地描绘了包围巴斯托涅的军队战线后面的情况：

　　第二天早上，我们被赶出房子，前往一辆被德军缴获的拖带挂车的美军武器运送车。我们开始沿着主街道向东北方行驶。镇上挤满了德军士兵和坦克，他们都在向巴斯托涅方向前进。我们离开这座城市时，可以看到德军攻势留下的可怕场面。许多血淋淋的尸体（既有德国人也有美国人）以各种怪异的姿势躺在凌乱的雪地上，一小群难民们无视这种场面，像迷路的孩子般四处徘徊。从巴斯托涅方向的远处，可以听到炮弹爆炸的声

1944年12月，比利时谢夫尔机场。一架来自美国第365战斗机大队（"地狱之鹰"）387中队的P-47 D11 "雷电" 战斗轰炸机已经装上两枚500磅炸弹。飞行员杰拉德·孔克尔（Gerald Kunkle）中尉正要进入飞机，起飞执行对德军战线的攻击任务。（唐·卡克，唐·巴恩斯）。

音和德军火炮的吼叫声。房屋陷入火海之中，墙壁被炸弹炸出大洞，面露恐惧之色的德军士兵仍然躺在路边的水沟里。救援人员穿过房屋搜寻遇难者。伤者从武器运送车上被带下来，送进野战医院，此时我们的飞机又回来了。德国人高叫着"战斗轰炸机！那些混蛋！那些混蛋！（Jabos! Der Teufel! Der Teufel!）"能动的人都匆忙跑出去，用所有武器向号叫着俯冲下来射击的飞机开火。我们趴在手术室地上，看着子弹洞穿墙壁。[20]

巴斯托涅城内，麦考利夫向他的士兵发出了圣诞寄语，将其大量印刷在一张张顶部有常见的"圣诞快乐"字样的贺卡上："你们会问，这一切有什么快乐？我们正在战斗，天气寒冷，却不能待在家里。"接下来的文字是：

这一切都是真的，但是骄傲的"呼啸山鹰"师和可敬的第10装甲师、第705坦克歼击营以及其他友军一起，完成了什么样的壮举？那就是：我们阻挡住了从四面八方扑来的一切敌人。我们已经认出，其中有德军的4个坦克师、2个步兵师和1个伞兵师。

这些部队引领着德国人孤注一掷的攻势，他们向西前往各个战略要地，"鹰"师就是在这个紧要关头，匆忙奉命前来阻挡他们进攻的。我们做到这一点时展现出的高效将载入史册；不仅是我师的辉煌历史，还将写入世界历史。德军确实包围了我们，他们的电台叫嚣，说我们将注定失败。他们的指挥官用下面这些厚颜无耻的话要求我们投降。

接着，麦考利夫插入了德军劝降书的文本，令许多美军士兵忍俊不禁的，是他言简意赅的回复："毬!"

这段文字对第101"呼啸山鹰"空降师意志坚定的老兵们极具感染力。但是，麦考利夫当天晚些时候视察关押德军战俘的警察局牢房时，他知道对手的斗志同样高涨。其中一名战俘用英语轻蔑地说道："几周之内我们就会到达安特卫普。"另一名战俘则说："很快你就会发现自己被俘了，将军阁下。"[21]

与此同时，一名参谋代表希特勒拜访了冯·吕特维茨上将，传达了"元首"的要求：次日（圣诞节）必须占领巴斯托涅。这迫使冯·吕特维茨和科科特在12月24日夜间毛克的第115装甲掷弹兵团抵达后立刻发动新的攻势，以避开美军的战斗轰炸机。

为加强仍然相对薄弱的炮兵，冯·吕特维茨要求德国空军提供支援。他所得到的是圣诞夜的一次轰炸。从当晚8时30分起，第66轰炸机联队第1大队和第1训练联队的Ju-88双发轰炸机分成两个波次空袭巴斯托涅，在照明弹的指引下共投下2吨炸弹。

在讷沙托第21大街（N85主干道）上，美国第10装甲师第20装甲步兵营已经在一座三层楼房的地下室里为伤员建立了一座救护站。这里有两名女性志愿者担任护士——比利时人勒妮·勒迈尔（Renee Lemaire）和孔格莱赛·奥古斯塔·齐维（Congolese Augusta Chiwy）。当晚第一架飞临该镇上空的德国飞机投下的一枚炸弹正中这所房子，使其倒塌起火。两位女士奋力将伤员救出燃烧的房屋，但最后一次进入火势越来越猛烈的房屋后，勒迈尔没能出来。事后，人们在烧毁的废墟中找到了她和30名美军士兵的遗体。

迪姆军士的意外遭遇

1944年平安夜傍晚，美军伞兵二级军士长唐纳德·迪姆（Donald Deam）独自走在路上，准备回到巴斯托涅东部蒙村前线与战友们会合。他的衣襟里装满了从城里弄到的香槟和白兰地，准备和战友们分享。迪姆沿着巴斯托涅向东通往内弗的道路行走，而德国第78掷弹兵团正盘踞在内弗。

在内弗以西大约1英里的地方，一条狭窄的碎石路转向右边，穿过平行于公路干线的铁路下的一条小隧道，迪姆走的就是这条路。就在他进入隧道时，另一名士兵出现在隧道的另一端，离他只有几英尺——这是一名头戴钢盔、身穿白色伪装服、携带一支突击步枪的德军士兵！迪姆知道，如果德国人举枪射击，那么双手捧着酒瓶子的自己将完全无力抵抗，所以他尝试了所谓的"消除戒心的微笑"。

这招见效了！德国士兵与他四目相对，显然，对方身上没有杀气。德国人放下武器问道：

"你有烟吗，美国佬？"

迪姆松了口气。他将酒瓶放在雪地上，拿出一包香烟递给德国兵。两人面对面坐下来，静静地抽烟。一切都是那么不可思议。迪姆打开一瓶白兰地邀请德国人共饮，对方啜了几口之后又将瓶子递还给迪姆。此举使局面和缓了下来。很快，两个年轻人努力地用自己掌握的一点对方的语言交谈。他们相互展示了家人的照片，迪姆知道这名德国士兵曾在法兰克福的歌德大学就读（这所大学此前以左翼倾向而闻名）。最终，他们交换了地址。

告别时，两人就像是老朋友一样挥手道别。德国人用他的突击步枪对天上开了一枪，就像"礼炮"一般。

迪姆用他的冲锋枪还礼。后来他丝毫没有对战友们提起此事，战争之后几十年，他甚至开始疑惑自己是不是做了一个梦。有一天，有位在纽约联合国担任翻译的德国妇女联系了他。原来，她就是那位德国士兵的女儿。这位老兵在晚年将他与美国人的奇遇告诉了女儿，并将迪姆的地址告诉她，让她在去美国的时候拜访迪姆。那时，德国老兵已经去世，但迪姆至少在最后见到了他的女儿。

唐纳德·迪姆于2008年10月去世。

来源：班德，《十字军的先遣支队：二战中的第101空降师》，P.230。

德军的炸弹将巴斯托涅市中心大部夷为平地,但是距城还有10英里(约16千米)的沃尔夫冈·毛克上校听说自己的部队将立即投入进攻时仍惊骇不已。他提出抗议,反对冒险派出他的坦克手,在阵地情况不详、地形也不熟悉的情况下向强敌发动进攻。但是没人理睬他的意见。毛克的四号坦克组成了巴斯托涅主攻部队的矛头,进攻将从四面同时开始。圣诞节凌晨3时前一刻,一群德国飞机飞过尚斯(巴斯托涅东北3英里)的第502伞兵团阵地上空,试图用炸弹打击邻近罗莱村中的该团团部。清晨5时,第115装甲掷弹兵团发动进攻。

1944年寒冷的圣诞夜是德军阿登攻势的决定时刻。在北面远处,党卫军派普战斗群的最后800名士兵于12月23日晚上溜出美军包围圈之后,战斗群的残部穿越敌占区逃跑。他们从一座木制人行桥越过昂布莱沃河,圣诞前一天一直躲在河流南侧的山林中。夜幕再度降临时,他们步履蹒跚地闯过森林,从南面的山坡下山。他们勉力穿越从三桥镇往西延伸的铺面公路,但是不久就遇上了一小队美军。德军摆脱了这股敌人,但他们再次集合时,发现原来和自己在一起的战俘——美军营长哈尔·麦科恩少校已经设法逃走。又累又饿的德军士兵们继续向东南逃去,越过树林前往萨尔姆河。这时的气温大约为4华氏度(零下15.6摄氏度),但是湍急的河流仍然没有结冰。党卫军汉森战斗群就在河对岸的某个地方,但是西岸在美国第82空降师的控制之下。参加派普这次行军的党卫队三级小队副卡尔·沃特曼描述了当时的情况:

> 在我们前面的山谷里,可以看到萨尔姆河!现在会发生什么?所有会游泳的人都被叫到前面。但是在这种寒冷的天气下,没有多少人愿意上前。我们中的大部分人坐在高高的堤岸上。萨尔姆河就在10英尺外奔流而过。水流声令我们的后背感到一阵寒意。但是此后我们就得到命令,搬运大块石头,由一些勇于牺牲自我的战友们放到冰冷的河水中。接着,我们组成了一个"人链",从一块石头向下一块石头移动,直到河对岸,其间有些地方水深及腰。[22]

向东12英里(约19.3千米)的地方,遭到重创的党卫军第12装甲师在双子村和比特亨巴赫酒庄之战后,还未能修复所有损坏的作战车辆,就继续沿

1944年圣诞节凌晨德军空袭之后的巴斯托涅市市中心。（NARA, 111-SC-198445/PFC 山姆·吉尔伯特）

着比朗日到圣维特的公路行进[①]。该师刚抵达圣维特，小镇就遭到猛烈的空袭，以致完全无法通行。

三桥镇西南十几英里处，党卫军第2"帝国"装甲师先头部队在芒艾正西的小村格朗默尼勒渡过了一个悲惨的圣诞夜，他们遭到美军炮兵的猛烈轰击。而在该师西南12英里（约19.3千米）处，第116装甲师被逐出韦尔代纳，并遭到美国第84步兵师和第771坦克营的包围。再向西20英里（约32.2千米），德国第2装甲师先遣支队部队也走到了尽头。他们被包围在塞勒和富瓦－诺特达梅之间，所有重装备实际上都已经被盟军一整天的空袭和炮轰摧毁。在炮弹爆炸后的一片焦土上，到处都是死伤的德国士兵，就像但丁笔下的地狱。

遥远的南方，巴顿的美国第3集团军以一个装甲师为先导，势不可当地向北开往巴斯托涅。在德军后方，这个宁静的夜晚里，德军车队挤满了狭窄而湿滑的道路，试图利用夜色将补给送往前线。他们没有必要使用任何灯光，因为路上到处都有中弹后仍在燃烧的车辆。盟军几乎没有实施任何夜间空袭，这是德国人的运气。

在此期间，为满足希特勒的要求，一小支德国装甲力量被匆忙投入进攻，力图夺取巴斯托涅。

皎洁的满月之下，豪塞尔战斗群的坦克开过马尔维正西覆盖积雪的田野，从东南方开向巴斯托涅。但他们并不是唯一的进攻力量，这一次，科科特上校按照元首"必须在圣诞节攻陷巴斯托涅"的要求，派出了手上的所有军队。在小城的东北方，德国第78掷弹兵团突袭了美国第506伞兵团设在雅克森林中松树间的阵地。在巴斯托涅南面，德国第39燧发枪兵团从阿瑟努瓦小村发动进攻。不过，最强大的攻势直指美军"大釜"的西部——尚斯和埃莫奥勒之间。德国第77掷弹兵团从西北进攻尚斯的美军阵地，同时第115装甲掷弹兵团的四号坦克从南面2英里的地方出动。

德军在各处都遇到了美军的顽强抵抗。德国豪塞尔战斗群和第78掷弹兵团都报告了"很强的敌军火力"。美国第326空降工兵营的士兵殊死抵抗，以

---

① 原注：该师奉命重新集结到芒艾西南面党卫军第2装甲师的地段。几天以后，党卫军第12装甲师的先头部队刚刚被部署到该地区参战，就得到命令重新部署到巴斯托涅地段。

至于进攻的德国第39燧发枪兵团将其描述为"美军完全疯狂的抵抗"[23]。德国第77掷弹兵团最初突入了尚斯，但是陷入与美国第502伞兵团血腥的逐户巷战之中。美军不得不暂时撤出村子，后又在重炮支援下发起一次反冲击，再次将德军逐出。

只有第115装甲掷弹兵团取得了真正的突破。寒夜中，德军坦克向东疾驰，越过几乎完全平坦的、积雪覆盖的大片开阔地，直取巴斯托涅西北方1.5英里的埃莫奥勒。美军诱使他们在黑暗中进入埋伏圈。美国第705坦克歼击营的"地狱猫"坦克歼击车、第10装甲师的"谢尔曼"坦克、第463伞降野战炮兵营的火炮，以及伞兵们的"巴祖卡"以恐怖的交叉火力猛烈打击德军坦克。事后，德军坦克车身上千疮百孔，无法确定致命一击到底来自哪种武器。德军很快被歼灭，甚至没有时间向总部报告。

早上9时，美军航空兵加入战斗。事实证明，12月25日（星期一）的能见度比前两天更好，美国第19战术航空兵司令部派出至少599架次的飞机，其间声称摧毁或损坏了74辆坦克或其他装甲车辆，以及756辆非装甲车辆。[24]战斗轰炸机飞行员在压制德军炮兵时特别高效。例如，11时45分，其中一名飞行员在阿瑟努瓦发现了8门德国火炮。他呼叫其他飞机，在他们的攻击下，这些德军阵地被压制。[25]在其他地方，德国第33炮兵团的4门刚刚抵达的150毫米榴弹炮被摧毁。

科科特上校写道："临近正午，形势变得越来越糟，此时我们已经投入了一切兵力，炮兵虽然已经弹药短缺，但仍然灵活地集中火力，猛烈打击各自的主作战地域（格朗德法吉尼斯东北的森林、埃莫奥勒和由此向北的林区）。"

第15装甲掷弹兵师报告"只有1辆适合参加战斗的坦克可用。坦克营已经在埃莫奥勒周围地区被消灭，没有听到这个可能已经在巴斯托涅方向取得突破的'突击队'的任何消息"[26]。

这位德国师长再次被迫取消进攻，直到日落之后美军飞机消失。12月25日下午，他听到更坏的消息：南面，巴顿的装甲兵最终突破德国第5伞兵师的防御阵地，向巴斯托涅逼近。巴斯托涅之战必须尽快结束，所以这天晚上，第26侦察营、第77掷弹兵团和第26坦克歼击营的10辆"追猎者"坦克歼击车在埃莫奥勒集合，那正是德国第115装甲掷弹兵团的装甲兵遭逢最终厄运的地方。德军的计划是向东进攻,同时第78掷弹兵团重新在美军"大釜"另一侧向西进攻。

但是,这一切从开始时就出现了问题。由于被围的巴斯托涅城得到空投补给,美军炮兵现在弹药充足。巴斯托涅城内的炮兵对东面的第78掷弹兵团进行了猛烈的炮击,后者实际上根本无法开始进攻。这次弹幕射击结束时,该团死伤惨重。其中一个营只有不到40人活了下来。[27]

然而,西部侧翼的德军在夜幕降临后不久就发起进攻。在开始的突击中,他们推进到埃莫奥勒以西将近1英里的位置,但是他们的坦克歼击车受阻于一条反坦克壕。这些车辆立刻成为美军反坦克火力的靶子,5辆"追猎者"起火,包括第26坦克歼击营营长海因茨·容克尔(Heinz Junker)上尉的指挥车。[28]其余"追猎者"在烟幕掩护下迅速后撤。

德军在1944年圣诞节于巴斯托涅发动的决战被科科特称为"绝望的尝试",它最终以美军的全面胜利而告终。科科特在12月25日结束时做了思路清晰的总结:

> 第15装甲掷弹兵师实际已被全灭。第26师有800余人阵亡、负伤和失踪。第77装甲掷弹兵团留在前线的只有约300人,其中一个营只剩80人左右,另一个营可能还有200名士兵。第26侦察营和第39燧发枪兵团都只剩下原有兵力的一小部分。在前线的各连最多只剩下20—25名士兵。支援部队、后勤和其他后方梯队部队已经完全瓦解。与此同时,补充训练营已经将一些队伍抽调到第901装甲掷弹兵团、第39燧发枪兵团和第78掷弹兵团,现在只剩约200人。
>
> 经验丰富的老指挥员和士兵的损失,军官、训练有素的炮兵及步兵重武器手的大量损失,影响很严重。
>
> 敌军炮火摧毁了相当数量的重型武器装备,无法立刻得到补充。[29]

第5装甲集团军指挥官冯·曼陀菲尔上将别无选择,只能命令受重创的第26国民掷弹兵师和第15装甲掷弹兵师转入防守。[30]麦考利夫的士兵们明显经受住了考验。

巴斯托涅之战的焦点转向南方。

巴顿开启攻势

> 目前的形势对我们来说是一个机会，而非灾难。在这张会议桌上，人们的脸上都是开朗的神色。从齐格弗里德防线冲出来的敌人为我们提供了极好的机会，我们应该立即抓住它。现在，我们不用逐个碉堡夺取齐格弗里德防线，可以通过守卫默兹河来打击他们，同时准备我们自己的攻势。[31]

1944年12月19日正午前不久，在设立于凡尔登的通风良好的法军旧兵营中的第12集团军群司令部里，盟军最高统帅艾森豪威尔会见了手下的将军们，他力图保持乐观[①]。这种说话的方式对指挥美国第3集团军的乔治·S.巴顿中将很有吸引力。巴顿因为德军攻势迫使自己取消了计划中对德国萨尔区的总攻而狂怒，他曾希望这成为美军历史上最大规模的"闪电攻势"[32]。

好斗的巴顿说："该死的，鼓起我们的勇气，让这些混蛋一直开向巴黎去吧。然后，我们会将他们切成几段吃下去！"[33]

但是，艾森豪威尔敦促他保持克制：不能允许德军跨过默兹河。相反，他将以第1集团军为北路、第3集团军为南路发动钳形攻势，围攻德军进攻造成的突出部。由于对抗第3集团军的德国人较为薄弱，巴顿将首先发起攻势。

"你什么时候能开始？"艾森豪威尔问巴顿。

他得到的是充满渴望的答复："只要你下命令，立刻就可以开始。"

但是，艾森豪威尔需要更确切的信息。巴顿说道："好，12月21日早晨，动用3个师！"这是巴顿的典型作风，他当时已经成为传奇人物，在士兵中得到"血胆老将"的美称。（不过，当巴顿将士兵们置于困难境地时，他们有时候也会讽刺地说："当然，是他的胆子和我们的血！"）虽然为第3集团军向北进攻所准备的兵力多于3个师，但巴顿希望已经抵达北部前线的部队尽快投入战斗。

不过，艾森豪威尔则希望首先集结适当的力量。他说："别犯傻，乔治。如果你想这么快行动，就无法让全部3个师做好准备，只能逐步投入。"然后，他

---

① 原注：次日，盟军最高统帅让他的副参谋长巴克少将向华盛顿的美国战争部传达了一条信息，这证明他并没有那么乐观："除非我们得到更有力的支持，否则可能输掉战争！"（克罗斯韦尔，《甲虫：沃尔特·比德尔·史密斯将军的一生》，P.840。）

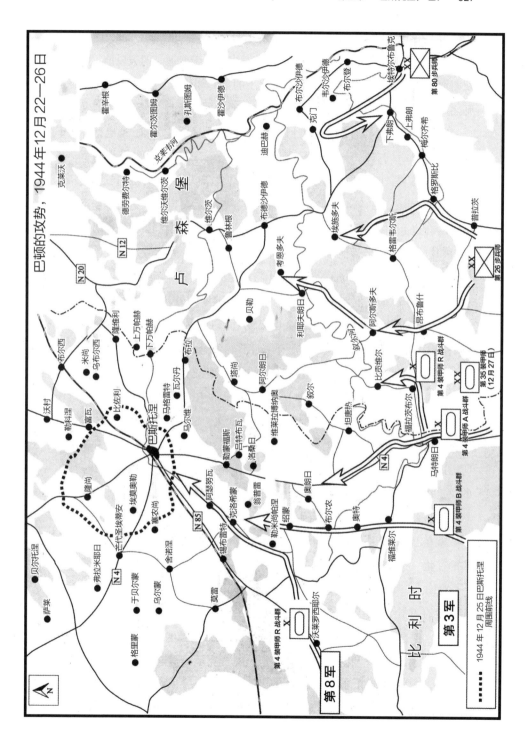

巴顿的攻势，1944年12月22—26日

自己做出决定："你将在22日发动进攻，我希望你的第一拳有足够的力量！"

　　乔治·巴顿的身上有很多故事，他有时也很善于变通。两天以前，他完全反对派出一个装甲师北进，帮助重压之下的第1集团军，但他派出第10装甲师之后，又立刻制订了让更多军队继续北进的计划。此时，他和手下的参谋们已经制订了这一行动的3种不同计划，他所要做的只不过是打一通电话，让下属们动起来。

　　12月18日，巴顿已经和第12集团军群指挥官奥马尔·布拉德利达成一致，让美国第3集团军的第4装甲师紧随第10装甲师之后。当天中午前，在卢森堡的一次会议上，布拉德利向巴顿说明了阿登的局势，他将其描述为"不稳定"和"极其危险"，因此，他命令巴顿取消计划中对萨尔区的进攻。当天晚上，巴顿命令约翰·米利金（John Millikin）少将把他的第3军军部从法国梅斯迁往比利时阿尔隆（巴斯托涅以南25英里）。[34] 除第4装甲师外，第3军还有2个步兵师——第26和第80步兵师，米利金将于12月22日开始动用它们向北进攻。巴顿于12月19日下午离开凡尔登时，准备工作已经全面展开。

　　但是，接下来发生的事件迫使美军计划在实施之前就做出了修改。当天晚上，巴顿接到报告，第10装甲师B战斗群在巴斯托涅以东遭到冯·吕特维茨上将所率第47装甲军重创，这令他很难无动于衷。蒙哥马利得到任命，指挥日韦—普吕姆一线以北所有美军，从而负责12月19日凡尔登会议上艾森豪威尔所描述的钳形攻势北侧的全部行动，这一消息也令巴顿恼怒。虽然艾森豪威尔的决定也意味着特洛伊·米德尔顿少将的第8军归第3集团军指挥，但巴顿仍然很不高兴。我们前面已经看到，毫不夸张地说，他对蒙哥马利极不信任。

　　就在巴顿麾下各师为北面的新攻势向新阵地进发时，整个局势发生了进一步的变化。布拉德利对局势的描述（"不稳定"）是正确的。凡尔登会议次日（12月20日），德军席卷巴斯托涅以南地区，粉碎了美军的所有抵抗，切断了从南面进城的两条主干道。因此，解巴斯托涅之围也成为第3集团军攻势的重要任务之一。但是，第3集团军指挥官的主要目标是消灭德国陆军部队，而不是解救被围部队。美国军事历史学家查尔斯·B.麦克唐纳写道："对巴顿来说，为巴斯托涅解围就如同'眼中钉肉中刺'。"[35] 巴顿当天晚上在阿尔隆检阅部队时遇到了米德尔顿。他说道："特洛伊，我所听到的最大的疯话就是——让第101

空降师被困在巴斯托涅是最糟糕的情况!"[36]

　　次日(12月21日)的情况进一步恶化,第1集团军在圣维特的阵地被德军占领,组成计划中钳形攻势北部的军队在混乱中后撤,强大的德国装甲力量穷追不舍。与此同时,德国部队如同潮水般涌入巴斯托涅以南地区,加固对这座城市的包围圈,迫使士气低落的美国第28步兵师残部向西面和南面败退。12月22日,巴顿的攻势开始时,该师的师部逃到了巴斯托涅西南20英里(约32.2千米)的讷沙托。[37]考虑到第28步兵师的兵力和战斗精神,该师已经遭到重创,无法用于巴顿的反攻。

　　关于1944年年底至1945年初的冬季德军阿登攻势,大部分文献都聚焦于巴斯托涅之战。因此,巴顿在1944年圣诞节前几天所发动攻势的主要目的也被描述为解救巴斯托涅。实际上,为巴斯托涅解围甚至都不是原定计划的一部分,因为计划是在该城被包围之前制订的。相反,原来的打算,是在从德国边境向西穿过卢森堡直到比利时西南部讷沙托这条长达25英里(约40.2千米)的战线上,以部署在此的第3集团军大部发动总攻。

　　米利金的美国第3军是第3集团军中最受战争文献关注的一个军,它最初以3个师的兵力,推进到讷沙托及该城以东25英里(约40.2千米)的战线上。该军右侧是曼顿·S.埃迪(Manton S. Eddy)的第12军,包括X战斗群(第9装甲师A战斗群、第10装甲师A战斗群和R战斗群)、第4和第5步兵师以及第109团级战斗队,部署在远及德国边境,长20英里(约32千米)的战线上。第3军的首要任务确实是打破德军对巴斯托涅的包围,然后继续向东北推进到圣维特,与第12军相互配合,在阿登的德国各集团军后面"砸开一扇铁门"[38]。因此,巴顿的反攻野心勃勃,绝不仅仅是为解救第101空降师。

　　攻势期间,更多的部队抵达,以加强进攻力量。攻势开始之前,第6装甲师奉命归入第12军,因此X战斗群可以抽调到第3军。12月18日,巴顿命令第35和第87步兵师撤出东南前线进行几天的休整,以便部署到北面的攻势。同日,艾森豪威尔命令新组建的第17空降师从英国转移到欧洲大陆,该师最终加入第3军。第11装甲师亦然。该师于12月20日奉命紧急从英格兰向默兹河前线集结,在日韦和色当之间组成了一条防线。这个装甲师抵达战区时,默兹河受到的威胁已经减弱,因此它被调往第3军。最终,第3集团军的第90步兵师

长长的北进巴斯托涅的美军车队,一眼看不到头。巴顿和他的军队预计可以相当轻松地通过巴斯托涅,不仅解救这座被围困的城市,更重要的是切断曼陀菲尔的第5装甲集团军。他们没有估计到,一个德国伞兵师能够如此顽强地抵抗他们。(NARA,111-SC-199635)

也被调往"北部前线",增援第3军。

　　虽然不是同时出现,但美军共有12个师(包括4个装甲师)参与了巴顿的反攻。第3集团军的总兵力从1944年11月30日的245013人上升到12月31日的344935人。[39]攻势开始时,第3集团军还得到不少于108个炮兵营、1296门105毫米及以上口径火炮的支援。[40]激情四射的巴顿在他的日记中匆匆写下:"我不知道德国佬怎么对付这么多大炮。"[41]

　　此外,负责第3集团军直接空中支援的第19战术航空兵司令部(由奥托·P.韦兰将军指挥)也得到增援:第9战术航空兵司令部的3个战斗机大队(配备"雷电"的第365和第368大队,配备"闪电"的第367大队)以及来自驻英格兰

巴顿中将（中）与美国第26步兵师师长威拉德·S. 保罗（Willard S. Paul, 右）少将交谈。50岁的威拉德·斯图尔特·保罗在1944年9月随第26步兵师被派往法国时，此前从未率领过任何部队。他于1966年去世，享年72岁。（NARA, SC 196125）

第8航空队配备"野马"的第361战斗机大队。

但是，巴顿的部队开动时，新的德军部队也正在赶往美国第3军打算夺取的地区，那就是德国第53军、第79国民掷弹兵师和"元首"掷弹兵旅。[42] 后者的行军命令是这么写的：在罗特渡过乌尔河，然后穿越卢森堡，经过第352国民掷弹兵师夺取的埃特尔布鲁克（Ettelbrück），到达比利时边境另一侧的马特朗日（巴斯托涅以南12英里处）。那里有由南通往巴斯托涅的3条公路，12月21日晚上，德国第5伞兵师第15伞兵团的一支小规模先遣支队已经进入居中的一条公路上的阵地。

如果"元首"掷弹兵旅能够抵达这一位置，也就是美国第4装甲师A战斗群开往的地点，巴顿的攻势可能采用完全不同的路线。美国装甲师确实有数量优势，他们拥有165辆坦克，几乎是德军的4倍，但是"元首"掷弹兵旅的31辆"豹"式和8辆四号坦克又得到了41辆坦克歼击车的补充。[43]而且，这支部队的6000名士兵大多是从"大德意志"师精心挑选的东线老兵，旅长汉斯－约阿希姆·卡勒（Hans-Joachim Kahler）上校十分老练，曾获得过橡叶骑士铁十字勋章。

"元首"掷弹兵旅从各方面上讲都称得上是一支精锐部队，但美国第4装甲师也不逊色。和大部分美国装甲师不同，第4装甲师曾选择不使用任何"名号"，这是该师前任师长，强硬的约翰·谢利·伍德（John Shirley Wood，绰号"老虎杰克"，或被简称为"P."）少将与众不同的想法，伍德曾在1944年7月登陆诺曼底时这样提到自己的装甲兵们："他们应该以自己的事迹扬名。"第4装甲师发展成为美国陆军在欧洲战场上最好的装甲师，很大程度上归功于其最具才华的指挥官。伍德被描述为比巴顿本人更难对付。实际上，巴顿在1944年夏末"横扫"法国时，大部分的功劳应该记在伍德的第4装甲师头上。不过，和巴顿一样，伍德对作战有着强硬的观点，1944年12月初与顶头上司发生冲突之后，他被解除指挥权，送回美国老家。

然而，第4装甲师仍然是巴顿最喜欢的一个师，他花费了很多时间和该师官兵在一起。他喜欢该师"冲劲十足、随心所欲"的声誉，这也是他们应得的评价。[44]巴顿还选择了自己的前参谋长休·J.加菲（Hugh J. Gaffey）出任该师的新师长。第4装甲师有多名著名的美军装甲兵军官，如温德尔·布兰查德（Wendell Blanchard）上校和克赖顿·W.艾布拉姆斯（Creighton W. Abrams）中校，我们将在后面进一步熟悉他们。

如果美国第4装甲师和全员出战的"元首"装甲旅于12月23日左右在巴斯托涅西南方发生一场坦克战，结果完全无法确知，但因为特殊的情况，这样的决战从未发生过。但是，第4装甲师将会遇到另一个德军精锐师。

12月22日早上5时30分，美国第3军的反冲击在纷飞的大雪中开始了，提供支援的是11个野战炮营。巴顿下令："全速前进。"艾森豪威尔当天下达的命令和他的对手冯·伦德施泰特6天前下达的那道有着惊人的相似：

　　　　我号召盟军的每一位将士，此刻将勇气、决心和努力提升到新的高度。每个人都只有一个想法——消灭地上、空中每个角落的敌人——消灭他们！团结起来，带着对我们为之奋斗的事业不可动摇的信念，我们将在上帝的帮助下，赢得最伟大的胜利。[45]

那时，德军对抗美国第3军的力量很有限——第5伞兵师的几个团在西部侧翼面对整个美国第4装甲师，第352国民掷弹兵师的2个团迎战美国第26和第80步兵师。第5伞兵师师长海尔曼少将说道："第5伞兵师没有任何装备能阻挡敌对巴斯托涅的装甲突击。"[46]在这个阶段，该师的3个团之一（第13伞兵团）仍然没能在前线集结全部兵力，在该师的30辆三号突击炮中，只有一半处于可用状态。[47]德军虽然不能决定性地遏止，但至少显著地阻滞了美军的攻势，这一事实已经相当令人吃惊了。

对美国第4装甲师来说，这最初似乎是个很简单的游戏。加菲少将在开始向北进攻时对将士们下的命令是："你们将驶入巴斯托涅，救出那里的友军，然后从那里向东北前进！"[48]美军车辆隆隆驶过无人区时，一切都很顺利。道路上唯一的障碍是之前撤退的美国第28步兵师士兵为减缓德军推进而炸出的大坑。在最左边——霍尔梅斯·E.达格（Holmes E. Dager）准将率领的B战斗群——使用从阿尔隆向西北的道路。美军继续穿过新阿拜（Habay-la-Neuve），然后转向北方，进入延伸到阿尔隆西北方12英里（约19.3千米）福维莱尔（Fauvillers）的大森林。美军曾预计德军会从稠密黑暗的云杉林中发起突击，所以当他们于12月22日正午走出森林进入大片开阔地时，松了一大口气。空旷的田野从福维莱尔以北仅2英里的奥特一直延伸到北面约7英里（约11.3千米）的巴斯托涅。这看起来很轻松，不是吗？

但就在那里，美军遇到了第一次抵抗。德国第5伞兵师第14伞兵团的一小队伞兵设伏等待着美军。德军有所准备，不仅是因为一架德国空军侦察机在12月21日晚上9时30分看见了B战斗群的行军队伍，还因为美军有一个坏习惯：以明文发送无线电信息。12月20日早上，英国"超级机密"解码人员已经可以确定，德军知道"美国第4装甲师正在向北开进，后面跟着的可能是第80师"[49]。

德军的伏击迫使达格准将的先遣支队隐蔽。B战斗群第8坦克营营长阿尔宾·厄奇克（Albin Irzyk）少校命令A连的"谢尔曼"坦克前进。他们的火炮撽毁了一座石屋，压制了德军的火力。但是不久之后，美军又遇到下一个障碍。

领头的美军车辆慢慢开下通往梅努方丹（Menufontaine）叙尔河石桥的湿滑斜坡时，发现这座桥已经被拆毁。在这个地方，叙尔河通常只有5码（约4.6米）宽，深不及膝，但因为前几周不同寻常的大雪，大河变得水深流急，还没有结冰。达格准将命令第22装甲野战炮营向河对岸的山上发射105毫米高爆炮弹，并召集工兵部队。工兵们工作了一整个下午，到12月22日晚上才完成一座便桥。桥梁完工时，坦克和卡车开始渡河，此时天色已经渐暗。

第8坦克营开上长长的山坡北行。在河流北岸的上方有一座名叫布尔农（Burnon）的小村，美军快速通过村道，道路两侧各只有两三座房屋，他们出现在村庄另一头的田野上时，德国伞兵们已经在右侧朗拜施内特森林（Fôret the Lambaichenet）的云杉树之间等候多时了。由于上坡路湿滑且覆盖积雪，美军行动缓慢且十分困难，德军便有时间瞄准目标。美军抵达距离布尔农1000码（约914米）的坡顶时，德军用"铁拳"连续射击。2辆吉普车在明亮的火光中爆炸，美军全体匆忙退回布尔农。达格命令士兵们进入夜间宿营地。

达格的决定也受到严寒天气的影响，而且，第4装甲师先行的两个战斗群已经远远落在后面。在西南方6英里（约9.7千米）处，赫伯特·欧内斯特（Herbert Earnest）准将率领的A战斗群已经在马特朗日小镇受阻，那是德国第5伞兵师抵达的最南处。德军在此严阵以待，他们的空中侦察已经在12月22日0时20分发现了阿尔隆和马特朗日之间N4公路上的A战斗群车队。

在该地段与欧内斯特准将的军队对抗的是德国第15伞兵团，团长库尔特·格罗施克中校是德国伞兵中最有经验的指挥官之一。格罗施克本人曾在1940年空降于荷兰和纳尔维克，1941年空降到克里特岛。接着，他在东线战斗了2年，然后参加了在意大利和1944年6月起在诺曼底的战斗。格罗施克于1944年6月获得骑士铁十字勋章，次月被任命为第15伞兵团团长。

格罗施克深知面对的是实力很强的对手，他以高超的技巧组织自己的军队。由于撤退的美军已经拆毁了这座小镇上的两条叙尔河桥梁（它们将马特朗日分成南北两个部分），格罗施克不需要去做这件事。他将一小股力量（第2营第7连）放在河流北岸树木茂密的陡坡上，这只有约100名伞兵，但是从他们隐蔽的阵地上，可以观察下方的小镇和桥墩。[50]

被派去搭建便桥的美军工兵立刻暴露在密集的机枪火力下，被迫躲到房屋后面。几辆"谢尔曼"坦克出现时，德军用"坦克杀手"开火，迫使它们也逃到房屋后面。[51]在这一天剩下的时间里，格罗施克的士兵用预先仔细瞄准过的迫击炮打击美军。夜幕也没能帮助美军，因为天空中的云层开始消散，满月照在雪地上形成的反光，使德军能清楚地看到桥前最为细微的举动。

到12月22日晚上，A战斗群第51装甲步兵营遭受重大伤亡，欧内斯特准将被迫呼叫第704坦克歼击营增援。[52]

巴顿北攻路线最右侧的美国第12军也几乎在出发位置停滞不前。本书第5章中我们已经看到，德国第7集团军左翼的第80军，于卢森堡—德国边界上的叙尔河以南几乎无法穿越的山区中占据有限的地盘之后，就已经转入防御。黑恩茨河两侧是深深的河谷，实际上将该军的两个师（第212和第276国民掷弹兵师）分隔开来，这两个师在进入卢森堡境内3—4英里（约4.8—6.4千米）之后就陷于停顿。但就在12月22日早晨美军发动进攻时，弗朗茨·森斯福斯中将以第212国民掷弹兵师重新发动进攻，两支进攻力量狭路相逢，陷入相持。

由霍勒斯·L.麦克布莱德少将率领的美国第80步兵师在第3军最右端，他们在西面6英里（9.7千米）处也遇到了类似的局面。第80步兵师（绰号"蓝岭师"，因为一战期间组建该师时，许多士兵来自美国东部蓝岭山脉周围地区）相当有作战经验，二战中，该师于1944年8月的阿夫朗什突破中接受了战火洗礼，此后又与第4装甲师联手横扫法国。"蓝岭师"于12月22日黎明从梅尔施（Mersch）出发，第一目标是北面8英里（约13千米）的埃特尔布鲁克。该师以第319步兵团为左路，第318步兵团为右路，第317步兵团作为预备队。美军缓慢地经过从卢森堡公国首都向北延伸的大路及周围的无人区之后，于12月22日日出时抵达埃特尔布鲁克正南地区。

美军的这次进攻也与德军的推进发生了冲突。第352国民掷弹兵师的第914掷弹兵团刚刚行进到埃特尔布鲁克，士兵们就观察到南面田野上美国第80步兵师的队列。德军密集的火力很快迫使美军后撤到防御阵地上。

这次战斗使第352国民掷弹兵师第915掷弹兵团第2营推迟了从埃特尔布鲁克出发的行动。就在该团第1营迈上通往西南方8英里（约13千米）格罗斯比（Grosbous）的道路时，美国第80步兵师发起进攻。但是，由于第914掷弹兵团抵达，美军的进攻被遏止，第915掷弹兵团第2营和第916掷弹兵团各部很快就得以继续向西行进。

美国第109团级战斗队残部从埃特尔布鲁克向西撤退时（该团于12月19日夜间撤退，参见第5章），团长詹姆斯·E.鲁德尔中校命令第707坦克营C连组织一支后卫。在德国第915掷弹兵团两个营之间的缺口中，27名美国士兵配备1辆坦克和3具"巴祖卡"，在德军先头营经过的道路上设伏。[53]

这次伏击给德国第916掷弹兵师造成巨大影响。德国士兵赫尔穆特·赛贝特（Helmut Seibert）回忆道："美军坦克突然出现，向我们的队伍中央开火。2门火炮和驮马立即被直接命中，我发疯般地跑去寻找隐蔽所。在随之而来的迫击炮火中，我蜷缩在路边的一条水沟里。"[54] 美军炮兵很快加入进来，然后是来自第80步兵师的士兵，他们已经听到了炮声，从南面赶来。德军逃往格罗斯比东北方2英里的梅尔齐希（Mertzig），据美军报告，主干道上"散落着燃烧的德军车辆和死去的士兵"[55]。德军在梅尔齐希建立防御阵地，阻止了美国第80步兵师在这一侧的攻势。

美国第26步兵师（"扬基"师）位于东面的第80步兵师和西面的第4装甲师之间，是个相对"青涩"的师：该师的士兵连同师长威拉德·S.保罗少将在1944年9月乘船抵达法国时都还没有任何战斗经验。次月，该师参加了第3集团军对法国东北部洛林地区的攻势。12月12日该师从洛林前线撤退进行休整时，已经损失了6000余名士兵，兵力只剩下约原来的一半。[56] 由于只有2600名士兵抵达，不得不用后勤人员（文书、炊事员、司机等）填补损失造成的人员缺口。

从洛林之战中撤下来仅仅一周，这个遭到重创的师又奉命北上参加巴顿的新攻势。对于洛林战役中幸存下来的老兵们来说，这是一个令人震惊的消息，根据"扬基"师第104步兵团某连连长约翰·J.比森（John J. Beeson）说："可以肯定地说，德军的攻势粗暴地打断了他们认为将有长达一个月的预备队时期，他们的士气遭到严重打击。"[57] 新兵们的情况更为糟糕。"有些人很快地学会生存技能，而其他人则在第一天的战斗中受伤或阵亡。有些人在震惊或迷惘中成为俘虏；另一些人则不知自己身在何处，少数人甚至连自己在哪个师都不知道。"[58]

和第3军的其他两个师类似，第26步兵师顺利地通过第3军出发地与德国第7集团军南方前哨之间的无人区。比森少校在战后的一篇报道中写道："总体计划是，第104步兵团第1营和第2营沿相互平行的路线向北进攻，直到遇到敌军，第3营随后作为预备队。敌方兵力或位置的情况不详。"[59]

卢森堡最西部，地形从宏伟的群山变成大片开阔的田野和森林。地势有一些起伏，但是高度差别不像东面那么明显。在经过该地区时，紧张的美军士兵向德军可能设伏的每个地方开火——小树林、农舍，甚至单独的灌木丛。[60]

和第12军及第80步兵师一样，"扬基"师的推进也和德军撞了车。该师第104步兵团和第352国民掷弹兵师第915掷弹兵团第1营几乎同时抵达埃特尔布鲁克西南方的格罗斯比。德军在2辆"追猎者"坦克歼击车的支援下，很快逼退了美军，然后向南推进，从陡峭的山坡上下到隔壁的普拉茨村（Pratz）。在那里，他们遭到炮兵的毁灭性打击。[61]夜里，德军撤出。

在"扬基"师左翼，第328步兵团的士兵们同时穿过无人区，他们遇到了撤退的第28步兵师的士兵，但是没有遇到任何敌人——第352国民掷弹兵师和第5伞兵师都还没有抵达该地区。但是，美军的这个团仍然保持最大的谨慎，在第735坦克营2个连的支援下，像蜗牛般地慢慢前进。

与此同时，德国方面也拉响了警报。前文已经提到过，第7集团军预备队，埃德温·冯·罗特基希上将的第53军已于同日奉命开往前线。第53军原定任务是向巴斯托涅西南方的利布拉蒙和圣于贝尔推进，参加对该城的进攻。[62]但早晨埃特尔布鲁克的战报传来时，任务出现了变化。在从格罗斯比向西到马特朗日（第15伞兵团在那里部署了一个连）连绵3英里（约4.8千米）的林区里，德军战线上出现了一个很大的缺口。美国第328步兵团正从南面直奔该地区。冯·罗特基希上将命令此时已经加入第53军的第5伞兵师和"元首"掷弹兵旅迅速部署，堵上这个缺口。第5伞兵师师长海尔曼少将将这个任务交给第13伞兵团代理团长戈斯温·瓦尔少校，后者率领部队快速向这一区域的比贡维尔（Bigonville）、阿尔斯多夫（Arsdorf）和昂布鲁什（Rambrouch）等村庄移动。[63]瓦尔少校的首要任务是阻止美军渡过叙尔河，这条河流从该地区的高山之间蜿蜒流过，先从西向东，然后在维尔茨东南6英里（约9.7千米）的地方转向南方。

虽然"扬基"师的第328步兵团先于德军（12月22日早晨6时）行动，而且到昂布鲁什只有6英里（9.7千米）的距离，但德国伞兵仍然比美军先抵达那里。不久以后，"元首"掷弹兵旅的一支小规模先遣力量（只有几名士兵）加入

美国第26和第80步兵师在穿越卢森堡中西部山林地带和厚厚的积雪时遇到了极大的困难。照片中可以看到某个射击阵地上的美国士兵。(NARA, SC 364311s)

了他们。"元首"掷弹兵旅旅长汉斯－约阿希姆·卡勒面对的任务比战友瓦尔少校更为困难，因为他的摩托化部队刚刚从东面很远的罗特开始渡过乌尔河。为填补前线的缺口，卡勒不得不放弃该旅6000名士兵的凝聚性，在仓促的行军中，他们的队伍已经拉长到25英里（约40.2千米）。这给"元首"掷弹兵旅带来极其严重的后果。

直到12月22日下午，美国第328步兵团才接近昂布鲁什和阿尔斯多夫。这里的地形开始从南面空旷起伏的田野转变成覆盖大片落叶林的山地。美国第26侦察连派出一个小组经过昂布鲁什正东，沿着北面1英里左右向阿尔斯多夫延伸的狭窄森林道路前进。阿尔斯多夫小村坐落在叙尔河正南树木茂盛的高地之间。从村中房屋与距村子北郊1000码（约914米）许尔河谷之间的高地上，两名德国坦克歼击车手发现美军先遣支队正慢慢地经过村子另一侧的森林道路。几发精准的炮弹足以迫使美军再次仓皇退回山坡上。这支美军侦察队很快向团部报告，其他侦察队也报告昂布鲁什有"一支强大的德军"把守（这是夸大之词）时，团部决定在南面不远处扎营过夜。[64]

出于某种原因,有关阿登战役的大部分叙述中,都忽略了巴顿第3集团军因某些部队过度谨慎而在1944年12月22日错失的战机。如果美国第3军右翼的两个步兵师能够在装甲兵和炮兵的有力支援下,以更大的决心实施进攻,他们或许立刻就能在德军战线上撕开一道12英里(约19.3千米)宽的缺口。毫无疑问,他们的实力足以压倒德军驻守埃特尔布鲁克的一个团,以及驻扎在西南12英里的梅尔齐希/格罗斯比的已经被削弱的第915掷弹兵团,更不用说刚刚抵达再向西12英里阿尔斯多夫和昂布鲁什的小股先遣支队了。无论如何,12月22日中午,美军就可以轻松越过这些德军阵地。

美军绝对可以在12月22日晚之前渡过叙尔河,从而威胁河岸以北3英里(约4.8千米)、巴斯托涅东南方大约10英里(约16.1千米)的重要交通枢纽维尔茨。这样一来,德国第5伞兵师东翼就会受到严重威胁,该师可能不得不从巴斯托涅以南美国第4装甲师正面的阵地上撤退。如果他们在这种情况下转向东北,进入美国第3军两个步兵师的区域,美军就能于12月23日在巴斯托涅东南方的第5装甲集团军后面形成一个危险的突出部,当时在那个地段,德军只有相对薄弱的部队:装甲教导师的豪塞尔战斗群(大约相当于一个团的规模)、第26国民掷弹兵师第78掷弹兵团和第5伞兵师在那里集结的部队。(正如我们将要看到的那样,12月23日天气放晴使美国航空兵可以阻止第53军的大部分新部队抵达前线。)从维尔茨到克莱沃和第5装甲集团军的主要补给路线之一,只有不到10英里的距离。当然,这一机动作战能否成功地围堵冯·曼陀菲尔的装甲军还远不能确定,正如我们将会看到的那样,德军在该地区仍有强大的预备队,但还在乌尔河以东。不过,如果美国第3军在12月22日—23日更坚定地进攻,绝对可以改变整个战略局势。

由于两个美国步兵师的过度谨慎,德军赢得了时间,将新部队调往前线,至少在某种程度上填补了战线上危险的缺口。此后,美国第26和第80步兵师遇上这些新来的德国部队时,美军退缩了,给了德军更多的时间。第26和第80步兵师的推进速度最终减慢到蜗牛一般。第26步兵师直到攻势发动的第六天才从维尔茨以南渡过叙尔河。在那个时候,该师和第80步兵师面对的德军兵力超过3个师——除第352、第79和第9国民掷弹兵师之外,还有"元首"掷弹兵旅。

"整夜行动！"

令人吃惊的是，在1944年12月22日的日记中，乔治·巴顿对攻势第一天的有限战果做了低调的评论："对今天的成果，我感到满意，但并不特别高兴。"[65]

实际上，巴顿深深地感到不满。战后，艾森豪威尔讲述道，那一天他反复接到巴顿的电话，表达"因为不能更快推进而感到失望；在19日的凡尔登会议上，他曾经暗示甚至预测，他将一举冲入巴斯托涅"[66]。接着，巴顿在晚上得知军队停下来过夜时，他似乎受够了。他联系了第3军军长米利金，说道："这是我们赢得战争的机会，所以进攻必须整夜进行！"[67]

12月22日21时，各师的夜间宿营地接到了一条严厉而又简洁的命令："整夜行动！"[68]

第3军的各个步兵师此时明智地决定，尽一切努力绕过德军防御阵地。美国第80步兵师第318步兵团爬上埃特尔布鲁克以西的高地，德军没有预料到美军的夜袭，被对方出其不意地占领了该镇西部外围的几个街区。

在西南方的普拉茨，拉尔夫·A. 帕拉迪诺（Ralph A. Palladino）中校再次派出他的第26步兵师第104团攀上长长的山坡，奔袭格罗斯比——事实证明，德军已经放弃了此处，退往梅尔齐希。但是帕拉迪诺的士兵并没有更进一步。在新团长海因里希·霍夫迈斯特（Heinrich Hoffmeister；前任团长德拉韦中校在攻势第二天负伤）的率领下，德国第915掷弹兵团的几百名士兵经过苦战，夺取了格罗斯比东南林地落叶乔木之间的阵地。此时，他们设下埋伏圈，阻止美军继续向梅尔齐希前进。

天色破晓之前，梅尔齐希的德国第915掷弹兵团士兵发现自己被包围了。帕拉迪诺中校的士兵无法继续向东推进时，转而向北推进到2英里外的德朗（Dellen）。而在梅尔齐希的另一侧（东面），美军卡车运载着第80步兵师第319团第2营沿着颠簸的森林道路，在午夜之前抵达上弗朗（Oberfeulen）。这座村庄位于西面的梅尔齐希和东面的埃特尔布鲁克之间，没有德军士兵驻扎。美军士兵在那里下车，组成纵队步行向北，直取4英里外的海德沙伊德（Heiderscheid）。

1944年12月22日夜间到23日凌晨，天气极其寒冷——从东面来的高压云团导致气温骤降到4华氏度（零下15.6摄氏度）以下。由于云层散去，满月的光芒普照严寒的大地，这个夜晚显得明亮了一些。衣装单薄的第319步兵团第2

美军士兵在行军中穿越典型的阿登地貌。(NARA, 美国通讯兵团)

营士兵们在寒风中瑟瑟发抖，拖着麻木的双足走在前往海德沙伊德的漫长上坡道路上。在他们旁边，第702坦克营的坦克竭尽全力地在湿滑路面上开进。道路两侧都是黑暗的、若隐若现的云杉林，不过除了冻伤之外，美军在没有其他损失的情况下完成了这次行军。

　　但是，在海德沙伊德，"元首"掷弹兵旅装甲燧发枪兵营（第99装甲掷弹兵团第1营，营长为恩斯特－金特·伦霍夫少校）的一个连已经进入了阵地。该旅的特点之一是，许多士兵都穿着从东线带来的毛皮靴子和厚重的、带有衬里的冬装。因此，他们比美军更能抵御严寒，不需要多少发子弹，就能使冻僵了的年轻美军士兵失去战斗欲望。

　　不过，通过这一次夜间突进，美国第319团已经封锁了正驻守梅尔齐希的、由霍夫迈斯特少校率领的德国第915掷弹兵团的一条南逃路线。与此同时，本·雅各布斯（Ben Jacobs）上校接到命令，派出他的第328步兵团，从海德沙伊德西南6英里（约9.7千米）的昂布鲁什沿路向东北进发，从而堵住了德军这个团的去路。雅各布斯上校的队伍在很长一段路上都没有碰到什么变故，但是距离海德沙伊德还有大约一半路程时，他们在格雷韦尔斯小村停了下来。

"元首"掷弹兵旅已经在那里集结了一整个排的"豹"式坦克，很快就遏止了美军的推进。就在由此向东北方向2英里的埃施多夫（Eschdorf），伦霍夫的另一个装甲燧发枪兵连驻扎在那里，从而为被切断在梅尔齐希的霍夫迈斯特的士兵们打开了一条狭窄的通道。

在美国第3军的左翼，达格准将的B战斗群和厄奇克少校的第8坦克营驻扎在比利时村庄布尔农（位于昂布鲁什西北方十多英里，巴斯托涅西南偏南大约相同距离处），他们也在12月22日深夜接到了整夜行动的命令。

B战斗群的士兵们怨声载道，漆黑的夜色和寒冷之中，德军至少看上去已经离开了布尔农以北朗拜施内特森林的阵地。可能是严寒驱使他们离开了。但是，美军不知道的是，对手此时已经知道了他们的确切计划。在几小时前的夜战中，一小队德军伞兵缴获了B战斗群的一辆指挥车，在车里找到了说明美军进攻计划的文件。

德国第14伞兵团团长阿尔诺·席梅尔（Arno Schimmel）上校在布尔农以北大约4英里的翁普雷建立了指挥所。他手下的一个营也已经到达这个位置。席梅尔决定，派出一个伞兵连，在第11突击炮旅一个连的三号突击炮的支援下前往绍蒙（翁普雷和布尔农之间）。这一小股德军兵分两路，5辆三号突击炮和一半的伞兵进入从布尔农来的公路西侧，村庄南面田野上树后的阵地，余部重新占据道路右侧的朗拜施内特森林。他们在美军抵达之前进入了阵地。

布尔农的美军距离这里只有2英里，所以他们在夜色中谨慎前行。直到12月23日日出（大约9时），他们的先锋（第25骑兵侦察中队B连）才抵达路弯，看到斜坡下方连绵数百码的绍蒙村。绍蒙位于一片较小的洼地中，有十几所房屋。美军满腹狐疑地注视着村子另一边（北侧）的山林，他们认为德军可能在那里建立射击阵地。可是，德军却从两个侧翼出击。

子弹突然如同雨点般射进第25装甲侦察中队的队列。第一轮齐射中就有1辆坦克和3辆其他车辆爆炸。燃烧的车辆被丢在路边，其余车辆全速撤退。

驻扎在绍蒙的德国伞兵绝非生手，知道如何完成自己的任务。他们以最野蛮的方式闯入村庄，破门而入，将村里的房屋变成小型工事。村民玛丽亚·洛泽（Maria Lozet）说："他们是真正的强盗，都是一些17—20岁的男孩。"[69]蛮横的德军士兵们对惊骇不已的绍蒙居民宣布："我们将把美国人赶回家。"

事后，美国第4装甲师的一名士兵谈到了这些德国伞兵，他引用麦考利夫对德国劝降者的著名回答："这些经过装甲战训练的伞兵们用他们的方式，对我们说：'毬！'我这样描述那些杂种，是因为有些观察家低估了他们。按说他们最近刚刚重新组织起来，应该缺乏信心和经验。但事实是，他们的表现不像没有经验的士兵。他们老练、残暴，带着极大的决心不断射击和冲锋。"[70]

与此同时，在美国第4装甲师的推进中，A战斗群远远地落在后面。12月22日夜间到23日凌晨，这支部队都滞留在绍蒙东南偏南6英里（约9.7千米），叙尔河南侧马特朗日的阵地上。德国第15伞兵团的100名伞兵从河流北侧高地上的阵地，使用反坦克武器、机枪和迫击炮阻止美国工兵修筑便桥。"元首"掷弹兵旅和第79国民掷弹兵师也正在从东赶来会合的路上。如果不是1944年12月23日天气放晴，使盟军飞机能够全力出动，德军很有可能最终在这里阻止美国第4装甲师的进攻。第9航空队的战斗轰炸机和第8航空队的战斗机中，共有不少于7个大队用于支援第3军。[71]德国第5伞兵师报告："在我师地段上空，敌军的战斗轰炸机以多达20架飞机的编队发动空袭。"[72]

绍蒙守军指挥所所在地翁普雷变成了一个炼狱。第26国民掷弹兵师师长科科特上校写道："敌军战斗轰炸机向翁普雷俯冲下去，用机枪扫射我军纵队。防空武器开火的同时，我们的所有士兵也举枪向这些可恨的飞机开火。民房成为一片火海，车辆起火，伤者躺在街道中央，马匹也遭到打击。"[73]

针对卢森堡—德国边界上乌尔河和东边的叙尔河上的桥梁的空袭是最猛烈的，那是德国第53军的"元首"掷弹兵旅和第79国民掷弹兵师想要通过的路径。例如，埃希特纳赫的桥梁全天都遭到第362、第277和第406战斗机大队的不间断袭击，这些部队的"雷电"战斗轰炸机使用火箭弹、凝固汽油弹和高爆炸弹发动攻击。在这一天里，随着桥梁被损坏得越来越严重，交通堵塞状况也变得愈发显著。"元首"掷弹兵师和第79国民掷弹兵师的重型车辆被困在了河东。侥幸到达河西的车辆不得不沿着狭窄湿滑的道路爬行，蜿蜒穿过卢森堡山区，美军的战斗轰炸机可以在那里轻松地猎杀他们。

12月23日晚上，德国第79国民掷弹兵师费尽全力，将不到一半的兵力送到了交战区域——第208国民掷弹兵团和第212国民掷弹兵团第1营进入第352国民掷弹兵师北面的阵地。但是第212掷弹兵团余部和整个第266国民掷弹兵团仍然在乌尔河德国一侧，该师的炮兵团和第179坦克歼击营也是如此。"元首"掷弹兵旅的局面也相似：因为敌军的空袭，只有第1124侦察连、装甲燧发枪兵营、第101装甲团的2个连共22辆"豹"式坦克，以及第911突击炮旅1个连的三号突击炮于12月23日抵达前线。

我们已经看到，12月23日凌晨，恩斯特－金特·伦霍夫少校所率装甲燧发枪兵营的一个连已经击退美军对海德沙伊德的第一次进攻。但是12月23日早上，美国第80步兵师以第319团第2营进行了又一次尝试。在第702坦克营的"谢尔曼"坦克和"雷电"战斗轰炸机的支援下，他们将德军赶出了村庄。卡勒上校乘坐的装甲运兵车被一门美国反坦克炮击中，他本人受了重伤。

德军向西1英里多后撤到邻村埃施多夫，那里有伦霍夫少校的另一个装甲燧发枪兵连占据的阵地。勒内·德·洛姆·德·库比埃（René de l'Homme de Courbière）少校临时接管了"元首"掷弹兵旅前线小股兵力的指挥权，他下令北面3英里（约4.8千米）格雷韦尔斯的"豹"式坦克排转移到埃施多夫，以便重夺海德沙伊德。但是这次反冲击的实施情况不佳。29辆作战车辆——三号突击炮、半履带车和一些"豹"式坦克——直接开出埃施多夫，在东面的开阔地上遭到美军强大火力的打击。德军损失了11辆作战车辆（包括至少1辆"豹"式）之后，德·库比埃命令撤退。这决定了第352国民掷弹兵师第915掷弹兵团的命运。该团于12月23日得到命令，从梅尔齐希（埃施多夫东南方6英里）绕过美军阵地突围，与驻扎在东北4英里埃特尔布鲁克的该师余部会合。[74] 筋疲力尽的第915掷弹兵团残部最终抵达埃特尔布鲁克时，团里只剩下大约90名士兵了。[75]

但美国第26和第80步兵师一如前日，没能利用对手的弱点。这两个师全天的行动都相对谨慎，使德军逐步加强了防御阵地。显然，精锐装甲部队"元首"掷弹兵旅抵达的消息足以令美军警惕。无论如何，美国第3军军长米利金少将还是决定，将第4装甲师R战斗群派往报告中"元首"掷弹兵旅所在的位置。在温德尔·布兰查德上校的率领下，这个战斗群从马特朗日出发前往东北方3英里、昂布鲁什西北2.5英里的比贡维尔——美国第26步兵师止步的地方。米利金希望这能帮助两个步兵师在维尔茨方向上取得突破。

除炮兵和支援部队外，第4装甲师R战斗群由第53装甲步兵营和第37坦克营组成——后者由传奇性的装甲兵指挥员克赖顿·W.艾布拉姆斯中校率领，

美国士兵在击退“元首”掷弹兵旅对海德沙伊德的攻击后检查战场。弹痕累累的德军作战车辆之间有许多阵亡的士兵。最左侧是1辆三号突击炮，右侧是2辆SdKfz-251装甲运兵车。（NARA, 111-SC-198412）

当代的“艾布拉姆斯”坦克即得名于此人。虽然 R 战斗群因遭到德国伞兵阻击而耽搁了时间，但是前一天匆忙前去填补德国第7集团军前线缺口的这些德军部队很快就会发现，他们面对的对手完全不同。

德国第13伞兵团代理团长戈斯温·瓦尔少校（在整个阿登战役中都指挥这个团）将第1营部署在马特朗日以东大约2英里的福拉茨布尔（Flatzbour）周围地区，以及向北不远的比贡维尔的阵地上。[76] 一个连的伞兵身穿伪装服，和2辆三号突击炮、1辆缴获的“谢尔曼”一起，在福拉茨布尔的落叶林边等候。R 战斗群的装甲纵队于12月23日中午出现在福拉茨布尔西南面的公路上后，伞兵们立即开火，摧毁了第37坦克营的2辆“谢尔曼”坦克。[77]

美军停了下来，设法消灭了这两辆突击炮和德国人手里的“谢尔曼”。在接下来的一个小时里，他们的炮兵和坦克炮轰击了德军迫击炮所在的林地。然后，一个连的步兵奉命进入树林“清剿”。美军只看到了雪地里的足迹，他们并没有追击，而是回到公路上。等到他们再次登车，德军又恢复了射击。此时第37坦克营的"谢尔曼"坦克奉命上前，但这片开阔地上埋设了反坦克地雷，坦克只得再次后撤。由于德军迫击炮持续地杀伤美军，布兰查德上校命令当天其余时间都停止前进。[78] 但 R 战斗群的士兵们并没有自作主张；事实证明，他们比第4装甲师其他两个战斗群更顽强；或至少可以说，布兰查德使用了明显更高效的"震慑战术"。

上述战斗进行期间，德国第15伞兵团的一个连也在12月23日的大部分时间内于马特朗日阻挡了整个 A 战斗群的进攻。实际上，第15伞兵团团长格罗施克中校已经在12月23日凌晨3时召回了这个连的大部分人，只在叙尔河以北的高地上留下一小队人马殿后。[79] 德军的这个小队在这个阵地上用一门迫击炮成功地阻挡了美军装甲师，直到下午2时30分，美军才在猛烈炮火的掩护下，搭建起过河的一座便桥。根据德军的报告，到那个时候，这一小队伞兵已经在马特朗日摧毁了10辆美军坦克。[80]

同时，格罗施克在下一个小村落——马特朗日以北2英里的瓦尔纳赫（Warnach）建立了合适的防御阵地。在这里，德国第15伞兵团第2营营长阿尔弗雷德·基策（Alfred Kitze）上尉得到的任务是组建一小支后卫力量。基策从格布哈特中尉的第8连中挑选了15名伞兵（配备4具"铁拳"）、2个机枪排，从第7连挑选了1个机枪排。如果不是霍伦德尔上校的第11突击炮旅的4辆三号突击炮也进入了瓦尔纳赫阵地，即使对于阻滞行动，这样的兵力也完全不够。

美国第4装甲师 A 战斗群指挥官欧内斯特准将对此一无所知，他命令第35坦克营营长德尔克·奥登（Delk Oden）中校率领手下的坦克开上 N4 公路前往巴斯托涅。距离该镇以南的美军战线只有大约10英里了，欧内斯特希望在午夜前抵达那里。奥登将第25装甲侦察中队 A 连的"斯图尔特"坦克放在最前面，然后是搭载步兵的半履带车和第704坦克歼击营 A 连的"地狱猫"坦克歼击车，最后是排成长队的"谢尔曼"坦克。

瓦尔纳赫位于向北延伸到巴斯托涅的 N4 公路以东，主要由沿东西向的村中小道排列的20所房屋组成，中间是一座小教堂。村道上有一条小土路沿对角线方向向南延伸，穿过一座小山谷，通往山坡上的一个农场。再走600码（约548米），开阔地的另一端是一片小树林。

一名携带44式突击步枪的德国士兵在一座房屋的废墟里隐蔽。（蒙松）

奥登中校的车队从公路东侧森林里积雪覆盖的树后出现时，寒夜降临。德军让"斯图尔特"坦克通过，但当运送步兵的半履带车出现在视野中时，三号突击炮开火。2辆半履带车被击中，在炫目的火光中烧毁。[81]

　　奥登中校命令部队后撤。"地狱猫"歼击车隐蔽后向小村猛烈开火，迫使德军逃回村北的森林。接着，一个排的"斯图尔特"坦克和一个步兵排的26名士兵发起进攻。士兵们从两侧奔向部分已经起火的村庄，几乎同时到达。激烈的肉搏之后，美军撤退。除了一辆坦克之外，其余坦克都被丢在瓦尔纳赫，这座村庄仍然在德国伞兵手中。[82]

　　奥登中校在德军的顽抗下动摇了，他命令部下等到午夜之后再尝试夺取瓦尔纳赫，同时炮兵继续轰击那一小群石屋。新的进攻由第35坦克营B连的17辆"谢尔曼"实施，第51装甲步兵营B连提供支援。德军发现美军穿过村庄南面和西面积雪覆盖的田野靠近。和前一晚上的马特朗日一样，进攻军队在满月的雪地上十分显眼。德国伞兵尽可能长时间地等待开火命令，直到美军进入房屋之间，他们才火力全开。"开火！（Feuer freil！）"领头的"谢尔曼"坦克被3具"铁拳"几乎同时击中，燃起大火，将黑夜照得如同白昼。另外3辆"谢尔曼"被三号突击炮的75毫米炮摧毁，在村道上激烈地短兵相接之后，幸存的美军士兵狼狈地穿过田野撤退。德国伞兵的顽强令人难以置信，连美军都承认："这些士兵疯狂战斗，毫无迹象表明他们愿意考虑投降这一选项。"[83]

　　与此同时，巴顿变得越来越不耐烦。他已经几乎向麦考利夫承诺，将在当天抵达巴斯托涅。此刻，他接到被围的101空降师的求助电话，该师正遭到科科特的反复进攻："我们周围的局面正在变得非常棘手。敌军不断从南面发起进攻，有些'豹'式和'虎'式坦克一直在我们的地域周围东奔西突。请求你让第4装甲师尽可能地向敌人施压。"[84]于是，巴顿打电话给第3军军部抱怨道："无聊的事情做得太多了。绕过这些小镇，以后再肃清它们。坦克现在可以在这个战场上行动了！"[85]

　　但是，第4装甲师师长加菲和他的战斗群指挥官们有着不同的看法——他们意识到如果美军穿过田野，绕开德军占据的村庄（巴顿口中的"小镇"）向前推进，美军的补给线可能会被切断。

　　在瓦尔纳赫西北偏北方向5英里的绍蒙，美国第4装甲师左翼的形势看上去也一样，德国第14伞兵团的1个连和第11突击炮旅1个连的三号突击炮在12月23日打退了B战斗群的一次试探性进攻。美军很清楚，占领这个小村需要真正的猛攻。进攻军队在绍蒙以南的高地集合时，第22装甲野战炮兵营的

仅凭借格布哈特中尉第8连连部的15名士兵（携带4具"铁拳"）、第8连的2个机枪排和第7连的1个机枪排，德国第15伞兵团第2营在瓦尔纳赫就挡住了美国第4装甲师A战斗群。这个小村的战斗使美军付出了沉重代价。照片中可以看到被摧毁的"斯图尔特"坦克和"地狱猫"坦克歼击车。（迪基希国家军事历史博物馆）

M7 105毫米自行榴弹炮向绍蒙及其周围地区开火。接着，第406战斗机大队的"雷电"战斗轰炸机群出现，投下多枚500磅炸弹，并用12.7毫米机枪扫射这座村庄。这次轰炸造成的德军损失不详，但是历史学家彼得·斯赫雷弗斯从绍蒙居民的视角做了描述：

> 火焰从德索瓦、戴维、霍曼、洛泽、帕凯和沙尔纳家中升起。学校也陷入了火海。费利西安·罗西埃和他的妻子身亡。玛丽·霍曼也不幸遇难。[86]

不久，其他飞机介入——那是德国空军第4战斗机联队第4大队的Bf-109飞机，地面上的士兵们目睹了激烈的空中格斗。

猛烈的空袭和炮轰超出了德国守军的承受能力，他们完全丧失了士气，向翁普雷四散奔逃。但是在那里只停留片刻，就被更高级的军官遣回绍蒙。而且，他们还得到了4辆搭载步兵的坦克。[87]科科特上校写道："过了一会儿，第5伞兵师的年轻士兵们努力克服了完全可以理解的动摇，欣然接受了新的局面。"[88]

美军地面军队犯下错误，在对绍蒙的空袭之后没有立刻跟进。直到12月23日下午2时30分，他们才动用厄奇克少校第8坦克营的25辆"谢尔曼"坦克和哈罗德·科恩（Harold Cohen）中校第10装甲步兵营的步兵发动进攻。步兵进入绍蒙以南的朗拜施内特森林时，数百名士兵和坦克经过了从南面进入村庄的开阔地。虽然在身后的云杉林里爆发了激烈的肉搏战，但是美军主力只遭遇零星的火力攻击就进入了绍蒙。村道上全是美军时，德军发动攻击。躲在烟幕后的10辆三号突击炮和坦克从左侧的山坡上开了下来，其上跳下的却是身着灰色军服的伞兵们，他们袭击了美军步兵。据一名参战的美军士兵说，德军使用了缴获的美军坦克，坦克上仍然有第7装甲师的标志。[89]美军丢下11辆"谢尔曼"和65名阵亡士兵，撤出了村庄。

与此同时，进入朗拜施内特森林的军队也被打退。美军步履艰难地再次离开林地时，第25骑兵侦察中队指挥官弗雷德·斯克拉（Fred Sklar）中尉被列入失踪名单。他负伤被德军俘虏，但此后的报告称其在战斗中失踪。他的情况至今仍然没有定论。[90]

这对美军来说是个极大的挫折，尤其是严重打击了装甲兵们的自尊。他们整整花了两天时间，才又重整旗鼓，再次尝试攻取绍蒙。

在北面6英里的巴斯托涅，麦考利夫无法掩饰对巴顿的失望。12月23日晚上，他直接向第4装甲师师部发出了尖刻的信息："很遗憾，我没能在今天和你们握手。我很失望。"不久，第101空降师师部中的某人又发来了另一封带有讽刺意味的信息："圣诞节前只有1天能够购物了！"

12月24日以美军的密集空袭拉开帷幕，并持续了一整天。为支援第12军而发动的空袭尤为猛烈，该军在这一天重新发动进攻，试图突破卢森堡—德国边界东端德国第212和第276国民掷弹兵师组成的防线。美军的这些空袭摧毁了博伦多夫的叙尔河桥，北面几英里瓦伦多夫的桥上，第405战斗机大队的"雷电"飞机扑向由200辆德国车辆组成的集群。美国飞行员用机枪扫射整个车队，多辆油罐车起火，波及了其他车辆。在很短的时间里，整个车队就淹没在黑色的浓烟中。这些飞行员返回基地时，他们报告在那里至少有70辆德国车辆起火。[91]但是利用崎岖的地形，德军仍然阻击了美国第12军，使其只推进了1英里。

绍蒙,在这座村庄里,来自阿尔诺·席梅尔上校的德国第14伞兵团的一个连在第11突击炮旅的三号突击炮的支援下,给美国第4装甲师B战斗群造成严重损失。照片从村庄南面的山上拍摄。远处可以看到美军半履带车开向绍蒙的道路。在这张照片中,美国审查人员已经遮盖了倒在雪地里死去的美军士兵脸部,以避免被认出。(NARA,111-SC-199294/PFC D.R. 奥尼茨)

美国第3军的情况也很类似。在博伦多夫界河以西大约12英里的埃特尔布鲁克,第352国民掷弹兵师派出第914掷弹兵团增援第916掷弹兵团。美国第80步兵师停止一切地面进攻,动用炮兵打击这个破坏程度不断扩大的小镇,这座小镇还遭到凝固汽油弹的不间断攻击,燃起了熊熊大火。

在埃施多夫和海德沙伊德（埃特尔布鲁克西北偏西6英里处）前线，美国第80和第26步兵师主力仍然没能突破从维尔茨南方向东延伸的叙尔河支流。考虑到德军实力单薄，美军在该地区未能取得成功令人瞩目。由于美军的空袭——特别是针对德国界河上的桥梁进行的空袭——"元首"掷弹兵旅的炮兵部队在12月24日仍然无法通过这里开往前线，该旅的3个坦克连中仍有一个留在乌尔河的德国一侧。第79国民掷弹兵师的情况也好不到哪里去。

但是，这些德国部队在圣诞夜发起了一次出人意料的反冲击，迫使美国第80步兵师后撤。德军在一条3英里宽的战线（海德沙伊德东北地区和更东面的韦尔沙伊德之间）上推进，"元首"掷弹兵旅在左翼，第79国民掷弹兵师在右翼。[92]

美国第19战术航空兵司令部的航空兵立即介入。在巴维涅（Bavigne）和布尔沙伊德通往前线的公路上，第362战斗机大队的"雷电"向德军车辆和士兵队列投下了凝固汽油弹。这个战斗机大队在圣诞夜对埃施多夫（海德沙伊德以西1.5英里）发动的轰炸说明了空袭对地面军队士气造成的巨大打击。"〔第362战斗机大队〕第379中队的P-47出动执行他们当天的最后一项任务，低飞掠过山岭上的松林，投下破片炸弹并向地面扫射。对于50余名受伤和未受伤的德军士兵来说，这是最后一击。他们高举双手，蹒跚走出树林。"[93]可悲的是，即使对"元首"掷弹兵旅这样的精锐部队，空袭也能实现同样的效果。

但是，美国地面军队未能充分利用空袭的效果。直到次日他们才进入埃施多夫村，东翼的德国第79国民掷弹兵师对美军施加了沉重压力，美国第80步兵师被迫将其第317步兵团撤出前一天占领的克门。这座村子的居民不得不再等待四周，才从德军占领下得到最终解放。

在海德沙伊德西南7英里的前线，"扬基"师于圣诞夜成功夺取昂布鲁什，但由于西北方2英里的第4装甲师R战斗群已经从福拉茨布尔地区向比贡维尔推进，这一阵地对德军来说无论如何也无法守住了。第26步兵师以最大的谨慎继续他们的推进。正如第735坦克营的行动报告中所说，步兵有时拒绝前进，除非得到坦克或坦克歼击车的强有力支援。[94]

我们已经看到，23日晚上，美国第4装甲师R战斗群已经被德国第13伞兵团1营遏止，但是次日早上，美军进攻了德军位于比贡维尔的阵地。R战斗群指挥官布兰查德上校发动了一次闪击：猛烈的炮击迫使德国守军躲进村中房屋的地窖里，在炮弹如同雨点般落到这座村庄的同时，2个连的"谢尔曼"坦克搭载2个连的步兵冲出比贡维尔东面和西面的树林，以最快的速度爬上山坡，穿过村外积雪很厚的田野。德国伞兵此时已经得到"元首"掷弹兵旅小规模先遣支队的增援，但美军的突袭仍然大出许多人的意料。美军在德军反应过来之前就进入了村子。德国伞兵约瑟夫·施罗德（Josef Schröder）说：

> 我们挤成一团，蜷缩在从屋中找到的被子里（因为也找不到其他什么东西了）等待结果，周围是成堆的土豆。突然，我们听到楼上传来皮靴鞋钉的声音。我从被子下面偷窥，看到了美军伞兵的皮靴，这是上一次战斗中我们从对面的兄弟那里熟知的。接下来的一切转瞬间发生。两枚手榴弹在地窖里爆炸了，被子被炸成了碎片。我想，这是投降的时候了，于是跑向地窖的楼梯冲楼上喊道："别开枪！"并紧盯着美国步枪的枪管。上面传来了简练的回应："举起手来！"我们4个人高举双手，一个接一个地走上楼梯。[95]

据美国第37坦克营的行动报告称，抓获的德军俘虏中有多名女性，此外还解救了在比贡维尔被德军俘虏的39名美军士兵和3名军官。[96]

A战斗群在圣诞夜也略有进展。在此时已经完全被毁灭的瓦尔纳赫村（比贡维尔西北3英里），基策上尉所率第15伞兵团第2营的一小队德国伞兵已经无法长时间对抗有着如此优势的力量了。12月24日早晨，美军恢复了进攻——这一次从三个方向发起，动用了第35坦克营B连的"谢尔曼"坦克，第51装甲步兵营B连的步兵和第704坦克歼击营A连的"地狱猫"坦克歼击车。但是，随后的战斗被描述为"CCA在整个巴斯托涅作战期间最激烈的苦战"[97]。这次战斗中美军又损失了5辆"谢尔曼"——其中4辆被德军的三号突击炮摧毁，第五辆则是在村里被"铁拳"摧毁的。第51装甲步兵营的行动报告写道：

> 5时30分，B连搭乘坦克向东穿过公路进攻瓦尔纳赫，在镇子的外围遭遇雨点般的轻武器火力打击。经过几个小时激烈的巷战，敌军装甲兵和

步兵被赶到镇子北部，他们在那里竭力突围。我们决定将坦克—步兵小队稍微后撤到教堂后，以便安全地使用炮兵火力。[98]

应该注意的是，这座激战之中的村庄并不大。瓦尔纳赫的大部分民房排列在从东向西延伸，长度不过六七百码的村道上。沿着教堂后（北）面一条300码长的道路，排列着七八座房屋。在另一个方向（北）上还有一条小路，这条路上有十几所房屋，穿过山谷延伸到距离教堂大约400码的山坡上，那里有一座农场。瓦尔纳赫的周围是放牛场。村子向东、北和南面约1000码处，有着茂密的云杉林；西面几百码的地方，N4公路穿过宽阔的田野，由南向北通往巴斯托涅。

这座完全毁灭的村庄中，大火仍在燃烧，在升腾的浓烟引导下，美国第362战斗机大队的"雷电"飞机向房屋的废墟俯冲下去，投下16枚爆破炸弹和8枚燃烧弹，并发射了18枚火箭弹，据A战斗群报告，这获得了"良好的效果"[99]。但是，剩下的德国伞兵继续在瓦尔纳赫的废墟中与美军玩着猫捉老鼠的游戏，直到12月24日日落，他们趁着夜色的掩护，撤到北面的坦蒂蒙森林。美军最终占领残破的村庄时，除了大量死尸和许多伤者，以及之前被德国伞兵俘虏的美军士兵之外，他们遇到的是不超过4辆被摧毁的车辆（1辆三号突击炮，2辆装甲车和1辆卡车），以及德军丢弃在废墟之中的3辆汽车和1门反坦克炮。[100]德国伞兵在撤退的时候设法带走了其他所有装备。这次战斗中第51装甲步兵营B连死伤61人，超过全部兵力的1/3。[101]

对美国第4装甲师来说，经过持续这么长时间的苦战，占领留在瓦尔纳赫的一小片废墟，确实算不上是大胜。巴斯托涅仍在包围之中，巴顿在圣诞夜向麦考利夫发出信息，试图让他振作起来，但是听起来很空洞："圣诞礼物就要到了，坚持住。"情绪越来越糟的巴斯托涅美军指挥官没有将他简洁的回复发给巴顿，而是发给了在讷沙托的第8军军长米德尔顿："第101师所能得到的最好的圣诞礼物就是明天解围。"

第3集团军对巴斯托涅的救援行动遇到很大压力。巴顿当晚在日记中写道："这是一个非常糟糕的圣诞节，我们在各条战线上都遇到了猛烈的反冲击。"[102]

但是，即使相对较弱的德国地面军队在对抗巴顿军团的时候表现超出预期，德军也没有理由对局势有特别乐观的看法。尤其是，盟军的全面空中优势造成了深深的忧虑。1944年12月24日,支援第3集团军的第19战术航空兵司令部实施了不少于638次单独的空中任务,报告击毁或击伤117辆装甲车辆及588辆其他车辆。[103]与实际战果相比,这一数字可能高估了,但是德国第5伞兵师师长海尔曼少将在12月24日做了如下评论:"夜幕降临时可以看到一直连绵到西墙的火光。公路上都是燃烧的车辆。"[104]

山坡的另一边,巴顿的第3集团军对1944年12月24日的有关情况做了如下报告:"第19战术航空兵司令部的战斗轰炸机在德国空军面前筑起了一道密不透风的屏障,以至于在第3集团团交战区域里只观察到一个中队的敌机,第9轰炸航空兵师成功出动365架次,没有看到任何敌机。"[105]这一天中真正突破盟军战斗机屏障的只有德国第76轰炸机联队第3大队的少数 Ar-234 B-2 轰炸机,它们攻击了列日和那慕尔。[106]而被寄予厚望的第4对地攻击机联队完全失败。在12月24日早晨支援巴斯托涅地面军队的一次行动中,这个部队的大约40架 Fw-190 F-8 飞机(其中许多装备了反坦克火箭)以惨败告终。抵达前线之前,它们遭到美国战斗机的袭击,3架 Fw-190 被击落。另外4架因为技术故障坠毁,还有2架在行动后失踪。

德国第5伞兵师师长海尔曼写道:"这一天[1944年12月24日]是属于航空兵的日子,但很遗憾,不是我们的。巴斯托涅上空没有出现一架德国飞机。曾经向我们承诺的关键地段空中支援发生了什么情况?"[107]

第4对地攻击机联队指挥官、经验丰富的骑士铁十字勋章获得者埃瓦尔德·扬森(Ewald Janssen)中校被此前负责协调第5装甲集团军战术空中支援的阿尔弗雷德·德鲁舍尔上校取代[108],但是并没能改变局势①。虽然第4对地攻击机联队中缺乏训练的飞行员占比低于西线的德国战斗机部队,但缺乏有效的德国战斗机护航,意味着对地攻击机飞行员常常只能听凭盟军战斗机肆虐——一如1944年12月24日的情况。

德军仍然能以如此有限的力量抵抗美国第3集团军,很大程度上是因为美国方面所犯的错误。其中之一是力量过于分散。美军本身深知这一点,也知

---

① 原注:扬森从1937年起担任"斯图卡"和对地攻击机飞行员,曾在西线和东线完成了400余次战斗任务,他被降职后成为科特布斯空军基地的机场指挥官。

道用一场"闪电战"横扫德国第7集团军，突破到巴斯托涅及以北地区的想法过于乐观。第4装甲师R战斗群在36个小时之前刚刚奉命东进，就接到命令转向，全速开往该师另一侧的讷沙托。[109]与此同时，第80步兵师318团的两个营调往第4装甲师，该师还得到承诺，在圣诞节优先接受第19战术航空兵司令部的直接空中支援。

美国第3军军长米利金也确认，巴顿夜以继日进攻的想法使他的队伍筋疲力尽——巴顿本人也承认这一点。所以第4装甲师A战斗群和B战斗群在圣诞夜得到批准休整时，东面的R战斗群从比贡维尔出发，沿着漫长的崎岖道路开回向西将近20英里的讷沙托。

圣诞节早上，R战斗群已经在西面的新区域集结，这支队伍在那里取道N85公路，向东北方的巴斯托涅开进。战斗群指挥官温德尔·布兰查德上校是后世所称"震慑战术"的大师，他被称为这一战术的先驱。和巴顿有时的作为不同，他尽可能避免直接进入德军的阻击圈，而是绕过这些阵地打击敌军战线上的弱点，如果无法做到这一点，他会以按美军标准来说都称得上是"慷慨"的方式，大量使用炮兵和直接空中支援。

在巴斯托涅之前3英里处，N85公路穿过锡布雷特。空中侦察显示德国人已经在这里集结了很强的力量（包括装甲兵）时，布兰查德决定迂回攻击这座小镇的侧翼。因此，他命令部队在锡布雷特前大约6英里处右转。这不仅使R战斗群陷入了一系列战斗，还在战争史上重重书写了一笔。

从N85前行2.5英里，东面空旷的、狂风劲吹的田野上，是有着数百名居民的小型农业社区勒莫瓦维尔（Remoiville）。这里由德国第14伞兵团第3营把守——这支部队很快将熟悉布兰查德著名的进攻战术。

在勒莫瓦维尔另一端的树林背后，一条烟柱直冲蓝天，从那个方向传来了火炮的轰鸣。B战斗群正在炮轰东北方几英里的绍蒙，准备发动圣诞夜的最后突袭。很快就轮到勒莫瓦维尔了，布兰查德的装甲兵和摩托化步兵做好突击准备的同时，4个炮兵营开始轰击这个小村。这种战术已经在比贡维尔大获成功。此前一路向西的美军意外出现，令勒莫瓦维尔的德军措手不及，猛烈的弹幕射击造成巨大伤亡，幸存者惊慌地逃进建筑物的地下室中。[110]此时，布兰查德发起装甲进攻。

1944年圣诞节早上，乔治·雅克中校的第53装甲步兵营离开N85公路，穿越东南方狂风中的田野。他们看到第4装甲师R战斗群正在炮击德国第14伞兵团第3营守卫的勒莫瓦维尔。（NARA, 111-SC-198452）

　　由于勒莫瓦维尔位于一座小溪谷中，周围的地势较高，美军很快冲入村中的30所房屋之间，其中许多房屋已经在炮击中起火。德军从躲避的地窖中出来时，立刻被如潮水般涌入村子的美军士兵俘虏。企图从地窖气孔开火还击的德军很快就被"谢尔曼"坦克炮的直瞄打击杀死，或被驱赶出来。327名德军士兵被俘，其中许多人负了伤。

　　与此同时，得到休整和增援的A战斗群和B战斗群士兵们也放松了心情，这主要得益于空中支援。12月25日，美国第19战术航空兵司令部派出8个不同的战斗机大队，为第3军提供战术支援。[111]第4装甲师A战斗群各部从瓦尔纳赫继续向东北推进。前方1英里处，德军被第362和第406战斗机大队的"雷电"飞机赶出了坦唐热（Tintange），美机用凝固汽油弹将这个小村变成了一片火海。美军的这次突击迫使德国第15伞兵团分散兵力，因为突然之间，他们必须封锁从坦唐热通往东北11英里(约17.7千米)的维尔茨的道路。

与此同时，A战斗群主力从瓦尔纳赫沿N 4公路北进。他们右侧的坦蒂蒙森林燃起大火，这也是凝固汽油弹轰炸的结果，"雷电"战斗轰炸机不停地在美国装甲兵上空盘旋。美军士兵目力所及之处，都可以看到战斗轰炸机攻击目标升起黑色的烟柱，左侧覆盖积雪的群山上，B战斗群的炮兵正在全力打击绍蒙。

德国第15伞兵团团长格罗施克中校别无选择，只能撤退到瓦尔纳赫以北3英里的奥朗日(Hollange)，在那里建立一座新的防御阵地。美军航空兵观察到这一举动之后，欧内斯特准将命令A战斗群在这座村庄前停止行动。第4装甲师的一份报告确认："当天的空中支援堪称卓越，为夺取坦唐热做出突出贡献。航空兵还报告CCA正面的奥朗日有坚固的防御阵地，使第4装甲师可以在当晚动用师属重炮营进行打击，削弱德军阵地以利次日的进攻。"[112]

德国第14伞兵团也被迫后撤。在美军圣诞节的攻势下，绍蒙的阵地不仅遭到B战斗群的正面威胁，还突然增加了推进到东南1英里奥朗日正面的A战斗群，以及再往西2.5英里的R战斗群。德军实际上面对的是整个第4装甲师——而且得到第80步兵师各部的增援——因此他们除了将自己的小股军队撤出绍蒙之外，没有其他选择。在第318步兵团的一个营和强大的航空兵支援下，B战斗群于圣诞节傍晚发动进攻，占领已成废墟的绍蒙。"黄昏时分，美军已经控制绍蒙。筋疲力尽的美国士兵们衣冠不整、蓬头垢面。他们捣毁能够找到的所有德国枪炮，然后带着培根和咖啡，恳求村民们帮他们做上一顿热饭。"[113]

美国第4装甲师尽管在圣诞节成功地占领了一些地盘，但还没有取得真正的突破。德国第15伞兵团在奥朗日的阵地上扼守着通往巴斯托涅的N4公路，挡住了A战斗群的去路。由于德国第14伞兵团集结于勒米尚帕涅(Remichampagne)以及邻近科埃森林(Bois Cohet)的云杉林(奥朗日西北方约2英里)中，美军不敢让B战斗群继续向绍蒙(位于两座村庄之间)以北挺进，因为这样做有被包围的危险。B战斗群左侧是刚刚占领勒莫瓦维尔的R战斗群。在这座村庄和北面1英里的勒米尚帕涅之间，是一片覆盖积雪的开阔地，两侧是黑暗的云杉林。由于太阳很快就将下山，得不到近距空中支援，布兰查德决定让R战斗群停止前进，原地过夜。

应该注意的是，此时距离美军惨败于一支从天而降的德军部队只有几天的时间。所以，从这个角度看，第4装甲师和第3集团军尽管与对手相比有着明显的数量优势，但是美国人的谨慎是可以理解的。

第3集团军的整条战线上，形势都差不多：美军在圣诞节夺取的地盘，主要都归功于空中行动。东南端美国第12军的第5步兵师能够在圣诞节开进埃希特纳赫，是因为德国第212国民掷弹兵师撤出了这座遭到猛烈轰炸的城市。但此后第12军在卢森堡—德国边境线上的推进再次停滞。与此同时，第352国民掷弹兵师将第914和第916掷弹兵团撤出埃希特纳赫西北偏西方向20多英里的埃特尔布鲁克。前一天美军使用凝固汽油弹进行毁灭性轰炸，不仅导致了上述的结果，其不间断轰炸还使开往这座小镇的所有德军运输工具都陷入了瘫痪。美国第80步兵师第317团已经推进了很远，到达埃特尔布鲁克西北面。但是，美军取得的成功在一定程度上被德国第79国民掷弹兵师抵消了，该师在圣诞夜发起一次反冲击，打退了美国第317团的进攻，并重夺埃特尔布鲁克西北4英里的克门。12月25日，第317步兵团退回埃特尔布鲁克西北仅2英里的下弗朗（Niederfeulen）——该师2天前所在的位置。德国第79国民掷弹兵师和第52国民掷弹兵师取得了联系。[114]美国第317步兵团的一位士兵回忆：

> 在冰封、荒凉的乡村行动之后，食品和水所剩无几，我们于圣诞节在下弗朗附近遇到了敌军的抵抗——这是我永远不会忘记的一天。此役是L连及其支援连队在整个战争期间最血腥的一场战斗。严寒气候下，进攻从一个冰雪覆盖、连绵数英里的空旷山坡上开始。第317团的士兵们永远铭记着这道山坡，将其称作"血腥山丘"。毁灭性的火炮、迫击炮、机枪和步枪火力从四面八方招呼我们……这完全是一个地狱，我们在从未经历过的恶劣天气下作战。[115]

12月25日晚上，巴顿和布拉德利在卢森堡共进圣诞晚餐时，英国陆军元帅蒙哥马利成了作战未取得成功的替罪羊。蒙哥马利只要在北面发动进攻，就能减轻南面巴顿的负担！布拉德利刚刚开完会回来，他在会上试图劝说蒙哥马利提早发动进攻，但徒劳无功，这使他十分不快。他告诉巴顿，蒙哥马利说"德国人真的把我们的'鼻子打出了血'，假装我们可以很快地将此转化成一场大胜是毫无益处的"。布拉德利觉得，蒙哥马利"比以往更傲慢和自负了"，这位英国将军"像对待一个小学生一样斥责了他"[116]。此外，布拉德利还说，蒙哥马利甚至没有邀请他共进午餐；布拉德利的圣诞午餐就只有一个苹果！[117]

巴顿本人的意见是，只要将美国第1集团军重新归入布拉德利的第12集团军群，"我们就可以将整个德国陆军收入囊中。"当天晚上，他在日记中发泄自己的沮丧之情："蒙蒂说，第1集团军在3个月里不能进攻，唯一能够进攻的是我，但是，我太弱了！"[118]两天以后，巴顿在日记中透露了对上级的失望："我希望艾克更像赌徒一些，和蒙哥马利相比，他当然像一头狮子，但是布拉德利的勇气比艾克更胜一筹。当然，他在第8军战线上的消极做法确实是一个大错。蒙哥马利是一个疲惫的蠢人。战争需要冒险，可是他不愿意！"此后他又加了一句："如果我能再有3个师，现在就能赢得这场战争。"[119]

但是，蒙哥马利对局势进行保守判断是有理由的。德军的攻势在12月25日达到高潮，当时的局势当然不明朗，在蒙哥马利指挥的前线区域更是如此。前一天，党卫军第2"帝国"装甲师在芒艾沉重打击了第7装甲师（前文已经描述过）。美国第3装甲师A战斗群和第75步兵师的一个团发动的反冲击也被打退，损失惨重——在格朗默尼勒与党卫军第2装甲师的"豹"式坦克交战之后，麦乔治特遣队的17辆坦克只剩下2辆。[120]在他们的西南方，美军与韦尔代纳的第116装甲师仍处于拉锯战中，虽然德国第2装甲师似乎在迪南遭到阻击，但盟军知道德军正在向这个地段增派新的军队。考虑到巴顿的第3集团军在南线突破防御相对薄弱的德军阵地都困难重重，很容易想象，如果巴顿遇到的德军像蒙哥马利在北线所面对的那么强大，会发生什么样的情况。

一艘德国潜艇也阻止了另一个美国师增援阿登前线盟军的计划。12月24日，美国第66步兵师从英格兰起航，打算前去替换第94步兵师，后者是一支经验老到的部队，正在布列塔尼攻打德军控制的大西洋港口。此后，第94步兵师将划归第3集团军，使巴顿可以抽调另一个师（第90步兵师）参加阿登反攻。但是运送第66步兵师的船只中有一艘在英吉利海峡被德国潜艇U-486号击沉。船上的2235人中，515名士兵随船沉没，另外248人因为低温症或溺水身亡。由于这次灾难，第66步兵师接替第94步兵师的行动被推迟了，巴顿阿登地区进攻力量预期的增援在新年之后的一整周内都无法实现。

在这个圣诞节里，和其他地方的美军指挥部一样，列日的美国第9战术航空兵司令部气氛也很阴郁。司令部的作战日志上写道：“1944年的圣诞节是长时间以来最为悲伤的一个。”[121] 圣诞夜，德军派出新型 Ar-234 飞机（世界上第一种喷气式轰炸机）空袭列日，给了盟军意外的打击。这种双发喷气式轰炸机最高时速达到461英里（约742千米），超越当时盟军的所有战斗机。圣诞节前一天的9时14分和9时26分，德国空军第76轰炸机联队第3大队的9架 Ar-234从布尔格的空军基地起飞，其中8架飞向列日，9时50分—10时袭击了一座忙碌的火车站，它们从13000英尺（约3960米）的高空滑翔到6500英尺（约1980米），每架飞机各投下1枚500千克的炸弹。第9架飞机攻击了那慕尔火车站。这些德国喷气式轰炸机于10时22分—10时44分全部安全降落，飞行员们报告：“敌军高射炮漫无目标；我们遭到6架‘喷火’和‘雷电’的攻击，但是德方没有任何损失；炸弹直接命中铁路设施和火车站。”[122]

德军虽然只拼凑了少数阿拉多喷气式轰炸机，但是他们于12月24日和25日对列日进行的两次攻击足以令盟军震惊。第51轰炸机联队的3架 Me-262喷气式战斗轰炸机也在圣诞节轰炸了列日。在通厄伦，一枚 V-1 飞行炸弹击中了距离第1集团军司令部仅300码（约274米）的地方，造成65名参谋受伤。[123]

次日夜间，美国第4装甲师报告了和德军空袭有关的一次不幸事件：“今夜，一架不明身份的飞机扫射了贝尔舍（Bercheux）的战俘营。混乱中多名战俘试图袭击守卫，但是未能成功，10人死亡，22人受伤。”[124]

为最终打破僵局，巴顿向前线派出了更多军队。美国第35步兵师在连续160天的前线作战后，于12月20撤到后方的梅斯休整，以便用于第3集团军对阿登地区的反攻。但是圣诞节晚上，该师接到拔营开往第4装甲师右侧前线地区的命令。与此同时，第12军奉命将 X 战斗群（第9装甲师 A 战斗群、第10装甲师 A 战斗群和 R 战斗群）集结到巴斯托涅西南方第3军的左翼。[125]根据原定计划，第6装甲师应该到第12军接替它，但巴顿此时放弃了在这个几乎无法穿越的地区实现任何重大突破的计划。因此，他决定将第6装甲师也部署在巴斯托涅方向。

支援阿登攻势的德国 U 艇

德国 U 艇部队虽然几乎已经完全溃败，但是对阿登攻势还是做出了真正的贡献。U-870、U-1053、U-1009 和 U-1232 做出的贡献不可估量，它们出航大西洋，在阿登攻势前发回天气侦察报告。这帮助德军确认，1944 年 12 月中旬起，前线将有相对持久的低压云区持续，从而决定了进攻的时机。

多艘Ⅶ C 型潜艇（它们的柴油机上配备了通气管，可以保持潜航状态）进入英吉利海峡，打击前往法国的补给运输船只。海军中尉格哈德·迈尔（Gehard Wysk）指挥的 U-486 做出了最重要的贡献。12 月 18 日，这艘 U- 艇在英吉利海峡击沉了"银月桂"号商船（6142 注册总吨），此后又在圣诞夜用鱼雷击中"利奥波德维尔"号运输船（11509 注册总吨），延误了美军向阿登前线部署一个新的师的计划。前一天，另一艘配备通气管的 U 艇（U-322）在海军中尉格哈德·韦斯克（Gehard Wysk）的指挥下，于怀特岛以南击沉了"邓弗里斯"号轮船（5149 总吨）。

12 月 29 日，韦斯克在波特兰以南的英吉利海峡对 TBC-21 护航队发动大胆攻击。他使用鱼雷给 2 艘大型"自由轮"——"亚瑟·休厄尔"号（7176 总吨）和"黑鹰"号（7191总吨）造成了无法挽救的严重损伤。但这一鲁莽举动也使德国 U 艇付出了沉重代价：它被加拿大轻巡洋舰"卡尔加里"号定位，遭深水炸弹摧毁，艇上 52 人无一生还。

德国 U 艇使用了一艘希特勒吹嘘的"神奇武器"支援阿登攻势——ⅩⅩⅦ B "海豹"式双人电力微型潜艇。这种潜艇不是像其他微型潜艇那样的"受控水雷"，而是配备了鱼雷、可以在完成任务之后返回基地的潜艇。

"海豹"于 1945 年 1 月 1 日接受了战火洗礼，17 艘该型潜艇被派去攻击斯海尔德河口的盟军补给船只。[1] "海豹"体型短小，盟军的声呐无法发现它，盟军用于检测潜艇声音的水听器也难以发现其安静的电机。战后，英国海军上将、朴次茅斯基地指挥官（相当于本土南岸舰队指挥官）查尔斯·利特尔（Charles Little）证实了这些"海豹"的巨大威胁："我们很幸运，这些该死的东西来得太晚，没来得及造成任何破坏！"

"海豹"在设计尚未完成、艇员来不及熟悉它的情况下就服役，是英国人的运气。它的第一次任务就失败了——只有 2 艘潜艇返回，也仅击沉了 1 艘盟国船只。1 月 3 日派遣 8 艘"海豹"再次出战的计划又因天气恶劣而取消。几天后，2 艘"海豹"因发动机故障而不得不中断任务。此后用 5 艘"海豹"打击马盖特沿岸地区的行动也没取得成功。

注释：

1. 施拉姆，《德国国防军最高统帅部作战日志》第 8 卷，1945 年 1 月 2 日，P.978。

就在第12军军长埃迪少将制订渡过叙尔河发动大规模进攻并"从后面"攻击第5装甲集团军补给所用桥梁的宏伟计划之际,巴顿命令第12军"守住阵地"[126]。这道命令也适用于已经严重减员的第80步兵师,该师被调往第12军。第3集团军经验老到的指挥官深知,埃迪计划的这一突入德国境内的行动将以美军的惨败告终。虽然巴顿对计划的细节并不清楚,但是稍一细想就会知道,如果埃迪的第12军冒险渡河,德军就可以调动此时已经为攻入阿尔萨斯("北风行动",参见后文第9章)做好准备的装甲部队,孤立并消灭他们。

突进巴斯托涅

巴顿和布拉德利在卢森堡享用圣诞节火鸡时,布兰查德和第4装甲师R战斗群的参谋们正俯身看着一架联络飞机送来的地图。这张地图画出了该地区所有德军阵地,是美军出色的空中侦察的成果。到巴斯托涅只有6英里(约9.7千米)了,但首先必须拔掉N85公路上锡布雷特的德军据点。布兰查德曾经试图从N85以南的田野绕过锡布雷特,但此时他的R战斗群似乎已不可能避开德国第14伞兵团守卫的阵地了。德军在锡布雷特以南2英里、勒莫瓦维尔以北1英里的勒米尚帕涅(已在圣诞节被美军占领)加固了工事。左侧是科埃森林黑暗的云杉林,德军伞兵也已经在那里就位,右侧则是另一片森林。更远处是B战斗群的作战地域,这个战斗群在圣诞节的晚上最终粉碎了德军在绍蒙的顽抗。

如此,只剩一条路,那就是前进。突袭勒米尚帕涅之前,布兰查德确认他将得到适当的近距空中支援。实际上,他的部队是空地协作的先驱。他们已经和第19战术航空兵司令部指挥下的一个战斗机大队建立了紧密的协作关系。当时在第740坦克歼击营C连服役的托马斯·J.埃文斯(Thomas J. Evans)上尉解释道:

> 我们和一个P-47战斗机大队有直接的联系。我们的战斗群在遇到需要正面进攻才能克服的抵抗时,大部分情况下都会请求空袭。P-47将对该区域投下500磅炸弹并扫射。在我的指挥车里,我的电台有一颗"水晶",可以在必要时请求空中打击。我们要做的就是指定一个"可能的目标",告诉他们地图上的坐标……通常,如果我们确定了一个目标,会呼叫飞机,

然后向目标地区发射一枚烟幕弹以指示位置。我们非常擅长此道。航空兵和地面军队的沟通很顺畅。很多时候，飞行员在放假时会来访问我们，以了解同他们在无线电里说话的是谁。他们希望得到乘坐坦克的机会和纪念品。[127]为避免友军误击，坦克手们在坦克炮塔后面悬挂发光的塑料板。[128]

而且，巴顿在12月26日要求韦兰将军，第二天继续将第19战术航空兵司令部的空中行动集中在前线的直接空中支援上，使第3集团军能够最终"解脱"。韦兰很乐意地接受了这一请求。

12月26日早上，太阳刚刚升起——这又是一个晴朗的日子——勒米尚帕涅的德国伞兵听到了不详的飞机引擎声。9时25分，第362战斗机大队的16架"雷电"战斗轰炸机掠过上空，向勒米尚帕涅和科埃森林投下炸弹。它们遇到密集的防空炮火，有3架"雷电"被击落。就在被击中的飞机坠落地面之前，第362战斗机大队副大队长贝里·钱德勒（Berry Chandler）少校在无线电中喊出了经典的话语："我被击中了，让他们下地狱！"那也是布兰查德的士兵们决心去做的事情！

空袭是给地面军队的信号。炮兵开始轰击此时已经起火的村庄和森林，装甲兵和步兵同时越过积雪的田野向前推进。第37坦克营的行动报告描述了这次行动："坦克和步兵开始移动的同时，炮兵火力全开，P-47开始投掷炸弹并扫射。科埃森林遭到猛烈打击。坦克、步兵、炮兵和航空兵之间的协调堪称完美。飞机从天线的高度飞越坦克，向前线阵地扫射。"[129]对勒米尚帕涅的突袭重复了比贡维尔和勒莫瓦维尔的进攻战术。"突击在空袭后立即展开，第37坦克营B连和第53装甲步兵营B连在勒米尚帕涅只遇到微小抵抗，因为一些守军仍然被轰炸搞得头晕目眩。"[130]

此时，守卫美国第4装甲师对面防线的德军已经筋疲力尽。他们不仅连续10天不间断作战，还常常连续几个晚上无法入眠。攻势初期，许多德军尽情享用了大量缴获的美国食品，但是随着12月23日天气放晴，美国航空兵不仅结束了那些有利可图的推进行动，也阻止了大部分开往前线的补给车辆。巴斯托涅以南地区的德军此前已经缺乏各类维护，因为从德国的仓库到这个人烟稀少的地区几乎没有任何合适的公路。科科特上校写道：

整个南部地段[巴斯托涅以南]的补给运输都在同一条公路上进行——就是那条从栋科尔斯[巴斯托涅东南6英里]到吕特芒热[西南5英里]的公路。这条公路由装甲教导师、第5伞兵师和第26国民掷弹兵师共用。不难预料这极易导致严重交通堵塞,尤其是这3个师的补给运输都只能在夜间进行。而且,运输还是在一条路面状况恶劣的狭窄小路上进行的!幸运的是,初期敌军对这条"大动脉"的打击火力很弱,而且只打击某些路段……我们的重迫击炮和重榴弹炮弹药短缺,我们设法运来必需的步兵弹药,但是面包的供应连续几天都跟不上。有时候,10名士兵一天只能分享一条面包。[131]

巴顿在12月26日的日记中写道:"战俘们已经有3—5天没有食物了,我们应该进攻!"[132]此外,德国伞兵从攻势开始起就常常无法清洗他们的军服了。在前一周的雨雾之中,这些个人装备已经沾满污泥,潮湿不堪,甚至没有机会将它们晾干。[133]严寒袭来之际,潮湿的军服结冰,增加了德国陆军中冻伤的人数。德国士兵弗雷德里希·拉德曼(Friedrich Lademann)说道:"由于美军的军服质量比我们好很多,我们便从阵亡和被俘美军士兵那里获取服装。"[134]但是在斯科兹尼身着美军军服的"狮鹫部队"造成的紧张气氛下,这种做法没有得到美军的同意。

在整条战线上,"雷电"和"闪电"战斗轰炸机于12月26日攻击了德国第5伞兵师的各个阵地。第5装甲集团军指挥官冯·曼陀菲尔上将写道:"和这几天的情况一样,从早上9时起,美军出动大编队的战斗轰炸机攻击后方的村庄和城镇,以及炮兵阵地。"[135]当天,韦兰的第19战术航空兵司令部指挥下的航空兵部队出动558架次,主要实施近距空中支援任务,投下157吨炸弹。[136]在这张空中保护网下,美国第4装甲师R战斗群于12月26日下午驶抵锡布雷特以南,进入布兰查德命令部队占据的攻击阵地。克赖顿·艾布拉姆斯中校第37坦克营的"谢尔曼"坦克引擎轰鸣,第53装甲步兵营的步兵们开始越过勒米尚帕涅以北积雪的田野。浓烟在空中飘荡,坦克和半履带车排成纵队在小路上颠簸前行。右侧有一条从北面山坡上流下的小溪冲刷而成的沟壑,在沟壑的另一边,步兵徒步穿越雪地。很快,他们就到达了左转即可前往锡布雷特的路口。路边矗立着一座缅怀一战阵亡将士的纪念碑。

天空中低垂的太阳在雪地上投射出长长的影子——这时已经是下午3时了。两个方向的车辙印说明德军车辆交通很繁忙。艾布拉姆斯中校叼着一根点燃的雪茄，步履沉重地走向他的战友——第53装甲步兵营营长乔治·雅克中校，讨论如何继续作战。30岁的克赖顿·艾布拉姆斯被誉为整个美国陆军中最优秀的装甲兵军官之一。他亲自组建了第37坦克营，并在夏季"横扫"法国的战役中率领该营取得巨大成功。战争结束后，美国的"艾布拉姆斯"坦克因他而得名。

艾布拉姆斯告诉一位记者："我们在这里拥有一切，你想要航空兵，只需打个电话给他们。我们的炮火非常密集，就连一只德国虱子都别想爬过去。"他称其为"拯救美国人生命的压倒性暴力"[137]。

但此时，艾布拉姆斯却犹豫了。布兰查德上校确实命令他们继续进攻锡布雷特，但由于这座小镇位于一座山坡上，看上去是块难啃的硬骨头。锡布雷特有大约1000名居民，并拥有利布拉蒙—巴斯托涅铁路线上的一座车站，它不是第4装甲师此前在阿登地区遇见的那种可以轻松越过的小村庄。但是艾布拉姆斯感到忧虑的主要原因是，空中侦察已经发现，德军在锡布雷特集结了相当多的兵力，包括坦克——这是第4装甲师在阿登作战期间前所未遇的（至少他们还没有遇到过德国制造的坦克）。这五六辆四号坦克属于德国第15装甲掷弹兵师第104掷弹兵团的一个连。虽然航空兵和炮兵给予了很大支援，但艾布拉姆斯知道，必须重视德国坦克。当时，他的第37坦克营只剩下不超过20辆"谢尔曼"。雅克中校对锡布雷特局势的看法也完全相同，在遭到一些损失之后，他的力量也有所衰退。

突然，远处传来引擎的轰鸣声。在他们头上，有"数百架"C-47双发运输机低空掠过，向北面的巴斯托涅飞去。不久以后，蓝天上出现成群的降落伞，每个下面都挂着为被围的巴斯托涅准备的补给罐。查尔斯·B.麦克唐纳写道："那非常生动地说明了巴斯托涅那些人的困境。艾布拉姆斯拿下了一直叼在嘴里的雪茄，提议让锡布雷特'见鬼去'，全速开往巴斯托涅。"[138]

艾布拉姆斯和雅克没有通知布兰查德上校，就命令两个营的C连全速开上公路，穿过克洛希蒙和阿瑟努瓦，直奔巴斯托涅。这支被称为"C队"的部队由威廉·A.德怀特（William A. Dwight）上尉指挥。对于挡住R战斗群去路的两座小村，艾布拉姆斯使用了惯常的战术：他通过无线电命令4个炮兵营和一个155毫米炮连各发射10发炮弹——共有420发炮弹射向两座村庄。随后，美军发动进攻。

他们很快就开上直通克洛希蒙的公路，几分钟就抵达那里。"谢尔曼"坦克全速冲过这座小村里的街道。克洛希蒙只有十几所房屋，其中只有几所在坦克经过的道路旁边。村中只有几名德军，但是他们疯狂抵抗。一辆半履带车爆炸，可能是被一枚"铁拳"火箭弹击中。另外几名德军炸断了一根在比利时用作电线杆的厚重钢梁，砸在一辆"谢尔曼"顶部，美军不得不放弃了这辆坦克。其他德军从房屋内和树篱或树林后面开火。但是，艾布拉姆斯和雅克命令士兵们只需直接通过村庄，因此，除了几个步兵排留在后面对付幸存的德军之外，"谢尔曼"坦克和运送步兵的半履带车继续前进。

美军坦克的履带上积雪飞溅，它们沿着结冰的乡村小道飞驰，越过通往阿瑟努瓦的开阔地。但是就在从这里向前1000码（约914米）的地方，德军抓住时机集结起守军。阿瑟努瓦只有一支拼凑起来的队伍，包括维护单位的士兵、一小队伞兵和第39燧发枪兵团的警戒力量——除"铁拳"外，没有任何其他反坦克武器。前一天（12月25日），美军的空袭将小村里的火炮变成一堆燃烧的废铁。但是，德军仍然在村外的高地上打退了美军的第一次进攻。

然而，艾布拉姆斯和雅克的闪电突击完全出乎第47装甲军军部的意料。第26国民掷弹兵师师长科科特上校联系军部，要求增援阿瑟努瓦时，他得知："我军只知道勒米尚帕涅附近的战斗，听到克洛希蒙附近的战线被撕裂时非常惊讶。" [139] 但是德军的反应一如既往地迅速。锡布雷特的第104装甲掷弹兵团接到命令，开往东北方的阿瑟努瓦。4—6辆四号坦克立即准备就绪，步兵将搭乘"顺风车"——坦克。到阿瑟努瓦的距离不到1.5英里，甚至从锡布雷特就能看到那个小村。德军可以在15分钟之内抵达那里——那将彻底改变这座村庄的战斗进程。

可是，在前往阿瑟努瓦途中毫无防护的开阔地上，德军遭到猛烈空袭，"雷电"战斗轰炸机投下的大量炸弹迫使这支救援力量撤回。 [140] 艾姆拉姆斯再一次召来了第362战斗机大队，该大队在完成8次战斗轰炸机任务后报告："在锡布雷特给敌军作战车辆和卡车集群造成特别大的损失。" [141]

美国第 4 装甲师 R 战斗群的士兵们从洛克蒙希家小村之上的山坡上注视着 C-47 运输机（图中左侧）飞往巴斯托涅，为被围军队提供补给。（NARA，111-SC-199293）

与此同时,美军准备对阿瑟努瓦发动新的地面攻势。这一次的炮火准备结合了第406战斗机大队的"雷电"战斗轰炸机,它们在空袭中投下凝固汽油弹。然后,地面军队发动进攻,第39燧发枪兵团团长瓦尔特·考夫曼(Walter Kaufmann)中校报告:

> 敌军开始了第二次进攻,在炮兵的有力支援下,他们还动用了火箭炮和白磷燃烧弹。敌军突破了村庄里的防线;有些则绕过村庄东进。阿瑟努瓦发生激烈巷战。我方以地雷、反坦克近战武器以及反坦克炮击毁了许多敌军坦克和人员输送车。一些车组人员负伤被俘。[142]

德军将反坦克地雷投掷到美军坦克面前,摧毁其中1辆,并用"铁拳"击毁3辆坦克。[143] 酣战之中,3辆"谢尔曼"以小查尔斯·博格斯(Charles Boggess Jr.)中尉指挥的"蛇王"号坦克为先导,直接穿过小村。博格斯的炮手米尔顿·迪克曼(Milton Dickerman)下士事后回忆道:"我像用机枪一样使用75毫米主炮,而装填手詹姆斯·G.墨菲忙碌地装填炮弹。我们在几分钟里打出了21发炮弹,不知道机枪打了多少发。"他们在几乎笔直穿过阿瑟努瓦以北田野的狭窄道路上行驶了800码(约732米),只花了3—4分钟就开到一座混凝土碉堡前,这座陈旧的比利时工事坐落在一条小碎石路与公路的交叉口。博格斯命令开火,坦克主炮射出的一枚75毫米榴弹炸开了碉堡外墙。事后发现,碉堡内的德军已经死亡。

此时博格斯正站在炮塔舱门,看到降落伞中的补给罐重重地落在周围的雪地里。他让驾驶员将坦克开上仍在冒烟的碉堡,在幽暗的黄昏中发觉碉堡后的树林里有动静。美军的绿色钢盔在覆盖积雪的云杉树枝映衬下十分显眼。博格斯起身喊道:"出来!我们是第4装甲师!"

一个声音回应道:"我是第101空降师第326工兵营的韦伯斯特中尉!"短暂的犹豫之后,一名身着褐色伞兵服的士兵从树林中走了出来。"很高兴见到你们!"杜安·J.韦伯斯特(Duane J. Webster)中尉说道,脸上带着明朗的笑容。

1944年12月26日下午4时50分,巴斯托涅结束了孤立无援的状态——至少美国历史著作上是这么写的。实际上,只有5辆"谢尔曼"坦克开进德军战

巴斯托涅的废墟中，被摧毁的美军作战车辆之间，刚刚抵达的第101空降师师长马克斯韦尔·D. 泰勒少将赶来与该师的一些高级军官商谈局势：詹姆斯·J. 哈奇（James J. Hatch，第502伞兵团作训参谋，S-3）少校，杰拉德·J. 希金斯（Gerald J. Higgins，第101空降师副师长）准将、罗伯特·F. 辛克（Robert F. Sink，第506伞兵团团长）上校、约瑟夫·H. 哈珀（Joseph H. Harper，第327滑翔机机降步兵团团长）中校。有读者可能已经注意到，在电视连续剧《兄弟连》中，罗伯特·F. 辛克由戴尔·戴伊（Dale Dye）上尉扮演。（NARA, SC 199243/PFC E.L. 马丁）

1944年12月26日夜里，格罗施克的德国第15伞兵团重新集结于N4公路正东的圣勒兹（Sainlez）和利瓦尚村（Livârchamps）。他们在这里阻击了美国第4装甲师A战斗群一整天。照片中可以看到第35坦克营的2辆"谢尔曼"坦克与格罗施克的伞兵们在圣勒兹交战。12月27日，巴斯托涅地区的气温从17华氏度（零下8.3摄氏度）升到刚好超过冰点，这可以从坦克上结的冰中看出。（NARA，111-SC-198523）

线——紧随前3辆坦克之后的，是"C队"指挥官德怀特中尉（队伍里的第五辆坦克被德军摧毁）。阿瑟努瓦的激战仍在进行，德军的抵抗最终被粉碎。战斗结束时已经是12月27日凌晨，美军报告抓获了428名俘虏。[144]

尽管德怀特上尉和博格斯中尉的救援力量只有几辆坦克，但是R战斗群通过12月26日的大胆突袭撕开了德军防线，立刻就有260名受伤的士兵乘坐22辆救护车和10辆卡车，从巴斯托涅沿德怀特和博格斯的来路被送走。与此同时，巴斯托涅美军指挥官麦考利夫赶往第326战斗工兵营的阵地，以平易近人的语言向德怀特中尉致敬："哇，见到你们太高兴了！"

第101空降师以极大的代价守住了巴斯托涅。仅仅10天，第101空降师的每6名士兵和每7名军官中，就有1人阵亡、负伤或被俘——共计损失115名军官和1933名士兵。[145]为救援巴斯托涅，第4装甲师每日的伤亡更甚。4天之内（12月23—26日），该师就有1400名官兵阵亡、负伤或被俘——占参战人员的1/7。[146]

12月27日，第101空降师师长马克斯韦尔·泰勒少将抵达巴斯托涅，重新指挥该师。安东尼·麦考利夫准将以卓越的才能指挥巴斯托涅守军度过艰难的围困时期，之后回到了该空降师炮兵指挥官的职务上。1945年1月，他从巴斯托涅调往叙尔河前线，指挥第103步兵师。泰勒少将也将第101空降师的指挥所从海因茨兵营（麦考利夫以不朽的"毬"一词拒绝德军招降的地方）迁到巴斯托涅正西的一所大宅子〔伊斯拉黑森庄园（Château d' Isle-la-Hesse）〕里。

聚焦巴斯托涅

美国第4装甲师的其他两个战斗群试图拓宽打进巴斯托涅的楔子，但他们都遇到了极大困难。圣诞节翌日，R战斗群将德军从勒米尚帕涅和克洛希蒙逐出时，B战斗群得以继续从勒米尚帕涅东南方2英里的绍蒙推进。但是没过多久，它的第318步兵团和第8坦克营就被88毫米炮的火力阻止。直到战斗轰炸机压制德军的8门该型火炮，推进才得以继续。[147]但是，12月26日晚上，B战斗群仍未通过克洛希蒙以南的岔路口，几个小时前，R战斗群正是从那里开始向正北突进巴斯托涅的。当天的战斗给B战斗群带来沉重损失，特别是步兵，因此指挥官决定在此处停留，以便在接下来的夜里重新集结。连续好几天，B战斗群都被德国第104装甲掷弹兵团挡在阿瑟努瓦东南地区。

哈利·特雷纳（Harry Traynor）中士当时是第704坦克歼击营B连第1排（属于B战斗群）的一名"地狱猫"坦克歼击车驾驶员，他说道："阿登突出部和巴斯托涅让我想起刺骨的严寒和被鲜血染红的白雪，还有夜以继日地开火的德国88毫米炮。"特雷纳继续说道："我们必须知道，敌人正在使用书上的每一种花招，用缴获的美国坦克、飞机和卡车掩盖他们的身份。激战是家常便饭。"

由于本应沿N4公路从东面推进到巴斯托涅的A战斗群却于12月26日一整天都留在奥朗日（B战斗群到达位置东南方3英里），局势变得更加复杂。丢掉瓦尔纳赫后，德国第15伞兵团已经转移到这里的阵地。

通过在美军战线后方的快速突袭，德国伞兵们缴获了许多美国地面军队用于向航空兵标识"友军"的发光塑料板，因此近距空中支援不像以前那么有效了。[148] 而且，德军在白天只进行快速的短距离机动，然后就迅速地躲藏在小树林或屋顶下，扫掉车辙印，遮盖车辆。更有甚者，他们的炮兵定期更换阵地。这确实会显著拖延交通，但也有助于减少被空袭摧毁的车辆数量。例如，12月26日早上，A战斗群呼叫航空兵打击一支他们在通往巴斯托涅的主干道上发现的德军车队。但编队于12时10分到达时，没有发现任何德军车辆的踪迹。飞行员们不得不转而向观察到德军炮火的奥朗日以东约600码（约548米）的小树林投下炸弹——没有迹象表明，这些炮兵是否仍在那里。

由于美军推进到北面4英里的阿瑟努瓦，德军被迫在12月26日夜间将第15伞兵团撤离N4公路西侧奥朗日的阵地，这主要是为了避免被迂回包抄的风险。相反，这些伞兵们加强了公路另一侧圣勒兹和利瓦尚村山上的阵地，这两座村庄分别在奥朗日东北2000码（约1829米）和3000（约2743米）码、巴斯托涅以南3英里处。他们在那里又阻击了A战斗群整整一天。

随着美军在南面打开一个通往巴斯托涅的缺口，双方此时都开始加强这一前线地段的阵地。我们已经知道，12月25日，美国第35步兵师和X战斗群（第9装甲师A战斗群、第10装甲师A和R战斗群）奉命开往第4装甲师的东西两翼①。

由于12月25日—26日，盟军在德军阿登前线的整个西部侧翼已经实现了转折，蒙哥马利元帅于12月27日通知艾森豪威尔，他打算开始准备对德军突出部的西北侧翼发动一次反攻。他希望做好准备，于1月3日开始进攻。据说，艾森豪威尔接到这一信息时大喊道："赞美上帝，万福源头！"② 无论如何，盟军最高统帅都希望蒙哥马利的反攻起到双重效果：在阿登击败德军，并缓解美国将军们和这位英国陆军元帅之间因德军攻势而严重加剧的紧张关系。巴顿抓住机会，要求艾森豪威尔将刚刚从英国乘船抵达法国的两个师（第11装甲师和第17空降师）归入第3集团军。艾森豪威尔立刻同意了，但是他严令不能将这两个师置于萨尔地区，而只能部署在阿登前线。与此同时，第3集团军的第87步兵师也得到命令，迅速重新部署到巴斯托涅西南地区。

---

① 原注：但是，第10装甲师各部最终留在第12军中。
② 原注：英国主教甘多马（Thomas Ken）为人熟知的教堂赞美诗首句。

德国方面，雷默上校的"元首卫队"旅于12月26日奉命重新集结到巴斯托涅西南的锡布雷特地区，也就是第15装甲掷弹兵师残部驻扎的地方。我们已经知道，"元首卫队"旅离开乌尔特河上的奥通地区决定了第116装甲师的命运。而且，该旅在向新交战区域行进途中又遭到空袭的严重拖延。美军的空袭十分密集，雷默觉得有必要让他的军队在奥通以南的昂普托森林隐蔽，停留到12月26日日落。在接下来的夜里，油料的短缺阻碍该旅沿乌尔特河（西乌尔特河）东南侧冰封道路，经尚普隆前往乌尔特河西部支流上的乌尔特维尔的行动。雷默上校写道："燃油十分稀缺，只有不到一半的车辆能够开动。"[149]

12月25日和26日发生的事件导致伦德施泰特和莫德尔得出结论，他们必须荡平巴斯托涅，打败巴顿，才有可能恢复对默兹河的攻势。因此，卡尔·德克尔（Karl Decker）中将的第39装甲军（已经在12月26日与第167国民掷弹兵师一起抵达乌法利兹）也得到命令，重新集结到巴斯托涅地区，指挥那里的德军作战行动。

1944年12月27日晚上，希特勒批准了冯·伦德施泰特和莫德尔的计划，命令"不论何种情况下，都必须在巴斯托涅敌军的漫长侧翼发动进攻，消灭并肃清这一突出部"[150]。几个小时之后，党卫队地区总队长兼武装党卫军中将赫尔曼·普里斯接到命令，从他在阿登交战区域北部的党卫军第1装甲军中派出2个师（第3装甲掷弹兵师和党卫军第1装甲师），加入巴斯托涅以南和东南方的第39装甲军。此时，党卫军第1装甲师有25辆四号坦克、16辆"豹"式和18辆四号坦克歼击车，以及党卫军第501重装甲营的15辆"虎王"[151]。它们将和雷默的"元首卫队"旅一起，显著加强德军在巴斯托涅的力量。实际上，雷默上校抵达巴斯托涅地区时，确认第26国民掷弹兵师已经没有任何反坦克武器了。[152]

与此同时，冯·吕特维茨上将的第47装甲军在西端建立了防御阵地，第9装甲师和第2装甲师余部驻守罗什福尔地区，装甲教导师大部驻守西南的圣于贝尔。

但是，由于盟军航空兵的干预，德军无法立即将所有增援送到指定地点。圣维特的十字路口在12月25日—26日被炸成了一堆碎石，贯穿这座城市的大路无法使用。第167国民掷弹兵师的集结地乌法利兹被第9航空队的B-26轰炸机夷为平地，并造成200名当地居民伤亡。德军逃到可以俯瞰乌法利兹的高

一架美国战斗轰炸机照相机拍摄的系列照片,展示了美国第362战斗机大队第378中队飞行员理查德·D. 劳(Richard D. Law)中尉对目标开火的情景,该目标突然爆炸,成为一团火球。(NARA A 5-294 彼得·比约克)

地上的树林中，大约阵亡50人。而且，炸弹对那条从这座城市蜿蜒向上的道路造成了破坏，加上倒塌房屋的大量瓦砾，大大延迟了第167国民掷弹兵师前往巴斯托涅的征程。同时，第3装甲掷弹兵师的队列遭到战斗轰炸机的反复袭击，据美军估计，空袭造成56辆车辆被毁，其中包括8辆坦克，并"有许多士兵阵亡"[153]。仅第3装甲掷弹兵师的第103装甲营在12月27日就17次成为空袭的目标。虽然美军飞行员对敌方遭受物资损失的估计明显夸大，但是不间断的空袭在使德军损失宝贵时间的同时，也确实造成可观的物资损失。弗雷德里希·冯·梅伦廷中将描述了12月29日德国第9装甲师开往乌法利兹西北前线期间看到的景象：

> 冰封的道路在阳光下闪着微光，我亲眼看到我军交通路线和补给仓库遭受的不间断空袭。天空中没有一架德国飞机，无数的车辆被击中，公路上散落着烧得焦黑的残骸。[154]

美军战斗轰炸机的不断攻击，是一些幸存的德国老兵对这次冬季战役最深的记忆。第26国民掷弹兵师的霍斯特·黑尔穆斯下士在日记中写道：

> 1944年12月26日，圣诞节翌日：在我们的头顶上……战斗轰炸机！它们用炸弹和机枪集中攻击塞农尚。士兵们帮助平民灭火，参加救援工作。他们带着水桶，挽救可能挽救的一切。街道上，牲畜四处乱跑……
>
> 1944年12月27日，星期四：战斗轰炸机一整天都在那里！它们总是以七机编队投下爆破炸弹并实施低空攻击，用机枪折磨我们，直到被新的编队取代——从日出到日落，循环往复。[155]

此外，盟军还派出战略航空兵打击德国西部，阿登前线背后的补给线。12月27日，第8航空队的575架重型轰炸机打击了该地区的编组站和铁路桥，次日又出动1000架重型轰炸机，在600架战斗机的护航下空袭恺撒斯劳滕、洪堡和科布伦茨的这类目标。[156]第二天晚上，167架英国"兰开斯特"轰炸机攻击了科隆—格伦堡的编组站。12月29日，布莱奇利庄园的"超级机密"小组解密了一条德军的信息，确认了这些空袭的有效性："由于艾费尔地区铁路线、车站和多个公路枢纽逐步遭到破坏，补给情况陷入严重紧张，可能成为真正的危险。"[157] 盟军空袭的进一步后果是，由于燃油短缺，党卫军第1"阿道夫·希特勒警卫旗队"装甲师在12月29日中午之前无法开始重新向南部署。[158]

12月27日一整天，"元首卫队"旅都和前一天一样，因为美国战斗轰炸机而止步不前——这一次，他们躲在乌尔特维尔东南方、巴斯托涅西北方的丛林里。旅长雷默说："由于敌军的空中活动，我旅被迫整天隐蔽在埃拜蒙森林里。医务连虽然将所有车辆都漆成白色加上红十字标志，但仍然在一次为时35分钟的战斗轰炸机攻击中被摧毁了40%。许多伤员因此身亡。"[159]

但是，"元首卫队"旅对盟军空中行动的高度戒备使飞往巴斯托涅的美军运输机付出了惨痛代价。第50部队运输机联队的50架C-47运输机组成的编队——每架飞机拖带一架满载弹药和燃料的韦科CG-4货运滑翔机——正好飞进了"元首卫队"旅的防空圈里。美军的报告写道："飞机遇到重型高射炮和轻武器的密集打击……我们相信肯定有一个高炮师转移到了巴斯托涅周围地区。"[160] 德军声称击落10架C-47。[161] 12月27日美军的实际损失是19架C-47和同样数量的滑翔机。损失最严重的是第440部队运输大队（第50部队运输机联队的两个大队之一），它的13架飞机中只有2架逃过这场大屠杀，而且都严重损坏。

但是，"元首卫队"旅在这一天无法介入锡布雷特的防御战。锡布雷特位于巴斯托涅西南约4英里的一座高地上，是围攻巴斯托涅的基石之一。我们已经看到，在前一天，美国第4装甲师R战斗群先遣支队避免直接进攻锡布雷特，那里由德国第15装甲掷弹兵师第104装甲掷弹兵团的一个连守卫。但是，R战斗群设法在巴斯托涅的包围圈上打开了一个缝隙，接下来的任务就是扩大这个缺口。因此，第9装甲师A战斗群向第3军的西部侧翼运动。12月27日，这个战斗群攻击了锡布雷特和距离巴斯托涅要更近1英里的维尔鲁。锡布雷特的激战从12月27日持续到次日早上，最后美军占领了该处大部分地盘。但是，在维尔鲁，第26国民掷弹兵师的第39燧发枪兵团竭尽全力击退了美军的进攻，直到12月28日，大规模空袭和炮轰才压制了德军在维尔鲁的抵抗。接着，美军向北面2英里的舍诺涅和塞农尚推进，以进一步扩大巴斯托涅的缺口。

在阿登德军突出部的西端，持续2天的密集炮轰和空袭迫使德军于12月29日放弃罗什福尔。德国第9装甲师后退到罗什福尔东南方2—3英里（约3.2—4.8千米）的瓦夫雷耶（Wavreille）周围的高地上。在那里，第9装甲师左翼与德国第2装甲师的防线相连，这条防线从瓦夫雷耶延伸到南面2英里的比尔（Bure），再继续向南2英里到达米尔瓦（Mirwart）。[162]这样，德军最靠前的阵地就是第9装甲师右翼的昂日蒙（马尔什西南方）。

此时，德军面临的局势日益严峻。冯·吕特维茨在1944年12月28日写道："必须拿下巴斯托涅！"[163]德军的计划是，第3装甲掷弹兵师必须在巴斯托涅西南的舍诺涅—弗拉古特森林一线站住脚，以"元首卫队"旅（此时归第3装甲掷弹兵师指挥）为右翼，以第15装甲掷弹兵师为左翼（位于巴斯托涅以西）。但因为盟军的空袭，第3装甲掷弹兵师主力到12月28日晚上仍未抵达指定行动区域，这使"元首卫队"旅守卫的阵地变得分散、薄弱。[164]该旅终于可以投入战斗了，但事实证明，他们不足以抵挡美军的持续进攻。

12月29日拂晓，德军发动一次反冲击，试图重夺锡布雷特。但是，这次进攻被击退，德军遭受重大损失，第9装甲师A战斗群随之再次进攻舍诺涅和塞农尚。德国第29国民掷弹兵师反坦克炮手霍斯特·黑尔穆斯下士在日记中描述了1944年12月29日的塞农尚之战：

> 注意坦克！维曼中尉下令将火炮部署在村子中央的岔路口上。战斗轰炸机！！！没人能在街上走动……大炮——行动！行动！行动！后退50码（约46米），按照命令放在岔路口的中央。我们用灌木和稻草遮盖火炮。然后，我们离开了它。巨响四处可闻。迈尔下士占据了大炮旁边屋顶上的一个观察阵位。我的战友们在原本用于存放胡萝卜的、现在已经部分清空的地窖里隐蔽。胡萝卜被扔到了大街上。他们在地窖里等待着战斗来临。——坦克的声音！——黑尔穆斯！——它来了，离开地下室到大炮那里去。为了安全，战友们在隐蔽所里多待了一会儿，以便减少损失。在我面前的路上，有30码（约27.4米）的射界。情况多么令人不快，它们必须得从这条路径向我的大炮直直走来。3名步兵帮助我转动火炮。然后，我又只能靠自己了。坦克履带的碰撞声和发动机的声音越来越大，似乎马上

这架 C-47 是1944年12月27日在巴斯托涅以西被"元首卫队"旅的高射炮击落的19架"空中列车"之一。图中的飞机来自第439部队运输大队第94中队，被机组人员命名为"修身笃行"（Aint Misbehavin，得名于一首爵士乐曲）。飞行员为厄尼·特纳（Ernie Turner）上尉，副驾驶为凯斯图蒂斯·J."凯西"·纳布塔斯（Keistutis J.'Casey' Narbutas）中尉，无线电操作员为理查德·G. 怀特赫斯特（Richard G. Whitehurst）上士，机长为约翰·E. 道格拉斯（John E. Douglas）上士。飞机在巴斯托涅西北方美军战线之后的萨维（Savy）紧急降落，所有机组人员都安然脱险。（NARA，3A-5323）

就要从我身上轧过去，但我仍然看不到它们。迈尔从隐蔽所里不耐烦地喊道："哥们，你什么时候才开火！"但是不管通过瞄准具还是靠在炮盾上四处张望，我都没有看到任何目标。这种紧张难以承受。

薄雾中，一头怪兽经过了路弯。一开始，我只能看到左边的履带、一部分炮管、一部分正面，接着，我看到了它的整个正面。那是一辆"谢尔曼"！我疯狂地摇动手柄，试图瞄准。美国佬是不是发现我了？哒哒哒——

一排曳光弹越过我的头顶。就是它了！我猛摇手柄，滑倒在地，起身时扯破了裤子。一发炮弹射进了我身后房屋的墙壁。情绪失控的我气喘吁吁地冲进地下室，迈尔紧随其后。"我会打到自己的！我会打到自己的！"他除了这句话，什么都说不出来了。无法确定爆炸声是随着炮弹发射还是击中目标时发出的，也无法确定声音是来自坦克炮还是反坦克炮。

携带"铁拳"的步兵在坦克后面追赶。一辆"谢尔曼"停在我们的地窖入口前，我们可以清晰地听到车组人员的对话。从门上的小缝看到这个钢铁巨兽，是一种恐怖的感觉。

炸弹在附近落下。带着刺鼻味道的热气冲向我们，大地在颤抖。虽然躺在地上的战友们叠成好几层，但没有人动弹……

突然之间，村里挤满了德国士兵。我们不知道他们是从哪里来的。我们给这些"迟来"的战友送上香烟。士兵们将被摧毁的坦克和装甲车辆劫掠一空。1辆坦克和3辆装甲车被普尔曼的大炮摧毁，5辆坦克被75毫米轻型榴弹炮摧毁，还有2辆坦克和2辆装甲车被步兵的"铁拳"摧毁。

"铁拳"的哑弹躺在胡萝卜中间……[165]

经过激战，美军被赶出塞农尚。除了几辆被击毁的美军坦克，美国步兵也遭受沉重损失，以至于"士气受到影响，在某些情况下，坦克只能独自前进"[166]。"元首卫队"旅旅长写道："对村子的渗透往往遭到反击，到了晚上，局面又和前一天大体相同。夜里，我们的士兵发动了大胆而巧妙的侦察突击，深入锡布雷特以南和西南方的森林地带，报告敌方的坦克和车辆集中地。"[167]

美军的反应是呼叫航空兵。第47装甲军报告道："整片地区不断遭到低空轰炸。"[168]12月29日下午，美军战斗轰炸机在舍诺涅上空投下燃烧弹，它们离开时，有5辆德军坦克或坦克歼击车起火燃烧。[169]但是到这个时候，从12月23日开始的密集作战活动已经给美国航空兵部队造成了严重损失，尽管飞行员和地勤人员都竭尽全力，第19战术航空兵司令部当天也只出动了456架次——少于12月24日（638架次）和26日（558架次）的出动架次。美国地面军队也无法在空袭之后行动。3天的战斗使第9装甲师A战斗群损失了其50辆"谢尔曼"坦克中的30辆。[170]

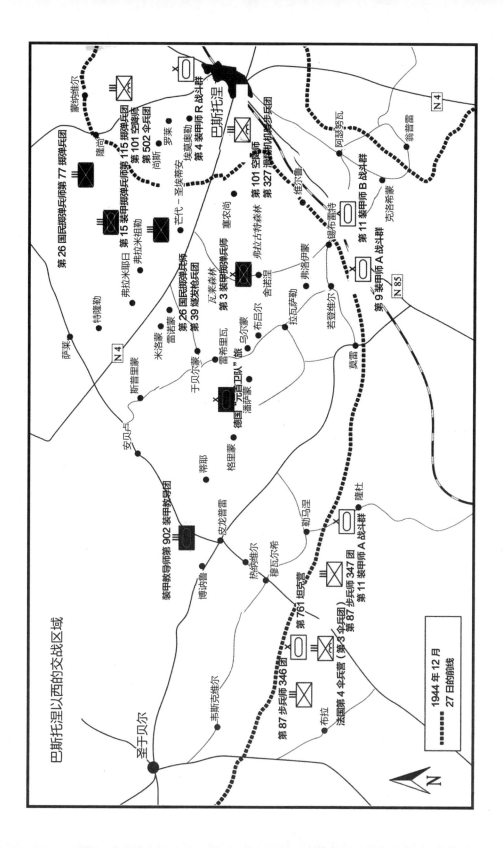

一门德国 PaK-40 反坦克炮正在等待美军坦克的来临。房屋后面停放着一辆缴获的美制 M3 半履带车。(第26 国民掷弹兵师的霍斯特·黑尔穆斯下士绘制)

与之相邻的美国第 4 装甲师情况也好不到哪里去：12 月 30 日，这支部队只剩下 42 辆"谢尔曼"坦克。[171] 这可以与 12 月 24 日拥有的 111 辆形成鲜明对比。[172] 由于锡布雷特和维尔鲁落入美军之手，巴斯托涅—讷沙托的主干道已经基本得到控制，但是德军仍然占据着西北 1 英里左右的弗拉古特森林和塞农尚的阵地，他们的炮兵可以从那里打击公路上的目标。美军非常清楚，在通往被围的巴斯托涅的缺口上，他们寸土必争。

美国第 3 军东翼的情况也类似，这一方向上的美国第 26 步兵师最终开始前往叙尔河。德国第 13 伞兵团在比贡维尔(实际上是第 26 步兵师的西翼)遭到美国第 4 装甲师 R 战斗群的重创，只得北撤到叙尔河后面的维尔茨以南地区。

再向东 3 英里(叙尔河以南 1 英里)，"元首"掷弹兵旅此时实际上已经被轰炸逐出了埃施多夫。该旅大部于圣诞夜向美国第 80 步兵师发动反冲击时，村庄里只留下一支小部队。这导致双方在美国第 3 军东翼卷入一场恐怖的血战，但与此同时，西面的美国第 26 步兵师得以突向叙尔河，并于 12 月 26 日渡河。

第26国民掷弹兵师士兵霍斯特·黑尔穆斯。（照片由黑尔穆斯提供）

由于叙尔河以北3英里的公路枢纽维尔茨突然间受到威胁，德军的战略局势出现变化。尽管刚投入战斗的第9国民掷弹兵师已经在12月24日奉命向交战区域开进，但是这支部队因为山区的恶劣路况和美军的空袭而未能抵达前线。[173]因此，“元首”掷弹兵旅得到命令，立即取消于12月24日开始的反冲击（见“整夜行动”一节），经布尔沙伊德和格伯尔斯米勒（Goebelsmuhle）重新集结到叙尔河以北地段，美军已经在那里建立了一座桥头堡。此外，德国空军攻击了第26步兵师的渡河地点。

12月26日，这些目标遭到3个编队的德国飞机袭击——先是12架Fw-190，接着是6架Bf-109，最后是第4对地攻击机联队的Fw-190。但是美军已经在该地区部署了强大的防空力量，第390高射炮（自动武器）营击落了来犯的13架敌机。[174]而且，多个编队的盟军战斗机抵达，向东追击德国飞机。德国方面，第1战斗机联队第2大队在“巴斯托涅地区”（攻击区域位于巴斯托涅西南方仅6—7英里的地方）损失了8架Fw-190，第4攻击机联队则损失了5架。[175]阵亡的德军飞行员包括第4攻击机联队第3中队的海因茨·容克劳森（Heinz Jungclaussen）上尉，他作战出击1000次，是世界上最有经验的对地攻击机飞行员之一。和他一起出航的7架Fw-190中，只有2架返回。美国第362战斗机大队声称击落8或9架Fw-190，仅损失1架“雷电”。

盟军航空兵完全统治了天空，迫使“元首”掷弹兵旅在12月27日拂晓于叙尔河以北隐蔽，同时美国第26步兵师蜂拥渡河。但是美军飞机一消失，德军立刻发动装甲反冲击，在考恩多夫消灭了半个排的“谢尔曼”坦克。[176]休·M.科尔写道：“但是，12个炮兵营猛烈打击掷弹兵们，此后不到2小时，盟军战斗轰炸机再次发动空袭，肃清北岸美军的希望完全破灭了。"[177]

　　第9国民掷弹兵师的第一批单位直到12月27日才抵达地段。该师花了整整3天才全部抵达前线。12月28日，美国第26步兵师夺取布德沙伊德——这个小村依偎在叙尔河往维尔茨北行公路边森林覆盖的群山怀抱中。

　　与德方的形势相比，美国第35步兵师将其16000名士兵移向之前曾是第26步兵师西翼的地区，就要容易得多了。12月27日，第35步兵师左翼的第137步兵团从第4装甲师A战斗群工兵部队修筑的桥梁渡过叙尔河，这座桥梁建于坦唐热以南、瓦尔纳赫东北面的比利时—卢森堡边境。美军开出坦唐热时，第2营走的是转向东北的小路，第3营则开始向正北艰苦跋涉，越过覆盖着厚厚积雪的山林地形。12月27日，在恶劣地形中前进的第3营没有遇到任何伏击，第2营则在坦唐热东北面不到2.5英里（约4千米）的叙尔（Surré）路口遭遇德国第

在1944年年底至1945年年初冬季的战斗期间，一辆M36"杰克逊"坦克歼击车驶过冰雪覆盖的卢森堡田野。（NARA, SC 198612/赫斯特德）

5伞降工兵营的小股部队。美军此时在比贡维尔以北3英里（约4.8千米）的地方，3天前，驻守这座村子的德国第13伞兵团第1营几乎已经被美国第4装甲师R战斗群全歼了。经过几个小时的战斗，叙尔的德军撤退。

美军的这一进攻给巴斯托涅之战的结果带来显著影响。德国第13伞兵团从叙尔村的山上撤到正东方向上的高地，和第5伞降工兵营的火焰喷射器小队一起在那里阻止了美军的进攻。但由于美国第26步兵师从东面渡过叙尔河，第13伞兵团不得不守卫一条延伸到2.5英里（约4千米）之外巴维尼的防线，在那里与"元首"掷弹兵旅取得联系。为堵上叙尔以北的缺口，第5伞兵师师长海尔曼少将不得不尽快将第15伞兵团重新集结于叙尔以北仅2英里的阿尔朗日。第15伞兵团把原来在叙尔西北方1.5英里的圣勒兹和利瓦尚守卫的阵地交给第14伞兵团，因此后者只能离开N4公路以西地区。这样，整个第5伞兵师被迫东移，美国第4装甲师得以控制巴斯托涅以南2.5英里宽的地区。直到这时，通往巴斯托涅的缺口才真正确立。

就在德国第14伞兵团竭力接管第15伞兵团的阵地时，美国第4装甲师A战斗群夺取了圣勒兹，德军曾在此地阻止美军继续沿N4公路向巴斯托涅推进。美国第137步兵团第3营（已经从坦唐热北进）和第35步兵师预备步兵团（第134团）的一个营与第4装甲师A战斗群会合。12月28日，这些部队从侧翼进攻德国第14伞兵团，占领N4公路正东的小村吕特布瓦。这样，德军在向南3英里的利瓦尚建立的阵地已经无法坚守。12月28日晚上，第14伞兵团后撤到利瓦尚东北1英里、吕特布瓦以南2英里的维莱拉博纳奥（Villers-la-Bonne-Eau）。

由于美国第35步兵师出现于西面的美国第4装甲师和东面的第26步兵师之间，德国第5伞兵师被迫后撤到巴斯托涅以南一个半圆形的防御阵地上，这个阵地从该城东南方8英里（约12.9千米）的巴维尼开始，经过西面3英里（约4.8千米）的叙尔以东高地，再通向西北3英里的维莱拉博纳奥，最后再向北延伸2英里，到达巴斯托涅西南3英里的吕特布瓦以东林区。这样，德国伞兵已经被赶到N4公路以东1.5英里的区域。12月28日下午，美军在N4公路东面、维莱拉博纳奥以北1英里的洛桑日城堡（Château de Losange）建立阵地，并在接下来的夜里进入了这座村庄。

德军师长海尔曼奉命立即发动反冲击，夺回失去的阵地，但是这一反冲击毫无胜算——他所拥有的只不过是一个已经削弱的伞兵团，而要对付的是美军的2个步兵营和第4装甲师1/3的兵力！但是，他的第5伞兵师再次成功地与美军先遣支队形成拉锯战。美国第4装甲师A战斗群确实已经和巴斯托涅的第101空降师取得联系，但是美军在更东面的推进陷入停滞。在12月29日持续一整天的激战中，美国第134步兵团在吕特布瓦受阻，而第137步兵团第3营K连和L连仍然未能将德国伞兵赶出南面2英里树林另一侧的维莱拉博纳奥，这个小村的几所房屋仍然分属德军和美军。

向东不远处，格罗施克中校的第15伞兵团坚守着阿尔朗日正东加固过的费尔梅·富尔曼（Ferme Fuhrman）农场，阻击美国第35步兵师东翼的第320步兵团。12月29日晚上，第320步兵团报告"陷入激战"。再往东，第26步兵师同时与德国第9国民掷弹兵师交战，后者前来增援"元首"掷弹兵旅，此时在维尔茨以南发动反冲击。第9国民掷弹兵师师长维尔纳·科尔布（Werner Kolb）上校写道：

> 我们成功地全面阻止了美国第26师的进攻，他们此前在10天多的时间里取得了胜利。尽管投入了大量物资，特别是炮兵和迫击炮的弹药（根据统计，每天向我师地段发射的炮弹达15000发，向师指挥所所在的诺尔特朗日发射的炮弹达3000发），敌人仍然没有取得的值得一提的成功。根据截获的无线电信号，美国第26步兵师师长在1月1日占领维尔茨的意图受挫。鲁林根（Roullingen）西南方重要的490号高地遭到炮兵集火打击之后几度易手，但每次落入敌军之手时间都不长，他们每次都被我军的反冲击打退……实际上，从未发生过步兵战斗。只有在德军阵地遭到占据优势的美军炮兵和迫击炮火力猛烈打击之后，美国步兵才发动进攻，甚至还得到坦克支援。在战斗的这一阶段，敌军炮兵不得不停火，德军的小股预备队（往往只有不超过10名士兵）就足以击退数倍于我的敌军步兵（甚至包括伴随的坦克）。[178]

我们已经看到，美国第26步兵师（"扬基"师）中大部分都是没有任何作战

1944年12月30日的卢森堡。3名美国士兵巡逻归来。从左向右分别是詹姆斯·斯托里（James Storey）中士、二等兵弗兰克·A. 福克斯（Frank A. Fox）和丹尼斯·拉瓦诺哈（Dennis Lavanoha）下士。他们使用从当地居民那里得到的被单作为临时的伪装服。在阿登地区，这成为美国陆军的常规做法，这和缺乏伪装服的德军不同。（NARA, SC 197832/ 赫斯特德）

经验的新兵，这使他们在遇到新来的德国第9国民掷弹兵师时付出沉重代价，后者的骨干是相当有经验的军官和士官。“就连坚韧的‘扬基’师中的老兵都觉得，在叙尔河和维尔茨之间的浓雾和冰冷泥水中交战，是战争里最艰苦的时刻，一些没有经验的更士兵难以承受，也就不足为奇了。”[179]

“扬基”师的西北面，美军取得更大成功。12月29日，美国第4装甲师A战斗群与第19战术航空兵司令部的战斗轰炸机紧密协作，将德军赶出巴斯托涅南面2英、N4公路上最后一座村庄——勒蒙福斯。此举使得这条公路也向此前被完全包围的小城敞开。巴斯托涅城内的美国第327滑翔机机降步兵团、第705坦克歼击营的“地狱猫”坦克歼击车，以及奥哈拉战斗队的“谢尔曼”坦克发动进攻，进一步拓宽了缺口，它们夺回了小城东南方2英里的马尔维村。此时，缺口的宽度达4英里——从东面的马尔维到西面的维尔鲁。德军的包围圈已经被打破。

党卫军的反冲击

但是，德军正在计划一次强有力的报复行动。他们的党卫军第1"阿道夫·希特勒警卫旗队"装甲师和第167国民掷弹兵师此时已经开往前线，对抗美国第35步兵师。这个党卫军师将向吕特芒热（Lutremange）集结，此地位于美军沿维莱拉博纳奥和吕特布瓦之间森林公路建立的阵地东面，而第167国民掷弹兵师的预定位置在吕特布瓦东北方1英里处。这两个师将组成德军反冲击的东路。反冲击原定于12月29日发起，但由于这两个师向新交战区域转移的行动被严重拖延，莫德尔元帅决定将进攻日期推迟到30日。[180]即使到那个时候，第167国民掷弹兵师仍未全部抵达新交战区域；该师还不得不在没有任何重武器的情况下发动进攻。[181]

12月29日下午，冯·曼陀菲尔召集各部指挥官开会。这位瘦小的将军〔他的身高只有5英尺2英寸（158厘米）〕会见第5装甲师的军长和师长们时看上去很阴郁。他首先斥责这些手下没有理解及早夺取巴斯托涅的重要性，并表达了希特勒、冯·伦德施泰特和莫德尔对恢复向默兹河推进的看法的支持，首先占领这座城市并"击败巴顿"是至关重要的。他将巴斯托涅描述为"核心问题"，说明这个城市出现的新形势为德军提供了再一次大败美军的机会，或至少可以拖住大量美军，使他们无法打击德国本土。

冯·曼陀菲尔提出的行动计划包括三个阶段：第一阶段，通过从东西两个方向对南面的美军发起一次联合钳形攻势，再次形成对巴斯托涅的包围圈。接着，将巴顿的集团军赶向南面，最终部署全部兵力，消灭巴斯托涅的美军。为此，巴斯托涅周围的全部德军将临时组成"吕特维茨集团军级集群"，由冯·吕特维茨上将指挥，包含巴斯托涅西南的第47装甲军，以及东南方德克尔中将麾下的第39装甲军。[182]而且，德军终于可以将数量可观的炮兵调往巴斯托涅的阵地——共计321门火炮和306具火箭发射器。[183]然而，这些炮兵由于美军对补给线的空袭而缺乏弹药。[184]不过，德国空军已经承诺，将调遣所有可用的飞机在新攻势前夜轰炸巴斯托涅，支援进攻。

轰炸于29日夜实施，这是截至当前对巴斯托涅最猛烈的空袭。52架飞机参加了行动，大部分是第66轰炸机联队的Ju-88和Ju-188双发轰炸机。美国第501伞兵团一等兵约翰·特罗布里奇（John Trowbridge）这样回忆那一夜：

我们进入准备好的阵地，那里既有散兵坑，也有狭壕，有些掩体略有遮盖，更有利于睡眠。在远离前线的这里，我们感到更安全，直到一个月光明朗的夜晚，德国佬前来轰炸和扫射。我们享受着烟花表演，注视着高射炮打出的曳光弹布满天空，直到一枚炸弹在掩体外几码的地方爆炸。[185]

小镇内窄小的街道如同地狱打开了大门。整个街区都燃起大火，数百所房屋倒塌。人们相信最后一战和小城的沦陷将至，1500—2000名惊惶的居民将财物装在已经过分拥挤的自行车或小推车上，沿着通往南方的公路逃离小城。

东面的地面进攻以相当微弱的炮轰开始，12月30日6时25分——日出前2个小时——德军发动突袭。

最初，进攻的前景看起来不错。凌晨时分，战场上空笼罩着厚厚的云层，并下起了雪，严重阻碍了盟军的空中行动。但由于德国方面没有进行无线电管制，布莱奇利庄园的英国密码破译人员在前一天早上就已经发出进攻即将来临的警告。[186]此外，党卫军第1装甲师完全按照自己的节奏行动，使该师北翼装备较薄弱的第167国民掷弹兵师失去了至关重要的装甲支援。相反，第167国民掷弹兵师还派出第331掷弹兵团支援这个党卫军师。

党卫队旅队长兼武装党卫军少将威廉·蒙克将他的党卫军第1装甲师分成两个战斗群。在该师的北翼，所有坦克、两个装甲掷弹兵营和一个工兵连组成由党卫军第1装甲团团长、党卫队二级突击队大队长维尔纳·波奇克（Werner Pötschke）指挥的党卫军波奇克战斗群。该战斗群的目标是夺取吕特布瓦，从而破坏美军在N4公路上的交通。第二个战斗群是党卫队旗队长马克斯·汉森指挥的汉森战斗群（由党卫军第1坦克歼击车营、剩下的装甲掷弹兵、1个党卫军侦察排和1个工兵连组成）负责重夺维莱拉博纳奥，然后继续向前推进，在圣勒兹切断N4。这些党卫军还得到第14伞兵团的支援。在该师北面，第167国民掷弹兵师的任务是向西南推进，穿过N4公路朝阿瑟努瓦方向前行。

当时，吕特布瓦小村只有不超过30所灰色的两层石屋，这是阿登地区乡间的典型风貌。石屋排列在一条狭窄的土路两侧，这条小路从勒蒙福斯向东穿过N4后转向南面，与N4并行，依次连接三座同样小的村庄——吕特布瓦、维莱拉博纳奥和最南面的利瓦尚。美国第35步兵师第134团团长巴特勒·B. 米尔顿伯格（Butler B. Miltonberger）上校部署了2个营守卫吕特布瓦。整个第2营和第654坦克歼击营A连部署在村子东北方谷地另一侧树木茂盛的山上。第3营L连驻守在村里，I连和C连则在村庄东面积雪覆盖的田野上挖掘散兵坑。

为了不惊动敌人，第167国民掷弹兵师没有进行任何炮火准备，就于12月30日凌晨3时派出第331掷弹兵团攻打吕特布瓦。进攻由该团第1营发起，并得到第2营两个排的增援。第2连越过村子西北的田野前进，第3连同时从东南侧推进，第1连的士兵则直接冲入村中。[187]虽然事先得到预警，德军的进攻仍然完全出乎美军的意料。在一座谷仓里安睡的40名美军士兵被粗暴地叫醒，发现自己成了俘虏。[188]德军将战俘们排成一排，用一挺机枪指着他们的后背，命令他们前往栋科尔斯，然后运往德国的战俘营。[189]

沉醉于成功的德军急匆匆地在黑暗的希夫雷苏森林中积雪覆盖的小枞树间穿行。这片森林从吕特布瓦延伸到村西1000码的N4公路，其西南角距离吕特布瓦600码（约548米）处有一座18世纪的城堡——洛桑日城堡，美国第4装甲师A战斗群指挥官赫伯特·L.欧内斯特准将在那里设立了指挥所。

美国官方报道称："6时35分，进攻的消息传到第4装甲师CCA，欧内斯特将军立即将他的战斗群转向西面，支援第35师。"[190]但事实正相反，是德军推进到了欧内斯特的前门！第51装甲步兵营（第4装甲师A战斗群的步兵营）被迫匆忙抵挡德军的进攻。该营行动报告中做了生动的描述：

> 8时45分，敌军的机枪从营指挥所东边的树林里开火，敌人的进攻开始了，德国步兵紧随第134团的撤退队伍冲下斜坡，直逼城堡而来。友军步兵从树林里出现在我们的视野中，因此很难向敌军开火。守卫在指挥所前哨的机枪排车辆首先遭到步枪和机枪的打击，很快就有一辆车在密集火力打击下不得不遭放弃，半履带车所能提供的掩护也很有限。进攻期间约有15发迫击炮弹落在两座建筑物周围，可以看到曳光弹从车辆和建筑物上弹起。考虑到森林很茂密，营部连的人被置于能够很好观察进攻者的窗边。第35坦克营A连的2辆坦克占据城堡以北50码（约46米）的阵地，所有可用的轻武器、机枪和75毫米坦克炮都向敌军阵地倾泻火力长达10分钟，将进攻者赶回树林里。树林边缘可以看到许多倒下的敌军阵亡者和伤员。[191]

进攻德军中的一名士兵说道："第1连穿越村庄后，在村庄西侧树林边遭到轻型武器的猛烈打击，不得不撤回村庄。到这个时候，德军还没有动用坦克。"

党卫军直到几个小时之后才派出坦克进攻吕特布瓦，那时美军当然已经完全警觉，在各处严阵以待——而且还得到整个第4装甲师A战斗群（包括第35坦克营）的增援。

党卫军第1装甲团四号坦克驾驶员——党卫队分队长罗尔夫·埃尔哈特说道："这一天的气氛令人毛骨悚然，天气湿冷、多雾，如同幻境。"[192]

党卫军的坦克排成纵队，沿着冰封的小土路由南开来，这条小路与维莱拉博纳奥至吕特布瓦（道路东边大约1000码处）的森林道路平行，穿过半开放的田野。罗尔夫·埃尔哈特继续说道："离我们所在道路不远，一片草地之外，我们看到了倒在地上的60—80名友军步兵。他们显然已经阵亡。突然其中一个人直起上半身，向我们挥手呼喊。附近森林边缘的一挺机枪开始射击，这个可怜的家伙被击中了许多次。雨点般的机枪子弹也击中了我们的坦克。我们上前解决这些向我们开火的枪炮之后，周围陷入了一片令人紧张的寂静。左侧的森林边缘可能有强大的美军步兵。"[193]

几分钟后，美国第22装甲野战炮兵营的一架炮兵观测飞机抵达，开始在德军上空盘旋。这架派珀L-4单座飞机的飞行员罗伯特·皮尔森（Robert Pearson）中尉决定挑战非常不利于飞行的天气。因此，德军甚至还没有看到吕特布瓦，就遭到炮火打击。罗尔夫·埃尔哈特说："我们用石头就可以打中观测飞机，它们飞得很近，我们每走一步，炮弹就如影随形。"[194] 很快，"雷电"战斗轰炸机也出现了。美军团长米尔顿伯格上校写道："成群的P-47'雷电'响应我团的紧急呼叫，开始向敌人俯冲下去。"[195] 为在恶劣天气中看清目标，美军战斗轰炸机飞行员们不顾一切地降低高度，几乎撞到地面。

炮弹在党卫军的坦克周围爆炸，"雷电"战斗轰炸机也努力地投下炸弹，但这些坦克继续开向吕特布瓦西南方的高地。吕特布瓦西南方400码（约366米）道路左侧不远处有一片云杉林。党卫军第1装甲团第7连的另一位坦克手——党卫队突击队员曼弗雷德·托恩（Manfred Thorn）回忆道："美军步兵散布在森林左半部，靠近路边，森林与公路相接的地方大约有100米，然后你就可以看到吕特布瓦的第一间农舍。森林尽头的右侧有一辆'豹'式坦克。"[196]

美国第22装甲野战炮兵营的罗伯特·皮尔森中尉驾驶一架派珀 L-4 炮兵观测飞机，在吕特布瓦战役中起到了重要作用。这张照片展示了 1944 年年底至 1945 年初的冬季阿登地区的另一架 L-4 飞机。（美国陆军）

面对德军装甲纵队的方向，按照派珀飞机里的皮尔森中尉用无线电发来的位置，美国第 35 坦克营的"谢尔曼"坦克和第 654 坦克歼击营 A 连的 M10 坦克歼击车已经在希夫雷苏（Civresoux）的森林里埋伏。他们等到德国装甲兵从吕特布瓦东北面农场的树林后出现。第一辆被消灭的坦克是党卫队二级突击队大队长波奇克的指挥车——一辆"豹"式。托恩看到的可能就是这一辆坦克。波奇克本人侥幸逃生，毫发无伤。

其他"豹"式坦克企图发动正面突击，径直冲入美军射击阵地。这是典型的党卫军冲锋，完全不考虑自身的损失。"豹"式坦克三两成群，不顾一切地越过燃烧的己方坦克，它们进入美军射击阵地时也都被击毁。此时，美国记者玛莎·盖尔霍恩（Martha Gellhorn）正在第 35 坦克营（属于第 4 装甲师 A 战斗群）的指挥所里，她听到第 35 坦克营 B 连连长约翰·金斯利（John Kingsley）中尉用无线电发来的报告："1 辆、2 辆、3 辆……我们干掉了 12 辆。真想让你看到这里德国坦克燃烧的样子。这是一幅美丽的画面，美丽的画面，完毕！"[197] 根据第 35 坦克营的报告，他们共击毁 13 辆德国坦克，"第一次射击……打掉德军的指挥坦克，其他坦克漫无目标地乱转，直到全部被摧毁。"[198] 返回基地之后，"雷电"飞行员报告，他们也摧毁了 4 辆坦克。[199] 由于"豹"式坦克坚固的设计，德军总共只损失 4 辆"豹"式坦克——其他可能被拖走维修，但是经此一击，党卫军第 1 装甲团第 1 营余部已经被全歼。

第2营的四号坦克排成整齐的队列，从树林边缘后面出现时，美军几乎不敢相信自己的眼睛。第35坦克营的约翰·金斯利中尉评论道："如果那个德国坦克连连长没死，我希望他们让他当营长，我希望他们都那么愚蠢！"[200]

在几分钟之内，第2营第7连的7辆四号坦克中有6辆被击中。第35坦克营的行动报告写道："又有6辆坦克出现，它们也都被摧毁或瘫痪，与此同时，美军坦克歼击车向伴随的突击炮发动攻击，击中其中3辆，打散了附近的掷弹兵们。"[201] 罗尔夫·埃尔哈特设法逃出被击中的坦克，他说道："只有最前面的一辆四号坦克离开，显然，它开足马力穿越了美军开火打击的区域。冰封的路面和少量植物确实帮助了他们。"[202]

据美军报告，1辆德国坦克被地雷摧毁，2辆毁于炮火。据报，第654坦克歼击营的M10又出动了16辆，其中11辆与第4装甲师A战斗群协同作战。[203] 美国第3军报告道："到今天结束，地面军队报告至少摧毁15辆（可能达到30辆）敌军坦克。航空兵今天的活动也很积极，支援第35步兵师的3个中队都报告了很好的战果。"[204] 德军整天都未能越过吕特布瓦。意在切断巴斯托涅与南面联系的攻势彻底破产。

党卫军汉森战斗群在南翼的进攻也没有取得更大成功。7辆四号70型坦克歼击车（恐惧中的美军以为它们是"虎"式坦克）作为先导，发动了对维莱拉博纳奥的进攻。紧随其后的是第14伞兵团的伞兵们和第5伞降工兵营的火焰喷射器排。德军从村子周围的高地上冲了下来，没遇到多大困难就突入村里。第35步兵师的作战报告描述了一系列的战斗：

> 德军坦克靠近后，炸毁石屋，使整座村庄陷入火海中。8时45分，第137步兵团接到无线电信息，要求炮兵密集释放烟雾和高爆炸弹，但是炮手们还没来得及了解情况，无线电就中断了。村庄里的169名士兵只有1人逃脱。[205]

但是，德军之后的进攻陷入停滞。失败造成的沮丧引发了党卫军和国防军部队之间的尖锐分歧。"党卫军第1装甲师官兵产生了厌战和疲劳的现象，除身体和战术上的困难外，党卫军和南面第5伞兵师友邻的伞兵们完全没有协作。"

得胜的美军士兵在被摧毁的党卫军第1装甲师"豹"式坦克车顶拍照留念。炮管上的4个白圈表示摧毁了4辆敌军坦克。（戴维·E. 布朗）

几天后，一名党卫军军官试图以军法处置无能的第14伞兵团团长，两个师之间相互产生了反感。[206]

德国伞兵师师长路德维希·海尔曼曾获得第三帝国表彰英勇表现的最高奖项——宝剑橡叶骑士铁十字勋章，凭借该师在攻势前几天的优异战绩而晋升为少将，他写道："党卫军第1装甲师指责第5伞兵师战果不佳，我们两个师之间关系越来越紧张。党卫军散布流言，称一些伞兵们在维莱拉博纳奥一所房子的地窖里与美军士兵友好地坐在一起饮酒。我的 Ic（情报参谋）在党卫军指挥所里无意中听到一次谈话，他们说了'现在是时候清除这个伞兵师了，应该有人牵着他们的鼻子走'之类的话。"[207]

虽然北翼的德国第167国民掷弹兵师在几乎没有重武器的情况下发动进攻（运输受到美军空袭的延迟），但这个国防军师仍在巴斯托涅美军突出部东翼的初期进攻中取得了最大的成功。该师的12000名士兵中，1/3是东线的老兵，士气高昂，根据战俘的证词，他们告诉俘虏自己的美军，美军将被"赶回［诺曼底登陆的］海滩。"[208]

12月30日，第167国民掷弹兵师北翼切断了N4公路，抵达阿瑟努瓦东北方的贝舒森林（Bois Bechou）。但由于党卫军第1装甲师在东南方向受阻，第167国民掷弹兵师得不到该师的任何支援，不可能独自对抗美国第4装甲师。

按照师长汉斯·库尔特·赫克尔(Hans Kurt Höcker)中将的说法，第167国民掷弹兵师领头的一个营被完全"切成碎片"，该师再次被赶回公路以东。[209]此役使他们付出了350人伤亡的代价。[210]

虽然德军的反冲击未能实现切断巴斯托涅与南方美军联系的目标，但是起到了完全遏止美国第3军进攻的效果。在美国第35步兵师于吕特布瓦和维莱拉博纳奥被击退的同时，德国第15伞兵团于维尔茨西南方贝莱490号高地发动反冲击，遏止了第26步兵师向东面10英里的维尔茨的进攻。在更西面，米德尔顿重新活跃的第8军也没有取得进展。

巴顿的攻势停滞

就在冯·伦德施泰特、莫德尔和冯·曼陀菲尔将焦点放在巴斯托涅，集中兵力试图重新建立包围圈时，美军认为该城的战事已经基本结束。艾森豪威尔、布拉德利和巴顿此时将注意力转向第3集团军计划中，越过巴斯托涅向北前往圣维特围堵巴斯托涅西北地区第5装甲集团军的行动。为实现这一目的，美军抽调了数量可观的增援。我们已经知道，美国第3军派遣第35步兵师前往N4公路以东，该军西翼的第9装甲师A战斗群位于N85公路西段。此外，经验丰富的第6装甲师正在从南方赶来的途中，该师将增援并接管第3军战线上由第4装甲师守卫的区域。在第3军左(西)侧，米德尔顿少将的第8军再度活跃，部分是因为新抵达的几个师——第87步兵师、第11装甲师和第17空降师——此外，巴斯托涅城内的第101空降师、巴斯托涅西南的第9装甲师A战斗群也划归该军。

按计划，美国第8军将突破德军在巴斯托涅以西的防线，同时第7军和第6装甲师将突破该城以东和东南方的区域。如果此举取得成功，仅凭巴顿的集团军就可以消灭第5装甲集团军，连阿夫朗什战役都要相形见绌；如此毁灭性的失败将导致整个德军西部战线瓦解，从而更快结束战争。

巴顿和米德尔顿十分乐观，他们将第11装甲师A战斗群和第87步兵师放在第8军左翼——巴斯托涅西南10英里(约16千米)的穆尔西和德军突出部西端瓦夫雷耶东南方12英里(约19.3千米)的勒马涅(Remagne)。在第87步兵师右(东)侧，第11装甲师B战斗群增援遭受重创的第9装甲师A战斗群，守卫巴斯托涅西南4英里锡布雷特的阵地。第17空降师最终也将部署到该地区。

　　第87步兵师（"金橡果"师）主要由美国东北部的前高校学生组成。[211]该师刚刚于12月3日在萨尔前线经历了第一场战斗，此后就接到命令，立即划归第8军，向西北125英里（约201千米）的地方集结。因此，米德尔顿接收的是一个不太有经验的师。第11装甲师和第17空降师也类似，他们都由"新丁"组成。第87步兵师师长小弗兰克·L. 丘林（Frank L. Culin, Jr.）准将和第17空降师师长威廉·M. 米利（William M. Miley）少将在一战中有过作战经历，但是和第11装甲师师长查尔斯·S. 基尔伯恩（Charles S. Kilburn）准将一样，他们之前都没有率领部队参加二战的经验。他们面对的是经验老到的德军部队。第11装甲师 A 战斗群和第87步兵师在西面的穆尔西和勒马涅，面对的是拜尔莱因所率装甲教导师的902战斗群。第11装甲师 B 战斗群不仅要对抗雷默的"元首卫队"旅，此时德国第3装甲掷弹兵师也已抵达该地段。这些德国部队加入了冯·吕特维茨上将的第47装甲军。第3装甲掷弹兵师在意大利有过漫长的战斗经历，包括卡西诺和安齐奥之战，1944年秋季部署到梅斯阻挡巴顿的进攻。该师最近一次参加的是罗赫拉特－克林克尔特地区的战斗。师长瓦尔特·登克特少将凭借在东线担任一个装甲师代理师长时的表现而得到骑士铁十字勋章，他于1944年6月被任命为第3装甲掷弹兵师师长。

　　然而，美军的总兵力接近3万人、350辆坦克——第11装甲师有186辆"谢尔曼"和51辆"斯图尔特"，第87步兵师第761坦克营有54辆"谢尔曼"和17辆"斯图尔特"，第9装甲师 A 战斗群有21辆"谢尔曼"和17辆"斯图尔特" ——与对手相比，美军拥有明显的数量优势。截至12月30日，德军在该地段只有大约40辆可供作战的坦克和50辆坦克歼击车①。

　　第11装甲师于12月29日下午抵达战场，第87步兵师在次日夜里及时跟进。虽然第17空降师要到3天后才能抵达，但这两个师已经匆忙投入巴顿的攻势中。第87步兵师的一等兵詹姆斯·亨尼西（James Hennessey）说："他们用敌

---

　　① 原注："元首卫队旅"有30辆可参战的四号坦克和24辆三号突击炮，装甲教导师有5辆"豹"式和7辆可参战的四号坦克（包含在可调动的30辆"豹"式和27辆四号坦克中）和4辆四号坦克歼击车，第3装甲掷弹兵师有10辆可参战的四号坦克歼击车和12辆三号突击炮。（达格代尔，《1944年秋季至1945年2月西线阿登和"北风"行动中德国陆军和武装党卫军装甲师、装甲掷弹兵师、装甲旅详细准确的兵力和组织》，第1卷4B部分，P.50和P.100，第1卷4A部分，P.9。）

1944年12月30日，刚抵达的美国第11装甲师和第87步兵师展开进攻时，战场上笼罩着浓雾，美军航空兵无法提供任何支援。

篷卡车将我们运到前线，这是几十年来天气最恶劣的冬季——我以前从未看到过成年人哭泣，但天气太冷了！然后，他们把我们扔到了战场上！"[212]

　　和巴斯托涅突出部东翼的情况一样，美军的攻势与德军企图重新包围巴斯托涅的行动撞到一起。根据冯·曼陀菲尔的计划，第3装甲掷弹兵师和临时归其指挥的"元首卫队"旅将通过锡布雷特及周围地区发动进攻，目标是与巴斯托涅以南阿瑟努瓦地区的党卫军第1装甲师和第167国民掷弹兵师会合。[213]

　　美军士兵还没来得及熟悉战场，就在12月30日寒冷、灰暗的早晨开往进攻发起阵地，战场上笼罩着浓雾，阻止了至关重要的空中支援。第11装甲师B战斗群的第一个目标是夺取舍诺涅，这座村庄有30所房屋、1座教堂、1所学校和1个小商店，在巴斯托涅西南偏西方向5英里、锡布雷特西北1英里处，位于弗拉古特森林另一侧。[214]为避开茂密的森林，第11装甲师B战斗群驻扎在锡布雷特以西1英里宽的战线上，第9装甲师A战斗群作为预备队。

　　但德军将抢先进攻，由胡贝特·米克莱（Hubert Mickley）少校率领的"元首卫队"旅装甲掷弹兵团第2营（快速营）发动进攻，旅长雷默描述道："天刚破晓，第2营出发，装甲集群向南展开，夺取了舍诺涅以南的阵地。第2营一度

美国第21装甲步兵营的4名士兵在一辆M3半履带车上。左起：约翰·法格上士、一等兵唐纳德·E.怀特（Donald E.White）、一等兵多克·E.克尔（Dock E.Deakle）和驾驶员——二级技术兵奥尔温·P.拉斯尼克（Orvin P.Rasnic）。（约翰·法格）

进展顺利,但是在锡布雷特前的布吕尔沟渠处,受阻于步兵火力和锡布雷特精心布置的炮兵火力。勇敢的营长(橡叶骑士铁十字勋章获得者胡贝特·米科莱少校)在试图让全营再次发动进攻时受了重伤,不久后死去。"[215](前一天夜里,第1营营长也因为交通事故而无法参战。)

与此同时,雷默的两个装甲营向南穿过拉瓦塞勒(Lavaselle)来到一个小村,这里位于舍诺涅西南2英里左右、锡布雷特西北2英里,田野间狂风席卷。德军准备绕过美军阵地,由南面突袭锡布雷特。他们靠近弗洛伊蒙时,大雾突然消散,就像变魔术一样。那一刻双方都惊异地看到了对方的大量坦克。雷默写道:"大雾散去时,逼近弗洛伊蒙的装甲集群发现两个各有大约30辆坦克的装甲集群正向北推进。按照我的回忆,其中一个位于莫雷(锡布雷特以西2英里)地区,另一个正朝若登维尔(锡布雷特与莫雷之间)方向开进。我旅的装甲集群立即开火,当场击毁多辆敌军坦克。"[216]

德国装甲旅遇上的是美国第11装甲师B战斗群,该战斗群的波克特遣队(第41坦克营)和帕特特遣队(第21装甲步兵营)正向锡布雷特以西的开阔地推进。拉瓦塞勒位于从东向西延伸的一个山谷,美军和德军从相反方向进入谷地,发现对方时,双方之间有一块很大的平地。德军迅速撤往拉瓦塞勒以北2000码(约1829米)山上的瓦莱森林,从那里重新投入战斗。当时在美国第21装甲步兵营B连服役的约翰·法格上士从美军的视角描述了这一情景:

> 我们冲下山坡时,我记得看到几辆我们的"谢尔曼"坦克在下面的平地上燃烧。我们的坦克无法与外形低矮的德国"虎"式坦克及其88毫米火炮匹敌。领头的坦克已经开到坡顶,面对敌军火炮隐藏的树林,交火开始了。我们的坦克爆炸起火。我们从坦克旁边跳下,组成一条散兵线越过山坡。明显可以看出,我们的坦克正在被动挨打。整条战线上,坦克都开始起火燃烧。德军的反坦克炮和88毫米炮都躲在精心布设的工事后面,并且做了伪装。我们已经重新集合,以便将炮火引导至敌军阵地。炮兵直到此时才向树林里发射了几发炮弹。我们在雪地上卧倒时,[罗伊·C.]斯特林费洛中尉命令上刺刀。我想,排里的每名士兵多少都有一点儿歇斯底里的恐惧感,这种感觉能够把人紧紧抓住。敌军肯定很近,不然为什么要

1944年12月30日的攻击被击退后，美国第21装甲步兵营的M3半履带车。照片拍摄后不久，这个车队遭到德国炮火的集中打击。（NARA, 111-SC-198464）

上刺刀？我期待着一波德国步兵从前面的高处发起冲锋。不断有零星的炮弹射向我们，一块弹片击中了半履带车。我们的坦克向敌人开火，同时也成为敌人的目标。此时士兵们根本不知道进攻计划。我们不知道接下来要干什么。我只是迷迷糊糊地觉得敌军的炮火来自上方的树林。我看到我们的炮弹射进500码（约457米）前的树林里。我认为，我们不熟悉敌情是军官们的失职。

　　后来我才知道，我们要在坦克的支援下突袭这片树林。斯特林费洛中尉做出决定，由于距离目标太远，不能在无遮挡的情况下发动进攻，所以他下令士兵们上车。这一命令不需要任何哄骗，我们都挤进车里。由于所有装备都在车上，空间似乎不够。许多小伙子匆忙爬到坐着的士兵们的膝盖上。我们一直处于恐惧之中，害怕那些摧毁坦克的德国反坦克炮弹中，会有一发不知在什么时候击中我们的车。[217]

德军明显占据上风，不管是他们更胜一筹的四号坦克[①]，还是比美国装甲师更丰富的作战经验。虽然大雾已经散去，但是天气仍然很恶劣（低云层和大雪），盟军无法动用航空兵。约翰·法格描述了接下来的战斗过程：

　　由于装甲集群位于斜坡上，在猛烈的坦克炮火和精心布置的集中炮兵火力下，很快和第21营一起被打散，在芒代圣玛丽（Mande-Sainte-Marie）和东面树丛之间的高地上继续着坦克战。第21营本身也散布在坦克之间（而不是在其侧面），遭受严重损失。我们有4辆坦克在那里失去了战斗力。这场双方都无法控制的坦克战持续了两三个小时。[218]

"元首卫队"旅声称摧毁了30辆美国坦克，而己方仅损失4辆四号坦克。正如法格所言，在第11装甲师B战斗群的官兵中，充斥着困惑和气馁的情绪：

---

　　① 原注：法格提到的"虎"式坦克并没有在这里出现，但是盟军经常将四号坦克误认成"虎"Ⅰ式，两者从正面看外形很相似。

美国第87步兵师第345团第1营 C 连士兵小心地进入穆尔西，搜寻潜伏的德国狙击手。（NARA, 111-SC-199300）

　　半履带车散落在若登维尔小镇后的田野上，士兵们尽力寻找隐蔽所。我们参战的第一天就这样结束了。就我看来，除夺得这座小镇以外，这次进攻是一场失败。失败源于缺乏经验的军官和初出茅庐的新兵。从山坡撤退之后，中尉和我进入小镇与其他军官联络，了解最后的战果。德国佬开始用迫击炮和火炮猛烈轰击小镇和我们的车辆。我们躲进地下室，听任外面的"音乐"奏响。炮火稍稍停歇时，中尉派我到停车的地方，将士兵们带进镇里，让他们在建筑物中得到保护。我向小伙子们跑去时，发现他们蜷缩在树篱后面，躺卧在水沟里。他们面露对死亡的恐惧，觉得我在空地上来回走动是疯了。田野里有几位小伙子已经受伤，两人阵亡。另外两个小伙子精神失控，因为战争疲劳症而崩溃，其中一人就在我的班里。[219]

第8军西翼的攻势也没有多大起色。第11装甲师A战斗群以怀特特遣队（第63装甲步兵营，加上第42坦克营的2个装甲连）为先导开始进攻。美军从拉纳维尔（Laneuville）向北推进，越过起伏的田野开往巴斯托涅西南方10英里的勒马涅。但是他们没能走多远。在勒马涅正南方光秃秃的小高地（距离出发阵地略超过2英里）上，他们遭到装甲教导师一个战斗群的猛烈打击。第63装甲步兵营的卡尔·希利（Carl Sheely）少校说：

> 9时43分，B连领头的坦克抵达（396-543）地区的高地。这辆坦克被德军炮兵击毁。炮兵、迫击炮和自动武器的火力无情地阻止了进攻。战斗非常激烈，我营在大约30分钟里就有约100人伤亡。士兵们得到命令，掘壕据守。[220]

这次伏击使怀特特遣队损失了10辆坦克。[221]

接着，第11装甲师A战斗群向西翼派出了布卢特遣队（实际上就是第42坦克营的大部分兵力），试图绕过勒马涅的德军阵地。通过和第87步兵师第345步兵团协调进行的这一机动，德军前出勒马涅村和西北方1英里穆尔西的两个战斗群与装甲教导师主力的联系被切断。但是德国装甲师很快发动了一次反冲击。布卢特遣队逼近穆尔西东北方2000码（约1829米）的皮龙普雷（Pironpré）交叉路口时，纵队中前2辆"谢尔曼"坦克被击中起火。就第42坦克营营长阿希中校所言，接下来的情景如同"地狱打开了大门"[222]。德军"动用了从轻武器到火箭弹的一切手段"，密集的火力迫使美军撤退并转入防守。[223]

12月30日，双方都确认对手的进攻已经挫败了己方的进攻计划。就连德国第3装甲掷弹兵师在到达第一个目的地，即巴斯托涅西南2英里的维尔鲁之前，也很快停住了脚步。[224]但是，"精神胜利"属于德军，他们抵挡住了在数量上具有压倒性优势的美军。

对美国第11装甲师（"雷电"师）来说，这是一场耻辱的战斗。该师的首战以惨重的损失告终，在整条战线上都遭遇了痛苦的战术挫折。为实现突破，A战斗群从最西侧（那里的阵地由R战斗群接管）重新集结到舍诺涅的战场，B战斗群曾在那里被"元首卫队"旅击退。[225]

一辆美军M7型105毫米自行榴弹炮从拉瓦塞勒西南面的莫雷炮击"元首卫队"旅阵地。(NARA, 111-SC-199014)

  新年前夜的天气比前一天稍好，双方的航空兵都利用了这一机会。虽然德国第2战斗机军准备在次日展开一次大规模行动（下一章将做详述），但它仍在1944年的最后一天出动了196架次。[226]第4对地攻击机联队在早上7时45分出动了22架Fw-190对地攻击机，其中12架袭击了列日，另外7架攻击列日地区的其他目标。此外还有1架飞机终止了任务，另有2架损失。[227]早上9时许，第4对地攻击机联队和多个德国空军战斗机单位重回前线，这一次是为了支援巴斯托涅的地面军队。[228]但是，此次行动不太成功。仅第4战斗机联队就在与美国战斗机的战斗或事故中损失17架Bf-109和Fw-109。[229]阵亡的飞行员中包括汉斯·施勒夫中尉，这位老兵从1940年秋季起就在一线服役，参加过500次战斗任务，赢得了99次空战胜利。

德国喷气机部队和往常一样取得了成功。第76轰炸机联队第3大队的10架 Ar-234各在巴斯托涅上空投下一枚500千克炸弹，并躲过了美国第352战斗机大队"野马"战斗机的拦截。列日、哈瑟尔特和讷沙托火车站遭到第51轰炸机联队30架 Me-262的轰炸。为这些空袭提供补充的仍然是"冰雹一般"的 V-1，新年前夜，德军还向不同目标发射了21枚 V-2。

当然，德国空军的努力无法与12月31日天气早早放晴时盟军投入战斗的大量飞机相提并论。凌晨时分，科隆的卡尔克－诺德火车站遭到456架英国轰炸机的轰炸，另外97架轰炸机在比利时小镇乌法利兹投下530吨炸弹——这座小镇在前一天遭到第9航空队中型轰炸机的空袭，此时仍在燃烧。12月31日的太阳刚刚升起，1327架美国重型轰炸机和785架护航战斗机从英格兰的机场起飞，攻击德国西部和北部的燃油设施、各种铁路目标和桥梁。此外，第9航空队还派出了703架战斗轰炸机。

美国第19战术航空兵司令部指挥的空袭是为了给第11装甲师铺平道路，该师于12月31日早上派出 A 战斗群攻打舍诺涅西南不远的拉瓦塞勒。该师第63装甲步兵营的卡尔·希利少校报告，他的部队在"9架 P-47发动的空袭和大规模炮击削弱了德军在拉瓦塞勒的抵抗，且第63装甲步兵营向小镇移动"之后得以进入拉瓦塞勒。[230]但是美军很快就遭到"元首卫队"旅的一系列反冲击，无法再向前推进。美国第11装甲师的战史写道："12月31日，德军以坦克、步兵、自行火炮和有力的炮兵支援发动反冲击。我营（第11装甲师第42坦克营）坚持作战，在空中支援、炮兵和所有可用武器的帮助下击退敌军。我营损失多辆坦克，但是摧毁多辆德军作战车辆。"[231]

与此同时，第11装甲师的 B 战斗群集结，再次尝试夺取舍诺涅。到这个时候，德国第3装甲掷弹兵师已经接管这座村庄的防御，部署了12—15辆四号70型坦克歼击车。[232]美军的进攻以第362战斗机中队"雷电"战斗轰炸机的空袭开始，但是天气很快再次恶化，几个小时后，地面的雾气使该地区的所有飞行活动被迫结束。

美国第21装甲步兵营实施的第一次地面进攻被舍诺涅村中德军的凶猛火力打退。约翰·法格上士平躺在覆盖积雪的田野上，周围都是死伤的战友。他回忆道："来自俄勒冈的·卡尔·E. 彼得森（Carl E. Petersen）中士和来自俄亥

美国第26步兵师的这些士兵突然遭到德国迫击炮的连番打击。（NARA SC 199093）

俄托雷多的威廉·基德尼（William Kidney）阵亡。来自费城的比尔·巴瑟特（Bill Bassert）和查尔斯·赫克尔（Charles Höcker）受了重伤。倒在我附近的约翰尼·卡莱（Johnny Kale）痛苦地哀鸣着。他向我喊道，他被击中了。"尽管距离法格仅仅十几码就有一挺德军的机枪，无人区中最细微的动作都会遭到打击，法格仍然设法为负伤的战友包扎。但他能够自问的就是：多处伤口流血的自己还要在这里躺多久？

法格说道："每当我听到机枪响起，就会尽力将臀部或一条腿更深地拉进散兵坑里。在这个时候，我体验到了从未有过的孤独和凄凉。我回头一看，排里没有剩下一个人。我右侧的几个小伙子要么已经死去，要么就是脸朝上安静地躺着。在我左侧和前方，除了德国佬没有其他人。右侧几码的地方躺着一个死去的德国兵。他肯定是前一天战死的，因为身体已经冻得硬邦邦了。"[233]

但是，美军很快就以整个第22坦克团投入进攻。德军向舍诺涅后撤，美军最终陷入了一场在村中房屋之间的激战。贝里·克雷格（Berry Craig）在第11装甲师的战史中写道："德军在战斗中有勇有谋，他们将坦克藏在干草堆后面，美军伤亡惨重。第22坦克营在进入舍诺涅时损失了2辆'谢尔曼'。敌军在镇上又摧毁了2辆'谢尔曼'和1辆'斯图尔特'轻型坦克。"[234]

德国第3装甲掷弹兵师师长瓦尔特·登克特少将从德军的角度描述了当时的情况："如果说我们成功击退所有进攻，很大程度上是因为四号坦克歼击车。它们没有被敌军的密集炮火摧毁，可以从很远的距离上与坦克交战。进攻军队看到自己的坦克起火时可能瘫痪，这是人所共知的事实，因此，美军进攻失败的主要原因也可能是看到大量坦克失去战斗力。我已经想不起准确的数字，但是记得在瓦莱森林以北的第29装甲掷弹兵团指挥所（师前进指挥所已经迁到那里）不断接到摧毁敌军坦克的报告。"[235]

新年前夜，美军才勉强在舍诺涅外围取得一个立足点。他们得到命令，在那里挖掘掩体。德军进行猛烈炮击时，法格上士和一位朋友刚刚完成他们的散兵坑。法格说："在我们身后，罗伯特·福代斯（Robert Fordyce）死在自己的掩体里。他的掩体不够深，不能很好地保护他。敌军的弹幕射击开始时，詹姆斯·O.卡斯特（James O. Cust）和我坐在掩体里面面相觑。我们都惶恐、寒冷、疲劳。每当炮弹爆炸，我们就闭上眼睛承受恐惧。炮弹落在掩体周围，将泥土抛到我们身上。我不知道这次炮击要持续到什么时候，下一发炮弹会击中我们吗？"[236]

在两天的进攻中，美国第11"雷电"装甲师遭受极大损失，除占领舍诺涅以南和以西积雪覆盖的几平方英里田野和几座农场，以及这座饱受战火蹂躏的村庄外围的几所房子之外，该师一无所获。他们的目标——压垮巴斯托涅以西的德军防线，与第87步兵师协同向乌法利兹和圣维特推进，从而使整个阿登战役转变成美军的一次战略性胜利——已经遭遇耻辱性的失败。

怒不可遏的巴顿斥责第11装甲师师长基尔伯恩准将"对该师的指挥毫无创造力"[237]。但是第11装甲师确实经历了苦战。从该师12月30日—31日的损失就可以明显地看出这一点——340名士兵阵亡、负伤或失踪。第11装甲师师部的肯尼斯·W.莫勒（Kenneth W. Moeller）上尉说道："我们在两天里已经损失了30%的坦克和20%的士兵——比在欧战其余时间里的总损失还要多。"第11装甲师的失败和沉重损失，很大程度上是因为这个稚嫩的师轻率地在一个并不熟悉的地区，向第5装甲集团军最有经验的部队发动攻势。但是，如果说美军在12月30日和31日表现出什么不足之处的话，那就是每当缺乏空中支援的时候，他们在地面总会遇到很大的困难。

久经战斗考验的美国第6装甲师在新年前夕部署到巴斯托涅，但就连他们在新年前夜向巴斯托涅以东遭受重创的德国第78掷弹兵团发起的进攻都无法取得突破。第6装甲师士兵骄傲地自称"超级六"（Super Sixth），和第4装甲师一样，该师是美国陆军最好的装甲师之一。师长罗伯特·沃克·格罗少将在战后几年羞耻地结束了自己的军旅生涯，作为前驻莫斯科武官，他因为部分日记落入苏联人手中而被军事法庭以渎职罪起诉。[238]但是，格罗可以和"老虎杰克"伍德、克赖顿·艾布拉姆斯以及二战期间的美国著名装甲兵军官们相提并论。和德军的"沙漠之狐"隆美尔一样，格罗尽量不将时间花在师部里，而是和前线的官兵在一起，他可以在那里形成对战场形势的看法。

1944年12月30日，A战斗群作为第6装甲师的先遣支队抵达巴斯托涅时，格罗和他的士兵们可以回顾一场非常成功的战役。1944年7月在诺曼底登陆后，他们以令人目眩的速度横扫布列塔尼，并深入德国境内的萨尔布吕肯（Saarbrücken）作战，在圣诞节期间才奉命调往阿登前线。巴顿的意图是将"超级六"作为第3集团军越过巴斯托涅继续进攻围堵第5装甲集团军的先锋。"超级六"的第一个任务是压垮巴斯托涅以东薄弱的德军防线，从而打开通往北面圣维特的道路。第6装甲师的官兵们通过巴斯托涅冰封的街道时，还不知道前方等待他们的是什么。

A战斗群主要由第69坦克营和第44装甲步兵营组成，他们已经于12月31日正午发动进攻。[239]德军阵地被猛烈的炮兵火力吞没，第6装甲师装备的炮兵力量十分充足，除了该师自己的3个炮兵营之外，进攻还得到也于新年前夕

1945年新年前夜，一名美国士兵检查一辆第11装甲师的"谢尔曼"坦克上德军穿甲弹造成的弹孔。（NARA SC 199244）

抵达巴斯托涅的第193野战炮兵群4个营，以及第101空降师师属炮兵的支援。休·M.科尔简洁地评论道："在第6装甲师于此时所称的'巴斯托涅包围圈'里进行的战斗中，炮兵的作用至关重要。"[240]

在此之前，位于距巴斯托涅东部入口仅1000码（约914米）的主干道上的内弗是德军在巴斯托涅最靠前的位置。这座村庄于12月18日被装甲教导师占领，从那以后，阵地由第26国民掷弹兵师第78掷弹兵团守卫。现在，第6装甲师A战斗群将德军驱离村庄里的二十多所房屋。但由于缺乏空中支援，美军无法更进一步。他们夺取了内弗以东山岭上林木茂盛的山坡，但此后德军的密集炮火使他们的攻击陷入停滞。科尔写道："暴雪遮盖了整片地区，派去轰炸CCA正面目标的战斗轰炸机无法穿过阴云，装甲步兵进展甚微。"[241]

向南3英里处，激战贯穿整个新年前夜。美国第35步兵师和第4装甲师A战斗群企图重新占领吕特布瓦和维莱拉博纳奥这两座村庄，但是徒劳无功。据美国第3军行动报告，德军没有在该地恢复进攻，可能是受限于"夜间和早晨对其集结区域炮火打击的强度和准确性"[242]。从12月31日深夜到早上，美军炮兵反复采用"同时弹着"（TOT）齐射打击吕特布瓦。"同时弹着"意味着炮兵须预定每发炮弹的命中时间，根据这一时间，不同火炮在不同时间发射，确保所有炮弹同时击中目标。这种战术能够增强炮兵的毁伤效应，使对手没有时间隐蔽。

但是，美国第35步兵师次日早上派出其第134步兵团，在第35坦克营的支援下攻打吕特布瓦时，遇到了立即回到原阵地的德军机枪、迫击炮和反坦克炮密集火力的打击。与此同时，第137步兵团向维莱拉博纳奥发起的进攻遭到德军第14伞兵团的阻击。这两个小村连续两天发生的战斗，使双方都付出沉重代价。党卫军第1装甲师报告，在12月30—31日有将近400人伤亡，而此前已经遭受重创的第5伞兵师损失也同样巨大。[243]美国方面，第35步兵师同期有580名士兵阵亡、负伤或失踪——其中大部分（大约300人）被德军俘虏。[244]美国第3军整体的损失很大，1944年的最后一天，该军报告，在10天的攻势之后，有3330名官兵阵亡、负伤或失踪，不过阵亡人数仅有303人。[245]物资损失也是如此。虽然得到补充，但是支援第26步兵师的第735坦克营的实力仍然从1944年12月24日的56辆"谢尔曼"坦克下降到1945年1月2日的37辆。[246]

尽管有明显的数量优势（特别是装甲兵和炮兵），1945年新年伊始，美国第3集团军北方向的总攻在各条战线上都停了下来。虽然冯·曼陀菲尔自己的攻势也彻底失败，但是德军阻止巴顿的防御战取得胜利和盟军在默兹河前阻止德军攻势有着同样重要的意义。德国第5伞兵师的表现尤为卓越。德国伞兵们在攻势第一周里粉碎了巴斯托涅以南美军的所有抵抗，而后又迟滞了美国第4步兵师的进攻，鉴于力量对比悬殊，这一表现是人们很难想象的。伞兵们以自身的巨大损失为代价，为莫德尔赢得了宝贵时间，他可以利用这一时机重新集结装甲兵和装甲掷弹兵部队。正是这些部队在接下来的时间里完全遏止了巴顿的攻势，德军因此实现了阿登战役的新转变——这一转变是盟军始料未及的，在战后文献中也没有特别翔实的记录——甚至导致一贯坚韧不拔的巴顿都在日记里表达了忧虑："我们仍然可能输掉这场战争。"

结论与结果: 1944年12月16日—31日

就此,1944年以双方两周前都没有预料到的方式结束了。对盟军而言,德军在阿登攻势初期取得的巨大成功令人十分震惊。尽管一些指挥官仍然发表了自信的言论,但是盟军方面自上而下都陷入了混乱。前线的士兵中出现大规模的投降和恐慌,这些现象就是一个表现;更重要的是,美英更高层军事指挥官之间的冲突愈演愈烈。

美军遭受很大损失,尤其在被俘的士兵和损失的坦克方面。正如我们前面所看到的,美国陆军自身的损失统计往往很神秘,有时候明显低估了。阿登战役前两周,被俘美军具体数量没有真正可靠的统计数字。相反,德军当然更容易统计美军的被俘人数,因此给出的数字更清晰。根据德方数据,到1944年最后一天,阿登地区被俘的美军人数为24000人。[247]

对于美军1944年年底在阿登地区损失的坦克数量,更难得到可靠的数字。根据备受尊敬的美国军事历史学家小理查德·C.安德森所做的统计,巴顿的第3集团军在1944年12月17日到1945年1月1日之间损失装备75毫米或76毫米火炮的"谢尔曼"坦克132辆。[248]美国第1集团军报告说,1944年12月损失398辆"谢尔曼"。[249]这两个美国集团军应该总共损失了530辆"谢尔曼"坦克。但是,由于美国军事档案进行了一次令人遗憾的遴选,留下了几个明显的缺口。例如,第10装甲师在1944年12月的损失统计为7辆"谢尔曼"坦克,但是仅该师B战斗群的彻里特遣队在隆维利之战中就损失约20辆"谢尔曼";此外,还必须加上隆维利之战后第10装甲师B战斗群在巴斯托涅遭受的损失,以及第10装甲师A战斗群和R战斗群的损失。另一个例子是第9装甲师的损失,官方记录显示,1944年12月损失45辆"谢尔曼",但实际上,这只是该师一个装甲营(R战斗群第2坦克营)在12月17日和18日的坦克战中的损失。[250]此外,第9装甲师A战斗群的第19坦克营仅在12月27日—29日就损失约30辆"谢尔曼";[251]第9装甲师B战斗群第14坦克营仅在12月17日—24日就损失了至少13辆"谢尔曼"。[252]尽管美方的损失得到了很好的补充,但1944年12月16日到1945年1月2日,美国第9装甲师的坦克数量仍然减少了80辆——从176辆变成了96辆。[253]

由于第9和第10装甲师的"谢尔曼"坦克的实际损失至少比官方数字高出50辆,可以合理假设,至1944年年底,美军在阿登地区损失的"谢尔曼"坦克至少

美军在阿登战役中遭受的坦克损失史无前例。准确数字永远无法弄清，但单是12月16日至12月31日，可能损失就有多达900辆坦克和坦克歼击车。（保罗·瓦普收藏）

为600辆。如果加上据估计有200辆的轻型坦克（主要是M5"斯图尔特"）损失和100辆的坦克歼击车损失，美军至少损失了900辆坦克和坦克歼击车。此外，美军还损失了大约400辆M8和M20装甲车[①]。这可以看出，德方关于美军装甲兵在阿登战役中的具体损失数字实际上相当准确。根据德方的数字，到1944年至1945年之交，德军共摧毁了1230辆美军坦克和装甲车，以及400余门火炮。[254]

---

① 原注：根据美国军事历史学家小理查德·C. 安德森汇编的统计数字，美国陆军1944年10月20日—11月20日在西线共损失17辆M8和3辆M20，1944年11月20日—12月20日损失87辆M8和277辆M20，1944年12月20日—1945年1月20日损失了200辆M8和18辆M20。由于美军在12月16日—23日间的退却中，M8装甲车的损失异乎寻常地高，可以认定这一时期的某些M8损失报告滞后，被记录到下一期的数字中。这同样适用于轻型坦克的损失，根据同一资料，1944年10月20日—11月20日轻型坦克损失总计为83辆，1944年11月20日—12月20日为134辆，1944年12月20日—1945年1月20日为209辆。至于坦克歼击车（M10、M18和M36），美军在西线的损失记录为：1944年10月20日—11月20日57辆，1944年11月20日—12月20日为127辆，1944年12月20日—1945年1月20日为122辆。大部分损失发生在阿登地区，这可以通过美国第9集团军的损失证明。同样是根据安德森的统计，该集团军在1944年12月13日—1944年1月19日期间仅损失4辆"谢尔曼"和2辆M5"斯图尔特"。

1944年12月16—31日德国 B 集团军群坦克损失:

部队	四号坦克	"豹"式	"虎"I和"虎"II式	坦克损失总数
党卫军第1装甲师	6*	30	10	46
党卫军第12装甲师	8	18		26
党卫军第9装甲师	11	28		39
第150装甲旅		5		5
第2装甲师	12	18		30
第116装甲师	11	30		41
装甲教导师	7*	6		13
第9装甲师		5	2	7
"元首卫队"旅	7*			7
"元首"掷弹兵旅	2	9		11
第15装甲掷弹兵师	12			12
总计	77	160	12	249

* 估计数字。

注意,表中的总计与 B 集团军群这一时期的官方损失数字(77辆四号坦克、132辆"豹"式和13辆"虎"式,总计222辆)不相符。这可能是因为各单位向集团军群指挥部提交的报告滞后。

数据主要来源:达格代尔,《1944年秋季到1945年2月西线阿登和"北风"行动中德国陆军和武装党卫军装甲师、装甲掷弹兵师、装甲旅详细和准确的兵力和组织,第1卷》。延茨,《德国"豹"式坦克:对战斗优势的追求》。关于第116装甲师:德国联邦档案馆—军事档案 RH 24/58,第58装甲军作战日志,第116装甲师报告,文件编号 Nr. 1101/44 g.Kdos. vom 29.12. 1944。

　　德国方面记录,12月16日—31日共损失222辆坦克:77辆四号坦克、132辆"豹"式和13辆"虎"式。此外还损失了102辆突击炮和坦克歼击车。[255]

　　对德军来说,这一年结束的方式也是14天前没有料到的。虽然一开始取得了令人欣喜的巨大成功,但这场被寄予厚望的大规模攻势已经停滞。盟军地面军队和航空兵的联合反攻,阻止了,或者说,以决定性的方式拖延了德军维护和补充装备的供应以及军队的重新部署,导致进攻陷入停滞。向默兹河和安特卫普的胜利进军——最乐观的德国人曾相信,他们可以在那里庆祝新年——已经转变成巴斯托涅的一场血腥的消耗战。德军人员的损失到了可怕的程度。到年底为止,已经有44000名士兵阵亡、负伤或被登记为失踪人员。[256]

盟军指挥部里的新冲突

鉴于美军的数量优势和空中力量，布拉德利和巴顿率领美国第3集团军发动反攻一周后取得的战果只能算是差强人意。巴斯托涅以南德军防御较薄弱的阵地被攻克，但也不过如此。进攻计划的目标——在阿登地区切断第5装甲集团军——并未实现。

在这种形势造成的印象影响下，12月29日，英国陆军元帅蒙哥马利给盟军最高统帅写了一封信，警告他盟军有"再次失败"的危险。[1]蒙哥马利此时再次尝试说服艾森豪威尔，任命一位指挥西线全部盟军地面军队的总指挥官。他认为，两个盟军集团军群（布拉德利的第12集团军群和他自己的第21集团军群）仅仅协作是不够的，还应该统一指挥。与此同时，他重申之前的意见：艾森豪威尔作为西欧所有军事力量的最高统帅，不应该同时承担这项任务。蒙哥马利向艾森豪威尔指出："战争中地面军队的直接作战指挥包括与下属指挥员的紧密接触，因此是一项全职工作。"他还以毫不掩饰的话语说出，这一工作完全没有被履行。[2]他并没有掩盖自己的意图，建议任命他本人担当这个职务。蒙哥马利对此十分渴望，他甚至向艾森豪威尔提出了宣布这一决定时所使用的表达方式的建议：

> 从现在起，这些行动的指挥、控制和协调将由第21集团军群指挥官承担，并服从于最高统帅不时发布的命令。[3]

蒙哥马利深知这个问题对美国将军们和美国国内舆论来说有多么敏感。显然，这位陆军元帅真的非常担忧布拉德利和巴顿的缺点。

然而，就在蒙哥马利向艾森豪威尔发出信件的同一天，同样的要求以令人遗憾的形式出现在英国报刊上。12月29日，退役英国中将道格拉斯·布朗里格（Douglas Brownrigg）爵士在伦敦《晚报》上发表文章称，绝对有必要尽快为西北欧全部地面军队任命一名统一的总指挥官，艾森豪威尔必须腾出手来，处理已解放国家的政治和军事管理问题。布朗里格甚至直率地敦促艾森豪威尔，为这个职务选择"最为卓越的指挥官"，并且不失时机地指出"蒙哥马利在参与的每次行动中都取得了成功"。

这番言论捅了马蜂窝。美国人已经为在莫德尔和冯·曼陀菲尔手中遭到惨败而深感沮丧，因而对此羞辱反应强烈。从德军阿登攻势发动开始，英国报刊一直以含蓄的语调批评艾森豪威尔的领导才能，布朗里格爵士的文章成为高潮。许多美国将军（包括布拉德利和巴顿）怀疑，蒙哥马利本人就是这些媒体文章直接或间接的幕后推手。应该注意的是，蒙哥马利在1945年1月的前几天曾强烈反对媒体对艾森豪威尔的批评。不过,事实则是布朗里格中将在会见蒙哥马利之后写下了这篇文章。

蒙哥马利估计,美国第3集团军遇到的困难将使艾森豪威尔更倾向于统一指挥所有地面军队的思路,但事实证明这是站不住脚的。相反,艾森豪威尔的反应异乎寻常地激烈,他给联合参谋部(CCS,盟军最高军事指挥机构)写了一封信,要求后者在他和蒙哥马利之间做出选择。艾森豪威尔知道他不需要害怕任何事;他刚刚收到美国陆军参谋长乔治·马歇尔将军的电报,由于英国报刊的批评文章,马歇尔特地通知艾森豪威尔,罗斯福总统完全信任他,"任命一名英国军官代替布拉德利指挥作战,对美国来说是完全不可接受的。"[4]

盟军似乎出现了真正严重的指挥危机,直到蒙哥马利的参谋长弗朗西斯·德甘冈(Francis de Guingand)少将出面干预才得以避免。艾森豪威尔的参谋长沃尔特·比德尔·史密斯打电话告诉他艾森豪威尔有多么气恼后,他立即飞往艾森豪威尔的指挥部。在那里,德甘冈设法说服这位盟军最高统帅再等待一天,不要立刻向CCS发出信件;然后又飞回蒙哥马利身边,告诉他那封信引发了怎样的反应。蒙哥马利意识到情况的严重性,急忙写信给艾森豪威尔,后者在第二天,即新年前一天收到了这样的来信:

> 亲爱的艾克,我见到了弗雷迪,知道你在这些艰难的日子里被多方面的考虑困扰……我为自己的信给你带来苦恼而难过,请求你将它撕碎。你忠诚的下属蒙蒂。[5]

蒙哥马利在新年第一天收到了回复,令他松了一口气:

> 亲爱的蒙蒂,今天早上收到你令人愉快的电报。我真诚地感谢你在文中表示的理解态度。真挚希望1945年成为你人生中最成功的一年。一如既往的艾克。

一场指挥危机得以避免——尽管只是暂时的……

注释:

1. 蒙哥马利,《陆军元帅,阿莱曼子爵蒙哥马利回忆录》,P.319。
2. 同上,P.316。
3. 同上,P.318。
4. 同上,P.319。
5. 同上。

作为德军攻势的王牌，各装甲师的消耗已经到了危险的地步，这很大程度上是因为难以获得备件和补充。因此，在1944年的最后一天，装甲教导师报告仍有23辆"豹"式和27辆四号坦克——攻势开始时的兵力是29辆（26辆可以参战）"豹"式和34辆（30辆可参战）四号坦克。坦克数量的减少并不特别明显，但是可以使用的只有5辆"豹"式和7辆四号坦克。[257]攻势开始前，第116装甲师报告有96辆坦克和坦克歼击车，其中损失了47辆（30辆"豹"式、11辆四号坦克和6辆坦克歼击车），而在剩下的49辆中，只有17辆（12辆坦克和5辆坦克歼击车）在12月29日能够正常行动。[258]党卫军第2"帝国"装甲师最初有58辆"豹"式和34辆四号坦克，到年底时分别损失了11辆和1辆，但是剩下的坦克中只有12辆"豹"式和16辆四号坦克满足参战的条件。[259]同期，党卫军第12"希特勒青年团"装甲师只有7辆"豹"式（共有23辆）和13辆四号坦克（共有29辆）能够作战。[260]

美国方面，损失补充的情况完全不同。例如，第7装甲师在1944年12月损失了110辆坦克（78辆"谢尔曼"和32辆"斯图尔特"）[261]，但是该师的坦克实力从1944年12月16日的256辆（174辆"谢尔曼"和82辆"斯图尔特"）仅减少到1945年1月5日的203辆（150辆"谢尔曼"和53辆"斯图尔特"）。[262]

然而，德军指挥官们如果在此时（新年到来之际）就认为阿登攻势是一次失败，肯定会遭到驳斥，这场攻势应该被视为战争后的一次复兴。德国军事指挥机关对形势的看法可以从佩尔西·E.施拉姆为1945年1月初德军最高统帅部一次会议所写的摘要得到佐证：

> 新年伊始，高级军事指挥机构起草了一份"资产负债表"。这场已经展开的攻势，究竟要看作是一次失败还是成功？渡过默兹河的中期目标和攻取安特卫普的终极目标都未能实现。设立这两个目标是因为，我们打算夺回1944年6月6日失去的主动权，消除敌军从亚琛地区和莱茵河上游同时向莱茵河推进的威胁……攻势开始时，已经存在多个严重威胁：首先，敌军将越过迪伦向科隆进攻；其次，他们将从上莱茵集团军群的地段渡过莱茵河，迫使我方部队退到黑森林；第三，敌军将向萨尔普法茨（Saarpfalz）推进，威胁莱茵帕拉丁。如果从这一角度考虑我们的攻势，不仅可以将其

视为一次成功,而且在那个时候还可以视为相当大的成功。对手之前的意图已经被挫败,迪伦、萨尔和上莱茵河的威胁都已消除。根据现有情报,我们可以看到敌军实际上将所有可用的部队都部署在西线,其中许多部队在可预见的未来对战斗都没有价值。特别能说明敌军情况的是,他们将空降兵用于地面作战,对这些高价值部队的非常规使用表明,他们已没有其他部队可供使用。而且,令我们大为宽慰的是,阿纳姆之战所清楚显现的空降作战威胁在不远的将来都不存在了。就重夺主动权而言,可以认为阿登攻势的目标已达成。[263]

但是在寒风席卷的前线,这是一个阴郁的新年之夜。双方的士兵都在掩体中瑟瑟发抖,越下越大的雪掩埋了倒在黑暗之中的阵亡士兵。驻守巴斯托涅周围两军阵地交界处的一名士兵——第101空降师第502伞兵团的莱顿·布莱克(Layton Black)中士回忆了那个晚上的情景:

> 如果不是一名受伤的德国士兵发出呻吟,我可能就睡着了。在我们前面很近的地方,他正在慢慢死去。但是,他真的救了我们的命。他是今夜德军就在附近的唯一证据,因为我们都没有发现敌人。[264]

战线的另一侧,美国第21装甲步兵营B连的约翰·法格上士在激战过后的舍诺涅村经历了一个严酷的新年之夜:

> 1944年12月31日午夜。我躲在一个散兵坑里,寒冷的天气令我发抖和痛苦,不知道自己能否活着看到新年的到来。我真想试试地狱的滋味。我把步枪和3枚手榴弹放在面前的一堆土上,只是为以防万一。[265]

在战线最西端靠近马尔什的地方,第116装甲师炮兵军官恩斯特·斯沃雷尔(Ernst Schwörer)中尉在1944年最后一天的日记中写道:

> 我们的努力在各处都停滞了。我们师坦克不足,弹药尤其匮乏。步兵

这辆"谢尔曼"在迪基希被德国火箭弹炸翻。(迪基希国家军事历史博物馆)

再次被成片杀伤。敌军顽强抵抗……我们的伟大计划怎么了? 他们是不是已经不再抱任何希望了? 还是我们坚持不下去了? ……我们看不到自己的空军了。在晴朗的天气里,到后方的所有交通线白天都被切断……他们已经摧毁了所有桥梁。我们无法理解,怎么能在只有我们少数几个进攻师的情况下发动进攻。我们不能再进行任何航空侦察,只是盲目前进,直到无法推进时才再次撤退……我们在非常忧郁的气氛中庆祝新年。很快,一切都会结束。[266]

斯沃雷尔中尉和德国方面的每个人都有充分理由担心地望着蓝天。12月

23日至31日，第9航空队和两个从第8航空队抽调的战斗机大队出动不少于10305架次，报告摧毁了2323辆德国机动车辆、207辆各类装甲车辆、173个炮兵阵地、620节铁路车厢、45辆机车、333座建筑物和7座桥梁。[267] 1944年的最后一天，美军实施了703次战斗飞行。在南方前线地段，隶属于第19战术航空兵司令部的单位报告摧毁了500余辆德国机动车辆和23辆装甲车辆。

12月31日深夜，德国军备部部长阿尔伯特·施佩尔乘坐一辆轿车前往阿登地区视察。他感觉很沮丧。他目睹了盟军的全面空中优势和遍及所有道路的破坏。他和他的旅伴——联络官员曼弗雷德·冯·波泽（Manfred von Poser）好几次险些被不断出现的美军战斗轰炸机击中。施佩尔此时正前往希特勒西线临时总部“雕窝”，向“元首”汇报。

这位装备部部长惊讶地发现，希特勒竟兴高采烈。[268]

希特勒宣告：“我们将很快走出这个低谷，最终取得胜利!”

阿尔伯特·施佩尔只能摇摇头。他对希特勒为盟军准备的两个“新年大惊喜”一无所知。

本章注释

1. 加兰德，《德军阿登反攻期间的美国陆军医疗部队（1944年12月16日—1945年1月23日）》，P.XI-53。

2. 迪皮伊、邦加德和安德森，《希特勒的最后赌博》，P.475。

3. 同上。

4. 科科特，《阿登攻势中的第26国民掷弹兵师，巴斯托涅战役，第一部分》，B-040，P.127。

5. 拜尔莱因，《装甲教导师在阿登攻势前几天中的贡献，1944年12月16日—12月21日》，A-942，P.7。

6. 麦克唐纳，《号角响起之时》，P.501。

7. 突出部之战老兵，《突出部之战》，P.23。

8. 麦克唐纳，《号角响起之时》，P.503。

9. 普赖斯，《特洛伊·H. 米德尔顿传》，P.248。

10. 约翰·法格致作者的电子邮件，2012年11月30日。

11. 科科特，《阿登攻势中的第26国民掷弹兵师，巴斯托涅战役，第一部分》，B-040，P.128。

12. 同上，P.128。

13. 诺贝古，《希特勒的最后赌博：阿登战役》，P.236。

14. 科科特，《阿登攻势中的第26国民掷弹兵师，巴斯托涅战役，第一部分》，B-040，P.128。

15. 夸里，《阿登攻势：第5装甲集团军：中部战区》，P.42。

16. 韦格斯基，《第514战斗机中队——"袭击者"中队》。

17. 帕克，《赢得冬季的天空》，P.261。

18. 科尔，《阿登：突出部之战》，P.474。

19. 帕克，《赢得冬季的天空》，P.228。

20. 罗伯特·M. 鲍文，"阴沉的圣诞节"，阿登战役研究与信息中心网站，http://www.criba.be/index. php? option=com_content&view=article&id=468:gloomy-christmas&catid=1:battle-of-thebulge-us-army&Itemid=6。

21. 麦克唐纳，《号角响起之时》，P.525。

22. 蒂曼，《警卫旗队师，第4卷/第2册》，P.153。

23. 科科特，《阿登攻势中的第26国民掷弹兵师，巴斯托涅战役，第一部分》，B-040，P.151。

24. 美国国家档案与记录管理局：作战报告，美国第3集团军，1944年8月1日—1945年5月9日：12月行动。N-11480-A-4，P.181。

25. 萨默斯，《巴斯托涅的装甲兵部队》，P. 79。

26. 科科特，《阿登攻势中的第26国民掷弹兵师，巴斯托涅战役，第一部分》，B-040，P.154。

27. 同上，P.159。

28. 同上，P.160。

29. 同上，P.165。

30. 冯·曼陀菲尔，《阿登攻势中的第5装甲集团军，1944年12月16日—1945年1月25日》，B-151A，P.97。

31. 艾森豪威尔，《欧洲十字军》，P.350。

32. 科尔,《阿登:突出部之战》,P.485。

33. 艾森豪威尔,《欧洲十字军》,P.350。

34. 德拉福斯,《突出部之战:希特勒的最后赌博》,P.28。

35. 麦克唐纳,《号角响起之时》,P.515。

36. 同上。

37. 美国国家档案与记录管理局:第28步兵师师部,APO 28,美国陆军,总参谋长办公室 G-1,1945年1月1日。作战报告,单位报告第6号,从1944年12月1日0时到1944年12月31日24时。第28步兵师师部,1945年1月15日,作战中。记录组407,美国陆军副官长记录,第二次世界大战记录,第28步兵师,行动报告,Box 8479。

38. 美国国家档案与记录管理局:作战报告,美国第3集团军,1944年8月1日—1945年5月9日:12月行动。N-11480-A-4,P.172。

39. 同上,P.145—196。

40. 布吕芒松,《巴顿文件录 1940—1945》,P.604。

41. 同上。

42. 伯登斯坦,《第53军(1944年12月1日—1945年1月22日)》,B-032,P.1。

43. 达格代尔,《1944年秋季—1945年2月西线阿登和"北风"行动中德国陆军和武装党卫军装甲师、装甲掷弹兵师、装甲旅详细和准确的兵力和组织,第1卷,Part 4B》,P.88。

44. 麦克唐纳,《号角响起之时》,P.519。

45. 艾森豪威尔,《欧洲十字军》,P.352。

46. 海尔曼,《阿登攻势,德国第5伞兵师》,外军研究 B-023,P.32。

47. 同上,P.32—33。

48. 科尔,《阿登:突出部之战》,P.525。

49. 基尤国家档案馆:"超级机密"行动文件,Ultra files HW 5/635. CX/MSS/T 402/56. West.

50. 萨默斯,《巴斯托涅的装甲兵部队》,P. 116。

51. 福克斯,《巴顿的先锋:美国陆军第4装甲师》,P.343。

52. 斯赫雷弗斯,《不为人知的死者》,P.290。

53. 美国国家档案与记录管理局:作战报告,第707坦克营,1944年10月—12月。

54. 高尔,《卢森堡的突出部之战:南翼,1944年12月—1945年1月,第1卷:德军》,P.148。

55. 美国国家档案与记录管理局:第28步兵师第109步兵团单位报告第6号,从1944年12月1日0时1分到1944年12月31日24时。记录组407(美国陆军副官长记录),第二次世界大战记录,第109步兵团,第28步兵师,单位报告,1944年10月—12月,Box 8593。

56. 比森,《1944年12月22—24日阿登战役期间,第104步兵团(第26步兵师)D 连在从卢森堡贝特博恩到布施罗特攻击战中的行动》,P.5。

57. 同上。

58. 埃尔斯托布,《希特勒的最后攻势》,P.352。

59. 比森,《1944年12月22—24日阿登战役期间,第104步兵团(第26步兵师)D 连在从卢森堡贝特博恩到布施罗特攻击战中的行动》,P.5。

60. 科尔，《阿登：突出部之战》，P.523。

61. 同上，P.521。

62. 伯登斯坦，《第53军（1944年12月1日—1945年1月22日）》，B-032，P.1。

63. 海尔曼，《阿登攻势，德国第5伞兵师》，外军研究B-023，P.32。

64. 科尔，《阿登：突出部之战》，P.521。

65. 布吕芒松，《巴顿文件录1940—1945》，P.604。

66. 艾森豪威尔，《欧洲十字军》，P.358。

67. 科尔，《阿登：突出部之战》，P.516。

68. 福克斯，《巴顿的先锋：美国陆军第4装甲师》，P.374。

69. 斯赫雷弗斯，《不为人知的死者》，P.290。

70. 德拉福斯，《突出部之战：希特勒的最后赌博》，P.245。

71. 美国国家档案与记录管理局：关于巴斯托涅作战行动的说明。美国第3集团军指挥部，1945年1月15日，APO 403 P.4。

72. 基尤国家档案馆："超极机密"行动文件，HW 5/636. CX/MSS/T 408/40. BT 257 West。

73. 科科特，《阿登攻势中的第26国民掷弹兵师，巴斯托涅战役，第一部分》，B-040，P.130。

74. 高尔，《卢森堡的突出部之战：南翼，1944年12月—1945年1月，第1卷：德军》，P.59。

75. 同上，P.94。

76. 海尔曼，《阿登攻势，德国第5伞兵师》，外军研究B-023，P.32。

77. 美国国家档案与记录管理局：第37坦克营作战报告，1944年12月，有支持文档。

78. 科尔，《阿登：突出部之战》，P.530。

79. 福克斯，《巴顿的先锋：美国陆军第4装甲师》，P.343。

80. 基尤国家档案馆："超极机密"行动文件，HW 5/636. CX/MSS/T 408/41. BT 258 West。

81. 美国国家档案与记录管理局：作战报告，第4装甲师第51装甲步兵营，1944年8月23日—1945年5月9日。AAR #79U. 842-22。

82. 科尔，《阿登：突出部之战》，P.529。

83. 福克斯，《巴顿的先锋：美国陆军第4装甲师》，P.349。

84. 德拉福斯，《突出部之战：希特勒的最后赌博》，P.239。

85. 第4装甲师 G-3日志，1944年12月23日。在萨默斯，《巴斯托涅的装甲兵部队》，P. 124中引用。

86. 斯赫雷弗斯，《不为人知的死者》，P.290。

87. 科科特，《阿登攻势中的第26国民掷弹兵师，巴斯托涅战役，第一部分》，B-040，P.131。

88. 同上，P.132。

89. 约翰·J. 迪·巴蒂斯塔，"突出部的第4装甲师B战斗群"。www.battleofthebulgememories.be/fr/stories/us-army/157-with-cc-b-4th-armoreddivision-in-the-bulge.html. 2012年1月3日。

90. 美国国防部，国防部战俘—失踪人员办公室—二战后未获救援的军人网站，www.dtic.mil/dpmo/wwii/reports/arm_m_s.html，2012年11月27日。

91. 帕克，《赢得冬季的天空》，P.261。

92. 克尼斯，《阿登战役中的第85军，1944年12月16日—1945年1月12日》，B-030，P.6。

93. 科尔,《阿登：突出部之战》, P.541。

94. 同上, P.523。

95. 约瑟夫·施罗德:《圣诞故事 》。homepage.mac.com/guyries/page9/page18/page38/page38.html, 2011年4月28日。

96. 美国国家档案与记录管理局：第37坦克营作战报告, 1944年12月, 有支持文档。

97. 科尔,《阿登：突出部之战》, P.529。

98. 美国国家档案与记录管理局：作战报告, 第4装甲师第51装甲步兵营, 1944年8月23日—1945年5月9日。AAR #79U. 842-22。

99. 帕克,《赢得冬季的天空 》, P.262。

100. 美国国家档案与记录管理局：作战报告, 第4装甲师第51装甲步兵营, 1944年8月23日—1945年5月9日。AAR #79U. 842-22。

101. 福克斯,《巴顿的先锋：美国陆军第4装甲师 》, P.350。

102. 布吕芒松,《巴顿文件录 1940—1945 》, P.605。

103. 美国国家档案与记录管理局：作战报告, 美国第3集团军, 1944年8月1日—1945年5月9日：12月的作战行动。N-11480-A-4, P.180。

104. 海尔曼,《阿登攻势, 德国第5伞兵师 》, 外军研究 B-023, P.33。

105. 帕克,《赢得冬季的天空 》, P.266。

106. 基尤国家档案馆："超级机密"行动文件, HW 5/637. CX/MSS/T 409/35. BT 360 West。

107. 海尔曼,《阿登攻势, 德国第5伞兵师 》, 外军研究 B-023, P.33。

108. 基尤国家档案馆："超级机密"行动文件, HW 5/633. CX/MSS/T 401/92. West。

109. 美国国家档案与记录管理局：第37坦克营作战报告, 1944年12月, 有支持文档。

110. 萨默斯,《巴斯托涅的装甲兵部队 》, P. 122。

111. 美国国家档案与记录管理局：第3军作战报告, 1944年12月。记录组407, 美国陆军副官长记录, 第二次世界大战记录, 第3军, 作战报告, 1944年12月, Box 2735。

112. 萨默斯,《巴斯托涅的装甲兵部队 》, P. 140。

113. 斯赫雷弗斯,《不为人知的死者 》, P.291。

114. 克尼斯,《阿登战役中的第85军, 1944年12月16日—1945年1月12日 》, B-030, P.6。

115. 默雷尔,《第80步兵师士兵的故事 》, P.36。

116. 麦克唐纳,《号角响起之时 》, P.589。

117. 克罗斯韦尔,《甲虫：沃尔特·比德尔·史密斯将军的一生 》, P.822。

118. 布吕芒松,《巴顿文件录 1940—1945 》, P.606。

119. 同上, P.608。

120. 科尔,《阿登：突出部之战》, P.597。

121. 帕克,《赢得冬季的天空 》, P.303。

122. 基尤国家档案馆："超级机密"行动文件, HW 5/637. CX/MSS/T 409/35. BT 360 West。

123. 西尔万和史密斯,《从诺曼底走向胜利：考特尼·H. 霍奇斯将军与美国第1集团军作战日志 》, P.236

124. 在萨默斯,《巴斯托涅的装甲兵部队 》, P. 21中引用。

125. 第811坦克歼击营战史。

126. 科尔，《阿登：突出部之战》，P.508。

127. 魏索利克和史密斯，《不情愿的英勇：托马斯·J. 埃文斯上尉口述的美国第3集团军第4装甲师704坦克歼击营战史》，P.30—31。

128. 同上。

129. 美国国家档案与记录管理局：第37坦克营作战报告，1944年12月，有支持文档。

130. 迈尔斯，《没有边界的战斗：在策略上取得主动权》，P.32。

131. 科科特，《阿登攻势中的第26国民掷弹兵师，巴斯托涅战役，第一部分》，B-040，P. 100。

132. 布吕芒松，《巴顿文件录1940—1945》，P.607。

133. 通过弗雷德里希·拉德曼。

134. 弗雷德里希·拉德曼，作者的采访。

135. 冯·曼陀菲尔，《阿登攻势中的第5装甲集团军，1944年12月16日—1945年1月25日》，B-151A，P.98。

136. 美国国家档案与记录管理局：作战报告，美国第3集团军，1944年8月1日—1945年5月9日：12月行动。N-11480-A-4，P.182。

137.《星条旗》，1949年12月27日刊。www.stripes.com/mobile/news/tank-veteranrecalls-yule-dash-to-bastogne-1.26981，2012年7月17日。

138. 麦克唐纳，《号角响起之时》，P.530。

139. 科科特，《阿登攻势中的第26国民掷弹兵师，巴斯托涅战役，第一部分》，B-040，P.171。

140. 同上，P.172。

141. 美国国家档案与记录管理局：第3军作战报告，1944年12月。记录组407，美国陆军副官长记录，第二次世界大战记录，第3军，作战报告，1944年12月，Box 2735。

142. 科科特，《阿登攻势中的第26国民掷弹兵师，巴斯托涅战役，第一部分》，B-040，P.173。

143. 扎洛加和杰拉德，《美国陆军坦克手，1941—1945：欧洲战场，1944—45》，P.49。

144. 美国国家档案与记录管理局：第37坦克营作战报告，1944年12月，有支持文档。

145. 美国国家档案与记录管理局：美国陆军第101空降师作战报告，比利时与法国，1944年12月。参谋长附件，作战报告，第101空降师参谋长，1944年12月17—27日第6号，Box 14378，报告文件（1941—54），RG 407。

146. 德拉福斯，《突出部之战：希特勒的最后赌博》，P.243。

147. 萨默斯，《巴斯托涅的装甲兵部队》，P. 146。

148. 美国国家档案与记录管理局：第3军作战报告，1944年12月。记录组407，美国陆军副官长记录，第二次世界大战记录，第3军，作战报告，1944年12月，Box 2735。

149. 雷默，《阿登攻势中的"元首卫队"旅（雷默指挥），1944年12月16日—1945年1月26日》，B-592，P.19。

150. 德军西线司令部首席参谋第12740号命令，机密，1944年12月28日；容，《阿登攻势1944—1945》，P.177。

151. 里普利，《枪林弹雨：武装党卫军在西线的装甲战，1944—1945》，P.200。

152. 雷默，《阿登攻势中的"元首卫队"旅（雷默指挥），1944年12月16日—1945年1月26日》，B-592，P.20。

153. 帕克，《赢得冬季的天空》，P.322。

154. 梅伦廷，《装甲战：二战装甲兵运用研究》，P.409。

155. 霍斯特·黑尔穆斯，《个人日记》。

156. 弗里曼，《"强力第8"战记》，P.406—407。

157. 基尤国家档案馆："超极机密"行动文件，HW 5/640. CX/MSS/T 416/58 West。

158. 雷诺兹，《钢铁巨人》，P.147。

159. 雷默，《阿登攻势中的"元首卫队"旅（雷默指挥），1944年12月16日—1945年1月26日》，B-592，P.19。

160. 关于1944年12月27日滑翔机补给任务的叙述。www.the-snafuspecial.com/passe/datas/repulse.pdf，2011年6月28日。

161. 雷默，《阿登攻势中的"元首卫队"旅（雷默指挥），1944年12月16日—1945年1月26日》，B-592，P.20。

162. 冯·吕特维茨，《1944—1945年阿登战役中第47装甲军的使用》，A-939，P.22。

163. 同上。

164. 登克特，《德国第3装甲师（从1944年12月28日到1946年1月25日）》，C-002，P.2。

165. 霍斯特·黑尔穆斯，《个人日记》。

166. 埃尔斯托布，《希特勒的最后攻势》，P.351。

167. 雷默，《阿登攻势中的"元首卫队"旅（雷默指挥），1944年12月16日—1945年1月26日》，B-592，P.20。

168. 基尤国家档案馆："超极机密"行动文件，HW 5/639. CX/MSS/T 414/21. BT 744 West。

169. 斯赫雷弗斯，《不为人知的死者》，P.299。

170. 迪皮伊、邦加德和安德森，《希特勒的最后赌博》，P.291。

171. 科尔，《阿登：突出部之战》，P.627。

172.《二战日记》，2007年第3号，"突出部之战"，P.89。

173. 科尔布，《阿登攻势中的第9国民掷弹兵师战区（1944年12月25日—1945年1月25日）》，B-521，P.14。

174. 防空炮兵说明，第18号，1945年2月。战斗报告，欧洲战场，APO 887。www.scribd.com/haraoi_conal/d/35664170-Anti-Aircraft-Artillery-Notes-No-18-19-21-february-28-february-1945。

175. 德国空军损失清单，马蒂·萨洛宁。

176. 埃尔斯托布，《希特勒的最后攻势》，P.352。

177. 科尔，《阿登：突出部之战》，P.638。

178. 科尔布，《阿登攻势中的第9国民掷弹兵师战区（1944年12月25日—1945年1月25日）》，B-521，P.20和P.31。

179. 埃尔斯托布，《希特勒的最后攻势》，P.352。

180. 德军西线司令部首席参谋第12309/44号命令附件2，1944年12月29日；容，《阿登攻势1944—

1945》，P.181。

181. 雷诺兹，《钢铁巨人》，P.147。

182. 德军西线司令部首席参谋第12521/44号命令，机密，1944年12月30日；容，《阿登攻势1944—1945》，P.180。

183. 德军西线司令部作战日志，1944年12月30日；容，《阿登攻势1944—1945》，P.183。

184. 雷诺兹，《钢铁巨人》，P.149。

185. 在科斯基迈基，《饱受战争创伤的巴斯托涅杂种》，P.388引用。

186. 基尤国家档案馆："超级机密"行动文件，HW 5/639. CX/MSS/T 414/34. BT 752 West。

187. 第135步兵团审问报告，IPW 60，1944年12月31日。

188. 同上。

189. 米尔顿伯格和休斯敦，《第134步兵团，"地狱也阻止不了我们"：二战战史》，P.163。

190. 科尔，《阿登：突出部之战》，P.626。

191. 美国国家档案与记录管理局：作战报告，第4装甲师第51装甲步兵营，1944年8月23日—1945年5月9日。AAR #79U. 842-22。

192. 蒂曼，《党卫军第1"阿道夫·希特勒警卫旗队"装甲师第7装甲连编年史》，P.130。

193. 同上。

194. 同上，P.131。

195. 米尔顿伯格和休斯敦，《第134步兵团，"地狱也阻止不了我们"：二战战史》，P.163。

196. 蒂曼，《党卫军第1"阿道夫·希特勒警卫旗队"装甲师第7装甲连编年史》，P.128。

197. 福克斯，《巴顿的先锋：美国陆军第4装甲师》，P.443。

198. 雷诺兹，《钢铁巨人》，P.150。

199. 美国国家档案与记录管理局：作战报告，第4装甲师第51装甲步兵营，1944年8月23日—1945年5月9日。AAR #79U. 842-22。

200. "第4装甲师：从海滩到巴斯托涅"。《星条旗》，www.lonesentry.com/gi_stories_booklets/4tharmored/index.html. 2012年6月4日。

201. 雷诺兹，《钢铁巨人》，P.150。

202. 蒂曼，《党卫军第1"阿道夫·希特勒警卫旗队"装甲师第7装甲连编年史》，P.133。

203. 美国国家档案与记录管理局：第654坦克歼击营作战报告，1944年12月1日—31日，APO 403。

204. 美国国家档案与记录管理局：第3军作战报告，1944年12月。记录组407，美国陆军副官长记录，第二次世界大战记录，第3军，作战报告，1944年12月，Box 2735。

205. 在雷诺兹，《钢铁巨人》，P.152中引用。

206. 迪皮伊、邦加德和安德森，《希特勒的最后赌博》，P.300。

207. 海尔曼，《阿登攻势，德国第5伞兵师》，外军研究B-023，P.36—37。

208. 第135步兵团审问报告，IPW 60，1944年12月31日。

209. 科尔，《阿登：突出部之战》，P.626。

210. 迪皮伊、邦加德和安德森，《希特勒的最后赌博》，P.301。

211. 米切尔·凯迪，"力量与荣耀：第87师攻击"。www.unithistories.com/units_index/default.asp?file=../

units/87th%20inf.div.asp. 2012年11月27日。

212. 罗纳德·利尔，"鲜活的历史：聆听老兵在巴约讷的战斗经历"，2005年2月8日（星期二）。www.6thcorpscombatengineers.com/JamesHennessey.html，2012年11月27日。

213. 登克特，《德国第3装甲师（从1944年12月28日到1946年1月25日）》，C-002，P.3。

214. 通过罗杰·马凯。

215. 雷默，《阿登攻势中的"元首卫队"旅（雷默指挥），1944年12月16日—1945年1月26日》，B-592，P.24—25。

216. 同上。

217. 法格，《突出部之战：一个小角落》，P.11。

218. 同上，P.12。

219. 同上。

220. 第11装甲师第63装甲步兵营卡尔·希利少校及副营长克拉伦斯·A. 雷什特上尉访谈。营指挥所，比利时比雷，1945年1月25日。战斗后关于第11装甲师的访谈。第11装甲师遗产小组网站。www.11tharmoreddivision.com/history/11th_AD_interviews.html. 2011年8月6日。

221. 帕克，《突出部之战：希特勒的阿登攻势，1944—1945》，P.227。

222. 战斗后关于第11装甲师的访谈。第11装甲师遗产小组网站。www.11tharmoreddivision.com/history/11th_AD_interviews.html 2011年12月27日。

223. 同上。

224. 登克特，《德国第3装甲师（从1944年12月28日到1946年1月25日）》，C-002，P.5。

225. 第11装甲师作战报告，1944年12月23日—1945年1月18日。www.11tharmoreddivision.com/history/after_action_report.html，2011年12月27日。

226. 帕克，《赢得冬季的天空》，P.360。

227. 基尤国家档案馆："超极机密"行动文件，HW 5/640. CX/MSS/T 416/41. BT 930 West。

228. 同上。

229. 德国空军损失清单，马蒂·萨洛宁。

230. 第11装甲师第63装甲步兵营卡尔·希利少校及副营长克拉伦斯·A. 雷什特上尉访谈。营指挥所，比利时比雷，1945年1月25日。关于第11装甲师作战的访谈。第11装甲师遗产小组网站。www.11tharmoreddivision.com/history/11th_AD_interviews.html. 2011年8月6日。

231. 克雷格，《第11装甲师"雷电"，第2卷》，P.33。

232. 登克特，《德国第3装甲师（从1944年12月28日到1946年1月25日）》，C-002，P.7。

233. 法格，《突出部之战：一个小角落》，P.16。

234. 克雷格，《第11装甲师"雷电"，第2卷》，P.23。

235. 登克特，《德国第3装甲师（从1944年12月28日到1946年1月25日）》，C-002，P.8。

236. 法格，《突出部之战：一个小角落》，P.17。

237. 迪皮伊、邦加德和安德森，《希特勒的最后赌博》，P.299。

238. 乔治·F. 霍夫曼，《冷战意外事故：罗伯特·W. 格罗少将的军事审判》，肯塔基大学出版社，1993年。

239. 伯克，《第6装甲师在欧洲战场的战斗记录，1944年7月18日—1945年5月8日》，P.147。

240. 科尔，《阿登：突出部之战》，P.629。

241. 同上。

242. 美国国家档案与记录管理局：第3军作战报告，1944年12月。记录组407，美国陆军副官长记录，第二次世界大战记录，第3军，作战报告，1944年12月，Box 2735。

243. 迪皮伊、邦加德和安德森，《希特勒的最后赌博》，P.301—302。

244. 突出部之战中的第35步兵师。www.coulthart.com/134/ardennes.htm 2011年12月26日。

245. 美国国家档案与记录管理局：第3军作战报告，1944年12月。记录组407，美国陆军副官长记录，第二次世界大战记录，第3军，作战报告，1944年12月，Box 2735。

246.《二战日记》，2007年第3号，"突出部之战"。

247.《德国国防军，1939—1945，第3册，1944年1月1日—1945年5月9日》，P.388。

248. 来源：小理查德·C. 安德森，为美国政府工作的历史学家和分析家。

249. 德瑞，《部队重组：为联合作战研究行动（CAORA）准备的史观》。联合作战研究书库第3号。

250. 科尔，《阿登：突出部之战》，P.309。

251. 迪皮伊、邦加德和安德森，《希特勒的最后赌博》，P.291。

252. 美国陆军装甲学校，《第9装甲师B战斗群，突出部之战，1944年12月16日—25日》，www.battleofthebulgememories.be，2011年12月28日。

253. 迪皮伊、邦加德和安德森，《希特勒的最后赌博》，P.479和482。

254.《德国国防军，1939—1945，第3册，1944年1月1日—1945年5月9日》，P.388。

255.《德国国防军最高统帅部作战日志》，第8卷，P.1359。

256. 迪皮伊、邦加德和安德森，《希特勒的最后赌博》，P.471—477。

257. 达格代尔，《1944年秋季到1945年2月西线阿登和"北风"行动中德国陆军和武装党卫军装甲师、装甲掷弹兵师、装甲旅详细和准确的兵力和组织，第1卷，Part 4A》，P.9。

258. 德国联邦档案馆—军事档案，RH 24/58，第58装甲军作战日志，1944年12月29日。

259. 达格代尔，《1944年秋季到1945年2月西线阿登和"北风"行动中德国陆军和武装党卫军装甲师、装甲掷弹兵师、装甲旅详细和准确的兵力和组织，第1卷，Part 4A》，P.110。

260. 达格代尔，《1944年秋季到1945年2月西线阿登和"北风"行动中德国陆军和武装党卫军装甲师、装甲掷弹兵师、装甲旅详细和准确的兵力和组织，第1卷，Part 4C》，P.77。

261. 美国国家档案与记录管理局：作战报告，第7装甲师（1944年12月1日—31日）。师级记录，第427条，记录组407。文件607：第7装甲师。

262. 来源：小理查德·C. 安德森。

263. 施拉姆，《德军阿登攻势始末（1944年12月16日—1945年1月14日）》，A-858，P.10—11。

264. 在科斯基迈基，《饱受战争创伤的巴斯托涅杂种》，P.396引用。

265. 法格，《突出部之战：一个小角落》，P.18。

266. 在古德里安，《西线战事的最后一年：第116"灰猎犬"装甲师战史，1944—1945》，P.350中引用。

267. 克雷文和凯特，《二战中的陆军航空队．欧洲：战争胜利日的争论，1944年1月—1945年5月》，P.701。

268. 施佩尔，《第三帝国内幕：灾难与评估，1944—1945》，P.510。

第9章

1945年元旦：对盟军的新打击

我们的任务是：清除艾德恩霍芬机场。这将是德国空军最新的重大胜利，第3战斗机联队在艾德恩霍芬机场摧毁了116架飞机，做出了很大贡献。

——德国空军第3战斗机联队第3大队大队长卡尔－海因茨·朗格少校，

1945年1月1日[1]

"底板"行动

1945年元旦，破晓时分，灿烂的阳光照耀着白茫茫的雪地。美国第9航空队第365"地狱之鹰"战斗机大队的技术军士长马里昂·希尔（Marion Hill）此时身处法国城市梅斯附近的弗雷斯卡蒂空军基地，他解释道：

> 新年第一天的天气晴朗而寒冷。每个人都盼望着一整天的任务能取得成功……作战指示下达后的一个小时左右，任务通常较轻，我们可以抓住这个机会放松一下……我恰巧抬头，看了一下高约500英尺、以U型包围梅斯和我们基地的群山。与此同时，我们听到了梅斯的高射炮开火的声音，然后看到大批飞机机翼发出的光芒。每个人几乎同时喊道："梅塞施密特！"然后就一头扎进能找到的掩体中……我和另一位同事躲到烧毁的军营中一堵基墙后面。这道屏障只能从一个方向保护我们，但总比什么都没有强。我们在那里卧倒时，德军的第一个攻击波从头上飞过，他们没有击中我们。接着我看到机场东边德军的飞机反复飞过：与我们卧倒的方向平

行。他们飞越机场，在爬高之前不停地射击。[2]

几乎同一时间，英国皇家空军第485中队的地勤人员乔·罗迪斯（Joe Roddis）正走向比利时西北部马尔德海姆空军基地的一座机库。他说道：

> 我们经过机库的角落时，空中的飞机引擎声吸引我们向控制塔方向遥望。三四架飞机稍微倾斜地飞过塔台，向我们的疏散机场飞来，并以较小的角度俯冲到大约30米的高度。我清楚地记得自己对比尔·帕克说："今天早上美国佬出动得很早。"这些飞机看上去很像"野马"战斗机，没等他回答，来机的前缘开始发出火光，机场上一片大乱。它们正在做的，就是把我们的"喷火"战斗机全部烧成灰烬！德国飞机依次向停在机场上的飞机俯冲，每次通场都有一架"喷火"起火、爆炸、从中部断为两截。它们的动作就像外科手术一样精确……这些Bf-109最终耗光弹药或燃油将尽时，和来时一样迅速地离开了。除2架停在机库里的飞机之外，只有3架飞机幸存下来，能够再度起飞。[3]

这就是"底板"行动——德国空军在西线的最后一次大规模攻势，他们以全部兵力猛烈打击盟军战术航空兵。德国空军指挥官赫尔曼·戈林元帅于1944年11月14日向德国空中力量下达参与阿登攻势的命令时，最优先的任务就是"对前线附近区域的所有盟军机场发动一次集中打击，消灭其战术航空兵"[4]。这次对盟军空军基地的大规模攻击是二战中规模最大的基地空袭之一，其具体计划是由德国第2战斗机军军长迪特里希·佩尔茨少将与莫德尔元帅协商制订的。[5]

佩尔茨是德国空军最重要的战术空袭专家之一。1936年他就在德国空军第一支俯冲轰炸机部队中担任飞行军官，1939年的波兰战役和1940年的西线战役中，他驾驶一架Ju-87"斯图卡"执行了100余次作战任务。此后，他转入一支专职低空攻击、配备Ju-88双发俯冲轰炸机的轰炸机部队，参加了"不列颠之战"和1941年—1942年的东线战争。次年，佩尔茨被任命为轰炸机兵种总监。这是一个头衔而非军衔；佩尔茨当时是上校，但1944年1月被提升为少将。由于他只有29岁，因而成为拿破仑之后欧洲最年轻的将军——这就很能说明其能力了。

出任轰炸机兵种总监，意味着佩尔茨不仅负责德国轰炸航空兵的发展，还要积极参与作战计划。在这个职位上，他经常与职位相当的阿道夫·加兰德中将（时任德国战斗机兵种总监）发生争吵。他们的分歧主要围绕战略和资源的分配方式及其优先权。在有关新型喷气式战斗机 Me-262 的问题上，两人的争论非常激烈。加兰德希望看到它作为纯粹的战斗机，而佩尔茨在一份备忘录上将其称为"尽快用于对英格兰行动的战斗轰炸机"，他在1944年5月根据希特勒的命令，接管了与这种飞机有关的所有事项。加兰德的两位传记作者雷蒙德·F. 托利弗和特雷沃·J. 康斯特布尔写道："佩尔茨采取措施，为 Me-262 的作战行动筹备轰炸机联队，与此同时，加兰德与轰炸机部队的关系变得越来越紧张……德国空军的两个主要兵种你争我斗。"[6]

德国空军两个兵种之间的紧张关系在1945年1月达到顶点，当时帝国元帅戈林解除了加兰德战斗机兵种总监的职务，很快任命佩尔茨为帝国防空指挥官。加兰德和佩尔茨之间的分歧影响了"底板"行动在历史中的形象，这些作品常常以相当负面的角度去评论佩尔茨。简而言之，"底板"行动可以描述为"戈林和佩尔茨"的冒险，这次行动不仅代替了加兰德计划动用战斗机预备队发动的所谓"沉重一击"（加兰德语），而且彻底否定了加兰德的计划。下文将做更详细的介绍。

然而，就"底板"行动而言，很难找出比迪特里希·佩尔茨更适合计划大规模打击西线盟军机场的人了。当时的美国驻欧战略航空兵指挥官卡尔·斯帕茨（Carl Spaatz）就认为，佩尔茨是德国最有才能的指挥官。[7]

实际上，"底板"行动遵循的，不过是二战开始以来大规模军事行动的常规模式：1939年德国入侵波兰，1940年的西线战役以及1941年入侵苏联，都是以对空军基地的大规模袭击拉开序幕的。"不列颠之战"大体上（至少在开始阶段）也不过是为计划中入侵英伦三岛的计划创造基本条件的一次空军基地攻击战。同样，苏联1943年7月在库尔斯克发动的大规模地面作战也是以对德军机场的大规模空袭拉开帷幕的。现代战争中，美国及北约于2003年对伊拉克、2011年对利比亚进行打击，也是首先对敌方的空军基地和防空体系进行大规模空袭。鉴于盟军的空中优势是毁灭性的，没有什么时候比1944—1945年的阿登地区更容易激发消灭对方航空兵的动机了。

草拟了行动的纲要之后，佩尔茨召集德国空军在西线的所有联队及大队指挥官，在12月5日[①]举行了一次计划会议。会议在第2战斗机军指挥部举行，这个指挥部设于风景如画的温泉小镇弗拉默斯费尔德（Flammersfeld），从科布伦茨向北只有大约40分钟的车程，镇上有许多砖木结构的房屋和500名农村居民。参会者包含一些德国空军在整个战争期间最有经验和才华的部队指挥官[②]。其中3位参会者——第3战斗机师师长瓦尔特·格拉布曼（Walter Grabmann）少将、第8战斗机师师长戈特哈特·汉德里克（Gotthardt Handrick）上校和中莱茵战斗机指挥部的汉斯·特吕本巴赫（Hanns Trubenbach）中校——都是战前就有指挥飞行部队经历的军官，他们均被吸收到佩尔茨"底板"行动计划和指挥小组中。[8]

虽然有人提出反对意见，但是"底板"行动的计划和与德国阿登攻势相关的其他许多行动一样，都是认真而巧妙的。德军决定投入西线的全部战斗机和对地攻击机，同时打击盟军在西线的机场。这次攻击将在黎明时分进行，飞机将从60—120英尺（约合18—37米）的低空接近目标，以避免被盟军雷达发现。夜间战斗机联队奉命参加行动，每个联队为每个攻击编队提供2架Ju-88作为导航飞机，为此总共需要70名精通导航的Ju-88机组人员。因为行动期间严格保持无线电静默，这些飞行员将使用信号弹和烟幕弹引导攻击力量。

正如地面行动那样，"底板"行动的准备工作严格保密。例如，德国空军部队须留在距离前线相对较远的常规空军基地中。这就要求飞机靠近目标时需要使用副油箱，也就是说，"底板"行动期间无法使用炸弹。作为替代，攻击以飞机的机枪和机炮实施。对德军指挥官有利的是，这次大规模行动的准备完全瞒过了盟军情报组织。攻击完全出乎盟军的意料。

"底板"行动唯一真正的弱点在于，参战的普通飞行员训练水平不足。为在某种程度上克服这个困难，他们整个1944年12月都用训练机场和地面的飞机模型练习低空袭击。但是大部分匆忙接受训练的年轻飞行员在飞行技术方面仍

---

① 原注：有些叙述中使用了错误的日期——12月15日。但是英国"超级机密"解码人员截获的召集令表明，正确的日期是12月5日。（基尤国家档案馆："超级机密"文件。HW 5/626，CX/MSS/T，HP8624 West。）

② 原注：参会的联队指挥官包括赫伯特·伊勒费尔德（Herbert Ihlefeld）中校、库尔特·比林根（Kurt Bühligen）中校、京特·施佩希特（Gunther Specht）少校、古斯塔夫·勒德尔（Gustav Rödel）中校和黑尔穆特·贝内曼中校。大队指挥官包括卡尔·博里斯（Carl Borris）少校、安东·哈克尔（Anton Hackl）少校、瓦尔特·克鲁平斯基（Walter Krupinski）上尉、尤利乌斯·曼贝格（Julius Meinberg）少校、弗里茨·格茨（Franz Götz）和罗伯特·魏斯（Robert Weiss）上尉。战斗机兵种总监加兰德也在座。

然没有达到期望。因此，提前起飞，在日出时发动攻击是不切实际的，而这本来是理想的做法，可以减少在空中遭遇敌方战斗机的风险。攻击时间定在9时20分，是为了让缺乏经验的飞行员们能在白天完成抵近飞行中最后也是最重要的部分；在一年中的这个时候，比利时的日出时间为8时43分。

根据原定计划，"底板"行动应该在地面军队发动西线大规模攻势的那天早晨进行。但是，我们已经知道，这与"秋雾"行动的计划相悖——只有在天气预报表明有连续多日不适合飞行的恶劣天气时，才发动地面攻势。浓雾、低云层、雨夹雪使得"底板"行动不可能在"秋雾"行动的前7天内实施。12月23日高气压出现，天气允许双方航空兵大规模行动时，东面先放晴，而西面很远的盟军机场在日出时仍然笼罩在薄雾中。因此，那一天也无法实施"底板"行动。12月23日的大规模空战使德军付出了沉重代价。除136架战机被击落外，至少还有65架遭到损坏，此外还要加上非战斗损失。因此，次日发动"底板"行动也不在考虑之列。

在接下来的4个晴天里，德国空军面对盟军空袭只有招架之功。这使第2战斗机军进一步严重失血——它在12月23日—12月27日的战斗中损失了500余架飞机。12月28日，新的低气压降临该地区，这对于佩尔茨的航空军来说是件幸事。遭到轰炸的空军基地设施得到维修，部队补充了新制造的飞机和刚刚训练的飞行员，可以为"底板"行动做准备了。

1944年12月31日的天气预报称，次日是晴天，有较小的西南风，温度为23华氏度（零下5摄氏度），是一个相当理想的飞行天气，德军于是决定在元旦发动攻击。12月31日下午，德军各航空单位收到了暗号"Varus"和"Teutonicus"，前者表示行动将在24小时内进行；后者是德国航空部队指挥官通知飞行员准备好所有飞机的信号。晚上7时30分，传来了下一条在弗拉默斯费尔德会议上确定的密码信息"Hermann"。这条信息的含义是：攻击将在次日早上9时20分进行（这一暗号导致了相当普遍的误解，很多人以为行动代号是"赫尔曼"）。

尽管在前几周蒙受严重损失，接到命令的德军飞行员士气并不低落。相反，他们带着一定的热情接受命令，说明仍然有着很高的士气。第1战斗机联队军官弗里茨·魏格纳（Fritz Wegner，战后成为联邦德国空军的一位中将）中尉确认，1945年1月1日早上登上飞机的德国飞行员们"充满信心" [9]。

战争最后一年的第一个早晨，数百架 Bf-109 和 Fw-190 飞机，以及第76轰炸机联队第3大队的 Ar-234喷气式轰炸机和第51轰炸机联队的 Me-262喷气战斗轰炸机，在黑暗中分别从35个机场的跑道上滑行起飞，这些机场南起斯图加特－埃希特丁根，北到距离不莱梅10英里的代尔门霍斯特（Delmenhorst）。参战的德军飞机准确数量不详（常见的估计是850—900架），但从布莱奇利庄园的英国"超级机密"解码人员收到的多条德军信息得出，准确数量应为622架。[10]无论如何，这绝对是德国空军当时在西线所能部署的最大数量了。这些飞机分别属于第1、第11、第2、第3、第4、第6、第26、第27、第53、第54和第77战斗机联队的34个战斗机大队，喷气机则来自第76轰炸机联队第3大队和第51轰炸机联队。此外，第1、第5、第100和第101夜间战斗机联队贡献了作为导航飞机的夜间战斗机。

盟军完全被打了个措手不及。德国第27战斗机联队飞行员埃米尔·克拉德（Emil Clade）中尉说："我们抵达梅斯博洛克机场上空时，一切都很平静。高射炮无人值守，加油站周围，轰炸机和战斗机排成圆圈，就像水坑周围的牛群。每个人抵达机场上空时都毫不犹豫地向这些猎物俯冲下去。"[11]仅在这个机场，德军就摧毁了地面的125架盟军飞机。[12]

第4战斗机联队第2大队的17架 Fw-190于7时08分起飞，随后第1、第3和第4大队于7时20分分别起飞了26架、9架和16架 Bf-109。[13]这个战斗机联队的洛塔尔·沃尔夫（Lothar Wolf）中尉讲述了德军攻击圣特雷登（Saint-Trond）空军基地时，美军飞行员镇静地走向停放的"雷电"战斗轰炸机的情景。第2战斗机联队的维尔纳·霍恩贝格（Werner Hohenberg）上士也攻击了这个机场，他回忆道，德国飞机向目标俯冲时，他看到大量"雷电"飞机一字排开时非常兴奋，"它们翼尖相对，就像在参加一场检阅。"[14]根据美方的数据，圣特雷登有41架飞机被摧毁或损坏，那里是理查德·E.纽金特（Richard E. Nugent）准将的第29战术航空兵司令部驻地。实际数字可能更高。霍恩贝格说道：

> 我们用所有枪炮向机场发动袭击，第一轮攻击后，就有许多"雷电"战斗轰炸机起火，我们第二次实施低空攻击时，浓烟使我们难以看清任何东西。但是据我判断，我们已经使圣特雷登空军基地的大部分（即使不是

全部）美军飞机起火。这对该基地的美军部队绝对是巨大打击。在返程的时候，我觉得非常兴奋。这种感觉一直保持到不久后我的飞机被高射炮火击落，我被美军拘押的时候才结束。[15]

攻击马尔德海姆机场时，德国第1战斗机联队报告摧毁了地面的30架战斗机，其中一位德国飞行员——军士长弗里茨·哈斯佩尔（Fritz Haspel）说："我们直接飞向目标，有机枪手在高楼顶上向我们射击，一架梅塞施密特扫射过去，将其消灭了。几分钟内，停在地面的所有飞机都燃起大火，只有一架飞机例外，可能它的油箱是空的。"[16]类似的情景还发生在梅斯－弗雷斯卡蒂空军基地。第53战斗机联队的军士长库尔特·奥皮茨（Kurt Opitz）是参加攻击的德国飞行员之一，他直扑翼尖相对的、停在地面上的40架"雷电"战斗轰炸机，第一次齐射就使其中多架起火。

第26战斗机联队的飞行员海因茨·戈曼（Heinz Gomann）上士回忆了对布鲁塞尔－埃弗尔的攻击："几分钟内，所有可燃物品都着了火：飞机、油罐车、机库等。"事后，第26战斗机联队总结战果，在对埃弗尔的攻击中有104架飞机于地面被毁——20架B-17和B-24四发轰炸机、24架双发飞机、60架战斗机。[17]

艾恩德霍芬空军基地的情况看上去也一样，据攻击此地的德国第3战斗机联队飞行员奥斯卡·伯施（Oskar Bösch）上士说："在最短的时间内，机场就被火焰和浓烟吞没，在4—5次攻击之后，能见度几乎降到0。"[18]在这个空军基地上，荷兰志愿飞行员津尼克·贝格曼（Zinnicq Bergmann）中尉无助地目睹了德军空袭的毁伤效应："即使他们闭着眼睛射击，也能击中某些东西。大约300架飞机几乎呈一字排开，在它们的旁边是各类车辆、燃油、弹药库，以及各种装备仓库。整个机场都燃起大火……"[19]

根据德军统计，艾恩德霍芬空军基地有116架盟国飞机损坏。[20]我们看到，盟军自己的损失报告很不完整。但是，该基地的107架英国"台风"战斗轰炸机中，有60架被记录为摧毁或损坏。[21]此外，第39联队至少有30架"野马"和"喷火"战斗机被摧毁或损坏，第83大队通信中队有8架飞机被摧毁或损坏，还有6架其他飞机被摧毁或损坏。因此，1945年1月1日，在艾德恩霍芬，至少有103架盟军飞机失去战斗力。[22]

回忆起 1945 年 1 月 1 日弗雷斯卡蒂空军基地的情景，技术军士长马里昂·希尔说道："德军飞机反复飞过。他们飞越机场，在爬高之前不停地开火。"几分钟以后，一排排的战斗轰炸机就成了机场上燃烧的废料堆。（布赖恩·普莱斯，唐·巴恩斯）

　　实际上，因为"底板"行动而失去战斗力的盟军飞机总数永远无法确定。关于这个主题的研究已经得出了引人注目的结论。约翰·曼洛（John Manrho）和罗恩·皮茨（Ron Pütz）曾将关于"底板"行动的深入研究编成一本巨著，他们写道："盟军机场的实际损失有多大？人们多次试图进行估算，但是很遗憾，准确数字至今仍然不详。"[23] 曼洛和皮茨对盟军官方损失数字的研究得出结论，这些数字远低于实际情况。[24] 曾编著多本航空史名作的唐纳德·考德威尔（Donald Caldwell）写道："在遭到完全出乎意料的攻击后，尴尬的盟军指挥官无法汇编出全面的损失清单。"[25] 英国空战史学家诺曼·弗兰克斯在关于"底板"行动的著作中指出，有些作家已经"暗示有一场阴谋试图掩盖 1945 年 1 月 1 日被摧毁的飞机总数，因为那些真相令人难以接受"[26]。

　　例如，盟军官方宣布布鲁塞尔-梅斯布洛克基地英军被摧毁飞机数量为 47 架（另有 14 架受损）。[27] 但根据约翰·曼洛和罗恩·皮茨的深入研究，被摧毁的

"我们用所有枪炮向机场发动袭击，在第一轮攻击之后，就有许多'雷电'战斗轰炸机起火，我们第二次实施低空攻击时，浓烟使我们难以看清任何东西。但是据我判断，我们已经做圣特雷登空军基地的大部分（即使不是全部）美军飞机起火。"这就是1945年参加对盟军空军基地空袭的德国第2战斗机联队飞行员维尔纳·霍恩贝格上士的经历。（布韬恩·普莱斯，唐·巴恩斯）

英军飞机更多，有照片证据显示，这个基地还有大量美国飞机被摧毁。[28]德军报告称，他们在这个基地共计使125架飞机失去战斗力（其中有85架被摧毁）。但是，地面上的幸存者断言，损失可能更大。驻扎于布鲁塞尔梅斯布洛克的飞行员迈克尔·魏茨（Michael Wetz）说："事后，我觉得可以算出机场上燃烧的飞机有150架。"[29]

在梅斯－弗雷斯卡蒂，报告的地面损失为22架"雷电"被摧毁，11架遭损坏，这些飞机都属于第365战斗机大队。[30]但是，在德国空军对弗雷斯卡蒂的袭击中，除了第365战斗机大队遭到损失之外，同一个空军基地的友邻部队第368战斗机大队也称其"雷电"战斗轰炸机中有些"被摧毁或严重损坏"[31]。不过，第368战斗机大队的飞机没有包含在官方编制的1945年1月1日梅斯－弗雷斯卡蒂损失报告中。第365战斗机大队战史编纂者巴恩斯、克伦普和萨瑟兰采访了多位当时在梅斯－弗雷斯卡蒂的老兵，将德军袭击后的机场描述为"微缩版的世界末日"[32]。

德国第76轰炸机联队第3大队的 Ar-234喷气式轰炸机攻击了吉尔泽－赖恩（Gilze-Rijen），盟军消息来源称，只有1架战斗轰炸机被摧毁，同时有6架左

"底板"行动中失去战斗力的盟军飞机准确数量已经永远无法确定。美国航空历史学家唐纳德·考德威尔写道："在遭到完全出乎意料的攻击后，尴尬的盟军指挥官无法汇编出全面的损失清单。"与通常的断言不同，德军最高统帅部注意到，德国地面部队因为"底板"行动而在盟军空袭中得到了"短暂的喘息之机"。（布赖恩·普莱斯，唐·巴恩斯）

1945年1月1日，在荷兰南部、比利时中部和法国东北部都可以看到这种情景——燃烧的盟军飞机和被摧毁的空军基地设施。德军通过"底板"行动实现了和2周前"秋雾"行动相同的奇袭效果。（布赖恩·普莱斯，唐·巴恩斯）

右的其他飞机受到某种程度的损坏。然而，根据德军的侦察，可以在航拍照片上看到地面上有25架被摧毁的飞机。[33]

　　盟军飞行员、二战中的法国战斗机王牌皮埃尔·克洛斯特曼亲身经历了"底板"行动。1945年元旦，他是英国皇家空军第274中队的中尉，该中队驻扎在沃尔克尔（Volkel）。在战后不久出版的著名战争回忆录《盛大演出》中，克洛斯特曼对盟军的官方损失数字深感不满。在他去世前2年（2004年）发行的该书最后一个版本中，他仍然维持相同的看法：

　　　　美军的审查机构和新闻部门像疯了一样，试图发布古怪的数字，将这次袭击描述成盟军的伟大胜利。我们这些飞行员3个月以后还在嘲笑他们。[34]

美国历史学家丹尼·S.帕克写道：

　　盟军提出的损失数字似乎大大低于实际情况，原因至今仍不明确。在1月3日的一份报告中，皇家空军记录的损失包括144架飞机被摧毁，另有84架严重受损。美国陆军航空队只承认损失了134架飞机，其中62架严重受损而无法维修。这一数字是否包括第8航空队承认在地面损失的40架飞机（16架B-17、14架B-24、8架P-51、2架P-47）尚不明确。这些估算数字都没有包括行动中被德军击落的大约70架飞机。[35]

　　这样看来，共有至少340架飞机在地面被摧毁（196架美国飞机和144架英国飞机），另有84架英国飞机和不确定数量的美国飞机受损。如果算上被击落的70架盟军飞机，损失总数将上升到494架。加上第8航空队被摧毁的40架飞机，总数至少达到534架。

　　就连盟军自己报出的损失统计数字也很不一致。据盟军远征军最高统帅部的报告，英军的损失为168架飞机被摧毁，而英国第83飞行大队的统计称，仅该部队就记录了127架作战飞机被摧毁、133架受损。[36]如果加上第83大队受损的133架飞机，损失总数就将上升到583架①。

　　1945年1月1日，德国第2战斗机军汇编了德方的第一份报告，根据"不完全统计"，"确认"有398架盟军飞机被摧毁，另有93架"可能"在地面上被摧毁，31架"确认"在空战中被击落，1架盟军飞机"可能"被击落。[37]次日，德军对被攻击机场进行了空中侦察照相，确认盟军有402架飞机被摧毁，114架受损。[38]另外，德军还声称在空战中击落了79架盟军飞机，总战果为593架。3天后，经侦察机进一步确认，摧毁的盟军飞机总数又被更正为"至少500架"[39]。不知这个数字是否减去了已报告受损的飞机数量，但是可以肯定，除了完全被摧毁或被"注销"的飞机之外，至少还有100架飞机受损。因此，德军于1945年1月1日黎明发动的闪电奇袭，很有可能使600架（甚至更多）盟军飞机失去战斗力。

————————

　　① 译注：原文如此，这里的计算口径有些混乱，应该是340（已确定的最少数字）+70（被击落的飞机）+40（第8航空队承认的数字）+133（第83大队记录的受损数字）。

有趣的是，皮埃尔·克洛斯特曼在1981年版的回忆录中写道："在几分钟内，800架盟军飞机失去了战斗力。"[40]

对于这次行动，还应考虑一个因素：大部分参加"底板"行动的德国飞行员在飞行、炮术和导航训练方面完全不足。配备 Bf-109 和 Fw-190 活塞式飞机的34个战斗机大队中，只有1/3能够按照计划，成功地攻击兵员齐整的盟军机场。其余部队中，有10个大队甚至无法定位目标；其他部队要么攻击完全失败，要么攻击的是没有几架飞机的机场。

德国第11战斗机联队出动了大约90架战斗机，他们在目标（艾施空军基地）上空遭到美国第366战斗机大队8架"雷电"战斗轰炸机的拦截。这8架美国战斗机在德军飞行员中引发了极大的混乱，趁此机会，在王牌飞行员约翰·C.迈耶（John C. Meyer）中校的率领下，其他"雷电"战机和第352战斗机大队的12架"野马"战斗机得以在德军攻击中从机场上起飞。虽然数量处于劣势，但是技高一筹的美军战斗机飞行员击落了一架又一架德国战斗机，从地面上看去，这简直就像一场"飞碟射击比赛"。迈耶中校在从跑道上起飞的同时击落了一架 Fw-190。他手下的两名飞行员小威廉·T. 惠斯纳（William T. Whisner, Jr）中尉和桑福德·K. 莫茨（Sanford K. Moats）中尉各击落4架德机，小亨利·M. 斯图尔特（Henry M. Stewart Ⅱ）中尉和阿尔登·P. 里格比（Alden P. Rigby）中尉各声称击落了3架。德国第11战斗机联队的其余飞机实施任务后回到基地时，共损失了24架飞机。伤亡人员名单中包含这支部队的两位最有经验的飞行员——联队指挥官金特·施佩希特少校和第3大队队长霍斯特-金特·冯·法松（Horst-Günther von Fassong）上尉。美军在艾施基地的空战中只损失了2架飞机，另有4架飞机在地面被摧毁。

其他德军部队（如第53战斗机联队第3大队）在接近目标期间受到了盟军战斗机拦截的严重影响。还有一些部队返航时遭到盟军战斗机追击从而损失惨重。盟军防空火力给来犯的飞机造成了更大的杀伤。例如，德国第2战斗机联队飞往目标的航线正好与 V-1 射向列日或安特卫普的航路重合，因此，盟军在那里部署了大量高射炮。第2战斗机联队的大约80架战斗机中，至少损失了43架。

此外，多架德国飞机甚至遭到己方防空部队的误击——但是因此损失的真实数量在 30—35 架之间，而不是据推测的 100 架。如此之多的德国飞机成为"友军火力"的受害者，部分原因可能是"底板"行动的保密级别很高，防空部队没有得到通知，而且，德军拆下了飞机上供防空部队辨识的敌我识别系统——主要是为了避免这些宝贵的设备落入敌军之手。

还有一些德国战斗机飞行员迷失了方向，带着空油箱迫降在敌占区中。"底板"行动使参战的德军部队损失了 280 架飞机（ 271 架 Bf-109/Fw-190 和 9 架 Ju-88 ），另外 70 架带伤返航。人员损失为 143 人阵亡或失踪、70 人被俘、21 人受伤。未能返航的飞行员中包括 3 名联队指挥官[①]、5 名大队长和 14 名中队长。

这明显是对德国空军的沉重打击，但问题在于，历史著作是否过分强调了德军的损失。当时德国第 2 战斗机军参谋部的哈约·赫尔曼（ Hajo Herrmann ）上校是一位高明的战术家，他断言在战争的最后阶段，对于已经遭受重创的德国空军来说，"底板"行动是所剩无几的机会中最为有利的一个：

> 作为一次战术上的奇袭，此次行动具有预防性，经过了精心的准备……我们希望通过这种方式，实现空战无法达到的效果。[41]

从德军的角度来看，第 11 战斗机联队和两个规模较小的美国战斗机中队在艾施上空进行的空战是场惨败，它说明，此时的德国战斗机力量在对抗盟军航空兵上的潜力极其有限。

这就让我们不得不回到战斗机兵种总监加兰德的替代方案——"沉重一击"（ der grosse Schlag ）。根据这个方案，1944 年秋末在德国和西线上建立起来的庞大战斗机预备队将投入一次集中攻击，以打击更大的美军重型轰炸机编队。加兰德在自己的回忆录中说，他预计能够在首攻中部署至少 2000 架战斗机，然后是分别有 150 和 500 架战斗机参与的两个攻击波，以及拦截瑞典和瑞士空域撤退路线上的 100 架夜间战斗机。加兰德认为，这样德军可以击落 400—500 架

---

① 原注：阿尔弗雷德·德鲁舍尔上校是"底板"行动期间损失的联队指挥官之一。他曾经在阿登攻势开始时协调对第 5 装甲集团军的战术空中支援，几天之后，他取代延森中校担任第 4 对地攻击联队指挥官。（基尤国家档案馆："超级机密"行动文件。HW 5/633. CX/MSS/T 401/92 West。）

美国重型轰炸机，己方的损失预计为400架飞机和100—150名飞行员。[42]

按照加兰德及其众多追随者的说法，此举能够给盟军造成巨大的打击，让他们不得不取消战略空袭。然而，当加兰德的战斗机预备队被调往西线实施战术任务时，这项计划不得不搁置。加兰德写道："11月20日，尽管我多次反对并提出报告，西线的调动还是开始了。"他接着说："此后，我觉得继续争论没有任何意义了。"[43]

不过，加兰德的估计是否现实，也是有理由提出质疑的。首先，同时部署多达2000架战斗机，其可行性高度存疑。几乎没有任何理由相信，德军有能力调动超过1000架战机打击较大的重型轰炸机编队。不过类似于"沉重一击"的实例也确实存在，但可以说明，如果加兰德的计划得以实施，可能出现什么样的情况。

1944年11月27日，美国第8航空队派遣483架重型轰炸机，在730架战斗机的护航下打击德国的铁路目标。当天，德国空军动用了所有可用的战斗机，尽最大努力击退美军的攻击。根据盟军的估计，750架德国战斗机（这是一个纪录，德军再也没有达到过这种出动率）参加了与美军编队的较量。[44]

德军这次大规模出击的结果，对当时德军战斗航空兵的能力做出了无情的评判：德军甚至无法击落美军将近500架轰炸机中的任何一架，就陷入了与美国护航战斗机的激烈空战中，根据德方的资料，有81架德机被击落，而美国战斗机仅被击落10架。[45]美国战斗机飞行员报告，他们"攻击了一个由新手组成的（德国）编队，就在这些飞机愚蠢地挤成一团时，'野马'轻松地将其击落"[46]。

战后的历史著作大多对"底板"行动做出相当苛刻的评判，这肯定是考虑到德国战斗机部队和轰炸机部队领导者之间的争论（前者早已经创造了一种独特的历史观），以及（这点尤为重要）盟军对德国空军完全没有防备这一极端难堪的事实。

讨论"底板"行动时，常常被忽视的一点是，由于德军部署了大量飞机，这成为盟军重创德国空军的一次绝佳机会。有关"底板"行动的叙述中，对于1945年1月1日艾施上空的空战，从美军的角度来说非常成功，通常也吸引了很多人的注意力；但是，重点在于，如果不是盟军对此毫无准备，无法在大部分基地出动战斗机对抗德军编队，就应该发生很多类似的"艾施空战"。升空攻击德军编队的盟军战斗机数量处于下风，却能击落150架（估计数字）德国飞机。不难想象，如果有数百架（而不是区区几十架）盟军飞机扑向以巡航速度低空进入的德国飞机，会发生什么样的情况。如果盟军预先知道德军的意图，在美国第8航空队的支援下（其在"底板"行动之后实际上有650架战斗机飞临德国西部空域）派出整个战斗机部队，很有可能实现一场大规模"猎火鸡大赛"①，那将成为盟军战斗机航空兵对德国空军的"沉重一击"。但是，德军明显很巧妙地隐藏了他们的准备工作。评估1945年元旦的战果时，盟军参谋部的军官们不太可能没意识到自己错失了良机。此外，盟军因为遭到奇袭而引起的损失也绝非微不足道。

如果有人认为盟军在地面上的损失（近来通常认定为300架飞机被摧毁，另有180架损坏）很小——讨论"底板"行动时这种情况并不少见——那只能证明他对空战史一无所知。任何情况下，损失100架飞机都应该称为一次失败，或糟糕的战果。例如，1940年9月15日（著名的"不列颠之战"纪念日），德军损失了57架飞机，当时人们认为德国空军被"打断了脊梁"。没有一位作家会将此描写为特别轻微的损失。

通过"底板"行动，德国空军使500—600架盟军飞机失去战斗力，在此之前，德军从未在己方仅损失280架飞机的情况下实现这样的战果。皮埃尔·克洛斯特曼在他对"底板"行动的评论中肯定地说："这一行动构思巧妙，执行出色……德国空军以大约280架飞机的代价赢得了成功，几乎使盟军的战术航空兵部队瘫痪了一周以上。"[47]

不管德国将军们在战后如何评论，1945年1月德军最高统帅部对"底板"行动的看法可以用佩尔西·E.施拉姆（他负责德军最高统帅部作战日志）的话来总结："一次伟大的成功。"[48]许多参与行动的德国飞行员也有相同的看法。例如，第27战斗机联队的埃米尔·克拉德（Email Clade）中尉说："就我个人看来，

---

① 原注：1944年6月19日—20日，在马里亚纳群岛附近菲律宾海进行的空战中，美国航母舰载战斗机报告击落了402架日本飞机，己方仅损失29架飞机。"列克星敦"号航母上的一名美国飞行员形容道："这就像旧时候的射火鸡大赛！"航母指挥官保罗·D.布莱（Paul D. Bule）在面对媒体时引用了这句话，将这场实力悬殊的空战称为"马里亚纳射火鸡大赛"。

1945年1月1日，美国第365战斗机大队的3名飞行员——罗伯特·特雷西（Robert Tracey）中尉、鲍勃·托曼（Bob Thoman）中尉、约翰·维茨（John Vitz）中尉在托马斯的"雷电"战斗轰炸机残骸前，这架飞机的绰号为"我亲爱的"（Ma Cherie）。美军飞行员过早地忽视了德国空军的威胁，他们没有预料到这一结果，从他们的脸上可以明显地感觉到震惊。（布赖恩·普莱斯，唐·巴恩斯）

我认为这次攻击是成功的。"[49]唐纳德·考德威尔描述了1945年1月1日德国第26战斗机联队第3大队飞行员完成任务后返回基地的情景："降落在普兰特林讷的飞行员们喜气洋洋。海因茨·格尔克（Heinz Gehrke）回忆道，他飞过机场时快乐地猛烈摆动机翼，宣示自己在埃弗尔取得的胜利。"[50]第4战斗机联队的洛塔尔·沃尔夫中尉描述了德国战斗机飞行员们对盟军空军基地遭到的大破坏留下的印象："那是罕见的景象，但对当时的我们来说是最美的风景。"[51]1945年1月1日，第3战斗机联队第3大队的作战日志上写道：

> 战斗航空兵攻击了荷兰、比利时和法国北部的盟军机场。我们的大队起飞了15架飞机，加入联队的编队。我们的任务是："清除艾恩德霍芬机场。"这将是德国空军最新的重大胜利，第3战斗机联队在艾德恩霍芬机场摧毁了116架飞机，做出了很大的贡献。[52]

毋庸置疑，在一些遭受严重损失的德国空军单位（如第2战斗机联队或第11战斗机联队）里，情绪完全不同。但是，德国飞行员们一年多来对于自身的严重损失已经司空见惯[①]。有很多评论称"底板"行动"打断了德国空军的脊梁"，但很难找到支持这种意见的证据。"底板"行动期间的损失确实很大，是整个战争中德国空军单日损失最大的一次，但第2战斗机军在1944年12月23日和24日两天遭受的损失更大（293架战斗机）。[53]在那48个小时里，人员的损失几乎与"底板"行动期间一样大：205名飞行员阵亡、失踪、被俘或负伤。但是，德国空军仍能在1945年1月1日实施这一大规模行动，并于次日派出将近500架飞机在西线空域执行战斗任务。[54]在1945年1月14日发动的新一轮大规模行动中，至少有700架德国飞机出现在西线上空。此后，第2战斗机军几乎所有单位都调往东线，这些德国飞行员和原来在东线航空兵部队中更有经验的战友一起，暂时阻挡了苏军在通往柏林的大门前发动的攻势。

1944年8月的诺曼底战役之后，第2战斗机军实际上已经算不上是一支很

---

① 原注：攻击圣特雷登空军基地之后不久，维尔纳·霍恩贝格上士被美国高射炮击落并俘获，但是他在那天稍晚时候遇到了多名其他来自第2战斗机联队的飞行员，这些被击落停获的飞行员们"都精神良好，充满信心"（作者的采访）。

被击落的德国第53战斗机联队（绰号"黑桃 A"）飞行员斯特凡·科尔在接受美国第386战斗机中队的罗伯特·布鲁金少校审问时，德国人突然从椅子上站起来，走向窗边，指着成排被摧毁的"雷电"战斗轰炸机，以标准的英语问美国人："你对这怎么看？"此后，美军在户外为科尔拍照时，他坚持先擦亮自己的皮靴，梳好头发，并将飞行夹克拉平。（唐·巴恩斯）

有效的战斗机力量了。但是这并不意味着它的飞行员们不能以充沛的精力实施大规模作战。因为极大的损失，士气反倒不可思议地保持在较高的水平上；刚从飞行学校加入的新人斗志总是很高——他们往往没有意识到局势有多么艰难，直到一切为时已晚。

袭击梅斯–弗雷斯卡蒂空军基地之后，德国第53战斗机联队第4大队的"白色11"号 Bf-109战斗机被地面炮火击落，坠毁于机场附近，驾驶这架飞机的是军士长斯特凡·科尔（Stefan Kohl）。科尔试图徒步返回德军战线，但是被法国抵抗组织战士抓获，带到空军基地。他在第386战斗机中队指挥所受到了罗伯特·布鲁金少校的审问。布鲁金曾在12月18日实施了一次关键的空袭，打击舍纳的党卫军派普战斗群，并因此得到了一枚银星勋章。但是此时，执行这一著名任务的许多飞机已经成了燃烧的废料堆。

这位德国飞行员尽管成了俘虏，但他仍然表现得愉快而高傲，仿佛是他在盘问对手。就在布鲁金提出自己的问题时，科尔突然从椅子上站起来，走向窗边，用大拇指指着一排排弹孔密布、仍在阴燃中的"雷电"战斗机，满脸带笑地用标准的英语说道："你对这怎么看？"[55]

布鲁金对此忍无可忍，他在狂怒中冲了出去。他深知德国人说的是对的——正如他后来所说，"整个中队身处一个屠宰场"[56]。布鲁金自己的飞机（绰号"命运之手"，曾实施了对派普纵队的著名空袭行动）在德军的空袭中也和许多其他飞机一样陷入火海。[57]

此后，美军在户外为科尔拍照时，他坚持先擦亮自己的皮靴，梳好头发，并将飞行服拉平。[58]照片上的科尔是个笑容可掬、自信满满的年轻人，毛皮领子上翻，俏皮地斜戴着军帽。押送他的美军宪兵看上去极度尴尬。科尔事后评论道，美国人"可能害怕我会偷走一架飞机飞回家"[59]。

在圣特雷登被击落俘虏的另一名德国战斗机飞行员对捉拿他的盟军士兵说："这就是元首所预言的结果。"接着他又补充了一句："德国昨天遭受轰炸，今天比利时就尝到了苦头，明天该轮到美国了！"[60]

"底板"行动当然给盟军造成了心理影响，但这种损害可能有限，因为整个真相并没有传开。皮埃尔·克洛斯特曼说："如果德国空军造成的真实破坏程度大白于天下，盟国的民心将遭到严重打击。"[61]不过，各个总部当然知道实情。丹尼·S.派克说道："'底板'行动给盟军航空兵指挥官们留下了难忘的印象。"[62]这使盟国将军们担心，此举是北路德军重新发动攻势，从侧翼进攻列日的开始。美国战略航空兵指挥官斯帕茨"估计欧洲的战争无法在夏末之前结束"[63]。

盟军在"底板"行动期间遭受的损失打击了业已削弱的战术航空兵。盟军1944年6月在诺曼底登陆时，美国第9航空队集结了约2000架飞机（包括约1500架战斗机），但是不断遭受的损失使其兵力逐渐减少。6月到9月间，美军损失了900架战斗机／战斗轰炸机。登陆之前，盟军计算过，即使损失达到20%也能得到完全的补充，但6月份的损失率就已经达到25%，8月更增加到26.7%。1944年12月初，第9航空队的战斗机兵力下降到1300架飞机，而且还将继续下降。虽然这个月适合飞行的日子相对较少，但损失率仍然创造了新纪录，接近29%。加上秋季和冬季从美国送来的新飞机减少，这意味着第9航空队的一些飞行大队已经不到定编兵力的一半——从75架飞机下降到只有35架。[64]

美国第386战斗机中队指挥官罗伯特·布鲁金少校。这张照片拍摄于1944年年底，他坐在自己的P-47"雷电"（绰号"命运之手"）驾驶舱里。这架飞机参加了1944年12月18日对党卫军派普战斗群的空袭，但是在德国第53战斗机联队（"黑桃A"）1945年元旦对空军基地的扫射中被摧毁。（罗伯特·布鲁金，唐·巴恩斯）

　　1945年1月2日，美国第19战术航空兵司令部下辖部队作战出动407架次，这个数据有时候被用来证明，德军1月1日对盟军空军基地的袭击"没有真正"损害盟军战术航空兵的打击能力。根据报告，第405战斗机大队在克莱沃轰炸了德军的坦克，而第354战斗机大队攻击了前线的目标。同一天，德国空军在前线出动500架次，仅在巴斯托涅上空就超过300架次。[65]鉴于1944年12月最后几天的战损（例如，12月26日，德军作战出动404架次，损失了65架飞机，其中大部分是在空战中损失的），双方在有限的区域里各自出动了如此之多的飞机，可以预计1945年1月2日将发生大规模空战，给德国空军造成严重的损失。但有趣的是，这一天并没有发生那样的情况。德国第1战斗机联队报告，作战中有1架飞机失踪，在空战中，第4战斗机联队损失4架，第53战斗机联队损失5架 Bf-109 战斗机。[66] 1945年1月2日的西线空战中，参战的其他德国战斗机部队没有损失任何飞机，这在盟军升空的战机如此之多的情况下显得很奇怪。此外，德军飞机1月2日支援地面军队在巴斯托涅以东发动的反攻，美国第6装甲师在那里遭受特别大的打击（我们将在后面介绍）。但是，除了地面炮火之外，德国第11战斗机联队第3大队的 Fw-190 战斗机在前线进行"战斗机扫荡"时没有遇到任何对手——尽管有些飞行员在返航时迷失方向而低空飞越美军战斗机基地。[67] 第53战斗机联队第3大队的作战空域与美国第19战术航空兵司令部相同，执行的任务也是在前线上空对抗敌军的战斗轰炸机，但是直到返回基地也没有发现任何敌方战机。[68] 第53战斗机联队第4大队是当天少数几支在西线遭受空战损失的部队之一，但是他们也能够在没受到敌方飞机干扰的情况下对美军坦克展开低空攻击。这些德国飞机后来降落于己方的空军基地时，却遭到8架"野马"战斗机突袭（这些飞机可能来自第361战斗机大队，该部队声称击落了5架德国飞机）。[69]

有趣的是，1945年1月27日，德国空军情报部的鲁道夫·沃达格（Rudolf Wodarg）上校对"底板"行动进行了评估，称德军1945年1月1日对盟军空军基地的打击"阻碍"了盟军"1月前几天"的空中行动，"这是因为油料库被烧毁，机场降落受到限制，航线改变和空运行动的取消。"[70] 佩尔西·E.施拉姆在德军最高统帅部讨论摘要中写道，因为"底板"行动，德国地面军队在盟军的空袭中得到了"短暂的喘息之机"。[71]

对"底板"行动效果的一种常见否定说法是，美军能迅速补充损失的飞机。事实确实如此，但也没有到能够一切如常的程度。冬季的北大西洋风暴使补充的物资难以运抵欧洲大陆，特别是战斗机的航程有限，无法从美国飞越大洋前往欧洲。1944年12月27日，斯帕茨中将收到第9航空队指挥官霍伊特·范登堡（Hoyt Vandenberg）少将的一份报告，说明了补充装备严重不足的情况：

> 过去10天，接收的补充战斗机（包括 P-47、P-38和 P-61）几乎可以忽略不计。除非立即向战术航空兵司令部提供各型战斗机，否则各指挥部的作战效能都将受到严重影响，尤其是第474和第370战斗机大队。第9

1945年1月1日，布鲁金的P-47"雷电"战斗轰炸机（"命运之手"）残骸悲惨地躺在梅斯－弗雷斯卡蒂空军基地的跑道上。（布赖恩·普莱斯，唐·巴恩斯）

战术航空兵司令部估计，如果不能接收到补充的飞机，第422夜间战斗机中队在一周内将无法作战。[72]

有人认为，如果德军集中精力，力图在空中击落同等数量的盟军飞机，那么效果可能更好，因为这还将造成盟军训练有素的飞行员大量损失——这应该更难以补充。其实，即使不考虑当时训练不足的德军西线飞行员无力实现这一目标的事实，这一论调也经不起推敲。正如历史学家丹尼·S.帕克所言："即使有大量盟军飞行员阵亡，也产生不了决定性的结果，因为到1945年年初，盟军的空中优势已经非常明显，他们从来不缺乏训练有素的飞行员，也不缺少飞机。"[73]

实际上，补充损失的飞行员比补充损失的飞机更容易，因为人员总是可以从美国经加拿大、格陵兰岛和冰岛飞往欧洲，而飞机必须装船，与波涛汹涌的大西洋搏斗。

德国空军在阿登战役中企图支援地面军队，造成了飞行员的严重损失。战役之后很久，整个地区里仍然散落着德国飞机的残骸。这张照片中，美国第6装甲师第68坦克营副营长保罗·A. 瓦普中尉站在一架被击落的Fw-190战斗机驾驶舱里。（保罗·瓦普的收藏）

　　总体来说，正如德国第3战斗机联队第3大队作战日志所言，"底板"行动确实堪称德国空军最新的一场大胜。毫无疑问，鉴于参战飞行员的平均水平低下，德军从这一行动中得到的好处超出预期，这显然是出色、专业的计划所致。用哈约·赫尔曼的话说，这次行动"实现了空战无法达到的效果"。虽然不完全像皮埃尔·克洛斯特曼所说的那样，使盟军整个战术航空兵几乎瘫痪了一周以上的时间（第二周的天气较为恶劣，才是盟军战术飞机留在地面上的主要原因），但是盟军方面的损失当然使阿登地区的德国地面军队有了喘息之机。最终的结论是，从希特勒的角度看，"底板"行动和阿登攻势一样，都是最为合理的行动。很难看出，在新的一年到来之际，德国第2战斗机军还有什么更高效的运用方式；反对者认为"底板"行动（或整个阿登攻势）并不能给战争带来新的转折点，但这种说法毫无意义：总体上说，在德国人眼中，最合理的做法既不是集中兵力于西线，也不是全力投入东线的防御，或派出所有战斗机打击美国轰炸机，而是尽快实现和平，因为战争的失败是无法避免的。然而，纳粹独裁者不可能同意这样的看法。

"北风"行动

阿登攻势需要多方面的稳固基础。我们已经知道，德军以高超的手法掩盖了准备工作，通过出色的组织将大批军队送往前线，集结了全面占据优势的坦克，在不利于飞行的恶劣天气中发动攻势，用 V 型火箭袭击列日与安特卫普，动用现代化的潜艇打击英吉利海峡的盟军运输船队，甚至发动了对盟军空军基地的大规模袭击。

盟军航空兵的活动使德军不太可能将第三突击波送到阿登前线，冯·伦德施泰特决定在南面70英里（约113千米）处发动又一次牵制性进攻。

"底板"行动只是盟军在新年收到的两个大"惊喜"中的一个。新年钟声敲响之前半个小时，德国第1集团军从萨尔布吕肯东南，距离阿登地区70英里的阵地上，向南攻击美国第7集团军。这是德军新攻势（"北风"行动）的开始。冯·伦德施泰特元帅亲自草拟进攻计划，其目标是利用巴顿的第3集团军离开这一地段向北进攻的机会。希特勒将这一计划扩展为一次双重钳形攻势，目标是在阿尔萨斯围歼美国第7集团军和法国第1集团军，重夺斯特拉斯堡。

美军已经预料到德军将在这个地区发动一次进攻，但是面对这次奇袭仍然有些措手不及。如果不是法军指挥官夏尔·戴高乐的强烈抗议，他们就会从斯特拉斯堡撤退。戴高乐认为，撤退无异于"民族的灾难"。相反，美军很快向受到威胁的前线区域派出了增援。后退约10英里后，他们抵挡住了德军的进攻，后者将进攻重点转向卡尔斯鲁厄西南约20英里的莱茵河前线。1月5日，党卫军第14军在斯特拉斯堡以北6英里的甘布斯海姆（Gambsheim）渡过莱茵河，在河西建立1英里宽的桥头堡。两天后，德军发动钳形攻势的南半部，位于斯特拉斯堡南面的德国第19集团军从所谓的"科尔马包围圈"（盟军11月23日占领斯特拉斯堡之后，德军在莱茵河以西的阿尔萨斯地区残存的唯一据点）向北进攻。

德军这一联合攻势虽然在规模上比不上阿登攻势，也没有夺得大片土地，但也给盟军造成了严重损失和一系列难堪的战术失败。1月8日，美国第12装甲师B战斗群企图在甘布斯海姆发动反冲击，结果被德军击退，根据德方的数据，美方损失14辆坦克和100余辆其他作战车辆。从"科尔马包围圈"推进期间，德国第64军于1月9日成功在奥伯南（Obenheim）包围一个法国战斗群，最终俘虏700名法国士兵。另一支法军在西北不远处的埃尔斯坦（Erstein）被围歼。

在斯特拉斯堡以北地区，福伊希廷格尔战斗群（第21装甲师和第25装甲掷弹兵师）从甘布斯海姆桥头堡以北的法德边境向南推进，1月9日攻打距出发点10英里的阿唐（Hatten），这引发了与美国第14装甲师长达一周的激战，美军付出了75辆坦克的代价。[74]另有150辆坦克失去战斗力，但是后来得到了维修。德国装甲兵的损失估计约为50辆坦克和坦克歼击车。[75]

1月12日苏联发动大规模冬季攻势，迫使德军进攻军队被从阿尔萨斯前线调往东线，德军的攻势才逐渐枯竭。首先是第64军在斯特拉斯堡以南停止前进，最终连北路军队也停下了脚步。但是战斗并没有结束。美军逐步发动反攻，却因此遭受了在这一前线地段最沉重的损失。1月16日，美国第12装甲师恢复了对甘布斯海姆桥头堡的进攻，但是再次被击退。1月17日，该师B战斗群在甘布斯海姆桥头堡的埃尔利塞姆（Herrlisheim）与党卫军第10"弗伦茨贝格"装甲师交战。在两天的战斗中，这个党卫军师成功消灭了美军2个整营（第17装甲步兵营和第43坦克营），并击毁了第23坦克营的全部坦克，俘虏了第43坦克营营长尼古拉斯·诺沃塞尔（Nicholas Novosel）中校。根据美方资料，德军缴获了第12装甲师的42辆"谢尔曼"坦克。[76]

由于这次失败，美国第7集团军撤退到斯特拉斯堡以北6英里的默德河对岸。这样，德军已经重夺阿尔萨斯地区约40%的土地。

但是，德军不可能再取得进一步成功。越来越多部队离开阿尔萨斯前线调往东线，包括福伊希廷格尔战斗群。盟军此时向南面的"科尔马包围圈"发动猛烈反攻，这个包围圈越缩越小，最终在2月的第一周被完全消灭。

"北风"行动虽然从未完全实现其目标，但是进一步震动了盟军指挥官们，导致阿登战役持续得比预期的更加漫长。

解放者在此！一名比利时男孩注视着一队"谢尔曼"坦克驶入他的村庄，德军不久前刚离开这里。尽管德军向默兹河发起的攻势停滞，但在最终从侵略者手里全部解放阿登地区之前，仍然有漫长、血腥的战斗。（NARA，111-SC-198123）。

德军"神奇武器"对卢森堡的攻击

我们已经知道，德军在阿登攻势中使用了最新的武器科技，其集中程度超过其他任何一次行动。在这次行动中首次推出的"神奇武器"之一，是瞄准美国第12集团军群和第3集团军指挥部所在地卢森堡城的巨型火炮。这种火炮的特别之处不在于其口径（150毫米），而是其超远的射程。

这种武器有好几个不同的名称。其中两个——"高压泵"（Hochdruckpumpe）和"蜈蚣"（Tausendfüssler）——是因为它的长炮管里装有多个推进药包，在炮弹经过时点燃以增大其初速。此外，这种武器还被称为"凤仙花"（Fleissiges Lieschen）或简称为V-3（Vergeltungswaffe 3）。

德国人最初的想法是用130米长的炮管，从英吉利海峡沿岸的法国米摩耶克斯（Mimoyecques）炮击伦敦。德军的计划要求动用多门这种巨炮，每天发射600发炮弹打击伦敦。但是，在蒙哥马利的军队于1944年9月初迫使德军撤出上述地区之前，这一设想都没能实现。

不过，驻扎在德国城市特里尔西南8英里（约12.9千米）兰帕登的第705炮兵营安装了2门较小版本的火炮，它们配备了50米长的炮管，有12个推进药包。和V-2火箭一样，V-3的作战行动由党卫队地区总队长汉斯·卡姆勒指挥。1944年12月，卡姆勒接受陆军元帅冯·伦德施泰特的命令，使用2门V-3炮击卢森堡城，支援"秋雾"行动。

第一门巨炮于1944年12月30日做好作战准备。新年前夜，卡姆勒亲临现场，7发炮弹以935米/秒的初速连续发射，击中了27英里（约43.4千米）外的卢森堡城。城中没有人想到德国有射程如此之远的火炮，导致平民和军事人员中都出现恐慌。[1]

不过，V-3的心理效果大于实际效果。虽然第二门V-3于1945年1月11日炮击了卢森堡，但是到美国陆军于2月22日迫使德军搁置这项活动的时候，德军只发射了183发97千克重的炮弹。只有142发落在了卢森堡，其中命中城区的不超过44发——造成的伤亡很有限，只有10人死亡，30人受伤。然而，V-3的行动是德军为阿登攻势做出巨大努力的又一个证据。

注释：

1. 托兰，《战斗：突出部的故事》，P.352。

本章注释

1. 德国联邦档案馆－军事档案，RL 10/639：第3战斗机联队第3大队作战日志；曼洛和皮茨，《"底板"行动》，P.138。

2. 马里昂·希尔的话见曼洛和皮茨，《"底板"行动》，P.400。

3. 乔·罗迪斯的话见曼洛和皮茨，《"底板"行动》，P.26。

4. 大德意志帝国元帅、空军总指挥官第10325/44号命令，绝密，1944年11月14日。

5. 赫尔曼，《动人的生活》，P.380。

6. 托利弗和康斯特布尔，《战斗机总监》，P.254。

7. 帕克，《赢得冬季的天空》，P.455。

8. 福赛斯，《第44战斗机联队》，P.7。

9. 弗里茨·韦格纳的话见普里恩和罗代克，《第1和第11战斗机联队，第3卷：1944—1945》，P.1398。

10. 基尤国家档案馆："超极机密"行动文件，HW 5/642. CX/MSS/T 419/27. BT 958, BT 1211, BT 1235 West。

11. 埃米尔·克拉德的话见曼洛和皮茨，《"底板"行动》，P.348。

12. 曼洛和皮茨，《"底板"行动》，P.368。

13. 基尤国家档案馆："超极机密"行动文件，HW 5/640. CX/MSS/T 416/62 West。

14. 维尔纳·霍恩贝格，作者的采访。

15. 同上。

16. 普里恩和罗代克，《第1和第11战斗机联队，第3卷：1944—1945》，P.1404。

17. 考德威尔，《JG 26作战日志，第2卷：1943—1945》，P.413。

18. 奥斯卡·博施的话见曼洛和皮茨，《"底板"行动》，P.127。

19. 津尼克·贝格曼的话见曼洛和皮茨，《"底板"行动》，P.123。

20. 德国联邦档案馆－军事档案，RL 10/639：第3战斗机联队第3大队作战日志。

21. 弗兰克斯，《机场之战："底板"行动，1945年1月1日》，P.204。

22. 曼洛和皮茨，《"底板"行动》，P.503—506。

23. 同上，P.460。

24. 同上。

25. 考德威尔，《JG 26作战日志，第2卷：1943—1945》，P.415。

26. 弗兰克斯，《机场之战："底板"行动，1945年1月1日》，P.201。

27. 曼洛和皮茨，《"底板"行动》，P.366—368。

28. 同上。

29. 迈克尔·韦茨的话见曼洛和皮茨，《"底板"行动》，P.352。

30. 曼洛和皮茨，《"底板"行动》，P.414。

31. 第368战斗机大队战史与事件时间轴。www.368thfightergroup.com/368-timeline-w.html. 2011年12月28日。

32. 巴恩斯、克伦普和·萨瑟兰，《"地狱之鹰"的"雷电："关于第365战斗轰炸机大队的文字、照片和插画》，P.121。

33. 基尤国家档案馆："超极机密"行动文件，AIR 20/9941. XC 020194。西线空军情报处1945年2月25日对地攻击行动备忘录，第1160/45号，机密。主题：对英军与美军机场的攻击。

34. 克洛斯特曼，《盛大演出》，P.218。

35. 帕克，《赢得冬季的天空》，P.447。

36. 同上。

37. 基尤国家档案馆："超极机密"行动文件，HW 5/640. CX/MSS/T 416/78. BT 953, 958 West。

38. 施拉姆，《德国国防军最高统帅部日志，第8卷》，1945年1月2日，P.977。

39. 施拉姆，《德国国防军最高统帅部日志，第8卷》，1945年1月5日，P.995。

40. 克洛斯特曼，《大疯狂：二战战斗机飞行员———位法国飞行员对皇家空军的回忆》，P.201。

41. 赫尔曼，《动人的生活》，P.381。

42. 加兰德，《第一和最后》，P.331。

43. 同上，P.332—333。

44. 弗里曼，《"强力第8"战记》，P.195。

45. 普里恩和罗代克，《第1和第11战斗机联队，第3卷：1944—1945》，P.1332。

46. 弗里曼，《"强力第8"战记》，P.195。

47. 克洛斯特曼，《大疯狂：二战战斗机飞行员———位法国飞行员对皇家空军的回忆》，P.218。

48. 施拉姆，《德军阿登攻势始末（1944年12月16日—1945年1月14日）》，A-858，P.13。

49. 埃米尔·克拉德的话见曼洛和皮茨，《"底板"行动》，P.369。

50. 考德威尔，《JG 26作战日志，第2卷：1943—1945》，P.414。

51. 普里恩和罗代克，《第1和第11战斗机联队，第3卷：1944—1945》，P.1404。

52. 德国联邦档案馆 - 军事档案，RL 10/639：第3战斗机联队第3大队作战日志；曼洛和皮茨，《"底板"行动》，P.138

53. 普里恩和罗代克，《第1和第11战斗机联队，第3卷：1944—1945》，P.1360和P.1371。

54. 施拉姆，《德国国防军最高统帅部日志，第8卷》，P.981。

55. 多尔和琼斯，《地狱之鹰！不为人知的故事：痛击希特勒国防军的美国飞行员》，P.185。

56. 同上，P.186。

57. 通过唐·巴恩斯。

58. 弗兰克斯，《机场之战："底板"行动，1945年1月1日》，P.144。

59. 曼洛和皮茨，《"底板"行动》，P.410。

60. 帕克，《赢得冬季的天空》，P.417。

61. 克洛斯特曼，《大疯狂：二战战斗机飞行员———位法国飞行员对皇家空军的回忆》，P.218。

62. 帕克，《赢得冬季的天空》，P.455。

63. 同上。

64. 航空历史学家 W.A. 雅克布斯的话见库林，《近距空中支援发展案例研究》，P.277。

65. 施拉姆，《德国国防军最高统帅部日志，第8卷》，P.981。

66. 德国空军损失清单，马蒂·萨洛宁。

67. 普里恩和罗代克，《第1和第11战斗机联队，第3卷：1944—1945》，P.1422。

68. 普里恩，《黑桃A：第53战斗机联队战史，第3卷》，P.1501。

69. 同上，P.1503。

70. 基尤国家档案馆："超级机密"行动文件，AIR 20/9941. XC 020194。

71. 施拉姆，《德军阿登攻势始末（1944年12月16日—1945年1月14日）》，A-858，P.14。

72. 帕克，《赢得冬季的天空》，P.333。

73. 同上，P.448。

74. 奥基夫，《湮没的战斗：二战中的第14装甲师战士》，P.175。

75. 扎洛加，《北风行动》，P.65。

76. 西尔万和史密斯，《从诺曼底走向胜利：考特尼·H.霍奇斯将军与美国第1集团军作战日志》，P.270。

第10章
1945年1月：德军重启进攻

我们仍然可能输掉这场战争。

——美国第3集团军指挥官乔治·S.巴顿中将，1945年1月4日的日记

舍诺涅之战

1945年新年到来之际，尽管美军做出了巨大的努力，但距离艾森豪威尔和巴顿希望的"有效突破"仍然很远。由于享有数量优势和强大的空中支援，巴顿的第3集团军打开了一个能与巴斯托涅守军联系的缺口，他本来努力地想将这一成功扩展为重大突破，从战略上将整个阿登战役转变为美军的胜利，却未能如愿。由于各种原因，战术空中支援未能实现，美军的攻势放缓，并最终陷入了一系列苦战，争夺的是仅几百码长的农田，或仅有几十所房子的小村庄。

巴斯托涅地段西翼的局势特别恶劣，米德尔顿的第8军尽管得到了2个新的师（第87步兵师和第11装甲师），但除了将兵力处于劣势的德军逼退几英里之外，一无所获。不过，元旦当天早些时候，天气非常适合飞行，米德尔顿对刚刚开始的"底板"行动一无所知，因此，美军发动了一次新的强攻，试图在巴斯托涅西南3英里（约4.8千米）处取得成功。进攻在4英里（约6.4千米）宽的战线上发动，直指北方。米德尔顿动用了第11装甲师，A战斗群为左路，B战斗群居中进攻舍诺涅，第9装甲师A战斗群的第19坦克营及第60装甲步兵营为右路，向舍诺涅正东的弗拉古特森林推进。[1]进攻的目标是首先占领舍诺涅和弗拉古特森林，然后穿过巴斯托涅以西的N4公路，继续北进与美国第1集团军的

第7军会合；根据蒙哥马利的保证，后者将于2天后在巴斯托涅以北20英里的奥通—芒艾地区发动一次总攻。但是一切并没有按照美军的计划发展，主要原因是预期的空中支援没能出现。

元旦清晨，美国第11装甲师 A 战斗群首先出发，成为这一区域上最靠前的美军部队。前一晚上，该战斗群已经占领舍诺涅西北2英里（约3.2千米）的雷希里瓦，此前美军对南面几英里拉瓦塞勒的桥梁实施毁灭性轰炸之后，德国"元首卫队"旅已经放弃这一小群房屋。美军的计划是发动侧翼进攻，迫使德军放弃在舍诺涅固守的阵地。1月1日清早，第42坦克营 D 连经过拉瓦塞勒以北被积雪覆盖的田野时，士兵们可以听到火炮可怕的咆哮声，那是13个美国炮兵营正在向舍诺涅开火。在美军坦克右侧的桥梁对面，可以看到浓密的黑烟升上天空。D 连连长乔治·D. 沃里纳（George D. Warriner）上尉打开无线电台，给他的坦克手们打气："继续前进！一切都很棒！"这是他最后的声音。

开始，美军几乎没有遇到任何抵抗，但第42坦克营的坦克下坡进入德军占领的于贝尔蒙（雷希里瓦以北几百码的两个农场）时，德军步兵正在路边房屋和云杉林后的射击阵地上等候他们。"元首卫队"旅旅长雷默上校写道："突入于贝尔蒙的多辆敌军坦克在近战中被（反坦克武器）击毁。"[2]根据德方资料，另有8辆美国坦克被一个88毫米反坦克炮连摧毁，它们部署在于贝尔蒙东北方1英里山上的树丛中。[3]

几分钟后，美军的大部分坦克开下山坡，经过第一个农场时，突击队已经遭到重创——坦克手们基本上是直接穿过这个小村落，此时前方有一大片开阔地。其中一个坦克排的排长伊莱·J. 瓦拉赫（Eli J. Warach）中尉回忆道："那是我永远无法忘记的情景。我们目力所及的范围内，右侧、左侧和前面都是敌人的坦克——敌人的巨型坦克。后来我们才知道，那是'虎'式坦克——但'虎'式、'豹'式和其他型号都没什么差别，许多坦克都装备可怕的88毫米炮——即使对更大的坦克来说也称得上是灾星。情况太糟糕了，我确信我们完了。"[4]

在这种局面下，雷默动用了他的装甲团——此时仍然有大约40辆可以使用的四号坦克和三号突击炮，不出所料，这给美军留下了恐怖的印象，尤其是"斯图尔特"轻型坦克的乘员们。很快，于贝尔蒙周围的田野上挤满了燃烧的美国坦克残骸。仅第42坦克营 D 连就损失了15辆"斯图尔特"中的12辆。[5]

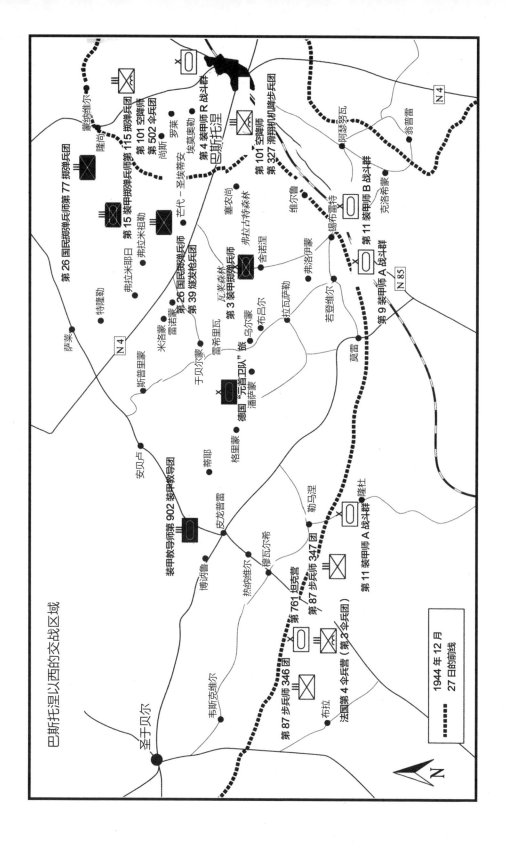

巴斯托涅以西的交战区域

"雷电"战斗轰炸机很快到场，迫使德军退入冷杉林中，但是严重的损失迫使A战斗群放弃了向北进攻的企图。

但是，在德军战线上开辟了2英里宽的突出部之后，米德尔顿可以发动下一阶段的行动——进攻德军已经坚守了4天的舍诺涅。这个小村落由32所民房、1座教堂、1座小学校、1间商店和第624号铁路线（从西北5英里的圣奥德到巴斯托涅）上的一座车站组成。舍诺涅位于弗拉古特大森林正西的一片小洼地里，村里的150名居民大多是农民。[6]但12月29日美军的一次猛烈轰炸之后，元旦早晨13个炮兵营又进行了炮击，这座小村已经成为一堆废墟。[7]

第一次进攻从南面开始。前一晚，美国第21装甲步兵营和第22坦克营已经占领了村子外围的几座建筑物，但是这次进攻没有取得任何战果。第21装甲步兵营的约翰·法格上士回忆："德国佬已经做好了准备，我们的小伙子们刚开始从山顶进入镇中，德军的机枪就响了。迫击炮向坦克开火，并且呼叫了更多炮兵。我们的坦克和突击炮开上山顶，试图消灭那些机枪……这天早上，医务兵们非常忙碌。火线上到处都是'医务兵！医务兵！带一副担架来！'的喊声。德军的迫击炮非常精准，似乎可以将他们的炮弹打进我们的坦克炮塔里。几名受伤的坦克手躺在弹坑里等待救护。"[8]

在这次进攻中，第22坦克营损失6辆坦克和21名士兵。[9]但是，德军越来越受到美军优势火力的压制。此外，美国第41坦克营也从西北的山坡迂回攻击。与此同时，第9装甲师A战斗群的第60装甲步兵营和第19坦克营进入村子东面的树林。[10]所有这一切导致德军在舍诺涅的抵抗瓦解。第3装甲掷弹兵师被迫退到一条新防线——塞农尚（舍诺涅东北方2英里）和西北2.5英里（约4千米）的"元首卫队"旅阵地之间。[11]看起来，能够在舍诺涅和弗拉古特森林里迟滞美军的，只剩下一些二流军队了。第60装甲步兵营的作战报告很好地描述了他们进入弗拉古特森林时遇到的敌军形象："2门88毫米炮和5门其他反坦克炮被丢弃在树林里。我们发现了新鲜的坦克车辙，说明敌军刚从这一地区撤出。在这些树林里，我们抓到了第一批非德国籍战俘（即波兰人、捷克人等）①，所有战俘都垂头丧气。"[12]

---

① 原注：可能是来自波兰及捷克被德国并吞地区的士兵。

1945年1月，一辆被德军炮火击毁的"谢尔曼"坦克得到救援。参加阿登登战役的美国老兵说，清理这些回收维修的坦克的内部，是他们最不愿接受的任务之一，因为他们必须清除阵亡坦克手们的遗骸。维修过的坦克堵上弹孔，分配给新的坦克手，这些人难免不去联想，自己将有多么容易成为德军反坦克武器的猎物。（NARA，SC 197936）

美军最终占领了舍诺涅以及西北不远处的乌尔蒙及于贝尔蒙，但这些地盘仍然极其有限，而且美军还为此付出了巨大代价。根据德国资料，1945年1月1日，美军在巴斯托涅的战斗中损失了48辆坦克。[13]

1945年元旦发生在舍诺涅和于贝尔蒙的苦战，令米德尔顿在这一前线地段的进攻完全陷入停顿。德国第3装甲掷弹兵师师长登克特中将写道："到1945年1月1日晚上，我们成功建立了新的主防线。在这一地区，敌军竭力试图夺取舍诺涅，因此当天新的主防线没有再次遭到进攻。"[14]

第6装甲师被击退

美军未能在战斗中取得优势，促使德军继续保持对巴斯托涅的进攻态势。他们仍然希望占领这个重要的交通枢纽，之后能够恢复对默兹河的攻势。虽然希特勒至少暂时放弃了直抵安特卫普的可能性，但是他认为（这种想法不完全正确）在阿登地区保持攻势有着积极意义，因为这样可以拖住大批盟军。他还抱有一丝希望，如果阿尔萨斯的攻势（"北风"行动）取得成功，就可以恢复攻势，追逐原定的目标。[15]

但是，德军在1944年12月最后一周夺取巴斯托涅的行动说明，现有的军队不足以击败该地区加强过的美军。因此，新年前夜，党卫军第1装甲军及第340国民掷弹兵师，以及从党卫军第2装甲军调入的党卫军第9及第12装甲师，奉命重新集结于巴斯托涅地段南面。党卫军第9"霍恩施陶芬"装甲师接管了巴斯托涅以北的前线地段，党卫军第12"希特勒青年团"装甲师奉命向巴斯托涅东北方行进，而第340国民掷弹兵师将占据巴斯托涅以东的阵地。在第340国民掷弹兵师的南翼（巴斯托涅东南方），卡尔·德克尔中将的第39装甲军（还包括党卫军第1装甲师和第5伞兵师残部，加上装甲教导师的豪塞尔战斗群）下辖的第167国民掷弹兵师也加入进来。真正令美军胆寒的是，埃伯哈德·朗格（Eberhard Lange）少校率领的第506重装甲营也开向同一战区的瓦尔丹。这个营有13辆可以作战的"虎"式坦克，其中大部分是"虎王"（只有第4连有"虎"I式坦克，但也配备的是88毫米炮）。[16]第506重装甲营参加过1944年9月消灭盟军空降兵的战斗，1944年11月，它还粉碎了美国第2"地狱之轮"装甲师的一次进攻，在一天内击毁了该师57辆"谢尔曼"坦克。

在"谢尔曼"坦克的掩护下，美国第6装甲师第44装甲步兵营的士兵用鹤嘴锄在内弗以东冰封的地面上挖掘散兵坑。（NARA，111-SC-198465）

在党卫军第12"希特勒青年团"装甲师、第340国民掷弹兵师和"虎"式坦克的增援下，德军在巴斯托涅以东地段的阵地得到巩固，第78掷弹兵团就是在这里被刚刚抵达的美国第6装甲师逼退的。

我们在前文已经看到，美国第6装甲师A战斗群于新年前夜占领了巴斯托涅东部外围的内弗。由于两个美国装甲师（第6和第11装甲师）同时前往巴斯托涅，冬季湿滑的公路上出现了交通堵塞，使B战斗群向前线的调动被拖延。但是元旦早上，第6装甲师的两个战斗群已经就位，从内弗向北面发动进攻。在第603坦克歼击营大部的支援下，4个营（2个装甲营和2个步兵营）在不超过1.5英里（约2.4千米）的战线上发动进攻。德国第78掷弹兵团已经严重减员，而且仍没有得到其他德国部队的支援，完全无法抵挡这股压倒性力量。第78掷弹兵团从12月16日开始一直持续战斗到了这个时候，由于该团守卫的是德军在巴斯托涅最靠前的阵地，因此损失不菲，尤其受到了美军炮兵的打击。

左（西）翼的 B 战斗群——包含第68坦克营和第50装甲步兵营——穿过长达1英里的开阔地向比佐利推进，这个小镇位于巴斯托涅东北方约2英里（约3.2千米），在通往圣维特的铁路线上。经过大约1个小时的战斗，德军退到东南方1英里的邻村马格雷特。第78掷弹兵团第1营试图在村子正西的510高地建立新的阵地。但是，美国第6装甲师从马格雷特以南1000码的阵地上投入 A 战斗群，将德军赶出了这一位置。在这些胜利的激励下，第68坦克营和第50装甲步兵营继续北进，进入马格雷特东北方向不远的阿隆库特。但此外，美军没有更多进展。

几天前，德国第167国民掷弹兵师曾对巴斯托涅东南发动了一次失败的进攻，此时他们迅速将一个营重新集结到北面，对抗美军东翼的第44装甲步兵营。前一天，第44装甲步兵营在从内弗正东开始向南延伸的山岭上修筑了工事。第167国民掷弹兵团中有1/3是来自东线的老兵，经过激战之后，他们迫使美军离开了内弗东面的林地。

这样，德国第78掷弹兵团得以集中兵力，向 B 战斗群发动一次反冲击。美军炮兵集中打击内弗以东山上的德军阵地时，第78掷弹兵团于元旦夜里在北面2英里（约3.2千米）处发动进攻。此举完全出乎美军的意料，第68坦克营不得不从阿隆库特撤回马格雷特，美国第50装甲步兵营则逃入阿隆库特西面田野另一侧的树林中。

对美国第6装甲师（"超级六"）师长格罗少将来说，巴斯托涅以东明显将迎来一场激战。他虽然几乎投入了这个装甲师的全部兵力，对付的只是一个已经削弱的德国步兵团，但是在两天内取得的进展仅仅是将战线前移了1—2英里。这远不是美军预期的战略突破——根据计划，第6装甲师应该粉碎巴斯托涅以东的德军阵地，向北面的圣维特进军。如果格罗和巴顿知道对手正在巴斯托涅以东积蓄力量，他们可能就会采取不同的行动。

美军在巴斯托涅西南方部署的部队，至少暂时使莫德尔元帅放弃了消除该城南面缺口的打算。相反，他集中力量，从东北和北面攻击巴斯托涅。按照这个计划，党卫军第1装甲军将于1月2日（"底板"行动次日）发动进攻，这意味着双方的进攻再次出现冲突。满怀期待的巴顿在1945年1月1日的日记中写道："我的军队都在他们应该在的地方。"[17]

但是，由于前一天德军对盟军机场发动大规模空袭，盟军航空兵受到了某种程度的压制，使德国空军第一次出现在战场上空。1月2日早上，梅塞施密特和福克－沃尔夫战斗轰炸机呼啸着飞临巴斯托涅上空，向美军投下炸弹。这一天，德军仅在巴斯托涅战区就出动了300架飞机，实施战术空中支援。[18]随着越来越多的德军飞机出现在头顶，德国第167国民掷弹兵师的士兵们继续前一天的进攻，打击内弗以东高地上的美国第44装甲步兵营。对德军来说，这就像"美好的往日时光"！但他们很快就发现，这是1945年，并不是1940年。前一天夜里，美军已经为对德军阵地的"同时弹着"齐射做好了准备。

德军刚刚离开出发阵地，就听到来自巴斯托涅的轰鸣声。没等他们反应过来，大地仿佛在一阵可怕的爆炸声中熔化了。几秒钟间，9个美军炮兵营发射的炮弹如同雨点般砸向德军。光秃秃的山岭上，他们根本无处可逃，剩下的只是大片焦黑的土地。德军突击集群尸骨无存。

与此同时，在东北方1.5英里（约2.4千米）处，刚刚抵达的德国第340国民掷弹兵师派出第340燧发枪兵营第1连，在一个突击炮排和一个机枪排的支

巴斯托涅的一门155毫米"长汤姆"火炮。（保罗·瓦普的收藏）

援下进攻马格雷特。[19]从阿隆库特出发的德军士兵们冲下村东积雪的山坡，很快击垮了美国第6装甲师B战斗群，进入村中。但是美军立即发动反冲击。在村东的小树林里，美国第69坦克营的坦克进入阵地，从德军背后开火，迫使其穿过田野向北面的阿隆库特撤退。在那里，德军遭到了一架己方飞机的轰炸和扫射——从云层中俯冲下来的飞行员以为自己看到的是向阿隆库特进攻的美军。[20]

第6装甲师开始进攻时，格罗少将对胜利确信无疑。第68坦克营奉命从马格雷特出发，再次试图夺取阿隆库特，而第50装甲步兵营从北面的森林里杀出，攻打阿隆库特以北约1000码（约914米）的乌布尔西和米尚。马格雷特以南的铁路线由东向西延伸，在这条铁路线以南，A战斗群同时从两个方向攻打瓦尔丹。

第68坦克营B连本应夺取阿隆库特，但是坦克手们无法对付冬季湿滑的路面。"谢尔曼"坦克的履带打滑，最终连长不得不命令停止前进。士兵们被派回马格雷特搜集稻草，铺在坦克前，方便它们前进。

这一切发生时，从东北方不远的田野上传来战斗的声音，第50装甲步兵营进入了乌布尔西的几所房屋中。那里只有一小队德军士兵，他们很快就举手投降了。但美军进攻邻村米尚时，德军早有准备。北面1英里是稍大一点的村庄布尔西，德军的火箭炮从那里开火。火箭拖着明亮的尾焰，呼啸着飞向米尚，将美军步兵编队撕得粉碎。美军营长阿诺德·R. 沃尔（Arnold R. Wall）中校受了重伤，不得不撤离。

此时，双方的装甲兵登场了！战斗打响时，朗格少校第506重装甲营的"虎王"坦克已经从东面的公路开往战区。他们及时赶到阿隆库特，遭遇美国第68坦克营B连。迟到的"谢尔曼"坦克恢复进攻时，2辆"虎王"进入射击阵地，与之交战。

美军坦克排成纵队，开上通往阿隆库特的山坡。透过指挥塔上的小片钢化玻璃，前几辆"谢尔曼"坦克的车长们可以看到左侧不远处阿隆库特的前几所房屋。但是，他们突然发现了其他东西。前面的"谢尔曼"坦克正在燃烧！接着下一辆坦克也起火了。无线电中传出警告的喊声："反坦克炮！"美军还没有发现完全融入雪景中的白色"虎王"。

就在其余"谢尔曼"坦克的驾驶员拼命倒车逃离时，2号"虎王"坦克的炮手踩下踏板，向左转动炮塔。这辆"虎王"占据了右侧山坡下不远处的一个射击阵地。"开火！"一发穿甲弹从长长的炮管中射出，下一辆"谢尔曼"被击中爆炸。

美军坦克开足马力，伴随着履带四周飞溅的雪花，向马格雷特狼狈逃去。与此同时，"虎王"的88毫米炮轰鸣，有条不紊地击中一辆又一辆"谢尔曼"。最终，美国第68坦克营B连的15辆"谢尔曼"坦克如同燃烧的火炬，停在阿隆库特和马格雷特之间的雪地上。只有1辆坦克在烟雾的掩护下侥幸逃回马格雷特。[21]但是，战斗还没有结束。

这些"虎王"坦克有可能重新集结于南面，不久之后美国第15坦克营损失的7辆坦克也是拜它们所赐。[22]美国第6装甲师1月2日做出巨大的努力，试图实现突破，A战斗群在第15坦克营和第9装甲步兵营的增援下，解救在此前试图夺取瓦尔丹（马格雷特以南1.5英里）时遭受重创的第44装甲步兵营。但是从北面进攻的装甲兵和由瓦尔丹南面和西南面山林发动进攻的步兵都损失很大。

与此同时，另一支德国装甲力量在北面不远处投入战斗。5辆"豹"式和6辆四号坦克隆隆地开出布尔西。这些坦克属于党卫军第12装甲团第1营。站在领头的"豹"式坦克指挥塔上的，是党卫队二级突击队中队长鲁道夫·冯·里宾特洛甫（Rudolf von Ribbentrop），党卫队二级突击队大队长于尔根森在比特亨巴赫酒庄阵亡后，他接任该营营长一职。这位23岁的德国外交部部长之子在2周前被弹片划伤口部，但他仍然回到一线，带领"希特勒青年团"师的装甲兵。

德军的这次装甲突击直指米尚和乌布尔西，并在那里给了美国第50装甲步兵营猛烈的打击。美军步兵扔下死伤的战友，向雅克人工林的云杉树丛方向退却。冯·里宾特洛甫的坦克手们报告摧毁了9辆"谢尔曼"和多门反坦克炮，己方没有任何损失。[23]可以认定，冯·里宾特洛甫的手下摧毁的坦克属于其他两个坦克连，这两个连共有34辆"谢尔曼"和"斯图尔特"，是第6装甲师B战斗群在B连被"虎王"坦克歼灭之后，派往阿隆库特发动反攻的。美军报告称，这两个坦克连在"覆盖220度扇形范围的火力下"被迫撤退。

再往南不远处，A战斗群暂时占领了瓦尔丹，但是1月3日清晨，德军在突击炮的支援下发动反攻，夺回了这个两军激烈争夺的村庄。[24]美国第9装甲步兵营撤出时，它在瓦尔丹和村南血染的山坡上损失了1/4的官兵。

2名美国第6装甲师的士兵正在查看一辆在德军空袭中被摧毁的2.5吨卡车。1945年1月2日，德国空军不仅出现在巴斯托涅上空，而且似乎统治了空域。这一天，德军派出了大约300架飞机到巴斯托涅地区上空，且在空战中遭受的损失很有限。（NARA，111-SC-199354/Lapine）

　　第6装甲师遇到很大挫折，这确实打击了官兵们的士气。[25]巴斯托涅前线的局势与"超级六"的官兵们之前的经历完全不同。除了顽强抵抗的德军，他们还要面对严冬的考验。该师第15坦克营的"谢尔曼"坦克车长迈克·索万（Mike Sovan）中士在战后多年说："我一生中，从未像在巴斯托涅那样感到恐惧。天气很冷，我担心自己会被冻死。"[26]

　　而且，接下来的几天情况更糟！

　　而前线的另一边，气氛则完全不同。骄傲的党卫军士兵列队进入米尚的废墟中，面对惊恐不已的村民，他们自称是"永不后退的人"[27]。

　　但是，德军也伤亡惨重。他们的第167国民掷弹兵师已经严重减员，第340国民掷弹兵师则在参加巴斯托涅之战后迎来了较好的开端。莫德尔元帅于1月

2日下午视察巴斯托涅前线时，他发现第340国民掷弹兵师和党卫军第12装甲师都没能将所有下辖部队送到前线。因此，他决定将进攻推迟到1月4日。

蒙哥马利发动进攻

但是，莫德尔却被蒙哥马利抢了先手，后者于1月3日发动了大规模攻势。这次进攻是在德军突出部西侧宽35英里（约56.3千米）的正面上发动的，英国军队从西南打击突出部的西端，美国第7军居中，美国第18空降军则从萨尔姆河两侧发动攻击。这些军队中最强大的是美国第1集团军下辖的第7军，该军矛头直指乌法利兹，目标是在此处与美国第3集团军会合，切断德军突出部。

攻势开始之前，第7军军长"闪电乔"柯林斯少将已经集结了一支实力强劲的力量。12月底，该军除两个装甲师（第2和第3装甲师）和第84"劈木人"步兵师之外，又加入了第四个美军师——第83"雷电"步兵师。与该军的其他部队一样，这个师具有丰富的作战经验，从1944年6月诺曼底战役时起就在一线服役。师长罗伯特·C.梅肯（Robert C. Macon）少将从1942年11月北非登陆战起就开始参加战斗行动。在他的指挥下，第83步兵师成为一支率性的部队，以擅长使用任何交通工具而闻名——不管是德军放弃的装备还是民用车辆。在一段时期里，该师甚至使用了一架缴获的Bf-109战斗机！由于这些事迹，美国记者将第83步兵师称为"痞子马戏团"。

第2和第3装甲师已经从更北面的英国部队那里补充了200辆"谢尔曼"坦克。[28] 1945年1月2日，第7军共有10万名士兵、616辆坦克和约400门火炮。[29]就官兵而言，柯林斯与对手相比有7∶1的数量优势：在该地段，德军一线兵力约为15000人。[30]就数量而言，德军部队中最强的可能是第12国民掷弹兵师，该师于新年前夜抵达芒艾东南地区，替换向南调往巴斯托涅地区的党卫军第9装甲师。[31]但是，第12国民掷弹兵师很难对抗"闪电乔"柯林斯的力量。正如我们在前文（第6章）所看到的，该师于12月16日在党卫军第6装甲集团军的地段加入阿登攻势时，它的状况就不佳，而且在此之后，其9500名官兵中又损失了大约1500人。[32]

该师的友邻部队第560国民掷弹兵师情况更糟，该师在阿登攻势开始时兵力就不足。到这个时候，第560国民掷弹兵师只剩下2500人了。党卫军第

2 "帝国"装甲师也已经损失巨大，尤其在遭到美军的持续炮轰后，一线兵力下降到了6000人。[33]虽然其纯战斗损失只有11辆"豹"式和1辆四号坦克，但是从德国运送备件时遇到了很大困难，造成该师达到战备状态的坦克数量急剧减少。[34] 1945年1月2日，即美军攻势的前一天，"帝国"师报告共有28辆坦克可以作战。[35]就装甲兵而言，美军拥有超过20∶1的数量优势。

尽管拥有数量优势，盟军仍然遇到了德军顽强而巧妙的防御，推进速度减慢到蜗牛一般。更糟糕的是，攻势开始时遇到了许多不利条件（包括坏天气），使"底板"行动中免遭摧毁的盟军飞机无法支援地面军队。丹尼·S. 帕克写道：

> 如果在德军阵地上打开缺口，美军几乎可以肯定，敌军很快就会反击，通常先是猛烈的炮兵集火打击，然后是少量坦克或突击炮。当然，必须击退这样的反攻，不让敌军继续推进。这样，双方将陷入一系列残酷的冬季拉锯战，令人产生恐怖的联想——仿佛是福吉谷①的二战版本。伤亡很大，而每次进攻都需要经过深思熟虑，推进速度极慢。[36]

西南方的英国第30军撞上了冯·吕特维茨的德国第47装甲军下辖的第2装甲师，该师仍然守卫着阿登地区德军最靠前的阵地。但是在圣诞节期间于迪南附近遭遇惨败之后，这支疲劳之师已经退到罗什福尔以南的防御阵地上，大约位于东南方向的巴斯托涅和西北方向的迪南之间的中点。在第2装甲师右（北）翼，是驻守马尔什以南地段的第9装甲师。第2装甲师南面的地段由装甲教导师把守。

英国第6空降师1月3日的首个目标是罗什福尔东南方6英里的小村比尔。进攻由第5伞兵旅的第7伞兵营和第13（兰开夏）伞兵营实施，比利时特种部队（SAS）和第29装甲旅提供支援。进攻力量从比尔北面及西北面的山上冲下来。由于英军的一辆"谢尔曼"坦克触雷爆炸，其他坦克手变得更加小心谨慎。伞兵们抵达北面的高地和村庄之间的谷地时，德军机枪和迫击炮开火了。第13伞兵营 A 连连长杰克·沃森（Jack Watson）少校回忆道：

---

① 译注：福吉谷（Valley Forge）是美国费城西北的一个小村，1777年，华盛顿率领军队在这里度过了一个惨烈的冬季，缺吃少穿的大陆军付出了沉重代价。

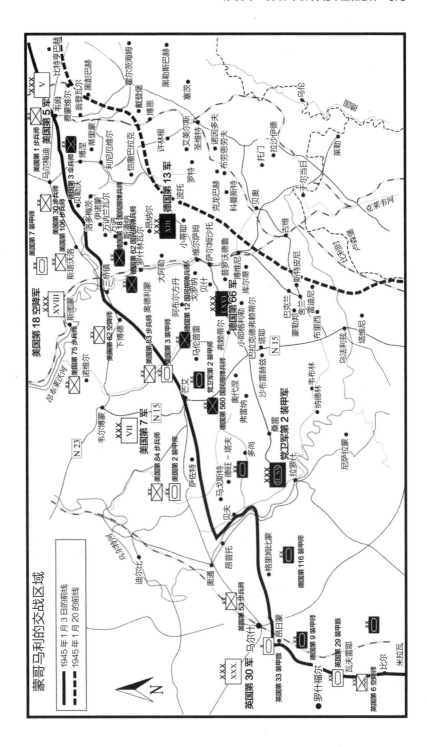

德国人知道我们在那里，他们等着我们。离开隐蔽所后，我一抬头就看到头上大约1英尺高的树枝被密集的机枪和迫击炮火力切断。他们明显将枪炮部署在固定位置上，从一开始就压制了我们。这是我第一次率领连队进攻，几分钟内就损失了1/3的兵力。我能听到沿左路进攻的那个排的士兵在大声呼叫医务兵。[37]

接下来，德国第2装甲师动用"豹"式坦克（英军误以为是"虎"式坦克）反攻，它们遇上了第29装甲旅，战斗演变成一场装甲战，杰克·沃森少校描述道："我们告诉指挥部这一地区有德国坦克时，他们决定派出我们的坦克提供支援，但是这些坦克无法抵挡'虎'式坦克。到战斗结束时，我们拥有的'谢尔曼'坦克中有16辆被击毁。"[38]

英国第29装甲旅A中队的报告写道："实际上，比尔是我们中队到过的最危险的地方。德军依托房屋和废墟，藏在地窖和墓穴里，一直战斗、狙击到最后。对一个消耗殆尽的营和半个连的坦克来说，这里显然不是合适的战场。最后，我们放弃了进攻，撤出军队。"[39]

在东北方12英里（约19.3千米）的乌尔特河①另一侧，位于美军第7军右翼的美国第2装甲师和第84步兵师同时发动进攻。这支军队行进在奥通和芒艾之间不超过6英里（约9.7千米）宽的战线上，最早的目标是拉罗什和乌法利兹。在该地段，德军只有第116装甲师下辖的几支薄弱的部队——该师的大部分兵力在乌尔特河另一侧。在他们的东面，是党卫军第2装甲军下辖的党卫军第2装甲师的几支部队。

1月3日进攻开始后的几个小时里，美军只遇到零星的、缺乏组织的抵抗，前进的主要障碍是冬季的道路。雨夹雪倾盆而下，早晨气温下降时，潮湿的路面冻成了冰。美军车辆驾驶员完全不习惯这种条件，因此坦克和各类车辆难以控制，有的相互碰撞，有的开进了沟渠里，阻挡了前进的道路。[40]

党卫军第3"德意志"装甲掷弹兵团2营的部队被击溃并投降——其中包括

---

① 原注：这里指的是从乌法利兹以西地区向北，流经拉罗什和奥通的乌尔特河支流。

第6连大部。[41]但是德军很快重新组织起防御阵地。第116装甲师归属党卫军第2装甲军指挥，在马戈斯特（Mâgôster）集结了两个党卫军连，准备进行阻滞战斗。美军夺取了东北仅1英里外的特里纳尔（Trinal），几乎没有遇到任何抵抗。但紧接着，真正的战斗就开始了。两个党卫军单位之一（党卫军第4装甲掷弹兵团第5连）的指挥官——党卫队二级突击队中队长格奥尔格·维尔兹曼（Georg Vilzmann）讲述了马戈斯特小村的残酷战斗：

> 我们在马戈斯特以北数出21辆敌军坦克。尽管我们的火力支援很薄弱，掷弹兵们仍然冒着敌军炮兵和坦克的强大火力守住了阵地。10时30分，敌军用14辆坦克进攻马戈斯特东南部。装甲掷弹兵斯特凡在这里表现得特别出色。他用机枪无情地向大批敌军步兵射击，将他们与坦克分离开来……
>
> 11时，敌军装甲兵撤向405高地的林区。一开始，我认为我方已经发动了一次反攻，但很快就发现敌军成功地从我们左翼的马戈斯特渗透进来，驻守在那儿的是党卫军第3"德意志"装甲掷弹兵团第9连，位于马戈斯特北部……接着，敌军重新从405高地的林区发动进攻，而马戈斯特的西南部以及背后的高地遭到敌军炮兵的猛烈轰击……
>
> 我集合只剩下20名士兵的连队，利用马戈斯特南部交叉路口和周围的房屋废墟组成了一个圆形的防御阵地……敌军从各个方向发动进攻，阵地周围很快就没有出路了，于是我决定将士兵们集合到最后5所房子和礼拜堂的防御阵地中……我们逐屋逐户地展开争夺战，这是我一生中经历的最激烈的战斗。我的掷弹兵们奋力守卫剩下的每一堵墙，甚至最小的土堆。
>
> 下午1时，敌军经过一番苦战，占领了我的指挥所。他们的坦克隆隆向前，就像参加检阅一样地支援步兵。1时30分左右，我们不得不放弃最后一所房屋和街道右侧的礼拜堂。我的连队中剩下的人、通信小组以及党卫军第3"德意志"装甲掷弹兵团第9连的几名士兵据守最后两堆废墟，继续用"铁拳"火箭筒和手榴弹进行着实力悬殊的战斗。掷弹兵尼森消灭了一名占据街对面房屋中阵地的敌军机枪手。党卫队二级小队长弗伦斯克用他的英国冲锋枪打击试图冲过街道的一队敌军士兵，将他们全部压制住。

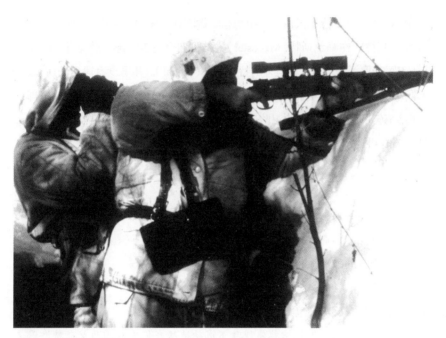

一名党卫军狙击手。（蒙松）

　　我向敌军部署在礼拜堂的一具火箭发射器发射了"铁拳"。但是，我无法观察到射击效果，因为敌军同时开火，命中了我的阵地。虽然我奇迹般地毫发无损，但是旁边的士兵受伤了。[42]

　　在马戈斯特拖住美军几个小时之后，维尔兹曼和他的党卫军士兵们被迫撤退。在火箭炮一轮猛烈齐射的掩护下，他们全力突围，撤到东南方1.5英里（约2.4千米）德旺-塔夫（Devant-Tave）附近的已方阵地。维尔兹曼写道："从不断接近的火箭呼啸声中，我可以确定它们将落在附近。下一刻，齐射的火箭落了下来，正好击中我们刚才所在的十字路口废墟上。火箭的爆炸力十分可怕。敌军的装甲兵看得目瞪口呆，步兵急忙隐蔽。"[43]

　　马戈斯特之后，还有更多的困难等待着美军。第84步兵师第335步兵团的西奥多·德雷珀（Theodore Draper）中士从美军的角度做了如下描述：

1944年年底至1945年年初冬季的阿登战役期间，德国装甲掷弹兵们在一辆四号坦克背后。（德国士兵霍斯特·黑尔穆斯绘制）

当天的主要目标是一个树丛和一座山坡之后的德旺－塔夫。坦克无法穿越树林，步兵不得不独自向前。我们安全地通过了树林，一个连队开始走出树林越过山坡。德军的88毫米炮正等着他们。88毫米炮弹、火箭弹和迫击炮炮弹席卷了这道山坡，并射进树林里。我们不得不后退。轻型坦克用来撤走伤员；在雪中其他什么事情也做不了。下午3时，我们再次尝试夺取德旺－塔夫，但是又一次没能越过山坡。我们撤退到马戈斯特以东过夜。[44]

与此同时，美国第2装甲师A战斗群的"谢尔曼"坦克向马戈斯特西南方的邻村贝夫（Beffe）推进时，遇到党卫军第2装甲团的反冲击，不得不撤退。[45]美国第84步兵师的一等兵罗斯科·布伦特目睹了这场坦克战。他记得，自己躲在隐蔽处，此时"谢尔曼"坦克在"豹"式更胜一筹的火炮打击下，一辆接着一辆地被击中，失去战斗力。此后，整个田野上布满了燃烧和瘫痪的"谢尔曼"，而被摧毁的德军坦克为数不多。[46]夜色降临时，美军撤到贝夫以外的高地上。[47]

芒艾在马戈斯特东北方5英里（约8千米），位于美国第7军西面2个师和东面2个师之间的缝隙。莫里斯·罗斯少将指挥的美国第3装甲师拥有208辆坦克和177辆坦克歼击车，该师派出A战斗群和B战斗群，在芒艾和东面的列讷溪之间、N15公路以东的一条2英里宽的战线上推进。在第83步兵师的支援下，这个美国装甲师的第一个任务是占领巴拉克弗赖蒂尔路口。进攻以非常猛烈的炮轰拉开序幕，使用了空爆炸弹（POZIT）。[48]在芒艾东南方2英里的马伦普雷村，一群平民目睹了集中炮兵火力产生的可怕心理效应：当时他们正躲在一所房子的地下室里，突然见到一名哭泣的德国士兵冲下楼梯。他高声叫道，他的两个战友阵亡了，然后将枪顶住自己的脑袋，扣动了扳机。[49]

但是，突击力量在该地段立即遇到顽强的抵抗。第3装甲师的贝尔顿·Y.库珀上尉说道："德国人非常熟练地在防御战中运用自己的装甲兵对抗对方的装甲兵。他们发挥了自己更胜一筹的装甲兵的所有长处，并利用这个小村庄的房屋和废墟隐藏坦克和自行火炮。虽然进攻这些据点时，步兵得到装甲兵支援，并事先实施快速猛烈的集中炮火打击，我们的坦克仍然损失严重。"[50]

党卫军第2装甲师派出由党卫队二级突击队大队长恩斯特·克拉格（Ernst Krag）率领的党卫军第2装甲侦察营，以及"元首"掷弹兵团第3营的装甲兵，进驻马伦普雷废墟中的阵地。1月3日整天，美国第3装甲师的洛夫雷迪特遣队和麦乔治特遣队反复努力夺取这座村庄，但被德军一次次打退，扔下了越来越多燃烧着的坦克。此外，自党卫军第2装甲师与美国第3装甲师于圣诞夜在邻村贝尔艾交战以来，这里就有许多被积雪覆盖的"谢尔曼"坦克残骸。仅在1月3日的一次进攻中，德军就看到有7辆"谢尔曼"起火燃烧。[51]

天色将晚时，美军炮兵再次使用空爆弹，将整座村庄夷为平地，直到这时德军才撤退。到这个时候，村里的75所房屋中，只有5所没有变成瓦砾堆，教堂也被摧毁了一半。但德军只是重新集结到新的战斗阵地，在接下来的夜里又一直使用迫击炮、火炮和火箭炮向马伦普雷的美军开火。洛夫雷迪特遣队的"谢尔曼"坦克开始从马伦普雷向南推进，最终遭到德军伏击。美军坦克进入一片雷区时，他们遭到一辆伪装的"豹"式坦克的袭击，很快又有2辆"谢尔曼"起火。

1945年1月初的一天，血腥的战斗结束了。美国第83步兵师第331步兵团C连的一等兵弗兰克·武卡欣（Frank Vukasin）往他的M1"加兰德"步枪里装上新弹夹。他前面的雪地上躺着2名死去的德国士兵，可能来自党卫军第2装甲师。武卡欣在战斗中幸存了下来，得到了一枚铜星勋章。他于1995年1月去世，享年76岁。（NARA，111-SC-198859）

在美国第7军左侧，是李奇微少将的美国第18空降军。该军包括已得到很大补充的第82空降师、第30步兵师，以及在德军攻势前几天几乎被完全消灭的两个师的残部——第106步兵师第424步兵团和第28步兵师第112团级战斗队。在阿登攻势前几天遭受重创的美国第7装甲师残部经过重组，成为第18空降军的预备队。第18空降军很快还将接收另一个师——第75步兵师。面对这股力量，德军只能集合两个已经削弱的步兵师——萨尔姆河西侧的第62国民掷弹兵师，以及河东昂布雷沃南面的第18国民掷弹兵师。这两个师隶属于第13军，党卫军第1装甲军12月底调往巴斯托涅地段时，该军匆忙前移，组织德军突出部西北角的防御。第13军军长汉斯－古斯塔夫·费尔伯（Hans-Gustav Felber）上将经验丰富，1941年入侵苏联时任军长，因战功卓著而获得骑士铁十字勋章。

但是，1月3日早晨，美国第18空降军对德国第13军的进攻仅由第82空降师和支援单位实施，打击的是第62国民掷弹兵师的阵地。由于第82空降师此前已经于圣诞节期间撤出了维尔萨姆的萨尔姆河沿岸阵地，故这两支部队沿着从萨尔姆河上的三桥镇穿过列讷溪通往芒艾的公路形成对峙。这条战线在拉格莱兹以南几英里的地方，几周之前，党卫军派普战斗群正是在那里覆灭的。

李奇微的计划是首先在西翼取得突破，然后动用北面两个"残团"和东北面的第30步兵师发动一次钳形攻势。第7装甲师将留在后面，获得重夺圣维特的荣誉，该镇正是该师在2周前被迫放弃的。

李奇微开始他的突袭时，第517伞兵团几乎没有经过战斗就占领了三桥镇——德军无意守卫这座被美军从北面和西面包围的前沿阵地。但是在这座小镇西面，美国第551伞兵营遭受了严重的损失。从三桥镇向西南方延伸的公路北侧，是一道覆盖着冷杉林的山岭，美国第551伞兵营独自从那里的阵地发起进攻。部队刚穿过公路，就需要在一片开阔的雪地中艰苦跋涉。而在前方500码（约457米）的树林中，隐蔽着德国第183掷弹兵团（团长是维尔纳·杜韦少校）的150名士兵，他们静静地观察着走近的美军队列。[52] 小心隐藏在松树丛中的一辆三号突击炮也做好了准备。另一辆三号突击炮则潜伏在劳伦农场的房子后面。

德军一直等到美军距离他们大约200码（约183米）的时候才开火。美军伞兵查理·费尔兰（Charlie Fairlamb）回忆道："接着，地狱的大门打开了。"[53] 德军的机枪和迫击炮对毫无防护的伞兵们展开恐怖的大屠杀。不久以后，2辆三号突击炮隆隆向前，用它们的火炮射击。另一名美军士兵乔·奇基内利下士说："这就是毁灭。你能够听到士兵们倒下时发出的呼喊声和尖叫声。雪都被他们的鲜血染红了。"[54]

一辆德国突击炮穿越雪地，开往靠近其目标的射击阵地时，二等兵查尔斯·米勒（Charles Miller）用"巴祖卡"火箭筒将其打瘫，美军才得以撤出他们的伤员。在第551伞兵营右侧，第82空降师的2个团同时沿着3英里宽的正面发动进攻。就在第551伞兵营遭到血洗的战场西南方仅1英里的下博德，第505伞降工兵团在第740坦克营A连的支援下发起进攻。美军坦克沿着向南的乡村小道推进，步兵则在道路两侧行进。[55] 这支部队遭遇德国第190装甲掷弹兵团，

一名美军医务兵拉着雪橇上的伤员穿越雪地。（NARA，SC 198 546）

该团的反坦克武器摧毁了3辆美军坦克。[56]第190掷弹兵团向第62国民掷弹兵师师部报告："除两处敌军小规模突破外，我团守住了阵地。"[57]

　　但是，第62国民掷弹兵师的第三个团（第164掷弹兵团）没能取得大的战果，他们的对手美国第325滑翔机机降步兵团在第740坦克营 B 连的支援下，于南面2英里（约3.2千米）处发动进攻。[58] 在这里，炮火给德军造成了严重损失，此外美国第3装甲师还在第164掷弹兵团阵地以西很近的地方逐退了德国第12国民掷弹兵师。由于战线向西南方延伸，美军在西南取得的突破迫使第62国民掷弹兵师后撤。杜韦少校奉命将他的第183掷弹兵团撤往萨尔姆河正西、三桥镇以南约2英里的罗什林瓦尔（Rochelinval）。2天以后，德军将在那里遭遇美国第551伞兵营，展开又一场血战。与此同时，第190掷弹兵团在杜韦的部队南面占据了新的阵地，而第164掷弹兵团向东南方退却。后者的团长于特纳上校有3辆"虎王"，是党卫军2周前离开这个地区时丢弃的，这些坦克被他用来迟滞美军的进攻，下文将做详细介绍。

美国第551伞兵营A连的理查德·德基（Richard Durkee）中尉回忆，他转过身去，环顾伞兵们1月3日早晨发动进攻的战场时，看到了如下的场景：

> 我们蹒跚走下公路时，我偶然回头看了一眼战场，那个景象再也没有离开过我的脑海。战友们的尸体散落在他们倒下的地方，被积雪掩盖……在进攻的第一天里，我们就失去了连长、2位排长和68名士兵。[59]

德军重夺巴斯托涅的主动权

北面的战事进行时，德军派出一支劲旅猛攻巴斯托涅。但是，首先发起进攻的却是美军。在一个严寒的夜晚之后，第101空降师第501伞兵团于1月3日早上进攻巴斯托涅东北部，目标是将德军赶出雅克人工冷杉林的南部。这引发了德军一系列猛烈反攻，仿佛莫德尔为1月4日制订的进攻计划提早了一天实施。发起冲锋的美军立即遭到密集炮火和火箭炮的打击，伤亡惨重。下午，党卫军第12装甲师下辖的党卫军第26装甲掷弹兵团同时向第501伞兵团和第6装甲师B战斗群发动进攻。美国第50装甲步兵营的作战报告描述了随后的战斗：

> 由于双方的飞机因恶劣天气而无法起飞，只有士兵和坦克参加了战斗，炮火使观察变得越来越难。最后，能见度降为零时，德军打出了王牌：他们将预备队投入了战斗。这带来了很大的压力，已遭严重削弱的我营不得不撤回雅克深林以西的出发点，避免遭到包围。拉长的战线无法守住……似乎所有因素都有利于纳粹。严寒的天气、极低的能见度、联络和组织的不足都帮助了敌人。[60]

德军的装甲力量由党卫军第12装甲团的20辆坦克（13辆四号坦克和7辆"豹"式）和第560重型坦克歼击营的不少于56辆坦克歼击车（43辆四号70型和13辆"猎豹"）组成，以它们为先导，德军迫使对手后退了2英里。[61]美军用于支援步兵的多辆"谢尔曼"都被击毁。在积雪覆盖的开阔地上，党卫军第26装甲掷弹兵团暴露在美军的机枪、迫击炮和炮兵火力下，损失惨重。但在夜色降临时，德军抵达了马格雷特和比佐利外围。

此时，在西北方3英里（约4.8千米）处，党卫军第9"霍恩施陶芬"装甲师出动党卫军第9装甲团的30辆坦克和第19、第20装甲掷弹兵师的步兵，攻打隆尚。[62]美国第502伞兵团第2营F连把守的阵地被攻陷。美军伞兵一等兵沃尔特·F.扎戈尔（Walter F. Zagol）说："F连暴露在德军坦克和步兵的火力下……德军坦克开始残杀我们隐蔽在树篱中的士兵时，我的连长在他的冲锋枪上挂起白旗，命令士兵们投降。"[63]

这次战斗使第502伞兵团损失近120名士兵，其中40人被俘。尤其引人瞩目的是，美军实际上预先知道了德军的进攻计划。前一天夜里，党卫军第19装甲掷弹兵团的一名传令兵在黑暗中因迷路而被俘。这名俘虏携带着详细的德军进攻计划，因此在1月3日早上，美国第101空降师已经命令这一地区的所有炮兵打击该地段。[64]F连全军覆没后不久，密集的炮火射向德军士兵，他们在付出很大损失之后不得不后退，将多辆坦克丢弃在战场上。但是德军的进攻使美国空降师遭受了巨大伤亡。党卫军第9装甲师于第二天夜里恢复攻势时，经过2个小时的夜战，德军得以夺取隆尚和巴斯托涅西北偏北3英里处的邻村蒙纳维尔。[65]

虽然占据了很大的数量和空中优势，但美军在巴斯托涅以西的进展也不顺利。德军的一份报告描述了第3装甲掷弹兵师的情况。该师1945年1月初在巴斯托涅以西不远的前线地域对阵美国第11装甲师："在之前的战斗中，我们的步兵不断减员，在新的主防线上，我们只能采取分散小据点的方式……通信设施的损失无法得到补充，多个战斗群被迫在没有上级组织命令的情况下各自为战。在这种情况下，不仅年轻的军官，就连军士们也经常有优异的表现。在和平时代就恪守的'下级指挥员独立性'原则展示了它深远的影响。"[66]

德国第3装甲掷弹兵师最薄弱的阵地位于塞农尚，在巴斯托涅正西、N4公路南面的一道仅1000码（约914米）宽的山岭上。那里的德军需要对抗东面的美国第101空降师和西面的第11装甲师。巴斯托涅地区几乎所有炮兵以及第11装甲师师属炮兵猛烈打击该地段，于1月2日迫使德军撤退到塞农尚西北方

1.5英里、芒代圣埃蒂安正北的高地上。美国第327滑翔机机降步兵团和第10装甲师进入塞农尚时，发现这座村庄里没有任何德军。但是，美军看到的是一番激战后的场景。第327滑翔机机降步兵团的一等兵查尔斯·科曹雷克（Charles Kocourek）记得，他首先看到两三辆燃烧的美军坦克，接着，他和战友们发现一间鸡舍里堆放着多名阵亡美军士兵的尸体。[67]

第11装甲师占领芒代圣埃蒂安的时候也没有遇到任何抵抗，因为德军向北方实施战术性撤退时已经放弃了这座村庄。但是不久以后，进入芒代圣埃蒂安的士兵们就遭到德军炮弹的猛烈轰击。此时，这个美军装甲师已经阵容不整。约翰·法格上士这样回忆道："我们又累又冷，已经无力实施任何有效的进攻了。"[68]

在战斗的前5天，第11装甲师损失了约70辆坦克和1000名士兵。[69]根据德方的数据，1945年1月3日阿登地区的战斗中，盟军损失了48辆坦克。[70]同一天，美国第8军军长米德尔顿决定将第11装甲师撤出战斗。[71]第11装甲师师部的肯尼斯·W.莫勒（Kenneth W. Moeller）说："我们舔舔自己的伤口，修好我们的坦克，决心在回到战斗中后变得更聪明。"[72]于12月底在锡布雷特遭受重大损失的第9装甲师A战斗群也于1月3日撤出一线。[73]

与之相对应的是，美国第17空降师抵达前线，这是一支刚刚完成军事训练的全新队伍。事实证明，第11装甲师留在一线的一个装甲营完全不足以掩护这个"青涩"的空降师，该师既缺乏坦克，也缺乏反坦克炮。

与几天前的第11装甲师和第87步兵师一样，第17空降师刚抵达交战地域，米德尔顿就命令该师投入进攻。这位军长渴望实现突破，与北面的美国第1集团军会合。

第87步兵师再次在米德尔顿的西翼发起进攻。它的第一个任务是压垮德军在巴斯托涅以西皮龙普雷、博讷鲁和热纳维尔路口的阵地。但是，一个由装甲教导师的30名士兵和6辆坦克组成的德国战斗群利用雷区和崎岖地形，全力阻击了美军整整一个师的兵力。第87步兵师战史写道：

> 德军在热纳维尔、博讷鲁和皮龙普雷建立了复杂的防御阵地，保护从乌法利兹通往前线的主要补给线。整个区域埋设了大量地雷和陷阱，山区

美军的"坦克坟场"。在战役的前几天，美国第11"雷电"装甲师损失了约70辆坦克和近1000名士兵。（美国陆军）

　　覆盖着茂密的常绿林。在很多地方，积雪深及腰部。[74]

　　1945年1月3日—4日对皮龙普雷发动的反复进攻使第87步兵师付出了近150名士兵阵亡、负伤和失踪的代价。[75]据装甲教导师师长弗里茨·拜尔莱因中将说，德国坦克集结在皮龙普雷锯木厂的木料堆后面，击毁了所有进攻的美军坦克。[76]

　　在第87步兵师东面，第17空降师的情况更糟糕。空降兵们在第630坦克歼击营的支援下，于1月4日早晨的大雪中发动进攻。[77]他们的第一个目标是控制巴斯托涅以西芒代圣埃斯蒂安和弗拉米耶日之间的N4公路。

　　芒代圣埃斯蒂安以西1英里处，N4公路穿过一条不算特别高的山岭，但是德国"元首卫队"旅的士兵们已经在山顶挖掘了掩体，凭借机枪和迫击炮坚守。进攻这些阵地的美国第17空降师士兵称这里为"死人山"。第630坦克歼击营作战报告写道："敌军用猛烈的迫击炮、机枪火力以及小队步兵，抵抗我们的进攻。"[78]"元首卫队"旅旅长雷默上校写道："我们因为炮弹短缺，只能用步兵武器和机枪火力击退敌军。我们在敌军爬上山坡的最后一刻才开火，他们蒙受了沉重的损失。"[79]

　　美国第513伞兵团第2营F连在很短的时间里连续失去了3位连长。伞兵们在雪地中隐蔽时，听到了刺耳的喊叫声："上刺刀！"这似乎振奋了年轻士兵们的精神，他们站起身来，冒着敌人的火力冲上山坡，高喊着"杰罗尼莫"（伞兵们从飞机上跳下前的战斗口号），奋力突破了德军阵地。

　　但是这徒劳无功。1月4日下午，德军出动第3装甲掷弹兵师的9辆四号70型坦克歼击车发动反冲击。[80]这一幕令美军士兵十分震惊，以至于他们报告有20辆德军坦克。[81]和很多时候一样，美军认为那是"虎"式坦克。第513伞兵团的一等兵艾尔·布莱恩特（Al Bryant）描述了决定性的1945年1月4日：

　　　　我们最终抵达小村正北的公路。道路两侧有高高的路堤，我们奉命在那里掘壕。"虎"式坦克向村子边缘的树梢开火。弹片如雨点般飞溅，我不禁庆幸自己没有在村庄里。我们的反坦克武器对德军的"虎"式坦克毫无用处。我们的"巴祖卡"发射火箭弹击中坦克时，只能削掉一小片金属，无法造成真正的伤害。我们的一位战士携带"巴祖卡"火箭筒，守在前方大约40英尺的壕沟里。他向一辆"虎"式发射了"巴祖卡"，那辆坦克开炮还击，一枚88毫米炮弹直接命中我们的一名士兵。他的一部分尸体飞到了我的附近。

　　　　我们有4辆坦克提供支援。其中2辆几乎立刻就被"虎"式坦克打瘫。在一辆瘫痪的坦克中，一名车手正在呼救。在敌军的眼皮子底下，我们的医疗队队长爬上坦克将他拉了出来。这名幸存的车手两腿都已经被炸断。我们的反坦克弹药已经用尽。从公路上走来2名打着白旗的德国人，后面的士兵手持一挺轻机枪。他们告诉我们的长官，在我们的伤员所在的村庄里，德军的一辆"虎"式坦克正用大炮对着他们，如果我们不投降，德国人就会杀了他们。我记得，命令我们投降的军官不是营长。

　　　　我们被德军押着离开时，经过一辆"虎"式坦克，坦克指挥员正站在炮塔里。我举起两个手指摆出了"V"的形状。这是个大错误。坦克指挥员拔出一个看上去像.45手枪的东西指着我，开始用德语喊叫（我不知道他说的是什么）。幸运的是，旁边有人懂德语，告诉我拿枪的家伙想要我的手套。无须细说，我飞快地答应了这个请求。[82]

"死人山"的战斗使第17空降师付出了惨痛代价，它参战的第一天就损失了275名士兵。[83]德军清点了5辆被摧毁的美国坦克和200名战俘，其中8名军官在当天晚上来到巴斯托涅西北1英里的维奥姆蓬特（Wyompont），登克特少将在他的指挥所里盘问了这些人。[84]

忧心忡忡的巴顿在日记中写道："今晨发动进攻的第17空降师遭到沉重打击，据报告某些营损失了40%的兵力。这当然是极其可笑的。除非逃走或投降，否则一天的损失超过8%—10%就可以被视为弥天大谎。"对于师长威廉·米利少将，巴顿写道："我在巴斯托涅见到米利将军时，他没有给我留下深刻的印象……他告诉我，他不知道自己的右翼团在哪里，他还没有出去寻找他们。"[85]

第二天夜里，"元首卫队"旅派出20辆坦克，对第17空降师西翼的乌尔蒙和几天前让第11装甲师付出巨大代价才占领的潘萨蒙发起反攻，迫使第193伞兵团后撤了1英里。支援第17空降师的11辆美军坦克被消灭。在1月6日的报告中，雷默上校做了如下评论：

> 前几天的经验说明，敌军在完成一次持续时间相当长的炮火准备之前，通常不会开始进攻。如果随后的进攻遇到了任何抵抗，行动就会立即取消。然后，炮火准备再次开始，接着又是步兵攻击，一天里重复很多次，直到主防线上几乎没有抵抗，敌军的步兵才会前进。但是，除了战斗轰炸机能够短暂压制之外，敌军很少令我们的重武器（尤其是火炮）瘫痪……前几天，敌军的进攻在时机和位置上都显得杂乱无章，这一事实令旅部大惑不解。[86]

巴斯托涅以西的战斗进行之际，按照莫德尔的计划，党卫军第1装甲军开始进攻城东。1月4日拂晓，动用所有火炮和火箭炮实施炮火准备之后，德军进攻巴斯托涅东北部由第501伞兵团和第6装甲师守卫的阵地。这一天的天气仍然令地面军队被迫在没有空中支援的情况下作战。德军沿着巴斯托涅—圣维特铁路线向西南方进攻，第340国民掷弹兵师在铁轨西侧，党卫军第26装甲掷弹兵团和第12坦克歼击营的四号70型坦克歼击车在东侧。德军的推进速度很快，在进攻队形以西的雅克森林中，美国第10装甲师B战斗群奥哈拉战斗队的装甲兵正越过雪地迎战德军的突击。党卫军第26装甲掷弹兵团第7连的党卫队二级小队长埃瓦尔德·里恩（Ewald Rien）写道：

> 800码之后，先锋遭遇机枪火力的阻击。二级小队长科瓦尔斯基和我走向前去，确定火力来自坦克。我们没有"铁拳"，因此向坦克发射了一枚枪榴弹。这明显足以逼迫坦克手弃车。仔细辨识后，我们缴获了2辆可以使用的"谢尔曼"。我连继续前进，在天亮的时候抵达富瓦—马格雷特的公路铁路桥[比佐利西北大约1000码]。[87]

接着，8辆四号70型坦克歼击车介入，迫使其余美军坦克撤入森林中。1月4日晚上，美国第501伞兵团被击退了大约1.5英里。在该团右（东）侧，第6装甲师B战斗群已经被击退到巴斯托涅东北大约2英里的比佐利和东南1000码的马格雷特。这显然不是罗伯特·沃克·格罗少将麾下"超级六"师中坚忍不拔的装甲兵们所预期的结果。尽管他们拥有数量优势——2天以前，第6装甲师报告的兵力为271辆坦克和坦克歼击车，而党卫军第12装甲师所拥有的装甲车辆数量不及他们的1/3——可是他们不得不退却。[88]撤退的命令在某些美国士兵中引发了恐慌。在这种情况下，他们无法守住马格雷特，第6装甲师后退到马格雷特正西的510高地上的阵地。在向南1英里多一点的地方，第6装甲师A战斗群夺取瓦尔丹的战斗也演变成沿城西山坡后撤的行动。历史学家约翰·托兰描写了这一情景：

> 早到的夜色给撤退的部队带来更大的恐惧。密林、僻径甚至开阔地，都是令人害怕的地方。有些人（特别是还没有找到可信任战友的新兵）在巨大的恐慌中向回奔跑。其他人则慢慢后退，让德军每前进一码都付出代价。
>
> 德军的坦克和士兵都使用了白色伪装，他们耀武扬威地向前突进。虽然饥饿、寒冷、弹尽粮绝，但是他们的士气很高……从前线回来的[美国]士兵们的报告令人担忧。许多惊恐的逃亡者声称，整支部队都被切断并消灭了。师部的格罗将军完全不清楚伤亡有多大。但是他知道，这是他的第6装甲师最糟糕的一天了。[89]

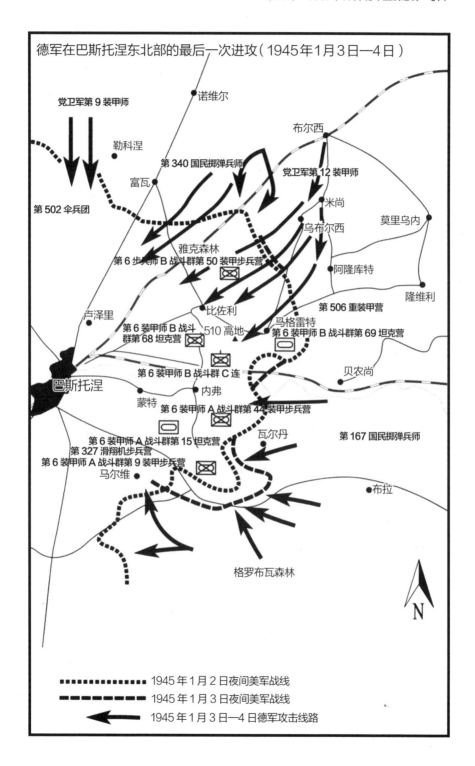

德军在巴斯托涅东北部的最后一次进攻（1945 年 1 月 3 日—4 日）

党卫军第 9 装甲师

诺维尔

勒科涅

第 340 国民掷弹兵师

布尔西

富瓦

党卫军第 12 装甲师

第 502 伞兵团

米尚

莫里乌内

乌布尔西

雅克森林

第 6 步兵师 B 战斗群第 50 装甲步兵营

阿隆库特

隆维利

卢泽里

比佐利

第 506 重装甲营

第 6 装甲师 B 战斗
群第 68 坦克营

510 高地

马格雷特

第 6 装甲师 B 战斗群第 69 坦克营

第 6 装甲师 B 战斗群 C 连

贝农尚

巴斯托涅

蒙特

内弗

第 6 装甲师 A 战斗群第 44 装甲步兵营

瓦尔丹

第 167 国民掷弹兵师

第 6 装甲师 A 战斗群第 15 坦克营

第 327 滑翔机步兵营

第 6 装甲师 A 战斗群第 9 装甲步兵营

马尔维

布拉

格罗布瓦森林

N

■■■■■■■■■ 1945 年 1 月 2 日夜间美军战线

▬ ▬ ▬ ▬ ▬ 1945 年 1 月 3 日夜间美军战线

◀━━━ 1945 年 1 月 3 日—4 日德军攻击线路

在德军1945年1月3日—4日发动的进攻中，美军蒙受了一些堪称阿登战役中最惨重的损失。仅第101空降师和第6装甲师在这2天里就报告了841人阵亡、负伤或失踪。第6装甲师B战斗群第50装甲步兵营的作战报告写道：

> 到1月4日夜里，关键阵地上已经损失了许多军官和军士，本营完全陷入混乱。我们又一次后撤，退到从拉埃（La Hez）东北的铁路延伸到比佐利西北铁路交叉口的战线上。那里部署了一个由各单位残部组合而成的连队。A连的所有军官都已经受伤或阵亡。[90]

克利奥·B.惠勒（Cleo B. Wheeler）曾服役于第6装甲师第603坦克歼击营，他回忆了失利对美军士兵的影响："1月1日—6日，比佐利、马格雷特和乌布尔西都下着雪。我们的双手、枪炮和精神都被冻住了。战线拉长，损失了3天的时间。双方坦克、枪炮和步兵面对着面，为每一寸土地而战。"[91]

第6装甲师没能引领美军的攻势，反而成为又一个被莫德尔的装甲兵碾压的美国师。巴顿在日记中写道："德军比我们更寒冷、更饥饿，但是他们却打得更好。"[92]

美军在东南方的失利

巴顿无法指望从巴斯托涅东南前线得到任何支援，美国第3军的第26和第35步兵师在那里遭到了党卫军第1装甲师、德国第5伞兵师、"元首"掷弹兵旅和第9国民掷弹兵师的阻击。新年前夜，在第6装甲师位于瓦尔丹的阵地东南方5英里（约8千米）的伯利，威拉德·保罗少将的第26步兵师被德国第15伞兵师的一次反攻击退。1月1日，美军重新发起的进攻又被击退，第26步兵师暂时取消了向维尔茨突破的一切努力。

与此同时，保罗·W.巴德（Paul W. Baade）少将的第35步兵师加强进攻，试图夺取吕特芒热（瓦尔丹西南偏南3英里）和南面不远的维莱拉博纳奥这两个小村，它们于12月30日落入党卫军第1装甲师之手。1月1日凌晨，德军在这一前线地段的阵地遭到整个阿登战役中最强大的炮兵集火打击。仅美国第161野战炮兵营12月31日就发射了2226发炮弹，1月1日又发射了2895发，包括至少8次"同时弹着"齐射。美军还大量使用空爆弹。每当美军士兵看到一发又一发炮弹将德军阵地埋葬在火焰、浓烟和飞溅的泥土中，都会对彼此说："希特勒，数数你的人。"[93]这样的炮击持续了好几天。1月3日—7日，西奥多·L.富奇（Theodore L. Futch）准将指挥的第35步兵师炮兵向德军阵地共发射41385发炮弹。[94]

然而，美军花了将近2周才夺回失去的地盘。第134步兵团战史写道："德军占据了易守难攻且公路网完善的地形。整个区域遍布市镇和乡村，每所房屋都变成一座小型堡垒。每座山和每片小树林都必须逐个占领。第137步兵团战斗了13天，才打垮维莱拉博纳奥的防御。"[95]

1月3日，美军夺回维莱拉博纳奥正北的吕特布瓦，但次日，在吕特芒热、维莱拉博纳奥以及东南方不远的卢森堡边境村庄阿尔朗日，包围党卫军第1装甲师和德国第14伞兵团的行动最终失败。1月4日早上，美国第35步兵师第134团第1营从勒特布瓦东北方仅2英里的马尔维向东南发动进攻。这次进攻直指东南方的格罗布瓦森林，迎面遇上了同时想要夺回吕特布瓦的党卫军第1装甲师波奇克战斗群。党卫军虽然无法实现这一目标，但是他们的进攻阻止了对手的推进，将美军的这个营切为两截，使之相当一部分力量（至少包括C连）被隔断于格罗布瓦森林中。美军营长丹·E.克雷格（Dan E. Craig）中校立即下令突围。C连一等兵纳撒尼尔·谢弗（Nathaniel Schaeffer）回忆道：

> 我至今仍然记得，那些在我们做好行动准备时，恳求我们别扔下他们的士兵们。我清楚地记得其中比较特别的一个，他身上有4处负伤，其中1处位于要害，他拼命挪动双手和膝盖，试图爬着跟上我们。我看到他最终瘫倒在地，无法跟上来，那是一种什么样的情景啊。[96]

党卫军第1装甲团第7连四号坦克车组人员，党卫队突击队员曼弗雷德·托恩从德方的角度描述了同一场战斗："我们的坦克全速向前，用高爆弹和机枪向森林连续射击。在树林前大约100码（约91米）的地方，我们停下来继续射击，这对美军造成了极大影响。很快，2名美军士兵高举双手从树林里走了出来。我们停止射击，命令他们走过来。这是1名伞降医务兵和1名中士。

这张照片证明了美国第35步兵师与德国第14伞兵团在维莱拉博纳奥东北的吕特芒热进行的激烈争夺。前方的德国88毫米高射炮可能是被一枚航空炸弹炸翻的。道路对面是一辆被摧毁的"谢尔曼"坦克。再往后是一辆被摧毁的车辆，身份不明。（NARA，111-SC-198854）

医务兵告诉我们，美国第35步兵师第134团的两个连在树林里，已经伤亡惨重。这名医务兵回到森林后没一会儿，大约150名美军投降了。"[97]

 C连的其余士兵穿过格罗布瓦森林，一直撤退到树林西边。在被切断的美军和吕特布瓦的友军阵地之间，是1000码（914米）宽的开阔地，不可能在白天穿越。美军团长巴特勒·B.米尔顿·伯杰（Butler B. Milton Berger）上校写道："随着下午的时光渐渐消逝，因寒冷而麻木的士兵们站在那里，低声谈论着到达友军阵地的可能性。雪断断续续地下着，刺骨的寒风穿透了厚重的军服。士兵们的脚因为'战壕足'而肿胀。一些士兵轻轻地咬着D号应急口粮，努力得到一些热量。水壶中的水要么给了伤员（用于吞服磺胺药片），要么冻成了冰，有些士兵将树上的雪扫下来吃掉。"[98]

夜色降临时，他们动身了。每2名士兵并肩站立，组成一条人链，以便在黑夜中保持联系。他们尽可能安静地踏进开阔地。但是几分钟以后，德军机枪的声音打破了寂静。整个纵队停了下来，几秒钟以后，士兵们开始匆忙跑回树林。这最终沦为一场溃逃，每个人都自顾不暇。曾因作战英勇而荣获银星勋章的连长威廉·M.丹尼（William M. Denny）中尉是少数几位没有逃走的人，但是他被德军俘虏了。[99]

C连的120名士兵中，只有37人在1月4日夜间回到美军战线。随后几天，还有几名掉队的士兵回归。其中之一是因伤被留在德军战线之后的弗兰克·L.马齐（Frank L. Mazzi）中士。他遇到了落单的劳伦斯·埃舍尔曼（Lawrence Eschelman）少尉，两人在夜色掩护下抵达仍在德军手中的维莱拉博纳奥。但是他们设法避开德军的注意，溜进一所房子的地下室，靠里面的胡萝卜和土豆支撑了7天，直到这个村子最终被美军占领。

1945年1月4日的战斗造成美国第35步兵师伤亡317人。这样，自党卫军第1装甲师12月30日发起进攻以来，第35步兵师已经损失了至少1603人，其中531人被俘或登记为失踪。在不到一周的时间里，该师已经损失了超过10%的兵力。1月5日，师长巴德少将请求取消进攻。[100]他的请求得到了批准。但即使在1月5日—7日的阵地战期间，第35步兵师也损失了714人，其中308人被俘或登记为失踪。

盟军指挥部里的危机

1月5日，盟军在阿登地区没有发动多少攻势。在巴斯托涅东南方和西南方，以及整个巴斯托涅前线，美军都蒙受了极大损失，被迫转入防御。蒙哥马利在西面和西北面发动的大规模攻势也没有取得特别大的成功。1月5日深夜，在德军突出部西端，英国第6空降师和第29装甲旅终于夺取了比尔最后几座房屋的废墟。但到这个时候，英军为夺取小村已经战斗了整整3天，伤亡极大。仅第13"兰开夏"伞兵营就伤亡189人。在比尔之外，德军继续疯狂抵抗。

在比尔的北面，英国第53威尔士步兵师和英国第33装甲旅接管了此前美国第84步兵师在乌尔特河以西的马尔什守卫的阵地。这些英国部队于1月4日发动进攻，但几乎立刻就被在马尔什东面山林中布防的德国第116装甲师遏止了。就在前一天，第116装甲师才接收了增援——装备14辆突击炮的第16装甲团第7连。第116装甲师第146装甲炮兵团第2营的作战日志写道：

> 敌军全天都在尝试突破我军的防线，在奥－布吕耶尔地区，敌军派遣实力单薄的小股兵力潜入树林。但是我们立刻部署了一个拥有少量坦克的战斗群，逼迫敌军退回出发阵地。[101]

东北方向上，美国第7军和第18空降军仍然苦战不休，与之对阵的德军常常回应以疯狂的抵抗。美国第2装甲师花了整整3天，只在芒艾和南面的奥代涅之间前进了3英里（约4.8千米）。奥代涅位于芒艾以南大片山林的另一侧，从1月2日夜起，遭到美军持续48小时的炮击。1月5日整天，美国第2装甲师B战斗群和党卫军在奥代涅的每所房屋、每丛树木和每个果园里展开争夺战。最后一批顽固的党卫军士兵坚守教堂塔楼，除1人外全部阵亡。

从3天前攻势开始起到这个时候，美国第7军的两个装甲师已经损失近800名士兵。[102]第2装甲师B战斗群派往奥代涅作战的特遣队不得不撤出战斗，由该师R战斗群接替。[103]

1月5日最引人注目的事件无疑是德军继续对巴斯托涅发动攻势。清早，党卫军第12装甲师和德国第340国民掷弹兵师继续向该城东北部和东部推进。根据德军的报告，历经1月4日代价沉重的苦战之后，美国第6装甲师A战斗群没有再经过任何战斗就离开了阵地。德国第340国民掷弹兵师占据这一地区时，发现大量被丢弃的武器装备，说明美军是匆忙撤退的。[104]此时，马格雷特已经完全落入德军之手。德军还短暂地占领了村子正西的510高地，但是从巴斯托涅城内射出的密集炮火使他们不得不离开这个阵地。根据德军统计，有400名美军官兵被俘。[105]

次日（1月6日），德军的攻势仍然没有减弱。党卫军第12坦克歼击营的党卫队三级小队副阿尔弗雷德·舒尔茨写道："多次夜战之后，我们已经和步兵一起，肃清了巴斯托涅之前的林地。二级突击队中队长［格奥尔格·］胡德尔布林克（Georg Hurdelbrink，第1连连长）、三级突击队中队长［金特·］雷恩（Günther Rehn，第2连）和三级小队副舒尔茨（第2连）的坦克推进得最远。1

月6日早晨，我们炮击了巴斯托涅以北的敌军目标。"[106]

美国第6装甲师战史淡淡地评论道："德军在5天里占据着上风，派出坦克－步兵编队攻击整条战线上的目标。"[107] 至于巴斯托涅，第68坦克营的战史写道："整座城市就像一个屠宰场。可能永远没有人知道，我们的处境有多么令人绝望。"[108]

除了这些新的成功之外，德军的"底板"行动和"北风"行动（德军在阿尔萨斯的新年攻势）也取得了效果，当然还有盟军固有缺陷的影响。这一切使盟军官兵中的忧虑转变成纯粹的恐慌。连强硬的巴顿中将都在1月4日的日记中透露了自己的紧张情绪："我们仍然可能输掉这场战争。"[109]

第二天，巴顿的情绪明显没有转好，他写了一封信给妻子比阿特丽斯："那些德国人是凶狠的战士……有时候连我都怀疑这场大戏的结局。"[110]

在此期间视察阿登前线时，英国首相温斯顿·丘吉尔和帝国总参谋长、陆军元帅艾伦·布鲁克同样表示了担忧。丘吉尔造访盟军远征军最高统帅部时，艾森豪威尔强调，他渴望得到苏联的帮助，"以减轻阿登战役造成的压力。"[111] 这促使丘吉尔于1月6日发电报给苏联领袖斯大林，请求红军的帮助：

> 西线的战事非常激烈……您凭借自己的经验就能够知道，在暂时失去主动权后需要防御一个非常宽阔的正面，有多么令人焦虑……如果您能告诉我，我们在1月份能否指望苏军在维斯瓦前线或其他地方展开大规模攻势，我将不胜感激。[112]

同一天，丘吉尔（代号"沃登上校"）向美国罗斯福（代号"Q上将"）发了一封类似的电报："事实很残酷：我们需要更多作战军队来推动事态的发展。"但是在合理的时间内，从哪里去征调新的队伍？

约瑟夫·斯大林是唯一能够决定性地扭转局势的人，他1月7日的答复给丘吉尔带来了希望。苏军在东线的大规模攻势原本定在1月20日，但是此时斯大林承诺提前发动攻势，以帮助他的盟友：

> 考虑到我们的盟国在西线的处境，最高统帅部已经决定，加速我们的

准备工作，不管气候如何，都将在不晚于1月后半段，对整个中部战线的德军发起大规模攻势。[113]

丘吉尔急忙将这个好消息告诉艾森豪威尔，并口述了对斯大林的回复："我非常感谢您令人兴奋的信息。我已经将它转给艾森豪威尔将军，只让他一个人知情。祝愿您的宏伟计划得以顺利实施。"[114]

在这种危急的局面下，史上所称的盟军"将帅之争"达到了新高潮。这一争执始于英国报纸《每日邮报》1月6日的头条新闻，新闻标题为《蒙哥马利：突出部战役始末，英军挡住了德军向默兹河一线的攻势》，文章中写道："得知蒙哥马利元帅现在得到了全面的指挥权，这个国家将感到宽慰。"次日，蒙哥马利在他设于比利时宗霍芬的指挥部召开了一次新闻发布会。这位有趣的陆军元帅身着灯芯绒便裤、蓝灰色衬衫，披着带有上校军衔肩章的伞兵外套，头上歪戴着一顶伞兵贝雷帽，在一间砖砌的小楼里接见了一百多名盟国记者。

合众国际社的一位英国记者评论道："蒙蒂仍然是那个爱出风头的人。"蒙哥马利笑着说："这衣服看起来可能有点古怪。"然后，他开始谈及阿登战役：

> 如你们所知，冯·伦德施泰特于12月16日发动进攻，在美国第1集团军中央深深地打入了一枚楔子。他将美军一分为二，局势一度似乎将会变得令人难堪。

蒙哥马利继续说道："那个时候，我看到所发生的情况，虽然不在管辖范围内，我仍然采取了某些措施，确保即使德军到达默兹河一线，他们也不能越过它。我采取了某些确保稳定的行动，做好应对威胁的准备。那些都只是纯粹的防范措施。我预先思考了北线的行动，并采取了某些措施。"

蒙哥马利讲述了艾森豪威尔将德军突出部以北所有盟军指挥权交给自己的经过，然后说"我的观点是，战争中真正重要的是士气"。他对这个话题略作展开，接着讲了一些被人们理解为对美国陆军"旁敲侧击"的话："将这一思路应用到战斗中，你就会发现，在德军发动猛烈打击、美国陆军四分五裂时，交战区域明显处于混乱之中。因此，艾森豪威尔将军将这项任务交给我时，我做的第一件事就是全力整理交战区域。"

美国记者们带着越来越强烈的愤怒情绪，听着英国陆军元帅对他们说："我梳理了形势，将预备队部署到合适的位置，恢复稳定。我重新划分美军和英军的区域，重组领导层。"

接下来，蒙哥马利介绍了美国第7军的有关情况，它是盟军北路反攻的主力："我为攻势而组建了美国第7军，但是它遭到了打击。我说：'天啊，不能这样继续下去了。它正在被战斗吞没。'我投入工作，设法重组这个军。压力仍然很大，它又开始要消失在防御战中了。我说，'来吧，来吧，'再次组建它……"

蒙哥马利也确实称赞了美军士兵："我的军事生涯都是和英国士兵一起度过的，我爱他们，认为他们是第一流的。现在，我对美国士兵也产生了深深的喜爱和钦佩之情，应该说，他们是非常勇敢的士兵……"但是，这一说辞于事无补。大部分美国记者反应强烈，他们觉得蒙哥马利的讲话对美国人表现出居高临下的态度。蒙哥马利最后用几句话评论了他的直接上司艾森豪威尔将军：

> 我们是最好的朋友。看到英国报刊对他不敬的文章，我感到很难过。他承受着巨大的负担，需要我们的支持，也有权力期待这种支持。让我们都团结在这位"队长"的周围，帮助他赢得这场比赛。没有人反对健康的批评，但是我呼吁停止有害的批评，那只会损害盟军的团结，破坏这支队伍，帮助敌人。

美国记者完全被激怒了。在他们看来，这位英国元帅试图将美军的所有功绩占为己有。美国《每日新闻》的休·沙克（Hugh Shuck）激动地发了一封电报给他的编辑："我要借用美国将军托尼·麦考利夫的话，对蒙蒂说：'毬！'"[115]

但是，英国《每日邮报》当天晚上在头版发表了对蒙哥马利新闻发布会的评论，标题为《蒙哥马利预见到了进攻：以一己之力扭转局势》。这篇文章作为该报的社论，声称德军12月在默兹河前线止步不前，是因为蒙哥马利在最高统帅接受这一事实之前，就主动承担了德军突出部以北盟军陆军的指挥权。文章继续写道："局势明显十分危急，陆军元帅蒙哥马利主动担纲，凭借声望和权威，使周围的人接受他的领导。"

在这方面，英国广播公司对蒙哥马利的评论较为恰当："这是他目前为止承担的最为辉煌、也最为困难的任务。他找不到任何防线，美军有些不知所措，手上的预备队不足，补给线也被切断。"[116]

战后，蒙哥马利在他的回忆录中写道："举行这次新闻发布会可能完全是个错误，美国将军们对我产生了强烈的反感情绪，我说什么都是错的。因此，我应该保持沉默。"[117]蒙哥马利在回忆录中还指出，他**本应**说出另一些话，幸好听众们没有听到："我**没有**说的是，阿登战役中盟军遭遇了一场真正的'惨败'。美军伤亡近8万人，在诺曼底的大胜之后，如果我们战术应用得当，甚至只要在冬季战役开始时确保地面军队部署上的战术平衡，就绝不会发生这样的情况。"[118]

更糟的是，阿纳姆的一家德语电台播送了一个经过歪曲、完全反美的版本，冒充真正的BBC广播。布拉德利中将的指挥部听到这个仿冒版本，受到了蒙骗。这激起了名副其实的义愤。布拉德利匆忙在卢森堡召开了一次新闻发布会，解释艾森豪威尔将美国第1集团军和阿登地段的一半交由蒙哥马利指挥的原因。但是英国《每日邮报》以1月11日的一篇社论反击，称布拉德利的新闻发布会是"对蒙蒂的诽谤"。

盟军战略航空兵介入

就在巴顿担忧可能输掉战争，丘吉尔恳求斯大林从东面伸出援手，而英美因为哪一方的作战方式更好而争执不下时，德军的攻势却逐渐减弱了。在美国第9航空队的战术航空兵缺席的情况下，驻扎在英国的美国战略航空兵部队——第8航空队——介入了战场。当然，此前它就攻击了德国西部的多个交通目标，包括火车站、编组站、公路枢纽和桥梁，此外还不断对德国的合成燃油工厂发动战略空袭，但是在1945年1月1日之后，第8航空队完全投入对德国西部交通目标的攻击。新年的第一天，第8航空队的850架重型轰炸机攻击了多个与油料有关的德国目标。但次日情况就不同了：第8航空队派出1000余架重型轰炸机，在500架战斗机的护航下，攻击了德国西部的交通线和战术目标。1月3日，1168架重型轰炸机和589架战斗机打击德国西部的各条交通线，包括莱茵河上的铁路桥。

盟军战术航空兵无法支援地面部队时，战略航空兵取而代之。1945年1月2日，美国第8航空队派遣1011架重型轰炸机，在500架战斗机护航下，攻击了德国西部的交通线和战术目标。第8航空队的大部分重型轰炸机是图中的波音B-17"空中堡垒"。715架该型轰炸机参加了1945年1月2日的行动。（美国空军）

1945年1月4日，德军最高统帅部的作战日志上写道：

　　我们自己的部队有充足的人员、火炮和装甲车辆，但是由于缺乏弹药和燃油，无法利用这些资源，这是美军空袭后方铁路网络所致。由于敌军也空袭了公路网络，这一效应被放大了。现在，最高统帅部已经下令从战场上撤出高射炮，用于保卫公路和仓库。[119]

次日，美国第8航空队共派遣1000余架重型轰炸机，在近600架战斗机的护航下，打击了德国西部的不同交通目标。这致使德军在阿登前线的补给状况进一步恶化。这一天（1月5日），德国第116装甲师第146装甲炮兵团第2营的作战日志记录道："今天，我营只能用短齐射打击敌军行动，因为弹药已经非常紧缺。"[120]

在这种形势下，德国最高统帅部决定将党卫军第9装甲师从巴斯托涅以北地段调回西北面的党卫军第2装甲军，以便巩固防线，对抗美国第7军。但是，党卫军第9装甲师的补给状况也同样不佳。1月5日，该师下辖的党卫军第20装甲掷弹兵团第1营营长、党卫队一级突击队中队长卡尔·阿佩尔（Karl Appel）在给奥托·斯科兹尼的信中写道："补给短缺现象非常严重，衣服和靴子尤甚。"[121]

而且，情况还在恶化。1月5日夜间，党卫军第9装甲师在乌法利兹集结，此时天空突然被照明弹点亮。几分钟后，英国皇家空军的一个轰炸机编队出现在6000英尺（约1830米）的高空，编队中有9架"蚊"式双发轰炸机和131架阿芙罗"兰开斯特"四发轰炸机。后者每架可以携带14000磅（约6350千克）的炸弹。空袭在凌晨3时到3时30分之间实施。乌法利兹全镇都被摧毁，189名平民死亡。党卫军第9装甲师同样遭受重创。该师士兵党卫队三级小队副海因茨·佩希（Heinz Pech）描述了轰炸的效果：

> 挤满士兵和车辆的小镇遭到严重破坏。所有车辆都被损坏，无法立即修好，党卫军第19掷弹兵团第2营的大部分机动装备都被摧毁。许多车辆埋在垮塌的房屋下面。我看到2门反坦克炮被摧毁，还听说许多其他的装备被毁。军人的伤亡似乎高达50%。交通堵塞了约10个小时。[122]

与此同时，莫德尔甚至开始将党卫军第12装甲师从前线撤下，作为党卫军第1装甲军的预备队，准备对抗美军的反攻。1月7日起，托尔斯多夫上校的第340国民掷弹兵师逐步接管了党卫军第12装甲师在巴斯托涅东北的阵地，而海因茨·科科特（他在元旦晋升为少将）的第26国民掷弹兵师重新回到城北的旧阵地，接替党卫军第9装甲师。

巴斯托涅以西的消耗战

不过，尽管德军在巴斯托涅的战线日益薄弱，但这并没有立即给美军带来任何大的成功。远在德军突出部西南端，巴斯托涅以西近20英里（约32.2千米）的圣于贝尔小镇周围，约阿希姆·冯·波申格尔（Joachim von Poschinger）中校率领的德国装甲教导师902战斗群守卫着一个8英里（约12.9千米）宽的楔形地带，将北面的英国第30军与南面的美国第87师分开。装甲教导师师长拜尔莱因中将写道：

> 从12月28日开始，圣于贝尔地区就遭到了无休止的进攻。但是非常薄弱的守军在激战中守住了阵地……敌军的所有进攻都被击退，许多敌方坦克被摧毁。特别值得一提的是，敌军多次企图通过围攻突破阿特里瓦勒（Hatrival）两侧和韦斯克维尔以西的树林[分别在圣于贝尔西南1英里和东南方1英里的地方]前往圣于贝尔，但都失败了。[123]

正如前文所述（见"德军重夺巴斯托涅的主动权"一节），1月初，美国第87步兵师恢复了突破皮龙普雷路口的尝试。这个路口位于圣于贝尔东南方4英里（约6.4千米），由装甲教导师的30名士兵和6辆坦克组成的小股兵力守卫，他们的阵地在雷区后面的山林中。美军的这次进攻再度被击退，损失惨重，因此小弗兰克·L.丘林准将决定尝试进攻向东2英里的蒂耶。守卫那里的是雷默上校的"元首卫队"旅下辖的"元首卫队"装甲掷弹兵团第2营。为加强丘林的进攻力量，丘林的步兵师还得到了法国第3伞兵团和美国第761坦克营的支援。前者是英国特种部队SAS（特种空勤团）的一部分，在1944年6月的布列塔尼战役中表现出众（当时的番号是第4空降营）。霍利斯·E.亨特中校指挥的第761坦克营是第一支由非洲裔美国人组成的装甲部队，拥有引以为豪的名称——"黑豹"。

第87步兵师于1月6日发动进攻，该师的第346步兵团与第761坦克营和法国伞兵协同出击。虽然"元首卫队"旅的一个营在人数上处于劣势，但得到第902战斗群的侧翼支援后，正如拜尔莱因中将指出的："反坦克部队精心部署于蒂耶西北的树林边缘，可以非常有效和成功地介入格里蒙及蒂耶附近友军（雷默旅）的战斗，他们成功地使多辆敌军坦克失去战斗力，给进攻的步兵造成损失。"[124] 雷默上校报告了1月6日的战斗："在这天里，[装甲掷弹兵团]第2营在蒂耶据守的地段遭到反复进攻。我们努力守住了阵地，但是战斗非常艰苦。"[125]

蒂耶周围延续多日的激战就这样开始了。这个小村位于一座山谷中，四周都是长满松树的高地。山下是覆盖积雪的宽阔坡道，美军试图从这里推进，却正好进入了德军的火力圈。多年以后，第761"黑豹"坦克营的坦克兵埃迪·麦克唐纳（Eddie MacDonald）说道："我永远忘不了蒂耶。我们花了1周时间才将德军赶出村子。他们实实在在地在那里挖掘了工事。1小时的战斗之后，我们才知道对手是党卫军[这一误解可能源于德军部队的名称"元首卫队"旅]。"[126] 在奥托·雷默看来，蒂耶之战中的对手是他遇到过的最好的美军部队，那些"出色的战士"经常"出现在我们的战线背后，用他们的刀子刺杀我们的许多守卫"[127]。根据雷默的说法，只有这些美军士兵"在夜战中也值得我们尊重"[128]。

与此同时，巴顿对第17空降师师长米利少将施加了越来越大的压力，逼迫这支在1月4日—5日被"元首卫队"旅击败的部队在东面不远处恢复进攻。据巴顿所说，第17空降师面前实际上没有任何德军。战后，米利告诉美国军事历史学家爱德华·G. 米勒："[第3集团军]仍然坚称我们面前什么都没有。我们的巡逻队指出，敌人仍然在那里。我们不知道对手的兵力。但是集团军指挥部认为他们已经从我们的战线上调走了。所以，我们只能向前推进。"[129]

1月6日晚上，第17空降师接到命令，于次日早上9时进攻。第513伞兵团I连连长尤金·克劳利（Eugene Crowley）中尉面对他的士兵时，其中一名士兵高声反对："进攻路线中，至少很大一部分都可以在夜里通过，为什么要在光天化日之下，经过完全在敌军占领的山岭之下的开阔雪地？"克劳利只能说："命令就是命令！"[130]

巴顿断言这里只有薄弱的德军阵地，这并不是凭空捏造的。在那个阶段，"元首卫队"旅经过连续3周的战斗，已经处于非常困苦的境地。确实，该旅装甲掷弹兵团第3营在12月30日—31日击退了美国第11装甲师，但付出的代价是自身兵力的严重枯竭。雷默上校别无选择，只能将这个营从前线撤下。此外，装甲掷弹兵团的另外2个营也撤下了1/3的兵力，用以组建一支预备队。因此，该旅6英里宽的防线（西起蒂耶，东到芒代圣埃蒂安以西地区）上兵力虚弱。而

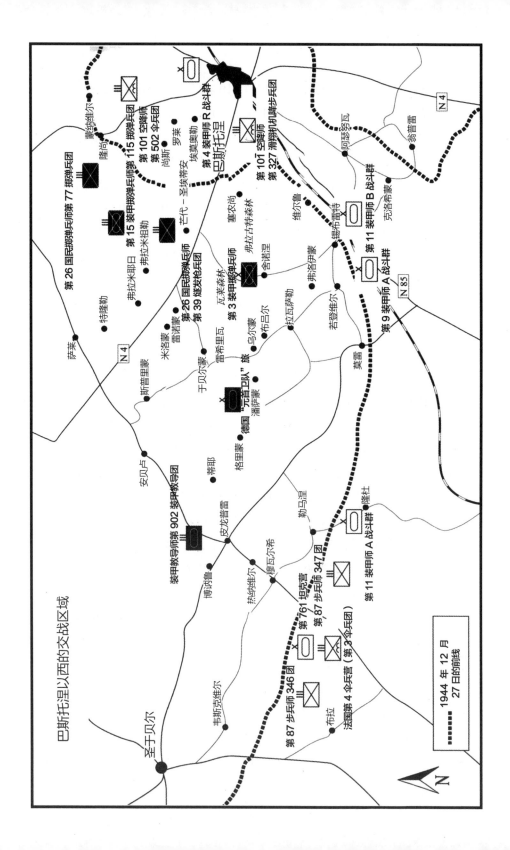

面对第87步兵师的"元首卫队"装甲掷弹兵团第2营，是该旅实力最强的一个营。该营左（东）侧的"元首卫队"装甲掷弹兵团第1营在一线只有150名士兵，却要对抗整个美国第17空降师。这个营确实得到了该旅装甲团30辆坦克的支援，但是燃油越来越短缺的状况严重阻碍了这些坦克的行动。[131]

根据命令，第17空降师于1月7日9时发动突袭。伞兵们从弗拉米祖勒和芒代圣埃蒂安以南黑暗的瓦莱森林和弗拉古特森林中冲了出来，以第193滑翔机机降步兵团为右翼，第513伞兵团居中，第194滑翔机机降步兵团为左翼。在浓雾和降雪的掩护下，第193滑翔机机降步兵团和第513伞兵团越过连接巴斯托涅和马尔什的N4公路，开始穿越雪地，前往公路另一侧左边的两座村庄——弗拉米祖勒和弗拉米耶日，与此同时，炮兵猛烈炮轰北面的敌军阵地。

一群德军士兵占据了弗拉米祖勒（芒代圣埃斯蒂安西北1英里）以南森林里的阵地，成功挡住了在美军猛烈炮火支援下的第193滑翔机机降步兵团。但是在树林西面的开阔地上，美军的炮火使其他德军部队无法守住阵地。在无情炮火的支援下，数百名身穿绿色军装的第513伞兵团士兵如潮水一般向前，越过已经被炮弹炸得坑坑洼洼的田野。他们因为疲劳而喘着粗气，大雪中难以看清前路，但是仍然直奔目标——N4公路以北200码（约183米）、弗拉米祖勒以西1000码（约914米）的"死人山"山顶的小村庄弗拉米耶日。第1营和第2营从南面直接发动攻击，而莫里斯·安德森少校率领的3营在5辆"谢尔曼"坦克的支援下，从东面迂回攻击。但是，德军已经在一座小山上集结了3辆坦克歼击车。而雪雾之中，美军未能观察到这一威胁，等到发现时已经太晚了。4辆坦克接连被击毁，第五辆停止前进。[132]

接下来，德军坦克歼击车将炮口转向第3营的士兵们，他们在田野中毫无掩护。炮弹在伞兵中间爆炸，血腥的尸块飞向四周。美军的进攻立即演变成朝向出发阵地的溃退。短短时间内，3营的161名士兵只剩下不到100人。[133]

但是，胆战心惊的幸存者在地上卧倒、拼命寻找隐蔽所时，德军的炮火突然停了下来。在右侧1000码的地方是第193滑翔机机降步兵团的士兵们，左侧则可以听到来自弗拉米耶日的枪炮声，那是第1营和第2营正在与村子南部外围的德军战斗。但是在安德森少校手下的第3营士兵前面，所有的抵抗似乎都消失了。原来，德军坦克已经撤退——可能是因为弹药耗尽了。剩下的士兵们站了起来，继续冲过开阔地。这一次一切都很顺利，美军从东面突破弗拉米耶日时，对手明显没有察觉到，德军的抵抗就这样瓦解了。

德国第3掷弹兵师师长登克特少将立即组织了一次反冲击，为此他得到了第9装甲师的支援。[134] 但德军于1月7日下午发动进攻时，美军已经严阵以待。猛烈的火力在支援的德军步兵中撕开了巨大的口子，并击中了多辆装甲车辆。德军被迫仓皇后退。登克特写道："弗拉米耶日的守军很顽强，我们有一种印象：在那里战斗的敌军受过城镇战的专门训练。我还记得，带到特隆勒的战俘属于一个空降师，我对他们的军容印象很好。" [135]

与此同时，美国第194滑翔机机降步兵团开始进攻向南不远的N4公路的另一侧，并占领弗拉米耶日西南1.5英里（约2.4千米）由几所房子组成的米洛蒙村（Millomont）。美军从那里继续向隔着一片200—300码（约183—274米）宽的农田的邻村雷诺蒙（Renuâmont）推进。雷默上校从德军的角度描述了这次战斗："此后敌军立即攻入雷诺蒙，我军一个只有约20名士兵的连队集合起来，守在两个农场上。虽然遭到包围和反复攻击，但直到3时该连仍在顽强奋战。" [136]

向西不到3英里（约4.8千米）的地方，"元首卫队"装甲掷弹兵团第2营与美国第87步兵师346团正在蒂耶激战，美军还得到第761坦克营和法国伞兵的支援。在这场绝对的血战中，双方都同样顽强。第346步兵团I连的柯蒂斯·F. 舒普（Curtis F. Shoup）上士在1月7日的战斗中表现出众，牺牲后被追授荣誉勋章——在二战中只有464名军人得到这一勋章。颁奖理由如下：

> 他的连队在比利时蒂耶附近攻击高地上的德军。美军部队处于暴露的位置，冰冻的地面无法挖掘壕沟提供防护，密集的敌军机枪火力困住了这支部队，势要将其消灭。敌军猛烈的迫击炮和炮兵火力也加入对美军的杀伤之中。舒普上士意识到，必须不惜一切代价消灭敌军的机枪。他携带一支自动步枪，匍匐前进到敌军阵位75码以内的范围。他发现自己的火力对这个阵地毫无作用，遂完全不顾自身安危，站起身来，一边冒着弹雨快步前进，一边用压低的武器开火。他被子弹击中数次，最终倒在地上。

1945年1月阿登地区的夜战中，一辆M10坦克歼击车向德军阵地开火。（保罗·瓦普的收藏）

但是他奋力起身，摇摇晃晃地走到足够近的距离，在临牺牲之前扔出一枚手雷，消灭敌军机枪阵地。凭借英雄主义、无畏的决心和超强的牺牲精神，舒普上士销毁了势将摧毁连队的敌军武器，将绝望的局势转变成胜利。[137]

然而这一天结束时，雷默上校报告，对蒂耶的所有进攻都已被再次击退。[138]

由于这一区域的局面已经得到了适当的控制，"元首卫队"装甲掷弹兵团第1营和"元首卫队"旅的装甲团集合起来，在1月7日晚上对美国第17空降师发动了一次反冲击。德军在一片漆黑中，于9时30分发动进攻。第一个目标是弗拉米耶日，德军从两侧突袭。美国第513伞兵团第2营被击溃，向南撤退，结果连1营士兵也离开了自己的阵地。美军的这两个营向南越过N4公路后撤，直到抵达瓦莱森林的旧阵地上才停下脚步。第17空降师东翼的第193滑翔机机降步兵团也被迫后退。这样，安德森少校的第513伞兵团第3营在弗拉米耶日被切断了。

与此同时，德军匆忙组织的一个战斗群（仅有"元首卫队"装甲掷弹兵团第

1945年1月，美国第761"黑豹"坦克营的一辆"谢尔曼"坦克在蒂耶被击毁后得到救援。(NARA, SC 199013)

1营的25名士兵)经过奋战，迫使第194滑翔机机降步兵团放弃该团刚刚在N4公路以南夺取的阵地。几名德军士兵据守雷诺蒙南部外围的阵地，封锁了美军增援的前进路线，战斗群里的其余士兵趁着夜色进入村里，没有被美军发现。得到信号后，德军出其不意地向美军开火。激烈的战斗从一所房子蔓延到又一所房子，德军似乎无处不在。美军根本没有意识到进攻者的规模如此之小，因为他们总是发现敌人的火力来自多个方向——南面的出口已经被封锁，德军战斗群从北面进攻，而在两个农场里，20名被围的德军士兵从当天早些时候就守在那里。雷默上校写道："坚定的年轻连长尽管在战斗一开始时就失去了右手，他仍然成功地完成了这次任务，直到次日早晨才告别我旅。"[139]战斗在很短时间里就结束了，第194滑翔机机降步兵团的150名官兵成了俘虏。雷默上校继续写道："显然，这次夜袭肯定引发了很大的恐慌，因为我们几乎兵不血刃就收复了于贝尔蒙和米洛蒙。"[140]

　　这使"元首卫队"掷弹兵团第1营得以前推1英里，抵达拉瓦尔，与驻扎在西面不远处的第2营重新建立联系。

次日（1月8日），"元首卫队"旅的局势明显比7日更好。由于美国第513伞兵团被一分为二——有2个营被赶回N4公路以南的瓦莱森林，另1个营则被围困在弗拉米耶日——第194滑翔机机降步兵团也被击退，美国第17空降师的威胁至少暂时消除了。1月8日整天，除了美国空降师的小规模侦察行动之外，德军没有注意到任何其他情况。现在，雷默可以集中兵力，向最强大的对手——美国第87"金橡果"步兵师及驻扎在蒂耶的下属部队发动反攻。在一个重型高射炮连的支援下，"元首卫队"装甲掷弹兵团第2营将第87步兵师驱退1.5英里，途中经过了该师发动攻击之前占据的阵地。

上述战斗进行的同时，德国第3装甲掷弹兵师向弗拉米耶日的美军发起了一次新的反攻。在德军局部数量占优的情况下，安德森少校的第513伞兵团第3营坚守住阵地一整天，直到1月8日夜间，美军才在夜色掩护下，成功地穿越德军防线上较为薄弱的地带，与瓦莱森林里的该团余部会合。此次行动，他们受益于夜间的极寒天气——当时的气温仅有为6华氏度（零下14.4摄氏度），这限制了德军士兵在没有得到命令的情况下穿越开阔地的欲望。

第513伞兵团第3营回到瓦莱森林时，这个团只剩下最多81名军官和1036名士兵，而在6天前，他们的原有兵力为144名军官和2290名士兵。[141]

蒙哥马利的攻势陷入困境

德军在巴斯托涅的多个位置发动攻势时，蒙哥马利的反攻几乎在整条战线上都陷入停滞。1月7日，德国第2装甲师在德军西翼的末端发动了一次出其不意的反攻，迅速将英国第6空降师和第29装甲旅逐出比尔——2天前，英军付出了血的代价才占领这座村庄。澳大利亚联合通讯社的一位随军记者报道："德军'豹'式坦克手在坦克被摧毁之后，像步兵那样战斗，夺回了比尔。在比尔—热梅勒地区，他们像猛虎一样战斗，明显稳定了突出部顶部的局势。"[142]

东北10英里（约16千米）处，英国第53（威尔士）步兵师和英国第33装甲旅陷入与德国第116装甲师的苦战。德军在马尔什东南方3英里（约4.8千米）的格里蒙周围山林里筑起工事，这些德军阵地直到1月7日才被占领。到这时，第53威尔士步兵师已经疲惫不堪，该师伤亡627人，只能撤出战斗，将重装备

1945年1月，在蒙哥马利发动的攻势期间，美国第3装甲师的"谢尔曼"坦克向德军阵地开火。（NARA，111-SC-198597）

交给抵达此地的第51高地师。这造成了英军推进的停歇。德国第116装甲师报告，1月8日整天这条战线上相对平静。[143]

在乌尔特河的另一（东）侧，美国第2装甲师和第84步兵师——"闪电乔"柯林斯的美国第7军右翼的两个师——向南面的拉罗什挺进。如果他们能够夺取这个战略重镇，再利用乌尔特河上的桥梁，就可以包围河西6英里（约9.7千米）格里蒙地区的德军。但是，德国第116装甲师（该师在1月8日再次归属党卫军第2装甲军指挥）和党卫军第2"帝国"装甲师的一支小规模混编力量竭力守住阵地，阻挡美军的进攻。[144]德军的坦克和高射炮部署在拉罗什东北2英里桑雷村外的高地上，挡住美军足足4天。美国第84步兵师的西奥多·德雷珀中士参加了这场战斗。他说："桑雷似乎固若金汤。这个村子位于一座1800英尺（约549米）的山上。我们首先要占领村子东北面和西北面的另外两座山。士兵们不得不在深及膝部的积雪中蹚过1500码（约1470米）的起伏路面。但是敌军对这条路上的每一英寸都有很好的视界。说实话，很难想象该如何做到这一点。"[145]

与此同时，在桑雷东北3英里处，美国第3装甲师和第83步兵师于1月3日占领马伦普雷之后，也在巴拉克德弗赖蒂尔路口陷入激战。根据据守这一带的党卫军第2装甲师第2装甲侦察营的战斗报告，党卫军第2装甲工兵营第2连的士兵在村内的近战中摧毁了多辆美国坦克。[146]直到1月7日当地天气好转，美军航空兵介入战斗，党卫军才被赶出这个十字路口。但是在这个道路枢纽的南面，美军再次停了下来。此时，党卫军第3"德意志"装甲掷弹兵团抵达，增援党卫军装甲侦察营守卫的阵地。[147]

1月8日美军尝试突破，此举使第3装甲师第33装甲团损失15辆"谢尔曼"坦克。[148]在4天里，党卫军二级突击队大队长恩斯特·克拉格的党卫军第2装甲侦察营与党卫军第3装甲掷弹兵团联手，将美军挡在巴拉克德弗赖蒂尔正南面的塔耶之外。

在巴拉克弗赖蒂尔路口的东北面，李奇微少将的美国第18空降军继续向德国第62国民掷弹兵师施压，该师驻守在东起萨尔姆河、西到列讷溪的阵地上。1月3日发动进攻时，李奇微的第一个目标是维尔萨姆，这个小镇战前有4000名居民，是渡过萨尔姆河的重要交通枢纽。第18空降军开始进攻时，与

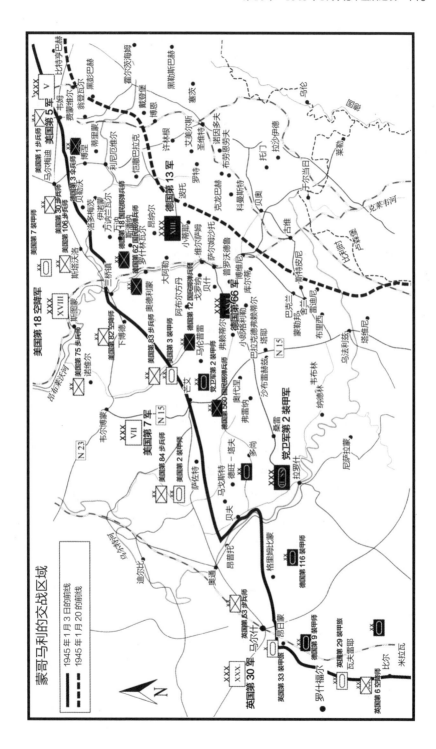

蒙哥马利的交战区域

维尔萨姆的距离不过4英里（约6.4千米），但是攻势的第三天，第82空降师只到达距离美军出发阵地2英里的阿布尔方丹（Arbrefontaine）。在这一地区，德国第62国民掷弹兵师的第164掷弹兵团成功迟滞了美军的进攻。该团团长阿图尔·于特纳上校是阿登战役中最著名的德国指挥官之一。他从1939年波兰战役起就几乎一直在一线服役。于特纳在东线积累了丰富的作战经验，参加了1942年的杰米杨斯克战役和1943年的库尔斯克战役，并获得橡叶骑士铁十字勋章。战争结束前，他的勋章升级为宝剑橡叶骑士铁十字勋章，二战中只有159名德国军人得到过这一荣誉。

1月6日，美军试图取得突破，但是被于特纳的士兵击退，遭受了重大伤亡。据报告，哈塞中尉的三号突击炮击毁了3辆美军坦克。

第62国民掷弹兵师还集结了几辆党卫军第501重装甲营留在这一地区的巨型"虎王"坦克，1月6日，这些钢铁巨兽中的1辆摧毁了5辆"谢尔曼"。美国陆军工兵约翰·布拉什（John Brush）写道：

> 1月6日……我们拐弯时，经过5辆被击毁的美军"谢尔曼"坦克，它们是被停在下一个路弯的一辆德国"虎王"坦克击中的。德国坦克可能停在那里，等5辆美军坦克全部转弯之后才向最后一辆坦克射击，使其挡住其他坦克的退路，然后将其余坦克逐一击毁。所有坦克上都有"虎王"的88毫米大炮击出的平整弹孔。"虎王"的正面装甲有穿甲弹的弹痕，有一枚炮弹甚至嵌入装甲中大约5英寸深。这辆"虎王"是被直接命中侧面的一枚炸弹摧毁的。炮塔被掀掉，正面装甲开裂，这使我们能够看清，这辆坦克的装甲有将近12英寸厚。[149]

1月7日，美国第82空降师师长詹姆斯·加文少将派出所有伞兵团，由第628坦克歼击营提供支援。他们实现了突破，但美军在进攻维尔萨姆之前必须控制该城西南方的蒂尔山（Tier du Mont），这是一道长2英里、树木茂密的山岭。在前往蒂尔山的途中，美军必须夺取维尔萨姆以西2—3英里的小村戈罗纳（Goronne）。

阿登战役中两名最优秀的部队指挥官在这里相遇了。于特纳上校和他的第

164掷弹兵团奉命驻守戈罗纳和蒂尔山，与之对阵的是美国第505伞兵团团长本杰明·海斯·范德武特。昵称"范迪"的范德武特是美军伞兵的传奇。他在诺曼底的圣梅尔埃格利斯和"市场花园"行动中表现优异。李奇微称他为"我所知道的最勇敢、最坚韧的战役指挥官"。

整个第82空降师沿着阿布尔方丹通往戈罗纳的唯一道路推进，这正如范德武特所在营的军官威廉·卡彭特（William Carpenter）少校所言，"造成严重的交通拥挤，只有在周六晚上的时代广场才能见到那种情景。"[150] 但是就在那里，于特纳为对手准备了惊喜大礼。在道路北面的森林边缘，他部署了一辆"虎王"，这辆坦克迅速地打瘫了2辆"谢尔曼"和2辆坦克歼击车。[151] 卡朋特少校回忆道："每个人都被'虎王'挡住了去路。直到一辆坦克歼击车设法绕过德军坦克，发射了2发炮弹击中装甲较为薄弱的后方，才消灭这辆'虎王'。"[152] 但是，这并不是阻挡美军前进的唯一因素，被德国钢铁巨兽所伤的人中包括范德武特中校。他身负重伤，被匆忙送往后方。

第505伞兵团二等兵艾伦·兰登（Allen Langdon）说，失去范德武特"令全营震惊，大家都相信，这位老营长是战无不胜的"[153]。范德武特的伤势很重，以致其不得不放弃了军事生涯。按照美国军事历史学家 S.L.A. 马歇尔的说法，美国陆军失去了"一位更高指挥职务的候选人"[154]。

与此同时，德军面对优势兵力，只能后撤到蒂尔山。美国第504和第508伞兵团向这道山岭行进。在山顶的树林里，德国第164掷弹兵团将8门88毫米炮的炮口对准下方宽1000码的开阔地，此时，那里挤满了在厚厚的积雪里缓慢前行的美军伞兵。于特纳没有立即下令开火，而是一直等到伞兵们走到开阔地的中间。此时，德军的炮火产生了毁灭性的效果。雪地被鲜血染红，但是幸存的美军士兵高喊着伞兵的战斗口号"杰罗尼莫！"继续前进。当伞兵们奋力爬上湿滑的山坡时，德军士兵用轻武器向脆弱的官兵们开火。

事后，加文少将把蒂尔山突袭描述为"我做得最好的一项工作"。美军经过奋战夺取了蒂尔山，但是参战部队遭受重创，无法向维尔萨姆发动进攻。德军第164掷弹兵团残部从戈罗纳和蒂尔山后撤到维尔萨姆，在萨尔姆河东侧建立了防御阵地。他们在这里阻击美军超过1周的时间。3天后，美军被迫将消耗很大的第82空降师撤出一线。在几天的攻势中，他们已经有1000余人伤亡。其中，第508伞兵团自3周前被部署对抗德军阿登攻势以来，已经损失了887名士兵。[155]第504伞兵团也损失严重，但不像第508团那么大——433名士兵。[156]第505伞兵团的惠特利·克里斯蒂安森（Wheatley Christiansen）上士回忆，他的G连从前线撤下时，"我们只剩下不到50%的兵力。过去，我们曾经有许多士兵阵亡，但是从没有在一个地方像在阿登这样损失惨重。"在第82空降师战史中，盖伊·洛法罗（Guy Lofaro）写道："影响最大的是损失了许多老兵，过去的事实证明，这些士兵的战场经验是无价之宝。"[157]

82空降师的3个伞兵团在1月7日严重失血时，隶属于该师的第551伞兵营同日向更北面的德军发动进攻，而德国第62国民掷弹兵师各部给了他们更加沉重的打击。到这个时候，第551伞兵营已经完全失去了战斗力。如前所述，该营在进攻首日（1月3日）就已经严重减员。接下来的几天里，该营在密林里奋力前行，与且战且退的德国第183掷弹兵团小股部队苦战。与此同时，德军团长维尔纳·杜韦少校将其主力集结于萨尔姆河上罗什林瓦尔的防御阵地，这座村庄位于美军发起攻势的位置（三桥镇）以南2.5英里（约4千米）。第162炮兵团的一个105毫米野战榴弹炮营和一些88毫米炮也被部署在这一阵地。从罗什林瓦尔所在的高地，德军可以控制村庄以西和西北方的大片区域。他们知道，美军可能从西面远处的树林中出动，然后，对方将不得不穿过开阔地抵近罗什林瓦尔和萨尔姆河。那将是一场屠杀……

1月5日晚上，第551伞兵营抵达罗什林瓦尔下方的森林边缘，然而3天前攻势开始时的643名士兵此时只剩下250人。该营奉命掘壕固守，等待进一步命令。次日，他们的弹药得到大量补充。就在德军坐在村里温暖的宿营地等待时，村子西北方积雪的冷杉林里，美军士兵只能在冰冷的散兵坑里瑟瑟发抖。命令终于下达了：第551伞兵营将于1月7日拂晓发动进攻，夺取罗什林瓦尔！

营长伍德·G. 约尔格（Wood G. Joerg）中校提出抗议。他的营已经被严重削弱，剩下的士兵过于疲劳和寒冷。要从林中的阵地抵达罗什林瓦尔，第551伞兵营将不得不穿越300码（约274米）宽、覆盖着12英寸（约30.5厘米）厚积雪的开阔谷地，先下山，然后冒着德军机枪、迫击炮和加农炮的火力上山。但是，命令没有更改。

第551伞兵营的东北方，萨尔姆河东侧，美国第30步兵师已经在1月6日向南面发动进攻。第112团级战斗队[①]经过努力，突破了德国第18国民掷弹兵师第294掷弹兵团的2个连把守的阵地。[158]在这一天中，第112团级战斗队成功地占据了斯塔沃洛以南相当大的一片地盘，因此，美军有可能通过一次两面夹击瓦解德军在萨尔姆河上的抵抗。所以，尽管第551伞兵营的兵力逐渐减弱，美军指挥官仍然认为有必要毫不迟疑地派出他们。

1月7日凌晨，第551伞兵营的士兵进入进攻出发阵地。但是一切似乎都对他们不利。首先，炮兵本应为进攻做好准备，但是与他们的联系中断，因此只有少数几轮齐射——其结果只是惊醒了德军。其次，没有装甲兵支援。第740坦克营D连原计划部署2辆"斯图尔特"和1辆新型M24"霞飞"坦克[②]进攻罗什林瓦尔。但是，据该坦克营报告，这些坦克因为"树林和狭窄的道路"而无法参战。[159]

美军伞兵没有任何伪装服，穿着常规的橄榄绿军服，在白色的背景下非常显眼，他们越过厚厚的积雪前进。参与这次进攻的理查德·德基（Richard Durkee）中尉回忆道："我们的进攻路线是一条乡村小道，两侧散落着灌木丛。行至距离小镇大约250码（约228米）处，我们的右侧有一道篱笆。德军端坐在镇上等待着我们。但是，命令就是命令。"[160]

第551伞兵营的另一名士兵唐·加里格斯（Don Garrigues）中士说道："步兵们从林子里冲出来，经过下坡区域并穿越开阔地。此时德军已经完全警觉，占据了一处位于一道岩石栅栏后面的阵地。他们似乎规模不小，拥有许多机枪和自动武器。我们的多名步兵在弹雨中倒下。我向德军的机枪火力点射击，我们的曳光弹也不断飞过。A连的帕斯卡在我身边为机枪供弹。很快，一连串的子弹射进他的手臂和肩膀。他大喊道：'我中弹了！'并努力地爬向我们身后的洼地，这时我仍继续射击。过一会儿，我觉得肩膀上像被球棒猛击了一下。起先我还没有在意，但接着感觉到灼痛和鲜血。我本能地喊道：'医务兵！'并开始爬向身后的洼地或沟渠。不久，一位医务兵来到了我隐蔽的地方，给我打了一针吗啡。"[161]

---

① 原注：在1944年12月基本被消灭的第28步兵师第112团级战斗队已经重建，隶属于第30步兵师。

② 原注：M24"霞飞"坦克是为替换有些过时的"斯图尔特"轻型坦克而设计的，配备1门75毫米M6火炮和3挺机枪。和其他轻型坦克一样，它的装甲相对薄弱，正面装甲厚度仅为1英寸。1944年11月，第一批34辆"霞飞"入役。文中所述的坦克是第740坦克营在1944年12月接收的2辆M24之一。

营长约尔格中校亲自指挥进攻，他抓住联络官约翰·贝尔彻（John Belcher）中尉的军服袖子喊道："我们应该有3辆坦克。这些该死的家伙在哪里？去找到他们！"[162]那辆M24"霞飞"坦克得到命令前进，"向罗什林瓦尔发射5发炮弹，然后后撤。"[163]但是，没等它进入射击阵地，约尔格中校就被德军炮火击中身亡。M24指挥员帕克斯上士倾其所有，向罗什林瓦尔发射了75毫米坦克炮的全部48发炮弹以及几乎所有机枪子弹。但是最终，如同冰雹一样的德国迫击炮弹迫使帕克斯下令撤退。[164]

由于得到坦克的火力支援，德基中尉得以冲上山坡，进入村子外围。他到达那里时，看到进攻小组里只剩下自己和另一名士兵：

> 接着，我看到后面大约50码远的一名士兵，认出他是我的通讯员二等兵帕特·卡萨诺瓦（Pat Casanova），我对他大喊，叫他带领步兵们靠近我，以便继续进攻。他的回答令我终生难忘。他喊道："长官，他们都死了。"
>
> 哦，我觉得我们完了。我告诉"巴祖卡"火箭筒手匍匐后退，我将掩护他。我知道，以2名士兵去进攻这个小镇没有任何意义。他刚爬出3英尺，一挺机枪便向他开火，大约有1/4个弹匣的子弹射进了他的身体。我爬到路弯附近向后移动的时候，发现了卡萨诺瓦如此回答的原因：就在我们的机枪边上，躺着昨天晚上还曾快乐地吃着牛排三明治的几名士兵。
>
> 他们倒在那里，有些人面朝上，无神的眼睛凝视着天空，其他人则面朝下趴在雪地里。顺着小路望去，可以看到每两三码就躺着一名士兵。他们不是伤员，但因为他们就在德国佬眼皮底下，德军准是把他们当成射击练习的靶子了，所以他们被击中了很多次。只有上帝知道，我是怎么逃生的……我发现，自己是一个只有9名士兵的连长了……[165]

与此同时，德国第183掷弹兵团退出罗什林瓦尔，只留下小股后卫力量殿后，但他们这样做并不是因为遭到第551伞兵营的进攻。此时，美国第112团级战斗队已经占领了萨尔姆河对（东）岸的万讷和斯潘纳村。1月7日，第18国民掷弹兵师以第1818坦克歼击营和第294掷弹兵团发起一次反冲击，被美军击溃，随后，德军各部队只能撤回罗什林瓦尔以东2英里的洛格比尔梅

美国第254野战炮兵营（营长为威廉·M.汤姆森中校）的一门155毫米 M1 榴弹炮准备向阿登的德军阵地开火。第254野战炮兵营属于第82空降师。（NARA，111-SC-198446/CPL P.J.彼得罗尼）

（Logbiermé）。[166] 这样，第183掷弹兵团的阵地面临威胁，只能向南后撤到大阿勒以北的新阵地。罗什林瓦尔最终被美军攻占，但是过程平淡无奇，正如第740坦克营作战报告所言：

　　　　另外两辆 M5A1 奉命向前，M24 撤回补充弹药。由于没有任何反坦克火力，因此决定让这两辆坦克和步兵（大约一个班）一起开进镇内。M24提供火力支援，M5 坦克开到离小镇大约400码的地方，用.30口径机枪向敌军阵地和树篱扫射，然后向前开进。掩体里的敌军开始走出来投降。两辆坦克逼近到距离小镇100码，用.30机枪和37毫米炮打击所有可能的阵地和地下室。此时，许多敌军投降，帕克斯上士和柯蒂斯中士操纵高射炮，避免误伤友军步兵，他们也同时暴露在坦克吸引的轻武器火力下。11时30分，我们占领了小镇。我军大约抓获了200名俘虏，押送回后方。坦克占据防御阵地时，车组人员下车，帮助肃清经过的散兵坑。[167]

这次战斗标志着独立第551伞兵营的终结。事后，该营只剩下14名军官和96名士兵。2天以后，这个单位从前线撤出，1月27日，加文少将解散该营。剩下的士兵调往第82空降师。

德国第183掷弹兵团在大阿勒以北建立起新防线，与东面的第18国民掷弹兵师取得联系。在这一前线地段，这两个德国师还将阻挡美军整整1周。第62国民掷弹兵师为德军赢得了宝贵的时间，使新到的第326国民掷弹兵师得以占据维尔萨姆地区的阵地。[168] 3周以后，第183掷弹兵团团长杜韦少校获得了骑士铁十字勋章。

德军的最后突击

1945年1月8日，盟军在整个阿登地区的攻势实际上都已经停止。现在，轮到德军进攻了。我们已经看到，他们在1月7日从英军手中夺回了比尔，在巴斯托涅以西地区又迫使美国第87步兵师和第17空降师后撤了1—2英里，并于1月8日重夺弗拉米耶日。

巴斯托涅以东，党卫军第12装甲师在1月8日继续进攻。德军在这里推进了很远，距离巴斯托涅市中心仅有2英里。莫德尔元帅此时命令党卫军第12"希特勒青年团"装甲师占领马格雷特正西的战略要地——510高地。

但是这一次，党卫军第12装甲师师长、党卫队旅队长胡戈·克拉斯提出了抗议。1月4日和5日，德军曾两次占领510高地，但是都在美军的密集炮火下被迫放弃这个暴露的阵地。而且，克拉斯的师此时正处于从战区撤出，成为前线后方预备队的过程中。然而，莫德尔没有让步，510高地必须拿下！

攻击任务交给了党卫队一级突击队中队长约翰内斯·陶贝特（Johannes Taubert）的党卫军第12装甲工兵营，但是该营只有第2连的不到80名士兵留在前线。党卫队二级突击队中队长鲁道夫·冯·里宾特洛甫的党卫军第12装甲团第1营、整个师属炮兵连同军属第501炮兵营及火箭炮为突击部队提供支援。1月7日，党卫队旅队长克拉斯、党卫队一级突击队中队长陶贝特，以及突击连连长党卫队二级突击队中队长汉斯·里希特(Hans Richter)对前线进行了勘察。里希特回忆道：

> 我们登上一辆装甲运兵车，尽可能地熟悉这一地区。雪天的雾气之中，能见度很低。侦察中我们遇到了冯·里宾特洛甫连的多辆坦克，它们正朝比佐利方向开进。回到师部之后，师长下令为进攻官兵提供伪装用的伪装服。正午时分，第2连抵达马格雷特。车辆留在村外并做了伪装。部队进行了必要的准备，例如组装集束炸药、准备火焰喷射器等。[169]

1月8日早上6时30分（日出前1小时），德军开始炮火准备。在炮兵上占据明显数量优势的美军立即反击，打击的重点是在马格雷特集结的德军。这个小村前3周经历了多次战斗，但是许多建筑物仍然相对完好。但这一次，它们都被炸成了废墟，很快村庄燃起了大火，导致德军无法利用黎明前的黑暗，他们发动进攻时，马格雷特的火光照亮了进攻队形。

尽管美军的机枪和迫击炮火力很猛，但是党卫军士兵继续向山上进攻，扑向敌人与之展开肉搏。在炸药和火焰喷射器的帮助下，许多隐蔽的美军坦克被消灭。[170] 9时39分，党卫队二级突击队中队长里希特报告，目标达成——510高地已经落入德军手中。

为占领高地，党卫军连队付出了30人伤亡的代价——包括连里的大部分排长。剩下的40名士兵遭到美军炮兵如同地狱般的齐射，以及一个连的"谢尔曼"坦克发动的反攻。不过，党卫队二级突击队中队长冯·里宾特洛甫的坦克上前迎战，美国第68坦克营作战报告中描述："A连的6辆坦克像靶子一样被击中。"[171] 其余美军坦克在烟雾掩护下撤退。

但是，这一小股德军不可能守得住高地，在美军炮兵火力下，裸露的山顶无法提供任何防护。很快，德军做出了撤退的决定。炮弹在四周爆炸，党卫军士兵在雪地里匍匐后退，在沮丧和疲劳之中，他们于早晨11时回到玛格雷特，将许多战友留在身后。

　　德军在阿登地区的最后一次攻势就这样结束了。党卫军第12"希特勒青年团"装甲师的最后一批部队此时退回充当预备队，党卫队二级突击队中队长冯·里宾特洛甫的装甲兵和党卫军第12坦克歼击营驻守马格雷特东北方1.5英里（约2.4千米）的米尚，其余部队回到乌法利兹和圣维特之间党卫军第2装甲军的后方。德军突破并占领巴斯托涅的企图彻底失败，但也得到了回报，他们阻止了美国第6装甲师的进攻，甚至迫使骄傲的"超级六"转入防御。党卫军第12装甲师在1月3日—4日的战斗中有40人阵亡、110人受伤、40人失踪。[172]可以估算，该师在接下来几天里的损失至少与此相当。该师在巴斯托涅的物资损失总计为13辆坦克（7辆四号坦克和6辆"豹"式）、24辆坦克歼击车（17辆四号70型和7辆"猎豹"），以及18辆装甲输送车。[173]

　　从某种程度上说，1945年1月8日早晨出现在510高地上的小股德军，其经历概括了德军在阿登地区的整个形势：考虑到当时的情况，德军的收获相当显著，但是从长远来看，难以维持。首先，正如德军最高统帅部作战日志中所写，盟军的空袭使德军的处境愈发困难。[174] 1月6日，美国第8航空队继续打击阿登前线后方的德军交通线，空袭的目标是莱茵河和摩泽尔河上的桥梁，以及科隆、科布伦茨、路德维希港、沃尔姆斯和其他地方的编组站。次日，美军出动1000余架重型轰炸机打击这些目标。1月8日，许多交通节点（如达斯堡、克莱沃，以及圣维特以南地区）成为700余架"空中堡垒"和"解放者"轰炸机的目标。在H2X地面测绘雷达 ① 的帮助下，美军甚至可以穿过浓密的阴云投下炸弹——这可以有效地躲避德军的高射炮火力。从1月8日德国第5装甲集团军给陆军总司令部的报告中可以看出，空袭效果显著："严重的燃料危机仍在持续。1月7日，我们仍然没有得到任何燃油分配，因此库存进一步减少……弹药供应极其紧张，因为运输没有得到任何保证。分配的数量无法满足当前的消耗。目前库存数量很少，只有持续的运送才能应对严重的局势……口粮的供应局面仍然很严峻。"[175] 两天前，党卫军第6装甲集团军曾经报告："供应形势仍然极其紧张。弹药方面亦然。在辎重队或仓库里，集团军的轻型榴弹炮或中型野战榴弹炮弹药

---

　　① 原注：H2X 是安装在飞机上的雷达装置，飞行员可以通过它看到下方地面的图像。

都没有任何库存……仅有的两条公路都被停滞的运输车队完全堵塞。"[176] 1月12日，"元首卫队"旅报告有30辆可以作战的坦克，但是"整个旅都没有燃油"[177]。

鉴于局势恶化，希特勒于1月8日下令，将美国的第7军对面的部队撤到一条从北面的多尚（拉罗什东南方4英里处）延伸到隆尚（多尚西南方12英里，巴斯托涅西北偏北4英里处）的防线上。希特勒认为，如果盟军意识到这一点，就会将进攻重点转移到另一个前线地段，因此他还命令B集团军群立即从前线抽调2个装甲军、4支"快速"部队、2个国民炮兵军，以及2个火箭炮旅，在圣维特东北和维尔茨以东组成预备队，以便维持行动的自由。[178]次日，希特勒说明这条命令适用于2个党卫军装甲军及其下辖的4个党卫军装甲师。[179]党卫军第6装甲集团军奉命指挥这支部队，"以便应对敌军的反攻。"[180]这实际上意味着，"元首"放弃了阿登地区的进攻姿态，但另一方面，B集团军群实施新任务（在阿登地区拖住尽可能多的盟军部队）的能力得到了加强。

阿尔朗日突出部之战

德军从战斗中撤出部队的同时，盟军方面投入了新部队。在巴斯托涅以西，驻守蒂耶的美国第87步兵师得到第691坦克歼击营和第12步兵团（从第4步兵师抽调）的增援，这样，该师拥有13个步兵营，而不是定编的9个营。而在巴斯托涅以东，美国第4装甲师进入第6装甲师B战斗群（驻守马格雷特）左侧狭窄地带的阵地。但是，最重要的新力量是美国第90步兵师，该师占据了第35步兵师与第26步兵师之间的阵地，位于巴斯托涅东南方6英里（约9.7千米），德军完全没有发现这一动向。第90步兵师是一支久经战阵的部队，自1944年6月6日在诺曼底的犹他海滩登陆之后就一直在前线作战。该师师长是52岁的詹姆斯·A. 范弗里特（James A. Van Fleet）少将，他也是西点军校"明星班"的毕业生——是艾森豪威尔和奥马尔·布拉德利等名将的同学。范弗里特曾于1944年6月6日以步兵团团长的身份登陆诺曼底，1944年10月被任命为第90步兵师师长。

巴顿希望，这些增援最后能够打破令人沮丧的僵局，他常常将这种局面的责任归咎于下属部队的指挥官们。巴顿对第11装甲师和第17空降师的两位师长（基尔伯恩和米利）非常失望，甚至考虑将两人解职。[181]他在日记中称，美国第8军军长米德尔顿和第3军军长米利金"过于谨慎"，并用抱怨的口吻说，自已"不得不鞭策"他们。[182]巴顿写道："我知道他们的士兵很疲劳，但德国人也同样筋疲力尽。"他表达了自己的烦恼，认为他的下属们似乎不理解"我们必须让士兵们超越忍耐力的极限，才能结束这场战争"[183]。

巴顿确实有理由感到不满，毕竟他的第3集团军（TUSA）声名卓著。但是，整条战线上的攻势都已陷入停滞。第6装甲师"超级六"）在巴斯托涅以东对阵党卫军第12装甲师时遭到耻辱性的失败。在西南方，第3集团军的4个师——第9装甲师、第11装甲师、第17空降师和第87步兵师均被相对弱小的德军部队击退。美国第35步兵师遭受重大伤亡之后，巴斯托涅东南方的第3军被迫放弃重夺吕特布瓦和维莱拉博纳奥的尝试。在第35步兵师右侧，威拉德·保罗少将的第26步兵师近3周前发动攻势时设定的目标是维尔茨，然而直到现在，该师仍深陷该城南面的一场阵地战中。东南方的第12军则被困在卢森堡—德国边境线上的恶劣地形里。

美军只在第3军和第12军之间的缝隙取得了一些成功。1月7日，美国第80步兵师发动一次奇袭，夺取了维尔茨东南方2—3英里的卢森堡村庄戈斯多夫（Goesdorf）和达尔（Dahl）。巴顿在日记中草草写下："这次进攻使德军失去平衡。"[184]巴顿认为这些村庄的丢失对德军局势产生如此之大的影响，这听起来似乎有些夸大其词，但接下来的2天将证明巴顿的评估是准确的。

巴顿在1月8日的日记中写道：

> 我决心于1月9日恢复对乌法利兹的进攻，除第87步兵师和第17空降师业已停滞的攻势之外，第101空降师和第4装甲师将发动新的攻势。早上的进攻将涉及8个师。第7军从左向右为——第87步兵师、第17和第101空降师、第4装甲师。第3军为——第6装甲师、第35步兵师、第90步兵师和第26步兵师。[185]

事实证明，第90步兵师的部署绝对至关重要。这支部队集结在德军于巴斯托涅以南占据的突出部正面。在这里，罗特基希上将的德国第53军防线从阿尔朗日（巴斯托涅东南方6英里）以南地区开始，延伸到西面2英里的维莱拉博纳奥。由于这些德军的存在，巴斯托涅以东的美国第6装甲师和东南方维尔茨以南的第26步兵师被隔开了，这是巴顿采取行动的一个障碍。

1945年1月9日的诺图姆，美国第712坦克营营长乔治·B.兰多夫中校倒在2辆美军坦克之间的雪地上，他被德军炮弹的弹片击中身亡。（NARA，111-SC-198482/ PFC S.吉尔伯特）

　　但是1月9日早上，美国第90步兵师从南面直取阿尔朗日时，德军在"阿尔朗日突出部"的阵地已经被明显削弱。美国第80步兵师占领达尔后，对西北方3英里（约4.8千米）的重要交通枢纽维尔茨的威胁大增。这促使德国第7集团军指挥官布兰登贝格尔上将把"元首"掷弹兵旅的大部分兵力部署在这一区域。[186]阿尔朗日突出部只剩下"元首"掷弹兵旅的装甲燧发枪兵营、第929步兵营、从第9国民掷弹兵师抽调而来的第36掷弹兵团，以及已经严重减员的第5伞兵师。根据第5伞兵师师长海尔曼的说法，党卫军第1装甲师已于1月6日开始撤出这一地区，到美军进攻的时候，该师的装甲团已经撤出。[187]美国第90步兵师拥有13000名官兵，与德国部队相比人数上有4倍的优势。

短暂的炮击之后——为了不给德军准备的时间，炮击仅持续了10分钟——第90步兵师于1月9日上午10时前发动进攻，担任进攻任务的是第357步兵团，第712坦克营提供支援。虽然第90步兵师的出现完全出乎德军意料，但是后者的抵抗相当有效。德国第5伞兵师唯一的重武器是1门88毫米炮，第5伞降坦克歼击营的特斯克中尉将它安置在巴维尼和伯利（维尔茨西南3英里处）之间的490高地上。结果，在美军第一小时的攻击中，这门火炮给他们造成很大损失。第712坦克营的损失尤为惨重，连营长乔治·B.兰多夫中校也死于德军炮击。[188] 兰多夫中校在士兵中的受欢迎程度可以从巴顿那里得到证明，后者曾说过，如果"第3集团军像第712坦克营的小伙子信任兰多夫中校那样信任我，我愿意放弃世界上的任何东西"。这个装甲营的B连也在1月9日早上损失了连长和一位排长。[189] 德军的这门火炮甚至在巴顿的日记中也得到反映："担任主攻的第90步兵师刚出发，就因对方的火炮和火箭弹而遭受重大伤亡。"[190]

但是，美军炮兵很快就将打击的重点放到490高地上，几小时后，"88毫米炮被打哑了。下午2时，第712坦克营的'谢尔曼'坦克经过努力，爬上湿滑的山坡，夺取了这座高地。它们从那里继续向前，与第457步兵团的步兵一起下山直奔伯利，在2小时后占领了那里，俘虏了24名德军，包括'元首'掷弹兵旅929步兵营的营长。"

失去重武器的支援后，德国第53军遭到1000余门美军火炮的残酷打击。[191] 该军参谋长维尔纳·博登施泰因写道："我们在这些战斗中损失、伤亡严重，主要源于敌军几乎从不间断的猛烈炮火，这在林区的战斗中造成了很大的损失，尤其是，在结冰的地面上我们无法找到合适的隐蔽所。"[192]

美军的炮击显著地打击了德军的士气，使许多人完全失去勇气。经验丰富的第5伞兵师师长路德维希·海尔曼少将写道："在其他人不顾一切地抵抗时，许多人逃往维尔茨。在栋科尔斯，我们的坦克歼击营营长不战而降。师属迫击炮营营长亲自报告，他已经损失了整个营，包括所有迫击炮。第14伞兵团没有任何消息。我们师的末日到了。"[193] 美国第712坦克营1月9日的作战报告证明了德军方面士气的崩溃：

大约17时30分，两队德国步兵分别从两侧逼近营部。我们阻止了他们的行动，他们奔跑着寻找隐蔽所时，排长向他们射击。其间，从一侧传来了一个声音："停止射击，看在上帝的份上停止射击！我们是美国人，是巡逻归来的美国兵！请停止射击！"射击停止后，这个声音又说："我们是德国人，我们想要投降。"最后共有27名德国士兵被俘，死亡人数不详。[194]

与此同时，德军遭到西北和西南两面的夹击。美国第35步兵师第320步兵团和第6装甲师A战斗群在西北马尔维地区一条2英里宽的战线上发动进攻。[195]南面3英里（约4.8千米）处，第35步兵师第137步兵团再次进攻维莱拉博纳奥，守卫这个村子的是德国第14伞兵团和党卫军第1装甲师的一个装甲掷弹兵营。几个小时的时间里，美军炮兵向这个小村发射了至少6000发炮弹，当时村子内的15所房子已经全部倒塌。[196]

次日（1月10日），美国第90步兵师又派出一个营（第359营）到右翼。由于美军的强大攻势与希特勒将各个党卫军装甲师（包括之前德军防御维莱拉博纳奥的骨干力量——党卫军第1装甲师）撤出战斗的命令同时到来，莫德尔决定撤出阿尔朗日突出部。党卫军留下3辆"豹"式坦克和2辆"旋风"式防空坦克掩护撤退。但是，在东北方5英里（约8千米），从阿尔朗日到博艾（Bohey）的小路（德军唯一可用的逃离路线）挤满了车辆和行进的队列。德军在5华氏度（约零下15摄氏度）的低温下沿着这条小路撤退，这时天气放晴了，"雷电"战斗轰炸机从树梢后出现了。德军惊慌失措，下一刻，燃烧的车辆使整条小路一片狼藉。党卫军第1装甲师的3辆"豹"式坦克与美国第712坦克营交锋，在短时间里挡住了美军的进攻，但美军航空兵出现时，这支德军部队退却了。海尔曼少将不无怨恨地说："党卫军士兵没有听从命令，而是消失得无影无踪。"[197]

在美国炮兵的轰击和"雷电"飞机的扫射下，阿尔朗日的德国步兵部队显得十分无助。撤退变成了一场溃败，部队分散成许多个小群体，穿越北面的格罗布瓦森林。这成为强大的美军炮兵的下一个目标，陷入其中的士兵下场悲惨。

美军士兵后来进入树林中时，看到了可怕的惨状。第35步兵师第134步兵团团长巴特勒·B.米尔顿·伯杰上校写道："领头的士兵闻到了常青树撕裂的气味，也意识到死神已经频繁地降临这片树林。他们目睹了D连、H连和M连多日密集的迫击炮火力，以及史无前例的炮兵打击造成的效果，整片树林已

携带一支BAR机枪的美国第90步兵师第357步兵团二等兵威廉·J.伯特霍尔德（William J. Birthold）。照片摄于阿尔朗日突出部之战期间的栋科尔斯。（NARA，111-SC-199107/ T/4 哈丁）

经被完全撕碎。他们也从未在战场上看到这么多德军的尸体。"[198]美军抓获了1000余名俘虏。[199]

　　阿尔朗日突出部之战无疑是阿登战役开始以来美军最大的成功之一。12月16日以来，德国第5伞兵师累计损失已达8000人——实际上已不再是一支有效的作战部队了。[200]冯·曼陀菲尔与师长海尔曼取得联系，并怒气冲冲地告诉后者，他亲眼看到数百名"衣衫褴褛"的伞兵如同无头苍蝇一般，在通往后方的道路上徘徊。[201]正如海尔曼所说，这就是第5伞兵师的末日。

　　士气低落的第5伞兵师接到命令，要在党卫军指挥下发动一次反攻时，海尔曼崩溃了。他写道："我现在终于明白了，普鲁士军国主义思想和党卫军的狂热精神相结合，可以在任何时候做出任何疯狂的事情。"[202]海尔曼继续写道：

"这种情况下，我在军事生涯里第一次选择走自己的路。只为挽救人们的生命，我从前线撤出我的工兵营和第15伞兵团，将他们部署在维尔茨后方，避免处于党卫军的指挥下。"[203] 1月12日，海尔曼少将被解除第5伞兵师的指挥权，该师隶属于党卫军。[204]但是反攻再也没能实施。阿尔朗日之战后，党卫军第1装甲师集结在乌法利兹和圣维特之间，充当预备队。

但是，德军残余部队仍然努力在维尔茨以西建立新的防线，阻止美军占领该城。

美军方面的损失也很大。第35和第90步兵师在1月9日—10日期间伤亡500余人。对第35步兵师来说，阿尔朗日突出部之战的胜利是用极大的代价换来的。该师最初的兵力为16092人，经过3周已经损失3391人——其中将近1/3（911人）属于"被俘或失踪"。巴顿只得将这个遭受重创的师撤出前线。

"黑豹"征战蒂耶

与此同时，米德尔顿的美国第8军恢复了突破巴斯托涅以西地区的行动。第17空降师已经成为巴顿的一个"问题儿童"，在拉瓦尔以南和于贝尔蒙处于被动地位（1月7日—8日，美国伞兵被"元首卫队"旅击退）。第87步兵师（"金橡果"）得到了有力的增援，于1月9日再次进攻蒂耶。但是，"元首卫队"旅也得到有限的增援，每个掷弹兵连至少拥有30名士兵，坦克连则达到80人。[205]

虽然伤亡惨重，美军仍然不愿放弃该地区。第761坦克营C连连长查尔斯·A.盖茨（Charles A. Gates）上尉率领10辆"谢尔曼"坦克进攻由德军坦克和反坦克炮把守的一座高地。第761"黑豹"坦克营素以极高的士气而闻名。

1月9日在蒂耶的苦战中，西奥多·温莎（Theodore Windsor）中士（盖茨手下的一位排长）的"谢尔曼"坦克被击中，驾驶员阵亡。温莎爬上威廉·麦克伯尼（William McBurney）中士的坦克，独自深入德军防线后方。最终这辆坦克也被摧毁，但温莎、麦克伯尼及其驾驶员都得以幸存。他们在雪地上爬行近3英里，才回到自己的战线上。[206]有8辆坦克（包括盖茨的）被德军击中，但是美军仍然继续战斗。幸存的盖茨继续徒步指挥剩下的2辆"谢尔曼"（已经受损）进攻。摩西·E.戴德（Moses E. Dade）中尉指挥的坦克炮塔被炸飞，但是戴德毫不畏缩，带着仍然可以使用的前置机枪向德军阵地发起冲锋。剩下的另一辆

照片中的这名第761"黑豹"坦克营的坦克兵曾被辨认为卡尔顿·查普曼（Carlton Chapman）下士，一辆"谢尔曼"坦克的机枪手。但是，该部队的老兵发现这是个错误，实际上此人是来自芝加哥的坦克驾驶员——二级技术兵克劳德·曼恩（Claude Mann）。第761坦克营在1945年1月的蒂耶之战中表现出色。德国"元首卫队"旅旅长雷默上校称在蒂耶遇到的对手是最好的美军部队，这些出色的战士"出现在我们的战线背后，用他们的刀子刺杀我们的许多守卫"。（NARA，111-SC-196106-S）

"谢尔曼"坦克多处中弹，但盖茨呼叫该坦克指挥员弗兰克·C.科克伦（Frank C. Cochran）中士询问情况时，科克伦的回答是："他们3次击中我，但是我仍然要让他们下地狱！" [207]

　　经过5个小时的战斗，美军最终夺取了这座高地。到那个时候，第761坦克营的士兵已经摧毁了1辆四号坦克、3门反坦克炮和8个机枪阵地，高地及其周围被硝烟熏黑的地面上，躺着106名阵亡的德军士兵。[208] 凭借当天的表现，查尔斯·A.盖茨得到了银星勋章——美国表彰作战英勇军人的第三等奖章。[209]
1月9日晚上，"元首卫队"旅旅长雷默上校奉命撤往蒂耶以北1.5英里（约2.4
千米）的安贝卢（Amberloup）。次日，第87步兵师和第761坦克营的士兵们在
蒂耶的废墟上升起星条旗，他们筋疲力尽，但满怀胜利的喜悦。

巴顿再次受阻

　　然而，美国第3集团军同时在巴斯托涅以北和以东发动进攻，试图破坏德
军补给线时，情况就大不相同了。1月9日早上，第101空降师派出第501和第
506伞兵团，在装甲兵支援下夺取巴斯托涅以北的勒科涅和诺维尔。美军的进
攻队形遭到德军迫击炮和炮兵火力的集中打击。第501伞兵团第3营营部连连
长詹姆斯·莫顿（James Morton）写道：

> 　　第3营营部在树林里遭到迫击炮的密集打击，我四周的士兵纷纷倒
> 下。韦伯精神错乱，当时军阶为中尉的比尔德手臂中弹，伦德奎斯特阵
> 亡……我的通信员科帕拉在我旁边被击中了。一枚迫击炮弹击中我们上
> 方的树木，纷飞的弹片使科帕拉受了重伤，而我安然无恙。我两次被冲击
> 波掀翻在地，这是最不愉快的经历。[210]

　　紧随炮兵和迫击炮火力的，是德国第9装甲师第33装甲团的一次反冲击。
第506伞兵团第3营的军医伯纳德·L.瑞安（Bernard L. Ryan）上尉写道："我从
未经历这样的噩梦，整个晚上，坦克射出的炮弹一直在呼啸着飞进树林。几乎
不可能将伤员撤出。他们像苍蝇一样死去。我们整夜都听着伤员的惨叫和垂死
者的呻吟。"[211]次日早上，森林里的雪地上布满许多条血迹，那是重伤的士兵试
图爬回己方战线时留下的。这次失败的进攻代价沉重，仅第506伞兵团第3营
就损失了156名士兵。伤员中包括著名的第501伞兵团团长朱利安·J.尤厄尔
（Julian J. Ewell）上校。

　　在巴斯托涅以东，美国第6装甲师B战斗群和第4装甲师于1月10日联合
发动进攻，试图夺回马格雷特。第6装甲师B战斗群在12月向巴斯托涅进军期
间严重减员，该师在12月22日还拥有165辆坦克，此时只剩下50辆了，但是

对于这个小村，也已经算得上是相当强大的进攻力量了。[212] 在从党卫军第12装甲师临时抽调的3辆"豹"式坦克（由党卫队三级突击队中队长威利·恩格尔指挥）的支援下，德国第340国民掷弹兵师官兵疯狂抵抗。[213] 美国第4装甲师战史写道："推进中，CCB的先遣支队遭到迫击炮和炮兵火力的猛烈打击。机枪和'铁拳'小队遍布于树林各处，进一步拖慢了坦克的推进速度。"[214]

1月10日正午，就在美军与德军在马格雷特血战时，第3集团军指挥部接到盟军远征军最高司令部的新命令，这对巴顿来说如同晴天霹雳。他在日记中写道：

> 上级决定将一个装甲师撤出前线，作为对德军可能从萨尔布吕肯发动的进攻的预防措施。因此，第101空降师和第4装甲师的进攻在中午被叫停，第4装甲师将在晚间撤出。与此同时，第101空降师将与第6装甲师会合。整个第8军将把进攻行动限制在积极巡逻上。[215]

第4装甲师奉命紧急集结到南面的卢森堡城。德军的阿登攻势和"北风"行动已使盟军高级指挥官神经紧张，就在阿登地区的局势终于迎来转折点之际，他们又得担心德军发动与阿登攻势规模相当的新攻势。盟军远征军最高指挥部担心，想象中的大规模攻势将在更南面发动，目标直指卢森堡城，意在将阿登地区的德军与"北风"行动中进攻的德军连接起来。

巴顿哀叹道："这是第二次了，因为德国人比我们更有胆量，我不得不停止一次成功的进攻。"话虽如此，其实就在几天之前，巴顿本人就已产生了德军成功地向自己的集团军发动攻势的印象，并在日记中草草写下："我们仍然可能输掉这场战争。"

德军装甲预备队

德军根本没有再次发动攻势所需的资源。但是，他们仍然集结了可观的力量，用以对抗阿登地区的盟军。在这些日子里，他们忙于缩短战线，于后方组建强大的装甲预备队，以便增援阿登地区的各个阵地，企图拖住更大规模的盟军。这就是德军在最西端的抵抗突然减弱的原因。1月10日，英军没有经过战斗就夺回了比尔——就是因为德国第2装甲师从1月9日夜间起便完全撤出了前线。[216] 第9装甲师也离开了最西端的地段，在巴斯托涅西北的米尚重新集结，该师于1

月12日在那里归入第58装甲军。[217]在德军突出部的东南角，也就是德国第79和第352国民掷弹兵师与美国第12军对峙的迪希基附近，巴普蒂斯特·克尼斯上将的第85军各指挥部于1月10日调入第1集团军（参与"北风"行动）。该军北翼的第79国民掷弹兵师归入第53军，第352国民掷弹兵师加入了第80军。[218]

德军方面突然重新集结，使盟军高级指挥官们大为紧张。1945年1月8日早晨，"超极机密"解码人员截获一封德军无线电信息，提及德国第9装甲师重新部署到马尔什和罗什福尔地段。[219]

1月10日，美国第1集团军司令部里，霍奇斯中将在日记中写道："英军持续从西推进，除了大量雷区之外，没有遇到敌军的任何抵抗。毫无疑问，德国人已经撤走所有重装备，只在西面留下了少量侦察力量，其意图只是减慢我军的推进速度。这是一次有条不紊的收缩，绝不是溃败或撤退。"[220]

在圣于贝尔地区，德国装甲教导师也准备向东撤退。[221]1月11日，法国第3伞兵团毫无困难地占领了圣于贝尔。[222]与此同时，美国第87步兵师通过了之前发生过血腥战斗的博讷鲁和皮龙普雷。在他们的东北面，美军占领了桑雷，1月11日正午之前，美国第84步兵师进入德军在前一天放弃的拉罗什。11日晚上，德国第5装甲集团军报告，所辖部队已经"按计划"完成撤退。[223]

这对美国第17空降师的伞兵们来说是很大的安慰，他们于1月12日恢复进攻时，只遇到非常微弱的抵抗，该师相对轻松地重夺弗拉米耶日——这次是决定性的。前一晚，"元首卫队"旅也已经从前线调回，加入希特勒为再次奇袭阿登地区盟军而集结的预备队。[224]盟军最高统帅部的将军们比其他任何人都更迅速地感觉到，希特勒真的考虑了这一点。

盟军此时深知，阿登地区的德国装甲兵远未被击溃。在部署于后方的党卫军装甲部队里，损坏和失去战斗力的坦克可以相对迅速地得到维修。凭借这些部队中的300余辆坦克及坦克歼击车，以及2个国民炮兵军和2个火箭炮旅的炮兵①，希特勒组建的这支预备队即使无法扭转战局，至少也能将战役延长数周的时间。

---

① 原注：1945年1月15日，党卫军第1装甲师及其下辖的党卫军第510重装甲营报告的兵力为61辆坦克和15辆坦克歼击车——30辆"虎王"，19辆四号坦克，12辆"豹"式，11辆四号70型坦克歼击车，以及4辆三号突击炮。它的"兄弟师"——党卫军第12装甲师同时报告，其兵力为39辆坦克和坦克歼击车。党卫军第9装甲师报告，该师集结了39辆坦克和33辆坦克歼击车。大约同一个时间，党卫军第2装甲师拥有55辆坦克（30辆"豹"式和25辆四号坦克）和14辆四号坦克歼击车。

结论与结果

尽管许多对1944年年底至1945年年初冬季阿登战役的叙述都将焦点放在1944年12月26日巴斯托涅解围之前的时期，但是发生在该城东面和东北面的血腥战斗，以及党卫军第12装甲师于1945年1月第一周末期重新发动的进攻，才真正塑造了美军士兵与德国装甲兵在冰天雪地的冬季战役中对抗的形象。

1945年1月的第二周开始时，尽管有数倍的数量优势，盟军以消灭阿登地区德军为目标的反攻仍然遭遇惨败。不仅如此，他们的对手莫德尔元帅甚至在巴斯托涅以东和以北地区重新夺得主动权。党卫军第12装甲师将美国第6"超级六"装甲师赶向巴斯托涅，而其他德军部队面对盟军在这座激烈争夺的小城西面和西北面发起的反攻，抵抗的顽强程度不亚于巴斯托涅美军在德军阿登攻势前几天的表现。正如德军质量占优的坦克在12月16日—17日的突破中起到了决定性作用，这些坦克此时又阻止了盟军实现类似突破的企图。

到1945年1月10日为止，盟军只在阿登前线的一个地段击败并完全打垮了一支重要的德国部队，很有代表性的是，德军在那里几乎完全没有任何装甲兵：那里就是巴斯托涅东南方的阿尔朗日突出部。美国第3集团军终于从德国第5伞兵师的身上挽回了面子，这个德国师尽管装备较差，却在之前的3—4周内给美军造成了耻辱性的失败和严重的损失。第5伞兵师付出的代价极大，阿尔朗日突出部之战结束时，不到4周之前才渡过乌尔河赶来的伞兵们大部分都已阵亡、负伤或成为美军的俘虏。

盟军在12月23日—27日的晴朗天气里取得的成功（包括为巴斯托涅解围），以及由于各种原因停止空中支援时盟军地面部队遇到的困难，凸显了盟军航空兵的重要作用。战术航空兵无法出动时，美军可以部署战略性的第8航空队（往往可以一次性出动1000架以上的重型轰炸机），这也说明了盟军的物资优势。德军向前线运送的补给至少满足了部队的最低要求，前线部队不仅能够在西线实施灵活的防御，还能在巴斯托涅发动新的攻势，这可堪称壮举了。

到这时，美国陆军不仅人员装备损失很大——1945年1月10日，德军报告自新年以来已经摧毁或缴获350辆盟军坦克[225]——自尊心也遭受严重打击。这同样可以从美方对1945年1月7日蒙哥马利记者招待会的强烈反应中看出。

然而，在这一阶段，德军最高统帅部应该已经很清楚，他们渴望的战争转

1945年1月，美国第90步兵师第514野战炮兵营B连的一门155毫米"长汤姆"榴弹炮正在轰击卢森堡的德军阵地。（NARA，111-SC-199418）

折点不可能实现——尤其是在他们看到了东线隐隐约约的威胁后。1月9日，德军最高统帅部日志记录："敌军在整个东线的进攻意图：除匈牙利外，已经发现在巴拉努夫、普瓦维、马格努谢夫[以上都在波兰境内]和东普鲁士有军队集结。陆军总参谋部估计，进攻将针对巴拉努夫—琴斯托霍瓦方向的[驻波兰]A集团军群，可能结合华沙周围的迂回攻击。在东普鲁士地区，我们预计敌军将渡过纳雷夫河向托恩进攻，另一路则越过东部边境向西和西南进攻。"[226]

正如我们将要看到的，苏军这次可怕的攻势将对德国在阿登地区的军事行动造成多么大的影响。

本章注释

1. 美国国家档案与记录管理局：作战报告，第4装甲师第60装甲步兵营，1944年10月—1945年3月。AAR #361-U。

2. 雷默，《阿登攻势中的"元首卫队"旅（雷默指挥），1944年12月16日—1945年1月26日》，B-592，P.30。

3. 同上，P.31。

4. 伊莱·J.瓦拉赫，"为参加过突出部之战的人干杯"，www.11tharmoreddivision.com/history/a_toast_to_those_who.html。

5. 约瑟夫·L.克鲁克斯，"比利时雷希里瓦"，www.11tharmoreddivision.com/history/d42tk_crooks.html。

6. 通过罗杰·马凯。

7. 登克特，《德国第3装甲师（从1944年12月28日到1946年1月25日）》，C-002，P.12。

8. 法格，《突出部之战：一个小角落》，P.21。

9. 马凯，《鲜血，废墟和眼泪：舍诺涅，1944—1945》，P.88。

10. 美国国家档案与记录管理局：作战报告，第4装甲师第60装甲步兵营，1944年10月—1945年3月。AAR #361-U。

11. 登克特，《德国第3装甲师（从1944年12月28日到1946年1月25日）》，C-002，P.12。

12. 美国国家档案与记录管理局：作战报告，第4装甲师第60装甲步兵营，1944年10月—1945年3月。AAR #361-U。

13. 《德国国防军，1939—1945，第3册，1944年1月1日—1945年5月9日》，P.387。

14. 登克特，《德国第3装甲师（从1944年12月28日到1946年1月25日）》，C-002，P.12。

15. 容，《阿登攻势1944—1945》，P.180。

16. 帕克，《突出部之战》，P.238。

17. 布吕芒松，《巴顿文件录1940—1945》，P.612。

18. 施拉姆，《德国国防军最高统帅部日志，第8卷》，P.981。

19. 伯克，《第6装甲师在欧洲战场的战斗记录，1944年7月18日—1945年5月8日》，P.153。

20. 美国国家档案与记录管理局：战斗中的第68坦克营。407-606 TK (68)-9。

21. 美国国家档案与记录管理局：战斗中的第68坦克营。407-606 TK (68)-9；帕克，《突出部之战》，P.238；施耐德，《战斗中的"虎"式坦克，第1卷》，P.274。

22. 科尔，《阿登：突出部之战》，P.633。

23. 库罗夫斯基，《装甲王牌：二战德国坦克指挥员》，P.209。

24. 伯克，《第6装甲师在欧洲战场的战斗记录，1944年7月18日—1945年5月8日》，P.153。

25. 约翰·托兰，《战斗：突出部的故事》，P. 336。

26. "战争传奇"。donmooreswartales.com/2010/05/19/mikesovan。2012年7月18日。

27. 斯赫雷弗斯，《不为人知的死者》，P.308。

28. 麦克唐纳，《二战欧洲战场中的美国陆军：最后攻势》，P.26。

29. 迪皮伊、邦加德和安德森，《希特勒的最后赌博》，P.482—483；麦克唐纳，《二战欧洲战场中的美国陆军：最后攻势》，P.27。

30. 米查姆，《冬天里的坦克》，P.157。

31. 蒂克，《战争末年的旋风突击：党卫军第2装甲军与下辖的第9"霍恩施陶芬"及第10"弗伦茨贝格"装甲师》，P.439。

32. 迪皮伊、邦加德和安德森，《希特勒的最后赌博》，P.475。

33. 麦克唐纳，《二战欧洲战场中的美国陆军：最后攻势》，P.28。

34. 达格代尔，《1944年秋季—1945年2月西线阿登和"北风"行动中德国陆军和武装党卫军装甲师、装甲掷弹兵师、装甲旅详细和准确的兵力和组织，第1卷，Part 4A》，P.107。

35. 迪皮伊、邦加德和安德森，《希特勒的最后赌博》，P.483。

36. 帕克，《突出部之战》，P.245。

37. 棋盘格通讯，1993年3月，"阿登战役期间英军在比尔的行动"，*www.battleofthebulgememories.be/en/stories/british-army/814-thebritish-at-bure-during-the-battle-of-the-ardennes.html*，2012年5月9日。

38. 同上。

39. 盖伊·布罗克曼，"比尔之战，1945年1月：支援第13伞兵营的第29装甲旅各单位对战斗的叙述"，*www.battleofthebulgememories.be/en/stories/british-army/210-battle-of-bure-january-1945.html*，2012年9月。

40. 德雷珀，《阿登战役中的美国第84步兵师》，P.29。

41. 维斯克里切尼，《阿登攻势（1944年12月16日—1945年1月20日）中的党卫军第3"德意志"掷弹兵团》，外军研究 #20，P.10。

42. 魏丁格，《帝国师战史：第5卷》，P.401—403。

43. 同上，P.404。

44. 德雷珀，《阿登战役中的美国第84步兵师》，P.30。

45. 魏丁格，《帝国师战史：第5卷》，P.405。

46. 布伦特，《步兵：欧洲的步兵战》，P.125—127。

47. 德雷珀，《阿登战役中的美国第84步兵师》，P.30。

48. 库珀，《死亡陷阱：二战美国装甲师的幸存者》，P.114。

49. 斯赫雷弗斯，《不为人知的死者》，P.317。

50. 库珀，《死亡陷阱：二战美国装甲师的幸存者》，P.114。

51. 魏丁格，《帝国师战史：第5卷》，P.417。

52. 舍费尔、赖尼克、赫尔曼和基特尔，《月光师：第62步兵师，1938—1944年，第62国民掷弹兵师，1944—1945年》，P.293。

53. 奥尔法利亚，《迷路大军的信使：英雄的第551营和突出部之战的转机》，P.264。

54. 同上。

55. 美国国家档案与记录管理局：关于作战的访谈：第505伞兵团第2营营长威廉·卡彭特少校，第505伞兵团第2营作训参谋查尔斯·E.萨蒙上尉，1945年3月27日。

56. 美国国家档案与记录管理局：作战报告，第740坦克营，1945年1月—4月。AAR #491。

57. 舍费尔等人,《月光师:第62步兵师,1938—1944年,第62国民掷弹兵师,1944—1945年》,P.291。

58. 美国国家档案与记录管理局:关于作战的访谈:第325滑翔机步兵团团长乔治·比灵斯利上校,1945年3月24日。

59. 莱斯·休斯,《第551伞兵营》,引自丹·莫根的《我的左心房》(阿尔德企业集团,华盛顿州沃康达,1984年)。www.insigne.org/551-history.html. 2012年4月2日。

60. 美国国家档案与记录管理局:作战报告,第50装甲步兵营。国家档案馆,记录组 No. 407-606TK(69)-0.3。

61. 里普利,《枪林弹雨:武装党卫军在西线的装甲战,1944—1945》,P.202。

62. 迈尔,《党卫军第12装甲师》,P.337。

63. 扎戈尔的话见科斯基迈基,《饱受战争创伤的巴斯托涅杂种》,P.418。

64. 科斯基迈基,《饱受战争创伤的巴斯涅杂种》,P.425。

65. 蒂克,《战争末年的旋风突击:党卫军第2装甲军与下辖的第9"霍恩施陶芬"及第10"弗伦茨贝格"装甲师》,P.441。

66. 登克特,《德国第3装甲师(从1944年12月28日到1946年1月25日)》,C-002,P.13。

67. 科曹雷克的话见科斯基迈基,《饱受战争创伤的巴斯托涅杂种》,P.410。

68. 法格,《突出部之战:一个小角落》,P.31。

69. 美国国家档案与记录管理局:作战报告,第11装甲师,1944年12月23日—1945年1月31日。师级记录,第427条,记录组407。文件607:第11装甲师;迪皮伊、邦加德和安德森,《希特勒的最后赌博》,P.307。

70.《德国国防军,1939—1945,第3册,1944年1月1日—1945年5月9日》,P.387。

71. 肯尼斯·W. 莫勒,"回忆:欧洲战场1944—1945",第11装甲师遗产小组网站,www.11tharmoreddivision.com/history/moeller_memories.html,2012年12月5日。

72. 同上。

73. 美国国家档案与记录管理局:作战报告,第4装甲师第60装甲步兵营,1944年10月—1945年3月。AAR #361-U。

74.《坚定有力:第87步兵师的故事》。

75. 迪皮伊、邦加德和安德森,《希特勒的最后赌博》,P.309。

76. 拜尔莱因,《其他问题——阿登攻势》,A-943,P.4。

77. 美国国家档案与记录管理局:作战报告,第630坦克歼击营。AAR #6150。单位报告第7号,1945年1月1日0时—1945年1月31日24时。第630坦克歼击营营部。APO 230,美国陆军。

78. 同上。

79. 雷默,《阿登攻势中的"元首卫队"旅(雷默指挥),1944年12月16日—1945年1月26日》,B-592,P.34—35。

80. 登克特,《德国第3装甲师(从1944年12月28日到1946年1月25日)》,C-002,P.17。

81. 美国国家档案与记录管理局:作战报告,第630坦克歼击营。AAR #6150。单位报告第7号,1945年1月1日0时—1945年1月31日24时。第630坦克歼击营营部。APO 230,美国陆军。

82. "第513伞兵团的回忆"[重印自《来自天堂的雷声》第55卷第1号——2008年3月(最终版本)],第

17空降师网站。www.ww2-airborne.us/units/513/513_memories.html. 2012年3月28日。

83. 迪皮伊、邦加德和安德森，《希特勒的最后赌博》，P.309。

84. 登克特，《德国第3装甲师（从1944年12月28日到1946年1月25日）》，C-002，P.18。

85. 布吕芒松，《巴顿文件录 1940—1945》，P.615。

86. 雷默，《阿登攻势中的"元首卫队"旅（雷默指挥），1944年12月16日—1945年1月26日》，B-592，P.35—36。

87. 迈尔，《党卫军第12装甲师》，P.343。

88. 迪皮伊、邦加德和安德森，《希特勒的最后赌博》，P.483。

89. 约翰·托兰，《战斗：突出部的故事》，P. 336。

90. 美国国家档案与记录管理局：作战报告，第50装甲步兵营。国家档案馆，记录组407-606TK（69）-0.3。

91. 突出部之战老兵，《突出部之战》，P.91。

92. 布吕芒松，《巴顿文件录 1940—1945》，P.615。

93. 米尔顿伯格和休斯敦，《第134步兵团，"地狱也阻止不了我们"：二战战史》，P.164—165。

94. 第134步兵团，"地狱也阻止不了我们"：二战中的第35步兵师，1941—1945年：终结的开始，阿登战与，1944年12月16日—1945年1月25日。www.coulthart.com/134/35chapter_10.html。

95. 同上。

96. 米尔顿伯格和休斯敦，《第134步兵团，"地狱也阻止不了我们"：二战战史》，P.168。

97. 蒂曼，《警卫旗队师，第4卷／第2册》，P.187。

98. 米尔顿伯格和休斯敦，《第134步兵团，"地狱也阻止不了我们"：二战战史》，P.168。

99. 同上，P.169。

100. 麦克唐纳，《二战欧洲战场中的美国陆军：最后攻势》，P.38。

101. 古德里安，《西线战事的最后一年：第116"灰猎犬"装甲师战史，1944—1945》，P.395。

102. 迪皮伊、邦加德和安德森，《希特勒的最后赌博》，P.319。

103. 布雷斯勒，《阿登战役中的第2装甲师》，P.10。

104. 迈尔，《党卫军第12装甲师》，P.345。

105. 《德国国防军，1939—1945，第3册，1944年1月1日—1945年5月9日》，P.391。

106. 迈尔，《党卫军第12装甲师》，P.347。

107. 《从布雷斯特到巴斯托涅：第6装甲师的故事》。www.lonesentry.com/gi_stories_booklets/6tharmored/index.html。

108. 美国国家档案与记录管理局：战斗中的第68坦克营。407-606 TK (68)-9。

109. 布吕芒松，《巴顿文件录 1940—1945》，P.615。

110. 同上。

111. 约翰·托兰，《战斗：突出部的故事》，P. 339。

112. 埃尔斯托布，《希特勒的最后攻势》，P.362。

113. 约翰·托兰，《战斗：突出部的故事》，P. 342。

114. 同上，P.343。

115. 同上，P.342。

116. 德拉福斯，《突出部之战：希特勒的最后赌博》，P.315。

117. 蒙哥马利，《陆军元帅，阿莱曼子爵蒙哥马利回忆录》，P.314。

118. 同上，P.315。

119. 国防军指挥参谋部作战日志，迈尔－德特林上校的报告，1945年1月4日，18时；施拉姆，《德国国防军最高统帅部日志，第8卷》，P.990。

120. 古德里安，《西线战事的最后一年：第116"灰猎犬"装甲师战史，1944—1945》，P.396。

121. 蒂克，《战争末年的旋风突击：党卫军第2装甲军与下辖的第9"霍恩施陶芬"及第10"弗伦茨贝格"装甲师》，P.443。

122. 党卫军第19装甲掷弹兵团6连海因茨·佩希下士，1月21日于古维被俘。美国战略轰炸调查战俘情况通报第1/40号，美国国家档案馆；《二战反思》第2卷，第3号，1994年3月。www.battleofthebulge.org/musings/Mus0394.pdf。

123. 拜尔莱因，《其他问题——阿登攻势》，A-943，P.3。

124. 雷默，《阿登攻势中的"元首卫队"旅（雷默指挥），1944年12月16日—1945年1月26日》，B-592，P.34。

125. 雷默，《阿登攻势中的"元首卫队"旅（雷默指挥），1944年12月16日—1945年1月26日》，B-592，P.34。

126. 帕克，《突出部之战》，P.218。

127. 雷默，《阿登战役中的"元首卫队"旅》，ETHINT-80，P.12。

128. 雷默，《阿登攻势中的"元首卫队"旅（雷默指挥），1944年12月16日—1945年1月26日》，B-592，P.33。

129. 米勒，《全面胜利：欧洲战场上的美军，1944—1945》，P.185。

130. 安布罗斯，《应征士兵：从诺曼底海滩到德国投降》，P.380。

131. 雷默，《阿登攻势中的"元首卫队"旅（雷默指挥），1944年12月16日—1945年1月26日》，B-592，P.32。

132. 米勒，《全面胜利：欧洲战场上的美军，1944—1945》，P.185。

133. 安布罗斯，《应征士兵：从诺曼底海滩到德国投降》，P.381。

134. 登克特，《德国第3装甲师（从1944年12月28日到1946年1月25日）》，C-002，P.21。

135. 同上。

136. 雷默，《阿登攻势中的"元首卫队"旅（雷默指挥），1944年12月16日—1945年1月26日》，B-592，P.35。

137. 美国陆军军事历史中心，二战荣誉勋章获得者。www.history.army.mil/html/moh/wwll-m-s.html，2012年4月5日。

138. 雷默，《阿登攻势中的"元首卫队"旅（雷默指挥），1944年12月16日—1945年1月26日》，B-592，P.35。

139. 同上，P.36。

140. 同上，P.35。

141. 米勒，《全面胜利：欧洲战场上的美军，1944—1945》，P.185。

142.《水星报》，1945年1月8日。1945. trove.nla.gov.au/ndp/del/ page/1871470 2012年4月2日。

143. 古德里安，《西线战事的最后一年：第116"灰猎犬"装甲师战史，1944—1945》，P.399。

144. 同上。

145. 德雷珀，《阿登战役中的美国第84步兵师》，P.38。

146. 魏丁格，《帝国师战史：第5卷》，P.417。

147. 维斯克里切尼，《阿登攻势（1944年12月16日—1945年1月20日）中的党卫军第3"德意志"掷弹兵团》，外军研究#20，P.11。

148. 库珀，《死亡陷阱：二战美国装甲师的幸存者》，P.115。

149. 格林和布朗，《突出部之战的故事》，P.147—148。

150. 美国国家档案与记录管理局：关于作战的访谈：第505伞兵团第2营营长威廉·卡彭特少校，第505伞兵团第2营作训参谋查尔斯·E. 萨蒙上尉，1945年3月27日。

151. 美国国家档案与记录管理局：作战报告，第740坦克营，1945年1月—4月。AAR#491。

152. 美国国家档案与记录管理局：关于作战的访谈：第505伞兵团第2营营长威廉·卡彭特少校，第505伞兵团第2营作训参谋查尔斯·E. 萨蒙上尉，1945年3月27日。

153. 朗顿，《准备就绪：美国第82空降师第505伞兵团二战战史》，P.112。

154. 同上，P.113。

155. 美国国家档案与记录管理局：第508伞兵团；关于作战的访谈：第508伞兵团作训参谋J.W. 梅杜斯基少校，1945年2月15日。

156. 美国国家档案与记录管理局：关于作战的访谈：第82空降师第504伞兵团1营技术军士长乔治·W. 科普兰。

157. 洛法罗，《圣迈克尔之剑：二战中的第82空降师》，P.496。

158. 莫尔，《第18国民掷弹兵师在阿登攻势中运用情况的报告（1944年12月16日—1945年1月25日）》，B-734，P. 51。

159. 美国国家档案与记录管理局：作战报告，第740坦克营，1945年1月—4月。AAR#491。

160. 莱斯·休斯，《第551伞兵营》，在丹·莫根的《我的左心房》（阿尔德企业集团，华盛顿州沃康达，1984年）。www.insigne.org/551-history.html. 2012年4月2日。

161. www.infantry.army.mil/museum/outside_tour/monuments/551st_para_inf.html，2012年4月2日。

162. 奥尔法利亚，《迷路大军的信使：英雄的第551营和突出部之战的转机》，P.302。

163. 美国国家档案与记录管理局：作战报告，第740坦克营，1945年1月—4月。AAR#491。

164. 同上。

165. 莱斯·休斯，《第551伞兵营》，引自丹·莫根的《我的左心房》（阿尔德企业集团，华盛顿州沃康达，1984年）。www.insigne.org/551-history.html. 2012年4月2日。

166. 莫尔，《第18国民掷弹兵师在阿登攻势中运用情况的报告（1944年12月16日—1945年1月25日）》，B-734，P.51。

167. 美国国家档案与记录管理局：作战报告，第740坦克营，1945年1月—4月。AAR#491。

168. 施拉姆，《德国国防军最高统帅部日志，第8卷》，P.999。

169. 迈尔，《党卫军第12装甲师》，P.349。

170. 同上，P.350。

171. 美国国家档案与记录管理局：作战报告，第68坦克营。记录组407-606TK（68-9）。

172. 迪皮伊、邦加德和安德森，《希特勒的最后赌博》，P.310。

173. 雷诺兹，《钢铁巨人》，P.173。

174. 国防军指挥参谋部作战日志，迈尔－德特林上校的报告，1945年1月4日，18时；施拉姆，《德国国防军最高统帅部日志，第8卷》，P.980。

175. 基尤国家档案馆："超级机密"行动文件，HW 5/647. CX/MSS/T 429/100. BT 2295 West。

176. 基尤国家档案馆："超级机密"行动文件，HW 5/647. CX/MSS/T 429/113. BT 2351 West。

177. 基尤国家档案馆："超级机密"行动文件，HW 5/647. CX/MSS/T 429/6. West。

178. 施拉姆，《德国国防军最高统帅部日志，第8卷》，P.1346。

179. 同上。

180. 同上，P.1353。

181. 迪皮伊、邦加德和安德森，《希特勒的最后赌博》，P.307。

182. 布吕芒松，《巴顿文件录1940—1945》，P.616。

183. 同上。

184. 美国国家档案与记录管理局：关于巴斯托涅作战行动的说明。美国第3集团军指挥部，1945年1月15日，APO 403 P.7。

185. 同上。

186. 伯登斯坦，《第53军（1944年12月1日—1945年1月22日）》，B-032，P.8。

187. 海尔曼，《阿登攻势，德国第5伞兵师》，外军研究B-023，P.39。

188. 美国国家档案与记录管理局：作战报告，第712坦克营，1944年7月—1945年3月。AAR#249. 846-64。

189. 同上。

190. 美国国家档案与记录管理局：关于巴斯托涅作战行动的说明。美国第3集团军指挥部，1945年1月15日，APO 403 P.8。

191. 美国国家档案与记录管理局：美国第3集团军记录，File 103-0.5;《二战反思》，第3卷，第1号，1995年2月。

192. 伯登斯坦，《第53军（1944年12月1日—1945年1月22日）》，B-032，P.7。

193. 海尔曼，《阿登攻势，德国第5伞兵师》，外军研究B-023，P.40。

194. 美国国家档案与记录管理局：作战报告，第712坦克营，1944年7月—1945年3月。AAR#249. 846-64。

195. 伯克，《第6装甲师在欧洲战场的战斗记录，1944年7月18日—1945年5月8日》，P.168。

196. 雷诺兹，《钢铁巨人》，P.156。

197. 海尔曼，《阿登攻势，德国第5伞兵师》，外军研究B-023，P.39。

198. 米尔顿伯格和休斯敦，《第134步兵团，"地狱也阻止不了我们"：二战战史》，P.173。

199. 麦克唐纳，《二战欧洲战场中的美国陆军：最后攻势》，P.40。

200. 伯登斯坦，《第53军（1944年12月1日—1945年1月22日）》，B-032，P.7。

201. 海尔曼，《阿登攻势，德国第5伞兵师》，外军研究 B-023，P.41。

202. 同上。

203. 同上。

204. 同上。

205. 雷默，《阿登攻势中的"元首卫队"旅（雷默指挥），1944年12月16日—1945年1月26日》，B-592，P.36。

206. 威尔逊，《二战中的第761"黑豹"坦克营》，P.128。

207. 同上，P.132。

208. 艾维，《领导力研究：第761坦克营和第92师》，P.70。

209. 威尔逊，《二战中的第761"黑豹"坦克营》，P.128。

210. 科斯基迈基，《饱受战争创伤的巴斯托涅杂种》，P.456。

211. 同上。

212. 迪皮伊、邦加德和安德森，《希特勒的最后赌博》，P.336。

213. "连队同袍之谊"，《党卫军第12"希特勒青年团"装甲师第12装甲团3连》，P.111。

214. 福克斯，《巴顿的先锋：美国陆军第4装甲师》，P.450。

215. 美国国家档案与记录管理局：关于巴斯托涅作战行动的说明。美国第3集团军指挥部，1945年1月15日，APO 403 P.8。

216. 施特劳斯，《第2"维也纳"装甲师战史》，P.189。

217. 冯·吕特维茨，《1944—1945年阿登战役中第47装甲军的使用》，A-939，P.26。

218. 克尼斯，《阿登战役中的第85军，1944年12月16日—1945年1月12日》，B-030，P.6。

219. 基尤国家档案馆："超极机密"行动文件，HW 5/644. CX/MSS/T 415/8. BT 1641 West。

220. 西尔万和史密斯，《从诺曼底走向胜利：考特尼··H. 霍奇斯将军与美国第1集团军作战日志》，P.256。

221. 拜尔莱因，《其他问题——阿登攻势》，A-943，P.5。

222. 西尔万和史密斯，《从诺曼底走向胜利：考特尼·H. 霍奇斯将军与美国第1集团军作战日志》，P.256。

223. 基尤国家档案馆："超极机密"行动文件，HW 5/646. BT 1800 West。

224. 基尤国家档案馆："超极机密"行动文件，HW 5/647. CX/MSS/T 429/1. BT 12250 West。

225. 《德国国防军，1939—1945，第3册，1944年1月1日—1945年5月9日》，P.396。

226. 施拉姆，《德国国防军最高统帅部日志，第8卷》，P.1002。

第 11 章

血腥的最后一战

　　没等我们在机枪弹道下的水沟里隐蔽，第一排子弹就击中了我们中的4个人。赫里希双肩上部中弹，弗里登海默的肺部被射穿，一发子弹击中我的背包后面，我跪倒在地上。身后是二等兵米尔顿·科亨，这名18岁的新兵2周前才加入我们。子弹击中他的牙齿，从右耳穿出，我永远忘不了他痛苦地呼喊母亲的情景。

　　　　　　　　——约翰·M. 诺兰中士，美国第119步兵团，1945年1月

苏联红军投入战斗

　　就连希特勒本人可能也不相信，以大量党卫军装甲预备队向盟军发动新一轮打击的计划能够实现。这并不是因为阿登地区不存在机会，而是他能感觉到，因红军暂停在东线行动，为新一轮进攻集结力量，从而获得的喘息之机已经渐渐接近尾声。

　　1945年1月9日，"元首"收到关于苏联军队东线攻势临近的简报。同一天，他更改了关于党卫军预备队的命令：它将不留在圣维特附近待命，而是调往德国G集团军群防线的背后，进行休整和补充。[1]

　　为应丘吉尔1月6日对斯大林的请求，推进苏联红军的冬季攻势，1月8日，乌克兰第1方面军指挥官伊万·科涅夫（Ivan Konyev）元帅接到斯大林的电话，后者命令这位元帅立即发动进攻。

　　1945年1月12日5时，阿登攻势的命运已经注定，苏联红军乌克兰第1方面军的32000门火炮和重型迫击炮（密度达到每英里500门）开始向波兰南部

德国第4装甲集团军的阵地倾泻可怕的集火打击。几个小时的炮轰之后，"约瑟夫·斯大林"重型坦克——配备122毫米火炮的钢铁怪兽——轰鸣着开向支离破碎的德军防线。当晚，第4装甲集团军的防线被撕开了一道宽25英里（约40千米）宽、深12英里（约19.3千米）的缺口。

西线盟军将士们听到此消息后，登时大喜，他们知道德国人的末日来临了！过去几个月里饱受考验的士气陡然高涨。次日，喜上眉梢的巴顿在日记中写道："士兵们的态度完全转变。现在，他们充满自信，将全力追击战败之敌。"[2]

1月13日，苏联攻势的规模扩大了，白俄罗斯第3方面军进攻东普鲁士，次日，朱可夫元帅和罗科索夫斯基元帅的白俄罗斯第1及第2方面军从两侧进攻华沙。正如夏季的"巴格拉季昂"行动一样，德军的防线全面瓦解。德国陆军总参谋长海因茨·古德里安大将请求希特勒优先考虑东线——这绝对是多余的请求。早在1月13日，希特勒即发布命令，将2个步兵师（第269和第712步兵师）从西线调到东线，次日，迪特里希的党卫军第6装甲集团军、第405国民炮兵军和B集团军群的第408国民炮兵军也接到了类似的命令。

1月14日，"元首"还批准了冯·伦德施泰特元帅的请求，实施全面退却。新的战线将从舍兰（乌法利兹东北方6英里）向西南偏南延伸到布尔西（巴斯托涅东北8英里），再向东南方延伸3英里到隆维利。这意味着，德军不仅将撤出乌法利兹，还将令人惊讶地放弃巴斯托涅前线。

1月15日，希特勒与冯·伦德施泰特和莫德尔在"雕窝"举行了最后一次会议，会上他命令两位元帅尽可能长时间地困住西方盟军。然后，希特勒登上列车前往柏林，再也没有回到西线。在之后的一周内，党卫军第1装甲军、党卫军第2装甲军、卡尔·德克尔中将的第39装甲军、"元首卫队"旅、"元首"掷弹兵旅、党卫军第6装甲集团军的2个装甲师、1个步兵师，以及其他2个国民炮兵军奉命在东线重新集结。[3]为掩护第6装甲集团军的铁路交通，第3高射炮军也配属这个集团军，并最终调往东线。与此同时，3个战斗机联队和1个对地攻击机联队（第1、第6、第11战斗机联队及第4对地攻击机联队）立即从西线调往东线。在接下来的几天里，西线的大部分德国航空兵也和他们一起调动（第3、第4、第54、第77、第300和第301战斗机联队）。总体来讲，这是B集团军群的一次严重削弱，其实力再也没能恢复。

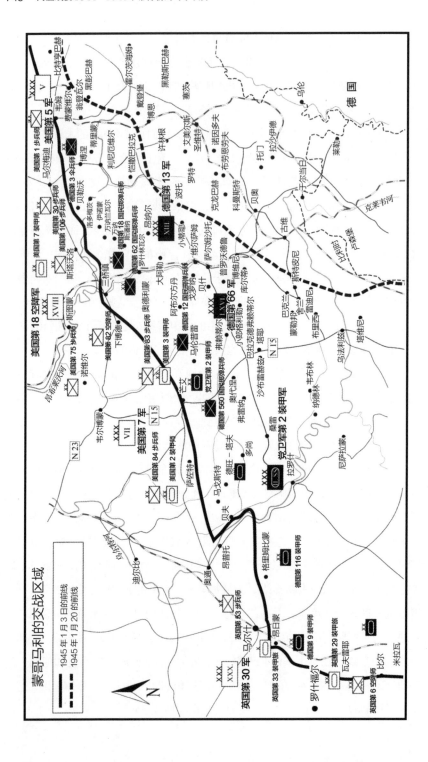

迟滞行动

阿登攻势的命运虽然已经决定，但是它还没有结束。哈索·冯·曼陀菲尔上将在48岁生日（1月14日）那天被任命为阿登地段指挥官，他使出浑身解数，组织军队撤往计划中建议的防线，并尽可能地让西方盟军付出血的代价。冯·曼陀菲尔写道："我向将士们通报了实施迟滞作战行动的决定，强调通过他们的相互协作，保持集团军内部的联络，阻止敌军在我集团军区域内实现突破。"[4]德军的士气并没有任何下滑的迹象。巴顿在他的日记中写道："巴斯托涅北面和东北面的德军猛烈抵抗，以保护他们的撤退路线。"[5]1月13日美国第6装甲师B战斗群再次试图重夺巴斯托涅以东的马格雷特时，陷入了与德国第340国民掷弹兵师的又一次苦战中。美国第50装甲步兵营的作战报告写道：

> 敌军发动反攻，重新进入该镇，逐屋逐户地展开残酷的争夺。他们使用的反坦克火箭筒数量空前，击毁了我们3辆坦克，直到夜里，他们的狂热仍未减退。直到次日早上，我们才根除了他们最后的几个阵地，这是由A连协助B连完成的。这场激战给我营造成极大伤亡，但德军的损失也难以计数，这些疯狂的敌人牺牲大量人员和物资，不顾一切地阻止我们的进攻。[6]

在巴斯托涅西北方英军的地段，一队"豹"式坦克在拉罗什东南方4英里的尼斯拉蒙村（Nisramont）里等待敌军的到来，1月13日下午，英国第51高地师的主力装甲纵队开进这座村子。短暂交火之后，"豹"式坦克摧毁了4辆英国坦克，然后离开。[7]

由此向北，美国第7军殊死奋战，付出极大代价，试图恢复推进。该军左（东）翼的第3装甲师和第83步兵师在5天里只前进了4—5英里（约6.4—8千米），1月7日，他们在巴拉克德弗赖蒂尔路口以南2英里的塔耶停了下来。美军试图避开这个德军据点，重新集结到东面5英里的小郎格利勒。1月10日，第3装甲师和第83步兵师第329、第331步兵团在第774坦克营的支援下，在此实施了一次集中进攻。德军在这一段的防线上原本只有实力较弱的第12国民掷弹兵师，但是到这个时候，刚刚抵达的党卫军第9装甲师装甲侦察营巩固了阵地。该地区有许多稠密的冷杉林，有利于德军的防御，此外，党卫军装甲侦

1945年1月13日—14日在马格雷特的激战中，这辆美国第6装甲师的"谢尔曼"坦克因履带上方被击中（可能来自坦克杀手）而无法行动。坦克前方是一名德国第340国民掷弹兵师的阵亡士兵。（NARA，SC 199214）

察营又在整个地区的制高点上部署了1门88毫米炮和2辆"豹"式坦克。[8]

美军穿过冷杉林之间的开阔地，很容易成为德军火炮和迫击炮的目标。第329步兵团的战斗报告描述了这一情景："敌军的抵抗由各种火力组成，但是敌军坦克炮火造成的伤亡最大，使我们无法前进。估计在目标区域内或附近有5至6辆敌军坦克，不时变换位置，控制了目标和我军之间的开阔地。事实证明，这次行动是诺曼底以来最为艰苦的一次，因为除了越来越大的战斗伤亡之外，脚部冻伤的士兵也在增加。"[9]

3次进攻均失败之后，美军损失惨重，不得不取消了进一步的努力。仅第774坦克营就损失了9辆坦克和1辆坦克歼击车。[10]第3装甲师也遭到重创。该师的贝尔顿·库珀上尉说："在迄今为止的突出部之战中，我们损失很大，造成坦克手严重短缺。M4'谢尔曼'的车组正常为5人……由于伤亡越来越大，我们首先不得不减少副驾驶。这使得打击步兵时特别有效的球架机枪无法使用。后来，我们不得不减少装填手，坦克指挥员还得兼任装填手。"[11]

但是，由于从1月10日开始，德军向多尚—隆尚一线撤退，与美国第3装甲师和第83步兵师对峙的党卫军第2装甲师、第560国民掷弹兵师、党卫军第9装甲侦察营和第12国民掷弹兵师各部逐渐被包抄。1月11日，塔耶西南4英里（约6.4千米）的德军据点桑雷被攻陷，美军和英军进入此地西南方3英里的拉罗什，美国第3装甲师和第83步兵师终于能够"上路"了。

占领桑雷后，才能卓著的美国第7军军长"闪电乔"柯林斯少将得以集中兵力，打击塔耶—小郎格利勒的德军。1月12日，他以优势兵力突袭德军在该区域的阵地：第2装甲师B战斗群和第84步兵师第333步兵团在西翼，东翼则投入了第3装甲师和第83步兵师的全部兵力。激战持续了一整天，双方伤亡都很大。

美国第2装甲师B战斗群和第333步兵团在塔耶面对的是党卫军第2装甲师第3装甲掷弹兵团，以及隶属该师的、由党卫队二级突击队大队长恩斯特·克拉格率领的党卫军第2装甲侦察营，这些军队的左侧是德国第560国民掷弹兵师。1月12日早上美国步兵从巴拉克德弗赖蒂尔以南地区进攻塔耶，在通往乌法利兹的主干道另一侧，他们企图穿越开阔地向小塔耶村进发，但是在德军密集火力下被迫匆忙后撤。美军持续发动进攻，但是除了惨重的损失之外一无所获。与此同时，美军炮兵将这两座村庄变成了一堆焖烧的废墟。

当天下午，美国第2装甲师B战斗群的装甲兵向前进攻塔耶。虽然有3辆坦克被德军坦克歼击车摧毁，但是美军的坦克还是设法突入了这座村庄。[12]在村里，美军陷入与党卫军士兵的苦战之中，后者依托房屋的废墟、果园围墙和土丘展开战斗。

但是，在党卫军的左侧，已经被削弱的第560国民掷弹兵师无法抵挡第2装甲师的强大攻势。在塔耶以西1英里的沙布雷赫兹（Charbrehez），美军装甲兵占领了一个指挥所，第560国民掷弹兵师在这里损失了第1129掷弹兵团的2位营参谋。[13]美军在此抓获了140名俘虏。[14]由于沙布雷赫兹位于塔耶正西面的一座高地上，美军便可以从这里包抄党卫军守卫的阵地。

1月12日晚上，党卫军第3装甲掷弹兵团和党卫军第2装甲侦察营接到命

1945年1月10日，美军在小郎格利勒附近地区被德军的1门88毫米炮和2辆"豹"式坦克击退，美国作战车辆起火，第3装甲师的装备散落一地。德军的装备来自党卫队一级突击中队中队长卡尔－海因茨·雷克率领的党卫军第9装甲侦察营。（NARA，111-SC-199019/罗伯茨）

令，离开阵地以便完全撤出战斗。[15]晚上9时，战斗结束。美军在塔耶发现了党卫军留下的70名外籍士兵，这些人立即投降了。[16]

在东侧的小郎格利勒，德军在一整天的疯狂抵抗之后也匆忙撤出阵地。这里的战斗使美国第774坦克营C连的2个排损失了10辆坦克中的7辆。[17]不过，小郎格利勒的2辆"豹"式坦克却得以逃脱。[18]

美军继续穿越南面的龙斯森林（Bois de Ronce）向前挺进时，再次领教了敌军惯用的战斗方法。第774坦克营作战报告记录道："我们的一辆坦克在被88毫米炮击中后没有停下来，而是继续前进。不久以后，它被反坦克炮火打瘫痪，1名车组人员阵亡，剩下4名车组人员在拆坏车辆后试图徒步逃离，但后来在距离坦克150码的地方发现了他们的遗体。不出所料，他们的身上被搜遍了，并且遭到机枪射杀。根据报告，每名士兵都被一发子弹贯穿了头部。" 19

此时，对于处在该地段的德军前线部队来说，局势已经相当令人绝望。第560国民掷弹兵师损失非常大，以至于第1129掷弹兵团不得不解散，剩下的官兵编入隶属于该师第1130掷弹兵团的一个营。20 党卫军第2装甲师首席参谋、党卫队一级突击队大队长阿尔伯特·斯蒂克勒(Albert Stückler)写道：

> ［敌军］无论在林区的哪里实现突破，都能以惊人的速度夺取地盘，而我们的部队遭受严重损失后已经大大削弱，只能在昼间尽最大努力守住一个防御圈，然后在夜里撤退到未做任何准备的新阵地上。有效的反冲击只能在坦克支援下进行，一般来说，这种行动也只能带来短暂的喘息。
>
> 步兵部队和所有参战师的官兵们在极寒气候中表现得极其出色。但当气候条件恶劣、温度在冰点附近波动时，敌人的物资优势更加明显，而我军部队因装备不足导致战斗效能迅速下降。例如，我师由于冻伤和疾病导致的损失几乎和战斗损失一样大。21

无论如何，德军后卫仍然继续顽抗。美国第33步兵团1月13日(当天该团损失81名官兵)的作战报告写道："掘壕据守的敌军坦克和步兵减慢了进攻的速度……我们的坦克前推接敌，虽击毁1辆坦克，但也损失了1辆'谢尔曼'。" 22 当天，第774坦克营 C 连的装甲兵继续穿越龙斯森林，向南方4英里(约6.4千米)的下一座村庄舍兰进军。突然，2名德军士兵出现在路上。他们将手放于头顶，靠近坦克纵队。领头的坦克指挥员报告："经过仔细检查，发现他们是为一个火箭筒小组提供掩护的。中士向该小队发射了一发高爆弹，消灭了火箭筒及其小组成员。" 23

与此同时，在美国第7军西翼，美国第2装甲师 A 战斗群向桑雷西南方10英里的乌法利兹镇挺进。遭受重创的德国第116装甲师后撤，但得到了装甲教导师、第2装甲师和第3装甲掷弹兵师的增援。24 对德军来说，增援来得正是时候，他们奉命守卫乌法利兹西北4—5英里的纳德林—韦布林—尼斯拉蒙一线。

装甲教导师的特遣队——第902战斗群各部于1月13日夜间抵达纳布林时，发现这里没有任何来自第116装甲师的部队。25 但是，匮乏弹药和燃油的德军只能寄希望于稍稍迟滞美军的进攻。[26]在东面1英里左右的韦布林，第116装甲师的一支小规模特遣队占据了防御阵地。村庄南边教堂后的一座高地上，2辆"豹"式坦克和1辆坦克歼击车封锁了从北面进入村庄的道路。前方2英里是韦布林北面林木茂盛的群山，美国第2装甲师A战斗群东端的特遣队——B特遣队（第66装甲团加上第335步兵团第3营，以及1个坦克歼击排）——此时正在准备突袭这座村庄。

1月14日早上，韦布林的德国坦克手们看到，6辆绿色的"谢尔曼"坦克正在村子东北田野上的厚雪中艰苦跋涉。这些运载着步兵的美军坦克是谢尔曼Ⅲ型（M4A2），配备柴油发动机，是英军移交给美国第2装甲师，用于弥补之前损失的。这些坦克与德军坦克交手毫无胜算。美军即将到达村庄时，"豹"式的火炮开火了，其中4辆"谢尔曼"立即燃起大火。剩下的2辆消失在村道上第一排房屋之后，但它们复又出现在教堂背后时，马克斯-迪特尔·冯·埃尔特莱因（Max-Dieter von Elterlein）中尉指挥的德国坦克歼击车开火了。美军坦克在试图开下教堂右侧的山坡时被击中，其中1辆立即被摧毁；另1辆正面装甲中弹，反弹起来的炮弹将炮管一劈两半，就像剥皮的香蕉一般，而下一发炮弹则炸死了全部车组人员。（这辆坦克作为战争纪念物，至今仍然放置在韦布林教堂下。）

盟军航空兵回归

1945年1月14日是长时间的恶劣天气最终减弱的一天。天气晴朗，阳光灿烂，这意味着盟军的飞机又可以全力投入战斗。到这个时候，盟国空中力量在"底板"行动中遭受的损失已经基本得到补充。

考特尼·H.霍奇斯中将在日记中写道："今天最重要的消息就是，战斗轰炸机又可以起飞了。"德国方面，第66军军长瓦尔特·卢赫特上将写于1月14日的日记就不那么乐观了："晴朗而寒冷的一天，战斗轰炸机的活动很积极。"[27]

正如冯·埃尔特莱因中尉所言，对韦布林的德军来说，突然之间"地狱打开了大门"[28]。不少于7架炮兵观测飞机出现在村庄上空。很快，大量战斗轰炸机也登场了，它们向美国第7军面前的所有敌军目标射击和投弹，将其炸成碎片。澳大利亚《百眼巨人报》战地记者罗纳德·蒙森描述了1月14日盟军飞机出现时令人印象深刻的景象：

在乌法利兹"狮子座"旅馆外,这辆德国 SdkFz-250/1 装甲车在美军空袭中被击毁。(NARA C-56251 A.C. 彼得·比约克)

从西面穿过天空的尾迹,标志着我们的"空中无敌舰队"先锋来临。然后,闪着银光的飞机进入了视野。它们成群出现,足足有数百架,整个蓝天都被点亮,散开的尾迹成为遮盖大片天空的云带。它们都有各自的目标。德国士兵挣扎着沿着冰封的小路,在攻上来的英美军队赶上他们之前逃离。[29]

德国第116装甲师的战斗报告则写道:

在强大的炮兵火力之后,敌军坦克在低空飞行的飞机支援下发动进攻。屏弱的守军英勇战斗,但是无法阻止敌军突入村中,最终,他们失去了与左右两翼的联系，不得不退往村南的高地。[30]

往西不远的纳德林，德国第902战斗群特遣队发现自己不仅面对正面进攻，而且，据装甲教导师师长拜尔莱因说，"[进攻]还来自东北面，也就是韦布林地区，那些军队的实力更强[有步兵和装甲兵]。"拜尔莱因继续说道："这种两面夹击的态势是因为第116装甲师已经抵挡不住敌军的进攻，从而暴露了第902战斗群的侧翼。敌军成功于正午夺取纳德林，晚上夺取菲利（Filly）。此时，第902战斗群无法突破包围圈，被俘者甚众。"[31]

美国第2装甲师向前推进了3英里。[32] 1月14日晚上，第902战斗群的少量兵力守卫着纳德林西南2.5英里（约4千米）、乌法利兹西北2英里处的阿舒夫（Achouffe），而装甲教导师的装甲侦察营守在他们的后面，此时该营的一线兵力不超过150人，伴随有少量可以作战的坦克。[33]东北1英里的地方，美国第3装甲师和第83步兵师同时从小郎格利勒推进到库尔蒂——这一距离差不多也有3英里。美国第331步兵团的作战报告说明，德军的炮火比前一天有所减弱。[34]

1月14日9时30分，冯·曼陀菲尔的第5装甲集团军参谋部报告，军队的任何行动都被"极其猛烈的战斗轰炸机活动"阻止，并紧急请求德国空军战斗机掩护。德国空军的第2战斗机军在11时之前，仅向乌法利兹地区就派出了216架战斗机。实际上，德国空军战斗机在这一天还实施了另一次大规模行动。然而，前线的德国士兵并没有看到这一点。原因很简单：英国"超极机密"解码人员破解了第2战斗机军发出的信息，因此盟军派出了强大的战斗机编队拦截德国飞机。[35]

德国第26战斗机联队第2和第3大队甚至还没有进入比利时空域就遭到攻击，先是美国第366战斗机大队的7架"雷电"，然后是第78战斗机大队的25架"野马"。尽管这些德国部队装备了现代化的Fw-190 D-9、Bf-109 G-14和Bf-109 K-4，数量上也占有优势，但是与美军战斗机飞行员相比仍有差距。美军击落了12架德国飞机，迫使其他德机终止了圣维特—乌法利兹地区的任务，而自身仅损失2架飞机。[36]第26战斗机联队（绰号"施拉格特"）的另一个大队（第1大队）出动了30架Fw-190 D-9，但是遭到皇家空军挪威"喷火"中队（第331和第332中队）的伏击，损失3架飞机。

德国第1战斗机联队第1大队遭到英国第401和第402中队"喷火"战斗机的攻击，损失11架Fw-190，这支部队也未能完成自己的任务。[37]第2战斗机联队("里希特霍芬")的编队被其他"喷火"战斗机撕裂，损失了10架Fw-190 D-9，仅仅击落2架敌方飞机。[38]第77战斗机联队派出2个大队掩护前方的地面军队，但是遇到了相同的命运，损失12架飞机。

德国空军在乌法利兹地段的努力遭到挫败，与此同时，盟军出动大批轰炸机打击德国境内的目标，迫使德国航空兵改变作战重点。皇家空军轰炸机司令部派出第3大队的134架"兰开斯特"轰炸机，攻击萨尔布吕肯火车站。德国第4、第11和第53战斗机联队的大约200架飞机出动迎战。但是这些战斗机陷入了与美国战斗机的艰苦缠斗中，连一架轰炸机都未能击落。

由于前线的晴朗天气使美国第9航空队和英国第2战术航空队可以全力部署，美国第8航空队可以回到其战略轰炸的角色上。该航空队的900架重型轰

美军进入富瓦。1945年1月13日，美国第506伞兵团占领了这座饱经战火的村庄，1月14日拂晓，德军又重夺此地，但几个小时之后，美军由第11装甲师B战斗群发动进攻，终于再次将其夺回。（NARA，美国通讯兵团）

炸机在800架战斗机的护航下，穿过蓝天，攻击德军的各个油料目标。德国空军出动第3战斗机联队第4大队、第54战斗机联队第4大队、第300和第301战斗机联队（后两个联队共有189架截击机），以及第7战斗机联队的少量Me-262喷气战斗机，对抗这支"无敌舰队"。随之而来的空战中，7架美军轰炸机和11架护航战斗机被击落，而德军战斗机中有至少114架（包括3架Me-262）被击落。只要盟军航空兵升空，德国空军就无力对抗，这一点已经再清楚不过了。

德国战斗机尽管做出了很大努力——至少出动了700架飞机，但美国第9航空队在1月14日只损失了最多11架"雷电"战斗机和"掠夺者"轰炸机。这一天，盟军航空兵共出动了4000架次，其中大约1/4出现在阿登上空。

从德军的角度看，这天的空中行动是失败的，事实证明，这也是德国空军与西方盟国航空兵的最后一次大规模对抗。此后不久，大部分德国航空兵都重新部署到了东线。

1月14日整天，盟军战斗轰炸机就像德国空军不存在一样，猛烈打击德国地面部队和车队，地面上的德军官兵也没有看到任何自己的战斗机。德军残部在败退期间遭到了扫射和轰炸，他们的车辆被炸得粉碎。燃烧的车辆残骸大量堆积，在溪流旁的浅滩上尤为多见。[39]美国第9航空队报告共摧毁了300辆卡车，令16—30辆坦克受损，并压制了30个炮兵阵地。次日，美国第2装甲师A战斗群B特遣队夺取阿舒夫之后，继续向东南2英里的乌法利兹前进时，阻挡他们的不是德军的抵抗，而是通往乌法利兹的公路上燃烧的德军车辆和散落的其他装备。[40]美国第3装甲师见到的情况也一样，该师报告，比艾因（Bihain）以南的道路完全被美军飞机和遭炮兵摧毁的德国车辆堵塞了。[41]

德军方面，第560国民掷弹兵师残部不得不撤出战斗。[42]党卫军第9装甲师下辖的党卫军第19装甲掷弹兵团前移到乌法利兹东北方5英里的斯特皮尼，任务是阻挡美国第3装甲师，避免乌法利兹被包抄。德国接到了明确的命令："必须守住乌法利兹！"[43]

但是，南面的局势发生了戏剧性变化。登克特少将的德国第3掷弹兵师奉命重夺巴斯托涅西北的弗拉米耶日，这座村庄于1月12日被美军占领。[44]就在登克特准备发动攻势时，美国第11装甲师出现在他的左翼。这个装甲师此时已经补充了之前在12月底损失的兵力，径直开往巴斯托涅，并于1月13日向北进攻。A战斗群和R战斗群部署在从该城向西北延伸、经隆尚通往贝尔托涅的公路上。这次进攻的目标是从南面抵达乌法利兹。[45]这次进攻冲击弗拉米耶日东北4英里的德军防线时，德国第3装甲掷弹兵师不得不匆忙取消计划中的进攻，退回贝尔托涅。次日夜间，盟军的大规模攻势迫使德军撤出贝尔托涅，继续向北面和东面退却。

但是，美国第11装甲师B战斗群无法参与美军向西北发动的进攻，因为巴斯托涅东北方需要这支军队。1月13日，美国第506伞兵团发动了一次奇袭（这次奇袭还因电视连续剧《兄弟连》的某集成为不朽的传奇），占领了巴斯托涅东北方2英里的、通往乌法利兹主干道上的富瓦。但德国第340国民掷弹兵师师长西奥多·托尔斯多夫上校立即组织了一次反冲击，由已加入第58装甲军的第9装甲师提供支援。[46]面对这样的优势兵力，美国伞兵们被迫于1月14日拂晓撤出了经过苦战夺取的小村。不过，第11装甲师B战斗群和美国航空兵加入了富瓦的战斗。1月14日，韦兰德少将的第19战术航空兵司令部出动了至少750架次的战斗轰炸机，支援从巴斯托涅战区向北发动的进攻。事后，这被称作"夏季以来最重要的一天"[47]。对于盟军航空兵自由行动时德军不得不被动经受的场面，美国第11装甲师B战斗群的作战报告做了生动的描绘：

> 炮火准备之后，装甲特遣队攻击[富瓦西北1000码的]勒科涅，步兵特遣队于[1月14日]9时30分进攻富瓦。敌军的抵抗很微弱，我军重新夺得这两座小镇。接着，坦克特遣队沿着西面高地上的树林边缘机动，从左后方进攻科布鲁[富瓦以北1英里]，并立即取得了成功。与此同时，步兵特遣队沿着主要公路向东北推进。15时左右，德军的9辆坦克从沃村[科布鲁以北不到1英里处]发动反攻，但被针对沃村的空中行动和炮兵火力（再次得到了空中行动的校正）破坏，进攻的9辆敌军坦克中有4辆被摧毁……
>
> 一架炮兵观测飞机发现敌军从沃村向B战斗群发动的反攻，于是调动大规模炮兵火力支援当天的行动。B战斗群得到了一个中队的航空兵，他们对沃村的敌军坦克投下炸弹并用机枪扫射。[48]

向东不远的巴斯托涅前线上，1月14日，美国第6装甲师得到大量美军战斗轰炸机的支援，这些战机用燃烧弹和高爆炸弹攻击了米尚、乌布尔西和隆维利的德军。[49]空中支援使此前面临逆境的第6装甲师最终得以"上路"，当天傍晚，他们不仅重新夺得饱受战火之苦的瓦尔丹和马格雷特，还夺取了马格雷特东南方1英里的贝农尚。这样，战线已经向巴斯托涅以东移动了3千米，美军可以打扫激战4周之久的战场了。一名美国陆军军官回忆道：

> 对我来说，想象那里发生过的战斗是一件可怕的事情。许多尸体仍然躺在他们倒下的地方，其中一部分已经被厚雪覆盖了。一条又长又宽的缓坡上，布满了烧焦的"谢尔曼"坦克和几辆德国"虎"式坦克的残骸。显然，我们的损失数倍于敌人，可能是因为他们的坦克上安装了威力巨大的88毫米炮。再往前就可以看出，我们的航空兵席卷了此地，田野上散落着德军坦克和卡车的残骸……附近有几辆德国坦克，明显是因为燃油耗尽而被放弃的。它们似乎完好无损，静止时仍然令人生畏，那邪恶的88毫米炮看上去足有10码长。[50]

我们知道，党卫军第2和第9装甲师计划中的撤退行动被推迟了，因为这两个师各部已经成为麻烦地段上的"救火队"。1月14日，雷默上校的"元首卫队"旅也被召回，从富瓦以东2英里的米尚向美国第6装甲师发动反冲击。但德军很快受阻于美军猛烈的空袭和炮轰，美军还使用了空爆弹。雷默上校写道：

> 特遣队遇到步兵火力的阻击，敌军从右翼射来的炮火也越来越精准，我们不得不转入对侧翼攻击的防御。这样，攻击已经不起作用，不得不取消行动。在树梢上爆炸的炮弹给特遣队造成了很大的损失，他们只能从森林撤出。在这一天剩下的时间里，我们驻守乌布尔西西南方的阵地，抵抗敌军的反攻。[51]

在对抗"元首卫队"旅的防御战中，美军的一个战斗轰炸机编队误击友军，造成第502伞兵团第3营12名士兵阵亡、20人受伤。[52]阵亡者中包括该营营长约翰·斯托普卡（John Stopka）中校。

不过，持续的空袭对击退雷默上校的军队来说是必不可少的。美国第68

从这张摄于瓦尔丹和马格雷特村附近的照片中可以看到2辆完全烧毁的"谢尔曼"坦克。（美国陆军）

坦克营曾在米尚西南方对抗"元首卫队"旅，该营战史清楚地说明了这一点："1月15日早上，我们呼叫航空兵，对非常棘手的小树林发动空袭。受人欢迎的P-47进行了彻底的轰炸和扫射之后，树林已经被肃清；从航空兵方面来说，这项工作进行得有条不紊，几乎花了整整一天的时间。"[53] 1月15日整天，第326战斗机大队的"雷电"战斗轰炸机都为第6装甲师提供近距支援，该师因此又推进了1000码（约914米），占领了阿隆库特和乌布尔西。[54]

由于东翼已经安全，1月15日早晨，美国第11装甲师B战斗群、第101空降师第501及第506伞兵团开始进攻巴斯托涅—乌法利兹主干道上的下一座村庄——诺维尔。第11装甲师的战斗报告如此描述："11时，在观测飞机小心地标出每个营的目标之后，炮兵全面开火，摧毁或压制了前沿和林中制高点上已

知的敌军阵地。诺维尔—布尔西公路以北的树林还遭到了空袭。11时45分，B
战斗群绕过了东面的诺维尔，与步兵联合发动进攻，在紧密协调的火力支援
下，于15时30分实现了目标。"[55]

　　托尔斯多夫上校意识到，盟军的空中优势使他守住这个位置的努力徒劳无
功，因此他只能留下较小的后卫和第9装甲师的几辆坦克，以迟滞美军的进攻。
进入诺维尔的美军伞兵卡伍德·立普顿（Carwood Lipton）中士回忆道：

　　　　我们经过镇中心和第一辆被击毁的"谢尔曼"坦克时，一辆德军坦克
　　突然咆哮着从道路上靠第三排一侧的建筑物后冲了出来，一边全速向我们

战斗后的诺维尔。据美方的文字说明，这辆三号突击炮和街对面的装甲车是被美国战斗轰炸机和炮兵联手
击毁的。（NARA 55970 A.C. 彼得·比约克）

1945年1月16日，美国第11装甲师A战斗群的"谢尔曼"坦克在马邦普雷。几个小时前，德国第2装甲师的坦克在夜色里击毁了这个部队的9辆"谢尔曼"坦克。（NARA，111-SC-455221）

开近，一边用机枪开火……我们2排的士兵立刻躲到房子后面，或跳到被击毁的"谢尔曼"下面。接着，德军坦克停了下来，转动炮塔向每辆被击毁的坦克开了一炮，阻止任何人用这些坦克的火炮向它开火。这些炮弹击中"谢尔曼"时，感觉它们似乎跳起来1英尺高。但那并不能挽救这辆德国坦克，它开出镇子，到达北面较高的路面时，我们看到一架P-47战斗机向它扫射并投下一枚500磅的炸弹，把它干掉了。[56]

与此同时，第11装甲师A战斗群进攻诺维尔西北地段。该部队于1月14日夺取了巴斯托涅—乌法利兹主干道以西仅3英里的贝尔托涅，1月15日则向东部署。进攻之前，贝尔托涅和主干道之间的阵地由德国第77掷弹兵团把守，不过该阵地暴露在战斗轰炸机和炮兵的强大攻势下。2个小时后，第11装甲师就肃清了这一区域，400余名德军官兵成为俘虏。[57]

巴斯托涅的又一次坦克战

但是，1月15日夜色降临，美军飞机消失时，德军以第2装甲师中临时奉命回到前线的一队坦克发动了反攻。[58]晚上7时刚过，他们伏击了美国第11装甲师A战斗群的一支坦克纵队，这些美军坦克此时刚刚渡过诺维尔西北2英里马邦普雷（Mabompré）附近的沃溪。短暂交火之后，9辆"谢尔曼"起火，美军退往西面维勒鲁（Vellereu）的高地。[59]第11装甲师第55装甲步兵营的一等兵威廉·W.费（William W. Fee）描述了次日通过这一地区的情景："我们沿着道路行驶［根据该营战史，是向东开往马邦普雷附近］，可以看到两侧都受到严重破坏。每100码至少可以看到一辆被击毁的坦克，美军和德军被毁坦克的比例为2∶1。大部分坦克仍在冒烟。你可以看出德军坦克曾经在哪里埋伏，等待着美军转弯。有些德军坦克躲在树林边缘，其他则在一棵树后——我猜想是为了躲避空袭。美军坦克在公路上被击中后退到路边，让其他车辆通过。没有大群的俘虏，所以我不知道坦克战中有没有人幸存。"[60]

但是，德军将力量集中于巴斯托涅，主要是为了阻止美军突破该城东北面，并切断来自达斯堡的重要补给道路。战斗已经转移到了巴斯托涅东北面6英里（约9.7千米）的隆维利。阿尔朗日突出部被肃清后，美国第6装甲师得到了2个步兵团（第35步兵师第320步兵团和第90步兵师第359步兵团）和1个装甲营（第712坦克营）的增援，这弥补1月10日撤出的美国第4装甲师绰绰有余了。这也使得德军的形势进一步恶化。此外，第101空降师的一半兵力（第327滑翔机机降步兵团和第502伞兵团）也已参加了这一前线地域的战斗。"元首卫队"旅和德国第9装甲师此时归第340国民掷弹兵师师长托尔斯多夫上校指挥。他立即将"元首卫队"旅的装甲团部署在巴斯托涅—克莱沃公路上的阿勒博恩。

1个月前，德国第2装甲师正是在这里消灭了美国第9装甲师R战斗群大部，1945年1月16日，"元首卫队"旅再度发动进攻，正如旅长雷默所描述的那样，和上次的战斗有许多相似之处：

　　1月16日拂晓，观察到隆维利正北有一个敌军坦克集群。我们的突击炮消灭了这个集群，它们在敌军加注燃料时前移进入射程之内，未被发现。11辆敌方坦克立即失去了战斗力，这一打击在敌方阵营引发恐慌，但由于我方在该区域的一个营仍忙于建立防御阵地，没有其他力量可用，因此没能利用这一局面。敌军在一次进攻中短暂地抵达过穆瓦内的十字路口，但是在高射炮和炮兵的猛烈打击下后退了。[61]

美国第6装甲师在通往克莱沃的路上遭到"元首卫队"旅阻击而停下脚步时，第101空降师将德军赶出了隆维利西北3英里（约4.8千米）的布尔西。参战的美军三级技术兵理查德·卡津斯基（Richard Kazinski）描述了空中支援在1月16日布尔西之战中所起的作用："我们靠近山顶时，看到5辆'虎王'正等待着我们。我们的'谢尔曼'坦克无法与之匹敌。我们的坦克炮弹像乒乓球一样从'虎王'身上弹飞。航空兵团前来对付他们时，那真是一场大戏。我们拿到了这场表演的前座票。"[62]

德国资料显示，第506重装甲营不得不在2辆"虎王"无法使用时将其摧毁。总体而言，第506重装甲营未能达到人们的期望。在某种程度上，这是因为它被当成一个"救火队"使用。在新年时被部署到巴斯托涅以东的阿隆库特后不久，该营又被调往南面守卫维尔茨。1月13日回到巴斯托涅后，该营损失了1辆"虎王"，这辆坦克被美军的1辆"谢尔曼"坦克的76毫米炮击中8次。[63]冯·曼陀菲尔上将对该营的战绩越来越不满，营长朗格少校在布尔西惨败后抱怨自己的装甲兵被零零碎碎投入战斗时，冯·曼陀菲尔解除了他的指挥权，由库尔特·海利根施塔特（Kurt Heiligenstadt）上尉取而代之，但是后者也没能率领这个重装营取得更好的战绩。除了在元旦的阿隆库特坦克战中消灭了一整个连的"谢尔曼"坦克外，第506重装甲营在阿登地区没有特别好的表现。

乌法利兹会师

1月16日，德国空军再次试图解救承受重压的德国地面军队，但由于大部分航空兵已经调往东线，能够参战的只有175架飞机了。在沃姆斯（Worms）附近，第2战斗机联队第1大队和第4战斗机联队第1大队与美国第365"地狱之鹰"战斗机大队交战，战斗结束时，德军有6架 Fw-190 D-9、3架 Bf-109 G-14及 K-4被击落，美军则只损失了2架"雷电"。[64]其他德国战斗机部队损失较轻（第4战斗机联队第2大队、第53战斗机联队第4大队和第300战斗机联队第4

这辆M36"杰克逊"在巴斯托涅城外被直接命中,完全烧毁。(NARA,111-SC-198393/PFC 威廉·A. 纽豪斯)

大队各损失1架飞机),但是德国地面部队仍然无法从敌军空袭中得到任何喘息——大部分美军飞行员也没有注意到德国空军做出的努力。美国第9航空队的311架 A-20、A-26和 B-26中型轰炸机再次打击德军后方的公路和铁路桥梁、交通枢纽和车辆维修厂,而且一架也没有被德军战斗机击落。

与此同时,最后的德军通过乌法利兹陡峭、曲折的街道,向东南方的塔维尼退却。之前"不惜一切代价守住乌法利兹"的命令已在1月14日做出更改,希特勒在这一天发布命令,撤退到舍兰(乌法利兹东北6英里)—布尔西—隆维利一线。美国第2装甲师和第84步兵师穷追不舍,但未能在目标区域(乌尔特河北岸)消灭德军。德国第116装甲师的一份报告记录,他们仅用小规模的后卫,就阻挡了美军足够长的时间,足够德军主力撤退。[65]

1月15日夜间到16日凌晨,美国第2装甲师 B 战斗群的一支侦察力量经过漫长的山路前往乌法利兹，发现该镇已经完全没有德军把守。[66]美国第11装甲师作为巴顿第3集团军先锋，由于面对它的德军部队此时已经根据撤退命令东移，因此该师得以加速向北，1月16日9时30分与美国第1集团军下辖的第2装甲师和第84步兵师在乌法利兹会合。

美军士兵进入这座经受猛烈轰炸的小镇时，看到了可怕的一幕："焦黑扭曲的瓦砾堆中隐藏着无数尸骸，散发出的恶臭令士兵们恶心。更令人难过的是那些幸存者们像幽灵般徘徊在废墟之间，他们面色憔悴、形容枯槁，眼神空洞得令人惊骇。有些人似乎是在漫无目的地流浪。"[67]

美国第1集团军从蒙哥马利的第21集团军群回归布拉德利的第12集团军群（但美国第9集团军仍在第21集团军群的指挥下）时，阿登战役进入了最后一个阶段。双方现在都发现，可能需要撤出更多饱受战斗创伤的部队。两个在乌法利兹会师的美国装甲师（第2和第11装甲师）就在此列。前2周的攻势已经给第2装甲师造成了1196人的伤亡。[68]通过挺进乌法利兹的行动，第11装甲师挽回了在去年12月的惨败中损失的荣誉。但是，该师过去4天在一线的战斗中损失惨重，1月13日—16日，该师有434人伤亡，并损失了32辆坦克。[69]根据第11装甲师的记录，该师在1944年12月30日到1945年1月17日期间共计损失了86辆坦克——54辆"谢尔曼"和32辆"斯图尔特"。[70]

在长达一个月史诗般的战役之后，美国第101"呼啸山鹰"空降师也从阿登地区撤出。该师在巴斯托涅共有4455名官兵阵亡、受伤和失踪。[71]

蒙哥马利元帅也觉得英国第30军已经完成了在阿登地区的任务，将该军重新集结于荷兰南部前线，准备参加计划中对莱茵兰地区的攻势。英国第30军参与阿登战役的程度有限，总损失约为1500名士兵。[72]

德国方面，党卫军第2装甲师、第116装甲师、第3装甲掷弹兵师和第560国民掷弹兵师都在撤出一线的部队名单中。根据党卫军第2"帝国"装甲师的记录，该师在阿登战役期间损失了68辆坦克（34辆四号坦克和28辆"豹"式），同时声称共摧毁了224辆敌军坦克。[73]其人员损失合计为3437人阵亡、受伤和失踪。[74]德国第116装甲师仅在1月3日—15日这12天里就有1055名官兵阵亡、受伤和失踪，在这段时间里，该师在一场防御战中顶住了盟军的反攻。[75]德国第3装甲掷弹兵师在阿登战役的4周中损失了2000余名官兵，达到其全部兵力

盟军宣传部门广泛刊登这样的照片，试图给人留下美国第1集团军和第3集团军在乌法利兹会师是一场大胜的印象。这幅照片描绘了1945年1月16日的一个情景：三级技术兵安塞尔·凯西（Ancel Casey）坐在第3集团军第11装甲师的一辆M8装甲车里，与第1集团军第84步兵师的罗德尼中士及一等兵阿尔弗雷德·格恩哈特（Alfred Gernhardt）握手言欢。但是，这是一次空洞的胜利。艾森豪威尔和巴顿在4周前攻势发动时试图围歼德国第5装甲集团军，但这一企图已经落空，德军跳出了盟军的陷阱。（NARA，111-SC-199155/霍金斯）

的1/4。[76]但是，没有一支部队的损失能比得上第560国民掷弹兵师，该师初始兵力为11000人，自阿登攻势开始以来，已经有4153人阵亡、受伤或登记为失踪。[77]按照德国军事术语，该师已经完全"耗尽"了。

但是，盟军在乌法利兹赢得的是一场空洞的胜利。在长达4周的时间里，他们努力要在这个小镇实现美国第3和第1集团军的会师，其意图就是包围西面的德国第5装甲集团军大部，但这两支美军部队最终会合时，德军已经成功地撤出了乌法利兹以西的所有占领区。而战斗还远未结束。德军不仅在数量和火力上处于下风，而且又累又饿，尤其气温下降的时候，身着潮湿军服还很容易冻伤，但是许多人仍在疯狂抵抗，这几乎令人难以理解。

李奇微的钳形攻势受挫

此时，战斗的焦点转向两翼。我们已经看到，1月7日，在北面，通过西北面第82空降师和北面第30步兵师的联合行动，李奇微少将的美国第18空降军已经将德军赶出萨尔姆河北侧。尽管对阵的德军相对较弱，但此后美军的攻势再度停滞。德国第18国民掷弹兵师士兵海因茨·特拉姆勒（Heinz Trammler）在日记中写道："我们遭到重创，连里只剩下1/4的人。如果我们的敌人知道这条防线有多薄弱该怎么办！" [78]

第18空降军无法继续前进的一个重要原因是，第82空降师在1月前几天的攻势中严重减员，不得不撤出战斗。代替该师的第75步兵师奉命占领萨尔姆河西侧大阿勒和维尔萨姆的阵地（在德军占领的圣维特以西6英里）。这个新组建的美国师在1944年圣诞节前2天调到第7军战区时还完全没有任何作战经验。该师在第一次战斗中，他们被党卫军第2装甲师彻底赶出了格朗默尼勒。李奇微对这个师的第一印象特别差，并不因他与该师师长费伊·B.普里克特（Fay B. Prickett）少将的个人友谊而改观。在圣诞节，第75步兵师第289步兵团临时借调到第18空降军，企图重夺格朗默尼勒。但是这次进攻遭到惨败。第75步兵师的士兵们再次被击退，德军甚至还夺取了格朗默尼勒以西2英里的萨佐特（Sadzot）。此时，李奇微对这个稚嫩的步兵师已经不抱多大期望，它被派去替换经验丰富的第82空降师。此外，第75步兵师需要一定的时间才能进入进攻出发阵地，这也推迟了它参与攻势的时间。

相比之下，美国第30步兵师的经验就要丰富多了，该师位于萨尔姆河以东、大阿勒东北方2英里，从那里向南挺进。12月22日—24日在拉格莱兹围歼党卫军派普战斗群的战斗中，这个师起到了关键作用。1945年的第一周里，该师的老兵们将德国第18国民掷弹兵师驱出万讷和斯潘纳，这两座村庄位于萨尔姆河下游（北）东侧一个1.5英里（约2.4千米）宽的区域。但是，就连第30步兵师也遇到了阻力。虽然对手德国第18国民掷弹兵师已经被大大削弱，兵力只相当于一个团，但仍然非常娴熟地利用多山地形，挡住了得到增援的第30步兵师。

已经被严重削弱的第18和第62国民掷弹兵师通过艰苦的抵抗，赢得了宝贵的时间，汉斯·费尔伯上将此时负责协调德军在这一地区的防御，他利用这一机会，从自己的第13军中抽调新的部队到前线。德国第326国民掷弹兵师进入了维尔萨姆的阵地。[79]该师并不是一个经过充分休整的部队——相反，它直接从鲁尔河前线赶来，之前在那里已经遭受了严重损失，尤其是在美军首次使用空爆弹的那次战斗中。但是，饱受重压的德军阿登防线急需新的增援，德国第62国民掷弹兵师各团的消耗进一步加大，它们只能归属第326国民掷弹兵师指挥。党卫军第9装甲师第20掷弹兵团抵达维尔萨姆以南1.5英里的普罗沃德鲁，占据了那里的阵地。1月9日，美军试图从萨尔姆河以东萨尔姆沙托（在维尔萨姆和普罗沃德鲁之间）的桥头堡发动进攻，但是这些部队在这两支德国部队之间被打垮了。[80]党卫军第9装甲师战史作者威廉·蒂克（Wilhelm Tieke）简洁地写道："没有一个美国人能够通过这里。"[81]

1月12日，李奇微命令第18空降军恢复攻势，美军此时已经失去了几天前获得的大部分优势。费尔伯的德国第13军牢牢地确立了一条半圆形的防线，南起普罗沃德鲁，沿萨尔姆河向北经过大阿勒，直到美军在万讷的阵地东北方1英里的伊诺蒙。

李奇微的计划是发动一次钳形攻势，第75步兵师从西，另两个师从北进攻，围歼费尔伯的第13军。进攻前，第30步兵师向西运动到马尔梅迪，第106步兵师则进入伊诺蒙以北和以西的阵地。第106步兵师实际上在12月已经被消灭，但该师在余下的第424步兵团基础上，加入第517伞兵团进行了重建。美军的想法是给第106师提供机会，为12月16日—18日的耻辱性失败复仇。1月7日，第424步兵团抵达万讷和万讷兰瓦尔（Wanneranval），替换第112团级战斗队。

但是，1月13日拂晓，第106和第30步兵师投入战斗时，第75步兵师还没有做好准备。这完全谈不上是一次奇袭。伊诺蒙正北的高地俯瞰着北、西、东三面较为低平的地貌。德国第18国民掷弹兵师将第294掷弹兵团部署在这里，从这个位置既可以很好地观察沿昂布莱沃河谷向北2英里的斯塔沃洛，又可以向西不间断地监视美军在距伊诺蒙1英里的万讷和万讷兰瓦尔建立的阵地。

1月12日夜间，美军在斯塔沃洛的昂布莱沃河南侧建立起一座桥头堡，早上4时30分，第517伞兵团开始爬上山坡往南移动。4周前的斯塔沃洛之战后，党卫军第1装甲师留下的半履带车和其他作战车辆残骸就埋在沿途的积雪之下。

与此同时，在西南面将近3英里的地方，美国第424步兵团第1营试图从西南方绕过伊诺蒙。该团士兵费力地从西坡攀爬一道高耸的山岭，这道山岭由此向伊诺蒙西南方延伸约1英里。德军观察到了他们的行动，并一直等到美军抵达山顶。而后，他们用早已瞄准此地的火炮开火。接着，德军的坦克和突击炮发起进攻。美军的这个营损失极大（包括营长和作训参谋），不得不撤退。

这个时候，正当第424步兵团第3营试图通过伊诺蒙以西积雪覆盖的宽阔山谷时，凶猛的德军便将其切断了。本应支援此次进攻的一个坦克排报告，由于机械故障、道路湿滑，以及山谷中厚厚的积雪，他们无法参加战斗。第424步兵团第3营余下的官兵们进入伊诺蒙正西的一片落叶林里躲避。虽然遭到德军迫击炮的持续打击，但是树林至少可以保护他们免遭直瞄火力的打击。同时，美军动用己方极其强大的炮兵，猛烈打击伊诺蒙。1月13日阵亡的德军官兵中包括海因茨·特拉姆勒。

再往东，美国第30步兵师从马尔梅迪及其以东地区向南发动进攻。这里的美军面对的是德国第3伞兵师，该师此时已经归属奥托·希茨费尔德中将的第67军，在这段时期，该军的任务一直都是掩护德军阿登突破口的北翼。12月底党卫军第1装甲军重新集结到巴斯托涅地段时，第67军的作战区域扩大，包含了德军突出部中面向北方的战线。除了第3伞兵师，第67军还包括第246和第277国民掷弹兵师。

从1月5日起，德国第3伞兵师由其常任师长——经验丰富的理查德·申普夫（Richard Schimpf）中将指挥，他曾于1944年在法莱斯包围圈中受伤，此时已经康复。之前代理师长一职的瓦尔特·瓦登（Walter Wadehn）少将改任德军一个新建伞兵师的师长。

美国第30步兵师右（西）翼的第119步兵团立即遭遇德国伞兵们的顽强抵抗，德军盘踞在马尔梅迪正南、贝勒沃村以北的山岭顶部。第119步兵团的约翰·M.诺兰从美国步兵的角度描述了这次进攻：

　　一等兵克莱图斯·赫里希（Cletus Herrig）是尖兵，鲍勃·弗里登海默（Bob Friedenheimer）紧随其后。我排靠近山顶时，赫里希发现了散兵坑里的德国士兵，向我们大声报告说，敌人在前面30多码的工事里。克莱图斯会讲德语，所以我们让他向敌军喊话，要求对方投降。我认为可以将枪榴弹射入敌人阵地，但它落地时，厚厚的积雪减弱了撞击力，榴弹没有爆炸。

　　克莱图斯继续与德军交谈，要求他们投降，突然间，地狱的大门敞开了！任何一个人只要听到德制 MG 42机枪的声音，都将永世难忘。这挺机枪直指我们蜷伏着的一条水沟，没等我们在机枪弹道下的水沟里隐蔽，第一排子弹就击中了我们中的4个人。赫里希双肩上部中弹，弗里登海默的肺部被射穿，一发子弹击中我的背包后面，我跪倒在地上。身后是二等兵米尔顿·科亨（Milton Cohen），这名18岁的新兵2周前才加入我们。子弹击中他的牙齿，从右耳穿出，我永远忘不了他痛苦地呼喊母亲的情景。

　　德国佬把我们困住了，面对他们向公路和水沟倾泻的机枪火力，我们无法向前移动。德军开始向我们的阵地发射81毫米迫击炮弹时，我们的局面仍然可以用"地狱之门敞开"来形容。没有什么比迫击炮或火炮打击更令暴露的步兵们害怕了。更令我们恐惧的是，德国佬还加进了"尖叫的米妮"，敌军的火箭炮发出恐怖的噪声，我们对这种形式的打击毫无准备。火箭弹飞临头顶时，我觉得声音就像列车车厢大门敞开，从我们的身边飞驰而过。

　　在这次战斗中，美国第119步兵团 G 连的141名官兵（134名士兵和7名军官）只剩下81人①（78名士兵和3名军官）。[82]

　　第119步兵团使用坦克和炮兵后才粉碎了德军的抵抗。约翰·诺兰说道："每辆坦克的主炮、机枪、第3排的轻机枪及 M-1步枪，均集中火力打击山顶的敌军阵地。德国守军的任何反击火力都无法阻挡第3排的脚步。弗兰克·威斯中士和他的士兵们在坦克支援下冲过山脊上树林里的敌军防线。还活着的德国士兵立即投降了。"[83]

---

　　① 译注：原文为80人，应为笔误。

在第30步兵师的进攻正面，居中的是第117步兵团，该团从马尔梅迪沿公路向南推进时，只遇到轻微的抵抗，1月13日晚上，该团在博涅建立了阵地，那里是1944年12月发生德军屠杀美军战俘事件的地方。次日，美军惊骇地发现，死去的战俘尸体仍然留在他们被射杀的地面上，冻得僵硬；由于在过去的4周时间里博涅都是无人区，没有人能够掩埋他们。

但是，第30步兵师最左侧的第120步兵团遇到了最艰苦的战斗。在马尔梅迪东南方3英里的蒂里蒙，该团于1月13日遭遇了德国第9伞兵团最西端的一个营（第1营）。第120团在第119团左（东）侧宽1000码（约914米）的战线上推进。但是，德军这个营的第2连已经占据了格罗布瓦森林中的阵地，这片稠密的、树种繁多的森林位于蒂里蒙以北1000码，距离博涅仅一步之遥。美军士兵沿着道路两侧南进时，德国伞兵们从树林里猛烈开火。美军进入开阔雪地后无法逃脱。这又是一场名副其实的大屠杀。战友们在左右纷纷倒下时，幸存者慌忙逃走，将尸体遍布、血迹斑斑的雪地抛在身后。E连和F连受到的打击最大——遭德军伏击后，这两个连剩下的士兵都不超过9人。[84]但是，该营中最突前的G连得以全速通过，下山进入蒂里蒙北部，在那里占据了几所牢固的石屋，并俘虏了50名德国士兵。德国伞兵很快集合起来发动反冲击，在6辆突击炮的支援下夺回蒂里蒙北部。这样，美军G连就陷入了包围。官兵们奉命突围，在夜色掩护下，其中一些人回到了己方战线，但有100名士兵失踪了。

由于第2营遭到"屠杀"（第120步兵团一等兵霍华德·J.梅尔克语），第1营奉命发动夜袭，试图夺取蒂里蒙。在蜿蜒穿过蒂里蒙西北田野的乡村小路两侧，士兵们艰苦地走在及膝深的积雪上。美军的夜袭令德军始料不及，他们几乎一路直抵蒂里蒙。但1月14日拂晓，他们正要悄悄进入村子时，被德军发现了。在蒂里蒙正西林木茂盛的上萨尔高地，德军以猛烈的机枪火力打击美军。这场激战持续了数个小时。一等兵梅尔克回忆道："战斗异常激烈；与我们交战的是纳粹最好的部队——赫尔曼·戈林的伞兵和希特勒的党卫军。伤亡很大，送往后方的担架遭到伏击，担架员和伤员都阵亡了。担架用光了，只好使用房门。"[85]黎明时分，第1营被迫在村北转入防御。

第120步兵团第3营企图于1月14日从西进攻上萨尔，但也被击退。1月15日，美军动用了占据压倒优势的炮兵、坦克和坦克歼击车，德军才被赶出蒂里蒙和上萨尔。霍华德·J.梅尔克描述道："炮兵以巨大的弹幕屠戮敌军，挽救了我们所有人。"[86]但是，激战还是持续到1月15日晚上。参加过蒂里蒙之战的另一名士兵——第120步兵团K连的弗朗西斯·S.柯里谈到了这样的一种奇景：某个时候，一群美军士兵在蒂里蒙的一所房子楼下，而德军就盘踞在楼上。"我们向他们扔手榴弹，他们也向我们扔手榴弹。"[87]这个小村的战斗使第120步兵团付出了很大代价：至少450名士兵阵亡、受伤或失踪。德军损失不详。

《突出部之声》的作者迈克尔·柯林斯和马丁·金（Marting King）评论道："除参战的几个师外，蒂里蒙镇之战在突出部之战的历史中很少被人记起。"[88]

德国伞兵在蒂里蒙阻击了美国第120步兵团3天，使第30步兵师的其他2个团难以向南推进更远——否则他们将要冒遭到侧翼攻击，甚至是被包围的风险。居中的第117步兵团只遇到薄弱的德军后卫的抵抗，于1月14日志得意满地从博涅前移到利尼厄维尔。这样，1月13日夜间，德国第18国民掷弹兵师得以有条不紊地将其第294掷弹兵团撤出伊诺蒙（利尼厄维尔西南偏西5英里）。该团已经完成了自己的任务：阻击美国第106步兵师，帮助西面萨尔姆河上的第326国民掷弹兵师避免被切断的命运。在西南几英里的树林里（西面的大阿勒和东面的雷希特之间），第18国民掷弹兵师建立了新的防御阵地。李奇微包围德军各师的计划没有取得任何成功。

这样，美国第75步兵师开始对西南方的萨尔姆河发动进攻时，德国第326国民掷弹兵师（包括1月9日起加入的第62国民掷弹兵师残部）的后路也松活过来。[89]这是美军师长费伊·B.普里克特少将真正的首战。第75步兵师参加12月底的战斗时，该师各部归属其他师指挥，例如第3装甲师。现在，51岁的普里克特指挥进攻行动。他之前的战斗经历仅限于1916—1917年为抓捕墨西哥革命者"潘乔"·维拉而发动的远征。那次行动最终失败，而24年后，普里克特所面对的敌人要危险得多。

李奇微向普里克特下达的任务是包围住把守着萨尔姆河东岸和维尔萨姆镇两侧的德国第326国民掷弹兵师。为此，普里克特派遣了2个团实施钳形攻势——1个团在维尔萨姆南面，另1个团在维尔萨姆以北约3英里的大阿勒。美军的计划是，第75步兵师接下来将继续向东，与第30步兵师会合，从而将德国第18国民掷弹兵师也包围起来。但是，这一计划没有取得成功。

实际上，普里克特的师从一开始就遇到了麻烦。如前所述，盟军航空兵在1月14日的大规模空战中将大部分德国飞机赶出了交战区域，不过有1架德国飞机设法取得了突破，于19时30分轰炸了第75步兵师的指挥所，致数名参谋阵亡。[90]

几个小时以后（1月14日夜间），第75步兵师开始进攻。首先行动的是第289步兵团，凌晨3时，该团第2营在普罗沃德鲁（萨尔姆沙托正南）附近从冰封的桥梁上渡过萨尔姆河。[91]黎明之前，整个团在河对岸的树林里建立了一座桥头堡。此时此刻，几天前守卫这里的党卫军第9装甲师所辖的党卫军第9装甲掷弹兵团已经撤退。美军进攻的正是萨尔姆沙托的德国第62国民掷弹兵师第164掷弹兵团与南面的第326国民掷弹兵师第751掷弹兵团之间的缝隙。由于进攻是摸黑进行的，出乎德军预料，因此美军得以在萨尔姆沙托（主要位于萨尔姆河的西侧）正东的小村贝什建立了一个立足点。但是，这一成功没有持续多久。普里克特的对手是德国第326国民掷弹兵师师长埃尔文·卡施纳（Erwin Kaschner）少将，他是一位很有经验的部队指挥官，曾在东线服役数年，此后还参加了诺曼底战役。卡施纳立即派出北面的第164掷弹兵团（原属第62国民掷弹兵师的部队之一）。在这个阶段，该团的一线兵力只有229人（另有208人在后方，282人受了轻伤）。[92]但是，正如我们前面所看到的那样，能力出众的团长，橡叶骑士铁十字勋章得主阿图尔·于特纳是阿登战役中德军最著名的部队指挥官之一。于特纳迅速组织了防御阵地，在炮兵支援下挡住了经验不足的美军。[93]

组成钳形攻势北翼的第75步兵师291步兵团进展更不顺利。该团在大阿勒发动进攻，第82空降师撤出战斗之前在此地建立了一个萨尔姆河上的桥头堡。但是，卡施纳已经在这里部署了第190掷弹兵团（也是原属第62国民掷弹兵师的部队），占据了深沟高垒的防御阵地。

在美军攻势的右翼，德军盘踞在大阿勒南部外围的乌尔（Hourt），他们占据了精心伪装的粗木碉堡（每座碉堡里有3—4名携带自动武器的士兵），这些碉堡建在高地上，可以清楚地观察到下方美军发动进攻时经过的河谷。[94]美国第291步兵团第1营在出发阵地上就已经受阻。

在大阿勒以东，美军在进攻之前对德军阵地实施了半个小时的炮轰。早上7时30分，天色尚暗，美军第2营顶着严寒，在18—24英寸厚的积雪上通过一

1945年1月，美国第75步兵师的士兵正在开往前线。（NARA，111-SC-199406）

片开阔地，向德军设于前方500码森林中的阵地冲去。参加这次进攻的美军士兵约翰·格雷伯（John Graber）回忆道："我们刚开始进攻，德军在整片树林里部署的机枪、手榴弹、迫击炮就全部开火。"[95]

短时间内，G连就有72名士兵中弹倒地，E连则损失了65名士兵。E连技术军士长罗伯特·H.贾斯蒂斯（Robert H. Justice）说道："橄榄绿色的军服使我们看上去像池塘里的鸭子，由于整个地区都覆盖着积雪，[德军]可以从树林里的阵地上观察到我们的一举一动。我们被自动武器的火力所困，没有任何通信手段请求迫击炮或炮火支援。"[96]

在此阶段，美军派出第750坦克营的坦克，但是它们也被逐回。G连幸存者二等兵彼得·G. 杜尼斯(Peter G. Dounis)回忆: "我听到一辆美国坦克靠近的声音,跑出去打手势让其停下,因为前方的道路可能埋设了地雷。坦克手叫我让开。前进75—100码之后,他们触雷了!"[97]一个排的坦克几乎抵达德军阵地,但因为缺乏步兵支援而濒临被切断的险境,不得不又一路杀回己方阵地。[98]彼得·G. 杜尼斯回忆道: "战斗进行了一整天,直到夜里,许多支步枪和自动武器不停地射击,明明灭灭的曳光弹指示着开阔地或运送中的弹药。"[99]

出于某种原因,1945年1月15日被官方认定为所谓的"突出部之战"(阿登战役)结束日。[100]第75步兵师第291步兵团幸存的老兵们很难同意这一说法,他们将这一天称为"黑色星期一"。第2营 G 连原有的 6 名军官和187名士兵中,只剩下 1 名军官和35名士兵了。由于第75步兵师在其出发阵地裹足不前,第30步兵师又陷入蒂里蒙长达 3 天的激战,李奇微少将极其沮丧。美国第1集团军指挥官霍奇斯中将同一天视察斯帕附近弗朗科尚的第18空降军军部时,注意到了这一点。霍奇斯在日记中写道: "据李奇微少将说,遭遇的抵抗绝不像士兵们所说的那么顽强。"[101]

李奇微对普里克特和他的第75步兵师特别失望。霍奇斯认为这个师"筋疲力尽",并以讽刺的口吻称其"不是第1集团军最好的师"。[102]这令李奇微的心情更加沉重,因为正如我们所知,他和普里克特是亲密的朋友。次日(1月16日),李奇微到第75师师部探望普里克特。根据李奇微的回忆录,这位强硬的空降军军长问普里克特,第18空降军能为他提供什么帮助时,普里克特回答道: "为我祈祷就行了!"[103]

第3装甲师撤出

普里克特进攻时,强大的第3装甲师仍有希望让局面向对美军有利的方向发展,该师在第75步兵师地段东南方大约 6 英里处,正向东南方向推进。第3装甲师是一个"重装甲师",其兵力比常规的美国装甲师多50%,师长莫里斯·罗斯少将是阿登地区最坚韧的美军军官之一。如果第3装甲师能够夺取德军在萨尔姆沙托西南 6 英里的阵地,该师就能够从南面压迫萨尔姆河和圣维特之间的德军战线。但是德军方面,莫德尔于最后一刻派出一支党卫军装甲力量,抵挡美军的进攻。

最初，罗斯的师似乎一切顺利。在1月14日的晴朗天气下，第366战斗机大队的"雷电"战斗轰炸机轰炸了蒙勒邦和巴克兰这两座村庄。与此同时，第3装甲师前锋——B战斗群洛夫雷迪特遣队越过这两座村庄之间的农田，向南面大约1英里的舍兰猛冲。

维尔萨姆西南偏西6英里的舍兰有30所房屋，排列在自西向东穿过阿登地区的一条公路上。如果美军占领舍兰和邻村斯特皮尼（位于舍兰以东一块3000码长的农田另一侧），通往圣维特以南地区的道路将畅通无阻。美军还可以从舍兰和斯特皮尼压迫第75步兵师面对的整段萨尔姆河，并最终导致费尔伯的德国第13军南面被切断。对德军来说，他们必须阻止第3装甲师和为其提供支援的第83步兵师前进，至少坚持到北路德军能够有序撤退。

面对美国第7军的这两个师，第560国民掷弹兵师和党卫军"帝国"装甲师实施了10天的迟滞作战，此后，他们筋疲力尽地撤出了战斗。代替他们的是党卫军第9"霍恩施陶芬"装甲师各部。对该师的党卫军第19装甲掷弹兵团第3营、党卫军第9装甲团和党卫军第19装甲炮兵团第2营来说，休整的时间很短：1月14日，他们抵达舍兰和斯特皮尼——德军对抗美国第7军的新防线基石。他们刚刚占据阵地，美军的坦克就出现在舍兰以北的乡村小路上，后者来自洛夫雷迪特遣队和第83步兵师330团第3营的支援步兵。美国步兵团的作战报告描述了随后的战斗：

> 纵队开到距离舍兰1220码的范围内时，遭到高速火炮的阻击。[1945年1月14日]13时，对重型火炮和直瞄武器的攻击恢复了。推进300码后，舍兰村内和周围的敌军高速火炮使我军损失多辆坦克，我军不得不撤退。[104]

洛夫雷迪特遣队向村北后撤约1000码。[105]据美军报告所述，他们准备集中可观的力量，再次尝试突破："1月15日的计划是请求奥尔特遣队和米勒特遣队（A战斗群）夺取巴克兰[舍兰以北1英里]和蒙勒巴恩[舍兰西北1英里]；凯恩特遣队越过约曼[特遣队]，夺取布里西[舍兰西南1.5英里]以南的高地；维尔伯恩特遣队（前沃克特遣队）突破斯特皮尼，然后向雷迪尼[舍兰西南1英里]攻击前进，使洛夫雷迪可以在较小的压力下进入舍兰。"[106]

1945年1月16日舍兰和斯特皮尼战役期间，美国第3装甲师第54装甲野战炮兵营 B 连的这辆 M7 自行火炮被直接命中并爆炸。（NARA，SC 199151）

1月15日对舍兰的进攻意味着洛夫雷迪特遣队坦克的末日，参战的一支美军部队做了如下的描述：

　　通往舍兰的道路必须切断，不管前方有反坦克炮还是有冰雪，第3装甲师都打算完成这项任务。格伦·M.奥尔福德（Glen M. Alford）上尉率领一个连进攻。他有8辆坦克，或像常言所说——最初有8辆……奥尔福德所在的连队刚刚出发，就发现1辆四号坦克并将其击毁。紧接着，谢尔顿·C.皮卡德（Sheldon C. Picard）中尉观察到一队88毫米自行火炮，立即向其开火。任务开始时很顺利，但是幸运之神突然倒向敌人一方。奥尔福德的坦克触雷，无法动弹，但他没有受伤。一阵猛烈的交叉火力又击中了2辆坦克，只剩下5辆了。德军不顾一切地试图守住这条重要公路，向进攻的装甲兵倾泻了所有反坦克火力。皮卡德中尉的坦克和另一辆坦克一起被击毁。现在，只剩下3辆坦克了！莫里斯·L.亨弗里斯（Maurice L. Humphries）中士接替指挥，坚定地继续向前驶去。德军火力来自侧面和正面，他们修筑了很好的掩体，并做了精心的伪装。奥克塔维亚诺·卡里翁（Octaviano Carrion）下士喃喃自语道：“除了一个德国兵，鬼影都没有一个，我将他炸出了掩体。”伏击接近尾声。一枚穿甲弹击穿了卡里翁的坦克。滚烫的铁水喷溅到炮手的脸上。亨弗里斯疯狂地寻找目标，发现了1辆五号（“豹”式）坦克。他的炮手莱斯利·安德伍德（Leslie Underwood）下士向这辆敌军的重型坦克发射了5发炮弹。“豹”式开炮回击，1发炮弹穿过炮塔，另1发打进了主减速器。不跳车就没命了！亨弗里斯从侧面跃出时，痛苦地看到他的小部队已经停止前进。比尔·伯顿（Bill Burton）中士的“谢尔曼”坦克所有舱门打开，这就意味着它被击中了。[107]

第330步兵团的作战报告总结了1月15日对舍兰的进攻：“进攻部队向溪边推进，步兵在那里遭到极其精准的机枪和迫击炮火力的打击。提供支援的所有坦克都在反坦克炮攻击下失去了战斗力。进攻没能得手。步兵被迫在溪水中躲避敌军的火力。”[108] 15时30分洛夫雷迪特遣队报告，已损失全部坦克。[109] 第330步兵团3营J连、K连和L连剩下的全部兵力只有2名军官和17名士兵。[110]

约翰·C.维尔伯恩（John C. Welborn）上校率领的维尔伯恩特遣队同时进攻邻村斯特皮尼，进展也同样不顺利，1月15日的第36装甲步兵团作战报告这样写道：

> 12时10分，[第36装甲步兵团]D连和E连与[第3装甲师]第33装甲团第1营一同进攻斯特皮尼。短暂的推进之后，沿进攻方向据守的敌军步兵、雷场和两翼的坦克直瞄火力阻止了我们。施放浓密的烟雾之后，进攻恢复。就在进攻部队抵达村镇时，多辆五号坦克出现，很快就击毁了10辆轻型坦克，将D连和E连的步兵切断。形势十分危急。这段时间里，F连滞留在巴克兰以东的一个路障处。[111]

麦乔治特遣队被召来增援对斯特皮尼的攻击，他们也遭遇类似的命运。詹姆斯·K.卡伦（James K. Cullen）上士是第36装甲团的一名步兵，该团被集结起来为麦乔治特遣队提供支援。他解释道：

> 我们从村子西北方的山林进攻斯特皮尼。D连和我们一起加入麦乔治特遣队，但是这些混编的连队加起来还不到一个整排。我所在的班里有罗伊·普卢默（Roy Plummer）、韦斯利·皮策（Wesley Pitzer）、鲁本·克莱因（Reuben Kline）、厄尔·科代尔（Earl Cordell）、韦尔农·斯波尔斯（Vernon Spores）和我……我们穿过田野，冒着猛烈的炮火靠近村镇边缘。我们跟上一辆第33装甲团的坦克，在它后面进入小镇，潜伏在道路右侧的建筑物后面。我们慢慢向前移动时，有平射的炮弹在附近爆炸，由此推断，有一门反坦克炮或一辆坦克正在瞄准我们。后来，我们得知那是一辆"豹"式。
>
> 我们的坦克进入两座建筑物之间的空隙，试图向这辆德国"豹"式坦克射击。我们班紧跟在坦克后面前进。我将手放在"谢尔曼"的车身上，突然间一声巨响，尘土飞扬。"谢尔曼"的车组人员跳出车外。"豹"式坦克发射的炮弹射穿建筑物的一角，撞进"谢尔曼"的车身内，将其击毁。这是我们的最后一辆坦克。
>
> 我决定带领小组人员转移到街对面，然后努力接近"豹"式坦克。为了穿过街道，我们一直等到他们的坦克机枪一阵扫射后才匆匆跑过。故军

这辆"谢尔曼"坦克的舱门打开，说明它已经失去了战斗力，车组人员已经弃车逃生。（NARA，美国通讯兵团）

坦克每隔一段时间就向街上射击，我猜这只是想让我们知道它在那里。

到了街对面，我们遇到 D 连的更多战友，以及一些在斯特皮尼和舍兰丢失了坦克的坦克手。[112]

凯恩特遣队和约曼特遣队的进攻也在德军的密集炮火下瓦解。霍根特遣队的进展略大一些，但是奋战了30个小时之后，他们才夺得舍兰西部外围被称为沃村的3座农场。

1月16日，美军恢复进攻。洛夫雷迪特遣队现在已经被贝利特遣队（第3装甲师 A 战斗群的1个"谢尔曼"坦克连和1个步兵连）取代，霍根特遣队加入了凯恩特遣队。德军方面这样描述斯特皮尼的最后一战：

最终，守军被驱出斯特皮尼。但是在村后溪流上的小桥，美军的进攻又被遏止了。德军坦克和党卫军第9装甲炮兵团第2营的几门尚能使用的火炮控制了那里。到夜色降临时，美国第3装甲师已经有20辆坦克在此被摧毁。在党卫军第19装甲掷弹兵团第3营的右侧，党卫军第20装甲掷弹兵团已经进入了库尔蒂[斯特皮尼东北方3英里处]两侧的阵地，他们在那里挡住了美国第83步兵师。[113]

1月16日起，党卫军第9"霍恩施陶芬"装甲师撤出时，这一行动既是因为离开西线调往东线的明确命令，也是因为美国第3装甲师所施加的压力。美军1945年1月14日—17日在舍兰—斯特皮尼的准确损失数字不详，但是洛夫雷迪特遣队损失了全部坦克，维尔伯恩特遣队损失了10辆坦克，霍根特遣队只剩下12辆"谢尔曼"和10辆"斯图尔特"，而凯恩特遣队只剩下11辆"谢尔曼"和17辆"斯图尔特"[114]。据第3装甲师参加行动的部队记录，1944年12月16日到1945年1月16日，共损失125辆"谢尔曼"和38辆"斯图尔特"[115]。由于该师在12月16日—31日期间损失了44辆"谢尔曼"，因此在1945年1月1日到16日之间的损失为超过80辆。[116]

德国方面报告，"霍恩施陶芬"师坦克车长党卫队二级小队长古斯纳拉赫在2天的战斗中共计摧毁14辆美军坦克和2辆装甲侦察车。[117]

党卫军第9装甲师成为又一支从阿登地区消失的德国装甲部队。为时4周的战斗已经导致该师2000余名官兵阵亡、受伤和失踪，但原有的66辆坦克中仍留有39辆。在与美军的最后一战中，党卫军第9装甲师给美国第3装甲师造成重大损失，以至于该师在舍兰—斯特皮尼之战后3天撤出前线。

蒙哥马利投入第5军

通过派遣党卫军第9装甲师对抗美国第3装甲师，莫德尔设法避免了集团军群北翼的完全崩溃。这当然是一次技巧高超的行动，巧妙地利用了手头稀缺的资源，但只能带来暂时的喘息。蒙哥马利于1月15日——舍兰和斯特皮尼之战的高潮阶段——将又一个师（美国第5军的第1步兵师）投入进攻，莫德尔已经别无选择，只能批准费尔伯撤出四面楚歌的第13军。

在入欧的美国陆军部队中，美国第1步兵师（"大红一师"）战斗经验最为丰富。"大红一师"的名称来自红色的肩章。该师于1942年11月参加了美国陆军与德军的首战——北非战役。盟军计划于1943年7月登陆西西里岛时，巴顿特意要求以第1步兵师作为先锋。1944年6月6日，"大红一师"在诺曼底登陆中再次战斗在最前线。从1943年年底起，该师由简朴而又能干的克拉伦斯·R.许布纳（Clarence R. Huebner）少将指挥，他提升了该师的作战价值。不过，到德国党卫军第6装甲集团军于1944年12月突破阿登地区时，许布纳已经于12月13日调往第5军军部。新任师长克利夫特·安德勒斯（Clift Andrus）准将从1942年11月在阿尔及利亚登陆起，就担任第1步兵师的炮兵指挥官，他在自己的新岗位上也同样出色。作为美国第1集团军第5军的一部分，第1步兵师被部署在北路，以阻挡党卫军第6装甲集团军。1944年12月19日—22日，美军在比特亨巴赫酒庄击退党卫军第12"希特勒青年团"装甲师，并给对手造成极大损失，这一战主要就是第1步兵师的功劳。

第1步兵师原师长许布纳于1945年1月15日接到一项新任务，他将指挥第5军[①]——也就在同一天，这个军开始从北面发动反攻。在第2步兵师第23步兵

---

① 原注：原第5军军长杰罗少将被任命为新组建的美国第15集团军指挥官，任务是重整阿登战役中严重减员的美国陆军部队。

团的支援下，第1步兵师于1月15日从美国第30步兵师左（东）侧的韦姆和比特亨巴赫之间向正南方进攻。该师的目标是南方大约10英里的圣维特。但是，德国第3伞兵师奋力死战，以阻止美军切断第13军的补给线。在韦姆东南方大约1英里的费蒙维尔，德国第9伞兵团第2营阻击美军达2天之久。就在此地西南方2英里的蒂里蒙，美国第30步兵师已经连续3天发动进攻，试图突破德国伞兵师最西端的阵地。

费蒙维尔之战在严寒中激烈进行——气温降到5华氏度（零下14摄氏度）以下。据第1步兵师第16步兵团的伦纳德·E.理查德森（Leonard E. Richardson）中尉回忆，半数步兵武器都冻住了，无法开火。在一天里，理查德森的E连中就有21名士兵因为冻伤而撤出，有些排只剩下5名战斗人员。[118]齐膝的积雪进一步阻碍了美军的推进，而驻守费蒙维尔的德军伞兵火力得到加强，他们使用了一辆缴获的美军M8装甲车上的37毫米炮。

向东2英里处，德国第3伞兵师第5团和第8团守卫着比特亨巴赫以南高地上的阵地。美军第16和第18步兵团在此越过田野——那正是4周之前党卫军第12装甲师遭受惨重损失的地方。美军所经之处，"希特勒青年团"师丢弃的坦克和坦克歼击车残骸仍然留在被击中处，为积雪所覆盖，但是，这一次角色转换了。第1步兵师和第23步兵团的士兵们都不会同意突出部之战结束于1945年1月15日这种说法。

直到1月16日，第23步兵团与西南方的美国第30步兵师第117步兵团联手，才将德国第9伞兵团3营挤出了蒂里蒙正东的翁登瓦尔，德军从东北面的费蒙维尔退却。这使美军能够进入费蒙维尔东南1英里的绍彭村外围，此时守卫该村的是德国第8伞兵团。

1月16日，德军守卫着连绵近18英里（约29千米）长的防线——东起比朗日，经绍彭和利尼厄维尔南面的林区，直到西南方萨尔姆河上的大阿勒。在这条防线的西端，美国第75步兵师仍然裹足不前，而在东部侧翼，美军也无法穿越比特亨巴赫以南的旧战场。但是，西南方的党卫军第9装甲师从舍兰撤出，第326和第62国民掷弹兵师也步调一致地在次日晚上从萨尔姆河上的阵地后撤，这样，遭受重创的美国第75步兵师最终可以进入维尔萨姆和东北2英里的小蒂耶。随着德军这次后撤，消耗殆尽的第62国民掷弹兵师离开前线，开始

1945年1月6日在翁登瓦尔外围，美国第2步兵师23步兵团G连士兵正在躲避德国第9伞兵团3营伞兵们的机枪火力。（NARA，111-SC-199162）

向德国边境退却。

此时，天空再度布满阴云，大雪使能见度严重下降，盟军的空中行动完全无法展开，美军的地面军队不得不在没有空中支援的情况下作战。

第62国民掷弹兵师残部通过积雪覆盖下的圣维特废墟时，第18国民掷弹兵师占据了该镇西北4英里的阵地——阵地位于恺撒巴拉克林木茂盛的山上，从马尔梅迪到圣维特的南北向公路与一条双轨铁路在此处相交，那条铁路东起博恩，西至雷希特。1月17日，经这条道路由北开来的美国第30步兵师被德军击退。

与此同时，德国第18国民掷弹兵师右（东北）翼由第9伞兵团守卫，该团在"狼林"（Wolfsbusch，是一片云杉林，始于蒂里蒙正南方，向南延伸到3英里外的恺撒巴拉克）中的激战拖住了美国第23步兵团。在这里，第23步兵团的士兵们不得不沿着林中湿滑的斜坡前进，并不断遭到巧妙伪装的小队德国伞兵的袭击。霍奇斯中将在日记里写道："第1师的进展缓慢，他们遇到的是做最后一搏的德国第3伞兵师，该师以作战顽强而闻名。"[119]霍奇斯还抱怨第18空降军的推进"一律缓慢"，并与李奇微少将会面，商讨局势。李奇微因为"全军缺乏攻击性和良好的指挥，尤以第75步兵师为甚"而感到沮丧。[120]

我们已经看到，普通的美国士兵作战很勇敢，甚至为在必要情况下实施自杀性的任务做好了准备。而在德军看来，美国陆军往往死板地实施野战行动，这在许多情况下对德军有利。第18国民掷弹兵师首席参谋莫尔中校描述了这种情况："我们师的作战兵力不断减少，但是，具有巨大数量优势的敌军却仅能在局部取得有限的成功。这主要是因为敌军以最简单的方式作战。他们从不在早上9时以前进攻，17时就睡觉去了。由于敌军方法刻板，我们得以多次克服似乎无望的局面，因为我们的士兵可以在夜间不受干扰地重新集结。"[121]

1月17日，莫德尔决定将费尔伯的第13军交给党卫军第6装甲集团军。泽普·迪特里希立即命令手下4个党卫军装甲师的炮兵和一些坦克支援第3伞兵师。次日，第5伞兵团仍然在比特亨巴赫拖住美国第18步兵团，第8伞兵团同时在恺撒巴拉克东南方的森林里发动反攻。霍奇斯中将在日记里写道："整天都在进行最为惨烈的肉搏战。敌军的进攻被我们遏制了，〔但是〕肃清这条隘谷的任务进展不大。"[122]1月19日，B集团军群首席参谋赖希黑尔姆中校报告，美军在圣维特方向的进攻已经在党卫军第9装甲师的坦克支援下被"封杀"。[123]

凭借两翼的坚守，德军可以有条不紊地从萨尔姆河和昂布莱沃河的前沿阵地撤退，而那正是李奇微将军打算将其包围的地方。1月20日，德军守卫着一条连贯的防线，该防线从比特亨巴赫以南地区向西南穿过博恩，直到波托（圣维特以西3英里）以南的林区。美国第18空降军经过1周的攻势，只将德军防线向东南方向逼退了2—5英里。当天，李奇微和霍奇斯再次会面商讨局势。霍奇斯在1945年1月20日的日记中写道：

建议解除第75师师长〔普里克特少将〕和炮兵指挥官〔阿尔伯特·查尔斯·斯坦福准将〕的指挥权，降级为上校，但这一处分需等待上级批准后执行。[124]

3天以后，对普里克特和斯坦福将军的处分执行。不过普里克特逃过了降级，他被任命为第19军的副军长，战后，他因为领导了审判纳粹集中营看守的毛特豪森战争罪行法庭而恢复声誉。相比之下，阿尔伯特·查尔斯·斯坦福（Albert Charles Stanford）准将的运气就没有那么好了。作为一战老兵，斯坦福曾在北非和意大利战场担任第34步兵师炮兵指挥官（参加了卡西诺和安齐奥战役），诺曼底登陆后不久，他被任命为第75步兵师炮兵指挥官。但在耻辱性的降级之后，斯坦福返回美国，几个月后便以上校军衔退役。他于1952年去世，享年75岁。

上万帕赫之战

美军于1月16日占领乌法利兹，以及在1月14日—17日的舍兰—斯特皮尼坦克战之后，阿登前线整个中央地段（北起萨尔姆沙托地区，南到巴斯托涅）的战事实际上已经结束了。我们已经看到，美国第7军中的2个装甲师（第2和第3装甲师）撤出了战斗。支援第3装甲师的第83步兵师大部以及第774坦克营也已经撤出。[125] 只有第83步兵师的一个团（第329步兵团）留在前线，从南面掩护第75步兵师。第329步兵团小心翼翼地追击撤退的德军，1月19日抵达萨尔姆沙托以南2英里的博维尼。美军在那里停留了3天。[126] 在他们的西南面，原来支援美国第2装甲师的第84步兵师于乌法利兹休整了5天。[127] 由于美军在这一地区无所作为，德军得以撤出第12国民掷弹兵师，将其调往阿登前线以北40英里的鲁尔蒙德（Roermond）地区，那是蒙哥马利派遣英国第2集团军进攻的方向。[128]

美国第3集团军最北的一个军——特洛伊·米德尔顿少将的第8军——也奉命暂时停止前进。巴顿的计划是将德军控制在巴斯托涅以北地区，同时他自己的部队从巴斯托涅向东北进军，切断德军的补给线。但是，如前所述，美国第6装甲师无法突破“元首卫队”旅在阿勒博恩（位于巴斯托涅和东北方的克莱沃之间的公路上）的防御阵地。

不过，再向西南方向2英里，美国第90步兵师在第6装甲师南面挺进，于1月16日成功夺取了上万帕赫。此时，守卫这里的只是兵力较弱、士气低落的德国第5伞兵师残部。[129] 美军占领上万帕赫是一场可怕血战的开端。德军试图重夺这个小村时表现出来的顽强斗志清楚地说明，即使在战争的最后阶段，德军士兵的战斗精神依然令人吃惊。

　　德军第一次进攻投入的兵力只有党卫军第1装甲师第2装甲掷弹兵团的最多40名士兵，提供支援的是1辆坦克和3辆三号突击炮。这是党卫军凯尔战斗群的残余，在党卫队二级突击队中队长鲁普雷希特·凯尔（Rupprecht Keil）率领下，这个战斗群尚未撤出该地区。[130]美国第90步兵师第358步兵团在1月17日的作战报告中写道：

> 　　3时30分，德军突然进攻上万帕赫。党卫军第1师的40名士兵、1辆坦克和3辆突击炮进入镇内，一边射击，一边声嘶力竭地喊叫。他们很不幸，前几所房屋中空无一人，发出的声音只能惊醒第1营的更多步兵。后者呼叫准备好的武器开火，很快击退了他们的进攻。敌军坦克和幸存者撤退。白天，第1营清点出22名死去的党卫军士兵，并抓获了3名受伤的敌军士兵。[131]

　　这次进攻失败后，正在向本国境内撤退的德国第2装甲师奉命部署了一支特遣队，阻止美军在这一地区继续进攻。[132]而且，配属第9装甲师的第301重装甲营的2辆"虎"I坦克也开向上万帕赫。[133]

　　1月17日早上9时，一支规模更大的德军从小村东南方积雪的山上冲了下来。这是德国第2装甲师的古特曼战斗群，包括11辆四号坦克、2辆"豹"式坦克和3辆三号突击炮，以及第2装甲掷弹兵团的步兵。[134]这个由约阿希姆·古特曼上校率领的战斗群是第2装甲师此时所能召集的最强部队。古特曼的任务很明确：占领上万帕赫，并以3辆三号突击炮和5门120毫米迫击炮守住该村。[135]

　　但事实证明，对德军来说，美国守军的人数太多了。集结于上万帕赫的美国第358步兵团不仅得到了第712坦克营A连和第773坦克歼击营的支援，还有不少于14个炮兵营提供火力掩护。前一晚，他们已经做好了同时弹着（TOT）的准备。数百发炮弹同时命中目标产生的冲击力对于德军进攻队形来说绝对是毁灭性的，德军仓皇后退，留下大量阵亡将士和烧得焦黑、布满弹坑的山坡。90分钟之后，德军再次发动进攻，但又一次被同时弹着齐射打垮。

　　德军的回应是持续用火炮和迫击炮轰击上万帕赫。与此同时，德军准备由第2装甲师和党卫军第1装甲师发动钳形攻势。1月17日13时，古特曼战斗群再次越过上万帕赫东北方血染的高地。不过，这一次伴随坦克的是至少150名第2装甲掷弹兵团的士兵，以及4辆"汉诺马格"半履带车。[136]美国第358步兵团的作战报告描述了随后的战斗：

> 任何火力都无法阻止他们靠近，但是在离村子不远的地方，他们遭遇坦克、坦克歼击车和步兵火力的近距离平射。领头的车辆——步兵指挥官乘坐的一辆装甲侦察车——在10码距离上被我军的一辆坦克击穿。指挥官下车寻找隐蔽所时被俘，他的部队失去了指挥。5辆敌军坦克被击中起火。敌军转头逃跑时，他们的撤退路线尽在我军装甲兵打击范围内，更多坦克被摧毁。敌军人员伤亡十分惨重。[137]

显然，德国国防军和党卫军之间的协调并不是很好。党卫军士兵的进攻总是晚几个小时，而此时第2装甲师已经被美军击退。虽然只剩下1辆三号突击炮，但是党卫军士兵们不顾死活地猛烈进攻，突破上万帕赫东南部，并在那里缴获了1辆美军坦克歼击车，占据了4所房屋。但是他们的攻势也就到此为止了。[138]参加进攻的党卫队二级小队长威利·德特林（Willi Detering）回忆道：

> 天黑之后，我们从晚上7时开始突袭上万帕赫。大约在村子前100码，我们遭到了从第一排房屋窗户里射出的步兵火力的打击。我们立即回击。1辆三号突击炮占据阵地并向这些房屋开炮，美军很快放弃了它们。我们进入村子时，三级突击队中队长和2名士兵中弹受伤。但是，美军的炮火很快减弱，我们得以前进到上万帕赫的中心地带。街道在那里向右转弯，我们突然暴露在1门反坦克炮的火力之下。我们的突击炮稍稍后退，1挺轻机枪和2名射手集合起来打击这门火炮。
> 午夜，我们听到美军方面传来2辆坦克的声音。它们向我们倾泻猛烈的炮火，使我们无法离开阵地。黎明时，美军的火力更加密集，此后他们发动反冲击。我们被迫撤出上万帕赫，进入村外的阵地，眼睁睁看着美军重新占据之前放弃的房屋。我们不可能得到任何增援，尤其是坦克歼击车。夜色再次降临时，我们撤到了凯尔的指挥所。[139]

1945年1月的阿登地区，这名美国士兵在一辆失去战斗力的德国三号突击炮旁边摄影留念。(NARA，56251 A.C. 彼得·比约克)

　　党卫军士兵和美军在村里交战时，德国国防军部队又发起了一次进攻。冯·普特卡默(von Puttkamer)上校取代了古特曼上校。此时，2辆第301重装甲营的"虎"I式坦克和"元首卫队"旅的一支特遣队已经抵达村东的阵地。美国第358团的作战报告写道："午夜刚过不到1个小时，德军就像一群愤怒的蜜蜂般扑向上万帕赫。在坦克的支援下，他们从东北、东和西南方向进入村镇，直到大约3时30分最终被击退。伴随他们的2辆坦克被击中。1辆起火燃烧，另1辆缓慢地消失在黑暗之中。天亮时，德军占据了上万帕赫东南端的7所房屋。我们的支援坦克和坦克歼击车移动到射击阵位，以便直接打击敌军占据的房屋。一名前方观察员匍匐前进，直到敌军火力压制所及之处，在他的指挥下，炮兵炸塌了这个据点。德军撤往外围的一个谷仓，只留下1辆'虎'式坦克殿后。我们抓获了2名俘虏——都是来自雷默旅的大个子。"[140]

在上万帕赫之战中，仅美国第344野战炮兵营就发射了6000发炮弹。第773坦克营B连第2排排长莱昂·M.伍德（Leon M. Wood）中尉报告，他的M10坦克歼击车击毁了5辆德军坦克。[141]德军的损失极大，其中包括1辆第301重装甲营的"虎"I式坦克，它因为无法移动而被丢弃在上万帕赫。[142]但是通过这些反攻，德军也阻止了美国第90步兵师的推进。

美国第12军再获良机

在近一个月的时间里，巴顿都在努力向巴斯托涅以东的乌尔河渡口突进，以便在德国第5装甲集团军背后"关上一扇铁门"，但是结果令他失望。1944年12月，美国第12军试图沿与河流平行的道路北进，但因为德军的抵抗和恶劣的地形，此举未能成功。最有利的时机可能是第3军的第26和第80步兵师于12月22日北进奇袭维尔茨的时候。但因为这两个师过于谨慎，美军失去了出其不意的机会，从圣诞节起，战线向北面的维尔茨方向只移动了最多3英里，这座小城也仍在德军手里。第6装甲师、第35步兵师和第90步兵师从巴斯托涅以东区域向东北方突破的努力也都失败后，巴顿再次求助于埃迪少将的第12军，命令他重新由南面发动进攻。

该地区地形极度恶劣，陡峭的高山上森林密布，其中纵横交错着深壑和无数水道，冰雪更令这里的道路难以通过，因此，人们可能认为这是孤注一掷的行动。但巴顿意识到，必须不顾一切，尽可能多地消灭乌尔河西侧的德军部队，这样他的士兵们在进入德国之后就不用面对他们了。1月17日他告诉士兵们："我知道你们都很疲劳，但必须继续战斗！"[143]第二天早上，新攻势开始了。

叙尔河由比利时东南部的高山向东流入卢森堡，将这个大公国分为两半。在维尔茨东南方不远处，这条河流转向南方5英里的埃特尔布鲁克，然后再转向东方，在德国边境汇入乌尔河。巴顿命令第80步兵师向东进攻维尔茨和埃特尔布鲁克之间地区，而在该师东南方的第4和第5步兵师将由南到北，从埃特尔布鲁克及东面的德国边境之间渡过叙尔河。

1月18日凌晨3时，在一片漆黑中，美国第4和第5步兵师将他们的小型突击艇和橡皮筏投入冰冷的河水中。此时，美军已经学习了德军的做法，以敌人在1944年12月16日采用的战术实施渗透。炮兵一弹未发，数千名士兵悄悄地渡过叙尔河，到达北岸。这条8英里（约12.9千米）宽的防线上只有德军的1个师把守——已遭重创的第352国民掷弹兵师，该师此时只剩下不到1个团的兵力。美军只有1个突击艇小组在迪希基正东某地被德军发现并遭到机枪阻击，此处的美军迅速后撤，并从不远处的另一地渡河。[144]

几小时后，霍勒斯·麦克布莱德（Horace McBride）少将率领的美国第80步兵师从南起埃特尔布鲁克、北到维尔茨以南地区、宽度为1英里的战线上打击德军西翼。面对第80步兵师的是罗特基希上将率领的整个德国第53军，该军以第79国民掷弹兵师为左路，第276国民掷弹兵师为右路。虽然这两个师在前几周的战斗中已经严重减员——当然，美国第80步兵师也是如此——但第276国民掷弹兵师（最近刚从第80军调来）仍然约有其原始兵力的70%。[145]

虽然第53军勉强可以抵挡住麦克布莱德的侧翼进攻，但第352国民掷弹兵师却无法承受美国第4和第5步兵师的猛攻。迪基希几乎没有经过战斗就被放弃了。美军在这里俘虏了德国第914掷弹兵团的158名官兵，据第5步兵师第2团第3营营长罗伯特·康纳（Robert Connor）中校说，"其中一些士兵非常年轻，疲惫不堪，又冷又饿。"[146]

但是，德军指挥官对美军的进攻做出了迅速而又果断的反应。1月18日，德国第7集团军指挥官布兰登贝格尔上将命令第53军将其大部分炮兵调到第80军和第352国民掷弹兵师。与此同时，莫德尔元帅重新向受到威胁的地段集结了强大的装甲力量。他命令第2装甲师放弃上万帕赫东北方的阵地，转而南进。此后，他与装甲教导师师长拜尔莱因中将取得联系，命令他部署一支特遣队到迪基希。拜尔莱因立刻向第902战斗群下达了出发的命令。[147]

由于天气原因，盟军仍然无法实施大规模空中支援，对此德军肯定感到快慰。但是没多久他们又感到乐极生悲。1月18日拂晓开始降落的小雪很快转化成肆虐整整3天的暴风雪。几个小时内，这一地区的所有道路都铺上了一层厚厚的积雪。更令局势复杂的是，许多沿着悬崖边延伸的道路都埋藏在5英尺（约1.52米）深的积雪下，一步走错就将危及性命。德军缺乏燃油，无法出动铲雪车，这种情况对他们来说是个灾难。1月18日拜尔莱因中将来到第79国民掷弹兵师的指挥所熟悉情况，他意识到，他的摩托化部队需要花费几天才能抵达交战区域。

美军医务兵将一艘装满医疗设备的突击艇放下叙尔河。（美国陆军）

　　而美国第4和第5步兵师翌日整天都可以继续向北推进。但是，这两支部队也受阻于暴雪，19日晚上驻扎在距离出发位置2英里的巴斯滕多夫。这样，德国第53军最南端的第79国民掷弹兵师有可能受到来自东面的侧翼进攻。第二天凌晨，这个师渡过叙尔河向东撤退，此举没有引起美军的注意。次日，美国第80步兵师第318步兵团没有遇到任何抵抗就进入了叙尔河西侧的布尔登，这令他们大吃一惊。美军绷紧神经，挨家挨户地搜查了这个小村，却连德军的影子都没有找到。早在6天以前，他们还曾在布尔登遭到德军的小规模进攻，团长兰辛·麦克维克上校被俘。不久以后，美军实施反冲击夺回了丢失的阵地，并在那里找到了麦克维克上校的尸体。他在被俘地点不远处被用刺刀刺死。[148]

　　第4和第5步兵师的推进很快也陷入停滞。1月20日，第5步兵师抵达巴斯滕多夫西北约2英里的布朗登堡（Brandenbourg），但是该师决定在那里转入防御——似乎有迹象表明，德军准备从东北3英里的菲安登发动一次反攻。[149]

巴顿试图改善局面，命令美国第3军同日于巴斯托涅以东和东北发动进攻，向东北方向挺进。但是，美军和以前一样，再次为德国装甲兵所阻。在安东尼胡肖夫(位于巴斯托涅—克莱沃公路上)西南1英里的温克朗日(Wincrange)，一支由雷默上校指挥的德国特遣队集结于此，美军多次试图通过均告失败。[150]

1月21日早上，美国第80步兵师第318步兵团于布尔登西北4英里的迪尔巴赫渡河时，装甲教导师的第一支装甲部队已经抵达，他们猛烈打击了美军步兵团。[151]第318步兵团的一份报告描述了这一打击："第2营'陷入'叙尔河以南的深谷中。这里在1∶50000的地图上看只是一道陡坡，实际上却是近乎垂直的峭壁。第2营无法下到河里，成为敌军极为猛烈的炮火的打击目标。营长威廉·博伊兹顿(William Boydston)中校在敌军火箭炮的轰击下阵亡。"[152]

美军第2营 G 连的珀西·史密斯(Percy smith)上士回忆了遭到德军火炮和火箭轰击时的恐怖情景：

> 地上散落着士兵的尸体和装备。树枝上悬挂着人的肢体。负伤的连部人员晕头转向地乱跑。一名士兵抓着自己的肠子；另一名士兵则注视着掉落在地上的手臂。博伊兹顿中校以半坐的姿势斜靠在一棵树下……博伊兹顿中校①向库普托中尉(他的副官)挥手示意。他吐出一口血，让库普托给他的家人送信。然后，他的眼神渐渐朦胧，最后闭上了眼睛。他在痛苦不已的库普托中尉怀中死去。[153]

与此同时，德国第9国民掷弹兵师(该师原来的防线于1月16日由第276国民掷弹兵师接管)奉命返回乌尔河西侧，在菲安登和布朗登堡之间建立一条稳固的防线。[154] 1月21日美国第4步兵师试图向菲安登推进时，德军在这条防线上击退了他们。[155]

当晚，巴顿发动的旨在决定阿登战役命运的攻势已经过去了整整1个月。

---

① 译注：原文为"上校"，参考前文改为中校。

此时（1945年1月21日），这位美国第3集团军指挥官已经非常清楚，他切断第5装甲集团军交通线的努力又一次失败了。在这条战线上，沮丧的美国士兵在寒风中凝望着灰色的天空，喃喃自问："航空兵在哪里？"[156]

李奇微止步于圣维特城下

在德军突出部北侧，美国第18空降军军长李奇微少将于1月20日试图再次推进。我们已经知道，他通过钳形攻势从侧翼进攻该地区德军的企图已经失败，1月20日，德军坚守着从比特亨巴赫以南地区向西南延伸，直至波托（圣维特以西3英里）以南地区的防线。但是，现在李奇微前移罗伯特·哈斯布鲁克[①]的第7装甲师，该师在新年前刚刚被撤下来作为预备队。1个月前这个师曾在圣维特遭到惨痛的失败，现在，它应该赢得重夺该镇的荣誉。为完成这项任务，第7装甲师得到了独立的第517伞兵团及第509伞兵营的支援。

与李奇微的第30步兵师、第7装甲师和第75步兵师对抗的，是德军第18和第326国民掷弹兵师（这两支部队都已经遭受重创），以及刚从东北方的蒙绍地区赶来的第246国民掷弹兵师。此外，第3伞兵师守卫北翼，抵御美国第1步兵师和第2步兵师的一个团。如果不是充当"救火队"的党卫军第25装甲掷弹兵团（由党卫队二级突击队大队长齐格弗里德·米勒指挥）以及党卫军第1、第9和第12装甲师的几个装甲排提供支援，德军的几个师能否坚守阵地这么长时间是个很大的疑问。

美国第7装甲师向马尔梅迪—圣维特公路的东侧发起了进攻。A战斗群（第17坦克营和第23装甲步兵营）于1月20日9时30分出发，第517伞兵团第2营的伞兵们随后跟上。早晨天气很冷，小雪略微降低了能见度。第9战术航空兵司令部部署了一个战斗轰炸机编队支援攻势，但由于飞行员无法看清楚地面上的攻击目标，不得不终止了行动。事实证明，圣维特以北约5英里的戴登堡小村只有少数德军把守，美军坦克隆隆开过积雪覆盖的田野时，这些德军迅速离开了。[157]

---

① 原注：哈斯布鲁克于1945年1月5日晋升为少将。

1945年1月，美国第7装甲师的"谢尔曼"坦克向圣维特进军。
（NARA，111-SC-199467）

　　但是，B战斗群于1月20日正午靠近距离圣维特仅一箭之地的博恩时，情况发生了变化。从村子西侧的山林中，德国第18国民掷弹兵师和第3伞兵师的200名士兵在党卫军第12装甲师的3辆坦克和坦克歼击车支援下，有效地封锁了公路。[158] 美军坦克和第509伞兵营出现在北面的"狼林"时，遇到了猛烈火力阻击。1辆坦克歼击车很快就连续击毁2辆"谢尔曼"，迫击炮火则直接打击步兵。美军被迫再次退入森林。

　　在下午的其余时间里，美军用迫击炮和反坦克炮轰击德军阵地和村庄。德军的反击放慢速度时，美军再次发动进攻。这时已经16时45分，再过半个小时就要天黑了。在第509伞兵营B连的支援下，2辆"谢尔曼"冲向德军东翼，在它们左侧几百码的地方，另外3辆"谢尔曼"和伞兵营A连的士兵们越过了积雪的田野。与此同时，1辆"谢尔曼"和1个排的伞兵小心翼翼地沿着最西端的道路前移。

　　16时55分，各单位指挥部都接到了伞兵营B连连长莱斯利·D.温希普（Leslie D. Winship）上尉的无线电呼叫："继续前进，敌军的抵抗微弱。"5分钟以后，电台里再次传出他激动的声音："遇到顽抗！"[159]此后，通信中断，但是从他的部队所在方向传来密集的枪炮声。

　　一辆德军的坦克歼击车击毁了领头的"谢尔曼"，温希普受了重伤。一名伞降医务兵帮连长包扎时，一辆硕大的德军坦克突然出现在小树林的后面，一队身穿伪装服的德军士兵俘虏了美国人。这是突然出现的4辆德国坦克之一。另有5辆"谢尔曼"被击毁，美国步兵不得不放弃他们刚刚在博恩占领的房屋。

　　美军又一次退回黑暗寒冷的森林。和往常一样，他们的炮兵接管了战场。从23时整到23时45分，博恩遭到不少于13个炮兵营的打击。然后，美军再度进攻，这一次他们轻松地打垮了完全被炮弹震晕的德国守军。美军抓获了1500名俘虏，并缴获大量战利品，但是其中大部分或多或少在炮轰中毁坏。他们还找到了温希普上尉的尸体。

　　李奇微少将对此并不满意，所有人都可以从他的反应中清楚地看出来。他向第1集团军指挥官霍奇斯中将表示，第7装甲师已经变得"迟钝"。李奇微甚至直接联络在博恩放慢脚步的该师B战斗群指挥官，告诉他如果他的部队无法自行对付这个小村子，就必须投入装甲师余部。然后，他通知第7装甲师师长哈斯布鲁克，如果他无法"完成任务"，李奇微将派遣第30步兵师代替第7装甲师夺取圣维特。[160]

霍奇斯对进攻第一天的战果似乎也不特别高兴。他在日记中写道："第18军继续进攻；博恩的抵抗力量很强，直到6时才最终肃清；我军俘获165辆装甲侦察车、8辆突击炮和4辆坦克，城里找到了100余名死去的德国士兵。我军损失8辆坦克，其中5辆可以维修。"[161]

德国方面，莫德尔元帅命令，于1月21日早上将所有可用的军队投入圣维特以北的一次反攻中。以第18国民掷弹兵师和第246国民掷弹兵师某步兵营的士兵，以及党卫军第9装甲师的少数坦克，从波恩西南2英里的下艾美尔斯发动进攻。[162] 德军夺取了几座美军步兵阵地，但他们进入艾美尔斯森林（下艾美尔斯和波恩之间的混生林）时，美军炮兵立即集中打击目标。第18国民掷弹兵师首席参谋莫尔中校报告："进攻一开始取得成功，但随后在树林里停下了脚步，我们的队伍不得不撤回。"[163]

空中屠杀

1945年1月20日，天气开始略有改善。美国第9航空队派出166架B-26"掠夺者"、A-26"入侵者"以及A-20"浩劫"轰炸机和攻击机，打击德军阿登前线后方的目标：奥伊斯基兴的一座铁路桥和另一座桥梁，以及迈恩的铁路场站。与前线更直接相关的是，多架"雷电"和"闪电"战斗轰炸机出现在圣维特上空，向德军投弹和扫射[①]。

与此同时，德军西线的前线部队还接到了东线形势日益恶化的消息。之前，他们已经得知东普鲁士和西里西亚边境地区发生战斗的消息。1月21日，德国国防军的报告提到了东普鲁士的两座城市："贡宾嫩[②]……发生了激烈的巷战……血战之后，敌军突入蒂尔西特[③]。"这些消息极大地打击了西线德军的士气。希特勒是真正受到东线报告沉重打击的人之一。1月19日夜里，他告诉西

---

① 原注：与此形成鲜明对比的是，德国空军没有出动任何飞机，根据德方的报告，"机场上有浓雾和大雪"。（基尤国家档案馆："超极机密"文件 HW5/651. CX MSS/T 437/16 West。）

② 译注：今俄罗斯古谢夫。

③ 译注：今俄罗斯苏维埃茨克。

线总指挥官冯·伦德施泰特元帅，准备将"整个第6装甲集团军，包括4个党卫军装甲师和2个'元首'旅派往东线"[164]。希特勒还说，对这一事项的决策将在次日下午做出。第二天，苏联军队突破东普鲁士的德军防线。1月20日18时55分，希特勒下达命令：党卫军装甲兵将立即调往东线！[165]

盟军很快就得知了这一消息。1月20日晚，布莱奇利庄园的"超极机密"解码人员截获了下达给德国第3战斗机师的无线电命令——部署所有可用飞机，在特定空域阻截盟军航空兵。[166]鉴于西线德国空军的残败状态，这是即将发生大事的征兆。次日晚，"超极机密"解码人员又截获一条消息：莫德尔元帅宣布，第5装甲集团军从1月22日12时起接管原党卫军第6装甲集团军前线地段上所有部队的指挥权，"即将被撤出的党卫军部队除外。"[167]这最终为德军的阿登攻势敲响丧钟。

就在通往乌尔河渡口的道路上挤满混乱的撤退车辆时，云层消散了。1945年1月22日，冬季的山水在阳光映照下熠熠生辉。盟军飞机起了个大早。拂晓，美国第362战斗机大队的威尔弗雷德·B.克拉奇菲尔德（Wilfred B. Crutchfield）上尉驾驶绰号为"肯塔基上校"的P-47"雷电"战斗轰炸机掠过德国边境，看到了真正令人惊异的景象：从达斯堡渡口开始，一支巨大的车队几乎一直连绵到东北方20英里的普吕姆，其中包含各种车辆，从坦克到马车应有尽有。[168]研究第9航空队的历史学家科恩·C.拉斯特写道："这一发现，开启了第9航空队队史上最伟大的一个日子。"[169]

大约同一时候，第19战术航空兵司令部下辖的第10照相侦察大队的霍华德·尼科尔斯（Howard Nichols）中尉发现，在河的另一边出现了严重的交通堵塞。森林覆盖的山坡上，有条曲折狭窄的小路通往达斯堡乌尔河谷，这条道路上至少停着400辆车，它们正在缓缓地通过这个狭窄的瓶颈，肉眼几乎看不出它们的移动。尼科尔斯立即用无线电通知地面指挥人员，请求"大规模空袭"[170]。

阿登地区的其他地方也传来了类似的报告。1945年1月22日的一份美军报告写道："空中侦察发现，这一天的任何时间里，都有大量的各型车辆经通往德国的所有道路离开突出部。"[171]一名"元首卫队"旅士兵给出了德国人的视角：

　　　　1945年1月22日。路上挤满了各类队伍——徒步步兵、行李车、75毫

美国第365"地狱之鹰"战斗机大队的乔治·金上尉发动他的P-47"雷电"战斗轰炸机,这架飞机的机翼下挂载了2枚500磅炸弹,将参加阿登上空的新一轮作战任务。这架P-47D30是第365战斗机大队接收的全新飞机,用于补充"底板"行动中的严重损失。1945年1月22日天气放晴,"地狱之鹰"等来了报复的机会。(NARA,3A-5146)

  米反坦克炮、各部队的坦克、由16匹驮马牵引的重型火炮。我们钦佩在到处是急弯的狭窄道路上控制运输车辆的炮手们,但心疼那些老马。队伍变得越来越拥挤,因为行进的节奏是由徒步的士兵们决定的。天蒙蒙亮的时候,队伍来到了一个深谷前。道路急弯向下。乌尔河在谷底流淌,但是这时的光线不足,还无法看到它。卡车和坦克先开下山坡。然后是大型火炮,它们有8种不同的轮距,因此很难通过急弯。炮兵们克服极大的困难,避免沉重的火炮翻下陡峭的山坡。我们听到他们叫喊着:"停下!停下!吁!吁!"——于是,一切都停止了。

此时，纵队前面的卡车已经抵达河边，但桥梁似乎被炸弹破坏了。河谷太陡峭了，因此我们需要桥梁。但最大的问题是，道路过于狭窄，至少需要让坦克渡河，否则根本不可能前进或后退。然而，现在连卡车都无法通过这些桥梁。很快，我们就意识到，敌人的战斗轰炸机在一个"捕鼠笼"里捉到了我们。天亮得太快了，这是一个美丽的冬日，晴空万里，就像寒冷季节里常见的天气。现在，我们得当心敌机了！

很快，第一个战斗轰炸机编队出现了，那是携带炸弹的"雷电"和"闪电"战机。德军士兵继续讲述他在达斯堡的故事："有人喊道'弃车！'除马车夫外，其他人都慌忙隐蔽。同一刻，它们从山后出现了——最初看上去像一群蜜蜂，但我们知道那是战斗轰炸机。它们有条不紊地发动进攻，首先打击山顶的那部分队伍。两三门火炮（每门由16匹驮马牵引）掉下山坡。下方的卡车被压碎，坦克抛锚了。炸弹摧毁了一门又一门火炮。最后一门火炮与前车和后面受惊的马匹分离。战斗轰炸机继续向更下方的道路投弹。炸弹全部投完后，它们用重机枪向我们射击。空袭持续大约半个小时。此后，我们没有看到任何动静，只听见受伤士兵的嘶喊和马匹瘆人的叫声。"

克拉奇菲尔德上尉所属的第362战斗机大队率先出击。在6个小时里，该大队的飞行员对德军车队进行了连续的低空进攻，声称摧毁7辆坦克、7辆半履带车和其他315辆机动车，以及15辆各种马车。这次成功空袭的代价是5架"雷电"被击落，其中只有1名飞行员跳伞得救。

与此同时，第9航空队的轰炸机已经准备就绪。第387和第394轰炸机大队的2个"掠夺者"双发轰炸机编队飞往达斯堡的桥梁，4架"掠夺者"提供导航。12时，爱德华·B.菲奇中尉驾驶的第一架导航飞机投下标示炸弹，正中桥梁。2分钟以后，第387轰炸机大队的27架"掠夺者"投下108枚1000磅炸弹。根据报告，战果"辉煌卓越"[172]。12时12分，第394轰炸机大队从12000英尺的高空投弹。桥梁的主体仍然悬在桥墩上，但是大部分已经被炸弹摧毁。整座桥梁和乌尔河两侧的道路上，挤满了燃烧和被摧毁的车辆、死伤的士兵及马匹。

接着，第9航空队的战斗轰炸机集中打击德军车辆和部队。在乌尔河西侧，拥挤的车辆堵在狭窄道路上5英尺高的防雪堤之间，受到的打击最为沉重。第

9航空队的3个战术航空兵司令部都投入了战斗，13时，英国第2战术航空队也被召入。[173]第416轰炸机大队的道格拉斯A-26"入侵者"战斗轰炸机也在下午参战，向德军车队扫射。[174]这种双发飞机机头装有8挺.50（12.7毫米）机枪，对车队有很好的毁伤效果。

向南不远处的上艾森巴赫，盟军也对试图渡河的拥挤车队发动集中轰炸。德国第58装甲军炮兵指挥官特里佩尔少将报告："马尔纳赫—达斯堡—达莱登公路完全被封锁。轰炸的结果是，达斯堡的渡口被严重破坏，需要花相当的时间才能为车辆做好渡河准备。车辆排成密集的长队，从达斯堡一直延伸到马尔纳赫。敌军战斗轰炸机使用炸弹和枪炮，不断进攻这些拥堵点，结果非常可怕。在霍辛根—上艾森巴赫公路上，一支车队被敌军的地毯式轰炸完全消灭。"[175]

受到空袭影响的不仅仅是党卫军第6装甲集团军的运输车队。罗特基希上将的第53军正要渡过叙尔河西部支流后撤，但被盟军的空袭撕成了碎片。南面将要面对美国第12军攻势的装甲教导师和德国第2装甲师的车辆也是如此。装甲教导师师长拜尔莱因中将试图于1月22日抵达霍辛根，但他无法穿越燃烧中或已经烧毁的车辆、倾覆的火炮、马匹的尸体以及散落的各类物资。据拜尔莱因统计，仅在这一段公路上就有至少300辆毁坏的车辆。德军中出现了明显的恐慌，许多车辆显然在开下公路后倾覆，被车上人员丢弃。[176]

在圣维特地段，航空兵还引导美国炮兵打击最靠近前线的德军纵队。[177]

1月22日，第9航空队共出动战斗轰炸机1063架次，总计摧毁近1600辆卡车、28辆坦克、12辆其他装甲车辆、40辆马车和60门火炮或反坦克炮。[178]德军的实际损失无法确定。虽然美军飞行员报告摧毁的相当一部分装备被不同飞行员重复计算了两三次，德军的真实损失并没有那么大，但毫无疑问，盟军航空兵在这一天给德军地面军队造成了最为沉重的损失。盟军为此付出的代价相对较小，仅损失了15架战斗轰炸机。在一整天的时间里，德军甚至连一架飞机都没有出现在该地区！

第19战术航空兵司令部指挥官韦兰少将在日记中得意地写道："比法莱斯包围圈更糟。这是TAC造成最大破坏的一天。"[179]霍奇斯中将的日记中，说辞与此几乎完全相同："取得了比法莱斯包围圈更大的成功。"[180]

美国陆军航空队官方战史写道："1月22日早上中型轰炸机对达斯堡桥梁的

美军战斗轰炸机袭击一个德国车队的战果。(NARA，111-SC-199253)

空袭最为成功，这座桥严重受损，导致克莱沃、达斯堡和菲安登地区的所有出路都发生严重交通堵塞。此后，第19战术航空兵司令部的战斗轰炸机对滞留车队发动毁灭性轰炸，战果超过1944年8月的法莱斯缺口。"[181]德国第7军集团军指挥官埃里希·布兰登贝格尔也认为这次轰炸的毁伤效果超过法莱斯之战。[182]

几天后，美国第11步兵团的理查德·德斯特(Richard Durst)上尉经过这些道路时写道：

> 即便是我们当中心肠最硬的人，面对这一情景也会感到难受。太可怕了！在我们行进的沿路，路边的水沟和邻近的雪原上堆满了破损的敌军机动车、马车、火炮和各种装备，以及支离破碎的敌军士兵及马匹尸体。[183]

阿登地区的德军再也没能从这一打击中恢复过来，这当然也对前线造成了严重的后果，尤其是士气。霍奇斯中将评论到："我军今天在各条地面战线上遇到的抵抗普遍较弱。"[184]

　　1月22日，希特勒发布了新命令：从现在起分阶段撤出乌尔河以西的所有占领区，德军将退却到鲁尔河—魏登一线，然后再从那里撤到克斯特尼希—克林克尔特以西地区—申贝格以西地区—乌尔河流域—西墙。[185]

　　1月23日，巴顿的第3集团军和霍奇斯的第1集团军开始沿着阿登前线正东面发动联合总攻。一些德军部队仍在顽抗。1月23日整天，美国第6装甲师都与德国第15装甲掷弹兵师在克莱沃西北5英里的特鲁瓦维耶日鏖战。装甲教导师将美国第5步兵师阻挡在霍沙伊德，而在东南方向5英里的地方，美国第4步兵师经过一番苦战才从德国第2装甲师手里夺取富伦。不过，阿登地区德军中的士气总体上趋于低落和瓦解。

　　美军北路的第7装甲师A战斗群于1月23日下午进入圣维特，没有遇到多大困难——这时距离该师被迫退出这里已经1个月零1天了。霍奇斯写道："没有多少敌军抵抗，但是他们的炮兵和火箭炮的火力仍很猛烈，造成了一定伤亡。"[186] 美军走过满目疮痍的废墟时，他们看到的景象难以让人感受到快乐。乔治·威尔逊中尉回忆道："我们看到的是参差不齐的断墙，而那原本都是建筑物。这就像一幅噩梦般的超现实主义绘画作品。没有任何完整的东西；没有任何生命的迹象。"[187]

　　1月23日（周二）的天气也很适合飞行。虽然美军的战斗轰炸机无法达到前一天的出动率，但出动750架次战斗轰炸机意味着新的大规模行动。美军飞行员不间断地轰炸仍然堵在路上的德军队列，他们声称摧毁了993辆卡车、9辆坦克、21辆其他装甲车辆、18辆马车以及17门火炮或反坦克炮。此外，美军还空袭了乌尔河以东的铁路线，作战报告称，摧毁了6辆机车和150节车厢，并切断了46处铁轨。美军的损失仅为6架战斗轰炸机。[188]

　　关于空袭公路取得的战果，可以认定美军这一天的"重复计算"比前一天更甚。一名德军士兵说："整个阿登让我想起一座昼夜节律颠倒的巨大蚁丘。一旦夜幕降临，每个人都利用这个能躲避蜂拥而来的战斗轰炸机的优势。等到天亮时，路上几乎看不到任何生物。偶尔会有士兵从一所房子跑向另一所房子，但他首先会抬头看看天空。一到天黑，似乎一切都从洞穴里爬出来，在路上形成巨大而曲折的队列。"

　　尽管天气晴朗，但德国空军连续3天都几乎完全没有出现，就连喷气式飞

1945年1月23日，美国第30步兵师士兵在圣维特西北的罗特外围。（NARA，111-SC-199413）

机也不见了踪影。1月23日下午，英国"超极机密"解码人员解密了雷讷 Ar-234
基地的一份报告："由于阿登前线上空持续存在'战斗机屏障'，5次尝试出动均
未成功。1架飞机在牵引期间被低飞的敌机袭击而烧毁。"[189]次日（1月24日），
4架 Ar-234得以升空，轰炸了安特卫普港里的船只，但此外，德国空军在西线
的行动仅限于偶尔的侦察飞行，以及为掩护 Ar-234所在的雷讷机场而出动的
22架战斗机。[190]1月25日，德国第2战斗机军奉命为 B 集团军地面部队提供空
中掩护，对抗盟军空袭，从7时开始，飞行单位进入30分钟准备。[191]但这次行
动并没有实施。

　　虽然天气转坏，但美军战斗轰炸机仍然在1月24日出动了312架次，25
日出动了581架次。根据报告，两天共击毁21辆坦克和982辆其他车辆，没有
在空中遭遇任何德国空军战机。[192]B 集团军群1月25日报告，"空中局势：早
晨——奥伊斯基兴 / 马尔梅迪 / 圣维特上空有100架双发轰炸机。大约有400架
战斗轰炸机集中在圣维特地区。下午——75架双发轰炸机在战斗机护航下出现
在亚琛 / 圣维特。大约有300架战斗轰炸机出现在艾费尔和下莱茵地区。"[193]

1月23日下午，美国第165通讯摄影连的战地摄影师、三级技术兵休·F.麦克休（Hugh F.McHugh）为第7装甲师的士兵们拍下了这张照片，此时该师刚刚夺回了之前丢失的圣维特镇。（NARA，111-199031/麦克休）

德军彻底崩溃

　　盟军的空袭和东线传来的灾难性消息，使德军本已低落的士气完全崩溃。1月24日，苏联白俄罗斯第2方面军在东普鲁士西南部取得突破，抵达埃尔宾①的海岸边。这样，重要城市柯尼斯堡周围的东普鲁士大部地区已经被包围。德国当局无法掩盖这一事实，同日，德军新闻公报报道："在东普鲁士西部，敌军向北面和西北面推进到埃尔宾和莫伦根②以南地区。"¹⁹⁴次日，苏军占领了西里

---

　　① 译注：今波兰埃尔布隆格。
　　② 译注：今波兰莫龙格。

1945年1月25日，美国第2步兵师第23步兵团士兵正在向圣维特西北方的瓦勒罗德推进。这是美军战地摄影师、三级技术兵休·F.麦克休拍摄的最后一张照片。几秒钟之后，他被德军狙击手射出的子弹击中。如今，他和其他7991名美军二战阵亡将士一起，安息于列日附近亨利礼拜堂的美军战争纪念墓地。（NARA，111-SC-199228/麦克休）

西亚布雷斯劳东南方的德国城市奥珀伦①。[195] 1月27日，德国国防军新闻公报承认，苏军在上西里西亚工业区"取得了很大突破"，并报告波美拉尼亚城市施奈德米尔②正在争夺中。[196]这些新闻暗示着，德军在东线的防御遭遇惨败。但是阿登地区的德国士兵知道，实际情况比这些报告更加严重，因为德军新闻公报同时发表了来自阿登的报告："在我军集中火力的打击下，敌军对卢森堡北部边境城镇圣维特东南地区以及克莱沃地区的进攻已经失败。"[197]

实际上，在这段时间里，阿登地区的德军士气已经和整个防御战一样，完全崩溃了。德军整建制解体，又累又饿、满面尘土且越来越泄气的士兵们开始

①译注：今波兰奥波莱。
②译注：今波兰皮瓦。

这张照片是美国通讯兵团的战地摄影师、一等兵彼得·J. 彼得罗尼（Peter J. Petrony）拍摄的，展现了1945年1月28日，美国第504伞兵团3营的伞兵们在第740坦克营C连的"谢尔曼"坦克支援下，沿一条森林公路向圣维特东北方的黑勒斯巴赫推进的情景。（NARA，111-SC-199509，美军通讯兵照片ETO-HQ-45-10668/彼得罗尼）

向东退往德国边境，或在美军靠近时放弃抵抗，一有机会便开小差。德军所放弃地区里的森林里挤满了逃兵，其中许多是波兰、捷克或其他非德国籍士兵，这些人向平民乞讨食物，请求他们帮助躲藏。[198]

1月24日——也就是德军新闻公报称盟军进攻在德军集中火力打击下失败的那一天——美国第26步兵师肃清了维尔茨中最后一批抵抗的德军。在更北面，其他美军抵达圣维特东北方的克莱韦河。第1步兵师占领德国第3伞兵师第5伞兵团第3营据守多日的默德沙伊德。次日，美国第101步兵团和第6骑兵群解放克莱沃时，装甲教导师的最后一批残余部队在格明德狼狈不堪地渡过乌尔河。这个装甲师只剩下5000名士兵和5辆可堪使用的坦克、7门反坦克炮和9门火炮。[199]这次退却匆忙而混乱，由于道路被炸毁的车辆堵塞，油罐车无法通过，德军不得不丢弃了50辆尚可使用的坦克。[200]1月26日，美国第90步兵师进驻克莱沃东北方海讷沙伊德和利耶勒之间3英里宽的战线，也就是毗邻乌尔河的小林区。

1月28日，美军发起了阿登地区的最后一次攻势，目标是从洛斯海姆格拉本突破德国"西墙"。由李奇微的第18空降军遂行主要突击，该军沿着圣维特以北6英里（约9.7千米）宽的战线发起进攻。为了这次行动，美国第1步兵师调到了第18空降军北翼，李奇微将第82空降师放在南翼，这个饱受战火创伤的空降师由此回到前线。正如第7装甲师得到重夺圣维特的荣誉那样，李奇微此时又将向发动阿登攻势的德军给予最后一击的荣誉交给了第82空降师的官兵们。

查尔斯·B. 麦克唐纳写道："第18空降军的2个师穿过厚厚的积雪，只遇到零星抵抗——往往只是偶然出现的巡逻队或零散的步枪火力。"[201]仅在进攻的第一天，美军就俘虏近1000名德军士兵。[202]美军报告称，德国第3伞兵师的士气完全瓦解，而正是这个师，之前进行过几近疯狂的顽抗。据霍奇斯中将写于1月28日的日记，这些"戈林元帅的骄傲"展现出"德国国防军士气的历史最低点"。[203]

美国第1集团军情报部甚至报告了第3伞兵师士兵的一次真正意义上的哗变："在足部冻伤且3天没有进过热食的情况下，[他们]仍然被迫投入战斗，终于导致了哗变。苏联军队取得进展的消息已经传到西线所有士兵的耳朵里，虽然主要是流言，但这对他们业已低落的士气打击最为猛烈，似乎没有人怀疑这些消息。"[204]

阿登战役始于士气高涨的德军向对胜利充满信心的美军发动的成功攻势，但随后陷入了长达1周的血腥消耗战，坚信自身物资优势的美军抵挡住了疯狂战斗的德军，最终将局面转化为一场纯粹的扫尾行动。仅在美国第18空降军最后攻势的前3天，就有3000余名德军官兵被俘虏。[205]当月的最后一天，第18空降军进入德国境内。此时，美国第5军和第8军也参与了进攻。

不过，霍奇斯、李奇微和巴顿都失去了机会，未能对主要对手(冯·曼陀菲尔的第5装甲集团军)发动最后的毁灭性打击，这一次原因不在德国人身上。这个装甲集团军的败残部队跌跌撞撞地逃回德国，坚定而装备精良的美军随后穷追，但是盟军最高统帅部里的政治因素再次起到了决定性作用。

2月1日，艾森豪威尔将军发布命令，美国第1集团军停止进攻，将相当一部分军队调往北面的第9集团军，这个集团军仍归蒙哥马利的第21集团军群指挥。尽管第1集团军的推进几乎没有遇到任何抵抗①，但最高统帅部仍然做出了这个决定。[206]据艾森豪威尔说，下达这条命令的理由是英国人的反对，他们认为第1集团军继续向莱茵河推进可能"分散我们的兵力"，不如按照总体计划，寄希望于英国集团军群在北面发动的以鲁尔区为主要目标的进攻。和往常一样，艾森豪威尔受到蒙哥马利的强大压力，他还向后者承诺"在2月的第一天就布拉德利的攻势做出决定"[207]。霍奇斯的美国第1集团军在承受了德军攻势的主要压力之后，似乎马上就要得到对敌人实施最后一击的机会，却不得不眼看自己沦为蒙哥马利攻势的侧翼掩护力量。

秘书们在霍奇斯的日记中记述下了他对命令的评论，清楚地表明他做何反应："对将军及其主要参谋们是一个很大的打击。"[208]霍奇斯求助于第12集团军群指挥官布拉德利，希望得到他的支持，继续进攻并消灭实力薄弱的对手。霍奇斯有充分的理由认为，继续进攻很有机会"转化成一场真正的大胜"[209]。但是，这一切都徒劳无功；霍奇斯只得到了继续进攻4天的许可。2月2日，第504伞兵团在西墙上推进了3英里(约4.8千米)，占据了一座又一座碉堡。[210]次日，德军阿登攻势第一天占领的洛斯海姆、克雷温克尔、罗特和布莱阿尔夫都被美军夺回。美军只在最后一处遇到了抵抗。但是，霍奇斯不得不命令他的得胜之师停止前进。

此时，德军不仅士气低落、疲劳不堪，而且在罗赫拉特—克林克尔特的第

---

① 原注：当天，第18空降军从德国"西墙"提交了如下报告："碉堡里几乎无人防守，没有炮火，面对的仅是轻武器火力的对抗。"（西尔万与史密斯为霍奇斯中将记录的日志，P.284。）

1945年1月在阿登地区投降的德国士兵。1月的最后几天，数千名德军士兵放弃了抵抗。他们中越来越多人意识到，德国已经战败，拿自己的生命冒险已经没有任何用处。（NARA，208-YE-105）

277国民掷弹兵师与北面的友邻部队第62国民掷弹兵师之间也被撕开了一个大口子。美国第1集团军的日志上写道："不得不说，这令霍奇斯和参谋们极其失望。"[211]

盟军将攻势的重点转向阿登地区以北，其主攻方向正是当前德军防御仍然最具效率的地段：由于冰雪突然大量融化，莱茵河和默兹河泛滥，使德军在乌夫河谷及鲁尔河引发洪水的行动效果更为显著，严重延缓了蒙哥马利的进攻。因此，盟军损失了整整3周的时间。洪水消退之后，攻势也无法正常恢复。直到2月28日，盟军才得以向杜塞尔多夫以南的莱茵河推进。对于德军得到的这一喘息机会，没有人比勉强渡过乌尔河并逃出阿登地区的德军士兵们更惊讶的了。

我们已经看到，阿登攻势使盟军最高统帅部神经紧张，并因此多次取消了阿登地区成功的局部进攻。可以确定，"突出部"推平之后，艾森豪威尔决定由蒙哥马利而不是美国将军负责主攻，心理因素起了不小的作用。这个决定对战后欧洲的形势也起到了显著的影响，因为，就在英美军队在鲁尔河、默兹河和莱茵河以西踌躇不前时，苏联红军抓住机会，占领了东线的大片土地。

本章注释

1. 施拉姆（编），《德国国防军最高统帅部日志，第 8 卷》，P.1347。

2. 美国国家档案与记录管理局：关于巴斯托涅作战行动的说明。美国第 3 集团军指挥部，1945 年 1 月 15 日，APO 403 P.9。

3. 德军最高统帅部 / 国防军指挥参谋部 / 作战指令（陆军），第 88149/45 号，绝密，1945 年 1 月 22 日；容，《阿登攻势 1944—1945》，P.194。

4. 德拉福斯，《突出部之战：希特勒的最后赌博》，P.302。

5. 美国国家档案与记录管理局：关于巴斯托涅作战行动的说明。美国第 3 集团军指挥部，1945 年 1 月 15 日，APO 403。

6. 美国国家档案与记录管理局：战果报告，第 50 装甲步兵营。记录组 407-606TK（69）-0.3。

7. 德拉福斯，《突出部之战：希特勒的最后赌博》，P.289。

8. 蒂克，《战争末年的旋风突击：党卫军第 2 装甲军与下辖的第 9 "霍恩施陶芬"及第 10 "弗伦茨贝格"装甲师》，P.445。

9. 美国国家档案与记录管理局：第 329 步兵团对敌作战战果报告。第 83 步兵师师部。A.P.O. 319.1/401，美国陆军。

10. 美国国家档案与记录管理局：第 329 步兵团对敌作战战果报告。第 83 步兵师师部。A.P.O. 319.1/401，美国陆军；美国国家档案与记录管理局：第 331 步兵团对敌作战战果报告。第 83 步兵师师部。A.P.O. 83，美国陆军；美国国家档案与记录管理局：第 774 坦克营对敌作战战果报告。第 774 坦克营营部。A.P.O. 230，美国陆军。

11. 库珀，《死亡陷阱：二战美国装甲师的幸存者》，P.115。

12. 魏丁格，《帝国师战史：第 5 卷》，P.418。

13. 巴德，《第 560 国民掷弹兵师：阿登战役，1944 年 12 月 16 日—1945 年 1 月 25 日》，B-024，P.6。

14. 德雷珀，《阿登战役中的美国第 84 步兵师》，P.43。

15. 维斯克里切尼，《阿登攻势（1944 年 12 月 16 日—1945 年 1 月 20 日）中的党卫军第 3 "德意志"掷弹兵团》，外军研究 #20，P.12。

16. 德雷珀，《阿登战役中的美国第 84 步兵师》，P.43。

17. 美国国家档案与记录管理局：第 774 坦克营对敌作战战果报告。第 774 坦克营营部。A.P.O. 230，美国陆军。

18. 美国国家档案与记录管理局：第 329 步兵团对敌作战战果报告。第 83 步兵师师部。A.P.O. 319.1/401，美国陆军。

19. 美国国家档案与记录管理局：第 774 坦克营对敌作战战果报告。第 774 坦克营营部。A.P.O. 230，美国陆军。

20. 巴德，《第 560 国民掷弹兵师：阿登战役，1944 年 12 月 16 日—1945 年 1 月 25 日》，B-024，P.6。

21. 施蒂克勒，《阿登计划：关于党卫军第 2 装甲师的报告，1944 年 12 月 16 日—1945 年 1 月 17 日》，P-032e；魏丁格，《帝国师战史：第 5 卷》，P.411。

22. 美国国家档案与记录管理局：第 331 步兵团对敌作战战果报告。第 83 步兵师师部。A.P.O. 83，美国陆军。

23. 美国国家档案与记录管理局：第774坦克营对敌作战战果报告。第774坦克营营部。A.P.O. 230，美国陆军。

24. 古特曼，《阿登后续：第2装甲师（1944年12月16—20日，1945年1月13—17日）》，P-109e，P.6。

25. 拜尔莱因，《其他问题——阿登攻势。关于1945年1月11日—1月20日乌法利兹地区作战行动的描述》，外军研究A-945，P.1。

26. 第146装甲掷弹兵团2营作战日志；古德里安，《西线战事的最后一年：第116"灰猎犬"装甲师战史，1944—1945》，P.403。

27. 卢赫特，《第66军在施内—艾费尔，1945年1月3日—15日》。外军研究B-769，P.8。

28. 古德里安，《西线战事的最后一年：第116"灰猎犬"装甲师战史，1944—1945》，P.405。

29.《百眼巨人》，1945年1月16日。trove.nla.gov.au/ndp/del/ page/28672?zoomLevel=3。

30. 德国联邦档案馆/军事档案RH 27/116：第116装甲师防御战情况通报，1945年1月3日—1月15日；古德里安，《西线战事的最后一年：第116"灰猎犬"装甲师战史，1944—1945》，P.405。

31. 拜尔莱因，《其他问题——阿登攻势。关于1945年1月11日—1月20日乌法利兹地区作战行动的描述》，外军研究A-945，P.1—2。

32. 布雷斯勒，《阿登战役中的第2装甲师》，P.13。

33. 拜尔莱因，《其他问题——阿登攻势。关于1945年1月11日—1月20日乌法利兹地区作战行动的描述》，外军研究A-945，P.2。

34. 美国国家档案与记录管理局：第331步兵团对敌作战战果报告。第83步兵师师部。A.P.O. 83，美国陆军。

35. 基尤国家档案馆："超极机密"行动文件，HW 5/646. CX/MSS/T. BT 2323 West；本内特，《西方的"超极机密"行动》，P.219。

36. 考德威尔，《JG 26作战日志，第2卷：1943—1945》，P.419—420。

37. 普里恩和罗代克，《第1和第11战斗机联队，第3卷：1944—1945》，P.1429。

38. 德国空军损失清单，马蒂·萨洛宁。

39. 古德里安，《西线战事的最后一年：第116"灰猎犬"装甲师战史，1944—1945》，P.405。

40. 西尔万和史密斯，《从诺曼底走向胜利：考特尼·H. 霍奇斯将军与美国第1集团军作战日志》，P.262。

41. 官方记录增补，第3装甲师情报及教育官员默里·H. 福勒少校。见《西线的先锋：第3装甲师》一书，互联网出现后由第3装甲师师史网站员工数字化：http://www.3ad.com/，2010年7月21日。

42. 巴德，《第560国民掷弹兵师：阿登战役，1944年12月16日—1945年1月25日》，B-024，P.6。

43. 拜尔莱因，《其他问题——阿登攻势。关于1945年1月11日—1月20日乌法利兹地区作战行动的描述》，外军研究A-945，P.2。

44. 登克特，《德国第3装甲师在阿登战役中的贡献》，P.5。

45. 美国国家档案与记录管理局：战果报告，第11装甲师，1944年12月23日—1945年1月31日。师级记录，第427条，记录组407。文件607：第11装甲师；迪皮伊、邦加德和安德森，《希特勒的最后赌博》，P.307。

46. 雷默，《阿登攻势中的"元首卫队"旅（第2部分）》，外军研究B-838，P.1；冯·吕特维茨，《1944—1945年阿登战役中第47装甲军的使用》，A-939，P.5。

47. 帕克，《赢得冬季的天空》，P.467。

48. 美国国家档案与记录管理局：战果报告，第11装甲师，1944年12月23日—1945年1月31日。师级记录，第427条，记录组407。文件607：第11装甲师；迪皮伊、邦加德和安德森，《希特勒的最后赌博》，P.307。

49. 伯克，《第6装甲师在欧洲战场的战斗记录，1944年7月18日—1945年5月8日》，P.176。

50. 威尔逊，《如果你能幸存》，P.233。

51. 雷默，《阿登攻势中的"元首卫队"旅（第2部分）》，外军研究B-838，P.2—3。

52. 科斯基迈基，《饱受战争创伤的巴斯托涅杂种》，P.497。

53. 罗伯特·J. 伯恩斯中校和约翰·S. 达尔中校，"第68坦克营战史"，www.super6th.org/tank68/index.html. 2012年4月12日。

54. 伯克，《第6装甲师在欧洲战场的战斗记录，1944年7月18日—1945年5月8日》，P.180。

55. 美国国家档案与记录管理局：战果报告，第11装甲师，1944年12月23日—1945年1月31日。师级记录，第427条，记录组407。文件607：第11装甲师。

56. 立普顿的话见科斯基迈基，《饱受战争创伤的巴斯托涅杂种》，P.502。

57. 美国国家档案与记录管理局：战果报告，第11装甲师，1944年12月23日—1945年1月31日。师级记录，第427条，记录组407。文件607：第11装甲师。

58. 古特曼，《阿登后续：第2装甲师（1944年12月16—20日，1945年1月13—17日）》，P-109e，P.5。

59. 美国国家档案与记录管理局：战果报告，第11装甲师，1944年12月23日—1945年1月31日。师级记录，第427条，记录组407。文件607：第11装甲师。

60. 威廉·W. 费，《突出部之战中的第11装甲师：回顾日记》，www.11tharmoreddivision.com/history/fee/fee_retro_diary.html，2012年4月17日。

61. 雷默，《阿登攻势中的"元首卫队"旅（第2部分）》，外军研究B-838，P.5。

62. 卡津斯基的话见科斯基迈基，《饱受战争创伤的巴斯托涅杂种》，P.507。

63. 施耐德，《战斗中的"虎"式坦克，第1卷》，P.275。

64. 德国空军损失清单，马蒂·萨洛宁；帕克，《赢得冬季的天空》，P.473。

65. 德国联邦档案馆/军事档案RH 27/116：第116装甲师防御战情况通报，1945年1月3日—1月15日；古德里安，《西线战事的最后一年：第116"灰猎犬"装甲师战史，1944—1945》，P.407。

66. 布雷斯勒，《阿登战役中的第2装甲师》，P.14。

67. 斯赫雷弗斯，《不为人知的死者》，P.339。

68. 迪皮伊、邦加德和安德森，《希特勒的最后赌博》，P.464。

69. 美国国家档案与记录管理局：战果报告，第11装甲师，1944年12月23日—1945年1月31日。师级记录，第427条，记录组407。文件607：第11装甲师。

70. 同上。

71. 迪皮伊、邦加德和安德森，《希特勒的最后赌博》，P.466。

72. 同上，P.471。

73. 魏丁格，《帝国师战史：第5卷》，P.419。

74. 迪皮伊、邦加德和安德森，《希特勒的最后赌博》，P.472。

75. 德国联邦档案馆/军事档案RH 27/116：第116装甲师防御战情况通报，1945年1月3日—1月15日；古德里安，《西线战事的最后一年：第116"灰猎犬"装甲师战史，1944—1945》，P.408。

76. 迪皮伊、邦加德和安德森，《希特勒的最后赌博》，P.473。

77. 同上，P.477。

78. 第106步兵师情报处定期报告第51号附件5，美国第106步兵师424步兵团缴获日志翻译，埃努蒙（P-7297），1945年1月13日。members.tripod.com/camp_atterbury/Diaries/Diaries. html#GermanDiary. 2012年5月9日。

79. 施拉姆，《德国国防军最高统帅部日志，第8卷》，1945年1月7日，P.999。

80. 舍费尔、赖尼克、赫尔曼和基特尔，《月光师：第62步兵师，1938—1944年，第62国民掷弹兵师，1944—1945年》，P.298。

81. 蒂克，《战争末年的旋风突击：党卫军第2装甲军与下辖的第9"霍恩施陶芬"及第10"弗伦茨贝格"装甲师》，P.445。

82. 通过约翰·M. 诺兰。

83. 第30步兵师"老山核桃"网站："1945年1月13日，第30步兵师约翰·M. 诺兰。www.oldhickory30th. com/119th%20IR%20Company%20G%20histories.html，2012年5月12日。

84.《二战中的第30步兵师》中的"霍华德·J. 梅尔克战记"，www.30thinfantry.org/personal.shtml，2012年5月17日。

85. 同上。

86. 同上。

87. 柯林斯和金，《突出部之声：突出部之战老兵不为人知的故事》，P.298。

88. 同上，P.297。

89. 卡施内尔，《第326国民掷弹兵师，阿登（1944年12月16日—1945年1月25日）》，B-092，P.6。

90. 西尔万和史密斯，《从诺曼底走向胜利：考特尼·H. 霍奇斯将军与美国第1集团军作战日志》，P.261。

91. 第75步兵师师部，1945年。《战斗中的第75步兵师：阿登地区的战斗，1944年12月23日—1945年1月27日》，P.9。

92. 舍费尔等人，《月光师：第62步兵师，1938—1944年，第62国民掷弹兵师，1944—1945年》，P.299。

93. 第75步兵师师部，1945年。《战斗中的第75步兵师：阿登地区的战斗，1944年12月23日—1945年1月27日》，P.10。

94. 同上。

95. 约翰·格雷伯，"1945年1月的大阿勒战役"，萨尔姆河谷1944—1945。网址：salmvalley1944-1945. over-blog.com/article-battle-of-grand-halleux-january-1945- 72179254.html。

96. 技术军士长罗伯特·H. 贾斯蒂斯，"1945年1月15日—16日，大阿勒战役的记忆"。www. battleofthebulgememories.be/en/stories/us-army/567-remembrance-of-battle-at-grand-halleux-january-15-16-1945.html，2012年4月7日。

97. 二等兵彼得·G. 杜尼斯，"大阿勒之战"，www.battleofthebulgememories.be/en/stories/us-army/568-the-battle-of-grandhalleux.html，2012年5月19日。

98. 美国国家档案与记录管理局：战果报告，第750坦克营，1944年12月22日—1945年4月。

AAR#493-U。

99. 二等兵彼得·G. 杜尼斯，"大阿勒之战"。

100. 安布罗斯，《应征士兵：从诺曼底海滩到德国投降》，P.392。

101. 西尔万和史密斯，《从诺曼底走向胜利：考特尼·H. 霍奇斯将军与美国第1集团军作战日志》，P.261

102. 同上，P.263。

103. 李奇微和马丁，《战士：马修·B. 李奇微回忆录》，P.120。

104. 美国国家档案与记录管理局：第330步兵团对敌作战战果报告。第330步兵团团部。APO 83，美国陆军。

105. 官方记录增补，第3装甲师情报及教育官员默里·H. 福勒少校。见《西线的先锋：第3装甲师》一书，互联网出现后由第3装甲师战史网站员工数字化：http://www.3ad.com/，2010年7月21日。

106. 同上。

107. "第3装甲师坦克伏击"，见《西线的先锋：第3装甲师》一书中的"1944年12月18日—1945年1月底的突出部之战"，互联网出现后由第3装甲师战史网站员工数字化：http://www.3ad.com/，2010年7月21日。

108. 美国国家档案与记录管理局：第330步兵团对敌作战战果报告。第330步兵团团部。APO 83，美国陆军。

109. 官方记录增补，第3装甲师情报及教育官员默里·H. 福勒少校。见《西线的先锋：第3装甲师》一书，互联网出现后由第3装甲师战史网站员工数字化：http://www.3ad.com/，2010年7月21日。

110. 美国国家档案与记录管理局：第330步兵团对敌作战战果报告。第330步兵团团部。APO 83，美国陆军。

111. "海恩斯·杜根据第3装甲师第36装甲步兵团战史编制的战果报告摘抄"，www.criba.be/index.php? option=com_content&view=article&id=102:sterpigny-and-cherain-belgium-january-1945&catid=1:battle-of-the-bulge-us-army&Itemid=6。

112. 詹姆斯·K. 库伦上士，"比利时斯特皮尼和舍兰，1945年1月"，www.criba.be/index.php?option=com_content&view=article&id=102:sterpigny-andcherain-belgium-january-1945&catid=1:battle-of-the-bulge-us-army&Itemid=6。

113. 蒂克，《战争末年的旋风突击：党卫军第2装甲军与下辖的第9"霍恩施陶芬"及第10"弗伦茨贝格"装甲师》，P.448。

114. 官方记录增补，第3装甲师情报及教育官员默里·H. 福勒少校。见《西线的先锋：第3装甲师》一书，互联网出现后由第3装甲师战史网站员工数字化：http://www.3ad.com/，2010年7月21日。

115. 同上。

116. 库克斯、奈萨瓦尔德和范洛恩，《二战盟军坦克损失调查》。

117. 《德国国防军，1939—1945，第3册，1944年1月1日—1945年5月9日》，P.415。

118. "第16步兵团伦纳德·E. 理查德森中尉撰写的第16步兵团 E 连战史"。www.ww2lhawebpages.com/THEFIRSTDIVISION/HISTORY_16th.html，2012年9月7日。

119. 西尔万和史密斯，《从诺曼底走向胜利：考特尼·H. 霍奇斯将军与美国第1集团军作战日志》，P.264。

120. 同上。

121. 莫尔，《第18国民掷弹兵师在阿登攻势中运用情况的报告（1944年12月16日—1945年1月25日）》，B-734，P. 57.

122. 西尔万和史密斯，《从诺曼底走向胜利：考特尼·H. 霍奇斯将军与美国第1集团军作战日志》，P.265。

123. 基尤国家档案馆："超级机密"行动文件，HW 5/651. CX/MSS/T 437/27 West.

124. 西尔万和史密斯，《从诺曼底走向胜利：考特尼·H. 霍奇斯将军与美国第1集团军作战日志》，P.267。

125. 美国国家档案与记录管理局：第774坦克营对敌作战战果报告。第774坦克营营部。A.P.O. 230，美国陆军。

126. 美国国家档案与记录管理局：第329步兵团对敌作战战果报告。第83步兵师师部。A.P.O. 319.1/401，美国陆军。

127. 德雷珀，《阿登战役中的美国第84步兵师》，P.51。

128. 施拉姆，《德国国防军最高统帅部日志，第8卷》，P.1024。

129. 雷默，《阿登攻势中的"元首卫队"旅（第2部分）》，外军研究 B-838，P.6。

130. 蒂曼，《警卫旗队师，第4卷 / 第2册》，P.198。

131. 美国国家档案与记录管理局：第358步兵团行动总结。

132. 施拉姆，《德国国防军最高统帅部日志，第8卷》，P.1019。

133. 雷默，《阿登攻势中的"元首卫队"旅（第2部分）》，外军研究 B-838，P.6。

134. 美国国家档案与记录管理局：第358步兵团行动总结。

135. 同上。

136. 同上。

137. 同上。

138. 同上。

139. 蒂曼，《警卫旗队师，第4卷 / 第2册》，P.202。

140. 美国国家档案与记录管理局：第358步兵团行动总结。

141. 美国国家档案与记录管理局：战果报告，第773坦克歼击营，1944年8月—1945年5月。APO 604-U。

142. 施耐德，《战斗中的"虎"式坦克，第1卷》，P.275。

143. 约翰·托兰，《战斗：突出部的故事》，P. 365。

144. 麦克唐纳，《二战欧洲战场中的美国陆军：最后攻势》，P.49。

145. 瓦格纳，《第276国民掷弹兵师（1945年1月21日—3月16日）》，B-444，P.3。

146. 高尔，《卢森堡的突出部之战：南翼，1944年12月—1945年1月，第2卷：美军》，P.169。

147. 拜尔莱因，《装甲教导师，1944年12月1日—1945年1月26日》，A-941，P.84。

148. 突出部之战老兵，《突出部之战》，P.80。

149. 麦克唐纳，《二战欧洲战场中的美国陆军：最后攻势》，P.50。

150. 雷默，《阿登攻势中的"元首卫队"旅（第2部分）》，外军研究 B-838，P.7。

151. 拜尔莱因，《装甲教导师，1944年12月1日—1945年1月26日》，A-941，P.85。

152. 美国国家档案与记录管理局：第80步兵师317步兵团，渡过叙尔河、占领霍辛根。日期：1945年1月1日—27日。关于作战的访谈：第317步兵团作训参谋詹姆斯·海斯少校。1945年2月4日。

153.《攻击将继续：二战中的第317步兵团》，迪恩·詹姆斯·多米尼克2003年提交给路易斯安那州立大学研究生院的论文，P.73。http://etd.lsu.edu/docs/available/etd-0710103-051947/unrestricted/Dominique_thesis.pdf。

154. 科尔布，《阿登攻势中的第9国民掷弹兵师战区（1944年12月25日—1945年1月25日）》，B-521，P.26。

155. 基尤国家档案馆："超极机密"行动文件，HW 5/651. CX/MSS/T 437/3 West。

156. 麦克唐纳，《二战欧洲战场中的美国陆军：最后攻势》，P.451。

157. 美国国家档案与记录管理局：战果报告，第7装甲师（1945年1月1日—31日）。第7装甲师师部，APO 257 美国陆军。

158. 同上。

159. 布鲁姆利，《最大胆的计划就是最好的：第509伞兵营二战战史》，P.264。

160. 同上。

161. 西尔万和史密斯，《从诺曼底走向胜利：考特尼·H. 霍奇斯将军与美国第1集团军作战日志》，P.268。

162. 卡施内尔，《第326国民掷弹兵师，阿登（1944年12月16日—1945年1月25日）》，B-092，P.8。

163. 莫尔，《第18国民掷弹兵师在阿登攻势中运用情况的报告（1944年12月16日—1945年1月25日）》，B-734，P. 58。

164. 施拉姆，《德国国防军最高统帅部日志，第8卷》，P.1353。

165. 同上，P.1354。

166. 基尤国家档案馆："超极机密"行动文件，HW 5/650. CX/MSS/T 435/60 West。

167. 基尤国家档案馆："超极机密"行动文件，HW 5/651. CX/MSS/T 401/16. BT 2998 West。

168. 美国空军上校威廉·R. 卡特，"突出部之战中的空中力量：战场战役视角"，《空中力量》，1989年冬季刊。

169. 鲁斯特，《二战中的第9航空队》，P.140。

170. 帕克，《赢得冬季的天空》，P.479。

171. 美国国家档案与记录管理局：战果报告，第7装甲师（1945年1月1日—31日）。第7装甲师师部，APO 257 美国陆军。

172. 鲁斯特，《二战中的第9航空队》，P.140。

173. 西尔万和史密斯，《从诺曼底走向胜利：考特尼·H. 霍奇斯将军与美国第1集团军作战日志》，P.270。

174. 鲁斯特，《二战中的第9航空队》，P.141。

175. 特里佩尔，《第58装甲军，阿登攻势，1944年11月1日—1945年2月1日》，B-506，P.9。

176. 库罗夫斯基，《精锐装甲打击力量：二战中的德国装甲教导师》，P.199。

177. 美国国家档案与记录管理局：战果报告，第7装甲师（1945年1月1日—31日）。第7装甲师师部，APO 257 美国陆军。

178. 鲁斯特，《二战中的第9航空队》，P.141。

179. 帕克，《赢得冬季的天空》，P.482。

180. 西尔万和史密斯，《从诺曼底走向胜利：考特尼·H. 霍奇斯将军与美国第1集团军作战日志》，P.270。

181. 克雷文和凯特，《二战中的陆军航空队。欧洲：战争胜利日的争论,1944年1月1日—1945年5月》，P.705。

182. 布兰登贝格尔，《第7集团军的阿登攻势（1944年12月16日—1945年1月25日）》，A876，P.148。

183. 高尔，《卢森堡的突出部之战：南翼，1944年12月—1945年1月，第2卷：美军》，P.192。

184. 西尔万和史密斯，《从诺曼底走向胜利：考特尼·H.霍奇斯将军与美国第1集团军作战日志》，P.270。

185. 施拉姆，《德国国防军最高统帅部日志，第8卷》，P.1354—1355。

186. 西尔万和史密斯，《从诺曼底走向胜利：考特尼·H.霍奇斯将军与美国第1集团军作战日志》，P.271。

187. 威尔逊，《如果你能幸存》，P.235。

188. 鲁斯特，《二战中的第9航空队》，P.142。

189. 基尤国家档案馆："超极机密"行动文件，HW 5/652. CX/MSS/T 439/62. BT 3285 West。

190. 基尤国家档案馆："超极机密"行动文件，HW 5/652. CX/MSS/T 439/40. BT 3269 West。

191. 基尤国家档案馆："超极机密"行动文件，HW 5/652. CX/MSS/T 441/10. BT 3410 West。

192. 鲁斯特，《二战中的第9航空队》，P. 142。

193. 基尤国家档案馆："超极机密"行动文件，HW 5/654. CX/MSS/R 441 (c) West。

194.《德国国防军，1939—1945，第3册，1944年1月1日—1945年5月9日》，P.415。

195. 同上，P.417。

196. 同上，P.419。

197. 同上，P.420。

198. 斯赫雷弗斯，《不为人知的死者》，P.333和P.357。

199. 拜尔莱因，《装甲教导师，1944年12月1日—1945年1月26日》，A-941，P.85。

200. 基尤国家档案馆："超极机密"行动文件，HW 5/654. CX/MSS/T 441/76 West；德拉福斯，《突出部之战：希特勒的最后赌博》，P.311。

201. 麦克唐纳，《二战欧洲战场中的美国陆军：最后攻势》，P.63。

202. 西尔万和史密斯，《从诺曼底走向胜利：考特尼·H.霍奇斯将军与美国第1集团军作战日志》，P.280。

203. 同上，P.277。

204. 同上。

205. 同上，P.281。

206. 麦克唐纳，《二战欧洲战场中的美国陆军：最后攻势》，P.67。

207. 同上。

208. 西尔万和史密斯，《从诺曼底走向胜利：考特尼·H.霍奇斯将军与美国第1集团军作战日志》，P.284。

209. 同上，P.286。

210. 同上。

211. 同上。

阿登攻势：最后的结果和结论

　　历史并不总是由胜利者书写的，至少不全是如此。战争结束后的几年里，正是战败的德国将军们的叙述，形成了人们对阿登战役的主要印象，并由此产生了阿登战役计划不周、准备不足因而"注定失败"这一流行观点。

　　从盟国报刊虚构的"伦德施泰特攻势"一词可以看出，作为当时的德军西线总指挥官，除了希特勒之外，冯·伦德施泰特比任何人都更应该为阿登攻势的失败负责。然而在战后，冯·伦德施泰特成功地给人们留下一种印象，这次攻势是"纸上谈兵"的结果，"没有人"相信它。[1]不过，后一个结论并没有得到其他人的赞同，例如，德军最高统帅部秘书佩尔西·E.施拉姆也不得不承认，冯·伦德施泰特和莫德尔的参谋长——经验丰富的韦斯特法尔和克雷布斯，都相信约德尔交给他们的进攻计划。战后，莫德尔的首席参谋赖希黑尔姆中校说过，他对进攻计划充满热情。

　　B集团军群指挥官莫德尔于1945年4月自杀，因此战后无法对其进行采访。不过，他的传记作家瓦尔特·格尔利茨（Walter Görlitz）认为，莫德尔相信，"如果进攻完全出乎敌军的意料，承诺的部队确实都能交到我们手中。"那么打到安特卫普的目标是可以实现的，但他觉得应该首先执行"小解决方案"（包围和消灭亚琛的美军），以便为进一步向安特卫普进军创造条件。[2]为人熟知的是，第5装甲集团军指挥官冯·曼陀菲尔也支持"小解决方案"，但是我们已经看到，他的许多要求在进攻前得到了满足。冯·曼陀菲尔在战后没有像冯·伦德施泰特那样直截了当地评论阿登攻势，但他承认在1944年12月确实曾预计，如果一切顺利，4—6天就可以抵达默兹河。[3]在战后的某个时点，他曾说过，他仍然认为这一行动计划是"杰出"的。[4]

阿登战役期间，弗雷德里希·冯·梅伦廷少将在德国第9装甲师师部工作，不久成为冯·曼陀菲尔的参谋长，在著名的学术作品《坦克战》中，他将阿登攻势称为"德军总参谋部最后一项伟大成就，是格奈泽瑙、毛奇和施利芬优秀传统的体现"[5]。他还表达了这样的观点——对于负责"守望莱茵"/"秋雾"行动详细规划工作的参谋们，史学上并没有给予应有的赞赏。[6]

在战争的第六个年头，德国疲态尽显，国内到处都是盟军轰炸留下的废墟，而德军刚刚在2个月前遭受了开战以来最大的失败，此时能够发动这样大规模的攻势，就可以证明他们做了出色的准备工作。尽管有人提出了相反的意见，但是德军确实为这场大规模攻势运送了足够的燃油和弹药。在敌方拥有空中优势的情况下，军队的集结也足以在战争史上占据特殊的位置。除了所有这一切之外，我们已经看到，德军能够完全出其不意地向盟军发动攻势，更多是因为德方的战术素养和纪律性，而非盟军所犯的错误。战后，莫德尔的首席参谋赖希黑尔姆写道："尽管有少数可以弥补的小错误，但集结完成得很顺畅。考虑到高度的保密性、无穷无尽的地形障碍（尤其是对于装甲部队）和大量训练不足的士兵，这是一个了不起的成就。"[7]

弗雷德里希·冯·梅伦廷评论"德国国防军实现了奇袭，各方面上都和1940年5月在同一地区发动的进攻一样令人震惊"。他还认为，"在常规作战条件和同等兵力的情况下，德军将赢得一场大胜。"[8]

在对手（从军事上说弱于苏联红军）、进攻地段（阿登）、盟军最弱一环的选择上，德军都采用了经典的军事理论。基本的思路是集中尽可能多的力量，对敌军最薄弱的环节发动最后一击，以扭转战争的形势，这直接来源于军事理论家克劳塞维茨。

此外，德军在阿登攻势及其支援行动中集中了最先进的武器——"虎王"重型坦克、StG44突击步枪、Me-262及Ar-234喷气式飞机、V1及V2飞弹、V3"超级大炮"以及"海豹"电力潜艇。盟军没有与之匹敌的武器，而且其中许多武器是在阿登攻势中首次使用。最重要的是，德军各级指挥官奇迹般地激起了士兵们继续战斗的积极性。就在几个月之前，德军刚刚于1944年8月—9月在西线惨败，但德国第2装甲师的一名军官注意到，准备在西线发动进攻的德军士兵中，士气甚至"优于战争开始的时候"[9]。

　　许多对阿登攻势中德方的描述都倾向于强调党卫军第6装甲集团军的表现，但是著名的《坦克战》一书在讨论这次攻势时，弗雷德里希·冯·梅伦廷重点谈到了德国第5装甲集团军："曼陀菲尔的第5装甲集团军所做准备工作极其全面。他的军队指挥得当，士气前所未有地高涨。他的先锋横扫完全措手不及的美军，迅速沿着阿登地区的崎岖道路推进，到12月20日就已经占领了乌法利兹，然后继续向迪南的默兹河渡口挺进。"[10]第5装甲集团军的巨大成功确实值得注意，但是，由于某种原因，德国第7集团军在"秋雾"行动中的表现被史学界忽视。在埃里希·布兰登贝格尔上将的指挥下，德国第7集团军掩护第5集团军的南部侧翼，为其越过巴斯托涅向默兹河推进的行动创造了条件。此后，尽管缺乏装甲兵，布兰登贝格尔的集团军阻止了巴顿的美国第3集团军突破并切断第5装甲集团军，使莫德尔的B集团军群至少暂时躲过了一场全面的惨败。

　　美军方面，情况就更复杂了。从本质上说，在德军攻势的开始阶段，盟军指挥机关的表现好于后来他们自己转入攻势的时候。艾森豪威尔和布拉德利敏锐地决定将第82、第101空降师以及第7装甲师重新集结到阿登前线，从而在阿登攻势的前6天里守住了重要的交通枢纽圣维特，在整个战役期间都守住了更加重要的巴斯托涅，给德军向进攻部队运送补给造成极大困难。同样，蒙哥马利于1944年圣诞节前在北翼所做的努力也绝对是至关重要的。

　　美军一线士兵在攻势的前2天里顽强抵抗，加上盟军指挥官们迅速向阿登地区部署增援部队，延缓了德军的进攻，但是，攻势的前六七天里，德军的优势仍然与日俱增。不过，党卫军第6集团军例外，他们从进攻的第三天起就遇到极大困难，该集团军拥有两个兵力优于普通部队的党卫军装甲师，其中一个师在斯塔沃洛匆忙渡过昂布莱沃河时未能很好地守住渡口，而另一个师则落在前者后面近20英里，埋头猛攻重兵把守的"双子村"罗赫拉特—克林克尔特。

　　毫无疑问，至少在地面部队方面，泽普·迪特里希的党卫军第6装甲集团军是阿登攻势的阿喀琉斯之踵。战后不久，在美军人员的讯问中，齐格弗里德·韦斯特法尔少将、博多·齐默尔曼中将和措林上校(阿登战役时分别担任冯·伦德施泰特西线总司令部参谋长、首席参谋和情报官)对党卫军第6装甲集团军的评论都很尖刻。他们指出，第6装甲集团军从上到下皆战术指挥无能，而且"党卫军部队尽管在人员和物资上远胜于国防军各师，但灵活性不足"，这是阿登攻势没能取得更大成功的主要原因。[11]他们认为，党卫军第6装甲集团军"无法迅速、流畅地调动大部队，更不要说在战术上正确地使用它们了"，他们还说："正是因为这些人的无能，导致无法将第6装甲集团军的精锐部队调往南路。由于同样的原因，解救被围军队的行动也没有成功。"[12]

弗雷德里希·冯·梅伦廷的观点是，"希特勒将以党卫军集团军作为突破的重点，酿成了大祸。"这个集团军的指挥官"没有真正理解装甲战"[13]。根据佩尔西·E.施拉姆的说法，让泽普·迪特里希及其党卫军部队在阿登攻势中担当主角，纯粹是出于政治原因。[14]

冯·梅伦廷写道："如果曼陀菲尔得到北路的充分支援，很难说美军的局势会恶化到什么程度。"他还不无讽刺地补充道："可是，党卫军第6装甲集团军没有取得那么大的进展。"[15]

当然，党卫军第6装甲集团军面对的是深谙兵法的美军部队指挥官，尤其是第5军军长杰罗将军和第2步兵师师长罗伯特将军。但是，该集团军在数量上占据压倒性优势：攻势开始时，与前线美军相比，泽普·迪特里希的军队在人员上有4倍的优势，在坦克上不仅有10倍的数量优势，质量上也更胜一筹。德军在这一前线地段的失败相当明显，主要原因可能正如韦斯特法尔等人所言，这个党卫军装甲集团军"从上到下"都缺乏战术素养。

泽普·迪特里希在战后承认，党卫军第6装甲集团军下属部队在训练上总体不如第5装甲集团军。[16]第5装甲集团军参谋长卡尔·瓦格纳少将写道："党卫军组织训练不足也是失败的原因，尤其是各级指挥官的训练。[党卫军第6装甲集团军的]摩托化部队没有任何驾驶技巧和行军纪律，在仍被敌军封锁的行进路线上，他们很快就无望地插入并排行驶的四列纵队中。他们闯入了第5装甲集团军的地段并堵塞了北面的公路，但是这样做对自己并没有什么帮助。"[17]

尽管党卫军第6装甲集团军的行动几乎完全失败，但实力没有那么强的第5装甲集团军在南路的第7集团军的支援下，距离默兹河渡口仅一步之遥。我们已经看到，默兹河之战的胜负就在毫厘之间。1945年元旦前后，美军的2个师（第28和第106步兵师）几乎被全灭。第12集团军群的多个装甲师也遭到重创。布拉德利手下8个装甲师中的2个(第3和第7装甲师)损失巨大，不得不撤出战斗，在后方重组；另1个装甲师(第9装甲师)本质上已经失去战斗力：R战斗群实际上遭到全灭，B战斗群撤出补充其损失，A战斗群也因为损失巨大而即将被撤出；还有2个装甲师(第4和第10装甲师)严重减员，不再能像完整的师那样作战了。因此，1945年元旦，布拉德利手中名副其实的装甲师只有4个了——第2、第5、第6装甲师，以及刚刚抵达的第11装甲师。第12集团军群不得不求助于分布在不同步兵师里的装甲营。12月30日，它们共有646辆可参战的"谢尔曼"坦克(不包括装备105毫米榴弹炮的"谢尔曼")。[18]

虽然党卫军第1装甲军在罗赫拉特—克林克尔特、比特亨巴赫酒庄和拉格莱兹遭到重挫，德国第2装甲师在塞勒也遭到惨败，但在新年到来之际，德国B集团军群远没有到山穷水尽的地步。此时，莫德尔在一线仍有1000辆坦克和坦克歼击车，其中大约一半符合作战条件。[19]如果备件和其他补给品的运输没有遭到盟军航空兵的阻碍，能够作战的车辆当然会更多一些。

按照德军原定计划，这一阶段将向默兹河和安特卫普发动第三波进攻。为这波攻势准备的部队包括5个装甲或装甲掷弹兵师(第11和21装甲师、党卫军第10装甲师、第25装甲掷弹兵师和党卫军第17装甲掷弹兵师)。[20]1944年年底，这些部队共集结了大约450辆坦克和坦克歼击车，其中大约2/3(300辆左右)可以立即投入战斗。如果盟军未能在1944年12月23日—25日对德军补给线发动大规模空袭，冯·伦德施泰特和莫德尔理论上可以投入大约1500辆坦克和坦克歼击车(其中有1000辆可能立即部署)，于新年前后发动针对默兹河和安特卫普的第三波进攻。

这波进攻将迫使美军召回消耗巨大、已经撤出战斗的装甲部队，并将北面的第9集团军和南面的第3集团军重新集结于阿登地区。到1944年12月30日，布拉德利的第12集团军群共可调集1990辆"谢尔曼"坦克(其中1780辆可以参战，不包括装备105毫米榴弹炮的"谢尔曼")，以及1300辆坦克歼击车。[21]当然，如果美军缺乏至关重要的空中支援，这么大规模的装甲战，其结果确实难以预料，但是德军在1944年12月16日—31日击毁了至少600辆"谢尔曼"和大约100辆坦克歼击车，己方仅损失222辆坦克和100辆坦克歼击车，这一事实就足以说明问题了。

用训练有素、指挥更专业的国防军代替党卫军第6装甲集团军，德军就有可能将美军多逼退20英里（约32.2千米）。美国历史学家丹尼·S.帕克对突出部之战做了多项引人注目的研究，他对这种变化可能造成的戏剧性局势逆转提出了有趣的看法，但常常被人们所忽视：

> 如果德军推进到列日—那慕尔地区，将严重干扰美国第1集团军的补给。而且，这一地区盟军补给规模巨大，仓库中的物资是经过数周的铁路运输积累起来的，根本不可能撤离。因此，德军从北面向默兹河一线推进将给盟军带来严重威胁。[22]

美国陆军的一份报告确认，这样的情况"将严重干扰阿登以北的所有美军补给行动，危及美国第1及第9集团军的补给和支援，如果持续下去，将严重影响这两个集团军的作战效能"[23]。在这种情况下，动用全部坦克兵力的问题就将出现在美军而非德军身上。将这种可能性发展为不同场景的反事实分析不是本书的目的，但是可以这么说，"守望莱茵"／"秋雾"行动也许不像盟国宣称的那样，"在开始前就注定失败"。

休·M.科尔的巨著《阿登：突出部之战》（美国陆军战史部出版）几乎被视为美国陆军关于阿登战役的"官方"著作。书中的结论是，导致德军失败的因素如下：[24]

1. 美军在攻势初期的防御比预期的更顽强；德军没能完全、迅速地撕裂美军防御阵地。

2. 战术支援和后勤运输没有跟上作战军队推进的速度。

3. 大规模机动时要实现紧密的作战指挥和流畅的调度，需要自由使用突出部内的公路网。进攻者忽略了这一点，最明显的是在巴斯托涅和圣维特，但是在其他地方也是如此。

4. 突出部的侧翼没有跟上中路的推进；突出部的肩部停滞不前。

5. 突出部作战力量的集结太慢，无法实现真正的进攻纵深。

6. 美军的战术反应和预备队的投入比预期的更迅速。

科尔和其他美国陆军历史学家囿于这些因素确实令人吃惊。尽管美军最初所做的抵抗远比德军预期的更顽强，但在进攻的第二天到第六天，德军在南半部的进攻迫使第101空降师以外的所有美军部队匆忙退却。第5装甲集团军的补给情况导致各部队行动迟滞了2天，但是随着12月21日攻克圣维特，这一问题已经得到解决。党卫军第6装甲集团军未能像第5装甲集团军那样深入，确实削弱了德军的进攻力量，但是第7集团军无法跟上第5装甲集团军的脚步，是因为科尔没有提及的因素——盟军对德军交通线的空袭。整体来说，德军侧翼的弱点对攻势的影响十分显著，超过了科尔所认为的更重要的因素。而且，德军第一波进攻的目标绝不是渡过默兹河，独自向安特卫普挺进；其他经过休整的德军部队已经做好了投入战斗的准备；但是科尔并没有讨论这一因素，也没有讨论这些部队仅在有限范围内部署的原因。科尔将美军迅速向阿登地区投入新的部队放在最后一位，实际上，这才是他所提到的因素中最为重要的一个。

按照阿登战役期间任德国党卫军第2装甲师团长的党卫队一级突击大队长奥托·魏丁格的观点，攻势失败是如下原因所致：1. 军队训练不足，缺乏装备和燃油保障；2. 德方战役指挥能力不足；3. 德军缺乏空中支援；4. 盟军的物资优势；5. 德国领导层对成功缺乏信心。[25]

然而，德军即便拥有训练有素的士兵，12月23日天气放晴时，他们对盟军的空中优势也无能为力。值得注意的是，对于这个德军攻势失败最为重要的决定性因素，科尔甚至只字未提。德军开始实施第二波进攻时，盟军同时展开大规模空袭，尤其是对德军后方公路网的打击。在参加第二波进攻的部队中，只有德国第3装甲掷弹兵师能够毫无延迟地抵达一线（党卫军第6装甲集团军北翼的埃森博恩岭）。但是，由于党卫军第1装甲军的失败，美军抓住机会加强了埃森博恩岭的阵地，尤其是炮兵阵地。因此，这支部队也无所作为。而且，第3装甲掷弹兵师缺乏必要的装甲支援，原计划提供这种支援的党卫军第12装甲师已经暂时失去战斗力。由于如下原因，参加第二波进攻的其他师的部署严重迟滞，对攻势的未来过程造成决定性影响：

党卫军第9装甲师因党卫军后方交通混乱而延误，接着又陷入盟军空袭中；

盟军空中优势在1944年年底至1945年年初冬季的阿登战役中起到关键作用。根据美军的照片文字说明，这2辆四号"旋风"防空坦克（各配备4门20毫米炮）在乌法利兹的空袭中被击毁。（NARA，559 69A.C. 彼得·比约克）

　　党卫军第2装甲师因党卫军后方交通混乱而延误，接着又陷入盟军空袭中；

　　第9装甲师因盟军空袭而延误；

　　第15装甲掷弹兵师因盟军空袭而延误；

　　"元首"掷弹兵旅因盟军空袭而延误；

　　第79国民掷弹兵师因盟军空袭而延误；

　　第9国民掷弹兵师因盟军空袭而延误。

美国陆军与德军不同，完全实现摩托化，拥有大量运输车辆。此外，美军后勤能力更强，能通过阿登地区狭小拥挤的道路将大量车辆送往前线。图中两个美军车队在阿登山区擦肩而过。（NARA，111-SC-199339）

具有全面压倒性优势的盟国空中力量使冯·伦德施泰特根本无法部署第三波进攻（他将这些部队中的大部分用于更南面的临时行动"北风"，这可能是当前局势下最合理的举措了）。

对于参加第一波进攻的前线部队来说，盟军的空中优势带来了无法克服的问题。德国第2装甲师先头部队在塞勒被消灭，第116装甲师在韦尔代纳处于劣势，党卫军第2装甲师无法从芒艾和格朗默尼勒更进一步——1944年圣诞节期间德军攻势的这些不足之处，主要是受盟国航空兵的影响。就德国第7集团军而言，在同一时期里，如果不是美军的空袭阻止了德国"元首"掷弹兵旅及时抵达前线，这个精锐旅很有可能扭转局面，使面对美国第4装甲师的防御战朝对德军有利的方向发展。

盟军的空中优势还保证了盟军的大规模重新集结，这也是战役最终结果的关键。虽然科尔在列举德军攻势失败的原因时没有列举盟军空中力量的影响，但是他讨论盟军重新集结时含蓄地提到了这一点：

> 美军各师不仅有大量车辆和挂车，而且可供运输卡车和列车使用的线路也很多。也许更重要的是，美军地面运输没有受到空中力量的骚扰和袭击。第1集团军在12月17日—26日开向交战区域的车辆超过48000辆，第12军仅使用两条公路，就在4天内将11000辆车开到100英里以外。相比德军的痛苦经历，美军的战术和补给调动很少因为道路封锁和交通堵塞而失败，当然，德军突破初期是个例外。虽然德军明显很好地利用了美军无线电通信网络中的情报，但是这被美军交通工具的速度和确定性抵消了。[26]

盟军还能够在遭到损失时保证备件和补充人员及物资的运输，而德军则被迫适应后方道路在白天遭到封锁的局面。德国预备军装甲兵总监霍斯特·施通普夫上将描述了这种现象带来的后果：

> 另一个大难题是缺乏备件。当然，这在一段时间里都是个问题，但在阿登攻势期间变得极其严重。有些时候，我们确实得到了储备的新坦克，却不能消耗燃油将其开往前线，而是将这些坦克拆解，用于维修此时在维

修梯队里的坦克……送来的新坦克数量很少。[27]

B集团军群首席参谋京特·赖希黑尔姆中校直率地说，"集团军群的进攻因为敌军的空中优势而遭到削弱"[28]。许多人都持相同的观点。例如，莫德尔元帅的炮兵顾问卡尔·托霍尔特中将也认为"敌军航空兵决定了我们的不利局面"[29]。历史学家丹尼·S.帕克也有相同看法。他写道："盟军空中力量对德军阿登攻势的打击具有历史意义，此前从没有一支空中力量能够从空中延缓敌军的突然反攻。"[30]因此，他同意弗雷德里希·冯·梅伦廷此前在《坦克战》中的结论："阿登战役让我们得到了一个教训，面对具有绝对空中优势的敌军，大规模装甲进攻没有任何希望成功。"[31]

1944年12月16日到1945年1月16日，盟军航空兵共战斗出动63741架次，损失了647架飞机。[32]到1945年1月31日为止，他们声称摧毁了11378辆机动运输车辆、1161辆坦克和其他装甲车辆、472座炮兵阵地、507辆机车、6266节铁路车厢和36座桥梁。[33]虽然这些数字明显夸大了，但毫无疑问，空中力量是盟军在阿登战役中取胜的最重要因素。

事实证明，德国空军西线战斗机部队在空战中全面劣于盟军的"无敌舰队"——有了前几个月的经历，这对德国最高统帅部来说并不值得惊讶。1945年元旦的"底板"行动确实是为德军地面部队消除空中威胁的一次重要尝试，结果也不能说是完全不成功。但是，与希特勒决定让泽普·迪特里希指挥的党卫军各师担当进攻主力的决定一样，阿登攻势中德国空军的弱点也必然被看成"秋雾"行动准备工作中最严重的错误了。

在"秋雾"行动的力量积蓄阶段，B集团军的地面部队以牺牲东线为代价而得到加强，但是德军西线和东线航空兵部队巨大的质量差距依然如故。与美国数量众多的重型轰炸机进行了2年残酷的消耗战之后，德国空军西线部队的老兵已经损失殆尽。沉重损失造成的缺口由匆忙训练的年轻新飞行员填补，他们在训练质量远高于己的盟军飞行员面前几乎没有任何胜算。

东线的情况就大不相同了。德军集中了整场战争中最富作战经验的飞行员。在这些老练的飞行员中，有战斗机飞行员埃里希·哈特曼（Erich Hartman，战争结束时共赢得了352次空战胜利）、进攻机及俯冲轰炸机飞行员汉斯－乌尔里希·鲁德尔（Hans-Ulrich Rudel，实施过2500次作战任务，期间报告摧毁了519辆坦克和800辆其他作战车辆）等非凡人物。实际上，东线的德国空军部队可以称得上是真正的精锐部队，至少半数飞行员在作战经验上都远胜于最好的盟军飞行员。东线老飞行员之一阿尔弗雷德·格里斯拉夫斯基（Alfred Grislawski）告诉笔者，他是如何在诺曼底上空对抗美国和英国航空兵的："我觉得自己胜出他们太多了，简直可以准确地预测他们的下一步行动"。[34]

德军没有将东线的这支精锐部队调来支援"秋雾"行动，违背了克劳塞维茨"将最好的部队全部集中起来，实施孤注一掷的进攻，以扭转战争命运"的原则。如果德军采用了这一做法，集中东线身经百战的战斗机飞行员以及西线最好的航空兵部队，那么他们真的很有可能在战场和后方上空取得必要的空中优势。美国战略航空部队——第8航空队在1945年1月的前几天代替遭到压制的战术航空兵，对德国交通枢纽进行了打击，经验告诉我们，打败这支部队的难度很大。但与此同时，如果将东线的650架德国对地进攻机用于打击阿登地区的盟军交通线，那么在1944年，双方在阿登战役中的角色可能已经颠倒。毫无疑问，将东线的精锐部队部署于阿登地区，对地面战役的影响将十分显著。

围绕阿登战役产生了许多神话和误解。其中最常见的一个看法可能是，整场攻势是基于德军夺取盟军燃油供应点这一前提，因为他们缺乏攻势所必需的燃油。德军在阿登地区的前线部队确实苦于燃油短缺——他们短缺的维护类型越来越多——但是产生这一现象有其他的原因。虽然燃油短缺意味着前线将士无法大量使用它们，但是，在博恩以西地区待命的党卫军第10装甲师拥有8个基数的燃油。科尔在其研究著作中相当明确地说，"德军的问题是运输，而不是燃油的全面短缺。"[35]

经常有人提出，在盟军对德军补给线毁灭性空袭的影响下，冯·伦德施泰特于1944年12月25日曾建议暂缓整个攻势。但事实是，他同时下令在阿尔萨斯发动"北风"行动，其目的很明确，就是为恢复阿登攻势创造条件，这也就说明他并不打算彻底取消"秋雾"行动。[36]而且，负责德军最高统帅部作战日志的佩尔西·E.施拉姆表示，在12月26日与希特勒及约德尔大将的讨论中，冯·伦德施泰特的意见是："从阿登向默兹河进军的计划仍然可行。"[37]同一天，冯·伦德施泰特发布了"加强[B集团军]先锋进攻力量"的命令。[38]

成千上万的年轻官兵死于阿登战役。德国第406国民炮兵军23岁的汉斯－约阿希姆·吉费（Hans-Joachim Giffey）中尉在攻势的第二天被弹片击中腿部，送到医院时已经死亡。（彼得·菲古尔）

　　但是，真的像德国第7集团军前参谋长鲁道夫·冯·格斯多夫男爵战后所说[39]，德军于1944年圣诞节向"西墙"全面撤退更有利吗？此举能否减少德军或盟军的损失很值得商榷，因为在这种情况下，盟军很有可能迅速发动一场强大的反攻——对此没有什么可以反驳的。如果德军在这一阶段退却，盟军就可以打击漫长战线上的任何一点，而只要阿登突出部在德军手中，盟军就不得不将力量集中于此，这使德军能够更经济地利用他们较为有限的军队。

　　对1944年年底至1945年年初冬季阿登战役的另一个常见看法（特别是美国方面）是，英国陆军元帅蒙哥马利总体上给战役施加了负面影响，正是他的"过度谨慎"延缓了盟军的胜利。但是，蒙哥马利的个人贡献至关重要，使阿登前线的整个中北部地段（圣维特和萨尔姆河地区）在1944年圣诞节前免于全面崩溃的命运。据战役中最为重要的美军部队指挥官之一罗伯特·哈斯布鲁克准将说，"如果不是蒙哥马利，美国第1集团军，尤其是圣维特突出部的军队，一场载入史册的惨败终将在所难免。"[40] 也有人认为，蒙哥马利在德军的推进被遏止后未能立即发动反攻，从而毫无必要地延缓了盟军的胜利。但是，我们已经看到，蒙哥马利于1月4日发动反攻时，尽管调动了数量可观的军队，盟军在克服极大困难、付出沉重代价之后，进攻仍然时断时续，十分缓慢。如果按照盟军方面某些人的希望，进攻发生在9天之前，那么蒙哥马利指挥下的部队还没有这么强的实力，德军部队也还没有在盟军的连续空袭和炮轰下遭受那么多消耗。

总体来说，美军在阿登战役的防御阶段表现得比后来的进攻阶段好。第3集团军于12月22日开始的攻势很难称得上特别辉煌。事实是，装备薄弱的德国第5伞兵师可以阻击美国陆军最好的部队之一（第4装甲师）多日，是德国陆军在阿登战役中取得的最杰出成就之一。正是这场出色的阻击战，加上第4装甲师右翼的2个美国步兵师进展迟缓，造成巴顿在巴斯托涅以西封堵德国第5装甲集团军的目标没能实现。

巴顿的攻势遭遇一连串的挫折，美国第11装甲师在巴斯托涅以西参加了几天的行动后撤出战斗，第35步兵师在新年前几天止步不前，都是其中的重要环节，而最高潮则是冯·曼陀菲尔于1945年1月4日发动反攻，将美国第6装甲师击退。在阿登前线的另一侧，李奇微少将眼看自己的第18空降军无法完成钳形攻势而愈发愤怒，从力量对比上看，这一行动本应取得成功。与此同时，德军通过许多战例，证明了他们在战役指挥和有限资源使用上的高超技巧，赢得了盟军阵营中的钦佩。

最终，对阿登地区德国军事力量的决定性打击并非来自西方盟军，而是苏联红军。实力明显更强的苏联红军于1945年1月12日发动进攻，导致德军东线防御崩溃的同时，也立即给阿登地区带来了严重后果。第一个影响就是部署于阿登地区的大部分军队——包括大部分航空兵和800辆坦克——被调往东线。[41] 没过多久，德军士气终于全面瓦解。正是士气支撑着德军，在如此之长的时间里抵挡住了拥有数量优势的盟军，此时，这一决定性因素消失了。

总体而言，近7周的阿登战役证明，德国陆军的战斗效能确实高于美国陆军。美国军事历史学家特雷沃·N.迪皮伊进行的一项调查也说明了这一点。迪皮伊写道："在突出部之战中，德军士兵一次又一次地击败他们的美国对手……德军更优秀，至少在战役的前几天里是这样，总的来说，在整个战役的大部分情况下都是如此……在近战中，他们通常能给美军造成比己方更大的伤亡。"[42]

　　当然，德国人并不是"超人"，而且，他们的食品供应不如美国对手，通常也更加疲劳，但是他们的训练通常更好，使用的军事条令更适合现实作战情况，在主动性上往往也好于美军。此外，德军的组织也比美军更适合战场现实；仅是对待新兵的不同方式，就起到了关键的作用。德军一线部队立即就能整合完整、团结的新兵群体，与前线部队融为一体，新来的士兵马上就能高效地投入战斗，而美军新兵抵达前线时是困惑、缺乏特性的个体，往往听凭命运的摆布，因此在前线的第一段时间内战斗价值有限（他们常常无法幸存）。

　　此外，德军的装备在许多情况下也优于对手。一小队德国士兵使用突击步枪，就可以在火力上压倒规模大得多的美国步兵单位。坦克的质量差距更大，这当然会影响双方士气。在突出部战役的最终总结中，美国第3装甲师老兵的纪念册上指出，他们"太经常看到'谢尔曼'与'豹'式坦克面对面一决雌雄的结果。除非抓住对方处于不利态势的机会，否则'谢尔曼'通常会失败，成为一堆燃烧的残骸"[43]。

　　除采用同时弹着齐射战术和POZIT空爆弹的美国炮兵外，最令阿登地区的德国士兵恐惧的莫过于盟军航空兵。只要有一架派珀炮兵观测飞机或一小队"雷电"战斗轰炸机在空中盘旋，就足以使整个地区的所有德军炮兵因担心遭到轰炸或精准炮兵打击而陷入沉默。空中出现的战斗轰炸机往往使德国坦克手惊恐地丢弃车辆，躲进附近的沟渠中。这种做法并非完全不正确。据党卫军第6装甲集团军的报告，英国"台风"战斗轰炸机发射的火箭弹如果直接命中，足以完全摧毁一辆"豹"式坦克。[44]虽然火箭弹的准度很差，但是德国坦克手不愿意冒任何风险。美国战斗轰炸机使用的250磅高爆炸弹也表现出炸翻一辆坦克的能力，而美军的燃烧弹尤其令人畏惧。

　　阿登战役中的另一个影响因素是冬季的恶劣气候。许多美军士兵在该地区仍然穿着夏季的皮靴。冻伤的士兵只能通过饮酒来缓解疼痛，这当然只会使伤势恶化。阿登战役期间，美国陆军撤出了15000名冻伤士兵。美军在这种情况下俘虏穿着美军装备的德国士兵时，想象不到德军装备的抗寒性能更差，也是可以理解的。

　　对美国陆军来说，阿登战役是二战中最血腥的一战。不幸的是，很难确定双方的具体损失。最常见的美国官方数字是，1944年12月16日到1945年1月28日期间，人员损失为80987人。分解如下：

期间	阵亡人数	失踪人数（包括战俘）	受伤人数	总计
12月16日—1月2日	4138	16946	20231	41315
1月3日—1月28日	6138	6272	27262	39672
总计	10276	23218	47493	80987

但是，战争期间，据第12集团军群作训部部长富兰克林·K.基布勒少将记录，第12集团军群仅在1944年12月22日到1945年1月14日间就损失了81810人（阵亡、受伤和失踪）。以特雷沃·N.迪皮伊为首的研究小组经过调查，认为大部分此类数字相比事实太高。根据迪皮伊等人的统计，美军到1945年1月16日为止，在阿登战役中人员损失为62439人。分解如下：

期间	阵亡人数	失踪人数（包括战俘）	受伤人数	总计
12月16日—1月1日	3304	18860	17219	39383
1月2日—1月16日	3024	4539	15493	23056
总计	6328	23399	32712	62439

根据这些资料，美军1945年1月发动攻势期间的阵亡人数（按照每日平均数计算）高于1944年12月的防守阶段（这就更显著地表明，之前的史料编纂者相对忽视1月的战役）。

但是，上述数字有多处问题。根据德军的统计，到1944年年底为止，美军在阿登战役中被俘24000人，而各种美国资料给出的同期失踪和被俘士兵人数约为17000—19000人，这确实很奇怪。[47]①

美国国防部的最新数据是，阿登战役中的人员损失为89500人（19000人阵亡、47500人受伤、23000人失踪），与上述的数字明显不同。美国陆军部的一份官方报告显示，美军在阿登战役中的损失更大——19246人阵亡、62489人受伤、26612人被俘或失踪，总计108347人。这与德军在1944年12月16日—1945年1月25日统计的盟军被俘人数26430人相当一致。[48]根据战后的统

---

① 译注：原版书未标注注释45、46在正文中的位置。

计，1944年12月和1945年1月，美国陆军在欧洲战场被俘的人数为28178人，但这个数字还包含了被击落的飞行员。[49]

不过，无可争议的是，由于阿登战役，1944年12月和1945年1月美军遭受的损失超出了其在二战欧洲战场其他阶段损失的总和。[50]

除美军的损失外，还应该加上英军和加拿大军队在阿登的伤亡——200人阵亡、969人受伤、239人失踪，共计1408人。[51]不同来源给出的数字不同，大约在1400—1500人之间。

1944年12月到1945年1月底的阿登战役期间，德军的损失统计也和美军一样不明确：最多的估算数据达到12万人，而根据德方最新的研究则只有68000人。[52]以特雷沃·N.迪皮伊为首的研究小组得出的结论是，到1945年1月16日为止，德军在阿登战役中的人员损失为65685人。分解如下：[53]

期间	阵亡人数	失踪人数（包括被俘）	受伤人数	总计
12月16日—1月1日	6531	17565	20640	44736
1月2日—1月16日	4517	8489	7943	20949
总计	11048	26054	28583	65685

德国历史学家赫尔曼·容确定了各集团军在1944年12月16日到1945年1月底的损失：[54]

单位	阵亡人数	失踪人数（包括被俘）	受伤人数	总计
第5装甲集团军	4415	8276	10521	23212
党卫军第6装甲集团军	3818	5946	13693	23451
第7集团军	2516	8271	10225	21012
总计	10749	22487	34439	67675

根据德军最高统帅部的总结，1944年12月16日—1945年1月25日期间，德军在整个西线遭受如下损失：[55]

阵亡12652人

失踪30582人

美国第4装甲师宪兵弗兰克·凯利押送着一队在巴斯托涅地区俘虏的德国士兵。一群乘坐着半履带车的美国士兵从旁经过。（NARA，111-198450/ 吉尔伯特）

受伤 38600人

总计 81834人

可以认定，双方在阿登战役中遭到了同样惨重的伤亡。上述表格和前文的美军损失表格表明，双方在处于攻势时遭受的损失更大（按每日平均数）：1944年12月的进攻一方是德军，而1945年1月则为美军。

　　事实证明，造成双方伤亡的最主要原因都是炮兵火力，这是二战中的主导力量。德军方面因为炮火造成的伤亡比例更高。例如，第9国民掷弹兵师在阿登战役中的伤亡有86%是美国炮兵火力所致。[56]"元首卫队"旅中对应的比例为60%—70%。[57]美军方面的数字显示，第3集团军在1944年12月的损失中有60%是德军炮兵、迫击炮或地雷造成的。[58]双方的差异不仅是因为美国炮兵更胜一筹，还因为盟军占有空中优势。因此，盟军不仅能由炮兵观测飞机为炮兵提供火力控制，还可以在很大程度上避免德国炮兵与美军炮兵直接交战。莫德尔元帅在B集团军群的炮兵顾问托霍尔特中将称"这一因素的影响很大，以至于我方无法压制敌军的重炮"[59]。

　　此外，盟军空袭造成的德军损失占比也不小——在"元首卫队"旅中占到15%—20%。[60]美国第3集团军的损失中有25%是枪伤，而德军损失中这一因素仅占10%—20%。由此可见，在近战中美军的损失超过德军，比率为1.5∶1。

　　从统计数字中可以看到一个有趣的关联，就受伤人数在死伤总人数中的比例而言，美军（82%）明显高于德军（迪皮伊等人的研究则为69%），说明美军对伤员的救护措施更好，而德军士兵因伤死亡的比例更高。迪皮伊的数字还说明，随着战役的推进，德军在救护伤员方面的困难越来越大（伤员占伤亡总人数中的比例从12月的75%下降到1月的63%），可以认定，这很大程度上是德军交通线受空袭影响所致。

　　战役结束时，双方都有多个单位几乎消耗殆尽。美国第82空降师第325滑翔机机降步兵团第2营营长查尔斯·W.梅杰（Charles W. Major）中校在报告中提到："我营在1944年12月18日离开法国锡索讷时有兵员685人，行动期间得到了150名补充兵员。1945年2月4日，我营的兵力只剩下221人。"[61]德国方面，第5伞兵师在4周里损失了原有兵力的一半——8334人。

　　物资损失方面，德军报告在1944年12月16日—1945年1月25日，于阿登地区共摧毁1742辆（门）盟军坦克和反坦克炮，另缴获91辆（门）。[62]我们已经看到，美军1944年12月在阿登地区损失的装甲车辆可能达到约600辆"谢尔曼"坦克、200辆轻型坦克（主要为M5"斯图尔特"）、100辆坦克歼击车和400辆M8及M20装甲车。根据理查德·C.安德森的估算，12月29日到1月28日期间，美国第1集团军损失了152辆"谢尔曼"中型坦克；[63]据乔治·巴顿说，

1944年12月23日到1945年1月29日的阿登战役期间，美国第3集团军损失了264辆"谢尔曼"。[64]由于其中的130辆损失发生在1944年12月，则1945年1月美军共损失"谢尔曼"坦克估计约为270辆。

理查德·C.安德森推算的美军轻型坦克损失为：1944年11月20日—12月20日，134辆；1944年12月20日—1945年1月20日，208辆；1945年1月20日—2月20日，93辆；总计435辆。至于其他美军装甲车辆[①]，安德森给出了如下数值：

期间	M10	M18	M36	自行火炮	M8	M20	M7	M8	其他装甲车辆小计
1944年11月20日—12月20日	62	44	21	127	87	277	105	18	614
1944年12月20日—1945年1月20日	69	27	26	122	200	18	0	46	389
1945年1月20日—1945年2月20日	106	16	18	140	30	0	3	9	182
总计	237	87	65	389	317	295	108	73	1185

因此可以推算出，美军在阿登战役中损失多达2000辆装甲车辆——大约1200辆坦克（多达900辆"谢尔曼"和300余辆轻型坦克）、150辆坦克歼击车、450辆装甲车和150辆自行火炮。这些数字与德方有关美军阿登战役期间装甲车辆损失的统计数字（1833辆）很接近。

美军装甲师多次蒙受绝对惨重的损失。例如，美国第7装甲师仅在1944年12月17日到30日间就损失了103辆坦克（72辆"谢尔曼"和31辆"斯图尔特"）。[65]第11装甲师在1944年12月底到1945年1月初不过2周的战斗中就损失了86辆坦克（54辆"谢尔曼"和32辆"斯图尔特"）。[66]第3装甲师的统计较为粗糙，该师在1944年12月16日—1945年1月16日的整整1个月中损失了163辆坦克（125辆"谢尔曼"和38辆"斯图尔特"）。[67]

德军在战斗中损失的装甲车辆明显较少。据瑞士军事历史学家埃迪·鲍尔的统计，德军在阿登战役中共损失324辆坦克。[68]1944年12月16日到1945年1月15日，据阿登战役中的装甲兵部队记录，德军损失了196辆"豹"式坦克：[69]

---

① 译注：原文为"坦克"，与下表不符，应为笔误。

战斗过后，美军开始抢救被摧毁的装备。在被击毁的"谢尔曼"坦克行列中，有一辆德国四号坦克歼击车。（NARA，SC 197793/T/4 梅尔杰）

单位	1944年12月16日— 1945年1月15日 损失的"豹"式坦克	1945年1月1日— 1945年1月15日 损失的"豹"式坦克
党卫军第1装甲师	30	0
党卫军第12装甲师	24	6
党卫军第2装甲师	24	13
党卫军第9装甲师	30	2
第150装甲旅	5	0
第2装甲师	20	2
第116装甲师	30	0
装甲教导师	6	0
第9装甲师	16	11
"元首"掷弹兵旅	11	2
总计	196	36

如前所述，1944年12月四号坦克和"豹"式坦克的损失比率为1∶2，"虎"式和"豹"式坦克的损失比为1∶10。这似乎证实了鲍尔的数字。这些数字还应该加上阿登战役期间估算的150辆突击炮。

然而，德军在阿登损失的装甲作战车辆总数明显更高。在美国第8军于阿登战役后重新夺取的地区，找到了322辆被摧毁或被放弃的德军坦克。[70]阿登战役中，德军共动用1800余辆坦克和坦克歼击车／突击炮（其中340辆是损失后补充的）。1945年1月，其中的大约800辆调往东线。[71]1945年1月5日，参加阿登战役后没有被调往东线的装甲部队共有250辆坦克（其中有151辆"豹"式和62辆四号坦克）和137辆坦克歼击车／突击炮，总数不及400辆。[72]这表明，德军在阿登地区共损失近600辆坦克和坦克歼击车／突击炮。迪皮伊研究得出的数字在527—554辆之间：[73]

16—20辆"虎"式

191—194辆"豹"式

141—158辆四号坦克

179—182辆坦克歼击车／突击炮

据德军记录，1944年12月16日—1945年1月25日期间，共摧毁1742辆盟军坦克和坦克歼击车。这张照片展示了1944年12月18日德军在波托摧毁和缴获的美军作战车辆。（NARA，Ⅲ-SC-198251）

据拉尔夫·蒂曼的估计，德军在阿登地区的物资损失为550辆坦克和坦克歼击车，以及5000辆其他车辆。[74]战斗损失与总损失数量存在差异，这是因为许多车辆缺乏燃油，1945年1月德军退却时不得不放弃。然而，德方的一些叙述中显著夸大了丢弃车辆的比例。例如，冯·曼陀菲尔写道："我们在1945年1月退却时不得不炸毁大量坦克，主要是因为救援车辆太少，那也是因为燃油短缺所致。我依稀记得，因为缺乏救援车辆而损失的坦克5倍于战斗中的损失。"[75]对德军在阿登地区装甲车辆损失的一项细致研究揭示，德军最终撤出阿登时，以这种方式丢弃的坦克和坦克歼击车/突击炮不太可能超过100辆。不过，还应该考虑一点，在德军到1945年1月中旬为止损失的近500辆坦克和坦克歼击车/突击炮中，许多是出于各种原因被其车组人员丢弃和摧毁的。

　　不过，在纯粹的装甲战中，德军的表现全面优于美国对手。党卫军第2装甲师共报告击毁美军坦克224辆，已方损失为28辆"豹"式和34辆四号坦克。[76]该师与美军的交换比高达3.6∶1，但与许多国防军装甲师的战果相比仍稍逊一筹。第5装甲集团军下辖的第47装甲军在与美军坦克或坦克歼击车交锋时，交换比高达8∶1到10∶1。"元首卫队"旅的记录更出色，该旅声称在阿登地区共摧毁了178辆美军坦克，[77]自身的损失则为：因敌方反坦克炮或坦克主炮损失10—12辆，另有5辆因触雷而损失。[78]这意味着，雷默上校指挥的这个旅每损失1辆坦克，可以击毁15辆美军坦克。而支援第18国民掷弹兵师的第244突击炮旅在阿登战役中的交换比可能是无法超越的，该旅摧毁了54辆美军坦克，已方的损失不超过2辆三号突击炮。[79]

　　1945年2月盟军对阿登地区被摧毁或丢弃的75辆德国坦克或坦克歼击车 /突击炮进行了一项调查，说明这些坦克是出于如下原因损失的：[80]

损失原因	"虎"Ⅱ式	"豹"式	四号坦克	坦克歼击车	小计
空袭	1	3	0	2	6
穿甲弹	1	16	1	9	27
炮兵火力	0	3	0	1	4
炸毁或者丢弃	3	20	1	4	28
其他原因	0	0	1	1	2
不明原因	0	5	2	1	8
总计	5	47	5	18	75

　　上表中，有37辆作战车辆毫无疑问是在战斗中损失的，其中27辆被反坦克炮或坦克主炮摧毁、4辆被炮兵火力摧毁、6辆毁于空袭。这说明盟军在阿登战役中可能摧毁了80—90辆德国坦克和坦克歼击车 /突击炮。不过，这些材料可能高估了空袭摧毁的装甲作战车辆数量，因为这项研究在一片6—14平方英里(约15.5—36.3平方千米)的区域内进行，航空兵声称在这附近摧毁了敌军的坦克或坦克歼击车。然而，盟军航空兵完全有可能造成比上表所示更大的损失，因为德国作战车辆常常因为空袭而被车组人员抛弃，此后静止不动的车辆很容易被地面炮火摧毁。

战争结束后很长的一段时间里，尽管人们努力清理战场，阿登地区仍然充满了被摧毁的军用装备。这张照片可能拍摄于1945年夏季，我们从中可以看到一辆被摧毁的"谢尔曼"坦克，背景是一辆炮塔被炸飞的"豹"式坦克。（迪希基国家军事历史博物馆）

　　事后分析，德军也许真的有可能（尽管概率很小）在1944年年底至1945年年初冬季打到安特卫普。不过，实现这一目标的基本条件是以训练和指挥更出色的国防军士兵代替泽普·迪特里希的党卫军第6装甲集团军，并用更高质量的空军支援进攻。无论如何，所谓的"小解决方案"都可能成功实施。因此，从军事方面看，"秋雾"行动并不像人们常说的那样不现实。

　　但是，实施这一冒险行动的理由——或是为了政治：恐吓西方国家民众，使他们的政府无法继续战争；或是为了赢得时间，使德国能更大规模地部署"神奇武器"。从这两方面说，这个计划都是不现实的。在1945年年初迫使某个西方盟国撤出战争的想法，只能是纳粹独裁者绝望之中的痴心妄想。从当时的情况看，德国工业在1945年新年前后已经濒临全面崩溃，完全没有能力生产出必要数量的新潜艇、喷气式飞机和V-2火箭。

军事方面，"秋雾"行动也有可商榷之处，即使德军能够成功抵达安特卫普，其大大拉长的南翼也可能被巴顿强大的第3集团军摧垮，还有可能遭到更多盟军的打击。由于需要调集德国部队对抗侧翼的这一威胁，德军能否实现消灭安特卫普以东被围盟军的目标，仍有很大疑问。

不过，德军在许多方面还是取得了相当的成功。首先必须强调的是，他们在1944年12月16日拂晓发起的进攻完全出乎对手意料，这是德军在战争的最后阶段取得如此成功的最重要因素。德军在阿登战役前几天发动的攻势是盟军在二战中最后一次重大的战术失败。

但是，即便一切如德国人所愿，阿登攻势也不可能使战争形势转向有利于希特勒的方面。不过，整个盟军的战略可能会被推翻。如果这样，苏联红军更可能于1945年夏季与西方盟军在莱茵河会师，而不是像事实中那样，于1945年4月底在向东200英里（约322千米）的易北河会师。如果战争再推迟几周结束，我们的历史书上提到的可能是两个德国城市，而不是广岛和长崎。

尽管阿登攻势没有实现其目标，而是以德军的战术失败告终，但从迟滞盟军进攻计划这一点上看，它仍然可以视为德军的战略胜利。通过1944年12月16日的进攻，德军在西线赢得了5—6周的喘息机会，此外，德军在初期取得的成功造成了一种心理冲击，使盟军最高统帅部变得更加犹豫和谨慎。1945年2月初，他们做出了让美军第1和第3集团军在阿登地区停止前进的决定，使盟军挺进德国的行动推迟了至少1个月。

阿登攻势发起时，德国首都柏林与西线和东线的距离相同。最终，"秋雾"行动最明显的效果可能是，苏联红军攻克柏林，而美军与苏军会师的地点向西移动了75英里（约121千米）。苏联成了阿登攻势真正的胜利者。

本章注释

1. 利德尔·哈特，《在山的另一边》，P.331。

2. 格尔利茨，《莫德尔：陆军元帅和他的鲁尔之战》，P.222。

3. 冯·曼陀菲尔，《第5装甲集团军，1944年9月11日—1945年1月》，ETHINT-46，P.9。

4. 帕克，《突出部之战》，P.289。

5. 梅伦廷，《装甲战：二战装甲兵运用研究》，P.406。

6. 同上。

7. 赖希黑尔姆，《总参谋部关于赖希黑尔姆上校在1944秋季到1945年春季作为B集团军群首席参谋时的活动报告》，A-925，P.22。

8. 梅伦廷，《装甲战：二战装甲兵运用研究》，P.406。

9. 古特曼，《阿登后续：第2装甲师(1944年12月16~20日，1945年1月13~17日)》，P-109e，P.3。

10. 梅伦廷，《装甲战：二战装甲兵运用研究》，P.408。

11. 韦斯特法尔、齐默尔曼和措林，《西线总司令——34个问题，1944年9月1日—1945年5月8日》，A-896，P.5—6。

12. 同上。

13. 梅伦廷，《装甲战：二战装甲兵运用研究》，P.408。

14. 施拉姆，《德军阿登攻势的准备工作(1944年9月—12月)》，A-862,P.118。

15. 梅伦廷，《装甲战：二战装甲兵运用研究》，P.408。

16. 迪特里希，《阿登战役中的第6装甲集团军》，ETHINT-015，P.26。

17. 帕克，《突出部之战》，P.289。

18. 来源：理查德·C.安德森。

19. 达格代尔，《1944年秋季-1945年2月西线阿登和"北风"行动中德国陆军和武装党卫军装甲师、装甲掷弹兵师、装甲旅详细和准确的兵力和组织，第1卷》。

20. 施拉姆，《德国国防军最高统帅部日志，第7卷》，P.439和445。

21. 来源：小理查德·C.安德森，为美国政府工作的历史学家和分析家。

22. 帕克，《突出部之战》，P.151。

23. 同上。

24. 科尔，《阿登：突出部之战》，P.670。

25. 魏丁格，《党卫军第4装甲掷弹兵团在阿登攻势中的使用(1944年12月16日—1945年2月17日)》，P-109b，P.20。

26. 科尔，《阿登：突出部之战》，P.666。

27. 施通普夫，《阿登战役中的坦克维护》。外军研究61，P.2—3。

28. 赖希黑尔姆，《总参谋部关于赖希黑尔姆上校在1944秋季到1945年春季作为B集团军群首席参谋时的活动报告》，A-925，P.24。

29. 托霍尔特，《阿登战役中的B集团军群炮兵》，B-311，P.10。

30. 帕克，《赢得冬季的天空》，P.9。

31. 梅伦廷，《装甲战：二战装甲兵运用研究》，P.410。

32. 里卡德，《进攻并消灭：巴顿在突出部的作战指挥》（无页码）。

33. 克雷文和凯特，《二战中的陆军航空队。欧洲：战争胜利日的争论，1944年1月—1945年5月》，P.711。

34. 阿尔弗雷德·格里斯拉夫斯基，作者的采访。

35. 科尔，《阿登：突出部之战》，P.667。

36. 施拉姆，《德军阿登攻势始末（1944年12月16日—1945年1月14日）》，A-858，P.6。

37. 同上，P.7。

38. 同上，P.8。

39. 冯·格尔斯多夫，《阿登攻势的结果》，A-933，P.1—2。

40.《突出部》，第3卷，第1号，1994年2月。www.veteransofthebattleofthebulge.org/wp-content/uploads/2011/03/1994-Feb.pdf，2012年7月5日。

41. 容，《阿登攻势1944/45》，P.195。

42. 迪皮伊、邦加德和安德森，《希特勒的最后赌博》，P.498—499。

43. "噩梦的结束"，见《西线的先锋：第3装甲师》一书，互联网出现后由第3装甲师战史网站员工数字化：http://www.3ad.com/，2010年7月21日。

44. 基尤国家档案馆，ULTRA BT 942，PRO 31/20；本内特，《西方的"超级"行动》，P.218。

45. 里卡德，《进攻并消灭：巴顿在突出部的作战指挥》（无页码）。

46. 迪皮伊、邦加德和安德森，《希特勒的最后赌博》，P.464起。

47.《德国国防军，1939—1945，第3册，1944年1月1日—1945年5月9日》，P.388。

48. 施拉姆，《德军阿登攻势始末（1944年12月16日—1945年1月14日）》，A-858，P.20。

49. 波格，《波格的战争：一位二战历史学家的日记》，P.328。

50. 波格，《二战中的美国陆军：欧洲战场：最高统帅部》，P.543。

51. 美国国家档案与记录管理局：G-2 SHAEF to G-2 SHAEF，1945年2月2日，SHAEF G-3文件：阿登战役。GCT/370-49/Ops A。

52. 里卡德，《进攻并消灭：巴顿在突出部的作战指挥》（无页码）。

53. 迪皮伊、邦加德和安德森，《希特勒的最后赌博》，P.472起。

54. 容，《阿登攻势1944/45》，P.378。

55. 施拉姆，《德国国防军最高统帅部日志，第8卷》，P.1362。

56. 科尔布，《阿登攻势中的第9国民掷弹兵师战区（1944年12月25日—1945年1月25日）》，B-521，P.35。

57. 雷默，《阿登攻势中的元首卫队旅（第2部分）》，外军研究B-838，P.18。

58. 科尔，《阿登：突出部之战》，P.656。

59. 托霍尔特，《阿登战役中的B集团军群炮兵》，B-311，P.9。

60. 雷默，《阿登攻势中的元首卫队旅（第2部分）》，外军研究B-838，P.18。

61. 美国国家档案与记录管理局：关于作战的访谈：第325滑翔机步兵团2营营长查尔斯·W.梅杰中校，第325滑翔机步兵团2营作训参谋赫伯特·L.利特尔上尉，1934年3月25日。

62. 施拉姆，《德国国防军最高统帅部日志，第8卷》，P.1362。

63. 来源：小理查德·C.安德森，为美国政府工作的历史学家和分析家。

64. 巴顿，《我的战争－追忆二战》，P.179。

65. 美国国家档案与记录管理局：战争报告，第7装甲师（1944年12月1日—31日）。师级记录，第427条，记录组407。文件607：第7装甲师。

66. 美国国家档案与记录管理局：战果报告，第11装甲师，1944年12月23日—1945年1月31日。师级记录，第427条，记录组407。文件607：第11装甲师。

67. 官方记录增补，第3装甲师情报及教育官员默里·H.福勒少校。见《西线的先锋：第3装甲师》一书，互联网出现后由第3装甲师战史网站员工数字化：http://www.3ad.com/，2010年7月21日。

68. 鲍尔，《阿登攻势》，P.87。

69. 延茨，《德国"豹"式坦克：对作战优势的追求》，P.152。

70. 美国国家档案与记录管理局：关于作战的采访，第8军军长特洛伊·H.米德尔顿少将。德国措伊伦罗达。1945年4月20日。RG 407, Box 24137, ML 130, pp. 1-2。

71. 容，《阿登攻势1944/45》，P.195。

72. 装甲兵总监第630/45号文件，机密，附件4：西线司令部装甲兵情况，1945年2月5日。

73. 迪皮伊研究所论坛，www.dupuyinstitute.org/ubb/Forum5/HTML/000010-3.html。

74. 蒂曼，《警卫旗队师，第4卷／第2册》，P.206。

75. 冯·曼陀菲尔，《阿登攻势中的第5装甲集团军，1944年12月16日—1945年1月25日》，B-151，P.127。

76. 迈尔斯·克罗格福斯，"德国装甲兵的故事"。《装甲车辆新闻》，1987年1月。

77. 雷默，《阿登战役中的元首卫队旅》，ETHINT-80，P.13。

78. 雷默，《阿登攻势中的元首卫队旅（第2部分）》，外军研究B-838，P.18。

79.S.哈特和R.哈特，《二战德国坦克》。

80. 古德森，《战线上的空中力量：盟军在欧洲的近距空中支援，1943~1945》，P.121。

致　　谢

本书第一版〔瑞典语版本，由鹤鹑出版社（Vaktel förlag）出版〕问世已经过去了1年。从那时起，它取得的成功是我在一年前无法想象的。瑞典语版第一次印刷的3000册不到半年便已售罄。我已经重印了2000册瑞典语版本，在史诗般的阿登冬季战役70周年之际，英语版也出版了。2015年，"过去与现在"出版社还将出版西班牙语版本。

然而，如果没有许多人给予各种形式的帮助，本书几乎不可能问世，也肯定不可能是现在的样子。首先，我深深地感谢我的家人，玛丽亚、马丁和卡洛琳：没有你们的支持和理解，我不可能写出任何作品。我还要感谢埃尔宾、克里斯托弗以及我的母亲布丽塔！

我的同事克拉斯·松丁不仅在彩色侧视图和照片的复原上提供了帮助，也一直是手稿的严格审读者。由于克拉斯的贡献，大量70年前拍摄的受损照片得救了，达到了"可印刷"的质量。总体上，为本书获得满意数量的照片是很困难的；由于各种原因，1944年年底至1945年年初冬季阿登战役期间德国方面的照片相当少。因此，在很多情况下，我选择使用了并非在阿登地区拍摄的照片阐述事实，但这些照片中的装备和情景，阿登战役中也很有可能拍摄类似的照片。如果不这么做，德军的照片就显得太少，那将使本书在这方面产生令人遗憾的偏差。希望读者能够理解。

奥拉·拉韦松在库布伦茨德国联邦档案馆寻找照片的工作简直令人难以置信。我深深地感谢你，奥拉！科布伦茨德国联邦档案馆的萨布丽娜·巴德尔夫人也给予了很大的帮助，是最值得我感谢的人。

我从罗兰德·高尔和令人惊艳的卢森堡迪基希国家军事历史博物馆那里得益甚多，罗兰德·高尔的同事马里昂·沙夫、丹尼尔·约尔当和本·苏瓦松也给予了帮助：感谢你们出色的工作，帮助我得到了本书中的照片和信息。

我非常感谢奥妮·马纳特和阿克塞尔·黑尔穆斯，他们将父亲霍恩斯特·黑尔穆斯（参加过突出部之战的德国老兵）的日记和令人惊叹的艺术作品贡献了出来，供本书使用。

通过马丁·蒙松，我有幸使用了来自德国老兵的独特影像。马丁以其广博的专业知识，在本书的写作期间起到了极其重要的作用。感谢宝拉·瓦普允许我使用美国战争老兵保罗·瓦普在阿登战役中拍摄的照片！感谢oldhickory30th.com网站的沃伦·沃森与阿登战役老兵的联络，以及在为本书获取照片过程中提供的大力帮助！我还要深深地感谢唐·巴恩斯，他是《地狱之鹰的"雷电"》这一杰作的作者，第365战斗机大队官网插图画家和主管，为我提供了许多有价值的照片和信息。非常感谢劳埃德·耶勒贝格和朱迪·斯特芬斯贡献的照片！戴维·E.布朗在许多被摧毁军事装备的照片方面提供了帮助，我对此非常感激。同样值得感谢的还有彼得·比约克，我通过他取得了美国国家档案与记录局的图像与档案素材。感谢你宝贵的帮助，彼得！感谢卡琳·沃林、伦纳特·韦斯特贝里、米卡埃尔·松德贝里帮助收集其他照片！我还要感谢巴拉克德弗赖蒂尔卡勒富尔旅馆的埃斯梅拉达·勒热纳，感谢她授权我发表这个著名酒店的照片！

对于马克·罗马尼亚什在美国国家档案及记录局的杰出工作，我心存感激。马克的贡献绝对至关重要！我还要感谢弗赖堡德国联邦档案馆/军事档案馆、基尤国家档案馆和斯德哥尔摩军事档案馆员工们的大力帮助。

特别感谢瑞典军队的马茨·德鲁格少校，他对瑞典语版所做的认真校对很有价值！深深感谢塞缪尔·斯韦德为本书制作了出色的地图，我总是做出过于挑剔的更正，感谢塞缪尔的理解、支持和耐心！感谢罗科·古斯塔夫松奇妙的设计，我对此感激不尽！

我也必须向小理查德·C.安德森致以谢意，他对阿登地区美军装甲车辆损失统计数字提出了最有价值的意见。

我希望向约翰·W.法格表达特别的谢意，感谢他对本书的贡献、支持和鼓励！感谢汉斯·E.瑟德尔和罗杰·马凯的支持、鼓励和在与老兵联络时所提供的帮助！感谢我的朋友达留什·蒂明斯基，感谢你这些年来运营我的网站，感谢你的所有鼓励！

我还要感谢普林顿的维拉·科佩尔，炮塔出版社的戴维·法恩斯沃斯以及"过去与现代"出版社的贡萨洛·庞顿对本书的兴趣。

下面这些人（包括老兵和其他人士）对本书也做出了各种各样的贡献，我同样感激不尽：詹姆斯·W.亚历山大、弗朗西斯·J.安德森、格哈德·贝克尔、金特·巴尔、米尔科·拜尔、汉斯格奥格·贝切尔、赫尔穆特·贝伦德斯、戈登·布卢姆、理查德·H.拜尔斯、杰夫·克莱门茨、丹·埃里克松、罗尔夫·埃里克松、小约瑟夫·S.埃文斯、利斯贝特·奥赫、彼得·菲古尔、阿道夫·加兰德、罗伯特·加尔利希、阿尔弗雷德·格里斯拉夫斯基、拉尔斯·于伦霍尔、马丁·霍夫曼、威廉·胡贝尔、维尔纳·霍恩贝格、莫滕·耶森、托马斯·荣松、迈克尔·肯尼、肯尼斯·基克、弗雷德里希·拉德曼、帕尔·拉格奎斯特、约翰内斯·朗格、埃里克·"罗尼"·勒莫因、威廉·J.莱昂纳德、威廉·莱昂斯、罗斯玛丽·马丁、弗里德里希·迈尔、黑尔佳·迈尔、威廉·S.迈尔、约翰·M.诺兰、《军事历史》的佩尔·埃里克·奥尔森、埃斯基尔斯蒂纳城市图书馆的罗杰·佩德森、罗伯特·鲍威尔、马蒂·萨洛宁、海因里希·沙伊贝、霍斯特·施密特、彼得·斯赫雷弗斯、克劳斯·施罗德、拉尔夫·安东·沙费尔、斯特凡·舍贝里、《军事历史》的马尔科·斯梅德贝里、本·苏瓦松、《关于历史》的阿克·斯泰因瓦尔、迪尔特·施滕格、M.凯瑟琳·汤普森、斯蒂芬·汤普森、汉斯·维杰斯和迪尔特·沃拉茨。

　　如果我偶然地忘掉了某位为本书提供帮助的人，那完全是出于无心和巧合，为此我先行道歉，希望得到宽容。

　　　　　　　　　　　　　　写于瑞典埃斯基尔斯蒂纳，2014年8月15日

　　　　　　　　　　　　　　克里斯特·贝里斯特伦

附录1
德国和美国军事单位结构
（1944年12月）

德国和美国陆军的组织原则或多或少有些相似。

排（Platoon） 在德国陆军中称为 Zug。

德国陆军的排编制兵力为48—50人，分为多个班（德语称 Gruppe），每个班10人；此外还有一个排部，包括1名排长（Zugführer）、1名副排长，1名勤务兵，有时还有1名通信兵。

美国陆军排最常见的编制兵力为41人，分为3个班（Squad），每班12人；此外还有一个由排长和4名士兵组成的排部。

连（Company） 在德国陆军中称为 Kompanie。

德军的连编制兵力最多为200人，分为3个步兵排、3个反坦克班、一个连部以及支援单位。

美军的连编制兵力为193人，分为4个排——3个步兵排和1个"武器排"，武器排由排部、迫击炮分队（17人）和机枪分队（12人）组成。

营（Battalion） 在德国陆军中称为 Bataillon 或 Abteilung（在骑兵、装甲兵、反坦克单位、炮兵和通信兵单位中，营称为 Abteilung）。

德国步兵营编制兵力为860人，分成3个步兵连（编号为1—3）、1个营部和多个支援及补给单位。

美军步兵营编制兵力为860人，分为1个由4名军官组成的营部、1个营部连（约120人）、1个重武器连（约160人）以及3个步兵连。

美军步兵营中3个步兵连的编号根据如下原则：

1营：A、B和C连，另加D（重武器）连；

2营：E、F和G连，另加H（重武器）连；

3营：I、K和L连，另加M（重武器）连。

（注意：在大部分情况下都没有J连，因为手写的I和J容易混淆。）

团（Regiment）在德国陆军中称为Regimentv〔也称为Volksgrenadier-Regiment（国民掷弹兵团）或Grenadier-Regiment（掷弹兵团）〕。

德国步兵团编制兵力通常约为3000人，分为3个营、1个团部和多个支援补给单位。

美国步兵团编制兵力为3118人，分为1个团部和1个团部连、3个营（编号为1—3）以及多个支援补给单位。

师（Division）在德国陆军中称为Division。

德国国民掷弹兵师编制兵力略多于1万人，分成2个步兵团（国民掷弹兵团）、1个炮兵团、1个工兵营、1个反坦克营、1个通信营和1个燧发枪－掷弹兵连（有时是燧发枪－掷弹兵营，是一个侦察/步兵混合单位），以及多个支援和补给单位。

美国步兵师编制人数为14253人，分为1个师部连、3个步兵团、4个野战炮兵营、1个工兵营、1个反坦克营（坦克歼击营）、1个防空营（重机枪营），多个支援与补给单位，常常还有1个坦克营。

军（Corps）在德国陆军中称为Korps。

德国和美国的"军"通常由2—5个师组成，两者均以罗马数字编号。

集团军（Army）在德军中称为Armee。

德国和美国集团军通常由2—6个军组成。两者均以阿拉伯数字编号。

集团军群(Army Group) 在德国陆军中称 Heeresgruppe(也作 Armegruppe)。

德国和美国的集团军群通常由2—4个集团军组成。德国集团军群通常以字母或地理名称命名。美国集团军群通常用阿拉伯数字编号。

装甲部队

这个时期,德国装甲师(Panzer-Division)由1个装甲团(Panzer-Regiment)、2个装甲步兵团(Panzergrenadier-Regiment,装甲掷弹兵团)、1个炮兵团(Panzer-Artillerie-Rigiment,装甲炮兵团)、1个工兵营(Panzer-Pionier-Bataillon,装甲工兵营)、1个反坦克营(Panzerjäger-Abteilung,坦克歼击营)、1个防空营(Flak-Artillerie-Abeteilung)和1个侦察营(Panzer-Aufklärungs-Abteilung,装甲侦察营)组成。

德国装甲团由1个团部排(Stabs-Zug)和2个装甲营(Panzer-Abteilung)组成,每个装甲营包含1个营部排(Stabs-Zug)和4个连(第1装甲营:1—4连;第2装甲营:5—8连)。"豹"式坦克和四号坦克通常分配到不同连队,有时也分配到不同营。

德国装甲部队的编制兵力为:坦克排(Zug),5辆坦克;连(4个排和2辆指挥坦克),22辆坦克;营,88辆坦克;团,176辆坦克。由于缺乏坦克,这时德国装甲团的坦克数量比编制少一些。

美国装甲师通常包含3个坦克营、3个装甲步兵营、4个装甲野战炮兵营、1个装甲工兵营、1个反坦克营(坦克歼击营)和1个防空营(AAA AW,防空炮兵–自动武器营),外加1个侦察营(骑兵中队)。

美军坦克营分为1个营部连(装备2辆"谢尔曼"重型坦克和3辆105毫米榴弹炮"谢尔曼")、3个中型坦克连(各有17辆"谢尔曼"重型坦克和1辆105毫米榴弹炮"谢尔曼")、1个轻型坦克连(装备17辆轻型坦克,通常是"斯图尔特")和1个勤务连。因此,美国坦克营的编制兵力为59辆重型坦克和17辆轻型坦克。算上师属侦察营的轻型坦克,美国装甲师的编制兵力为10500名官兵和263辆坦克(177辆"谢尔曼"和86辆"斯图尔特")。不过,阿登地区的大部分美国装甲师都将兵力增强到大约12000人。有些美国装甲师是所谓的重装甲师——每个师由2个装甲团（各有3个坦克营）和1个步兵团组成。重装甲师的编制兵力为14000人和390辆坦克（其中有252辆"谢尔曼"）。阿登战役期间，美国第2和第3装甲师就是重装甲师。

除了重装甲师之外，美国装甲师分为3个混编的二级单位——A、B、R战斗群（CCA、CCB和CCR），美国战斗群包含1个坦克营、1个装甲步兵营和1个装甲野战炮兵营，以及1个排的反坦克炮或履带式坦克歼击车。

炮兵

德国炮兵团（Artillerie-Regiment）由3个轻型炮兵营（Leichte Abteilung，装备轻型火炮）和1个重型炮兵营（Schewere Abteilung，装备重炮营）组成，每个营由3个连（Batterie）组成，每个连装备4件炮兵武器（火炮或火箭发射器）。

美国炮兵营通常由3个炮兵连组成，每连有4门火炮。不过有一些例外：装甲野战炮兵营有18门火炮。240毫米榴弹炮营有6门203毫米M-1火炮。

其他单位

德军中的"旅"（Brigade）除了小于师以外，没有编制兵力的限制。例如，第244突击炮旅的规模大约相当于1个连，而"元首卫队"旅包含1个装甲团、1个装甲掷弹兵团、1个防空团和1个炮兵营，共有6000名官兵。

德军的师常常分为临时的特遣队——战斗群（Kampfgruppe）。一个战斗群通常由来自该师下属各单位的人员组成，其兵力从稍大于1个团到稍大于1个营不等。

美军的骑兵部队（Cavalry）实际上是机械化部队，分为骑兵群（Cavalry Group，相当于团）、骑兵中队（Cavalry Squadron，相当于营）和骑兵连（Cavalry Troop）。

阿登战役中的坦克与反坦克炮

车辆	主武备	装甲	尺寸	发动机功率/吨（马力）	压强（千克/平方厘米）	最高速度（/小时）	乘员
德国坦克							
六号坦克B型 "虎"II（虎王）	KwK 43 L/71 88毫米坦克炮*	正面150毫米，40度斜角 炮塔正面185毫米，80度斜角 炮塔侧面、80毫米，69度斜角 底盘侧面、80毫米，90度斜角	重量69.7吨 长24英尺3英寸（7.39米） 宽12英尺4英寸（3.76米） 高10英尺2英寸（3.1米）	10	0.78	公路：23英里（37千米） 越野：11英里（18千米）	5
5号坦克G型 "豹"式	KwK 42 L/70 75毫米坦克炮	正面80毫米，55度斜角 炮塔正面100毫米，80度斜角 炮塔侧面、45毫米，65度斜角 底盘侧面、50毫米，60度斜角	重量44.8吨 长22英尺6英寸（6.86米） 宽10英尺9英寸（3.31米） 高9英尺10英寸（3米）	15.6	0.88	公路：27英里（43.5千米） 越野：18英里（29千米）	5
四号坦克J型	KwK 40 L/48 75毫米	正面80毫米，80度斜角 炮塔正面50毫米，80度斜角 炮塔侧面30毫米，65度斜角 底盘侧面30毫米，90度斜角	重量25吨 长19英尺5英寸（5.92米） 宽9英尺5英寸（2.87米） 高8英尺10英寸（2.7米）	12	0.89	公路：26英里（42千米） 越野：10英里（16千米）	5
美国坦克							
M4A3(76)W "谢尔曼"中型坦克**	M1A1 L/52 76.2毫米炮	正面（顶）64毫米，47度斜角 炮塔正面64毫米，40—45度斜角 炮塔侧面64毫米，90度斜角 底盘侧面38毫米，90度斜角	重量30.3吨 长19英尺2英寸（5.84米） 宽8英尺7英寸（2.62米） 高9英尺（2.74米）	14.8	1.02	公路：26英里（42千米） 越野：16英里（26千米）	5

续表

车辆	主武备	装甲	尺寸	发动机功率/吨（马力）	压强（千克/平方厘米）	最高速度（/小时）	乘员
M4A3(75)W "谢尔曼" 中型坦克	M3 L/49 75毫米炮	正面（顶）64毫米，47度斜角 炮塔正面76毫米，30度斜角 炮塔侧面51毫米，5度斜角 底盘侧面38毫米，90度斜角	重量30.3吨 长19英尺2英寸（5.84米）宽8英尺7英寸（2.62米）高9英尺（2.74米）	16.5	0.91	公路：26英里（42千米）越野：16英里（26千米）	5
M5A1 "斯图尔特"轻型坦克	M6 37毫米炮	正面28.86毫米，48度斜角 炮塔正面44.5毫米，10度斜角 炮塔侧面3.18毫米，90度斜角 底盘侧面25毫米，90度斜角	重量15.72吨 长15英尺11英寸（4.85米）宽7英尺6英寸（2.29米）高8英尺5英寸（2.57米）	20.4	0.86	公路：39英里（63千米）越野：23英里（37千米）	4
M24 "霞飞"轻型坦克	M6 L/39 75毫米炮	正面25毫米，60度斜角 炮塔正面38毫米，60—90度斜角 炮塔侧面25毫米，20—25度斜角 底盘侧面19—25毫米，12度斜角	重量18.4吨 长16英尺6英寸（5.03米）宽9英尺10英寸（3米）高9英尺1英寸（2.77米）	16.3	0.79	公路：34英里（55千米）越野：24英里（39千米）	5

德国坦克歼击车与突击炮

车辆	主武备	装甲	尺寸	发动机功率/吨（马力）	压强（千克/平方厘米）	最高速度（/小时）	乘员
五号坦克歼击车 "猎豹"	PaK 43 L/71 88毫米反坦克炮	正面80毫米，35度斜角 底盘侧面40毫米，90度斜角 （无炮塔）	重量46吨 长32英尺5英寸（9.88米）宽11英尺3英寸（3.43米）高8英尺11英寸（2.72米）	15.2	0.87	公路：34英里（55千米）越野：16英里（26千米）	5
四号70型坦克歼击车	StuK 42 L/70 突击加农炮***	正面80毫米，45度斜角 底盘侧面30毫米，90度斜角 （无炮塔）	重量25.8吨 长27英尺11英寸（8.51米）宽10英尺5英寸（3.17米）高6英尺1英寸（1.86米）	11.6	0.90	公路：21英里（34千米）越野：10英里（16千米）	4

续表

车辆	主武器	装甲	尺寸	发动机功率/吨（马力）	压强（千克/平方厘米）	最高速度（/小时）	乘员
四号坦克歼击车	PaK 39 L/48 75毫米 反坦克炮	正面60毫米，45度斜角 底盘侧面30毫米，90度斜角（无炮塔）	重量24吨 长28英尺1.75英寸（8.58米）宽10英尺6英寸（3.2米）高6英尺5英寸（1.96米）	12.5	0.60	公路：24英里（39千米）越野：10英里（16千米）	4
38(t)坦克 歼击车"追猎者"	PaK 39 L/48 75毫米 反坦克炮	正面60毫米，30度斜角 底盘侧面20毫米，50度斜角（无炮塔）	重量16吨 长20英尺11英寸（6.38米）宽8英尺8英寸（2.65米）高7英尺1英寸（2.16米）	10	0.69	公路：26英里（42千米）越野：10英里（16千米）	4
三号G型坦克 歼击车	StuK 40 L/48 突击加农炮	正面80毫米，顶部10度斜角 底部21度斜角 底盘侧面30毫米，11度斜角（无炮塔）	重量23.9吨 长6.77米 宽2.95米 高2.16米	12.6	0.96	公路：24英里（39千米）越野：14英里（23千米）	4
美国坦克歼击车							
M36"杰克逊" 90毫米炮运送车	M3 L/53 90毫米炮	正面38毫米，55度斜角 炮塔正面76毫米，90度斜角 炮塔侧面32毫米，5度斜角 底盘侧面19毫米，38度斜角	重量28.6吨 长19英尺7英寸（5.98米）宽10英尺（3.05米）高10英尺9英寸（3.28米）	17.5	0.906	公路：26英里（42千米）越野：19英里（31千米）	5
M18"地狱猫" 76毫米炮运送车	M1A1, M1A1C 或 M1A2 L/55 76.2毫米炮	正面13毫米，38—64度斜角 炮塔正面25毫米，23度斜角 炮塔侧面13毫米，20度斜角 底盘侧面13毫米，23度斜角	重量17.7吨 长17.3英尺（5.27米）宽9.4英尺（2.87米）高8.4英尺（2.56米）	22.6	0.885	公路：54英里（87千米）越野：19英里（31千米）	5

★ "L"后面的数字乘以孔径就是炮管的长度。因此，KwK 43 L/71 88毫米炮的炮管长度为6248毫米。

★★ "W"是"湿"（Wet）的缩写，指弹药贮存在水－甘油混合液中。由于使用了弹药湿存法，"谢尔曼"坦克在被击中时起火的比例从60%—80%下降到10%—15%。

★★★ 这种火炮有"干"式坦克和"湿"式坦克两种；安装在坦克歼击车上时另有其名为发射名加农炮。这也同样适用于KwK 40 L/48和三号坦克上的StuK 40 L/48。

德军装甲车辆火炮：使用 PZGR 39 穿甲弹，在不同距离上以 90 度撞击角打击 30 度斜角装甲的穿彻性能

火炮	车辆	100米	500米	1000米	1500米	2000米
KwK 43 L/71（PaK 43/1 L/71）88毫米炮	"虎"II "猎豹"歼击车	202毫米	185毫米	165毫米	148毫米	132毫米
KwK 42 L/70（StuK 42 L/70）75毫米炮	"豹"式 四号70型坦克歼击车	138毫米	124毫米	111毫米	99毫米	88毫米
KwK 40 L/48（StuK 40 L/48）75毫米炮	四号坦克 三号突击炮	106毫米	96毫米	82毫米	74毫米	64毫米
PaK 39 L/48 75毫米炮	四号坦克歼击车 "追猎者"坦克歼击车	106毫米	96毫米	82毫米	74毫米	64毫米

美军装甲车辆火炮：使用穿甲弹，在不同距离上以 90 度撞击角打击 30 度斜角装甲的穿彻性能

火炮	弹种	车辆	100米	500米	1000米	1500米	2000米
M3 L/53 90毫米炮	AP M77穿甲弹	M36"杰克逊"	151毫米	130毫米	107毫米	88毫米	73毫米
M1A2 L/55 76.2毫米炮	AP M79穿甲弹	M4A3(76) "谢尔曼""地狱猫"	124毫米	104毫米	83毫米	67毫米	54毫米
M7 76.2毫米炮	AP M79穿甲弹	M10	124毫米	104毫米	83毫米	67毫米	54毫米
M3 L/40 75毫米炮	AP M72穿甲弹	M4A3(75) "谢尔曼"	88毫米	73毫米	59毫米	47毫米	38毫米
M6 L/39 75毫米炮	AP M72穿甲弹	M24"霞飞"	88毫米	73毫米	59毫米	47毫米	38毫米
M6 L/53 37毫米炮	AP M74穿甲弹	M5"斯图尔特"	71毫米	54毫米	38毫米	27毫米	19毫米

德军反坦克炮和高射炮：使用穿甲弹，在不同距离上以 90 度撞击角打击 30 度斜角装甲的穿彻性能

火炮	弹种	用途	100米	500米	1000米	1500米	2000米
PaK 43 L/75 88毫米炮	PzGr 39	反坦克	202毫米	185毫米	165毫米	148毫米	132毫米
PaK 43/41 L/71 88毫米炮	PzGr 39	反坦克	202毫米	185毫米	165毫米	148毫米	132毫米
FlaK 36 L/36 88毫米炮	PzGr 39	防空，反坦克	120毫米	110毫米	100毫米	91毫米	84毫米
PaK 40 L/48 75毫米炮	PzGr 39	反坦克	106毫米	96毫米	82毫米	74毫米	64毫米

美军反坦克炮和高射炮：使用穿甲弹，在不同距离上以90度撞击角打击30度斜角装甲的穿彻性能

火炮	弹种	用途	100米	500米	1000米	1500米	2000米
M1 L/53 90毫米炮	AP M77	防空	151毫米	130毫米	107毫米	88毫米	73毫米
M5 L/50 76.2毫米炮	AP M77	反坦克	124毫米	104毫米	83毫米	67毫米	54毫米

"豹"式（G型）与M4A3"谢尔曼"坦克对比：在如下距离以90度撞击角穿彻对方装甲的能力

车辆	炮塔正面	正面装甲	炮塔侧面	底盘侧面	炮塔后面	底盘后面
"豹"式	1500—2000米	2500米	2000—2500米	3500米	3500米	3500米
装备76.2毫米炮的"谢尔曼"	500米	500米	3500米	3500米	3500米	3500米
装备75毫米炮的"谢尔曼"	50米	50米	2000米	1500米	1500米	2000米

附录3
阿登战役期间军用车辆和
飞机的彩色侧视图

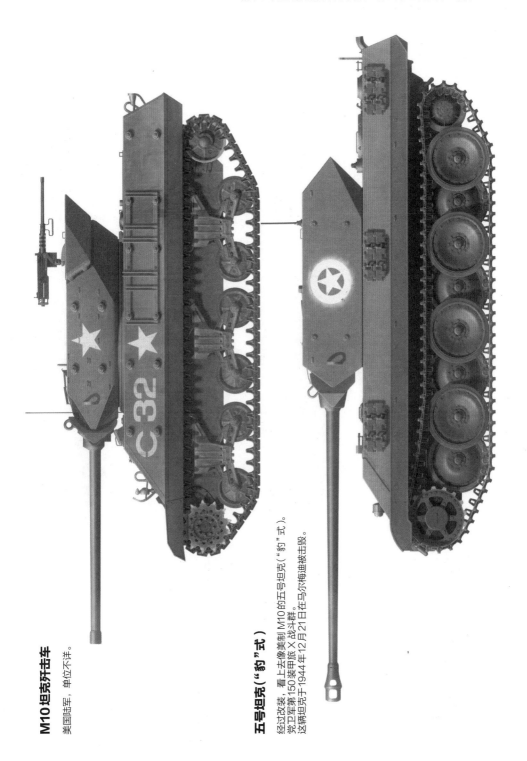

M10坦克歼击车

美国陆军，单位不详。

五号坦克（"豹"式）

经过改装，看上去像美制 M10 的五号坦克（"豹"式）。
党卫军第150装甲旅 X 战斗群。
这辆坦克于1944年12月21日在马尔梅迪附近被击毁。

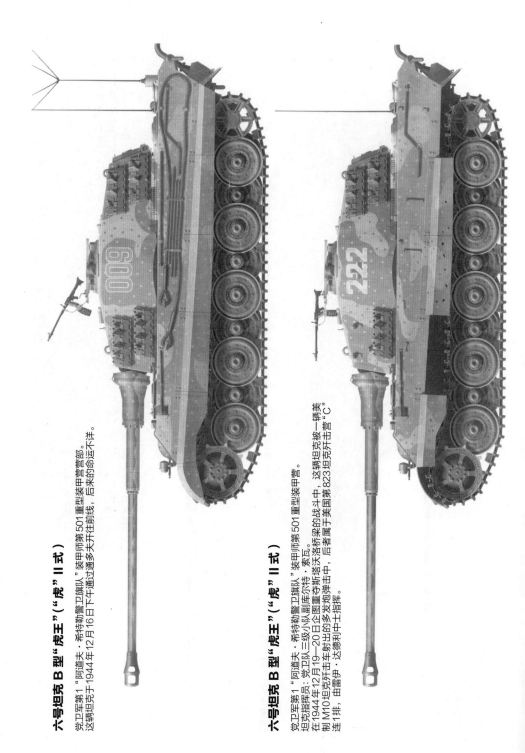

六号坦克 B 型"虎王"（"虎"II 式）

党卫军第 1 "阿道夫·希特勒警卫旗队"装甲师第 501 重型装甲营营部。
这辆坦克于 1944 年 12 月 16 日下午通过通多夫往前线，后来的命运不详。

六号坦克 B 型"虎王"（"虎"II 式）

党卫军第 1 "阿道夫·希特勒警卫旗队"装甲师第 501 重型装甲营。
坦克指挥员：党卫队三级小队副库尔特·索瓦。
在 1944 年 12 月 19—20 日企图重夺斯塔沃洛桥梁的战斗中，这辆坦克被一辆美
制 M10 坦克歼击车射出的多发炮弹击中，后者属于美国第 823 坦克歼击营
连 1 排，由雷伊·由德利·达德利中士指挥。

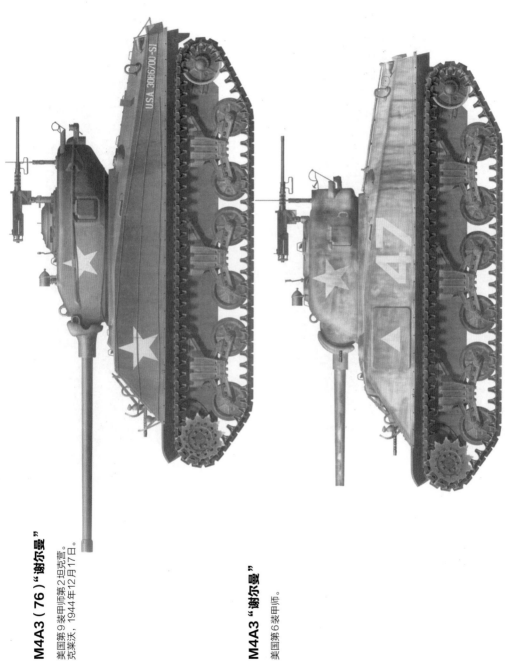

M4A3（76）"谢尔曼"

美国第9装甲师第2坦克营。
克莱沃，1944年12月17日。

M4A3 "谢尔曼"

美国第6装甲师。

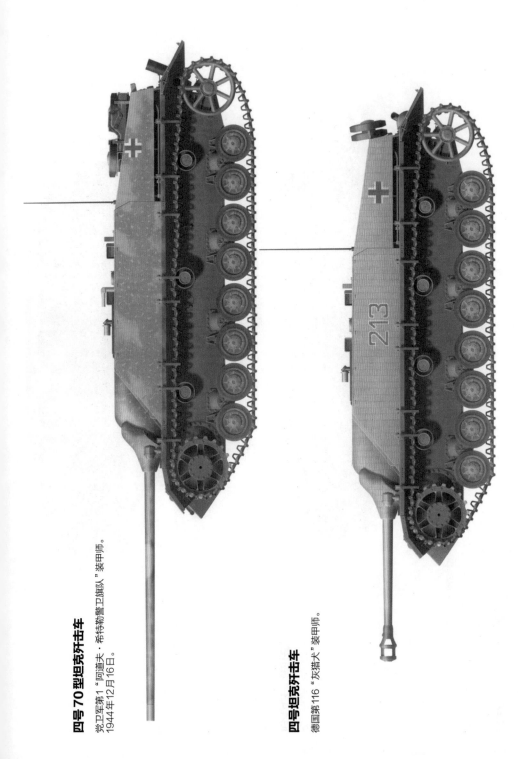

四号 70 型坦克歼击车

党卫军第 1 " 阿道夫·希特勒警卫旗队 " 装甲师。
1944 年 12 月 16 日。

四号坦克歼击车

德国第 116 " 灰猎犬 " 装甲师。

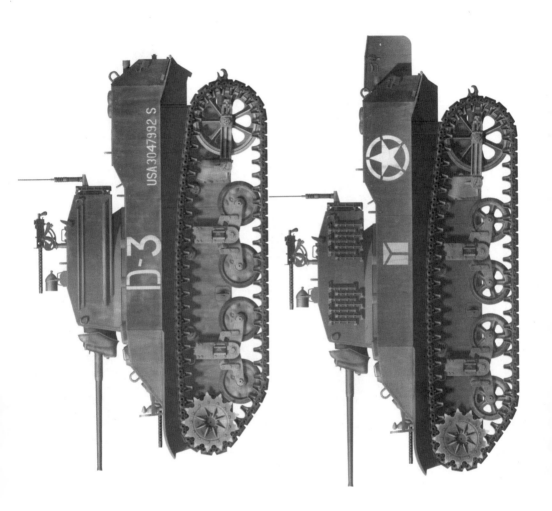

M5 "斯图尔特"坦克

美国陆军，单位不详。

M5 "斯图尔特"坦克

美国陆军，单位不详。

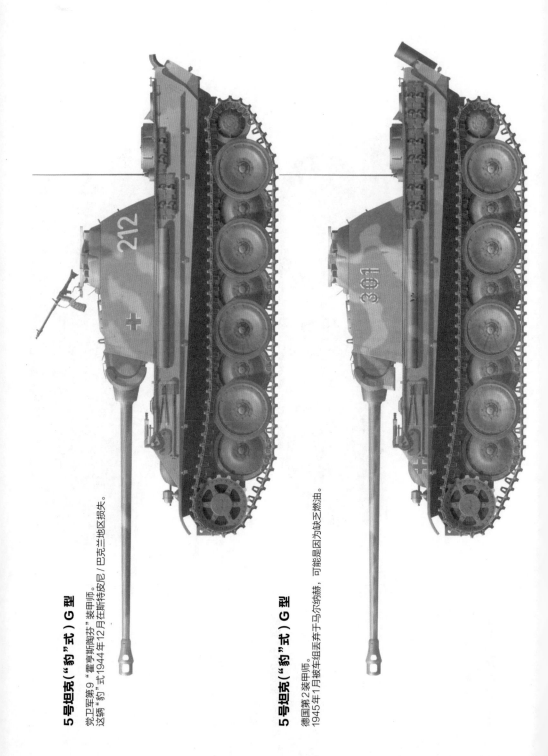

5号坦克（"豹"式）G 型

党卫军第 9 "霍亨斯陶芬"装甲师。
这辆"豹"式1944年12月在斯特皮尼 / 巴克兰地区损失。

5号坦克（"豹"式）G 型

德国第 2 装甲师。
1945年1月被车组丢弃于马尔纳赫，可能是因为缺乏燃油。

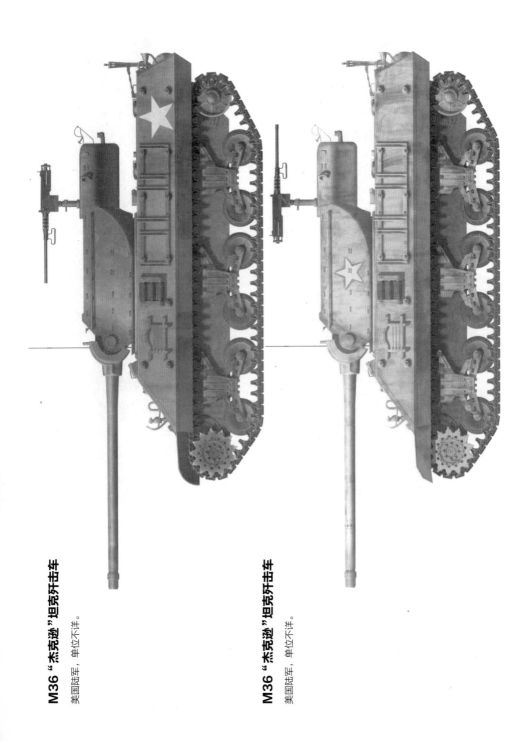

M36 "杰克逊"坦克歼击车

美国陆军，单位不详。

M36 "杰克逊"坦克歼击车

美国陆军，单位不详。

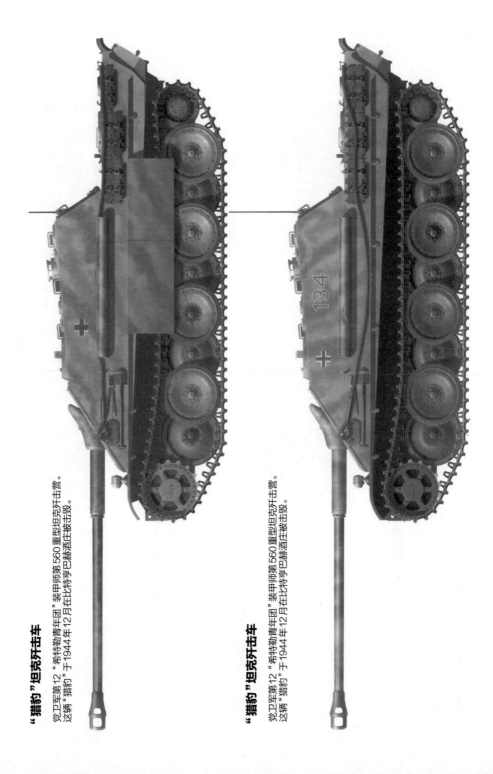

"猎豹"坦克歼击车

党卫军第12"希特勒青年团"装甲师第560重型坦克歼击营。
这辆"猎豹"于1944年12月在比特亨享巴赫酒庄被击毁。

"猎豹"坦克歼击车

党卫军第12"希特勒青年团"装甲师第560重型坦克歼击营。
这辆"猎豹"于1944年12月在比特亨享巴赫酒庄被击毁。

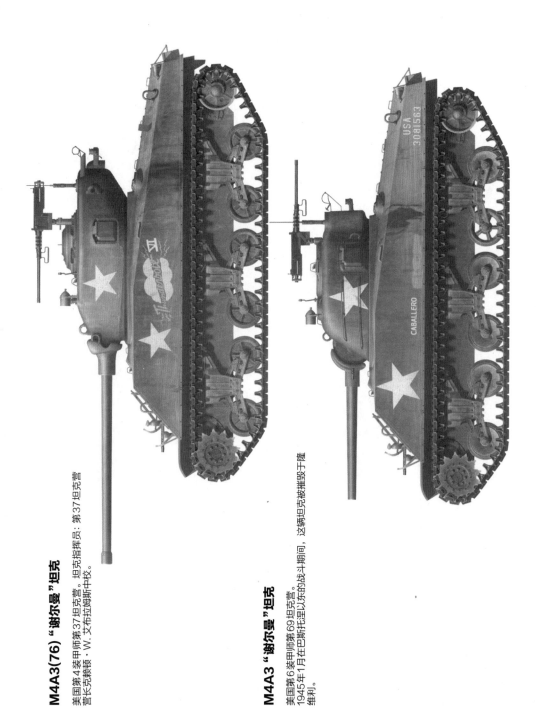

M4A3(76) "谢尔曼" 坦克

美国第 4 装甲师第 37 坦克营。坦克指挥员：第 37 坦克营
营长克赖顿·W. 艾布拉姆斯中校。

M4A3 "谢尔曼" 坦克

美国第 6 装甲师第 69 坦克营。
1945 年 1 月在巴斯托涅以东的战斗期间，这辆坦克被摧毁于隆
维利。

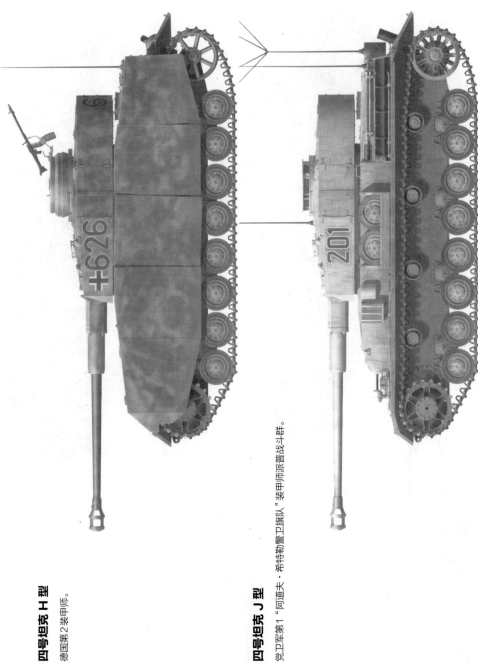

四号坦克 H 型

德国第 2 装甲师。

四号坦克 J 型

党卫军第 1 "阿道夫·希特勒警卫旗队" 装甲师派遣战斗群。

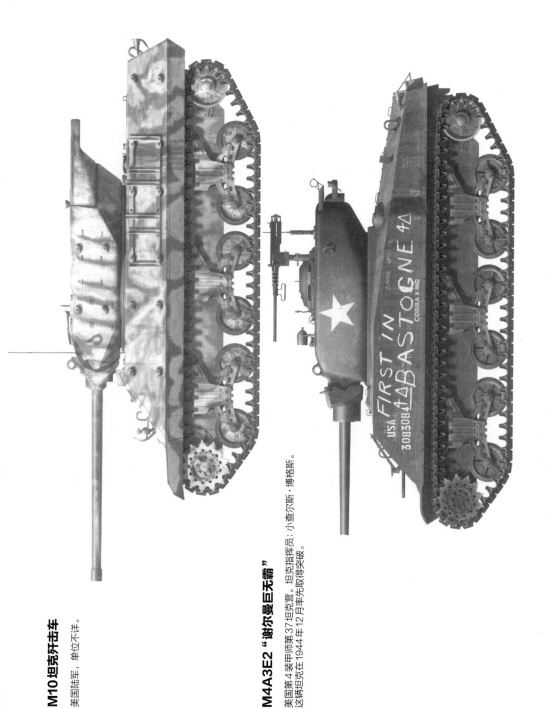

M10 坦克歼击车

美国陆军，单位不详。

M4A3E2 "谢尔曼巨无霸"

美国第 4 装甲师第 37 坦克营。坦克指挥员：小查尔斯·博格斯。
这辆坦克在 1944 年 12 月率先取得突破。

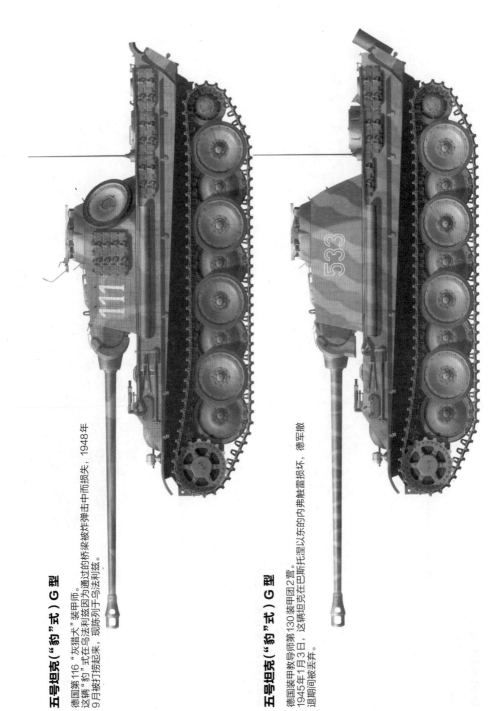

五号坦克（"豹"式）G型

德国第116"灰猎犬"装甲师。
这辆"豹"式在乌法利兹因为通过的桥梁被炸弹击中而损失，1948年
9月被打捞起来，现陈列于乌法利兹。

五号坦克（"豹"式）G型

德国装甲教导师第130装甲团2营。
1945年1月3日，这辆坦克在巴斯托涅以东的弗鲁雷触雷损坏，德军撤
退期间被丢弃。

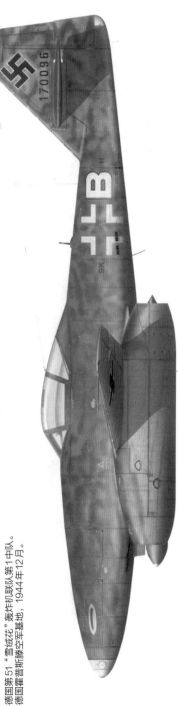

梅赛施密特 Me-262 A-2a 轰炸机

德国第51 "雪绒花" 轰炸机联队第1中队。
德国霍普斯滕空军基地，1944年12月。

P-47D-28-RE "雷电" 战斗轰炸机

美国第406战斗机大队514中队。飞行员：小康纳德·O. 多尔曼中尉。
1944年12月17日在德国沃尔夫赛尔德/孔茨上空被击落。飞行员跳
伞被俘。

P-51D-10-NA "野马"

美国第352战斗机大队第487中队。飞行员：小威廉·T.惠斯纳上尉。比利时艾施上施Y-29空军基地。1945年1月1日，魏斯纳上尉驾驶这架飞机，在艾施上空击落4架德军战斗机。

梅塞施密特 Bf-109 K-4 战斗机

德国第77 "红桃A"战斗机联队第12中队。飞行员：弗兰斯·罗斯纳中士。1944年12月23日在德国杜塞尔多夫附近被美国战斗机击落，飞行员阵亡。

福克－沃尔夫 Fw－190 D－9 战斗机

德国第 2 "里希特霍芬" 战斗机联队第 4 中队。飞行员：维尔纳·霍恩贝格中士。
1945年1月1日被高射炮击落。飞行员驾机以机腹着陆并被俘虏。

P－47D－30－RE "雷电" 战斗轰炸机

美国第354战斗机大队第353中队。飞行员：格伦·T. 伊格斯顿。
罗西耶尔昂弗拉那空军基地，1945年1月。

P–47D–22–RE "雷电" 战斗轰炸机

美国第 405 战斗机大队第 509 中队。飞行员：罗伯特·L. 怀特黑德中尉。

P–47D–28–RA "雷电" 战斗轰炸机

美国第 354 战斗机大队第 356 中队。飞行员：乔治·"麦克斯"·兰姆少校。根据飞行记录，这架飞机于 1945 年 1 月 1 日在比利时罗西耶尔（A–98）机场的一次降落事故中损毁，当时驾驶飞机的是塞西尔·E. 布坎南中尉。

阿登战役双方战斗序列

德军战斗序列

西线总司令部 陆军元帅格尔德·冯·伦德施泰特

B 集团军群（陆军元帅瓦尔特·莫德尔）

党卫军第6装甲集团军（党卫队全国总指挥兼武装党卫军大将约瑟夫·"泽普"·迪特里希）

第506重装甲营

冯·德·海特战斗群

第653重型坦克歼击营

第217突击装甲营

第394、第667和第902突击炮旅

第1110、第1098和第1120重型榴弹炮连

第428 540毫米重型迫击炮连

第1123重型加农炮连

第967和968 B 级舟桥纵队

第175 J 级舟桥纵队

第895、844和851摩托化舟桥纵队

第655舟桥营

托特组织第4旅

第2高射炮师

　　第2、第3、第4高射炮突击团

第67军（奥托·希茨费尔德中将）

第17国民火箭炮旅

第88、第89火箭炮团

第405国民炮兵军

第1001突击重榴弹炮连

第246国民掷弹兵师（彼得·克特上校）

第404、第352和第689国民掷弹兵团

第246坦克歼击车营

第246炮兵团

第246通信营

第246工兵营

第272国民掷弹兵师（欧根·柯尼希少将）

第980、第981和第982国民掷弹兵团

第272坦克歼击营

第272炮兵团

第272通信营

第272工兵营

第326国民掷弹兵师（埃尔温·卡施纳上校）

第751、第752和第753国民掷弹兵团

第326坦克歼击营

第326炮兵团

第326通信营

第326工兵营

第3装甲掷弹兵师（瓦尔特·登克特少将）

第8和第29装甲掷弹兵团

第103装甲营

第3坦克歼击车营

第103装甲侦察营

第3炮兵团

第312高射炮营

第3通信营

第3工兵营

党卫军第1装甲军（党卫队地区总队长兼武装党卫军中将赫尔曼·普里斯）

第4火箭炮旅

第51和第52火箭炮团

第9火箭炮旅

第14和第15火箭炮团

第388国民炮兵军

第402国民炮兵军

党卫军第501重炮营

党卫军第150装甲旅"乌鸦山"（党卫队一级突击队大队长奥托·斯科兹尼）

党卫军中部特战队（1个连）

党卫军第600伞兵营（2个连）

容维尔特特战队（2个连）

第7装甲掷弹兵连（预备队）

第11装甲团（4连）

第655坦克歼击营（1连）

第190装甲侦察营（1连）

第2装甲侦察营（第1连）

第40炮兵营

施泰劳部队

党卫军第12 "希特勒青年团" 装甲师（党卫队旗队长胡戈·克拉斯）

党卫军第12装甲团

党卫军第560重型坦克歼击营

党卫军第12坦克歼击营

党卫军第25和第26装甲掷弹兵团

党卫军第12侦察营

党卫军第12装甲炮兵团

党卫军第12高射炮营

党卫军第12装甲通信营

党卫军第12装甲工兵营

第277国民掷弹兵师（威廉·菲比希上校）

第989、990和991国民掷弹兵团

第277坦克歼击营

第277炮兵团

第277通信营

第277工兵营

第12国民掷弹兵师（格哈德·恩格尔少将）

第27燧发枪兵团

第48和第89国民掷弹兵团

第12燧发枪兵营

第12坦克歼击营

第12炮兵营

第12通信营

第 12 工兵营

党卫军第 1 "阿道夫·希特勒警卫旗队" 装甲师（党卫队区队长威廉·蒙克）

党卫军第 1 装甲团

党卫军第 501 重装甲营

党卫军第 1 坦克歼击营

党卫军第 1 和第 2 装甲掷弹兵团

党卫军第 1 装甲侦察营

党卫军第 1 装甲炮兵营

党卫军第 1 高射炮营

党卫军第 1 装甲通信营

党卫军第 1 装甲工兵营

第 3 伞兵师（瓦尔特·瓦登少将，代行理查德·申普夫中将的职权）

第 5、第 8 和第 9 伞兵团

第 3 伞降坦克歼击营

第 3 伞降炮兵团

第 3 伞降通信营

第 3 伞降工兵营

党卫军第 2 装甲军（党卫队全国副总指挥兼武装党卫军上将威利·比特里希）

第 410 国民炮兵军

党卫军第 502 重型炮兵营

党卫军第 9 "霍恩施陶芬" 装甲师（党卫队旅队长兼武装党卫军少将西尔维斯特·施塔德勒）

党卫军第 9 装甲团

党卫军第 9 坦克歼击营

党卫军第 19 和第 20 装甲掷弹兵团

党卫军第9装甲侦察营

党卫军第9装甲炮兵营

党卫军第9高射炮营

党卫军第9装甲通信营

党卫军第9装甲工兵营

党卫军第2"帝国"装甲师（党卫队旅队长兼武装党卫军少将海因茨·拉默丁）

党卫军第2装甲团

党卫军第2坦克歼击营

党卫军第3"德意志"装甲掷弹兵团

党卫军第4"元首"装甲掷弹兵团

党卫军第2装甲侦察营

党卫军第2装甲炮兵营

党卫军第2高射炮营

党卫军第2装甲通信营

党卫军第2装甲工兵营

第5装甲集团军（装甲兵上将哈索·冯·曼陀菲尔）

第653重型坦克歼击营

第669俄罗斯营[俄罗斯"志愿者"]

第1099、第1119和第1121重型榴弹炮连

第638 540毫米重型迫击炮连

第1094和第1095 128毫米加农炮连

第25/975要塞炮兵连

第207和第600摩托化工兵营

第894、第897和第957 J级舟桥纵队

托特组织第3旅

第19高射炮旅

"元首卫队"旅（奥托－恩斯特·雷默上校）

元首卫队装甲团

元首卫队装甲掷弹兵团

元首卫队炮兵营

元首卫队高射炮团

元首卫队装甲侦察连

元首卫队装甲通信连

第66军（炮兵上将瓦尔特·卢赫特）

第16火箭炮旅

第86和第87火箭炮团

第244突击炮旅

第460炮兵营

第18国民掷弹兵师（京特·霍夫曼－舍恩博恩少将）

第293、第294和第295国民掷弹兵团

第1818坦克歼击车营

第1818炮兵团

第1818通信营

第1818工兵营

第62国民掷弹兵师（弗里德里希·基特尔少将）

第164、第183和第190国民掷弹兵团

第162坦克歼击营

第162炮兵团

第162通信营

第162工兵营

第58装甲军（装甲兵上将瓦尔特·克吕格尔）

第7火箭炮旅

第84和第86火箭炮团

第401国民炮兵军

第1高射炮团

第116装甲师（齐格弗里德·冯·瓦尔登堡少将）

第16装甲团

第228坦克歼击营

第60和第156装甲掷弹兵团

第116装甲侦察营

第146装甲炮兵团

第281陆军防空营

第228装甲通信营

第675装甲工兵营

第560国民掷弹兵师（鲁道夫·朗霍伊泽上校）

第1128、第1129和第1130国民掷弹兵团

第1560坦克歼击营

第1560炮兵团

第1560通信营

第1560工兵营

第47装甲军（装甲兵上将海因里希·冯·吕特维茨）

第15火箭炮旅

第55和第85火箭炮团

第766国民炮兵军

第182高射炮团

第 2 装甲师（迈因哈德·冯·劳赫特上校）

第 3 装甲团

第 38 坦克歼击车营

第 2 和第 304 装甲掷弹兵团

第 2 装甲侦察营

第 74 装甲炮兵团

第 273 陆军防空营

第 38 装甲通信营

第 38 装甲工兵营

第 26 国民掷弹兵师（海因茨·科科特上校）

第 77 和第 78 国民掷弹兵团

第 39 燧发枪兵 – 掷弹兵团

第 26 坦克歼击营

第 26 侦察营

第 26 炮兵团

第 26 通信营

第 126 工兵营

第 130 装甲教导师（弗里茨·拜尔莱因中将）

第 130 装甲团

第 559 重型坦克歼击营

第 130 坦克歼击营

第 901 和第 902 装甲掷弹兵团

第 130 装甲侦察营

第 130 装甲炮兵营

第 311 装甲高射炮营

第 130 装甲通信营

第 130 装甲工兵营

第7集团军（装甲兵上将埃里希·布兰登贝格尔）

第1092、第1093、第1124和第1125 128毫米加农炮连

第1122重型榴弹炮连

第660重型加农炮连

第44和第45炮兵观测营

第47工兵营

第501要塞坦克歼击营

第673工兵团

第677工程建筑营

第964和956 B级舟桥纵队

第961和966摩托化J级舟桥纵队

第605舟桥营

托特组织第1旅

第1高射炮旅

第85军（步兵上将巴普蒂斯特·克尼斯）

第18火箭炮旅

第90和91重型火箭炮团

第406国民炮兵军

第668重型坦克歼击营

第5伞兵师（路德维希·海尔曼上校）

第13、第14和第15伞兵团

第11突击炮旅

第5坦克歼击营

第5伞降炮兵团

第5伞降高射炮营

第5伞降通信营

第5伞降工兵营

第352国民掷弹兵师
第914、915和916国民掷弹兵团
第352坦克歼击营
第352侦察营
第352炮兵团
第352通信营
第352工兵营

第80军(步兵上将弗里茨·拜尔)
第8火箭炮旅
第2火箭炮团和第1火箭炮教导团
第408国民炮兵军

第276国民掷弹兵师(库尔特·默林少将)
第986、第987和第988国民掷弹兵团
第276步兵营
第276坦克歼击营
第276炮兵团
第276通信营
第276工兵营

第212国民掷弹兵师(弗朗茨·森斯福斯中将)
第316、第320和第423国民掷弹兵团
第212步兵营
第212坦克歼击营
第212炮兵团
第212通信营

第212工兵营

第53军（骑兵上将埃德温·冯·罗特基希·翁德·特拉赫上将）

第44要塞机枪营

第13/999要塞炮兵营

"元首"掷弹兵旅

"元首"装甲团［第101装甲团］

"元首"装甲掷弹兵团［第99装甲掷弹兵团］

"元首"装甲炮兵营

"元首"陆军防空团

"元首"装甲通信连

第9国民掷弹兵师（维尔纳·科尔布上校）

第36、第57和第116国民掷弹兵团

第9燧发枪兵连

第9坦克歼击营

第9炮兵团

第9通信营

第9工兵营

第79国民掷弹兵师（阿洛伊斯·韦伯上校）

第208、第212和第226国民掷弹兵团

第179燧发枪兵营

第179坦克歼击营

第179炮兵团

第179通信营

第179工兵营

1944年12月22日之后增加的部队

1944年12月23日调入第47装甲军:

第9装甲师(哈拉尔德·冯·埃尔弗费尔特少将)

第33装甲团

第301重装甲营(无线电静默)

第50坦克歼击营

第10和第11装甲掷弹兵团

第9装甲侦察营

第102装甲炮兵团

第287陆军防空营

第85装甲通信营

第86装甲工兵营

1944年12月23日调入第47装甲军:

第15装甲掷弹兵师(汉斯-约阿希姆·德克特上校)

第115装甲营

第33坦克歼击营

第104和第115装甲掷弹兵团

第115装甲侦察营

第33装甲炮兵团

第315陆军防空营

第33通信营

第33工兵营

1944年12月24日调入第5装甲集团军:

第39装甲军(装甲兵上将卡尔·德克尔)

第167国民掷弹兵师(汉斯库尔特·赫克尔中将)

第331、第339和第387掷弹兵团

第167燧发枪兵连

第167坦克歼击营

第167炮兵团

第167通信营

第167工兵营

1944年12月27日调入党卫军第1装甲军：

第340国民掷弹兵师（西奥多·托尔斯多夫上校）

第694、第695和第696国民掷弹兵团

第340燧发枪兵连

第340坦克歼击营

第340炮兵团

第340通信团

第340工兵营

美军战斗序列

盟军远征军最高统帅部（SHAEF，五星上将德怀特·D. 艾森豪威尔）

美国第12集团军群（奥马尔·N. 布拉德利中将）

美国第1集团军（考特尼·H. 霍奇斯中将）

第5比利时燧发枪兵营

第143和第413防空炮兵营

第825坦克歼击营

第9加拿大林业连

第86重型浮桥工兵营

第5军（伦纳德·T. 杰罗少将）

第102机械化骑兵群

第186、第196、第200和第955野战炮兵营

第254战斗工兵营

第134、第387、第445、第460、第461、第531、第602、第639和第836防空炮兵（自动武器）营

第187野战炮兵群

第751和第997野战炮兵营

第190野战炮兵群

第62、第190、第272和第268野战炮兵营

第406野战炮兵群

第76、第914、第953和第987野战炮兵营

第1111战斗工兵群

第51、第202、第291和第296战斗工兵营

第1步兵师"大红一师"（克利夫特·安德勒斯准将）

第16、第18和第26步兵团

第5、第7、第32和第33野战炮兵营

第1战斗工兵营

第745坦克营

第634和第703坦克歼击营

第103防空炮兵—自动武器营

第2步兵师"印第安人头"（沃尔特·M.罗伯逊少将）

第9、第23和第38步兵团

第12、第15、第37和第38野战炮兵营

第2战斗工兵营

第741坦克营

第612、644坦克歼击营

第462防空炮兵–自动武器营

第9步兵师"老可靠"（路易斯·A.克雷格少将）［未在阿登前线］

第39、第47和第60步兵团

第26、第34、第60和第84野战炮兵营

第15战斗工兵营

第38骑兵侦察中队

第746坦克营

第376和第413防空炮兵－自动武器营

第78步兵师"闪电"（埃德温·P. 帕克少将）［未在阿登前线］

第309、第310和第311步兵团

第307、第308、第309和第903野战炮兵营

第303战斗工兵营

第709坦克营

第5装甲师R战斗群

第628和第893坦克歼击营

第522防空炮兵－自动武器营

第2游骑兵营

第99步兵师"棋盘格"（沃尔特·E. 劳尔少将）

第393、第394和第395步兵团

第370、第371、第372和第924野战炮兵营

第324战斗工兵营

第801坦克歼击营

第535防空炮兵－自动武器营

第7军（约瑟夫·劳顿·柯林斯少将）［1944年12月22日起在阿登前线］

第4机械化骑兵群

第29步兵团

法国轻步兵旅

第509伞兵营

第297和第298工兵营

第740坦克营

第759轻型坦克营

第18、第83、第87、第183、第193、第957和第991野战炮兵营

第635坦克歼击营

第342、第366、第392、第1308和第1313工程兵团

第18野战炮兵群

第188、第666和第981野战炮兵营

第142野战炮兵群

第195和第266野战炮兵营

第188野战炮兵群

第172、第951和第980野战炮兵营

第2装甲师"地狱之轮"（恩斯特·N.哈蒙少将）[1944年12月22日起在阿登前线]

第41装甲步兵团

第66和67装甲团

第14、第78和第92装甲野战炮兵营

第17装甲工兵营

第18侦察中队

第702坦克歼击营

第195防空炮兵－自动武器营

第3装甲师"矛尖"（莫里斯·罗斯少将，1944年12月22日从第5军调来）

第36装甲步兵团

第32和第33装甲团

第54、第67和第391装甲野战炮兵营

第23装甲工兵营

第83侦察中队

第643坦克歼击营

第486防空炮兵－自动武器营

[1944年12月22—25日调到第18空降军，然后调入第7军：B战斗群与第

33装甲团第2加强营、第36装甲步兵团的两个加强连以及来自其他单位的一些小组。〕

第84步兵师"劈木人"（亚历山大·R.博林准将）〔1944年12月21日起在阿登前线〕

第333、第334和第335步兵团

第325、第326、第327和第909野战炮兵营

第309战斗工兵营

第771坦克营

第638坦克歼击营

第557防空炮兵－自动武器营

第8军（特洛伊·H.米德尔顿少将）

第687野战炮兵营〔南〕

第178战斗工兵营〔南〕

第341工程兵团〔南〕

第635防空炮兵－自动武器营〔南〕

第174野战炮兵群〔北〕

第965、第969和第770野战炮兵营

第333野战炮兵群〔北〕

第333、第771野战炮兵营

第402野战炮兵群〔北〕

第559、第561和第740野战炮兵营

第422野战炮兵群〔南〕

第81和第174野战炮兵营

第1107战斗工兵群〔南〕

第44、第159和第168战斗工兵营

第1128战斗工兵群〔南〕

第35和第158战斗工兵营

第14机械化骑兵群

第106步兵师"金狮"（艾伦·W.琼斯少将）

第422、第423和第424步兵团

第589、第590、第591和第592野战炮兵营

第81战斗工兵营

第820坦克歼击营

第634和第563防空炮兵－自动武器营

第9装甲师（约翰·W.伦纳德少将）

A战斗群：第19坦克营和第60装甲步兵营［南路］

R战斗群：第2坦克营和第52装甲步兵营［中路］

B战斗群：第14坦克营和第27装甲步兵营［北路］

第3、第16和第73装甲野战炮兵营

第9装甲工兵营

第89骑兵中队

第811坦克歼击营

第482防空炮兵－自动武器营

第7装甲师"幸运七"（罗伯特·W.哈斯布鲁克，从1944年12月16日起）

A战斗群、B战斗群和R战斗群

第23、第38和第48装甲步兵营

第17、第31和第40坦克营

第434、第440和第489装甲野战炮兵营

第33装甲工兵营

第87侦察中队

第814坦克歼击营

第203防空炮兵－自动武器营

第28步兵师"基石"（诺曼·D.科塔少将）

第109团级战斗队［南路］

第110团级战斗队［中路］

第112步兵团［北路］

第107、第108、第109和第229野战炮兵营

第103战斗工兵营

第707坦克营

第638坦克歼击营

第447防空炮兵－自动武器营

第101空降师"呼啸山鹰"（安东尼·C.麦考利夫准将代行马克斯韦尔·D.泰勒少将的职权，1944年12月18日从第18空降军调入）

第501、第502和第506伞兵团

第327滑翔机机降步兵团

第401滑翔机机降步兵团1营

第321和第907滑翔机野战炮兵营

第377伞降野战炮兵营

第326伞降工兵营

第705坦克歼击营

第775野战炮兵营

第377空降防空炮兵－自动武器营

从1944年12月18日起归属第101空降师：第10装甲师B战斗群（第3坦克营、第20装甲步兵营及第10装甲师其他单位抽调的部队）

第18空降军（马修·B.李奇微少将）[1944年12月18日起在阿登前线]

第551伞兵营

第517伞兵团

第254、第275、第400和第460野战炮兵营

第79野战炮兵群

第153、第551和第552野战炮兵营

第179野战炮兵群

第259和第965野战炮兵营

第211野战炮兵群

第240和第264野战炮兵营

第401野战炮兵群

第187和第809野战炮兵营

第82空降师"全美"（詹姆斯·M.加文少将）

第504、第505和第508伞兵团

第325滑翔机机降步兵团

第376和第456伞降野战炮兵营

第307伞降工兵营

第80防空炮兵－自动武器营

第30步兵师"老山核桃"（利兰·S.霍布斯少将，1944年12月21日自第5军调入）

第117、第119和第120步兵团

第113、第118、第197和第230野战炮兵营

第105战斗工兵营

第743坦克营

第823坦克歼击营

第110和第431防空炮兵－自动武器营

第99"维京人"步兵营

第526装甲步兵营

第3装甲师B战斗群［1944年12月22日从第5军调入，1944年12月25日调入第7军］

第33装甲团第2加强营

第36装甲步兵团的两个加强连

来自该师其他单位的较小规模部队

美国第3集团军（小乔治·S. 巴顿中将）

第109、第115、第217和第777防空炮兵营

第456、第465、第550和第565防空炮兵 – 自动武器营

第631坦克歼击营

第3军（约翰·米利金少将）[1944年12月22日起在阿登前线]

第6机械化骑兵群

第183、第145、第188、第243和第249战斗工兵营

第1306工程兵团

第467和第468防空炮兵 – 自动武器营

第179、第274、第776和第777野战炮兵营

第193野战炮兵群

第177、第253、第696、第776和第949野战炮兵营

第203野战炮兵群

第278、第742和第762野战炮兵营

第4装甲师（休·J. 加菲少将）

A、B 和 R 战斗群

第10、第51和第53装甲步兵营

第8、第35和第37坦克营

第22、第66和第94装甲野战炮兵营

第24装甲工兵营

第704坦克歼击营

第25骑兵中队

第467和第489防空炮兵 – 自动武器营

第26步兵师"扬基"（威拉德·S. 保罗少将）

第101、第104和第328步兵团

第101、第102、第180和第263野战炮兵营

第101战斗工兵营

第735坦克营

第818坦克歼击营

第390防空炮兵－自动武器营

第80步兵师"蓝岭"（霍勒斯·L. 麦克布莱德少将）

第317、第318和第319步兵团

第313、第314、第315和第905野战炮兵营

第305战斗工兵营

第702坦克营

第610坦克歼击营

第633防空炮兵－自动武器营

第12军（曼顿·S. 埃迪少将）

第2机械化骑兵群

第808坦克歼击营

第372、第398和第1303工程兵团

第452和第457防空炮兵－自动武器营

第161、第244、第277、第334、第336和第736野战炮兵营

第276装甲野战炮兵营

第177野战炮兵群

第215、第255和第775野战炮兵营

第182野战炮兵群

第802、第945和第974野战炮兵营

第183野战炮兵群

第695和第776野战炮兵营

第404野战炮兵群

第273、第512和第752野战炮兵营

第1103战斗工兵群

第106和第204战斗工兵营

第4步兵师"常春藤"（雷蒙德·O.巴顿少将）

第8、第12和第22步兵团

第20、第29、第42和第44野战炮兵营

第4战斗工兵营

第70坦克营

第802和第803坦克歼击营

第377防空炮兵 – 自动武器营

第5步兵师"红钻石"（S.勒罗伊·欧文少将）

第2、第10和第11步兵团

第19、第21、第46和第50野战炮兵营

第7战斗工兵营

第737坦克营

第818坦克歼击营

第449防空炮兵 – 自动武器营

第10装甲师"猛虎"（小威廉·H.H.莫里斯少将）

A、B和R战斗群

第20、第54和第61装甲步兵营

第3、第11和第21坦克营

第419、第420和第423装甲野战炮兵营

第609坦克歼击营

第55装甲工兵营

第90侦察中队

第796防空炮兵－自动武器营

（注：包含第3坦克营和第20装甲步兵营的B战斗群，以及其他单位的混编部队从1944年12月17日起归属第8军。）

1944年12月22日后加入的部队

1944年12月22日调入第7军，然后调往第18空降军：

第75步兵师（费伊·B.普里克特少将）

第289、第290和第291步兵团

第730、第897、第898和第899野战炮兵营

第275战斗工兵营

第750坦克营

第629和第772坦克歼击营

第440防空炮兵－自动武器营

1944年12月26日调入第7军：

第83步兵师"雷电"（罗伯特·C.梅肯少将）

第329、第330和第331步兵团

第322、第333、第324和第908野战炮兵营

第308战斗工兵营

第774坦克营

第772坦克歼击营

第453防空炮兵－自动武器营

1944年12月26日调入第3军：

第35步兵师"圣达菲"（保罗·W.巴德少将）

第134、第137和第320步兵团

第127、第161、第216和第219野战炮兵营

第60战斗工兵营

第654坦克歼击营

第448防空炮兵－自动武器营

1944年12月30日调入第3军：
第6装甲师"超级六"（罗伯特·W.格罗少将）
A、B和R战斗群
第9、第44和第50装甲步兵营
第15、第68和第69坦克营
第128、第212和第231装甲野战炮兵营
第25装甲工兵营
第86骑兵中队
第603坦克歼击营
第777防空炮兵－自动武器营

1944年12月29日调入第8军：
第87步兵师"金橡果"（小弗兰克·L.丘林准将）
第345、第346和第347步兵团
SAS第3伞兵团
第334、第335、第336和第912野战炮兵营
第312战斗工兵营
第761坦克营
第691坦克歼击营
第549防空炮兵－自动武器营

1944年12月29日调入第8军：
第11装甲师"雷电"（查尔斯·S.基尔伯恩准将）
A、B、R战斗群
第21、第55和第63装甲步兵营
第22、第41和第42坦克营
第490、第491和第492装甲野战炮兵营

第56装甲工兵营

第602坦克歼击营

第41骑兵中队

第575和第778防空炮兵－自动武器营

1945年1月1日调入第8军：

第17空降师"金色利爪"（威廉·M.米利少将）

第507和第513伞兵团

第193和第194滑翔机机降步兵团

第680和第681滑翔机野战炮兵营

第466伞降野战炮兵营

第139空降工兵营

第155空降防空炮兵－自动武器营

1945年1月6日调入第3军：

第90步兵师"硬汉"（詹姆斯·A.范弗里特少将）

第357、第358和第359步兵团

第343、第344、第345和第915野战炮兵营

第315战斗工兵营

第773坦克歼击营

第537防空炮兵－自动武器营

英军战斗序列

第21集团军群(陆军元帅伯纳德·劳·蒙哥马利）

第30军(布赖恩·霍罗克斯中将）

第2皇家骑兵团

第11轻骑兵团

第73皇家反坦克炮团

第4和第5皇家马拉炮兵团

第7、第64和第84皇家中型炮兵团

第27皇家轻型防空团

第6空降师（埃里克·博尔斯少将）

第3和第5伞兵旅

第6空降旅

第53皇家轻型炮兵团

第3和第4皇家空降反坦克营

皇家装甲兵第6空降装甲侦察团

第249皇家空降野战工兵连

第3和第591皇家伞降工兵中队

第3和第9皇家空降工兵中队

第286皇家工程兵空降野战车场连

皇家通信兵第6空降师属通信连

陆军航空队第22独立伞兵连

第51（高地）步兵师（托马斯·G.伦尼少将）

第152、第153和第154步兵旅

第126、第127和第128皇家野战炮兵团

德比郡第2义勇骑兵队

第61皇家反坦克团

第40皇家轻型防空团

第274、第275和第276皇家野战工兵连

第239皇家工程兵野战车场连

第16皇家工程兵舟桥排

皇家通信兵第51师属通信连

米德尔赛克斯团第1/7机枪营

第53（威尔士）步兵师（罗伯特·诺克斯·罗斯少将）

第71、第158和第160步兵旅

第81、第83和第133皇家野战炮兵团

第53皇家装甲兵侦察团

第71皇家反坦克团

第25皇家轻型防空团

第244、第282和第555皇家野战工兵连

第285皇家工程兵野战车场连

第22皇家工程兵舟桥排

皇家通信兵第53师属通信连

第29装甲旅（查尔斯·巴尼特·卡梅伦·哈维准将）

第23轻骑兵团

第3皇家坦克团

来复枪旅第8营

第33装甲旅（H.B. 斯科特准将）

第144皇家装甲兵团

北安普顿郡第1义勇骑兵队

东赖丁第1义勇骑兵队

陆军第34坦克旅（W.S. 克拉克准将）

第9皇家坦克团

第107和第147皇家装甲兵团

资　料

档案馆

德国弗赖堡联邦档案馆 / 军事档案馆

德国科布伦茨联邦档案馆

柏林德意志办事处（WASt）

伦敦帝国战争博物馆

斯德哥尔摩战争档案馆

英国基尤国家档案馆

马里兰大学帕克分校国家档案馆

美国国家档案记录管理局（NARA），华盛顿首都特区

美国陆军联合作战中心

美国陆军军事历史中心

文献

《第21集团军群在欧洲大陆作战行动组织沿革，1944年6月6日—1945年5月8日》。MCHS 0514。德国，1945年11月。

帕特里克·阿格特，《"约亨"·派普：警卫旗队师装甲团长》。马尼托巴省温尼伯市：J.J. 费多洛维茨出版社，1999年。

斯蒂芬·安布罗斯，《艾森豪威尔，第1卷：士兵，五星上将，当选总统（1893—1952）》。纽约：西蒙－舒斯特出版社，1983年。

《应征士兵：从诺曼底海滩到德国投降》伦敦：西蒙－舒斯特出版社，2002年。

阿登波托1944博物馆，《1944年12月18日：波托—雷希特公路伏击的真相》。布达佩斯：军事出版社，日期不详。

鲁道夫·巴德少将，《第560国民掷弹兵师：阿登战役，1944年12月16日—1945年1月25日》。外军研究论文 B-024。美国陆军驻欧洲总部历史处，1946年。

约瑟夫·巴尔科斯基，《奥马哈海滩：1944年6月6日》。梅卡尼克斯堡：斯塔克波尔图书公司，2006年。

马克·班德：《十字军的先锋：二战中的第101空降师》。宾夕法尼亚州布雷德福斯：阿伯约那出版社，2003年。

唐·巴恩斯、约翰·克伦普和罗伊·萨瑟兰。《"地狱之鹰"的"雷电："关于第365战斗轰炸机大队的文字、照片和插画》。加利福尼亚州弗里蒙特：梭鱼工作室，2011年。

埃迪·鲍尔中校，《阿登攻势》。威肯：博克拉玛出版社，1982年。

科林·F. 巴克斯特。《陆军元帅伯纳德·劳·蒙哥马利，1887—1976：一部精选的传记》。康涅狄格州韦斯特波特：格林伍德出版社，1999年。

弗里茨·拜尔莱因，《阿登战役中的装甲教导师和第26国民掷弹兵师，弗里茨·拜尔莱因中将访谈》。欧洲战场审问记录 ETHINT-068，美国陆军，华盛顿美国国家档案馆，1949年。

《装甲教导师，1944年7月24日—25日》。外军研究论文 A-902。美国陆军驻欧洲总部历史处，1945年。

《装甲教导师，1944年12月1日—1945年1月26日》。外军研究论文 A-941。美国陆军驻欧洲总部历史处，1945年。

《装甲教导师在阿登攻势前几天中的贡献，1944年12月16日—12月21日》。外军研究论文 A-942。美国陆军驻欧洲总部历史处，1946年。

《其他问题——阿登攻势》。外军研究论文 A-943。美国陆军驻欧洲总部历史处，1946年。NARA M1035。

《其他问题——阿登攻势。关于1945年1月11日—1月20日乌法利兹地区作战行动的描述》。外军研究论文 A-945。美国陆军驻欧洲总部历史处，1946年。NARA M1035。

陆军少校约翰·J. 比森三世，《1944年12月22—24日阿登战役期间，第104步兵团（第26步兵师）D连在从卢森堡贝特博恩到布施罗特进攻战中的行动（一名重武器连长的亲身经历）》。乔治亚州，本宁堡：步兵学校参谋部，1950年。

拉尔夫·本内特。《西方的"超极机密"行动：诺曼底战役1944—1945年》。纽约：查尔斯·斯克里布纳之子出版社，1980年。

克里斯特·贝里斯特伦，《从"巴格拉季昂"到柏林：东线最后的空战，1944—1945》。萨里郡赫舍姆：伊恩·艾伦出版社，2008年。

马丁·布吕芒松。《巴顿文件录1940—1945》。马萨诸塞州剑桥：初音岛出版社，1974年。

罗斯科·C. 布伦特，《步兵：欧洲的步兵战》。宾夕法尼亚州，康舍霍肯：萨尔珀冬出版社，2001年。

维尔纳·伯登斯坦上校，《第53军（1944年12月1日—1945年1月22日）》。外军研究论文 B-032，美国陆军驻欧洲总部历史处，1946年。

曼弗雷德·伯梅，《第7战斗机联队：Me-262联队战史 1944—1945》。斯图加特：汽车图书出版社，1983年。

布格、霍斯特、格哈德·克雷布斯、德特勒夫·沃格尔和德里·库克－拉德莫，《德国与第二次世界大战，第7卷：1943年的欧洲战略空战和西亚及东亚的战争》。牛津：牛津大学出版社，2006年。

小加尔文·C. 博伊金，《小心野兽：第814坦克歼击营战史，1942—1945》。德克萨斯州大学城：C&R 出版社，1995年。

奥马尔·N. 布拉德利，《一个士兵的故事》。纽约：亨利·霍尔特出版公司，1951年。

装甲兵上将埃里希·布兰登贝格尔，《第7集团军的阿登攻势（1944年12月16日—1945年1月25日）》。外军研究论文 A-876，美国陆军驻欧洲总部历史处，日期不详。NARA M 1035。

霍华德·E. 布雷斯勒，《阿登战役中的第2装甲师》。肯塔基诺克斯堡：装甲兵学校教官培训部常规指导处。

《从布雷斯特到巴斯托涅：第6装甲师的故事》。巴黎：星条旗出版社，1944—1945年。

吉姆·特拉维斯·布鲁姆利，《最大胆的计划就是最好的：第509伞兵营二战战史》。宾夕法尼亚州梅卡克克斯堡：洛基·马尔什出版公司，2011年。

唐纳德·R. 伯吉特，《通往地狱的七条路："呼啸山鹰"在巴斯托涅》。加利福尼亚州诺瓦托：戴尔出版社，

2000年。

克莱德·J.伯克(编),《第6装甲师在欧洲战场的战斗记录,1944年7月18日—1945年5月8日》。蒂斯克兰阿沙芬堡:施泰因贝克出版社/G-3 I&E小组和公共关系办公室,保罗·L.伯根少校(作训参谋助理)领导,1945年。

鲁珀特·巴特勒,《党卫军第1"阿道夫·希特勒警卫旗队"装甲师战史,1934—1945》。明尼苏达州圣保罗:琥珀图书公司,2001年。

唐纳德·考德威尔,《JG 26作战日志,第2卷:1943—1945》伦敦:格鲁布街出版社,1998年。

唐纳德·考德威尔和理查德·穆勒,《德国上空的德国空军:帝国防御战》。伦敦:格林希尔图书出版公司,2007年。

保罗·卡雷尔[保罗·卡尔·施密特],《焦土政策:伏尔加河与维斯瓦河之间的战斗》。柏林:乌尔斯泰因出版社,1966年。

《巴巴罗萨行动:进军苏联》。柏林:乌尔斯泰因出版社,1973年。

皮埃尔·克洛斯特曼,《盛大演出》。伦敦:魏登费尔德–尼科尔森出版社,2004年。

《大疯狂:二战战斗机飞行员——一位法国飞行员对皇家空军的回忆》,斯德哥尔摩:亚特兰蒂斯出版社,1981年。

罗杰·科恩,《士兵和奴隶:纳粹最后赌博中的美国战俘》。纽约:船锚出版社,2005年。

休·M.科尔:《二战欧洲战场上的美国陆军。阿登:突出部之战》,华盛顿特区:陆军军事历史部部长办公室,2000年。

迈克尔·柯林斯和马丁·金,《突出部之声:突出部之战老兵不为人知的故事》。明尼苏达州明尼阿波利斯:顶点出版社,2011年。

本杰明·富兰克林·库林(编):《近距空中支援发展案例研究》。华盛顿特区:美国空军空军历史办公室,1990年。

贝尔顿·Y.库珀,《死亡陷阱:二战美国装甲师的幸存者》。加利福尼亚州诺瓦托:要塞出版社,2003年。

贝里·克雷格,《第11装甲师"雷电",第2卷》。肯塔基州帕迪尤卡:特纳出版公司,50周年纪念版,1992年。

韦斯利·弗兰克·克雷文,詹姆斯·利·凯特(编),《二战中的陆军航空队。欧洲:战争胜利日的争论,1944年1月—1945年5月》。华盛顿特区:空军历史办公室,1983年。

马丁·范·克勒韦尔德《战斗力:德国与美国陆军的表现,1939—1945》。康涅狄格州韦斯特波特:格林伍德出版社,1982年。

罗宾·克罗斯,《1944年突出部之战:希特勒的最后希望》。斯泰普赫斯特:琥珀图书公司,2002年。

沃尔特·克罗斯(编),《从滩头到波罗的海:第7装甲师在二战中的故事》。俄克拉荷马州斯蒂尔沃特:克罗斯出版社,2006年。

D.K.R.克罗斯韦尔,《甲虫:沃尔特·比德尔·史密斯将军的一生》。肯塔基州列克星敦:肯塔基大学出版社,2010年。

约瑟夫·康明斯,《最血腥的世界史:大屠杀、种族灭绝和它们给文明留下的伤痕》。马萨诸塞州贝弗利:顺风出版社,2009年。

格尔德·J.库彭斯,《1944年12月17日,马尔梅迪–博涅到底发生了什么》。奥伊彭:GEV出版社,

2009年。

帕特里克·德拉福斯，《突出部之战：希特勒的最后赌博》。哈洛：培生教育有限公司，2004年。

瓦尔特·登克特少将，《德国第3装甲师在阿登战役中的贡献》，外军研究论文A-978。美国陆军驻欧洲总部历史处，1950年。

《德国第3装甲师（从1944年12月28日到1946年1月25日）》外军研究论文C-002。美国陆军驻欧洲总部历史处，日期不详。

约瑟夫·泽普·迪特里希大将，《阿登战役中的第6装甲集团军》。欧洲战场审问记录ETHINT-015。美国陆军，1949年。华盛顿特区美国国家档案馆。

《德国国防军，1939—1945，第3册，1944年1月1日—1945年5月9日》，科隆：文学与教育学会出版社，1989年。

罗伯特·F.多尔和托马斯·D.琼斯。《地狱之鹰！不为人知的故事：痛击希特勒国防军的美国飞行员》。明尼苏达州明尼阿波利斯：顶点出版社，2010年。

希拉里·道尔和汤姆·延茨，《38式"追猎者"坦克歼击车，1944—1945》。牛津：鱼鹰出版社，2001年

西奥多·德雷珀，《阿登战役中的美国第84步兵师》。第84步兵师战史处，1985年。

爱德华·J.德瑞博士，《部队重组：为联合作战研究行动（CAORA）准备的史观》。联合作战研究书库第3号。堪萨斯州莱文沃斯堡：指挥与参谋学院，1983年。

威廉·E.德雷斯勒少校、小约翰·W.霍普金斯少校、莱斯利·F.帕勒少校、小乔治·S.安德鲁上尉、艾伦·E.弗格森上尉、小詹姆斯·W.佩顿上尉和小哈罗德·S.沃克尔上尉，《在不利局面下：阿登战役中的第2和第3装甲师，1944年12月16日—1945年1月16日》。肯塔基诺克斯堡：装甲兵学校，1949年。

杰夫·达格代尔，《1944年秋季—1945年2月西线阿登和"北风"行动中德国陆军和武装党卫军装甲师、装甲掷弹兵师、装甲旅详细和准确的兵力和组织，第1卷，Part 4A》。米尔顿凯恩斯：军事出版社，2002年。

《1944年秋季—1945年2月西线阿登和"北风"行动中德国陆军和武装党卫军装甲师、装甲掷弹兵师、装甲旅详细和准确的兵力和组织，第1卷，Part 4B》。米尔顿凯恩斯：军事出版社，2003年。

《1944年秋季—1945年2月西线阿登和"北风"行动中德国陆军和武装党卫军装甲师、装甲掷弹兵师、装甲旅详细和准确的兵力和组织，第1卷，Part 4C》。米尔顿凯恩斯：军事出版社，2005年。

特雷沃·N.迪皮伊、戴维·D.邦加德和小理查德·C.安德森，《希特勒的最后赌博：突出部之战，1944年12月—1945年1月》。纽约：哈珀·柯林斯出版社，1995年。

戴维·R.杜尔上校，《骨干师概念：第106步兵师回顾》。宾夕法尼亚州卡莱斯利军营：美国陆军战争学院，1992年。

德怀特·D.艾森豪威尔，《欧洲十字军》。马里兰州，约翰·霍普金斯大学巴尔的摩分校：大学出版社，1997年。

约翰·D.艾森豪威尔，《寒冷的丛林：突出部之战》。马萨诸塞州剑桥：初音岛出版社，1995年。

约翰·埃利斯，《强力：二战盟军战略战术》。伦敦：安德鲁·多伊齐有限公司，1990年。

《卡西诺，空洞的胜利：为罗马而战，1944年1月—6月》。伦敦：奥卢姆出版社，2007年。

彼得·埃尔斯托布，《希特勒的最后攻势：触发突出部之战的德军奇袭》纽约：麦克米兰公司，1971年。

格哈德·恩格尔少将，《亚琛战役中的第12步兵师（1944年11月16日—12月3日）》。外军研究论文B-764。美国陆军驻欧洲总部历史处，1945年。

约翰·A.英格利什和布鲁斯·I.古德蒙松,《步兵论》。康涅狄格州韦斯特波特：普雷格出版社,1994年。

约翰·埃里克森,《通往柏林之路》,伦敦：卡塞尔出版社,2004年。

约翰·法格博士,《突出部之战：一个小角落》。宾夕法尼亚州希彭斯堡：希彭斯堡历史学会,贝代尔印刷厂,2008年。

威廉·W.费,《突出部之战中的第11装甲师：回顾日记》。马里兰州银泉,1999年。

威尔·费伊,《武装党卫军装甲战役,1943—1945》。梅卡尼克斯堡：斯塔克波尔图书公司,2003年。

格奥尔格·菲格尔上校,《第989掷弹兵团(1944年12月14日—17日)》。外军研究论文B-025。美国陆军驻欧洲总部历史处,日期不详。

罗伯特·福赛斯,《第44战斗机联队：专家中队》。牛津：鱼鹰出版社,2008年。

唐·M.福克斯,《巴顿的先锋：美国陆军第4装甲师》。北卡罗来纳州,杰弗逊：麦克法兰出版社,2003年。

诺曼,弗兰克斯,《机场之战："底板"行动,1945年1月1日》。伦敦：格鲁布街出版社,2000年。

罗杰·A.弗里曼,《"强力第8"：单位,人员和装备。美国第8航空队战史》。伦敦：麦克唐纳出版社,1970年。

《"强力第8"战记》。伦敦：简氏出版社,1981年。

斯蒂芬·G.弗里茨,《前线士兵：二战中的德国士兵》。列克星敦：肯塔基大学出版社,1997年。

斯蒂芬·G.弗里茨,《前线士兵：二战中的德国士兵》。法伦：菲舍尔公司,2011年。

理查德·加拉格尔,《马尔梅迪大屠杀：二战中最野蛮的暴行》。纽约：平装书库出版社,1964年。

阿道夫·加兰德,《第一和最后》。慕尼黑：施内克卢特出版社,1953年。

阿道夫·加兰德等人,戴维·C.伊斯比(编),《挑战轰炸机：德国空军与盟军轰炸机的搏斗》。伦敦：格林希尔图书公司,2003年。

乔治··W.加兰德,《德军阿登反攻期间的美国陆军医疗部队(1944年12月16日—1945年1月23日)》。

罗兰德·高尔。《卢森堡的突出部之战：南翼,1944年12月—1945年1月,第1卷：德军》。宾夕法尼亚州,阿特格伦：希弗军事历史出版社,1995年。

《卢森堡的突出部之战：南翼,1944年12月—1945年1月,第2卷：美军》。宾夕法尼亚州,阿特格伦：希弗军事历史出版社,1995年。

乔纳森·高恩,《欧洲战场的幽灵：美军在欧洲战场的战术欺骗部队,1944—1945》。宾夕法尼亚州哈弗尔顿：炮塔出版社,2002年。

诺曼·格尔布,《艾克和蒙蒂：战争中的将军》。纽约：哈珀·柯林斯出版社,1994年。

德国第7集团军指挥官鲁道夫·冯·格尔斯多夫少将,《阿登攻势中第7集团军所属部队评估与装备》。外军研究论文A-932,美国陆军驻欧洲总部历史处,1946年。

《阿登攻势的结果》。外军研究论文A-933,美国陆军驻欧洲总部历史处,1946年。

贾尼丝·霍尔特·贾尔斯,《该死的工兵》。波士顿：霍顿·米夫林公司,1970年。

查尔斯·格拉斯,《逃兵：二战中一段隐藏的历史》。纽约：企鹅出版社,2013年。

伊恩·古德森,《战线上的空中力量：盟军在欧洲的近距空中支援,1943—1945》。牛津郡：弗兰克·卡斯出版社,1998年。

迈克尔·格林和詹姆斯·D.布朗,《突出部之战的故事》。明尼苏达州明尼阿波利斯：顶点出版社,

2010年。

迈克尔·J.L.格林少校，《与乌法利兹的联络》。军事专题论文41—63。肯塔基州诺克斯堡：装甲兵学校教官培训部常规指导处，1948年。

步兵上将汉斯·冯·格赖芬贝格，《诺曼底，"眼镜蛇"行动和莫尔坦》。外军研究论文 A-894。美国陆军驻欧洲总部历史处，1949年。

奥拉夫·格罗勒，《空战史》。柏林：军事出版社，1981年。

洛塔尔·格鲁希曼，《第二次世界大战：第一部分，1939—1944年》。斯德哥尔摩：奥尔德斯·邦尼尔出版社，1969年。

海因茨·金特·古德里安，《西线战事的最后一年：第116 "灰猎犬"装甲师战史，1944—1945》。亚琛：赫利俄斯出版社，2010。

约阿希姆·古特曼上校，《阿登后续：第2装甲师（1944年12月16—20日，1945年1月13—17日）》。外军研究论文 P-109e。

拉尔斯·于伦霍尔和伦纳特·韦斯特贝里，《战争中的瑞典，1914—1945》。隆德：历史传媒出版社，2006年。

瓦尔特·格尔利茨，《莫德尔：陆军元帅和他的鲁尔之战》。慕尼黑：大学出版社，1993年。

蒂姆·哈斯勒，罗迪·麦克杜格尔，西蒙·博斯特斯和汉斯·韦伯。《迷雾中的决斗：阿登战役中的警卫旗队师，第2卷》。纽约州萨塞克斯和门罗：坦克残骸出版社，2012年。

贾斯汀·M.哈里斯，《二战欧洲战场的美军士兵与屠杀战俘行为》。提交给德克萨斯州大学圣马可分校研究生委员会，作为艺术硕士学位要求的一部分。德克萨斯州圣马可，2009年12月。

S.哈特博士和 R.哈特博士，《二战德国坦克》。斯泰普赫斯特：斯佩尔蒙特出版社，1998年。

马克斯·黑斯廷斯，《末日：德国之战，1944—1945》。斯德哥尔摩：诺斯特出版社，2005年。

《霸王行动：D-日与诺曼底战役》。纽约：年代图书出版社，2006年。

托马斯·M.哈特费尔德，《鲁德尔：从领袖到传奇》。德克萨斯州农工大学校友会百年纪念系列，2011年。

第75步兵师师部，1945年。《战斗中的第75步兵师：阿登地区的战斗，1944年12月23日—1945年1月27日》。

肯·黑希勒，《守住防线：第51战斗工兵营和突出部之战，1944年12月—1945年1月》。军事工程研究第4号。弗吉尼亚州比弗堡：美国陆军工程兵部队历史办公室，1988年。

路德维希·海尔曼少将，《阿登攻势，德国第5伞兵师》。外军研究 B-023，美国陆军驻欧洲总部历史处，1950年。

约翰·赫林顿，《1939—1945年战争中的澳大利亚，系列3——空军，第4卷：欧洲上空的空中力量，1944—1945》。堪培拉：澳大利亚战争纪念馆，1963年。

哈约·赫尔曼，《动人的生活》。斯图加特：汽车图书出版社，1986年。

弗雷德里希·奥古斯特·冯·德·海特，《冯·德·海特访谈：阿登战役中的德国伞兵》。欧洲战场审问记录，ETHINT -75。美国陆军。华盛顿特区国家档案馆，1945年。

威廉·希契科克一世。《欧洲解放：通往自由的艰难道路》。斯德哥尔摩：论坛出版社，2008年。

海因茨·赫内，《死神之首的命令：希特勒党卫军的故事》。伦敦：企鹅出版社，2000年。

格伦·B.因菲尔德，《斯科兹尼：希特勒的突击队》。纽约：圣马丁出版社，1981年。

莱诺拉·A.艾维，《领导力研究：第761坦克营和第92师》。堪萨斯州莱文沃斯堡：堪萨斯大学劳伦斯分校1995年。

杰弗里·雅科夫斯基少校，《阿登攻势中的德军特种作战》。1993年8月2日—1994年6月3日硕士论文。堪萨斯州莱文沃斯堡：美国陆军指挥与参谋学院，1994年。

托马斯·L.延茨，《德国"豹"式坦克：对作战优势的追求》。宾夕法尼亚州阿特格伦：希弗出版社，1995年。

D.J.贾奇上校，《缺口中的骑兵：第14机械化骑兵群和突出部之战》。第14骑兵群协会：http://www.14cav.org/g1bulge.html。

赫尔曼·容，《阿登攻势1944—1945：希特勒军事战略的一个范例。关于二战历史的研究与文献，第12卷》。哥廷根：斯图加特军事研究工作组，穆斯特尔－施密特出版社，1971年。

埃尔温·卡施内尔准将，《第326国民掷弹兵师，阿登（1944年12月16日—1945年1月25日）》。外军研究B-092。美国陆军驻欧洲总部历史处，1950年。

帕特里克·N.考内中校，《特洛伊·H.米德尔顿将军：坚定的指挥官。美国陆军高级军事研究学校专题论文》。堪萨斯州莱文沃斯堡：美国陆军指挥与参谋学院，2011年。

武装党卫军上将格奥尔格·开普勒，《党卫军第1装甲军在法国北部的战斗（1944年8月16日—10月18日）》。外军研究B-623。美国陆军驻欧洲总部历史处，1947年。

小托马斯·P.凯利上校和埃利奥特·戈尔茨坦。《战斗中的第589野战炮兵营》。布卢明顿：第一书库出版社，2001年。

亚历克斯·克肖，《最长的冬季：突出部之战与二战最富盛誉的排史诗般的故事》。马萨诸塞州剑桥：初音岛出版社，2004年。

奥拉·基奥斯塔德，《两战之间德国军官教育：精神自由，品格坚定》。格拉斯哥：格拉斯哥大学历史系战争研究硕士论文，2010年6月。

步兵上将巴普蒂斯特·克尼斯，《阿登战役中的第85军，1944年12月16日—1945年1月12日》。外军研究B-030。美国陆军驻欧洲总部历史处，1946年。

海因茨·科科特少将，《第26国民掷弹兵师：向巴斯托涅突破（1944年12月24日—28日）》。欧洲战场审问记录，ETHINT -44。美国陆军。华盛顿特区国家档案馆，1945年。

《阿登攻势中的第26国民掷弹兵师，巴斯托涅战役，第一部分》（德语原文），外军研究B-040。美国陆军驻欧洲总部历史处，1949年。

维尔纳·科尔布少将。《阿登攻势中的第9国民掷弹兵师战区（1944年12月25日—1945年1月25日）》。外军研究B-521。美国陆军驻欧洲总部历史处，日期不详。

"连队同袍之谊"，《党卫军第12"希特勒青年团"装甲师第12装甲团3连》。普鲁士奥尔登多夫：连队同袍之谊出版社，1978年。

乔治·E.科斯基迈基，《饱受战争创伤的巴斯托涅杂种：突出部之战中的第101空降师。1944年12月19日—1945年1月17日》。纽约：巴兰坦图书公司，2007年。

武装党卫军少将胡戈·克拉斯，《阿登攻势中的党卫军第12"希特勒青年团"装甲师》，外军研究#23。美国陆军驻欧洲总部历史处，日期不详。

武装党卫军少将弗里茨·克雷默，《阿登战役中的第6装甲集团军》。欧洲战场审问记录，ETHINT-021美国陆军。华盛顿特区国家档案馆，1949年。

武装党卫军少将弗里茨·克雷默，《阿登战役中的第6装甲集团军，1944年12月24日—27日》。欧洲战场审问记录，ETHINT-022美国陆军。华盛顿特区国家档案馆，1949年。

空军上将维尔纳·克赖珀，《克赖珀日记，1944年7月22日—11月2日》。外军研究P-069。美国陆军驻欧洲总部历史处，1950年。

弗里茨·库罗夫斯基，《装甲王牌：二战德国坦克指挥员》。梅卡尼克斯堡：斯塔克波尔图书公司，2004年。

《精锐装甲打击力量：二战中的德国装甲教导师》。宾夕法尼亚州梅卡尼克斯堡：斯塔克波尔图书公司，2011年。

艾伦·朗顿，《准备就绪：美国第82空降师第505伞兵团二战战史》。印第安纳波利斯：西部报纸出版社，1986年。

武装党卫军上校鲁道夫·莱曼，《党卫军第1装甲军（1944年10月15日—12月16日）》。外军研究B-577。美国陆军驻欧洲总部历史处，1946年。

B.H.利德尔·哈特，《在山的另一边：第二次世界大战中的德国将军》。斯德哥尔摩：自然与文化出版社，1988年。

《二战史，第2卷》。斯德哥尔摩：自然与文化出版社，1988年。

盖伊·洛法罗，《圣迈克尔之剑：二战中的第82空降师》。马萨诸塞州剑桥：初音岛出版社，2011年。

瓦尔特·卢赫特上将，《第66军在施内 – 艾费尔》。外军研究B-333。美国陆军驻欧洲总部历史处，1946年。

《第66军在施内 – 艾费尔，1945年1月3日—15日》。外军研究B-769。美国陆军驻欧洲总部历史处，1948年。NARA M1035。

装甲兵上将海因里希·冯·吕特维茨男爵，《1944—1945年阿登战役中第47装甲军的使用》。外军研究A-939。美国陆军驻欧洲总部历史处，1954年。NARA M1035。

查尔斯·B.麦克唐纳，《二战欧洲战场中的美国陆军：齐格弗里德防线战役》。华盛顿特区：陆军军事历史部部长办公室，1963年。

《二战欧洲战场中的美国陆军：最后攻势》。华盛顿特区：陆军军事历史部部长办公室，1973年。

《二战欧洲战场中的美国陆军：齐格弗里德防线战役》。华盛顿特区：美国陆军军事历史中心，1990年。

《号角吹响之时：突出部之战中不为人知的故事》。纽约：哈珀·柯林斯图书集团，2002年。

约翰·曼洛和罗恩·皮茨，《"底板"行动：德国空军的最后希望——1945年元旦对盟军机场的进攻》。克罗伯勒：飞机出版社，2004年。

装甲兵上将哈索·冯·曼陀菲尔，《第5装甲集团军（1944年9月11日—1945年1月）》。欧洲战场审问记录，ETHINT-45，美国陆军，1945年。华盛顿特区国家档案馆。

《第5装甲集团军，1944年9月11日—1945年1月》。欧洲战场审问记录，ETHINT-46，美国陆军，1946年。华盛顿特区国家档案馆。

《阿登攻势中的第5装甲集团军，1944年12月16日—1945年1月25日》，外军研究B-151。美国陆军驻欧洲总部历史处，1946年。

《阿登攻势中的第5装甲集团军，1944年12月16日—1945年1月25日》，外军研究B-151A。美国陆军驻欧洲总部历史处，1946年。

S.L.A.马歇尔上校，约翰·G.韦斯托弗上尉和A.约瑟夫·韦伯上尉，《巴斯托涅：前八天的故事——第101空降师陷入德军包围》。华盛顿特区：步兵杂志出版社，1945年。

《救火队员：战役指挥的问题》。诺曼：俄克拉荷马大学出版社，2000年。

埃里希·冯·曼施泰因，《失去的胜利》。波恩：图书馆出版社，1944年。

罗杰·马凯，《鲜血，废墟和眼泪：舍诺涅，1944—1945》。讷沙托：魏里希出版社，2004年。

约翰·C.麦克马努斯，《阿登的阿拉莫：守卫巴斯托涅的美军士兵不为人知的故事》。纽约：新美国书库出版社，2007年。

詹姆斯·梅格拉斯，《直到柏林：参加欧洲战事的一名伞兵》。纽约：巴兰坦图书，2004年。

F.W.冯·梅伦廷少将，《装甲战：二战装甲兵运用研究》。纽约：巴兰坦图书，1971年。

查尔斯·梅辛杰，《希特勒的角斗士：装甲集团军指挥官泽普·迪特里希的生活和战争》。华盛顿特区：布拉西出版社，2001年。

史蒂文·梅茨，《战略家艾森豪威尔：战争与和平年代中军事力量的连贯运用》。美国陆军战争大学战略学院，1993年。

迈克·胡贝特，《党卫军第12"希特勒青年团"装甲师战史》。梅卡尼克斯堡：斯塔克波尔图书公司，2005年。

斯特凡·德·迈尔，蒂姆·哈斯勒，罗迪·麦克道格尔，西蒙·博斯特斯和汉斯·韦伯，《迷雾中的决斗：阿登战役中的警卫旗队师，第1卷》。纽约州萨塞克斯和门罗：坦克残骸出版社，2007年。

小马里昂·L.迈尔斯少校，《没有边界的战斗：在策略上取得主动权》。堪萨斯州莱文沃斯堡：美国陆军指挥与参谋学院高级军事研究学校，日期不详。

爱德华·G.米勒，《全面胜利：欧洲战场上的美军，1944—1945》。安纳波利斯：海军学院出版社，2007年。

巴特勒·B.米尔顿伯格少将和詹姆斯·A.休斯敦少校，《第134步兵团，"地狱也阻止不了我们"：二战战史》。罗伯塔·V.拉索抄录，伊利诺伊州帕拉丁，2001年。

小塞缪尔·W.米查姆，《冬天里的坦克：希特勒的军队和突出部之战》，梅卡尼克斯堡：斯塔克波尔图书公司，2008年。

迪特里希·莫尔，《第18国民掷弹兵师(1944年9月1日—1945年1月25日)》。外军研究B-688。美国陆军驻欧洲总部历史处，1947年。

《第18国民掷弹兵师在阿登攻势中运用情况的报告(1944年12月16日—1945年1月25日)》，外军研究B-734。美国陆军驻欧洲总部历史处，1947年。

伯纳德·劳·蒙哥马利，《陆军元帅，阿莱曼子爵蒙哥马利回忆录》，伦敦：柯林斯出版社，1958年。

罗伯特·默雷尔，《第317步兵团战史，欧洲战场》。宾夕法尼亚州奥克蒙特：自行出版，1995年。

雅克·诺贝古，《希特勒的最后赌注：阿登战役》。伦敦：查托－温达斯出版公司，1967年。

菲尔·诺代克，《四颗英勇之星：第505伞兵团二战战史》，顶点出版社，2006年。

格尔德·尼奎斯特，《第99营》。奥斯陆：H.阿舍霍格出版社，（W.尼加德），1981年。

杰弗里·K.奥立克，《在行刑房里：德国战败的痛苦1943—1949》。芝加哥：芝加哥大学出版社，2005年。

格雷戈里·奥尔法利亚，《迷路大军的信使：英雄的第551营和突出部之战的转机》。纽约：西蒙－舒斯特尔出版社，1999年。

蒂莫西·奥基夫，《湮没的战斗：二战中的第14装甲师战士》。宾夕法尼亚州哈弗尔顿：炮塔出版社，2011年。

丹尼·S.帕克，《赢得冬季的天空》。伦敦：格林希尔图书公司，1999年。

《突出部之战：希特勒的阿登攻势，1944—1945》。宾夕法尼亚：联合图书公司，1999年。

小乔治·S.巴顿，《我的战争：追忆二战》。维肯：副本出版社，2001年。

约阿希姆·派普，《约阿希姆·派普上校访谈：党卫军第1装甲团（1944年12月11日—24日）》，欧洲战场审问记录，ETHINT-10，美国陆军。华盛顿特区国家档案馆。

《约阿希姆·派普上校访谈：党卫军第1装甲团（1944年12月16日—19日）》，欧洲战场审问记录，ETHINT-11，美国陆军。华盛顿特区国家档案馆。

戴维·E.佩格林上校和埃里克·哈梅尔，《首渡莱茵河：第291战斗工兵营的故事》。加利福尼亚州帕西菲卡：帕西菲卡军事历史出版社，1989年。

弗雷斯特·C.波格，《二战中的美国陆军：欧洲战场：最高统帅部》。华盛顿特区：美国陆军军事历史部部长办公室，1954年。

《波格的战争：一位二战历史学家的日记》。列克星敦：肯塔基大学出版社，2001年。

弗兰克·J.普赖斯，《特洛伊·H.米德尔顿传》。巴吞鲁日：路易斯安那州立大学出版社，1974年。

约亨·普里恩，《黑桃A：第53战斗机联队战史，第3卷》。奥伊廷：施特鲁韦出版社，1991年。

《第3战斗机联队第4大队战史，1943—1945》。奥伊廷：施特鲁韦出版社，1997年。

约亨·普里恩，《第77战斗机联队战史，第4卷：1944—1945》。奥伊廷：施特鲁韦出版社，日期不详。

约亨·普里恩和格哈德·施特默尔，《Bf-109在第3战斗机联队指挥部及第1大队的使用》，奥伊廷：施特鲁韦出版社，1997年。

《Bf-109在第3战斗机联队第2大队的使用》，奥伊廷：施特鲁韦出版社，1997年。

《Bf-109在第3战斗机联队第3大队的使用》，奥伊廷：施特鲁韦出版社，1997年。

约亨·普里恩和彼得·罗代克，《第1和第11战斗机联队，第3卷：1944—1945》。奥伊廷：施特鲁韦出版社，日期不详。

赫尔曼·普里斯，《阿登：党卫军第1装甲军在1944年12月—1945年1月阿登攻势中的使用》。外军研究A-877，美国陆军驻欧洲总部历史处，1946年。

布鲁斯·夸里，《阿登攻势：第5装甲集团军：中部战区》。牛津：鱼鹰出版社，2000年。

《阿登攻势：第1集团军和第7集团军：南部战区》。牛津：鱼鹰出版社，2001年。

《阿登攻势：美国第3和第12军：南部战区》。牛津：鱼鹰出版社，2001年。

《劈木人：第84步兵师的故事》。巴黎：星条旗出版社，1944—1945年。

京特·赖希黑尔姆上校，《总参谋部关于赖希黑尔姆上校在1944秋季到1945年春季作为B集团军群首席参谋时的活动报告》。外军研究A-925，美国陆军驻欧洲总部历史处，1954年。

奥托·恩斯特·雷默少将，《阿登战役中的"元首卫队"旅》。欧洲战场审问记录，ETHINT-11，美国陆军。华盛顿特区国家档案馆。

《阿登攻势中的"元首卫队"旅（雷默指挥），1944年12月16日—1945年1月26日》。外军研究B-592，美国陆军驻欧洲总部历史处，1947年。

《阿登攻势中的"元首卫队"旅（第2部分）》。外军研究 B-838，美国陆军驻欧洲总部历史处，1954年。

迈克尔·雷诺兹，《钢铁巨人：党卫军装甲军，阿登和西线，1944—1945》。宾夕法尼亚州哈弗尔顿：炮塔出版社，2006年。

约翰·纳尔逊·里卡德，《进攻并消灭：巴顿在突出部的作战指挥》。列克星敦：肯塔基大学出版社，2011年。

马修·B.李奇微和哈罗德·H.马丁，《战士：马修·B.李奇微回忆录》。纽约：哈珀出版社，1956年。

蒂姆·里普利，《枪林弹雨：武装党卫军在西线的装甲战，1944—1945》。伦敦：布朗丛书出版有限公司，2001年。

陆军元帅冯·伦德施泰特，《阿登攻势》。欧洲战场审问记录，ETHINT -47，美国陆军。华盛顿特区国家档案馆，1949年。

罗兰德·G.鲁彭索尔，《二战欧洲战场上的美国陆军：集团军后勤支援，第2卷：1944年9月—1945年5月》。华盛顿特区：美国陆军历史部部长办公室，1959年。

科恩·C.鲁斯特，《二战中的美国第9航空队》。加利福尼亚州福尔布鲁克：航空出版集团，1970年。

温戈尔夫·舍雷尔，《最后决战：艾费尔前线和阿登攻势，1944—1945，撤退到莱茵河之后》。亚琛：赫利俄斯出版社，2007年。

沃尔夫冈·施耐德，《战斗中的"虎"式坦克，第1卷》，梅卡尼克斯堡：斯塔克波尔图书公司，2004年。

《战斗中的"虎"式坦克，第2卷》，梅卡尼克斯堡：斯塔克波尔图书公司，2005年。

佩尔西·E.施拉姆少校，《德军阿登攻势始末（1944年12月16日—1945年1月14日）》。外军研究 A-858，美国陆军驻欧洲总部历史处，1945年。

佩尔西·E.施拉姆少校，《德军阿登攻势的准备工作（1944年9月—12月）》。外军研究 A-862，美国陆军驻欧洲总部历史处，1946年。

佩尔西·E.施拉姆（编著），《德国国防军最高统帅部日志，1944—1945年，第7和第8卷》。慕尼黑：伯纳德–格雷费出版社，1982年。

加里·施雷肯戈斯特，《突出部之战：美国陆军第28步兵师第110团级战斗团打乱了德军的时间表》，《二战》，2001年1月刊。

彼得·斯赫雷弗斯，《不为人知的死者：突出部之战中的平民》。列克星敦：肯塔基大学出版社，2005年。

拉尔夫·安东·舍费尔、A.赖尼克、H.G.赫尔曼和弗雷德里希·基特尔，《月光师：第62步兵师，1938—1944年，第62国民掷弹兵师，1944—1945年。西里西亚部队的故事》。诺德施泰特：随选图书出版社，2008年。

克里斯托弗·肖尔斯和克里斯·托马斯，《第2战术航空队，第2卷："底板"行动爆发》。萨里郡赫舍姆：经典出版社，2005年。

米尔顿·舒尔曼，《德军在西线的失败》。伦敦：瑟科尔–瓦伯格出版社，1954年。

黑尔穆特·泽姆勒，《党卫军高射炮：党卫军第9"霍恩施陶芬"装甲师第9高射炮营，党卫队突击队员黑尔穆特·泽姆勒回忆录，阿登战役，1944—1945年》。哈利法克斯：书架图书公司，2009年。

弗朗茨·森斯福斯少将，《第212国民掷弹兵师（阿登）》。外军研究 A-930，美国陆军驻欧洲总部历史处，1946年。

克里斯托弗·肖尔斯和克里斯·托马斯，《第2战术航空队，第2卷》。萨里郡赫舍姆：经典出版社，2005年。

武装党卫军中校奥托·斯科兹尼，《阿登攻势（突击队和第150装甲旅的作用）》。欧洲战场审问记录ETHINT-12。美国陆军，华盛顿特区国家档案馆。

《特殊使命：欧洲最危险的男人回忆录》。英格兰艾尔斯伯里：第一未来出版社，1974年。

唐·斯玛特，《洪斯费尔德的恐怖事件：第612坦克歼击营B连的故事》。第612坦克歼击营协会，日期不详。

乔治·M.史密斯、理查德·米查姆和乔治·希勒，《"维生素查理"：第741坦克营C连二战战史》。纽约：自费出版，1946年。

马丁·K.佐尔格，《希特勒战争的其他代价：二战造成的德国军队及平民损失》。纽约：格林伍德出版社，1986年。

P.A.斯派德和加里·威尔金斯（编著）（2005年），《拜尔莱因：装甲教导师从D日到鲁尔的作战报告。》宾夕法尼亚州阿特格伦：希弗军事历史出版社，2005年。

《西线先锋：第3装甲师》，数字化保存于第3装甲师历史网站，http://www.3ad.com/，2010年7月21日。

阿尔伯特·施佩尔，《第三帝国内幕：灾难与评估，1944—1945》。斯德哥尔摩：奥尔德斯·邦尼尔出版社，1971年。

戴维·N.斯皮雷斯，《巴顿集团军的空中力量：二战中的第19战术航空兵司令部》。华盛顿特区：空军历史与博物馆项目，2002年。

《坚定有力：第87步兵师的故事》。巴黎：星条旗出版社，1944—1945年。

弗里茨－约瑟夫·施特劳斯，《第2"维也纳"装甲师战史》。埃戈尔斯海姆：乡村出版社，2005年。

阿尔伯特·施蒂克勒中校，《阿登计划：关于党卫军第2装甲师的报告，1944年12月16日—1945年1月17日》。外军研究，P-032e，美国陆军驻欧洲总部历史处，1954年。

装甲兵上将霍斯特·施通普夫，《阿登战役中的坦克维护》。外军研究61，美国陆军驻欧洲总部历史处，1949年。

约翰·J.沙利文，《对巴顿第3集团军的空中支援》。北卡罗来纳州杰弗逊：麦克法兰出版公司，2003年。

罗伯特·R.萨默斯上校等人，《巴斯托涅的装甲兵部队》。堪萨斯州：莱文沃斯堡装甲兵学校，1949年。

威廉·C.西尔万少校和小弗朗西斯·G.史密斯上尉，约翰·T.格林伍德（编），《从诺曼底走向胜利：考特尼·H.霍奇斯将军和美国第1集团军作战日志》。肯塔基州列克星敦：肯塔基大学出版社，2008年。

《第4装甲师：从海滩到巴斯托涅》。巴黎：星条旗出版社，1944—1945年。

第28步兵师协会，《第28步兵师"基石"（机械化）》。特纳出版公司，2009年。

《对德国的战略空战，1939—1945：英国轰炸调查单位官方报告》。伦敦：弗兰克·卡斯出版社，1998年。

《美国战略轰炸调查：欧洲战场：第2版，1947年1月》。http://www.angelfire.com/super/ussbs/tankrep.html。

炮兵上将卡尔·托霍尔特，《阿登战役中的B集团军群炮兵》。外军研究B-311，美国陆军驻欧洲总部历史处，1946年。

威廉·蒂克，《战争末年的旋风突击：党卫军第2装甲军与下辖的第9"霍恩施陶芬"及第10"弗伦茨贝格"装甲师》。塞伦特：功勋勋章出版社，2006年。

拉尔夫·蒂曼，《警卫旗队师，第4卷/第2册》。奥斯纳布吕克：穆宁出版社，1987年。

《党卫军第1"阿道夫·希特勒警卫旗队"装甲师第7装甲连编年史》。宾夕法尼亚州阿特格伦：希弗出版有限公司，1998年。

约翰·托兰，《战斗：突出部的故事》。纽约：兰登书屋，1959年。

迈克尔·托尔赫斯特，《圣维特：美国第106步兵师》。宾夕法尼亚州康舍霍肯：联合出版社，1999年。

雷蒙德·F.托利弗和特雷沃·J.康斯坦布尔，《战斗机总监：阿道夫·加兰德的一生》。内华达州泽弗湾：安普雷斯出版社，1990年。

格哈德·特里佩尔少将，《第58装甲军，阿登攻势，1944年11月1日—1945年2月1日》。外军研究B-506，美国陆军驻欧洲总部历史处，1947年。

《军队领导：陆军服役条令300》。柏林，1935年。英文版，堪萨斯州莱文沃斯：指挥与参谋学校出版社，1936年。http://cgsc.cdmhost.com/cdm/compoundobject/collection/p4013coll7/id/131/rec/8。

彼得·特恩布尔，《"我维护权利"：二战中的第307空降工兵营》。印第安纳州布卢明顿：作者之家出版公司，2005年。

美国陆军装甲兵学校，《圣维特战役，比利时，1944年12月17日—23日：装甲兵防御战的历史性范例》。佛蒙特州本宁顿：梅里亚姆出版社，2008年。

弗雷达·厄特利，《代价高昂的复仇》。芝加哥：亨利·勒涅里公司，1949年。http://www.fredautley.com/pdffiles/book01.pdf，2010年8月16日。

费伦茨·A.瓦伊达和彼得·丹西，《德国飞机制造工业1933—1945年》。什鲁斯伯里：航空出版社，1998年。

阿林·R.范诺伊和杰伊·卡拉马雷斯，《对抗德国装甲兵：美国步兵与德国坦克的较量，1944—1945：通过日记、部队战史和采访讲述8次战斗》。北卡罗来纳州杰弗逊：麦克法兰公司，1996年。

突出部之战老兵，《突出部之战》。肯塔基州帕迪尤卡：特纳出版公司，1995年。

威廉·维比希少将，《第277国民掷弹兵师，1944年11月—1945年1月》，外军研究B-273。美国陆军驻欧洲总部历史处，1946年。

维韦纳·瓦格纳上校，《第276国民掷弹兵师（1945年1月21日—3月16日）》。外军研究B-444，美国陆军驻欧洲总部历史处，日期不详。

齐格弗里德·冯·瓦尔登堡少将，《第116装甲师在阿登战役中的贡献（第一部分，1944年12月16日—19日）》。外军研究A-873，美国陆军驻欧洲总部历史处，1945年。

《第116装甲师在阿登战役中的贡献（第二部分，1944年12月20日—26日）》。外军研究A-873，美国陆军驻欧洲总部历史处，1945年。

《第116装甲师在阿登战役中的贡献（第三部分，1944年12月27日—1945年1月27日）》。外军研究A-874，美国陆军驻欧洲总部历史处，1945年。

美国战争部，《Fm-105野战勤务条令：作战行动，1941年5月22日》。堪萨斯州莱文斯堡：美国陆军指挥与参谋学院，1992年。

美国战争部，《野战手册FM 100-20：空中力量的指挥与使用，1943年7月21日》。华盛顿：美国政府印刷所，1944年。

美国战争部，《野战手册FM 100-5：作战行动，1943年6月15日》。华盛顿：美国政府印刷所，1944年。

迈克尔·E.韦弗，《保卫战：二战中的第28步兵师》。印第安纳州布卢明顿：印第安纳大学出版社，

2010年。

西奥多·E.韦格斯基,《第514战斗机中队——"袭击者"中队》,日期不详,http://freepages.military. rootsweb.ancestry.com/~ddorsey/pages/history.html。

武装党卫军一级突击队大队长、党卫军第4"元首"装甲掷弹兵团团长奥托·魏丁格,《党卫军第4装甲掷弹兵团在阿登攻势中的使用(1944年12月16日—1945年2月17日)》。外军研究 P-109b,美国陆军驻欧洲总部历史处,日期不详。

奥托·魏丁格,《帝国师:武装党卫军骨干部队——第2"帝国"装甲师战史。第5卷——1943—1945年》。奥斯纳布吕克:穆宁出版社,1982年。

奥托·魏丁格和格特·施马格,《共同战斗到最后一刻:党卫军第4"元首"装甲掷弹兵团,1938—1945年》。哥廷根:普莱斯出版社,1962年。

詹姆斯·魏因加特纳,《死亡十字路口:马尔梅迪大屠杀与审判的故事》。伯克利:加州大学出版社,1979年。

威廉·魏斯,《阿登44:第26国民掷弹兵师——前莱茵-威斯特法伦第26步兵师的使用,"为巴斯托涅而战"》。亚琛:赫利俄斯出版社,2011年。

《第560国民掷弹兵师:阿登突击战》。Kindle 版本,2012年。

延斯·维特迈尔,《约阿希姆·派普:一名希姆莱的党卫军指挥官的传记》。宾夕法尼亚州阿特格伦:希弗军事历史出版社,2007年。

吕迪格·魏茨中校,《阿登攻势(突进迪南)中的第2装甲师(1944年12月21日—26日)》,外军研究 B-456,美国陆军驻欧洲总部历史处,1954年。NARA M1035。

齐格弗里德·韦斯特法尔上将、博多·齐默尔曼上将和措林上校,《西线总指挥官——34个问题,1944年9月1日—1945年5月8日》。外军研究 A-896,美国陆军驻欧洲总部历史处,1945年。

查尔斯·怀廷,《斯科兹尼:欧洲最危险的男人》。宾夕法尼亚州康舍霍肯:联合出版社,1998年。

《许特根森林之战》。宾夕法尼亚州康舍霍肯:联合出版社,2000年。

弗林特·惠特洛克,《判定死亡:美国士兵在纳粹贝尔加集中营》。纽约:基本图书公司,2005年。

汉斯·维杰斯,《突出部之战,第1卷:洛斯海姆缺口》。宾夕法尼亚州梅卡尼克斯堡:斯塔克波尔图书公司,2009年。

《突出部之战,第2卷:比特亨巴赫地狱/夺桥》。宾夕法尼亚州梅卡尼克斯堡:斯塔克波尔图书公司,2010年。

切斯特·威尔莫特,《为欧洲而奋斗》。查塔姆:沃兹沃思出版有限公司,1998年。

乔治·威尔逊,《如果你能幸存:从诺曼底到突出部之战和二战结束——一名美国军官的真实故事》。纽约:巴兰坦图书公司,1987年。

小乔·W.威尔逊,《二战中的第761"黑豹"坦克营》。北卡罗来纳州杰弗逊:麦克法兰出版公司,1999年。

武装党卫军中校、党卫军第3"德意志"掷弹兵团团长金特·维斯克里切尼,《阿登攻势(1944年12月16日—1945年1月20日)中的党卫军第3"德意志"掷弹兵团》。外军研究 #20,美国陆军驻欧洲总部历史处,日期不详。

理查德·戴维·魏索利克,加里·E.J.史密斯(编)。《不情愿的英勇:托马斯·J.埃文斯上尉口述的美国第3集团军第4装甲师704坦克歼击营战史》。宾夕法尼亚州拉特罗布:圣文森特学院北阿帕拉契亚研究中心口述历史项目，1995年。

　　卡尔·沃特曼，《战斗报告》。http://www.oldhickory30th.com/Stoumont44.pdf。

　　斯蒂芬·J.扎洛加，《阿登战役（1）：圣维特与北肩角》。牛津：鱼鹰出版社，2003年。

　　《阿登战役（2）：巴斯托涅》。牛津：鱼鹰出版社，2004年。

　　《M18"地狱猫"坦克歼击车，1943—1997》。牛津：鱼鹰出版社，2004年。

　　《1944—1945年欧洲战场的美国坦克与坦克歼击营》。牛津：鱼鹰出版社，2005年。

　　《"北风"行动：希特勒在西线的最后攻势》。牛津：鱼鹰出版社，2010年。

　　斯蒂芬·J.扎洛加和霍华德·杰拉德，《美国陆军坦克手，1941—1945：欧洲战场，1944—45》。牛津：鱼鹰出版社，2005年。

　　莱奥·赞森，《第15国民火箭炮旅（1944年12月16日—1945年1月25日）》。外军研究B-286，美国陆军驻欧洲总部历史处，1950年。

　　尼克拉斯·策特林，《诺曼底1944：德国军队组织、战斗力和组织效能》。马尼托巴：J.J.费多洛维茨出版社。

期刊

　　《空中力量》。

　　《关于历史》

　　《美国遗产杂志》

　　《百眼巨人》

　　《突出部杀手》

　　《工兵回忆录》

　　《工兵宣传册》

　　《水星报》

　　《军事评论》

　　《军事历史》（瑞典）

　　《军事历史》（丹麦）

　　《笔与剑》

　　《星条旗》

　　《圣彼得堡时报》

　　《第二次世界大战》

　　《二战日记》3号，《突出部之战》，2007年

　　《二战反思》

网站

　　第1步兵师：ww2lhawebpages.com

　　第3装甲师战史：3ad.com

第 11 装甲师遗产小组：11tharmoreddivision.com

第 30 步兵师"老山核桃"：oldhickory30th.com

第 87 步兵师遗产协会：87thinfantrydivision.com

第 365 战斗机大队官网：hellhawks.org

二战第 406 战斗机大队：406thfightergroup.org

空降兵：ww2-airborne.us

陆军预备队：usar.army.mil

B26.com 网站：b26.com

突出部之战的回忆：battleofthebulgememories.be

Centredaily 网站：centredaily.com

阿登战役研究与信息中心：criba.be

布拉格堡：bragg.army.mil

维恩与施内费尔历史及博物馆学会：比利时解放 60 周年纪念：zvs.be/60jahre

哈利·S. 杜鲁门图书馆与博物馆：trumanlibrary.org

印第安纳军事组织：indianamilitary.org

孤独的哨兵——二战照片、文档与研究：lonesentry.com

军事历史在线：militaryhistoryonline.com

1944 项目：project1944.be

美国陆军工程兵团出版物：usace.army.mil

萨尔姆河谷 1944—1945：salmvalley1944-1945.over-blog.com

施滕格历史博物馆：stengerhistorica.com

超级六——巴顿的第 6 装甲师二战战史：super6th.org

坦克歼击车网：tankdestroyer.net

第 6 军战斗工兵：6thcorpscombatengineers.com

第 14 骑兵群协会：14cav.org

二战中的第 30 步兵师：30thinfantry.org/

第 368 战斗机大队协会官网：368thfightergroup.com

第 551 伞兵营（莱斯·休斯创建）：insigne.org/551-history.htm

迪皮伊研究所：dupuyinstitute.org

GG 档案馆：gjenvick.com

The S.N.A.F.U. Special 网站：the-snafu-special.com

美国陆军联合作战中心：usacac.army.mil

美国陆军军事历史中心：history.army.mil

美国国防部，国防部战俘 – 失踪人员办公室 – 二战后未获救援的军人：dtic.mil/dpmo/wwii/reports/arm_m_s.htm

突出部之战老兵组织：battleofthebulge.org

突出部之战老兵组织堪萨斯州西北分会：bobvetsneks.com

战争传说：donmooreswartales.com

二战部队历史与军官：unithistories.com

与阿登战役有关的博物馆

除了多处有趣的历史遗迹之外，还有大量绝对出色的博物馆与阿登战役有关。我们推荐如下博物馆，但是有可能遗漏某些令人惊叹的历史收藏：

作者希望特别强调迪基希国家军事历史博物馆，那里不仅有阿登战役中最好的历史性藏品，员工们还为本书提供了宝贵的素材，作者对此万分感激。读者可访问迪基希国家军事历史博物馆的网站：mnhm.lu

此外，我们还推荐如下博物馆：

巴斯托涅军营，巴斯托涅

巴斯托涅战争博物馆，bastognewarmuseum.be

博涅1944历史中心，博涅，baugnez44.be

巴顿将军纪念馆，埃特尔布鲁克，patton.lu

1944年12月历史博物馆，拉格莱兹，december44.com

克莱沃阿登战役博物馆，克莱沃城堡，克莱沃，amba.lu/pageshtml/profiles.php#Clervaux

阿登之战博物馆，拉罗什昂阿登，batarden.be

阿登战役(1944—1945)博物馆，维尔茨城堡，维尔茨，amba.lu/pageshtml/profiles.php#Wiltz

1944年历史博物馆，贝里斯默尼勒，history44.com

特鲁施鲍姆博物馆，埃尔森博恩，mil.be/elsenborn

第101空降师博物馆，巴斯托涅，101airbornemuseumbastogne.com

以上的多家博物馆联合组成了阿登战役博物馆协会，可以在 amba.lu 访问。